# 商事判例研究

## 第 X 卷

保險 · 海商 · 資本市場

(1995～2017)

商事法務研究會

博 英 社

如松 崔基員 教授 尊影

존경하는 **如松 崔基元** 교수님께
삼가 이 책자를 바칩니다.

- 執筆者 一同 -

# 如松 崔基元 教授 年譜

| | |
|---|---|
| 1936. 11. 10. | 서울 鍾路區 通義洞에서 父 德巖 崔健熙와 母 李起鳳의 長男으로 出生 |
| 1943. 3.－1949. 2. | 서울 壽松國民學校 卒業 |
| 1949. 3.－1955. 2. | 京畿中・高等學校 卒業 |
| 1955. 3.－1959. 2. | 서울大學校 商科大學 卒業 |
| 1959. 7.－1961. 3. | 空軍本部 公報官室 勤務 |
| 1961. 1. 13. | 金惠田과 結婚 |
| 1961. 2.－1962. 2. | 獨逸 Münster大學 研究 |
| 1961. 11. 10. | 長女 英嬪 出生 |
| 1962. 3.－1965. 2. | 獨逸 Bonn大學 法學部 修學(法學博士) |
| 1965. 9.－1966. 3. | 서울大學校 商科大學 講師 |
| 1965. 9.－1967. 7. | 慶熙大, 東國大, 西江大, 延世大, 韓國外大 등 講師 |
| 1965. 10. 11. | 次女 英仙 出生 |
| 1966. 3.－1966. 8. | 서울大學校 經營大學院 講師 |
| 1966. 8.－1967. 5. | 서울大學校 商科大學 專任講師 |
| 1967. 5.－1972. 12. | 서울大學校 商科大學 助教授 |
| 1968.－ | 韓國經營學會 會員 |
| 1968. 6.－1970. 6. | 서울大學校 經營大學院 教務課長 |
| 1969. 1. 6. | 參女 英恩 出生 |
| 1971. 3.－1973. 7. | 서울大學校 商科大學 學生課長 |
| 1972. 12.－1975. 3. | 서울大學校 商科大學 副教授 |
| 1973. 12.－1975. 2. | 서울大學校 商科大學 經營研究所 所長 |
| 1974. 1.－ | 商事法學會 會員 |
| 1974.－1994. | 韓國經營研究院 理事 |

| | |
|---|---|
| 1975. 3. | 서울大學校 法科大學 副敎授 |
| 1975. | 제17회 行政考試 委員 |
| 1976. | 韓國經營硏究院 院長 |
| 1976. 6. | 韓獨法律學會 會員 |
| 1976. 7. | 제18회 司法試驗 委員 |
| 1976. 10. | 서울大學校 10년 勤續 表彰 |
| 1977 | 제21회 行政考試 委員 |
| 1978. 1. | 서울大學校 法科大學 敎授 |
| 1978. 6.−1980. 6. | 서울大學校 法科大學 學長補(敎務擔當) |
| 1979. 7. | 제21회 司法試驗 委員 |
| 1981. 7.−1983. 7. | 獨逸 Köln大學 招請敎授 |
| 1983. | 제27회 行政考試 委員 |
| 1981.−1986. | 獨逸 比較法學會 會員 |
| 1984. 3.−1986. 2. | 서울大學校 法科大學 私法學科長 |
| 1985. 4. | 서울大學校 大學新聞社 監事 |
| 1985. 7. | 제27회 司法試驗 委員 |
| 1986. 10. | 서울大學校 20年 勤續 表彰 |
| 1987. 7. | 제29회 司法試驗 委員 |
| 1990. | 제32회 司法試驗 委員 |
| 1993. | 제35회 司法試驗 委員 |
| 1993. 1995. | 法務部 諮問委員會 商法改正 特別分科委員會 委員 |
| 1997. 10. | 서울大學校 30年 勤續 表彰 |
| 2002. 2. | 서울大學校 停年退任 (35년 在職) |
| 2002. 2. | 綠條勤政勳章 受勳 |
| 2002. 3. | 서울大學校 法科大學 名譽敎授 |

| | |
|---|---|
| 기 타 | 韓國商事仲裁協會 仲裁人 |
| | 軍法務官試驗, 公認會計士試驗, 稅務士試驗 委員 |
| | 財務部 保險審議委員, 財務部諮問委員 등 歷任 |

# 主要著書 및 論文

## 著 書

Die Verfassung der Aktiengesellschaft nach koreanischem Recht im Vergleich mit dem deutschen Aktiengesetz, Diss. Bonn 1965.
商法學[Ⅰ](總則・商行爲), 雲玄文化社, 1972. 9.
商法學[Ⅱ](會社法), 雲玄文化社, 1973. 3.
商法(韓國放送通信大學 敎材), 서울大 出版部, 1973. 3.
商法講義(上), 日新社, 1976. 1.
增補全訂版 商法講義(上), 日新社, 1980.
商法講義(下), 日新社, 1980.
商法學槪論, 博英社, 1980. 12.
會社法論, 博英社, 1981.
改訂版 商法(韓國放送通信大學 敎材), 서울大 出版部, 1981.
修訂版 商法學槪論, 博英社, 1984. 3.
全訂增補版 新會社法論, 博英社, 1984. 9.
商法學新論(上), 博英社, 1984. 10.
商法學新論(下), 博英社, 1984. 10.
客觀式 商法, 博英社, 1985. 1.
全訂增補版 商法學新論(上), 博英社, 1986. 3.
再全訂增補版 新會社法論, 博英社, 1986. 4.
全訂增補版 商法學新論(上), 博英社, 1986. 3.
全訂增補版 商法學新論(下), 博英社, 1986. 3.
會社法, 韓國放送通信大學 出版部, 1986. 7.
全訂增補版 商法學新論(下), 博英社, 1986. 7.

어음・手票法, 博英社, 1987.9.

第3全訂版 新會社法論, 博英社, 1987.10.

全訂增補版 客觀式 商法, 博英社, 1988.4.

어음・手票의 法律常識, 韓國經濟新聞社, 1988.12.

商法總則・商行爲, 經世院, 1989.

新訂版 商法學新論(上), 博英社, 1990.8.

新訂增補版 어음・手票法, 博英社, 1990.8.

第6增補版 新會社法論, 博英社, 1991.

新訂版 商法學新論(下), 博英社, 1991.4.

新訂增補版 商法學新論(下), 博英社, 1992.3.

民法注解〔Ⅰ〕(共著), 博英社, 1992.3.

商法事例演習(共著), 法文社, 1992.5.

保險法, 博英社, 1993.

新訂初版 商法學概論, 博英社, 1993.

海商法, 博英社, 1993.

新訂第2版 商法學新論(上), 博英社, 1993.8.

新訂增補版 商法總則・商行爲, 經世院, 1994.8.

商法改正試案 — 政府案과 對比하여 —, 1994.11.

第7全訂版 商法學新論(下), 博英社, 1995.9.

民法注解〔Ⅸ〕(共著), 博英社, 1995.11.

第7全訂增補版 商法學新論(上), 博英社, 1996.3.

新訂2版 商法學概論, 博英社, 1996.3.

第7全訂版 新會社法論, 博英社, 1996.4.

改正商法解說, 博英社, 1996.4.

新版 客觀式 商法, 新潮社, 1996.10.

再全訂增補版 어음・手票法, 博英社, 1996.10.

新訂版 海商法, 博英社, 1997.4.

第3新訂版 商法總則・商行爲, 經世院, 1997.6.

第8大訂版 商法學新論(上), 博英社, 1997.7.

第 8 全訂版 商法學新論(下), 博英社, 1997.9.

第 8 大訂版 新會社法論, 博英社, 1998.1.

新訂版 保險法, 博英社, 1998.8.

新訂 3 版 商法學原論, 博英社, 1998.9.

第 9 全訂增補版 商法學新論(上), 博英社, 1998.9.

第 9 全訂版 商法學新論(下), 博英社, 1998.10.

第 9 大訂增補版 新會社法論, 博英社, 1999.6.

第10大訂增補版 商法學新論(上), 博英社, 1999.8.

新訂 4 版 商法學原論, 博英社, 2000.3.

第11新訂版 商法學新論(上), 博英社, 2000.3.

第10版 商法學新論(下), 博英社, 2000.3.

商事判例研究[Ⅳ][Ⅴ](編輯代表), 博英社, 2000.4.

第10大訂版 新會社法論, 博英社, 2000.5.

新訂 5 版 商法學原論, 博英社, 2001.3.

第12新訂版 商法學新論(上), 博英社, 2001.3.

第11版 商法學新論(下), 博英社, 2001.3.

第 4 增補版 어음・手票法, 博英社, 2001. 4.

第13新訂版 商法學新論(上), 博英社, 2001.9.

第11大訂版 新會社法論, 博英社, 2001.9.

第 3 版 海商法, 博英社, 2002.1.

第 3 版 保險法, 博英社, 2002.2.

新訂 6 版 商法學原論, 博英社, 2002.8.

第12版 商法學新論(下), 博英社, 2003.2.

第14大訂版 商法學新論(上), 博英社, 2003.8.

第13版 商法學新論(下), 博英社, 2004.3.

第15版 商法學新論(上), 博英社, 2004.9.

第12大訂版 新會社法論, 博英社, 2005.1.

新訂 7 版 商法學原論, 博英社, 2005.2.

第14版 商法學新論(下), 博英社, 2005.2.

第16版 商法學新論(上), 博英社, 2006.3.
商事判例硏究[Ⅵ](編輯代表), 博英社, 2006.3.
第10版 企業法槪說, 博英社, 2007.3.
新訂8版 商法學原論, 博英社, 2008.3.
第17版 商法學新論(上), 博英社, 2008.3.
第15版 商法學新論(下), 博英社, 2008.3.
第11版 企業法槪說, 博英社, 2008.3.
第12版 企業法槪說, 博英社, 2009.2.
第13大訂版 新會社法論, 博英社, 2009.3.
第18版 商法學新論(上), 博英社, 2009.8.
第13版 企業法槪說, 博英社, 2010.2.
第19版 商法學新論(上), 博英社, 2011.3.
第14版 企業法槪說, 博英社, 2011.8.
第14大訂版 新會社法論, 博英社, 2012.3.
第15版 企業法槪說, 博英社, 2013.1.
第20版 商法學新論(上), 博英社, 2014.4.
第16版 企業法槪說, 博英社, 2014.7.
第17版 企業法槪說, 博英社, 2017.1.

## 論 文

獨逸商法學界의 現況, 法政 21(3), 1966. 3.
獨逸 新株式法과 韓國 商法上의 問題點, 法典月報 35, 1967. 10
株式의 議決權에 관한 考察, 서울商大 經營論集 1(2), 1967. 12.
株式會社의 機關에 관한 硏究, 서울商大 經營論集 7(2), 1968.
韓國會社企業의 株式所有構造의 實態와 公開法人化에 대한 方案, 文敎部學
  主要著書 및 論文 vii 術振興造成硏究費에 의한 報告書, 1968.
會社整理法과 企業의 更生, 서울商大 經營實務 5(3), 1971.
會社의 權利能力에 관한 小考, 서울大學校 經營大學院 紀念論文集, 1971.
海上運送契約과 船荷證券, 貿易硏究 3(4), 1971.
大株主의 議決權制限과 少數株主의 保護에 관한 硏究, 經營論集 11(1), 서울大
  商科大學, 1972. 3.
監査制度의 改正을 위한 小考, 서울大 經營大學院 經營學論文集 3(1), 1973.
株式會社의 監査制度에 관한 日本商法의 改正, 서울商大 經營實務 8(1), 1974.
商法改正의 必要性과 그 方向〔I〕·〔II〕— 株式會社制度를 中心으로, 韓國
  法學院月報 27 · 28, 1974.
株式會社法의 改正에 관한 硏究, 經營論集 9(1), 韓國經營硏究所, 1975. 3.
商法改正의 問題點, Fides 21(1), 서울大學校 法科大學, 1977. 2.
代表社員 業務執行權限 喪失宣告(判例評釋), 法律新聞 1211, 法律新聞社,
  1977. 7.
株主總會決議取消(判例評釋), 法律新聞 1235, 法律新聞社, 1978. 1.
商法 判例回顧와 評釋, 法學判例回顧 5, 1978. 2.
商法改正의 問題點에 관한 硏究, 法學 18(2), 서울大 法學硏究所, 1978. 2.
理事의 功勞賞與金支給約束과 株總決議(判例評釋), 法律新聞 1255, 法律新聞社,
  1978. 6.
韓國企業의 海外進出에 따르는 國際間의 紛爭의 解決을 위한 國際商事仲裁
  制度에 관한 硏究, 法學 39, 서울大 法學硏究所, 1978. 8.
株主總會決議取消, 法律新聞 1280, 法律新聞社, 1978. 12.
商法 判例回顧 및 評釋, 法學判例回顧 7, 1979. 11.

商法 제395조에 의한 會社의 責任, 法學 特別號 4, 서울大 法學硏究所 1979.12.
株主總會決議取消, 民事判例硏究〔Ⅰ〕, 1979.4.
表見代表理事의 行爲와 會社의 責任, 民事判例硏究〔Ⅱ〕, 1980.5.
白地어음, 法學 22(3), 서울大 法學硏究所, 1981.9.
viii 主要著書 및 論文商法改正試案에 대한 意見, 法律新聞 1983.
有限會社制度의 展望에 관한 硏究, 法學 24(4), 서울大 法學硏究所, 1983.12.
改正商法에 관한 小考, 商法論文集(鄭熙喆 先生 停年紀念), 1985.3.
民法에 대한 商事賣買의 特殊性, 民事法論叢(郭潤直 敎授 華甲紀念), 1985.9.
韓國改正商法의 解釋과 問題點에 관한 硏究, 法學 26(2, 3), 서울大 法學硏究所, 1985.10.
스위스株式會社法의 改正方向에 관한 小考, 商事法論集(徐燉玨 敎授 停年紀念), 1986.4.
支配人의 代理權에 관한 小考, 法學 27(4), 서울大 法學硏究所, 1986.12.
條件附保證과 條件附引受(判例評釋), 法律新聞 1665, 法律新聞社, 1986.12.
商法學의 回顧와 展望, 考試界 359, 1987.1.
信用카드의 盜難紛失에 의한 責任(判例評釋), 法律新聞 1674, 法律新聞社, 1987.3.
手票카드의 法律關係에 관한 考察, 法學 28(1), 서울大學校 法學硏究所, 1987.4.
商法 등 法制에서 본 企業合倂硏究, 上場協, 1987.
어음·手票喪失의 法律關係(上)(下), 相互信用金庫, 全國相互信用金庫聯合會, 1987.
株主總會決議의 取消와 不存在(判例評釋), 法律新聞 1722, 法律新聞社, 1988.1.
어음·手票의 遡求義務者에 대한 通知義務, 司法行政, 1988.
國際換어음·約束어음(上)(中)(下), 法律新聞 1755·1756·1757, 法律新聞社, 1988.6.
金融리스契約의 特殊性에 관한 小考, 法學 29(2), 서울大 法學硏究所, 1988.9.
Die Gründung einer Tochtergesellschaft in Korea, Zeitschrift für Unternehmens- und Gesellschaftsrecht(ZGR), Sonderheft 3, 2. Aufl., Walter de Gruyter,

Berlin-New York, 1988.

國際換어음·約束어음에 관한 協約의 考察, 法學 30(3, 4), 서울大 法學硏究所, 1989.

保險者代位와 第3者의 範圍(判例評釋), 法律新聞 1887, 法律新聞社, 1989.11.

株式會社의 資本에 관한 原則과 問題點, 考試界, 1990.

先日字手票에 의한 保險料支給과 保險者責任(判例評釋), 法律新聞 1992, 法律新聞社, 1990.12.

어음의 再遡求權과 背書의 抹消權(判例評釋), 法律新聞 2012, 法律新聞社, 1991.3.

自動車保險約款 免責條項의 適用限界(判例評釋), 法律新聞 2064, 法律新聞社, 1991.9.

保險契約者의 告知義務에 관한 考察, 法學 32(3, 4), 서울大 法學硏究所, 1991.12.

改正商法上의 船舶所有者의 責任制限, 法學 33(1), 서울大 法學硏究所, 1992.3.

Einige Probleme des koreanischen Aktienrechts in Bezug auf die neuen Regelungen des japanischen Aktienrechts von 1990, 企業法의 現代的 課題(李泰魯 敎授 華甲紀念), 1992.4.

發行地의 어음要件性(判例評釋), 法律新聞 2118, 法律新聞社, 1992.4.

株主總會決議不存在確認判決의 效力(判例評釋), 法律新聞 2209, 法律新聞社, 1993.4.

株主總會決議不存在, 考試硏究 20(7), 考試硏究社, 1993.7.

어음僞造의 抗辯과 立證責任(判例評釋), 法律新聞 2257, 法律新聞社, 1993.10.

銀行長選任에 관한 指針의 問題點, 企業環境의 變化와 商事法(孫珠瓚 敎授 古稀紀念), 1993.

利得償還請求權의 發生要件(判例評釋), 法律新聞 2295, 法律新聞社, 1994.3.

어음·手票의 期限後背書, 考試硏究 創刊 20周年 紀念論叢, 考試硏究社, 1994.4.

株主總會決議의 取消와 不存在의 事由, 法學 35(1), 서울大 法學硏究所, 1994.

利得償還請求權制度의 再考, 法學 35(1), 서울大 法學研究所, 1994.

商法改正案의 問題點(上)(中)(下), 法律新聞 2318·2319·2320, 法律新聞社, 1994.6.

商法改正試案의 研究(Ⅰ), 法學 35(2), 서울大 法學研究所, 1994.

自由職業人의 合同會社에 관한 法律, 法學 35(2), 서울大 法學研究所, 1994.

商法改正試案의 研究(Ⅱ), 法學 35(3, 4), 서울大 法學研究所, 1994.

發起人과 設立中의 會社, 法學 35(3, 4), 서울大 法學研究所, 1994.

商法改正案의 問題點과 그 代案, 商法改正에 관한 研究, 韓國證券業協會, 1994.9.

商法改正試案의 研究(Ⅲ), 法學 36(1), 서울大 法學研究所, 1995.

어음抗辯의 分類와 種類, 法學 36(2), 서울大 法學研究所, 1995.

어음·手票의 僞造·變造의 法的 效果, 法學 36(3, 4), 서울大 法學研究所, 1995.

Die Gründung einer Tochtergesellschaft in Korea, Zeitschrift für Unternehmens- und Gesellschaftsrecht(ZGR), Sonderheft 3, 3. Aufl., Walter de Gruyter, Berlin-New York, 1995.

上場企業에 대한 監視體制의 强化方案, 上場協 秋季號, 韓國上場會社協議會, 1995.

商法改正案에 대한 問題點의 再考, 商事法論叢(姜渭斗 博士 華甲紀念), 1996.2.

擔保背書人에 대한 遡求權(判例評釋), 法律新聞 2485, 法律新聞社, 1996.3.

賃金債權과 無限責任社員의 責任(判例評釋), 法律新聞 2491, 法律新聞社, 1996.4.

IMF의 克服을 위한 商法改正方向(研究論壇), 法律新聞 2685·2686, 法律新聞社, 1998.4.

독일건국 50년 — 독일 상사법이 한국 상법에 미친 영향 —, 「전후 독일법학 50년과 한국법학」, 프리드리히 에베르트 재단, 2000.8.

Einflüsse des deutschen Gesellschaftsrechts auf das koreanische Gesellschaftsrecht, Festschrift für Marcus Lutter zum 70. Geburtstag, 2000(朴庠根 共同執筆), Verlag Dr. Otto Schmidt, Köln.

# 머 리 말

如松 崔基元 선생님은 1965년 독일 Bonn 대학교에서 대한민국 최초로 상법학박사 학위를 받으신 후, 1966년부터 서울대학교 상과대학 및 법과대학에서 35년간 봉직하시면서, 독일 상법 이론과 경영학 지식을 바탕으로 실무적이고 합리적인 법리를 전개하여 우리나라 상법학 발전에 지대한 공헌을 하셨고, 2002년에 정년 퇴임을 하신 후에도 10여 권의 상법 교과서 시리즈의 개정판 출간을 꾸준하게 이어 오셨습니다. 일찍이 학계와 실무계가 함께 참여하는 상사판례연구에 관심을 가지신 선생님께서는 이를 몸소 실천하기 위하여 1999년 3월에 "상사법무연구회"를 결성하여 상법의 이론과 실무를 아우르는 학술세미나를 주관하시고, 학계와 실무계의 교류 및 후학 양성을 위해 노력해오셨습니다. 상사법무연구회는 출범 이래 매년 3회에 걸쳐 학술세미나를 개최하면서 훌륭한 교수님 · 판사님 · 변호사님들이 심혈을 기울여 연구한 최신의 주요 상사판례를 평석의 형태로 발표하고 토론하는 장을 마련하였고, 2018년 12월에 이르러 그 활동을 종료하고, 대법원 산하 '상사실무연구회'로 개편되어 정기적인 연구 모임을 이어오고 있습니다. 이와 같이 상사법무연구회는 상법 학계와 실무계가 공동으로 참여하여 최신 판례를 발표하고 열띤 토론을 하면서 상호간에 학문적 소통의 길을 열어주는 가교의 역할을 하였고, 이를 통해 주요 상사판례에 담긴 법리적 의미를 명확하게 정리하고 나아가 관련 법리의 지속적인 연구 필요성 및 발전 가능성을 모색하였던 유례없는 상사판례연구 모임이었습니다.

상사법무연구회의 학술세미나에서 발표된 상사판례 평석 논문 및 연구성과는 "상사판례연구" 책자의 시리즈 발간으로 이어져 왔습니다. 1996년 11월에 처음 집필된 상사판례연구 [Ⅰ], [Ⅱ], [Ⅲ]권은 해방 후 50년간 발간된 상사판례 평석 자료 등을 정리 · 보완한 것으로서, 선생님의 華甲과 서울대학교 법과대학 在職 30년을 기념하는 뜻을 담아서 발간되었습니다. 2000

년 4월에는 상사법무연구회 결성 후 학술세미나에서 발표된 논문과 1997년 이후 3년간의 주요 상사판례에 대한 평석 및 개정 상법의 해설 자료 등을 모아서 상사판례연구 [Ⅳ], [Ⅴ]권을 발간하였고, 2007년 5월에는 선생님의 古稀를 기념하기 위하여 그때까지 상사법무연구회 학술세미나에서 발표된 논문 및 연구자료 등을 중심으로 [Ⅵ], [Ⅶ]권을 발간하였습니다. 이번에 발간하는 상사판례연구 [Ⅷ], [Ⅸ], [Ⅹ]권은 2018년 12월 상사법무연구회의 활동이 종료되기 전까지 학술세미나에서 발표된 논문과 연구자료 등을 모은 책자로서, 20여년 동안 이어진 상사법무연구회의 연구 성과를 마무리 짓는 소중한 의미를 가지고 있습니다.

상사법무연구회의 성공적인 활동은 선생님의 연구회 결성 취지에 공감한 교수님과 판사님 그리고 변호사님들의 적극적인 참여가 있었기에 가능하였지만, 무엇보다 선생님의 학문에 대한 열정과 후학들에 대한 애정이 담긴 물심양면의 지원이 기반이 되었습니다. 노년에 몸이 불편하실 때에도 항상 학술세미나에 참여하시어 논문 발표와 토론의 부족함을 채워 주셨고, 세미나를 마친 후의 뒷풀이 모임도 함께 하시면서 후학들에 대한 격려를 아끼지 않으셨습니다. 선생님의 학문적 열정에 가득찬 모습과 온화하면서도 기품 있는 말씀은 상사법무연구회의 상징이었고 후학들의 귀감이 되었으며, 지금도 모든 회원들이 가슴에 새기고 각자의 영역에서 맡은 바 업무에 정진하고 있습니다.

너무나도 안타까운 일이지만 선생님의 이러한 모습은 이제는 뵙기 어렵게 되었습니다. 2020년 12월 2일은 대한민국 상사법의 발전에 훌륭한 업적을 남기신 대학자를 잃은 날이었고, 상사법무연구회 회원들로서는 학문적 스승이자 정신적 지주를 잃은 가슴 아픈 날이었습니다. 상사판례연구 [Ⅷ], [Ⅸ], [Ⅹ]권의 발간은 선생님의 기획 아래 상사법무연구회의 활동 종료를 기념하는 취지로 2018년부터 추진되었지만 여러 사정으로 지연되었고, 이제서야 선생님께서 마지막까지 정진하셨던 연구 활동과 학문적 업적을 기념하고 추모하는 뜻을 담아 발간하게 되었습니다. 선생님의 생전에 출판이 되어 직접 헌정하여 드리지 못한 것이 못내 아쉽지만, 지금이라도 마무리 지어 선생님의 훌륭하신 학문적 업적을 기릴 수 있게 된 것을 감사하게 생각합니다.

사실 지난 11년 동안 학술세미나에서 발표된 방대한 논문 자료를 모두 정리하여 3권의 책자로 만드는 작업이 간단한 일이 아니었지만, 발표자를 비롯한 모든 회원분들이 바쁘신 가운데도 책자 발간의 취지에 공감하여 적극적으로 협조해 주신 덕분에 다행스럽게도 선생님께서 기획하셨던 상사판례연구 시리즈 10권의 완간이라는 틀을 갖추어 발간할 수 있게 되었습니다. 소중한 정성과 따뜻한 관심을 보태 주신 발표자 및 편집자 여러분들께 진심으로 감사드리며, 아울러 선생님과의 인연으로 상사판례연구 책자의 발간 때마다 도움을 주셨고 마지막 발간까지 배려하여 주신 박영사의 안종만 회장님과 조성호 이사님께도 심심한 사의를 표합니다.

이번에 3권이 추가되어 모두 10권으로 완성되는 상사판례연구 시리즈 책자는 해방 이후 70년간의 주요 상사판례와 그에 대한 평석 및 법률 해설 자료 등을 집대성한 것으로서, 상법의 주요 쟁점과 법제 및 법리의 변화를 알 수 있는 중요한 역사적 의미를 가진 자료집입니다. 선생님이 뜻하신 바와 같이 향후 이러한 연구 성과를 토대로 하여 활발한 상사판례 연구 및 상사법의 발전이 이루어지기를 기대합니다.

2023년 8월 15일

편집대표

김용덕, 조인호, 박진순, 김용재, 김동민

# 第10券 執 筆 者

| | |
|---|---|
| 金相延 | 서울중앙지방법원 부장판사 |
| 金容載 | 고려대학교 법학전문대학원 교수 |
| 金容哲 | 울산지방법원 부장판사 |
| 金恩京 | 한국외국어대학교 법학전문대학원 교수 |
| 金柱永 | 법무법인 한누리 변호사 |
| 金弘基 | 연세대학교 법학전문대학원 교수 |
| 朴기쁨 | 전주지방법원 군산지원 부장판사 |
| 朴善鍾 | 숭실대학교 법학과 교수 |
| 朴亮俊 | 수원지방법원·수원가정법원 성남지원장 |
| 朴英朱 | 서울고등법원 고법판사 |
| 朴眞淳 | 아시아개발은행, 신용보증투자기구 법률총괄임원 |
| 吳泳俊 | 서울고등법원 부장판사 |
| 張德祚 | 서강대학교 법학전문대학원 교수 |
| 蔣尙均 | 법무법인(유한) 태평양 변호사 |
| 趙仁昊 | 前 증권선물위원회 위원, 덕성여자대학교 법학과 교수 |
| 崔東烈 | 법무법인 율촌 대표변호사 |
| 崔秉珪 | 건국대학교 법학전문대학원 교수 |

(가나다 順. 현직은 2023년 7월 기준)

# 目　次

제 1 편

## 保 險 法

제 2 편

# 海 商 法



제 3 편

# 資本市場法

# 제 1 편

# 保 險 法

# 保險契約上 告知義務 違反의 效果*

蔣 尙 均**

◎ 대법원 **2010. 7. 22.** 선고 **2010다25353** 판결

## [事實의 概要]

원고는 2007. 12. 25. 생명보험회사인 피고와 사이에 남편을 피보험자로 하고 피보험자의 중대한 질병, 장해, 사망을 보험사고 내용으로 하여 종신보험계약을 체결하였는데, 원고의 남편은 2009. 1.경 급성 백혈병으로 진단받고 피고에게 보험금의 지급을 청구하였다.

피고는 원고에게 위 백혈병으로 인한 보험금 약 5,700만 원을 지급하고, 피보험자의 고혈압 진단 및 투약사실 고지의무 위반을 이유로 보험계약의 해지를 통보하였다.

이에 원고는 피고를 상대로 계약 해지 무효확인소송을 제기하였다.

## [訴訟의 經過]

### 1. 原審 判決

#### (1) 원고의 주장

원고의 남편(이하 '소외인'이라고 한다)은 고혈압 진단 및 혈압관리가 필요하다는 판정을 받은 적은 있으나, 건강검진 차원에서 병원에 갔던 것이고 처방한 약을 복용하지도 않았으며, 계약 체결 직전 혈압측정시 130/90mmHg 이어서 고혈압에 해당된다고 생각하지 못하고 이를 고지하지 아니한 것이어서 고의·중과실이 있다고 보기 어려워 해지할 수 없다.

---

* 제23회 상사법무연구회 발표 (2010년 11월 27일)
본 평석은 「금융법연구」 제10권 제2호, 한국금융법학회, (2020)에 게재하였음.

** 법무법인(유한) 태평양 변호사

설령 고지의무 위반이 있다고 하더라도 고지의무위반과 보험사고와 사이에 인과관계가 인정되지 아니하므로 해지할 수 없다.

**(2) 판　단**

**(가) 고지의무 위반 여부**

소외인은 2006. 11. 25. 및 2007. 3. 6. 각 '본태성(원발성)고혈압' 판정을 받고 항고혈압제를 7일분 및 30일분 처방받고 복용하였으며, 2007. 5. 16. 건강검진시 혈압 130/90mmHg으로 혈압관리(B) 및 비만관리(B) 판정을 받았는데, 원고 및 남편(이하 통칭하여 '원고 등'이라고 한다)은 계약을 체결할 당시 보험청약서상의 "최근 5년 이내에 아래(고혈압 등)와 같은 증상이나 질환으로 의사로부터 진찰, 검사를 통하여 진단을 받았거나 치료, 투약입원, 수술, 정밀검사를 받은 적이 있습니까"라는 질문에 "아니오"라고 표시하였다. 따라서 고의 또는 중과실로 피고에게 고지하여야 할 사항을 사실대로 고지하지 아니함으로써 고지의무를 위반하였음이 인정된다.

**(나) 계약해지의 무효 여부**

상법 제651조는 고지의무 위반을 이유로 한 보험계약 해지권에 관하여 그 제한사유로서 제척기간의 도과 및 보험자의 고의·중과실이라는 사유만을 들고 있을 뿐이므로, 고지의무 위반으로 인한 해지권은 보험사고의 발생시기와 무관하게 인정된다고 할 것이고, 다만 고지의무 위반과 보험사고 사이에 인과관계가 존재하는 경우에는 상법 제655조 본문에 의하여 보험사고의 발생 후에 해지한 경우라도 보험금 지급의무를 면하고, 그 인과관계가 존재하지 아니하는 경우에는 상법 제651조에 의하여 보험계약을 해지할 수는 있지만 상법 제655조 단서에 의하여 보험금 지급의무를 부담한다고 해석함이 타당하다.[1)]

---

1) 상법 제651조 및 제655조의 전문은 다음과 같다.

제651조 (고지의무위반으로 인한 계약해지) 보험계약당시에 보험계약자 또는 피보험자가 고의 또는 중대한 과실로 인하여 중요한 사항을 고지하지 아니하거나 부실의 고지를 한 때에는 보험자는 그 사실을 안 날로부터 1월내에, 계약을 체결한 날로부터 3년내에 한하여 계약을 해지할 수 있다. 그러나 보험자가 계약당시에 그 사실을 알았거나 중대한 과실로 인하여 알지 못한 때에는 그러하지 아니하다.

제655조 (계약해지와 보험금액청구권) 보험사고가 발생한 후에도 보험자가 제650조, 제651조, 제652조와 제653조의 규정에 의하여 계약을 해지한 때에는 보험금액을 지급할 책임이 없고 이미 지급한 보험금액의 반환을 청구할 수 있다. 그러나 고지의무에 위반

만일 위와 같이 해석하지 아니하고 인과관계가 존재하지 아니하는 경우를 해지권의 제한사유로 보아 해지권 자체가 발생하지 아니한다고 본다면, 이 사건 보험계약과 같이 보험사고 발생으로 보험금을 지급한 후에도 보험계약관계가 존속하는 보험인 경우 후에 고지의무 위반 사실과 인과관계가 있는 보험사고가 발생하여도 고지의무 위반 사실을 안 날로부터 1월, 계약체결일로부터 3년이라는 상법 제651조의 제척기간의 도과로 인하여 해지권을 행사할 수 없게 되어 인과관계가 존재함에도 불구하고 보험금을 지급하여야 하는 불합리한 결과를 가져올 뿐만 아니라, 고지의무제도가 보험자로 하여금 위험에 대한 정확한 평가를 내리고 불량위험을 배제시키기 위한 것이라는 점에서 보험사고 발생의 원인을 사후적으로 문제를 삼는 것은 제도의 성격과도 맞지 않고, 보험계약 체결 전 고지의무가 이행된 경우에는 계약이 체결되지 아니하였거나 적어도 동일한 조건으로 계약이 체결되지는 않았을 것이고, 보험사고 발생 전 고지의무 위반사실을 안 경우에는 계약 해제가 가능하다는 점에 비추어 형평의 이념에도 반한다.

따라서 원고 등의 고지의무 위반과 백혈병의 발생이라는 보험사고와 사이에 인과관계가 인정되지 않는다 하더라도(피고도 이를 인정하여 원고에게 백혈병으로 인한 보험금을 지급하였다), 해지는 적법·유효하다.

### 2. 上告理由

원심에서의 원고 주장과 같다.

## [判決의 要旨][2)]

상법 제651조는 고지의무위반으로 인한 계약해지에 관한 일반적 규정으로 이에 의하면 고지의무에 위반한 사실과 보험사고 발생 사이에 인과관계를 요하지 않는 점, 상법 제655조는 고지의무위반 등으로 계약을 해지한 때에 보험금액청구에 관한 규정이므로, 그 본문뿐만 아니라 단서도 보험금액청

---

한 사실 또는 위험의 현저한 변경이나 증가된 사실이 보험사고의 발생에 영향을 미치지 아니하였음이 증명된 때에는 그러하지 아니하다.

2) 평석의 대상으로 삼은 부분은 원심 판결의 판단 중 (2)의 (나) 쟁점에 대한 부분이다.

구권의 존부에 관한 규정으로 해석함이 상당한 점, 보험계약자 또는 피보험자가 보험계약 당시에 고의 또는 중대한 과실로 중요한 사항을 불고지·부실고지하면 이로써 고지의무위반의 요건은 충족되는 반면, 고지의무에 위반한 사실과 보험사고 발생 사이의 인과관계는 '보험사고 발생시'에 비로소 결정되는 것이므로, 보험자는 고지의무에 위반한 사실과 보험사고 발생 사이의 인과관계가 인정되지 않아 상법 제655조 단서에 의하여 보험금액 지급책임을 지게 되더라도 그것과 별개로 상법 제651조에 의하여 고지의무위반을 이유로 계약을 해지할 수 있다고 해석함이 상당한 점, 고지의무에 위반한 사실과 보험사고 발생 사이의 인과관계가 인정되지 않는다고 하여 상법 제651조에 의한 계약해지를 허용하지 않는다면, 보험사고가 발생하기 전에는 상법 제651조에 따라 고지의무위반을 이유로 계약을 해지할 수 있는 반면, 보험사고가 발생한 후에는 사후적으로 인과관계가 없음을 이유로 보험금액을 지급한 후에도 보험계약을 해지할 수 없고 인과관계가 인정되지 않는 한 계속하여 보험금액을 지급하여야 하는 불합리한 결과가 발생하는 점, 고지의무에 위반한 보험계약은 고지의무에 위반한 사실과 보험사고 발생 사이의 인과관계를 불문하고 보험자가 해지할 수 있다고 해석하는 것이 보험계약의 선의성 및 단체성에서 부합하는 점 등을 종합하여 보면, 보험자는 고지의무를 위반한 사실과 보험사고의 발생 사이의 인과관계를 불문하고 상법 제651조에 의하여 고지의무위반을 이유로 계약을 해지할 수 있다고 할 것이다. 그러나 보험금액청구권에 관해서는 보험사고 발생 후에 고지의무위반을 이유로 보험계약을 해지한 때에는 고지의무에 위반한 사실과 보험사고 발생 사이의 인과관계에 따라 보험금액 지급책임이 달라진다고 할 것이고, 그 범위 내에서 계약해지의 효력이 제한될 수 있다고 할 것이다.

원심이 판시와 같은 이유로, 원고 등의 고지의무위반과 소외인에게 백혈병이 발생하였다는 보험사고 발생 사이에 인과관계가 인정되지 않는다 하더라도 피고가 원고 등의 고지의무위반을 이유로 한 이 사건 보험계약을 해지할 수 있다고 판단한 것은 위 법리에 따른 것으로 정당하고, 거기에 상고이유로 주장하는 법리오해 등의 위법이 없다.

그리고 원고가 지적하는 대법원 1994. 2. 25. 선고 93다52082 판결, 대법원 2001. 1. 5. 선고 2000다40353 판결은 보험사고 발생으로 인한 보험금액청구권의 존부를 다툰 사건으로 보험계약해지의 효력을 다투는 이 사건과는 그 사안을 달리하여 이를 원용하기에 적절하지 아니하다.

[評　　釋]

## Ⅰ. 告知義務 一般

보험계약자 또는 피보험자는 보험계약을 체결함에 있어서 보험자에 대하여 중요한 사실을 고지하고 부실의 사실을 고지하지 아니할 의무를 지는데, 이를 보험계약자의 고지의무라고 한다. 이러한 의무는 보험실무상 특히 인보험인 생명보험과 상해보험의 경우에 중요한 의미를 갖는다. 고지의무는 보험계약 체결시 요구된다는 점에서 보험계약이 성립된 다음에 보험계약자 등이 보험사고의 발생이나 위험의 현저한 변경·증가의 경우에 지는 통지의무(상법 제652조)와 다르다.

보험에 있어서는 사고발생의 합리적 위험률을 기초로 하여 보험금액과 보험료의 총액의 상호균형이 예정됨으로써 이에 따라 개개의 보험계약이 체결된다. 보험금과 보험료 간의 균형을 유지하기 위해서는 보험자가 직접 모든 위험상태를 조사해야 하지만, 보험의 단체성에서 볼 때 그것이 불가능할 뿐만 아니라 위험이 보험계약자의 내부적인 개인적 사정과 관련이 있는 때에는 그 측정이 곤란하므로 보험계약자의 고지의무가 필요하다. 이러한 고지의무는 보험단체를 도덕적 위험으로부터 보호하는 데에 기여한다.

## Ⅱ. 告知義務 違反의 效果에 대한 論議

### 1. 問題의 所在

이 사건에서 원고 등이 고지의무를 위반하였다는 점에 대하여는 별다른 의문이 없다. 문제는 이처럼 고지의무 위반사실이 인정됨에도 "고지의무를 위반한 사실과 보험사고의 발생 사이의 인과관계"가 인정되지 아니하는 경우에는 계약을 해지할 수 없는가 하는 점이다. 이는 종래 상법 제655조 단서의 해석 문제로 다루어져 왔는데, 학설이 나뉘어 있었고 판례는 보험자의 해지권을 부정하는 입장으로 받아들여지는 가운데, 금융감독원의 금융분쟁조정위원회에서는 판례와 달리 해지권을 긍정하는 입장으로 실무를 처리하고 있어 논란이 되어 왔다. 그런데, 대상 판결은 사실상 종래의 입장을 번복하였다. 아래에서는 상법 제655조를 둘러싼 입법론적 논의, 위 쟁점에 대한 종래의 찬반양론, 종래의 판례들부터 살펴보기로 한다.[3)]

## 2. 商法 第655條 但書의 解釋論 (保險金請求權 關聯)

### (1) 상법 제655조 본문과 단서

상법 제651조는 고지의무를 규정하면서 일정한 요건하에 그 위반이 있게 되면 그 위반효과로서 보험계약의 해지를 허용하고 있다. 고지의무로 인하여 보험계약을 해지한 경우 그 효과의 원래 모습은 해지되기까지의 법률관계는 온전히 유효한 것으로 해석되어 만약 해지 이전에 보험금 지급사유에 해당되는 보험사고가 발생하였다면 보험자는 보험금 지급의무를 부담하게 되며 해지 이전에 보험금이 지급되었다면 이는 유효한 지급이 되어 반환청구의 대상이 될 수 없는 것이다. 그런데 제655조의 내용을 보면 해지의 효과에 관한 이러한 원칙과 많은 차이점을 발견할 수 있다.

즉 제655조 본문은 "보험사고가 발생하더라도 고지의무 위반을 이유로 보험자가 보험계약을 해지하게 되면 보험금액을 지급할 책임이 없으며, 만약 보험금을 이미 지급하였다면 그 반환을 청구할 수 있다."라고 규정하고 있다. 그리고 같은 조 단서에서는 "고지의무 위반 사실과 이미 발생한 보험사

3) 원고가 행사한 해지권은 상법에 기한 것이 아니라 계약(약관)에 기한 것이었다. 즉, 이 사건 보험계약의 약관 제27조 제1항 본문은 고지의무 위반의 효과에 관하여 "회사는 계약자 또는 보험대상자(피보험자)가 제26조(계약전 알릴 의무)에도 불구하고 고의 또는 중대한 과실로 중요한 사항에 대하여 사실과 다르게 알린 경우에는 회사가 별도로 정하는 방법에 따라 계약을 해지하거나 보장을 제한할 수 있습니다"라고 규정하고 있었고, 원심의 사실인정에 따르면 원고는 위 약관 제27조에 의하여 보험계약의 해지를 통보하였다고 한다. 상법 보험편은 제663조에서 법률 규정보다 보험계약자 등에게 불이익한 약정을 무효화시키는 이른바 '편면적 강행규정'을 두고 있으므로, 이 사건의 쟁점은 엄밀히 말하자면 위 약관 제27조가 '인과관계 부존재 시에도 해지권을 인정하는 불이익 변경으로서 유효한가'라는 약관 해석(효력)의 문제라고도 할 수 있으나, 논리상 제655조 단서의 해석 문제와 큰 차이가 없으므로, 편의상 원심 및 대상 판결에서 취급한 방식 그대로 제655조 단서의 해석 문제로 바꾸어 살피기로 한다.

고 사이의 인과관계가 없다면 그러하지 아니하다."라고 규정하고 있다. 상법 제651조에 의하여 고지의무 위반의 효과로서 보험자가 계약해지권을 가지게 되는데, 상법 제655조에서는 보험자의 보상책임과 관련하여서는 결과적으로 해지의 소급적 효력을 인정하고 있는 셈이다. 이렇게 '고지의무 위반 사실과 보험사고 발생 사이의 인과관계의 부존재'가 인정되면 보험자는 보험금지급 책임을 면하지 못한다는 입장(이른바 '인과관계주의' 또는 '인과주의')을 취하는 입법례로는 구 일본 상법 제645조 제2항,[4] 현행 일본 보험법 제31조 제2항 제1호[5] 등이 있고, 독일 보험계약법 제21조[6]도 이에 해당한다.[7]

### (2) 입법론적 검토

위와 같은 입법은 타당한가. 이러한 제한 규정을 두는 이유는 보험계약자의 보호에 있다고 평가된다.[8] 그러나 이에 대하여는 ① 고지의무제도가 보험자로 하여금 위험에 대한 정확한 평가를 내리고 불량위험을 배제시키기 위한 것이라면 보험사고 발생의 원인을 사후적으로 문제를 삼는 것은 모순이고, ② 보험계약자가 사전에 올바로 고지하였더라면 계약이 맺어지지 아니

4) 2008년 보험법 제정 전의 구 일본 상법 제645조 제2항은 "보험자는 위험발생 후 해제를 한 경우에도 손해를 전보할 책임이 없다. 만일 이미 보험금액을 지급한 때에는 그 반환을 청구할 수 있다. 그러나 보험계약자가 위험의 발생이 고지하거나 또는 고지하지 아니한 사실에 기한 것임을 증명한 때에는 그러하지 아니하다."라고 규정하고 있다.

5) 일본 보험법은 보험 유형별로 '인과관계 부존재의 특칙'을 별도로 두고 있는데(손해보험계약에 관한 제31조 제2항 제1호, 생명보험계약에 관한 제59조 제2항 제1호, 상해질병정액보험계약에 관한 제88조 제2항 제1호 등), 그 내용은 거의 동일하다. 예컨대 손해보험계약에 관한 제31조 제1항 및 제2항의 내용은 아래와 같다.

> ※ 일본 보험법 제31조 (해제의 효력)
> ① 손해보험계약의 해제는 장래에 향하여서만 그 효력을 발생한다.
> ② 보험자는 다음 각 호에 기재된 규정에 의해 손해보험계약의 해제를 한 경우에는 해당 각 호에 정한 손해를 전보할 책임을 지지 아니한다.
> 1. 제28조 제1항에 의해 해제가 된 경우 그 때까지 발생한 보험사고에 의한 손해. 다만 동항의 사실에 기초하지 않고 발생한 보험사고에 의한 손해에 대하여는 그러하지 아니하다.

6) 독일 보험계약법 제21조에는 "보험자가 보험사고 발생 후에 보험계약을 해지하는 경우 고지의무를 위반한 사정이 당해 보험사고의 발생 및 보험자의 급부 범위에 영향을 미치지 아니하였을 때에는 보험자의 급부의무는 여전히 존속한다."라고 규정되어 있다.

7) 「주석 상법(VII)」, [보험], 한국사법행정학회, 176면.

8) 이균성, "고지의무의 위반과 인과관계", 「민사판례연구」 제17집, 민사판례연구회, (1995), 228면 참조.

한 경우와 균형이 맞지 아니하며, ③ 보험자가 보험계약 당시에 고지의무위반의 대상이 된 사항에 대하여 진실을 알았더라면 보험자는 적어도 동일한 계약 내용으로는 보험계약을 맺지 않았을 것이고 여기에 보험자에게 계약해지권을 인정하는 기초가 있다고 할 것이므로, 고지의무 위반 사항과 보험사고가 인과관계가 없다는 이유로 보험자의 책임을 인정하는 것은 논리적으로 일관한 것이라 할 수 없고 보험제도 운영의 기본원리를 무시한 것이라는 비판이 있다.9)

반면, 이 경우 보험자는 그가 보험계약을 체결함에 있어서 그가 인수하기로 한 위험에 대하여 책임을 지는 것에 불과하고 그에게 고지된 사항에 상응하는 책임을 지는 것과 다르지 않기 때문에 보험자에게 부당하게 부담이 되는 것은 아니며 인과관계가 없는 경우라도 보험계약자가 사기로 고지의무를 위반함으로써 보험계약의 체결에 영향을 미친 때에는 책임을 지지 아니한다는 이유로 옹호하는 입장도 있다.10)

한편, 우리법과 달리 영미법에서는 고지의무 위반의 효과로서 소급적으로 무효화시키는 효력을 가지는 취소권이 발생하는 것으로 하고 있고,11) 아울러 고지의무 위반과 보험사고 간의 인과관계의 유무는 처음부터 문제될 여지가 없이 보험자의 보험금 지급의무가 절대적으로 면책되는 것으로 하고 있다. 프랑스 등의 보험계약법은 고지의무의 이행의 경우와 그 위반의 경우 간의 보험료 차액의 비율을 감안하여 보험금을 감액하는 이른바 '비례보상주의'의 입장을 취하고 있다고 한다.12)13)

살피건대, 보험계약의 선의성을 강조하는 입장에서 보자면 오히려 "고

9) 양승규, 「보험법」 제2판, (1999), 126면.: 입법론으로는 상법 제655조 단서를 삭제하거나, 아니면 해석론으로서 그 예외규정을 엄격하게 풀이해야 한다고 주장한다.

10) 최기원, 「보험법」 제3판, 박영사, (1998), 191면.

11) 대표적으로, 영국 해상보험법은 고지의무 위반을 이유로 한 취소권을 인정하고 있다.: 그 법이 준거법이었던 대법원 1996. 3. 8. 선고 95다28779 판결 참조.

12) 이균성, 전게논문, 227면.

13) 장덕조, 「보험법쟁점 연구 I」, 법영사, 96면.: 취소를 하게 되면 당사자들은 원상회복 의무를 부담하여 보험사고가 발생한 후라고 하더라도 보험자는 책임을 부담하지 아니하며, 만약에 보험금이 지급되었다면 그 금액을 청구할 수 있으나 보험자는 반드시 미경과 보험료뿐만 아니라 경과 보험료도 환급하여야만 하고, 입법론으로는 영미와 같이 고지의무 위반에 관한 구제책으로 취소권을 부여하는 것이 타당하다고 한다.

지의무 위반 사실과 보험계약의 체결 여부 사이의 인과관계", 즉 고지의무 위반 사실을 알았더라면 보험자가 보험계약의 체결 여부 내지는 보험료와 관련하여 달리 결정하였을 것인가를 기준으로 법률효과를 달리 규정하는 것이 합리적이라고 보이고, 위 조항을 그대로 적용할 경우 설령 보험자가 사전에 알았더라면 보험계약을 거절하였을 보험계약자 등도 일단 보험사고가 발생할 때까지만 발각되지 않으면 부분적으로, 즉 인과관계가 부존재하는 위험 영역에서 보험계약의 효력을 유지하는 것과 같은 이익을 누리는 결과가 되어 보험계약자 등의 기회주의적인 행동을 유발할 가능성이 크다는 불합리함이 존재한다. 그러나 보험계약자 등이 보험계약의 체결 및 이행 과정에서 여전히 보험자에 비하여 법률상 특별한 보호가 필요한 사회적 약자에 해당하는 경우가 많은 점, 소급적으로 효력을 상실시키는 방식과는 달리 보험자는 보험료 반환의무를 부담하지는 아니하는 점, 고지의무위반이 사기에 해당하는 경우에는 보험자가 민법 제110조(사기, 강박)에 의하여 보험계약을 취소할 권리를 별도로 보유하고 있는 점[14)][15)]에 비추어 보면, 위와 같은 입법적 태도도 수긍할 만하다.

상법의 일부로 존재하다가 2008년 독립하여 제정된 일본의 신 보험법의 제정과정에서도, 보험계약자의 행위 태양을 고려하지 않고 일률적으로 예외적인 취급을 하는 것은 지나치게 경직적이라는 지적에 따라 종전 제645조 제2항 단서의 이른바 '인과관계 부존재의 경우의 특칙'을 삭제하는 방안이 검토되었으나, 보험계약자의 보호라는 차원에서 이 특칙을 유지하기로 하였다고 한다(일본 보험법 제31조 제2항 제1호 단서 참조).[16)]

---

14) 판례는 고지의무 위반의 효과와 관련하여 민법 제110조가 중첩적으로 적용된다고 보는 입장이다.: 「보험계약을 체결함에 있어 중요한 사항에 관하여 보험계약자의 고지의무 위반이 사기에 해당하는 경우에 보험자는 상법의 규정에 의하여 계약을 해지할 수 있음은 물론 민법의 일반 원칙에 따라 그 보험계약을 취소할 수 있다」라고 판시한 대법원 1991. 12. 27. 선고 91다1165 판결 참조.

15) 이와 관련하여 독일 보험계약법 제22조에서는 사기에 관한 민법의 규정이 고지의무 위반의 경우에도 적용된다는 것을 분명하게 하기 위하여, "위험한 상황에 대한 사기로 계약을 취소할 수 있는 보험자의 권리는 영향을 받지 아니한다."라고 규정하고 있다고 한다.: 최기원, 전게서, 179면 참조.

16) 김선정, "일본 보험법상 고지의무제도의 개혁", 「기업법연구」 제22권 제4호, 한국기업법학회, (2008), 383면.

### (3) 인과관계 부존재의 입증

인과관계 부존재의 입증책임을 보험계약자 등이 부담한다는 점에 대하여도 별다른 이론이 없는데,[17] 위와 같은 비판적인 입장에 영향을 받은 까닭인지 판례는 엄격한 입증을 요구함으로써 사실상 상법 제655조 단서의 적용범위를 축소하고 있다고 평가된다.

대법원은 「보험계약을 체결함에 있어 중요한 사항의 고지의무를 위반한 경우 고지의무 위반사실이 보험사고의 발생에 영향을 미치지 아니한 점, 즉 보험사고의 발생이 보험계약자가 불고지하였거나 부실고지한 사실에 의한 것이 아니라는 점이 증명된 때에는 상법 제655조 단서의 규정에 의하여 보험자는 위 부실고지를 이유로 보험계약을 해지할 수 없을 것이나, 위와 같은 고지의무 위반사실과 보험사고 발생과의 인과관계가 부존재하다는 점에 관한 입증책임은 보험계약자 측에 있으므로, 만일 그 인과관계의 존재를 조금이라도 엿볼 수 있는 여지가 있으면 위 단서는 적용되어서는 안 될 것이다」라고 하여, 보험자 측에 유리한 해석을 하고 있다.

대표적인 사례를 보면, ① 서울의 요정에서 일하던 접대부가 사망보험계약을 체결하면서 그 직업을 '주부'로 허위 고지하였는데 그 후 일본 동경에서 교통사고로 사망하자 그 내연의 남편이 보험회사를 상대로 보험금의 지급을 청구한 사건에서, 직업이 위 교통사고의 발생에 영향을 미치지 아니하였다는 원고의 주장을 받아들여 인과관계의 유무에 대한 별다른 심리 없이 인과관계가 존재하지 아니한다고 본 원심을 파기환송하였고(직업 고지의무 위반 사건),[18] ② 자동차운전 종합보험계약 체결시 보험료를 절약하기 위

---

17) 위에서 보듯이 일본 상법 제645조 2항 단서에는 이 점이 명시적으로 규정되어 있다.

18) 대법원 1992. 10. 23. 선고 92다28259 판결.: 동 판결에서는 「오히려 원심은 위 소외인이 국내에서 접대부로 종사한 경력을 지닌 부녀자로서 이 사건 사망 당시에도 일본국 동경시내의 유흥업소가 밀집한 지역에서 심야에 차도를 보행하다가 교통사고를 당하게 된 경위에 비추어 그가 사망 직전 유흥업과 관련한 업무에 종사하였을 가능성을 배제하지도 않고 있는 터이다. 만일 위 소외인이 사망 직전에도 계속 접대부로 종사하고 있었다면, 그의 사망사고가 비록 우연한 교통사고로 인한 것이기는 하지만, 그 발생시각이나 장소 등 특수한 사정으로 미루어 볼 때 접대부의 종사활동에 기인한 것이라고 볼 여지가 충분하고, 이러한 경우 위 사고의 발생과 이 사건 보험계약체결상의 피보험자 직업에 관한 고지의무 위반사실과의 사이에 전혀 인과관계가 존재하지 아니한다고 단정할 수는 없다 할 것이다」라는 판단을 덧붙이고 있다.

하여 주운전자가 26세의 미혼자임에도 46세의 기혼자로 고지하였는데 그 후 27세의 친구가 운전하다가 중앙선 침범 사고가 발생하자 보험회사가 보험금 지급채무의 부존재확인의 소를 제기한 사건에서, 피고의 입증이 부족하다고 한 원심의 판단이 옳다고 하면서, 「고지된 주운전자 이외의 자가 운전한 경우에도 부보되는 이 사건과 같은 개인용 자동차종합보험에 있어서 보조운전자로서의 운전수행에 해당되는 한 주운전자가 부실고지되었다 하더라도 보험사고발생과 아무런 인과관계가 없다고 한다면 주운전자에 관한 사항은 고지의무의 대상인 중요한 사항이 되지 아니하게 되고 주운전자의 부실고지는 보험계약의 해지사유가 되지 아니하는 기이한 결과가 초래된다」라고 덧붙인 바 있다(주운전자 고지의무 위반 사건).[19][20]

이와 같은 판례의 태도에 대하여는 입법론에 지나치게 영향을 받은 나머지 일종의 편법으로 문제를 해결하려 한다는 비판도 있다.[21]

### 3. 商法 第655條 但書의 解釋論 (保險契約 解止權의 有無)

#### (1) 문제의 소재

상법 제655조 단서의 해석과 관련하여 종래 문제된 것 중 하나가 '그러하지 아니하다'의 정확한 의미가 무엇인가 하는 점이다. 앞서 본 것처럼 보험사고와 인과관계가 없는 고지의무 위반에 대하여 보험자가 보험금 지급의무를 부담하게 되는 점에 대해서는 의문이 없다. 그런데 보험자는 보험금 지급책임을 부담하는 것 외에 보험계약을 해지할 수도 없는 것인지 아니면 보험계약을 해지할 수는 있으되 다만 보험금 지급책임은 여전히 부담하는 것인지가 분명하지 않다.

---

19) 대법원 1994. 2. 25. 선고 93다52082 판결.: 이 판결을 지지하는 평석으로는 양승규, "주운전자의 부실고지와 보험사고와의 인과관계", 법률신문 제2300호; 김성태, "주운전자의 고지", 「보험법률」 통권 제2호, 보험신보 출판부,: 비판하는 평석으로는 정진세, "고지의무 위반과 인과관계", 「사법행정」 제406호, 한국사법행정학회, (2004) 참조.

20) 이처럼 엄격한 태도는 일본 판례의 전통적 입장이다.: 日本 大審院 1929. 12. 21. 宣告 昭和4年(オ), 第609號, 第3民事部 判決(법률신문 제3090호 14면)에서는, 「인과관계의 부존재에 관한 상법 규정의 적용에 있어서는 사고와 고지의무 위반사실과의 사이에 전혀 인과관계가 없어야 하고, 만일 조금이라도 그 사이에 인과관계를 엿볼 수 있는 여지가 있으면 그 규정은 적용할 수 없다」라고 하였다.

21) 최준선, "고지의무와 인과관계", 「판례월보」, (1995), 16면.

이러한 의문점은 보험사고의 발생으로 보험계약관계가 자동적으로 소멸되거나 종료되는 경우에는 크게 문제될 것이 없으나, 만약 보험금액이 지급된 후에도 계약관계가 소멸되거나 종료되지 않고 그 효력이 지속되거나 분손사고 후 잔존보험금액의 한도 내에서 계약 관계가 계속되는 보험의 경우에는 논의의 실익이 있다. 왜냐하면 인과관계가 없는 경우에 해지할 수 없다는 견해에 따르면 보험기간 중 고지의무 위반사실과의 인과관계가 없는 보험사고가 반복해서 발생하는 경우에도 계속해서 보험자는 보험금 지급책임을 부담하여야 하는가의 문제가 발생하기 때문이다.[22] 이 사건의 사안이 바로 논의의 실익이 존재하는 전형적인 경우이다.

(2) 부정설

첫째 견해는 보험사고와 고지의무 위반사실과의 인과관계가 없을 경우 보험자의 해지권이 부정된다고 보는 입장이다. 전통적으로 다수설로 평가되었고,[23] 판례는 위 '주운전자 고지의무 위반 사건'에서 「보험계약을 체결함에 있어 고지의무 위반사실이 보험사고의 발생에 영향을 미치지 아니하였다는 점, 즉 보험사고의 발생이 보험계약자가 불고지하였거나 부실고지한 사실에 의한 것이 아니라는 것이 증명된 때에는 상법 제655조 단서의 규정에 의하여 보험자는 위 부실고지를 이유로 보험계약을 해지할 수 없는 것이지만, 위와 같은 고지의무 위반사실과 보험사고 발생과의 인과관계의 부존재의 점에 관한 입증책임은 보험계약자에게 있다」라고 판시하였고, 인과관계의 존부가 문제된 여러 사건에서 같은 취지의 판시를 남긴 바 있어서 부정설로 이해되어 왔었다.[24]

이 견해에 따르면 고지의무 위반이 있고 보험사고가 발생하지 않은 경우에는 보험자는 제651조에 따라 계약을 해지할 수 있는 반면에, 보험사고가

---

22) 장경환, "고지의무 위반사실과 인과관계 없는 사고의 연장과 보험자의 책임범위", 「생명보험」 (1999), 19면; 정찬형, "상법 제651조와 동 제655조 단서와의 관계", 「고시연구」 (2000), 76면 참조.

23) 양승규, 「보험법」 제3판, 삼지원, 126면; 이범찬 · 최준선, 「상법(하)」 제2판, 삼영사, 462면; 손주찬, 「상법(하)」 제10정증보판, 박영사, 532면; 정호열 · 한기정, "고지의무에 관한 고찰 -대법원 판례의 동향과 이에 대한 비판을 중심으로-", 「법학」 제40권 제1호, 서울대학교 법학연구소, 106면 등.

24) 대법원 1992. 10. 23. 선고 92다28259 판결; 대법원 1997. 9. 5. 선고 95다25268 판결; 대법원 2001. 1. 5. 선고 2000다40353 판결 등.

발생한 경우 그때에 인과관계의 유무를 따져 인과관계가 없음이 사후적으로 입증된 때에는 고지의무 위반사실이 명백함에도 불구하고 계약을 해지할 수 없게 된다.

### (3) 긍정설

과거 보험감독원 시절을 포함하여 금융감독원은 분쟁조정사건에서 고지의무 위반사실과 보험사고 사이에 인과관계가 없는 경우 보험자는 보험금 지급의무는 부담하지만 계약 해지는 할 수 있다고 해석하였고,[25] 하급심 판례 중에도 같은 입장을 취하여 그대로 확정된 것이 있었다.[26]

최근에는 이 견해도 유력해졌는데,[27] ① 상법 제651조는 고지의무 위반으로 인한 보험계약을 해지함에 있어 인과관계의 존재를 요구하지 않는 점, ② 이처럼 고지의무 위반에 대한 법적 효과가 보험계약의 해지라는 것은 제651조에 의해 명백하고 그 해지의 모습이 제655조 본문에서 구체적으로 규정되고 있는데 그것은 보험자의 보험금 지급책임과 관련하여 소급적으로 효력을 인정한다는 것이며 인과관계의 문제가 제655조 단서에 이르러서야 비로소 거론되는 점을 종합해 보면 고지의무 위반의 효과는 해지이고 인과관계의 문제는 오로지 보험금 지급책임 인정의 요건이라는 점, ③ 조문의 제목도 제651조는 '고지의무 위반으로 인한 계약해지'이고 해지의 구체적 모습을 담은 제655조의 제목은 '계약해지와 보험금액청구권'인데 이는 제655조 본문과 단서가 고지의무 위반으로 인해 해지를 하는 경우에 보험자의 보험금 지급책임의 유무를 인과관계의 존부에 따라 원칙과 예외로 나누어 규정하고

---

25) 인보험분쟁조정위원회 사건92조정-8, 사건93조정-2, 사건93조정-31; 금융분쟁조정위원회 제99-21호, 2000-8호, 2000-30호, 2001-7호 등.

26) 서울중앙지방법원 2004. 10. 28. 선고 2004나21069 판결.: 「대퇴골두괴사증 치료를 받은 적이 있는 원고(피항소인)가 고지의무를 위반하였으나 후에 이와는 상관없이 골육종(암)이 걸린 사실이 밝혀져 피고(항소인)를 상대로 치료비 등을 청구한 사건에서, 고지의무위반과 보험사고와의 사이에 인과관계가 없는 경우 보험계약을 해지할 수 있으되, 다만 보험금 지급의무만을 부담한다」라고 하여 긍정설을 취하였다.

27) 박세민, "보험법 개정방향에 관한 연구", 「법조」 제55권 제6호, (2006), 224면; 이준섭, "고지의무위반으로 인한 보험계약 해제와 보험금청구권", 「경영법률」 제6집, (1996), 265면; 최병규, "보험법상 고지의무에 관한 전반적 고찰", 「월간생협」 (1999), 21면; 김성태, 「보험법강론」, 법문사, 334면; 심상무, "고지의무 제도의 개선방향", 「비교사법」 제4권 제2호, (1997), 36면; 장경환, 전게논문, 20면; 정찬형, 전게논문, 76면; 최준선, 「보험법 · 해상법」 제3판, 삼영사, (2005), 98면 등.

있음을 보여주고 있다는 점, ④ 보험자가 고지의무 위반의 대상이 된 사실을 알았더라면 적어도 동일한 조건으로 보험계약을 체결하지는 않았을 것이며 보험기간 동안 수회의 보험사고가 발생할 수 있는 자동차보험 등에서는 이후 보험계약을 해지할 필요성이 큰 점 등이 지적되었다.

또한 부정설이 상법 제655조 단서를 보험계약 해지의 제한사유로 보는 것은 보험계약의 해지와 보험자의 보험금 지급책임을 동일시하려는 태도인데, 이는 고지의무 위반에 대하여 보험계약을 해지할 수 있다고 규정한 상법 제651조 및 제655조의 취지를 벗어난 것이며, 또한 이는 보험계약 해지의 효과를 보험사고 발생 후에는 인과관계의 존부에 의하여 선별적으로 인정하겠다는 결과가 되므로 고지의무 위반제도의 우회적인 파괴를 인용하는 태도라고 비판하기도 하였다.[28]

한편 독일의 보험계약법 제21조 제2항 및 제28조에서는, 보험사고의 발생과 인과관계가 없는 경우에도 보험자의 고지의무 위반을 이유로 하여 계약의 해지가 가능한 것으로 명문으로 규정하고 있다.[29]

### (4) 2008년 상법 보험편 개정안

긍정설을 취하는 입장에서 인과관계 없는 보험사고와 관련하여 보험자의 계약해지권을 명문화하자는 주장이 있었고, 2008년 법무부가 국회에 제출한 상법 보험편 개정안에서 이 주장이 채택된 바 있다.[30]

### (5) 소결론

조문의 표목이나 문언 자체를 보든, 사회적 효율성의 측면에서 보든, 제655조 단서의 취지는 보험사고 발생으로 인하여 보험계약 관계가 종료되거나 소멸되지 않는 경우 고지의무 위반사실과 인과관계 없는 보험사고가 발생한 경우에 제655조 본문의 이른바 소급효 있는 해지권을 제한함으로써 보

---

28) 심상무, "고지의무 위반의 효과", 「법률신문」 제2141호, (1992), 10면.

29) 최병규, "외국의 개정 보험계약법과 고지의무의 나아갈 방향", 「경영법률」 제20권 제2호, 한국경영법률학회, (2009), 110면.

30) 제655조 (계약해지와 보험금청구권) 보험사고가 발생한 후에도 보험자가 제650조, 제651조, 제652조 및 제653조에 따라 계약을 해지한 때에는 보험금을 지급할 책임이 없고 이미 지급한 보험금의 반환을 청구할 수 있다. 다만 고지의무를 위반한 사실 또는 위험이 현저하게 변경되거나 증가된 사실이 보험사고의 발생에 영향을 미치지 아니하였음이 증명된 때에는 계약을 해지하더라도 보험금을 지급할 책임이 있다.

험자로 하여금 보험사고에 대한 보험금 지급책임을 부담시키려는 것뿐이며 보험자의 보험계약 해지권을 근본적으로 부정하는 것은 아니라고 보는 것이 옳다. 긍정설이 타당하다고 생각된다.

## Ⅲ. 對象 判決의 意義

대상 판결은 종래 상법 제655조 단서의 해석과 관련하여 부정설로 평가되던 입장을 변경한 것으로 평가된다. 다만, 종래 부정설로 평가되던 대법원 1994. 2. 25. 선고 93다52082 판결 및 대법원 2001. 1. 5. 선고 2000다40353 판결은 "보험사고 발생으로 인한 보험금 청구권"의 존부를 다툰 사건이지 이 사건처럼 "보험계약 해지의 효력"을 다툰 것이 아니라는 이유로 사안을 달리한다고 보아 전원합의체에 의한 판례 변경의 수순을 밟지 아니하였다.

한편 이러한 두 개의 판결뿐만 아니라 위 본문 Ⅱ. 3. (2)의 각주 24)에서 언급한 나머지 두 건의 판결들(대법원 1992. 10. 23. 선고 92다28259 판결; 대법원 1997. 9. 5. 선고 95다25268 판결)도 보험회사를 상대로 한 보험금 청구 사건이어서, 보험계약 해지의 효력이 다투어진 이 사건과 사안을 달리하기는 마찬가지이다.

# 告知義務違反 要件으로서의 重過失*

張 德 祚**

◎ 대법원 2013. 6. 13. 선고 2011다54631, 4648 판결

**[事實의 槪要]**

(1) 甲(피고)의 母인 乙을 대리하여 丙(乙의 동생)은 2007. 6. 29. 丁보험사(원고)와 피보험자를 甲으로 하여 무배당웰스라이프보험계약(이하 '이 사건 보험계약'이라 한다)을 체결하였다. 丙은 이 사건 보험계약 당시 '계약 전 알릴의무 사항'에 기재된 "최근 3개월 이내에 의사로부터 진찰, 검사를 통하여 진단을 받았거나 그 결과 치료, 입원, 수술, 투약 을 받은 사실이었습니까?"라는 질문에 대하여 "아니오"라고 답변하였다.

(2) 甲은 2007. 6.경 어지럼증으로 동네 의원에 내원하였다가 초음파검사 결과 3개의 갑상선결절이 있다는 소견을 듣고, 2007. 6. 12. A병원 내분비내과에 내원하였다. 내분비내과에서 의사는 甲에게 갑상선 결절들로 진단하고 초음파검사를 실시하기로 결정하였다. 초음파검사 결과 2007. 6. 21. 갑상선 양성과 갑상선 악성종양의증으로 판독되었다. 이에 갑상선 결절에 대하여 초음파 유도 하에 미세침 흡인검사를 시행받았다. 이후 A병원의 병리과 의사는 2007. 9. 13. 갑상선 결절을 유두 암종으로 판독하였고, 내분비내과 의사는 2007. 10. 1. 위 판독 결과를 토대로 위 결절을 유두갑상선암종으로 평가하고 甲에게 이비인후과에서 수술을 받도록 권유하였다. 이에 따라 甲은 2007. 11. 7. 수술을 받기 위해 입원하였으나, 甲이 임신 중인 것으로 밝혀지자, 의료진은 출산 후 수술을 시행하기로 결정하고, 다음 날인 11. 8. 甲을 퇴

---

* 제32회 상사법무연구회 발표 (2013년 11월 30일)
본 평석은 「금융법연구」 제10권 제2호, 한국금융법학회, (2013)에 게재하였음.

** 서강대학교 법학전문대학원 교수

원시켰다. 甲은 2008. 7. 2. 출산한 후 A병원 이비인후과에 재차 입원하여, 2008. 9. 24. 전신마취하에 갑상선 전절제술 및 중심경부 임파선 곽청술을 시행받은 후, 9. 26. 퇴원하였는데, A병원 병리과 의사는 2008. 9. 26. 조직병리검사를 통하여 유두상 갑상선암으로 판독하였다. 그 후 甲은 2009. 1. 12.부터 1. 13.까지 방사선 치료를 받았다.

(3) 甲은 2009. 8. 7. 丁보험사에게 위와 같은 갑상선암의 진단 및 치료 등을 이유로 이 사건 보험계약에 따른 보험금의 지급을 청구하였으나, 丁은 2009. 9. 7. 甲에게 고지의무 위반을 이유로 이 사건 보험계약을 해지한다고 통보하였다. 丁은 甲이 사건 보험계약 체결 전인 2007. 6. 12. 갑상선 결절로 진단을 받았고, 이는 고지의무의 대상이 되는 중요한 사항임에도 불구하고, 보험계약자인 乙이나 乙을 대리한 丙, 피보험자인 甲이 이 사건 보험계약을 체결하면서 고지하지 아니하였고, 이에 고지의무 위반을 이유로 이 사건 보험계약을 해지하였다고 주장하였다.

(4) 이에 대하여 甲은 보험계약자인 乙이나 그 대리인 丙은 피고가 갑상선 결절로 진단받은 사실을 알지 못하였고, 甲도 이 사건 보험계약의 체결사실을 전혀 알지 못하여 위와 같이 갑상선 결절로 진단받은 사실을 고지할 기회가 없었으므로, 乙이나 丙 및 甲에게 고의 또는 중대한 과실이 없다고 주장하였다.

## [訴訟의 經過]

### 1. 第1審의 判斷[1)]

피보험자가 승소하였다. 보험계약에 있어 고지의무 위반이 성립하기 위하여는 고지의무자에게 고의 또는 중대한 과실이 있어야 하고, 여기서 말하는 고의란 고지하여야 할 사실을 알고 그 사실이 고지하여야 할 중요한 사실이라는 것을 알고 있는 것을 말하고, 중대한 과실이란 고지하여야 할 사실은 알고 있었지만 현저한 부주의로 인하여 그 사실의 중요성의 판단을 잘못하거나 그 사실이 고지하여야 할 중요한 사실이라는 것을 알지 못하는 것을

1) 수원지방법원 2010. 9. 16. 선고 2009가합24265(본소), 2010가합15748(반소) 판결.

말하며(중략), 이 사건 보험계약 체결 사실을 알지 못하였던 피고로서도 이 사건 보험계약 체결 당시 이를 알릴 수 있는 기회가 전혀 없었으므로 고지의무를 다하지 않은 것에 고의 또는 중대한 과실이 있다고 볼 수 없으므로, 결국 이와 달리 乙이나 丙, 피고에게 고지의무를 다하지 않은 데에 고의 또는 중대한 과실이 있음을 전제로 한 원고의 위 주장은 나머지 점에 관하여 살필 필요 없이 이유 없다.

이에 대하여 원고는, 乙이나 丙이 피고에게 '계약 전 알릴의무 사항'에 관하여 명확히 확인하여 보험자인 원고에게 고지하여야 할 의무가 있음에도, 피고에게 이를 확인 하지 않았으므로 乙이나 丙에게 고지의무를 다하지 않은 데에 중대한 과실이 있다고 주장하므로 살피건대, 보험자가 질문하는 사항에 대하여 보험계약자가 피보험자에게 일일이 사전에 확인하여야 할 주의의무가 있다고 볼 수 없을 뿐만 아니라(오히려 이에 관하여는 보험자가 피보험자에게 확인하여야 할 주의의무가 있다고 할 것이다), 앞서 본 바와 같이 고지의무 위반이 성립하기 위하여 필요한 중대한 과실이란 고지하여야 할 사실은 알고 있었지만 현저한 부주의로 인하여 그 사실의 중요성의 판단을 잘못하거나 그 사실이 고지하여야 할 중요한 사실이라는 것을 알지 못하는 것을 말하는 것이고, 고지하여야 할 사실 자체를 알지 못한 경우까지 포함하는 것은 아니라고 할 것이므로, 원고의 위 주장도 이유 없다. (중략)

타인의 질병을 보험사고로 하는 보험계약에 관하여는 상법에 아무런 규정이 없으므로 그 타인의 서면에 의한 동의를 얻지 않더라도 보험계약의 효력에는 영향이 없다 할 것이다. (중략) 이 사건 보험계약 중 적어도 피고의 갑상선 암진단 및 치료라는 보험사고에 적용되는 약관부분은 타인의 상해가 아닌 타인의 질병을 보험사고로 하는 것이라고 할 것이고, 따라서 위 보장내용에는 위 상법 규정이 적용되지 않아 피보험자인 피고의 서면에 의한 동의를 얻을 필요가 없다고 할 것이어서 이 사건 보험계약 체결시에 피보험자인 피고의 동의를 얻지 않았다고 하더라도, 이 사건 보험계약 중에서 위 약관부분이 무효라고 할 수는 없다.

## 2. 原審의 判斷[2)]

丁 보험사가 승소하였다. 고지의무에 있어 중대한 과실이란 고지하여야 할 사실은 알고 있었지만 현저한 부주의로 인하여 그 사실의 중요성 판단을 잘못하거나 그 사실이 고지하여야 할 중요한 사실이라는 것을 알지 못하는 것을 말하므로(대법원 1996. 12. 23. 선고 96다27971 판결 참조) 고지 대상인 사실 자체를 알지 못하는 경우에는 고지의무 위반이라 할 수 없다. 그런데 위 인정사실에 의하면, 이 사건 보험계약의 보험계약자 乙이나 그 대리인인 丙은 甲이 이 사건 보험계약 체결 전인 2007. 6. 12. 갑상선 결절로 진단올 받은 사실을 알지 못하였고, 甲 역시 이 사건 보험계약 체결 사실을 알지 못하였던 점은 인정할 수 있다. 그러나 이 사건 보험청약서에 첨부된 '계약 전 알릴의무 사항'은 최근 3개월부터 5년 이내에 피보험자인 피고가 진찰, 검사를 통하여 진단올 받았거나 그 결과로 치료 입원, 수술, 투약을 받은 사실 등에 관한 질문이 포함되어 있는데, 이는 甲의 어머니이지만 甲과 멀리 떨어져 살고 있던 乙이나 甲의 이모인 丙이 甲에게 확인하지 않고서는 정확하게 답변할 수 없는 성질의 것이다. 그럼에도 丙이 "최근 3개월 이내에 의사로부터 진찰 검사를 통하여 진단을 받았거나 그 결과 치료, 입원, 수술, 투약을 받은 사실이 있습니까?"라는 질문에 대하여 "아니오"라고 답변한 것은 단순히 고지의무의 대상인 사실을 알지 못하여 고지하지 아니한 것에서 더 나아가 허위(부실)의 고지를 한 것으로 볼 수 있다. 그리고 丙이나 乙로서는 甲에게 전화 등을 통하여 쉽게 이 사건 진단사실을 확인할 수 있었을 것임에도 이를 전혀 확인하지 않았으므로 乙 및 丙의 허위의 고지에 대하여 중대한 과실을 인정할 수 있다. 또한 위와 같은 '계약 전 알릴 의무사항'은 서면으로 질문한 사항이므로 '중요한 사항'으로 추정된다(상법 제651조의2, 대법원 2004. 6. 11. 선고 2003다18494 판결 참조).

이에 대하여 甲은 보험자인 丁 역시 이 사건 보험계약을 체결함에 있어, 위 '계약 전 알릴의무 사항'을 피보험자인 甲이 아닌 乙 또는 丙으로부터 답변을 듣는 것에 그칠 것이 아니라 본인인 甲에게 직접 확인하였어야 함에도 이에 이르지 않은 것은 중대한 과실에 의하여 이 사건 진단사실을 알지 못한 것이므로 상법 제651조 단서에 따라 고지 의무 위반을 원인으로 이 사건

---

2) 서울고등법원 2011. 6. 9. 선고 2010나94917, 2010나94924 판결.

보험계약을 해지할 수 없다고 주장한다. 그러나 위와 같이 보험계약자 및 그 대리인이 단순히 고지의무의 대상인 이 사건 진단사실을 알리지 않은 것에 그치지 않고 나아가 적극적으로 허위의 사실을 고지한 경우에는, 이를 의심할 만한 정황이 있었다는 등의 특별한 사정이 없는 한, 甲에게 직접 위 '계약 전 알릴의무 사항'을 다시 확인하지 아니하였다고 하여 '중대한 과실'에 해당한다고 볼 수 없다. 즉, 이 사건 진단사실을 확인하지 않은 것이 양측에게 모두 과실에 해당한다고 하더라도 이 사건 진단사실은 보험계약자나 피보험자의 영역에 있는 사항이므로 甲 측의 과실이 더 중하다고 보아야 한다. 따라서 甲의 위 주장은 받아들이지 않는다.

## [判決의 要旨]

대법원은 원심을 파기환송하였다. 보험계약 당시 보험계약자 또는 피보험자가 고의 또는 중대한 과실로 인하여 중요한 사항을 고지하지 아니하거나 부실의 고지를 한 때에는 보험자는 일정 기간 안에 그 계약을 해지할 수 있다(상법 제651조). 여기서 중대한 과실이란 현저한 부주의로 중요한 사항의 존재를 몰랐거나 중요성 판단을 잘못하여 그 사실이 고지하여야 할 중요한 사항임을 알지 못한 것을 의미하고, 그와 같은 과실이 있는지는 보험계약의 내용, 고지하여야 할 사실의 중요도, 보험계약의 체결에 이르게 된 경위, 보험자와 피보험자 사이의 관계 등 제반 사정을 참작하여 사회통념에 비추어 개별적·구체적으로 판단하여야 하고, 그에 관한 증명책임은 고지의무 위반을 이유로 보험계약을 해지하고자 하는 보험자에게 있다.

피보험자와 보험계약자가 다른 경우에 피보험자 본인이 아니면 정확하게 알 수 없는 개인적 신상이나 신체상태 등에 관한 사항은, 보험계약자도 이미 그 사실을 알고 있었다거나 피보험자와의 관계 등으로 보아 당연히 알았을 것이라고 보이는 등의 특별한 사정이 없는 한, 보험계약자가 피보험자에게 적극적으로 확인하여 고지하는 등의 조치를 취하지 아니하였다는 것만으로 바로 중대한 과실이 있다고 할 것은 아니다. 더구나 보험계약서의 형식이 보험계약자와 피보험자가 각각 별도로 보험자에게 중요사항을 고지하도록 되어 있고, 나아가 피보험자 본인의 신상에 관한 질문에 대하여 '예'와 '아니오' 중에서 택일하는 방식으로 고지하도록 되어 있다면, 그 경우 보험계약자가 '아니오'로 표기하여 답변하였더라도 이는 그러한 사실의 부존재를 확인하는 것이 아니라 사실 여부를 알지 못한다는 의미로 답하였을 가능성도 배제할 수 없으므로, 그러한 표기사실만으로 쉽게 고의 또는 중대한 과실로 고지의무를 위반한 경우에 해당한다고 단정할 것은 아니다.

## [評　　釋]

### Ⅰ. 序　　論

보험계약 당시 보험계약자 또는 피보험자가 고의 또는 중대한 과실로 인하여 중요한 사항을 고지하지 아니하거나 부실의 고지를 한 때에는 보험자는 계약을 해지할 수 있다(상법 제651조). 고지의무제도는 보험계약이 다른 계약과는 구별되는 보험의 특성을 반영하는 대표적인 제도로 인식되고 있고, 고지의무 위반의 주관적 요건은 고의 또는 중대한 과실이다. 현재로서는 고지의무위반의 주관적 요건에 관한 기준을 명확히 제시할 수 있을 만큼 학설이나 판례가 확립되어 있지는 않다. 대상 판결은 이 쟁점을 다룬 것이다. 대상 판결은 중과실에 있어 탐지의무를 인정할 것인지의 쟁점, 특히 타인의 보험계약에서 보험계약자가 피보험자의 건강강태 등을 확인 내지는 탐지할 의무가 있는지를 다룬 것으로 선례로서의 중요한 가치가 있는 판결이다. 본 연구는 이 부분을 중점적으로 다루었고, 질병보험의 문제도 살펴보았다.

### Ⅱ. 告知義務 違反의 主觀的 要件

#### 1. 主觀的 要件과 관련된 爭點

이 사건의 중요한 쟁점은 고지의무 위반의 주관적 요건이고, 그 중에서도 중과실에의 해당 여부이다. 제1심에서는 주관적 요건을 충족하지 않는다 하였고, 원심에서는 중과실에 해당한다고 하면서 제1심 판결을 취소하였으며, 대상 판결은 제1심과 같이 중과실이 아니라고 하면서 원심을 파기환송하였다. 관련된 쟁점들을 정리하면 다음과 같다.

첫째, 중과실에 관한 해석이다. 대상 판결은 중과실에 관한 설명을 과거와는 달리하고 있다. 대상 판결은 처음으로 "현저한 부주의로 중요한 사항의 존재를 모른 경우"를 중과실의 범주에 포함시킨다. 그런데 원심은 이를 중과실의 범주에 포함시키지 않았음에도 불구하고, 중과실이 있다는 판단을 하였음은 흥미롭다.

둘째, 타인의 보험에서 피보험자의 건강상태 등을 확인할 의무가 보험계약자와 보험자 중에서 누구에게 있는지가 문제된다. 이는 위 중과실의 개념과도 관련되는 것으로, 이에 대하여는 그 근거가 완전히 일치하지는 않으나 제1심과 대상 판결은 보험자에게 확인의무가 있다고 봄에 반하여, 원심은 보험계약자에게 있다고 보았다.

셋째, 원심에서는 보험계약자가 청약서상의 질문에 대하여 '아니오'라고 답한 것은 단순히 고지의무의 대상인 사실을 알지 못하여 고지하지 아니한 것에서 나아가 허위의 고지를 한 것으로 볼 수 있다고 하였다. 알지 못한 채로 '아니오'라고 답한 것 자체가 설령 고의가 아니더라도, 고지의무의 이행과정에 있어서의 중과실이라고 볼 여지도 있다.

## 2. 告知義務 違反의 主觀的 要件에 관한 判例

### (1) 고지의무 위반을 인정한 사례

#### (가) 대법원 2012. 11. 29. 선고 2010다38663, 38670 판결 (①판결)

보험계약에 있어 고지의무 위반이 성립하기 위하여는 고지의무자에게 고의 또는 중대한 과실이 있어야 하고, 여기서 말하는 중대한 과실이란, 고지하여야 할 사실은 알고 있었지만 현저한 부주의로 인하여 그 사실의 중요성의 판단을 잘못하거나 그 사실이 고지하여야 할 중요한 사실이라는 것을 알지 못하는 것을 말한다(대법원 1996. 12. 23. 선고 96다27971 판결 등 참조)고 하면서, 甲이 손해보험업을 영위하는 乙 주식회사와 냉동창고 건물에 관한 보험계약을 체결하였는데, 당시 보험의 목적인 건물이 완성되지 않아 잔여공사를 계속해야 한다는 사정을 乙 회사에 고지하지 않은 사안에서, 제반 사정에 비추어 甲은 위와 같은 사정을 고지하여야 함을 충분히 알고 있었거나 적어도 현저한 부주의로 인하여 알지 못하였다는 이유로, 이와 달리 본 원심 판결에 고지의무 위반에 관한 법리오해의 위법이 있다고 하였다. 이 사건은 질문표에 기재되지 않은 사항을 질문하지 않았으나 보험계약자가 그 중요도를 잘못 판단함에 있어 현저한 부주의가 있다고 하면서 중과실에 해당한다고 한 판결이다.

이 사건에서는 질문표에 기재되지 않은 사항에 답을 하지 않았다고 하는 점에 대하여 중과실을 인정한 것으로, 보다 고찰의 여지가 필요하다. 아래에서의 중과실 분류에 의하면 제2단계에서의 문제이다.

**(나) 대법원 2012. 8. 23. 선고 2010다78135, 78142 판결 (②판결)**

보험청약서의 질문표에 최근 5년 이내에 고혈압으로 진단받았거나 투약 등을 받은 적이 없다고 기재하여 보험회사에 우송하였는데, 사실은 청약 당일 고혈압 진단을 받았고, 이에 상법 제651조에서 정한 중요한 사항에 대한 고지의무를 위반하였는지가 문제된 사안에서, 고지의무를 위반하였고 이를 이유로 보험계약이 적법하게 해지되었으므로, 보험회사의 보험금 지급의무는 존재하지 아니한다고 한 사례이다. 이 사건에서는 청약 당일 고혈압진단을 받았음에도 불구하고, 그 질문표에 명시된 질문에 대한 답을 하지 않은 경우이다. 이 사건은 전형적인 고지의무 위반의 사례로서 고의에 해당하는 것으로 보이고, 고지의무 위반에 해당한다고 봄에 이견이 없다.

**(다) 대법원 2010. 10. 28. 선고 2009다59688, 59695 판결 (③판결)**

상해보험계약에 있어서 보험청약서에 기재된 "최근 5년 이내에 계속하여 7일 이상의 치료를 받은 적이 있습니까"라는 질문에 대하여 '아니오'라고 답한 A는 2003. 6. 12.부터 2003. 8. 20. 사이에 총 26일간 통원치료를 받은 사실이 있는데, 그 중 2003. 6. 12.부터 2003. 7. 28. 사이에는 '기타 다발성관절증'이라는 진단 아래 "어깨, 팔꿈치, 무릎 등 여러 군데 쇠약한 부분"에 대하여 20일간의 치료가 이루어졌고, 2003. 8. 7.부터 2003. 8. 20. 사이에는 '요추간판탈출증의증'의 진단 아래 "하요추부 동통"에 대하여 6일간의 치료가 이루어졌다. 대법원은 질문표상의 치료가 '동일한 병증'에 관하여 7일 이상의 계속 치료 등을 받은 일이 있는지 여부를 묻는 것이라는 취지로 해석하면서도, 그 증상이 신체의 여러 부위에 나타남으로써 그에 대한 치료가 그 각 발현부위에 대하여 행하여졌다는 것만으로 이를 '동일한 병증'이 아니라고 단정할 수는 없다고 한 사례이다.

그런데 이 판결에 대하여는 동의하기가 어렵다. 이 사건 보험계약자가 설령 고지의무의 대상이 되는 사실에 대하여 인식하였다 하더라도 그 사실이 고지하여야 할 중요한 사항에 해당한다고 판단하였는가는 의문이다. '기타 다발성관절증'이라는 병명으로 서로 다른 부위의 치료를 받은 것이 동일한 병증의 치료에 해당하는지에 대한 해석상 논란이 있고, 원심에서마저도 관련 사실이 고지할 중요한 사항이 되지 않는다고 한 것이고 보면, 일반의 보험계약자가 이를 고지할 중요한 사항이 아니라고 판단하여 고지하지 아니한 점에 현저한 부주의가 있다고 할 수 있는지 하는 점은 의문이기 때문이다. 아래에서의 중과실 분류에 의하면 제1단계와 제2단계에서의 중과실 양자에 해당할 수 있다고 본다.

**(라) 대법원 1999. 11. 26. 선고 99다37474 판결 (④판결)**

<u>질문표에 기재되지 않았음에도 불구하고</u> 고지의무위반을 인정한 사례이다. 암 치료 종료 후 5년이 지나 검사를 실시한 결과 의사로부터 암 재발의 가능성을 고지받고 확진을 위한 재검사 요구를 받은 상태에서 5년 내 암을 앓거나 치료받은 적이 없다고 신고하면서 생명공제계약을 체결한 경우, 암치료 종료 후 정기적인 검진을 위하여 병원에 다니던 동안 피공제자의 상태는 비록 통상적인 의미에서 암 질병을 앓고 있는 것은 아니라고 할지라도 공제약관상 기재된 암 질환에 준하는 것이거나, 또는 이러한 피공제자의 병력 내지 자각증세, 의사의 암 재발 가능성 고지사실 등은 공제계약 청약서상의 질문사항에 포함되어 있지 않다고 하더라도 피공제자의 생명위험 측정상 중요한 사실로서 고지할 중요 사항에 포함된다는 이유로 고지의무 위반에 해당한다고 본 사례이다.

피공제자의 병력 내지 자각증세, 최종 검사 결과에 따른 의사의 암 재발 가능성 고지사실 등은 공제계약 청약서상의 질문사항에 포함되어 있지 않다고 하더라도, 고지할 중요한 사항에 포함된다고 하면서 이를 고지하지 아니한 것은 고지의무 위반에 해당한다는 것이다. 고지할 사항이 중요한 사항이고 그 사실을 알고는 있었으나 질문표에 기재되지 아니한 경우, 그 중요도 판단을 그르친데 대하여 중과실이 있다는 것이나 의문의 여지가 있는 판결이다. 아래에서의 중과실 분류에 의하면 제2단계의 문제이다.

**(마) 대법원 1993. 4. 13. 선고 92다52085, 52092 판결 (⑤판결)**

보험청약시 보험회사의 요구에 의하여 보험계약자가 작성하는 질문표에 기재된 질문사항은 다른 특별한 사정이 없는 한 보험계약에 있어서의 중요한 사항에 해당된다고 추정할 수 있을 뿐 아니라 자동차보험계약에서 유상운송에 이용되는 자동차의 보험료는 기본보험률의 120% 내지 300%인 특별요율에 의하여 산정하도록 되어 있으므로, 보험계약자가 보험계약체결 당시 자동차를 유상운송에 계속적으로 이용할 것임을 알면서도 보험청약서의 유상운송 및 공동사용 형태란에 "유상운송 및 공동사용하지 않음"이라고 사실과 다르게 기재하였다면, 보험자는 고지의무 위반을 이유로 보험계약을 해지할 수 있다.

이 사건 청약서상의 질문표에 기재된 질문에 대하여 허위로 답한 경우로 고의에 해당하는 것으로 보이고, 고지의무 위반에 해당한다고 보는 것에 별 의문이 없다.

**(2) 고지의무 위반이 아니라고 한 사례**

**(가) 대법원 2011. 4. 14. 선고 2009다103349, 103356 판결 (⑥판결)**

2007. 1. 5. 피보험자 甲은 보험청약서를 작성하면서 청약서에 기재되어 있던 "최근 5년 이내에 의사로부터 진찰, 검사를 받고 그 결과 입원, 수술, 정밀검사(심전도, 방사선, 건강진단 등)를 받았거나 계속하여 7일 이상의 치료 또는 30일 이상의 투약을 받은 적이 있습니까?"라는 질문에 대하여 '아니오'라고 답변하였다. 그런데 甲은 2005. 10. 21. 직장건강검진을 받으면서 갑상선 초음파검사를 실시한 결과 "우측 갑상선 결절(5㎜), 우측 갑상선 낭종(2~3㎜)"의 진단과 함께 "6개월 후 추적검사하라"는 의사의 소견을 받았으나, 2007. 12. 19. 직장건강검진을 받기까지 추적검사를 받지 않았으며, 그로 인한 정밀검사, 입원, 수술을 받지 아니하였다.

이에 대하여 대법원은 피보험자 甲이 乙 보험회사와 보험계약을 체결하면서 갑상선 결절 등의 사실을 고지하지 않은 사안에서, 건강검진결과 통보 내용에 비추어 甲으로서는 어떠한 질병을 확정적으로 진단받은 것으로 인식하였다고 보기 어려운 점, 위 검진 이후 2년여 동안 별다른 건강상의 장애나 이상 증상이 없었으며 갑상선 결절과 관련된 추가적인 검사나 치료도 받지 않았던 점 등에 비추어, 피보험자 甲이 고의 또는 중대한 과실로 인하여 중요한 사실을 고지하지 아니한 것으로 단정하기 어렵다고 본 원심 판단을 수긍한 사례이다. 중대한 과실에 대한 해석에 있어 '중대한 과실'이란 고지하여야 할 사실은 알고 있었지만 현저한 부주의로 인하여 그 사실의 중요성의 판단을 잘못하거나 그 사실이 고지하여야 할 중요한 사실이라는 것을 알지 못하는 것을 말한다고 하면서, 갑상선 결절로 통지받은 사실이 설령 고지의 대상이 되는 중요한 사항에 해당하는 경우라 할지라도, 그것이 고지할 중요한 사항에 해당한다는 것을 알지 못한 데 현저한 부주의가 없었다고 한다면 이는 고지의무 위반에 해당하지 않는다는 것이다.

이 사건은 고지할 중요한 사항을 알고는 있었으나 그 중요도 판단을 잘못한 경우로서 그 판단을 함에 중과실이 없다고 한 타당한 판결로 본다. 아래에서의 중과실 분류상 제2단계에서의 문제이다.

**(나) 대법원 2004. 6. 11. 선고 2003다18494 판결 (⑦판결)**

이 사건은 보험계약자가 상해보험계약을 체결함에 있어서 보험자에게 다수의 다른 보험계약이 존재한다는 사실을 알리지 아니하였지만, 그러한 미고지가 고의 또는 중대한 과실에 의한 것으로 보기 어렵다고 한 사례이다. 질문표에 기재는 되어 있으나, 망인이 피고 동부화재에 제출한 보험청약서의 기재 내용을 보더라도 실제로 다른 보험가입 사실에 대한 질문이 이루어졌는지 여부가 명백하지 아니하다고 하면서 고지의무 위반을 부정하였다. 이 사건에서는 보험청약서에 다른 보험계약의 존재에 관한 질문표를 만들어 둔 이상, 다른 보험계약의 존재 여부는 상법 제651조의2의 규정에 따라 고지의무의 대상이 되는 중요한 사항으로 추정된다. 다만, 망인이 피고(보험회사)들의 그러한 의사를 곧바로 알거나 알 수 있는 것은 아니므로, 피고들이 망 A에게 고지의무 위반의 책임을 묻기 위하여서는 위와 같은 질문표를 망인에게 주지시키고 그에 관한 질문을 할 필요가 있고, 이에 대하여 망 A가 사실대로 답변을 하지 않은 경우에 비로소 망 A에게 고지의무 위반에 대한 고의·중과실이 있는 것으로 인정할 수 있게 될 것이다. 이 사건에서 피고들의 보험청약서에 다른 보험계약의 존재사실에 관한 질문표가 기재되어 있지만, 피고들이 제출한 증거들만으로는 피고들의 보험모집인들이 망 A에게 그에 관한 질문을 하였던 것으로 인정하기 어려워 망 A에게 고지의무 위반에 대한 고의·중과실이 있는 것으로 보기 어렵다고 한 판례이다.[3)]

고지할 중요한 사항이고 질문표에서 물은 사항이라 하더라도, 피보험자로서는 그것이 중요한 사항인지를 알기 어렵기 때문에 보험자가 직접 질문을 한 경우에 한하여 고의나 중과실을 인정한다는 것이다.

**(다) 대법원 2001. 11. 27. 선고 99다33311 판결 (⑧판결)**

보험자가 생명보험계약을 체결함에 있어 다른 보험계약의 존재 여부를 청약서에 기재하여 질문하였다면 이는 그러한 사정을 보험계약을 체결할 것인지의 여부에 관한 판단자료로 삼겠다는 의사를 명백히 한 것으로 볼 수 있고, 그러한 경우에는 다른 보험계약의 존재 여부가 고지의무의 대상이 된다고 할 것이나, 그러한 경우에도 보험자가 다른 보험계약의 존재 여부에 관한 고지의무 위반을 이유로 보험계약을 해지하기 위하여는 보험계약자 또는 피보험자가 그러한 사항에 관한 고지의무의 존재와 다른 보험계약의 존재에 관하여 이를 알고도 고의로 또는 중대한 과실로 인하여 이를 알지 못하여 고지의무를 다하지 않은 사실이 입증되어야 할 것이라 한다. 보험계약을 체결할 때 작성된 청약서에는 다른 보험계약사항을 기재하도록 되어 있고, A가 이를 기재하지 않은 사실은 인정되나, 나아가 A가 위와 같은 고의 또는 중과실로 보험자에게 다른 보험계약의 체결 사실을 알리지 않았다고 볼 만한 증거는 찾을 수 없으므로 보험자는 그와 같은 고지의무 위반을 이유로 보험계약을 해지할 수 없다고 하였다.

이 사건에서는 질문표에 기재된 사항에 대하여 기재하지 않아 불고지한 경우로써 이에 대하여 고의나 중과실을 인정하지 아니한 것으로써 이례적인 판결로도 보인다. 이 판결에서는 고의나 중과실을 입증하지 않았다는 이외 보다 세밀한 근거를 제시하지는 않았다.

**(라) 대법원 1996. 12. 23. 선고 96다27971 판결 (⑨판결)**

보험계약에 있어 고지의무 위반이 성립하기 위하여는 고지의무자에게 고의 또는 중대한 과실이 있어야 하고, 여기서 말하는 중대한 과실이란 고지

3) 송평근, "상해보험을 체결함에 있어서 다른 보험계약의 존재와 상법 제651조 소정의 고지의무", 「대법원판례해설」 제49호, 법원도서관, (2004), 364면.

하여야 할 사실은 알고 있었지만 현저한 부주의로 인하여 그 사실의 중요성의 판단을 잘못하거나 그 사실이 고지하여야 할 중요한 사실이라는 것을 알지 못하는 것을 말한다. 지입차주가 승합차를 렌터카 회사에 지입만 하여 두고 온양영업소장이라는 직함을 부여받아 실제로는 렌터카 회사의 아무런 지시·감독 없이 독자적으로 운행하며 온양지역을 거점으로 온양에서 천안으로 통학하는 학생들을 등·하교시켜 주는 여객유상운송에 제공한 경우, 그 운행형태는 대여자동차 본래의 운행형태에 비하여 사고위험률이 현저히 높다고 볼 수 없어 영업용자동차보험계약에 있어 고지의무의 대상이 되는 중요한 사항에 해당하지 않을 뿐 아니라, 그렇지 않다 하더라도 보험자가 고지의무의 대상이 되는 사항에 관하여 스스로 제정한 보험청약서 양식을 사용하여 질문하고 있는 경우에 보험청약서에 기재되지 않은 사항에 관하여는 원칙적으로 고지의무 위반이 문제될 여지가 없다 할 것이므로, 보험자가 제공한 보험청약서에 당해 차량이 지입차량으로서 지입차주에 의하여 유상운송에 제공되고 있는지 여부에 관한 사항이 없었다면 그 사실을 특별히 부기하지 않았다고 하여 보험계약자인 렌터카 회사에게 중대한 과실이 있다고 볼 수 없다고 한 사례이다.

이 사건은 질문표에 기재되지 않은 사항에 대하여는 원칙적으로 고지의무 위반이 문제되지 않는다고 하면서 보험자의 해지권을 부정하였다.

### (3) 평　　가

위의 판결들 중 ②와 ⑤의 판결은 고의에 해당하는 것으로 고지의무성립에 별 이견이 없으나, 다른 판결들은 보다 검토할 점들이 있다.

#### (가) 중과실의 개념

대상 판결 이전의 판례는, 「중대한 과실이란 고지하여야 할 사실은 알고 있었지만 현저한 부주의로 인하여 그 사실의 중요성의 판단을 잘못하거나 그 사실이 고지하여야 할 중요한 사실이라는 것을 알지 못하는 것을 말한다」고 하여, 고지할 사실 자체를 알지 못한 경우는 과실의 개념에서 제외하고 있었다. 그런데 대상 판결은 이 경우도 중과실의 범주에 포함시키고 있다.

#### (나) 질문표에의 기재 여부

상법 제651조의2는 보험자가 서면으로 질문한 사항은 중요한 사항으로 추정한다. 추정(推定)이므로 반증을 할 수는 있겠으나, 위 판례들을 보면 질문표에의 기재에 의하여 좌우되지 않음을 알 수 있다.

첫째, 질문표에 기재되지 않은 경우이다. 질문표에 기재되지 아니한 사항에 대하여 답을 하지 않은 경우 피보험자 스스로가 고지할 중요한 사항이라는 것을 인식하였거나 현저한 부주의로 알지 못하여야 고의나 중과실에 해당하게 될 것이다. 그렇다면 고지의무 위반을 부정하는 경우가 많아야 할 것이지만, ⑨의 판결은 고지의무 위반을 부정하였으나, ①과 ④의 판결은 고의나 중과실에 해당한다고 보았다. ③의 판결은 기타 다발성관절증이라는 병명으로 신체의 여러 부위를 7일 이상 치료를 받은 것이 동일병증에 해당하는지 여부가 법원에서 다투어질 정도로 명확하지 않다고 할 수 있음에도 불구하고 고지의무 위반의 주관적 요건을 인정하였다.4)

둘째, 질문표에 기재된 경우이다. 질문표에 기재되었음에도 불구하고 고의나 중과실로 고지하지 않은 경우가 일반적일 것이고 ②와 ⑤의 판결이 그러하다. 이 판결들은 상대적으로 명확하고 별 이견이 없다. 그런데 질문표에 기재되었음에도 불구하고 불고지나 부실고지시 고지의무 위반을 인정하지 않은 판결들이 있다. ⑦의 판결에서는 질문표에 기재되었더라도 이를 피보험자에게 주지시키고 질문을 하지 않았다면 고지의무 위반을 문제삼을 수 없다고 하였고, ⑧의 판결에서는 질문표에 불고지하였음에도 고의나 중과실이 없다고 하면서 고지의무 위반을 부정하였다.

### (다) 소 결

판례가 고지의무 위반의 주관적 요건인 중과실의 충족 여부에 대한 명확한 기준을 제시하고 있지는 못하다. 고지의무 위반의 경우에 해당하는 것으로 보이는 ⑧의 판결과 같은 경우는 그 위반을 부정하였고, 주관적 요건이 결여되어 있는 것처럼 판단될 수도 있는 ①과 ③의 판결에서는 고지의무 위반을 인정하였다. 물론 구체적인 사실관계에 따라 그 충족여부를 판단하여야

4) '기타 다발성관절증'이라는 병명에 의한 치료가 서로 다른 부위인 어깨와 팔꿈치, 그리고 무릎 등에 각기 이루어진 경우 동일한 병증에 의한 것인지의 판단이 서로 달랐다. 이 점에 대하여 원심은 '기타 다발성관절증'에 의한 서로 다른 부위의 치료가 동일한 병증에 의한 것이 아니라고 함에 반하여, 대법원은 동일한 병증에 의한 것으로 보았다. 대법원은 그 근거로서 한국표준질병사인분류상 단일한 질병으로 되어 있음과, 질문표 해석에 있어 평균적인 보험계약자의 이해가능성을 기준으로 함을 제시하였다.

함은 당연하겠으나, 판결문에서의 설시로 어느 정도 객관화된 기준을 마련할 수 있어야 바람직하지 않은가 한다.

### 3. 告知義務 違反의 主觀的 要件과 重過失

상법은 고지의무 위반의 주관적 요건으로 고지의무자의 고의 또는 중대한 과실을 요구한다(상법 제651조). 고의와 중과실의 개념정의는 서로 연관되어 있어 고의의 개념부터 살핀다.[5)]

#### (1) 고 의

#### (가) 광의로 파악

고지의무 위반의 주관적 요건이 되는 고의(故意)는 광의로 파악하여, 사기(詐欺)의 경우와는 달리 그 인정범위가 상당히 넓고 기타 법영역에서의 고의와 다르게 해석된다.[6)] 그리고 이 점이 고지의무라는 제도를 도입함에 의하여 불량위험의 배제와 도덕적 위험의 방지, 기타 보험사고 발생의 개연율을 측정하고, 특히 보험자를 위하여는 고지의무 위반시 민법상 사기로 인한 취소의 경우에 비하여 보다 쉽게 계약을 무효로 할 수 있는 장점이 된다.[7)] 왜냐하면 보험자로서는 주관적 요건에 대한 입증책임이 사기 등의 경우와는 달리 상당히 경감되어 있어, 해지권 행사의 기간 이내이기만 하면 사기로 인한 취소를 하는 것보다는 고지의무 위반을 이유로 해지하는 편이 훨씬 간이하기 때문이다.

---

5) 이 부분 서술은 장덕조, 「보험법」, 법문사, (2011), 120면에서 인용하였다.

6) 이상훈, "고지의무 위반의 효과", 「보험법의 쟁점」, 법문사, (2000), 151면; 장덕조, "고지의무 위반의 요건과 효과에 대한 체계적 해석", 「보험법연구」, (1999), 162면; 양승규, 「보험법」, 삼지원, (2005), 121면에서는 "고의라 함은 해칠 의사가 아니고 중요한 사항에 관하여 알면서 고지하지 아니하거나 부실의 고지를 한 것을 말한다. 즉 상법 제651조에서 정한 고의라 함은 사기 등의 방법으로 보험자를 착오에 빠지게 하려는 것이 아니고, 피보험자가 지난날의 병력을 밝히고 싶지 아니하여 이를 고지하지 아니한 것이 이에 해당하는 것이다."라고 설명하고, 김성태, 「보험법」, 법문사, (2000), 223면에서도 "고의는 고지하지 아니한 중요한 사실의 존재를 알고 있거나 고지한 사항이 부실임을 알고 있음을 가리키며, 반드시 사기 등과 같은 적극적 기망의사를 요하지 않는다."라고 한다.

7) Malcolm A. Clarke, The Law of Insurance Contracts, Lloyds of London Press, (2006), 550면.

### (나) 두 가지의 인식

고의의 내용에 대하여 전통적으로 해당 중요사항 자체에 대하여 아는 것을 강조하여 왔으나, 그 사항이 고지의무의 대상이 된다는 인식을 고의의 내용에 포함시킬 것인지의 문제가 있다. 이 점에 대한 견해를 보면, 첫째, 해칠 의사가 아니고 중요한 사항에 관하여 알면서 고지하지 아니하거나 부실의 고지를 한 것이라는 설명이다.[8] 둘째, 해의가 아니고 중요한 사항의 존재와 이를 고지하여야 된다는 것을 알면서도 고지하지 않았거나 사실과 다르게 고지한 것이라는 설명이 있다.[9] 양 설명의 차이는 고지의무의 대상이 된다는 인식을 포함시킬지 여부에 관한 것이다. 엄밀히 구분하면 '해당 중요사항 자체에 대한 인식'과 '고지의무의 대상이 된다는 인식'으로 구분하여, 후자인 '고지의무의 대상이 된다는 인식'을 구체적으로 파악한 것인지의 차이이다. '특정 사실을 인식'하는 것과, 그 사실이 '고지할 중요사항에 해당한다는 인식'은 구별할 수 있기 때문이다.

생각건대, 고지의 대상이 된다는 인식을 고의의 개념에 포함시키는 후자의 설명이 보다 정확하다. 판례도 두 가지를 구별하면서 양자 모두의 인식이 있어야 고의라고 한다.[10] 대법원 2001. 11. 27. 선고 99다33311 판결은 「보험자가 다른 보험계약의 존재 여부에 관한 고지의무위반을 이유로 보험계약을 해지하기 위하여는 보험계약자 또는 피보험자가 그러한 사항에 관한 고지의무의 존재와 다른 보험계약의 존재에 관하여 이를 알고도 고의로, 또는 중대한 과실로 인하여 이를 알지 못하여, 고지의무를 다하지 않은 사실이 입증되어야 할 것이다」라고 하였다.[11]

---

8) 양승규, 전게서, 118면; 김성태, 전게서, 223면도 "고지하지 아니한 중요한 사실의 존재를 알고 있거나, 고지한 사항이 부실임을 알고 있음이라면서 반드시 사기 등과 같은 적극적 기망의사를 요하지 않는다."라고 보아 같은 취지로 읽힌다.

9) 최기원, 「보험법」, 박영사, (1998), 157면.; "고의란 중요한 사항의 존재와 이를 고지하여야 된다는 것을 알면서도 고지하지 않았거나 사실과 다르게 고지한 것을 말하며 이 경우에 고지의무자의 해의까지를 필요로 하지 않는다."라고 한다.

10) 대법원 2001. 11. 27. 선고 99다33311 판결.

11) 위 판결에서는 「보험계약을 체결할 때 작성된 청약서에는 다른 보험계약사항을 기재하도록 되어 있고, 고지의무자가 이를 기재하지 않은 사실은 인정되나, 나아가 고지의무자가 위와 같은 고의 또는 중과실로 보험자에게 다른 보험계약의 체결 사실을 알리지 않았다고 볼 만한 증거는 찾을 수 없으므로 피고 보험자는 그와 같은 고지의무 위반을 이유로 보험

### (2) 중대한 과실

#### (가) 의의 (3단계로 파악)

고지의무자가 그 의무를 이행하는 과정은 다음의 세 단계로 구분해 볼 수 있다. i) 제1단계는 고지사항에 해당하는 중요한 사실을 인식하는 것이다. ii) 제2단계로 고지사항에 해당하는 사실을 알고 있으면서 보험계약자의 주관적 판단으로 중요한 사항이라고 인식하는 것이다. 이것이 고의의 뜻에서 고지의무의 대상이 된다는 인식을 말하고, 질문표가 여기에서 중요한 역할을 한다(상법 제652조의2). iii) 제3단계에서는 고지의무자가 고지사항을 알고 있고 그 중요성에 대하여 인식하고 있는 상태에서, 고지를 착오 없이 하는 것이다. 위와 같이 세분화하여 단계별로 보면, ① 제1단계로 중요한 사항의 존재를 알지 못한 경우, ② 제2단계로 고지대상이 된다는 것을 알지 못한 경우, ③ 제3단계로 질문표에의 답변 등 고지의무이행 과정에서 제대로 고지하지 못한 경우 등에서 중과실 여부가 문제된다.

#### (나) 중요한 사실을 알고는 있었으나 중요도 판단을 과실로 그르친 경우 (제2단계에서의 중과실)

제2단계의 문제로서, 고지의무자가 중요한 사항을 알고는 있었으나 그가 주관적으로 중요한 사항이 아니라 판단하여 고지하지 아니한 경우, 중과실의 범위에 포함되는지의 문제이다. 이는 고의의 해석에서 관련 사항이 고지의무의 대상이 된다는 인식을 포함할 것인가와 표리를 이루는 논의이다. 중과실을 정의하는 과거의 학설상으로는 보험계약자 등이 조금만 주의를 기울였으면 제대로 고지할 수 있었을 것을 그 주의를 다하지 아니함으로써 불고지 또는 부실고지한 것이라면서 질문표에 의해서 고지할 때 기재사항을 한번만 훑어보았으면 잘못 고지된 것을 알 수 있었으나 이를 게을리해서 알지 못한 경우라고만 하고 있어,[12] 이 경우를 배제하고 있는 것으로 읽힌다. 그러하다면, 이 경우 일견 고의에 해당하게 된다.[13] 그러나 '고지의무 대상

---

계약을 해지할 수 없다고 할 것이다」라고 하면서, 고지의무 위반으로 인한 해지권 행사를 인정하지 않았다. 그런데 질문표에 의하여 해당 사항이 질문되었음에도 불구하고 답을 하지 아니한 경우로서 질문된 사실의 인식이 문제되지 않는 것이라면 '그 사실이 고지되어야 할 중요사항'인지를 인식하였음에 대한 입증이 없었다는 뜻으로 읽힌다.

12) 양승규, 전게서, 123면.

이 된다는 인식'을 고의에 포함시킨다면 이 단계에서의 과실이 있는 것도 고의가 아니라 과실문제로 귀착된다. 따라서 이 단계에서 경한 과실만이 있는 경우에는 고지의무 위반이 되지 않는다.

생각건대 중요한 사항은 객관적으로 해석하여야 하므로 질문표에 기재되지 않은 사항도 중요한 사항은 그 '중요성'을 유지하나, 단지 그것을 보험계약자는 과실 없이 알지 못하였다고 보는 것이 논리적이다. 그리하여 중요한 사항이 되는 사실을 알고는 있었으나 고지의무자가 주관적으로 '중요한' 사항이 아니라고 판단한 경우, 즉 '고지의무의 대상이 된다는 인식'에 있어 과실이 있는 경우도 과실로 분류한다. 판례도 이러한 입장이다. ⑨의 판결에서 「중대한 과실은 고지하여야 할 사실은 알고 있었지만 현저한 부주의로 인하여 그 사실의 중요성의 판단을 잘못하거나 그 사실이 고지하여야 할 중요한 사실이라는 것을 알지 못하는 것을 말한다」라고 하고 있어서 동일한 입장을 취한다.[14] 위 ⑥과 ⑦의 판결도 이에 관한 것으로서, 중요도 판단을 잘못한 점에 중과실이 없다고 보았다.

#### (다) 중대한 과실로 고지하여야 할 중요한 사실을 인식하지 못한 경우 (제1단계에서의 중과실)

대상 판결에서의 쟁점으로서, 제1단계의 문제이다. 즉 고지의무자가 중요한 사항의 존재를 중과실로 알지 못한 경우 고지의무위반이 되는지의 문제이다. 이에 관하여는 (i) 탐지의무가 없는 점을 근거로 하여 포함되지 않

13) 예를 들어 과거의 병력이 중요한 사항이 됨에도 불구하고 고지하지 않은 심리상태는 다음과 같이 분류할 수 있다. 첫째, 그것이 중요한 사항이 되는 것을 아는 상태에서 보험자를 기만하기 위하여 밝히지 않은 경우이다. 이것은 사기(詐欺)에 의한 경우로 민법과 상법의 적용을 받게 된다. 둘째, 그것이 중요한 사항이 되는 것을 아는 상태에서 사기 등의 의사는 없으나 위의 설명과 같이 단지 과거의 병력을 밝히고 싶지 아니하여 고지하지 아니한 경우(이러한 경우는 드물 것으로 보인다)이다. 이것은 고의에 해당한다고 본다. 셋째, 과거의 병력이 중요한 사항이 되는 것을 알지 못하는 상태에서 고지하지 아니한 경우이다. 이 경우도 이상의 설명에 따르면 고의가 되는 것으로 보인다.

14) 대법원 1996. 12. 23 선고 96다27971 판결.: 이 사건에서는 「보험자가 고지의무의 대상이 되는 사항에 관하여 스스로 제정한 보험청약서 양식을 사용하여 질문하고 있는 경우에 보험청약서에 기재되지 않은 사항에 관하여는 원칙적으로 고지의무위반이 문제될 여지가 없다 할 것이므로, 보험자가 제공한 보험청약서에 당해 차량이 지입차량으로서 지입차주에 의하여 유상운송에 제공되고 있는지 여부에 관한 사항이 없었다면 그 사실을 특별히 부기하지 않았다고 하여 보험계약자인 렌터카 회사에게 중대한 과실이 없다고 볼 수 없다」라고 하였다. 이후 대상 판결에 이르기까지 판례는 이 입장이다.

는다는 “불포함설”이 다수로 보인다.[15] 다만 적극적인 탐지의무는 없으나, 예외적으로 고지의무자의 개인적 직업이나 전문적 지식으로 보아 당연히 알고 있어야 할 사항이나 업무상 당연히 알 수 있는 사항에 대하여는 중과실이 있다고 본다.[16] 한편 (ii) 중요한 사항의 존재를 중과실로 인하여 알지 못한 경우뿐만 아니라 그 사항을 불고지·부실고지했음을 중과실로 인하여 알지 못한 경우를 포함하는 "포함설"도 있다.[17] 하지만 이 견해도 새로운 사실의 존재를 탐지하여 고지할 것까지를 요구하지는 않아,[18] 양 학설은 그 결과에서는 별 차이가 없다. (iii) 판례는 과거의 판결에서는 포함하지 않았으나,[19] 대상 판결에 이르러 「중대한 과실이란 현저한 부주의로 중요한 사항의 존재를 몰랐거나 중요성 판단을 잘못하여 그 사실이 고지하여야 할 중요한 사항임을 알지 못한 것을 의미한다」라고 하여 “포함설”의 입장을 취한다. 다만 대상 판결에서 「피보험자와 보험계약자가 다른 경우에 피보험자 본인이 아니면 정확하게 알 수 없는 개인적 신상이나 신체상태 등에 관한 사항은, 보험계약자도 이미 그 사실을 알고 있었다거나 피보험자와의 관계 등으로 보아 당연히 알았을 것이라고 보이는 등의 특별한 사정이 없는 한, 보험계약자가 피보험자에게 적극적으로 확인하여 고지하는 등의 조치를 취하지 않았다는 것만으로 바로 중대한 과실이 있다고 할 것은 아니다」라고 하는 제한적 입장을 취하여, 결국 학설과 큰 차이가 없다.

이는 探知義務의 문제이나, 원칙적으로는 탐지의무를 부과하지 않는 것이 옳다고 본다. 고지의무자가 탐지를 하였다면 알 수 있었던 사실을 고지하지 않았다는 이유로 보험자의 해지권을 인정한다면 보험자와 고지의무자를 동일한 지위에 누겠다는 고지의부 무과의 취지와 어울리지 않기 때문이다.[20] 따라서 중과실로 고지하여야 할 중요한 사실을 알지 못한 경우 고지

---

15) 양승규, 전게서, 122면; 김성태, 전게서, 224면; 정찬형, 전게서, 548면 등.

16) 양승규, 전게서, 122면.

17) 최기원, 전게서, 160면.

18) 최기원, 전게서, 160면.

19) 대법원 1996. 12. 23 선고 96다27971 판결부터 대법원 2012. 11. 29. 선고 2010다38663, 38670 판결까지의 판례들로서 「중대한 과실이란 고지하여야 할 사실은 알고 있었지만 현저한 부주의로 인하여 그 사실의 중요성의 판단을 잘못하거나 그 사실이 고지하여야 할 중요한 사실이라는 것을 알지 못하는 것을 말한다」라고 하고 있었다.

의무위반이 되지 않음이 원칙이라고 봄이 옳다. 다만 제한된 범위 내에서는 예외적으로 탐지의무를 인정한다. 요컨대 원칙적으로는 탐지의무를 인정하지 않으나 제한적인 범위에서 인정하는 것이다. 그 기준은 영국의 보험법이 되고 있다. 영국 해상보험법 제18조 제1항은 "통상의 업무수행 과정에서 자신이 알고 있어야만 하는 모든 사항은 알고 있는 것으로 간주된다."고 하고 있다. 이 규정을 기초로 기준을 설정하여, 고지의무자가 그의 경험이나 업무상 객관적인 기준에 의하여 당연히 알고 있으리라고 요구되는 사항에 대하여는 그가 알지 못하였다는 이유로 항변할 수 없으므로, 그 부분까지는 탐지의무가 부과되는 셈이다.[21] 그 이상의 부분, 즉 객관적으로 요구되는 알았어야만 한다는 기준 이상에 대하여는 중요한 사실의 존재를 인식하지 못한데 대하여 중과실을 인정할 수는 없다. 요컨대, 탐지의무가 인정되지는 않으나, 보험계약의 체결시 고지의무자가 업무상으로나 경험상 그가 처한 지위에서 당연히 알고 있어야만 하는 사항을 고지하지 아니하였다면, 이는 중과실에 해당하고 보험자는 계약을 해지할 수 있다고 본다.

### (3) 확인의무의 인정 여부

#### (가) 확인의무 또는 탐지의무

학설이나 대상 판결에서의 설시가 그 표현이 일치하지는 않으나, 고지의무자(보험계약자)의 확인의무 또는 탐지의무는 아주 예외적인 경우로 한정하고 있다. 따라서 원칙적으로는 보험계약자의 입장에서 피보험자의 건강상태 등에 대하여 확인을 할 의무는 없다. 예외적인 경우로 판례는 현저한 부주의가 인정될 수 있을 정도의 "특별한 사정"이 있었는지 여부가 문제되고, 학설은 그의 경험이나 업무상 객관적인 기준에 의하여 당연히 알고 있으리라고 요구되는 사항인지의 여부이다. 이 사건은 보험계약자와 피보험자가 서로 다른 타인의 보험에 해당하는 경우로서, 이때 보험계약자가 피보험자의

---

20) General Reinsurance Corp. v. Southern Surety Co. of Des Moines, 27 F.2d (1928).

21) 양승규, 전게서, 122면; 정찬형, 전게서, 559면; 장덕조, 전게서, 123면.: 이러한 취지로 Clark 교수는 다음과 같이 말하고 있다. "만약에 고지의무자가 그에게 경험이나 업무상 요구되는 지식 이외에 탐지(investigation)를 통하여 위험의 중대성에 관하여 알 수 있었다면, 그런데 그가 탐지를 하지 않았다면, 그것이 고지의무위반이 되는가? 이에 대한 법적인 해답은 합리적인 사람이 그의 지위에 대하여 일반적으로 부과되는 수준 이상의 의무를 요구하지 않았다는 것이다.": Malcolm A. Clarke, op. cit., p.459.

건강상태 등에 관하여 확인의무를 부담하는지의 문제가 된다.

**(나) 타인의 보험에서 보험계약자의 확인의무**

1) 피보험자의 고의나 중과실

피보험자도 고지의무자이기는 하나(상법 제651조), 이 사건에서는 피보험자인 甲의 고의나 중과실은 없다. 상법은 타인의 생명보험 또는 상해보험에서 계약체결시까지 피보험자의 서면에 의한 동의를 얻도록 하고 있어(상법 제731조, 제739조), 피보험자의 서면에 의한 동의가 필요하므로 피보험자에게 고지의무를 이행할 기회가 주어지게 된다. 그런데 대상 판결에서와 같이 피보험자가 보험계약체결 사실을 전혀 알고 있지 못한 경우라면, 다른 쟁점들[22]은 별론으로 하더라도 피보험자측의 고의나 중과실은 문제삼을 수가 없다.

여기서 손해보험과 비교해 볼 필요가 있다. 타인을 위한 손해보험에서 타인의 위임이 없어도 보험계약을 체결할 수는 있으나, "보험계약자는 타인의 위임없이 자신이 임의로 타인을 위한 손해보험계약을 체결하였음을 보험자에게 고지하여야 하고, 그 고지가 없는 때에는 그 타인이 보험계약이 체결된 사실을 가지고 보험자에게 대항하지 못한다."라고 규정하고 있다(상법 제639조 제1항). 이는 타인의 위임이 없는 손해보험계약의 경우 위임이 없다는 사실을 보험자에게 고지하도록 하여 보험자가 다시 그 피보험자(타인)에게 알리고 그 피보험자로 하여금 고지의무를 이행하도록 하기 위한 것이다. 그러나 생명보험이나 상해보험에서는 이러한 규정이 없고, 따라서 보험자는 위임이 없었다는 이유 등으로 대항할 수 없게 된다.

2) 확인의무(탐지의무)의 인정 여부

대상 판결에서는 확인의무라는 용어를 사용하였으나 이는 학설상 탐지의무와 같은 뜻으로 읽힌다. 결국 이 사건에서 제한적 탐지의무가 인정되는 당연히 알고 있어야만 하는 사항인지 또는 판례가 말하는 특별한 사정이 있는지 여부가 핵심이다. 이 사건과 같은 타인의 보험에서 타인에 대한 확인의무를 보험계약자와 보험자 중에서 누가 부담하는지가 문제된다.

---

22) 타인의 상해보험에서도 반드시 서면에 의한 동의가 필요한 것인지, 또는 질병보험에서는 서면에 의한 동의가 필요한지, 또는 서면에 의한 동의가 없으므로 무효인지 등에 관하여 논란이 제기될 수 있다.

제1심의 판단에 의하면, 중과실은 고지하여야 할 사실 자체를 알지 못한 경우까지 포함하는 것은 아니라고 하면서, 보험계약자가 아니라 보험자가 확인할 의무가 있다고 하였다.

원심의 판단은 제1심과는 달리, 보험계약자가 이를 전혀 확인하지 아니한 것에 중과실이 있다고 보았다. 그런데 흥미로운 것은 원심은 고지의무위반의 중과실 개념에 제1단계에서의 과실을 포함시키지 않는 정의를 하고 있으면서도, 즉 고지하여야 할 사항을 알지 못한 경우는 중과실의 개념에 포함시키지 않고 있음에도, 확인하지 않은 점에 대하여 중대한 과실을 인정할 수 있다고 한 점이다.

대상 판결은 다시 제1심과 같이 보았다. 대상 판결은 「고지사항 서면의 양식으로 보더라도 피보험자인 피고의 신체상태 등에 관한 사항은 보험계약자 외에 피보험자 본인으로부터 별도로 확인하고 자필서명을 받도록 되어 있는 이상, 乙이나 丙이 위 고지사항 서면을 작성하면서 피고가 최근 진단 등을 받은 사실이 있는지를 적극적으로 확인하지 않은 결과 사실과 달리 표기하였다고 하여 당연히 중대한 과실로 고지의무를 위반한 경우에 해당한다고 하기는 어렵다고 할 것이다」라고 하면서, 또한 「보험계약서의 형식이 보험계약자와 피보험자가 각각 별도로 보험자에게 중요사항을 고지하도록 되어 있는 점을 고려하면, … 별도의 확인의무가 있는 특별한 사정에 해당하지 않는다」라고 판시하였다.

3) 외국의 입법례

미국에서는 확인의무에 관한 책임을 원칙적으로 부정하며,[23] 독일은 독일보험계약법 제19조에 의하여 보험계약자가 이미 알고 있는 사실에 대해서만 고지의무를 진다.

영국의 개정 보험법은 2013년 4월부터 효력을 발하였는데, 이 부분이 상대적으로 분명하여 소개하면, 영국에서는 타인의 생명보험에서 보험계약자가 아니라 보험자가 그 피보험자인 타인에 대한 확인의무를 부담한다. 과거 그 피보험자가 부실고지 등을 하였다면 보험자는 계약의 기초(the basis of contract)에 반한다는 이유로 warranty 법리로 계약을 해지할 수 있다고

---

**23)** Malcolm A. Clarke, op. cit., p.459, pp.576-583.

하였으나, 개정 보험법에서는 소비자에게 지나치게 가혹하다는 비판에 의하여 계약의 기초라는 관념을 제거하였고, 고지의무위반과 같이 취급한다. 과거 영국에서는 피보험자가 계약체결의 당사자가 아니기 때문에 그 피보험자의 고의나 과실로 보험계약을 해지한다는 것이 privity 법이론상 문제가 있는 것으로 보았고, 이를 극복하기 위하여 개정된 규정을 마련하게 된 것이다(Consumer Insurance Law §8). 피보험자는 보험계약자와는 별개로 고지의무를 이행하고, 그 고지의무이행의 요청은 보험자가 한다. 결국은 확인의무가 보험자에게 있는 셈이다.[24]

**(다) 검 토**

이 사건 타인의 보험에서 그 타인인 피보험자에 대한 확인의무는 보험계약자 측에서 부담하는 것이 아니다. 오히려 보험계약의 형식면과 상법의 해석 등에서 보면 보험자가 부담한다고 보아야 한다.

1) 보험계약 체결의 형식 측면

대상 판결에서의 논거대로 그 형식면에서 보험자가 확인의무를 부담하는 것이 옳다. 이 사건 보험청약서 서면의 양식이 피보험자인 피고의 신체상태 등에 관한 사항은 <u>보험계약자 외에 피보험자 본인으로부터 별도로 확인하고 자필서명을 받도록 되어 있고,</u> 그 서면의 말미에는 보험계약자와 피보험자가 각각 '자필서명'을 하도록 되어 있었지만, 보험자는 丙으로부터만 서명을 받고 피보험자인 피고인 甲으로부터는 자필서명을 받거나 그 기재된 질문사항에 대하여 따로 확인한 바는 없었다. 이와 같이 보험계약서의 형식이 보험계약자와 피보험자가 각각 별도로 보험자에게 중요사항을 고지하도록 되어 있다면 보험계약자로서는 그의 고지의무를 이행하는 것으로 족하고, 피보험자에 대한 확인은 보험자가 직접 해야 한다고 볼 수 있다.

2) 예외적 탐지의무의 인정 여부

보험가입의 형식을 떠나서 이 사건과 같은 경우를 탐지의무가 예외적으로 부과되는 경우에 해당한다고 볼 수 있겠는가의 점이다. "동거하고 있지 않은 *母女* 관계"에서 고지의무자에 해당하는 *母*가 학설상 일반적으로 제시

24) The Law Commission and the Scottish Law Commission, Consumer Insurance Law: Pre-contract Disclosure and Misrepresentation, (2009), p.161.

되는 기준인 '그의 경험이나 업무상 객관적인 기준에 의하여 그 딸의 질병에 대하여 당연히 알고 있으리라고 요구되는 사항'에 해당하는가? 대상 판결은 이 점에 대하여 '피보험자와의 관계 등으로 보아 당연히 알았을 것'이라는 표현을 사용하는 바 이에 해당한다고 볼 수 있겠는가의 문제인데, 긍정적인 답을 하기는 어렵다고 본다.

대상 판결은 그 논거로 모녀가 동거하지 않았다는 점, 피고가 진단받은 내용이 중한 병이 아니어서 가족에게 바로 알렸을 것으로 볼 만한 사정이 없다는 점 등을 제시하고 있다.[25] 동거하고 있지 않은 母가 그 딸의 신상에 대하여 당연히 알고 있으리라고 보기는 어렵고, 사견으로는 동거하는 경우라 할지라도 그 사정에 해당하기 어렵다고 본다.

3) 손해보험과 비교

손해보험의 경우에는 위임이 없었다는 사실을 보험자에게 고지하여야 한다는 규정을 둔다(상법 제639조 제1항). 따라서 피보험자가 알지 못하고 있음에 대한 통지를 하도록 하고, 나중에 피보험자가 알지 못한다는 이유로 대항하지 못하도록 하는 것이다. 그런데 생명보험에서는 이에 관한 규정이 없다. 생명보험에서는 위임이 없었다는 사실에 대하여 별도로 통지하도록 강제하는 규정도 없고, 따라서 위임이 없었다는 이유로 대항할 수 있다는 결과가 된다. 그렇다면 현행 법규정의 해석론으로도 그 확인의무를 부담하는 자는 보험자라고 할 수 있다.

---

**25)** 대상 판결은 이 점에 대하여 「원심 판결의 이유와 원심에 이르기까지 제출된 증거 등 기록에 의하면 다음과 같은 사정을 알 수 있다. 즉, 이 사건 보험계약 체결 당시 보험계약자인 피고의 어머니 소외 1은 경남 김해시에, 위 소외 1을 대리하여 보험계약을 체결한 피고의 이모 소외 2는 부산시에, 피보험자인 피고는 서울 강동구 천호동에 각각 따로 거주하고 있었고, 피고가 갑상선결절의 진단을 받은 것은 2007. 6. 12.로서 이 사건 보험계약이 체결된 2007. 6. 29.로부터 약 보름 전이기는 하지만, 통계학적 조사 결과 고해상도 갑상선 초음파에서 여성의 갑상선결절 유병률이 25.3~42.2%에 이를 정도인 반면, 피고가 진단받은 내용이 즉시 치료를 받아야 할 정도로 중한 것이라는 등 가족에게도 바로 알렸을 것으로 볼 만한 사정은 달리 보이지 않는다」라고 한다.

## 4. '아니오'라고 答한 部分의 檢討

### (1) 쟁　　점

이 사건에서는 丙이 해당 질문에 대하여 공란으로 둔 것도 아니고, 적극적으로 '아니오'라고 답하였다. 이는 위 확인의무에 관한 논의를 떠나, 자신이 알지도 못하는 사항에 대하여 확인하지도 않고 '아니오'라고 답한 것만으로도 고지의무위반의 주관적 요건을 충족하는 것인지 하는 점이다.

만약 乙이나 丙이 그 진단사실을 알고 있었음에도 불구하고 '아니오'라고 답하였다면 故意에 해당하고, 그 사실을 알지 못함에도 불구하고 '아니오'라 답하였다면, 고지의무위반의 제3단계에 해당할 수 있다. 제3단계에서의 중과실은 고지의무의 이행과정에서 주의를 기울이지 못하여 중과실로 질문표에 제대로 답하지 못한 경우이며, '아니오'라고 답한 것은 여기서의 중과실에 해당할 수 있다는 쟁점이다.

### (2) 원심과 대상 판결

원심은 보험계약자인 乙이나 그의 대리인인 丙으로서는 피보험자인 피고가 이 사건 보험계약 체결 전인 2007. 6. 12. 갑상선결절을 진단받은 사실을 알지는 못하였으나, 피고에게 전화 등을 통하여 쉽게 위와 같은 진단사실을 확인할 수 있었음에도 이를 확인하지 아니하였으므로, 허위의 고지에 대하여 중대한 과실을 인정할 수 있다고 판단하였다.

그런데 대상 판결에서는 「보험계약서의 형식이 보험계약자와 피보험자가 각각 별도로 보험자에게 중요사항을 고지하도록 되어 있고, 나아가 피보험자 본인의 신상에 관한 질문에 대하여 '예'와 '아니오' 중에서 택일하는 방식으로 고지하도록 되어 있다면, 그 경우 보험계약자가 '아니오'로 표기하여 답변하였더라도 이는 그러한 사실의 부존재를 확인하는 것이 아니라 사실 여부를 알지 못한다는 의미로 답하였을 가능성도 배제할 수 없으므로, 그러한 표기사실만으로 쉽게 고의 또는 중대한 과실로 고지의무를 위반한 경우에 해당한다고 단정할 것은 아니다」라고 하였다. 이 사건에서는 여러 사정상 개별적이고 구체적인 의사해석에 있어 '알지 못한다는 의미'일 가능성도 있다는 것이다.

### (3) 검토할 사항

일반적인 경우라면, 보험계약자가 알지 못함에도 불구하고 '아니오'라고 답하는 것은 주관적 요건인 중과실에 해당하는 것으로 보겠다. 만약 이러한 경우를 고지의무위반이 아니라고 한다면 과연 어떠한 경우가 고지의무위반에 해당할 수 있겠는가라는 반론의 제기도 가능하다 본다. 대상 판결은 「중대한 과실이 있는지를 판단함에 있어, 그와 같은 과실이 있는지는 보험계약의 내용, 고지하여야 할 사실의 중요도, 보험계약의 체결에 이르게 된 경위, 보험자와 피보험자 사이의 관계 등 제반 사정을 참작하여 사회통념에 비추어 개별적·구체적으로 판단하여야 한다」라고 하였다. 그리고 「그 사정에 대하여 (i) 보험계약서의 형식이 각각 별도로 보험자에게 중요한 사항을 고지하도록 되어 있는 점, (ii) '예'와 '아니오'의 택일만 가능한 점, (iii) 그것이 반드시 진단사실이 부존재한다는 취지를 고지한 것이라 단정할 수 없고 사실여부를 알지 못한다는 의미로 답할 가능성도 배제할 수 없다는 점 등을 근거로 하여 중과실에 해당한다고 단정할 수 없다」라고 보았다. 대상 판결은 '아니오'라고 답한 것이 중과실이 될 수도 있으나 제반 사정 등을 참작하여 보험자가 입증을 하지 못하였다는 것으로 보인다.

판례의 근거를 보면, (i)의 보험계약서 형식의 근거는 보험계약자가 아니라 보험자가 확인의무를 부담한다는 근거가 될 수 있어도 고지의무 이행과정에서의 중과실이 아니라는 근거가 되기에는 부족해 보이고, (ii)의 '예'와 '아니오'만 있다는 근거도 빈칸으로 둘 수도 있는 등의 사정이 있으며, (iii)의 질문표에 기재된 사항에 대하여 불고지한 것이 아니라 '아니오'라고 답한 경우라면 '사실여부를 알지 못한다'는 뜻의 의사표시로 해석하기에는 어려움이 있어 보인다. 어떻게 보면, 질문표상 알지 못하는 사항에 대하여 적극적으로 '아니오'라고 답한 경우는 고지의무 위반에서의 전형적인 경우로 보이기도 한다. 보험계약자의 그 행위는 최소한 과실은 있는 것이고 중대한 과실에 해당한다고 볼 여지가 크다는 것이다.

## 5. 分析 및 評價

### (1) 고지의무제도의 엄격성의 완화

최근 고지의무제도는 많은 변화를 겪고 있다. 고지의무가 보험계약자(소비자) 측에 지나치게 엄격하여 그 완화를 위한 노력이 전세계적으로 이루어지고 있다. 우리가 현재 채택하고 있는 고지의무제도는 1908년 영국해상보험법에서 기원한 것이고 그 기원은 1760년의 Carter v. Boem 사건에서 찾는다. 그리고 그 적용되는 요건과 효과는 보험계약자에게 가혹한 것이라는 평가를 받았다. 그런데 현재는 최대선의의 전제라 할 수 있는 보험계약자의 정보우위에 관한 시대적 상황이 Carter v. Boehm 판결 당시인 1760년과는 전혀 다르다. 과거 보험자는 보험계약자가 제공하는 정보에 의존할 수 밖에 없었으나, 현재의 정보습득 수단을 1760년의 옛날과 비교할 수도 없다. 따라서 당시의 시대상황에 기반하여 탄생한 제도가 현재에도 그 모습 그대로 존재하는 것은 수긍하기 어렵다.[26)]

보험법 제도의 모델로 지칭되는 영국이 최근 기존의 고지의무법리가 지나치게 보험계약자 측에게 엄격하다고 보아, 오랜 작업 끝에 2009년 말 기본적 틀을 변경하는 개혁안을 제시하였고[27)] 2013년 4월부터 효력을 발하고 있다. 2007년 독일법도 전면 개정되어, 보험자가 텍스트 방식으로 질문한 사항에 국한하여 고지할 의무를 부담한다(독일보험계약법 제19조 제1항). 일본도 2008년 보험법을 개정하면서 수동의무화하였고(일본보험법 제4조), 프랑스 보험법도 L.113-2조 2항에서 수동의무로 규정하며, 현재 준비 중인 유럽 통일보험계약법(안) 제2:101조에서도 보험자가 질문한 사항에 한정하여 보험계약자는 답할 의무가 있다고 하여 수동의무로 규정한다. 그리고 전부 아니면 전무(all or nothing)가 아니라 그 귀책의 정도에 따라 비례보상하는 입법례들도 다수이다. 이와 같이 고지의무의 수동화 등 엄격성을 완화하는 것이 국제적 추세이고, 그 근거도 정당하다.[28)] 이러한 입법론의 관점에서 가급적 고지의무 위반의 문제에 대하여는

---

26) John Birds, Modern Insurance Law, London Sweet & Maxwell, (2001), p.96.

27) Law Commission and The Scottish Law Commission, Consumer Insurance Law: Pre-Contract Disclosure and Misrepresentatio, London, 2009; Law Commission, Insurance Contract Law: Misrepresentation, Non-Disclosure and Breach of Warranty by the Insured, London: TSO, 2007, 75, 81, 105, 126, pp.272-279.

28) 다수의 학자가 찬성하는 것으로 보인다.: 김은경, "보험계약상 고지의무 및 설명의무에

완화하여 보험계약자에게 유리하게 해석하는 것이 타당하다.

#### (2) 보험계약자의 중과실 여부

위 논의에서와 같이 보험계약자에 해당하는 乙이나 丙에게는 甲의 건강상태나 진단사실 등에 대한 확인의무가 없다고 봄이 옳다. 따라서 그 사실을 모른 데 대하여 고지의무 위반의 주관적 요건은 없다고 할 것이나, 문제는 '아니오'라고 답하는 고지의무 이행과정에서의 중과실 여부만이 문제된다. 대상 판결이 제시하는 사실들이 중과실이 없다는 근거로서 설득력이 상당해 보이지는 않는다. 이 사건에서 '아니오'라고 답한 것은 중과실로 파악할 여지가 보다 많다고 보여진다.

#### (3) 보험자의 확인의무와 중과실 여부

대상 판결에서는 쟁점으로 다루어지지 않았으나, 이 사건에서는 보험자가 계약 당시에 고지의무 위반의 사실을 알았거나 중대한 과실로 알지 못한 때에는 보험자는 그 계약을 해지할 수 없다(제651조 단서)는 규정이 적용될 사례로 보인다. 피보험자의 건강상태나 진단여부에 대한 확인의무를 보험자가 부담한다고 보면, 이를 확인하지 아니한 것이 보험자의 중과실에 속할 수 있고, 따라서 설령 보험계약자의 고지의무 위반이 성립하는 경우라 하더라도 해지권제한사유에 해당하는 것이다.

요컨대 '아니오'라고 답한 것이 보험계약자의 중과실에 해당한다 하더라도, 보험자가 피보험자의 건강상태 등을 확인할 의무가 있음에도 불구하고 만연히 보험계약자의 진술에 의존하여 확인하지 아니한 것에 중과실이 있다고 보게 된다면, 보험자의 해지권은 제한된다.

## Ⅲ. 疾病保險과 他人의 書面同意

### 1. 問題點

이 사건 타인의 보험계약을 타인의 상해보험에 해당한다고 보게 되면, 보험계약체결 이전에 타인의 서면에 의한 동의가 있어야만 한다(상법 제739조, 제731조).

---

대한 비교법적 고찰", 「경영법률」 제19권 제2호, (2009), 479면; 최병규, "외국의 개정 보험계약법과 고지의무의 나아갈 방향", 「경영법률」, 제19권 제3호, (2009), 91면 등.

이 사건 보험계약 체결 이전까지 피보험자인 甲의 서면에 의한 동의가 없었고 따라서 무효가 된다는 것이고, 제1심에서는 이것도 쟁점이었다. 이는 질병보험의 법적 성질과 직결된다.

## 2. 疾病保險

### (1) 의 의

현재 질병보험에 대하여는 상법상 아무런 규정이 없고, 보험업법에서 상해보험 및 간병보험과 함께 제3보험업의 하나로 규정하고 있다(보험업법 제10조 제1항 제3호). 질병보험은 사람의 질병으로 인하여 수술 등 신체에 발생하는 사고를 보험사고로 하는 보험으로서, 상해보험과는 다른 종류의 보험으로 파악함이 통설이다. 상해보험의 보험사고는 외래성이 있어야 하고, 이 때 외래성은 피보험자의 신체적 결함, 즉 질병이나 체질적 요인 등에 기인한 것이 아니어야 하는 까닭에, 질병은 상해보험으로 보상받지 못함이 원칙이기 때문이다. 질병으로 인한 치료비는 국민건강보험인 사회보험으로 일정한 급여를 받긴 하나 충분히 보상받지 못하는 경우에 대비하여 영리보험회사가 질병보험(건강보험) 등으로 인수하기도 한다.

질병보험계약은 건강의 손상에 따른 경제적 손실을 보상하는 보험인 건강보험의 일부를 구성한다. 건강보험은 피보험자가 질병 등으로 인하여 치료, 수술 등을 받아야 할 경우에 민간보험회사가 진료비, 수술비, 입원치료비, 상실소득 등을 직접 지급하는 포괄적인 개념의 보험을 말한다. 건강보험에 의해 주로 담보되는 내용은 질병과 관련한 비용이므로, 건강보험의 대표적인 예는 질병보험으로 평가할 수 있다.[29]

### (2) 외국의 입법례

일본은 상해보험과 질병보험을 구분하지 않고 동일한 법리에 의한다. 오히려 상해질병손해보험과 상해질병정액보험의 구별을 엄격히 한다. 상해질병손해보험은 "제2장 손해보험"에서 규정하고, "제5절 상해질병손해보험의 특칙"을 두어 규정한다. 상해질병정액보험은 손해보험이나 생명보험과

29) 최병규, "민영의료보험에서의 위험률변경제도 수용방안에 관한 연구", 「경영법률」 제19권 제1호, 한국경영법률학회, (2008), 343-344면.

구별되게 "제4장 상해질병정액보험"에서 별개의 보험유형으로 규정하고 있다. 여하튼 질병보험과 상해보험은 같은 보험으로 취급하고 있다. 독일은 우리와는 달리 질병보험에 관한 상세한 규정을 두고 있다. 제7장의 상해보험과 제8장의 의료보험을 별개로 두면서 질병보험에 해당하는 의료보험장에서 일반 사회보험과의 관계상 그 범위에 관한 상세한 규정을 둔다.

미국의 경우 NAIC의 개인상해・질병보험최저기준법(Individual Accident and Sickness Insurance Minimum Standards Act, 이하 'MSA'라 함)과 함께 각주의 보험계약법에 질병보험에 관한 규정을 두고 있는 것이 일반적이다. MSA에 기재되어 있는 손해・질병보험 가운데 기초적 병원비용담보, 기초적 의료・수술비용담보, 고액의료비용담보, 입원보상담보 등의 의료비용을 담보하는 형태의 보험과, 취업불능담보 등의 소득상실을 보상하는 형태의 보험 등에 관하여 상세한 규정을 두고 있다(MSA §4). 또한 NAIC는 통일개인・질병보험증권조항법(Uniform Individual Accident and Sickness Policy Provision Law)을 제정하여, 중복보험이 발생한 경우에 지급보험금액을 조정하기 위한 조항 등을 두고 있다.[30]

### (3) 적용법규와 입법론

질병보험은 생명보험의 일종으로서 상당 부분 생명보험과 상해보험의 규정이 준용되어야 할 것이다. 그 치료비 등 실손해 부분에 대하여는 손해보험적 성격을 가지고 있는 까닭에 중복보험 등에 관한 손해보험의 원칙도 적용될 수 있다. 상법에는 규정이 없으나, 국회계류 중인 정부의 개정안[31]에는 질병보험계약에 관한 법률관계를 명확히 하는 취지하에 질병보험에 관한 규정을 둔다. 개정안은 2개의 조문을 두어 제739조의2(질병보험자의 책임)에서 "질병보험계약의 보험자는 피보험자의 질병에 관한 보험사고가 발생할 경우 보험금이나 그 밖의 급여를 지급할 책임이 있다."고 하고, 제739조의3(질병보험에 대한 준용규정)에서 "질병보험에 관하여는 그 성질에 반하지 아니하는 범위에서 생명보험 및 상해보험에 관한 규정을 준용한다."고 정해 두고

---

30) 맹수석, "상법 보험편 개정안에 있어서 새로운 유형의 보험계약 -보증보험 및 질병보험에 관한 규정을 중심으로-", 「법조」 제56권 제10호, (2008), 117면.

31) 2013. 2. 5. 정부 제출의 상법일부개정법률안 (의안번호 3629).

있다. 그런데 '그 성질에 반하지 않는 한'이라는 표현만으로 개정의 입법취지나 법적 안정성 등의 측면에서 미흡하다고 평가한다.

### 3. 他人의 疾病保險인 경우의 法律關係

#### (1) 쟁점과 판결

이 사건 보험계약을 질병보험계약으로 분류한다면 상해보험계약에 관한 규정을 준용할 것인지가 쟁점이다. 제731조의 규정도 질병보험에 준용된다고 한다면 이건 보험계약은 무효가 될 것이고, 단지 보험업법 제102조에 의한 보험자의 책임 등이 문제될 것이기 때문이다. 대상 판결은 이 사건 보험이 질병보험인지 여부에 대하여는 판단하지 않았으나, 제1심에서는 이 사건 보험계약이 질병보험계약에 해당하고, 이 경우 상법에 아무런 규정이 없으므로 타인의 서면동의에 관한 상법규정이 적용되지 않는다고 하였다. 이 점에 관한 기존의 판례는 없는 듯하다.

#### (2) 법률관계

질병보험은 상해보험과 유사한 성질을 가지는 것이어서, 원칙적으로는 상해보험의 법률규정들은 준용되는 것이 타당하다. 앞서 보았듯이 일본보험법은 상해보험과 질병보험을 완전히 동일한 것으로 다루고 있다. 그리고 상법개정안에 의하면 질병보험의 성질에 반하지 않는 한 상해보험에 관한 규정을 준용한다고 하므로, 오히려 타인의 서면동의에 관한 상법 제731조의 규정은 준용될 가능성이 높다. 그런데 이 점에 대하여는 상해보험 규정에 관한 전반적인 입법적 검토와 같이 다루어질 문제로 보인다.

#### (3) 상해보험에 대한 검토

##### (가) 법규정의 미비

현재 우리의 상해보험에 관한 법규정은 지나치게 간소하여 많은 범위가 약관에 의하여 이루어지고 있는 상황이고, 현재의 규정에 대하여는 비판적인 시각도 많다. 상법의 상해보험에 관한 조문은 3개에 불과하고, 그나마 생명보험에 관한 준용규정으로 해결하고 있으나, 최근 상해보험에 관한 다양한 쟁점들이 부각되고 있는 만큼 활발한 연구를 통한 입법의 현대화가 요구된다. 근자 '기왕증기여도감액약관'의 판례[32]에 대한 찬반 논란이 있고,[33] 중

복보험의 준용 등에 관한 쟁점이 이미 부각되고 있다.[34)]

현재 상해보험에서는 제732조(심신상실자 등의 경우 생명보험계약의 제한)를 제외하고는 생명보험에 관한 규정을 준용한다고 하고 있으나 상당한 의문이 있다.[35)] 예컨대, 생명보험에 관한 규정을 검토해 보면 실제 준용할 만한 규정은 거의 없다고 본다. 예컨대, 타인을 위한 생명보험계약에 관한 제733조(보험수익자의 지정 또는 변경의 권리)와 제734조(보험수익자지정권 등의 통지)의 규정은 준용되어서는 안 된다고 본다. 보험수익자가 동시에 피보험자가 되는 경우 별 문제가 없다고 보이나, 보험계약자가 보험수익자가 되는 것은 도덕적 위험의 소지가 있다. 피보험자 상해의 결과 그 치료비나 후유장해비 등을 피보험자 아닌 제3자가 보험수익자가 되어 수령하는 것은 상해보험의 성격에 비추어 보더라도 수긍하기가 어렵다. 따라서 단체보험에 관한 제735조의3도 위 이유에서 상해보험에 준용되기 어렵다.

**(나) 타인의 상해보험에서의 피보험자의 동의**

이 사건 쟁점과 관련되는 타인의 상해보험에 관한 제731조의 경우 타인의 상해'사망'을 보험사고로 하는 경우에는 이 규정이 준용될 것이나, 상해만을 보험사고로 하는 경우에 있어서는 피보험자의 서면에 의한 동의가 없다 하더라도 일괄적으로 무효로 할 것은 아니다. 만약 보험수익자가 피보험자로 지정되어 있는 경우라면 오히려 유효로 보는 것이 타당하다.

이러한 해석론이 비교법적으로도 설득력이 있다. 일본의 보험계약법은 제67조에서 이러한 규정을 두고 있고, 독일의 보험계약법도 제179조 제2항에서 동일한 의미의 규정을 마련하고 있다.

---

**32)** 대법원 2007. 4. 13. 선고 2006다49703 판결; 대법원 2002. 3. 29. 선고 2000다18752, 18769 판결; 대법원 1999. 8. 20. 선고 98다40763, 40770 판결.

**33)** 판례에 찬성하는 취지로는 양승규, "기왕증과 상해의 인과관계", 「손해보험」 제414호, (2003), 62-66면이 있고, 반대의 취지로는 박기억, "정액보험계약에 관한 소고", 「법조」, 제52권 제4호, (2003), 124면이 있다.

**34)** 대법원 2006. 11. 10. 선고 2005다35516 판결; 대법원 2006. 11. 23. 선고 2006다10989 판결; 대법원 2007. 10. 25. 선고 2006다25356 판결.

**35)** 장덕조, 전게서, 475면.

### 4. 分析 및 評價

이 사건 보험계약을 질병보험으로 분류한다면, 선례가 없어 해석론에 의존할 수밖에 없을 것이나, 현재 이론은 '성질에 반하지 않는 한 상해보험 규정을 준용'한다는 정도의 원론적인 상황이다. 그런데 제1심판결에서는 질병보험에는 상해보험에 관한 규정이 준용되지 않는다는 것이었으나, 이는 설득력 있는 논리가 아닌 것으로 본다.

첫째, 질병보험과 상해보험은 그 성질이 상당히 유사한 것으로 결국은 동일 또는 유사한 법리에 의하여 규율되어야 한다. 따라서 이 사건 보험계약을 질병보험으로 분류한다면 상해보험에 관한 법리가 유추적용됨이 타당하다. 질병보험에 관한 상법 규정이 없다는 이유에서 상해보험 규정이 적용되지 않는다는 근거는 설득력이 약하다.

둘째, 결국 질병보험으로 분류한다면 상해보험 규정이 유추적용되고, 그 타당성 여부는 별론으로 현재 상법 규정에 의하면 타인의 서면에 의한 동의가 없는 이상, 이 사건 보험계약은 무효가 된다.

셋째, 하지만 타인의 상해보험에서 피보험자와 보험수익자가 동일한 경우 피보험자의 동의가 없다고 하여 무효로 함은 부당하다. 일본이나 독일의 법률과 같이 이러한 경우라면 유효로 봄이 옳다. 입법론적으로 시급히 해결할 부분이다.[36)]

결론적으로, 질병보험도 상해보험과 같은 법리에 의하여 규율되는 것이 옳으나 타인의 상해보험이나 질병보험에서는 그 타인이 보험수익자라면 서면에 의한 동의가 필요 없는 것으로 해석하여야 한다는 점이다.

## Ⅳ. 結　論

고지의무 위반의 주관적 요건 중에서 대상 판결의 쟁점이 된 중과실과 관련하여 주로 살펴보았다. 그런데 대상 판결의 일부 논거에 대하여는 숙고할 점이 있어 보이고, 다음으로 결론에 갈음한다.

---

36) 자동차종합보험에서 피보험자가 복수로 있는 경우 이미 실무에서 종종 발생하는 문제이다. 보험계약자가 단독으로 자동차종합보험계약을 체결한 경우, 다른 피보험자가 운전 중 자기손해에 해당하는 상해를 입은 경우 이 규정에 의하면 무효가 된다.

첫째, 타인의 질병보험계약에서 보험계약자가 그 타인인 피보험자의 건강상태 등에 대하여 적극적으로 확인하여야 할 의무는 없다고 본다. 이 사건과 같은 사실관계에서는 학설이나 판례가 예외적으로 인정하는 기준에도 부합하지 않아, 확인 또는 탐지의무가 있다고 할 수 없다.

둘째, 보험계약자가 질문표에 대하여 알지 못하는 사항에 대하여 적극적으로 '아니오'라고 답한 경우를 고지의무 위반에서의 주관적 요건에 해당하지 않는 것으로 보기는 어렵다. 보험계약자의 그 행위는 최소한 과실은 있는 것이고 중대한 과실에 해당한다고 볼 여지가 상당하다. 구체적으로 중과실의 개념에서 제3단계인 질문표에의 답변 등 고지의무이행 과정에서 제대로 고지하지 못한 경우의 중과실에 해당할 수 있다.

셋째, 그런데 이 경우 보험자에게도 중과실이 있다고 볼 여지가 충분하다. 보험계약자에게 확인의무를 인정할 수 없고 또한 보험계약의 형식상 보험계약자와 피보험자의 답변란과 자필서명란이 별개로 되어 있는 등의 사정을 감안한다면, 보험자가 피보험자의 건강상태에 대한 확인을 할 의무가 있고, 이를 확인하지 아니한 채 만연히 계약을 체결한 보험자에게 중과실이 있다고 볼 여지가 있다는 것이다. 그러하다면 제651조 단서에 의하여 해지권 제한사유가 된다.

넷째, 이 사건 보험계약은 질병보험계약이고 질병보험은 상해보험과 그 성격이 유사하다. 따라서 제1심판결과는 달리 질병보험도 상해보험의 법리에 의할 것이고 상해보험에 준하여 처리하게 된다. 그러하다면 타인인 피보험자 甲의 서면에 의한 동의가 없었으므로 상법 제731조에 의하여 무효로 처리하는 것이 법문해석상으로는 보다 논리적이다. 하지만 타인의 상해보험이나 타인의 질병보험 모두에서 피보험자가 보험수익자가 되는 경우는 피보험자의 서면 동의가 필요 없는 것으로 보는 것이 타당하다.

끝으로, 기존의 고지의무제도가 시대상황과 맞지 아니하고 또한 지나치게 엄격하여 보험계약자 등에게 가혹한 결과에 이를 수 있다는 이유에서 전세계적으로 전면적인 개편을 하는 상황을 보면, 우리도 고지의무제도 전반에 대한 개정이 시급해 보인다.

# 다른 自動車 運轉擔保特約에서 '通常的으로 使用하는 自動車'와 '代替自動車'의 意義*

吳 泳 俊**

◎ 대법원 2008. 10. 9. 선고 2007다55491 판결

## [事實의 槪要]

### 1. 自動車綜合保險契約의 締結과 交通事故의 發生

피고는 2005. 12. 1.경 원고(대한화재해상보험)와 사이에 피고 소유의 프린스 승용차(이하 '이 사건 기존차량'이라 한다)에 관하여 보험기간을 2005. 12. 1.부터 2006. 12. 1.까지로 하여 대인배상Ⅰ, 대인배상 Ⅱ, 대물배상, 자기신체사고 및 무보험자동차에 의한 상해에 대한 보상을 포함하는 자동차종합보험계약을 체결하였다. 피고는 2006. 6. 30. 23:30경 이 사건 기존차량을 운행하다가 사고가 발생하여 운행이 불가능하게 되고, 그 수리비가 이 사건 기존차량의 시가인 50만 원을 초과하여 150만 원 정도로 예상되자, 이 사건 기존차량을 폐차하기로 하고 이를 길가 공터에 방치해 두었다.

피고는 2006. 7. 7. 17:00경 소외 甲으로부터 그 소유의 라노스 승용차(이하 '이 사건 사고차량'이라 한다)를 매수하고 대금을 지급한 후 그 소유권이전등록에 필요한 서류 및 이 사건 사고차량을 인도받았으나 피고 명의로 소유권이전등록을 마치지 아니한 채 운행하였다. 피고는 매수 다음 날인 2006. 7. 8. 02:50경 이 사건 사고차량을 운행하다가 도로를 무단횡단하던 피해자 乙을 충격하여 상해를 입게 하였다.

피고는 이 사건 사고로 인하여 구속되고 나중에 석방된 후 2006. 10. 13.

---

* 제18회 상사법무연구회 발표 (2008년 12월 6일)

** 서울고등법원 부장판사

이 사건 기존차량을 폐차하였다.

### 2. 이 事件 保險契約에 適用되는 約款 條項

#### (1) 보통약관 20-2-(1)

○ 보험계약자 또는 기명피보험자가 보험기간 중에 기존의 피보험자동차를 폐차 또는 양도하고 그 자동차와 동일한 차종의 다른 자동차로 교체(대체)한 경우에는, 보험계약자가 이 보험계약을 교체(대체)된 자동차에 승계시키고자 한다는 뜻을 서면으로 보험회사에 통지하여 이에 대한 승인을 청구하고, 보험회사가 이를 승인한 때로부터 이 보험계약을 교체(대체)된 자동차에 적용한다.

#### (2) 다른 자동차 운전담보 특별약관

1) 이 사건 특별약관은 보통약관의 무보험자동차에 의한 상해 가입자에 대하여 자동적으로 적용된다.
2) 보험회사는 피보험자가 다른 자동차를 운전 중 생긴 대인사고나 대물사고로 인하여 법률상 손해배상책임을 짐으로써 손해를 입은 때 또는 피보험자가 상해를 입었을 때에는 피보험자가 운전한 다른 자동차를 보통약관의 배상책임(대인배상 I 제외)의 피보험자동차로 간주하여 보통약관에 따라 보상한다.
3) 이 경우 '다른 자동차'라 함은 자가용자동차로서 피보험자동차와 동일한 차종으로서 다음 각 호의 1에 해당하는 자동차를 말한다.
   ① 기명피보험자와 그 부모, 배우자 또는 자녀가 소유하거나 통상적으로 사용하는 자동차가 아닌 것
   ② 기명피보험자가 자동차를 대체한 경우, 그 사실이 생긴 때로부터 회사가 위 (1)에 따른 승인을 한 때까지의 대체자동차

### [訴訟의 經過]

### 1. 第1審의 判斷 (保險金支給債務 不存在確認請求 棄却)

#### (1) 이 사건 특별약관의 취지

이 사건 다른 자동차 운전담보 약관(이하 '이 사건 특별약관'이라고 한다)은 피보험자가 특별히 인상된 보험료를 지급함으로써 우연히 또는 불가피하게 피보험자동차 이외의 자동차를 운전하다가 사고가 난 경우에도 피보험자의 피해를 보상하기 위하여 체결되는 것이다.

**(2) 이 사건 특별약관을 적용받기 위한 대체신고의 필요 여부**

이 사건 특별약관의 문언상 '… 대체 …'라고만 규정하고 있는 점, 피보험자동차를 처분하고 새로이 자동차를 구입한 뒤 대체신고를 할 때까지는 보험공백을 방지할 필요가 있는 점 등에 비추어, 피보험자가 피보험자동차를 처분하고 새로운 자동차를 구입한 경우에는 그때부터 보험회사에게 신고 내지 통지하였는지 여부와 관계없이 보험회사가 승인할 때까지를 '대체자동차'라고 보아야 한다.

**(3) 대체의 의미와 이 사건 차량이 대체자동차에 해당하는지 여부**

'대체'라 함은 통상 피보험자동차를 양도 또는 폐차하고 새로운 자동차를 구입한 경우를 말한다. 피보험자가 새로운 자동차를 구입하여 운전할 당시에는 미처 피보험자동차를 폐차하지 아니하였다 하더라도, 피보험자동차의 운행이 불가능하고, 수리하는 것보다 폐차하는 것이 경제적으로 더 합리적이어서 곧 폐차할 사정에 있었던 경우라면, 피보험자가 한 개의 보험계약으로써 2대 이상의 자동차에 관하여 보험을 든 효과가 발생하는 불합리한 경우라고 볼 수 없으므로, 이 사건 차량은 특별약관이 제2호에서 규정하는 '대체자동차'에 해당한다.

**(4) 대체차량에 해당되기 위해서 소유권이전등록이 필요한지 여부**

새로이 구입한 자동차에 관하여 소유권이전등록을 마쳐야만 자동차를 대체하였다고 볼 수 있는 것은 아니다.

**(5) 결　　론**

원고의 피고에 대한 보험금채무부존재 확인청구를 기각한다.

## 2. 原審의 判斷 (抗訴 棄却)

**(1) 다른 자동차에서 제외되는 '기명피보험자 소유 자동차'의 의미**

자동차관리법 제6조에서 자동차 소유권의 득실변경은 등록을 하여야 그 효력이 생긴다고 규정하고 있는바, 이 사건 특별약관의 다른 자동차에서 제외되도록 규정한 기명피보험자 등이 '소유한 자동차'라 함은 보험사고 당시 기명피보험자 등 명의로 등록되어 있는 자동차를 의미한다.

(2) 다른 자동차에서 제외되는 '통상적으로 사용하는 자동차'의 의미

이 사건 특별약관의 부보대상인 '다른 자동차'에서 제외되는 피보험자가 '통상적으로 사용하는 자동차'라 함은 피보험자가 상당한 기간 동안 자유로이 사용하는 자동차로서 보험사고 당시는 물론, 그 전에도 상당한 기간 동안 자유로이 사용해 온 자동차를 의미한다고 보아야 할 것이다.

(3) '자동차 대체'의 의미 및 '대체부터 승인까지 대체자동차'의 의미

자동차의 '대체'는 구 자동차의 폐차 또는 양도와 신 자동차의 취득을 의미한다. 신 자동차의 취득 여부는 자동차의 소유관계와 마찬가지로 자동차 등록원부상의 명의를 기준으로 하여야 하므로, 대체시부터 승인시까지의 대체자동차라 함은 신 자동차의 등록명의자로 등재된 때부터 보험회사에 의하여 대체 승인이 있는 때까지의 기간 동안의 신 자동차를 의미한다.

(4) 이 사건 사고 당시 '피보험자동차의 대체'가 있었는지 여부

이 사건 사고 당시 이 사건 기존 차량은 폐차되지 않았고, 피고가 이 사건 사고차량에 관하여 피고 명의로 이전등록을 마치지 않았으므로, 이 사건 사고차량은 이 사건 특별약관에서 말하는 대체자동차가 아니다.

(5) 이 사건 차량이 '다른 자동차'에 해당하는지 여부

이 사고 당시 이 사건 사고차량은 소외 甲 명의로 등록되어 있었으므로, 비록 소외 甲이 이 사건 사고차량의 운행지배와 운행이익을 상실하였다고 하더라도, 이 사건 사고차량을 피고가 소유한 자동차라고 할 수 없다. 또한 이 사건 사고차량은 기명피보험자가 통상적으로 사용하는 자동차가 아니다. 이 사건 사고 전부터 피고가 상당한 기간 동안 자유로이 이 사건 사고차량을 사용한 사실이 있었음을 인정할 증거가 없고, 오히려 이 사건 사고로부터 불과 몇 시간 전에 피고가 이 사건 사고차량을 매수하였을 뿐이다. 따라서 이 사건 사고차량은 이 사건 특별약관에 의하여 부보되는 '다른 자동차'에 해당한다.

(6) 결　　론

제1심판결은 정당하므로 원고의 항소를 기각한다.

<표 1> 제1심 및 원심의 판단 대비표

| | 제1심 | 원심 |
|---|---|---|
| 기존 차량의 폐차 여부 | 폐차에 준하는 상태임 | 폐차된 상태가 아님 |
| 이 사건 사고차량의 매수가 신차의 취득인지 여부 | '소유권이전등록'이 없더라도 신차의 취득에 해당함 | '소유권이전등록'이 없으므로 신차의 취득에 해당하지 않음 |
| 이 사건 사고차량이 '대체자동차'인지 여부 | 대체자동차에 해당함 | 대체자동차가 아님 |
| 자동차대체시 특별약관 적용요건으로 신고 등이 필요한지 여부 | 필요하지 않음 | 판단 없음 |
| 이 사건 사고차량이 특별약관 적용이 제외되는 피고 소유 차량인지 여부 | 판단 없음 | 피고 소유 차량이 아님 |
| 이 사건 사고차량이 특별약관 적용이 제외되는 차량으로, 피고가 통상적으로 사용하는 차량인지 여부 | 판단 없음 | 통상적으로 사용하는 차량에 해당하지 아니함 |
| 결론 | 특별약관 제2호 소정의 다른 자동차인 대체자동차에 해당하여 특별약관이 적용됨 | 특별약관 제2호는 해당없고 제1호의 소극적 요건을 충족하여 특별약관이 적용됨 |

## 3. 上告理由

### (1) '대체자동차'의 의미에 관한 약관 해석

이 사건 보통약관 20-2-(1)은 "기존의 피보험자동차를 폐차 또는 양도하고 그 자동차와 동일한 차종의 다른 자동차로 교체(대체)한 경우"라고 규정하고 있으므로, 대체자동차로 인정되기 위해서는 기존 자동차가 양도 또는 폐차되어야 한다. 그러나 피고 소유의 이 사건 기존 차량은 폐차 예정이었을 뿐 폐차된 사실이 없으므로 그러한 상태에서 구입한 이 사건 사고차량은 '대체자동차'로 볼 수 없다.

### (2) '통상적으로 사용하는 자동차'에 관한 약관 해석의 오류

이 사건 특약의 적용이 배제되는 '통상적으로 사용하는 자동차'의 의미는 하나의 보험계약으로 복수의 차량이 부보되는 등 부당한 보험계약의 체결가능성을 배제하려는 취지를 중시하여 해석하여야 한다. 기명피보험자가 기존 피보험자동차를 보유하면서 차량 1대를 추가로 구입한 경우에는 그 차량은 임시적이 아니라 계속적으로 운행될 것이 예정된 것이므로 마땅히 새로운 보험계약을 체결하여야 한다. 따라서 '통상적으로 사용하는 자동차'의 의미는 장래에 피보험자 등이 계속적으로 사용할 것이 예정된 자동차까지 포함되는 것으로 해석하여야 한다. 이 사건 자동차는 피고가 대금을 지급받고 매도인으로부터 이전서류까지 넘겨받아 자유로이 사용할 수 있으므로, 이 사건 사고차량은 특약의 적용이 배제되는 '통상적으로 사용하는 자동차'에 해당된다.

### [判決의 要旨]

(1) 개인용자동차보험 중 무보험자동차에 의한 상해보험에 가입한 경우에 자동으로 적용되는 '다른 자동차 운전담보 특약'의 취지는, 피보험자동차를 운전하는 피보험자가 임시로 다른 자동차를 운전하는 경우 그 사용을 피보험자동차의 사용과 동일시할 수 있어 사고 발생의 위험성이 피보험자동차에 관하여 상정할 수 있는 위험의 범위 내에 있다고 평가될 때에는 피보험자동차에 관한 보험료에 소정의 보험료를 증액하여 다른 자동차에 관한 사고 발생의 위험도 담보할 합리성이 인정되므로, 그 한도에서는 다른 자동차의 사용에 의한 위험도 담보하려는 것이다.

(2) "다른 자동차 운전담보특약"의 취지를 고려하여 보면, 특약에 의하여 부보 대상이 되는 '다른 자동차'에서 제외되는 '통상적으로 사용하는 자동차'는 피보험자동차와는 별개로 부보되어야 할 대상이기 때문에 위 특약에 의한 담보 범위에서 제외한 것으로서, 여기에 해당하는지 여부는 당해 자동차의 사용기간 이외에도 피보험자가 당해 자동차를 상시 자유로이 사용할 수 있는 상태에 있는지 여부(사용재량권의 유무), 피보험자가 간헐적으로 사용하는 이상으로 당해 자동차를 자주 사용하는지 여부(사용빈도), 피보험자가 사용할 때마다 당해 자동차 소유자의 허가를 받을 필요가 있는지 아니면 포괄적 사용허가를 받고 있는지 여부(사용허가의 포괄성 유무), 당해 자동차의 사용목적이 특정되어 있는지 여부(사용목적의 제한 유무) 등을 종합적으

로 고려하여, 당해 자동차의 사용이 피보험자동차의 사용에 관하여 예측될 수 있는 위험의 범위를 일탈한 것이라고 평가될 수 있는지에 의하여 판단하여야 한다.

(3) "다른 자동차 운전담보특약"에서 특약에 의하여 부보되는 '다른 자동차' 중의 하나로, "기명피보험자가 자동차를 대체한 경우 그 사실이 생긴 때로부터 회사가 승인을 한 때까지의 대체자동차"를 규정하면서, 관련 보험약관에서 기명피보험자가 보험기간 중에 피보험자동차를 폐차하고 그 자동차와 동일한 차종의 다른 자동차로 교체(대체)한 때에 그 다른 자동차를 대체자동차 중의 하나로 규정하고 있는 경우, 그 취지는 위와 같은 대체자동차는 일반적으로 위 특약의 부보대상에서 제외되는 '통상적으로 사용하는 자동차'에 해당할 것이지만, 피보험자동차의 대체에 의하여 그 피보험자동차에 관한 보험사고의 발생 위험이 소멸한 이상 새로 취득한 동종의 자동차에 관하여 기존의 보험으로 부보한다고 하더라도 다른 자동차 운전담보 특약의 취지를 벗어난다고 볼 수 없기 때문에 이를 부보 대상에 포함하려는 것이다. 따라서 위 특약에서 말하는 '피보험자동차의 폐차'의 의미를 해석함에 있어서도 위와 같은 취지를 고려하여야 할 것인바, 피보험자동차를 해체하여 자동차의 차대번호가 표기된 차대 또는 차체, 조향장치 중 조향기어기구, 제동장치 중 마스터실린더와 배력장치를 그 성능을 유지할 수 없도록 압축·파쇄 또는 절단하거나 피보험자동차를 해체하지 아니하고 바로 압축·파쇄하는 것(자동차관리법 제2조 제5호, 자동차관리법 시행규칙 제138조 제1항)이 여기서 말하는 '폐차'에 해당함은 물론이고, 나아가 피보험자동차가 그에 준하는 상태에 달하는 등의 사유가 있어 피보험자가 피보험자동차에 관한 운행지배 및 운행이익을 완전히 상실하고 그로 인하여 피보험자동차에 관한 보험사고의 발생 위험이 소멸하기에 이른 경우에도 '폐차'에 해당한다.

그렇지만 단순히 피보험자동차가 사고로 운행이 불가능하다는 이유로 피보험자동차를 노상에 방치해 둔 경우에는 그 피보험자동차에 관한 운행지배 및 운행이익이 완전히 상실되고 그로 인한 보험사고 발생 위험이 소멸하였다고 단정할 수 없음에 비추어 볼 때 그러한 사정만으로 그 피보험자동차에 관하여 위 특약에서 말하는 '폐차'를 하였다고 볼 수는 없다.

## [評　　釋]

## Ⅰ. 다른 自動車 運轉擔保 特別約款에 관한 一般論

### 1. 意義 및 趣旨

다른 자동차 운전 담보특약은, 기명피보험자, 그 배우자 또는 그 자녀가 소유하는 자동차(피보험자동차) 이외의 특정의 차종의 자동차를 일시적으로 스스로 운전자가 되어 운전하는 경우에도 그 자동차를 운전하는 자가 가입한 자동차보험의 피보험자동차로 간주하여 보험을 확장하여 적용하는 것을 말한다.

이러한 특약을 둔 취지는, 사용하는 다른 자동차를 피보험자동차와 동일시할 수 있는 경우에는 피보험자동차에 관하여 상정할 수 있는 위험은 그 다른 자동차에게 전가되었다고 보는 데 있다. 다른 자동차에 의한 위험을 피보험자동차의 위험과 동일시할 수 있는 경우에 본 특약이 적용되도록 한 것이 그 취지이다.[1] 이 특약에 가입한 경우 기명피보험자가 일시적으로 다른 자동차를 운전하다가 사고를 일으킨 경우 그 다른 자동차는 대인배상 Ⅱ, 대물배상, 자기신체사고 규정의 피보험자동차로 간주되므로 그에 따른 배상을 받을 수 있다(대인배상 I은 제외됨).

### 2. 다른 自動車의 定義

#### (1) 미국 및 일본에서의 해석

#### (가) 미국의 타차(他車) 운전위험담보 특약[2]

미국 FAP 약관의 타차운전위험담보 특약은, 약관에 많은 엄격한 조건

---

1) 대법원 2002. 1. 8. 선고 2001다62251, 62268 판결.: 개인용자동차보험 중 무보험자동차에 의한 상해보험에 가입한 경우에 자동으로 적용되는 '다른 자동차 운전담보 특별약관' … 은 피보험자가 피보험자동차 이외의 자동차를 임시로 운전하는 때에도 대인, 대물배상보험, 자손사고보험을 확장하여 적용함으로써 피보험자의 편의를 꾀하고 동시에 자동차사고의 피해자를 구제하고자 하는 것을 그 목적으로 하는 것이므로 피보험자가 운전중인 다른 자동차는 원래 피보험자동차가 아니지만 이를 피보험자동차로 보고, 피보험자동차에 관하여 발생하는 배상책임의 경우와 동일한 보험으로 보호하려고 하는 것이다.

2) 西島梅治, "他車運轉條項", 「保險法學の諸問題」, (田邊康平先生還曆記念), 文眞堂, (1980), 183-187頁.

이 부가되어 있고, 미국 법원의 판례도 타차운전위험의 담보범위를 제한적으로 해석하고 있다고 한다.

미국의 경우 2대 이상의 차를 소유하는 자가 자유로이 그것을 타고 다니면서 1대만을 보험에 가입하여 다른 차를 타차운전위험담보로 커버하려는 등 부당한 보험료 절약상황이 발생하는 것을 막기 위하여 그 특약의 적용에 신중을 기하고 있다고 한다.

미국 FAP 약관의 타차운전위험담보 특약은, (i) 피보험차가 고장, 수리, 서비스 중, 손상 또는 파괴 때문에 정상적인 사용을 할 수 없는 경우일 것, (ii) 대체차가 기명피보험자 또는 동거 친족의 소유가 아닐 것, (iii) 그 차의 사용에 관하여 소유자의 허락을 얻을 것, (iv) 대체차가 기명피보험자나 그 동거 친족이 상시사용에 제공되지 않고 또한 상시 사용가능한 상태에 있지 아니할 것 등을 그 적용조건으로 명시하고 있다.

미국의 특약에서는 다른 차가 상용에 제공되고 있는가 아닌가, 즉 일시대차라고 할 수 있는가 여부의 판단기준에 관하여, (i) 피보험자가 다른 차를 거의 어느 때라도 자유로이 사용할 수 있는 상태에 있는가(使用裁量權), (ii) 피보험자가 간헐적으로 사용하는(occasional use) 이상의 頻度를 가지고 차를 사용하는가(使用頻度), (iii) 사용할 때마다 피보험자 소유자의 허가를 얻을 필요가 있는가, 그렇지 않으면 포괄적 사용허가를 받고 있는가(許可의 包括性), (iv) 차의 사용목적이 특정되어 있고, 게다가 사고 당시의 사용형태가 허가된 사용목적의 범위 내에 있는 것인가(目的內 使用), (v) 사고시에 그 차가 사용된 것이 예정된 지역 내에서 사용된 것인가(豫定區域內 使用)가 이용되고 있다고 한다.

이와 같이 미국 타차운전위험담보 특약은, ① "既存 被保險自動車의 使用不能" 및 ② "他車의 非所有+非常時使用"의 요건을 모두 충족할 것을 요하는 데 특징이 있다. 즉 기존 피보험자동차에 관하여 ①의 사용불능 요건(이 사건의 경우와 같이 사고발행으로 인한 운행불능 상태)이 있다고 하여, ②의 요건이 당연히 면제된다고 보는 것이 아님을 유의할 필요가 있다. 또한 상시사용의 의미를 해석함에 있어서도 단순히 "실제 상시사용"뿐만 아니라 "상시사용의 가능성"(availability)도 아울러 고려하고 있다.

### (나) 일본의 타차(他車) 운전위험담보 특약[3]

우리나라의 다른 자동차 운전담보특약과 유사하다. 그 관련 규정은 다음과 같다. 일본의 경우, 우리나라 특약에서 "통상 사용하는 자동차"를 "常時 使用하는 自動車"라고 하여 용어를 달리 쓰고 있다.

> ○ 제2조 (다른자동차의 정의) 이 특약에 있어서 다른 자동차라 함은, 기명피보험자, 그 배우자 또는 기명피보험자의 동거 친족이 所有하는 자동차(소유권유보부매매계약에 의하여 구입한 자동차 및 1년 이상을 기간으로 정한 대차계약에 의하여 차입한 자동차를 포함한다. 이하 같다) 이외의 자동차로서, 그 용도 및 차종이 자가용보통승용차, 자가용소형승용차, 자가용경사륜승용차, 자가용소형화물차 또는 자가용경사륜화물차인 것을 말한다. 단, 기명피보험자, 그 배우자 또는 기명피보험자의 동거친족이 常時 使用하는 자동차를 제외한다.
>
> ○ 제6조 (피보험자동차의 양도 또는 반환의 경우) ① 피보험자동차가 양도된 경우에 그 사실이 생긴 때로부터 회사가 보통보험약관일반조항 제5조(被保險自動車의 讓渡) 제1항[4] 또는 동조 제6항(被保險自動車의 立替) 제1항[5]의 승인을 한 때까지 사이에는 제1조 제1항(이 특약의 적용조건)의 규정에도 불구하고, 피보험자동차의 양도 또는 반환 후의 소유자가 개인이 아닌 경우에도 이 특약은 적용된다.
>
> ② 이 특약의 적용에 있어서 당 회사는 보통보험약관일반조항 제5조(피보험자동차의 양도) 제2항[6]의 규정은 적용하지 아니한다.

---

3) 鴻常夫,「註釋 自動車保險約款 下卷」, 203-206頁, 218-220頁.

4) 보통보험약관일반조항 제5조 (피보험자동차의 양도) ① 피보험자동차가 양도(소유권유보조항부 매매계약에 기한 매수인 또는 임대차계약에 기한 차주를 보험계약자 또는 기명피보험자로 하는 보험계약이 체결된 경우의 피보험자동차의 반환을 포함한다. 이하 같다) 된 경우에도 이 보험계약에 의하여 생기는 권리 및 의무는 양수인 (소유권유보조항부 매매계약에 기한 매도인 및 임대차계약에 기한 임대인을 포함한다. 이하 같다)에게 이전되지 아니한다. 단 보험계약자가 이 보험계약에 의하여 생기는 권리 및 의무를 피보험자동차의 양수인에게 양도하는 취지를 서면으로 이 회사에 통지하고 보험증권에 승인의 배서를 청구한 경우 이 회사가 승인한 때에는 그러하지 아니하다.

5) 보통보험약관일반조항 제6조 (피보험자동차의 입체) ① 피보험자동차가 폐차, 양도 또는 반환된 후, 그 대체로서 피보험자동차의 소유자(소유권유보조항부 매매계약에 기한 피보험자동차의 매수인 및 대차계약에 기한 피보험자동차의 차주 포함)가 피보험자동차와 동일한 용도 및 차종의 자동차를 새로 취득하거나 1년 이상의 기간을 정한 대차계약에 의하여 차입한 경우(이하 '自動車의 立替'라고 한다), 보험계약자가 서면으로 그 취지를 회사에 통지하고, 보험증권에 피보험자동차의 변경의 승인의 배서를 청구하여 회사가 이를 승인한 때에는 새로 보험증권에 배서한 자동차에 관하여 이 보험계약을 적용한다.
② 이 회사는 自動車의 立替가 있은 후(전항의 승인배서청구를 수령한 후를 제외한다)에 전항에서 새로 취득하거나 차입한 자동차에 관하여 생긴 사고에 관하여는 보험금을 지

일본의 '타차운전위험담보 특약'은 미국의 그것을 모델로 한 것이나 약관 조항의 내용에는 차이가 있다. 중요한 차이점은 미국의 경우에는 "자신의 차가 사용가능하는 한" 특약의 적용을 받을 수 없는 반면, 일본 특약의 경우에는 "자신의 차가 사용 가능하더라도" 임시로 다른 차를 사용하면 특약의 적용을 받을 수 있다는 점이다. 학설의 다수는 타차운전위험담보 특약의 적용을 엄격히 하여야 한다고 해석한다.[7]

일본의 타차운전위험담보 특약은, 자동차 1대분의 보험료를 지불함으로써 여러 대의 자동차에 의한 사고를 담보하는 것이고, 더구나 본 특약은 자동적으로 부가되는 것이기 때문에, 적용조건을 완화하여 해석하게 되면 자동차운전자손해배상책임보험을 무상으로 부보하는 것과 동일한 결과가 되고, 보험회사에게 과도한 부담을 지우는 것이 되는 점을 그 이유로 든다. 그리하여 자동차 1대분의 보험료로[8][9] 다른 자동차의 위험도 담보한다는 의미에서 그만큼 한정적인 전보밖에 할 수 없는 것은 부득이하다고 한다.[10]

---

급하지 아니한다.

6) 보통보험약관일반조항 제5조 (피보험자동차의 양도) ② 이 회사는 피보험자동차가 양도된 후(전항 단서의 승인배서청구서를 수령한 후를 제외한다)에 피보험자동차에 관하여 생긴 사고에 관하여는 보험금을 지급하지 아니한다.

7) 西島梅治, 前掲論文, 187頁; 甘利公人, "他車運轉危險擔保特約における他車の意義", 損害保險硏究 第65卷 第3·4號 合併號 (2004), 281頁.

8) 엄밀히 말하면, "다른 자동차 운전 담보담보 특약"은 통상의 자동차종합보험의 보험료만으로 특약에 가입되는 것은 아니고, "무보험자동차에 의한 상해 보험 특약"에 가입하여 소액의 보험료를 추가 납입한 경우에 한하여 그 특약 가입이 인정되므로, 이는 정확한 표현이라고 할 수 없다. 따라서 기존 1대분의 보험료에 소정의 보험료를 추가함으로써 다른 자동차의 위험도 담보한다는 것이 보다 정확한 표현일 것이다.

9) '무보험상해'란 자동차보험의 보상종목 중 하나이며 피보험자가 무보험차 및 뺑소니차에게 상해를 입어 죽거나 후유장해를 입거나 다쳤을 경우 1인당 2억원 이내에서 보상해 준다. '무보험차상해'는 자동차보험에서 대인배상 Ⅰ, 대인배상 Ⅱ, 대물배상, 자기신체사고 등 4가지를 모두 가입해야만 가입할 수 있다. 승용차, 16인승 이하의 승합차, 1톤 이하의 화물차를 가진 개인이 "무보험차상해"를 가입할 때는 무료 보너스로 "다른자동차 운전담보 특별약관을 가입시켜 준다. 예컨대, 보험가입경력 3년이고 무사고 적용률 80%인 30세의 기혼 남자가 혼자 운전하는 경우, 차종별 '무보험차상해' 보험료는 아래와 같다.

(현대해상, 2005. 1. 25. 기준, 단위: 원)

| 차종 | 소형A승용 | 소형B승용 | 중형승용 | 대형승용 | RV | 3종승합 | 1톤화물 |
|---|---|---|---|---|---|---|---|
| 보험료 | 12,820 | 9,900 | 6,950 | 7,590 | 10,150 | 8,680 | 7,810 |

10) 甘利公人, 前掲論文, 281頁.

(2) 이 사건 특약의 적용요건과 구조

(가) 이 사건 특약의 적용요건

이 사건 특약은, 대상이 되는 자동차의 용도 및 차종을 한정하고 그 다음에 "기명피보험자와 그 부모, 배우자 또는 자녀가 소유하거나 통상적으로 사용하는 자동차가 아닐 것"이라는 조건을 부가하고 있다. 기명피보험자가 소유하는 차량 1대를 1년간 사용하는 동안의 리스크를 계산하여 자동차보험료가 결정되고 있음에 비추어, 소유하지 않는 자동차를 일시적으로 사용하는 경우에도 그 사용형태가 피보험자동차 자체의 사용에 관하여 예측될 수 있는 리스크의 범위 내에 있지 않으면 아니된다.

(나) '다른 자동차'와 관련한 특약의 구조

이 사건 특약의 구조는 다음과 같이 두 가지로 구별할 수 있다.

1) 피보험자동차를 기명피보험자가 계속 소유하고 있는 경우 (=피보험자동차에 관하여 계속 피보험이익이 존재하고 있는 경우)

다른 자동차에 해당하기 위해서는 "기명피보험자와 그 부모, 배우자 또는 자녀가 소유하거나 통상적으로 사용하는 자동차가 아닐 것"이 요건이다. 이는 이 사건 특약이 피보험자동차에 관하여 보험사고 발생위험이 존재하고 있는 상태에서 임시적으로 다른 자동차를 사용하는 경우를 부보하기 위한 것임을 고려하면 당연한 것이다. 이와 같은 경우에는 기명피보험자가 다른 자동차를 "임시 사용한다는 점"이 중요한 사항이다. 임시적이고 단기간에 그치는 보험사고 발생 위험의 확장을 "소액의 보험료 추가납입"으로 용인하겠다는 것이 본 특약의 취지이기 때문이다.

2) 피보험자동차가 대체된 경우 (=피보험자동차에 관하여 피보험이익이 소멸한 경우)

"기명피보험자가 자동차를 대체한 경우, 그 사실이 생긴 때로부터 회사가 대체 승인을 한 때까지의 대체자동차"도 다른 자동차에 해당된다. 피보험자동차의 대체에 의하여 그 피보험자동차에 관한 보험사고발생의 위험이 소멸된 상태에서는 새로 취득한 동종의 자동차에 관하여 부보를 한다고 하여 보험회사에게 불이익은 없기 때문에 이를 부보하려는 취지로 볼 수 있다. 즉, 피보험자가 기존 피보험자동차에 관한 운행지배와 운행이익을 완전히 상실하고 그로 인하여 보험사고 발생 위험이 소멸하기 때문에, 새로 취득한 동종의 자동차가 "피보험자의 소유이거나 통상 사용하는 자동차"에 해당되어도 특약의 부보대상으로 포함시키려는 것이라고 해석된다. 이러한 경우에는 기존 피보험차량에 관한 보험사고 발생 위험이 확장됨이 없이 새로 취득한 동종의 차량으로 그대로 이전되는 것에 불과하기 때문에 보험자의 입장에서도 불합리한 점이 없다.

## Ⅱ. '通常的으로 使用하는 自動車'의 意義 및 判斷基準

### 1. '通常的으로 使用하는 自動車'의 意味

#### (1) 일본의 학설[11)]

일본의 타차운전위험담보 특약은 '통상적으로 사용하는 자동차'라는 용어 대신 '상시 사용하는 자동차'라는 용어를 사용하고 있고, 그 의미에 관하여 다음과 같이 "사용설"과 "소유설"의 대립이 있다.

#### (가) 사용설

"피보험자동차에 관한 위험"에 착안하여, 다른 자동차의 사고가 피보험자동차에 대하여 상정될 수 있는 위험에 포함될 수 있는가 아닌가의 관점에서 '상시 사용'을 검토하여야 하는 것이기 때문에, "상시"에 중점을 두고 일시적으로 사용하는 것 이외에는 '피보험자동차의 위험'에 포함될 수 없다고 보는 입장이다. 이 견해에 의하면, '다른 자동차 운전담보특약'의 적용을 받을 수 없는 범위가 아래의 소유설보다 더 넓어지게 된다.

#### (나) 소유설

"소유의 외형" 또는 "소유의 의사"에 중점을 두고, 다른 자동차의 사용이 피보험자동차를 소유하고 있는 것과 동일시할 수 있는가 아닌가를 검토하여 동일시할 수 있는 정도의 사용의 경우를 '상시 사용'이라고 하는 입장이다. 이 견해에 의하면, "상시 사용"의 범위를 더 좁게 해석하기 때문에 본 특약의 적용범위가 더 넓어진다.

---

11) 羽 成守, "他車運轉危險擔保特約", 「新裁判實務大系 19」, 保險關係訴訟法, 166-180頁.

### (2) 일본의 판례

종래 일본의 제1심 판결은 "소유설"의 입장을 취한 것이 많으나, 최근의 항소심 판결(東京高裁 判決 및 大阪高裁 判決)은 상시 사용을 좁게 해석한 제1심 판결을 뒤집고, "사용설"의 입장에서 상시 사용에 해당된다고 보아 본 특약의 적용을 배제하는 입장을 취하고 있다.

#### (가) 소유설 입장의 판결

1) 東京地裁 1999. 2. 9. 判決

자동차사고의 가해자가 피보험자동차의 수리 중 대체차량으로 차용하여 사용하고 있는 자동차가 상시 사용인가 여부가 다투어진 사례에서, 「상시 사용하는 자동차라 함은, 사실상 피보험자가 소유하고 있는 것이라고 평가될 수 있는 정도의 지배력이 미치는 자동차를 지칭한다」라고 판시하면서, 이러한 대체차량은 그 사용목적, 처분권이 없는 점, 사용기간이 한정된 점 등을 이유로 그 사용은 "사실상의 소유"라고 평가될 수 없다고 보아 본 특약의 적용을 인정하였다.

2) 水戸地日立地裁 2000. 7. 7. 判決

구입목적으로 대금 32만 엔 중 5만 엔을 지불하고 인도를 받아 시승(試乘)하던 중, 3일 후에 사고를 일으켜 본 특약의 적용을 구한 사건에서, 매수인이 무단으로 카뷰레터를 교환하였다는 점을 이유로, 자기의 소유차량으로서 사용한 것이라고 인정하고 특약의 적용을 부정하였다.

#### (나) 사용설 입장의 판결

1) 大阪地裁 1998. 1. 27. 判決

사고 약 2.5개월 전에 타인으로부터 차용한 후 사고시까지 사이에 일상적으로 사용하고, 그 후에도 일정 기간 계속 사용할 의사가 있던 자에 대하여, "상시 사용"에 해당한다고 보아 특약의 적용을 인정하지 않았다.

2) 東京高裁 2001. 4. 10. 判決

제1심 판결(東京地裁 2000. 11. 6. 判決)은, 「차용한 자동차를 약 3개월간 통근에 사용하고 있는 자에 대하여 막간의 차용이라고 보아 사실상 소유하고 있다고 볼 정도의 지배력이 미친다고 보기 어렵다」라는 이유로 본 특약의 적용을 인정하였다. 그러나 東京高等裁判所는, 제1심이 취한 "소유설"의 입장을 명확하게 부정하여, 「'사실상 소유하고 있다고 평가될 수 있는 정도의 지배력을 미치고 있음을 요한다'는 견해는 상당하지 않고, 어디까지나 사용의 형태로 보아 일상적으로 사용하고 있는가 아닌가, 또한 그것이 개별적·일시적인 사용허가가 아니라 포괄적인 사용허가에 기한 것인가 아닌가 하는 관점에서 "상시 사용하는 자동차"에 해당하는지 여부를 판단하여야 한다」라고 판시하였다.

3) 名古屋高裁 2003. 5. 15. 判決

「개인용자동차보험 중 무보험자동차에 의한 상해보험에 가입한 경우에 자동으로 적용되는 '다른 자동차 운전담보특약'의 취지는, 피보험자동차를 운전하는 피보험자가 임시로 다른 자동차를 운전하는 경우 그 사용이 피보험자동차의 사용과 동일시할 수 있기 때문에, 사고발생의 위험성이 피보험자동차에 관하여 상정될 수 있는 위험성의 범위 내에 있다고 평가될 수 있는 때에는, 피보험자동차에 관한 보험료로 그 위험도 담보할 경제적 합리성이 인정되는 것이어서, 그 한도에서는 다른 자동차의 사용에 의한 위험도 담보하려는 것이라고 해석된다. 따라서 피보험자동차 이외의 자동차가 다른 자동차 운전담보특약상 '다른 자동차'에서 제외되는 '통상적으로 사용하는 자동차'에 해당되는지 여부는, 당해 자동차의 사용기간, 사용목적, 사용에 관한 재량권 등을 종합적으로 고려하여 당해 자동차의 사용이 피보험자동차의 사용에 관하여 예측될 수 있는 위험의 범위를 일탈한 것이라고 평가될 수 있는가에 의하여 판단해야 할 것이다」라고 판시하였다.

**(3) 일본의 학설 및 판례에 대한 평가**

일반적으로, 자기 자동차의 지배는, ① 현재 사용할 수 있는 점, ② 사용할 수 있는가 할 수 없는가에 관하여 재량권 내지 결정권을 갖고 있는 점, ③ 사용목적에 제한이 없는 점, ④ 사용회수·기간·주행거리 등에 제한이 없는 점, ⑤ 사용종료 후의 격납방법에 제한이 없는 점, ⑥ 처분권이 있는 점 등을 그 단적인 특징으로 들 수 있다. 그 중에서 ⑥ "처분권이 있는 점" 등은 다른 자동차에는 당연히 구비할 수 없는 요건이기 때문에 所有說의 입장에서도 이것까지 요구하는 것은 아니다. 다른 자동차에 대하여 ① 내지 ⑤를 아무런 제한 없이 충족하고 있는 경우에는 '상시 사용'이라고 인정할 수 있을 것이다. 다만 "사용설"의 입장에서는 이를 가리켜 '피보험자동차의 사용에 의하여 상정될 수 있는 위험의 범위를 초과하기 때문'이라고 설명하는데 반하여, "소유설"의 입장에서는 '외형상 소유자와 같다고 평가할 수 있기 때문'이라고 설명할 것이다.

한편, 소유설에 의할 경우 사용설에 의할 때보다 타차운전담보특약의 적용범위가 넓어지게 된다. 타차운전담보특약이 창설된 역사적 경과, 불특정한 다른 자동차의 사고를 전보함에 따른 모럴 해저드의 회피, 약관상으로도 "상시 사용하는 자동차"라고만 규정되어 있을 뿐이고 소유권 내지 소유의사 등을 언급하고 있지 아니한 점 등에 비추어 보면, '상시 사용'이라는 개념에 "사실상 소유하는 개념"을 연결시킬 필요는 없다. 따라서 상시 사용의 여부를 판단함에 있어서는 사용설이 더 타당하다.

## 2. 大法院 判例 및 分析

### (1) 대법원 2001. 1. 19. 선고 2000다60968 판결

#### (가) 대법원의 판시

위 판결은 「원심은, … 이 사건 약관상의 "다른 자동차"에서 제외되는 '통상적으로 사용하는 자동차'라 함은 피보험자가 상당한 기간 동안 자유로이 사용하는 자동차를 의미하는 것이라고 봄이 상당하다고 한 다음, … 피고와 신미정은 결혼을 전제로 약 3년간 사귀어 온 사이인데 1998년 12월 초순경 향후 약 3개월간 피고의 출장이 많아 유류비를 절감하려고 음력 설날인 1999. 2. 16.경까지 중형차인 이 사건 피보험차량과 소형차인 이 사건 사고차량을 바꾸어 운행하기로 한 사실과 이에 피고는 이 사건 피보험차량에 대한 보험의 피보험자 범위가 신미정에게 미치도록 일부 내용을 변경 또는 추가하는 조치를 취한 후 이 사건 피보험차량을 신미정에게 인도하고 신미정으로부터 이 사건 사고차량을 인도받아 사용하던 중 사고 당일 거래처로 가다가 이 사건 교통사고를 일으킨 사실을 인정하고, 위 인정 사실에 나타난 피고와 신미정과의 관계, 차량의 교환경위, 교환기간, 교환기간 동안 이 사건 사고차량에 대한 지배관계 등에 비추어 볼 때 이 사건 사고차량은 피고가

'통상적으로 사용하는 자동차'에 해당함이 분명하다고 하여, 원고는 피고에게 이 사건 사고와 관련하여 이 사건 약관에 따른 보험금지급의무가 없음의 확인을 구하는 원고의 청구를 인용하였다. … 이 사건 약관 중 '통상적으로 사용하는 자동차'에 관한 원심의 해석과 이를 전제로 한 원심의 판단도 정당한 것으로 수긍되고…」라고 판시하고 있다.

(나) 분 석

위 판결의 결론은 타당하다고 생각된다. 그러나 위 원심이 설시하고 있는 「"통상적으로 사용하는 자동차"라 함은 피보험자가 상당한 기간 동안 자유로이 사용하는 자동차를 의미하는 것이라고 봄이 상당하다」라고 하는 법리는 그 이후 하급심 판결에서 대법원 판례의 설시인 것처럼 인용되어 왔고, 이 사건 원심 판결도 이러한 사용기간이 결정적인 요소인 것처럼 설시하고 있다. 그러나 "상당한 기간"이라는 요건은 통상적으로 사용하는 자동차에 해당하는 여부를 판단하는 하나의 요소 중에 불과하고 이를 결정적인 요소로 볼 수는 없다. 이에 따르면 "차량 매수 및 잔금완납 후 미등록상태에서 인도받아 사용한지 얼마 안되는 차량"은 통상적으로 사용하는 자동차에서 제외되는 것처럼 오해될 수 있다.

"통상적으로 사용하는 자동차"의 판단기준은 이를 좀 더 명확히 제시될 필요가 있고, 대상판결은 그 기준을 보다 구체적으로 제시하고 있다.

(2) 대법원 2001. 9. 18. 선고 2001다14917, 14924 판결

(가) 대법원의 판시

위 판결은, 「원심은, 자동차판매업자인 피고가 중고자동차를 판매할 목적으로 판시 소외인으로부터 판시 이 사건 차량을 매수한 후 그로부터 소유권이전등록에 필요한 서류와 함께 이 사건 차량을 인도받은 사실을 인정하고(피고 명의로 이전등록을 마치지 아니하였다), 이 사건 차량이 "다른 자동차 운전담보 특별약관" 소정의 '자가용 승용자동차로서 기명피보험자와 그 부모, 배우자 또는 자녀가 소유하거나 통상적으로 사용하는 자동차'에 해당하지 아니한다고 판단하였는바, 원심의 위와 같은 판단은 수긍할 수 있고 거기에 위 약관 소정의 기명피보험자가 소유하거나 통상적으로 사용하는 자동차의 개념 내지 그 범위에 관한 법리를 오해하였거나 이유를 불비한 위법이

있다고 할 수 없으며…」라고 판시하고 있다.

(다) 분　석

위 판결의 결론이나 논거 모두 찬성하기 어렵다. 이 판시에 따르면, 피고는 이미 보유하고 있는 피보험자동차 이외에도 판매 목적으로 구입・운행하고 있는 수십 대의 차량에 대하여도, 기존 피보험자동차에 관하여 체결한 자동차보험계약에 의하여 모두 부보될 수 있다는 결론이 된다. 이는 다른 자동차 운전담보 특약의 취지와는 거리가 있다. 판매목적이라도 이미 매수하여 대금을 완납하고 인도받아 언제든지 운행에 제공할 수 있는 자동차는, 피고가 완전히 지배하면서 그 사용 여부에 관하여 완전한 재량을 갖는 것이므로, 소유설에 의하든 사용설에 의하든 모두 기존 차량의 보험이 아닌 "별개의 보험으로 부보할 대상"에 해당된다고 보는 것이 타당하다.

(3) 논의의 정리

이 사건 특약을 해석함에 있어서는, 기명피보험자가 1대분의 보험료로 사실상 2대분의 보험혜택을 누리게 해서는 안 되고, 따라서 이 사건 특약은 기본적으로 임시적으로 사용하는 경우에 한하여 적용되어야 한다는 점을 염두에 두어야 한다. 그리고 이러한 판단에서 고려할 사항은 기명피보험자가 어떠한 "보험사고 발생의 위험"을 발생시키고 있느냐의 여부이다.

대법원 판례는 "피보험자동차의 양도"의 개념을 운행지배권의 상실・이전 여부의 관점에서 파악하고 있고, 특히 아래 대법원 판례는 "운행지배권의 상실・이전"의 개념을 매도인의 간섭 권한이나 책무의 관점에서 보도록 판시하고 있는바, 이는 "사용설"에서 말하는 지배관계, 사용재량 등과 일맥상통하는 면이 있다.[12]

---

12) 대법원 1995. 1. 12. 선고 94다38212 판결은 「자동차 보유자의 운행지배는 현실적으로 보유자와 운전자 사이에 사실상의 지배관계가 존재하는 경우뿐만 아니라 간접적이거나 제3자의 권리를 통한 관념상의 지배관계가 존재하는 경우도 포함하는 것이므로, 자동차를 매도하고도 자동차 등록명의를 그대로 남겨둔 경우에 매도인의 운행지배 유무는 매도인과 매수인 사이의 실질적 관계를 살펴서 사회통념상 매도인이 매수인의 차량운행에 간섭을 하거나 지배관리할 책무가 있는 것으로 평가할 수 있는지의 여부를 가려 결정하여야 한다」라고 판시한 다음, 「매도인이 자동차를 매도하여 인도하고 잔대금까지 완제되었다 하더라도, 매수인이 그 자동차를 타인에게 전매할 때까지 자동차등록원부상의 소유명의를 매도인이 그대로 보유하기로 특약하였을 뿐 아니라 그 자동차에 대한 할부계약상 채무자의 명의도 매도인이 그대로 보유하며, 자동차보험까지도 매도인의 명의로 가입하도록 한 채 매

따라서 자동차를 매수하고 차량대금을 완납하여 이전서류를 교부받은 후 자동차를 운행하는 매수인은, 매도인의 간섭으로부터 완전히 벗어나 자유로운 운행지배권을 행사하는 "사실상의 소유자의 지위"에 있는 자이므로, 소유설에 의하든 사용설에 의하든 그 매수 차량은 "통상적으로 사용하는 자"에 해당한다고 할 것이고, 이러한 사실상의 소유자의 지위에 있는 매수인이 실제 매수한 차량을 사용한 기간이 짧다는 점은 결론을 좌우하는 요소는 아니라고 할 것이다.

예컨대, 차량대금을 완납하고 이전서류를 교부받아 차량을 단기간 운행하다가 사고를 발생시킨 '미등록 매수인'과 차량대금을 완납하고 이전등록을 마치고 차량을 단기간 운행하다가 사고를 발생시킨 '이전등록 매수인'은, "보험사고 발생의 위험"이라는 관점에서 하등 차이가 없으므로 특약 적용 여부를 판단함에 있어서는 동일하게 취급해야 할 것이다. 그런데 단순히 "단기간의 사용 여부"를 특약 적용의 중요 판단 기준으로 삼게 되면, 단기간 사용한 등록매수인(법률상의 소유자)은 특약 제1호의 소유자에 해당되어 특약 적용이 배제되고, 단기간 사용한 미등록매수인(사실상의 소유자)은 특약적용을 받게 되는 불합리한 결과를 가져온다. 따라서 사실상 소유자의 매수차량은 통상 사용하는 자동차로 보아 특약 적용에서 배제하려는 것이 본 특약의 취지라고 해석하여야 할 것이다.

일본의 학설[13]도 같은 취지에서, 타차운전위험담보특약의 부보대상에서 제외되는 '상시 사용하는 자동차'에 관하여 "기명피보험자 등이 스스로 사용에 제공하고 자유로이 지배하고 있는 자동차는 피보험자동차와는 별개로 부보되어야 할 대상이기 때문에 본 특약에 의한 담보범위로 제외한 것"이라고 하면서, '상시 사용하는 자동차'는 "기명피보험자 등이 소유하는 자동차가 아닐 것"이라는 요건을 보완하기 위하여 설계된 것이고, 그 해당 여부는 사용빈도만이 아니라 그 자동차에 대한 사실상의 지배관계, 사용시마다

---

수인으로 하여금 자동차를 사용하도록 하여 왔다면, 매도인은 매수인이 그 자동차를 전매하여 명의변경등록을 마치기까지 매도인의 명의로 자동차를 운행할 것을 허용한 것으로서 위 자동차의 운행에 대한 책무를 벗어났다고 보기는 어려우므로 자동차손해배상보장법 제3조 소정의 자기를 위하여 자동차를 운행하는 자에 해당한다고 봄이 상당하다」라고 판시하였다.

**13)** 鴻常夫, 前揭書, 209-211頁.

다른 자동차 소유자의 허가를 요하는가 아니면 포괄적인 사용허가가 부여되어 있는가 등 제반사정을 고려해야 한다고 설명한다.

위 설명에서 알 수 있듯이, 차량대금을 완납하고 이전서류를 교부받아 차량을 운행하는 매수인은 매도인의 간섭으로부터 완전히 벗어나 자유로운 지배권을 행사하는 사실상의 소유자이므로 비록 "법률상 소유자"는 아니더라도 별개의 보험으로 부보되어야 할 대상으로 취급해야 하고, 따라서 그 매수차량은 "통상 사용하는 자동차"에 해당한다고 보는 것이 타당하다.

## Ⅲ. 被保險自動車의 譲渡·廢車와 다른 自動車 運轉擔保特約

### 1. 被保險自動車의 譲渡 및 廢車

#### (1) 상법조항 및 취지

현행 상법 제726조의4는 피보험자동차의 양도에 관하여 "① 피보험자가 보험기간 중에 자동차를 양도한 때에는 양수인은 보험자의 승낙을 얻은 경우에 한하여 보험계약으로 인하여 생긴 권리와 의무를 승계한다. ② 보험자가 양수인으로부터 양수사실을 통지받은 때에는 지체 없이 낙부를 통지하여야 하고 통지받은 날부터 10일내에 낙부의 통지가 없을 때에는 승낙한 것으로 본다."라고 규정하고 있다.

종래 구 상법 제679조는 "피보험자가 보험의 목적을 양도한 때에는 보험계약으로 인하여 생긴 권리를 동시에 양도한 것으로 추정한다."라고 규정하였는데, 자동차보험약관조항은 차량양도시 '자동차보험의 당연 승계'를 인정하지 않았는데, 그것이 타당하다고 보아 법률을 개정한 것이다.[14)]

14) 대법원 1993. 6. 29. 선고 93다1480 판결.: "보험목적의 당연 승계"를 부정한 보험약관 규정의 취지에 관하여, 「이는 위 계약에 있어 보험의 목적인 자동차를 교체하는 경우가 자주 생기고, 또 그 경우 보험계약자는 무사고 등을 이유로 보험료의 할인혜택을 받기 위하여 자동차를 교체하는 형태로 보험계약을 유용할 필요성도 있고, 한편 보험자로서도 예측위험률의 변화(현행 자동차보험제도는 자동차의 용도나 피보험자의 연령, 경력 및 성별에 따라 보험료율이나 보험료에 차등을 두고 있다) 등 보험계약의 기초에 중대한 변경을 초래할 가능성이 있는 피보험자의 교체에 대하여 중요한 이해관계가 있어 보험계약관계의 유지나 변경 등의 결정에 관한 기회를 부여받아야 할 필요성도 있다는 점 등을 고려한 것이다」라고 설명하고 있다.

### (2) 피보험자동차의 양도의 의의

피보험자동차의 양도라 함은 피보험자동차에 대한 소유권이 매매, 교환, 증여 등 법률행위에 의한 특정승계의 방법으로 양수인에게 이전하는 것을 말한다. 피보험자동차의 양도 시기는 단순히 매매 등의 채권계약을 체결한 것만으로는 부족하다.

학설[15] 및 판례는, 「피보험자동차의 양도시기는 소유권이전등록이 언제 되었느냐를 기준으로 삼지 않고, 피보험자동차에 대한 운행지배나 운행이익의 이전이 사실상 언제 이루어졌느냐 하는 것을 그 기준으로 삼아야 한다」라고 보고 있다. 판례는, 「기명피보험자가 등록명의만을 변경하고 실제로는 자동차를 보유하고 운행지배를 하면서 직접 그 자동차를 운행하다가 사고를 일으켜 손해를 발생시킨 경우에는 피보험자동차의 양도에 관한 약관 규정이 적용되지 아니한다」라고 판시하고 있다.[16] 또한 판례는 「형식적으로 매도인 명의로 등록이 잔존하나, 매도인이 매수인에게 잔대금을 완납받고 차량과 명의이전서류를 넘겨준 경우에는 피보험자동차의 양도가 있었다고 보아야 한다」라고 판시하고 있다.[17]

---

15) 우성만, "피보험자동차의 양도와 승낙피보험자", 「판례연구」 제8집, 부산판례연구회.

16) 대법원 1993. 6. 29. 선고 93다1480 판결.: 「자동차종합보험약관 제42조의 규정에서 자동차의 양도로 보험자가 책임을 면하는 경우란 당해 자동차의 운행지배상태 및 유체동산인 자동차의 양도를 의미하는 것으로서 양도인이 그 자동차에 대한 운행지배를 상실하고 양수인이 사실상의 운행지배를 취득하는 경우를 의미하고, 따라서 기명피보험자가 그 등록명의만을 변경하고 실제로는 그 자동차를 보유하며 운행지배를 하면서 직접 그 자동차를 운행하다가 사상사고를 일으켜 손해를 발생시킨 경우에는 위 규정은 적용되지 아니한다(대법원 2007. 2. 23. 선고 2005다65463 판결)」고 하면서, 「… 위 보험약관의 규정은 피보험자나 피보험차량이 실질적으로 교체되어 보험계약의 기초에 변경을 초래할 가능성이 있는 경우에 적용되는 것이고, 반대로 피보험자나 피보험차량이 실질적으로 교체되지 아니하여 보험계약의 기초에 아무런 변경을 초래할 가능성이 없는 이 사건과 같은 경우에는 그 적용이 없다고 보는 것이 상당하다」고 하였다.

17) 대법원 1993. 4. 13. 선고 92다8552 판결.: 피보험자동차의 양도에 관한 사안이다(이 판결에 대한 평석으로는, 정호열, "명의이전이 없는 차량양도와 자동차보험관계의 승계", 「상사판례연구 II」, 박영사, (2004) 참조.
〈사실관계〉 : 소외 C는 피고 B보험회사와 자동차종합보험계약을 체결하였는데, 소외 D는 C로부터 이 사건 차량을 매수하면서 계약 당일 매매대금의 일부를 지급한 후 차량을 인수하고 또 명의의 이전에 필요한 모든 서류를 교부받았으며, 그 후 잔금을 모두 지급하였다. 그러나 명의의 이전등록을 하지 않은 채 차량을 운행하던 중 D는 소외 E와 F를 사망케 하는 사고를 일으켰다.
〈피고 B보험회사의 보험금지급 거절〉 : 원고 A 등의 보험금청구에 대하여 피고 B보험회

### (3) 피보험자동차의 폐차의 의의

#### (가) 관련 규정

> ○ 자동차관리법 제2조 (정의)
> 5. "폐차"라 함은 자동차를 해체하여 건설교통부령이 정하는 자동차의 장치를 그 성능을 유지 할 수 없도록 압축 · 파쇄 또는 절단하거나 자동차를 해체하지 아니하고 바로 압축 · 파쇄하는 것을 말한다.
>
> ○ 자동차관리법 시행규칙 제138조 (폐차대상자동차장치)
> ① 법 제2조제5호에서 "건설교통부령이 정하는 자동차의 장치"라 함은 다음 각 호의 장치를 말한다.
> 1. 차대번호가 표기된 차대 또는 차체
> 2. 조향장치 중 조향기어기구
> 3. 제동장치 중 마스터실린더와 배력장치

#### (나) 폐차의 의의

일본에서는 폐차라고 함은 일본 도로운송차량법 제15조 및 제16조에서 말하는 "말소"를 지칭하는 것으로 해석하는 것이 일반적이라고 한다.[18] 우리나라 자동차관리법 제2조 제5호에서 말하는 폐차의 개념에는 "등록말소"의 개념이 내포되어 있지는 않으나, 폐차요청을 하기 위해서는 등록번호판과 봉인을 반납하고 시 · 도지사에 말소등록을 신청하여야 함에 비추어 그 개념이 일본의 그것과 크게 다르다고 보기는 어렵다.

#### (다) 주행이 불가능한 차량이 노상에 방치된 경우 "폐차"인지 여부

자동차관리법 제2조 제5호 소정의 "폐차" 상태에서는 그 차량의 보유자나 보험회사가 그 차량으로 인한 사고에 대하여 손해배상책임을 질 위험이

---

사는 보험목적이 양도되었으며, 보험약관 제42조 제1항이 요구하는 피보험자 또는 양수인의 서면에 의한 통지와 보험회사가 승인한 사실이 없으므로 D를 피보험자로 볼 수 없다는 이유로 보험금의 지급을 거절하였다.

〈대법원 판결요지〉 : 자동차종합보험보통약관 제22조 제1항 제3호는 기명피보험자의 승낙을 얻어 자동차를 사용 또는 관리중인 자를 피보험자로 규정하고 있는바, 여기서 말하는 기명피보험자라 함은 피보험자동차에 대한 운행지배나 운행이익을 누리는 피보험자를 말한다고 보아야 할 것이므로, 차량의 양수인이 양도인에게 대금을 모두 지급하고 차량을 현실적으로 인도받은 다음 차량을 운전하던중 사고를 냈다면 양도인은 차량의 운행이익이나 운행지배권을 상실하였다 할 것이므로 양수인을 위 약관에서 정한 기명피보험자의 승낙을 얻어 자동차를 사용 또는 관리중인 자에 해당한다고 할 수 없다.

18) 鴻 常夫, 前揭書, 46-51頁.

없음이 명백하다.

자동차 사고 후 수리를 하지 않아 주행이 불가능한 차량을 노상에 방치된 것을 가리켜 "폐차"된 것이라고 볼 수 있는지는 자동차 보유자가 그 자동차 사고에 따른 손해배상책임을 질 지위 내지 위험에 있는지 여부에 따라 달라질 수 있다.

자동차의 주행 자체는 당장은 불가능하더라도 사회통념상 자동차로서 볼 수 있는 형체와 장치를 갖고 있고 차량이 "주차"되어 있어 그로 인하여 사고발생의 위험이 존재하고 있다면 이는 폐차된 것이라고 볼 수 없을 것이다. 이와 달리 당해 차량이 전파(全破)되어 사회통념상 더 이상 "자동차"라고 볼 수 없는 정도에 이른 경우에는 그것은 자동차관리법 제2조 제5호의 폐차 상태에 준하는 것으로 볼 여지도 있다.

자동차손해배상보장법 제2조 제2호는, "운행이라 함은 사람 또는 물건의 운송 여부에 관계없이 자동차를 그 용법에 따라 사용 또는 관리하는 것을 말한다."라고 규정하여, 운행이 반드시 '주행'이 아님을 규정하고 있고, 자동차보험약관(대인배상 Ⅱ)는, "보험회사는 피보험자가 피보험자동차를 소유, 사용, 관리하는 동안에 생긴 피보험자동차의 사고로 인하여 남을 죽게 하거나 다치게 한 때 또는 남의 재물을 없애거나 훼손한 때에 법률상 손해배상책임을 짐으로써 입은 손해를 보상합니다."라고 규정하고 있다. 이에 따르면 '주차 상태(주행 정지 상태)'의 자동차와 관련하여 발생한 사고도 자동차손해배상보장법 및 자동차보험의 적용 대상이 명백하다. 대법원 판례[19]도 심야에 주차가 금지된 도로변에 주차[20]하여 다른 차량이 추돌한 경우 등에

---

**19)** 강영훈, "차량의 주차가 자동차손해배상보장법상 '운행'에 해당하는지 여부", 「재판실무연구」 제3권, 수원지방법원, (2005) 참조.

**20)** ① 대법원 2005. 2. 25. 선고 2004다66766 판결.: 아파트 옆 편도 1차선의 도로의 가장자리에 황색 실선이 설치된 주차금지구역에 미등 및 차폭등을 켜지 않은 채 너비 2.49m, 높이 3.075m, 길이 8.549m 정도 덤프트럭이 주차 중이었다. 가해 차량이 덤프트럭을 지나쳐 가다가 위 도로를 우측에서 좌측으로 횡단하기 위하여 덤프트럭 뒤에서 갑자기 뛰어나온 피해자를 발견하지 못하고 충돌한 사안에서, 덤프트럭을 불법주차한 것 자체가 사고의 원인이 된 차량운행상의 과실로서 사고와 인과관계가 있다고 하여 원심을 파기하였다.

② 대법원 1993. 2. 9. 선고 92다31101 판결.: 야간에 지하철공사장 부근을 주행하다가 불법주차중이던 트럭에 추돌하여 발생한 사례(트럭이 미등 및 차폭등을 켜지 않은 채 주차)에서, 트럭소유자의 운행자성을 인정하고 손해배상책임을 인정하였다.

'운행성'을 인정하고, 주차된 자동차에 피해자가 탑승[21]하고 있었던 경우에는 사안에 따라 '운행성'을 인정하고 있다. 따라서 폐차되지 아니한 상태에서 수리를 하지 아니한 채 도로상에 방치된 자동차는 여전히 기명피보험자의 사용·관리 중에 있는 자동차에 해당하고 피보험사고의 위험이 소멸되었다고 단정할 수 없다.

따라서, 만일 이 사건 기존차량의 제어장치가 풀려 굴러가다가 사고가 발생한 경우, 야간에 오토바이 등이 전조등이나 후미등이 켜져 있지 않은 이 사건 기존차량을 들이받은 경우, 아이들이 이 사건 기존차량을 갖고 놀다가 다친 경우 등의 사고가 발생하였다면 이 사건 기존차량에 관한 보험으로 부보된다고 보아야 할 것이다. 이러한 점에서 기존 보험은 계속 이 사건 기존차량을 부보하고 있는 상태에 있었던 것이라고 보아야 한다. 따라서 이 사건 기존차량이 이 사건 사고 당시 "폐차" 상태 혹은 그에 준하는 상태에 있었다고 보는 것은 무리이다.

## 2. 다른 自動車 運轉擔保特約의 趣旨와 自動車 代替의 意味

### (1) 특약의 취지

다른 자동차 운전담보특약 제2호는 "기명피보험자가 자동차를 대체한

---

③ 대법원 1991. 7. 9. 선고 91다14291 판결.: 소외 乙이 피고 丙 소유의 덤프트럭을 편도 2차선 도로의 2차선에 불법주차시켜 놓았는데, 원고 甲이 (심야에) 49cc 오토바이를 타고 진행하다가 트럭을 발견하지 못하고 트럭의 적재함 부분에 충돌한 사례에서, 트럭소유자인 피고 丙의 운행자성을 인정하고 손해배상책임을 인정하였다.

21) ① 대법원 2004. 3. 12. 선고 2004다445, 452 판결.: 소외 망 甲이 술에 취한 상태에서 승용차의 조수석에 망 乙을 탑승시키고 선착장에 가서 차량의 시동을 켠 상태로 정차시킨 후 승용차 안에서 바람을 쐬고 있던 중, 승용차가 경사지고 결빙된 도로에서 미끄러져 바다로 추락함으로 말미암아 망 乙이 사망하게 사례에서 '운행 중 사고'라고 인정하였다.

② 대법원 1997. 8. 26. 선고 97다5183 판결.: 소외 망 甲은 소외 망 乙을 태우고 한강변 선착장 주차장에 도착하여 위 자동차를 주차한 채 승용차 밖으로 나갔는데 위 승용차가 비탈진 주차장에서 서서히 굴러 한강 물 속으로 빠지게 하여 그 안에 탑승한 乙로 하여금 익사에 이르게 한 사례에서 '운행성'을 인정하였다.

③ 대법원 2000. 9. 8. 선고 2000다89 판결.: 소외 망 甲이 심야에 LPG 승용차를 운전하여 목적지로 향하여 운행하던 중 눈이 내려 도로가 결빙되어 있어 도로 상태가 좋아질 때까지 휴식을 취할 목적으로 도로변 공터에 승용차를 주차한 후 시동을 켠 채 승용차 안에서 잠을 자다가 차내에 누출된 엘피지 가스의 폭발로 화재가 발생하여 운전자가 소사한 사례에서 '운행성'을 인정하였다.

경우, 그 사실이 생긴 때로부터 회사가 위 (1)에 따른 승인을 한 때까지의 대체자동차"를 피보험자동차로 본다고 규정하고 있다.

피보험자동차의 대체시 보험승계에 관한 절차 규정[22]에 따르면, 기명피보험자가 피보험자동차를 대체한 후 보험회사의 승인이 있을 때까지 대체자동차에 대하여 보험으로 부보받을 수 없는 공백이 발생하는데, "다른 자동차 운전담보특약"에 가입하면 바로 이러한 공백을 커버할 수 있다. 그런데 여기서 "자동차의 대체"의 의미를 어떻게 해석하여야 하는가에 따라 부보범위가 달라지므로 그 해석이 중요하다.

### (2) 대체자동차의 의미

자동차를 대체한다는 뜻은 기존의 피보험자동차를 양도 또는 폐차하고 신차를 취득한다는 의미인데, 기존의 피보험자동차의 양도 또는 폐차의 의의는 앞서 살펴본 바와 같고, 이제 남는 문제는 "신차의 취득"을 어떻게 해석하여야 하는가라는 것이다.

#### (가) 입 론

"신차의 취득"의 의미에 관하여 다음 두 가지 방안을 입론해 볼 수 있다.

1) 신차의 자동차 등록명의 이전설

신자동차의 취득 여부는 자동차의 소유관계와 마찬가지로 자동차등록원부상의 명의를 기준으로 하여야 하므로, 대체시부터 승인시까지의 대체자동차라 함은 신자동차의 등록명의자로 등재된 때부터 보험회사에 의하여 대체 승인이 있는 때까지의 기간 동안의 신자동차를 의미한다는 견해이다. 이 사건 원심이 취한 해석론이다.

2) 신차에 관한 운행지배 이전설

기명피보험자가 다른 자동차를 매수하여 잔금을 완납하고 등록이전서류와 차량을 건네받음으로써 매도인이 운행지배를 상실하고 매수인인 기명

---

22) 보통약관 20-2-(1) : 피보험자동차의 대체시 보험승계에 관한 절차 규정
보험계약자 또는 기명피보험자가 보험기간 중에 기존의 피보험자동차를 폐차 또는 양도하고 그 자동차와 동일한 차종의 다른 자동차로 교체(대체)한 경우에는, 보험계약자가 이 보험계약을 교체(대체)된 자동차에 승계시키고자 한다는 뜻을 서면으로 보험회사에 통지하여 이에 대한 승인을 청구하고, 보험회사가 이를 승인한 때로부터 이 보험계약을 교체(대체)된 자동차에 적용한다.

피보험자가 완전한 운행지배권을 취득한 경우를 신차의 취득이라고 보아야 한다는 견해이다. 이 사건 제1심이 취한 해석론이다.

**(나) 검 토**

기본적으로 "신차에 관한 운행지배 이전설"이 타당하다고 생각된다. "신차의 자동차 등록명의 이전설"은 다음과 같이 두 가지 국면에서 중대한 결함이 발생한다.

첫째, 기명피보험자가 기존 자동차를 양도한 상태에서 다른 자동차를 매수하고 잔금을 치루고 등록이전서류와 차량을 건네받은 후 아직 이전등록을 마치지 아니한 상태에서 운전 중 교통사고가 발생한 경우, 신자동차를 '대체자동차'로 보아 특약의 적용대상으로 포함시키지 않으면, 신자동차는 '기명피보험자가 통상적으로 사용하는 자동차'에 해당되어 특약 제1호에 의하여 특약의 적용에서 제외되게 되므로 오히려 기명피보험자에게 불이익한 부당한 결과를 초래한다.

이 사건 원심은 "고객에게 유리하게 해석하여야 한다"는 약관론을 전개하면서 위와 같은 해석론을 폈으나, 이는 오로지 이 사건의 보호에만 치중하여 오히려 본 특약에 의하여 보호하여야 할 경우를 보호하지 못하게 되는 사태를 유발할 수 있다. 이러한 해석론은, "피보험자동차의 양도"의 의미를 '형식적인 등록명의'가 아닌 '운행지배의 상실' 여부를 가지고 따지는 학설·판례이론과도 동떨어진 것이다. 다른 자동차 운전담보 특약이 생겨난 이유 중의 하나는 피보험자동차를 양도함으로써 그에 관한 운행지배를 상실하고 대신 대체자동차를 구입하여 그로 인하여 생긴 위험을 부보할 필요성이 있기 때문인바, 그 위험이란 바로 운행지배를 취득함으로써 발생하는 것이므로, 양자는 '운행지배'라는 통일적인 기준에 의하여 해석하는 것이 일맥상통하고 논리적인 일관성이 있다.

다만, 이와 같은 "운행지배 이전설"에 대하여는 다음과 같은 의문을 제기해 볼 수 있다. 즉, 피보험자동차의 대체시 보험승계에 관한 절차 규정은, 「기존의 피보험자동차를 다른 자동차로 교체(대체)한 경우 … 이 보험계약을 교체(대체)된 자동차에 승계시키고자 한다는 뜻을 서면으로 보험회사에 통지하여 … 보험회사가 이를 승인한 때로부터 이 보험계약을 교체(대체)된 자동차에 적용한다」라고 규정하고 있는바, 여기서 말하는 '대체자동차'는 "소유권이전등록이 기명피보험자 앞으로 이전된 경우"를 의미하는 것일진대, '대체자동차'의 의미를 "다른 자동차 운전담보특약"의 경우에 달리 해석하는 것은 일관성을 상실하는 것은 아닌지 하는 점이다.

그러나 자동차 대체의 의미는 '보험승계 절차'의 경우와 '다른 운전자 운전담보 특약'의 경우를 반드시 동일하게 해석할 필요는 없다. 양자가 단계를 달리하고 그 목적과 취지를 달리하기 때문이다. 전자는 승계사실을 이전등록에 의하여 확인할 필요가 있기 때문에 절차상으로 요구하는 것이고(절차적 측면), 본건 특약에서 문제되는 것은 '운행지배' 내지 '피보험이익'의 상실·취득(실체적 측면)이 문제되는 것이다. 이렇게 해석하여야만, 기명피보험자가 기존 피보험자동차를 양도·폐차하고 그에 대한 운행지배를 상실한 후 신차를 구입하였을 경우 보험공백이 생기는 것을 "다른 자동차 운전담보특약"에 의하여 커버할 수 있게 된다.

한편, 기명피보험자가 신차에 관한 매매계약을 체결한 후 아직 대금을 완납하기 전이나 아직 등록이전서류를 교부받지 아니한 상태에서 신차를 일시 운전하다가 발생한 사고의 경우에는 일반적으로 '통상 사용하는 자동차'에 해당하지 아니한다고 볼 경우가 많기 때문에, 굳이 "신차의 취득"의 개념에 포함시키지 않다 하더라도 이 사건 특약의 적용을 받을 수 있을 것이다. 설령 이 사건 특약의 적용을 받기 어려운 경우라도 위와 같은 상태에서는 매도인은 아직 운행지배를 상실하지 아니하였기 때문에, 매수인(기명피보험자)은 특약과 무관하게 매도인이 매매 목적 차량에 관하여 가입한 보험의 '승낙피보험자'로서 보험혜택[23]을 받을 수 있을 것이다.

---

**23)** ① 대법원 1990. 12. 11. 선고 90다7708 판결.: 차량매수인이 잔대금을 지급하지 아니하여 아직 그 소유권이전등록을 마치지 아니한 채 차량을 인수받아 운행하면서, 매도인과의 합의 아래 그를 피보험자로 하여 자동차종합보험계약을 체결하였다면, 그 이래 매수인은 보험회사의 자동차종합보험보통약관에 정한 피보험자로서 "기명피보험자의 승낙을 얻어 자동차를 사용하는 자"에 해당한다 할 것이다.

② 대법원 1996. 7. 30. 선고 96다6110 판결.: 차량 매수인이 매도인의 승낙을 얻어 기명피보험자를 매도인으로 하고 주운전자를 매수인으로 하여 보험회사와 사이에 체결한 자동차종합보험계약이 유효하게 성립하였다 하더라도, 매도인이 차량에 대한 운행지배 관계 및 피보험이익을 상실한 것으로 인정되는 경우에 있어서는 매수인을 약관에 정한 기명피보험자의 승낙을 얻어 자동차를 사용 또는 관리중인 자로 볼 수 없고, 매도인이 매수인에게 차량을 인도하였을 뿐 아니라 당해 차량사고 이전에 그 소유명의

### 3. 特約 適用要件으로서 被保險自動車의 存在 및 代替申告節次의 必要性

#### (1) 문제의 소재

① 피보험자동차를 양도・폐차한 후 신차를 구입하지 아니한 채 다른 자동차를 빌려 운행하다가 사고를 일으킨 경우, ② 피보험자동차를 양도・폐차하고 신차를 구입한 후 대체신고 등의 보험승계 절차를 밟지 않고 신차를 운행하다가 사고를 일으킨 경우, 이 사건 특약의 적용을 받을 수 있는지 여부가 문제될 수 있다.

이론상 ①의 문제에 관하여는, 기존 피보험자동차가 이미 양도・폐차되어 없다면 피보험이익은 소멸되고 없는데 그 후 다른 자동차를 빌린 경우에도 보험관계의 계속을 인정하여 특약을 적용하는 것은 논리모순이 아닌가 하는 의문이 들고, ②의 문제에 관하여는, 그와 같은 경우에도 특약의 적용을 긍정하면 보험승계를 위해서는 "승인절차"를 거치도록 한 약관규정이 무력화되는 것은 아니가 하는 의문이 제기될 수 있다.

결론적으로, 대법원 판례와 일본의 하급심 판결은 ①의 문제에 관하여 "기존 피보험자동차의 존재 불필요설"(피보험이익 긍정설)의 입장을 취하고 있으며, 일본의 하급심 판결은 ②의 문제에 관하여 "대체절차 경유 불필요설"을 취하고 있다. 이러한 결론은 타당하다.

#### (2) 대법원 판례

**(가) 대법원 1998. 12. 23. 선고 98다34904 판결**

위 판결은, 「기명피보험자가 피보험자동차를 양도하고 대체절차를 밟지 아니한 채 1개월 후에 친구의 자동차를 빌려 운전하다가 사고를 낸 사건에서 '다른 자동차 운전담보 특별약관'의 적용을 받는 자동차보험계약을 체결한 기명피보험자가 피보험자동차를 양도한 경우에는 그 양도로 인하여 보험계약 자체가 당연히 정지 또는 실효된다고 볼 수는 없고, 특별약관에 의하여 담보하는 위험은 이미 양도된 피보험자동차의 운행을 전제로 하지 않을 뿐만 아니라 다른 자동차가 피보험자동차로 간주되어 그 운행에 관하여 보험

까지 이전해 주었다면, 특별한 사정이 없는 한 매도인은 사고 당시 차량에 대한 운행지배 및 피보험이익을 상실한 것으로 보아야 한다.

계약에 의한 보호를 받을 이익은 여전히 있다는 이유로 보험자는 특별약관에 의하여 보험금을 지급할 의무를 진다」라고 판시하였다.

**(나) 대법원 1999. 5. 25. 선고 99다13676 판결**

위 판결은, 「기명피보험자가 보험기간 중에 원래의 피보험자동차를 양도함으로써 그 자동차에 대한 운행지배와 운행이익을 상실하였다 하더라도 보험계약이 바로 효력을 잃거나 정지하는 것은 아니고, 기명피보험자가 위 특별약관 소정의 '다른 자동차'를 운행하는 데 따른 위험은 그대로 담보되는 것으로 보아야 하므로, 이재경이 보험기간 중에 위 특별약관 소정의 '다른 자동차'를 운전하다가 사고를 일으켰다면 그 사고가 원래의 피보험자동차를 양도한 이후의 사고라 하더라도 원고에게 보험금지급의무가 있다」라는 취지로 판단한 원심을 정당하다고 판시하였다.

**(3) 일본의 하급심 판결[24]**

**(가) 東京地裁 2000. 11. 6. 判決**

Y는 甲차의 소유자로서 보험회사와 자동차보험계약을 체결하고 타차운전위험담보 특약을 체결하였다. Y는 甲차를 소외인에게 매도하여 명의를 이전하였다. 그 후 Y는 화물운수회사 소유의 乙차를 사고 3개월 전부터 빌려 자신의 통근에 사용하여 왔는데, 사고 당일 乙차를 운전하다가 X 운전 자전거를 충격하여 상해를 입혔다. 피해자인 X가 타차운전위험담보특약에 기해 보험회사를 상대로 제소하였다.

보험회사는, 「피보험자동차가 양도되더라도 본건 보험계약상의 권리의무가 자동차의 양수인에게 이전되지 않는다고 하는 것은, 일반적으로 피보험자는 자동차를 매환(買換)하고, 대체구입자에 관하여 보험료의 할인율의 누적이라는 이익을 향수하게 하기 위하여 차량대체 절차를 행하는 것이 통상이기 때문이다. 이러한 점을 고려할 때, 교체차량의 취득에 통상 필요한 기간인 30일을 초과하지 않는 기간에 한하여 본 특약을 적용하는 것으로 보아야 한다」라고 주장하였다.

이에 대하여 법원은 「피보험자동차가 양도되더라도 보험계약자가 본건 보험계약상의 권리의무를 자동차의 양수인에게 양도하는 취지를 서면으로

---

24) 石田 満, "他車運轉危險擔保特約の適用の有無", 「損害保險研究」 第63卷 第3號, 189頁.

보험회사에 통지하여 승인을 청구를 하고 보험회사가 그것을 승인하는 경우를 제외하고는 본건 보험계약상의 권리의무는 피보험자에게 유보된다. 그럼에도 일정기간경과 후는 본건 특약이 적용되지 않는다고 한다면 피보험자에게 가혹하고(보험회사는 보험료를 징구하면서 피보험자에게 보험계약에 의한 이익을 주지 않는 것이 된다) 부당함이 명백하다」라고 판시하여 보험회사의 주장을 배척하였다.

**(나) 東京高裁 2001. 4. 10. 判決**

위 동경지재 판결의 항소심 법원은, 「본건 보험계약에 있어서는, 피보험자동차가 양도된 경우 보험계약에 의하여 발생하는 권리의무는 보험계약자가 이것을 보험자동차의 양수인에게 양도하는 것에 관하여 회사의 승인을 얻는 절차를 취하지 않는 한 보험계약자에게 남아 있는 것으로 정하고 있다. 또한 보험계약자가 피보험자동차를 양도한 후 당분간 대체자동차를 취득하지 아니하는 사태도 충분히 예상될 수 있다. 본건 특약 제7조 제2항에서는 보통보험약관 일반조항 제5조 제2항의 적용을 제외함에 관하여 아무런 기간제한이 설정되어 있지 않기 때문에 본건 특약의 적용에 관하여 기간제한이 있다는 보험회사의 주장은 채용할 수 없다」라고 판시하면서, 제1심 법원과 동일한 판단을 하였다. 다만 항소심 법원은 X가 3개월 가량 본건 乙차를 통근에 사용한 것은 임시로 사용한다고 볼 수 없으므로 '상시 사용하는 자동차'에 해당한다고 보아 보험회사에 대한 청구를 기각하였다.

여기서 특이한 점은, X는 이미 보유하던 甲차를 양도한 이후이므로 乙차를 장기간 사용하더라도 보험회사가 부담하는 "사고위험"이 甲차와 乙차에 '이중'으로 존재하는 것은 아님에도 불구하고, 乙차가 특약상의 '상시 사용하는 자동차'에 해당한다는 이유로 특약 적용을 부정하였다는 점이다. 위와 같은 결론은 기존 피보험자동차의 양도 또는 폐차 후 신차를 구입한 경우와 비교하여 볼 때 보험사고 발생의 위험성 면에서는 다르지 아니한데도 이를 '상시 사용하는 자동차'에 해당한다는 이유로 유독 부보대상에서 제외시키는 것이므로 형평성 및 타당성에 의문이 든다.

**(4) 논의의 정리**

대법원 판례와 일본 하급심 판결례에 비추어 보면, 기존 피보험자동차의 폐차 또는 양도 후 신차를 구입한 경우 다른 자동차 운전담보 특약의 적용을 받기 위해서 반드시 신차에 관하여 보험목적 승계절차를 밟아야 하거나 밟고 있을 필요는 없다.

우선, 특약의 규정상 "기명피보험자가 자동차를 대체한 경우, 그 사실이 생긴 때로부터 회사가 위 (1)에 따른 승인을 한 때까지의 대체자동차"라고 되어 있어, 굳이 약관규제법 제5조 제1항의 '작성자 불이익의 원칙'을 원용하지 않더라도 보험승계절차를 밟고 있을 것이 특약의 적용요건으로 규정되어 있다고 해석하기 어렵다.

또한, "보험승계에 관한 절차"를 규정한 약관조항은 특약의 적용이 없을 경우 대체자동차에 보험승계를 하기 위한 것에 불과하고, 본 특약은 그에 따른 보험공백을 커버하기 위하여 마련된 특약이므로, 그 목적과 기능을 달리하고 양자 간의 충돌·저촉은 없다고 보아야 할 것이다. 이 사건 특약의 적용에 의하여 기존 피보험자동차의 폐차 또는 양도 후에도 불구하고 보험계약상의 권리의무관계가 남아 있다고 볼 수 있기 때문이고, 피보험이익 역시 소멸되었다고 볼 수도 없다.

### (5) 유형별 요약 정리

이상의 논의를 바탕으로 하여 사례별로 본건 특약의 적용 여부를 정리하면 다음과 같다.

#### (가) 기존 피보험자동차에 관한 보험사고 발생 위험이 존재하는 경우

기명피보험자가 기존 피보험자동차를 매도하려고 광고하거나 매매계약 체결 후 아직 잔금을 받지 못한 상태, 혹은 단순히 폐차 계획만 세울 뿐 폐차업자에게 차량을 인도하여 폐차를 요청하지 않은 경우에는 기존 피보험자동차에 관하여 보험사고 발생의 위험(피보험이익)이 잔존(殘存)하고 있다. 이러한 상태에서 기명피보험자가 일시적으로 다른 자동차를 렌트하거나 빌려 사용하면 모르되, 다른 자동차를 매수하여 잔금을 완납하고 이전서류 및 차량을 인도받은 경우에는, 그 새로 매수한 자동차는 기명피보험자가 완전히 지배하는 차량이기 때문에 "통상적으로 사용하는 자동차"에 해당한다고 보아야 할 것이다.

특히 교통사고를 당하여 수리비가 너무 많이 나와 수리를 포기하고 노상에 방치한 채 새로운 차량을 구입하였다는 사정은 특별한 고려사유가 될 수 없다. 보험회사 혹은 전체 보험가입자 집단의 입장에서 볼 때, 이는 기명피보험자가 그 소유의 자동차에 대한 수리를 장기간 하지 않고 집안에 주차시킨 채 새로운 차량을 구입하고 타고 다닌 경우와 전혀 다를 바 없다. 전자의 경우를 다른 자동차 운전담보 특약으로 커버한다면, 후자의 경우에도 당연히 커버하여 주어야 한다는 결론에 이르게 되는데, 이는 본 특약의 취지와 기본구조를 뒤흔드는 것이 되어 타당하지 아니하다. 결론적으로 "새로 취득한 자동차"는 "기존 차량을 양도하거나 폐차하지 않는 한" 새로운 보험에 가입하여 부보하도록 하여야 한다.

따라서 새로 취득한 자동차에 관하여 매수대금을 완납하고 이전서류를 교부받은 후 아직 이전등록을 마치지 않은 상태에서 단기간 운행하다가 일으킨 사고에 대하여는 이 사건 특약의 적용을 받을 수 없다.

다만, 기명피보험자가 새로 매수한 자동차에 관하여 잔금을 완납하지 아니하여 이전서류를 교부받지 못하는 등 완전한 운행지배권을 취득하지 못한 상태에서는, 그 사용기간의 장·단, 사용목적 및 사용시 재량권의 유무 등 여하에 따라서 "일시적으로 사용하는 자동차"에 해당한다고 볼 여지가 있고, 그렇지 않다 하더라도 기명피보험자(매수인)는 매도인이 가입한 자동차보험의 승낙피보험자로서 부보될 수 있다.

**(나) 기존 피보험자동차에 관한 보험사고 발생 위험이 상실된 경우**

기명피보험자가 기존 피보험자동차를 매수인에게 양도하면서 차량대금을 완납받고 이전서류를 교부해 준 경우에는 기명피보험자가 새로 취득한 자동차는 "대체 자동차"에 해당될 것이다. 다른 자동차 운전담보 특약의 적용을 받기 위해서 반드시 '대체 승인절차' 등을 밟고 있을 필요는 없다. 기명피보험자가 기존 피보험자동차를 폐차시킨 후 새로 취득한 자동차 역시 "대체 자동차"에 해당되는 것은 동일하다.

## Ⅳ. 對象 判決의 檢討

### 1. 이 事件 事故車輛이 特約 第2號 소정의 '代替自動車'에 該當하는지 與否

이 사건 기존차량은 그 형체가 온전히 보전된 상태로 전주시 완산구 대성동 새마을 골재 부근 길가에 장기간 주차되어 있었다. 이 사건 기존 차량의 시가는 50만 원 정도 되는데, 사고 후 수리비가 170만 원 상당 나오자 수리를 포기하고 이 사건 사고차량을 구입하였다는 것이다. 만일 이 사건 기존 차량이 위와 같이 상태에서 아무런 보험사고 발생의 위험을 발생시키지 않고 있었다면, 즉 이 사건 기존 차량에 관한 피보험이익이 소멸되었다고 볼 수 있으면, 이 사건 기존 차량은 "폐차"에 준하는 상태에 있었다고 볼 수 있을 것이다.

그러나 "주행" 중이 아닌 "주차" 중인 상태에서도 자동차손해배상법 제2조 소정의 "운행"에 해당하고, 보험약관에 의하여 보험사고로 인정될 수 있는 "사용, 관리 중"인 상태에 해당하므로 위와 같은 상태에 있었다는 사정만으로 이 사건 기존 차량에 관한 사고발생의 위험 내지 피보험이익이 소멸되었다고 보기는 어렵다. 따라서 이 사건 기존 차량은 "폐차 상태" 내지 그에 준하는 상태에 있었다고 할 수 없다.

한편, 피고는 이 사건 사고차량을 2006. 7. 7. 매수하면서 잔금을 완납하고 등록이전서류를 교부받아 인도받은 차량을 운행하다가 그 다음 날 이 사건 사고를 일으켰다. 그 당시 이 사건 사고차량의 매도인은 운행지배를 완전히 상실하는 한편, 매수인인 피고는 이 사건 사고차량에 관한 운행지배를 완전히 취득한 상태였으므로 비록 자동차소유권이전등록 절차를 완료하지 아니하였다 하더라도 이는 보험약관에서 말하는 "신차의 취득"에 해당한다고 볼 수 있을 것이다.

그런데 피고는 기존 피보험자동차인 이 사건 기존차량을 폐차하지 아니한 상태에서 이 사건 사고차량을 새로 취득한 것인바, 이 상태에서는 '보험사고발생의 위험'이 2대의 자동차에 관하여 발생하고 있었다. 그렇다면 이 사건 사고차량의 구입이 "신차의 취득"에 해당한다고 하더라도, 이 사건 사고차량에 관한 보험사고 발생 위험이 계속되고 있는 이상 이를 가리켜 이 사건 특약 제2호 소정의 “대체자동차”에 해당한다고 할 수는 없다. 따라서 이 사건 기존차량에 관한 보험이 이 사건 사고차량에 관하여도 적용된다고 볼 수 없다.

## 2. 이 事件 事故車輛이 特約 第1號 소정의 '通常的으로 使用하는 自動車'에 該當하는지 與否

이 사건 사고차량에 대하여는 피고가 타인의 관여 없이 완전한 지배권 및 처분권을 행사할 수 있는 사실상의 소유자이므로, 비록 구입 후 사고발생 시까지 하루가 채 경과하지 않다 하더라도 이는 임시적으로 사용하는 차라고 할 수 없다.

아직 피고가 이전등록을 마치지 않은 이상 피고가 법률상 소유하는 차량으로 볼 수는 없으므로 이 사건 특약 제1호 소정의 '기명피보험자 등이 소유하는 자동차'라고 볼 수는 없지만, 위와 같이 피고가 완전한 지배권 및 처분권을 취득한 사실상의 소유자임을 고려하면, 이 사건 사고차량은 이 사건 특약 제1호 소정의 “기명피보험자 등이 통상적으로 사용하는 자동차”에 해당한다고 보아야 할 것이다.

따라서 피고가 구입한 이 사건 사고차량은 이 사건 특약 제1호 소정의 소극적 요건, 즉 “기명피보험자와 그 부모, 배우자, 자녀가 통상적으로 사용하는 자동차가 아닌 것”이라는 요건을 충족하지 못하므로, 기존차량에 관한 보험이 이 사건 사고차량에 관하여도 적용된다고 할 수 없다.

<표 2> 결론 요약표

| | 제1심 | 원심 | 결론 |
|---|---|---|---|
| 기존 차량의 폐차 여부 | 폐차에 준하는 상태임 | 폐차 상태가 아님 | 폐차되거나 폐차에 준하는 상태라고 볼 수 없음(피보험이익 잔존) |
| 이 사건 차량 매수가 신차의 취득인지 여부 | '소유권이전등록'이 없더라도 신차의 취득에 해당함 | '소유권이전등록'이 없으므로 신차의 취득에 해당되지 않음 | '소유권이전등록'이 없더라도 “운행지배권”을 완전히 취득하였으므로 신차의 취득에 해당함 |

| 이 사건 차량이 '대체자동차'인지 여부 | 대체자동차에 해당함 | 대체자동차가 아님 | 폐차된 후 신차를 구입한 것이 아니므로 특별약관 소정의 대체자동차가 아님 |
|---|---|---|---|
| 자동차대체시 특별약관의 적용요건으로 신고 등이 필요한지 여부 | 소극 | 판단 없음 | 소극 |
| 이 사건 차량이 특별약관 적용이 제외되는 피고 소유 차량인지 여부 | 판단 없음 | 피고 소유의 차량이 아님(명의가 이전되지 않았음) | 피고가 법률상 소유하는 차량이 아니므로 이에 해당하지 않음 |
| 이 사건 차량이 특별약관의 적용이 제외되는 피고가 통상적으로 사용하는 차량인지 여부 | 판단 없음 | 사용기간이 단시간이어서 통상적으로 사용하는 차량에 해당하지 않음 | 대금완납, 차량인도, 이전등록서류 교부가 완료되었으므로 피고는 사실상의 소유자의 지위에 있고, 이 사건 사고차량은 통상 사용하는 차량에 해당함 |
| 결론 | 특별약관 제2호 소정의 '대체자동차'에 해당하여 특별약관이 적용됨 | 특별약관 제2호의 대체자동차는 아니나 제1호 소극적 요건을 충족하여 특별약관이 적용됨 | 특별약관 제2호의 대체자동차도 아니고 제1호의 소극적 요건도 충족하지 못하므로 특별약관이 적용 안 됨 |

## Ⅴ. 結　論

대상 판결은, 개인용자동차보험 중 무보험자동차에 의한 상해보험에 가입한 경우에 자동으로 적용되는 "다른 자동차 운전담보특약"의 취지, 다른 자동차 운전담보특약의 부보대상에서 제외되는 "통상적으로 사용하는 자동차"의 판단 기준, 다른 자동차 운전담보특약에서 "대체자동차"를 부보하는 취지와 "피보험자동차의 폐차"의 의의를 최초로 구체적으로 명시하여 판시하고 있고, 그 법리 판시는 타당하다. 교통사고를 당한 피보험자동차를 수리하지 않은 채 길가 공터에 방치해 두고 다른 자동차를 구입하여 운행하던 중 교통사고가 발생한 사안에서, 새로 구입하여 운행한 다른 자동차가 '다른 자동차 운전담보특약'상의 "대체자동차"에 해당한다고 볼 수 없고, 부보 대상에서 제외되는 "통상적으로 사용하는 자동차"에 해당한다고 한 결론 역시 타당하다. 향후 유사 사례에서 선례적 가치가 클 것으로 생각된다.

# 對人賠償 I 一時擔保 特別約款[1])에 있어서 '被保險自動車의 讓渡'의 意味*

朴 英 朱**

◎ 대법원 2012. 4. 26. 선고 2010다60769 판결

## [事實의 概要]

### 1. 事實關係

#### (1) 이 사건 사고의 발생경위 및 결과

D는 2005. 5. 29. 16:00경 서울 12가3456 그랜저 XG(이하 '이 사건 차량'이라 함)을 운전하여 고속도로 1차로로 진행하다가 전방주시를 태만히 한 과실로 진행방면 좌측의 중앙분리대를 1차 충격한 후에 재차 진행방향 우측의 갓길 외벽을 충격하는 사고를 일으켰다(이하 '이 사건 사고'라 한다).

이 사건 사고로 인하여 위 차량에 동승하였던 E가 우 상완골 경부 분쇄골절 등의 상해를 입었고, F가 부상을 당하였다.

#### (2) D가 이 사건 차량을 운행하게 된 경위

이 사건 차량의 자동차등록원부상의 소유자인 A가 2003. 2.경 자신의

* 제28회 상사법무연구회 발표 (2012년 7월 7일)

** 서울고등법원 고법판사

1) 종전에는 교통사고로 인한 피해 중 인적 피해를 보상하기 위한 보험에만 의무적으로 가입하도록 되어 있었으나, 2003. 8. 21. 법률 제6969호로 자동차손해배상보장법이 개정되면서, 교통사고로 인한 피해 중 다른 사람의 재물멸실・훼손 등 물적 피해를 보상하기 위한 보험도 의무적으로 가입하도록 하는 내용의 제5조 제2항이 신설되었다. 위 개정규정이 2005. 2. 22.부터 시행됨에 따라, '대인배상 I 일시담보 특별약관'은 '의무보험 일시담보 특별약관'이라는 명칭으로 자동차보험 약관에 포함되어 있으며, 의무보험 일시담보 특별약관은 자동차손해배상보장법 시행령 제3조 제1항 및 제2항의 규정에 의한 책임보험금을 담보하는 대인배상 I 및 같은 시행령 제3조 제3항의 규정에 의한 금액(일반적으로 '대물의무보험금액'이라 한다)을 담보하는 대물배상에 대하여 자동적으로 적용된다.

채권자에게 이 사건 차량을 채무변제에 갈음하여 양도한 이후, 이 사건 차량은 자동차소유권의 이전등록이 마쳐지지 않은 채로 B, C 등에게 순차 매도되었다가, 이 사건 사고 발생 10여 일 전에 D가 성명불상의 자동차매매업자로부터 양수하여 운행하기 시작한 상태였다.

### (3) 피해의 보상처리 상황

원고는 ① 자동차손해배상 보장사업의 수탁자로 지정된 보험사업자이자, ② D와 D 소유의 78나9012호 차량에 관하여 다른 자동차 운전담보 특약(이하 '타차대인담보특약'이라 한다)을 포함한 자동차종합보험계약을 체결한 보험자이다.

원고는 ① 자동차손해배상 보장사업의 수탁자로서, 이 사건 사고의 피해자 E, F의 보상처리를 담당하여 2006. 3. 2.까지 E의 치료비 등으로 21,559,890원, F의 치료비로 236,600원을 지급하고, ② D 소유차량에 대한 타차(他車)대인담보특약의 보험자로서, 2007. 3. 7.까지 E의 치료비 등으로 36,899,930원을 지급하였다.

### (4) 자동차종합보험계약의 체결 상황

이 사건의 사고 무렵에 이 사건 차량에 관하여 체결되어 있었던 자동차종합보험계약은 다음과 같다.[2)]

| 순번 | 보험계약자 | 피보험자 | 보험자 | 보험기간 | 비고 |
|---|---|---|---|---|---|
| 1 | B | A | 피고 | 2004. 10. 27.<br>~ 2005. 10. 27. | 피보험자 A는 이 사건 차량의 자동차등록원부상 소유자임 |
| 2 | C | C | 피고 | 2005. 1. 25.<br>~ 2005. 6. 1.[3)] | C는 이 사건 차량을 매각하면서 2005. 5. 17. 보험계약을 해지함 |

2) 이하 '순번 1'의 자동차종합보험계약을 '제1보험계약'이라 하고, '순번 2'의 자동차종합보험계약을 '제2보험계약'이라 한다.

3) 원래 보험기간은 적어도 2005. 6. 1. 이후에 만료되는 것으로 보인다.

### (5) 제2보험계약의 대인배상 I 일시담보 특별약관과 관련 보통약관의 주요 내용

◎ 특별약관 – 대인배상 I 일시담보 특별약관

1. 적용대상

이 특별약관은 보통약관의 '10 배상책임(대인배상 I)'에서 규정하는 내용에 대하여 자동적으로 적용됩니다.

2. 보험계약자 및 기명피보험자

보험회사(이하 '회사'라 합니다)는 보통약관 '18 보험계약의 승계'의 '1. 피보험자동차를 양도하는 경우'의 규정에 불구하고(단서의 승인이 있는 경우는 제외) 보험증권에 기재된 피보험자동차가 양도된 날로부터 15일째 되는 날의 24시까지의 기간 동안은 그 자동차를 보통약관 「대인배상 I」 규정의 피보험자동차로 간주하고 양수인을 보험계약자 및 기명피보험자로 봅니다.

3. 보상내용

(1) 회사는 보통약관 '10 배상책임(대인배상 I)'에서 규정하는 바에 따라 피보험자가 피보험자동차의 운행으로 인하여 남을 죽게 하거나 다치게 하여 자동차손해배상 보장법 등에 의한 손해배상책임을 짐으로써 입은 손해를 보상합니다.

(2) 회사는 위 '(1)'의 규정에 불구하고 다음 각 호의 손해에 대하여는 보상하지 아니합니다.

① 양도된 피보험자동차가 양수인 명의로 이전등록된 이후에 발생한 손해

② 양도된 피보험자동차에 대하여 양수인 명의로 유효한 「대인배상 I」에 가입한 이후에 발생한 손해

③ 보통약관의 '5 보험기간'의 「대인배상 I」 계약 성립시 설정된 보험기간의 마지막날 24시 이후에 발생한 손해

(3) 위 '(1)'에 의하여 회사가 보상한 경우에는 자동차보험료율서에서 정한 불량할증을 양수인에게 적용합니다.

4. 보험료의 청구 및 납입

(1) 회사는 이 특별약관 '3.'에 의해 회사가 보상책임을 지는 기간에 대하여는 단기요율로 계산한 해당 보험료를 양수인에게 청구할 수 있습니다.

(2) 양수인은 위 '(1)'의 보험료의 납입을 청구받은 때에는 지체 없이 이를 회사에 납입하여야 합니다.

5. 준용규정

이 특별약관에 정하지 아니한 사항은 보통약관에 따릅니다.

◎ 보통약관 – 보험계약의 승계

1. 피보험자동차를 양도하는 경우

(1) 보험계약자 또는 기명피보험자가 보험기간 중에 피보험자동차를 양도하는 경우에는 이 보험계약으로 인하여 생긴 보험계약자 및 피보험자의 권리와 의무는 피보험자동차의 양수인에게 승계되지 아니합니다. 그러나, 보험계약자가 이 권리와 의무를 양수인에게 이전하고자 한다는 뜻을 서면으로 보험회사에 통지하여 이에 대한 승인을 청구하고 보험회사가 승인한 경우에는 그 승인한 때로부터 양수인에 대하여 이 보험계약을 적용합니다. 만일 보험회사가 이 서면통지를 받은 날로부터 10일 이내에 승인 여부를 보험계약자에게 발송하지 아니하면, 그 10일이 되는 날의 다음 날 0시에 승인한 것으로 봅니다.

(2) 위 '(1)'에서 규정하는 피보험자동차의 양도에는 소유권을 유보한 매매계약에 따라 자동차를 '산 사람' 또는 대차계약에 따라 자동차를 '빌린 사람'이 그 자동차를 피보험자동차로 하고 자신을 보험계약자 또는 기명피보험자로 하는 보험계약이 존속하는 중에 그 자동차를 '판 사람' 또는 '빌려준 사람'에게 반환하는 경우도 포함합니다. 이 경우 '판 사람' 또는 '빌려준 사람'은 양수인으로 봅니다.

(3) 보험회사가 위 '(1)'의 승인을 하는 경우에는 피보험자동차의 양수인에게 적용되는 보험료율에 따라 피보험자동차의 양도 전의 보험계약자에게 보험료를 반환하거나, 피보험자동차의 양도 후의 보험계약자에게 추가보험료를 청구합니다.

2. 피보험자동차를 다른 자동차로 교체(대체)하는 경우

(1) 보험계약자 또는 기명피보험자가 보험기간 중에 기존의 피보험자동차를 폐차 또는 양도하고 그 자동차와 동일한 차종의 다른 자동차로 교체(대체)한 경우에는, 보험계약자가 이 보험계약을 교체(대체)된 자동차에 승계시키고자 한다는 뜻을 서면으로 보험회사에 통지하여 이에 대한 승인을 청구하고 보험회사가 승인한 때로부터 이 보험계약을 교체(대체)된 자동차에 적용합니다. 이 경우 기존의 피보험자동차에 대한

보험계약의 효력은 이 승인이 있는 때에 상실됩니다.

(3) 보험회사가 위 '(1)'의 승인을 하는 경우에는 교체(대체)된 자동차에 적용하는 보험료율에 따라 보험계약자에게 보험료를 반환하거나 추가보험료를 청구할 수 있습니다. 이 경우 기존의 피보험자동차를 말소등록한 날 또는 소유권을 이전등록한 날로부터 승계를 승인한 날의 전날까지 기간에 해당하는 보험료를 일할로 계산하여 보험계약자에게 반환하여 드립니다.

## 2. 原告의 이 事件 訴의 提起

원고는 자동차손해배상보장사업의 수탁자 및 타차대인담보특약의 보험자로서 피해자들에게 보상금 및 보험금을 지급한 결과 제1보험계약 및 2보험계약의 보험회사인 피고의 책임이 면책되었다는 이유로, 피고를 상대로 구상금 청구의 소를 제기하였다.[4]

## [訴訟의 經過]

### 1. 原審의 判斷[5] (一部 認容)

이 사건에서는 피고가 제2보험계약의 대인배상 I 일시담보 특별약관(이

4) 원고는 이 사건에서 A(= 이 사건 차량의 자동차등록원부상의 소유자)를 상대로도 구상금 청구의 소를 제기하였는데, 원심에서는 「대물변제를 위하여 채권자에게 자동차를 양도하기로 하고 인도까지 하였으나 아직 채권자 명의로 그 소유권이전등록이 경료되지 아니한 경우에 아직 그 등록명의가 원래의 자동차 소유자에게 남아 있다는 사정만으로 그 자동차에 대한 운행지배나 운행이익이 양도인에게 남아 있다고 단정할 수는 없고, 양도인의 운행지배권이나 운행이익의 상실 여부는 차량 이전등록서류 교부에 관한 당사자의 합의 내용, 차량을 대물변제로 양도하게 된 경위 및 인도 여부, 정산절차를 거쳐야 할 필요성, 인수차량의 운행자, 차량의 보험관계 등 양도인과 양수인 사이의 실질적 관계에 관한 여러 사정을 심리하여 사회통념상 양도인이 양수인의 차량운행에 간섭을 하거나 지배·관리할 책무가 있는 것으로 평가할 수 있는지의 여부를 가려 결정하여야 하는데, A가 이 사건 사고차량을 제3자에게 양도하게 된 경위, 이 사건 사고차량의 명의변경이 이루어지지 않은 이유 등을 종합해 보면, A에게 이 사건 차량에 대한 운행자성을 인정하기 어렵다」는 이유로, 원고의 A에 대한 청구를 기각한 제1심 판결과 결론을 같이하였다.

5) 원심 판결은 서울중앙지방법원 2010. 6. 17. 선고 2010나4645 판결이다. 이 사건에서는 자동차손해배상보장사업자가 자동차손해배상 보장법에 따른 보상금지급의무가 없음에도 이를 알지 못하고 피해자들에게 보상금을 지급함으로써 피해자들의 보험회사 등에 대한 손해배상채권이 시효로 소멸한 경우, 위 보장사업자가 보험회사 등에 대하여 민법 제745조 제2항에 따라 구상권을 행사할 수 있는지 여부 등도 문제되었으나, 이것은 민법상의 쟁점이므로 이에 관한 논의는 생략하기로 한다.

하 '이 사건 특별약관'이라 한다)에 따라 구상금 책임을 부담하는지 여부가 문제되었다.

원심은, 「이 사건 차량이 이른바 '대포차'라서 C가 이 사건 차량의 소유자로 자동차등록원부에 기재되지는 않았지만 자동차매매업자를 통해 이 사건 차량을 구매한 후 다시 매각한 사실을 인정할 수 있고, 이 사건 특별약관의 양도의 의미가 자동차등록원부상 명의변경이 수반하는 것에 한정하는 것이라고 볼 만한 사정도 없다고 보고, 이 사건 사고가 이 사건 차량의 양도일인 2005. 5. 17.로부터 15일이 경과하지 아니한 2005. 5. 29. 발생하였으므로, 피고는 이 사건 특별약관에 따라 기명피보험자로 간주되는 D의 보험자로서 대인배상 Ⅰ에 의한 보험금을 지급할 의무가 있다」는 것을 이유로, 원고의 구상금 청구를 일부 인용하였다.

## 2. 上告理由

피고는, 이 사건 차량은 소위 대포차로서 C가 이 사건 차량의 소유자가 아닌 이상 '자동차의 양도'라는 것 자체가 있을 수 없으므로 이 사건 특별약관이 적용될 여지가 없다.

특히 이 사건 특별약관은 차량을 정상적으로 양도하는 과정에서 차량이 양수인에게 양도되었는데도 미처 양수인에게 명의가 변경되지 아니하고 양수인을 피보험자로 하는 자동차보험계약도 체결되지 아니하여, 며칠 동안 무보험상태에 있는 차량의 운행으로부터 피해자를 보호하기 위한 정책적인 배려에 의한 것으로서, 이 사건 특별약관이 적용되기 위해서는 차량에 대한 적법한 양도가 전제되어야 하고, 만일 처음부터 양수인 명의로 자동차소유권의 이전등록이 될 가능성이 전혀 없는 경우에까지 이 사건 특별약관을 적용하게 되면 보험자가 일반적으로 예정된 위험을 초과하여 보다 넓은 범위의 높은 위험까지 인수해야 하는 상황에 처하게 되므로 부당하다.

## [判決의 要旨]

(1) <u>상법 제726조의4 제1항</u>은 피보험자가 보험기간 중에 자동차를 양도한 때에는 양수인은 보험자의 승낙을 얻은 경우에 한하여 보험계약으로 인

하여 생긴 권리와 의무를 승계한다고 규정하고 있고, 이 사건 개인용자동차 보험 보통약관 역시, 보험계약자 또는 기명피보험자가 보험기간 중에 피보험자동차를 양도한 경우에는 보험계약자의 서면에 의한 승인청구 통지에 보험회사가 승인하지 아니하는 한, 보험계약으로 인하여 생긴 보험계약자 및 피보험자의 권리와 의무는 피보험자동차의 양수인에게 승계되지 아니하고, 또한 위 피보험자동차의 양도에는 소유권을 유보한 매매계약에 따라 자동차를 '산 사람' 또는 대차계약에 따라 자동차를 '빌린 사람'이 그 자동차를 피보험자동차로 하고, 자신을 보험계약자 또는 기명피보험자로 하는 보험계약이 존속하는 중에 그 자동차를 '판 사람' 또는 '빌려준 사람'에게 반환하는 경우도 포함한다(이하 '이 사건 양도약관'이라 한다)고 규정하고 있는데, 위 상법 규정 및 이 사건 양도약관에서 규정한 '자동차의 양도'는 당해 자동차의 운행지배 상태 및 유체동산인 자동차의 양도를 의미하는 것으로서 양도인이 그 자동차에 대한 운행지배를 상실하고 양수인이 사실상의 운행지배를 취득하는 경우를 말한다.

한편, 구 자동차손해배상보장법(2008. 3. 28. 법률 제9065호로 전부 개정되기 전의 것, 이하 같다) 제22조 제1항은, 의무보험에 가입된 자동차가 양도된 경우 당해 자동차의 양도일(양수인이 매매대금을 지급하고 현실적으로 자동차의 점유를 이전받은 날을 말한다)부터 "자동차관리법" 제12조의 규정에 의한 자동차소유권 이전등록신청기간이 만료되는 날(자동차소유권 이전등록신청기간 만료 전에 양수인이 새로운 책임보험 등의 계약을 체결한 경우에는 그 계약체결일)까지의 기간 동안은 "상법" 제726조의4의 규정에 불구하고 자동차의 양수인이 의무보험의 계약에 관한 양도인의 권리의무를 승계한다고 규정하고 있고, 원심이 적법하게 채택한 증거에 의하면 이 사건 대인배상 I 일시담보 특별약관은 보험회사는 이 사건 양도약관의 규정에 불구하고(보험회사의 승인이 있는 경우는 제외) 보험증권에 기재된 피보험자동차가 양도된 날로부터 15일째 되는 날의 24시까지의 기간 동안은 그 자동차를 위 보통약관 '대인배상 I'의 피보험자동차로 간주하고 양수인을 보험계약자 및 기명피보험자로 본다고 규정하고 있는 사실을 알 수 있다(이하 '이 사건 특별약관'이라 한다). 이러한 구 자동차손해배상보장법 제22조의 규정 및 이 사건 특별약관은 위 상법 규정 및 이 사건 양도약관에 의하는 경우 피보험자가 보험기간 중에 피보험자동차를 양도하더라도 보험자의 승낙을 얻지 아니하는 한 양수인에게 자동차보험계약으로 인하여 생긴 권리와 의무가 승계되지 아니함으로써 발생할 수 있는 위 자동차의 무보험상태를 방지하여 피해자 및 양수인을 보호하기 위하여, 피보험자동차가 양도된 날로부터 일정한 기간 동안에는 위 자동차의 양수인이 의무보험의 계약에 관한 양도인의 권리의무를 승계하거나, 위 자동차를 보통약관상 '대인배상 Ⅰ'의 피보험자동차로 간주하고 양수인을 보험계약자 및 기명피보험자로 보는 것으로 규정하고 있는 것인바, 위 상법 규정 및 이 사건 양도약관에서 규정한 '자동차의 양도'의 의미에 덧붙여 위 구 자동차손해배상보장법 제22조 제1항에서 규정한 '자동차의 양도'의 의미와 내용, 이 사건 특별약관의 목적과 취지 등을 고려하여 보면, 이 사건 특별약관에서의 '자동차의 양도'에는 특별한 사정이 없는 한 자동차를 양수하고 현실적으로 그 자동차의 점유를 이전받아 양도인 대신 그 자동차에 대한 사실상의 운행지배를 취득한 양수인이 자동차관리법 제12조의 규정에 의한 자동차소유권의 이전등록을 하지 아니한 채 다시 제3자에게 이를 양도하고 현실적으로 그 자동차의 점유를 이전함으로써 그 운행지배를 상실한 경우도 포함된다고 봄이 상당하다.

(2) 대상 판결의 사안은, 자동차관리법 제12조의 규정에 의한 자동차소유권의 이전등록을 하지 아니한 채로 순차 매도되어 온 자동차의 매수인이 그 자동차에 대한 사실상의 운행지배를 취득하였다가, 이를 다시 제3자에게 매도하고 그 점유를 이전함으로써 운행지배를 상실한 경우, 이는 '대인배상 Ⅰ 일시담보 특별약관' 소정의 '자동차의 양도'에 해당하므로 그 자동차를 '대인배상 Ⅰ'의 피보험자동차로 간주하고 위 제3자를 보험계약자 및 기명피보험자로 보아야 한다고 한 사례이다.

## [評 釋]

### Ⅰ. 序 說

자동차보험은 자동차보험계약의 피보험자가 피보험자동차를 소유, 사용 또는 관리하는 동안에 발생한 사고로 인한 피보험자의 손해를 보험자가 보상하는 손해보험계약이다.

자동차보험에서는 피보험자가 보험의 목적을 양도한 때에는 양수인이 보험계약상의 권리와 의무를 승계한 것으로 추정하는 상법 제679조와 달리, 그 특칙으로 피보험자가 보험기간 중에 자동차를 양도한 때에는 양수인이 보험자의 승낙을 얻은 경우에 한하여 보험계약으로 인하여 생긴 권리와 의무를 승계한다고 규정하고 있다. 이것은 자동차보험의 경우에는 위험률의 정확한 측정을 위해 피보험자성이 상대적으로 중요하기 때문이다.

그러나 자동차의 양도에 있어서 양수인이 보험자의 승낙을 얻은 경우에 한하여 보험계약으로 인하여 생긴 권리와 의무를 승계한다고 보는 경우, 승인을 얻거나 새로운 보험계약을 체결할 때까지 일시적으로 무보험상태가 발생할 수 있기 때문에, 이러한 문제점을 해결하기 위하여 자동차보험계약을 체결하는 경우 자동적으로 부대특약인 '대인배상 I 일시담보 특별약관(이하 '이 사건 특별약관'이라 한다)'[6]에 가입되는 것으로 하고 있다.

대상 판결에서는 이른바 '대포차', 즉 자동차소유권의 이전등록을 하지 아니한 채로 순차 매도되어 자동차등록원부상의 소유자와 실질적인 소유자가 다른 경우에 있어서도 그 자동차에 대한 운행지배가 인정되어 이 사건 특별약관이 적용되는지 여부를 판단하였다. 이 글에서는 개괄적으로 자동차 소유권의 이전등록에 관한 일반론, 자동차등록원부상 소유자와 실질적 소유자가 다른 차량에 관하여 체결된 자동차보험계약의 효력, 이 사건 특별약관에 관한 일반론 등에 관하여 먼저 살펴본 다음, '피보험자동차의 양도'에 관한 약관과 그 해석론을 검토하고, 이른바 '대포차'의 경우에도 이 사건 특별

6) 2005. 2. 22. 이후에는 대물배상도 의무보험이 됨에 따라(대물의무보험금액은 2005. 2. 22.부터 2016. 3. 31.까지는 1,000만 원이었으나, 2016. 4. 1.부터 2,000만 원으로 증액되었다) '의무보험 일시담보 특별약관'으로 그 명칭이 변경되었으나, 대인배상 I 일시담보 특별약관의 틀은 그대로 유지되고 있다.

약관을 적용할 수 있는지 여부에 관하여 살펴보고자 한다.

## Ⅱ. 自動車所有權의 移轉登錄에 관한 一般論

### 1. 自動車所有權의 移轉登錄에 관한 規定

자동차소유권의 득실변경은 등록을 하여야 그 효력이 생긴다(자동차관리법 제6조). 또한 등록된 자동차를 양수받는 자는 자동차소유권의 이전등록을 신청하여야 하고(자동차관리법 제12조 제1항), 자동차를 양수한 자가 다시 제3자에게 양도하려는 경우에는 양도 전에 자기 명의로 제1항에 따른 이전등록을 하여야 하는데(자동차관리법 제12조 제3항), 그 이전등록 신청기한은 매매의 경우 매수한 날부터 15일 이내, 증여의 경우 증여를 받은 날부터 20일 이내, 상속의 경우 상속개시일이 속하는 달의 말일부터 6개월 이내, 그 밖의 사유로 인한 소유권이전의 경우 사유가 발생한 날부터 15일 이내이다(자동차등록령 제26조).

자동차관리법은 양수인이 정당한 사유 없이 소유권이전등록 신청을 하지 아니하거나, 소유권이전등록을 하지 아니한 채 다시 제3자에게 양도하는 행위를 처벌하고 있을 뿐만 아니라, 자동차매매업자 역시 등록원부상 소유자가 아닌 자로부터 자동차의 매매 알선을 의뢰받고 그 자동차의 매매 알선을 한 경우 처벌을 받게 하는 등 대포차 유통 및 운행을 방지하기 위한 각종 처벌규정들을 두고 있다.[7][8]

---

7) 등록된 자동차를 양수받는 자가 정당한 사유 없이 자동차소유권의 이전등록을 신청하지 아니한 경우 1년 이하의 징역 또는 1천만 원 이하의 벌금에 처하고(자동차관리법 제81조 제2호, 제12조 제1항), 자동차를 양수한 자가 자기 명의로 이전 등록을 하지 아니하고 다시 제3자에게 양도한 경우 2년 이하의 징역 또는 2천만 원 이하의 벌금에 처하고 있다(자동차관리법 제80조 제2호, 제12조 제3항).

8) 한편 자동차매매업자는 '등록원부상의 소유자에게서 그 자동차의 매도에 관한 행위를 위임받은 자로부터 매매 알선을 의뢰받은 경우'를 제외하고는 등록원부상의 소유자가 아닌 자로부터 자동차의 매매 알선을 의뢰받은 경우 그 자동차의 매매 알선을 하여서는 아니 되고, 이를 위반하면 형사처벌을 받게 되어 있다(자동차관리법 제79조 제14호, 제57조 제3항 제1호). 이것은 2011. 5. 24. 법률 10721호로 개정되기 전에는 종래 2년 이하의 징역 또는 500만 원 이하의 벌금에 처했던 것을 대포차 유통 및 운행과 관련된 제재를 강화하기 위하여 "3년 이하 징역 또는 1천만 원 이하의 벌금"으로 상향하였다가, 2015. 12. 29. 법률 제13686호로 개정되면서 "3년 이하의 징역 또는 3천만 원 이하의 벌금"으로 벌금형을 상향 조정한 것이다.

## 2. 이른바 '대포차'의 意味와 發生原因 및 問題點

### (1) '대포차'의 의미와 발생원인

자동차관리법 및 자동차등록령의 관련 규정에 의하면, 등록된 자동차를 양도받는 자는 매매의 경우 15일, 증여의 경우 20일 이내에는 자동차소유권 이전등록을 신청하여야 하고, 자동차를 양수한 자가 다시 제3자에게 양도하려는 경우에는 양도 전에 자기 명의로 자동차소유권의 이전등록을 해야 하지만, 자동차를 매매할 때 소유권 이전등록 절차를 제대로 밟지 않아 자동차등록원부상의 소유자와 실제 차량운행자가 다른 불법차량이 생겨났는데, 이와 같은 차량들을 일컬어 '대포차'라는 속어가 사용되고 있다.[9]

대포차는 자동차등록원부상의 소유자가 법인인지, 개인인지에 따라, 법인 대포차와 개인 대포차로 나눌 수 있다. 법인 대포차는 회사가 부도난 후 회사관계자나 채권자들이 법인 명의의 차량을 무단으로 가져가 중고차 시장에 파는 경우 또는 법인 명의의 차량을 판매한 뒤 곧바로 부도가 나서 명의이전 서류를 매수인에게 넘기지 못한 경우 주로 발생하고, 개인 대포차는 차량에 누적된 과태료와 세금이 중고차 매매가격과 맞먹거나 초과할 때 차주가 시세보다 저렴한 가격으로 매도하는 경우, 차량을 담보로 사채를 빌린 후 이를 변제하지 못해 사채업자가 차량을 회수해서 서류미교부 조건으로 중고차시장에 내다파는 경우 등에 주로 발생하고 있다.[10] 이와 같은 대포차의 경우 나중에 자동차소유권의 이전등록을 받으려고 해도 체납된 과태료 등이 납부되어야만 소유권을 양도받을 수 있을 뿐만 아니라, 자동차등록명부상의 소유자가 차량을 전전 매수한 최종 매수인을 상대로 소유권이전등록인수절차의 이행을 구하는 경우에도 부동산에 관하여 종래 인정해 오던 등기인수

---

9) 연혁적으로 '대포차'는 원래 '자동차 판매회사로부터 할부로 자동차를 구입한 사람이 할부금을 불입하지 않은 상태에서 매수인에게 그 자동차에 설정된 근저당을 부담하도록 하면서 현금으로 판매되는 자동차'를 의미하는 말로 사용되었다.: 대법원 1996. 2. 23. 선고 94도3232 판결 참조.

10) 이러한 대포차는 범죄에 이용하기 위한 경우뿐만 아니라, 판매자에게는 단시간 내에 현금을 확보하고 각종 채무관계에서 자유로워질 수 있다는 점 때문에, 구매자에게는 실제 시세보다 파격적으로 싼 값에 차를 살 수 있다는 점 및 자동차 등록원부의 소유자가 따로 있어 세금이나 범칙금, 보험금 등을 전혀 낼 필요가 없다는 점 때문에 주로 이용되고 있다.: 이 부분은 손경란, "오토옥션리뷰 - 중고차거래상식"(출처: http://www.daewoolove.com/dwnews/fmsabo/jung2no9.htm)에서 참고하였다.

청구권에 관한 법리가 적용되어[11] 자동차가 전전 양도된 경우 중간생략등록의 합의가 없는 한 자동차등록원부상의 소유자에서 직접 최종 매수인 명의로 자동차이전등록을 구할 수는 없으므로[12] 일단 '대포차'가 된 차량을 적법한 차량으로 환원시키는 것은 현실적으로 어려움이 있다.

**(2) 대포차의 실태 및 문제점[13]**

과거에는 음성적으로만 이루어지던 대포차 거래가 최근에는 중고차 유통방법이 다양해짐에 따라 인터넷이나 생활정보지를 통해 공개적으로 이루어지고 있는 실정이다. 그러나 대포차는 범죄에 악용될 소지가 다분할 뿐만 아니라, 자동차등록원부상의 소유자가 따로 있다는 점(언론보도에 의하면, 자동차등록원부상의 소유자를 '노숙자'로 해 놓는 경우도 많다) 때문에 운전자들이 신호위반이나 과속을 일삼는 경우가 많고, 보험에 들지 않는 경우가 많아 사고가 나더라도 뺑소니로 이어질 가능성이 크다.

한편 대포차의 자동차등록원부상 소유자는 각종 과태료, 세금체납, 사고로 인한 손해배상책임 등을 피하기 위하여 '차량도난신고'라는 불법적인 방법으로 차량을 찾으려고 시도하다가, 경범죄처벌법 위반죄로 처벌받는 경우가 많고, 경우에 따라서는 무고죄로 처벌받는 경우도 늘고 있다.

세무당국은 대포차가 총 5만 1천여 대에 이르는 것으로 추산하고 있으나, 업계에서는 실제로 운행되는 대포차가 공식 집계의 10배에 달하는 50만 대로 추산하고 있는데, 대포차가 위반한 교통 과태료는 연간 75만여 건, 자동차세 체납액을 합치면 전국적으로 8천억 원에 달한다고 하고, 이는 연간 지방세 체납액 3조 2천억 원의 1/4 수준에 이르고 있다.

---

11) 대법원 2008. 4. 24. 선고 2006다11920 판결.

12) 대법원 2011. 9. 8. 선고 2011다46845 판결; 대법원 2020. 12. 10. 선고 2020다9244 판결 등 참조.

13) 2012. 1. 16.자 SBS 8시 뉴스 기사를 참조하였다.

## Ⅲ. 自動車登錄原簿上 所有者와 實質的 所有者가 다른 車輛에 관하여 締結된 自動車保險契約의 效力[14]

자동차등록원부상 소유자와 실제 운행자가 다른 차량에 관하여 체결된 자동차보험계약은 일반적으로 피보험이익의 측면에서 주로 문제가 되므로, 자동차보험계약에서의 피보험이익과 피보험자, 자동차손해배상보장법(이하 '자배법'이라 한다)상의 운행자의 개념, 자동차 매매와 명의잔존 등에 대하여 차례로 살펴본 후 이를 검토하기로 한다.

### 1. 自動車保險契約에서의 被保險利益 및 被保險者

자동차보험이란 자동차보험계약의 피보험자가 피보험자동차를 소유, 사용 또는 관리하는 동안에 발생한 사고로 인한 피보험자의 손해를 보험자가 보상하는 손해보험계약을 말한다(상법 제726조의2).[15] 손해보험은 손해보상계약으로서의 특성 때문에 피보험이익이 없으면 원칙적으로 유효하게 성립하거나 존속할 수 없다. 자동차책임보험은 손해보험으로서 피보험자는 제3자에 대한 배상책임을 보험자에게 돌려 배상책임으로 인하여 입은 경제적 손해를 벗어나는 이익을 가지고 있으므로 피보험이익이 있다.[16]

손해보험에서 피보험자란 당해 보험계약의 피보험이익의 귀속주체로서 보험사고가 발생한 경우에 보험자에게 보험금의 지급을 청구할 수 있는 자를 의미한다. 자동차보험의 경우에는 자동차의 소유자 이외에 그 가족, 피용자 또는 친구 등 다수의 사람에 의해 피보험자동차가 운행되며 이들 모두가 피해자에 대해 배상책임의 주체가 될 수 있으므로, 자동차 소유자 이외에 피

---

14) 이 사건 특별약관의 적용 여부에 앞서 그 전제가 되는 제2보험계약, 즉 '자동차등록원부상 소유자와 실질적 소유자가 다른 차량'에 관하여 실질적 소유자가 자신을 피보험자로 하여 체결한 자동차보험계약의 효력과 관련하여 이 문제를 검토하기로 한다.

15) 자동차보험계약에서 '자동차'란 '자동차관리법'의 적용을 받는 자동차와 '건설기계관리법'의 적용을 받는 건설기계 중 대통령령으로 정하는 것을 말한다(자배법 제2조 제1호).

16) 통설은 책임보험계약에서의 피보험이익은 피보험자가 제3자에 대하여 재산적 급여를 하는 책임을 부담할 사실이 발생하지 아니하는 것에 대하여 갖는 경제적 이익이나 피보험자의 전 재산에 관하여 재산의 감소를 가져오는 사고가 발생하지 않는 경우에 피보험자가 갖는 경제적 이익 또는 피보험자가 제3자에 대한 손해배상책임을 짐으로써 재산적 급여를 하는 책임을 지는 사실과 관련하여 가지는 경제적 이익이라고 보아 그 피보험이익을 긍정한다고 한다.: 우성만, "피보험자동차의 양도와 승낙피보험자", 「판례연구」 제8집, 부산판례연구회, (1998), 565면 이하 참조.

보험자동차를 실제로 운행하는 자들의 배상책임도 자동차보험의 보상 범위에 포함시킬 필요가 있으며, 이러한 이유에서 다른 종류의 손해보험에 비해 피보험자의 범위가 상대적으로 넓은 특색이 있다.

자동차책임보험은 피보험자가 자동차를 소유·사용·관리하는 동안에 발생하는 사고로 인하여 발생한 손해를 보상함을 목적으로 하므로, 일반적으로 피보험자에게는 자배법 제3조에서[17] 정한 운행자의 지위, 즉 피보험차량에 대한 운행지배와 운행이익을 갖는 지위가 있어야 한다.[18]

## 2. 自賠法上 運行者의 槪念

자배법상 배상책임의 주체인 운행자란 '자동차관리법의 적용을 받은 자동차와 건설기계관리법의 적용을 받는 건설기계를 자기의 점유·지배하에 두고 자기를 위하여 사용하는 자'를 말하고, 운행자성을 인정하기 위해서는 운행지배와 운행이익이 요구된다.[19] 여기서 "운행이익"이란 당해 차량의 운행으로부터 나오는 이익을 의미하고, '운행지배'란 자동차를 자기의 실력적 지배하에 두고 사실적인 처분권을 가지고 자동차의 운행과 관련하여 현실적으로 자동차를 관리·운영할 수 있는 것을 말한다.[20] 이 경우 운행의 지배

---

17) 자배법 제3조 (자동차손해배상책임) 자기를 위하여 자동차를 운행하는 자는 그 운행으로 다른 사람을 사망하게 하거나 부상하게 한 경우에는 그 손해를 배상할 책임을 진다. 다만, 다음 각 호의 어느 하나에 해당하면 그러하지 아니하다.
1. 승객이 아닌 자가 사망하거나 부상한 경우에 자기와 운전자가 자동차의 운행에 주의를 게을리 하지 아니하였고, 피해자 또는 자기 및 운전자 외의 제3자에게 고의 또는 과실이 있으며, 자동차의 구조상의 결함이나 기능상의 장해가 없었다는 것을 증명한 경우
2. 승객이 고의나 자살행위로 사망하거나 부상한 경우

18) 자동차종합보험계약상의 '보험사고'의 개념은 운행성에 기초를 둔 자배법상의 배상사고의 개념보다 광의로 해석될 수 있다.: 대법원 2008. 11. 27. 선고 2008다55788 판결은 「피고의 자동차종합보험약관에서 정하는 보험사고인 '피보험자가 피보험자동차를 소유, 사용, 관리하는 동안에 생긴 피보험자동차의 사고로 인하여 남을 죽게 하거나 다치게 한 때 또는 남의 재물을 없애거나 훼손한 때에 법률상 손해배상책임을 짐으로써 손해를 입는 것'에는, 자동차손해배상책임보험(대인배상 Ⅰ)과는 달리, 피보험자가 피보험자동차를 소유, 사용, 관리하는 동안에 자동차손해배상 보장법상의 자동차 보유자의 손해배상책임을 부담하는 경우에 한정되는 것이 아니라, 민법상의 일반 불법행위책임, 사용자책임 등을 부담하는 경우를 포함한다」고 판시하고 있다. (同旨: 대법원 1997. 6. 10. 선고 95다22740 판결; 대법원 2004. 5. 14. 선고 2004다14000 판결 등).

19) 운행이익과 운행지배 양자를 요구하는 것을 이원설이라 하고, 운행이익을 운행지배에 포함되는 개념으로 보고 운행지배만을 요구하는 것을 '일원설'이라 한다.

20) 박세민, 「보험법」, 박영사, (2011), 700면 이하 참조.

는 현실적인 지배에 한하지 아니하고 사회통념상 간접지배 내지 지배가능성이 있다고 볼 수 있는 경우도 포함한다.[21]

이와 같이 자배법상 손해배상의 주체인 운행자의 개념은 자동차의 소유자 또는 자동차의 임차인 및 자동차의 위탁판매업자 등 정당하게 사용할 권한을 가진 자보다도 넓은 개념으로서, 그런 권리가 없는 절취운전자 또는 무단운전자 등 정당한 권한 없이 자동차를 사용하는 자까지도 포함하는 광의의 개념이다.[22]

### 3. 車輛의 賣買와 名義殘存

"명의잔존"이란 자동차의 매매 등에 의하여 실질적으로 매매계약의 목적물인 자동차가 매수인에게 인도되어 실질적인 소유권과 사용권이 넘겨졌으나 등록명의 이전절차가 종료되지 않아 소유명의가 아직 매도인에게 남아 있는 상태를 말한다.

자동차의 매매에 있어서 매도인의 운행지배권이나 운행이익의 상실 여부는 사회통념상 매도인이 매수인의 차량운행에 간섭하거나 지배 관리할 책무가 있는 것으로 평가할 수 있는지의 여부에 의하여 판단하여야 한다.[23] 일반적으로 명의잔존의 경우 매매대금 완제 여부와 이전등록서류 교부 여부가 명의잔존자의 운행지배 인정에 대한 판단에 있어서 중요한 요소가 되기는 하나, 대법원은 기명피보험자가 등록명의를 양수인 명의로 변경하였더라도, 실제로는 기명피보험자가 자동차를 보유하고 운행지배를 하면서 직접 운

21) 대법원 1995. 10. 13. 선고 94다17253 판결 등.

22) 박세민, 「자동차보험법의 이론과 실무」, 세창출판사, (2007), 85면.

23) 자동차를 매도하였는데도 그 등록명의를 그대로 남겨둔 '명의잔존' 관련 사안에서 대법원 1999. 5. 14. 선고 98다57501 판결은 「대물변제를 위하여 채권자에게 자동차를 양도하기로 하고 인도까지 하였으나 아직 채권자 명의로 그 소유권이전등록이 경료되지 아니한 경우에 아직 그 등록명의가 원래의 자동차 소유자에게 남아 있다는 사정만으로 그 자동차에 대한 운행지배나 운행이익이 양도인에게 남아 있다고 단정할 수는 없고, 이러한 경우 법원이 차량의 양도로 인한 양도인의 운행지배권이나 운행이익의 상실 여부를 판단함에 있어서는 위 차량의 이전등록서류 교부에 관한 당사자의 합의 내용, 위 차량을 대물변제로 양도하게 된 경위 및 인도 여부, 정산절차를 거쳐야 할 필요성, 인수차량의 운행자, 차량의 보험관계 등 양도인과 양수인 사이의 실질적 관계에 관한 여러 사정을 심리하여 사회통념상 양도인이 양수인의 차량운행에 간섭을 하거나 지배·관리할 책무가 있는 것으로 평가할 수 있는지의 여부를 가려 결정하여야 한다」라고 판시하였다.

행하다가 사고를 일으킨 경우에 그 운행지배가 상실되지 않았다고 보고 있으므로 소유권이전등록 여부는 운행지배권 상실 여부를 판단하는 하나의 기준에 불과하다고 할 것이다.[24][25]

### 4. '自動車登錄原簿 所有者와 實質的 所有者가 다른 車輛'에 관하여 實質的 所有者가 自身을 被保險者로 하여 締結한 自動車保險契約의 效力[26]

자동차등록원부상 소유자와 실질적 소유자가 다른 차량에 있어서, 실질적 소유자가 자신을 피보험자로 하여 자동차보험계약을 체결한 경우 그 보

24) 대법원 1993. 6. 29. 선고 93다1480 판결. (同旨: 대법원 2007. 2. 23. 선고 2005다65463 판결 참조).

25) 이 사건에서는 제1보험계약상의 피보험자가 이 사건 차량에 관한 자동차등록명부상의 소유자인 A로 되어 있었기 때문에, 피고가 제1보험계약의 보험자로서 구상금 책임을 부담하는지 여부도 문제되었다. 원심은 「① A는 2003. 2.경 이 사건 차량을 제3자에게 대물변제 명목으로 양도하고 그 소유명의를 변경하려고 하였으나 제3자가 이를 인수해가지 않아 여전히 그 자동차등록명의를 유지하게 된 점, ② A는 2005. 3. 8. 이 사건 차량의 인수인을 찾아 소유권이전등록을 해 줄 목적으로 이 사건 차량에 대한 도난신고를 하였다가 수사결과 스스로 자동차를 양도하고도 허위로 도난신고를 한 것이 밝혀져 경범죄처벌법으로 처벌까지 받은 점, ③ D는 2005. 5.경 성명불상의 자동차매매업자로부터 이 사건 차량을 매수한 후 운행하다가 이 사건 사고를 일으킨 점, ④ 제1보험계약은 A의 의사에 따라 체결된 것이 아니라 이 사건 차량을 전전 양수한 B에 의해 피보험자를 A로 하여 체결된 것인 점, ⑤ A가 이 사건 차량을 양도한 이후 위 차량의 관리·운행에 간섭한 사정이 전혀 보이지 않는 점, ⑥ A가 이 사건 차량을 양도한지 약 2년이 지난 후에 이 사건 사고가 발생한 점 등 A가 이 사건 차량을 제3자에게 양도하게 된 경위, 이 사건 차량의 명의변경이 이루어지지 않은 사정 등을 종합해 보면, A가 이 사건 차량의 운행에 간섭을 하거나 이를 지배·관리할 책무가 있는 것으로 평가할 수 없으므로 이 사건 차량의 운행지배권은 A로부터 이탈되었다고 할 것이어서 A에게 이 사건 차량에 관한 운행자성을 인정하기 어렵다는 이유로, A에게 이 사건 차량에 관한 운행자성이 인정됨을 전제로 하는 원고의 제1보험계약에 기한 청구는 이유가 없다」고 판단하였고, 제1보험계약의 효력에 대한 판단은 명시적으로 하지 않았다.

26) 이와 달리 실질적 소유자가 자동차등록원부상 소유자를 피보험자로 하여 체결한 자동차보험계약과 관련하여서, 대법원 1993. 4. 13. 선고 92다6693 판결은 「차량을 매수하였으나 수리비정리 등의 사유로 이전등록을 하지 않고 있는 사이에 보험기간이 만료되어 매수인이 보험회사와 자동차종합보험계약을 체결하면서 그 피보험자 명의를 보험회사의 승낙을 얻어 공부상 소유명의인으로 한 경우 보험계약상 기명피보험자가 공부상 소유명의자로 되어 있다 하더라도 실질적인 피보험자는 매수인이다」라고 한 원심 판단을 수긍하였고, 대법원 1995. 4. 28. 선고 95다4001 판결은 「자동차보험계약을 체결하면서 보험회사의 승낙을 얻어 피보험자 명의를 공부상 소유자명의로 하였다면, 비록 보험계약상 기명피보험자 명의가 공부상 소유자명의로 되어 있다고 하더라도 실질적 피보험자는 실제상 소유자라고 할 것이므로, 위와 같은 보험계약을 피보험이익이 없는 무효의 계약이라고 볼 수 없다」라고 한 원심의 판단을 정당하다고 판시하였다.

험계약의 효력이 문제가 될 수 있다.

자동차보험표준약관(개정 2021. 12. 27.)에 의하면, 보험회사는 피보험자가 피보험자동차를 소유, 사용, 관리하는 동안에 생긴 피보험자동차의 사고로 인하여 다른 사람을 죽게 하거나 다치게 하여 또는 다른 사람의 재물을 없애거나 훼손하여 법률상 손해배상책임을 짐으로써 입은 손해 등을 보상한다고 되어 있고, 비보험자의 범위로 보험증권에 기재된 피보험자('기명피보험자'), 승낙피보험자 등이 포함된다고 되어 있을 뿐이고, 자동차등록원부상의 소유자만이 기명피보험자가 될 수 있다는 규정은 없다. 보험회사는 기본적으로 자동차등록원부상의 소유자가 누구인지는 문제 삼지 아니하고 기명피보험자만 문제 삼으며 그 기명피보험자를 기준으로 일어나는 법률관계를 중심으로 보험관계를 설정하려는 것으로 보인다. 자배법 역시 책임보험에 가입하여야 하는 '자동차보유자'를 '자동차의 소유자나 자동차를 사용할 권리가 있는 자로서 자기를 위하여 자동차를 운행하는 자'를 말한다고 규정하여 자동차소유자로 한정하지 아니하므로(자배법 제5조 제1항, 제2조 제3호), 소유자 이외에 자동차를 사용・관리하는 자도 기명피보험자가 될 수 있다고 보아야 할 것이다.[27] 즉, 자동차보험계약에 있어서 자동차등록원부상의 소유자와 피보험자가 일치하여야 할 필요가 없으므로, 피보험차량에 대한 운행이익 및 운행지배를 하고 있는 실질적 소유자를 피보험자로 한 자동차보험계약은 특별한 사정이 없는 한 유효라고 할 것이다.

한편, 피보험자와 피보험차량의 자동차등록원부상의 소유자가 일치하지 아니하는 경우, 보험계약자는 피보험차량이 기명피보험자의 소유가 아니라는 사실을 보험회사에게 고지하여야 할 의무가 있는지 문제가 될 수 있으나, 보험회사의 보험 인수 여부와 보험료 등의 결정에 있어서, 기명피보험자가 피보험차량을 소유하고 있는지 여부보다는 기명피보험자의 운전경력과 성향, 연령, 사고경력 등이 중요하다고 볼 수 있으므로, 보험회사가 피보험차량의 소유자가 누구인지 서면으로 질문하지 아니한 경우 이를 고지의무의 대상이 되는 중요한 사항이라고 보기는 어려울 것으로 보인다.[28][29]

---

**27)** 박세민, "자동차보험약관 중 대인배상Ⅱ의 피보험자와 피해자의 범위에 관한 해석론", 「법학연구」 제11권, 충북대학교, (2008), 165면; 안경봉, "등록이전을 하지 아니한 자동차 매수인의 보험보호", 「영남법학」 제1권 제1호, 영남대학교 출판부, (1990), 144면.

## Ⅳ. 對人賠償Ⅰ 一時擔保 特別約款에 관한 一般論

### 1. '對人賠償Ⅰ 一時擔保 特別約款'의 內容 및 導入 背景

#### (1) 대인배상Ⅰ 일시담보 특별약관의 내용

대인배상Ⅰ 일시담보 특별약관(이하 '이 사건 특별약관'이라 한다)은 피보험자가 보험기간 중에 피보험자동차를 양도하는 경우 보험회사의 승인을 얻어야 양수인에게 보험계약이 이전된다는 보통약관의 조항에도 불구하고, 피보험자동차가 양도된 날로부터 15일째 되는 날의 24시까지의 기간 동안은 그 자동차를 대인배상 Ⅰ의 피보험자동차로 간주하고, 양수인을 보험계약자 및 기명피보험자로 보는 내용의 특별약관으로, 보통약관 '[10] 배상책임(대인배상 Ⅰ)'에 대하여 자동적으로 적용된다.

#### (2) 이 사건 특별약관의 도입 배경

피보험자가 보험기간 중에 피보험자동차를 양도하는 경우와 관련하여, 1988. 3. 1. 개정된 자동차보험표준약관은 '책임보험은 자동으로 양수인에게 승계되고 임의보험은 보험회사의 승인을 얻어야 양수인에게 계약이 승계된다'고 규정하고 있었다. 그러나, 1997. 8. 1. 개정된 자동차보험표준약관에서 '임의보험은 물론 책임보험까지도 보험회사의 승인을 얻어야 양수인에게 승계되는 것'으로 변경되고, 다만 양도약관의 자동부대특약으로서 '대인배상 Ⅰ 일시담보 특별약관'이 신설되었다.

이 사건 특별약관이 ① 자동으로 양수인에게 승계되던 책임보험도 보험

---

28) 대법원 1996. 12. 23. 선고 96다27971 판결은 「보험계약자나 피보험자가 보험계약 당시에 보험자에게 고지할 의무를 지는 상법 제651조에서 정한 '중요한 사항'이란, 보험자가 보험사고의 발생과 그로 인한 책임부담의 개연율을 측정하여 보험계약의 체결 여부 또는 보험료나 특별한 면책조항의 부가와 같은 보험계약의 내용을 결정하기 위한 표준이 되는 사항으로서, 객관적으로 보험자가 그 사실을 안다면 그 계약을 체결하지 않든가 또는 적어도 동일한 조건으로는 계약을 체결하지 않으리라고 생각되는 사항을 말하고, 어떠한 사실이 이에 해당하는가는 보험의 종류에 따라 달라질 수밖에 없는 사실인정의 문제로서 보험의 기술에 비추어 객관적으로 관찰하여 판단되어야 한다」라고 판시하였다. (同旨: 대법원 1997. 9. 5. 선고 95다25268 판결; 대법원 2011. 11. 10. 선고 2009다80309 판결).

29) 대법원 2004. 2. 26. 선고 2003다55233 판결과 대법원 2005. 7. 14. 선고 2004다36215 판결은 「피보험차량이 기명피보험자의 소유인지 여부는 보험계약체결에 있어 상법 제651조가 정하는 중요한 사항이라고 할 수 없다」라고 한 원심의 판단을 수긍하였다.

회사의 승인을 얻어야 양수인에게 승계되는 것으로 양도약관이 변경됨에 따라 신설된 점, ② 피보험자가 보험기간 중에 피보험자동차를 양도하게 되면 양도인은 새로 취득한 자동차에 보험계약을 이전시키는 것이 보통인 점 등에 비추어 보면, 이 사건 특별약관의 취지는 피보험자동차의 양도에도 불구하고 책임보험이 양수인에게 자동 승계되지 않게 됨에 따라 양수인이 즉시 자동차보험에 가입하지 않는 경우 위 자동차가 무보험상태가 되어 피해자 보호에 공백이 생기는 것을 방지하기 위한 것으로 보인다.

이러한 취지는 1999. 2. 5. 법률 제5793호로 전부 개정된 자배법 제22조 제1항(현행 자배법 제26조 제1항) 및 그 개정이유를 살펴볼 때 더욱 분명해지는데, 위 자배법 제22조 제1항은 "강제보험 등에 가입된 자동차가 양도된 경우 당해 자동차의 양도일(양수인이 매매대금을 지급하고 현실적으로 자동차의 점유를 이전받은 날)부터 자동차관리법 제12조의 규정에 의한 자동차소유권 이전등록신청기간이 만료되는 날(자동차소유권 이전등록신청기간 만료 전에 양수인이 새로운 책임보험 등의 계약을 체결한 경우에는 그 계약체결일)[30]까지의 기간 동안은 상법 제726조의4의 규정에 불구하고 자동차의 양수인이 강제보험 등의 계약에 관한 양도인의 권리의무를 승계한다."라고 규정하고 있고, 그 개정이유는 「자동차를 양도하여 占有를 넘긴 경우 이전등록이 완료되기까지는 양수인은 통상적으로 보험가입을 하지 않은 경우가 많으므로 이 상태에서 사고발생시 등록원부(登錄原簿)상으로는 양도인이 여전히 자동차 소유자이지만 실질적인 "운행이익"을 갖고 있지 않으므로 양도인과 양도인의 보험회사는 배상책임이 없고 양수인만이 배상책임을 진다는 것이 대법원의 확고한 판례이나, 양수인은 무보험상태가 많아 피해배상이 곤란한 경우가 많으므로, 이에 양수인에게 권리의무가 자동 승계되는 조항을 신설하여 피해 발생시 구제방안을 마련하기 위한 것」이었다.[31]

30) 다만, 일시담보기간과 관련하여, 이 사건 특별약관은 피보험자동차를 양도한 날로부터 15일째 되는 날의 24시까지의 기간 동안을 일시담보기간으로 하고 있는 반면, 자배법 규정은 그 자동차의 양도일부터 자동차관리법 제12조에 따른 자동차소유권 이전등록 신청기간이 끝나는 날까지의 기간을 일시담보기간으로 하고 있는데, 자동차등록령 제26조는 증여의 경우 20일, 매매 및 그 밖의 경우 15일을 소유권이전등록 신청기간만료일로 보고 있으므로 이 사건 특별약관이 담보기간을 15일로 하고 있는 것은 자배법 규정과 서로 일치하지 않는 문제점이 있다.

31) 위 개정법률안의 심사보고서 및 검토보고서를 참조하였다(출처: 국회 의안정보시스템).

이 사건 특별약관이 피보험자동차의 양도와 관련된 약관의 변경에 따라 신설된 것인 만큼 '양도'의 의미 및 적용범위와 관련하여서 피보험자동차의 양도에 관한 약관의 내용을 검토하여야 할 필요성이 있는바, 이에 대하여는 후술한다.

## 2. 이 事件 特別約款의 補償 內容 및 補償하지 아니하는 損害

### (1) 보상 내용

보험자는 피보험자가 피보험자동차를 소유, 사용, 관리하는 동안에 생긴 피보험자동차의 사고로 인하여 남을 죽게 하거나 다치게 한 경우 보통약관의 배상책임(대인배상 I)에서 규정하는 바에 따라 그 손해를 보상하도록 되어 있다. 그런데 2004. 2. 21. 개정되어 2005. 2. 22. 시행된 자배법 시행령 제3조 제3항에 의하여,[32] 대물배상도 의무보험이 됨에 따라(대물의무보험금액은 2005. 2. 22.부터 2016. 3. 31.까지는 1,000만 원이었으나, 2016. 4. 1.부터 2,000만 원으로 증액되었다), 이 사건 특별약관의 명칭은 '의무보험 일시담보 특별약관'으로 변경되었고, '대물보상'도 의무보험 일시담보 특별약관에 따라 보상하게 되었다.[33]

### (2) 보상하지 아니하는 손해

이 사건 특별약관에 의하면, ① 양도된 피보험자동차가 양수인 명의로 이전등록된 이후에 발생한 손해, ② 양도된 피보험자동차에 대하여 양수인 명의로 유효한 대인배상 I에 가입한 이후에 발생한 손해, ③ 보통약관의 "대인배상 I" 계약 성립시 설정된 보험기간의 마지막날 24시 이후에 발생한 손해는 보상하지 아니하는 것으로 규정하고 있다.[34][35]

---

32) 구 자동차손해배상 보장법(2004. 1. 20. 법률 제7100호로 개정되기 전의 것) 제5조 제2항은 "자동차보유자는 제1항의 규정에 의한 책임보험 등에 가입하는 외에 자동차의 운행으로 다른 사람의 재물이 멸실 또는 훼손된 경우에 피해자에게 대통령령이 정하는 금액을 지급할 책임을 지는 보험업법에 의한 보험이나 여객자동차운수사업법・화물자동차운수사업법 및 건설기계관리법에 의한 공제에 가입하여야 한다."고 규정하고 있고, 구 자동차손해배상 보장법 시행령(2008. 9. 25. 대통령령 제21036호로 전부 개정되기 전의 것) 제3조 제3항은 "제5조 제2항에서 '대통령령이 정하는 금액'이라 함은 사고 1건당 1천만 원의 범위 안에서 사고로 인하여 피해자에게 발생한 손해액을 말한다."고 규정하고 있다.

33) 다만 대물의무보험금액 이상을 담보하는 대물배상의 경우에는 대물의무보험금액 한도만을 의미한다.

### 3. '被保險自動車의 讓渡'와 '保險契約 解止'의 關係

구 자배법 제21조[36]에 의하면, 의무보험의 경우에는 원칙적으로 계약해지를 할 수 없으나, '자동차의 양도'를 사유로 한 경우 예외적으로 해지할 수 있도록 되어 있다(제4호). 이 사건 특별약관이 피보험자동차가 양도된 후 보험계약이 해지되지 아니한 경우뿐만 아니라, '자동차의 양도'를 이유로 보험계약이 해지된 경우에도 적용될 수 있도록 하기 위하여 1999. 10. 건교부는, 「① 양도인의 양도에 따른 해지 신청시 양수인으로부터 당연승계기간에 해당하는 강제보험 등의 보험료의 납입이 없는 경우에는 양도일로부터 15일이 경과한 날 이후 잔여 보험계약기간 동안에 해당하는 보험료만을 양도인에게 반환하되, 양도인이 양수인으로부터 반환받을 수 있는 보험료를 산정하여 안내하고, ② 양수인이 추후 그 승계기간에 해당하는 보험료를 보험사업자 등에게 납입할 경우에는 보험사업자 등은 양도인에게 미지급한 그 승계기간 해당 보험료를 반환하며, ③ 자동차보험약관 중 대인배상 I 일시담보 특별약관의 규정내용은 이 법령에 반하는 범위 내에서 그 효력이 없다」라는 내용의 업무지침을 내리고, 이에 따라 업무를 처리토록 하고 있다.

구 자배법 제21조에 의하면, 의무보험의 경우 '자동차의 양도' 등의 예외적인 경우에만 보험계약을 해지할 수 있으므로, '자동차의 양도' 이외의 사

---

34) 남원식 외 6인, 「개정·증보 조문별 해석 자동차보험약관」, 한올출판사, (1998), 481면.

35) 의무보험 일시담보 특별약관에서는 보상하지 아니하는 손해로, ① 양도된 피보험자동차가 양수인 명의로 이전등록된 이후에 발생한 손해, ② 양도된 피보험자동차에 대하여 양수인 명의로 유효한 대인배상 I 및 대물배상에 가입한 이후에 발생한 손해, ③ 보통약관 '[5] 보험기간'의 「대인배상 I」 및 「대물배상」 계약 성립시 설정된 보험기간의 마지막 날 24시 이후에 발생한 손해, ④ 「대물배상」에서 양도인의 보험증권에 기재된 운전가능 범위 또는 운전가능 연령범위 외의 자가 피보험자동차를 운전 중 생긴 사고로 인한 손해를 열거하고 있다. 한편, 보험자가 의무보험 일시담보 특별약관에 의해 보상한 경우에 자동차보험료율서에서 정한 불량할증을 양수인에게 적용한다.

36) 구 자배법 제21조 (보험계약의 해제등) 보험가입자 및 보험사업자등은 다음 각호의 1에 해당하는 경우 외에는 의무보험의 계약을 해제 또는 해지하여서는 아니된다.
1. 자동차관리법 제13조 또는 건설기계관리법 제6조의 규정에 의하여 자동차의 말소등록을 한 경우
2. 당해 자동차가 제5조 제4항의 규정에 의한 자동차로 된 경우
3. 당해 자동차가 다른 의무보험에 이중으로 가입되어 하나의 가입계약을 해제 또는 해지하고자 하는 경우
4. 당해 자동차를 양도한 경우, 5. 천재지변·교통사고·화재·도난 기타의 사유로 인하여 자동차를 더 이상 운행할 수 없게 된 사실을 증명하는 경우

유로 보험계약을 해지하였다가 그 직후 자동차를 양도한 경우에는 이 사건 특별약관이 적용될 수 없을 것이나, '자동차의 양도'를 이유로 보험계약을 해지한 경우에는 이 사건 특별약관이 적용될 수 있다.[37)]

## Ⅴ. '被保險自動車의 讓渡'에 관한 約款과 그 解釋論

### 1. '被保險自動車의 讓渡'에 관한 約款의 類型

일반적으로 피보험자동차의 양도에 관한 약관(이하 '양도약관'이라 한다)은 자동승계주의, 추정주의, 승인주의 및 불승계주의로 구별된다. 자동승계주의란 자동차를 양도하게 되면 보험계약상의 권리와 의무가 자동적으로 양수인에게 이전되는 것으로 보험회사에 대한 통지나 배서승인이 불필요하다. 자동승계주의는 양도 후 양수인의 과실에 의해 피보험자동차에 발생될 수 있는 일시적 무보험상태를 방지할 수 있지만 양도인의 입장에서 보면 새 자동차를 구입한 경우 양도된 차량에 가입된 보험을 그대로 대체자동차에 이전하지 못하게 되는 문제가 발생한다. 추정주의는 자동차를 양도하면 보험계약상의 권리와 의무가 양수인에게 승계되는 것으로 추정하는 것이다. 따라서 추정승계가 이루어지기 위해서는 양도인 또는 양수인의 이의가 없어야 한다. 반면 불승계주의는 자동차를 양도한 후 보험계약상의 권리와 의무가 양수인에게 승계되지 않으며, 설령 양도인과 양수인이 양도승계를 원한다고 해도 승계되지 않는다.[38)]

마지막으로 승인주의('배서승인조건부 승계주의'라고 할 수 있다)가 있는데 이는 자동차의 양도가 있는 경우 원칙적으로 보험계약상의 권리와 의무가 양수인에게 이전되지 않으며, 보험계약으로 인한 권리와 의무를 승계한다는 뜻을 보험자에게 통지하고 승인을 받은 때에 비로소 양수인에게 승계되는 것이다. 이는 보험자의 양도배서승인을 얻을 때까지 일시적으로 무보험상

---

37) 이 사건에서 피고는 이 사건 차량이 이른바 대포차이기 때문에 이 사건 특별약관이 적용되지 않는다고 주장하고 있을 뿐, 제2보험계약이 해지되었으므로 이 사건 특별약관이 적용되지 않는다는 주장은 하지 않고 있다.

38) 피보험자를 중심으로 자동차보험 가입이 이루어지는 영국이나 미국 등에서는 피보험자동차를 양도하면 양도인의 보험계약이 양수인에게 이전되는 것이 아니라, 그 자동차에는 양수인이 가입한 자동차보험이 자동으로 적용되게 된다.

태가 발생할 수 있는 여지가 존재하지만, 자동차등록대수가 폭발적으로 증가하고 중고자동차의 매매가 활발해지면서 보험가입자는 양도승계보다는 대체승계를 요구하는 경우가 많으므로 이러한 요구에 가장 효율적으로 대처할 수 있는 유형이다.[39]

## 2. 讓渡約款의 變遷 過程

1976년부터 현재까지 양도약관은 추정주의, 승인주의(의무보험 제외), 추정주의(의무보험 제외), 승인주의(의무보험 제외)를 거쳐 현행의 승인주의(의무보험 포함)로 변경되어 왔고,[40][41] 상법 제726조의4(자동차의 양도) 역

39) 양도약관의 유형에 관하여는 김광국, "자동차양도약관의 담보유형에 관한 소고", 「손해보험」 (1995), 40-41면을 참고하였다.

40) ① 1976년 자동차종합보험의 전신인 차주배상책임보험의 약관에서는 '양수인에게 보험계약상의 권리 및 의무가 승계되는 것으로 추정한다'고 규정하고 있었으나(추정주의), ② 1977년 5월 개발·판매된 자동차종합보험 약관에서는 양도약관을 폐지하고 보험목적의 양도에 관한 상법 제679조를 준용하였는데, 상법 제679조 역시 추정주의를 취하고 있었다. ③ 그러다가 1985년 7월 1일 자동차종합보험약관에서는 '책임보험에서는 자동으로 양수인에게 승계되고 임의보험에서는 양수인에게 계약이 승계되는 것으로 추정한다'고 규정하였고, ④ 그 후 1986년 9월 8일 약관에서는 '책임보험계약은 자동으로 양수인에게 승계되고 임의보험계약은 보험회사의 승인을 얻어야 양수인에게 승계된다'고 변경하여 승인주의(의무보험 제외)를 취하다가, ⑤ 1987년 6월 2일 약관에서는 '책임보험에서는 자동으로 양수인에게 승계되는 것'으로 유지하였으나 임의보험의 경우에는 '양도사실을 보험회사에 통지하여야 한다'는 통지의무만 규정하고 양수인에의 승계 여부를 명시하지 아니하였는데, 이는 당시의 상법 제679조(보험목적의 양도)를 준용하여 '승계 추정'되는 것으로 변경한 것이라고 볼 수 있다(추정주의). ⑥ 이후 1988년 3월 1일 약관에서 '책임보험에서는 자동으로 양수인에게 승계되고 임의보험에서는 보험회사의 승인을 얻어야 양수인에게 계약이 승계된다'고 변경하여, 1986년 9월 8일 약관과 동일하게 승인주의(의무보험 제외)를 취하였는데, ⑦ 1997년 8월 1일 약관 이후에는 '임의보험은 물론 책임보험까지도 보험회사의 승인을 얻어야 양수인에게 승계된 것'으로 변경되어 승인주의(의무보험 포함)를 취하고 있다.: 이 부분은 김광국, "피보험자동차의 양도와 관련된 쟁점", 「기업법연구」 제21권 제4호 (2008), 299면 이하를 발췌하였다.

41) 대법원 1991. 8. 9. 선고 91다1158 판결은, "피보험자가 보험기간 중 자동차를 양도한 때에는 보험계약으로 인하여 생긴 보험계약자 및 피보험자의 권리와 의무는 양수인에게 승계되지 아니합니다. 그러나 보험계약으로 인하여 생긴 권리와 의무를 승계한다는 것을 약정하고, 피보험자 또는 양수인이 그 뜻을 회사에 서면으로 통지하여 회사의 승인을 받은 때에는 그때로부터 양수인에 대하여 이 보험계약을 적용합니다."라는 내용의 보험약관 규정의 취지와 관련하여, 「자동차보험계약에 있어 보험의 목적인 자동차를 교체하는 경우가 자주 생기고, 또 그 경우 보험계약자는 무사고 등을 이유로 보험료의 할인혜택을 받기 위하여 자동차를 교체하는 형태로 보험계약을 유용할 필요성도 있고, 한편 보험자로서도 예측위험율의 변화(현행 자동차보험제도는 자동차의 용도나 피보험자의 연령, 경력 및 성별

시 의무보험을 포함하는 승인주의를 취하고 있다.

### 3. 商法의 規定

상법 제726조의4(자동차의 양도)는 피보험자가 보험기간 중에 자동차를 양도한 때에는 양수인은 보험자의 승낙을 얻은 경우에 한하여 보험계약으로 인하여 생긴 권리와 의무를 승계하고(제1항), 보험자가 양수인으로부터 양수 사실을 통지받은 때에는 지체 없이 낙부를 통지하여야 하고 통지받은 날부터 10일 내에 낙부의 통지가 없을 때에는 승낙한 것으로 본다(제2항).

보험목적의 양도에 관하여 상법 제679조가 피보험자가 보험의 목적을 양도한 때에는 양수인은 보험계약상의 권리와 의무를 승계한 것으로 추정하고(제1항), 제1항의 경우에 보험의 목적의 양도인 또는 양수인은 보험자에 대하여 지체 없이 그 사실을 통지하여야 한다(제2항)고 규정하여 추정주의를 취하고 있는 것과 달리, 자동차 양수의 경우 상법 제726조의4를 별도로 규정한 이유는 자동차보험의 경우에는 위험률의 정확한 측정을 위해 피보험자성이 상대적으로 중요하기 때문이다.[42]

### 4. 現行 讓渡約款의 內容

1997년 8월 1일 약관에서 '임의보험은 물론 책임보험까지도 보험회사의 승인을 얻어야 양수인에게 승계되는 것'으로 변경되었는데, 현행의 양도약관은 1997년 8월 1일 약관의 틀을 그대로 유지하고 있다.

현행 양도약관은 18 1. "피보험자동차를 양도하는 경우"에, 「(1) 보험계약자 또는 기명피보험자가 보험기간 중에 피보험자동차를 양도한 경우 보험계약으로 인하여 생긴 보험계약자 및 피보험자의 권리·의무는 피보험자동차의 양수인에게 승계되지 아니한다. 그러나 보험계약자가 위 권리·의무를

에 따라 보험료율이나 보험료에 차등을 두고 있다) 등 보험계약의 기초에 중대한 변경을 초래할 가능성이 있는 피보험자의 교체에 대하여 중요한 이해관계가 있어 보험계약관계의 유지나 변경 등의 결정에 관한 기회를 부여받아야 할 필요성도 있다는 점 등을 고려한 것이다」라고 판시하였다. (同旨: 대법원 1993. 6. 29. 선고 93다1480 판결).

42) 박세민, "현행 보험목적의 양도 규정 및 입법 불비에 대한 해석상 문제점과 그 개정방안에 관한 연구", 「상사법연구」 제27권 제4호, 한국상사법학회, (2009), 35면.

양수인에게 이전하고자 한다는 뜻을 서면으로 보험회사에 통지하여 이에 대한 승인을 청구하고 보험회사가 승인한 경우에는 그 승인한 때로부터 양수인에 대하여 보험계약을 적용한다. (2) 위에서 규정하는 피보험자동차의 양도에는 소유권을 유보한 매매계약에 따라 자동차를 '산 사람' 또는 대차계약에 따라 자동차를 '빌린 사람'이 그 자동차를 피보험자동차로 하고 자신을 보험계약자 또는 기명피보험자로 하는 보험계약이 존속하는 중에 그 자동차를 '판 사람' 또는 '빌려준 사람'에게 반환하는 경우도 포함하고, 이 경우 '판 사람' 또는 '빌려준 사람'은 양수인으로 본다」고 정하고 있다.[43]

### 5. 商法 第726條의4 및 讓渡約款에서의 '被保險自動車의 讓渡'의 意味

일반적으로 양도란 매매, 증여로 인하여 양도인이 양수인에게 소유권을 이전하는 것을 말한다.[44] 소유권 이전은 단순한 매매계약 체결만으로는 부족하고 물권적 양도행위와 등록명의 이전까지 요하는 것이 원칙이다. 그러나, '자동차보험에서의 피보험자동차의 양도'의 의미와 관련하여, 학설은 소유권 이전만을 뜻하고 사용권만의 이전은 양도가 아니라는 견해와 소유권의 이전뿐만 아니라, 사용권만의 이전 내지 운행지배권의 이전도 포함된다는 견해[45]가 나뉘어 있다.

한편 대법원은 피보험자동차의 양도시기를 언제로 볼 것인지와 관련하

43) 鴻常夫, 「註釋 自動車保險約款(下)」, 有斐閣, 44頁.: 소유권유보부매매계약 및 대차계약에서의 위와 같은 반환의 경우도 사실상의 지배권 이전이 있다는 점에서 양도와 동일하기 때문이라고 설명하고 있다.

44) 상속이나 합병 등 양수인의 권리와 의무의 승계가 법률에 의하여 당연히 이루어지는 이른바 포괄승계의 경우는 여기에서의 양도로 보지 않고, 상속인이 피보험자동차를 상속하는 경우에 이 보험계약은 승계된 것으로 보고 있다. 현행 양도약관은 "보험기간이 종료되거나 자동차의 명의를 변경하는 경우에는 상속인을 보험계약자 또는 기명피보험자로 하는 새로운 보험계약을 맺어야 한다."라고 규정하고 있다.

45) 박세민, "자동차보험계약상의 피보험자동차의 양도 및 대체에 관한 소고", 「법학연구」 제15권 제1호, 충북대학교, (2008), 3면.: 자동차 양도라 함은 피보험자동차의 양도뿐만 아니라 임대차 또는 사용대차 등에 의하여 사용 또는 관리권을 이전하여 결국 운행지배와 운행이익이 이전된 경우도 포함된다고 해석된다면서, 여기에서 말하는 양도란 소유권의 이전 이외에도 자동차의 운행지배권이 이전되는 것을 포함하는 개념이라고 한다.: 김광국, 전게논문, 4면 역시 사용권만의 이전도 양도에 포함된다고 보고 있다.

여,[46] 「자동차소유권 이전등록시를 기준으로 하지 않고 피보험자동차에 대한 운행지배나 운행이익의 이전이 언제 이루어졌는지를 기준으로 해야 한다」고 보고 있는데,[47] 대법원 2010. 4. 15. 선고 2009다100616 판결은 「상법 제726조의4 제1항 및 자동차종합보험약관에서 규정한 '자동차의 양도'는 당해 자동차의 운행지배 상태 및 유체동산인 자동차의 양도를 의미하는 것으로서 양도인이 그 자동차에 대한 운행지배를 상실하고 양수인이 사실상의 운행지배를 취득하는 경우를 말한다」라고 판시하였다. 위 판결은 차량의 리스계약을 승계한 경우도 '자동차의 양도'에 해당하는지가 문제된 사안이었는데, 위와 같은 판시한 다음 「비록 자동차소유권의 이전등록은 되지 않았더라도 구 여신전문금융업법(2009. 2. 6. 법률 제9459호로 개정되기 이전의 것) 제35조[48]의 취지에 비추어 시설대여업자를 자동차의 운행자로 볼 수 없고, 그 대신 대여시설이용자로 기명피보험자인 X회사가 이 사건 자동차의 운행지배와 운행이익을 얻고 있다 할 것인데, 그 후 Y회사가 이 사건 자동차의 리스계약을 승계함에 따라 Y회사가 새로이 운행이익과 운행지배를 취득한 것이므로, 이는 피보험자가 실질적으로 교체되어 예측위험률의 변화 등 보험계약의 기초에 변경을 초래할 가능성이 있는 경우에 해당하여 피보험자동차가 양도된 경우에 해당한다」고 본 원심의 판단을 정당하다고 하였다.[49]

생각건대, 자동차보험은 자동차를 소유, 사용, 관리하는 동안에 생긴 사

46) 학설은 인도시점설, 운행지배권상실설, 피보험이익상실설, 명의이전설로 나뉘어 있다.

47) 다만 대법원 1998. 12. 23. 선고 98다34904 판결은 「무보험자동차상해 담보의 자동부대특약인 '다른 자동차 운전담보특약'과 관련해서 피보험자동차를 양도한 후에도 이들에 대하여 보험보호를 받을 이익은 여전히 있다고 하면서, 양도약관상의 면책사유에도 불구하고 피보험자동차 양도 후 양도인이 '다른 자동차'를 운전하다가 일으킨 사고와 '무보험자동차 상해'에 대하여 보험회사의 책임이 있다」라고 판시하고 있다.

48) 대여시설이용자가 이 법에 의하여 건설기계 또는 차량의 시설대여 등을 받아 운행을 함에 있어 위법행위로 다른 사람에게 손해를 가한 경우에, 시설대여업자는 자동차손해배상보장법 제3조의 규정을 적용함에 있어서 자기를 위하여 자동차를 운행하는 자로 보지 아니한다.

49) 대법원 1993. 4. 13. 선고 92다8552 판결은, 「형식적으로 매도인 명의로 등록이 잔존하나, 매도인이 매수인에게 잔대금을 완납받고 차량과 명의이전서류를 넘겨 준 사안에서 피보험자동차의 양도가 있었다」고 보고 있다. 반대로 대법원 1993. 6. 29. 선고 93다1480 판결은, 「기명피보험자가 등록명의를 양수인 명의로 변경하였더라도, 실제로는 기명피보험자가 자동차를 보유하고 운행지배를 하면서 직접 운행하다가 사고를 일으킨 사안에서, 피보험자동차의 양도에 관한 보험약관 규정이 적용되지 않는다」고 보았다.

고로 인한 손해를 보상하는 보험이고, 양도약관 자체에서 이미 매매나 증여에 의한 소유권 이전이 아닌 경우, 즉 소유권을 유보한 매매계약에 따라 자동차를 '산 사람' 또는 대차계약에 따라 자동차를 '빌린 사람'이 그 자동차를 '판 사람' 또는 '빌려준 사람'에게 반환하는 경우도 양도의 유형에 포함시키고 있는 점, 자동차등록원부상 소유자 이외에 자동차의 실질적 소유자 등이 피보험차량에 대하여 체결한 보험계약 역시 보험계약의 승계 여부 등에 관한 논의에 포함시키는 것이 자동차보험의 목적, 자동차의 양도에 관한 상법 제726조의4 및 양도약관의 취지, 내용 등에 비추어 합리적이라고 생각되는 점 등을 고려하면, 피보험자동차의 양도 여부는 자동차등록원부상의 소유권 이전등록 여부에 따라 달라지는 것이 아니고, 운행이익 및 운행지배가 완전히 이전되는지 여부에 따라 달라지는 것이라 할 것이다. 따라서 피보험자동차의 양도에는 소유권의 이전뿐만 아니라, 운행지배권이 완전히 이전되는 경우도 포함된다고 보는 것이 타당하다.

## Ⅵ. '대포차'의 境遇에도 '이 事件 特別約款'이 適用되는지 與否

### 1. 問題의 所在

자동차등록원부상 소유명의인으로부터 자동차를 매수한 자가 소유권이전등록 없이 피보험자동차를 매도하는 경우를 포함하여, 그 이후 자동차가 순차 매도된 경우에 있어서 이 사건 특별약관을 적용할 수 있는지 여부가 문제되는데,[50] 이에 관하여는 두 가지 견해가 상정될 수 있고, 그 논거는 다음과 같다.

### 2. 想定 可能한 見解

#### (1) 이 사건 특별약관이 적용될 수 없다는 견해 (적용 부정설)

#### (가) 양도약관[51]에서 양도의 개념

자동차의 양도라는 개념은 매매, 증여와 같은 소유권의 이전만을 의미

---

50) 하급심에서 이른바 대포차에 있어서 '이 사건 특별약관'의 적용 여부는 보험계약의 효력과 관련하여 문제되어 왔을 뿐으로 보인다.

51) 이 사건에서는 보통약관의 18 보험계약의 승계 중 1. '피보험자동차를 양도하는 경우'에 관한 규정이다.

하는데, 대포차의 경우는 양도인이 자신 명의로 소유권이전등록을 마치지 않고 자동차를 인도하는 데 그치는 것으로서 사용권만의 이전에 불과하므로 자동차의 양도로 볼 수 없다.

**(나) 다른 보통약관 규정에 비추어 본 양도의 개념**

보험계약자 등이 보험기간 중에 기존의 피보험자동차를 폐차 또는 양도하고 그 자동차와 동일한 차종의 다른 자동차로 교체(대체)한 경우, 보험계약자가 보험계약을 교체(대체)된 자동차에 승계시키는 것을 보험회사가 승인한 때에는 교체(대체)된 자동차에 적용하는 보험요율에 따라 보험계약자에게 보험료를 반환하거나 추가보험료를 청구할 수 있고, 이 경우 기존의 피보험자동차를 '말소등록'한 날 또는 소유권을 '이전등록'한 날로부터 승계를 승인한 날의 전날까지 기간에 해당하는 보험료를 일할로 계산하여 보험계약자에게 반환하게 되는바,[52] 결국 약관에서는 '자동차의 양도'의 개념을 '소유권의 이전'만을 의미하는 것으로 규정하고 있는 것이다.

**(다) 자배법 규정의 문구**

자배법 제26조도 '자동차 양도일부터 자동차소유권 이전등록신청기간이 끝나는 날까지의 기간'은 자동차의 양수인이 의무보험계약에 관한 양도인의 권리의무를 승계하는 것으로 규정하고 있는데, 일시담보기간의 종기를 자동차소유권 이전등록신청기간의 만료일로 하고 있는 점에 비추어 보면, 자동차의 양도는 자동차소유권의 양도만을 의미하고, 처음부터 자동차소유권이전등록을 예정하지 않고 있는 대포차의 경우는 이 사건 특별약관의 신설 당시부터 이 사건 특별약관의 적용을 배제하고 있다고 할 것이다.

**(라) 이 사건 특별약관의 목적**

이 사건 특별약관은 차량을 정상적으로 양도 및 양수하는 과정에서 차량이 양수인에게 양도되었는데도 미처 양수인에게 명의가 변경되지 아니하고 양수인을 피보험자로 하는 자동차보험계약도 체결되지 아니하여 며칠 동안 무보험상태에 있는 차량의 운행으로부터 피해자를 보호하기 위한 정책적인 배려에 의한 것이므로, 적법한 양도 및 양수가 이루어진 것이 아닌 대포

52) 보통약관의 [18] 보험계약의 승계 중 2. '피보험자동차를 다른 자동차로 교체(대체)하는 경우'에 관한 규정이다.

차의 경우에는 적용할 수 없다고 할 것이다.

**(마) 사고위험률의 측면**

처음부터 양수인 명의로 이전등록될 가능성이 전혀 없는 '대포차'의 경우에까지 이 사건 특별약관을 적용하면, 보험자가 일반적으로 예정된 위험을 초과하여 넓은 범위의 높은 위험까지 인수해야 하는 상황이 된다.

**(바) 자동차관리법 규정에 비추어 본 양도의 개념**

자동차관리법 제12조 제1항 및 제3항은, 등록된 자동차를 양수받는 자는 자동차소유권의 이전등록을 신청하여야 하고, 자동차를 양수한 자가 다시 제3자에게 양도하려는 경우에는 양도 전에 자기 명의로 제1항에 따른 이전등록을 하여야 한다고 규정하고 있으므로, 자기 명의로 이전등록을 마치지 않고 매매, 증여 등을 원인으로 하여 자동차를 넘겨주는 대포차의 경우는 '자동차의 양도' 개념에 포섭할 수 없다.

**(사) 피해자 보호의 측면**

이 사건 특별약관이 적용되지 않더라도 보험에 가입하지 아니한 자동차보유자의 차량에 의해 피해를 당한 피해자에 대하여는 자동차손해배상보장사업의 보상금 지급으로 보호를 받을 수 있다.

**(아) 보험정책적 측면**

자동차관리법 제12조 제1항, 제3항을 위반하는 자는 형사처벌을 받게 되어 있는바, 대포차의 경우도 '자동차의 양도' 개념에 포섭하여 이 사건 특별약관의 적용을 긍정한다면 결과적으로 불법차량인 대포차를 법이 허용하고 용인하는 셈이 되므로 이를 긍정하여서는 안 된다.

**(2) 이 사건 특별약관이 적용된다는 견해 (적용 긍정설)**

**(가) 양도약관에서 양도의 개념**

이 사건 특별약관은 양도약관의 해석과 분리하여 생각할 수 없는바, 자동차의 양도 개념에는 앞서 보았듯이 소유권이전뿐만 아니라 자동차의 운행이익 및 운행지배의 이전 역시 포함된다.

**(나) 다른 보통약관 규정에서 양도의 개념**

보통약관에서 "보험계약자 등이 보험기간 중에 기존의 피보험자동차를 양도하고 다른 자동차로 교체한 경우, 보험계약자가 보험계약을 교체된 자동차에 승계시키는 것을 보험회사가 승인한 때에 보험회사는 '소유권을 이전등록한 날로부터 승계를 승인한 날의 전날까지'의 기간에 해당하는 보험료를 보험계약자에게 반환한다."고 규정하고 있더라도, 이는 피보험자동차의 양도를 '소유권 이전등록'에 의하여 확인하고, 반환하여야 할 보험료 산정을 명확하게 하기 위한 기준이 될 수는 있어도, 위 규정만으로 '자동차의 양도'를 '소유권 이전등록'이 수반되는 소유권이전만을 뜻하는 것으로 한정할 수 없다. 오히려 양도약관에서는 "소유권을 유보한 매매계약에 따라 자동차를 '산 사람' 또는 대차계약에 자동차를 '빌린 사람'이 그 자동차를 피보험자동차로 하고 자신을 보험계약자 또는 기명피보험자로 하는 보험계약이 존속하는 중에 그 자동차를 '판 사람' 또는 '빌려준 사람'에게 반환하는 경우도 '양도'에 포함한다."고 규정하고 있어, 소유권이전등록을 수반하지 않고 운행지배권의 이전이 있는 경우도 '자동차의 양도'로 보고 있다.

**(다) 등록원부상 소유자 이외의 자가 체결한 자동차보험계약의 목적**

자동차보험은 자동차를 소유, 사용, 관리하는 동안에 생긴 사고로 인한 손해를 보상하는 보험으로서, 자동차의 소유자뿐만 아니라 자동차의 실질적인 소유자로서 이를 사용할 권리가 있는 자가 피보험차량에 관하여 보험계약을 체결하였다면, 위 보험계약 역시 보험계약의 승계 여부 등에 관한 논의에 포함시키는 것이 자동차보험의 목적 및 상법 제726조의4의 취지에 비추어 합리적이고, 그 부대특약인 이 사건 특별약관 역시 그대로 적용된다고 보아야 한다. 만약 대포차가 불법차량이라고 하여 양도약관이나 이 사건 특별약관의 적용을 부정한다면 스스로 보험의 이익을 누리고자 보험료를 지급하고 보험계약을 체결한 자를 다른 일반 보험계약자보다 불리하게 취급하는 것이어서 부당하다.

**(라) 자배법 규정의 목적과 내용 및 이 사건 특별약관의 취지**

위 자배법 규정 및 이 사건 특별약관의 목적과 취지는 피보험자동차의 양도 과정에서 피보험자동차가 일시적 무보험상태에 있는 것을 방지함으로써 피해자 및 양수인 보호를 목적으로 하는 것이다.

또한 구 자배법 제22조(현행 자배법 제26조)가 자동차의 양도일과 관련하여 "양수인이 매매대금을 지급하고 현실적으로 자동차의 점유를 이전받은 날을 말한다."라고 규정하고 있는 점에 비추어 '양도'의 개념에 소유권의 이전보다는 '자동차의 점유 이전'이라는 자동차의 운행이익 내지 운행지배권의 이전에 초점을 맞추고 있고, 자동차소유권 이전등록신청기간이 만료되는 날을 일시담보기간의 종기로 하면서도, 그전에 양수인이 새로운 책임보험 등의 계약을 체결한 경우에는 그 계약 체결일을 일시담보기간의 종기로 하고 있는 점에 비추어 보면, 소유권이전등록은 일시담보기간의 종기를 정하기 위한 일응의 기준에 불과할 뿐이고, 위 기간은 양수인에게 자동차보험계약 체결에 필요한 시간적 여유를 준 것으로 보아야 한다. 이 사건 특별약관이 보상하지 아니하는 손해로서, '양도된 피보험자동차가 양수인 명의로 이전등록된 이후에 발생한 손해'를 들고 있는 것은 양수인 명의로 소유권이전등록을 하려면 양수인 명의로 책임보험을 반드시 가입하여야 하므로 이 사건 특별약관에 의한 일시담보가 필요 없기 때문인 것이고, 소유권이전등록을 예정하고 있는 자동차에 대하여만 이 사건 특별약관을 적용하려는 취지가 아니다.[53] 따라서, 자동차등록원부상 소유자와 실질적인 소유자가 다른 피보험차량(이른바 '대포차')이 매도되고 그 점유가 이전됨으로써 그 운행지배가 이전되는 경우에도, 이를 '피보험자동차의 양도'로 보고, 피해자 및 양수인 보호를 위하여 이 사건 특별약관을 적용하여야 한다.

#### (마) 약관의 해석론과 관련

이 사건 특별약관 역시 보험약관에 해당하는바, 약관의 해석론에 따라야 한다. 즉 i) 약관의 해석은 약관의 문언을 중시하는 문언해석이 기본이 될 것인데, 양도된 날로부터 15일째 되는 날의 24시까지를 위 특별약관의 담보기간으로 하고 있을 뿐 약관의 규정상 소유권이전등록과 연관되어 있지 않고, ii) 통일해석의 원칙과 관련하여, 이 사건 특별약관은 양도약관과 분리하여 해석할 수 없는바, 위 양도약관에서 "소유권을 유보한 매매계약에 따라 자동차를 '산 사람' 또는 대차계약에 자동차를 '빌린 사람'이 그 자동차를 피

53) 대인배상 I 일시담보 특별약관이 신설될 당시의 구 자배법부터 현행 자배법에 이르기까지, 자동차소유권이전등록 신청이 있는 경우 관할 관청은 의무보험(과거에는 '강제보험 등')에의 가입 여부를 확인하여 의무보험에 가입된 경우에 한하여 등록을 하여야 한다고 규정하고 있다(구 자배법 제34조 제1항, 현행 자배법 제42조 제1항).

보험자동차로 하고 자신을 보험계약자 또는 기명피보험자로 하는 보험계약이 존속하는 중에 그 자동차를 '판 사람' 또는 '빌려준 사람'에게 반환하는 경우도 포함한다."고 규정하고 있어 매매나 증여 이외의 경우도 '자동차의 양도'로 보고 있는 점에 비추어 보면, 자동차의 실질적인 소유자가 자동차를 매도하고 점유를 이전해 주는 경우도 '자동차의 양도' 개념에 포함시킬 수 있으며, iii) 피보험자동차의 무보험상태를 방지하기 위한 이 사건 특별약관의 경제적 의미와 목적을 고려해 볼 때에도 소유권의 이전뿐만 아니라 운행이익 및 운행지배의 이전에도 위 특별약관을 적용하여야 한다.

**(바) 이 사건 특별약관의 운영실무**

이 사건 특별약관에 관한 보험실무상, 담보기간 내에 다수의 이전 등이 이루어진 경우라도 이 사건 특별약관은 부책처리하도록 되어 있는 점에 비추어 보면, 결국 위 특별약관에서 말하는 자동차의 양도에는 소유권의 이전등록을 전제로 하지 아니한 운행이익 및 운행지배권의 양도 역시 처음부터 포함하고 있는 것으로 보인다.

**(사) 사고위험률의 측면**

대포차의 경우 처음부터 자동차소유권 이전등록을 예정하고 있지 않으므로 그렇지 않은 차량과 비교했을 때 담보기간이 항상 15일간으로 길고, 새로운 양수인의 경우 사고발생 위험률이 높을 수도 있으나, 대포차가 아닌 일반 차량의 경우에도 담보기간이 15일간으로 길 수 있고, 그 기간 동안의 사고발생 위험률을 예측할 수 없는 것은 마찬가지이므로 피해자 및 양수인 보호라는 위 특별약관의 취지에 비추어 보면, 위 사고발생 위험률의 측면에서 대포차의 경우 위 특별약관의 적용을 배제해야 한다는 것은 설득력이 없다. 특히 사고위험률 등이 문제라면 보험회사로서는 보험계약 체결 당시부터 피보험자가 피보험차량의 자동차등록원부상 소유자인지 여부를 잘 확인하고 보험계약의 체결 여부 및 보험료 등을 결정하면 되는 것이지, 보험료를 지급받고 보험계약을 유지해 오다가 피보험자동차가 양도된 이후에야 피보험자가 자동차등록원부상 소유명의인이 아니었다는 이유로 이 사건 특별약관에 따른 보험금을 지급하지 않겠다고 하는 것은 납득하기 어렵다.

(아) 자동차손해배상 보장사업과 관련된 측면

자동차손해배상 보장사업에 의한 피해보상은 책임보험의 보험금 한도액 내에서 책임보험의 약관이 정하는 보험금 지급기준에 의한 금액만을 지급하여야 하므로 실손해액을 기준으로 배상하는 책임보험과는 다른 점,[54] 자동차손해배상 보장사업은 대인사고에 대하여만 위와 같은 지급기준에 따라 피해자가 입은 피해를 보상하는 반면, 현재의 의무보험 일시담보 특별약관은 대인배상 I 뿐만 아니라 대물배상(대물의무보험금액 한도)의 경우에도 적용되는 점에 비추어 이 사건 특별약관이 피해자 보호에 더욱 충실하다. 또한 자동차손해배상 보장사업은 뺑소니 자동차 또는 무보험 자동차에 의한 교통사고의 피해자 보호를 목적으로 하면서 법률상 가입이 강제되는 자동차책임보험제도를 보완하려는 것이지만, 이 사건 특별약관은 피해자뿐만 아니라 피보험자동차를 양수하고도 미처 자동차보험계약을 체결하지 못한 양수인을 보호하기 위한 것이다.

(자) 보험정책적 측면

대포차가 불법차량이라고 하여 위 특별약관의 적용에서 배제한다면 피보험차량이 무보험상태가 되는 것을 방지함으로써 피해자 보호를 목적으로 하고 있는 위 특별약관의 취지가 몰각된다.

### 3. 小結論

상법 제726조의4 제1항 및 양도약관 소정의 '자동차의 양도'라 함은 당해 자동차의 운행지배 상태 및 유체동산인 자동차의 양도를 의미하는 것으로 양도인이 그 자동차에 대한 운행지배를 상실하고 양수인이 사실상의 운행지배를 취득하는 경우를 말하고, 매도인 명의로 등록이 잔존하더라도 매도인이 그 자동차의 운행지배를 상실한 경우에는 피보험자동차의 양도가 있었다고 보아야 하는 점, 따라서 피보험자동차의 실질적인 소유자가 자신을 피보험자로 하여 보험계약을 체결하는 경우 그 피보험이익이 인정되어 보험계약이 유효한 이상 위 자동차의 실질적인 소유자가 위 자동차를 매도하고 현

54) 대법원 2003. 7. 25. 선고 2002다2454 판결 참조.

실적으로 점유를 이전하는 경우 기존의 실질적인 소유자는 이 사건 자동차의 운행이익 및 운행지배를 상실하고, 그 대신 매수인이 새로이 운행이익과 운행지배를 취득하게 되었으므로, 이 경우에도 양도약관이 적용되어야 한다고 봄이 상당한 점, 이 경우에도 보험자의 승인을 얻지 아니하는 한 보험계약이 승계되지 아니하여 피보험자동차의 무보험상태가 발생할 수 있으므로 이를 방지하기 위하여 이 사건 특별약관의 적용을 긍정하여야 할 필요성이 있는 점, 이 사건 특별약관상의 '양도된 날로부터 15일간'의 기간은 양수인이 이 사건 차량을 피보험자동차로 하여 새로운 보험계약을 체결할 수 있는 기간을 부여한 것이라고 봄이 상당하고, 자배법이 일시담보기간의 종기를 소유권이전등록 신청기간의 만료일까지로 정하면서도 그 전에 양수인이 새로운 책임보험 등의 계약을 체결한 경우에는 그 계약 체결일을 담보기간의 종기로 하고 있는 것도 그러한 취지를 반영한 것으로 보이므로, 이 사건 특별약관을 자동차소유권이전등록을 전제로 한 차량에 대한 것이라고 한정하기 어려운 점 등을 고려할 때, 자동차의 자동차등록원부상의 소유자가 아닌 실질적 소유자가 자동차를 매매하고 그 운행지배를 이전하는 경우 역시 이 사건 특별약관상의 자동차의 '양도'라고 보아 이 사건 특별약관의 적용을 긍정하는 적용긍정설이 타당하다.

## Ⅶ. 이 事件의 檢討

### 1. 結　　論

피해자 및 양수인의 보호를 위한 이 사건 특별약관의 목적과 취지, 상법 제726조의4 및 양도약관에서 규정한 '자동차의 양도'의 의미 및 구 자배법 제22조 제1항에서 규정한 '자동차의 양도'의 의미와 내용 등에 비추어 볼 때, 이 사건 특별약관에 있어서 '피보험자동차의 양도'에는 소유권의 이전만을 뜻하는 것이 아니라 운행지배권의 이전을 포함하는 것으로 해석되고, 자동차소유권의 이전등록을 하지 아니한 채 순차 매도된 차량(이른바 '대포차')의 경우에 이 사건 특별약관의 적용을 배제해야 할 이유가 없다.

이 사건에서 이 사건 차량의 자동차등록원부상의 소유자인 A는 제3자에게 대물변제 명목으로 이 사건 차량을 양도하고 그 소유명의를 변경하려고 하였으나 제3자가 이를 인수해가지 않아 여전히 그 자동차등록명의를 유지하고 있었을 뿐, 이 사건 차량을 양도한 후 이 사건 차량의 관리・운행에 간섭한 사정이 전혀 보이지 않고, 더욱이 이 사건 차량의 인수인을 찾아 소유권이전등록을 해 줄 목적으로 이 사건 차량에 대한 도난신고까지 한 점 등의 여러 사정에 비추어 보면, A는 이 사건 차량의 운행에 간섭을 하거나 이를 지배・관리할 책무가 있는 것으로 평가할 수 없으므로 이 사건 차량의 운행지배권은 A로부터 이탈되었다고 할 수 있다.

따라서 자동차등록원부상의 소유자명의는 A에게 잔존해 있다고 하더라도 이 사건 차량에 대한 운행지배권은 이 사건 차량의 매수인에게 순차 이전되었다고 할 것이어서, C가 이 사건 차량을 매수한 후 자신을 피보험자로 하여 체결한 제2보험계약 역시 특별한 사정이 없는 한 유효하다고 할 것이고, 이후 C가 이 사건 차량을 운행하다가 중고자동차매매업자를 통하여 D에게 다시 매도한 후 현실적으로 그 자동차의 점유를 이전함으로써 그 운행지배를 상실하였다면, 이를 이 사건 특별약관 소정의 '피보험자동차의 양도'로 보아야 한다. 결국 이 사건 차량의 양도일로부터 15일 이내에 발생한 이 사건 사고에 있어서 이 사건 특별약관이 적용된다고 할 것이고, 피고는 이 사건 차량을 피보험자동차로 하고, D를 피보험자로 하는 보험의 보험자로서, 이 사건 사고의 피해자들에게 대인배상 I에 의한 보험금을 지급할 의무가 있으므로, 이 사건 사고의 피해자들에게 보상금 등을 지급한 원고에게 구상금 지급의무를 부담한다.

## 2. 對象 判決의 意義

대상 판결은 「자동차관리법 제12조의 규정에 의한 자동차소유권의 이전등록을 하지 아니한 채로 순차 매도되어 온 자동차의 매수인이 그 자동차에 대한 사실상의 운행지배를 취득하였다가, 이를 다시 제3자에게 매도하고 그 점유를 이전함으로써 운행지배를 상실한 경우도 역시 '대인배상 I 일시담보 특별약관' 소정의 '자동차의 양도'에 해당하므로 위 특별약관을 적용하여야 한다」라고 판시한 것으로서, 피해자 및 양수인 보호를 목적으로 하는 '대인배상 I 일시담보 특별약관'의 목적과 취지를 분명히 하고, '대인배상 I 일시담보 특별약관'에 있어서 '자동차의 양도'에는 자동차의 소유권의 이전뿐만 아니라, 그 운행지배권 내지 운행이익을 완전히 이전한 경우도 포함된다는 점을 명확히 한 점에 그 의의가 있다.[55)]

---

55) 위 판결 이후 선고된 대법원 2015. 12. 24. 선고 2015다200838 판결도 위 판결의 취지를 그대로 따르고 있다.

# 傷害保險과 傷害의 概念*

崔 秉 珪**

◎ 대법원 2014. 4. 30. 선고 2012다76553 판결[1)]

## [事實의 概要]

(1) 이 사건 평석대상판결(이하 '대상판결'이라 함)의 사실관계는 다음과 같다. 피고 A보험회사(피고 보험사)는 2010. 2. 26. M구청과 사이에 단체안심상해보험계약(이하 '이 사건 보험계약'이라 함)을 체결하였는데, 보험계약자는 M구청, 피보험자는 M구청 소속 공무원으로 재직 중인 자들, 사망보험금 수익자는 법정상속인, 일반상해사망보험금 5천만 원, 질병사망보험금 1천만 원, 보험기간은 2010. 3. 1. ~ 2011. 3. 1.로 하였다.

이 사건에서 사망한 K(이 사건 피보험자)는 이 사건 보험계약체결 당시 M구청 소속 공무원으로 재직 중인 자로 이 사건 보험계약의 피보험자이며, 원고들은 피보험자의 상속인인 처와 아들이다.

* 제34회 상사법무연구회 발표 (2014년 8월 30일)
본 평석은 「경영법률」 제25권 제3호, 한국경영법률학회, (2015)에 게재하였음.
** 건국대학교 법학전문대학원 교수, 법학박사

1) 최근에 상해보험의 보험사고에 해당하는지 여부에 대하여 분쟁이 많이 발생하고 있다. 상해보험의 보험사고로 인정되려면 급격하고 우연한 외래의 사고이어야 한다. 그런데 의사의 의료과실로 피보험자가 다친 경우나 병이 악화된 것이 그에 해당하는지, 건강검진을 받다가 몸에 이상이 생긴 경우가 상해사고에 해당하는지 여부가 특히 문제가 되고 있다. 이 논문에서 다루고자 하는 사건도 바로 이러한 예에 해당된다. 상해보험의 보험사고에 해당하는지 여부가 애매한 경우가 존재하며 그를 해결하기 위해서는 외국의 사례에 대한 검토가 도움이 될 것이다. 이에 이 글에서는 상해보험의 보험사고로 인정되기 위한 요건을 독일의 사례, 판례 및 관련 논의를 중심으로 하여 고찰한다. 특히 독일의 입법례 및 구체적인 판례를 통하여 시사점을 발견하고 개선방안을 제시한다.

(2) 이 사건 보험계약의 약관 중 이 사건 관련 조항은 다음과 같다.

ㅇ 제6조 (보상하는 손해) ① 회사는 피보험자가 보험기간 중에 급격하고도 우연한 외래의 사고로 신체(의수, 의족, 의안, 의치 등 신체보조장구는 제외)에 상해를 입었을 때에는 그 상해로 인하여 생긴 손해를 이 약관에 따라 보상하여 드립니다.

ㅇ 제7조 (보상하지 아니하는 손해) ① 회사는 아래의 사유를 원인으로 하여 생긴 손해는 보상하여 드리지 아니합니다.[2)3)]

7. 피보험자의 임신, 출산(제왕절개 포함), 유산 또는 외과적 수술, 그 밖의 의료처치. 그러나 회사가 부담 하는 상해로 인한 경우에는 보상하여 드립니다.

(3) 이 사건 피보험자는 2010. 12. 9. 09:00경 광주광역시 소재 a병원 건강검진센터에서 전신마취제인 프로포폴을 투여받고 수면내시경 검사를 받았는데, 위 검사 시작 후 약 5분만에 호흡부전 및 의식불명상태가 되어 b병원 중환자실로 이송되어 치료를 받았으나 결국 같은 달 16. 18:00경에 사망하였

---

2) 이후에는 상해보험과 질병보험을 합하여 약관을 작성하게 되었다. 즉 2013년 12월 17일 개정된 질병·상해보험(손해보험 회사용)에서는 면책사유가 개정되었다. 즉 동 약관 제5조는 다음과 같다.

3) 제5조 (보험금을 지급하지 않는 사유) ① 회사는 다음 중 어느 한가지로 보험금 지급사유가 발생한 때에는 보험금을 지급하지 않습니다.

1. 피보험자가 고의로 자신을 해친 경우. 다만, 피보험자가 심신상실 등으로 자유로운 의사결정을 할 수 없는 상태에서 자신을 해친 경우에는 보험금을 지급합니다.
2. 보험수익자가 고의로 피보험자를 해친 경우. 다만, 그 보험수익자가 보험금의 일부를 받는 자인 경우에는 그 보험수익자에 해당하는 보험금을 제외한 나머지 보험금을 다른 보험수익자에게 지급합니다.
3. 계약자가 고의로 피보험자를 해친 경우.
4. 피보험자의 임신, 출산(제왕절개를 포함합니다), 산후기. 그러나 회사가 보장하는 보험금 지급사유로 인한 경우에는 보험금을 지급합니다.
5. 전쟁, 외국의 무력행사, 혁명, 내란, 사변, 폭동.

② 회사는 다른 약정이 없으면 피보험자가 직업, 직무 또는 동호회 활동목적으로 아래에 열거된 행위로 인하여 제3조(보험금의 지급사유)의 상해 관련 보험금 지급사유가 발생한 때에는 해당 보험금을 지급하지 않습니다.

1. 전문등반(전문적인 등산용구를 사용하여 암벽 또는 빙벽을 오르내리거나 특수한 기술, 경험, 사전훈련을 필요로 하는 등반을 말합니다), 글라이더 조종, 스카이다이빙, 스쿠버다이빙, 행글라이딩, 수상보트, 패러글라이딩.
2. 모터보트, 자동차 또는 오토바이에 의한 경기, 시범, 흥행(이를 위한 연습을 포함합니다) 또는 시운전(다만, 공용도로상에서 시운전을 하는 동안 보험금 지급사유가 발생한 경우에는 보장합니다).
3. 선박승무원, 어부, 사공, 그밖에 선박에 탑승하는 것을 직무로 하는 사람이 직무상 선박에 탑승하고 있는 동안.

다. 부검감정서상 사망원인은 마취제인 프로포폴의 호흡억제 작용으로 인한 저산소증 발생으로 추정되었다.

(4) 원고들은 이 사건 피보험자가 이 사건 보험계약에 의하여 담보되는 보험사고로 인하여 사망하였으므로 피고 보험사는 보험수익자인 원고들에게 사망보험금을 지급할 의무가 있다는 취지로 주장하였다. 이에 대하여 피고 보험사는 이 사건 피보험자의 사망원인이 된 수면내시경검사는 이 사건 면책조항의 "그 밖의 의료처치"에 해당하므로 보험금지급의무가 없다는 취지로 서로 대립하였다.

## [訴訟의 經過]

### 1. 第1審 判決[4)]

법원은 원고의 청구를 기각하였다. 법원은 이 사건 보험계약의 약관상 면책조항의 취지는 피보험자에 대하여 보험회사가 보상하지 아니하는 질병 등을 치료하기 위한 외과적 수술 기타 의료처치가 행하여지는 경우, 피보험자는 일상생활에서 노출된 위험에 비하여 상해가 발생할 위험이 현저히 증가하므로 그러한 위험을 처음부터 보험보호의 대상으로부터 배제하고, 다만 보험회사가 보장하는 보험사고인 상해를 치료하기 위한 외과적 수술 등으로 인한 위험에 대해서만 보험보호를 부여하려는 데 있다고 밝혔다.

제1심 법원이 판결이유로 든 바와 같이, 상해보험에서는 질병 등의 치료를 위한 외과적 수술, 기타 의료처치로 인한 상해를 담보하지 않으며 이 사건 판결문에서 소개한 이 사건 보험계약의 약관에서도 결국 질병으로 인한 외과적 수술 기타 의료처치의 경우에는 담보하지 아니한다는 것이다. 다만 이 사건 보험계약은 질병사망보험금도 1천만 원을 책정하고 있다.

질병 등의 치료를 위한 외과적 수술, 기타 의료처치를 면책사유로 한 것은 위 위험을 처음부터 위험인수의 범위에서 배제하는 상해위험을 주로 담보하는 상품정책상의 이유에 기인한다고 평가할 수 있다.[5)] 그 결과 특정질

---

4) 광주지방법원 2012. 4. 19. 선고 2011가단78083 판결.

5) 김선정, "순수한 종합건강검진에서 발생한 손해가 의료처치면책사유인지 여부", 「월간생명보험」 제424호, (2014), 56면.

병 등을 치료하기 위한 외과적 수술 등으로 인하여 증가된 위험이 현실화된 결과 상해가 발생한 경우에는 위 면책조항 본문이 적용되어 보험금지급대상이 되지 아니한다.6)

법원은 「이 사건 면책조항의 "그 밖의 의료처치"란 임신이나 출산 및 유산 또는 외과적 수술에 상응할 정도로 신체에 대한 위험이 따를 것이 예견되는 외과적·내과적 의료처치에 해당하는 것을 의미한다」라고 하며, 「수면내시경 검사는 전신마취제인 프로포폴의 투여를 전제로 하고 있는 이상 단순한 약물의 투여 또는 약품의 복용과는 달리 상당한 정도의 위험이 수반되며, 외과적 수술에 상응할 정도의 신체에 대한 사고가 발생할 위험성이 크다」라고 보았다. 이를 근거로 제1심 법원은 「일상적·보편적으로 이루어지는 내시경 검사는 별론으로 하고 수면내시경 검사는 그에 내재된 위험성에 비추어 볼 때 이 사건 면책조항의 "그 밖의 의료처치"에 해당한다고 봄이 상당하다」라고 판시하였다. 이에 원고는 항소하였다.

## 2. 第2審 判決7)

원고들의 항소를 기각하였다. 항소심 법원은 이 사건에 대하여 설시할 이유는 제1심 판결의 이유 부분 기재와 같으므로 민사소송법 제420조 본문에 의하여 이를 그대로 인용한다고 밝히고 추가 설시하지 않았다.

## [判決의 要旨]

(1) 대법원은, 「원심이 이 사건 면책조항의 '그 밖의 의료처치'라 함은 외과적 수술에 상응할 정도로 신체에 대한 위험이 따를 것이 예견되는 외과적·내과적 의료처치를 의미하는데, 전신마취과정이 필수적으로 수반되는 수면내시경검사는 그에 내재된 위험성으로 볼 때 이 사건 면책조항의 '그 밖의 의료처치'에 해당된다는 이유로 피고의 면책주장을 받아들여 원고들의 보험금청구를 배척한 것은 상해보험면책조항의 해석에 관한 법리를 오해하여

---

6) 대법원 2010. 8. 19. 선고 2008다78491, 78507 판결.

7) 광주지방법원 2012. 7. 27. 선고 2012나6918 판결.

판결결과에 영향을 미친 위법이 있는 것이어서 수긍하기 어렵다」라고 밝혔다. 대법원은, 「이 사건 보험약관상 면책조항의 취지에 비추어 볼 때 신체의 상해나 질병 등을 치료하기 위한 외과적 수술 등에 기한 상해가 아니라 순수한 건강검진 목적의 의료처치에 기하여 발생한 상해는 이 사건 면책조항의 대상이 아니라고 해석함이 상당하다」라고 판시하였다.

(2) 즉, 대법원은 「이 사건 사고는 질병 등을 치료하기 위한 외과적 수술 등에 기한 상해가 아니라 건강검진 목적으로 수면내시경 검사를 받다가 마취제로 투여된 프로포폴의 부작용으로 발생한 것이므로 이 사건 면책조항이 적용되지 않는다」라고 하였다. 대법원은 원심 판결을 파기하고 다시 재판하도록 사건을 되돌려 보냈다.

## [評　　釋]

## Ⅰ. 序　　說

### 1. 傷害保險의 保險事故

상해보험은 급격하고 우연한 외래의 사고에 대하여 보험급부를 행한다. 즉 상해보험은 피보험자가 급격하고 우연한 외래사고에 의해 신체의 상해를 입었을 때 보험금액 기타의 급여를 할 것을 약정하는 보험계약이다(상법 제737조). 상해의 결과 사망에 이른 때에 보험금액을 지급하기로 약정하는 보험계약도 상해보험이다.[8] 상해보험보통약관 제12조, 제13조, 제14조에서는 상해의 직접결과 사망한 경우 사망보험금, 후유장애시 후유장해보험금 또 의사의 치료필요시 의료비보험금을 지급하도록 하고 있다. 이는 보험역사상 비교적 늦게 등장한 것으로 19세기 철도교통보급과 함께 영국에서 발생하였다. 상해보험은 일정한 보험금액 지급할 것을 내용으로 하는 정액보험이지만 상해에 의해 발생한 실손해를 보상하는 손해보험으로서의 성질도 갖추고 있어서 손해보험의 성격도 갖는다. 피보험자와 다른 수익자를 정할 수 있는가와 관련하여, 원래는 상해로 인한 보험금은 피보험자가 수령하는 것이 맞다. 그렇지만

8) 채이식, 「상법강의(하)」 개정판, 박영사, (2003), 616면.

현행법의 해석상 피보험자가 동의해 주면 피보험자와 다른 제3의 자를 보험수익자로 하는 것도 가능은 하다.[9]

## 2. 保險事故의 要件

상해보험에서 보험사고는 급격하고 우연한 외래의 사고에 의한 신체의 상해를 말하므로(상해보험약관 제3조 제1항) 사고의 급격성·우연성·외래성이 필요하다.

### (1) 급격성

급격성은 사고가 돌발적으로 일어나 그로부터 상해라는 결과가 초래되기까지의 시간적 간격이 없는 상태로 피보험자가 예견하지 아니하였거나 예견할 수 없는 순간에 사고가 발생하는 것을 의미한다. 즉, 피보험자가 예견하지 않았거나 예견할 수 없는 순간에 갑자기 사고가 발생하는 것을 말한다. 예측불능과 불가피성이 중요한 요소로서 등장한다.[10] 급격한 사고란, 달려가는 말을 세우려다가 고삐를 당김으로써 심장 부근의 혈관이 파열되어 사망한 경우 등이 해당된다.[11] 넘어지거나 타인으로 부터 구타당하는 경우 등이 그에 해당한다.

### (2) 우연성

우연성의 요소는 피보험자에게 발생한 상해의 원인인 사고가 피보험자가 예측할 수 없게끔 뜻하지 않게 발생하는 것을 의미한다. 즉, 예측불능의 사고가 돌발적으로 발생하여 직접적으로 상해가 발생한 것을 의미한다.[12] 피보험자가 어떤 큰 위험을 피할 목적으로 한 고의적인 행위에 의한 상해[13]는 비록 그 커다란 위험이 실제로 존재하지 아니한 것이 판명된 경우라 하더라도 우연한 것으로 보게 된다.[14] 그리고 건물의 붕괴로 입은 상해, 재해

---

9) 장덕조, 「보험법」 제5판, 법문사, (2020), 512면.

10) 박세민, 「보험법」 제6판, 박영사, (2021), 1025면.

11) 최준선, 「보험·해상·항공운송법」 제7판, 삼영사, (2013), 322면.

12) 최기원, 「보험법」 제3판, 박영사, (2002), 633면.

13) 상해보험은 인보험으로서 고의만이 면책되므로(상법 제732조의 2), 중과실의 경우에는 보장을 해 주어야 한다. 이때 무면허 또는 음주운전이 문제되지만, 이 경우에도 보험금을 지급하여야 함이 대법원 판례의 태도이다.: 대법원 1998. 3. 27. 선고 97다48753 판결; 대법원 1999. 4. 26. 선고 96다4909 판결.

로 입은 상해 등도 이 경우에 해당된다.[15] 상해보험약관 제3조 제2항에서는 "상해에는 유독가스 또는 유독물질을 우연하게도 일시에 흡입·흡수 또는 섭취하였을 때에 생긴 중독증상을 포함합니다. 그러나 세균성 음식물중독과 상습적으로 흡입, 흡수 또는 섭취한 결과로 생긴 중독증상은 이에 포함되지 아니합니다."라고 규정하고 있다.

#### (3) 외래성

상해의 원인이 신체의 내부에서 기인하는 것이 아님을 뜻하는 것이 외래성의 요건이다. 외래의 사고는 피보험자의 질병이나 체질적 요인에 의한 사고가 아니라, 그 상해의 원인이 외부적 요인[16]에 의해 초래된 경우를 의미한다.[17] 신체질환이 있었다 하더라도 외부원인에 의해 상해가 발생하면 외래성의 요건이 충족된다. 피보험자가 무거운 짐을 들어 올리다가 허리를 삔 경우와 같이 피보험자가 스스로 힘을 주다가 일어난 사고도 외래적인 것이 될 수 있다.[18]

## Ⅱ. 獨逸에서의 論議

독일의 경우에도 상해보험의 보험사고 여부가 문제가 되고 있다. 우선 독일 보험계약법 제178조[19]에서 상해보험의 보험사고에 대하여 규정을 하고 있다. 이 규정에 의하면 독일에서도 상해보험의 보험사고로 인정되려면 외래성, 급격성, 우연성의 요건을 충족하여야 한다. 이들 요건에 대하여 이하에서 구체적으로 살펴본다.

---

14) 양승규, 「보험법」 제5판, 삼지원, (2004), 486면.

15) 정찬형, 「상법강의(하)」 제16판, 박영사, (2014), 784면.

16) 송옥렬, 「상법강의」 제3판, 홍문사, (2013), 332면.

17) 김성태, 「보험법강론」, 법문사, (2001), 864면.

18) 이기수·최병규·김인현, 「보험·해상법」 제9판, 박영사, (2015), 443면.

19) 독일 보험계약법 제178조 (보험자의 급부) ① 상해보험에서는 보험자가 피보험자의 상해 또는 상해와 동일시 할 수 있는 사고발생 시에 합의된 급부를 이행할 의무를 부담한다. ② 보험사고는 피보험자가 급격한, 외래의 사고로 인하여 우연하게 건강에 손상을 입었을 경우에 존재한다. 우연성은 반대의 증명이 있기까지 추정된다.

### 1. 外來性

#### (1) 구획설정의 기능

상해보험의 보험사고는 외부에서 신체에 작용한 사고에 대해서 인정된다. 전형적인 것은 피보험자가 넘어지거나 제3자의 작용에 의하거나 자연현상에 의하거나 피보험자 스스로의 문제로 인해 신체손상을 입는 것이다. 남녀 간의 섹스의 경우에도 각 당사자에게 외부 작용을 의미한다.[20] 이 기준에 의하여 순수한 신체적 현상(질병이 드는 것, 노화현상 등)은 제외된다. 심장마비처럼 갑자기 나타나 건강훼손이 되거나 사망하게 되더라도 그것은 상해보험의 보험사고에서 제외된다. 인공적 신체부위의 작동중지는 자연기관과 같이 취급된다. 따라서 인공 심장판이 훼손된 경우에도 외래성 내지는 외부작용이 없는 것이다.[21] 신체 기관에 원인이 있는 사고는 상해사고개념에 포함이 된다(기절로 인한 넘어짐, 종양에 의한 균형상실).[22] 이전에 존재하는 질병 또는 골절은 그것이 상해결과의 공동원인이 있는 경우에 상해보험금 급부의 금액의 축소로 이어질 수 있다.[23]

#### (2) 전형적인 상해사고

교통사고, 스키를 타다가 넘어지는 것,[24] 돌부리에 걸려 넘어지는 것, 제3자가 총을 쏘는 것에 의해 다치는 것, 지붕에서 떨어지는 기와나 벽돌에 다치는 것, 발코니에서 떨어지는 꽃병에 맞는 것 등 전형적인 상해보험 보험사고에 대해서는 크게 문제될 것이 없다. 외부에서 작용하는 신체의 작용으로는 불에 타서 다치는 것, 뜨거운 액체에 데이는 것,[25] 몸에 손상을 당하는 것(Verstümmelung)도 해당한다.[26]

동물에 의하여 다치는 것도 독일 상해보험약관(AUB) 제1.3.조의 제2항

---

20) OLG Düsseldorf, VersR 2000, S. 961.

21) OLG Stuttgart, VersR 1987, S. 355; BGH, VersR 1988, S. 1148.

22) Prölss/Martin, Versicherungsvertragsgesetz, 28. Aufl., München, 2010, § 178, Rdn. 3.

23) BGH, VersR 2000, S. 444.

24) OLG Celle, VersR 2009, S. 1252.

25) OLG Saarbrücken, VersR 1997, S. 956.

26) Dörner, in: Langheid/Wandt, Versicherungsvertragsgesetz, Münchener Kommentar, Bd. 2, München, 2011, S. 1755.

의 보험사고에 해당한다. 개나 고양이 및 뱀에 물린 경우, 말에게 밟히거나 전갈에 쏘인 경우,[27] 곤충에게 물리거나 쏘인 경우도 이에 해당한다.[28] 목이나 등에 쏘이거나 물림으로써 부풀어 오르는 것, 알레르기가 일어나는 것 등도 이에 해당한다. 그러나 벌레에 물림으로써 야기된 감염은 독일 상해보험약관(AUB) 제5.2.4.1.조의 면책사유에 해당한다.

물에 빠져 사망하는 것은 보통은 상해사고에 해당하는데, 이 경우 사망의 원인은 물이 숨구멍에 들이닥치는 것이 원인이 된다.[29] 물을 들이킨 것의 원인(가령 기력소진, 심장작동중지, 장단지 근육의 경련, 상승된 혈중알코올, 진정제를 먹음으로써 온 의식상실)은 중요하지 않다.[30] 물론 이 경우에도 독일 상해보험약관 5.1.1. 제1문에서 면책사유(의식장애)로 하고 있는 내용은 주목을 요한다. 사망이 물이 기도로 들이침으로써가 아니라 갑자기 온 심장멈춤이나 뇌출혈[31]로 인한 경우는, 신체내부적인 진행이 작용한 것이므로 상해사고가 아니다. 그러나 심장멈춤이 갑자기 물에 넘어짐으로써 사고로 인하여 발생한 경우는 보험사고가 된다.[32] 피보험자가 몸이 더워진 상태에서 찬 물에 들어감으로써 심장마비가 야기된 경우도 보험사고에 해당한다. 후자의 경우에는 상해사고가 찬물이 혈관을 수축하게끔 작용하였다는 점에 존재한다. 사망이 사고로 인한 것인지 아니면 단지 신체내부적인 경과로 인한 것인지 여부는 보통 부검을 통해 확정된다.[33] 물에서의 질식사의 특징은 입에 있는 거품균(Schaumpilz)이 될 수 있다.[34]

독가스의 흡입의 경우 또는 산소결핍으로 이어지는 연기의 흡입의 경우에는 외부의 작용이 흡입 이후에 내부 기관에 손상을 가하는 데에 존재한다.[35] 같은 원리가 산과 같은 독성적 원료를 흡입하는 경우에도 인정된다.

---

**27)** OLG Hamm, VersR 1987, S. 253.

**28)** OLG Hamm, VersR1981, S. 673; OLG Braunschweig, VersR 1995, S. 823.

**29)** Eichelmann, VersR 1972, S. 411; Bruck/Möller, VVG, Bd. III, 9. Aufl., Berlin, 2010, § 178 Anh., Rdn. 46 ff.

**30)** OLG Köln, r+s 1988, S. 348.

**31)** Versicherungsrechts-Handbuch/Mangen, § 47, Rdn. 17.

**32)** Leverenz, in: Bruck/Möller, VVG, Bd. III, 9. Aufl., Berlin, 2010, § 178 Anh., Rdn. 55.

**33)** OLG Hamm, VersR 1989, S. 242.

**34)** OLG Stuttgart, VersR 2007, S. 1363.

또는 잘못하여 큰 식료품을 삼킨 경우도 내장을 막히게 하는 결과를 가져와 상해에 해당한다.[36] 고기를 만 것을 먹다가 이쑤시개를 삼킨 경우에 이 이쑤시개가 얼마 후 장의 벽을 뚫은 경우도 상해사고이다.[37] 상한 음식을 소비한 것도 상해사고이다.[38] 물론 독일 상해보험약관(AUB) 제5.2.5.조에 독을 넣는 것은 위험배제사유로 되어 있다. 봉봉 등이 기도로 들어가 막혀 먹다가 걸린 경우에 사망하였다면 이것도 상해사고이다.[39]

그밖에 너무 빨리 물에 뛰어들어 신체에 압력이 거세어 일어나는 잠수병의 경우처럼 잠수를 하다가 사고를 당한 경우에도 상해사고이다.[40] 잠수사가 잠수시 산소부족으로 심장리듬손상을 입은 경우도 마찬가지이다. 또는 행글라이더가 산소가 부족한 높이까지 올라가는 바람에 의식을 잃은 경우도 상해사고이다.[41] 더 나아가 전기줄을 만지다가 또는 하자가 있는 전기기기를 만지다가 피보험자의 신체에 전기가 흐름으로써 손상을 입은 경우도 상해사고이다. 또한 피보험자에게 번개가 쳐서 다친 경우도 상해사고를 긍정하여야 한다.[42]

### (3) 신체작동자유의 제한

외부적 작용은 그것이 반드시 피보험자의 신체에 직접적인 관여가 있어야만 하는 것은 아니다. 오히려 신체의 동작의 자유의 제한으로 족하다. 등반하는 과정에서 등반가가 줄 등이 잘못되어 완전히 고립되어 있는 경우,[43] 등산하는 과정에서 날씨가 계속 악화되어 시야가 안 좋아진 경우로서 내려올 수가 없게 된 경우[44] 등도 포함이 된다. 밤에 걷는 자가 깊은 웅덩이에

35) OLG Düsseldorf, VersR 1997, S. 174.

36) LG Lüneburg, VersR 1991, S. 916.

37) OLG München, VersR 2000, S. 93.

38) Stockmeier/Hauppenbauer, S. 68.

39) LG Flensburg, VersR 2005, S. 1418.

40) OLG Karlsruhe, VersR 1996, S. 364.

41) OLG München, VersR 1983, S. 127.

42) Dörner, in: Langheid/Wandt, Versicherungsvertragsgesetz, Münchener Kommentar, Bd. 2, München, 2011, S. 1756.

43) BGH, VersR 1962, S. 341.

44) OLG Karlsruhe, VersR 1995, S. 36.

빠져 그로부터 스스로 올라올 수 없는 경우, 이 경우에 사망이 얼어 죽거나 기력소진으로 사망하는 경우도 상해보험사고에 해당한다.[45]

### (4) 심리적 작용

피보험자의 신체에 작용한다는 것은 반드시 신체적인 것이어야 하는 것은 아니다. 오히려 외부의 작용은 마음의 받아들임에 기원하여 심리적인 요소가 중개된 신체의 손상도 해당된다.[46] 가령 등반가가 낙반으로 인하여 움찔 놀라고 그 반작용으로 인해 무릎을 다친 경우,[47] 타인의 자동차가 그 뒷바퀴를 치는 바람에 놀라서 자전거로부터 떨어져 다친 경우,[48] 바람막이판이 떨어져서 자전거타는 사람에게 쇼크를 주고 그 결과 심장마비가 온 경우도 상해사고에 해당한다.[49] 그리고 놀라거나 노여움으로 인하여 혈압이 상승하여 문제가 되는 경우도 외부의 신체적 작용에 해당한다.[50] 심리적 작용의 경우 면책이 가능한 예외사유가 존재한다(독일 상해보험약관 제5.2.6조).

이러한 경우를 심리적으로 부담이 있는 상황으로 인하여 의미를 받아들이는 것에 문제가 있어서(가족의 사망의 통지를 받는 경우 등) 정신적 혼돈이 온 경우에도 작용할 수 있을지는 의문이다. 사고를 목격함으로써 받은 충격은 외부의 작용으로 보아야 한다. 그런데 사망소식을 받은 경우 또는 사망한 자를 발견한 것은 외부적인 작용은 뒤로 물러나 있고 이 경우에는 단지 신체내부적인 경과가 있을 뿐인 것으로 보아야 할 것이다.[51] 그런데 이는 어려운 구획설정의 문제를 야기한다. 이러한 경우들에 있어서 발생하는 쇼크작용은 외부의 작용의 결과라는 점은 부정할 수 없다. 이와 같이 논리적으로 나쁜 소식(가령 세입자의 경우 집주인으로부터의 나쁜 내용의 편지)을 듣고 나서의 모든 심리쇼마석인 작용은 어느 정도는 상해보험의 보험사고로 인정하여야 할 것이다.[52]

---

45) OLG Karlsruhe, VersR 2000, S. 446.

46) OLG Saarbrücken, VersR 2005, S. 1276; HK-VVG/Rüffer, § 178, Rdn. 4.

47) OLG Saarbrücken, VersR 2005, S. 1276.

48) OLG Hamm, VersR 1995, S. 1181.

49) BGH, VersR 1972, S. 582.

50) BGH, VersR 2003, S. 634.

51) Versicherungsrechts-Handbuch/Mangen, § 47, Rdn. 15.

### (5) 피보험자 스스로의 동작

피보험자 혼자만 관여된 경우로서 외부에서 오는 신체적 작용이 없는 경우가 문제이다. 축구하다가 땅이 평평하지 않아 다치는 경우 또는 자동차에서 내리다가 다리를 접질린 경우[53]에는 일응 보기에는 외부에서 오는 신체적 작용은 없는 것이다. 그렇다면 이러한 경우들에는 상해사고는 부정하여야 할 것이다. 다른 한편 일반적인 용어사용으로는 땅이 평평하지 않아 다리를 접지르는 경우에도 사고로 이해를 한다. 그리하여 이러한 경우에도 보험보호를 주는 것이 자명한 것이기도 하다. 따라서 판례와 학설은 자체작용의 결과 건강손상의 경우에 대하여 특별한 규칙을 전개하였다. 이러한 경우들은 독일 보험계약법 제178조 제2항 제1문[54]을 동 규정의 법문언으로부터는 포섭되지 않는 경우에의 규범목적이나 이익상황으로부터 주어진 유추적용이 바로 적용되는 것은 아니다. 다만 의문이 있는 경우에 문언자체로부터는 법률의 상해개념과 일치하는 독일 상해보험약관 제1.3.조에 있는 상해의 개념은 그러한 유추적용을 내포하고 있다고 보아야 한다.

출발점은 외부에서 오는 신체의 작용이라고 해서 반드시 다른 사람이 개재되어야 하는 것은 아니라는 점이다. 이는 의도하지 않은 채 외부작용을 초래하는 경우(도로에 놓여 있지만 인지하지 못한 장애물과의 충돌)이든, 가령 자동성감 만족을 위한 조작으로서 자신의 호흡기를 조르는 행위를 하거나[55] 또는 성적 쾌감을 위하여 얼음봉지로부터 가스혼합물을 들이마시는 경우[56] 등과 같이 의도하여 작용을 행한 경우이든, 마약을 투여하는 행위를 하는 경우이든[57] 상해보험의 보험사고가 될 수 있다. 이는 특히 피보험자가 한 그러한 행위로 인하여 통제를 잃게 되고 그 자기도취에 의하여 신체에 작용하여 상해를 입는 경우에 해당한다.[58]

---

52) LG München I, VersR 1994, S. 589.

53) OLG Düsseldorf, r+s 1999, S. 296.

54) 독일 보험계약법 제178조 제2항은, "보험사고는 피보험자가 급격한, 외래의 사고로 인하여 우연하게 건강에 손상을 입었을 경우에 존재한다."라고 규정하고 있다.

55) OLG Zweibrücken, VersR 1988, S. 287.

56) OLG Oldenburg, VersR 1997, S. 1128.

57) OLG Karlsruhe, VersR 2005, S. 678.

58) OLG Frankfurt, VersR 1991, S. 213.

그에 반하여 외부의 작용이 아니라 피보험자의 일상적인 자기행동에서 발생한 경우는 상해사고가 아니다. 즉, 단지 자기 스스로의 행위에 의한 경우이다. 그리고 판례와 학설은 이 경우에도 자기행동이 프로그램대로 움직이지 않고 보통의 경우처럼 진행되지 않은 경우에는 독일 보험계약법 제178조 제2항 제1문의 유추적용을 인정한다.59)

## 2. 急激性

### (1) 구획설정의 기능

수십 년 동안 독일의 생해보험약관(AUB)은 변경되었다. 그 가운데 특징적인 요소가 바로 급격성(Plötzlichkeit)이다. 이는 사고가 갑자기 순간적으로 일어나야 한다는 것이다. 이는 사고가 아주 제한된 시간 동안에 일어나야 한다는 일반적인 용어사용과도 일치한다. 그리하여 항구적인 신체적인 작용 또는 계속된 점증적인 작용으로 인한 경우는 사고로 볼 수 없다. 따라서 상해보험의 보험보호를 받을 수 없다. 먼지가 나는 작업장에서 오래 작업을 하여 진폐증에 걸리는 경우나 수년 동안 시멘트 작업을 하여 석면폐증에 걸리는 경우 등은 상해사고가 아니라 직업병에 해당한다.

그렇지만 상해사고를 급격성으로 특징지우는 것은 일반적인 용어사용에 목표를 두면 반드시 그러한 것만은 아니다. 순간적인 것이 아니라 40분 동안 뢴트겐을 쏘여 화상을 입은 경우60) 또는 가스를 몇 시간 동안 들이마신 경우61)로서, 건강의 손상을 입은 경우에는 일반적인 용어사용으로는 여전히 사고로 볼 수 있다 이와 같은 일반용어사용과 상해보험약관에서 전통적으로 사용하여 온 상해사고의 개념 정의와의 차이는 실무에서 여전히 구획의 어려움을 야기하고 있다.

### (2) 개념에 대한 객관적 또는 주관적 이해

독일 구 보험계약법에서는 상해보험약관에서 급격성을 요구하고 있어서 그를 검증할 만한 상해사고의 정의규정을 두고 있지 않았다. 그리하여 판

59) Marlow, r+s 2004, S. 354.

60) RGZ 97, S. 189.

61) RGZ 120, S. 19; BGH, VersR 1988, S. 951.

례에서 상해보험약관을 해석할 때에 딜레마에 빠졌다.[62] 즉, 앞에서 언급한 경우처럼 40분이나 수 시간에 걸쳐 발생한 경우 이를 순간성이나 급격성을 인정할 수 있겠는가이다. 불행한 사고로부터 피보험자를 보호한다는 상해보험의 목적에 비추어 보면 그러한 늦게 사고가 일어나거나 천천히 형성되는 손상의 경우도, 그것이 일정한 시간범주 내에서 일어나기만 하면, 보험보호를 주어야 한다. 이것이 독일 제국법원에서 급격한 작용의 개념을 확대하게 된 것이다. 즉, 제국법원[63]은 훼손하는 사건이 순간적으로 일어나는 경우 또는 현재 일어나 있는 경우뿐만 아니라 비교적 짧은 시간 내에 일어나는 계속(Fortsetzung)의 경우로서 피해자에게 의외로, 예상할 수 없게 일어난 경우에도 급격한 적용을 인정할 수 있다는 것이다. 즉, 급격성의 요소는 반드시 '빨리'이어야 한다는 것이 아니라, 의외로 예상할 수 없게 일어난다는 징표도 포함하여야 한다는 것이다. 이러한 근거로 법원은 지나친 시간동안 뢴트겐을 쏘인 경우도 급격한 작용으로 인정하였으며, 따라서 상해사고를 인정하였다. 바로 이 시점으로부터 (순간적인, 현재적인) 객관적인 시간적인(급격한)(objektiv-zeitlich) 경우와 (의외의 예상하지 못한) 주관적인 증표적인(subjektiv-prognostisch) 경우를 같이 상해사고로 인정하는 내용을 판례[64]에서뿐만 아니라 학설[65]에서도 적용하게 되었다. 그런데 이러한 양 개념의 경우를 명확하게 구별하면서도 또 목적상 부합하게끔 관계를 설정하는 데에는 실패하였다고 독일에서는 분석하고 있다.[66]

(3) 뜻밖의 작용

피보험자에게 예상밖으로 뜻밖에 작용하는 경우에 급격한 작용이 있게 된다. 이는 피보험자가 이러한 구체적인 작용에 대해 실제로 계상하지 못하였다면 긍정된다. 그러한 사고가 추정적으로 이론상 또는 언젠가는 일어날

62) 가령 OLG Konlenz, VersR 1999, S. 436.

63) RGZ 97, S. 190.

64) BGH, VersR 1954, S. 113, BGH, VersR 1985, S. 177.

65) Leverenz in Bruck/Möller, VVG, Bd. III, 9. Aufl., Berlin, 2010, § 178, Rdn. 87; Prölss/Martin, Versicherungsvertragsgesetz, 28. Aufl., München, 2010, § 178, Rdn. 13 ff.

66) Pürckhauer, VersR 1983, S. 11; Römer, in: Arbeitstagung, S. 66; Dörner, in: Basedow, S. 248.

것이라는 점으로는 급격성은 인정되지 않는다. 그러한 추상적인 예상가능성으로는 실제 전개와는 거리가 있기 때문이다. 즉, 피보험자가 구체적인 상해사고를 실제로 당하였느냐가 중요한 것이다. 피보험자가 실수로 행위하였더라도 특정한 행위가 특정한 위험과 결부된 경우에도 상해사고로 인정된다.[67] 상해사고로 인정되지 않는 경우로서 전형적인 위험과 결부된 인생영역으로서, 예컨대 다양한 스포츠를 즐기는 것, 자동차를 타는 것, 기계를 다루는 것 등은 처음부터 상해보험사고로부터 제외되어 있는 경우가 많다. 그러한 위험이 상해보험보호를 받아야 할 경우라도 그러하다. 이 점은 보험계약자가 다치는 사고를 예상하였어야만 하는 점에 보험보호가 결부되어 있기는 하지만 그러하다. 그리고 피보험자의 고의과실로 사고가 야기하였는지도 문제되지 않음에도 그러하다.[68]

### (4) 의도된 작용의 뜻밖의 강도(强度)

문제되는 사고가 순간적으로 또는 비교적 짧은 시간에 발생하면 대부분의 경우는 뜻밖의 예상외의 작용이 존재한다.[69] 그러나 행위자가 자기성감을 위해 목을 조르거나 의도적으로 마약을 투여하거나 특정한 발판으로부터 땅에 스스로 떨어지는 경우 등과 같이 스스로 행위하거나 그에 작용한 경우에는 그러한 뜻밖의 작용은 존재하지 않는다. 많은 스포츠 사고에서도 그러하다. 예컨대, 축구에서 골키퍼가 공을 방어하다가 손목관절을 다치는 경우에는 신체적 작용 그 자체는 뜻밖의 것이 아니다. 이 경우에 물론 작용이 효과는 뜻밖의 것이다. 즉, 피보험자가 의도하지 아니하였던 그러한 강도(强度)의 효과가 나온 것이다. 일반적인 용어사용에서 그러한 경우에 사고가 났다는 점은 부인할 수 없다. 순간적이기는 하지만, 그리고 예견할 수 있게 발생하였지만, 의도하지 않은 강도로 나타는 경우에도 상해보험의 보험보호의 목적을 고려하여 그러한 경우에도 독일 보험계약법 제178조 제2항 제1문을 유추적용하여야 할 것이다.[70]

---

67) Prölss/Martin, Versicherungsvertragsgesetz, 28. Aufl., München, 2010, § 178, Rdn. 14.
68) BGH, VersR 1985, S. 177.
69) Römer/Langheid, Versicherungsvertragsgesetz, 2. Aufl., 2003, § 179 a.F., Rdn. 11.
70) HK-VVG/Rüffer, § 178, Rdn. 9.

이렇게 이해한다면 인식하고 있는 신체에의 작용이기는 하지만 그 강도가 예견할 수 없을 정도로 나타나는 경우에도 보험보호가 주어지게 된다. 그에 반하여 신체적 작용이 그 자체로서 및 그의 피보험자에의 직접적인 신체의 작용에 있어서도 예견할 수 있는 경우에는 보험보호가 인정되지 않는다. 즉 그러한 때에는 신체작용의 일정한 건강상의 효과를 예견할 수 없거나 그렇게는 예견할 수 없는 경우라 하더라도 마찬가지이다. 계약당사자는 약관상의 상해 개념이 불명확한 경우에는 법률의 개념정의에 의존하는 경향이 있기 때문에, 법률상의 상해보험의 사고 개념을 넓힌다면 그것이 또한 약관에서도 반영될 필요가 있다.[71]

수술이나 피보험자가 이미 발견한 의료적 조작(Manipulation)은 일반적인 용어에 있어서도 상해사고에 해당하지 않는다. 그 경우는 신체에의 개입이 예상할 수 없는 것이 아니고 갑작스러운 강도의 것도 아니기 때문이다.[72] 이는 그러한 예견을 벗어나서 건강손상이 온 경우에도 마찬가지이다. 주사기를 빼지 않고 수술부위를 꿰맸다든지 하는 등의 의사의 과실의 경우에는 경우에 따라서는 독자적인, 예견하지 못한 신체 침해에 해당하고 독일보험계약법 제178조 제2항의 의미에서의 상해사고에 해당한다. 이에 대해서도 치료조치 또는 신체수술에 의한 건강침해에 대한 면책사유에 대해서는 약관에 규정되어 있다(독일 상해보험약관 제5.2.3.조). 치료행위나 피보험자의 신체에 대한 수술(Eingriff)은 부보대상이 아닌 것이다. 이로써 인간의 신체에 대한 의도된 치료와 결부된 위험은 보험보호로부터 배제하려는 것이다.[73][74] 그런데 이에 대해서는 제2문에 의하여 계약에 해당하는 사고를 치료하기 위한 경우에는 다시 보험보호의 대상이 된다.[75]

자기성감만족을 위한 목조름의 경우 질식이나 목부러짐 현상으로 인한 사망에 있어서는 피보험자는 기도의 조임이라는 신체침해는 예견할 수 있지

---

71) Dörner, in: Langheid/Wandt, Versicherungsvertragsgesetz, Münchener Kommentar, Bd. 2, München, 2011, S. 1763.

72) OLG München, VersR 2005, S. 261.

73) OLG Stuttgart, VersR 2007, S. 786.

74) Dörner, in: Langheid/Wandt, Versicherungsvertragsgesetz, Münchener Kommentar, Bd. 2, München, 2011, S. 1782.

75) 이러한 점은 한국의 상해보험약관과 유사하다고 할 수 있다.

만 그의 신체에의 직접적 강력한 작용은 예견할 수 없었으므로 상해사고에 해당한다.[76] 자기성감만족을 위한 가스혼합물의 흡입에 의해 산소부족으로 질식에 의한 사망의 경우에도 마찬가지이다.[77]

스스로 마약을 주입하는 경우에는 예상하지 못한 침해에 해당하지 않는다. 그 침해의 강도도 의외의 것이 아니다. 따라서 그러한 경우에는 상해사고를 부정하여야 한다.[78] 이는 그 주입으로 건강침해가 오고 그 결과로 사망한 경우도 마찬가지이다. 자살시도도 보통은 의외의 작용이라는 급격성에서 상해사고의 요건을 흠결하게 되며 건강손상의 우연성에서 비로소 상해사고 요건이 흠결되는 것이 아니다.[79]

복싱과 같은 스포츠에 참가하는 것은 필연적으로 신체의 작용을 수반하게 된다. 그렇지만 그 작용이 의외의 것이 아니다. 그렇지만 일정한 강도로의 신체손상이 나타나는 것은 가능하다. 그리하여 복서가 복싱 중에 뇌손상을 입어 사망한 경우에는 상해사고를 긍정하여야 한다. 또한 학생조합에서의 결투에 참여하여 다치는 경우에도 마찬가지이다.[80]

### (5) 뜻밖의 작용과 건강훼손

상해사고개념은 급격하게 일어날 것을 전제로 한다. 즉, 의외의 신체작용을 전제로 하는 것이다. 이에 반하여 그로 인하여 야기된 건강손상이 갑자기 일어났는지, 점진적으로 일어났는지는 중요하지 않다. 또한 그로써 피보험자게에 건강손상이 뜻밖에 왔는지는 중요하지 않다.[81] 따라서 날씨악화로 놀란 등반가가 나중에 기력소진으로 또는 얼어서 사망이라는 결과가 일어난 경우에도 상해의 요건은 충족된다.[82]

---

76) OLG Zweibrücken, VersR 1988, S. 287.

77) OLG Oldenburg, VersR 1997, S. 1128.

78) OLG Karlsruhe, VersR 2005, S. 678.

79) 그렇지만 이에 대해서는 OLG Frankfurt, VersR 1987, S. 579 참조.

80) LG Frankfurt, r+s 2004, S. 473.

81) BGH, VersR 1988, S. 951.

82) BGH, VersR 1962, S. 341.

## 3. 偶然性

상해사고는 우연한 것이어야 한다. 즉, 우연한 건강손상에 인과관계가 있어야 한다. 독일 상해보험약관은 동 제5.2.조에서 일련의 면책사유를 규정하고 있다. 뜻밖의 신체작용에 이르게 되면 우연성이 인정된다. 그에 반하여 신체작용이 예견 가능한 강도로 작용한 경우로서 그로 인하여 일정한 건강손상으로 이끄는 인과경과를 피보험자가 확실하게 예견한 경우에는, 그리고 실제로도 그렇게 진행된 경우에는 급격한 사고도 아니고 우연한 건강손상도 아니다. 따라서 그러한 경우에는 보험보호가 주어지지 않는다.

### (1) 건강손상

건강손상은 상해사고가 신체의 완결성에 대해 신체적 침해 내지는 심한 경우로서 사망이 있는 경우에 존재하게 된다. 또는 정신적 상태에 문제가 있어 심리적 내지 신경적 장애가 있는 경우에도 해당된다. 그런데 이에 대해서는 면책사유가 있다는 점을 주의해야 한다(독일 상해보험약관 제5.2.6.조).[83] 이와 같이 신경적 장애가 있는 경우에는 피보험자의 주관적 상태가 결정하는 것이 아니라 의사의 진단에 의한 증상이 판단을 하게 된다.[84] 또한 경미한 건강침해로도 상해사고로 되는데 지장이 없다.[85] 그러나 인공적인 신체부위(가령 의족)의 손상은 건강손상이 아니다.[86]

### (2) 우연성

피보험자가 앞에 다가오는 사고발생을 인지하였고 그를 피하는 것이 가능하였음에도 불구하고, 의식하고 또는 의도하여 초래하였거나 그를 회피하지 아니한 경우에는 건강손상은 우연성이 없다. 그런데 그러한 회피가능성이 존재하지 않을 경우에는 우연성이 있다. 피보험자가 경과를 지배하지 못하고 또 위험을 잘못 평가하였던 경우에도 건강손상은 우연성이 있다.[87] 정신적으로 장애가 있는 피보험자가 자신의 행동으로 건강손상이 온 경우에는 항

---

83) Begr. RegE, BT-Drucks. 16/3945, S. 107 참조.

84) Versicherungsrechts-Handbuch/Mangen, § 47, Rdn. 21.

85) Prölss/Martin, Versicherungsvertragsgesetz, 28. Aufl., München, 2010, § 178, Rdn. 17.

86) Versicherungsrechts-Handbuch/Mangen, § 47, Rdn. 21.

87) BGH, VersR 1985, S. 177.

상 우연성이 있다.[88] 그러나 이 경우에 면책사유 중에 의식장애가 있다는 점을 주의하여야 한다(독일 상해보험약관 제5.1.1.조).

법규정의 표현이 분명하게 하여주듯이 우연성은 건강손상에 대해서 존재하여야 하지 그 이전의 사건에 연결되어서는 아니된다.[89] 따라서 우연한 건강손상은, 잘못하여 또는 경솔하게 판단하여 위험한, 그리고 생명을 위태롭게 하는 상황에 빠지게 되거나 또는 심지어 상해사고를 알면서 야기하더라도, 그에 있어서 그가 사고가 건강손상에는 이르지 않을 것이라고 생각한 경우에는, 존재한다.[90] 이것은 가령 피보험자가 자기성감도취를 위해 행위하였으나 그 강도나 건강상의 효과를 잘못 평가하였던 경우에 해당한다.[91] 또는 자살을 하려하는 것처럼 행위하려 하였던 경우 또는 위험한 스포츠에 참가하였던 경우도 그러하다.[92]

스포츠를 하다가 다친 경우는, 그 참가자가 가령 복싱참피언쉽에 참가하는 경우처럼 다칠 수도 있다는 점을 염두에 두어야 하는 경우에는, 우연성이 존재하지 않는다. 이러한 것을 알면서 스포츠에 참가하는 경우는 건강손상을 알면서 하는 경우이거나 의도한 것으로 또는 최소한 미필적 고의로서 행위한 것으로서 보아야 한다.[93] 이는 학생결투에 참가하는 경우에도 마찬가지이다.[94] 자해나 실패한 자살시도의 경우의 다치는 것은 우연성이 결여되어 있다.[95] 이는 또한 피보험자가 자신이 다치는 것을 더 이상 억지할 수 없는 경우에 자살을 시도하는 경우에도 마찬가지이다.[96] 물론 이러한 경우들에는 이미 급격성이라는 요건도 흠결하게 될 것이다.

### (3) 상당인과관계

건강손상은 사고 자체와 상당인과관계가 있어야 한다. 그 사고로 인하여

---

**88)** Prölss/Martin, Versicherungsvertragsgesetz, 28. Aufl., München, 2010, § 178, Rdn. 21.

**89)** BGH, VersR 1985, S. 177.

**90)** OLG Zweibrücken, VersR 1988, S. 287.

**91)** OLG Saarbrücken, VersR 1997, S. 949.

**92)** OLG München, VersR 1983, S. 127.

**93)** LG Köln, VersR 1974, S. 542.

**94)** LG Frankfurt, r+s 1999, S. 473.

**95)** OLG Hamm, r+s 1999, S. 524.

**96)** OLG Frankfurt, NVersZ 1999, S. 325.

정규의 진행시에 특수상황이 아니라 보통 건강손상이 일어나는 것이면 된다.[97] 공동원인으로 인한 경우도 이에 해당된다(독일 상해보험약관 제3조 참조). 피보험자가 사고전에 문제가 없었을 경우에는 그러한 인과관계가 추정된다.[98][99]

상해사고로 건강손상을 입은 환자를 치료하던 의사의 의료상의 실수가 자주 일어난다. 그러한 경우는 상당인과관계를 인정하여야 한다. 그러한 의료상의 실수로 인하여 사고 발생과 건강손상 사이의 상당인과관계가 깨지지는 않는다. 손해배상법에서는 의사의 의료상의 실수의 경우에 두 번째 손상을 야기한 의사가 정상적인 의사에게 요구되는 주의를 현저하게 결한 경우 또는 모든 의료상의 규정을 위반한 경우로서 발생한 손해를 책임법적으로 평가한 결과 그에게만 귀속하여야 할 경우에는 제1가해자는 책임을 지지 않는다는 원리가 적용된다.[100]

하지만 이러한 원리는 상해보험자에게 적용하기는 어렵다.[101] 왜냐하면 이 경우에는 제1 가해자와 제2 가해자 사이의 가치평가상 분배가 문제되는 것이 아니라 피보험자가 자신의 상해보험계약에 의하여 상해보험자로부터 사고로 인한 상당인과관계 있는 모든 손해를 전보해줄 것을 기대하기 때문이다. 더 나아가 반대견해의 입장에서도 의사의 의료상의 실수가 새로운 사고발생이 아니지는 아닌가에 대해서 검토를 요한다. 독일 생해보험약관상의 면책사유(동 약관 제5.2.3.조)는 이 경우에는 적용되지 않는다.

직접적인 신체손상으로 신체이상이 초래된 경우뿐만 아니라 정신적인 작용이나 쇼크(Schock)가 손상을 초래한 경우에도 상해보험상의 보험사고에 해당이 된다. 가령 바로 옆의 사고발생으로, 심한 소음으로 또는 바람보호막의 떨어져 나감으로 인하여 놀라서 건강손상이 일어난 경우도 상해사고에 해당한다.

사고와 건강손상 사이의 순서를 확정하기 어려운 경우, 예를 들어 도로

97) 독일의 정례화된 판례의 태도: BGHZ 57, S. 141.

98) Prölss/Martin, Versicherungsvertragsgesetz, 28. Aufl., München, 2010, § 178, Rdn. 18.

99) 사고로 인한 이명(耳鳴)에 대해서는 Mergner, VersR 2010, S. 1566 참조.

100) BGH, VersR 1988, S. 1273.

101) 다른 견해: Prölss/Martin, Versicherungsvertragsgesetz, 28. Aufl., München, 2010, § 178, Rdn. 19.

에 넘어져 다치게 되는 경우에 뇌출혈로 인하여 또는 심장폐색증에 의하여 사고가 난 것인지 아니면 진짜 사고로 다치게 된 것인지가 밝혀지지 않은 경우로서 사고와 건강손상 사이에 인과관계가 증명되지 않은 경우에는 보험자는 급부의무를 지지 않는다.[102]

### (4) 위험인수의 보호목적

상당인과관계로 인한 건강손상이라 하더라도 그것이 상해보험자가 인수하지 아니한 위험의 경우에는 보상책임을 지지 않는다. 법률의 규정상 보호목적에 의한 또는 계약상 의무부담에 의한 책임제한 사상은 손해배상법으로부터 도출된 것이므로, 손해배상청구에 대해 적용된다. 하지만 일부 제한을 가하여, 그것을 보험자의 위험인수 정의(定義)에 대해서도 적용할 수 있다.[103] 보호목적 사상에 의하면, 보험자는 상해보험계약의 목적에 부합하는 위험에 대해서만 책임을 져야 한다. 상해보험의 목적은 구체적으로 기초가 된 약관에 의하여 주어진다. 그러한 약관에서 인수한 위험에 대한 범위를 이끌어낼 수 없는 경우에는 법률상의 상해개념 및 그에 결부된 법률의 목적에 의하여 주어지는 확인에 의거하는 수밖에 없다.[104]

독일 보험계약법 제178조 제2항에서 입법자는 건강손상에 이르는 사건의 위험으로부터 보험계약자는 상해보험을 듦으로써 보호받기를 원한다는 기본구조를 밝히고 있다. 건강침해와 관계가 없는 일상적인 위험에 대해서 보호해 주는 것을 목적으로 하지는 않는다. 모든 건강손상적인 사고에서 외부경과가 상해희생자의 건강상의 임의처분성이 서로 구별하기 어려울 정도로 결부되어 있다. 일정한 건강손상의 보험보호부여를 전적으로 외부적 발생경과인가 또는 해당자의 건강상의 상황이 기여하였는가를 기준으로 하는 것은 바람직하지 않다. 따라서 인과관계경과를 확정함에 있어서는 공동원인인 경우에도 충분하다. 특히 손해를 야기할 수 있는 상황 또는 신경적 박약성에 근거한 손해는 보호목적 밖이라고 할 수 없다.

그렇지만 보험보호는 거의 전적으로 피보험자의 건강상황에 의한 경우

---

102) OLG Hamm, r+s 1991, S. 286.

103) Wandt, Versicherungsrecht, 5. Aufl., 2010, Rdn. 892.

104) Dörner, in: Langheid/Wandt, Versicherungsvertragsgesetz, Münchener Kommentar, Bd. 2, München, 2011, S. 1766.

에는 주어질 수 없다. 비록 상해보험 보호를 확대하는 것을 막기 위하여 이는 아주 예외적인 경우에만 허용하여야 한다. 보호목적 사상에 의하면 피보험자가 아주 심하게 심리적인 불안정성이 있어서 아주 경미한 사고인데도 심대한 건강상의 손상을 입은 경우에는 제외하여야 한다. 일상적인 소음에도 사고노이로제에 있는 경우가 그에 해당한다.105) 별로 의미 없는 물적 손해가 났다는 소식을 듣고서 쇼크손해를 입은 경우 등이 그에 속한다. 이러한 경우는 보험보호대상이 아니다.

(5) 증명책임

독일 보험계약법 제178조는 그 일부규정이 편면적 강행규정이다(독일 보험계약법 제191조).106) 독일 보험계약법 제178조 제2항 제2문의 증명책임 분배규정에 따라 건강손상의 우연성은 반대증명이 있기까지는 추정이 된다. 따라서 보험자는 피보험자가 손해를 임의로 초래하였다는 점을 증명하여야 한다. 이 증명규정은 보험계약자뿐만 아니라 피보험자도 원용할 수 있다.107)

## Ⅲ. 示唆點과 判決에 대한 評釋

### 1. 獨逸法制의 示唆點

(1) 독일의 경우 상해사고의 유형

(가) 상해사고에 해당하는 경우

독일에서 상해사고로 인정한 경우는 다음과 같다. 즉, 우선 교통사고, 스키를 타다가 넘어지는 것, 돌부리에 걸려 넘어지는 것 또는 제3자가 총을 쏘는 것에 의해 다치는 것, 지붕에서 떨어지는 기와, 벽돌에 다치는 것, 발코니에서 떨어지는 꽃병에 맞는 것 등이 전형적인 상해보험 보험사고에 해당한다. 외부에서 작용하는 신체의 작용으로는 그 밖에 불에 타서 다치는 것, 뜨거운 액체에 데이는 것, 몸에 손상을 당하는 것도 해당한다. 그리고 동물에 의하여 다치는 것도 독일 상해보험약관(AUB) 제1.3.조의 제2항의 보험사

105) Prölss/Martin, Versicherungsvertragsgesetz, 28. Aufl., München, 2010, § 178, Rdn. 18.

106) 독일 보험계약법 제191조 (다른 합의) 제178조 제2항 제2문, 제181조, 제186조 내지 제188조는 보험계약자나 피보험자에게 불리하게 변경할 수 없다.

107) Prölss/Martin, Versicherungsvertragsgesetz, 28. Aufl., München, 2010, § 178, Rdn. 37.

고에 해당한다. 개, 고양이, 뱀에 물리거나 말에게 밟히거나 전갈에 쏘이거나 하는 것도 그에 해당한다. 곤충에게 물리거나 쏘이거나 하는 것도 그에 해당한다. 더 나아가 물에 빠져 사망하는 것은 보통은 상해사고에 해당한다. 이 경우 사망의 원인은 물이 숨구멍에 들이닥치는 것이 원인이 된다. 물을 들이킨 것의 원인(가령 기력소진, 심장작동중지, 장단지 근육의 경련, 상승된 혈중알코올, 진정제를 먹음으로써 온 의식상실)은 중요하지 않다.

독가스의 흡입의 경우 또는 산소결핍으로 이어지는 연기의 흡입의 경우에는 외부의 작용이 흡입이후에 내부 기관에 손상을 가하는 데에 존재한다. 같은 원리가 산과 같은 독성적 원료를 흡입하는 경우에도 인정된다. 또는 잘못하여 큰 식료품을 삼킨 경우도 내장을 막히게 하는 결과를 가져와 상해에 해당한다. 고기를 만 것을 먹다가 이쑤시개를 삼킨 경우에 이 이쑤시개가 얼마 후 장의 벽을 뚫은 경우도 상해사고이다. 또한 너무 빨리 물에 뛰어들어 신체에 압력이 거세어 일어나는 잠수병의 경우처럼 잠수를 하다가 사고를 당한 경우에도 상해사고이다.

상해사고 요건으로서의 외부적 작용은 그것이 반드시 피보험자의 신체에 직접적인 관여가 있어야만 하는 것은 아니다. 오히려 신체의 동작의 자유의 제한으로 족하다. 등반하는 과정에서 등반가가 줄 등이 잘못되어 완전히 고립되어 있는 경우, 등산하는 과정에서 날씨가 계속 악화되어 시야가 안 좋아진 경우로서 내려올 수가 없게 된 경우 등도 포함이 된다. 더 나아가 등반가가 낙반으로 인하여 움찔 놀라고 그 반작용으로 인해 무릎을 다친 경우, 타인의 자동차가 그 뒷바퀴를 치는 바람에 놀라서 자전거로부터 떨어져 다친 경우, 바람막이판이 떨어지는 바람에 자전거타는 사람에게 쇼크를 주고 그 결과 심장마비가 온 경우도 상해사고에 해당한다.

자동성감만족을 위한 조작으로서 자신의 호흡기를 졸이는 행위를 하거나 또는 성적쾌감을 위하여 얼음봉지로부터 가스혼합물을 들이마시는 경우와 같이 의도하여 작용을 행한 경우이든, 마약을 투여하는 행위를 하는 것이든 상해보험의 보험사고가 될 수 있다.

독일에서는 급격성의 요소는 반드시 '빨리'이어야 한다는 것이 아니라, 의외로 예상할 수 없게 일어난다는 징표도 포함하여야 한다고 보고 있다. 이러한 근거로 독일의 법원은 통상의 경우보다 지나치게 긴 시간 동안 뢴트겐을 쏘인 경우도 급격한 작용으로 인정하여 상해사고로 보았다.

피보험자가 실수로 행위하였더라도 특정한 행위가 특정한 위험과 결부된 경우에도 상해사고로 인정된다. 하지만 상해사고로 인정되지 않는 경우로서 전형적인 위험과 결부된 인생영역, 예컨대 스포츠를 즐기는 것, 자동차를 타는 것, 기계를 다루는 것 등은 처음부터 상해보험사고로부터 제외되어 있는 경우가 많다.

축구에서 골키퍼가 공을 방어하다가 손목관절을 다치는 경우에는 신체적 작용 그 자체는 뜻밖의 것이 아니다. 이 경우에 물론 작용이 효과는 뜻밖의 것이다. 즉, 피보험자가 의도하지 아니하였던 그러한 강도의 효과가 나온 것이다. 그런데 일반적인 용어사용에서 그러한 경우에 사고가 났다고 본다. 이에 순간적이기는 하지만, 그리고 예견할 수 있게 발생하였지만, 의도하지 않은 강도로 나타는 경우에도 상해보험의 보험보호의 목적을 고려하여 그러한 경우에도 독일 보험계약법 제178조 제2항 제1문을 유추적용하여야 할 것으로 독일에서는 보고 있다.

한편 독일에서는 자살시도의 경우 보통은 의외의 작용이라는 급격성에서 상해사고의 요건을 흠결하게 된다고 본다. 그리고 정신적으로 장애가 있는 피보험자가 자신의 행동으로 건강손상이 온 경우에는 항상 우연성이 있는 것으로 독일에서는 본다. 그러나 이 경우에 면책사유 중에 의식장애가 있다는 점을 주의하여야 한다(독일 상해보험약관 제5.1.1.조). 더 나아가 독일에서는 우연한 건강손상은, 잘못하여 또는 경솔하게 판단하여 위험한, 생명을 위태롭게 하는 상황에 빠지게 되거나 또는 심지어 상해사고를 알면서 야기하더라도, 그에 있어서 그가 사고가 건강손상에로는 이르지 않을 것이라고 생각한 경우에는, 우연성이 존재한다고 본다. 이것은 가령 피보험자가 자기성감도취를 위해 행위하였으나 그 강도나 건강상의 효과를 잘못 평가하였던 경우에 해당한다. 또는 자살을 하려 하는 것처럼 행위하려 하였던 경우 또는 위험한 스포츠에 참가하였던 경우도 그러하다. 한편 바로 옆의 사고발생으로, 심한 소음으로 또는 자전거의 바람보호막의 떨어져 나감으로 인하여 놀라서 건강손상이 일어난 경우도 상해사고에 해당한다. 그러나 일상적인 소음에도 사고노이로제에 있는 경우에는 상해사고에서 제외된다. 별로 의미없는 물적 손해가 났다는 소식을 듣고서 쇼크손해를 입은 경우 등이 그에 속한다. 이러한 경우는 상해보험의 보험보호대상이 아니다.

#### (나) 수술이나 의료과실의 경우

수술이나 피보험자가 이미 발견한 의료적 조작은 일반적인 용어에 있어서도 상해사고에 해당하지 않는다. 그 경우는 신체에의 개입이 예상할 수 없는 것이 아니고 갑작스러운 강도의 것도 아니기 때문이다. 이는 그러한 예견을 벗어나서 건강손상이 온 경우에도 마찬가지이다. 주사기를 빼지 않고 수술부위를 꿰맸다든지 하는 등의 의사의 과실의 경우에는 경우에 따라서는 독자적인, 예견하지 못한 신체 침해에 해당하고 독일 보험계약법 제178조 제2항의 의미에서의 상해사고에 해당한다. 이에 대해서도 치료조치 또는 신체침해에 의한 건강침해에 대한 면책사유에 대해서는 약관에 규정되어 있다(독일 상해보험약관 제5.2.3.조).

### (2) 독일법제의 시사점

이와 같이 독일에서는 많은 판례가 누적되어 있어 어느 정도의 유형화가 이루어지고 있다. 이 글의 평석의 대상인 건강검진 등과 관련하여 보면 독일에서도 수술 등은 면책사유로 하고 있다. 하지만 의료사고의 경우에는 경우를 나누어 경우에 따라서는 상해사고가 될 수 있는 것으로 보고 있다. 그런데 건강검진은 미리 인식을 하고 있어도 우리의 대법원 판례처럼 원래의 의도를 현저히 벗어나 사망의 결과가 나온 경우에는 독일의 기준에 의하여서도 상해사고를 인정할 가능성이 있다.

## 2. 醫療過失 判例와 比較

이 글의 평석 대상인 판례는 의료과실과도 밀접한 관련이 있다. 그런데 우리 대법원은 다른 판례[108]에서 「수술과정에서 의료진의 과실로 인한 감염으로 폐렴이 발생하고 그로 인하여 사망에 이르게 된 사건에 대하여 사고의 우연성을 인정할 여지는 있으나 면책사유에 해당하여 보험자는 상해보험의

---

108) 대법원 2010. 8. 19. 선고 2008다78491, 78507 판결.

보험금지급책임이 없다」고 하였다. 즉, 대법원은 「특정 질병 등을 치료하기 위한 외과적 수술 등으로 인하여 증가된 위험이 현실화된 결과 상해가 발생한 경우에는 위 면책조항 본문이 적용되어 보험금 지급대상이 되지 아니하고, 외과적 수술 등의 과정에서 의료과실에 의하여 상해가 발생하였는지 여부는 특별한 사정이 없는 한 위 면책조항의 적용 여부를 결정하는 데에 있어서 고려할 요소가 되지 아니한다」고 보았다.

그리하여 「상해보험의 피보험자가 병원에 입원하여 후복막악성신생물(복막암) 진단을 받아 후복막강 종괴를 제거하기 위한 개복수술을 받았으나 그 과정에서 의료진의 과실로 인한 감염으로 폐렴이 발생하여 사망한 경우에, 그러한 사고는 보험회사가 보상하지 아니하는 질병인 암의 치료를 위한 개복수술로 인하여 증가된 감염의 위험이 현실화됨으로써 발생하였다고 할 것이므로, 문제의 사고 발생에 해당 병원 의료진의 의료과실이 기여하였는지 여부와는 무관하게[109] 약관상의 면책조항이 적용된다」고 보았다.[110] 그런데 그러한 약관을 설명해 주어야 하는 중요한 사항인지 여부가 또한 문제된다. 다른 판례에서 대법원[111]은 이를 긍정하였다.

### 3. 判決에 대한 評釋

대상 판결에서는 피보험자의 임신, 출산(제왕절개 포함), 유산 또는 외과적 수술, 그 밖의 의료처치를 면책사유로 하고 있으면서도, 회사가 부담하는 상해로 인한 경우에는 보상하여 준다고 규정하는 약관조항의 해석이 문제되었다. 하급심에서는 「건강검진센터에서 전신마취제인 프로포폴을 투여받고

---

109) 同旨: 대법원 2013. 6. 28. 선고 2012다107051 판결.

110) 이 판결과 같이 의료진 과실이 기여하였는지와 무관하게 면책조항이 적용될 수 있다는 취지에 찬성하는 입장으로는, 김성진, "의료과실과 상해보험약관상 면책조항", 「기업법연구」 제26권 제4호, (2012), 251면 참조.

111) 대법원 2013. 6. 28. 선고 2012다107051 판결: 특정 질병 등을 치료하기 위한 외과적 수술 등의 과정에서 의료과실이 개입되어 발생한 손해를 보상하지 않는다는 것은 일반인이 쉽게 예상하기 어려우므로, 약관에 정하여진 사항이 보험계약 체결 당시 금융감독원이 정한 표준약관에 포함되어 시행되고 있었다거나 국내 각 보험회사가 위 표준약관을 인용하여 작성한 보험약관에 포함되어 널리 보험계약이 체결되었다는 사정만으로는 그 사항이 '거래상 일반적이고 공통된 것이어서 보험계약자가 별도의 설명 없이 충분히 예상할 수 있었던 사항'에 해당하여 보험자에게 명시·설명의무가 면제된다고 볼 수 없다.

수면내시경 검사를 받았는데, 위 검사 시작 후 약 5분 만에 호흡부전 및 의식불명상태가 되어 병원 중환자실로 이송되어 치료를 받았으나 결국 사망한 경우에 대해서 동 약관상의 그 밖의 의료처치에 해당되어 면책된다」고 보았다. 그런데 대법원은 「신체의 상해나 질병 등을 치료하기 위한 외과적 수술 등에 기한 상해가 아니라 순수한 건강검진 목적의 의료처치에 기하여 발생한 상해는 이 사건 면책조항의 대상이 아니라고 해석함이 상당하다」고 보았다. 건강검진은 질병 등을 치료하기 위한 외과적 수술 등에 기한 상해가 아니라 건강검진 목적으로서 약관상의 그 밖의 의료처치에 해당하지 않는다고 하여 보험계약자에게 유리하게 판단한 것이다.

이 판결에 대하여 면책약관상의 의료처치를 치료목적의 의료처치로 한정하는 태도를 취한 것으로서 종래 약관을 질병치료를 위한 의료처치는 담보하지 않고 상해치료목적의 의료처치는 담보한다는 식으로 '치료'에 중점을 두고 해석해 온 것에 비추어 무리한 해석이라고 하기는 어렵다는 견해[112]가 존재한다. 그러면서 동 견해에서는 이 사건에서 대법원은 피보험자의 사고가 급격성, 우연성, 외래성 등 상해사고의 요건을 당연히 갖추었다고 전제한 것으로 보인다고 분석하였다.[113]

## Ⅳ. 맺음말

상해보험은 그 보험사고로서 급격성, 우연성, 외래성을 요건으로 한다. 그런데 현실적으로 이에 해당하는지를 판단하기가 매우 어려운 경우가 속속 발생하고 있다. 그렇지만 상해보험의 사고요건을 법으로 정하는 것은 그 요건을 고정하여 융통성을 잃게 되기 때문에 찬성할 수 없다. 다만 외국의 판례 등을 통하여 우리도 유형화를 해나가야 한다.

이 글의 평석대상인 판례에서는 건강검진을 받다가 수면내시경 검사 시작 후 약 5분 만에 호흡부전 및 의식불명상태가 되어 병원 중환자실로 이송되어 치료를 받았으나 결국 사망한 경우를 상해보험에서 보상하여야 하는 보험사고인지가 문제되었다. 하급심과는 달리 대법원은 면책사유인 그 밖의

112) 김선정, "순수한 종합건강검진에서 발생한 손해가 의료처치면책사유인지 여부", 「월간 생명보험」 제424호, (2014), 61면.

113) 김선정, 전게논문, 62면 참조.

의료처치에 해당하지 아니하고 보험금을 지급하여야 한다는 취지로 판결하였다. 수술 중 의료과실이 가미된 경우도 무조건 보험금지급대상이 아니라고 할 것은 아니며 경우를 나누어 보아 원래의 예상한 강도를 현저히 벗어난 경우는 상해보험의 보험사고성을 인정하여야 할 것이다. 그러한 측면에서 보면 대법원이 건강검진중 수면내시경을 받다가 사망한 경우를 면책사유인 그 밖의 의료처치에 해당하지 않는다고 판단한 것은 수긍할 수 있다. 다만 어떠한 경우가 면책사유에 해당하고 어떠한 경우가 그에 해당하지 않는지의 예측가능성을 부여하기 위하여 외국의 판례 등을 검토하여 세부적으로 유형을 제시하는 작업이 필요하다고 본다.

# 災害死亡保險金 支給約款의 有效性*

張 德 祚**

◎ 대법원 **2016. 5. 12.** 선고 **2015다243347** 판결

**[事實의 概要]**

(1) 甲은 2004. 8. 16. 이 사건의 피고 K생명보험회사와 피보험자를 乙로 하고 사망시 수익자를 상속인으로 하며 보험가입금액을 70,699,000원으로 하는 '무배당 ABC보험계약(이하 '이 사건 주계약'이라 한다)'을 체결하면서, 보험가입금액을 50,000,000원으로 하는 재해사망특약(이하 '이 사건 재해사망특약'이라 한다)도 함께 부가하였다(이하 이 사건 주계약과 이 사건 재해사망특약을 함께 일컬을 때는 '이 사건 보험계약'이라 한다).

(2) 피보험자 乙이 2012. 2. 21. 자살하였으며, 수익자인 상속인들이 이 사건 주계약에 의한 사망보험금과 이 사건 재해사망특약에 의한 재해사망보험금을 청구하였는데, K생명보험회사는 주계약에 의한 사망보험금만 지급하고 재해사망보험금의 지급을 거절하였다. 그리하여 상속인들이 재해사망보험금의 지급을 구하는 소송을 제기하였다.

**주계약 약관**

ㅁ 제21조 (보험금의 종류 및 지급사유) 회사는 피보험자에게 다음의 경우에 해당하는 사유가 발생한 때에는 수익자에게 약정한 보험금을 지급합니다.

1. 피보험자가 보험기간 중 사망하거나 장해분류표 중 제1급의 장해상태가 되었을 때 : 사망보험금 지급

* 제23회 상사법무연구회 발표 (2016년 7월 9일)
본 평석은 「금융법연구」 제13권 제2호, 한국금융법학회, (2016)에 게재하였음.

** 서강대학교 법학전문대학원 교수

□ 제23조 (보험금을 지급하지 아니하는 보험사고) ① 회사는 다음의 경우에 의하여 보험금 지급사유가 발생한 때에는 보험금을 드리지 아니하거나 보험료의 납입을 면제하지 아니함과 동시에 이 계약을 해지할 수 있습니다.

1. 피보험자가 고의로 자신을 해친 경우

그러나 피보험자가 정신질환상태에서 자신을 해친 경우와 계약의 책임개시일부터 2년이 경과된 후에 자살하거나 자신을 해침으로써 1급 장해가 되었을 경우에는 그러하지 아니합니다.

### 재해사망특약 약관

□ 제9조 (보험금의 종류 및 지급사유) 회사는 이 특약의 보험기간 중 피보험자에게 다음의 경우에 해당되는 사유가 발생한 때에는 보험수익자에게 약정한 보험금을 지급합니다.

1. 피보험자가 보험기간 중 재해분류표에서 정한 재해를 직접적 원인으로 사망하였을 때

□ 제11조 (보험금을 지급하지 아니하는 보험사고) ① 회사는 다음의 경우에 의하여 보험금 지급사유가 발생한 때에는 보험금을 드리지 아니하거나 보험료의 납입을 면제하지 아니함과 동시에 이 계약을 해지할 수 있습니다.

1. 피보험자가 고의로 자신을 해친 경우

그러나 피보험자가 정신질환상태에서 자신을 해친 경우와 계약의 책임개시일부터 2년이 경과된 후에 자살하거나 자신을 해침으로써 1급 장해가 되었을 경우에는 그러하지 아니합니다.

### 재해분류표

○ '재해'라 함은 우발적인 외래의 사고로써 다음의 분류표에 따른 사고를 말한다. 다만, 질병 또는 체질적 요인이 있는 자로서 경미한 외부요인에 의하여 발병하거나 또는 그 증상이 더욱 악화되었을 때에는 그 경미한 외부요인은 우발적인 외래의 사고로 보지 아니한다. ＜이하 생략＞

## [訴訟의 經過]

제1심[1]에서는 상속인들의 주장을 인용해서 재해사망보험금을 지급하도록 판결하였는데, K생명보험회사가 이에 불복하여 항소를 제기하였다. 그런데 원심[2]에서는 제1심 판결 중 재해사망보험금을 지급하도록 한 부분을 취소하는 판결을 함으로써 K생명보험회사가 승소하였다. 항소심 법원은 다음과 같은 취지로 판단하여 이 사건에서 K생명보험회사에게 재해사망보험금을 지급할 책임이 없다고 하였다.

(1) 이 사건 재해사망특약에서도 이 사건 주계약과 마찬가지로 자살면책제한조항을 두고 있는데, 그 취지가 고의에 의한 자살 또는 자해행위는 원칙적으로 우발성이 결여되어 이 사건 재해사망특약이 정한 보험사고에 해당하지 아니하지만, 예외적으로 계약의 책임개시일부터 2년이 경과된 후에 자살한 경우에는 특별히 보험사고에 포함시켜 보험금 지급사유로 본다는 취지(= 부보 범위의 확장효)로 이해되는지(혹은 '작성자 불이익의 원칙'에 따라 위와 같이 해석해야 하는 것인지) 여부가 문제된다.

(2) 그러나 자살면책제한조항이 이 사건 재해사망특약의 약관에 규정된 것은, 자살은 이 사건 재해사망특약에서 정한 보험사고에 포함되지도 않아 처음부터 그 적용의 여지가 없음에도 불구하고 피고가 이 사건 재해사망특약의 약관을 제정하는 과정에서 구 생명보험 표준약관(2010. 1. 29.자로 개정되기 전의 것)을 부주의하게 그대로 사용함에 따른 것으로 보이는데, 앞서 본 바와 같이 평균적인 고객의 입장에서도 스스로 이 사건 재해사망특약의 본래 취지가 무엇인지를 분명하게 이해할 수 있는데도, 보험자가 개별 보험상품에 대한 약관을 제정하는 과정에서 실수로 자살면책제한조항을 이 사건 재해사망특약에도 그대로 둔 점을 이유로 이 사건 재해사망특약상 보험사고의 범위를 재해가 아닌 자살에까지 확장하려고 해석하는 것은, 보험계약자 등에게 당초 이 사건 재해사망특약의 체결시 기대하지 않은 이익을 주게 되는 한편, 이 사건 재해사망특약과 같은 내용의 보험계약에 가입한 보험단체 전체의 이익을 해하고 보험자에게 예상하지 못한 무리한 부담을 지우게 되

---

1) 서울중앙지방법원 2014. 12. 18. 선고 2014가단37628 판결.

2) 서울중앙지방법원 2015. 10. 7. 선고 2015나14876 판결.

므로 합리적이라고 볼 수 없다.

(3) 오히려 자살도 이 사건 주계약에서 정한 보험사고(= 사망)에 포함될 수 있음을 전제로 하여 이 사건 주계약 약관에서 자살면책제한조항을 두고 있는 것과는 달리, 보험사고가 재해를 원인으로 한 사망 등으로 제한되어 있어 자살이 보험사고에 포함되지 아니하는 이 사건 재해사망특약에서는 자살면책제한조항이 적용될 여지가 없다고 해석하는 것이 합리적이며 이 사건 재해사망특약의 취지에도 부합된다. 결국 이 사건 재해사망특약에 규정된 자살면책제한조항은 이 사건 재해사망특약의 취지, 이 사건 보험계약 체결에 있어 쌍방당사자의 진정한 의사, 약관의 제정 경위 등에 비추어 '잘못된 표시'에 불과하다.

(4) 그리고 위와 같이 이 사건 재해사망특약의 자살면책제한조항이 잘못된 표시에 불과하다고 합리적으로 해석할 수 있는 이상, 약관의 규제에 관한 법률 제5조 제2항에서 정한 '작성자 불이익의 원칙'은 적용될 여지가 없다(대법원 2009. 5. 28. 선고 2008다81633 판결 참조).

## [判決의 要旨]

대법원은 다음과 같은 근거에서 원심을 파기환송하였다.

(1) 보험약관은 신의성실의 원칙에 따라 해당 약관의 목적과 취지를 고려하여 공정하고 합리적으로 해석하되, 개개 계약 당사자가 기도한 목적이나 의사를 참작함이 없이 평균적 고객의 이해가능성을 기준으로 보험단체 전체의 이해관계를 고려하여 객관적·획일적으로 해석하여야 하며, 위와 같은 해석을 거친 후에도 약관 조항이 객관적으로 다의적으로 해석되고 그 각각의 해석이 합리성이 있는 등 당해 약관의 뜻이 명백하지 아니한 경우에는 고객에게 유리하게 해석하여야 한다.

(2) 이 사건 특약은 이 사건 주계약에 부가되어 있기는 하나 보험업법상 제3보험업의 보험종목에 속하는 상해보험의 일종으로서 생명보험의 일종인 이 사건 주계약과는 보험의 성격을 달리하고, 그에 따라 보험사고와 보험금 및 보험료를 달리하는 별개의 보험계약이다. 따라서 이 사건 특약 약관 제11조 제1항 제1호는 이 사건 주계약 약관의 내용과는 관계없이 이 사건

특약 약관 제9조와의 관련 속에서 이해되어야 한다.

이 사건 특약 약관 제9조는 재해를 직접적인 원인으로 사망하거나 제1급의 장해상태가 되었을 때를 보험금 지급사유로 규정하고 있고, 고의에 의한 자살 또는 자해는 우발성이 결여되어 재해에 해당하지 않으므로, 이 사건 특약 약관 제11조 제1항 제1호를 이 사건 특약 약관 제9조에 정한 보험금 지급사유가 발생한 경우에 한정하여 적용되는 면책 및 면책제한 조항으로 해석한다면, 이 사건 특약 약관 제11조 제1항 제1호는 처음부터 그 적용대상이 존재하지 아니하는 무의미한 규정이 된다.

그러나 엄연히 존재하는 특정 약관조항에 대하여 약관의 규제에 관한 법률에 의하여 그 효력을 부인하는 것이 아니라 단순해 약관해석에 의하여 이를 적용대상이 없는 무의미한 규정이라고 하기 위하여는 평균적인 고객의 이해가능성을 기준으로 할 때에도 그 조항이 적용대상이 없는 무의미한 조항임이 명백하여야 할 것인데, 이 사건 특약 약관 제11조 제1항 제1호를 그와 같이 볼 수는 없다.

(3) 오히려 평균적인 고객의 이해가능성을 기준으로 살펴보면, 위 조항은 고의에 의한 자살 또는 자해는 원칙적으로 우발성이 결여되어 이 사건 특약 약관 제9조가 정한 보험사고인 재해에 해당하지 않지만, 예외적으로 단서에서 정하는 요건, 즉 피보험자가 정신질환상태에서 자신을 해친 경우와 책임개시일부터 2년이 경과된 후에 자살하거나 자신을 해침으로써 제1급의 장해상태가 되었을 경우에 해당하면 이를 보험사고에 포함시켜 보험금 지급사유로 본다는 취지로 이해할 여지가 충분하다.

여기에 '정신질환상태에서 자신을 해친 경우'가 재해사망보험금 지급사유에 해당할 수 있다는 것은 확고한 대법원의 입장이므로(대법원 2006. 3. 10. 선고 2005다49713 판결 등 참조) 이와 나란히 규정되어 있는 '책임개시일부터 2년이 경과된 후에 자살하거나 자신을 해침으로써 제1급의 장해상태가 되었을 때'에 관하여도 마찬가지로 해석하는 것이 일반적인 관념에 부합하는 점, 고의에 의한 자살 또는 자해에 대하여는 이 사건 특약 약관 제11조 제1항 제1호 본문의 규정이 아니더라도 상법 제659조 제1항, 제732조의2, 제739조의 규정에 의하여 보험자가 면책되도록 되어 있어 이 사건 특약 약관 제11조 제1항 제1호 중 보험계약 당사자

간의 합의로서 의미가 있는 부분은 면책사유를 규정한 본문이 아니라 부책사유를 규정한 단서라는 점을 보태어 보면, 위와 같은 해석이 합리적이고, 이것이 약관 해석에 관한 작성자 불이익의 원칙에도 부합한다.[3)]

한편 ① 대법원 2009. 5. 28. 선고 2008다81633 판결은, 「주계약이 원인의 구별 없이 '사망 또는 제1급장해'를 보험사고로 하고 특약이 재해로 인한 '사망 또는 제1급장해'를 보험사고로 하면서, 주계약에 이 사건 주계약 약관 제23조 제1항 제1호 및 이 사건 특약 약관 제11조 제1항 제1호와 같은 내용의 약관조항(이하 '자살면책 · 부책조항'이라고 한다)을 두고 특약에서는 "특약에 정하지 아니한 사항에 대하여는 주계약 약관의 규정에 따른다."는 조항을 둔 경우, 주계약 약관의 자살면책 · 부책조항은 주계약과 성질을 달리하는 특약에는 준용될 수 없다」고 한 것이고, ② 대법원 2010. 11. 25. 선고 2010다45777 판결은, 「특약 없이 주된 공제계약이 재해 외 원인에 의한 '사망 또는 제1급 장해'와 재해로 인한 '사망 또는 제1급 장해'를 동시에 공제사고로 하면서 적용범위에 대한 언급 없이 자살면책 · 부책조항을 둔 경우, 자살면책 · 부책조항은 재해 외 원인에 의한 공제사고가 발생한 경우에만 적용되고 재해로 인한 공제사고가 발생한 경우에는 적용되지 않는다」고 한 것으로서, 이 사건과는 사안이 다르므로 이 사건에 원용하기에 적절하지 않다.

그럼에도 원심은 이와 달리, 이 사건 특약 약관 제11조 제1항 제1호 단서는 피고가 이 사건 특약 약관을 작성하는 과정에서 구 생명보험 표준약관(2010. 1. 29.자로 개정되기 전의 것)을 부주의하게 그대로 사용함에 따라 이 사건 특약 약관에 잘못 포함된 것으로서 재해를 원인으로 한 사망 등을 보험사고로 하는 이 사건 특약에는 적용될 여지가 없다고 판단하였다. 이러한 원심의 판단에는 보험약관의 해석에 관한 법리를 오해하여 이 사건 특약 약관에 관한 해석을 그르침으로써 판결 결과에 영향을 미친 위법이 있다. 이 점을 지적하는 원고의 상고이유 주장은 이유 있다.

---

3) 대법원 2007. 9. 6. 선고 2006다55005 판결 참조.

## [評　釋]

### Ⅰ. 들어가며

금융감독원은 2013년 ING생명에 대한 검사결과 재해사망특약약관 관련 보험금이 미지급된 사례를 적발하였고, 2014년 8월 ING생명에 대하여 재해사망보험금 미지급에 대한 과징금부과를 하였다. 그러나 ING생명은 그 조치에 대해 행정소송 및 집행정지 신청을 하였으며, 2015년 11월 서울행정법원은 ING생명이 제기한 과징금부과처분 등 취소소송을 기각하였다.[4] 그런데 이 사건과 유사한 약관을 둘러싼 분쟁은 이미 오래된 일이며 관련 지방법원 판결은 2005년도부터 발견된다.

이 사건과 관련되어 눈에 띄는 특징 중의 하나가 대법원 판결이 나오기 이전에 이미 제1심과 제2심에 대한 평석이 여러 개가 나왔다는 점이다.[5] 학계에서는 대법원 판결을 평석하는 것이 일반적이기 때문에 이례적이다. 진행중인 사건에서 하급심 판결에 대한 평석은 법리의 형성에 조금이라도 기여할 수 있다는 측면에서는 바람직할 수 있다고 보나, 자본의 힘에 대한 우려는 시대착오적 기우에 불과하였으면 하는 바람이다.

이 사건 핵심 쟁점은 약관의 해석론이다. 원심과 대상 판결의 객관적 해석의 결과가 상이했는데 이는 약관의 해석과 관련하여 평균적 고객의 이해가능성을 달리 보았기 때문이다. 원심은 「평균적인 고객의 입장에서도 스스로 이 사건 재해사망특약의 본래 취지가 무엇인지를 분명하게 이해할 수 있는 것이다」라고 하였으나, 대상 판결은 「평균적인 고객의 이해가능성을 기준으로 살펴보면, 이를 보험사고에 포함시켜 보험금 지급사유로 본다는 취지로 이해할 여지가 충분하다」라고 하여, 객관적 해석의 기준으로서 평균적 고객

---

4) 서울행정법원 2015. 11. 13. 선고 2014구합71993 판결.

5) 양창수, "자살면책제한조항에 의한 '보험사고'의 확장", 「법률신문」, 2015. 10. 19.자, 대법원 판례평석; 최병규, "자살의 경우 면책기간 경과 후의 부책과 예문해석에 대한 고찰", 「경영법률」 제25집 제4호, (2015); 박세민, "자살에 대한 재해사망보험금 지급에 관한 문제 -재해사망특약의 면책제한사유 해석-", 「고려법학」 제80호, (2016); 권영준, "자살과 재해사망보험금 지급에 관한 보험약관의 해석 -서울중앙지방법원 2015.10. 7. 선고 2015나14876 판결의 평석-", 「재산법연구」, 제32권 제3호, (2015); 이병준, "모순 있는 보험약관 조항의 해석과 불명확조항해석원칙의 적용", 「선진상사법률」 제74호, (2016): 상기 열거한 논문들은 대법원이 선고되기 이전에 출간된 것이다.

의 이해가능성을 제시한 것은 동일하였으나 그 해석결과는 전혀 달랐다. 또한 작성자불이익의 원칙도 다루어졌다. 원심은 「이 사건 재해사망특약의 자살면책제한조항이 잘못된 표시에 불과하다고 합리적으로 해석할 수 있는 이상 약관의 규제에 관한 법률[6] 제5조 제2항에서 정한 '작성자 불이익의 원칙'은 적용될 여지가 없다」라고 한 반면, 대상 판결은 「재해보험금을 지급하여야 한다는 해석이 합리적이고, 이것이 약관 해석에 관한 작성자 불이익의 원칙에도 부합한다」라고 하였다. 그리고 대상 판결은 다루지 않았으나, 이 사건 재해사망특약의 자살면책제한조항이 잘못된 표시에 불과한 것인지 하는 점도 검토의 대상이다. 이하 Ⅱ에서는 관련된 쟁점에 대한 논지를 전개하고, Ⅲ에서는 그 논지를 이 사건에 적용한다.

## Ⅱ. 約款 解釋의 原則

| □ 약관의 규제에 관한 법률 제5조 (약관의 해석) |
|---|
| ① 약관은 신의성실의 원칙에 따라 공정하게 해석되어야 하며 고객에 따라 다르게 해석되어서는 아니 된다.<br>② 약관의 뜻이 명백하지 아니한 경우에는 고객에게 유리하게 해석되어야 한다. |

### 1. 契約의 解釋과 約款의 解釋

#### (1) 학설 및 판례

계약해석의 일반론이 약관해석에도 그대로 적용되는 것인가? 견해가 나뉜다. 첫째, 본질적으로 동일하다고 보는 견해에서는 약관이 계약인 이상 약관의 해석은 계약의 해석과 본질적으로 다르지 않다고 하면서 계약의 해석에서 고려될 수 있는 모든 요소가 약관의 해석에서도 적용될 수 있다고 한다. 형식과 내용, 약관의 체결 동기 및 경위, 당사자가 약관을 통해 달성하려는 목적과 진정한 의사, 약관을 둘러싼 거래 관행 등을 종합적으로 고려하여 합리적으로 당사자의 의사를 해석해야 한다고 하며 이와 함께 약관규제법 제5조에 따른 해석도 함께 고려해야 한다고 한다.[7] 둘째, 약관이 계약적 성

---

[6] 이하, 약관의 규제에 관한 법률을 '약관규제법'이라 한다.

[7] 권영준, 전게논문, 218면 이하; 김진우, "약관의 해석에 대한 일고찰 -객관적 해석과 작

질을 가지는 것은 부정할 수 없으나 양자의 해석은 다르다는 견해이다.8) 약관은 "일반 계약과 달리 당사자 사이의 흥정과 구체적 합의가 배제되어 있으며, 또 기능상 구체적·개별적 당사자 사이의 계약이 아니라 불특정의 다수당사자를 상대방으로 하는 계약을 위한 것이므로, 그 해석에 있어서도 일반 계약의 해석과는 다른 독특한 원리가 적용된다"고9) 하는 서술도 같은 취지로 이해된다.

판례는 원칙적으로 후자의 입장으로 이해된다. 판례는 「약관의 해석에 있어 보험약관은 신의성실의 원칙에 따라 해당 약관의 목적이나 취지를 고려하여 공정하고 합리적으로 해석하되, 개개 계약 당사자가 기도한 목적이나 의사를 참작하지 않고 평균적 고객의 이해가능성을 기준으로 보험단체 전체의 이해관계를 고려하여 객관적·획일적으로 해석하여야 하며, 위와 같은 해석을 거친 후에도 약관조항이 객관적으로 다의적으로 해석되고 그 각각의 해석이 합리성이 있는 등 해당 약관의 뜻이 명백하지 아니한 경우에는 고객에게 유리하게 해석하여야 한다」라고 판시하였다.10)

### (2) 약관해석의 원칙

약관이 계약의 성질을 가지는 것은 부인할 수 없으나, 일반적인 계약해석의 원칙이 그대로 적용될 수는 없다고 본다. 약관해석시 일반적 계약해석과는 다음과 같은 다른 점들이 있음을 부인할 수 없다.

첫째, 약관의 법적 성질에 대한 논쟁에서 규범설이 있고, 규범설이 주장하는 근거들도 설득력이 있어 귀기울일 필요가 있다. 보험약관은 단체성의 원리를 반영하여 특정 당사자에게 우대조건을 주는 등의 특별한 이익공여가 금지되며(보험업법 제98조), 표준화(標準化)된 약관(約款)을 통하여 위험(危險)의 분산관리(分散管理)를 한다는 등의 근거가 그것이다.

둘째, 당사자들이 협상하여 조건을 정하는 일반적인 계약과의 차이점은

---

성자불이익의 원칙의 유럽법과의 비교를 통한 검토-", 「재산법연구」 제28권 제3호, (2011), 179면 이하.

8) 이병준, 전게논문, 19-20면.

9) 손지열 (편집대표 곽윤직), 「민법주해 XII」, 박영사, (1999), 327-328면.

10) 대상 판결 및 대상 판결이 인용하고 있는 대법원 2009. 5. 28. 선고 2008다81633 판결 등 다수의 판례가 있다.

일부 기업보험을 제외한 보험약관은 표준화된 것으로서, 현실적으로 보험약관은 협상의 대상이 아니라는 것이다.[11] 보험자는 보험상품의 판매와 위험관리 등을 위하여 잠재적 위험을 평가하고 예견할 수 있어야 하며, 보험개발원은 약관의 표준화와 과거 통계에 기반을 두어 보험료를 산출한다.[12] 따라서 계약해석에 관한 일반적 원칙이 약관해석 원칙으로 그대로 적용되기에는 여러 제한이 있을 수밖에 없다.

셋째, 약관해석의 원칙은 약관규제법 제4조에서 규정하는 개별약정 우선의 원칙, 신의성실의 원칙, 객관적 해석의 원칙, 통일적 해석의 원칙, 그리고 동 법률 제5조에서 규정하는 작성자불이익의 원칙 등이 있다.

넷째, 비교법적인 예이다. ① 독일법은 보험약관을 규범과 같이 취급한다. 독일보험계약법 제5조는 보험자가 약관에 대한 교부나 소비자정보제공의무를 이행한 경우 보험계약자가 1개월일 이내에 이의제기를 하지 않는다면, 그 설명되지 않은 약관도 보험계약의 내용이 된다는 뜻을 밝힌 것으로 독일민법 제305조에 대한 예외가 되는 것이다. 독일보험계약법 제5조가 적용되는 경우 독일민법 제305조는 적용이 없다는 것이 대다수의 견해로 보여진다.[13] ② 미국법은 전통적으로 약관의 해석시 불공정성이론, 금반언의 원칙, "implied warranty" 이외 합리적 기대원칙을 적용한다. 합리적 기대원칙은 "객관적인 합리적 기대는 약관상 규정과 반한다 하더라도 그 기대는 보호된다"는 원칙이다.[14]

다섯째, 약관해석에 있어서는 일반적인 계약해석과 달리 개별적인 거래상대방인 소비자의 목적이나 의사를 거의 참작하지 않고 평균적인 고객의 이해가능성을 기준으로 한다.

위와 같은 근거에서 계약해석의 원칙을 이 사건 약관해석에 그대로 적

---

11) Westlye v. Look Sports, 17 Cal. App. 4th 1715, 22 Cal. Rptr. 2d 781, 93 C.D.O.S. 6319, 93 Daily Journal D.A.R. 10825 (3d Dist. 1993).: 보험계약의 보험료나 면책사유 등의 개별조건은 약관의 규정과 다른 내용을 정할 수 있는 협상의 대상, 즉 교섭의 대상이 아닌 것이다.; Colin Croly, Doubts about Insurance Codes, J.B.L. 559 (2001).

12) http://www.kidi.or.kr/about/about_a_01.asp에서 보험개발원의 역할이 소개된다. 각 보험사업자는 보험사업허가의 요건으로서 기초서류를 감독관청에 제출하여야 한다. 이 때 보험약관과 아울러 보험료 산출방법서를 제출하여야만 한다(보험업법 제5조).

13) Prölss/Martin, Versicherungsvertragsgesetz, C.H.Beck, München, (2014). S.109.

14) Robert E. Keeton/Alan I. Widiss, Insurance Law, West Group, (1999). 1281.

용하려 하면서 "보험약관의 해석은 보험자와 보험계약자의 합리적 의사를 추구하는 작업으로서"라는 주장[15]은 틀린 것이다. 이 사건 약관해석 작업의 수행은 '보험자와 보험계약자의 합리적 의사를 추구하는 것'이 아니라 '평균적 고객의 이해가능성을 기준으로 객관적으로 해석하는 것'이다. 결국 '평균적 고객의 이해가능성'이 중요한 관건으로 등장한다.

### 2. 平均的 顧客의 理解可能性의 意義

#### (1) 서로 다른 이해

이 사건 약관에 대한 입장의 차이는 위에서 지적한 바와 같이 평균적 고객의 이해가능성에 관한 이해가 전혀 다른 점에서 연유한다. 원심은 명시적 약관상의 문언에도 불구하고 평균적 고객이라면 자살이 재해에 해당하지 않고 따라서 재해보상금의 지급대상이 아님을 분명히 이해할 수 있었다고 함에 반하여, 대상 판결은 다른 입장을 취하였다. 또한 대립되는 각 학설들도 평균적 고객의 이해가능성을 서로 다르게 본다.[16]

#### (2) 평균적 고객의 의미에 관한 학설

판례는 "평균적 고객"이라고 할 뿐 보다 정확하게 어떠한 의미인지 또는 어떠한 능력을 가지는지에 관하여 설시하지 않고 있다. 학설은 (i) 이성적이고도 성실한 평균적 고객의 이상적 유형[17] 또는 지각을 갖춘 합리적인 제3자라는 견해,[18] (ii) "평균적 고객은 그 계층 내지 집단 내에서의 평균인을 의미하게 됨은 당연하므로 동일한 약관이라도 지역이나 직업군 및 거래종목에 따라 고객층의 이해능력에 차이가 있게 되면 그 해석도 달라질 수 있음을 인정해야 한다는 견해,[19] (iii) 평균적 고객은 현실 속에 존재하는 고객들의 산술적 평균값이 아니라, 합리성이라는 당위적 요청을 성실하게 실천

---

15) 권영준, 전게논문, 207-208면.

16) 이병준, 전게논문, 22면.

17) 진상범, "한국은행 총액한도대출관련 무역금융에 대한 수출신용보증약관의 면책사유인 '신용보증부 대출금 종류 위반'의 의미와 작성자 불이익의 원칙", 「대법원 판례해설」 제85호, (2011), 632-633면

18) 이은영, 「약관규제법」, 박영사, (1994), 149면.

19) 손지열 (편집대표 곽윤직), 전게서, 332면.

하는 고객들의 규범적 평균값으로서, 마치 불법행위법에 있어서 주의의무 설정의 기준이 되는 합리적 사회평균인을 의미하는 것과 마찬가지라는 견해,[20] (iv) 조금 더 구체적으로 법지식과 보험에 대한 지식이 없지만 합리적·이성적 판단을 하는 일반인을 기준으로 하고 있는 것으로 볼 수 있다는 견해 등이 있다.[21]

위 각 견해들은 평균적 고객이 '합리적'이어야 한다는 점에 대하여는 이해의 공통점이 있지만 상당한 차이가 있어 보인다. '이성'이나 '성실' 그리고 '지각을 갖추었다' 등을 강조하면 할수록 평균적 고객의 보험약관에 대한 이해가능성의 정도를 보다 높게 요구할 개연성이 크다. 이런 점에서 (iii)에서와 같이 '합리성이라는 당위적 요청을 성실하게 실천하는 고객들의 규범적 평균값'이라는 기준은 상당 정도의 이해가능성을 요청하게 되어 전문가적 자질까지 요구할 수 있어 보인다. 아래에서는 평균적 고객의 이해가능성에 집중하여 필자의 논지를 전개한다.

### 3. 平均的 顧客의 理解可能性의 檢討

#### (1) 고려사항

약관의 해석시 평균적 고객의 이해는 각각의 거래유형이나 종목에 따른 사정이 있다면 그 사정들을 고려하지 않을 수 없다. 그러한 관점에서 위 (ii) 견해의 취지가 각 거래종목에 따른 고객층의 이해능력에 차이가 있게 되면 취급을 달리하여야 한다는 뜻이라면 (ii)가 가장 타당하다고 본다. 예컨대 별다른 지식이 없이도 쉽사리 이해 가능한 의류판매상의 약관과, 상품의 구성 및 내용과 조건 등 구조설계가 약관 자체에 의하여 이루어지는 복잡하고 전문적인 무형의 금융상품의 거래약관을 동일하게 볼 수는 없다. 따라서 보험거래에서의 평균적 고객에 대한 이해를 어떻게 하는 것이 바람직한가를 구명(究明)하여야 하고 상법 보험편과 보험업법의 관련 규정을 살펴보는 것 또한 필수적이다.

---

20) 권영준, 전게논문, 221면.

21) 이병준, 전게논문, 23면.

### (2) 실정법 규정의 검토

보험약관의 해석시 평균적 고객의 의미는 상법과 보험업법상의 규정들을 고려한 해석이 필요하다. 그 이유는 각 거래의 유형과 종목에 따라 평균적 고객의 이해가능성이 달라질 수밖에 없어, 보험관계법이 설계하고 있는 보험거래와 그 상정되는 보험소비자의 유형이 제1차적인 고려요소가 된다. 그리고 일반적 거래약관에 대한 규제법이 약관규제법이라면, 보험약관에 대한 특별법은 상법과 보험업법이라 할 수 있고 이에 보험약관 관련의 규정이 있다면 약관규제법에 우선한다.

#### (가) 상법 보험편

1) 상법 제663조와 관련하여

상법은 보험계약자 등의 보호를 위하여 "이 편의 규정은 당사자 간의 특약으로 보험계약자 또는 피보험자나 보험수익자의 불이익으로 변경하지 못한다(제663조 본문)."라고 정하여 상대적 강행법성을 명문화하였다. 다만 "재보험 및 해상보험 기타 이와 유사한 보험의 경우에는 그러하지 아니하다(제663조 단서)."라고 정하여, 기업보험의 경우 상대적 강행규정성의 적용이 제외되어 있다.[22] 그 이유는 가계보험에서의 보험소비자는 보험에 관한 지식이 희박하고 계약교섭을 할 능력이 부족하고, 보험자와 보험계약자의 정보력과 이해력에 있어서 비대칭적이기 때문이다.[23]

2) 보험에 관한 지식이 없고, 보험자와 대등한 지위에 있지 않은 고객

상법 제663조가 보험계약자 등의 이익보호를 위하여 보험거래 당사자의 사적 자치를 제한하는 것은 보험상품은 전문가가 아닌 일반인으로서는 이해하기 어려운 상품임을 전제하고 있기 때문이다. 보험약관에 의하여 판매되는 보험상품은 일반인이 이해하기 어려운 다양한 원칙과 전문적 용어들을 포섭하고 있으므로, 전문지식의 이해력에 있어 비대칭적인 소비자를 보호하여야 한다는 의미이다.

---

22) 일본 보험법은 보험계약자 기타 보험계약자 측의 관여자의 보호를 위하여 특히 필요한 규정에 대하여서는 그 규정보다 보험계약자 등에게 불리한 것은 무효로 하는 상대적 강행규정성이 조문 각각에 명문화되어 있다.

23) 김성태, 「보험법강론」, 법문사, (2001), 165면 참조.

약관 규정을 상법보다 보험계약자 등에게 불리하게 정하지 못한다고 규정하고 있는 것과, 약관의 해석은 다른 문제일 수 있다. 전자는 약관규제에 관한 것인 반면, 후자는 약관해석에 관한 것이다. 그러나 보험약관은 상법 보험편의 내용을 상당부분 원용하고 있고, 약관상 상법을 보충하는 보충조항의 경우에도 보험계약자 등에게 유리하게만 정할 수 있다는 것이고 보면, '평균적 고객의 이해가능성'을 검토함에 있어 중요한 요소가 되지 않을 수 없다. 따라서 약관해석에서의 평균적 고객의 범주도 상법 제663조의 입법취지와 부합하여야 한다. 기업보험이 아닌 이 사건과 같은 가계보험에 있어 보험약관의 해석기준이 되는 평균적 고객은 상법 제663조가 상정하는 소비자의 범위와 상응하여야 한다는 것이다.

그런데 판례는 가계보험과 기업보험의 구별기준을 '대등한 경제적 지위'에서 찾고 있다. 대법원 1996. 12. 20. 선고 96다23818 판결[24]은 상법 제663조 단서에 해당하는 해상보험으로 볼 여지도 있는 어선공제계약 사건에서, 「기업보험은 보험계약자와 보험자가 대등한 경제적 지위에서 계약조건을 정하는 보험이고, 기업보험에 대하여 상대적 강행규정의 적용을 배제하는 이유는 "보험계약자의 이익보호를 위한 법의 후견적 배려는 필요하지 않고 오히려 어느 정도 당사자 간의 사적자치에 맡겨 특약에 의해 개별적인 이익조정을 꾀할 수 있도록 할 필요가 있기 때문이다」라고 한다.[25]

---

24) 이 사건의 사실관계는 다음과 같다. 총 톤수 89톤의 어선의 소유자가 보험기간은 1년, 공제료는 3회 분납, 공제대상은 침몰 등 해상고유의 위험으로 인한 선박손해 등을 내용으로 하는 어선공제계약을 수산업협동조합과 체결하였다. 제2회 분납공제료에 대하여서는 당시 효력이 인정되고 있던 실효약관(분납공제료의 미납시 14일간의 유예기간을 두고 이때까지 공제료를 납입하지 않는 경우 공제계약은 효력을 상실함)이 삽입되어 있었다. 제2회 분납공제료를 납입유예기간이 경과한 후까지 납입하지 않고 조업을 하다가 선박이 폭풍으로 인한 기상악화로 침몰하였다. 법원은 분납 공제료 체납시 상법 제650조 제2항 소정의 최고 및 해지절차 없이 곧바로 공제계약의 실효를 규정한 어선보통공제약관 조항은 무효라고 하고 보험금지급을 명하였다.

25) 대법원 2000. 11. 14. 선고 99다52336 판결에서는, 삼성물산주식회사와 수출보험공사 간에 체결된 단기수출보험포괄보험특약 및 단기수출보험약관을 내용으로 하는 보험계약에 상법 제663조 단서 적용여부를 다루면서 보험계약자와 보험자가 서로 대등한 경제적 지위에서 계약조건을 정하는 기업보험에 상법 제663조 소정의 보험계약자 등의 불이익변경 금지원칙의 적용을 배제하였다.; 대법원 2005. 8. 25. 선고 2004다18903 판결에서는, 중소기업은행이 보험계약자인 금융기관종합보험에서 보험계약의 당사자가 모두 금융기관으로서 서로 대등한 경제적 지위에서 계약조건을 정할 수 있어 보험계약자의 이익보호를 위한 법의 후견적 배려가 필요하다고 보이지 아니하는 점 등에 비추어 원래 경제적으로 약한 처지에

### (나) 보험업법 제95조의2

1) 고객보호의무로서의 보험자의 설명의무

고객보호의무의 법리는 애초 증권거래와 관련하여 발전되어 왔으나, 최근에 전 금융기관으로 확대되면서 보험거래에도 일반적으로 적용된다. 자본시장법은 원본상실의 우려가 있는 변액보험상품에 대하여만 적용되었으나, 2010년 개정된 보험업법은 일반적 보험상품에 대하여도 통용되어 적용되는 것으로 정한다.

보험자가 **일반보험계약자**에게 부담하는 의무 중 고객보호의무로서 설명의무가 있다. 이 설명의무는 보험자가 일반보험계약자에게 보험계약 권유시 뿐 아니라 보험계약의 존속시와 보험금의 지급시에 중요사항을 설명하여야 할 의무이다.[26] 자본시장법상의 설명의무는 금융투자업자가 일반투자자를 대상으로 투자권유를 할 경우에만 적용되는 것으로 원본상실의 우려가 있는 변액보험에 대하여만 적용되는 것이었으나, 2010년 개정 보험업법은 보험자의 설명의무를 일반적 의무로 규정하였다. 보험업법 제95조의2 제1항은 "보험회사 또는 보험의 모집에 종사하는 자는 일반보험계약자에게 보험계약 체결을 권유하는 경우에는 보험료, 보장범위, 보험금 지급제한 사유 등 대통령령으로 정하는 보험계약의 중요 사항을 일반보험계약자가 이해할 수 있도록 설명하여야 한다."고 규정한다. 이 설명의무는 **약관설명의무와 달리** 보험계약의 체결시만 아니라 **계약체결 이후 보험금을 지급하는 과정**에도 적용되어 동조 제4항에서는 "보험회사는 일반보험계약자가 보험금 지급을 요청한 경우에는 대통령령으로 정하는 바에 따라 보험금의 지급절차 및 지급

있는 일반 대중을 보호하기 위하여 인정된 상법 제663조 본문 소정의 불이익변경 금지원칙은 그 적용이 배제되었다.; 대법원 2006. 6. 30. 선고 2005다21531 판결에서는, 현대증권주식회사가 보험계약자인 신원보증보험계약에 손해방지의무에 관하여 보험자의 동의없이 지출한 비용의 지급을 구할 수 없다고 한 약관조항에 상법 제663조 단서 적용여부가 문제되었고, 대법원은 「이 사건 각 신원보증보험계약은 금융기관인 원고와 피고가 서로 대등한 경제적 지위에서 계약조건을 정한 이른바 기업보험계약에 해당하여 상법 제663조에 규정된 '보험계약자 등의 불이익변경 금지원칙'이 적용되지 않는다」고 하였다.

**26)** 대법원 2013. 6. 13. 선고 2010다34159 판결.: 보험회사 또는 보험모집종사자는 고객과 사이에 보험계약을 체결하거나 모집함에 있어서 보험료의 납입, 보험금·해약환급금의 지급사유와 그 금액의 산출 기준, 변액보험계약인 경우 그 투자형태 및 구조 등 개별 보험상품의 특성과 위험성을 알 수 있는 보험계약의 중요사항을 명확히 설명함으로써 고객이 그 정보를 바탕으로 보험계약 체결 여부를 합리적으로 판단을 할 수 있도록 고객을 보호하여야 할 의무가 있고, 이러한 의무를 위반하면 민법 제750조 또는 구 보험업법 제102조 제1항에 기하여 이로 인하여 발생한 고객의 손해를 배상할 책임을 부담한다.

내역 등을 설명하여야 하며, 보험금을 감액하여 지급하거나 지급하지 아니하는 경우에는 그 사유를 설명하여야 한다."고 규정한다.

2) 일반보험계약자 : 보험계약에 관한 전문성 등에 비추어 보험계약의 내용을 이해하고 이행할 능력이 없는 자

설명의 객체는 일반보험계약자이다. 일반보험계약자는 전문보험계약자가 아닌 자를 말하고 '전문보험계약자'란 보험계약에 관한 전문성, 자산규모 등에 비추어 보험계약의 내용을 이해하고 이행할 능력이 있는 자로서 국가, 한국은행, 대통령령으로 정하는 금융기관, 주권상장법인, 그 밖에 대통령령으로 정하는 자를 말한다(보험업법 제2조 제19호). 그 대통령령으로 정하는 자에 대하여 보험업법 시행령 제62조의2 제3항 제18호에서는 "그 밖에 보험계약에 관한 전문성, 자산규모 등에 비추어 보험계약의 내용을 이해하고 이행할 능력이 있는 자로서 금융위원회가 정하여 고시하는 자"라고 정하고 있다.

고객보호의무로서의 설명의무에 규정된 내용을 보면 일반적인 보험소비자는 "보험계약에 관한 전문성 등에 비추어 보험계약의 내용을 이해하고 이행할 능력이 없는 자"로 풀이가 가능하다. 보험업법도 보험상품은 전문적인 지식이 있어야 그 내용을 이해할 수 있다는 전제에서 그러한 지식이 없어서 보험계약의 내용을 이해할 수 없는 자들을 일반의 보험소비자로 상정하고 있으며, 이는 상법 제663조 취지와 궤를 같이 한다.

(다) 소 결

평균적 고객의 이해가능성은 각각의 거래 종목이나 유형에 따라 달라질 수밖에 없고 보험거래의 유형은 일반인이 이해하기 어려운 다양한 원칙과 전문적 용어들을 포섭하고 있어, 실정법은 그러한 전문지식의 이해력이 없거나 부족한 소비자를 보호하여야 위한 규정들을 두고 있다는 것이다.

(3) 비교법적 검토

평균적 고객(Ordinary Layperson)의 기준을 분명하게 밝히고 있는 국가의 약관해석원칙으로 미국의 합리적 기대원칙이 있다. 미국도 약관이 부합계약(Contract of Adhesion)인 까닭에 일반적인 계약원칙과는 다른 특징이 있다고 하면서, 보험계약자 보호의 관점에서 합리적 기대원칙을 도입하였다.[27]

---

27) Robert E. Keeton, Insurance Law Rights at Variance with Policy Provisions, 83 HARV. L. REV. 961 (1970).

미국에서는 1917년부터 약관에 의한 부합계약의 문제점이 제기된 바 있고,[28] 그 해결을 위하여 꾸준히 노력해 오고 있었으며, 1970년 키튼 교수가 과거 판례와 이론들을 연구한 후 보험약관 해석의 원칙으로 합리적 기대원칙을 정립한 것으로서 상당수의 주에서 이 원칙을 채용하였다. 합리적 기대원칙은 "객관적인 합리적 기대는 약관상 규정과 반하더라도 그 기대는 보호된다"고 설명되는 원칙이다.[29] 그 이전에는 약관의 문구 자체가 불분명한 경우에만 작성자불이익원칙과 함께 적용하던 것을, 약관상의 문언이 명확한 경우에도 소비자의 합리적 기대와 반한다면 그 문언을 적용하지 않는다는 것이 주요한 골자이다.[30] 이 이론은 작성자불이익의 원칙과는 달리 **약관규정이 모호한 경우뿐 아니라 명확한 경우에도 적용되는 이론으로** 작성자불이익의 원칙을 포괄한다고 본다. 이러한 점 때문에 이 원칙은 명확한 약관규정이 있는 경우라도 소비자보호의 역할을 한다고 표현된다.[31] 다만 이 원칙에 대한 평가에서는 미국의 전통적 계약이론을 계승하면서 일부 현대적 변용에 불과하다는 것에서부터, 전통적 계약이론의 범주에서 벗어나는 아주 획기적인 새로운 이론이라는 상반된 평가가 존재한다.

합리적 기대원칙은 'Ordinary Layperson'을 기준으로 한다.[32] 보다 구체적으로는 ① 재보험에는 적용되지 않고, ② 기업이 피보험자인 경우에도 적용되지 않는다고 한다. 그 이유를 재보험과 기업보험의 경우에는 계약조건을 협상함에 있어서 보험자와 동등한 법적 능력을 가지고 있기 때문이라고 한다(they are 'legal equals' in negotiating the contract terms). 이들은 시장으로부터 정보를 습득하고, 기업의 가치에 따라 정보를 분석하고, 추가적 정보도 구하며, 다른 보험자들의 담보범위에 대하여도 평가하며, 그 정보와 평가에 기반한 결정을 내리고, 미래에 대비한 정보축적도 한다는 것이다.[33] 결국

---

**28)** 이에 관한 초기의 논문으로 Isaacs, The Standardizing of Contracts, 27 Yale L.J. 34 (1917)이 거론된다. Restatement of Contracts §211 cmt. c 참조.

**29)** Robert Keeton, Ibid, 1281.

**30)** Couch on Insurance §22:11.

**31)** Robert H. Jerry, Insurance, Contract, and the Doctrine of Reasonable Expectations, 5 Conn. Ins. L.J.21, 37. (1998).

**32)** Mark C. Rahdert, Reasonable Expectations Revisited, 5 Conn. Ins. L.J. 107, (1998).

**33)** Jeffrey E. Thomas, An Interdisciplinary Critique of the Reasonable Expectations Doctrine, 5 Conn. Ins. L.J. 296, 297 (1998), 306 "1. Receives information from the

합리적 기대원칙이 적용되는 소비자는 보험자와 동등한 법적 능력을 가지고 있지 아니한 경우로서, 우리의 상법 제663조의 가계보험에서의 보험계약자 범주와 유사하다.

독일에서는 특히 소비자계약의 경우, 해당 법지식이 계약체결 상대방인 고객에게 일반적으로 기대할 수 없는 때에는, 법률지식이 없는 평균적 고객을 기준으로 한다. 보험약관의 경우에는 평균적 보험계약자는 보험계약법에 대한 특별한 지식이 없는 자를 기준으로 하고 있다.[34]

### (4) 보험거래에서의 평균적 고객의 이해

보험상품의 전문성, 보험 관련 지식의 숙지여부 등에 따른 정보의 비대칭성을 감안하여, 상법과 보험업법에서는 소비자보호와 관련한 규정들을 두고 있음을 보았다. 이런 점에서 보험약관을 해석할 때의 평균적 고객의 의미가 지각을 갖춘 합리성만을 강조하면서, "합리성이라는 당위적 요청을 성실하게 실천하는 고객들의 규범적 평균값" 또는 "불법행위법에 있어서 주의의무 설정의 기준이 되는 사회평균인이 합리적 사회평균인을 의미하는 것과 마찬가지" 등의 표현[35]은 옳지 않다. 현재의 법제에 있어 보험거래에서의 평균적 고객은 다음과 같이 정리할 수 있다.

첫째, 보험자와 대등한 경제적 지위에 있지 않은 자이다. 교섭력이나 개별적인 이익조정을 위하여 보험자와 대등하게 교섭을 할 수 있는 능력이 없는 자이다.

둘째, 보험계약에 관한 전문성 등이 부족하여 보험계약의 내용을 이해하기 어려운 자이다. 보험에 관한 법률지식 등 보험거래에 관한 전문지식이 없는 자이다.

셋째, 일반적 통설에서와 같이 평균적 고객이 '합리적'이어야 한다고 봄에는 이견이 없다. 비합리적인 고객을 전제할 수는 없다.

---

market; 2. Interprets the information according to its experience and business values; 3. Searches for additional information; 4. Evaluates competing companies and coverages; 5. Makes a conscious decision to purchase based on the information and evaluations; 6. Reevaluates its decision at renewal time based on its experience and satisfaction; and 7. Stores information for future reference."

34) 이병준, 전게논문, 23면.

35) 권영준, 전게논문, 221면.

요컨대, 보험약관 해석에서의 "평균적 고객"이란, 합리적이기는 하지만 보험에 관한 법률지식 등의 전문지식이 부족하여 보험계약의 내용을 이해하기 어려운 자로서, 보험자와 대등한 경제적 지위에 있지 않은 자를 의미하는 것으로 정의할 수 있다.

#### (5) 체계적 해석 등 종합적 해석의 필요성 여부

##### (가) 객관적 · 획일적 해석에 관한 학설

객관적 해석의 원칙은 약관의 특성상 고객의 개별적이고 구체적인 의사나 사정에 기대지 않고 평균적 고객의 이해가능성에 기초하여 약관을 통일적으로 해석하여야 한다는 의미를 가진다. 그런데 객관적 해석에 있어 문제가 된 약관상의 문언 이외에도 그 약관의 대상 보험약관의 문언 자체뿐만 아니라 그 문언의 형식과 내용, 대상 보험약관의 목적, 당해 조항이 포함된 경위, 관련 거래관행, 당해 당사자와 사회의 이익 상황 등을 종합적으로 고려해야 할 것인가? 이를 포함하여야 한다는 취지에서, "재해사망약관의 목적이나 약관의 구성체계, 보험사고 관련 조항들과 보험료 산출 내용, 이 약관을 둘러싼 보험단체와 사회의 이익상황을 살펴보면 계약 당사자에게 자살을 보험사고로 삼기로 하는 합리적 의사를 도출하기 어렵다."라고 하는 견해가 있다.[36] 이에 반하여 "모든 해석은 문언을 바탕으로 해야 하므로 '문언의 구조와 문맥'이 약관 해석의 출발점이 되는 것은 당연하다. 하지만 다른 해석수단, 예컨대 조항의 역사적 배경 또는 전체 약관내에서 갖는 체계적 지위를 고려해서는 안 된다."라고 하는 견해도 있다.[37]

##### (나) 평균적 고객의 이해가능성에서 제외

이 논의는 결국 평균적 고객을 어떻게 정의할 것인가의 문제로 귀결된다. 평균적 고객을 "합리성을 전제하고 지켜야만 하는 규범적 평균값"으로 주장하면서 보험에 대한 전문지식이 있는 자로 여길 수 있다면 위 전자의 견해와 같이 볼 여지도 있겠으나, 평균적 고객은 "합리적이기는 하지만 보험자와 대등한 경제적 지위에 있지 않고, 보험에 관한 전문성이 부족하여 보험계약의 내용을 이해하기 어려운 자"로 정의한다면 그렇게 볼 수 없다. 체계

---

36) 권영준, 전게논문, 228면.

37) 이병준, 전게논문, 23면.

적 해석 등의 종합적 해석을 요구하는 것은 보험에 대한 전문지식이 없는 평균인에 대하여 법률전문가가 수행하는 법률해석 수준 정도를 요구하는 측면이 없지 않아, 이를 받아들일 수는 없는 것이다.

법해석 방법론의 우선적 순위는 문언해석, 체계적 해석, 역사적 해석 등의 순서로 정리되고 대법원도 법의 존재이유, 법해석의 목표, 그리고 법해석의 기준 및 한계와 관련해서 체계적인 견해를 제시한 바 있다.[38] 그런데 평균적인 고객에게 약관조항의 역사정 배경 또는 전체 약관 내에서의 체계적 해석 등을 요구하는 것은 법률전문가와 동등한 정도의 법지식 수준을 요구하는 것과 같다. 결국 특별한 사정이 있는 경우 이외에는 관련 문언을 중심으로 해석할 수밖에 없다.

### 4. 作成者不利益의 原則

#### (1) 의　　의

약관규제법 제5조 제2항은 "고객에게 유리하게 해석되어야 한다."라고 규정하여, 작성자불이익의 원칙을 약관의 해석방법으로 명확히 규정하고 있다. 대법원 판례[39]와 통설도 작성자불이익의 원칙을 약관해석 원칙의 하나로 받아들인다.[40] 작성자불이익의 원칙은 불명확한 조항을 작성한 자에게 일종의 제재를 부과함으로써 작성자로 하여금 좀 더 명확한 계약 조항을 사용하게 하고, 이를 통해 계약내용에 관한 정보를 상대방에게 명확하게 전달되도록 유도한다는 점에서 정당화될 수 있다.[41]

#### (2) 적용범위

작성자불이익의 원칙은 다른 해석원칙의 적용 후에도 그 불명확성이 제거되지 아니한 경우에 비로소 적용된다는 보충성을 갖는다는 견해가 통설 및 판례이다.[42] 따라서 객관적 해석의 결과 그 의미를 확정할 수 있다면 이

38) 대법원 2009. 4. 23. 선고 2006다81035 판결.

39) 대상 판결 및 대법원 2009. 5. 28. 선고 2008다81633 판결; 대법원 2010. 9. 30. 선고 2009다51318 판결 등.

40) 작성자불이익의 원칙을 해석원칙으로 보아 이를 적용한 판례로 대법원 2009. 5. 28. 선고 2008다81633 판결; 대법원 2010. 7. 22. 선고 2010다28208, 28215 판결 등이 있다.

41) 윤진수, "계약해석의 방법에 관한 국제적 동향과 한국법," 「민법논고」, 박영사, 231면.

원칙이 적용되지 않는다. 다른 모든 약관해석의 원칙들을 먼저 적용하여 그 의미를 해석하였는데도 그 내용이 극히 모호한 경우라면 작성자 불이익의 원칙이 적용될 것이 아니라 그 약관조항이 무효가 된다.[43]

작성자불이익 원칙의 구체적인 적용범위에 관한 견해를 보면, ① 고객유리의 원칙은 계약 당사자인 사업자나 고객의 의사를 확정하는 방법을 제시하는 원칙이 아니고, 오히려 고객유리의 원칙은 당사자의 의사와 무관하게 특정한 해석의 방향성 내지 결과를 따를 것을 지시하므로, 고객유리의 원칙은 계약 해석의 문제를 다루지 않는데, 이는 모든 해석 방법을 동원하고도 계약 해석에 실패한 경우에 보충적으로 개입하는 위험분배 원리일 뿐이라는 견해,[44] ② 오표시무해의 원칙을 포함한 자연적 해석과 객관적 해석의 원칙들을 먼저 적용하여 그 의미를 해석해야 하며 그렇게 하더라도 그 정확한 의미를 알 수 없을 때 최종적으로 작성자 불이익의 원칙이 적용되어야 한다는 견해,[45] ③ 객관적 해석의 결과 불명확성이 존재하는 경우에 적용될 수 있는 해석원칙이라는 견해[46] 등이 있다.

①의 견해는 작성자불이익의 원칙을 약관해석의 원칙으로서의 기능을 부정하는 것으로 판례와 통설, 약관규제법에도 배치되는 것으로 받아들이기 어렵다. ②의 견해는 약관해석을 계약해석과 같이 취급하는 것이나 약관규제법의 문언과 어울리지는 않는다. 결국 판례의 입장과 같은 ③의 견해가 타당하다. 그런데 ③의 견해 중 "법률적 지식과 보험상품에 대하여 전문지식이 있는 자의 시각에서의 합리적 해석과 법률적 지식과 보험상품에 대하여 전문지식이 없는 일반인의 해석의 결과 다른 해석결과가 존재하는 경우" 작성

---

42) 보충성에 대하여 판례는 「신의성실의 원칙에 따라 해당 약관의 목적과 취지를 고려하여 공정하고 합리적으로 해석하되, 개개 계약 당사자가 기도한 목적이나 의사를 참작함이 없이 평균적 고객의 이해가능성을 기준으로 보험단체 전체의 이해관계를 고려하여 객관적·획일적으로 해석하여야 하며, 위와 같은 해석을 거친 후에도 약관 조항이 객관적으로 다의적으로 해석되고 그 각각의 해석이 합리성이 있는 등 당해 약관의 뜻이 명백하지 아니한 경우에는 고객에게 유리하게 해석하여야 한다」라고 판시하였다.: 대법원 2010. 7. 22. 선고 2010다28208, 28215 판결 등.

43) 손지열 (편집대표 곽윤직), 전게서, 334면.

44) 권영준, 전게논문, 231면.

45) 김진우, 전게논문, 197면.

46) 손지열 (편집대표 곽윤직), 전게서, 334면; 이병준, 전게논문, 18면.

자불이익의 원칙이 적용된다고 한 것[47]이 있는데 이러한 주장은 틀린 것이다. 평균적 고객의 이해가능성을 기준으로 할 때에도 두 개 이상의 해석이 그 각각의 합리성을 가지고 존재하는 경우에만 작성자불이익의 원칙이 적용되기 때문에, 법률적 지식과 보험상품에 대하여 전문지식이 있는 자의 시각에서의 합리적 해석을 고려할 필요가 없다.

적용범위에 관하여 보다 구체적으로 보면, 객관적 해석의 결과 〈해석1: 보험자에게 유리한 해석〉과 〈해석2: 고객에게 유리한 해석〉가 있고 그 각각의 해석이 합리성이 있다고 가정하자. 첫째, 〈해석1〉 또는 〈해석2〉가 평균적 고객의 이해가능성을 기준으로 한 객관적 해석에 있어 다른 해석에 비하여 보다 합리적이라고 인정된다면 작성자불이익의 원칙이 적용될 여지가 없다. 이 경우는 '해당 약관의 뜻이 명백하지 아니한 경우'가 아니다. 둘째, 〈해석1〉과 〈해석2〉의 합리성의 우월에 대한 평가나 의견이 근접하기 어렵다면 비로소 〈해석2〉가 적용된다고 봄이 옳다.

## Ⅲ. 이 事件 約款의 解釋 (위 原則의 適用)

### 1. 爭點 : 對立되는 2가지의 解釋

이 사건 피고 측의 해석은 약관상 문언은 보험자의 부주의한 실수에 의한 것이라 주장하면서 '2년 경과 후의 자살에 대하여는 재해사망보험금이 아니라 일반사망보험금만 지급하여야 한다는 해석'인 반면〈해석1〉, 원고 측의 해석은 '2년 경과 후의 자살에 대하여도 약관상 문언에 따라 일반사망보험금과 재해사망보험금이 지급되어야 한다는 해석'이다〈해석2〉. 이하 위에서 살핀 논의를 이 사건에 적용하여 본다. 다만 그 이전에 자살면책약관에 대하여 검토할 필요가 있다.

### 2. 自殺約款의 檢討

#### (1) 우연성을 결하여 면책

상법 제659조, 제732조의2 등에 의하여 고의로 인한 사망은 보험사고의

47) 이병준, 전게논문, 31면.

본질적 요소인 우연성을 결하게 되어 보험자는 면책이다. 이때의 자살은 '자유로운 의사결정을 할 수 있는 상태에서의 고의로 인한 자살(이하 단순히 '자살'이라 함은 이 자살을 의미함)'을 의미한다고 함은 통설・판례이고[48] 이는 면책사유가 아님은 보험의 기본원리에서도 그러하다. 그런데 '2년 경과 후의 자살'은 우연성을 결하여 보험사고의 개념에는 해당할 수 없는 것이지만, 약관상 일반사망보험금지급사유로 규정되어 있고 이 사건 피고도 이를 다투지는 않는다.

#### (2) 2년 경과 후의 자살에 대한 보험금지급은 보험원리가 아닌 정책적인 결정의 문제

이 사건약관 및 현행 생명보험약관에서와 같이 일정기간 경과 후의 자살에 대하여 보험자가 보험금지급책임을 지도록 규정을 두는 것은 세계적인 경향이다. 독일은 독일보험계약법 제161조에서 3년의 기간이 경과한 이후의 자살에 대하여는 보상하도록 하고, 또한 자유로운 의사결정이 없었던 경우에는 고의면책의 규정을 적용하지 아니한다고 규정한다. 일본도 생명보험약관에서 생명보험계약의 책임개시일로부터 1년 이내의 자살은 면책으로 하나, 1년이 경과한 이후의 자살과 정신질환으로 인한 자살에 대해서는 부책으로 하여 보험자가 책임을 진다고 규정한다.[49] 영국과 미국의 경우도 대동소이하다.[50] 일정기간 경과 후의 자살에 대하여 보상을 하는 근거는, 자살로 인하여 보험금을 수령하는 보험수익자는 피보험자의 유족이고 유족을 보호할 필요가 있는 점, 보험금수령의 목적과 전혀 관련이 없는 자살에 대한 보험금지급은 보험사고로 보아도 무방하다는 점, 피보험자가 처음부터 보험제도를

48) 김선정, "재해보험약관상 자살면책조하에 관한 최근 판례의 검토 - 면책기간 경과 후의 자살이 재해사고로 되는지 여부-", 「보험학회지」 제73집, 한국보험학회, (2006), 62면: 대법원 2006. 3. 10. 선고 2005다49713 판결에서는, 「사망을 보험사고로 하는 보험계약에 있어서 자살을 보험자의 면책사유로 규정하고 있는 경우, 그 자살은 사망자가 자기의 생명을 끊는다는 것을 의식하고 그것을 목적으로 의도적으로 자기의 생명을 절단하여 사망의 결과를 발생케 한 행위를 의미하고, 피보험자가 정신질환 등으로 자유로운 의사결정을 할 수 없는 상태에서 사망의 결과를 발생케 한 경우까지 포함하는 것이라고 할 수 없을 뿐만 아니라, 그러한 경우 사망의 결과를 발생케 한 직접적인 원인행위가 외래의 요인에 의한 것이라면 그 보험사고는 피보험자의 고의에 의하지 않은 우발적인 사고로서 재해에 해당한다」고 하였다.; 대법원 2014. 4. 10. 선고 2013다18929 판결 등.

49) 일본 생명보험표준약관 제11조.

50) Robert E. Keeton-Alan I. Widiss, Ibid, 506.

악용하려 보험에 가입하였을 가능성이 적다고 볼 수 있는 점, 고의사고가 급증하지는 않으리라는 점 등이다.[51]

간과해서는 안 될 중요한 대목은 우연성의 요건을 결한 자살도 원래 의미에서의 보험사고가 아니지만, 2년 기간 경과 후의 자살사고에 대하여 보험금지급을 지급하는 것은 정책적인 이유라는 점이다. 주계약에서 '2년 경과 후의 자살'시 일반사망보험금을 지급하도록 규정한 것은 그것이 원래의 보험사고이기 때문이 아니라 피보험자 유가족의 보호차원 등에서 정책적으로 결정된 사항이고 보면, 재해특약약관에서 '2년 경과 후의 자살'에 대하여 재해사망보험금의 지급을 규정한 것도 보험의 원리문제 이전에 보험자가 정책적으로 고려하고 결정한 조항으로 해석할 여지가 충분하다.

(3) 재 해

이 사건 약관은 재해를 "우발적인 외래의 사고"라고 규정한다. 보험계약에서의 보험사고는 '우연성'을,[52] 상해보험에서의 보험사고는 '급격성 · 우연성 · 외래성'을, 재해의 경우는 '우발성 · 외래성'을 각각 그 요건으로 된다. '우발성'에 대하여는 또 다른 심도 있는 논의가 필요할 수 있겠으나 '우연성'과 같은 취지로 이해되고, 고의로 인한 사고는 우발성이 없는 것으로 해석된다. 그렇다면 자유로운 의사결정을 할 수 있는 상태에서의 고의로 인한 자살은 원래의 의미에서의 '보험사고'에 해당하지 않을 뿐 아니라 '재해'의 개념에도 해당하지 않음은 분명해 보인다.

그런데 대상 판결에서도 밝혔듯이「정신질환 등으로 자유로운 의사결정을 할 수 없는 상태에서의 자살은 재해사망보험금 지급사유에 해당할 수 있다」라는 것이 판례의 확립된 입장이고,[53] 보험 분야는 아니지만 같은 취지로 업무상 재해와 관련하여서도「극심한 업무상 스트레스와 정신적인 고통으로 우울증세가 악화되어 정상적인 인식능력이나 행위선택능력, 정신적 억제력이 현저히 저하되어 합리적인 판단을 기대할 수 없을 정도의 상황에 처하여 자살에 이르게 된 경우도 업무상 재해에 해당한다」라고 판시하고 있

51) 김선정, 전게논문, 64면; 유주선, "보험자의 면책과 생명보험표준약관상 자살부책조항",「경영법률」제18집 제1호, 한국경영법률학회, (2007), 331면 등.

52) 필자는 그 용어상 정의에 대한 이견이 있으나, 여기서는 통상적인 표현을 사용한다.

53) 대법원 2006. 3. 10. 선고 2005549713 판결 등.

다.[54] 재해의 '우발성과 외래성'에 대한 판단을 보험지식이 없는 자들이 일반적으로 할 수 있는지 의문이다.

## 3. 이 事件에의 適用

### (1) 자살약관과 재해의 이해

| | 자유의사에 의한 자살 | 정신질환에 의한 자살 |
|---|---|---|
| 우연성(우발성) | * 없음 | * 있음 |
| 본래적 의미의 보험사고 | * 해당하지 아니함 | * 해당함 |
| 일반사망보험금 | * 약관상 명시적 보상문언 있음<br>* 본래 의미에서의 보험사고가 아님에도 불구하고, 약관 규정에 의하여 2년 경과 후의 자살은 정책적인 결정에 의하여 보상 | * 약관상 명시적 보상문언 있음 |
| 재해사망보험금 | * 약관상 명시적 보상 문언 있음<br>* 본래 의미에서의 보험사고가 아니고, 재해에도 해당하지 않음<br>**〈해석 1〉**: 일반사망보험금만 지급하고 재해사망보험상금을 지급할 수 없다<br>**〈해석 2〉**: 일반사망보험금과 재해사망보험금을 모두 지급한다 | * 약관상 명시적 보상문언 있음 |

이상의 논의에 기초하여 자살약관에 대한 이해에 있어 필요한 점들을 표로 그려본 것이다. 쟁점은 위 표에서의 내용들에 대하여 평균적 고객이 이해 가능한가 하는 점이다. 자유로운 의사결정 상태 하에서 사신을 해친 사실은 재해의 개념을 문제 삼기 이전에, 이미 보험사고의 우연성을 결한 것이어서 본래 의미에서의 보험사고에도 해당하지 않는다. 자유의사에 기해 이루어진 자살은 보험법의 기본 원리에 비추어 보험사고도 아닌 것이다. 〈해석 1〉이나 원심과 같은 논리에서 한걸음 나아간다면, 이 사건 약관의 경우 주계약에서 일반사망보험금을 지급하는 것조차도 보험의 원리와 어긋난 것이어서 자살에 대한 보험금을 지급할 수 없다고도 할 여지가 있다.

---

54) 대법원 2015. 6. 11. 선고 2011두32898 판결.

### (2) 평균적 고객의 이해가능성과 객관적 해석

〈해석 1〉의 주장에 의하면 평균적 고객은 다음의 사항들을 이해할 수 있어야 한다. ① 재해의 의미, ② 2년 경과 후의 자살과 정신질환으로 인한 자살은 서로 구별되는 다른 보험사고라는 점, ③ 2년 경과 후의 자살 중에서도 정신질환으로 인한 자살의 경우는 재해에 해당하고, 그렇지 않은 자살의 경우만 재해가 아니라는 점, ④ 약관이 보험자의 실수에 의하여 잘못 기재된 것이라는 점 등이 그것이다.

그리고 추가적으로 고려할 사항이 하나 더 있다. 자유로운 의사결정 상태 하에서의 자살도 고의로 자신을 해친 경우이므로 이는 보험사고의 우연성이라는 요건을 결여하고 있다는 점이다. 만약 이 점까지 이해할 수 있는 보험계약자라면 주사망보험약관에서의 자살에 대한 일반사망보험금지급 조항도 보험의 원리와 반하는 것으로 무효인지에 대한 의문을 가질 것이다. 이 점에서 이 사건 약관의 보상범위를 평균적 고객이 아니라 법률전문가의 입장에서도 재해사망보험금의 지급대상으로 해석할 여지가 있다. 자살이 보험사고도 아니고 재해에도 해당하지 않으나, 보험자의 정책적 판단에 의하여 '2년 경과 후의 자살'에 대하여 일반사망보험금을 지급하고, 아울러 특약에 의하여 재해사망보험금도 지급하겠다는 결정을 한 것으로 일의적(一義的)으로 해석가능하다. 요컨대 2년 경과 후의 자살에 대한 일반사망보험금의 지급책임은 자살이 우연성을 결하고는 있으나 보험자가 정책적으로 판단하여 보상하듯이, 동일한 취지에서 그 자살에 대하여 재해사망보험금을 지급하는 것으로 정한 것으로 말이다.

### (3) 소 결

이 사건 약관규정의 단서에서 정한 취지는, 그것이 재해에 해당하는지 여부에 관계없이 재해사망보험금을 지급하는 것으로 해석함이 합리적이다. 이러한 점에서 〈해석 2〉가 타당하다. 이와 같은 해석이 평균적 고객의 이해가능성을 기준으로 한 객관적 해석이라는 점에서 합리적이다. 당 약관조항을 해석함에 있어 자살은 우연성을 결여하여 본질적으로 보험사고가 될 수 없는 것이나, 정신질환으로 인한 경우와 2년 경과 이후의 자살에 대하여는 정책적으로 일반사망보험금의 보상범위로 정하면서 동시에 이를 재해사망보험금으로의 보상범위로 정하였다고 해석하여야 한다.

### 4. 關聯된 論點들에 대한 理解와 適用

추가적으로 원심에서나 또는 원심을 지지하는 견해에서 근거로 제시한 논점들에 대하여 검토한다.

#### (1) 자살률 증가와 민법 제103조 및 공공의 이익

약관해석시 공공의 이익도 고려해야 한다고 주장하면서, 자살에 대한 재해사망보험금 지급으로 인하여 "자살을 하면 일반사망보험금 외에도 재해사망보험금까지 받을 수 있다는 해석은 도덕적 해이를 부추기고 자살을 증가시킬 우려가 있어 공공의 이익에 도움이 되지 않는다"면서, 이 사건 재해사망보험금을 지급한다면 민법 제103조에 반할 가능성도 있다는 주장이 있다.[55] 이 주장은 설득력이 없다.

자살에 대한 재해사망보험금지급으로 자살률이 증가할 수 있다는 주장은, 굳이 재해사망보험금에서만 문제삼을 것이 아니다. 일반사망보험금에서도 똑같이 다룰 문제이다. 자살에 대한 재해사망보험금 지급이 자살률을 증가시킬 수 있으므로 지급해서는 안된다는 논리에 의한다면, 자살에 대한 일반사망보험금 지급도 일체 금하는 것이 옳다. 그런데 앞서 살핀 바와 같이 일정기간 경과 후의 자살에 대한 보험금지급은 전 세계적인 경향이며, 독일은 아예 이를 법률에 규정하고 있다. 자살률 이외에 다른 가치들에 대하여도 종합적으로 검토하고 평가한 이후 내린 정책적 결정인 것이다. 피보험자가 유족에 대한 경제적 지원만을 목적으로 자살을 감행하지는 않는다는 등의 인식에 대하여 세계 각국의 공감대가 있는 것을 보면, 일정한 기간경과 후의 보험금지급과 자살률과의 상관성이 있음을 이유로 도덕적 해이를 언급하는 것은 사람의 생과 사에 대한 지나친 단견이다.

또한 고려해야 할 다른 공공의 이익도 있다. 자살률 감소라는 공공의 이익 이외에, 보험소비자의 보호와 보험산업의 신뢰도 제고를 통한 건전한 보험업의 발전이라는 가치도 추구하여야 할 중요한 공공의 이익이다.

55) 권영준, 전게논문, 227면.

### (2) 자살면책제한 조항의 오표시(誤表示) 해당 여부

보험자가 개별 보험상품에 대한 약관을 제정하는 과정에서 실수로 자살면책제한조항을 이 사건 재해사망특약에도 그대로 두었다는 주장을 비판한다. 원심은 「피고가 이 사건 재해사망특약의 약관을 제정하는 과정에서 구 생명보험 표준약관(2010. 1. 29.자로 개정되기 전의 것)을 부주의하게 그대로 사용함에 따른 것으로 보인다」라고 하여, 보험자가 실수로 이 규정을 두었다고 하면서 재해사망보험금으로 지급하고자 하는 의도가 전혀 없었다고 한다. 그런데 자신의 부주의로 인한 명문의 약관조항이 있음에도 불구하고 그 책임으로부터 벗어날 수 있는지 하는 점도 의문일 뿐 아니라, 보험에 대한 전문적 지식을 갖춘 조직과 인력을 가지고 있는 보험회사가 실수로 관련 규정을 두었다는 점도 선뜻 납득하기 어렵다.

이 사건과 같은 재해사망보험금지급을 둘러싼 법원의 판결들은 이미 2000년대 중반부터 발견된다.[56] 학자들도 그 무렵부터 위 약관상 문제점을 지적하면서, 보험회사가 관련 분쟁을 피하기 위하여는 약관조항을 정비하여야 한다는 논문을 발표하기 시작하고 있었다.[57] 이미 10년 이전부터 분쟁이 사법제도로 이어져 법원의 판결들로 나타나고 있었고, 학자들도 이 사건 약관과 같은 경우 보험금을 지급하여야 한다는 논리를 피면서, 만약 보험자가 재해사망보험금 지급을 하지 않기 위하여는 약관정비가 필요하다는 주장들을 하고 있었던 상황이었던 것이다. 그러하다면 최소한 그러한 상황 이후에 판매된 관련 보험상품에서는 보험자가 약관을 실수로 두었다고 주장할 수 있을지 의문이다.

### (3) 보험단체의 이익

보험단체의 이익을 들어 재해사망보험금지급을 거절하는 원심은 "이 사건 재해사망특약과 같은 내용의 보험계약에 가입한 보험단체 전체의 이익을 해하고"라고 하여 재해사망보험금지급을 부정하였고, 같은 견해에서도 "보

---

56) 서울중앙지법 2005. 5. 17. 선고 2004가합76416 판결; 서울중앙지법 2003. 7. 1. 선고 2002가단134724 판결 등.

57) 김선정, 전게논문, 49면 이하; 유주선, 전게논문, 336면에서 "자살의 경우에는 재해에 해당되지 않으며, 이 경우 재해사망보험금이 아닌 일반사망보험금을 지급한다는 것을 명확히 생명보험표준약관에 명시하는 것이 타당하리라 사료된다"고 기술하고 있다.

험법의 기본 원리를 생각하면, 보험자가 보험료 산출의 대상으로 삼지 않은 사고를 보험사고로 하여 이에 대해 보험금을 지급하겠다고 약속하는 경우는 쉽게 상상하기 어렵다. 이는 보험제도의 기본원리에 어긋날 뿐만 아니라, 보험자 및 보험단체에 속한 다른 구성원들의 경제적 이해관계를 해치면서 보험금을 지급받는 보험계약자에게는 망외(望外)의 이익을 안겨주어 부당하기 때문이다"[58]라고 한다. 그러나 약관의 합리적 해석에 있어 보험단체의 이익을 고려하여야 하겠으나, 명시적으로 엄연히 존재하는 약관조항을 위 논리에서와 같은 추상적 근거만을 들어 부정할 수는 없다.

**(가) 개별약정우선의 원칙과 보험단체의 이익**

보험의 단체성으로 인한 제한으로 위험단체의 구성원들을 평등하게 대우하여야 한다는 기초에서 보험업법은 특별한 이익을 제공하는 것을 금지하고 있으나(보험업법 제98조), 보험단체의 관념에 기초한 보험업법상 특별이익제공금지와 개별약정우선의 원칙은 상충되는 면이 없지 않다. 이 둘 사이의 관계에 대하여는 견해가 나뉜다. (i) 보험의 단체성을 강조하여 개별약정우선원칙은 특별한 이익을 제공하는 범위 내에서 제한된다는 견해[59]도 있으나, (ii) 개별약정우선의 원칙은 보험의 단체성이나 보험업법 제98조의 특별이익제공의 금지 규정에 의하여 제한받지 않는다고 봄이 옳다.[60] 요컨대 설령 보험단체론에 기반한 원리 또는 보험업법상의 규정에 반한 거래가 있다 하더라도 이를 근거로 하여 사법상 무효로까지 판단할 수는 없다.

**(나) 재해사망보험금의 지급과 보험의 단체성**

원심과 같이 보험단체의 이익을 들어 재해사망보험금지급을 거절하는 것은 다음의 근거에서 옳다고 볼 수 없다.

1) 보험자가 보험계약의 조건과 보험약관의 내용을 결정하고 이를 보험계약자들에게 상품으로서 제시하는 것은 보험자 자신의 책임일 뿐, 자신의 잘못으로 자기에게 불리한 계약을 체결하고 나서 보험단체의 원리를 내세워 다른 내용의 계약성립을 주장할 수는 없다.

---

58) 권영준, 전게논문, 224면.

59) 양승규, 「보험법」, 삼지원, (2005), 55면.

60) 손지열, "보험외판원의 잘못된 설명과 개별약정의 성립", 「민사판례연구」 제12집, 243면.

2) 재해사망보험금의 지급시 수지상등의 원칙 등에 대하여 어떠한 영향을 미치는지 보다 철저한 자료나 통계 없이 막연히 다른 보험계약자에게는 손해를 끼치게 된다는 추상적 논리는 그 근거가 박약하다. '보험단체'를 내세워 명시적으로 규정된 보험소비자의 권리행사를 부정하는 것은 허용될 수 없기 때문이다.

3) 보험단체의 이익이 보험자(보험회사)의 이익으로 치환될 수도 없다. 잘못 표시된 약관의 내용대로 보장하는 것이 이 사건 재해사망특약 보험단체의 이익을 어떻게 해칠 수 있는지 의문이다. 역으로, 약관을 믿고 계약을 체결한 보험소비자들(보험단체)에게 보험금을 지급하지 않는 것이 보험단체의 이익에 반할 수 있다.

4) 보험단체의 이익을 강조하면서 수지상등의 원칙을 근거로 내세우는 주장이 타당하기 위하여는 보험회사가 상부상조의 계 또는 상호보험회사와 같은 성격으로 운영되는 것을 전제하여야 한다. 이 쟁점은 과거 생명보험사 상장시 크게 논란이 된 바가 있으나 결국 상장이 허용되었고, 그 결정적 논리의 근거는 보험회사도 상법상 주식회사라는 점이다. 주식회사는 영리성을 본질적 요소로 하고 그 영리성은 대외적인 영리추구 이외에도 그 획득된 이익을 구성원인 주주들에게 배분하여야 한다는 것이 통설이다. 생명보험사들이 관련 법률이나 금융감독 당국의 규제를 받기는 하지만 보험업을 영위하여 영리를 추구하고 그 획득된 이익을 주주들에게 배분하는 것은 법체계상 당연한 것으로 이해된다. 생명보험사들은 자본금에 비하여 상당한 수익을 얻고 있고 주주들에게 지급한 이익배당액도 상당하다.61)

#### (4) 오표시 무해(誤表示 無害)의 원칙

"오표시 무해의 원칙"이란 표의자가 표시를 잘못했음에도 불구하고 상대방이 표의자의 진의를 올바르게 인식한 경우 표의자가 의도했던 대로 그 효과가 발생하므로 표의자에게 해가 되지 않는다는 법률행위 해석원칙이다. 오표시무해의 원칙을 들어 재해사망보험금의 지급을 반대하는 견해를 보면, 「대법원은 오표시 무해의 원칙 또는 자연적 해석이나 예문해석을 통해 문언을 무의미하게 만들면서 의사를 우선시키는 해석을 한 적이 있다. 일반

61) 금융감독원의 공시자료에서 각 보험사의 영업이익 등을 확인할 수 있다.

적으로 계약해석에서 문언이 가지는 비중을 무시할 수는 없지만, 그렇다고 하여 문언에 일정한 의미를 부여하기 위해 의사를 희생시키는 것은 타당하지 않다」라고 하면서 마치 이 사건에 오표시 무해의 원칙이 적용되는 것처럼 주장하기도 한다.

그러나 이 사건에서 오표시 무해의 원칙이 적용될 수 없다. 오표시 무해의 원칙은 양 당사자가 형식적으로 규정되어 있는 문언과 달리 자신들이 공통적으로 이해하고 있는 내용이 그 형식적인 문언과는 다르다 하는 것이고 이러한 주관적 이해를 바탕으로 해당 조항의 의미를 확정해야 한다는 것이다.[62] 그런데 본 사안의 경우 양 당사자 모두 서로 다르게 해당 조항을 의미하였다고 주장하고 있어 이 이론이 적용될 여지가 없다. 보험소비자의 입장에서는 그 약관을 문언 그대로 이해하였다는 것이어서 이 원칙의 전제가 되는 사정이 애초에 존재하지 않는다. 그리고 계약내용에 관해 보험자와 보험계약자 양 당사자 간에 자유로운 교섭과정 없이 보험자가 미리 일방적으로 작성한 약관에 의해 체결되는 보험계약에서 이 원칙이 적용되기 위하여는, (i) 보험자의 진의는 그 문언과는 달리 일반사망보험금만 지급하고 재해사망보험금을 지급하려는 의사가 없었어야 하며, (ii) 보험계약자의 입장에서도 표시된 문언과 다른 보험자의 진의를 알고 있었고 그러한 보험자의 진의대로 계약체결의 의사가 있었다고 할 수 있어야 한다. 하지만 이러한 점들을 인정하자는 주장은 차가운 성찰이 필요하다.

#### (5) 작성자불이익의 원칙

앞서 본바와 같이 작성자불이익의 원칙은 평균적 고객의 이해가능성을 기준으로 한 객관적 해석의 결과 그 의미를 확정할 수 없는 경우 작성자인 보험자에게 불리하게 해석하는 원칙이다. 그런데 이 사건 약관에서는 재해사망보험금을 지급하여야 한다는 하나의 합리적 해석을 도출할 수 있어서 이 원칙이 적용되지 않는다고 본다. 다시 한번 짚어보면 〈해석 1〉에 의하면 약관조항상 자살재해보상금을 지급한다는 명시적 문언이 있음에도 불구하고 평균적 고객은 다음의 사항을 이해할 수 있어야 하는데, 이 사건 약관조항은 보험자의 실수에 의한 것이라는 점, 자유의사에 기한 자살은 재해가 아니라

---

62) 같은 취지는 이병준, 전게논문, 26면.

는 점, 정신질환으로 인한 자살은 재해에 해당한다는 점, 약관조항상의 경우를 분리하여 정신질환으로 인한 자살은 일반사망보험금과 재해사망보상금을 받지만 자유의사에 기한 자살은 2년 경과 이후 일반사망보험금만 받지만 재해사망보험금은 받을 수 없다는 점 등에 대하여 모두 이해할 수 있어야 한다. 보험에 대한 전문지식이 없는 평균적 고객이 이러한 점들을 모두 이해할 수 있다고 보는 것은 합리적이지 않다. 따라서 〈해석 1〉이 객관적 해석상 합리적으로 도출되기도 어렵기 때문에 작성자불이익의 원칙이 적용될 여지도 없다고 보며, 〈해석 2〉가 적용된다.

설령 평균적 고객의 입장에서도 〈해석 1〉이 가능하다고 하더라도 여전히 〈해석 2〉가 〈해석 1〉에 비하여 합리적이라고 인정된다고 보이고 작성자불이익의 원칙이 적용될 여지가 없다. 이 경우는 '해당 약관의 뜻이 명백하지 아니한 경우'에 해당하지 않는다.[63]

## Ⅳ. 맺으며

대상 판결은 이 사건 약관상의 명시적인 문언대로 자살에 대한 재해사망보험금을 지급하도록 판시하였다는 데에 의미가 있고, 타당한 판결이다. 약관해석은 평균적 고객의 이해가능성을 기준으로 한 객관적 해석이어야 하므로 '평균적 고객'의 의미가 핵심적 쟁점으로 귀착된다. 필자는 '평균적 고객'은 각 거래종목에 따른 고객층의 이해능력에 차이가 있게 되면 각 거래종목에 따른 취급을 달리하여야 한다는 것이고, 상법과 보험업법 등 실정법 취지와 관련하여 본다면, 보험거래는 전문지식이 필요한 거래이므로 보험거래에서의 평균적 고객을 '합리성을 가진 자이나, 보험에 관한 법률지식 등의 전문지식이 부족하여 보험계약의 내용을 이해하기 어려운 자로서 보험자와 대등한 경제적 지위에 있지 않은 자'로 풀이한다.

그리고 2년 경과 후의 자살시 일반사망보험금을 지급하는 것도 그것이 원래의 보험사고이기 때문이 아니라, 피보험자 유가족의 보호차원 등 다른 가치를 감안하여 정책적으로 결정된 것이라는 점을 주목해야 한다. 따라서

---

63) 오로지 〈해석 1〉과 〈해석 2〉의 합리성의 우월에 대한 평가나 의견이 근접하기 어렵다면 비로소 〈해석 2〉가 적용되고 작성자불이익의 원칙이 작동한다.

재해특약약관에서도 동일하게 명시적 조항으로 “2년 경과 후의 자살”에 대하여도 재해사망보험금 지급을 규정하고 있다면 이는 보험의 원리문제 이전에 보험자가 정책적으로 고려하고 결정한 조항으로서 재해사망보험금을 지급한다는 취지로 해석하는 것이 합리적이다. 그리고 이러한 해석은 평균적 고객의 이해가능성에서만이 아니라, 법률전문가로서의 이해로 보아서도 타당한 것이 아닌가 한다.

# 被保險者의 精神疾患 免責條項의 效力에 관한 考察*

金 恩 京**

◎ 대법원 2015. 6. 23. 선고 2015다5378 판결
대법원 2015. 10. 15. 선고 2015다34956, 34963 판결

## [事實의 槪要]

### 1. 事實關係

보험회사는 2009. 9. 22. 소외 망인을 보험계약자 겸 피보험자로 하고 보험수익자를 망인의 모(母)로 하는 보험계약 체결하였다.[1] 이 사건 보험계약에 적용되는 보험약관에는 피보험자가 보험기간 중에 급격하고도 우연한 외래의 사고로 신체에 상해를 입었을 때 그 상해로 인하여 생긴 손해를 배상하며, 여기에 해당하는 상해사고를 입고 그 직접결과로써 사고일로부터 2년 이내에 사망하였을 때에는 보험증권에 기재된 보험가입금액 6,000만원을 사망보험금으로 보험수익자에게 지급하는 것으로 기재되어 있다.

한편 같은 약관에서 '보상하지 아니하는 손해'로서 "피보험자의 고의로 인한 사고" 외에, "피보험자의 자해, 자살, 자살미수, 형법상 범죄행위 또는 폭력행위(다만, 형법상 정당방위, 긴급피난 및 정당행위로 인정되는 경우는 보상)로 인한 사고, 피보험자의 질병 또는 심신상실로 인한 사고 및 피보험자의 정신질환으로 인한 상해사고" 등을 열거하였다.

---

* 제40회 상사법무연구회 발표 (2016년 7월 9일)
본 평석은 「고려법학」 제83호, 고려대학교 법학연구소, (2016)에 게재하였음.
** 한국외국어대학교 법학전문대학원 교수

1) 사실관계는 대법원 2015. 6. 23. 선고 2015다5378 판결에 따름.

이 사건 망인은 2012. 6. 20. 신경정신외과의원에서 우울 및 불안증상으로 치료받은 것을 시작으로 하여 같은 해 12. 13.까지 동시 또는 이시로 모두 4군데 병원에서 우울증, 불면증, 양극성 정동 장애 등을 진단받고 통원치료를 받았다. 망인은 2012. 12. 17. 밤 8시 30분경 주거지 안방 장롱 문짝에 스카프로 목을 매어 경부압박질식으로 사망하였다.

## 2. 當事者의 主張

이 사건에서 망인의 모(母)는 ① 딸의 죽음은 심신상실 등으로 자유로운 의사결정을 할 수 없는 상태에서의 사고이며, 개정약관에 따르면 이 경우 보험금을 지급하도록 되어 있으므로 보험계약자에게 유리한 개정약관을 적용하여야 하며, ② 구약관에 따르더라도 자사는 면책사유에 해당하지 않는다는 것이 대법원의 일관된 태도이며, ③ 보험사의 약관이 정신질환의 경우에는 무조건적으로 보험자의 보험금 지급책임을 면책시키는 것이라면 고객에게 부당하게 불리한 조항으로 약관규제법 제6조 제1항 및 제2항 제1호에 의하여 무효라며 보험금 지급을 청구하였다.

이에 대하여 보험자는 ① 망인의 사망은 상해사고의 요건 중 '우연성'이 결여된 사고라고 해야 하며, ② 설령, 고의사고가 아닐지라도 이 사건 보험약관이 '피보험자의 심신상실 또는 정신질환'에 의한 사고에 대하여도 보상하지 않는 사고로 규정하고 있으며, ③ 이 사건 보험계약체결시 시행되던 약관이 개정되어 이 사건 사고발생시에는 바뀐 약관으로 보험계약이 체결되더라도 이 사건 보험계약에 적용될 약관은 구약관이며, 설령 개정약관이 적용되더라도 이 사건 사고는 고의사고이므로 피고에 대한 보험금 지급채무는 없다고 주장하면서 채무부존재확인소송을 제기하였다.

양 주장의 근본적인 차이는 다음과 같다. 즉 보험계약의 피보험자인 망인이 스스로 목을 매어 사망한 것은 중한 정신질환 등으로 자유로운 의사결정을 할 수 없는 상태에서 사망의 결과를 발생케 한 경우에 해당하므로, 이 사건 약관에서 정한 면책사유인 '피보험자의 고의로 인한 손해'에 해당한다고 할 수 없다고 판단한 것과 관련하여, 약관상 정신질환으로 인한 사고는 보험자 면책으로 한 것에 근거하여 보험자에게는 보험금 지급책임이 원천적으로 성립하지 아니한다는 것에 있다.

### 3. 對象 事件과 關聯된 問題

보험자는 2010. 4. 1.부터 이 사건 보험계약과 같은 내용의 보험상품에 적용되는 보통약관(이하 '이 사건 개정약관')을 개정·시행하였는데, 이 사건 당사자의 다툼과 관련하여 의미가 있는 것은 '보험금을 지급하지 아니하는 사유'에서 계약체결 당시의 약관상 '보상하지 아니하는 손해' 중 위에서 말한 사유를 개정약관에서는 피보험자의 고의로 인한 사유에 포섭하여 "피보험자의 고의. 다만, 피보험자가 심신상실 등으로 자유로운 의사결정을 할 수 없는 상태에서 자신을 해친 경우에는 보험금을 지급"하는 것으로 바꾼 점이다. 즉, 자살(自殺)은 고의사고에 포함하여 면책하고, 자사(自死)는 보험금지급사유로 정비된 것이다. 제시된 관련 사건의 보험은 2009. 9. 22에 체결된 것으로써 개정약관에서의 보험자면책사유와는 다른 내용을 담고 있다.

[判決의 要旨]

사망을 보험사고로 하는 보험계약에서 자살을 보험자의 면책사유로 규정하고 있는 경우에,[2] 자살은 자기의 생명을 끊는다는 것을 의식하고 그것을 목적으로 의도적으로 자기의 생명을 절단하여 사망의 결과를 발생케 한 행위를 의미하고, 피보험자가 정신질환 등으로 자유로운 의사결정을 할 수 없는 상태에서 사망의 결과를 발생케 한 경우[3]까지 포함하는 것은 아니므로, 피보험자가 자유로운 의사결정을 할 수 없는 상태에서 사망의 결과를 발생케 한 직접적인 원인행위가 외래의 요인에 의한 것이라면, 그 사망은 피보험자의 고의에 의하지 않은 우발적인 사고로서 보험사고인 사망에 해당할 수 있다.

다만 면책약관에서 피보험자의 정신질환을 피보험자의 고의나 피보험자의 자살과 별도의 독립된 면책사유로 규정하고 있는 경우, 이러한 면책사

---

2) 이하 대법원 2015. 10. 15. 선고 2015다34956, 34963 판결; 대법원 2015. 6. 23. 선고 2015다5378 판결; 대법원 2014. 4. 10. 선고 2013다18929 판결 참조.

3) 이러한 경우가 자사(自死)에 해당한다.

유를 둔 취지는 피보험자의 정신질환으로 인식능력이나 판단능력이 저하되어 상해의 위험이 현저히 증대되고, 이 증대된 위험이 손해발생으로 이어지더라도 보험보호의 대상으로부터 배제하려는 데에 있고 보험에서 인수하는 위험은 보험상품에 따라 달리 정해질 수 있는 것이어서 이러한 면책사유를 규정한 약관조항이 고객에게 부당하게 불리하여 공정성을 잃은 조항이라고 할 수 없으므로, 만일 피보험자가 정신질환에 의하여 자유로운 의사결정을 할 수 없는 상태에 이르렀고 이로 인하여 보험사고가 발생한 경우라면 위 면책사유에 의하여 보험자의 보험금지급의무가 면제된다.

## [評　　釋]

### Ⅰ. 들어가는 말

최근 약관의 해석이나 그 적용과 관련한 분쟁이 많다. 보험약관의 해석과 적용에서 계약당사자 사이에 발생하는 분쟁의 원인은 크게 두 가지 측면에서 기인하는 것으로 추측된다. 상품구성에서의 기술성 부족과 상품자체의 복잡성에 비롯된 듯하다. 보험은 위험에 기반하는 것이므로 관련 상품에서 보험사고로 예정되는 위험이 실현될 확률을 기술적으로 계산하여 이를 대수법칙에 따라 그 위험을 보험단체에 분산하는 방법을 선택하게 된다. 보험상품이 출시되는 시기에 나타나는 특정한 시대적인 상황이 투영되는 경우가 많아서 보험과 관련한 사회적인 이슈가 반영된 상품이 판매되는 것이 보통이다. 암보험이 처음 출시되어 판매되는 시기에는 마치 암보험상품 하나면 모든 암이 다 보장될 것과 같이 설명하여 암보험을 판매한다. 이에 보험소비자는 해당 상품에 대한 지대한 관심을 가지게 되나, 막상 보험사고가 발생하고 보험금 지급청구를 하는 시기에는 보험상품을 처음 설계하던 시기에 예상하지 못했던 상황전개 등으로 보험자 입장에서 과도한 보험금 지급책임에 직면하기도 한다. 급하게 시장을 점유한 만큼 그 부담감도 커지게 되어 이것이 보험자에게는 일종의 자충수가 되기도 한다. 판단컨대 궁극적으로 보험자가 상품을 최초 구성하는 과정에서 발생 가능한 위험의 판단을 정확하게 하지 못한 것에 그 원인이 있다.

보험이란 특정위험에 대하여 통계적이며 확률적인 근거를 바탕으로 계산된 기준에 의거하여 설계되어야 하는데, 보험수리적 기술성을 깊이 고려하지 아니하고 설계되거나 재해사망보험건[4]이나 즉시연금보험건[5]과 같이 보험약관을 잘못 만든 것으로 인하여 보험자와 보험소비자 간의 분쟁이 계속된다. 동일한 취지의 문제는 아니지만 특정 보험상품의 판매 후 그 해결이 순조롭지 못했던 또 다른 문제점은 백수보험에서도 나타났고, 원금이 보장되지 않는다는 사실을 제대로 설명하지 않고 판매에만 집중했던 변액보험에서도 드러났던 문제이다. 특히 생명보험사와 손해보험사 모두가 판매 가능한 상해보험이 특정 위험과 관련하여 약관의 내용을 달리 구성함으로써 문제가 촉발된 것이 그 예에 해당한다. 이러한 현상은 보험제도의 속성에 해당하는 복잡성에서 기인한 측면과 함께, 보험상품의 설계 당시에는 예상치 못한 신종질병이 생겨나거나 의학기술 발달로 질병의 발견이 용이해진 것에서도 생겨나는 것이다.

최근 손해보험사에서 판매하였던 상해보험의 면책약관에서는 피보험자의 정신질환을 피보험자의 고의나 피보험자의 자살과 별도의 독립된 면책사유로 규정함으로써 이를 어떻게 해석할 것인지를 놓고 다툼이 계속되었다. 주로 생명보험사에서 판매했던 상해보험을 손해보험에서도 판매한 바 있었는데, 양측의 표준약관의 내용이 거의 유사하지만 일부분에서 약간의 차이가 있었다. 그 차이가 문제가 되었던 약관은 피보험자의 정신질환에 의한 사망의 경우 보험자 면책 여부에 대한 것이다. 생명보험사에서 판매한 상해보험 약관에 따르면 이 경우 보험자의 보상책임이 인정되지만, 손해보험사의 상해보험에 가입한 경우에는 동일한 사고임에도 보험자의 면책을 인정한 대법원 판단의 차이이다. 이와 관련해서 원심과 대법원의 판단이 다른 상해보험에서의 피보험자 정신질환 면책조항에 대한 해석 기준과 그에 대한 비판론적 관점을 전개하고자 한다.[6]

---

4) 대법원 2016. 5. 12. 선고 2015다243347 판결.

5) 서울동부지방법원 2022. 2. 9. 선고 2020나32079 판결.

6) 같은 판례를 정신질환으로 초래된 자살행위가 상해보험에서의 보험사고에 해당하는지 여부를 상해보험의 사고의 성질인 우연성과 급격성 및 외래성의 관점에서 분석한 논거도

## Ⅱ. 對象 判決의 分析

### 1. 槪 要

상법 제4편 보험편에서 보험을 손해보험과 인보험으로 구분하고 인보험은 생명보험, 상해보험 및 질병보험으로 나뉜다. 이러한 구분과는 달리 보험업법은 생명보험, 손해보험 그리고 제3보험으로 구분하고, 제3보험의 종목으로 생명보험의 정액보상적 특성과 손해보험의 실손보상적 특성을 동시에 가지는 것으로서, 상해와 질병 및 간병보험 등으로 정하였다. 보험업법상 보험회사는 생명보험업과 손해보험업을 겸영하지 못하도록 하였음에도 불구하고 제3보험인 상해보험은 생명보험사와 손해보험사 모두에 의해서 판매가 가능하다. 이는 상해보험의 생래적 특성상 인보험의 손해보험화[7]가 실무적으로 반영된 현상이다. 상해보험계약의 체결을 위해서 생명보험의 경우는 생명보험표준약관을 이용하지만, 손해보험에서는 특종보험표준약관 및 장기손해보험표준약관을 이용하여 오다가 2010년 1월에 손해보험의 경우 약관개정으로 질병·상해보험표준약관으로 변경된 상태이다. 이러한 과정을 거쳐 현재는 생명보험은 생명보험표준약관을, 손해보험은 질병·상해보험표준약관을 사용하는데 양자 간에는 그 차이가 크지 아니하다.

그러나 현재 문제가 된 사안의 약관은 개정 전의 것(자료-1)으로 보험자의 면책사유로 정하여진 것 중 "피보험자가 정신질환으로 자신을 해친 경우"에 대한 해석과 관련한 부분(표-2)이다. 문제는 2010년 개정 전 약관에

---

있다.: 김이수, "피보험자의 정신질환으로 초래된 자살행위로 인한 사망이 상해보험의 보험사고인지 여부", 「법과 기업 연구」 제5권 제3호, (2015), 183면 이하.: 해당 판례와는 유사한 사건이지만 생명보험계약의 경우 중 정신질환에 인한 자살의 경우 자살의 실행 및 그 결과에 대한 인식이 있다고 보아 고의가 있으나 보험자의 자살면책사유인 고의자살의 예외로서 별도로 규정한 자살부책조항에 근거하여 보험자의 재해사망보험금지급책임이 인정되어야 한다고 판단한 논거도 있다.: 윤은경, "생명보험계약상 면책기간 내 피보험자의 정신질환으로 인한 자살에 대한 보험자의 재해사망보험금 지급의무", 「법학연구」 제57권 제3호, (2016), 207면 이하 참조.

7) 김은경, 「보험계약법」, 보험연수원, (2016), 702면; 박세민, 「보험법」, 박영사, (2015), 858면; 정희철, 「상법학(하)」, 박영사, (1990), 488면; 정찬형, 「상법강의(하)」, 박영사, (2009), 762면; Bruck/ Möller/Kent Leverenz VVG, De Gruyter, 2010, Vor § 178 Rn. 38 ff; Looschelders/ Pohlmann/Looschelders/Götz, VVG Carl Heymanns, 2009, § 178, Rn. 4; BGH 15.2. 1968 VerBAV 1969 102, 103; BGH 8.2. 1960 BGHZ 32 44, 47f.

따른다면 생명보험사의 상해보험계약을 체결한 경우와 손해보험사에서 체결한 경우, 피보험자가 정신질환으로 인하여 사망에 이르게 된 규정을 적용함에 있어서 큰 차이가 발생한다는 것(표-1)에 있다. 정신질환으로 인한 사망과 관련하여 생명보험가입자의 경우는 보험자로부터 보상이 이루어지지만, 손해보험의 경우에는 보험자면책이다. 이하에서는 손해보험상 피보험자의 정신질환 면책조항과 관련한 문제점에 대하여 고찰하고자 한다.

<자료-1: 쟁점 대상의 약관>

□ 제○○조 (보상되지 아니하는 손해)
회사는 그 원인의 직접 내지 간접을 묻지 아니하고 아래의 사유로 생긴 손해는 보상하여 드리지 아니합니다.
① 피보험자의 고의
② 수익자의 고의. 그러나 그 수익자가 보험금의 일부수익자인 경우에는 그 수익자에 해당하는 보험금을 제외한 나머지 보험금을 다른 수익자에게 지급합니다.
③ 계약자의 고의
④ 피보험자의 자해, 자살, 자살미수, 형법상의 범죄행위 또는 폭력행위 (단, 형법상 정당방위, 긴급피난 및 정당행위로 인정되는 경우에는 보상하여 드립니다)
⑤ 피보험자의 질병 또는 심신상실
⑥ 피보험자의 <u>정신질환으로 인한 상해</u>
⑦ 피보험자의 임신, 출산(제왕절개를 포함합니다), 유산 또는 외과적 수술, 그 밖의 의료처치. 그러나 회사가 부담하는 상해로 인한 경우에는 보상하여 드립니다.
⑧ 피보험자의 의수, 의족, 의안, 의치 등 신체보조장구에 입은 손해
⑨ 피보험자의 형의 집행
⑩ 지진, 분화, 해일 또는 이와 비슷한 천재지변
⑪ 전쟁, 외국의 무력행사, 혁명, 내란, 사변, 폭동, 소요, 기타 이들과 유사한 사태
⑫ 핵연료 물질(사용이 끝난 연료를 포함합니다. 이하 같습니다) 또는 핵연료 물질에 의하여 오염된 물질(원자핵분열 생성물을 포함합니다)의 방사성, 폭발성 또는 그 밖의 유해한 특성에 의한 사고
⑬ 위 ⑫ 이외의 방사선 조사(照射) 또는 방사능 오염
⑭ 자동차를 직접 운전하던 중에 발생한 급격하고도 우연한 자동차 사고(음주무면허 상태에서 운전하던 중 발생한 사고를 포함합니다)

<표-1: 생명보험 및 손해보험에서 상해보험약관의 차이>

| | 생명보험 표준약관 | 손해보험 표준약관 |
|---|---|---|
| 면책 또는 부책사유 | * **2005년 4월 이전**<br>피보험자가 정신질환상태에서 자신을 해친 경우 | |
| | * **2010년 1월 이전**<br>피보험자가 정신질환 등으로 자유로운 의사결정을 할 수 없는 상태에서 자신을 해친 경우 | * **2010년 1월 이전**<br>피보험자가 정신질환으로 자신을 해친 경우 |
| | * **2010년 1월 이후**<br>피보험자가 심신상실 등으로 자유로운 의사결정할 수 없는 상태에서 자신을 해친 경우 | * **2010년 1월 이후**<br>피보험자가 심신상실 등으로 자유로운 의사결정할 수 없는 상태에서 자신을 해친 경우 |
| 대법원 판단 | * 보험자 지급책임 | * 2010년 1월 이전 : 보험자 면책<br>* 2010년 1월 이후 : 보험자 책임 |

<표-2: 손해보험사의 상해보험 유사사건 판례의 근거>

| 대법원 | |
|---|---|
| 2015. 10. 15. 선고 2015다34956[8]<br>- 원고 : 보험사<br>(2015. 5. 12. 선고 2014나6824)<br>(2014. 9. 17. 선고 2014가합8614) | ○ 피보험자의 정신질환으로 인식능력이나 판단능력이 약화되어 상해의 위험이 현저히 증대된 경우 그 증대된 위험이 현실화되어 발생한 손해는 보험보호대상에서 배제 |
| 2015. 6. 23. 선고 2015다5378[9]<br>- 원고 : 보험사<br>(2014. 12. 23. 선고 2014나1935)<br>(2014. 1. 23. 선고 2013가합740) | ○ 이러한 면책사유를 규정한 약관조항은 고객에게 부당하게 불리하여 공정성을 잃은 조항이라 할 수 없음<br>○ 정신질환에 의해 자유로운 의사결정을 할 수 없는 상태에 이른 것은 보험자 면책사유에 해당 |

8) 이에 대한 평석으로는 김선정, "약관의 소급적용 요건 및 약관조항이 고객에게 부당하게 불리하여 공정성을 잃은 조항인지 여부 -대법원 2015. 10. 15. 선고 2015다34956, 2015다34963 판결", 「월간생명보험」, (2015), 52면 이하.

9) 이에 대한 평석으로는 김선정, "피보험자의 정신질환에 기한 상해사고를 면책사유로 한 약관조항의 해석", 「월간생명보험」, (2015), 48면 이하 참조.

## 2. 保險에서 精神疾患의 意味

행위자가 법률행위를 유효하게 하기 위해서는 행위능력이 있어야 한다. 행위능력의 바탕에는 정신상 능력이 전제되어야 한다. 만일 보험계약 체결 당시에 이 능력이 없는 경우, 즉 심신상실이나 심신박약의 경우는 일종의 보험무능력상태에 있을 수 있다. 반대로 정신적인 능력이 전제된 상태에서 보험에서 언급하는 사고를 인식하고 스스로 발생시켰다면 이는 보험자의 책임을 면하게 되는 사유가 되지만, 보험기간 중 피보험자가 정신장애상태 하에서 인보험의 보험사고를 발생시킨 경우, 이는 고의에 의한 것이 아니므로 보험자에게 보험금지급의무를 부과하는 근거가 될 것이다.

의학에서 말하는 정신질환(mental illness)이란 정신기능에 장애가 온 상태를 총칭하는 것이다. 정신보건법[10]에서의 정신질환자는 동법 제3조에 따라 정신병, 인격장애, 알코올 및 약물중독 기타 비정신병적 정신장애를 가진 자를 말한다고 한다. 흔히 정신질환이라 함은 뇌세포의 손상으로 비정상적인 정신적인 소인에 따라 자유로운 의사결정의 어려움이 있는 상태이다. 단순히 심약한 자가 스트레스를 받고 있는 상태를 의미하거나 피폐한 상태를 말하는 것은 아닐 것이다. 그러나 이러한 것이 원인이 되어 의사형성이나 결정에 부정적 동기로 작용한다면 이 역시 자유로운 의사결정이 어려운 상태가 될 수 있을 것이라고 본다. 그러므로 어떤 특정한 정신상태가 의사형성 자체에 장애가 되거나 의사결정에서 비정상적인 결정을 하게 되는 원인이 된다면 모두가 문제가 될 수 있다.

보험법에서 언급하는 정신장애나 의식장애의 개념은 질병, 알코올성 의존 또는 인위적인 수단에 기인하여 작용능력과 반작용능력이 현저하게 방해가 되는 모든 상태를 의미하며 피보험자 자신의 환경을 안전하게 유지하기에 충분하지 못한 동시에 위험에 처한 상황을 더 이상은 지배할 수 없는 상태에 있는 경우를 포함한다.[11] 정신장애를 가진 피보험자가 자유로운 의사결정을 할 수 없는 상태에서 일정한 행위를 착수하는 경우라면 이를 보험에

10) '정신보건법'은 1995. 12. 30. 제정되었고, 2015. 5. 13. 최종 개정되었음.

11) Halm/Engelbrecht/Krahe/*Schießl*, Versicherungsrecht, 5.Auf. Luchterhand Verl. (2015), 22. Kap. Rn. 21; BGH VersR 1990, 1343; BGH VersR (1985), 583.

서는 고의에 의한 행위의 착수라고 하지는 않는다. 물론 피보험자의 책임이 있는 사유로 의식장애 상태를 만든 경우까지는 여기에서는 별론으로 한다.[12] 개념상 민사법에서 행위능력이 없는 상태를 인보험에서는 정신적인 장애가 있는 상태로 보지만,[13] 그렇다고 하여 이러한 상태가 지속될 것을 요하는 것은 아니다.[14] 즉, 정신적으로 현저한 장애상태가 반드시 지속될 필요가 있는 것이 아니라 일시적으로 의식을 잃은 경우, 예컨대 내분비순환계통의 약화나 어지러움증 또는 몽유병 등의 상태에서 생기는 장애도 이에 포함된다.[15] 더욱이 정신적인 장애상태가 의지뿐만 아니라 이해력의 장애 또는 감정의 장애, 성기능 장애 등에서 기인하는 경우도 있다. 이러한 정신장애가 보험에서 언급하는 정신질환에 해당한다.

생명보험이나 상해보험에서 정신질환으로 인하여 발생한 사고에 대한 의미는 보험자의 면책을 제한하는 것으로 파악하는 기준이 된다. 즉 「피보험자가 정신질환 등으로 자유로운 의사결정을 할 수 없는 상태에서 자신을 해치거나 사망의 결과를 발생케 한 경우까지를 보험자 면책의 원인이 되는 것으로 보지는 아니한다」라는 것이다. 물론 「자신이 스스로를 해치거나 또는 사망의 결과를 발생시키는 직접적인 원인행위가 외래의 요인에 의한 것이라면 그 보험사고는 피보험자의 고의에 의하지 않은 우발적인 사고로서 재해에 해당한다」라고 판시한 바 있다.[16]

그리고 판례는 「정신질환 등으로 자유로운 의사결정을 할 수 없는 상태의 사망이었는지 여부는 자살자의 나이와 성행(性行), 자살자의 신체적, 정신적 심리상황, 정신질환의 발병시기, 진행경과와 정도 및 자살에 즈음한 시점에서의 구체적인 상태, 자살자를 에워싸고 있는 주위 상황과 자살 무렵의 자살자의 행태, 자살행위의 시기 및 장소, 기타 자살의 동기, 그 경위와 방법 및 태양 등을 종합적으로 고려하여 판단하여야 한다」라고 한다.[17] 다만 「자

12) Beckmann/Matusche-Beckmann/*Mangen*, Versicherungsrechtshandbuch, 3. Aufl. C.H.Beck, 2015, § 47, Rn. 40.

13) Bruck/Möller/*Winter*, VVG, De Gryuter, 2010, § 161, Rn. 27.

14) Bruck/Möller/*Winter*, a.a.O., § 161, Rn. 27.

15) Halm/Engelbrecht/Krahe/*Schießl*, a.a.O., 22. Kap. Rn. 21.

16) 대법원 2008. 8. 21. 선고 2007다76696 판결.

17) 대법원 2011. 4. 28. 선고 2009다97772 판결.

신이 자해에 대한 고의가 있었을 뿐이고 설령 그 자해가 원인이 되어 사망에 이르게 되었다고 하더라도 피보험자 자신의 사망에 대한 고의가 있는 것이 아니므로 보험자 면책에 해당하는 자살로 볼 수 없어 보험자에게 보험금 지급책임이 있다」라는 취지의 판례[18]도 있다.

### 3. 傷害保險에서 精神疾患 免責條項의 分析

#### (1) 생명보험 면책약관에 관한 판례와의 차이

대법원은, 「상법 제659조 제1항 및 제732조의2의 입법취지에 따라 사망을 보험사고로 하는 보험계약에서 피보험자의 자살을 보험자의 면책사유로 규정하고 있는 경우, 이는 피보험자가 정신질환 등으로 자유로운 의사결정을 할 수 없는 상태에서 사망의 결과를 발생하게 한 경우까지를 포함하는 것은 아닐 뿐만 아니라」라고 판단한 바 있다.[19] 이는 피보험자가 자유로운 의사결정을 할 수 없는 상태에서 자살한 경우에는 면책약관이 규정한 피보험자의 고의로 보지 않겠다는 것을 보여주는 것이다. 이후 생명보험에서의 수많은 판결들이 사망을 보험사고로 한 보험계약의 면책약관을 "피보험자가 사망 당시 자유로운 의사결정을 할 수 있는지 여부"로 제한하여 해석하는 방향으로 정착이 되고 있다. 이러한 취지는 사망을 보험사고로 하는 상해보험의 경우도 준용이 되므로 생명보험사가 판매하는 사망보험에서의 면책약관과 손해보험사가 판매하는 상해보험에서의 사망을 보험사고로 하는 것에서의 면책약관에 본질적인 차이를 두고 해석할 일은 아니다.

#### (2) 약관규정의 추상성

손해보험약관에서의 보험자 면책에 해당하는 '피보험자가 정신질환 상태에서 자신을 해친 경우'라는 규정은 정신질환의 의미나 그 질환의 정도에 따른 범위를 포함하지 아니한 추상적인 것이어서 피보험자가 정신질환 상태에만 있다면 보험자는 질환의 정도에 대한 고려 없이 언제든지 보험금지급을 하지 않겠다는 취지로 읽힌다. 이러한 약관규정의 추상성 때문에 해당 사건과 같은 분쟁이 반복되고 있다고 본다. 보험약관은 약관의 규제에 관한 법

---

18) 대법원 2010. 3. 25. 선고 2009다38438, 38445 판결.

19) 대법원 2006. 3. 10. 선고 2005다49713 판결.

률(이하 약관규제법) 제2조에 따라 보험자가 보험계약의 내용을 이룰 상품의 구성내용을 미리 만들어 보험계약자에게 제공하는 것으로서 시장에서 보험자의 수준을 판단받는 일종의 법적 산물(Rechtsprodukt)[20]이다. 이러한 법적 산물 내지 상품은 기본적으로는 일반 공중을 대상으로 보험자에 의하여 일방적으로 만들어진 것이기 때문에 그 자체가 추상적인 성향이 강하므로 그 구체성은 계약과정에서 보험자가 확보하여야 한다.

보험자가 보험약관을 만드는 과정에서 보험소비자를 개별적으로 배려하지 아니하고 이를 추상적으로 구성한 당사자이므로 사실상 이로 인한 손해는 보험자가 부담하여야 한다. 과연 '정신질환 상태에서'라고 정한 경우는 어느 정도의 정신상의 질환을 의미하는 것인지 알 수 없으므로 정신질환의 상태의 경중에 따라 다음 단계에서 발생하게 될 구체적인 사고의 성향이나 결과는 달라질 수 있다는 것을 예견하고 이를 분별할 수 있도록 약관을 구성하거나 적어도 이를 분별할 수 있도록 약관에 그 근거는 마련하였어야 한다. 그러한 책무는 사실상 보험자에게 있다.

그런데 합리적인 범위 내에서의 약관의 구체화 과정이라는 과제를 방치함으로써 그 판단을 위하여 쟁송이 반복된 것은 분명히 약관의 추상성에 따른 결과이다. 만약 약관의 기술이 구체적이지 아니하면 그것 자체가 적어도 명확성을 확보하고 있어야 하지만, 실제에서는 그러하지 못하여 약관규정의 추상성이 종국에는 약관해석의 문제를 유발하게 된다. 그러므로 불명확한 약관규정의 문제로 인하여 부득이하게 약관을 해석하여야 하는 단계로 접어들게 한다. 이러한 과정에서 판단컨대 약관해석으로 인한 불이익은 약관을 이용하는 자가 아닌 약관을 구성한 자의 부담으로 가게 하는 것이 정당하다고 할 것이다. 이는 약관에 따른 계약이 부종계약성을 가진다는 측면에서도 충분히 설명 가능한 부분이다.

피보험자의 정신질환으로 인한 사고를 피보험자의 고의에 의한 사고나 피보험자의 자살과 동등하게 별도의 독립된 면책사유로서 규정하고 있는 해당 약관과 같은 경우하에서는, 피보험자의 정신질환이 원인이 되어 자유로운

---

**20)** Dreher, Die Versicherung als Rechtsprodukt, Mohr Siebeck, (1991), S. 145ff; Dreher /Kling, Kartell- und Wettbewerbsrecht der Versicherungsunternehmen, (2007), S. 106.

의사결정을 할 수 없는 상태에 이르렀고 이로 인하여 사망이라는 보험사고가 발생했을 때의 자유로운 의사결정이 어려운 상황이 고의와 동일시 되는 결과를 낳게 된다. 결국 고의에 의한 사고와 정신질환으로 인한 상해사망사고가 보험자 면책이라는 동일한 효과를 발생시키지만, 양자는 근원적인 차이가 있음에도 약관의 추상성에 따라 보험금지급의 대상이 되지 않는 가혹한 결과를 가져오게 한다. 그럼에도 불구하고 판례는 「정신질환에 의한 상해를 별도의 독립된 면책사유로 둔 취지는 피보험자의 정신질환으로 인식능력이나 판단능력이 약화되어 상해의 위험이 현저히 증대된 경우 증대된 위험이 현실화되어 발생한 손해는 보험보호의 대상으로부터 배제하려는 데에 있고 보험에서 인수하는 위험은 보험상품에 따라 달리 정해질 수 있는 것이어서 이러한 면책사유를 규정한 약관조항이 고객에게 부당하게 불리하여 공정성을 잃은 조항이라고 할 수 없다」라고 하고 있다. 그러나 이는 현저히 부당하고 불리한 조항에 해당한다. 이 문제는 약관규제법의 적용에 앞서 상법상 무효가 될 여지가 있다. 즉 상법 제732조의2와 연동되어 제663조의 보험계약자 등의 불이익변경금지를 직접적으로 위반한 것이다.

### (3) 상해보험에서 고의와 중과실 구별의 의미

상법 제659조는 "보험사고가 보험계약자 또는 피보험자나 보험수익자의 고의 또는 중대한 과실로 인하여 생긴 때에는 보험자는 보험금을 지급할 책임이 없다."라고 규정하고 있다. 이는 보험계약법이 보험자의 면책사유로서 보험계약자, 피보험자 또는 보험수익자의 고의와 중과실인 주관적 요소를 그 근거로 정하고 있다. 반면 상법 제732조의2 제1항에서 "사망을 보험사고로 한 보험계약에서는 사고가 보험계약자 또는 피보험자나 보험수익자의 중대한 과실로 인하여 발생한 경우에도 보험자는 보험금을 지급할 책임을 면하지 못한다."고 정하고 있고, 더불어 상법 제739조는 이를 상해보험에도 준용한다는 것을 명시하고 있어서 상해보험의 경우 보험자의 면책사유로서 보험계약자, 피보험자 또는 보험수익자의 고의만으로 제한하고 있다. 즉 생명보험에서는 보험계약자, 피보험자 또는 보험수익자의 중과실에 의한 사고 발생의 경우 보험자가 면책되지 아니하고 이러한 것은 상해보험에 준용된다. 손해보험사에서 판매하는 상해보험의 경우도 역시 상법 제659조, 제732조의

2 제1항 및 제739조가 적용된다.

해당 약관에서 제시하는 정신질환으로 자신을 해친 경우를 기존 판례의 취지와 같이 적용하면 자신을 해친 원인이 정신질환인데, 이 정신질환으로 인하여 자신을 해치는 순간에 그것이 일반적인 고의와 동일하게 취급되는 경우에 해당한다고 단정할 수 있을지는 의문이다. 고의는 행위자가 고의임을 의식할 수 있는 상태에서 판단해야 하는데, 정신질환이 있는 자의 판단은 심신이 미약한 상태에서의 판단으로 이것이 고의와 같은 정도의 의식상태라고 보기에는 무리가 있다. 더욱이 정신질환으로 인하여 자신을 해친 것은 보통의 경우라면 정신질환이라는 질병을 얻게 된 후 발생하는 일련의 행위의 결과를 스스로 예견할 수 없는 것이고, 그것이 이유가 되어 자살까지 간 것이라고 볼 여지가 커서 이는 고의에 의한 자살과는 본질적으로 다르다. 물론 판례[21]는 「해당 약관이 이와 같이 정신질환으로 인하여 자신을 해치는 경우를 보험자의 면책으로 하는 것은 고의와는 별개의 면책사유를 보험약관에서 정한 것이다」라고 한다. 그러나 심신상실이나 정신질환으로 인한 사고에서 사고발생 원인에 대한 비난가능성과 고의에 의한 사고의 결과에 대한 예측가능성에 근거한 비난가능성은 동일한 것이 아님은 분명하다. 더욱이 이 두 문제를 판단함에 있어서 중과실에 의한 보험사고는 보험자를 부책하게 한다는 것과의 사이에서의 형평성도 고려되어야 한다. 또한 정신질환 상태하에서 온전한 의사결정을 위한 인식능력이나 판단능력이 설령 일시적으로 생긴다 하여도 이것의 지속성을 판단하기 어려우므로 이를 정상인의 고의와 그 성질이 같은 것으로 보기는 곤란하다. 오히려 정신질환으로 자유로운 의사결정을 할 수 없는 경우는 중과실에 의한 사고에서의 주관적 요소와 견주는 것이 더 합리적일 수 있다. 그러므로 상해보험에서 중과실을 보험자의 면책사유로 하지 않는 것과 비교할 때 정신질환으로 인해 자유로운 의사결정을 할 수 없는 경우를 중과실보다 현저히 불리하게 볼 근거는 없다. 따라서 해당 판례의 사고와 같이 사망을 보험사고로 하는 보험약관이 보험자면책으로서 고의 이외의 규정을 두어 보험자의 책임을 면하도록 한 경우는 상법 제732조의2 제1

---

**21)** 대법원 2015. 10. 15. 선고 2015다34956, 34963 판결; 대법원 2015. 6. 23. 선고 2015다5378 판결 참조.

항 및 제739조 취지에 부합하지 아니한다.

만일 대법원의 판단과 같이 피보험자의 정신질환에 의한 사고를 고의에 의한 사고와 같은 보험자면책사유와는 별도 내지 별개의 독립된 면책사유로 하는 사고로 단정하게 되면, 정신질환에 의한 사고인 죽음의 결과와, 피보험자의 일반적인 고의에 의한 사고 및 자살이라는 의도적으로 스스로가 선택한 죽음이라는 결과를 구별한 특정 근거가 없다는 논리적인 모순이 생기게 됨으로써,[22] 보험법에서 고의에 의한 사고에 한하여 보험자면책으로 하는 경우(제732조의2)와 고의 또는 중과실에 의한 사고를 보험자면책으로 하는 경우(제659조)로 법에 의해 구분하여 인보험과 손해보험의 부보대상에 대한 차이를 두는 법정책적 취지를 무시하는 결과가 된다. 정신질환이라는 지극히 정상적이지 아니한 정신적 소인에 기인하여 생겨난 죽음과 자기의 행위에 의하여 일정한 결과가 생길 것을 인식하거나 의도하여 발생시킨 죽음이 그 결과만으로 동일하게 취급될 수는 없는 것이다.

더불어 생명보험약관에서 자살과 자사를 구분하는 취지와 비교할 때 손해보험과 현격한 간극을 생기게 해서 보험계약자가 상해보험계약을 체결함에 있어서 생명보험사를 선택할 것인지 손해보험사를 선택할 것인지에 따라 극단적인 결과가 되어 그 자체로 불합리하다. 손해보험의 해당 약관과 마찬가지로 정신질환으로 자유로운 결정을 할 수 없는 상태에서 자신을 해치는 행위로 죽음에 이르게 된 자사를 고의와 같은 선상에 놓고 보험자를 면책하게 하는 것은 보험약관의 형평성을 문제삼는 논거가 될 수 있다.

#### (4) 보험계약자 등의 불이익변경금지 규정의 위반

상법 제732조의2 제1항 및 제739조의 취지에 따라 사망을 보험사고로 하는 보험계약에서 그 보험계약이 상해보험을 대상으로 한다면 중과실로 인하여 보험사고가 발생한 경우에는 보험자가 면책되지 않는다. 보험자 면책사유와 관련한 동조의 취지는 피보험자의 사망에 대해 피보험자의 고의의 경

---

22) 현저한 정신장애자가 자유로운 의사결정을 할 수 없는 상태에서 자신을 해친 경우에는 자기의 생명을 끊는다는 의사 그 자체를 결하고 있으므로 자살이라고 할 수 없다고 한다; 유관우 · 이현열, 「조문별 인보험 약관해설」, 도서출판 앨림지앤피, (2006), 289-290면; 조규성, "손해보험사의 상해보험 약관에서 규정하고 있는 '피보험자의 정신질환' 면책조항의 효력에 관한 판례고찰", 「법학연구」 제56권 제4호, (2015), 203면.

우만 아니라면 보험자가 면책되지 아니한다는 것인데, 정신질환이 이유가 되지만 고의의 가능성은 없어 보이는 사건에서 피보험자의 중과실 여부를 따지지도 않고 정신질환이 있기만 하면 이로 인하여 자신을 해치는 경우를 보험자 면책으로 한 것은 상법 제732조의2 제1항의 위반이다. 그런데 정신질환으로 인하여 자신을 해치는 경우를 보험자면책으로 하는 상해보험약관은 자신을 해치는 결과가 정신질환으로 인한 것이므로 행위자의 고의에 의한 것이 아닌 중과실 이하의 주관적 요건에 의한 것으로서 이를 보험자면책으로 한 것이므로, 이는 상법 제663조의 보험계약자 등의 불이익변경금지 규정에 정면으로 위반한 것이 되어 무효이다. 즉 사망을 보험사고로 하는 보험약관이 고의 이외의 규정을 두어 보험자의 책임을 면하도록 한 경우이므로 이 면책약관은 무효가 되는 것이다. 상법 제663조는 상법 보험편의 모든 규정이 당사자간의 특약으로 보험수익자 등에게 불이익하게 변경되어서는 아니된다는 원칙을 천명하고 있고, 이 규정은 상대적 강행규정성을 띄는 상법 보험편의 본질적인 특성을 나타내는 것이다.

보험계약자는 보험상품의 내용을 담고 있는 보험약관의 작성에도 직접적으로 관계하지 아니함에도 자신이 스스로 예견할 수 없었던 약관에 직면해야 하는 처지에 있으므로 다른 일반 계약에서보다도 특별히 계약상 보호의 상대방이 되는 것이다.[23] 그러므로 보험약관이 보험사업자에 의해 일방적으로 작성되고 보험계약 역시 보험소비자로서 구체적 조항내용을 검토할 기회없이 이루어지는 계약의 체결과정에 비추어 볼 때, 일반적인 사적 계약과 달리 사적자치 원칙의 한계에서 벗어난 보험약관에 대하여 법원에 의하여 사후적인 내용통제를 함으로써 보험약관의 신의성실의 원칙이 구현되어야 한다.[24] 그런데 실상은 이러한 내용통제는 감독기관을 통하여 사전적인 내용통제를 거친 후에 일종의 표준약관의 형식을 빌어 보험시장에 출현하게 되는데, 사전적인 내용통제가 충실히 안된 경우라면 계약 당사자 사이에 해당 약관의 해석과 관련하여 분쟁이 생긴 때에 이를 법원이 사후적으로 내용통제를 할 수밖에 없는 것이다.

---

**23)** 김은경, "보험약관 내용구성의 책임", 「아주법학」 제10권 제1호, (2016), 99면.

**24)** 대법원 2005. 2. 18. 선고 2003두3734 판결; 대법원 1991. 12. 24. 선고 90다카23899 판결.

더욱이 보험자의 면책약관과 관련하여 상법 제663조에 따라 무효라고 판단한 판례에 의하여 보험자에게 보험금지급의무가 있음을 인정하게 된 바 있다. 그러한 예로서는 ① 피보험자의 안전띠 미착용 등 법령위반행위를 보험자면책 사유로 정한 약관조항(일명 '안전띠 미착용 면책약관'),[25] ② 자동차 운전자가 무면허운전을 하였을 때 생긴 사고로 인한 손해에 대하여 보험자가 보상하지 아니하는 것으로 규정한 보험면책 약관(일명 '무면허운전 면책약관'),[26] ③ 피보험자의 음주운전을 자기신체사고 손해까지 포함한 면책사유로 해석할 경우 보험면책 약관(일명 '음주운전 면책약관'),[27] ④ 보험료 납입 연체를 이유로 보험계약이 일정기간 경과 후 당연히 실효되는 것으로 규정한 면책약관(일명 '실효약관')[28] 등이 있다. 특히 사망을 보험사고로 하는 인보험의 면책약관이 '고의에 의한 사고가 아님에도 보험자의 지급책임을 면할 수 있도록 별도로 규정'되어 있다면 이는 상법 제732조의2, 제739조, 제663조에 위반되는 것이라 판단하고 있다.[29]

### 4. 小 結

정신질환으로 인한 사고는 주로 정신질환으로 인하여 그 어떤 상황의 결과발생에 대한 확정적 인식을 하지 못하거나 할 수 없는 것을 포함하는 것이므로, 이는 결국 정신질환이 자유로운 의사결정을 방해하는 원인일 뿐이며 고의가 아님을 의미한다. 또한 정신질환이 죽음의 직접적인 원인이 아니고 정신질환으로 인하여 자신을 해친 것으로서 간접적인 원인제공에 해당한다. 따라서 정신질환에 의한 사고는 상법 제732조의2에 따라 고의에 의한 사고가 아니므로 보험자의 보험금 지급의무가 인정되어야 한다. 동일한 취지로

---

25) 대법원 2014. 9. 4. 선고 2012다204808 판결: 안전띠를 착용하지 않은 것이 보험사고의 발생원인으로서 고의에 의한 것이라 할 수 없다.

26) 대법원 1991. 12. 24. 선고 90다카23899 판결; 대법원 1990. 5. 25. 선고 89다카17597 판결: 무면허운전이라는 사실만을 기준으로 보험자의 지급책임을 면하도록 정한 것은 상법 제663조에 위반한다.

27) 대법원 1998. 12. 22. 선고 98다35730 판결.

28) 대법원 2002. 7. 26. 선고 2000다25002 판결; 상법 제650조 제2항 소정의 절차를 거치지 않고 바로 실효됨을 규정하는 것은 상법 제663조에 위반한다.

29) 서울중앙지방법원 2012. 6. 1. 선고 2012가단5003190 판결.

심신상실로 인하여 자신을 해친 경우도 고의성이 배제되는 것이다. 그러므로 '심신상실 및 정신질환으로 인하여' 또는 '심신상실로 인하여' 내지 '정신질환으로 인하여'라는 면책약관에 따라 보험금지급을 면한다는 것은 상법 제663조 보험계약자 등의 불이익변경금지의 원칙에 반하는 것이다. 이는 중과실로 인하여 발생한 보험사고의 경우에는 보험자에게 보험금지급의무를 인정한 상법 제732조의2의 규정 및 상법과 비교해서 보험계약자 등에게 불리한 약관을 만들 수 없다는 상법 제663조의 규정에 반하는 약관조항을 구성한 것이므로 해당 약관의 취지는 적용할 수 없다. 결국 해당 약관은 보험자의 면책사유를 사망사고에 대한 면책사유는 '고의만으로 한정한다'는 취지에 반하는 것인 동시에, 정신질환으로 인한 사고를 중과실에 의한 것으로 보는 것이 아닌 고의에 의한 것으로 보는 결과가 되어, 약관을 잘못 만들어 보험자의 면책사유를 확대한 원인이 되는 것으로써 보험계약자 등을 불리하게 만드는 약관조항이 되는바, 이는 무효이다.

또한 정신질환에 의한 손해의 경우에는 어떠한 예외도 없이 무조건으로 보험금지급책임이 면제되도록 규정한 손해보험의 면책조항은 상법의 규정의 취지에도 반하는 것인데, 정신질환이 원인이 되어 자살한 경우에는 이는 그 사망이 자유로운 의사결정을 할 수 없는 상태에서 발생한 것이므로 고의에 의한 사고가 아니어서 고의에 의한 보험사고만을 보험자의 면책사유로 정한 상법의 법리를 몰각한 규정에 해당한다. 정신질환과 같은 심리불안 상태에 있었는지의 문제는 의사형성이나 의사결정의 합리성 여부를 판단하는 중요한 기준이 된다고 본다. 특히 문제가 된 손해보험사에서 만든 상해보험약관상 정신질환으로 인하여 자신을 해친 경우는 자유로운 의사결정을 할 수 없는 상태에서 자신을 해친 경우인 중과실에 기인한 결과발생까지를 포함하는 것임에도 불구하고 일반적으로 자유로운 의사결정을 할 수 없는 상태인 정신질환상태를 고의에 의한 사고와 동일하게 보는 취지의 해당 약관은 원인관계와 사고발생이라는 결과발생에서 원인관계에 대한 구체적인 인식을 하지 않은 부당한 약관이다.

## Ⅲ. 맺는 말

손해보험사에서 판매한 상해보험의 경우 상해보험약관의 일부인 피보험자의 정신질환 면책조항의 효력에 대하여는 기존의 대법원의 판시사항과는 견해를 달리한다.[30]

보험계약은 약관을 기반으로 한 소비자계약이다. 보험소비자가 상품을 구매하기 위하여 지불하게 되는 가격인 보험료에 대한 반대급부인 보험급부는 보험약관에 기술된 것을 근거로 하는데 보험자가 제시한 피보험자의 정신질환 면책조항은 보험자의 면책의 범위를 확대한 것으로써 보험자에게 책임을 부과하는 것이 아니고 보험자에게 책임을 제한하려는 취지이다. 그러므로 이를 해석함에 있어서는 무조건적으로 정신질환이 전제된다면 그로 인한 사고는 모두 보험자의 면책이라는 등가적인 관계가 성립하는 것으로 해석할 것은 아니다. 이는 약관규제법의 근본적인 취지에서나 상법 제663조 등의 취지에도 부합하지 아니한다.

약관규제법이나 상법 제663조의 규정의 취지는 계약당사자로서 약관을 이용하는 소비자의 보호에 있다. 정신질환이 있는 경우는 그 경중에 따라 차이가 나겠지만 자유로운 의사결정이 어려운 경우가 보통일 것이다. 해당 약관에서 정신질환에 의한 사고를 무조건 보험자면책으로 한 것은 정신질환이 근본적인 원인이 되어 자유로운 의사결정이 어려운 상황하에서의 상해 또는 사망사건의 결과가 된 경우 상해보험에서 중과실에 의한 사고를 보험자의 면책으로 하지 않는 취지와 부합하지 아니한다. 그러므로 해당 약관은 상법 제732조의2를 확대하여 규정한 면책약관으로서 상법 제663조인 보험계약자 등의 불이익변경금지 규정을 위반한 것에 해당한다.

또한 해당 약관에서 정신질환으로 인한 사고의 보험자 면책조항은 그 추상성으로 인하여 그 해석이 다의적일 수밖에 없어서 이를 해석함에 있어서는 약관작성자불이익의 원칙을 적용하여 정신질환으로 인한 사고 중 자유로운 의사결정을 할 수 없는 상태에서 발생한 사고에 대하여는 보험자의 보

30) 해당 약관의 해석 문제 외에도 정신질환자에 대하여 사망보험계약 외에 일반보험계약까지도 인수거절의 대상으로 삼는 것에 대한 비판론으로 김은경, "정신질환자 보험가입 관련 해외 법제도의 고찰", 「홍익법학」 제16권 제1호, (2015), 533면 이하 참조.

험금지급책임을 부담하게 하는 것으로 판단하는 것이 타당할 수 있다. 그런데 약관작성자불이익의 원칙을 적용하는 것은 이를 해당 약관의 해석 문제로 보아 약관규제법을 적용하여 해결하고자 하려는 의도에서 출발한 것이다. 그러나 오히려 정신질환으로 인한 상해를 보험자면책으로 정한 것은 약관규제법을 직접 적용하기 이전에 상법 제732조의2 규정의 위반에 해당하고 이는 근본적으로 보험계약자 등의 불이익금지를 허용하지 아니하는 상법 제663조의 위반에 해당하는 것으로써 무효로 보아야 한다.

# 保證保險者와 主契約上 連帶保證人 사이의 求償關係*

崔 東 烈**

◎ 대법원 2008. 6. 19. 선고 2005다37514 전원합의체 판결

## [事實의 概要]

(1) 양산시(도급인)는 A에게 4회에 걸쳐 아파트 신축공사를 도급하였고, 원고는 수급인인 A의 각 도급계약상의 의무를 연대하여 이행할 것을 보증한 연대보증인이다. 공사가 완성된 후 A는 도급계약에서 정한 바에 따라[1] 하자보수보증금에 갈음한 피고(건설공제조합)로부터 하자보수보증서를 발행받아 양산시에 교부하였다.

(2) 그런데, 기초지반 침하로 인하여 균열 등 하자가 발생하자, 양산시는 피고에게 하자보수보증서에 정한 보증금의 지급을 요청하는 한편, 수급인인 원고를 상대로 하자보수에 갈음한 손해배상청구소송을 제기하였다. 위 손해배상소송은 양산시의 일부 승소로 확정되었다.[2]

(3) 원고는 양산시에 대하여 판결에 따른 손해배상금을 모두 지급한 후 피고를 상대로 하자보수보증서에 기재된 금액 상당의 지급을 구하는 구상금 청구소송을 제기하였다.

---

* 제17회 상사법무연구회 발표 (2008년 7월 5일)

** 법무법인 율촌 대표변호사

1) 현금으로 일정 비율의 하자보수보증금을 납부하거나 그에 갈음하여 신용보증, 보증보험, 공제조합의 보증서를 제출하도록 하였다(시설공사계약 특수조건 제1조, 공사계약 일반조건 제18조).

2) 위 소송에서 원고는 손해배상액의 산정에 있어 피고의 위 하자보수보증서에 기재된 금액의 공제를 주장하였으나, 양산시가 피고로부터 위 보증금을 지급받았음을 인정할 증거가 없다는 이유로 받아들여지지 아니하였다.

## [訴訟의 經過]

### 1. 原審 判決

원심은, 「피고와 A 사이의 하자보수보증계약은 보증계약자인 A가 피보험자로서 채권자인 양산시로부터 하자보수 이행청구를 받았음에도 이를 이행하지 아니할 경우에 피보험자인 채권자가 입게 되는 손해의 전보를 인수하는 것을 내용으로 하는 손해보험계약으로서 형식적으로는 채무자의 채무불이행을 보험사고로 하는 보험계약이고(대법원 2000. 12. 8. 선고 99다53483 판결), 하자보수보증계약과 주계약에 부종하는 보증계약은 계약의 당사자, 계약관계를 규율하는 기본적인 법률규정 등이 상이하므로 하자보수보증계약상의 보증인과 주계약상의 보증인이 동일한 지위에 있는 공동보증인으로 보기는 어렵다 할 것이어서, 이 사건 하자보수보증계약상의 보증인과 주계약상의 보증인 사이에는 공동보증인 사이의 구상권에 관한 민법 제448조[3]가 준용되지 않는다고 할 것이므로(대법원 2001. 7. 27. 선고 2001다25887 판결 참조), 원고가 하자보수의무를 포함한 A의 양산시에 대한 도급계약상의 의무를 연대보증한 후 하자보수 의무를 이행하였다 할지라도 하자보수의무에 대하여 보증계약을 체결한 피고에게 그 보증금에 대한 상환을 구할 수는 없다」라고 하여 원고의 구상금 청구를 기각하였다.

### 2. 大法院 判決

#### (1) 다수 의견의 요지

구 건설공제조합법에 따라 건설공제조합이 조합원으로부터 보증수수료를 받고 그 조합원이 도급계약에 따라 부담하는 하자보수의무를 보증하기로 하는 내용의 보증계약은, 채무자의 신용을 보완함으로써 일반적인 보증계약과 같은 효과를 얻기 위하여 이루어지는 것이고, 계약의 구조와 목적 및 기능 등에 비추어 볼 때 실질적으로 보증의 성격을 가지므로, 민법의 보증에

---

3) 제448조 (공동보증인 간의 구상권) ① 수인의 보증인이 있는 경우에 어느 보증인이 자기의 부담부분을 넘은 변제를 한 때에는 제444조의 규정을 준용한다.
② 주채무가 불가분이거나 각 보증인이 상호연대로 또는 주채무자와 연대로 채무를 부담한 경우에 어느 보증인이 자기의 부담부분을 넘은 변제를 한 때에는 제425조 내지 제427조의 규정을 준용한다.

관한 규정, 특히 보증인의 구상권에 관한 민법 제441조 이하의 규정이 준용되고, 건설공제조합과 주계약상 보증인은 공동보증인의 관계에 있으므로, 어느 일방이 변제 등으로 채무를 소멸하게 하였다면 특별한 약정이 없다 하더라도 민법 제448조에 의하여 상대방에 대하여 구상권을 행사할 수 있다. 이와 달리, 양자가 공동보증인의 관계에 있다고 보기 어렵다고 보아 주계약상 보증인이 조합을 상대로 구상권을 행사할 수 없다고 판시한 대법원 2001. 7. 27. 선고 2001다25887 판결 등은 이 판결의 견해와 배치되는 범위 내에서 변경하기로 한다.

(2) 반대 의견의 요지

보증보험과 민법상 보증과의 유사성이 두드러진다 하여도 보험으로서의 성격을 완전히 부정할 수 없는 이상 보험계약의 외부적 관계, 즉 피보험자의 물상담보의 취득이나 연대보증계약 등의 기능의 전부 또는 일부를 대체하는 기능까지 수행하도록 요구하는 것은 별도의 약정이 없는 한 원칙적으로는 곤란하고, 그 역의 관계도 마찬가지이다. 따라서 이 사건 보증에 있어서도 두 당사자를 공동보증인으로 보아 상호 구상을 인정하는 것은 손해보험의 본질에 반하는 것이어서 받아들이기 어렵다.

뿐만 아니라, 이 사건 하자보수보증의 내용과 그 전제가 되는 주계약의 내용과 구조, 주채무자 및 연대보증인의 책임의 내용 및 성격 등에 비추어 보면, 연대보증인은 하자보수의무의 이행 및 그로 인한 궁극적인 손실의 부담에 관한 한 주채무자인 수급인과 동일한 지위를 갖는 것으로 보아야 하고, 조합 혹은 보증보험자는 주계약인 관급공사 도급계약상 연대보증인 제도 등 주계약상 채무의 이행을 확보하기 위한 여러 권리나 이행확보수단이 존재함을 전제로, 그리고 그러한 권리 등이 피보험자인 도급인의 최대선의에 의하여 모두 행사되고 보존될 것을 전제로 한 위험만을 인수하는 것이라고 보아야 할 것이므로, 가사 다수 의견처럼 보증보험의 보증적 성격을 인정한다 하더라도 이 사건 하자보수보증의 경우에는 편면적인 구상만 인정되어야 할 것이고, 따라서 주계약상 연대보증인의 건설공제조합에 대한 이 사건 구상금 청구는 기각되어야 한다.

## [評　　釋]

## Ⅰ. 序　　說

### 1. 共濟組合의 保證과 保證保險 一般

건설공제조합은 건설업자 상호 간 협동조직을 통하여 건설 관련 건설업의 영위에 필요한 각종 보증과 자금융자 등을 하기 위하여 건설산업기본법[4]에 의하여 설립된 법인으로서,[5] 조합원의 건설업 영위와 관련하여 입찰보증·계약보증(공사이행보증을 포함)·손해배상보증·하자보수보증·선급금보증·하도급보증과 기타 대통령령이 정하는 보증(제56조 제1항 제1호의 사업) 등을 주된 업무로 하는 법인이다.[6] 현재 국내 12,300 여 일반건설업을 영위하고 있는 건설업체가 조합원이며 조합원에 대하여 보증(현재 보증잔액 약 50조 원) 및 융자업무 등을 수행하고 있다. 전문건설공제조합은 건설업법에 의한 전문건설업자가 설립하는 점이 다를 뿐, 건설공제조합과 크게 다르지 않다.

---

4) 종전 건설공제조합과 전문건설공제조합의 근거 법률인 1963년 제정된 건설공제조합법과 1987년 제정된 전문건설공제조합법은 1996. 12. 30. 법률 제5230호 건설산업기본법의 부칙으로 폐지되었다.

5) 제54조 (공제조합의 설립) ① 건설업자 상호간의 협동조직을 통하여 자율적인 경제활동을 도모하고 건설업의 영위에 필요한 각종 보증과 자금융자 등을 하기 위하여 일반건설업자는 건설공제조합을 설립할 수 있고, 전문건설업자는 전문건설공제조합 또는 업종별 공제조합을 설립할 수 있다.
② 제1항의 규정에 의한 건설공제조합·전문건설공제조합 또는 업종별 공제조합(이하"각 공제조합"이라 한다)은 법인으로 한다.

6) 제56조 (공제조합의 사업) ① 공제조합은 다음 각 호의 사업을 수행한다.
1. 조합원이 건설업을 영위함에 필요한 입찰보증·계약보증(공사이행보증을 포함한다), 손해배상보증·하자보수보증·선급금보증·하도급보증과 기타 대통령령이 정하는 보증
2. 조합원의 건설업 영위에 필요한 자금의 융자
3. 조합원이 건설공사대금으로 받은 어음의 할인
4. 조합원의 공사용 기자재의 구매알선
5. 조합원에 고용된 자의 복지 향상과 업무상 재해로 인한 손실을 보상하는 공제사업
[이하 생략]
제57조 (공제규정) ① 공제조합은 제56조 제1항 제5호의 규정에 의한 공제사업을 하고자 하는 때에는 공제규정을 정하여야 한다.
② 제1항의 공제규정에는 공제사업의 범위, 공제계약의 내용, 공제료, 공제금, 공제금에 충당하기 위한 책임준비금 등 공제사업의 운영에 관하여 필요한 사항을 정하여야 한다.
제58조 (보험업법의 적용배제) 공제조합의 사업 중 제56조 제1항 제5호의 규정에 의한 공제사업에 관하여는 보험업법의 규정을 적용하지 아니한다.

건설공제조합의 보증의 법적 성질에 관하여, 판례의 태도는 다소 혼란스러웠다. 주로 "지급보증계약의 상대방이 누구인가(계약 취소의 의사표시를 할 상대방이 누구인가)" 또는 "주계약상의 이행기를 보증기간 이후로 연기하여 준 경우, 조합원이 변경된 주계약상의 이행기일에 이행을 하지 않은 것이 보증금 지급사유에 해당하는지 여부"를 둘러싸고 다루어졌는데, 과거 판례는 ① 민법상 보증으로 보는 견해를 취한 것[7]과, ② 상호보험으로서 보증보험과 유사한 것으로 보는 견해를 취한 것[8]이 엇갈려 있었다. 2000년 이후, 특히 대법원 2001. 7. 13. 선고 2000다2450 판결,[9] 같은 날 선고된 2000다

---

7) 모두 취소의 상대방 문제로서, 대법원 1997. 8. 22. 선고 97다13023 판결(전문건설공제 조합 사건), 대법원 1997. 10. 24. 선고 97다28704 판결(전문건설공제조합 사건), 대법원 1998. 2. 13. 선고 97다24535 판결(전문건설공제조합 사건) 등에서 성질론에 대한 일반론 없이 일반 보증임을 전제로 상고이유에 대하여 판단하고 있다.
대법원 1999. 11. 26. 선고 99다36617 판결(전문건설공제조합 사건)은, 「전문건설공제조합이 구 전문건설공제조합법(1996. 12. 30. 법률 제5230호 건설산업기본법 부칙 제2조에 의하여 1997. 7. 1. 폐지)에 의하여 하는 하도급이행(계약)보증에 있어서의 보증관계는, 조합과 조합원 사이에 체결되는 보증위탁계약의 제3자에 대한 효력으로서 성립하는 것이 아니라, 조합원의 신청에 따라 보증채권자를 위하여 보증서를 발급하는 방식으로 조합이 보증채권자에 대하여 직접 보증의 의사표시를 함으로써 성립하는 것이므로(구 전문건설공제조합법 시행령 제7조), 그 보증관계의 해소를 위한 보증 취소의 의사표시는 보증을 신청한 자에 불과한 조합원에 대하여 할 것이 아니라 보증의 의사표시의 상대방인 보증채권자에 대하여 하여야 한다」라고 판시하였는데, 역시 같은 맥락으로 이해할 수 있다.

8) 보증기간 유예의 문제가 쟁점인 사건이었다. 대법원 2001. 2. 13. 선고 2000다5961 판결(건설공제조합 사건)은, 「건설산업기본법에 따라 건설공제조합이 조합원으로부터 보증 수수료를 받고 조합원이 다른 조합원 또는 제3자와 하도급계약을 체결하는 경우 부담하는 하도급대금 지급채무를 보증하는 보증계약은 그 성질에 있어서 조합원 상호의 이익을 위하여 영위하는 상호보험으로서 보증보험과 유사한 것이라고 할 것이므로 이에 대하여도 보험에 관한 법리가 적용되고, 따라서 보증채권자가 조합원에게 그 이행기를 보증기간 이후로 연기하여 준 경우에는 이로써 건설공제조합의 보증계약상의 보증기간도 당연히 변경된다고 할 수는 없으며 연기된 이행기일이 보증기간 이후로 된 이상 비록 조합원이 변경된 주계약상의 이행기일에 이행을 하지 않는다고 하더라도 이는 보증사고가 보증기간 이후에 발생한 것이어서 보증금 지급사유에 해당되지 아니한다」라고 판시한 바 있다.: 대법원 1999. 8. 24. 선고 99다24508 판결 및 대법원 1999. 10. 8. 선고 99다27675 판결(주택사업공제조합 사건)도 같은 취지이다.

9) 피고는 "이 사건 보증계약은 소외 회사(수급인, 채무자)와 피고(건설공제조합)가 계약당사자가 되어 원고를 위하여 체결한 제3자를 위한 계약의 일종인데, 원고(하수급인, 채권자)가 수익의 의사표시를 하기 전에 소외 회사가 위 하도급대금지급보증서를 반환하면서 이 사건 보증계약을 취소 내지 해제한 것이다."라고 주장하였는데, 이에 대하여 대법원은 「이 사건 보증계약은 '제3자로서 하수급인인 원고를 위한 계약'이고, 그 성질에 있어서 조합원 상호의 이익을 위하여 영위하는 상호보험으로서 이에 대하여는 보험에 관한 법리가 적용된다고 할 것이므로 상법 제639조 제2항에 의하여 그 수익자인 원고는 수익의 의사표시를 하지 않고서도 이 사건 보증계약의 이익을 직접 받을 수 있는 것인데, 수익자인 원고

57771 판결 이후로는 ②의 견해로 사실상 정리된 것으로 보인다(상호보험의 일종으로서 제3자를 위한 보험계약관계로 파악). 판례의 취지에 의할 때, 결국 공제조합의 각종 보증에 대하여는 그 구조나 기능이 동일한 보증보험의 법리가 그대로 적용될 것이고 달리 취급할 이유는 없어 보이며, 그 이후 실무에서도 역시 공제조합의 보증상품과 일반 보증보험사의 상품 사이에 그 어떠한 차등을 두지 않고 있다

위 판례에 대하여는, 공제조합의 보증은 우연한 사고에 대처하기 위한 보험제도와는 성격을 달리하고, 공제조합의 보증에는 대수의 법칙에 의한 보험기법이 전혀 활용되지 않는다는 점을 들어, 보증보험과는 달리 보증으로 보아야 한다는 견해도 있고,[10] 그 밖에 위 판례에 대한 언급 없이, 보증보험과 달리 민법상의 보증이라고 보는 견해도 있다.[11]

공제조합의 각종 보증서나 약관은 물론 근거가 되는 건설산업기본법 그 어디에서도 일체 '보험'이라는 표현을 쓰고 있지는 않으며 어디까지나 '보증'으로 기재하고 있을 뿐이다. 문언에 충실하게 일종의 유상보증으로 파악하는 것이 간명하다고 볼 여지가 충분하다고 할 수 있다. 근거나 약관의 표현이 다르므로 선험적으로 양자를 동일시하는 것은 타당하지 않고, 앞으로 법령이나 약관의 개정에 의하여 서로 다른 길을 갈 수도 있다고 본다면 서로 다른 법리가 적용될 여지가 없다고는 할 수 없을 것이다. 이 부분은 앞으로 보험법학자들의 연구가 필요한 영역이다.

검토 대상인 전원합의체 판결에서, 다수의견은 공제조합의 보증과 일반적인 보증보험을 일응 구분하는 뉘앙스를 보이고 있는 반면, 반대의견과 보충의견은 양자를 완전히 동일한 평면에서 취급하고 있음을 알 수 있다. 일응은 현행 법령과 약관을 전제로, 보증보험과 같이 취급하는 판례의 입장을 받아들이기로 한다. 이하에서는 '보증보험'을 공제조합의 보증을 포함하는 넓

---

가 이 사건 보증계약의 이익을 취득한 날 및 보증사고가 발생한 날 이후인 1998. 1. 7.에서야 피고가 이 사건 보증계약을 취소하는 것은 수익자의 권리가 생긴 후에 당사자가 이를 소멸시키는 행위로서 그 효력이 없다」라고 판시하였다.

10) 신용석, "기관보증과 주계약상 보증인에 대한 구상권의 존부", 「민사재판의 제문제」 제14권, (2005) 참조.

11) 양승규 · 한창희, "전문건설공제조합의 보증에 관한 법적 고찰", 「보험법연구 4」, 삼지사, (2002) 참조.

은 의미로 사용하기로 하며, 양자를 따로 구별하지 않기로 한다.

## 2. 保證保險의 性格論

보증보험의 법률관계에 관해서는 문제되는 사안을 구체적으로 따져 보면 지극히 다양한 견해가 제시되고 있으며, 어떻게 보면 상당히 혼란스럽기까지 하다. 연간 이용금액만도 최소한 수백조원에 이르는 금융상품의 법률관계가 이렇듯 안개에 가려져 있고 어떤 국면에서는 보험적 측면이, 다른 국면에서는 보증적 측면이 이따금씩 드러나는 이러한 현상은 국외자의 시각으로 보면 납득하기 어려울 것이다.

그 원인이 어디에 있는가를 생각해 보면 아무래도 출생의 배경까지 거슬러 올라가야 할 것이다. 민법상 보증에 유사한 英美의 본드(bond) 제도가 일본에 도입되어 보증보험이 되었다고 일반적으로 논해지고 있다. 즉, 과거 일본에서 보험회사가 본드(bond) 제도를 모방하여 금융상품화할 당시 보험업법의 겸업금지조항이 걸림돌이 되어, 손해보험의 일종으로 구성할 수밖에 없었다는 것이다. 그러한 제약이 없었더라면 순수한 유상보증으로 구성되었을 가능성이 높다. 물론, 이러한 유상보증은 도덕적 위험의 여지가 크고 선의계약성이 강조될 필요가 있으므로, 그런 측면에서 보험법의 여러 제도적 장치들이 약관의 형태로 도입되었을 것이다. 보험상품으로 구성하더라도 그다지 어색하지 않게 보이는 이유도 여기에 있다.[12)]

일본에서도 '보증적 기능을 하는 보험'이라는 견해가 일반적인 듯하

---

12) 물론 잘 맞지 않는 부분도 당연히 있다. 일반적인 '제3자를 위한 손해보험'에서는 피보험이익의 침해자는 보험계약자를 포함하여 어느 누구라도 될 수 있지만, '보증보험'의 경우는 거의 예외 없이 피보험이익의 침해자가 바로 보험계약자 자신이다. 약관상 규정된 보험사고 자체가 그러하다. 그런데, 대부분의 '보증보험' 사안에서 보험사고란 보험계약자의 고의 또는 중과실에 의한 채무불이행이다. 보증보험은 상법 제659조에도 불구하고 보험금을 지급한다. 그렇게 본다면, 일본에서 유래한 현행 보증보험상품은 진정한 의미의 "보험"에 해당하는가라는 근본적인 의문이 제기될 수밖에 없다. 일반적으로 보험계약관계의 당사자인 보험계약자에게 보험자가 구상권을 행사할 수 있다는 것은 쉽게 받아들이기 어려운 문제이지만, Moral Risk의 방지가 상법 제659조의 주된 존재 의의라고 한다면, 역으로 보증보험에서 보험자의 보험계약자(피보험이익의 유일한 침해예정자)에 대한 구상은 "보험의 일반적인 원리에 반하는 것"이 아니라, 현행 보증보험제도 하에서도 "보험의 일반원리를 관철시키기 위한" 최소한의 장치라고 할 수 있을 것이다.

다.[13] 1965년경 급증한 '주택론(loan) 보증보험'과 관련하여 민법상 보증규정의 준용이 가능하다는 견해가 나타나기 시작하였는데[14] 보증보험 일반에 관하여 민법의 보증규정의 유추적용을 긍정하는 것은 아니고 기능적으로 보증에 아주 접근한 보험에 관하여 가능한 한도에서 긍정하는 것이라고 하기도 하며,[15] 보증보험을 보증제도가 아니라 보험제도이지만 보증(담보)적 기능을 수행하고 있는 것의 하나로서, 물품납품계약·공사도급계약·금전소비대차계약 등의 채무자가 채무불이행에 의한 손해배상의무를 보험원리에 의하여 보험회사에 인수시키는 손해보험계약으로 설명하기도 한다.[16] 다만, 일본의 경우 대부분의 법률관계를 약관에 의하여 해결하고 있어 우리나라와 같은 문제는 비교적 발생할 여지가 적다.

혼란의 두 번째 이유를 살펴보면, 우리 민법과 상법상 구상권 제도, 변제자대위 제도, 손해배상자대위 제도, 보험자대위 제도 등 다수당사자들의 이해관계를 조절하고 규율하는 여러 조항들의 관계가 명확하게 규명되고 있지 않다는 점을 들 수 있다.[17] 우리나라 법령에는 변제자대위 규정과 구상

---

13) 山下友信,「保險法」, 有斐閣, (2006), 15頁. 〈참고자료 #15〉.
'보증과 경제적으로 동일한 기능을 하는 보험'이라는 것도 만들어지는데, 이것이 보증 보험이고, 채무자를 보험계약자, 채권자를 피보험자로 하고 채무자가 일정의 기준을 충족하는 채무불이행을 하는 것을 보험사고로 하여 피보험자에게 잔존채무액을 손해로서 전보하는 보험이고, 손해보험회사에 보증증권업무가 인정되지 않던 시대에 동일한 기능을 하는 보험으로 고안된 것으로서, 보험계약자(채무자)의 고의에 의한 보험사고 초래가 보험자면책사유로 되지 않는 점이나 고지의무위반이 있더라도 고지의무위반의 효과가 발생하지 않는 점 등을 고려하면, 그 실질이 보증이라고 하는 것에서 보험 일반에는 보이지 않는 약정이 함께 담겨 있는 것이 특징이라고 설명한다.

14) 보험 측면에서 보증으로의 접근을 시도하는 "接近說"(西梅島治), 보증보험은 보험계약과 보증계약의 양면을 병유하고 있다는 "併有說"(鴻常夫), 보증과 보험의 법적 결합을 논거로 하여 보증보험계약이 보증계약의 성질을 가지므로, 보험계약에서 정하지 않은 사항 내지 보험계약의 해석에 있어 보증 규정을 적용 내지 준용하자는 結合說(松村寛治), 보험이나 보증의 어느 한쪽 울타리 안에 억지로 밀어넣을 것이 아니라 양 성질을 겸유하는 것으로 보아 보험계약에 관한 규정 및 보증계약에 관한 쌍방 규정을 적절히 적용 내지 유추적용하자는 견해(棚田良平) 등이 있었다고 한다.

15) 山浦廣海, "保證と保險",「手形研究 增刊」第26卷 第14號 (第334號), (1982).: 金融取引と保證-その實務と理論, 52頁.

16) 近江幸治,「民法講義 IV(債權法總論)」第2版, 成文堂, (2001), 230頁.

17) 이하의 설명은 김형석, "변제자대위 제도의 연혁에 관한 소고",「사법연구」제8집, 7면 이하.; 제철웅, "구상관계와 변제자대위 -그 상호관계의 비교법적 검토-",「민사법학」제23호, 698면 이하 참조

관련조항, 손해배상자의 대위조항, 보험자의 청구권 대위조항, 사회보험 · 사회보장적 급여를 한 국가 등의 수급권자 대위규정 등 구상권과 대위에 관한 수많은 규정들이 존재한다.[18] 구상권과 대위제도의 연혁[19]을 독일법계와 프랑스법계로 나누어 본다면, ① 독일법계는 구상관계에 관한 규율은 전적으로 보증인과 채무자 사이의 내부관계, 즉 위임이나 사무관리 등 일반규정에 맡겨둔 채로 연대채무자(독일민법 제426조 제2항), 보증인(제774조 제1항), 물상보증인(제1143, 1125조), 그 밖에 강제집행에 의하여 목적물상의 권리 · 점유를 상실할 위험이 있는 제3자(제268조)에 관하여 각각 해당 부분에서 개별적으로 채무이행에 따른 원채권의 법정양도만을 규정하고 있고,[20] 한편 ② 프랑스법계는 채권자 또는 채무

---

18) 민법에 의하면, ① 제424조 내지 427조는 연대채무자 간의 구상관계를, ② 제441조 내지 447조는 주채 무자와 보증인 간의 구상관계를 각 규율하며, ③ 채무자와 물상보증인 간에는 제341조, 제355조, 제370조에 의하여 제441조 내지 제447조가 준용된다. ④ 나아가 공동보증인 사이의 구상관계에 관해서는 법 제448조를 두어, 보통의 보증에는 부탁없는 보증인의 구상권에 관한 제444조를, 보증연대인 경우 연대보증인의 주채무자에 대한 구상권에 관한 조항을 준용한다. 이상은 "구상"에 관한 조항들인데, 구상권의 범위 · 행사방법으로 일관되어 있으며, "대위"라는 단어는 등장하지 않는다.
한편, ⑤ 일반적인 수인의 채무자나 담보제공자 상호 간의 관계를 규율하는 조항으로 제481조(법정대위) 조항을 두고 있으며, ⑥ 대위자 상호 간의 이익조정에 관해서 제482조 제2항을 두어 이해관계인의 이익조정 기능을 수행하고 있고, ⑦ 수인의 채무자 중 채권자를 만족시킨 자가 손해보험자인 경우 상법 제682조의 보험자대위에 의하여 피보험자 또는 보험계약자의 다른 채무자에 대한 권리를 대위취득하도록 규정하며, ⑧ 수인의 채무자 중 채권자를 만족시킨 자가 사회보험 · 사회보장적 급여를 한 국가 등인 경우에 수급권자의 제3자에 대한 권리를 대위(공무원연금법 제33조 제2항, 군인연금법 제41조 제2항, 국민연금법 제94조, 산업재해보상보험법 제54조, 의료보험법 제46조 등)하도록 규정한다. 이상은 "대위"의 근거 및 조정으로 일관하고 있다.

19) 독일과 프랑스 모두 대위제도는 로마법 시대의 소권양도의 특권(채권자가 주채무자에 대하여 가지는 소권을 자신에게 양도하는 경우에만 보증채무를 이행하겠다는 의의의 항변의 일종, 지극히 제한적으로 인정되었다) 및 후순위질권자의 변제제공권이라는 제도에서 그 기원을 찾고 있다. 고전법학자들은 이를 채권의 매매계약의 의제를 통하여 해결하였다. 즉 보증인은 보증채무를 이행하는 것이 아니라 채권자가 가지는 소권을 매수하고 그 대가를 지불하는 것으로 의제되어 있었다.
이것이 그 후 프랑스에서 채권의 법정양도로, 독일의 경우 일반란트법에서 타인을 위하여 채무를 변재하는 자 일반을 위한 변제자대위조항으로 발전되었다.
일반란트법의 경우, 판례 · 학설은 위 일반조항을 지극히 제한적으로 해석하였거니와, 독일민법 제정자들도 같은 맥락에서 타인의 채무를 변제하는 모든 변제자에 대하여 변제자 대위를 인정하는 일반란트법의 접근방식을 배척하고 개별적으로 규정하는 방식을 취하였다. 그 결과 독일 민법전은 프랑스나 오스트리아와 달리 통일적인 변제자대위제도를 두지 않는 방향으로 입법화되었던 것이다. 한편 프랑스의 경우 "이해관계"를 가지고 있는 자로 타인과 함께, 혹은 타인을 위하여 책임을 져야 하는 모든 변제자에 적용되는 제1251조 제3항으로 나타났다(일반적인 변제자대위규정의 등장).

자와의 계약에 의한 대위(프랑스 민법 제1240조)[21]와 법정대위(제1251조)[22]를 두는 방식(일반조항)을 취하고 있다. 프랑스 민법에서 대위제도는 독일의 개별적인 규정방식과 달리 주채무자와 보증채무자 상호간, 연대채무자 상호간으로 국한되는 것이 아니므로 반드시 내부관계에 기한 구상권의 존재를 전제로 하지 않는다. 우리나라 및 일본의 민법은 임의대위와 법정대위의 두 유형을 인정하고 있는 점에서 프랑스법의 제도를 계수한 것으로 평가되며, 특히 제1251조 제3항의 법정대위는 우리 및 일본의 법정대위 규정과 유사하다. 즉, 변제자대위 제도, 특히 법정대위에 관한 우리 법제의 구성은 프랑스 민법을 수계한 것으로 보아도 무방하며, 반면 구상권에 관한 규정들은 독일 민법의 예에 따라 수임자 및 사무관리자의 비용상환청구권 · 부당이득반환청구권에 관한 일반규정에 대한 특칙으로 해석하는 것이 통설적 견해이다[23]. 한편, 대위자들 상호간의 이해관계를 조정하는 우리 민법 제482조 제2항의 규정은 프랑스 · 독일 · 오스트리아 · 스위스 등 유럽의 법전에는 등장하지 않는 조항인데, 그 전신인 일본 구민법 제483조는 일본 구민법을 기초한 보아소나드가 당시 프랑스의 통설을 바탕으로 입법화한 것이다.[24]

상황이 이러하다 보니, 이러한 조항들의 상호관계가 해명되지 않거나 모호한 부분이 적지 않았고, 이들을 통일적 · 일관적으로 해석하는 데에 많은 어려움이 있었다. 실무적으로도 구상관계와 대위관계를 혼동 내지 혼용하는 사례가 많거니와, 수많은 판례들에서 잘 나타난 바와 같이, 지금까지의 보증보험 관련 사건에 관한 한 당사자와 법원 모두 "구상권"의 문제로만 시종일관하고 있었고,[25] 변제자대위의 적용 여부 및 그 범위의 문제로 접근한 사

20) 구상권의 존재가 변제자대위의 요건임을 정하는 규정도 있는 것이 특징이다(제426조 제2항, 제774조 제1항 제3문). 그런데 연대채무자 상호 간이나 보증채무자의 주채무자에 대한 관계에서는 구상권의 존재는 당연할 것이다.

21) 이는 임의대위에 해당한다.

22) 제1251조 제1항은 선취특권이나 저당권으로 인해 자기에 우선하는 다른 채권자에게 변제한 채권자, 제2항은 부동산취득대금을 그 부동산에 대해 저당권을 가진 채권자에 대한 변제에 사용한 부동산취득자, 제3항은 타인과 공동으로 또는 타인을 위하여 단일채무의 변제의무를 부담하여 그 변제에 이익이 있는 자에게 각 인정하고 있다.

23) 따라서 보증인이 구상금 청구를 하였다가 패소한 후 사무관리나 부당이득으로 구성하여 출연금의 상환을 구하는 경우 기판력에 저촉되어 허용되지 않는다고 설명한다.: 「민법주해 Ⅹ」, 채권(3), 316면 참조.

24) 김형석, 전게논문, 33면.

례는 거의 찾아볼 수 없었다.

우리가 간접적으로 수계하였다는 프랑스법상 대위제도를 좀 더 보자면, 프랑스 민법전 성립 직후의 학설은 별개의 법적 원인으로 성립한 두 개의 채권이 있을 때에는 그 채권이 가령 피해자의 손해전보와 같이 동일한 경제적 목적을 가진 경우에도 제1251조 제3항의 법정대위를 인정하지 않았다. 그러나 그 후의 학설・판례의 전개과정을 보면, 각각 다른 법적 근거로 성립되더라도 그 목적이 동일한 경우, 자기 채무를 변제한 자에게도 위 조항의 법정대위를 인정함으로써 적용범위가 확대되었고,[26] 이로써 법정대위의 요건으로는 종국적 채무부담자가 아닌 자가 변제를 하고, 그 변제로 종국적 채무부담자가 면책을 얻은 것으로 충분하게 되었다.[27]

① 먼저 부진정연대채무(l'obligatio in solidom)를 부담하는 공동불법행위자 상호간의 법정대위, ② 제3자에 의하여 손해를 입은 피보험자에게 보험계약상의 보험금을 지급한 보험자의 제3자에 대한 대위,[28] ③ 사회보험에서의 법정대위,[29] ④ 국가 및 공법인 등의 제3자에 대한 법정대위[30]에까지 확장

---

25) 당사자들의 주장이 대체로 그러하므로, 법원의 판단 역시 구상권의 존재 및 범위 여부로만 국한되어 왔다.

26) 김형석, 전게논문, 23면.: 대표적인 예가 보험자나 부진정연대채무자를 위한 변제자대 위의 인정일 것이다.

27) 제철웅, 전게논문, 708면.

28) 우리나라의 보험자대위에 해당한다. 프랑스에서는 보험자대위 조항이 등장하기 전에 판례에 의하여 변제자대위가 확립되었다. 당초 판례는 초창기의 학설에 따라 「민법 제1251조의 법정대위와 보험은 양립할 수 없다」라고 하였으나, 이후 변경되었다(보험금 지급채무와 가해자의 손해배상채무는 피보험자의 손해전보라는 동일한 목적을 갖고 있다는 것이다). 그에 따라 보험자의 법정대위를 인정하는 1930년의 보험법 제36조로 입법화되었고 현행 보험법도 동일한 조항을 두고 있다.
판례는 한걸음 더 나아가, 「부진정연대채무자 중 1인의 보험자의 보험금지급으로 피해자의 손해를 전보하면, 피보험자는 다른 부진정연대채무자의 피해자에 대한 손해배상채권을 법정대위하고, 보험자는 피보험자의 이러한 권리를 대위하는 것도 가능하다」라고 하였다(법정대위의 법정대위). 우리 판례도 같은 결과를 인정하고 있다.

29) 프랑스의 산업재해보상보험에 관한 법률(1946년)에는 "구상(recours)"이라는 단어가 등장하지만, 다수설과 판례는 민법상의 법정대위와 다르지 않다고 파악하였으며, 현행사회보험법 L454-1조에는 "대위(surogation)"라는 단어가 등장하지 않고 구상이라는 단어만 있음에도 역시 마찬가지로 해석하고 있다.

30) 국가나 공법인의 직원이 사고 등으로 상해를 입은 경우 법률이나 단체협약에 따른 급부로 손해를 전보하는바, 그 손해가 제3자에 의하여 야기된 경우 국가 등이 제3자에게 구상하는 수단이 무엇인지에 관하여 판례가 한때 혼선을 빚었으나, 제1251조 제3항의 법정대위

되었다. 평석의 대상 사건과 같은 신용보험(rassurance-credit) 또는 보증보험(l'assurance-caution)의 경우, 채무불이행으로 피보험자에게 보험금을 지급한 보험자가 피보험자의 채무자에 대한 채권을 법정대위 할 수 있는가에 관하여 파기원은, 「제1251조 제3항의 법정대위 여부는 보험계약 당사자의 의사를 탐구하여 보험자가 채무를 종국적으로 부담하고자 하는 의사였는지를 확인하여 판단하여야 한다」라고 판시한 바 있다. 즉, 보험료가 손해전보를 위한 보험금과 대가관계를 이루면 보험자는 법정대위를 할 수 없지만, 피보험자의 채무자에 대한 구상을 염두에 두고 보험료가 책정된 경우에는 피보험자를 대위할 수 있다는 것이다.[31)]

요컨대, 프랑스처럼 접근한다면 여러 종류와 원인 및 법적 근거를 갖는 대위제도를 통일적으로 파악하여 규율할 수 있을 것이지만, 유감스럽게도 우리는 그렇지 못하다. 독일법계의 여러 조항들을 도입하였기 때문이다. 이로 인하여 하나의 법률관계를 두고 당사자에 따라 혹은 문제되는 영역에 따라 보험자대위, 변제자대위, 손해배상자대위, 구상관계 등이 복잡하게 얽힐 수 밖에 없는 구조적 문제가 있다. 보증보험 관계에서도 보험적 성격과 보증적 성격을 겸유한다고 하면 듣기는 그럴듯 해 보이나, 정작 명쾌하게 해결되는 것은 아무 것도 없는 셈이다.

즉, 두 성격을 겸유한다고 보면서도, 적용 법리에 관해서 학설은 세부적으로 지극히 다양한 견해를 제시하고 있다. 여기에는 제3자를 위한 보험계약 관계에서 보험계약자에 대한 보험자대위의 인정 여부라는 쟁점까지 결부되어 있다. 즉, 보험계약자에 대하여 보험자대위가 아니라 민법상의 구상권을 행사할 수 있다는 견해,[32)][33)] 구상의 문제라기보다는 보험자대위의 문제로

---

가 유일한 구상수단인 것으로 정리되었다.

**31)** 제철응, 전게논문, 707면 이하 참조.: 우리나라의 보증보험약관은 예외 없이 보험계약자 등에 대한 구상권 및 대위 조항을 규정하고 있으므로 보험자가 채무를 종국적으로 부담하고자 한 의사로 보기 어려울 것이다.

**32)** 보증보험에는 보증계약의 법리가 유추적용될 수 있지만, 민법상 보증은 무상의 종된 채무임에 반하여, 보증보험은 유상성과 독립성을 가지고 있으므로, 보증채무와 같은 부종성 또는 보충성은 인정되지 않고, 다만 보험금을 지급한 보험자는 보험법상의 보험자대위가 아닌 민법상의 구상권을 행사할 수 있다.: 양승규, 「보험법」 제2판, 삼지원, (1997), 406면.

**33)** 보증보험에는 민법상의 보증에 관한 규정이 유추적용되는데, 그 범위는 민법 제433조(보증인과 주채무자의 항변권), 제435조(보증인과 주채무자의 취소권 등), 제439조(공동보 증

보는 견해,[34] 민법상 구상권과 변제자대위를 인정하는 견해,[35] 구상권이 아니라 보험자대위가 인정되지만 그 범위가 구상권의 범위로 제한된다는 견해[36] 등이 제시되고 있다. 또는 보험적 성격을 굳이 부인하지는 않지만 사실상 보증과 동일시하는 견해[37]도 있고, 최근에는 ① 보험계약의 법리만으로 보증보험의 특성을 충분히 설명할 수 있으므로 보증보험은 보험계약으로 보험성만을 가진다는 견해,[38] 반대로 ② 보증보험의 보험성 자체에 의문을 제기하면서 구상권이나 변제자대위 등 보증 법리를 그대로 적용하는 것이 타당하다는 견해[39]도 등장하였다. 사정이 이러하니만큼, 보증보험자와 주계약상 연대보증인 사이의 구상권 인정 여부를 인정할 것인가의 문제에 관해

---

의 분별의 이익), 제440조(시효중단의 보증인에 대한 효력), 제441조(수탁보증인의 구상권) 등이 보충적으로 적용될 수 있다.; 한창희, "보증보험의 법적 고찰", 「보험학회지」 제33집, (1989), 340면.

**34)** 보증보험에는 약관의 규정이 불분명한 경우에 보충적으로 보증에 관한 일반원칙이 유추적용될 수 있는데, 보증의 수반성이 보증보험에 인정될 수 있는 반면, 보험금을 지급한 보험자는 민법상의 구상권이 아닌 보험법상의 보험자대위를 할 수 있고, 보증보험의 보험자는 손해보상의무가 발생한 이상 민법상 보증에서와 같은 최고·검색의 항변권이 없고, 주채무자가 갖는 항변으로 대항할 수 없다.: 최기원, 전게서, 569면.

**35)** 보증보험은 전체적으로 볼 때 '특수한 손해보험'에 해당하지만 보증성도 가지고 있으므로, 민법상 보증과 같이 수반성을 갖고, 민법 제434조(채권자의 채권에 의한 상계) 등이 준용되지만 보증보험계약은 주계약과 별개 독립의 계약이므로, 부종성도 없고 최고·검색의 항변권도 인정되지 않으며, 다만 보험자대위에 관해서는 보증보험에는 보험자대위가 적용될 여지가 없고, 대신 민법상 구상권 규정과 변제자대위 규정이 적용된다.: 정찬형, 「상법강의(하)」, 박영사, (2005), 719면.

**36)** 보증보험은 보험업법에 의하여 인정되는 타인을 위한 손해보험의 일종으로, 상법 보험편, 통칙, 손해보험에 관한 제규정과 약관의 적용을 받고, 채권담보적 기능을 고려하여 보증에 관한 규정을 적용 또는 유추적용하되, 보험자는 구상권이 아니라 보험자대위권을 행사할 수 있고, 다만 그 권리행사의 내용이 민법상 보증인의 구상권 범위로 제한된다.: 김성태, "보증보험의 법적 성질", 「보험법률」 제35호, 보험신보사, (2000), 20면.

**37)** 원칙적으로 보증성을 인정하되 보험 법리와 충돌하는 경우에만 보험성의 적용상 한계를 신중히 검토하여야 한다는 견해이다. 손해보험성이나 타인을 위한 보험성 등은 인정하지만, 일반적인 타인을 위한 보험의 피보험자와는 달리 피보험자인 채권자는 사실상의 계약당사자의 지위에 있다고 하면서, 보증보험의 부종성과 주채무자에 대한 구상권은 물론 판례가 부정하는 주계약상 보증인에 대한 구상권과 변제자대위권도 긍정한다.: 대표적으로, 정경영, "보증보험에서 보험자의 구상권", 「21세기 한국상사법학의 과제와 전망」, (심당 송상현 선생 화갑기념논문집), (2002) 참조.

**38)** 한기정, "보증보험의 법적 성질에 대한 연구", 「상사법연구」 제21권 제1호, 한국상사법학회, (2002), 621면 이하.

**39)** 장덕조, "보증보험의 법적 성질에 대한 의문의 제기", 「보험법연구」 제4판, 삼지원, (2002), 193면 이하.

서 보증보험의 법적 성격으로부터 시사점을 얻기가 쉽지 않아 보인다.

### 3. 判例의 入場

판례의 입장을 한마디로 요약한다면 이른바 '겸유설(兼有說)' 내지 '보험형식·보증실질론'이다. 즉, 「보증보험이란 피보험자와 어떠한 법률관계를 가진 보험계약자(주계약 상의 채무자)의 채무불이행으로 인하여 피보험자(주계약상의 채권자)가 입게 될 손해의 전보를 보험자가 인수하는 것을 내용으로 하는 손해보험으로, 형식적으로는 채무자의 채무불이행을 보험사고로 하는 보험계약이지만, 실질적으로는 보증의 성격을 가지고 보증계약과 같은 효과를 목적으로 하는 것이므로, 보증보험계약은 주계약 등의 법률관계를 전제로 하고 보험계약자가 주계약에 따른 채무를 이행하지 아니함으로써 피보험자가 입게 되는 손해를 약관의 정하는 바에 따라 그리고 그 보험계약금액의 범위 내에서 보상하는 것이다」라고 한다.[40]

사안(쟁점)별로 보증성을 중시하기도 하고 보험성을 중시하기도 하는데, 아래 예에서 보듯이 주류는 보중성을 중시한 것으로 보인다.[41]

#### (1) 보증성을 강조한 판결

통상의 손해보험과 달리 보험계약자의 고의 또는 중과실로 인한 보험사고 발생시 보험자가 면책되지 않는다고 하여 상법 제659조 제1항의 적용을 부인하고 있다.[42] 보증보험의 주계약에 대한 성립 및 소멸상의 부종성,[43]

---

40) 대법원 1990. 5. 8. 선고 89다카25912 판결; 대법원 2000. 12. 8. 선고 99다53483 판결.

41) 박용표, "판례상 나타난 보증보험의 법적 성질 및 구상권과 변제자대위권에 관하여", 「판례연구」 제15집, 부산판례연구회, 690면.

42) 대법원 1995. 9. 29. 선고 93다3417 판결: 리스이용자의 계약상 채무불이행으로 인한 손해의 보상을 목적으로 한 리스보증보험도 보험계약의 일종이므로 일반적으로 상법상 보험에 관한 통칙 규정이 적용되는 것이지만, 이 보증보험은 보험금액의 한도 내에서 리스이용자의 채무불이행으로 인한 손해를 담보하는 것으로서 리스이용자의 채무불이행이 고의에 의한 것이든 과실에 의한 것이든 그 손해를 보상할 책임을 지는 보증에 갈음하는 기능을 가지고 있어 보험자의 그 보상책임의 법률적 성질은 본질적으로 보증책임과 같은 것이므로, 상법 제659조 제1항은, 보험계약자의 사기행위에 피보험자인 리스회사가 공모하였다든지 적극적으로 가담하지는 않았더라도 그러한 사실을 알면서 묵인한 상태에서 보험계약이 체결되었다고 인정되는 경우를 제외하고는, 원칙적으로 그 적용이 없다.

43) 대법원 2004. 2. 13. 선고 2003다43858 판결: 보증채무자가 주채무를 소멸시키는 행위는 주채무의 존재를 전제로 하므로, 보증인의 출연행위 당시 주채무가 성립되지 아니하였거

보증보험의 주계약에 대한 목적 및 형태상의 부종성을 인정하며,[44] 보증보험의 주계약에 대한 이전(移轉)상의 수반성도 인정한다.[45] 나아가 피보험자에 대한 관계에서 보험계약자의 채권을 자동채권으로 하는 상계를 인정하며,[46] 통상의 '타인을 위한 보험'에 있어 피보험자는 본질적으로 '제3자를 위한 계약'의 수익자의 지위에 있기 때문에 민법 제110조(사기, 강박에 의한 의사 표시) 제3항에서 보호받을 수 있는 제3자에 포함되지 않는다고 하지만, 보증보험의 피보험자에 대하여는 그 취소효과를 제한함으로써 보증과 유사한 결과를 인정[47]하는 것도 같은 맥락으로 볼 수 있을 것이다. 무엇보다, 보

---

나 타인의 면책행위로 이미 소멸된 경우에는 비채변제가 되어 채권자와 사이에 부당이득반환의 문제를 남길 뿐, 주채무자에 대한 구상권은 발생하지 않는다. 또한, 주계약 '해제'시의 '채권자'를 상대로 한 부당이득반환청구를 긍정한 사례로는 대법원 2004. 12. 24. 선고 2004다20265 판결이 있다.

44) 대법원 2000. 1. 21. 선고 97다1013 판결: 리스이용자의 리스보증보험회사에 대한 구상채무에 관하여 보증계약이 체결된 후 보증인의 동의 없이 리스물건만이 고가의 모델에서 저가의 모델로 변경된 경우, 보증채무가 주채무의 변경으로 완전히 소멸되었다고 볼 수는 없으나, 리스물건은 보증인이 보증책임을 이행할 경우 변제자대위의 목적이 된다는 이유로 민법 제485조를 유추적용하여 감소된 담보가치만큼 보증인의 책임을 면책시켜야 한다고 한 사례이다.

45) 대법원 2002. 5. 10. 선고 2000다70156 판결: 보증보험은 채무자의 채무불이행으로 인하여 채권자가 입게 되는 손해의 전보를 보험자가 인수하는 것을 내용으로 하는 손해보험으로서 형식적으로는 채무자의 채무불이행을 보험사고로 하는 보험계약이지만, 실질적으로는 보증의 성격을 가지고 보증계약과 같은 효과를 목적으로 하므로, 민법의 보증에 관한 규정이 준용되고, 따라서 보증보험이 담보하는 채권이 양도되면 당사자 사이에 다른 약정이 없는 한 보험금청구권도 그에 수반하여 채권양수인에게 함께 이전된다.

46) 대법원 2002. 10. 25. 선고 2000다16251 판결: 이행보증보험은 보험계약자인 채무자의 주계약상 채무불이행으로 인하여 피보험자인 채권자가 입게 되는 손해의 전보를 보험자가 인수하는 것을 내용으로 하는 손해보험으로서, 실질적으로는 보증의 성격을 가지고 보증계약과 같은 효과를 목적으로 하는 점에서 보험자와 채무자 사이에는 민법상의 보증에 관한 규정이 준용되므로, 이행보증보험의 보험자는 민법 제434조를 준용하여 보험계약자의 채권에 의한 상계로 피보험자에게 대항할 수 있고, 그 상계로 피보험자의 보험계약자에 대한 채권이 소멸되는 만큼 보험자의 피보험자에 대한 보험금 지급채무도 소멸된다.

47) 대법원 1999. 7. 13. 선고 98다63162 판결: 보험계약자인 채무자의 채무불이행으로 인하여 채권자가 입게 되는 손해의 전보를 보험자가 인수하는 것을 내용으로 하는 보증보험계약은 손해보험으로서, 형식적으로는 채무자의 채무불이행을 보험사고로 하는 보험계약이지만 실질적으로는 보증의 성격을 가지고 보증계약과 같은 효과를 목적으로 하고, 그 중 자동차할부판매보증보험과 같은 경우 피보험자는 보증보험에 터잡아 할부판매계약을 체결하거나 혹은 이미 체결한 할부판매계약에 따른 상품인도의무를 이행하는 것이 보통이므로, 타인을 위한 보험계약에서 보험계약자의 사기를 이유로 보험자가 보험계약을 취소하는 경우 보험사고가 발생하더라도 피보험자는 보험금청구권을 취득할 수 없는 것과는 달리, 보증보험계약의 경우 보험자가 이미 보증보험증권을 교부하여 피보험자가 그 보증보험증권

험금을 지급한 보험자에게 보험계약자에 대하여, 상법상의 보험자대위권이 아닌 민법상의 구상권을 인정하는 것이 보험의 본질에 반하지 않는다고 하며,[48] 나아가 민법 제441조 이하의 구상권에 관한 규정을 인정[49][50]하고 있는 점에서 결정적으로 보증적 성격이 부각된다고 본다.

### (2) 보험성을 강조한 판결

대법원은 고지의무에 관한 상법 제651조의 적용을 인정하면서,[51] 피담보채무의 변제기한의 유예시 보증보험의 보험기간도 당연히 변경되는 것을 부정하고 있다.[52] 단 후자가 보험성의 징표인지는 논란의 여지가 있다.[53]

---

을 수령한 후 이에 터잡아 새로운 계약을 체결하거나 혹은 이미 체결한 계약에 따른 의무를 이해하는 등으로 보증보험계약의 채권담보적 기능을 신뢰하여 새로운 이해관계를 가지게 되었다면 그와 같은 피보험자의 신뢰를 보호할 필요가 있다 할 것이므로, 주채무자에 해당하는 보험계약자가 보증보험계약 체결에 있어서 보험자를 기망하였고, 보험자는 그로 인하여 착오를 일으켜 보증보험 계약을 체결하였다는 이유로 보증보험계약 체결의 의사표시를 취소하였더라도, 이미 그 보증보험계약의 피보험자인 채권자가 보증보험계약의 채권담보적 기능을 신뢰하여 새로운 이해관계를 가지게 되었다면, 피보험자가 그와 같은 기망행위가 있었음을 알았거나 알 수 있었던 경우이거나, 혹은 피보험자가 보험자를 위하여 보험계약자가 제출하는 보증보험계약 체결 소요 서류들이 진정한 것인지 등을 심사할 책임을 지고 보험자는 그와 같은 심사를 거친 서류만을 확인하고 보증보험계약을 체결하도록 피보험자와 보험자 사이에 미리 약정이 되어 있는데, 피보험자가 그와 같은 서류심사에 있어서 필요한 주의의무를 다하지 아니한 과실이 있었던 탓으로 보험자가 보증책임을 이행한 후 구상권을 확보할 수 없게 되었다는 등의 특별한 사정이 없는 한 그 취소를 가지고 피보험자에게 대항할 수 없다.

**48)** 대법원 1992. 5. 12. 선고 92다4345 판결: 보증보험은 계약상 또는 법령상 의무불이행으로 인한 손해를 보상한 것을 목적으로 하는 보험으로서 손해보상성과 더불어 보증성을 갖는 것이므로, 보증성에 터잡은 보험자의 보험계약자 및 그 연대보증인에 대한 구상권 약정이 보험의 본질에 반하거나 불공정한 법률행위로서 무효라고 볼 수 없다.

**49)** 대법원 1997. 10. 10. 선고 95다46265 판결: 민법의 보증에 관한 규정 특히 민법 제441조 이하에서 정하고 있는 보증인의 구상권에 관한 규정은 보증보험계약에도 적용된다고 하면서, 「민법 제446조에 의하면 수탁보증에 있어서 주채무자가 면책행위를 하고도 그 사실을 보증인에게 통지하지 아니하고 있던 중 보증인도 사전통지를 아니한 채 이중의 면책행위를 한 경우에는 보증인은 주채무자에 대하여 같은 법 제446조에 의하여 자기의 면책행위의 유효를 주장할 수 없다」라고 판시하였다.

**50)** 한편, 보증계약의 소멸상의 부종성을 인정한 위 2003다43858 판결도 「민법의 보증에 관한 규정 특히 민법 제441조 이하에서 정하고 있는 보증인의 구상권에 관한 규정이 보증보험계약에도 적용된다」라고 전제하고 있다.

**51)** 대법원 1987. 6. 9. 선고 86다카216 판결: 공사도급계약에 대한 이행보증보험계약을 체결하는 경우에, 공사금액과 공사기간 등은 일반적으로 그 이행보증의 대상이 되는 도급공사의 내용을 특정하고 보험사고의 발생 여부를 판정하는 기준으로서 고지의무의 대상이 되는 중요사항에 해당한다.

**52)** 대법원 1997. 4. 11. 선고 96다32263 판결: 이행보증보험계약은 주계약에서 정한 채무의

무엇보다, [1] 보험금을 지급한 보증보험자의 '주계약상의 보증인'에 대한 구상권을 인정하는 한편,[54] [2] 같은 이유로 '주계약상의 물상보증인'에 대한 민법 제481조의 변제자대위(법정대위)도 부정하고 있다.[55]

◎ 대법원 2001. 11. 9. 선고 99다45628 판결

이행보증보험은 보험계약자인 채무자의 주계약상의 채무불이행으로 인하여 피보험자인 채권자가 입게 되는 손해의 전보를 보험자가 인수하는 것을 내용으로 하는 손해보험으로서 실질적으로는 보증의 성격을 가지고 보증계약과 같은 효과를 목적으로 하는 점에서 보험자와 채무자 사이에는 민법상의 보증에 관한 규정이 준용된다고 할 것이나, 이와 같은 보증보험계약과 주계약에 부종하는 보증계약은 계약의 당사자, 계약관계를 규율하는 기본적인 법률 규정 등이 상이하여 보증보험계약상의 보험자를 주계약상의 보증인과 동일한 지위에 있는 공동보증인으로 보기는 어렵다 할 것이므로, 보험계약상의 보험자와 주계약상의 보증인 사이에는 공동보증인 사이의 구상권에 관한 민법 규정이 당연히 준용된다고 볼 수가 없고, 또한 보험자가 위험부담의 대가로 보험료를 지급받고 다시 보험계약자에게 구상권을 행사하는 것은 보험의 일반원리에 반하는 것으로서 특별한 약정이 없는 한 인정될 수 없는 것이므로, 보증보험약관상의

---

이행기일이 보험기간 안에 있는 채무를 이행하지 아니함으로써 발생한 피보험자가 입은 손해를 보상하기로 한 보험계약이므로, 피보험자가 보험계약 당시의 준공기한이 도래하기 전에 미리 준공기한을 연기하여 준 나머지 보험계약자가 연기되기 전의 이행기일에 채무불이행을 한 바가 없게 되었고, 피보험자와 보험계약자 사이에 주계약상의 준공기한을 연기하였다 하더라도 보험회사와 보험계약자 사이의 보험계약상의 보험기간도 당연히 변경된다고 할 수 없으므로, 이와 같이 연기된 이행기일이 보험기간 이후임이 분명한 이상 비록 연기된 이행기일에 이행이 없었다고 하더라도 이는 보험사고가 약정 보험기간 이후에 발생한 것으로 보험계약에서 정한 보험금지급사유에 해당되지 아니한다.

53) 보증의 경우에도 주채무의 변제기가 유예되는 경우 그 효력이 보증채무에 미치는지에 관하여, 변제기의 유예는 책임의 가중이라고 할 수 없으므로 보증채무의 부종성에 의해 그 효력이 보증인에게 미친다는 견해와, 변제기의 유예가 보증인에게 반드시 유리하다고 단정할 수 없으므로 원칙적으로 보증인의 승낙이 있어야 한다는 견해로 나누어져 있는데, 후자의 견해를 취하면 이 판결이 보증보험의 보험성을 강조한 예라고 보지 않을 수도 있을 것이다.: 「민법주해 X」, 채권(3), 261-262면 참조.

54) 대법원 2001. 2. 9. 선고 2000다55089 판결.: 이하, 선례 [1]이라고 한다.

55) 대법원 2001. 11. 9. 선고 99다45628 판결.: 이하, 선례 [2]라고 한다.
위 판결은, 보증보험자가 피보험자에게 보험금을 지급하였음에도 피보험자가 주계약상의 물상 보증인이 있다는 사실을 보증보험회사에게 숨긴 채 주채무자의 나머지 채무를 변제한 제3자에게 물상보증인이 제공한 근저당권을 이전해 주자, 보증보험회사가 원고가 되어 피보험자인 채권자를 피고로 삼아 민법 제485조 소정의 채권자의 담보물 멸실에 따른 면책을 주장하며 기지급한 보험금의 반환을 구한 사안이다.

특약에 따라 보험계약자에 대하여 구상할 수 있는 것으로 규정되어 있더라도, 다른 특별한 약정이 없는 한 위와 같은 특약만으로 보험자가 주계약의 보증인에 대하여도 구상권을 가지는 것으로 해석할 수는 없는 것이라 함이 대법원의 판례인바(대법원 2001. 2. 9. 선고 2000다55089 판결 참조=[1]), 이러한 보증보험계약상 보험자와 주계약상의 보증인과의 관계에 관한 법리는 보험자와 주계약상 채무자를 위해 자기의 재산을 담보로 제공한 자(물상보증인)에 대한 관계에서도 마찬가지로 적용되어야 할 것이다. … 보험계약자인 소외 회사가 피보험자인 피고에 대한 주계약상의 채무를 이행하지 아니함에 따라 보험자인 원고가 그 보험금을 지급하였더라도, 원고로서는 피고가 보험계약자인 소외 회사에 대하여 직접 가지는 권리를 대위행사함은 별론으로 하고, 달리 특별한 약정이 없는 한 피고가 주계약상의 채무에 대한 물상보증인에 대하여 가지는 담보권까지 대위행사할 수는 없는 것이다.

보증보험뿐 아니라, 대상 판결에서 문제된 것과 동일한 사안, 즉 [3] 공제조합의 하자보수보증관계에서, 주계약상 연대보증인의 공제조합을 상대로 한 구상권을 부인한 판례[56]도 보험적 성격을 강조한 것으로 보인다.

#### (3) 쟁 점

마지막으로 언급한 부분이 평석대상인 전원합의체 판결의 쟁점이라고 할 수 있다. 민법 제441조 이하의 구상권에 관한 규정이 적용된다고 보면서도, 유독 민법 제448조의 "공동보증인"의 구상권에 관한 규정은 준용되지 않는다고 보는 것이 정당한지가 문제된다.

## Ⅱ. 保證保險者와 主契約上 保證人 사이의 求償權과 辨濟者代位에 관한 判例와 學說

### 1. 先例 [1]의 論據

앞서 본 선례 [1]의 논거가 타당한지 짚고 넘어가야 할 것이다. 선례 [2], [3]은 그 논거로서 선례 [1]을 원용하고 있고 그것이 유일한 논거로 되어 있기 때문이다. 요컨대, 보증보험에서 보증보험사와 주계약상 채무의 연대보증인 사이에 구상권을 인정할 것인지는 공동보증인의 지위를 인정하는지에 따

56) 대법원 2001. 7. 27. 선고 2001다25887 판결: 동 판결은 본 평성의 대상인 전원합의체 판결에서 폐기되었다. 이하 선례 [3]이라고 한다.

라 그 결론이 달라질 것이다. 판시는 다음과 같다.

이행(지급)보증보험은 보험계약자인 채무자의 주계약상의 채무불이행으로 인하여 피보험자인 채권자가 입게 되는 손해의 전보를 보험자가 인수하는 것을 내용으로 하는 손해보험으로서 실질적으로는 보증의 성격을 가지고 보증계약과 같은 효과를 목적으로 하는 점에서 보험자와 채무자 사이에는 민법의 보증에 관한 규정이 준용된다고 할 것이나(대법원 1997. 10. 10. 선고 95다46265 판결; 대법원 1999. 6. 8. 선고 98다53707 판결 등 참조), 이와 같은 보증보험계약과 주계약에 부종하는 보증계약은 (a) 계약의 당사자,[57] 계약관계[58]를 규율하는 기본적인 법률 규정[59] 등이 상이하여 보증보험계약상의 보험자를 주계약상의 보증인과 동일한 지위에 있는 공동보증인으로 보기는 어렵다 할 것이므로, 보험계약상의 보험자와 주계약상의 보증인 사이에는 공동보증인 사이의 구상권에 관한 민법 제448조가 당연히 준용된다고 볼 수는 없다고 할 것이다.

그리고 (b) 보험자가 위험부담의 대가[60]로 보험료를 지급받고 (c) 보험계약자에게 구상권을 행사하는 것은 보험의 일반적인 원리에 반하는 것이어서 특별한 약정이 없는 한 인정될 수 없다고 할 것인바, 이행(지급)보증보험 보통약관(갑 제8호증) 제10조 제1항에 의하면, "회사는 보험금을 지급한 때에는 보험계약자에 대하여 구상권을 가지며, 피보험자의 이익을 해치지 아니하는 범위 안에서 피보험자가 보험계약자에 대하여 가지는 권리를 대위하여 가집니다."라고 규정하고 있을 뿐, (d) 위 보험약관상 보험자가 주계약의 보증인에 대하여 구상권을 가진다는 규정은 없고, 그 밖에 기록을 살펴보아도 이와 같은 구상권에 관한 특별한 약정이 있음을 찾아볼 수 없다.

그렇다면 보험자인 원고로서는 보험계약상의 보증인에 대하여 보험금 지급에 따른 권리를 행사함은 별론으로 하고, 주계약상의 보증인인 피고에

---

57) 보증보험계약은 주채무자(보험계약자)와 보험자(보증인에 유사) 사이의 계약이라는 점에서, 채권자와 보증인 사이에 체결되는 민법상의 보증계약과 분명히 다르다.

58) 민법상의 보증계약은 무상·편무의 계약인 데 반하여, 보증보험계약은 유상·쌍무의 계약이라는 점에서도 양자는 다르다.

59) 보험업법에 의하면 보증보험은 어디까지나 "보험업"으로서 운영되고 있고, 단순한 "유상보증사업"이 아니며, 이 점에서 신용보증기금의 신용보증과는 다르다.

60) 여기서의 "위험"은 피보험자와 보험계약자의 피보험이익 양자 모두를 지칭하는 것으로 보인다.

대하여 주계약에 대한 공동보증인의 지위에서 구상권을 행사할 수는 없다고 할 것이므로, 같은 취지의 원심의 판단은 정당하고, 거기에 상고이유에서 주장하는 바와 같은 법리오해 등의 위법이 있다고 할 수 없다.

**(1) 위 (a)에 대하여**

공동보증은 동시에 성립할 수도 있지만, 공동보증인 상호 간에 아무런 의사연락 없이 순차적으로 성립이 가능한 것이고, 그 근거도 법률의 규정 또는 약정 등 다양한 형태로 성립이 가능하다. 신용보증의 경우 완연한 보증으로 그 성질을 파악하는 바, 위 (a)의 논거로는 그 차이점을 쉽게 설명하기 어려울 것으로 보인다. 따라서 주된 논거는 (b) 이하, 즉 보험성 및 보증보험의 특성에 있다고 보아야 할 것이다. 이하에서는 "보험성"을 수긍한다 하더라도, 과연 위 논거들이 "보증보험"의 보험성을 제대로 파악하여 반영한 것인지 여부를 살펴보기로 한다.

**(2) 위 (b)에 관하여 (보험료의 대가로 인수하는 피보험이익에 관한 위험의 범위)**

타인을 위한 손해보험계약은 타인의 이익을 위한 계약으로서 그 타인(피보험자)의 이익이 보험의 목적이지 여기에 당연히(특약 없이) 보험계약자의 보험이익이 포함되거나 예정되어 있는 것은 아니라고 파악하고,[61] 타인을 위한 보험계약인 보증보험계약에서 보험계약자에 대한 구상권이 보증보험의 본질에 반하지 않는다는 취지의 판례 입장[62]과 조화를 이루기 어려운 측면이 있다. 전형적인 책임보험과 전형적인 보증보험을 염두에 두고 개략적으로 논하자면, 수급인으로서는 자신의 면책을 위해서는 자기 자신을 피보험

---

61) 대법원 1989. 4. 25. 선고 87다카1669 판결: 타인을 위한 손해보험계약은 타인의 이익을 위한 계약으로서 그 타인(피보험자)의 이익이 보험의 목적이지 여기에 당연히 보험계약자의 피보험이익이 포함되거나 예정되어 있는 것은 아니므로 피보험이익의 주체가 아닌 보험계약자는 비록 보험자와의 사이에서 계약당사자이고 약정된 보험료를 지급할 의무자이지만 그 지위의 성격과 보험자대위 규정의 취지에 비추어 보면, 보험자대위에 있어서 보험계약자와 제3자를 구별하여 취급할 법률상의 이유는 없는 것이며, 따라서 타인을 위한 손해보험계약자가 당연히 제3자의 범주에서 제외되는 것은 아니다.

62) 대법원 1992. 5. 12. 선고 92다4345 판결: 보증보험은 계약상 또는 법령상 의무불이행으로 인한 손해를 보상할 것을 목적으로 하는 보험으로서 손해보상성과 더불어 보증성을 갖는 것이므로, 보증성에 터잡은 보험자의 보험계약자 및 그 연대보증인에 대한 구상권약정이 보험의 본질에 반하거나 불공정한 법률행위로서 무효라고 볼 수 없다.

자(=피보험이익의 귀속자)로 하는 책임보험을 체결하고, 도급인의 채권 확보를 보장하기 위해서는 도급인을 피보험자(=피보험이익의 귀속자)로 하는 보증보험계약을 체결하면 되는 것이고, 양자는 보험자가 보험료의 대가로 인수하는 위험의 성격을 달리한다. 수급인이 선택한 것이 후자라면, 보험계약자에 대한 구상권 혹은 보험자대위를 인정하는 것이 오히려 그 성질에 부합할 것이다. 따라서 그것이 위 설시에서 말하는 것처럼 이례적이라거나 약관에 명문의 규정이 있어야만 한다고 보기는 어렵다.[63] 보증보험의 보험료에 대수의 법칙과 수지상등의 원칙이 적용되는가도 많이 다투어지는 문제이나, 적어도 "이론상으로는" 적용될 수 없다고 보는 데에 학자들 사이에 특별한 이견을 찾아볼 수 없다.

보증보험의 보험사고인 채무불이행은 고의 또는 과실에 기한 것(=주로 고의)이어서 우연성을 전제로 한 대수의 법칙이 적용될 수 없고, 항상 역선택의 가능성이 존재하므로 지급보험금에 대한 전액구상을 전제로 할 수밖에 없다. 따라서 이론적으로는, 보증보험회사는 보험사고가 전혀 발생하지 않을 것이라는 확신, 즉 '損害率 零의 原則(Zero Loss Ratio Philosophy)'에 의거하여 보증보험 계약을 인수하게 되고, 보험계약자가 납부하는 보험료는 대수의 법칙에 기한 예정손해원가가 아닌 보증의 대가에 불과한 수수료(service fee)에 불과하게 된다. 다만 실무적으로는 '손해율 0의 원칙'이 경험적으로 성립될 수 없기 때문에 과거의 실적 등을 일부 반영하여 보험료율을 산정하고 있다고 하지만, 보증보험에 있어서는 일반 손해보험의 요율산정방법[64]을 그대로 적용할 수 없는 특징을 갖고 있다.[65]

---

63) 이 부분 설시는 부지불식간에 책임보험과 보증보험의 피보험이익을 혼동하였다는 비판의 여지가 있다.

64) 보험업법 제129조는 "보험회사는 보험요율을 산출함에 있어 객관적이고 합리적인 통계자료를 기초로 대수의 법칙 및 통계의 신뢰도를 바탕으로 하되, ① 보험요율이 보험금 및 그 밖의 급부에 비하여 지나치게 높지 아니하고, ② 보험요율이 보험회사의 재무건전성을 크게 해할 정도로 낮지 아니하며, ③ 보험요율이 보험계약자 간에 부당하게 차별적이지 않도록 정할 것"을 규정하고 있고, 또한 동법 시행령 별표 1(기초서류의 작성기준)은 보험료 산출방법서 작성기준으로 "보험수리원칙에 따라 작성하되, 위 법 제129조의 규정을 준수하여야 하고, 과거의 경험통계가 충분하지 않을 경우 객관성 있는 국내외 통계자료나 보험요율 관련 자료를 참고하여 그 보험요율을 산출할 수 있고, 보험요율은 보험종목별 또는 위험단위별 특성 등을 기준으로 하는 통계적 신뢰도를 반영할 것" 등을 제시하고 있으므로, 일반 손해보험은 이러한 기준에 따라 보험료를 산출하게 된다.

이렇게 볼 때, 위 판례가 지적하고자 하는 부분은 보증보험의 특성을 제대로 파악한 것이라고 보기 어려울 것이다.

### (3) 위 (c)의 문제

일반적인 제3자를 위한 보험에서 보험사고가 보험계약자의 책임 있는 사유로 발생한 경우에 보험자의 보험계약자에 대한 구상을 인정하는 것이 판례의 입장이기도 하거니와, 보증보험의 특수성 때문에 보증보험에서 보험계약자에 대한 구상권은 더더욱 본질적인 문제가 된다. 일반적인 제3자를 위한 손해보험에서는 피보험이익의 침해자는 보험계약자를 포함하여 어느 누구라도 될 수 있지만, 보증보험의 경우는 거의 예외 없이 피보험 이익의 침해자가 바로 보험계약자 자신이다(약관상 규정된 보험사고 자체가 그러하다). 또한 대부분의 보증보험 사안에서 보험사고란 보험계약자의 고의 또는 중과실에 의한 채무불이행이다. 보증보험은 상법 제659조에도 불구하고 보험금을 지급한다.[66] Moral Risk의 방지가 상법 제659조의 주된 존재 의의라고 한다면, 역으로 보증보험에서 보험자의 보험계약자(피보험이익의 유일한 침해 예정자)에 대한 구상은 위 판례의 설시처럼 "보험의 일반적인 원리에 반하는 것"이 아니라, 보증보험에서도 "보험의 일반원리를 관철시키기 위한" 최소한도의 장치라고 할 수 있을 것이다. 이 점에서도 위 설시는 현행 보증보험제도의 성격을 제대로 파악한 것으로 보이지 않는다.

---

65) ① 일반 손해보험은 신뢰할 수 있는 경험통계에 따른 예정위험율에 전적으로 의존하게 되지만, 보증보험은 그 특성상 과거의 손해율보다는 손해의 원인 · 추이 · 전망 등의 향후 추정분에 의존하게 될 수밖에 없고, ② 보증보험은 구상권 확보를 위해 연대보증인이나 물적 담보를 설정해 두는바, 손해율은 그 구상실적에 크게 좌우되며, ③ 보험수요자의 신용위험이 요율산출 요소에 포함되고, ④ 일반 손해보험과 달리 보증보험은 경기변동에 민감한 특성을 갖고 있어서 그 추이가 요율산정에 반영되며, ⑤ 통상의 손해보험은 연 1회 예정위험율이 조정되지만, 보증보험은 위와 같은 이유에 기인한 경험통계에 대한 비탄력성으로 인해 3 년마다 그 위험율이 조정되고 있으며, ⑥ 경쟁관계에 있는 신용보증기금 등의 수수료율도 감안하여 그 요율이 정해지고 있다고 한다.

66) 이는 일반적인 보험에서 '고의 · 중과실'에 의한 보험사고의 발생을 보험자의 면책사유로 삼고 있으므로(상법 제659조), 보험계약자의 '고의 · 중과실'에도 불구하고 보험금을 지급하는 보증보험이 진정한 의미의 "보험"에 해당하는지에 관한 초창기의 학설 대립의 중심에 있는 문제였다.

(4) 위 (d)의 문제

보증보험사와 보험계약자 사이에, 보험사가 주계약상 연대보증인에 대하여 구상권을 가진다고 약정하는 것이 가능한 것인지, 또한 가능하더라도 보험계약관계에서 보면 완전히 제3자라고 할 수 있는 주계약상 연대보증인이 위 약정에 구속된다고 보아야 할 것인지는 회의적이다.

(5) 결　　론

적어도 이론적으로는, 보증보험의 "보험성"을 수긍한다 하더라도, 위 판결의 입론은 쉽게 수긍하기 어려워 보인다. 물론 정책적 고려가 반영된 판단일 뿐이라고 하면 그만일 것이다. 그러나 앞서 본 바와 같이 동일한 기능을 수행하는 보증보험과 신용보증의 관계 등을 고려해보면 그 역시 상당 부분 설득력을 상실하고 만다.[67]

## 2. 先例 ②의 論據 (辨濟者代位의 認定 與否)

보험자나 주계약상 채무의 연대보증인 중 어느 일방이 그의 출재로 변제한 경우, ① 보험계약자(=주계약상 채무자)에 대하여 약관 혹은 법률에 의하여 구상권을 갖고, ② 피보험자(=주계약상 채권자)의 보험계약자(=주계약상 채무자)에 대한 주계약상 채권을 법정대위(=법률의 규정에 의해 양수)한다고 가정할 때, 보증보험사에 대한 보험금청구권[68]이나 주계약상 연대보증채권[69]도 대위할 수 있는가의 문제이다.

---

67) 신용보증기금의 보증의 경우에는 '순수한 보증'이어서 민법 제448조가 적용된다는 것이 판례의 입장이다.: 대법원 2005. 3. 25. 선고 2003다55134 판결은 「연대보증인이 하수급인의 하도급인에 대한 하도급계약상의 의무를 이행하기로 연대보증계약을 체결하고, 신용보증기금도 하수급인의 하도급인에 대한 계약이행보증금을 담보하기 위하여 신용보증위탁계약을 체결한 경우, 신용보증기금과 연대보증인은 하도급인에 대한 관계에서 하수급인의 하도급인에 대한 공사하도급계약으로 인한 금전채무에 관하여 공동보증인의 지위에 있고, 따라서 신용보증기금이 신용보증계약에 따라 하도급인에게 계약이행보증으로 인한 손해배상채무를 이행하는 경우에는 민법 제448조에 의하여 연대보증인에 대하여 구상권을 행사할 수 있다」라고 한 사례이다.

68) 이는 주계약상 연대보증인이 변제한 경우의 권리이다.

69) 이는 보험자가 보험금을 지급한 경우의 권리이다.

### (1) 일반론

변제자대위의 요건으로는, ① 변제 기타의 방법으로 채권자에게 만족을 주었을 것, ② 변제자가 채무자에 대하여 구상권을 가질 것, ③ (임의대위의 경우) 채권자의 승낙이 있을 것, ④ (법정대위의 경우) 변제할 정당한 이익이 있을 것 등을 들 수 있다. 대위의 상대방이 다른 연대채무자나 주채무자로 국한되는 것이 아니며, 후술하는 바와 같이 대위의 목적인 채권에 부수하는 인적 물적・담보권(모두 그 상대방은 대위자와 피대위자 간의 내부적 구상관계와 무관하다)이 모두 이전되므로, 대위에 의하여 취득한 담보적 권리 행사의 상대방에 대하여 구상권을 가지고 있을 필요는 없고, 어디까지나 채무자에 대하여 구상권을 가지면 그것으로 족하다.

변제자대위의 효과에 관하여 민법은 채무자에 대한 구상권의 범위 내에서 채권 및 그 담보에 관한 권리를 행사할 수 있다고 규정하고(제482조 제1항), 통설은 법률의 규정에 의한 권리의 이전으로 파악한다.[70] 변제에 의하여 이전되는 권리는 종래 채권자가 갖던 채권의 이행청구권, 손해배상청구권, 채권자대위권, 채권자취소권은 물론이고, 질권이나 저당권 등 각종 담보물권과 보증인에 대한 권리 전부를 포괄한다(대물변제의 예약과 같은 특약상의 권리도 대위한다는 것이 일본의 다수설이다).

변제자대위는 위 구상권의 효력을 담보하기 위한 제도로서, 구상권과 대위에 의하여 취득하는 원채권은 청구권경합의 관계에 있지만, 이들은 병렬적인 경합이 아니라 주종관계(主從關係)의 경합을 이룬다는 것이 일반적 설명이며, 구상채권의 상대방과 피대위채권(원채권)의 상대방이 같은 경우에도 어느 것을 행사할 것인지는 변제자의 자유이다.[71]

### (2) 요건상의 쟁점

변제자대위의 요건상, 보험자 혹은 주계약상 채무의 연대보증인이 주계약상의 채무자(=보험계약자)에 대하여 구상권을 갖는지의 여부와, 이들이 변제할 정당한 이익이 있는 자인가의 문제이다.

먼저, 주계약상 채무의 연대보증인이 면책행위를 한 경우 주계약상 채

---

70) 앞서 본 변제자대위의 연혁에 비추어 보면 당연한 해석일 것이다.

71) 「민법주해 XI」, 채권(4), 202면.

무자에 대하여 구상권을 가지며, 연대보증인은 변제할 정당한 이익이 있는 자의 대표적인 경우이므로 요건 충족에 의문이 없다.

보증보험사의 경우, 판례는 정면으로 보증보험사의 보험계약자에 대한 구상권을 인정하고 있다. 보험의 형식을 가진 보증으로 파악하는 논리로 접근하면 당연한 것이기도 하고, 약관에 구상권을 규정하고 있기도 하다. 자동차종합보험에 대한 일부 판례의 표현[72]이 문제되나, 민법상 변제자대위가 성립하기 위하여는 "변제할 정당한 이익"이 있으면 되고 반드시 "타인의 채무를 변제"할 것을 요구하는 것은 아니므로 의문이 있다.[73][74][75] 따라서 판례의 표현은 변제자대위의 다른 요건인 구상권 불성립을 논한 것으로 볼 것이다.[76] 그런데 오늘날 부진정연대채무의 경우에도 구상관계가 생기는 것을

---

72) 대법원 1993. 1. 12. 선고 91다7828 판결.: 자신의 계약상 채무이행으로 보험금을 지급 한 보험자는 민법 제481조에 의한 변제자 대위를 주장할 수 있는 자에 해당하지 아니 한다.: 同旨의 판례로서 대법원 1995. 11. 7. 선고 94다53327 판결 등이 있다.

73) 독일과 같이 구상이나 대위가 인정되는 범위가 열거적·제한적인 경우는 별론으로 하고, 우리나라의 대위 관련 규정이 프랑스 민법을 계수하였음을 감안할 때, 법문 소정의 "정당한 이익"이 없는지는 다소 의문이다.

74) 독일에서는 민법 시행 직후부터 제3자에 의하여 손해를 입은 피해자가 보험자에게 그 손해전보를 위한 보험금청구권을 가지거나, 또는 제3자에 의하여 임차물이 멸실되었지만 소유자가 임차인에게 손해배상청구권을 가지는 등의 사안에서 연대채무로 파악하여 연대채무자의 구상수단을 인정하면 손해배상을 한 제3자가 보험자나 임차인에게 독일민법 제426조에 의한 권리행사가 가능하지 않은가 하는 의문이 제기되었다("잘못된 구상에 대한 우려"), 초창기에 학설은 이를 부진정연대 관계로 파악하여 연대채무에 관한 제426조에 의한 구상(대위)이 인정되지 않는다고 보았고, 그 이후로는 등급적 책임론에 따라 동일 목적의 채무를 수인이 각자 전부 이행할 의무를 부담하는 경우 그들이 동순위로 부담하는 경우에는 연대채무로서 제426조에 의한 구상이 인정되지만, 상호간의 순위에 상이성이 있을 때에는 제255조에 의한 양도구상만 가능하다고 파악하였다(Selb등). 즉 손해에 보다 근접한 자가 피해자에게 손해배상을 한 경우에는 손해에서 더 멀리 떨어진 자에 대해서는 구상할 수 없고, 후자가 피해자에게 손해배상을 한 경우에는 피해자의 전자에 대한 권리를 양도받는 방법(독일 민법 제255조의 양도청구)으로 구상할 수 있다는 것이다.: 제철웅, 전게논문, 726-727면.

75) 독일법 제255조는 "법정양도", 즉 당연한 이전을 규정 한 것이 아니라 양도청구권 만을 규정하고 있고, 이것은 우리나라의 손해배상자대위 규정(제399조)의 연원으로 보인다. 보험자대위에 관해서, 우리나라의 지배적인 견해는 독일과 마찬가지로 본질적으로는 손해배상자대위에 해당하는 것으로 그 성질을 파악하고 있다. 프랑스에서는 보험자대위 역시 기본적으로 그 성질을 변제자대위(법정대위)의 일종으로 파악할 수 있다.: 한편 우리나라의 변제자대위 제도의 구성이 프랑스와 지극히 유사하지만, 독일 민법 제255조와 우리 민법 제399조는 규정방식이 다르므로, 변제자대위 조항과 보험자대위 조항의 법적 성질과 합리적 해석 방향에 관하여는 재고의 여지가 있다.

76) 전형적인 손해보험계약관계에서는 애초부터 보험자의 가해자에 대한 구상권을 인정하

전면적으로 부인하는 견해는 없고 오히려 적극적으로 존재한다고 보는 견해가 유력하며, 판례도 공동불법행위자 상호 간의 구상권을 인정하는 것은 물론이고, 전혀 주관적 공동관계가 형성되지 아니한 채무불이행책임자와 불법행위책임자 상호 간의 구상관계를 인정하고 있는 데까지 나아가고 있다.[77] 예컨대, 대법원 2006. 1. 27. 선고 2005다19378 판결[78]의 취지처럼, ① 두 개의 채무가 동일한 경제적 목적을 가지고 있고, ② 어느 일방의 채무가 변제로 소멸하면 타방의 채무도 소멸하는 관계에 있다면, 상호 구상권을 인정할 수 있다. 따라서 보험계약관계라는 점만으로 선험적·전면적으로 구상권 관련조항의 적용을 배제할 필요는 없어 보인다. 보험계약의 구조나 피보험이익 및 보험사고의 규정 내용에 따라 위 ①, ②의 요건을 충족하는지 여부에 따라 판단하면 그만일 것이다.

보증보험의 성질을 보험으로 본다고 하더라도, 그 실질은 이미 존재하는 주채권의 만족에 있을 뿐이므로, 보험금의 지급으로 그 한도 내에서 주채무 역시 당연히 소멸하는 관계에 있으며 그 역의 경우도 마찬가지이다. 이러한 상호의존성은 보험계약자가 보험관계의 외부에 존재하는 자가 아니라 보험계약관계의 내부에 위치하며, 보험사고 자체가 애초부터 보험계약자의 주채무의 존재 및 그 이행 여부에 의존하고 있다는 데에 기인하는 것이다. 이 점은 계약의 구조와 피보험이익 및 보험사고 규정 등으로부터 당연히 도출되는 것으로서, "선험적"으로 일반적인 민사 보증의 그 어떠한 특징을 유추할 필요성은 없어 보인다. 따라서 보증보험의 본질을 보증으로 파악하는 것

---

지 아니하는 것이 주류적 견해이다.

77) 예컨대, 수탁자의 과실에 의한 목적물보관의무 위반으로 인한 손해배상채무와 실화자의 손해배상채무의 관계와 같은 유형은, 부진정연대채무의 여러 유형 중에서도 주관적 공동관계가 없는 전형적인 사례로 인용되고 있었으나, 다음 판례에 의하여 구상권을 인정하는 것으로 귀결되었다.

78) 원고의 경비용역계약상 채무불이행으로 인한 손해배상채무와 피고들의 절도라는 불법행위로 인한 손해배상채무는 서로 별개의 원인으로 발생한 독립된 채무이나 동일한 경제적 목적을 가진 채무로서 서로 중첩되는 부분에 관하여는 일방의 채무가 변제 등으로 소멸하면 타방의 채무도 소멸하는 이른바 부진정연대의 관계에 있고, 위와 같은 부진정연대채무의 관계에 있는 복수의 책임주체 내부관계에 있어서는 형평의 원칙상 일정한 부담부분이 있을 수 있으며, 그 부담부분은 각자의 고의 및 과실의 정도에 따라 정하여지는 것으로서 부진정연대채무자 중 1인이 자기의 부담부분 이상을 변제하여 공동의 면책을 얻게 하였을 때에는 다른 부진정연대채무자에게 그 부담부분의 비율에 따라 구상권을 행사할 수 있다.: (경비회사 : 절도자 = 20 : 80)

이 당연하다 할 것이고, 보험으로 파악한다 하여도 변제자대위를 인정하는 것이 그 본질에 반하지 아니할 것이다.[79] 이렇게 볼 때, 보증보험자는 "변제할 정당한 이익"이 있는 자로 보아야 할 것이다.

결론적으로, 쌍방 모두 법정대위의 요건은 충족된다.

### (3) 효과상의 쟁점

본 사건과 같은 경우, 즉 주계약상 연대보증인이 연대보증계약에 따라 주계약상 채권자(도급인, 피보험자)에게 변제한 경우, 채권자(도급인, 피보험자)의 보험계약자(수급인, 채무자)에 대한 주계약상 채권이 연대보증인에게 법정대위에 의하여 이전됨은 당연하나, 채권자(도급인, 피보험자)의 보증보험사에 대한 보험금청구권도 당연히 이전되는지가 문제된다. 주채무자의 연대보증인과 보증보험과 사이의 관계에 관하여 보증보험의 보험성을 아무리 강조한다 하여도, 그것의 원래 성질이 피보험자의 보험계약자에 대한 채권의 담보에 관한 권리임에는 변함이 없으므로, 보험성을 강조한다 하여 주계약상 채무의 담보에 관한 권리가 아니라고 볼 수 없다면, 보증채무를 이행한 연대보증인으로서는 변제자대위의 법리에 따라 채권자가 가지는 보증보험계약에 기한 보험금청구권을 대위행사할 수 있다고 볼 것이다.[80] 대법원 판례도 보증보험의 경우 변제자대위의 성립을 긍정하고 있다.[81][82]

---

79) 박용표, "판례상 나타난 보증보험의 법적 성질 및 구상권과 변제자대위권에 관하여", 「판례연구」 제15집, 부산판례연구회, 14-15면

80) 김창준, "보증보험자가 계약자의 보증인에게 구상권을 행사할 수 있는가", 「보험법률」 제40호, (2002) 참조.

81) 대법원 1997. 11. 14. 선고 95다11009 판결.: 리스이용자의 계약상 채무불이행으로 인한 손해의 보상을 목적으로 한 리스보증보험 은 보험금액의 한도 내에서 리스이용자의 채무불이행으로 인한 손해를 담보하는 것으로서 보증에 갈음하는 기능을 가지고 있어 보험자의 보상책임은 본질적으로 보증책임과 같으므로, 그 보증성에 터잡아 보험금을 지급한 리스보증보험의 보험자는 변제자대위의 법리에 따라 피보험자인 리스회사가 리스이용자에 대하여 가지는 채권 및 그 담보에 관한 권리를 대위하여 행사할 수 있다. … 변제자대위에서 말하는 '담보에 관한 권리'에는 질권이나 저당권 및 보증인에 대한 권리 등과 같이 전형적인 물적·인적 담보뿐만 아니라, 채권자와 채무자 사이에 채무의 이행을 확보하기 위한 특약이 있는 경우에 그 특약에 기하여 채권자가 가지게 되는 권리도 포함된다. 일반적으로 리스계약에 있어서는 리스물건의 소유권이 리스회사에게 유보되는 것 자체가 리스이용자의 리스회사에 대한 계약상의 채무 이행을 담보하는 기능을 가지고 있어 리스물건의 변환물이라고 할 수 있는 리스물건에 관한 리스회사의 보험금청구권 역시 그와 같은 담보적 기능을 가지고 있다.

82) 대법원 2000. 1. 21. 선고 97다1013 판결도 변제자대위를 인정하고 있다.: 일반적으로 리

반대로, 보증보험사가 보험금을 피보험자(주계약상 도급인, 채권자)에게 지급한 경우, 피보험자의 보험계약자(주계약상 수급인, 채무자)에 대한 주계약상 채권이 대위된다는 것을 긍정하면, 적어도 법문상으로나 논리적으로는 인적담보라고 할 수 있는 주계약상 연대보증인에 대한 권리(주계약상의 보증채권)도 이전되는 것으로 보아야 한다. 그러나 선례 [2], 즉 대법원 2001. 11. 9. 선고 99다45628 판결은 물상보증인에 관한 것(담보물 보전의무)이기는 하지만 보증보험자의 변제자대위를 인정치 아니하였다. 그러나 보증보험은 보험계약자의 주계약상 채무불이행을 보험사고로 하며, 보험금 지급 역시 주계약상 채무의 이행과 다를 바 없으므로(보증의 실질), 보험계약자에 대한 구상권이 인정되고 대위되는 한, 주계약상 채권에 부수하는 인적·물적 담보는 모두 함께 이전되는 것으로 보는 것이 보증보험의 본질로 보든지, 구상권 및 법정대위의 범위에 관한 법리로 보든지 간에 타당할 것이다.

#### (4) 결 론

판례의 입장처럼, 보증보험계약 관계에서 보증보험자의 보험계약자에 대한 구상권을 인정하고, 나아가 보험계약자에 대한 피보험자의 주계약상 권리를 법정대위한다고 보는 이상, 그 담보에 관한 권리라고 할 수 있는 피보험자의 주계약상 보증채권이 함께 대위(=이전)되는 것은 피할 수 없는 귀결인 것으로 보이며, 그 역의 경우도 마찬가지이다.

그렇다면, 제기되는 문제는 이들 양자 사이의 관계를 어떻게 파악할 것인가이다. 보증보험사와 본계약상 채무의 연대보증인이 "공동보증인"의 지위에 있는 것으로 볼 경우 당연히 부담비율에 따라 상호 간에 구상할 수 있을 것이며, 법정대위권자 상호 간의 관계를 규율하는 민법의 제 규정에 따르

---

스계약에 있어서는 리스물건의 소유권이 리스회사에게 유보되는 것 자체가 리스이용자의 리스회사에 대한 계약상의 채무 이행을 담보하는 기능을 가지고 있는바, 리스회사의 리스물건 소유권 중 리스이용자의 리스회사에 대한 리스계약상의 채무 이행을 담보하는 기능에 상응하는 부분(이는 리스회사의 리스물건 소유권 중 리스계약 당시부터 리스계약 종료시의 잔존가치로 산정된 부분을 제외한다는 것을 의미하는 것으로 편의상 '담보기능지분'이라고 한다.)은 규정손실금채무의 담보에 관한 권리에 속한다고 봄이 상당하므로, 리스이용자의 리스료 연체 등 리스계약상 채무불이행이 있어서 리스보증보험의 보험자가 리스보증보험 계약에 따른 보험금으로 리스회사에게 리스계약에서 정한 규정손실금 상당액을 지급하면 리스보증보험의 보험자는 변제자대위의 법리에 따라 리스회사의 리스물건에 대한 담보기능지분을 행사할 수 있다.

면 되므로 이해관계의 조절에 문제가 없다. 그러나, 판례 즉, 선례 [1] 또는 [2]처럼 공동보증인의 지위에 있지 아니하다고 볼 때에는 먼저 배상하는 자가 상대방에 대하여 전부 대위할 수 있어 최종적인 위험부담을 면하는 셈이 된다. 이는 상당히 기묘한 결과이다.[83] 반대로 구상권을 인정하지 않고 선례 [2]처럼 법정대위도 인정하지 않을 경우에는 먼저 변제한 자가 궁극적인 신용위험을 부담하게 된다. 이러한 결과도 쉽게 납득하기 어렵기는 마찬가지이다. 보증보험제도의 도입 취지에 정면으로 반하는 결과를 초래할 수도 있기 때문이다[84]. 다른 한편으로 서로 구상권을 인정하지 않으면서 선례 [2]처럼 보험자 측의 변제자대위만을 부정하고, 주계약상 연대보증인의 보증보험사에 대한 대위만 허용한다면, 궁극적인 위험의 부담은 항상 보험자측으로 귀결될 것이나, 이러한 편파적인 해결이 바람직한지는 의문이다. 또 다른 한편으로, 앞서 본 바와 같은 프랑스의 법정대위 관련 입법례 및 판례·학설에 비추어 보면(부진정연대채무자들 사이에서도 부분대위가 원칙임), 구체적 타당성을 기하기 위해서는 부담부분에 한하여 대위할 수 있다고 해석할 여지도 있다고 보이나[85], 이 점은 신중할 필요가 있다. 이에 관하여는 학계의 추가적인 연구가 필요한 부분으로 생각된다.

어쨌거나, 선례 [1] 등의 입장처럼 보험계약자에 대한 구상권 및 변제자대위를 인정하게 되면, 보증보험자와 주계약상 연대보증인 사이에 변제자대위가 발생하는 것을 방지할 방법이 없고, 변제자대위 조항만 적용될 때에는 합리적인 이해관계의 조절이 불가능함을 알 수 있다.

이 점은, 판례가 보증보험에 관하여 민법 제441조 이하의 규정이 준용된다고 하면서도 유독 주계약상 연대보증인에 대하여는(혹은 반대로 보증보험사에 대하여는) 공동보증인에 관한 조항이 적용되지 않는다고 보는 것이

---

83) 물론, 피보험자(주계약상 채권자)에 대한 변제를 촉진시킨다는 측면에서는 장점도 없지 않지만, 이행지체 사실을 먼저 안 쪽은 위험을 100% 회피할 수 있고, 늦게 파악한 쪽은 전액을 부담하여야 한다는 이상한 결론에 이른다. 경우에 따라서는 주계약상 채권자(=피보험자)가 어느 일방에만 보험사고의 발생(=주채무 불이행) 사실을 통지함으로써 위험의 귀속자가 결정될 수도 있다.

84) 채권자 입장에서는 확실하게 보장받기 위해 연대보증인의 보증과 보증보험증권을 징구하였음에도, 실제로는 서로 미루는 현상때문에 채권의 만족이 지체될 위험이 상존한다.

85) 우리 법에서 법정대위자 사이의 이해조절을 위한 조항들은 일본 구민법에서 유래한 것이고, 이는 프랑스의 통설과 판례를 반영한 것이다.

문제가 있다는 점을 반증하는 것으로 생각된다. 즉, 구상권(나아가 변제자대위)의 세계에서는 보험계약자(주채무자)와 보험자(연대보증인) 간의 관계와, 보증보험자 및 주계약상 연대보증인 간의 관계 전부에 관하여 보증에 관한 조항을 적용하든지 또는 전면적으로 부정하든지 둘 중 하나만 선택할 수 있을 뿐이고 어느 한쪽만 적용할 수는 없는 것이다.

### 3. 學 說

위 선례 [1] 등 판례에 찬동하는 견해도 있으나,[86] 대부분의 평석은 모두 판례의 입론에 반대하는 입장으로 보인다.[87]

## Ⅲ. 保證保險의 性格과 法律關係

### 1. 損害擔保契約의 一種인가 準保證인가?

보증보험의 보증성을 중시하는 견해에서는 이 사건과 같은 보증보험을 민법상 "준보증"[88]의 일종으로 파악하고 있다.[89] 이에 의할 때, 주계약상

---

86) 정찬형, 「상법강의(하)」, 박영사, (2005), 723면의 각주에서 위 리딩케이스를 인용하면서 결론만 언급하고 있다.

87) 신용석, "기관보증과 주계약상 보증인에 대한 구상권의 존부", 「민사재판의 제문제」 제14권, (2005), 154면; 차영민, "보증보험의 법적 성질", 「민사판례연구 XXVIII」, 박영사, (2006), 634면; 김창준, "보증보험자의 타 보증인에 대한 구상권", 「보험법연구 4」, 삼지사, 69면; 정경영, "보증보험에서 보험자의 구상권", 「21세기 한국 상사법학의 과제와 전망」, (심당 송상현 선생 화갑기념논문집), (2002), 413면; 홍성주, "보증보험에서 보험계약자의 사기를 이유로 보험계약이 취소된 경우 피보험자의 보험금청구권의 유무", 「판례연구」 제13집, (2002), 153면; 박용표, "판례상 나타난 보증보험의 법적 성질 및 구상권과 변제자대위권에 관하여", 「판례연구」 제15집, 부산판례연구회, 714면; 제철웅, "보증보험에 적용될 보증의 법리: 그 전도된 이해에 대한 비판", 「민사법학」 제27호, (2005), 403면.

88) 「민법주해 X」, 채권(3), 166-167면 참조.
"준보증"이라는 용어는 강학상 주채무가 이행되지 아니하는 경우에 그에 대신하여 주채무와 다른 내용의 급부를 하기로 하는 보증의 의미로 사용된다. 이는 주채무가 대체성이 없거나 특정물의 급부를 목적으로 하는 등 비금전적 채무인 경우에 있어서 주채무가 채무불이행으로 인한 손해배상채무 등 금전채무로 전환될 것을 조건으로 하는 보증을 따로 분류하여 명명한 데에서 유래한다. 별다른 구별의 실익이 없다고도 설명하는바, 결국 금전채무에 대하여서는 보증에 관한 규정이 적용될 것이기 때문이다.

89) 한기정, "보증보험의 법적 성질에 대한 연구", 「상사법연구」 제21권 제1호 참조.: 보증채무는 그 내용이 주채무의 내용과 동일하다는 의미에서 채무의 동일성이라는 특징을 갖는다. 그런데, 급부의 내용이 다르더라도 주채무가 채무불이행으로 인한 손해배상채무 등 금

채무자(보험계약자)의 채무불이행으로 말미암아 보험사고가 발생하게 되면, 보험자가 보험금 지급위무를 부담하고 연대보증인의 책임도 당연히 현실화되며, 양자는 병존하면서 어느 일방의 변제로 다른 쪽의 채무도 소멸하는 관계에 서게 된다(공동보증).

반면, 보증보험은 위험의 인수라는 측면에서는 손해담보계약의 일종으로 파악될 수 있을 것이다.[90] "손해담보계약이란"[91] 당사자의 일방(담보인수인)이 상대방(요약자)에 대하여 일정한 사항에 관한 위험을 인수하고 그로부터 생기는 손해를 담보하는 것을 목적으로 하는 계약으로 정의된다.[92] 보증채무의 목적물은 주채무와 동일하며 주채무에 부종하여 주채무 불이행의 경우에만 책임을 지나, 손해담보계약의 목적물은 언제나 채권자가 입은 손해의 배상이며, 담보자가 채권자에 대하여 독립하여 전보책임을 진다는 점에서 차이가 있다(부종성과 보충성의 결여). 연대채무와의 차이점은 결과책임이고 채권관계로부터 독립된 제3자로서 어떠한 위험을 부담한다는 데에 있다.[93]

---

전채무로 전환하는 것을 조건으로 하는 보증을 '준보증'이라고 하는데, 이는 보증과 동일하게 취급된다. 따라서, 보증보험의 급부내용이 피담보채무와 그대로 동일하지는 않더라도 이것을 보증으로 보는 데 문제가 없다.

**90)** 채무자가 보험료를 지불하는 보험계약자이고 항상 대출자(은행, 채권자)를 피보험자로 하는 제3자를 위한 손해담보계약이라는 점에 특색이 있다.: 小澤征行 外 5人, "損害擔保契約についての一考察", 「金融法務事情」 第1035券, (昭和58年), 6頁.

**91)** 공사도급계약 관계에서 채무 내지 책임의 중첩적 부담약정이나 위험인수의 약정은 무수히 다양한 형태(기관・개인, 무상・유상, 무한・유한, 반복적・개별적)가 존재하며, 그들 사이의 관계에 관한 규율의 필요성은 보증보험으로 국한되지 않는다. 그들 사이의 관계를 전체적・통일적으로 고찰할 필요가 있다는 점에서, 좀 더 넓은 범주를 대상으로 검토할 필요가 있고, 그러한 면에서 공사도급계약 관계에서의 손해담보계약 일반에 관한 논의가 필요할 것이다.

**92)** 초창기의 신원보증에 관한 판례의 입장에 의할 때, 가장 전형적인 것이 손해담보형 신원보증계약이라고 할 수 있다.

**93)** 「민법주해 X」, 채권(3), 519면 이하 참조.
판례에 등장한 사례로는, 대법원 1974. 4. 9. 선고 72다2008 판결을 들 수 있다.: 피고들의 원고에 대한 손해보증에 관한 약정은 그 제17조에 규정되어 있으나 이 규정은 "보증인 등은 乙(소외 울주군 삼남면 하잠리 농업협동조합)과 연대하여 본 계약이 이행의 책임을 부하되 연대보증 한도액을 50만원으로 정함"으로 되어 있은바, 이 규정에 의한 손해보증을 이른바 손해담보계약으로는 단정하기 어렵다. 즉, "손해담보계약"이라 함은 주채무의 존재를 전제로 하지 않고 독립하여 존재하는 손해보증의 일종으로서 이에는 주채무에 대한 부종성과 보충성이 없는 것을 특징으로 하는 것인바, 위 계약의 위 규정이 바로 위에서 설시하는 "손해담보계약"이라고 인정하기에는 흡족하지 못하고 오히려 단순한 연대보증의 형식인 손해보증계약이나 신원보 증계약의 일종이라 봄이 타당하다.

일본의 통설은, 손해담보계약은 원칙적으로 편무·무상의 계약이고, 예외적으로 쌍무·유상의 경우가 바로 보험계약이라고 설명한다.94) 이렇듯 다양하고 광범위하게, 그리고 개인의 거래에서부터 집단적·반복적인 대량의 기업거래에 이르기까지 널리 사용되지만, 개개의 유형들은 저마다 고유한 특성을 지니고 있어 하나의 범주로 포괄할 수 있을 정도의 법적 성질을 공유한다고 보기 어려운 면도 있다. 예를 들어, 종속성이 희박하거나 없다는 점이 가장 보편적인 특징이라고는 하나, 채무자의 요약자에 대한 채무의 불이행뿐 아니라 불성립한 경우에까지 대비한 손해담보계약은 원래의 채권·채무관계로부터 완전히 절연되는 형태이지만, 보증보험과 같은 경우는 원래의 채권관계에 깊이 종속되어 보증채무와의 구별이 어렵다.

담보의무자의 채무자(여신공여의 상대방)에 대한 구상·대위의 문제 역시 개개의 계약 유형에 따라 다를 수 있지만, 대체로 공통의 계약에 의하여 담보를 약정한 경우에는 각 담보의무자는 원칙적으로 평등한 비율로 분할채무를 부담하며, 각각 별도의 계약으로 담보한 경우에는 손해액 전부에 관하여 부진정연대채무가 된다.95) 주계약상 채무자에 대한 구상은 위임사무처리비용의 청구권에 관한 조항에 의하여 처리할 수 있으며(채무자로부터 손해담보의 위임을 받은 경우), 변제할 정당한 이익이 있는 자로서 법정대위가 가능하다.96) 나아가 주계약상 채무자의 다른 보증인이나 물상보증인에 대한 대위의 순서나 비율을 논한 일본의 논문에서는, 담보의무자가 실질적으로는 차입채무를 이행한 인적담보이므로 보증인과 같은 입장에 선다고 한다(보증인의 지위에 관한 조항의 유추적용을 주장한다).97)

---

94) 가장 많이 이용되는 분야는 은행 등 금융기관의 금융거래 부문이고, 보증료가 수수되는 사례가 가장 많으므로 손해담보계약이 반드시 무상성·편무성과 결부되어 있지는 않다. 일본에서 강학상 손해담보계약으로 설명되는 것은 5~6개 범주가 있으나, 대표적인 것은 은행의 제휴 loan(주택 판매자가 구입자에게 융자하는 경우 그 융자에 관하여 은행이 입을 수 있는 손해를 주택공급업자가 담보하는 계약) 및 종합상사의 해외기업에 대한 신용공여(해외기업의 신용능력이 불명인 상태에서 은행이 해외기업에 대출(수출금융제공등)하는 경우 거래처인 국내 종합상사가 은행의 손해를 담보하는 계약) 등의 분야이다.

95) 「민법주해 X」, 채권(3), 76면.

96) 小澤征行 外 5人, "損害擔保契約についての一考察", 「金融法務事情」 第1035券, (昭和58年), 6頁.

97) 小澤征行 外 5人, 前揭論文, 7頁 참조.

이렇게 볼 때, 주채무에 대한 종속성의 결여나 완화가 손해담보계약의 특징이기는 하지만, 구상 또는 대위의 영역에서는 개별적으로 검토하고 판단할 여지는 충분하다고 볼 수 있다. 그 실질(=당사자의 의사해석의 문제이다)이 보증에 근접할수록 보증인의 지위에 관한 규정의 유추적용 가능성은 더욱 커지는 것이라 볼 수 있다.

단적으로, ① 주채무의 취소·해제로 인한 소멸과 무관하게 일체의 손해를 부담한다는 취지의 손해담보약정과,[98] ② 주채무의 유효한 존속을 전제로 부담하는 채무를 일정한 금액으로 국한하고(=대체로 주계약상 채무의 범위로 한정한다), 더구나 주계약상 채무자에 대한 구상권 약정까지 갖춘 경우는 달리 취급할 여지가 충분하다.[99]

그렇다면, 이 사건과 같은 하자보수보증의 법률관계는 어떻게 볼 수 있는가? 수급인의 하자보수 불이행(부도발생)으로 도급인이 연대보증인들에게 하자보수 청구를 하여 연대보증인들이 하자보수를 완료하고 보증보험사인 피고에 대하여 구상금 청구를 한 사안에 관해서, 대법원 2003. 9. 26. 선고 2001다68914 판결[100]은 보험금청구권의 발생을 부정하고 있다. 보험사고의 발생 자체를 부정하는 것이 아니라, 그로 인한 손해의 유무 판단 때문에, 즉 손해보험적 성격 때문에 보상책임이 부인된다고 본 듯하다. 보증보험의 성격을 전면적으로 손해보험으로만 파악하는 입장이며, 결국 구상관계에서도 보증보험의 보험성을 정면으로 인정한 것으로 보인다.

---

**98)** 주채무가 불성립·무효·취소된 경우에 대비하기 위한 것이라면 보증채무의 부종성때문에 통상의 보증으로는 그 수요를 충족시킬 수 없을 것이다. 일종의 무인적(無因的) 담보약정을 하여야 전가 또는 제거가 가능한 위험이기 때문이다.

**99)** 구상의 세계에서, ①은 손해의 궁극적 귀속자로 볼 여지가 있고, ②는 보증인과 달리 취급할 여지가 거의 없을 것이다.

**100)** "하자보수이행 보증보험"은 보험계약자가 하자담보 책임기간 안에 하자보수의 요구를 받고 도급계약에 따라 이를 이행하지 아니하는 경우에 생기는 도급인의 손해를 보상하는 것인바, 공사도급계약상의 연대보증인의 보증책임 범위에 하자보수의무가 포함되어 있음이 명백하므로, 보험계약자는 피보험자로부터 하자보수이행청구를 받은 경우 자신이 직접 하자보수를 이행하거나 연대보증인으로 하여금 하자보수를 이행하도록 할 수 있고, 또한 피보험자도 직접 연대보증인에게 하자보수의 이행을 청구할 수 있으며, 이처럼 보험계약자 또는 연대보증인이 도급계약에 따라 피보험자로부터 하자보수의 요청을 받고 이를 이행하는 경우에 이는 모두 도급계약에 따라 이행한 것이므로, 도급인은 하자보수의무의 불이행으로 인한 손해를 입지 아니하게 된다고 할 것이고, 그 결과 보증보험계약에 기한 보험금청구권은 발생하지 아니한다.

다만, 그 논리에 대하여는 피보험자(=도급인)가 보증보험사를 상대로 보험금청구를 할 때 적용될 논리일 뿐 구상권 인정 여부는 별개의 문제라는 비판도 가능할 것이다. 즉, 이미 보험사고는 발생하였고(=주채무자의 불이행), 단지 손해가 발생치 아니하였다는 점만이 보험금청구권이 발생치 아니한 원인이며, 손해의 발생을 차단하거나 회복하게 한 유일한 원인은 연대보증인의 하자보수의무의 이행 혹은 금전배상일 것이다. 보험사고의 발생 직후로 돌아가 보면, 도급인으로서는 연대보증인과 보증보험사 양쪽 모두에게 하자보수의무의 이행 혹은 보험금(보증금)의 지급을 구할 수 있고, 양자의 채무는 어느 한쪽의 이행으로 다른 책임도 소멸하는 관계에 있다. 그렇다면, "보험금 지급의무가 발생치 아니하였다"는 논거는 다소 부정확한 측면이 있다. 정확하게는 "보험금 지급의무가 발생하였으나, 연대보증인의 하자보수로 소멸되었다"라는 표현이 정확할 것이다. 그렇다면 구상권을 부인하는 논거로는 부족하다고 보지 않을 수 없다.

다만, 보증에 준하여 취급한다고 하더라도, 어느 일방이 손해의 궁극적인 부담자로 볼 여지가 있다면, 구상권은 편면적으로만 인정될 여지도 없지 않다. 대부분의 보증보험은 금전채무의 불이행을 다루고 있으므로 준보증이라 하여도 일반적인 보증과 차이가 거의 없다. 문제는 이 사건처럼 원래의 채무(주계약상 채무)가 이른바 "하는 채무"인 경우에 발생한다. 즉, 이 사건 보험사고는 주채무자의 하자보수의무 불이행으로 규정되어 있다. 공사도급계약상 연대보증인의 지위를 어떻게 볼 것인가에 관하여 반대의견과 보충의견은 선명한 차이를 드러내고 있다. 다음 항에서 간단히 본다.

## 2. 官給工事 都給契約上 連帶保證人 制度

이 사건과 같은 관급공사(발주자 양산시)에서 수급인과 동일한 시공의무를 부담하는 연대보증인 제도는, 일본 관급공사의 공사완성보증인 제도에서 유래한 것으로 보인다.

### (1) 일본에서 공사완성보증인의 지위[101][102]

공사완성보증인은 도급인(발주자)에 대한 수급인의 공사완성채무를 보증하는 지위에 있고, 민법에 의한 일반적인 보증인과 동일한 지위에 있으므로, 민법의 연대보증인에 관한 조항이 당연히 적용된다.[103] 표준약관에서 정한 채무불이행 사유가 발생하면, 도급인은 계약의 해제와 공사완성보증인에 대한 이행청구 중 임의로 선택하여 행사할 수 있다. 도급인이 후자를 선택할 경우 이행청구에 의하여 계약상의 지위(권리・의무)가 수급인으로부터 공사완성보증인에게로 이전되며 개개의 권리・의무의 승계절차는 필요 없다고 해석된다(다수설).[104] 일본의 보증보험의 실무관행은, 우리나라와는 달리 보증보험사가 보험계약자(수급인)와 보증위탁계약을 체결할 때 주계약상 보증인을 끌어들여 보증보험의 구상보증인으로 삼고, 거기에 구상권 포기 약정 등을 포함시키는 방법으로 해결하고 있다(그러한 관계에서는 손실의 최종적인 부담자는 공사완성보증인일 것이다).

그러나, 선급금(전불금)에 관한 보증보험사와 공사완성보증인 사이의

---

101) 「建設工事請負契約の研究」, 165-202頁.: 仙波英射, "公秋完成保證の性質とその效力" 「現代民事裁判の課題」 第3券, (平成2年), 704-723頁.

102) 일본의 표준약관상 공사완성보증인의 지위 변천은 3단계로 구분할 수 있다.
① 제1기 (포괄적 지위승계형, 昭和37年경까지)
수급인의 채무불이행이 발생하고 도급인이 공사완성보증인에 대하여 완성을 청구하면 보증인은 그 계약에 기한 권리와 의무를 승계한다고 규정하였다
② 제2기 (단순보증형, 昭和47年경까지)
수급인의 채무불이행의 경우 연대보증인에게 공사의 완성을 청구할 수 있고, 보증인은 수급인을 대신하여 공사를 완성할 책임을 부담한다고만 규정하였다.
③ 제3기 (권리・의무 승계 문언의 부활, 昭和47年 이후)
보증채무로 구성할 경우의 한계때문에 승계문구를 부활시켰다. 승계되는 권리는 대금청구권뿐만 아니라, 계약해제권, 공사중지권, 물가변동에 따른 공사내용의 변경청구권, 대금변경청구권, 항변권 등 일체의 권리를 포함하였다.
위 책임의 법적 성질에 관하여는, 면책적 채무인수설, 병존적 채무인수설, 보증인설 등의 견해 및 판례가 등장하기도 하였다.

103) 정확하게는 수탁보증인의 지위가 인정된다. 성립과 내용에 있어서 부종성은 당연히 인정되나, 당사자 간의 신뢰관계에 기한 도급계약의 본질상 특약이 없는 한 당연히 수반성이 인정되지는 않는다. 주된 채무자(=수급인)가 건설업자로서 상인이고 도급계약은 상행위이므로 상법의 규정에 따라 공사완성보증인은 연대보증인이다. 따라서 보충성이 없고 최고 및 검색의 항변권도 인정되지 아니하며 약정이 없는 한, 보증인 사이의 분별의 이익도 인정하기 어렵다.

104) 공사완성보증인에 대한 이행청구가 확정일자에 의하여 이루어지면 대항요건은 더 이상 필요하지 않다.

법률관계는 입법적으로 해결되었다. 즉 수급인이 이미 지급받은 공사대금에 기성고(既成高)[105]가 미치지 못하거나 하도급 대금 등을 지급하지 아니한 채 부도 등으로 공사가 중단되어 연대보증인이 공사를 속행할 때에 손실을 입게 되는 경우가 문제된다. 대부분의 관급공사는 선불금약정에 따라 보증보험회사로부터 일정액의 보증보험증권을 발급받아 납부하는 바,[106] 그로부터 손실부분을 충당할 수만 있다면, 연대보증인은 적어도 경제적 손실의 위험으로부터 상당 부분 보호받을 수 있게 된다.

일본의 公共工事の前拂金 保證事業に關する法律 제13조의2 제1항에 의하면, 공사완성보증과 선급금(전불금) 보증사업회사의 보증이 공존하는 경우에 도급인이 계약을 해제하면, 보증사업회사에 대하여 지급을 청구할 수 있는 보증금에 상당하는 금액의 한도 내에서 공사완성보증인이 직접 보증사업회사로부터 받을 수 있게 되었다. 이와 같은 구조에서 손실의 궁극적인 부담자는 보증보험사로 귀착될 것이다.

#### (2) 우리나라의 관급공사 연대보증인의 지위와 비교

일본의 경우 다수설은 공사완성보증인에 대한 이행청구로서 수급인의 계약상 지위가 그대로 이전되는 것으로 해석하나, 우리나라 관급공사의 연대보증인은 일본과 달라서 그대로 적용하는 데 문제가 있다.

첫째, 일본의 경우에는 수급인이 이미 공사한 부분(기성부분)에 관한 공사대금채권도 승계되는 것으로 해석되지만, 우리나라의 경우에는 위에서 본 표준약관 제28조 제3항[107]의 반대 해석상 기성부분에 관한 공사대금 부분은 제외된다고 해석된다.

둘째, 일본의 경우에는 수급인의 채무가 해제된 경우 공사완성보증인의 책임은 원상회복의무, 즉 선급금반환채무에도 미치는 것으로 보나,[108] 우리

---

105) '기성고'(既成高)란, 약정한 총공사비 중에서 공사한 부분 만큼의 공사비를 말한다.

106) 우리나라 공제조합의 선급금보증, 서울보증보험의 이행(선급금)보증보험상품과 유사하다.

107) 표준약관 제28조 제2항 및 제3항은 다음과 같다.

② 제1항의 청구가 있는 때에는 연대보증인은 지체없이 그 보증의무를 이행하여야 한다. 이 경우 보증의무를 이행한 연대보증인은 계속공사에 있어서 계약자가 가지는 계약체결상의 이익을 가진다.

③ 제1항의 청구가 있을 때에는 연대보증인은 계약금액 중 보증이행 부분에 상당하는 금액을 정부에 대하여 직접 청구할 수 있는 권리를 가지며, 계약자는 연대보증인의 보증이행 부분에 상당하는 금액을 청구할 수 있는 권리를 상실한다.

나라는 그 반대로서, 관급공사의 경우 일반적인 경우[109]와는 달리 수급인의 선급금 반환채무나 계약이행보증금 지급채무는 포함되지 않는다고 보고 있다.[110] 판례가 다소 혼란스러웠으나, 대체로 관급공사는 부정하고, 민간공사는 계약 해석의 문제이나 대체로 긍정하고 있다.

◎ 대법원 1999. 10. 8. 선고 99다20773 판결

[1] 국가를 당사자로 하는 계약에 관한 법률 시행령 및 시행규칙의 관계 규정이 연대보증의 자격을 당해 공사에 관하여 입찰참가 자격이 있는 자로 제한하고 있고, 보증의무를 이행한 연대보증인에게 대금청구권이 있음을 전제로 하고 있으며, 공사도급계약과 그에 관한 연대보증계약 내용의 일부로 된 공사계약의 일반조건 및 특수조건도 계약상대방이 불이행한 공사의 완성을 연대보증인에게 청구할 수 있고 연대 보증인은 그에 대한 대금을 청구할 수 있다고 규정하고 있을 뿐 선급금 반환채무 등에 관한 연대보증인의 의무에 관하여는 아무런 규정이 없고, 선급금에 관하여는 별도의 규정을 두어 그 반환채무의 담보방법으로서 금융기관의 보증 등 그 담보력이 충분한 것으로 제한하고 있는 점 등에 비추어 볼 때, 지방자치단체와 건설업체 사이에 체결된 공사도급계약에 관하여 수급인과 연대하여 도급계약상의 의무를 이행하기로 한 연대보증인의 보증책임의 범위는 수급인의 공사 시행에 관한 의무의 보증에 한정되고, 수급인의 선급금 반환채무에까지는 미치지 아니한다고 봄이 상당하다고 한 사례.

[2] 공사도급계약 체결시 수급인이 도급인에게 계약이행보증금을 현금으로 납부하거나 동액 상당의 보증보험증권을 교부할 것을 약정한 경우, 이와 같이 특정한 담보방법인 보증보험증권을 계약이행보증금의 지급방법으로서 현금과 선택적으로 규정한 점에 비추어 볼 때, 당사자의 의사는 보증보험증권의 교부를 계약이행보증금의 현금 지급과 동등하게 보아 그로써 계약이행보증금은 확실하게 담보된 것으로 취급하고자 하는 취지로 봄이 상당하므로, 그 공사도급계약에 관한 연대보증계약의 체결에 앞서 수급인이 보증보험증권을 도급인에게 교부한 이상, 그 공사도급계약에 관하여 수급인과 연대하여 도급계약상의 의무를 이행하기로 한 연대보증인으로서는 더 이상 계약이행보증금에 관하여는 보증채무를 부담하지 않는다고 한 사례.

---

108) 最高裁判所 昭和47年. 2. 23. 判決.

109) 일반적으로 계약당사자를 위한 보증인의 책임이 그 계약의 해제로 인한 원상회복의무 내지 손해배상의무에도 미친다고 보아야 할 것인가에 대하여는, 통설적 견해 및 판례가 이를 인정하고 있다.: 대법원 1967. 9. 16. 선고 67다1482 판결; 대법원 1996. 2. 9. 선고 94다38250 판결 등.; 『민법주해 X』, 채권(3), 244-247면 참조.

110) 대법원 1999. 10. 8. 선고 99다20773 판결.

결국, 일본의 경우 관급공사의 공사완성보증인의 지위는, 채무 범위의 포괄성이라는 측면에서 볼 때 수급인을 완전히 대체하는 것과 같은 효과를 의도한 것으로 보이지만, 우리나라의 경우는 그에는 미치지 못하는 것으로 보인다.[111] 일본에서도 보증보험사와의 관계에서는 공사완성보증인을 궁극적 손실의 귀속자로 하지 않고 오히려 공사완성보증인이 보증보험사에 대하여 선급금 중에서 해당 부분을 직접 청구할 수 있도록 입법화하고 있다[112]는 점은 시사점이 적지 않다고 생각된다.

### 3. 保險契約關係와 辨濟者代位

보험자에게 변제자대위가 인정되는지에 관하여 "부정설"은[113] 보험자가 보험금을 지급하는 것은 자기가 인수한 보험계약에 의하여 자기의 의무를 이행함에 지나지 않고 타인의 채무를 변제한 것이 아니므로 변제자대위가 성립할 수 없다고 한다. 그러나 "긍정설"은 ① 민법상 변제자대위가 성립하기 위해서는 "변제할 정당한 이익"이 있으면 되고 반드시 "타인의 채무를 변제"할 것을 요구하는 것은 아닌 점, ② 보험자도 피보험자에게 보험금을 지급하지 아니하면 보험금청구를 당한 지위에 있으므로 "변제할 정당한 이익"이 있는 자인 점, ③ 보증인이 채무를 변제한 경우 채권자와 보증인과의 계약에 의한 자신의 채무를 변제한 것에 해당함에도 변제자대위가 당연히 인정되는 점, ④ 영미(英美)에 있어서 보험자대위 이론이 보증계약과 관련하여 발달해 온 점 등을 논거로 삼고 있다.[114]

---

111) 일본의 공사완성보증인의 보증책임은 원상회복의무(=금전지급채무)에도 미치며, 수급인이 이미 수행한 공사 부분에 관한 공사대금지급청구권도 전부 승계되지만, 우리나라의 관급공사 연대보증인의 지위는 이와 반대이다.

112) 약관의 제반조항의 해석상 도급인(발주자)의 이행청구에 의하여 수급인의 계약상 지위가 이전된다고 해석하는 다수설에 의하더라도, 위 조항에 의할 때, 적어도 보증보험사와의 관계에 있어서는 공사완성보증인이 궁극적인 책임의 귀속자가 아니다. 그러한 구조에서는 궁극적인 손실부담의 주체는 보증보험사가 될 것이다.

113) 양승규, "보험자대위에 관한 연구", 72면.: 송상현, "보험금지급의무와 불법행위손해배상의무와의 관계", 「인산 정희철 선생 정년기념논문집」, 박영사, (1985), 279면.

114) 한위수, "보험자대위와 자동차종합보험의 승낙피보험자", 「상사판례연구 Ⅱ」, 박영사, (1995) 참조.: 변제자대위의 일반적 요건을 갖추는 한 보험자대위와는 별도로 변제자대위도 인정된다고 한다.

보험의 유형과 구조, 특히 피보험자나 보험계약자가 가해자의 지위에 서는지 여부, 피해자의 보험자에 대한 직접청구권의 인정 여부 및 성격 등에 따라 달라질 수도 있다. 각 유형별로 보면 다음과 같다.

(1) 일반적인 손해보험의 경우

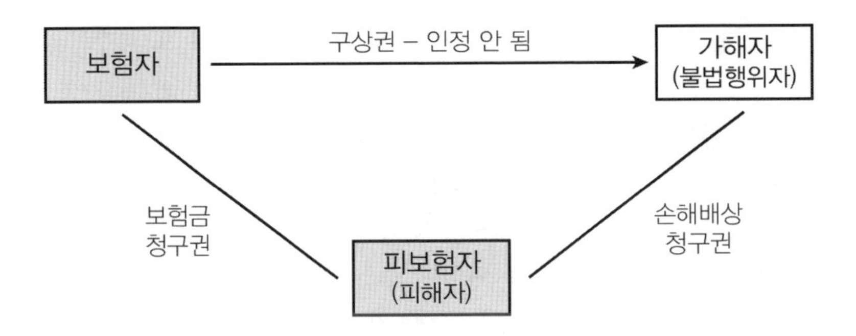


보험자와 가해자 사이에 직접적으로 상호 구상권이 인정되는지 여부에 관하여 보험법 학자들은 물론이고 민법 학자들 사이에서도 소극설이 지배적이다(주관적 공동관계의 결여).[115] 우선 변제자대위의 요건이라고 할 수 있는 "구상권"의 존재 자체를 인정할 수 없기 때문에 변제자대위가 허용될 수 없을 것이다. 보험자대위는 구상권의 존재를 전제(요건)으로 하지 아니하므로 성립 가능하며, 이것이 보험자대위의 전형적인 경우이다.

(2) 책임보험의 경우 - 피해자의 직접청구권 신설 이전

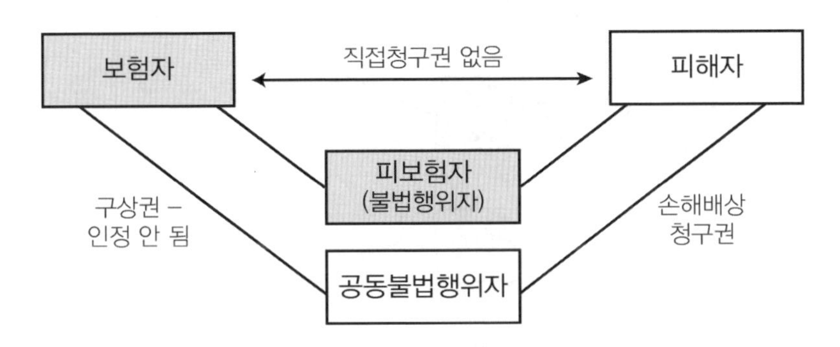


115) 보험자의 보험금 지급으로 인하여 가해자의 채무가 당연히 소멸하는 관계에 있는 것은 아니라고 설명한다.

보험자는 위험을 인수한 자이므로 피보험자에 대하여 구상권을 행사할 수 없음은 당연하고, 공동불법행위자에 대하여는 구상권이 인정될 수 없으므로, 결국 구상권과 무관한 보험자대위만 가능할 뿐 변제자대위는 인정될 수 없었다. 자동차종합보험 혹은 중기종합보험에서, 보험사고의 발생으로 보험금을 지급한 손해보험자가 민법 제481조 소정의 변제자대위(법정대위)를 할 수 없다는 취지의 판례 2건[116]은 이 유형에 관한 것이다. 다만, 판례에서 「자신의 계약상 채무이행으로 보험금을 지급한 보험자는 민법 제481조에 의한 변제자대위를 주장할 수 있는 자에 해당하지 아니한다」라는 문언의 논거는, 엄밀히 말하면 변제자대위의 요건을 설시한 것이 아니라, 그 전제인 구상권의 불성립을 논한 것으로 볼 수 있다. 보증채무나 연대보증채무는 각각 채무자 혹은 채권자와의 계약에 의하여 성립할 수 있으며 그 자신의 계약상 채무를 이행하더라도 그로 인하여 주채무자의 채무가 소멸하는 관계에 있다면 변제자대위의 성립에 지장이 없기 때문이다.

(3) 책임보험의 경우 - 피해자의 직접청구권 신설 이후

판례는 피해자의 직접청구권을 보험금의 직접청구권으로 구성하지 않고 손해배상청구권으로 파악한다(결국 법률의 규정에 의한 병존적인 채무인수의 한 형태일 것이다).

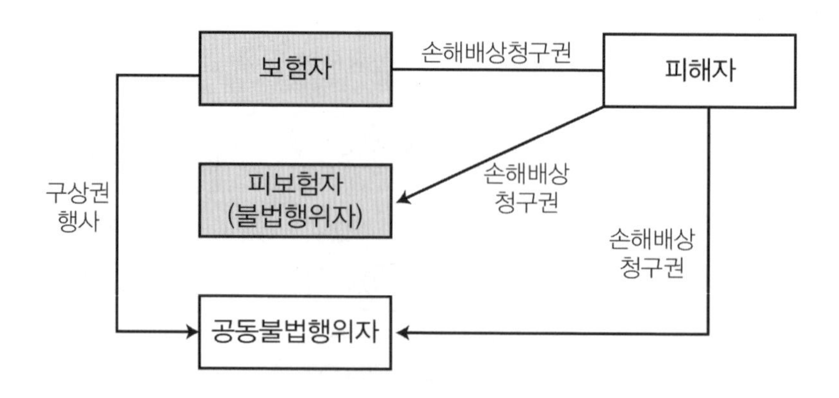


보험자가 피보험자에 대하여 구상권을 행사할 수 없는 것은 전과 마찬

116) 대법원 1993. 1. 12. 선고 91다7828 판결: 자신의 계약상 채무이행으로 보험금을 지급한 보험자는 민법 제481조에 의한 변제자대위를 주장할 수 있는 자에 해당하지 아니한다. 같은 취지의 판례로서 대법원 1995. 11. 7. 선고 94다53327 판결이 있다.

가지로되, 공동불법행위자에 대하여는 동일한 내용의 채무(불법행위로 인한 손해배상채무)를 부담하는 지위에 있고 양자의 관계는 (부진정)연대관계에 있으므로, 공동불법행위자 상호간의 관계에 준하여 서로 구상권이 인정된다[117]. 즉 보험자는 더 이상 단지 자신의 계약상 채무이행으로 보험금을 지급한 것이라고 볼 수 없다. 그리고 공동불법행위자와 보험자는 모두 변제할 정당한 이익이 있다. 따라서 둘 중 어느 한쪽이 피해자에게 변제하면 피해자의 상대방에 대한 권리를 법정대위하게 된다.[118][119]

#### (4) 보증보험의 경우

보험계약자는 보험계약의 보험계약상 피보험이익의 유일한 침해예정자로서 피보험자에 대한 관계에서는 가해자의 지위에 있으며, 보험자가 보험금을 지급한 경우 법률상으로나 약관상으로 보험계약자에 대한 구상권이 인정된다는 것이 학설·판례의 입장이다. 보증보험의 실질을 보증으로 본다면, 보험금청구권의 실질은 보증채권에 불과하며, 전형적인 공동보증인의 구상 및 대위의 법률관계와 동일하다.

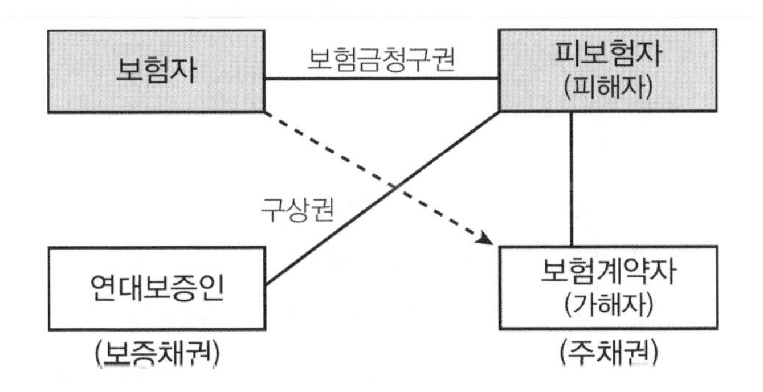


117) 보험자와 피보험자(불법해위자) 및 공동불법행위자 중 어느 일방이 변제하면 다른 두 당사자의 채무도 당연히 소멸하는 관계에 있다.

118) 김교창, "구상권과 보험자대위권의 각 소멸시효기간", 「판례연구」 제13집, 서울지방변호사회, 15면의 제5도 및 제6도.

119) 김교창, 전게논문, 15면에 의하면, 피해자의 직접청구권이 인정된 책임보험에서는 변제자대위가 전면적으로 인정되며, 그 이외의 경우도 보험자대위란 그 실질은 변제자대위로 볼 수 있는 경우가 많다고 한다.: 제철웅, "수인의 불법행위자 중 1인의 보험자가 피해자에게 손해를 보상한 경우의 구상관계", 「인권과 정의」 제287호, 대한변호사협회, 17면 역시 같은 취지라고 할 수 있다.

보증보험의 성질을 보험으로 본다 하더라도 그 실질은 이미 존재하는 주채권의 만족에 있을 뿐이므로, 보험금의 지급으로 그 한도 내에서 주채무 역시 당연히 소멸하는 관계에 있으며 그 역의 경우도 마찬가지이다. 이러한 상호의존성은 보험계약자가 보험관계 외부에 존재하는 자가 아니라 보험계약관계 내부에 위치하며, 보험사고 자체가 애초부터 보험계약자의 주채무의 존재와 그 이행 여부에 의존하고 있다는 데에 기인한다. 따라서 보증보험의 본질을 보증으로 파악하면 당연하고, 보험으로 파악한다 하여도 변제자대위를 인정하는 것이 그 본질에 반하지 아니한다.[120)]

앞서 본 바와 같이 우리 판례도 변제자대위의 성립을 인정하고 있다. 다만, 그 논거는 보증보험의 보증성에 입각하고 있으나, 엄밀히 말하자면 보증보험계약의 구조 및 보험사고와 주채무의 의존관계에 기인하는 것이기 때문에,[121)] 보증보험의 보험성과 모순되지 않는다고 보아야 할 것이다. 상법 학자들 중 우리 판례의 입장과 달리 제3자를 위한 보험에서 보험계약자에 대한 보험자대위를 부정하는 견해에서는, 이 문제를 보험자대위가 아닌 변제자대위로 파악하고 있으며,[122)] 직접 이에 관한 쟁점을 다룬 논문은 다수가 변제자 대위의 성립을 긍정하고 있다.[123)]

## Ⅳ. 結　　論

이상은 대상 판결인 2005다37514 전원합의체 판결의 다수의견, 반대의견, 보충의견의 각 논거에 관한 기본적인 사항들에 관하여 정리해 본 것이다. 모두에서 토로한 바와 같이, 보증보험의 법률관계를 의문의 여지없이 명확히 한다는 것은 쉬운 일이 아니다. 종전의 선례 1, 2, 3에 대하여는 실무가들 사이에 거의 압도적으로 비판적인 견해가 많았던 것으로 보이고, 거

---

120) 박용표, "판례상 나타난 보증보험의 법적 성질 및 구상권과 변제자대위권에 관하여", 「판례연구」 제15집, 부산판례연구회, 14-15면.

121) 이를 "보증적 성격"으로 지칭하더라도 틀린 말은 아닐 것이다.

122) 정동윤, 전게서, 632면; 정찬형, 전게서, 725면.

123) 홍성주, "보증보험에서 보험계약자의 사기를 이유로 보험계약이 취소된 경우 피보험자의 보험금청구권의 유무", 「판례연구」 제13집, 부산판례연구회, 26면; 김창준, "보증보험자의 타 보증인에 대한 구상권", 「보험법연구 4」, 삼지원, 65-70면; 정경영, "보증보험에서 보험자의 구상권", 「상사판례연구 IV」, 310면 등.

기서 지적된 문제점들이 전원합의체 판결에서 수용된 것으로 보인다. 이로서 서로 변제를 미루게 되는 문제점은 해결될 것으로 보인다.

다만, 우리 법률에는 아직까지 명확히 규명되지 않은 부분이 적지 않으며, 각종 대위와 구상의 문제가 특히 그러한 것으로 보인다. 이 점에 관해서 좀 더 깊은 연구가 이루어지기를 소망한다.

# 제 2 편
# 海 商 法

# 舊 商法 第746條 但書의 船舶所有者 責任制限 排除事由의 適用範圍*

金 容 哲**

◎ 대법원 2012. 4. 17.자 2010마222 결정

## [事實의 概要]

### 1. 事件發生 經緯

#### (1) 사고의 발생경위

2007. 12. 7. 태안 앞바다에서 신청인(삼성중공업)이 운항 중이던 예인선 2척(주예인선 삼성 T-5, 부예인선 삼호 T-3)과 대형 기중기를 장착한 부선(艀船 barge, 삼성 1호), 작업선(삼성 A-1) 등으로 구성된 예인선단이 강한 파도에 밀리며 항해하던 중 예인줄이 끊어져 부선이 해상에 정박 중이던 유조선 허베이 스피리트호(이하 '허베이호'라 한다)와 충돌하여 약 12,547㎘의 원유가 누출된 국내 최대 규모의 해양오염사고가 발생하였다.

#### (2) 예인선단의 소유 및 임차관계

| | 용노 | 세원 | 소유자 | 임차인 | 예인신딘 |
|---|---|---|---|---|---|
| 삼성 1호 | 피예인선 | 총톤수 11,828톤,<br>무동력의 부선<br>3천톤급 해상크레인 장착 | 삼성물산 | 신청인 | 삼성물산 역임차 |
| 삼성 T-5호 | 주예인선 | 총톤수 292톤. 4,800마력 | 삼성물산 | 신청인 | 삼성물산 역임차 |

* 제31회 상사법무연구회 발표 (2013년 7월 13일)

** 울산지방법원 부장판사

| 삼호 T-3호 | 보조예인선 | 총톤수 213톤, 3,600마력 | 삼호아이앤디 | | 삼성물산 임차 |
|---|---|---|---|---|---|
| 삼성 A-1호 | 작업선 | 총톤수 89톤 | 삼성물산 | 신청인 | 삼성물산 역임차 |

## 2. 이 事件 申請原因

신청인은 선박임차인의 지위[1] 또는 이 사건 예인선단의 운항자의 자격[2]으로, 구 상법(2007. 8. 3. 법률 제8581호로 개정되기 전의 것) 제746조[3][4]에 따라 이 사건 충돌사고로 생긴 물적 손해에 관한 채권에 대하여 책임제한을 구하는 소송을 제기하였다.[5]

---

1) 제766조 (선박임차와 제3자에 대한 법률관계) ① 선박임차인이 상행위 기타 영리를 목적으로 선박을 항해에 사용하는 경우에는 그 이용에 관한 사항에는 제삼자에 대하여 선박소유자와 동일한 권리의무가 있다.

2) 제750조 (책임제한을 할 수 있는 자의 범위) ① 다음 각호에 게기한 자는 이 장의 규정에 의하여 선박소유자의 경우와 동일하게 책임을 제한할 수 있다.
   1. 용선자, 선박관리인 및 선박운항자
   2. 법인인 선박소유자 및 제1호에 게기한 자의 무한책임사원
   3. 자기의 행위로 인하여 선박소유자 또는 제1호의 게기한 자에 대하여 제746조 각호의 규정에 의한 채권이 성립하게 한 선장, 해원, 도선사 기타 선박소유자 또는 제1호에 게기한 자의 사용인 또는 대리인

   ② 동일한 사고에서 발생한 모든 채권에 대한 선박소유자 및 제1항에 게기한 자에 의한 책임제한의 총액은 선박마다 제747조의 규정에 의한 책임한도액을 초과하지 못한다.
   ③ 선박소유자 또는 제1항 각호에 게기한 자의 1인이 책임제한절차개시의 결정을 받은 때에는 책임제한을 할 수 있는 다른 자도 이를 원용할 수 있다

3) 제746조 (선박소유자의 유한책임) 선박소유자는 청구원인의 여하에 불구하고 다음 각호의 채권에 대하여 제747조의 규정에 의한 금액의 한도로 그 책임을 제한할 수 있다. 그러나 그 채권이 선박소유자 자신의 고의 또는 손해발생의 염려가 있음을 인식하면서 무모하게 한 작위 또는 부작위로 인하여 생긴 손해에 관한 것인 때에는 그러하지 아니하다.
   1. 선박에서 또는 선박의 운항에 직접 관련하여 발생한 사람의 사망, 신체의 상해 또는 그 선박 이외의 물건의 멸실 또는 훼손으로 인하여 생긴 손해에 관한 채권
   2. 운송물, 여객 또는 수하물의 운송의 지연으로 인하여 생긴 손해에 관한 채권
   3. 제1호 및 제2호 이외에 선박의 운항에 직접 관련하여 발생한 계약상의 권리 이외의 타인의 권리의 침해로 인하여 생긴 손해에 관한 채권
   4. 제1호 내지 제3호의 채권의 원인이 된 손해를 방지 또는 경감하기 위한 조치에 관한 채권 또는 그 조치의 결과로 인하여 생긴 손해에 관한 채권

4) 현행 상법 제769조에 해당한다.

5) 국제사법 제60조 제4호는 선박소유자 등이 책임제한을 주장할 수 있는지 여부 및 그 책임제한의 범위는 선적국법에 의하도록 되어 있다.

## [訴訟의 經過]

### 1. 原審의 判斷

#### (1) 예인선단이 책임제한의 적용을 받는 선박인지 여부

삼성 1호는 예인선인 삼성 T-5호와 삼호 T-3호에 끌리거나 밀려서 수상에서 항행되는 부선(艀船)이고, 예인선인 삼성 T-5호와 삼호 T-3호 및 삼성 A-1호는 기선(汽船)에 해당하므로 모두 선박에 해당한다. 또한 신청인이 예정된 교량설치공사를 마친 이 사건 예인선단을 인천항에서 사업지인 거제시로 옮기기 위하여 운항한 행위는 상행위에 해당한다.

가사 그러하지 않다고 하더라도, 구 선박법 제29조에서는 상행위를 목적으로 하지 아니하더라도 항행용으로 사용되는 선박에 관하여도 상법 제5편 해상에 관한 규정을 준용하도록 하고 있다. 따라서 이 사건 예인선단이 '상행위 기타 영리를 목적으로 하는 항해'에 해당하지 않다고 하더라도 선박책임제한 규정이 적용된다. 그리고 부선인 삼성 1호가 이 사건 해상사고 당시 일시적으로 예인선의 통제력에서 벗어났다고 하더라도 그 사정만으로 선박에 해당하지 않는다고 볼 수 없다.

#### (2) 책임제한 배제사유의 주장에 관한 판단 부분

항고인들은 이 사건 신청에는 신청인이 이 사건 예인선단의 관리 및 운항업무를 보람이나 삼호에 전적으로 일임하였으므로, 보람이나 삼호가 고용한 선장 또는 선두의 행위를 기준으로 이 사건 해상사고의 발생에 있어서 고의나 무모한 행위가 있었는지를 판단하여야 하는데, 보람이나 삼호가 고용한 선장 또는 선두의 행위에는 이 사건 해상사고의 발생에 관하여 고의나 무모한 행위가 있다고 주장하였다.[6)]

---

6) 구체적으로는 이 사건 예인선단의 운항 당시 예인줄의 인장 강도를 확보하지 않고 예인줄의 장력을 분산시켜 주지 않는 등 감항능력을 구비하지 않은 점, 악천후에서 출항을 결정하고 악화된 기상 상태에서 무모하게 항해를 계속 시도한 점, 기상 상황의 악화를 감당할 정도의 예인능력을 갖추지 못한 점, 해상에서의 긴급 구난·구호를 위한 VHF 교신 설비의 관리에 소홀하였거나 교신 설비를 제대로 사용하지 않은 점, 선박의 교신 설비 등에 대하여 선원 교육을 충분히 하지 않았거나 또는 피항 요령이나 다른 선박과의 교신 요령에 대한 매뉴얼이 존재하지 않았거나 부적절하였을 가능성이 있는 점, 항로 인근에 정박 중인 다른 선박의 현황에 대한 파악 의무를 해태한 점, 조기에 비상 투묘하지 않았으며 허베이호와의 충돌을 면하기 위하여 투묘한 닻의 길이를 잘못 예측하여 정지력을 확보하지 못한 점 등을 들고 있다.

이 사건의 경우 신청인이 이 사건 예인선단의 운항과 관리를 보람에 일임하였다고 인정할 만한 자료가 충분치 아니하고, 오히려 신청인이 이 사건 예인선단의 운항과 관리에 상당한 정도로 관여하면서 보람을 지휘하는 지위에 있다고 판단되므로 보람이나 선장 또는 선두의 행위를 기준으로 판단할 수는 없다.

가사 보람이나 선장 또는 선두의 행위를 기준으로 하더라도 이 사건 예인선단의 직접적인 운항을 담당한 보람이나 선장 또는 선두의 행위가 통상적인 과실의 범주를 넘어서 책임제한 배제 사유인 무모한 행위에 해당한다거나 나아가 이 사건 예인선단의 선장 또는 선두에게 행위 당시 손해발생의 개연성에 대한 인식이 있었다고 볼 수 없다.[7]

## 2. 再抗告의 理由

원심 결정에 대하여 항고인 국○○ 외 6862명, 가○○ 외 2235, 허베이 스피리트호 원유유출 피해민 원이지구 대책위원회, 홍성관광・수산피해 대책위원회, 천북 굴 바지락 유류피해 대책위원회, 원유유출 보령 유류피해 대책위원회, 서면 어선어업 피해 대책위원회, 보령수산업협동조합, 대한민국, 서산수협 허베이스피리트호 유류피해 대책위원회, 전피해민 손해배상 대책위원회 등이 '신청인의 이 사건 신청에는 책임제한 배제사유가 존재한다'거나 또는 '이 사건 사고에는 선박소유자 책임제한이 적용되지 않는다'는 등의 사유로 재항고를 제기하였다.[8]

7) 구체적으로 인천항 해상교통관제센터는 이 사건 예인선단의 출항 신고를 받고도 이를 제지하지 않았고, 이 사건 예인선단 이외에도 19척의 선박이 출항한 점, 중앙해양심판원에서도 이론적으로는 예인줄의 인장강도가 이 사건 해상사고 당시 기상 상태를 고려한 삼성1호의 총저항력 86.05톤을 8.65톤 초과하고 있다고 판단하는 등 이 사건 예인선단의 구성이나 운영 자체에 하자가 있다고 보기는 어려운 점, 삼성 T-5호의 예인줄이 러핑와이어로 쓰던 와이어를 재활용한 것이지만 그 강도가 해양수산부고시와 노동부고시에서 정한 예인선의 파단강도에 관한 기준에 미달하지 않은 점, 허베이호는 선박 통항이 잦은 곳에 정박하면서도 조기에 적극적인 피항동작을 취하지 아니하였고 이러한 허베이호측의 과실도 이 사건 해상사고 발생의 한 원인이 된 점 등을 판단의 근거로 삼았다.

8) 피해대책위원회가 재항고를 제기할 수 있는 이해관계인에 해당한다는 재항고이유와 재판받을 권리를 침해하였다는 재항고이유에 대하여는 검토를 생략한다.

## [決定의 要旨][9)]

### 1. 船舶所有者 責任制限의 對象에 관한 再抗告 理由에 대하여

구 상법(2007. 8. 3. 법률 제8581호로 개정되기 전의 것, 이하 같다) 제740조는 "선박이라 함은 상행위 기타 영리를 목적으로 항해에 사용하는 선박을 이른다."라고 규정하고 있는데, 구 선박법(2007. 8. 3. 법률 제8621호로 개정되기 전의 것, 이하 같다) 제1조의2는 "자력항행능력이 없어 다른 선박에 의하여 끌리거나 밀려서 항행되는 부선도 선박이다."라고 규정하고 있고, 제29조는 "상법 제5편 해상에 관한 규정은 상행위를 목적으로 하지 아니하더라도 항행용으로 사용되는 선박(단 국유 또는 공유의 선박은 제외)에 관하여는 이를 준용한다."라고 규정하고 있다. 따라서 다른 선박에 의하여 끌리거나 밀려서 항행되는 국유 또는 공유가 아닌 부선은 상행위 기타 영리를 목적으로 항행하는지 여부에 상관없이 구 상법 제5편에 규정된 선박소유자 책임제한의 대상이 되는 선박에 해당한다.

원심 결정의 이유에 의하면, 원심은 판시와 같은 사실을 인정한 다음, 「삼성 1호는 예인선에 의하여 끌리거나 밀려서 수상에서 항행되는 부선에 해당하고, 이 사건 해상사고 당시 일시적으로 예인선의 통제에서 벗어난 사정만으로 선박에 해당하지 않는다고 볼 수 없으며, 나아가 신청인이 교량설치공사를 마친 이 사건 예인선단을 인천항에서 거제시로 옮기기 위하여 운항한 행위는 상행위에 해당할 뿐만 아니라 선박소유자 책임제한 여부를 결정함에 있어서 구 선박법 제29조에 따라 '상행위 기타 영리를 목적으로 하는 항해' 여부는 고려의 대상이 되지 않는다」라고 판단하여 책임제한절차 개시사유의 존부를 다투는 재항고인들의 주장을 배척하였다.

원심 결정의 이유를 앞서 본 법리와 기록에 비추어 살펴보면, 원심 결정은 정당하고 거기에 재항고의 이유로 주장하는 바와 같은 선박소유자 책임제한의 대상에 관한 법리오해 등의 위법이 없다.

---

9) 이 사건의 검토대상이 아닌 부분은 생략하였다.

### 2. 船舶所有者 責任制限 排除事由에 관한 再抗告 理由에 대하여

#### (1) 책임제한 배제사유의 판단 기준이 되는 행위주체와 관련하여

구 상법 제746조 단서는 "채권이 선박소유자 자신의 고의 또는 손해발생의 염려가 있음을 인식하면서 무모하게 한 작위 또는 부작위로 인하여 생긴 손해에 관한 것인 때"에는 선박소유자의 책임을 제한할 수 없도록 규정하고 있다. 따라서 위 규정에 의하여 책임제한이 배제되기 위하여는 책임제한의 주체가 선박소유자인 경우에는 선박소유자 본인의 '고의 또는 손해발생의 염려가 있음을 인식하면서 무모하게 한 작위 또는 부작위(이하 '무모한 행위'라고 한다)'가 있어야 하는 것이고, 선장 등과 같은 선박소유자의 피용자에게 위와 같은 무모한 행위가 있었다는 이유만으로는 구 상법 제746조 본문에 의한 선박소유자의 책임제한이 배제된다고 할 수 없다. 또한 구 상법 제750조 제1항 제1호에 의하여 선박임차인 또는 선박운항자가 책임제한의 주체인 경우에도 선박임차인 또는 선박운항자 자신에게 무모한 행위가 없는 한 그 피용자에게 무모한 행위가 있다는 이유만으로 책임제한이 배제된다고 할 것은 아니다(대법원 1995. 3. 24.자 94마2431 결정; 대법원 1995. 6. 5.자 95마325 결정 등 참조).

그러나 <u>선박소유자 등 책임제한의 주체가 법인인 경우에 그 대표기관의 무모한 행위만을 법인의 무모한 행위로 한정한다면 법인의 규모가 클수록 선박의 관리·운항에 관한 실질적 권한이 하부구성원에게 이양된다는 점을 감안할 때 위 단서조항의 배제사유는 사실상 사문화되고 당해 법인이 책임제한의 이익을 부당하게 향유할 염려가 있다.</u> 따라서 법인의 대표기관뿐만 아니라 적어도 법인의 내부적 업무분장에 따라 <u>당해 법인의 관리 업무의 전부 또는 특정 부분에 관하여 대표기관에 갈음하여 사실상 회사의 의사결정 등의 권한을 행사하는 사람의 행위는 그가 이사회의 구성원 또는 임원이 아니더라도 선박소유자 등 책임제한 배제 규정의 적용에 있어서는 그 책임제한 주체 자신의 행위로 봄이 상당하다.</u>

원심 결정의 이유 및 기록에 의하면, 신청인은 1995. 12. 29. 삼성건설 주식회사(나중에 삼성물산 주식회사에 합병되었다)로부터 삼성 T-5호, 삼성 1호, 삼성 A-1호를 임차한 후 2007. 3. 1. 보람 주식회사(이하 '보람'이라고 한다)에 위 선박들의 관리를 위탁한 사실, 보람과의 관리위탁계약에서 장비관리 등 안전관리업무 및 공사 수행에 필요한 선단의 운영 등은 보람이 책임을 지지만, 신청인은 공사현장에 감독원을 파견하여 보람의 용역 업무를 점검하고 보람의 관리자에게 관리위탁용역과 관련된 작업지시를 요청할 수 있으며 보람은 정당한 사유가 없는 한 그 작업 지시에 따르도록 정하고 있는 사실, 보람은 신청인의 협력업체로서 그 소재지를 신청인의 거제조선소에 두고 위 선박들의 관리·운영 외에는 다른 영업을 하지 아니하였던 사실, 보람은 예인선단의 운항에 관한 안전관리 체계나 안전관리 매뉴얼 등을 마련하지 아니하였고 인력이나 전문성의 부족으로 예인선단의 운항상의 안전관리 업무를 예인선 삼성 T-5호 선장 신청외 1이나 부선 삼성 1호의 선두 신청외 2에게 일임하였던 사실, 신청외 1, 2 등은 신청인 소속 직원들의 통제와 감독을 받으면서 이 사건 예인선단을 운항하였던 사실, 신청인은 위 선박들을 거제조선소에서 자신의 업무에 사용하다가 2007. 11. 26. 삼성물산 주식회사가 시공하는 인천대교 건설공사에 제공하고, 거제-인천 간 예인항해와 관련하여 선박보험에 가입하면서 자신의 비용으로 보험검사를 받았으며, 인천대교의 건설공사 현장에 자신의 직원인 신청외 3, 4를 파견한 사실, 그 현장에서 작업이 종료되자 이 사건 예인선단이 거제조선소로 복귀하기 위하여 출항하였는데, 신청외 3은 작업 종료를 확인한 다음 이 사건 예인선단이 출항 준비를 하는 것을 보고 현장을 떠났으며, 신청외 4는 보람으로부터 출항 보고를 받았던 사실 등을 알 수 있다.

위 사실관계에 의하면, 신청인이 위 선박들의 운항을 포괄적으로 관리·감독하는 지위에 있었다고 봄이 상당하므로 보람 또는 위 선박들의 선장, 선두가 신청인의 대표기관에 갈음하여 이 사건 예인선단의 관리·운항에 관하여 회사의 의사결정 등 권한을 행사하는 대표기관에 준하는 지위에 있었다고 볼 수는 없다.

같은 취지에서 보람의 대표기관의 행위나 위 선장 및 선두의 행위를 기준으로 이 사건 해상사고 당시 신청인이 무모한 행위를 하였는지를 판단할 수 없다고 한 원심의 판단은 앞서 본 법리를 따른 것으로서 정당하고, 거기에 재항고 이유의 주장과 같은 책임제한 배제사유의 해석에 관한 법리오해 등의 위법이 없다.

(2) 고의 또는 무모한 행위와 관련하여

(가) 선박소유자 책임제한절차와 별도로 선박소유자 등에게 손해배상 등을 청구하는 소송이 제기된 경우, 그 소송에서는 책임제한의 배제를 주장하는 채권자가 구 상법 제746조 단서에 정한 책임제한 배제사유의 존재에 대한 증명책임을 부담한다. 그러나 선박소유자 책임제한절차는 신청인이 사고를 특정함에 필요한 신청의 원인사실 및 이로 인하여 발생한 구 상법 제747조 제1항 각 호의 구별에 의한 제한채권의 각 총액이 이에 대응하는 각 책임한도액을 초과함을 소명하여야 개시되는데, 선박소유자 책임제한절차가 주로 채무자의 이익을 위하여 채무자의 일방적인 주도 아래 개시되는 집단적 채무처리절차인 점 등에 비추어 보면, 제한채권에 대하여 신청인이 소명할 사항에는 당해 채권에 책임제한 배제사유가 없다는 점도 포함된다고 해석하여야 한다. 즉, 선박소유자 책임제한절차에서는 그 절차의 개시를 신청하는 신청인이 구 상법 제746조 단서에 정한 책임제한 배제사유의 부존재에 대하여도 소명하여야 한다.

(나) 원심 결정의 이유에 의하면, 재항고인 대한민국은 신청인이 심한 기상변화가 예상되는 동절기 서해안에서 기본적인 항해계획을 예인선 선장에게 일임하는 등 항해안전에 대한 인식이 부족하였고, 해상에서의 안전관리체계에 소홀히 대처하는 등 이 사건 해상사고가 신청인 자신의 무모한 행위로 인하여 발생한 것이므로 책임제한절차가 개시 되면 안 된다고 주장하였다. 이에 대하여 원심은, 재항고인 대한민국이 책임제한 배제사유가 되는 신청인의 무모한 행위의 내용에 대하여 구체적으로 주장하지 않고 있어서 위 주장은 결국 이 사건 해상사고 발생에 있어서 이 사건 예인선단의 운항자이자 임차인인 신청인에게도 일정한 과실이 있다는 정도의 주장에 불과하여 이를 가지고 신청인의 무모한 행위로 인하여 손해가 발생하였다고 인정하기는 어렵다는 이유로 이를 배척하였다.

그러나 앞서 본 법리에 따르면 이 사건 해상사고 당시 신청인이 무모한 행위를 하였는지는 신청인의 대표기관 내지 내부적 업무분장에 따라 신청인의 대표기관에 갈음하여 이 사건 예인선단의 관리·운항에 관하여 회사의 의사결정 등의 모든 권한을 행사하는 사람의 행위를 기준으로 하여 판단할 것이고, 그 책임제한 배제사유가 없다는 점은 책임제한절차의 개시를 구하는 신청인이 주장하고 소명할 책임을 부담한다. 따라서 신청인으로서는 그 업무 분장상 대표기관에 갈음하여 이 사건 예인선단의 관리·운항에 관하여 사실상 회사의 의사결정 등 모든 권한을 행사하는 사람이 누구인지를 스스로 명확하게 한 다음 그 자를 기준으로 무모한 행위가 없었다는 점을 적극적으로 소명해야 하는 것이고, 책임제한절차개시의 요건을 심리하는 법원으로서도 석명권을 행사하여 신청인으로 하여금 위와 같은 점을 소명하도록 하거나 필요한 경우 직권으로 이를 조사해야 할 것이다.

그럼에도 불구하고 원심은 위와 같이 오히려 재항고인 대한민국의 주장이 구체적이지 않다는 등의 이유로 책임제한 배제사유가 인정되기 어렵다고만 판단하였으니, 이러한 원심의 조치는 선박소유자의 책임제한절차에 있어서 책임제한 배제사유의 소명책임의 소재에 관한 법리를 오해한 위법이 있다고 할 것이다.

**(다)** 그러나 구 상법 제746조 단서가 선박소유자 책임제한이 배제되는 사유로 정한 '손해발생의 염려가 있음을 인식하면서 무모하게 한 작위 또는 부작위'라 함은, 손해발생의 개연성이 있다는 것을 알면서도 이를 무시하거나 손해가 발생하지 않을 수도 있다고 판단하였지만 그 판단 자체가 무모한 경우를 의미하는 것이므로 단지 그 선박소유자 등의 과실이 무겁다는 정도만으로는 무모한 행위로 평가할 수는 없다.

원심 결정의 이유와 기록을 살펴보면, 신청인 측이 이 사건 항행에 필요한 충분한 안전조치 등을 강구했는지에 대하여 의문을 가지게 하는 사정이 발견되기는 한다. 이 사건 해상사고 당시 파단된 예인줄은 종전에 여러 해 동안 부선의 기중기 와이어로 사용되다가 교체하여 보관하고 있던 것을 이 사건 예인선 중 하나인 삼성 T-5호의 예인줄로 장착한 것이고, 3,000t급 기중기 부선인 삼성 1호를 예인하는 데 이 사건 해상사고 당시 투입된 정도의 예인선 2척으로써 필요한 정도의 안전성을 충분히 갖추었다고 볼 수 있는지도 더 살펴볼 여지가 있으며, 이 사건 예인선단의 항행속도 등에 비추어 항행 도중에 출항 당시의 기상 상태가 얼마든지 변화할 수 있으므로 그러한 기상악화 상황을 예상한 선단의 구성 및 설비 등 필요하고도 적절한 대비조치가 있었는지 등도 단정하기 어렵다고 보인다.

그러나, 그럼에도 불구하고 구 상법이 책임제한 배제사유를 위와 같이 고의 또는 무모한 행위로 엄격하게 제한해 두고 있는 이상 그 정도에 미치지 못하는 과실 등이 있다고 하여 선박소유자 책임제한절차의 개시 자체를 불허할 사유가 되지는 않는다고 할 것이다. 선박소유자 책임제한절차는 앞서 본 바와 같이 주로 채무자의 이익을 위하여 채무자의 주도 아래 개시되는 절차로서 원칙적으로 신청인인 채무자가 제출하는 자료에 근거하여 신청인이 신고한 채권이 구 상법 제746조 각 호에 해당하는 제한채권에 속하는지 여부, 그 채권액이 책임한도액을 초과하는지 여부 등을 심리하여 결정하는 절차일 뿐이기 때문이다. 책임제한절차의 심리를 변론 없이도 할 수 있게 하고 절차의 신속을 위하여 증명방법을 소명에 의하도록 한 것도 그러한 절차적 특성이 반영된 것이라고 할 수 있다.

이러한 책임제한절차의 성격 등을 감안할 때, 원심 결정의 이유와 기록에 의하여 알 수 있는 아래와 같은 정도의 사실관계가 소명된 이상 책임제한절차개시결정을 위하여 필요한 범위 내에서는 책임제한 배제사유의 부존재에 대해서도 일응 소명이 되었다고 봄이 상당하다. 즉, 이 사건 해상사고 당시 파단된 예인줄은 관련 규정에서 정한 최소파단강도 기준을 초과하는 정도의 강도는 지니고 있었고, 이 사건 항해를 앞두고 사전에 예인항해능력에 관하여 전문검사회사로부터 예항검사를 받은 결과 보퍼트 풍력계급 5를 초과할 때는 출항하지 말고 6을 초과하면 피항할 것이라는 권고의견이 부가되어 있기는 하나 이 사건 예인을 위한 조건은 충족한다는 판정을 받았으며, 예인선인 삼성 T-5호 및 삼호 T-3호의 실제 예항력이 피예인선인 삼성 1호의 총 저항력을 충분히 극복할 정도는 아니지만 서로 비슷한 정도는 되었고, 사고 당시 위 선박들에 설치되어 있던 VHF 무선기의 작동상태에도 별 이상이 없었으며, 그 선박들에 승선하고 있던 선원 등은 모두 해기사 면허 등 필요한 자격을 보유하고 있었다. 다른 한편 검찰은 신청인의 해운부 직원 등에 대한 고발사건 수사에서 그 직원들이 기상악화에도 불구하고 이 사건 예인선단의 출항을 지시하였다고 볼 증거가 없다고 결론을 내린 바 있으며, 또한 통화내역 조회상으로도 이 사건 예인선단에 승선한 선두 신청외 2 등이 출항 직후 출항보고를 한 후 충돌사고 시까지 신청인의 해운부 직원들과 통화하거나 교신한 바는 없었던 것으로 밝혀졌는바, 이러한 사정 역시 책임제한 배제사유의 부존재를 소명하는 자료가 된다.

**(라)** 결국 원심이 책임제한 배제사유에 관하여 판단한 부분에는 그 주장 및 소명책임을 전도하거나 이유설시에 미흡한 점이 있기는 하지만, 신청인이 주장하는 채권들이 책임제한 배제사유가 없는 제한채권에 해당한다고 보아 책임제한절차의 개시를 명한 결론은 수긍할 수 있다. 결국 원심 결정에는 재항고 이유에서 주장하는 바와 같이 책임제한 배제사유에 관한 법리를 오해하여 그 결정 결과에 영향을 미친 위법이 있다고 할 것은 아니다. 그러므로 이 부분 재항고 이유의 주장도 받아들이지 아니한다.[10)]

## [評　　釋]

## Ⅰ. 責任制限制度 一般論

### 1. 船舶所有者의 責任制限

#### (1) 의　　의

선박에 의하여 발생하는 사고는 다른 운송수단에 비하여 사고 발생 빈도가 높고 사고의 규모도 커서 막대한 인명 및 재산피해를 야기한다. 선박에 의하여 항해사고가 발생한 경우 그 선박소유자에게 손해전부를 배상하게 하면 선박소유자는 책임재산의 부족으로 사실상 이행불능상태에 빠지게 될 가능성이 크고, 피해의 규모가 큰 경우에는 선박소유자를 파산에 이르게 한다. 그렇기 때문에 선박소유자의 책임을 일정한 금액 또는 일정한 재산의 범위내로 제한하여 해상거래에서 발생하는 위험을 극복하고 국가의 해운발전을

10) 재항고인 피해대책위원회는 이 사건 책임제한절차개시결정으로 인하여 법률상 권리를 취득하거나 의무 또는 법률상의 부담을 진다고 볼 수 없어 재항고인 피해대책위원회가 이 사건 책임제한절차개시결정에 대하여 항고를 제기할 수 있는 이해관계인에 해당하지 않는다는 판단과 채권자는 책임제한절차와 상관없이 채무자를 상대로 한도액의 제한 없이 책임을 추급하는 개별소송을 제기할 수 있으므로 책임제한절차의 개시결정이 본안소송을 받을 권리를 침해하였다는 주장을 받아들이지 않은 판단 부분은 생략한다.

도모하고자 하는 것이 선박소유자의 책임제한제도이다.

선박소유자의 책임제한제도는 자연법적인 정의관념에서 비롯한 것이 아니라 중상주의 국가에서 사회경제적 수요에 의하여 발생한 것이다. 이와 같은 수요로는 첫째, '해상기업의 유지·존속에 대한 수요측면'으로, 해상기업 자체는 처음부터 거대한 자본투자를 필요로 하고 기업의 재산 또한 선박 등의 고정자산 위주로 되어 있는데 이를 사고가 발생할 경우 모두 사장시키는 것은 부적절하다는 점, 둘째, '해상거래 자체의 수요측면'으로, 해상거래는 사고발생빈도도 높고 대규모의 손해가 발생하는 위험성이 큰 거래인 반면에 그로 인한 수익 자체도 상대적으로 높기 때문에 해상거래에 대한 활발한 사회경제적 수요는 존재하고 무한책임에 의하여 해상거래를 위축시키는 것보다는 책임제한에 의하여 거래를 활성화하는 것이 경제적 효용을 증대시키는 점, 셋째, '국가적 수요측면'으로, 해상기업은 일국의 정치, 경제, 군사적 활동의 토대가 되어 해운업의 성장은 국가발전과 궤를 같이한다는 점, 넷째, '해상기업의 특수성에서 오는 수요측면'으로 선박소유자는 항해 중의 선박 및 적하에 대하여 직접적 관리감독이 어렵고 국가로부터 면허를 받은 자격자인 선장 등에게 광범위한 대리권을 부여하여 해상기업을 운영할 수 밖에 없는데 여기서 발생하는 사고를 선박소유자가 무한으로 부담하도록 하는 것은 가혹한 점 등을 들 수 있다.

이에 대하여 비판적인 견해로는, 초기 중상자본주의 시대와는 달리 지금은 자본조달이 쉬워져서 해상기업에 진출하는 것이 용이하여 특별히 조선산업 육성을 위한 지원의 필요성은 감소한 점, 해상위험도 육상의 거대공장의 위험에 비할 수 있고 또한 조선공업과 항해기술의 발달, 항로관리제도의 정착 등으로 그 위험성이 크게 감소하고 있다는 점, 해상기업이 갖는 위험은 보험제도에 의하여 얼마든지 회피가 가능한 점, 선장이 갖는 법정대리권은 해상기업에만 인정된 특수한 제도가 아니라 육상기업에서도 상업사용인에게 기업경영의 대리권이 넓게 인정되고 있는 점, 선장이나 선원의 감독은 선박소유자가 직접적으로 하기 어렵다 하더라도 통신망의 확대와 대리점망의 확충으로 가능하다는 점, 해상기업의 문제점은 공적지원 등 다른 수단에 의하여 해결 가능함에도 책임제한제도를 통하여 피해자의 희생을 강요하는 것은

부당하다는 점 등을 지적하면서 선박소유자에 대하여 책임제한을 하는 것은 비합리적이라고 주장한다.[11)]

### (2) 국제적인 입법의 동향

#### (가) 선박소유자 책임제한의 방식

선박소유자의 책임을 제한하는 방식은 위부주의,[12)] 집행주의,[13)] 선가주의,[14)] 금액주의[15)]로 크게 나누어지는데, "선박소유자책임제한조약"에서는 금액주의에 의하여 책임제한을 하는 방식을 선택함에 따라 이후 국제적인 조약의 바탕이 되었다.

#### (나) 선박소유자 책임제한을 위한 국제조약[16)]

1) 1924년 선주책임제한조약

선주에 대한 총체적 책임제한에 관한 최초의 국제조약인 "1924년 선주책임제한조약"(International Convention for the Unification of Certain Rules of Law Relating to the Limitation of Owners of Sea-Going Vessels: 1931년 발효)은 대륙법계 국가와 영국법계 국가의 선주책임제한을 절충하는 방식을 택하였다. 책임제한을 할 수 있는 주체로는 선박의 소유자와 이에 준하는 선박임차인으로 정하고 책임한도액은 선가책임 또는 선박톤당 8파운드로 제한하였다. 이 조약은 대륙법계에서는 선박소유자의 책임을 가중하는 것이 되고

---

11) 손주찬 · 정동윤 편저, 「주석상법(해상)」 제1판, 한국사법행정학회, 61-62면; Gotthard Gauci, Limitation of liability in maritime law:an anachronism, Marine Policy, Vol 19, No. 1. pp. 66-69.

12) 선박소유자는 선박에 관하여 발생한 채권에 대하여 인적 무한책임을 부담하나 항해종료 시에 해산, 즉 선박, 운임 등을 채권자에게 위부하여 포기하는 의사표시를 함으로써 책임을 면할 수 있다. 채권자에 대하여 항해가 끝난 때의 해산(海產, maritime property)을 한도로(만일 해산이 모두 멸실되는 경우에는 채권자는 아무런 보호를 받지 못하게 된다) 책임을 부담하는 것으로 프랑스의 입법이다.

13) 선박소유자의 책임은 별도의 의사표시 없이도 당연히 사고가 생긴 그 항해의 종료시의 해산으로 책임이 제한되는 입법으로 독일의 입법이다.

14) 선박소유자는 항해가 종료한 때의 해산가액을 한도로 인적 유한책임을 부담하고, 예외적으로 해산을 일반채권자를 위하여 선정된 수탁자에게 이양을 하는 방법을 선택하여 책임을 면할 수 있도록 하는 방식으로 미국의 입법이다.

15) 매 사고마다 일정 금액을 한도로 책임을 지는 인적 책임제한제도로 선박의 톤수에 일정한 단위의 금액을 곱하여 책임한도액을 산정하게 되며 영국의 입법이다.

16) 우리나라는 위 조약들에 가입하는 대신에 조약의 내용을 상법에 입법화하는 방식으로 수용하였다.

영국법계에서는 선박소유자의 책임이 경감되는 효과가 있으나 대륙법계의 항해주의와 영국법계의 사고주의를 형식적으로 절충하는 것이어서 책임제한 채권의 변제에 관한 청산방법이 어렵다는 문제점이 발생하였다.

2) 1957년 선주책임제한조약

브뤼셀에서 체결된 "1957년 선주책임제한조약"(International Convention Relating to the Limitation of the Liability of Owners of Sea-going Ships: 1965년 발효)은 1924년 조약을 폐기하고 금액책임주의와 사고주의로 일원화하는 방식이다. 해상기업조직과 활동이 다양화되고 해상항행위험의 극복을 위한 경제적 수요가 증가함에 따라 책임제한을 할 수 있는 주체의 범위도 확대되어 선박소유자나 그 임차인은 물론이고 선박소유자로부터 선박과 함께 선원까지 제공받는 정기용선자와 항해용선자, 선박공유자의 경우의 선박관리인 또는 사실상의 선박운항자 등도 책임제한을 주장할 수 있도록 하고 있다. 해상운송에서의 히말라야 조항을 반영하여 선장이나 선원 기타의 사용인이나 대리인이 불법행위에 기한 손해배상청구 등을 당하는 경우에는 선박소유자와 동일한 책임제한을 주장할 수 있도록 하고 있다. 책임한도액의 범위와 관련하여 인적 손해에 대한 책임한도액은 선박 매 톤수기준에 대한 3,100프랑(206.67SDR)의 총액으로 되어 있고, 물적 손해와 인적 손해가 동시에 발생한 때에는 선박 매 톤수기준에 대한 3,100프랑의 총액을 책임한도액으로 하되, 인적 손해의 채권자가 당초의 1기준 톤에 대한 2,100프랑(140SDR)의 합계액으로부터 완전히 변제를 받지 못한 잔액에 관하여 물적 손해의 채권자와 경합하여 1기준 톤에 대한 1,000프랑 또는 66.67SDR의 합계액에서 분배를 받는다. 이 책임한도액은 사고를 단위로 형성되며, 기준톤수 300톤 미만의 선박은 300톤으로 본다.

3) 1976년 해사채권책임제한조약

1957년의 조약을 대체하는 1976년 "해사채권책임제한조약"(International Convention for Limitation of Liability for Maritime Claims)은 런던에서 1976. 11. 19.에 체결되어 1986년 12월 1일에 발효되었다. 기존 조약과는 달리 특정한 채권이 발생하면 그 채무자는 책임제한권이 인정된다는 적극적 입장에서 책임제한을 규정하고 책임제한의 주체로 선박소유자는 물론이고 1957년 조약의 선박소유자의 기업보조자를 포함시키는데서 더 나아가 구조자, 책임보험자까지 포함하여 해상기업의 보호뿐만 아니라 공익보호에도 관심을 두고 있다. 책임제한의 방식과 한도에 관하여 1957년 조약의 경우와 같이 금액주의와 사고주의에 바탕을 두고 있지만, 금액주의의 적용과 관련하여 1957년 조약의 단순 톤수 비례주의를 지양하고, 이른바 '체감 톤수 비례주의'(sliding scale)를 채용하고 있다. 인적책임의 한도액은 그 선박의 선박검사증서에 기재된 여객의 정원에 46,666SDR을 곱하여 얻은 금액과 2,500만SDR에 상당하는 금액 중 적은 금액으로 하고, 여객 이외의 사람의 사망이나 상해로 인한 손해에 관한 채권에 대한 책임의 한도액은 300~500톤 이하의 경우에는 333,000SDR(US ＄400,000)에 상당하는 금액이고, 이러한 333,000SDR의 금액에다가 5백 톤을 초과하는 3천 톤까지의 선박에 대하여는 매 톤당 500SDR(US ＄600)을, 3천 톤을 초과하는 3만 톤까지의 선박에 대하여는 매 톤당 333SDR(US ＄400)을, 3만 톤을 초과하는 7만 톤까지의 선박에 대하여는 매 톤당 250SDR을, 7만 톤을 초과하는 선박에 대하여는 매 톤당 167SDR을 각 곱하여 얻은 금액을 단계적으로 더하여 얻은 금액이며, 300톤 미만의 선박에 대하여는 자국법에 따라 따로이 책임제한액을 정할 수 있다. 인적 손해와 물적 손해가 동시에 발생할 경우에는 인적 손해의 채권자가 인적 손해에 대하여 별도로 산출한 한도액으로 그 채권을 완제받을 수 없는 때에는 그 변제받지 못한 잔액의 채권은 물적 손해의 한도액에 물적 손해에 관한 채권과 원칙적으로 동순위로 경합하여 배당을 받는다.

4) 1996년 개정의정서

1976년 해사채권책임제한조약상의 책임한도액이 시간이 경과하면서 실제 현실에 부합하지 않게 됨에 따라 책임한도액을 인상한 것이 "해사채권책임제한조약의 1996년 개정의정서"(Protocol of 1996 to Amend the Convention of Limitation of Liability for Maritime Claims, 1976, 이하 '96년 개정의정서'라 한다)이다. 이러한 개정의정서는 1996. 5. 2. 런던에서 체결되었으며, 2004. 5. 13. 발효되어 2013. 6. 4. 현재 47개국이 가입되어 있는데, 이는 전 세계 물동량의 45.13%혜 해당하는 국가이다.[17]

17) 국제해사기구 인터넷 홈페이지 국제조약의 현재상황(Status of multilateral Conventions

'1996년 개정의정서'에 의하면 인적책임은 그 선박의 선박검사증서에 기재된 여객의 정원에 175,000SDR을 곱하여 얻은 금액을 한도로 책임이 제한되는데, 1976년 조약이 이러한 여객정원에 의한 한도액과 2,500만SDR을 비교하여 이 가운데 적은 금액으로 하였던 것과는 달리 여객정원에 의한 한도액만을 두고 있다. 여객 이외의 사람의 사망이나 상해로 인한 손해에 관한 채권에 대한 선주책임의 한도액은 2,000톤 이하의 경우에는 2백만SDR이고, 2,000톤 이상의 선박에 대하여는 이러한 2백만SDR에다 2,001톤 이상 30,000톤 미만의 선박에 대하여는 매 톤당 800SDR을, 30,001톤 이상 70,000톤 미만 선박에 대하여는 매 톤당 600SDR을, 70,000톤 이상의 선박에 대하여는 매 톤당 400SDR의 금액을 각 곱하여 단계적으로 더한 금액이다.

**(다) 유조선에 대한 책임제한[18]**

위와 같은 일반적인 선박소유자책임제한제도와는 별개로 유조선, 유해독극물, 선박연료유 등으로 피해규모가 광범위하고 피해금액도 다액이 되는 경우에 대하여 별도의 조약들이 만들어지고 있다.[19] 여기서는 이 사건과 관련이 있는 유조선에 대한 책임제한조약만 살펴본다.

1) 1969년 민사책임협약 (1969-CLC)

1969. 11. 29. 벨기에 브뤼셀에서 '정부간 해사협의기구'(IMCO, 1982년 현재의 '국제해사기구'(International Maritime Organization)로 명칭 변경)의 주도로 "유류오염사고에 대한 공해상의 조치에 관한 국제협약"(공법협약)과 "유류오염손해에 대한 민사책임에 관한 국제협약"(사법협약, International

and instruments in respect of which the International Maritime Orginazation or its Secretary General performs depositary or other functions)에 대한 자료 참조. .http://www.imo.org/About/Conventions/StatusOfConventions/Documents/Status%20-%202013.pdf, 2013. 6. 21. 방문.

18) 상세한 내용에 대하여는 김용철, "유류오염손해배상보장법상 책임제한절차에 관한 실무상 문제점", 「법조」 제6호, (2013), 295-302면 참조.

19) 유류오염손해를 제외한 나머지로는 Convention relating to Civil Liability in the Field of Maritime Carriage of Nuclear Material (NUCLEAR), 1971; International Convention on Liability and Compensation for Damage in Connection with the Carriage of Hazardous and Noxious Substances by Sea (HNS), 1996 (and its 2010 Protocol); International Convention on Civil Liability for Bunker Oil Pollution Damage, 2001; Nairobi International Convention on the Removal of Wrecks, 2007 등을 들 수 있다.

Convention on Civil Liability for Oil Pollution Damage, 1969: 약칭 '1969년 민사책임협약')을 채택하였다. '1969년 민사책임협약'은 해사법 체계하에서 전통적으로 고수되어 왔던 과실책임주의의 원칙을 엄격책임(strict liability)으로 변경하였고, 유류오염손해에 관한 선박소유자의 책임제한액을 1957년 선박소유자책임제한협약에 비해 두 배 정도 인상하였다.[20][21]

2) 1971년 국제기금협약 (1971-FC)

'1969년 민사책임협약'은 선박소유자의 입장에서는 엄격책임주의를 채택하고 책임한도액을 1957년 협약의 2배로 인상한 것이 지나치게 가혹할 뿐만 아니라, 피해자의 입장에서는 대형 유조선에 의한 유류오염사고의 경우 피해자 구제가 불충분하다는 비판이 있었다. 이를 해소하고자 유조선의 적하소유주인 석유업자의 경우에도 책임의 일부를 부담시키는 기금을 조성하기 위하여 "1971년 유류오염손해에 대한 국제보상기금의 설치에 관한 국제협약"(International Convention on the Establishment of International Fund for Compensation for Oil Pollution Damage, 1971: 약칭 '1971년 국제기금협약')이 성립되었다.[22][23]

3) 1992년 민사책임협약 (1992-CLC)

'1969년 민사책임협약' 및 '1971년 국제기금협약'은 이들 협약이 채택된 후 1976년, 1984년 및 1992년에 걸쳐 개정이 이루어졌고, 1976년의 개정에서

---

**20)** 즉, 선박소유자는 1건의 사고와 관련하여 1969년 민사책임협약에 따른 책임 총액을 선박의 톤수에 따라 1톤당 총 2,000프랑으로 제한할 권리를 가지고, 어떠한 경우에도 2억 1천만 프랑을 초과할 수 없도록 하였다.

**21)** 우리나라는 1978. 12. 18. 위 민사책임협약의 체약국으로 가입하여 1979. 3. 18.부터 위 협약이 발효되었다.

**22)** '국제기금협약'에서는 피해자가 민사책임협약에 따라 선박소유자로부터 유류오염 손해에 대한 충분한 보상을 받지 못하는 경우 국제기금이 피해자에게 추가로 보상을 하고, 선박소유자 또는 보험자에게 지급책임이 있는 손해배상액의 일부를 전보해줌으로써, 선박소유자나 보험자가 부담하게 되는 책임을 일부 면제시키는 것을 목적으로 한다. 국제기금은 선박소유자나 보험자에 대하여 톤당 1,500프랑이나 합계 1억 2,500만 프랑 중 적은 금액을 초과하는 부분에 대하여 배상하지만, 그 범위는 톤당 2,000프랑이나 2억 1,000만 프랑 중 적은 금액의 범위 내로 제한된다. 또한 하나의 사고에 대하여 국제기금이 지급하는 보상금의 총액은 4억 5천만 프랑을 초과할 수 없다.

**23)** 위 국제기금협약은 우리나라에서 1993. 3. 8. 발효되었다. 한편 1971년 국제기금은 1992년 국제기금협약이 체결된 이후 현재 청산과정을 밟고 있으며 2002. 5. 24. 이후의 사고에 대하여는 더 이상 책임을 지지 않는 것으로 되어 있다.

는 계산단위를 기존의 화폐단위인 금프랑(gold franc)을 국제통화기금의 특별인출권(SDR)으로 변경하였다. 그러나 국제협약이 제정된 때로부터 상당한 시간의 경과로 선박소유자책임 및 보상한도액이 현실에 맞지 않는다는 의견이 대두되어 1984년 개정의정서가 채택되었다. 위 1984년 협약은 미국이 가입해야만 발효되도록 하였는데, 미국이 "1990년 유류오염방지법"(The Oil Pollution Act)을 제정하여 독자적인 유류오염배상체제를 마련함으로써 동 협약의 발효가 어려워졌고, 이에 따라 국제기금은 미국이 가입하지 않더라도 1984년 개정의정서를 발효시키기 위한 검토작업을 시작하였고, 개정의정서의 형태로 "1992년 유류오염손해에 대한 민사책임에 관한 국제협약"(Protocol of 1992 to amend the International Convention on Civil Liability for Oil Pollution Damage, 1969.: 약칭 '1992년 민사책임협약')이 채택되었다.[24][25]

위 협약은 책임제한의 배제사유로 오염손해가 선박소유자의 고의적이거나 오염손해의 결과가 발생할 것을 인식하면서도 무모하게 한 작위 또는 부작위에 의하여 초래된 것이라는 점이 증명된 경우에는 선박소유자는 이 협약에 의하여 그 책임을 제한할 권리가 없다고 규정한다(협약 제5조 제2항).

4) 1992년 국제기금협약 (1992-FC)

'1992년 민사책임협약'에 따른 오염손해보상을 위하여 개정의정서의 형태로, "1992년 유류오염손해보상을 위한 국제기금의 설치에 관한 국제협약"(Protocol of 1992 to amend the International Convention on the Establishment of an International Fund for Compensation for Oil Pollution Damage, 1971.: 약칭 '1992년 국제기금협약')이 채택되어, "1992년 국제유류오염보상기금"(The International Oil Pollution Compensation Fund 1992)이란 명칭으로 국제기금을 설치하도록 하였다. '1992년 국제기금'의 설치목적은 '1992년 민사책임협약'에 의하여 제공되는 보호가 불충분한 경우 그 범위에 대한 오염손해보상

24) 책임한도액에 대하여, ① 5,000톤을 초과하지 않는 선박에 대하여서는 3,000,000SDR, ② 5,000톤을 초과하는 선박에 대하여서는 위 금액에 추가하여 초과하는 매톤당 420SDR로 산출한 금액을 더한 금액. 그러나 이 총액은 어떠한 경우에도 59,700,000SDR를 초과할 수 없다(협약 제5조 제1항).

25) 위 민사책임협약은 1996. 5. 30. 최종 성립되어 효력을 갖게 되었고, 우리나라에서는 1998. 5. 16. 발효되었다.

의 제공 및 협약에 규정된 관련 목적의 실현이다(협약 제2조 제1항).[26][27]

5) 2002년 민사책임협약 및 국제기금협약의 개정

1999년 에리카호 사고[28]를 계기로 국제해사기구 법률위원회의 결의에 따라 위의 '1992년 민사책임협약'상 선박소유자의 책임한도액이 2003. 11. 1. 이후에 발생한 사고부터 5,000톤 이하 선박의 경우에는 451만 SDR로 인상되었고, 5,000톤 초과 선박의 경우에는 5,000톤을 초과하는 매 톤당 631SDR을 곱한 금액에 451만 SDR을 가산한 금액으로 하되 최대 8,977만 SDR로 인상되었으며, '국제기금협약'의 경우도 203,000,000 계산단위를 초과할 수 없도록 그 책임범위를 증액하였다.

6) 2003년 추가국제기금협약 (2003-SFC)

2002년에 책임한도액을 증액하였음에도 불구하고 여전히 한계가 있었으므로, 현행 민사책임협약과 국제기금협약은 그대로 존속시키면서도 희망하는 국가들만 별도로 가입해서 분담금을 납입하고 사고발생시 높은 배상금을 받을 수 있는 제도를 만들게 된 것이 "2003년 추가국제기금협약 의정서"(Protocol of 2003 to the International Convention on the establishment of an International Fund for compensation for oil pollution damage, 1992 : 약칭 '2003년 추가국제기금협약')이고, 이에 따라 "2003년 추가국제기금"(Supplementary Fund Convention)이 만들어졌다.[29][30]

---

26) '1992년 국제기금'은 유류오염손해가 1992년 민사책임협약 제5조 제1항이나 그 밖의 협약에서 제한하고 있는 소유자의 책임한도를 초과하여 1992년 민사책임협약의 규정에 따라 충분하고 적절한 보상을 받을 수 없는 경우 그 오염피해자에게 보상금을 지불하는데, 그 한도액은 1992년 책임협약상 실제로 지급한 배상액과 기금이 배상하는 금액을 합하여 135,000,000SDR을 초과할 수 없다(협약 제4조 제4항).

27) 위 국제기금협약은 우리나라에서 1998. 5. 16. 발효되었다.

28) 1999. 12. 12. 프랑스 서북단 둔케르케 항구에서 이탈리아 리보르노 항구를 향하던 프랑스 정유회사 토털사의 유조선 에리카호가 프랑스 남부 부르타뉴 해안을 지나던 중 폭풍우를 만나 침몰한 사건을 말한다. 당시 배가 두 동강 나면서 2만여t의 기름이 흘러나와 프랑스 남부해안 일대 400km의 어장과 굴 양식장을 오염시키고 조류 7만5000여 마리가 폐사하는 환경 재앙을 가져왔다.

29) '추가국제기금협약'은 1992년 민사책임협약과 국제기금협약에 가입한 국가들 중 희망하는 국가들만 별도로 가입하여 분담금을 납입하고, 추가국제기금협약에 가입한 국가는 민사책임협약에 의한 1단계 보상과 국제기금협약에 의한 2단계 보상, 그리고 추가국제기금에 의한 3단계 보상이라는 단계적 손해전보체제를 가지도록 하였다. 추가국제기금협약의 경우, 기금의 보상한도액은 1992년 민사책임협약과 1992년 국제기금협약에서 지급하는 금

### (3) 우리나라의 선박소유자에 대한 책임제한규정

#### (가) 구 상법의 규정

1962년 상법이 제정되기 이전의 의용상법 시절에는 구 일본 상법의 규정에 따라 선박소유자는 원칙적으로 인적 무한책임을 지지만 항해 종료시 해산을 채권자에게 위부하여 책임을 면할 수 있는 위부주의를 따르고 있었다. 1962. 1. 20. 법률 제1000호로 제정된 상법은 '1924년 선주책임제한조약'의 일부규정을 받아들여 "선박소유자는 항해에 사용한 선박과 그 속구, 운임, 그 선박에 관한 손해배상 또는 보수의 청구권 기타 항해부속물의 가액을 한도로 그 항해에 관하여 생긴 다음 사항의 책임을 진다."고 규정하였다가, 1991년의 개정상법은 '1976년 해사채권책임제한조약'을 수용하여 금액주의 및 사고주의를 바탕으로 하고 있으며 책임한도액도 1957년 협약보다 증액된 것을 받아들이고 있다.

즉, 구 상법(2007. 8. 3. 법률 제8581호로 개정되기 전의 것) 제746조는 "선박소유자는 청구원인의 여하에 불구하고, ① 선박에서 또는 선박의 운항에 직접 관련하여 발생한 사람의 사망, 신체의 상해 또는 그 선박 이외의 물건의 멸실 또는 훼손으로 인하여 생긴 손해에 관한 채권, ② 운송물, 여객 또는 수하물의 운송의 지연으로 인하여 생긴 손해에 관한 채권, ③ 제1호 및 제2호 이외에 선박의 운항에 직접 관련하여 발생한 계약상의 권리 이외의 타인의 권리의 침해로 인하여 생긴 손해에 관한 채권, ④ 제1호 내지 제3호의 채권의 원인이 된 손해를 방지 또는 경감하기 위한 조치에 관한 채권 또는 그 조치의 결과로 인하여 생긴 손해에 관한 채권에 대하여 책임을 제한할 수 있다."라고 규정하고 있다.

다만 그 채권이 선박소유자 자신의 고의 또는 손해발생의 염려가 있음을 인식하면서 무모하게 한 작위 또는 부작위로 인하여 생긴 손해에 관한 것인 때에는 책임제한의 배제사유로 삼고 있다.

선박소유자가 제한할 수 있는 책임의 한도액은 ① 여객의 사망 또는 신

---

액을 포함하여 7억 5천만 SDR로 정하였다.

30) 우리나라는 2010. 5. 6. 위 의정서에 가입하여 2010. 8. 6.부터 위 의정서가 발효되게 되었고, 그 이전의 사고에 대하여는 위 의정서는 적용되지 않는다.

체의 상해로 인한 손해에 관한 채권에 대한 책임의 한도액은 그 선박의 선박검사증서에 기재된 여객의 정원에 46,666 계산단위를 곱하여 얻은 금액과 2,500만 계산단위에 상당하는 금액 중 적은 금액,[31] ② 여객 이외의 사람의 사망 또는 신체의 상해로 인한 손해에 관한 채권에 대한 책임의 한도액은 그 선박의 톤수에 따라서 5백 톤 이하의 선박(다만 3백 톤 미만의 선박의 경우에는 167,000 계산단위에 상당하는 금액)의 경우에는 333,000 계산단위에 상당하는 금액, 5백 톤을 초과하는 선박의 경우에는 위 금액에 5백 톤을 초과하여 3천 톤까지의 부분에 대하여는 매톤당 500 계산단위, 3천 톤을 초과하여 3만 톤까지의 부분에 대하여는 매톤당 333 계산단위, 3만 톤을 초과하여 7만 톤까지의 부분에 대하여는 매톤당 250 계산단위 및 7만 톤을 초과한 부분에 대하여는 매톤당 167 계산단위를 각 곱하여 얻은 금액을 순차로 가산한 금액, ③ 제1호 및 제2호 이외의 채권에 대한 책임의 한도액은 5백 톤 이하의 선박(다만 3백 톤 미만의 선박의 경우에는 83,000 계산단위에 상당하는 금액)의 경우에는 167,000 계산단위에 상당하는 금액, 5백 톤을 초과하는 선박의 경우에는 위 금액에 5백 톤을 초과하여 3만 톤까지의 부분에 대하여는 매톤당 167 계산단위, 3만 톤을 초과하여 7만 톤까지의 부분에 대하여는 매톤당 125 계산단위 및 7만 톤을 초과한 부분에 대하여는 매톤당 83 계산단위를 각 곱하여 얻은 금액을 순차로 가산한 금액이다.

**(나) 책임제한절차법**

구 상법 752조는 선박소유자의 책임제한과 관련하여 책임제한절차 개시의 신청, 책임제한의 기금의 형성·공고·참가·배당, 그 밖에 필요한 사항은 별도로 법률로 정하도록 되어 있고, 이에 따라 제정된 법률이 "선박소유자 등의 책임제한절차에 관한 법률"(이하 '책임제한절차법'이라 한다)이다. 책임제한절차법 제31조는 상법에서 정한 위 각 제한채권에 관하여 책임제한절차가 개시된 경우에 신청인 또는 수익채무자는 위 각 제한채권 중 다른 종류에 해당하는 제한채권에 대하여도 책임을 제한하기 위하여 책임제한절차의 확장을 신청할 수 있도록 규정하고 있고,[32] 그 취지에 비추어볼 때 책임

31) 2007. 8. 3. 개정되어 여객의 정원에 175,000 계산단위를 곱한 금액으로 증액되었다.

32) 다만, 제한채권에 대하여는 채권조사기일에 제한채권에 대한 조사를 하게 되고 이 경우

제한절차 개시의 신청은 인적 손해나 물적 손해를 구분하여 그 책임제한의 범위를 특정하여야 한다.

다만 유류오염손해에 대하여는 유배법이 적용되고 위 상법 규정에 따른 책임제한절차는 적용이 배제된다. 즉 상법 제773조는 선박소유자의 유한책임의 배제사유 중 하나로 1969. 11. 29. 성립한 "유류오염손해에 대한 민사책임에 관한 국제조약" 또는 그 조약의 개정조항이 적용되는 "유류오염손해에 관한 채권"을 규정하고 있으므로, 유류오염손해에 대하여 상법에 따른 책임제한절차개시 신청을 할 경우 기각사유가 되고 있다. 이는 유류오염손해에 대하여는 '1969년 민사책임협약' 등이나 별도의 유배법에 의하여 책임제한을 규정하고 있기 때문이다.[33]

**(다) 유류오염손해배상보장법에 따른 책임제한**

유류오염손해와 관련하여 우리나라는 1969년 민사책임협약에 가입하였으나, 1971년 국제기금협약에는 가입하지 않고 있었다. 또한 1991년 상법 개정으로 구 상법 제748조 제3항에서 '1969년 민사책임협약'에서 정한 유류오염손해에 관한 채권을 선박소유자의 책임제한 배제사유의 하나로 규정하였기 때문에 이에 대하여 별도의 법 제정이 필요하게 되었다.

이에 따라 정부는 1969년 민사책임협약과 1971년 국제기금협약 체제를 수용하여 1992. 12. 8. "유류오염손해배상보장법"(이하 '유배법'이라 한다)을 제정하여 1993. 3. 8.부터 시행되었다. 또한 유배법의 제정과 함께 '1971년 국제기금협약'에도 가입하여 1971년 국제기금의 회원국이 됨에 따라 유류오염의 피해자들이 국제기금에 배상금을 청구할 수 있게 되었다.

그 후 '1992년 민사책임협약'이 1996. 5. 30. 국제적으로 발효됨에 따라 국내에서도 유류오염손해발생시 충분한 배상금을 확보하고 국제적인 유류오염손해배상체제를 확립하기 위하여, 1997년에 실무계의 적극적인 요구사항을 수용해서 유배법을 개정하였고,[34] 1992년 민사책임협약 및 1992년 국제

다른 제한채권자는 조사기일에 제한채권에 대하여 이의를 할 수 있으므로 다른 제한채권자의 이의권을 보장하기 위하여 절차확장의 신청은 조사기일이 개시되기 전까지만 할 수 있도록 규정하고 있다(책임제한절차법 제31조 제1항 참조).

33) 유배법에 의한 책임제한의 경우도 절차법은 책임제한절차법을 준용하도록 되어 있다(유배법 제41조).

기금협약의 가입 비준서를 기탁하여,[35] 개정 유배법과 함께 1998. 5. 16.부터 국내에서 동시에 발효되었다.[36][37]

**(라) 책임제한채권의 범위**

"1976년 해사채권책임제한조약"은 책임제한채권의 종류로 ① 선박 위에서 발생하거나 선박의 운항 그리고 구조작업에 직접 관련하여 발생한 인적 또는 물적 손해의 채권, ② 운송물, 여객, 수하물의 해상운송 중에 연착에 의한 손해의 채권, ③ 선박 운항 또는 구조상 직접 관련하여 발생한 계약상의 권리 이외의 권리 침해로 생긴 손해의 채권, ④ 침몰선, 난파선, 좌초선, 포기선 그리고 이들 선박 위에 실려 있는 모든 물건을 포함하여 인양, 제거, 파괴 또는 무해처리에 관련된 채권, ⑤ 선박의 운송물을 제거, 파괴 또는 무해처리에 관련된 채권, ⑥ 어느 손해에 대하여 책임 있는 사람이 이 협약에 따라 책임을 제한할 수 있는 손해를 피하거나 또는 최소화하기 위하여 취한 조치 그리고 그러한 조치에 의하여 발생한 손해에 관하여 책임 있는 사람 이외의 사람의 채권을 규정하고 있다.

다만 성격상 책임제한을 하여서는 안 되거나 각국이 입법정책에 의하여 책임제한을 하거나 배제하는 것이 타당한 채권으로 위 책임제한조약에서는

---

34) 당시 개정이유는 '1969년 민사책임협약'과 '1971년 국제기금협약'이 1992년 개정됨에 따라 이들 협약의 개정내용을 반영하여 유류오염사고에 대한 선박소유자의 배상책임한도액을 최고 1천 400만 SDR(165억 원 상당)에서 최고 5천 970만 SDR(710억 원 상당)로, 국제기금의 보상한도액을 최고 6천만 SDR(715억 원 상당)에서 최고 1억 3천 500만 SDR(1천 610억 원 상당)로 상향조정하고, 이 법의 적용범위를 대한민국의 배타적 경제수역까지 확대하려는 것이라고 밝히고 있다.

35) '1992년 민사책임협약'은 ① 비준이나 수락 또는 승인을 조건으로 한 서명과 후속조치로서의 비준이나 수락 또는 승인, ② 가입에 의하여 당사국이 될 수 있고 이는 국제해사기구의 사무총장에게 그 취지의 공식문서를 기탁함으로써 효력이 발생한다.

36) '1992년 민사책임협약'과 '1992년 국제기금협약'은 체약국에 대하여만 적용되는 것이고, 이에 따라 유배법의 책임제한절차에서도 1992년 책임협약의 비체약국의 국적을 가진 선박의 소유자에 대하여는 적용하지 않는 것으로 규정하고 있다(유배법 제6조 제3항). 허베이 스피리트호의 경우 선적을 홍콩에 두고 있으며 홍콩은 1992년 민사책임협약에 가입되어 있으므로 유배법에 의한 책임제한절차의 이용이 가능하였다.

37) 유조선 선박소유자의 책임제한과 관련하여 유류오염손해가 발생하여 손해배상책임을 지게되는 선박의 소유자는 유배법에 의하여 유류오염 손해배상책임을 제한할 수 있으나, 그 유류오염손해가 선박소유자 자신의 고의로 인하여 발생한 경우 또는 손해발생의 염려가 있음을 인식하면서 무모하게 한 작위 또는 부작위로 발생한 경우에는 그러하지 아니하다고 규정하고 있다(동법 제6조).

① 구조료 또는 공동해손분담에 관한 채권,[38] ② 유조선에 의하여 발생한 유류손해에 관한 청구권,[39] ③ 핵물질에 의한 손해에 대한 청구권,[40] ④ 원자력선 소유자에 대한 핵물질에 의한 손해 청구권,[41] ⑤ 선박소유자나 구조자의 사용인으로서 선박 또는 구조작업에 관계된 직무를 담당하는 자의 청구권[42]을 책임제한채권에서 배제하고 있다.

구 상법상 책임제한의 대상이 되는 채권은 위 채권 중 ④, ⑤는 제외하고[43][44] ① 선박에서 또는 선박의 운항에 직접 관련하여 발생한 사람의 사망, 신체의 상해 또는 그 선박 이외의 물건의 멸실 또는 훼손으로 인하여 생긴 손해에 관한 채권, ② 운송물, 여객 또는 수하물의 운송의 지연으로 인하여 생긴 손해에 관한 채권, ③ 제1호 및 제2호 이외에 선박의 운항에 직접 관련하여 발생한 계약상의 권리 이외의 타인의 권리의 침해로 인하여 생긴 손해에 관한 채권, ④ 제1호 내지 제3호의 채권의 원인이 된 손해를 방지 또는 경감하기 위한 조치에 관한 채권 또는 그 조치의 결과로 인하여 생긴 손해에 관한 채권으로 규정하고 있다. 또한 구 상법 제752조의2에서 해양사고

---

38) 각국이 구조물 또는 공동해손의 잔존물의 가액을 한도로 물적 유한책임만을 인정하고 있고(상법 제868조는 공동해손의 분담책임이 있는 자는 선박이 도달하거나 적하를 인도한 때에 현존하는 가액의 한도에서 책임을 진다고 규정하고 있고, 상법 제884조는 해난구조의 경우 구조의 보수액은 다른 약정이 없으면 구조된 목적물의 가액을 초과하지 못한다고 규정하고 있다), 구조료의 경우 선박소유자와의 계약에 따라 실행되는 것이어서 책임제한이 불필요하기 때문이다.

39) 이는 별도의 협약에 기하여 민사책임이 규율되고 있기 때문이다.

40) 국내법으로 핵물질로 인한 손해에 대하여는 선박소유자의 책임제한을 금지하는 국가도 있고, 1971년 '핵물질해상운송에서 발생하는 민사책임협약'(Convention relating to Civil Liability in the Field of Maritime Carriage of Nuclear Material, 1971)에 의하여 규율하고 있기 때문이다.

41) 원자력선에 의한 원자력 물질로 인한 손해에 대하여는 운항자에게 엄격책임을 부과하고 책임한도를 정한 1962년 '원자력선 운항자의 책임에 관한 협약'(Convention on Liability of Operators of Nuclear Ships)에 의하여 규율하고 있기 때문이다.

42) 이는 근로자의 보호를 위하여 사회정책적인 배려가 필요하고, 노동법 분야는 국가별 특수성이 있어 국내법에 의하여 규율하는 것이 바람직하기 때문이다.

43) 이를 제외한 이유는 우리 해상법에서는 해상교통안전법과 해양오염방지법에서 선박소유자에게 제거의무를 부과하고 있어 그 위반으로 발생한 채권에 대하여는 책임제한을 하지 않는 입법정책에 따른 것이다.: 손주찬・정동윤 편저, 전게서, 63면.

44) 오히려 구 상법 제748조 제4호는 유한책임에 배제되는 채권으로 침몰, 난파, 좌초, 유기 기타의 해양사고를 당한 선박 및 그 선박안에 있거나 있었던 적하 기타의 물건의 인양, 제거, 파괴 또는 무해조치에 관한 채권을 규정하고 있다.

구조자의 구조활동에 직접 관련하여 발생한 채권에 대한 해양사고구조자의 책임제한에 대하여 이를 준용하고 있다.

이러한 책임제한의 대상인 채권은 그 청구원인이 무엇인가를 따지지 않고 인정된다(구 상법 제746조 전단).[45] 종래 대법원 1990. 8. 28. 선고 88다카 30085 판결[46]은, 「상법상의 선주책임제한조항이 채무불이행책임에 대하여만 인정되고 불법행위책임의 경우에는 인정되지 않는다」라고 하였으나, 1991년 상법 개정에 의하여 청구권원을 따지지 않는 것으로 범위가 확대되었다.[47]

## 2. 海上運送人에 관한 責任制限

### (1) 의　　의

선박소유자의 책임제한제도는 총체적 유한책임으로 중세부터 발전되어 온 연원이 오래된 제도임에 비하여 운송인의 개별적 책임제한제도는 19세기에 이르러 선하증권의 면책약관과 관련하여 발전한 것이다. 소량을 운송하는

---

45) 1962. 1. 10. 상법 제정 당시 제746조는 "선박소유자는 항해에 사용한 선박과 그 속구, 운임, 그 선박에 관한 손해배상 또는 보수의 청구권 기타 항해부속물의 가액을 한도로 그 항해에 관하여 생긴 다음의 사항의 책임을 진다."라고 규정하고 있었다. 1991. 12. 31 법률 제4470호로 일부 개정하면서 "선박소유자는 청구원인의 여하에 불구하고 다음 각호의 채권에 대하여 제747조의 규정에 의한 금액의 한도로 그 책임을 제한할 수 있다. 그러나 그 채권이 선박소유자 자신의 고의 또는 손해발생의 염려가 있음을 인식하면서 무모하게 한 작위 또는 부작위로 인하여 생긴 손해에 관한 것인 때에는 그러하지 아니하다."라는 규정으로 개정되었다. 당시 개정 사유로는 1924년 '선주책임제한조약'을 수용한 당시 상법이 책임한도액이 톤당 15,000원에 불과하여 선박사고시 법적절차에 의한 해결보다는 집단행동에 호소하는 등 실정법에 대한 불신이 적지 않았으므로, 주요 해운국가들이 수용한 1976년 조약의 주요내용을 입법화하여 책임제한 주체의 책임한도액을 증액하는 등 개정을 한 것으로 설명하고 있다.

46) 대법원 1990. 8. 28. 선고 88다카30085 판결은 「선박소유자의 유한책임에 관한 상법 제746조, 제747조의 규정들은 선하증권상에 면책약관이나 책임제한약관을 둔 경우가 아니면 운송계약상의 채무불이행을 묻는 경우에만 적용되고, 당사자 사이에 이를 불법행위 책임에도 적용하기로 하는 별도의 합의가 없는 이상 불법행위 책임을 묻는 경우에까지 당연히 적용되는 것은 아니다」라고 판시하였다.

47) 이에 따라 1995. 6. 5.자 95마325 결정 [책임제한절차개시결정]은 「선박충돌 사고로 인한 손해배상채권은 상법 제746조 제1호가 규정하는 "선박의 운항에 직접 관련하여 발생한 그 선박 이외의 물건의 멸실 또는 훼손으로 인하여 생긴 손해에 관한 채권"에 해당하고, 그러한 채권은 불법행위를 원인으로 하는 것이라 하여도 "청구원인의 여하에 불구하고" 책임을 제한할 수 있는 것으로 규정하고 있는 같은 법 제746조 본문의 해석상 책임제한의 대상이 된다」라고 판시하였다.

개품계약에서 화주는 운송인에 비하여 운송과 관련된 전문지식이 부족하고 운송수단의 한계로 경제적 약자의 지위에 있었고 운송인은 우월적 지위를 이용하여 현재 또는 장래에 부담할 법률상의 손해배상책임의 원인과 범위에 관하여 광범위하게 책임을 회피하려는 면책약관을 선하증권에 포함시켜 왔다. 이러한 불평등을 시정하기 위한 노력으로 선하증권에 관한 국제적인 통일법규를 만들어 화주와 여객의 이익을 보호하되 운송업의 존립과 발전을 위하여 운송인의 책임을 합리적인 범위내로 제한하는 방향으로 여러 조약들이 만들어져 왔다.

### (2) 국제적인 입법의 동향

#### (가) 해상운송인 책임제한의 방식

운송인의 책임제한 방식은 개별적 책임제한 방식으로 운송물의 포장당 또는 선적단위당 일정한 금액으로 책임을 제한하는 방식이다. 운송인의 개별적 책임제한은 선박소유자의 총체적 책임제한과는 각자 고유한 목적과 의미를 갖는 제도로서 취지를 달리하고 있으므로 상호 적용에도 영향을 미치지 않는다. 따라서 운송인이 선박소유자에 해당하는 경우에는 양 책임제한이 경합적으로 적용될 수 있다.

#### (나) 해상운송인 책임제한을 위한 국제조약[48][49][50]

1) 1924년 헤이그 규칙

"헤이그 규칙"(Hague Rules, 정식명칭은 '선하증권에 관한 통일규칙'(The International Convention for the Unification of Certain Rules of Law relating

---

48) 해상운송 분야 이외에서는 육상운송과 관련해서는 1970년 철도에 의한 화물운송에 관한 국제조약(CIM), 1956년 도로에 의한 화물의 국제운송을 위한 계약에 관한 조약(CMR)이 있고, 항공운송과 관련해서는 1929년 국제항공운송에 있어서의 일부규칙의 통일에 관한 협약(바르샤바 협약, Warsaw Convention), 1955년 바르샤바 협약을 개정하는 헤이그 의정서(Hague Protocol)가 있으며, 복합운송과 관련해서는 아직 협약의 효력이 발생하지 않은 것으로 UN 국제복합물건운송협약(Convention on International Multimodal Transport of Goods), 전 해상구간 혹은 일부 해상구간의 물품운송에 관한 UN 협약(UN Convention on the contract of international carriage of goods wholly or partly sea)이 있다.

49) 해상운송 분야 이외의 협약내용은, 이태종, "해상운송인의 책임제한 배제사유로서 귀책사유 있는 운송인의 범위", 「21세기 한국상사법학의 과제와 전망」, (2002) 참조.

50) 우리나라는 해상법의 국제적 통일성을 존중하면서도 국제조약의 체약국이 되지는 않고, 우리나라의 해상정책이나 이해관계를 고려하여 국제조약의 개별적 규정을 선별적으로 수용하여 상법에 입법화하는 방식을 택하고 있다.

to Bills of Lading, 1924))은 미국의 '하터법'(Harter Act, 1893)을 토대로 하여 운송인에게 선박의 감항능력에 관한 주의의무, 운송물에 관한 주의의무 등 기본적 의무를 부과하고 이를 위반하여 발생한 운송물에 관한 손해에 대하여 책임을 지우지만, 그 밖의 원인으로 발생한 손해에 대하여는 운송인의 책임을 면제하고 있다.[51] 헤이그 규칙의 성안은 화주를 보호하기 위한 것인데 실제로는 운송인의 이익보호에 치중하였다는 비판을 받고 있다.

2) 1968년 헤이그비스비 규칙

"헤이그비스비 규칙"(Hague-Visby Rules, 정식명칭은 '선하증권에 관한 통일규칙의 개정의정서'(Protocol to Amend the International Convention for the Unification of Certain Rules Relating to Bills of Lading 1968))는 '헤이그 규칙' 성립 후 컨테이너 운송 등 운송기술의 혁신과 헤이그 규칙의 불균형을 시정하기 위하여 '1968년 비스비 규칙'이 성립됨에 따라, 헤이그 규칙과 더불어 헤이그비스비 규칙이라 부르게 되었다. 책임제한은 1포장당 혹은 1 단위당 10,000프랑 또는 멸실, 훼손된 화물의 총중량의 1kg당 30프랑 중 높은 액수로 증액하고[52] 책임제한의 배제규정을 신설하였다.

즉, 헤이그비스비규칙 제4조 제5항 e에서 "운송인 또는 선박은 손해가 운송인이 그 손해를 일으킬 의도로서(with intent to cause damage) 또는 무모하게 그리고 손해가 일어나는 것을 알면서(recklessly and with knowledge that damage would probably result) 한 작위 또는 부작위(an act or omission)로 인하여 생겼다는 것이 입증된 경우에는, 이 항에서 규정하는 책임제한의 이익을 받을 권리가 없다."라고 규정하여, 운송인이 그 손해를 일으킬 의도로서 보는 부보하게 그리고 손해가 일어나는 것을 알면서 한 행위에 대하여는 그 책임이 제한되지 않도록 하였다.

---

51) 제4조 제5항은 "운송인과 선박은 화물의 성질과 가액이 그 선적 전에 송하인에 의하여 통고되고, 또 그 통고가 선하증권에 기재되지 아니하면 화물에 생기거나 화물에 관한 멸실, 손해에 대하여 1포장 또는 1단위에 대하여 100파운드 또는 다른 통화로 이와 동등한 액을 초과하는 어떠한 경우에도 그 책임을 지지 아니한다."고 규정하고 있다.

52) '1979년 개정의정서'는 새로운 국제결제수단으로 SDR을 채용하여 개별적 책임제한 규정을 1포장당 혹은 1단위당 666.67SDR 혹은 멸실, 훼손된 화물의 총중량 1kg당 2SDR 중 높은 액수로 변경하였다.

3) 함부르크 규칙

운송인과 선적인 간의 불균형을 해소하려는 시도는 1978년 국제연합 국제상거래법위원회(UNCITRAL)의 주관 아래 "함부르크 규칙"(Hamburg Rules)이라고 불리는 '국제연합해상물품운송협약'(The United Nation Convention on the Carrige of Goods by Sea 1978)으로 완성되었다.

'함부르크규칙'은 헤이그규칙 또는 헤이그비스비규칙과는 달리 운송인과 선적인간에 책임의 분담을 하지 않고 운송물에 관한 손해가 발생하였을 경우 이를 운송인의 과실 또는 부주의에 의한 것으로 추정하고, 운송인 측에서 손해의 발생을 방지하기 위하여 상당한 모든 조치를 취하였음을 증명하지 못하면 운송인에게 이에 대한 책임을 지우고 있다. 또한 손해배상한도액을 산정함에 있어 헤이그비스비 규칙과 같은 방법을 취하고 있으나 그 한도액은 상향조정하여 함부르크규칙 제6조 1. (a)는, 제5조의 규정에 의한 물건의 멸실 또는 훼손으로 인하여 생긴 손실에 대한 운송인의 책임은 1포장 또는 1선적단위에 대한 835SDR 또는 멸실 또는 훼손된 물건의 총중량의 1kg에 대한 2.5SDR에 상응하는 금액 중 높은 금액으로 제한시켰다.

### (3) 상법상 해상운송인에 대한 책임제한규정

1991. 12. 31. 법률 제4470호로 개정된 상법은 해상물건운송에 관한 "1924년 헤이그규칙"을 수용함에 있어 해상운송인의 포장당 책임제한제도를 채택하지 아니한 것은 입법의 불비이고, 국제입법 동향에도 낙후된 점을 반영하여 1924년 헤이그규칙을 개정한 1968년 헤이그비스비규칙을 수용, 포장당책임제한을 인정하고, 이를 불법행위책임과 사용인의 책임에까지 확장하는 내용으로 운송인의 개별적 책임제한 규정을 두고 있다.

상법 제797조[53]는 "운송인의 손해배상의 책임은 당해 운송물의 매 포장당 또는 선적단위당 666과 100분의 67 계산단위의 금액과 중량 1킬로그램당 2 계산단위의 금액 중 큰 금액을 한도로 제한할 수 있다."고 규정하면서, 책임제한의 배제사유로 "다만 운송물에 관한 손해가 운송인 자신의 고의 또

---

53) 1991년 개정 당시에는 운송인의 손해배상의 책임한도를 운송물의 매포장당 또는 선적단위당 500계산단위의 금액을 한도로 제한할 수 있었는데, 이는 2007. 8. 3. 헤이그비스비 규칙에 따라 금액을 상향조정한 법률 제08581호로 개정된 상법에 의한 것이다.

는 손해발생의 염려가 있음을 인식하면서 무모하게 한 작위 또는 부작위로 인하여 생긴 것인 때에는 그러하지 아니하다."고 규정하고 있다. 아울러 "위 규정은 제769조부터 제774조까지 및 제776조(선박소유자등의 책임제한 규정들임)의 적용에 영향을 미치지 아니한다."고 규정하여, 선박소유자 등의 책임제한 규정과 경합적으로 적용될 수 있음을 명백히 하고 있다.

해상운송인의 책임제한절차에는 선박소유자의 책임제한절차와는 달리 절차법을 두고 있지 않다. 따라서 운송인은 화주의 청구에 대하여 책임제한이나 면제사유를 항변으로 주장하여 책임제한규정의 적용을 받게 된다.

## Ⅱ. 解船의 責任制限節次의 適用 與否

### 1. 商法 海商篇의 責任制限을 받는 船舶의 槪念

#### (1) 의　　의

선박의 개념과 관련하여 상법 해상편은 특별한 규정을 두고 있지 않다. 이는 선박법이나 선박안전법 등 다른 해사법도 마찬가지이다. 선박의 개념과 관련하여 문제가 되는 것은 영리성과 자력항행능력의 유무이다.

#### (2) 선박으로서의 요건

##### (가) 구조물

선박이 되기 위해서는 사회통념상 "선박이라는 구조물"의 형태를 갖추고 있어야 한다. 이는 물 위에 뜨거나 물 속에 잠겨서 사람과 물건을 실어 나르거나 일정한 용도에 사용할 수 있는 수상구조물을 말한다. 따라서 부유능력을 상실한 난파선이나 침몰선은 구조 또는 인양이 불가능한 것이면 선박의 멸실에 해당하므로 선박이라고 볼 수 없으나, 구조나 인양이 가능한 동안은 여전히 선박이라 할 것이고, 건조 중인 선박은 항행의 용도와 능력을 갖추지 못하였으므로 선박이라고 할 수 없으나, 건조 중인 선박이라도 진수 후 항행이 가능할 정도가 되면 비록 완성 전이라도 선박으로 볼 수 있다.

##### (나) 영리성 유무

상법 제740조는 해상법이 적용되는 선박에 대하여 "상행위나 그 밖의 영리를 목적으로 항해에 사용하는 선박"으로 규정하고 있으므로 원칙적으로 영리선을 적용대상으로 삼고 있다. 다만 2007. 8. 3. 법률 제08581호로 개정된 상법 제741조 제1항은 "항해용 선박에 대하여는 상행위나 그 밖의 영리를 목적으로 하지 아니하더라도 이 편의 규정을 준용한다."라고 규정하여 영리선은 물론 비영리선의 경우에도 항해용 선박이면 상법 해상편이 적용되도록 범위를 확장하였다.

선박법은 1960. 2. 1. 법률 제544호로 제정 당시부터 부칙 제39조에, "상법 제4편의 규정은 상행위를 목적으로 하지 아니하더라도 항행용으로 사용된 선박에 이를 준용한다. 그러나 국유 또는 공유의 선박은 그러하지 아니하다."라고 규정하고 있었고 1982. 12. 31. 법률 제3641호로 전문개정을 하면서 제29조에 위 부칙규정을 명문화하였다. 그러나 선박법은 선박의 국적에 관한 사항과 선박톤수의 측정 및 등록에 관한 사항을 규정하기 위한 것이기 때문에 이를 근거로 하여 상법 해상편을 모두 준용하도록 하는 것은 부적절하기 때문에 2007년 개정 상법이 이를 상법에 포섭하고 있는 것이다.[54] 또한 선박법 부칙 제정 당시에는 상법에 1976년 해사채권책임제한조약과 관련된 규정이 전혀 존재하지 않았고 이를 예상하지도 않았을 것이기 때문에 이를 근거로 하여[55] 책임제한규정이 비영리선의 경우에도 적용되는 것으로 범위를 확대하였다고 보는 것은 무리가 있다.

한편, 상법 제740조가 1960년 상법 제정 당시부터 존속한 조항으로서 1976년 책임제한에 대한 조약을 입법화하기 전부터 제정된 것인 점, 1957년 선주책임제한조약이나 1976년 해사채권책임제한조약 모두 선박을 항해용 선박(seagoing vessles)로 한정하고 있을 뿐이고 영리성을 논하고 있지 않으며, 우리 법의 해석론으로도 위와 같이 수용된 조약의 내용을 포섭하도록 하는 것이 타당한 점, 2007년 상법 개정으로 인하여 비영리 선박에 대하여도 해상편을 준용하도록 명확히 한 점 등을 종합한다면, 상법 제740조는 예시적 규정으로 보아 비영리선의 경우에도 선박소유자의 총체적 책임제한규정을 적용하는 것으로 해석할 수 있다고 본다.

---

54) 선박법은 여전히 제29조의 규정을 존치하고 있는데 이는 삭제함이 마땅하다.

55) 손주찬 · 정동윤 편저, 전게서, 740-741면; 최기원, 「상법학신론(하)」 신정증보판, 박영사, (1992), 693면; 이기수 외, 「보험 · 해상법」 제8판, 박영사, 397면.

#### (다) 자력 항행능력의 유무

항행이란 선박 고유의 목적이나 위와 같은 목적의 달성에 필요한 부수적인 목적을 달성하기 위한 운항을 의미하는 것이고, 선박 고유의 목적은 사람이나 물건을 바다에서[56] 목적지까지 일정한 계획이나 지시에 따라 장소적으로 이동시켜 운송하는 것을 의미하는 것이다. "1976년 해사채권책임제한조약" 15(5)는 공기부양선(air cushion vessles)이나 탐사시추를 위한 플랫폼(floating platform)은 적용대상에서 제외하고 있다.

문제가 되는 것은 자력으로 항행할 능력이 있는 것만 선박으로 보아야 할 것인가 하는 점이다. 선박법의 적용대상인 선박인지 여부가 문제된 사안에서 대법원 판결들은 부정적인 입장을 취하여 왔다.[57] 이에 대하여 1999. 4. 15. 법률 제5972호로 개정된 선박법은 제1조의2에 '선박에 대한 정의규정'을 두어 선박은 수상 또는 수중에서 항행용으로 사용하거나 사용될 수 있는 배 종류로서 기선(제1호, 기관을 사용하여 추진하는 선박, 기관과 돛을 모두 사용하는 경우로서 주로 기관을 사용하는 것을 포함한다), 범선(제2호, 돛을 사용하여 추진하는 선박, 기관과 돛을 모두 사용하는 경우로서 주로 돛을 사용하는 것을 포함한다), 부선(제3호, 자력항행능력이 없어 다른 선박에 의하여 끌리거나 밀려서 항행되는 선박)을 말하는 것으로 하여 아예 부선을 선박의 범위에 포함시켰다.

책임제한의 대상이 될 수 있는 선박은 항해할 수 있는 선박이면 족하고 타력에 의하여 추진되는 예인선이나 육상의 인력 또는 기계력에 의하여 끌리는 것도 포함된다고 보는데 이론이 없는 것으로 보인다.[58] 현실적으로도

---

**56)** 대법원 1991. 1. 15. 선고 90다5641 판결은 「선박임차인에 관한 상법 제766조의 규정은 항해에 사용하는 선박 즉 해수를 항해하는 항해선에 한하여 적용되고 호천이나 항만을 항행하는 내수선에는 적용되지 않는다」고 판시하고 있다.

**57)** 선박법의 적용대상인 선박인지 여부와 관련하여 대법원 1973. 5. 30. 선고 73다142 · 143 판결(다른 선박에 의하여 예인되는 부선이 등기할 선박인지 여부), 대법원 1975. 11. 11. 선고, 74다112 · 113 판결(항진기관이나 항진추진기가 없이 다른 선박에 의하여 예인되는 부선이 등기할 선박인지 여부), 대법원 1987. 11. 24. 선고 87누593 판결(항진기관이나 항진추진기가 없이 다른 선박에 의하여 예인되는 부선이 등기할 선박인지 여부), 대법원 1998. 5. 18.자 97마1788 결정(항진능력이 없는 부선이 등기할 선박인지 여부) 등에서 이를 부정하였는데 학계에서는 이에 대하여 비판적인 입장이 다수를 차지하였다.

**58)** 최기원, 전게서, 693면; 이기수, 전게서, 396면; 최준선, 「보험법 · 해상법」 제3판, 삼영사, (2008), 356면.

예인선에 의하여 사고가 발생하는 경우 예인선단이 구성되어 그중 일부러 피예인선이 항해를 같이하게 되므로 사고를 유발한 선박이 예인선인지 피예인선인지는 중요한 것이 아닌 점, 상법에는 선박에 대한 정의규정은 없어 사회통념에 의하여 판단할 수밖에 없는데 부선을 선박의 범위에 포함시킨 선박법의 규정이나 선박은 수중이나 수상에서 사람 또는 물건의 이동에 제공되는 구조물이면 족하다는 면에서 피예인선도 포함하는 것이 타당한 점, 유류오염손해배상보장법은 1992년 제정당시부터 선박의 개념에 '산적유류(散積油類)를 화물로서 운송하기 위하여 건조되거나 개조된 모든 형의 항해선(부선을 포함한다)'으로 정의하고 있는 점 등을 고려하면, 부선도 책임제한의 대상이 되는 선박으로 보아야 할 것이다.

참고로 대법원 2011. 11. 11.자 2011마1448 결정은 피예인선도 선박소유자책임제한의 대상이 되는 선박임을 전제로 하여, 「예인선이 피예인선을 예인하면서 예선열을 이루어 운항하던 중에 선박소유자의 책임을 제한할 수 있는 채권이 발생한 경우에, 이른바 '예선열 일체의 원칙'을 적용하여 예인선과 피예인선에 대하여 각각 상법 제770조 제1항 제3호에 따라 산정한 금액을 합한 금액을 예인선 소유자의 책임한도액으로 하기 위해서는, 예인선 소유자가 피예인선을 소유하거나 임차하는 등으로 선박소유자와 동일한 권리의무가 있고, 예인선과 피예인선이 예인선 소유자의 해상기업조직에 편입되어 함께 그 기업 활동을 수행하다가 사고를 일으킨 것이며, 예인선 측의 과실이 피예인선의 항해에도 관련이 있는 등의 사정이 인정되어야 하고, 위와 같은 사정이 인정되지 않는 경우에는 원칙적으로 예인선만을 상법 제770조 제1항 제3호의 '그 선박'에 해당되는 것으로 보아 예인선에 대하여 상법 제770조 제1항 제3호에 따라 산정한 금액을 예인선 소유자의 책임한도액으로 하여야 한다」라고 판시한 바 있다.[59][60]

---

**59)** 같은 취지의 판시로는 대법원 1998. 3. 25.자 97마2758 결정.: 예인선 소유자가 피예인선을 임차하여 항해하다가 피예인선이 선박충돌을 일으킨 사례에서, 「예인선 소유자의 책임제한주장을 인용하면서 예인선과 피예인선에 각각 과실에 따른 책임이 있다는 것을 전제로 책임제한금액을 예인선의 톤수를 근거로 산정한 금액과 피예인선의 톤수를 근거로 산정한 금액을 별도로 합산하여야 한다」라고 판시하였다.

**60)** 영국법원은 Cory Lighterage Ltd. v. Dalton [10 LILR. 66 (1922), p. 175] 사건에서 항해용 바지선은 책임제한의 규정이 적용되는 선박으로 판시하였다.: 손주찬 · 정동윤 편저, 전게서, 34면에서 재인용.

### 2. 이 事件의 경우

이 사건에서 선박충돌사고를 유발한 예인선단은 삼성 T-5호(주예인선), 삼호 T-3호(보조예인선), 삼성 A-1호(작업선), 삼성 1호(피예인선)로 구성되어 있었고 그 중에서 직접 충돌사고를 일으킨 삼성 1호는 자력에 의한 항행능력은 없는 부선이다. 그러나 자력항행능력이 없는 부선이라도 책임제한의 적용을 받는 선박으로 보아야 할 것이고, 또한 교량설치공사를 마친 이 사건 예인선단을 인천항에서 거제시로 옮기기 위하여 운항한 행위는 상행위에 해당하기 때문에 책임제한절차의 적용에는 문제될 것이 없다.

이 점에서 대법원 결정이 「다른 선박에 의하여 끌리거나 밀려서 항행되는 국유 또는 공유가 아닌 부선은 상행위 기타 영리를 목적으로 항행하는지 여부에 상관없이 구 상법 제5편에 규정된 선박소유자 책임제한의 대상이 되는 선박에 해당한다」라고 본 것은 타당하다. 다만 그에 대한 근거로 구 선박법에서 부선을 선박에 포함시키고 구 선박법 제29조에서 상법 제5편 해상에 관한 규정은 상행위를 목적으로 하지 아니하더라도 항행용으로 사용되는 선박에 관하여는 이를 준용한다는 규정을 직접적인 근거로 삼아 자력항행능력이 없는 선박이나 비영리선도 모두 상법상 선박소유자 책임제한의 대상이 된다고 본 것은 무리가 있는 해석론이라 생각된다.

## Ⅲ. 船舶所有者의 責任制限 排除事由

### 1. 船舶所有者 責任制限 排除事由의 登場背景

#### (1) 의 의

선박소유자의 책임을 제한하는 이유는 사회경제적 수요에서 비롯된 것으로 선박소유자가 해상활동을 직접 지휘감독하기 어렵다는 점을 고려한 것이다. 따라서 선박소유자가 고의나 이에 준하는 행위로 인하여 손해를 발생시킨 경우까지 책임을 제한하는 것은 부당한 결과를 초래하기 때문에 선박소유자에게 일정한 사유가 있는 경우에는 책임제한권을 박탈함으로써 선박소유자와 피해자 사이에 균형을 확보할 수 있게 된다.

### (2) 입법의 동향

책임제한 배제사유에 대한 국제적인 입법은 "항공운송인의 개별적 책임제한에 관한 1929년 바르샤바 협약"에서 시작되었다. 바르샤바 협약은 1925년 파리에서의 회의와 1929년 바르샤바에서의 회의의 산물인데 당시 항공운송은 막대한 자본을 투자하여야 함에 비하여 사고가 발생할 경우 결과는 치명적이어서 운송인의 책임을 제한하여야 할 필요성이 크게 요구되었다. 당시 협약 제25조는 "운송인은 손해가 운송인의 고의에 의하여 발생한 때 또는 소가 계속된 법원이 속하는 국가의 법률에 의하면, 고의에 상당하다고 인정되는 과실에 의하여 발생한 때에는, 운송인의 책임을 배제하거나 제한하는 본 협약의 규정을 원용하는 권리를 가지지 아니한다."(The carrier shall not be entitled to avail himself of the provisions of this Convention which exclude or limit his liability, if the damage is caused by his willful misconduct or by such default on his part as, in accordance with the law of the Court seized of the case, is considered to be equivalent to willful misconduct)라고 명문으로 규정되어 있었다.[61)]

그러나 영문의 willful misconduct의 개념을 두고 혼란이 발생하였고 책임한도가 너무 낮다는 비판에서 1955년 협약에서는 개별 국가들의 실정법에서 사용하는 용어와는 새로운 개념을 창안하여 혼란을 정리하기 위한 시도를 하였고 이에 따라 운송인 및 피용자의 손해발생의 고의로서 또는 손해발생의 개연성을 인식하면서도 무모하게 한 작위 또는 부작위(act or omission of the carrier, his servant or agents, done with intent to cause damage or

---

61) 당시 협약의 공식언어는 영어가 아니라 프랑스어였는데 책임제한 배제사유를 지칭하는 단어는 'dol(사기, 기만)'이었고, 이는 '사기, 기만, 해를 가하거나 사악한 의도에 기한 행위'를 의미하는 것으로 행위자가 그 행위의 결과로 손해를 야기시킬 의도가 있었음을 의미한다. 한편 영미법계에는 'dol'에 상응하는 개념이 없고 이에 가장 가까운 개념이 'willful misconduct'였는데, 이는 행위자가 손해발생의 위험(cause the risk of damage)을 야기시킬 의도만 있으면 되고 손해 자체를 야기시킬 의도까지는 요하지 않는다고 한다. 이러한 개념의 해석은 각국의 실정법에 따라 이루어질 수밖에 없었고, 책임배제사유의 입증책임을 부담하는 채권자의 입장에서는 프랑스어 협약 원문을 택하는 법정에서는 입증책임의 부담이 영문을 택하는 법정보다 무거운 결과가 되어 형평의 문제가 제기되었다.: Roberta L. Wilensky, Flying the Unfriendly Skies: The Liability under the Warsaw Convention for Injuries Due to Terrorism, 1987, Northwestern Journal of International Law & Business, pp. 258-259.

recklessly and with knowledge that damage would probably result)를 책임제한의 배제사유로 삼고 있다.[62]

선박소유자의 책임제한과 관련하여서는 초기에는 선박소유자의 고의나 과실에 의한 행위를 책임제한 배제사유로 삼다가 "1976년 해사채권책임제한조약"에서 위 바르샤바 협약을 그대로 수용하여 선박소유자 자신의 손해발생의 고의로서 또는 손해발생의 개연성을 인식하면서도 무모하게 한 작위 또는 부작위(the loss resulted from his personal act or ommission, committed with the intent to cause such loss, or recklessly and with knowledge that such loss would probably result)를 책임제한 배제사유로 삼고 있다.

## 2. 責任制限 排除事由의 判斷對象

### (1) 쟁 점

구 상법 제746조 단서의 책임제한 배제사유인 "선박소유자 자신의 고의 또는 손해발생의 염려가 있음을 인식하면서 무모하게 한 작위 또는 부작위로 인하여 생긴 손해"에 해당하는가의 여부는 선박소유자 자신을 대상으로 하는 것은 문맥상 명백하다. 연혁적으로도 헤이그비스비 규칙상 운송인의 범위는 운송인 자신만을 의미하며 선박사용인은 포함하지 않는 것으로 해석하고 있다. 선박소유자의 책임을 제한하는 것은 선박소유자가 선장이나 선원 기타 선박사용인에 대한 통제의 어려움에서 기인하는 것이므로 선박사용인의 고의 또는 무모한 행위까지 선박소유자의 책임제한 배제사유로 삼는 것은 부당하다는 것이다. 또한 책임제한 배제사유가 처음 규정된 "1955년 항공운송인의 책임에 관한 바르샤바 협약"이 그 범위를 운송인 및 그의 사용인이나 대리인의 작위 또는 부작위(act or omission of the carrier, his servant or agents)로 규정한 것에 반하여, "헤이그비스비 규칙"은 운송인의 작위 또는 부작위(act or omission of the carrier)로 규정함으로써 그 범위를 좁히고 있다는 점에서도 그러하다.

우리 상법도 1991년 개정 전 상법은 '선박소유자의 고의 · 과실'이라고

62) 운송인에 대한 헤이그비스비 규칙은 위 바르샤바 협약을 그대로 수용하여 동일한 내용의 규정을 두게 되었다.

규정하고 있었는데, 1991년 개정상법에서는 '선박소유자 자신의 고의 또는 손해발생의 염려가 있음을 인식하면서 무모하게 한 작위 또는 부작위'라고 규정하여 그 범위를 '선박소유자 자신'으로 좁히고 있고, 선박소유자 자신의 범위에 선장이나 선원 등 사용인은 포함되지 않는다는 점에 이론이 없다.[63] 그러나 '선박소유자 자신'의 해석과 관련하여 그 범위를 지나치게 좁히게 되면 책임제한 배제사유를 사문화할 수 있고 피해자의 법감정에도 반하는 결과를 초래할 수 있다. 특히 선박소유자가 법인인 경우에는 법인의 대표기관의 행위로만 한정할 경우 실제로 대표기관이 책임제한 배제사유와 같이 고의나 인식이 있는 무모한 행위를 하였다는 것을 증명하기란 지극히 어려운 문제가 될 수 있다. 이 경우 '선박소유자 자신'의 범위와 관련하여 여러 가지 주장들이 전개되고 있다.

#### (2) 선박소유자가 법인인 경우 '선박소유자 자신'의 의미

#### (가) 영미법에서의 논의

1) 영국의 경우

영국의 "1894년 해상법"(Merchant Shipping Act, 1894)을 적용하는 데 있어서, 법인의 경우에는 실제로는 개인에 의하여 운영되는 것이고 법인과 동일시할 수 있는 개인(alter ego)의 행위를 책임제한 배제사유의 판단대상으로 삼고 있다. Lennard's Carrying Co. 사건에서, 「회사를 지휘하고 회사의 의지로 볼 수 있는 자의 행위를 회사의 고의 또는 연관이 있는 과실(fault or privity)로 보아야 한다」라고 판시하고 있다.[64] The Lady Gwendolen호 사

63) 대법원 판례도 동일한 입장이다. 대법원 1995. 6. 5.자 95마325 결정(선박충돌사건)에서는 「선장 등과 같은 선박소유자의 피용자에게 위와 같은 고의 또는 무모한 행위가 있었다는 이유만으로는 선박소유자가 같은 법 제746조 본문에 의하여 책임을 제한할 수 없다고는 할 수 없으며」라고 하였고, 대법원 1995. 3. 24. 94마2431 결정(선박충돌사건)에서는 「피용자에게 위와 같은 고의 또는 무모한 행위가 있었더라도 선박소유자 본인에게 그와 같은 고의 또는 무모한 행위가 없는 이상 선박소유자는 위 제746조 본문에 의하여 책임을 제한할 수 있다」라고 하였으며, 대법원 1996. 12. 6. 96다31611 판결(해상운송인)에서는 「운송인의 피용자인 선원 기타 선박사용인에게 고의 또는 무모한 행위가 있었더라도 운송인 본인에게 그와 같은 고의나 무모한 행위가 없는 이상」이라고 하였고, 대법원 2001. 4. 27. 99다71528 판결(해상운송인)에서는 「운송인의 운송이 해상운송의 성질을 가지는 한, 해상에서의 피용자뿐만 아니라 보세창고업자와 같은 육상에서의 피용자에게 고의 또는 무모한 행위가 있었더라도 마찬가지로 보아야 한다」라고 하였다.

64) Lennard's Carrying Company, Limited, Appellants; and Asiastic Petroleum Company Limited, Respondents[1915] A.C. 705, House of Lords (who is really the directing mind

건에서는, 「사용인이나 대리인(servant or agent)의 지위에 있는 것만으로는 회사 자체나 회사의 분신(company itself or alter ego)으로 볼 수 없고 공동관리이사(joint managing director), 관리이사(managing director), 선박운항부서의 담당관리이사(assistant managing director), 운항책임자(traffic manager), 해상관리자(marine superintendent), 해상기술자(marine engineer)로 구성된 조직에서 선박운항부서의 의사결정권자인 담당관리이사가 회사의 분신에 해당한다」라고 판시하고 있다.[65)]

이후 영국은 1976년 해사채권책임제한조약을 수용하여 "1979년 해상법"(Merchant Shipping Act, 1979)에 동일한 규정을 두었고[66)] 기존 법과는 달리 조약의 '선박소유자 자신의 손해발생의 고의로서 또는 손해발생의 개연성을 인식하면서도 무모하게 한 작위 또는 부작위가 입증된 경우'(if it is proved that the loss resulted from his personal act or omission, committed with the intent to cause such loss, or recklessly and with knowledge that such loss would probably result)를 책임제한 배제사유로 삼고 있으므로 회사의 분신 이론은 더 이상 적용하기 어렵다는 견해도 제기되고 있다.[67)]

2) 미국의 경우

미국은 국제적인 조약을 수용하지 않고 독자적인 책임제한 입법체계를 가지고 있다.[68)] 미국 "책임제한절차법"(The Limitation of Shipowner's Liability Act of 1851)에서 책임제한이 문제가 되는 사안에서, 개인과 법인의 경우를

---

and will of the corporation, the very ego and centre of the personality of the corporation).

**65)** Arthur Guinness, Son & Co. (Dublin) Ltd. v. Owners of the Motor Vessel Freshfield (The Lady Gwendolen) [1965] p. 294 Court of Appeal (he had the duty of ultimate supervision over the traffic department, which in its turn controlled the ships. Therefore, I am satisfied that Mr. D. O. Williams was for the purposes of this action the alter ego of the company).

**66)** Merchant Shipping Act, 1979 Article 17. The provisions of the Convention on Limitation of Liability for Maritime Claims 1976 as set out in Part I of Schedule 4 to this Act shall have the force of law in the United Kingdom.: 1995년 개정법에서는 Part I of Schedule 7에 규정하였다.

**67)** Gotthard Gauci, op. cit., p.72 참조.

**68)** 유조선에 의한 해양오염사고의 경우에도 민사책임협약과는 달리 책임액이 훨씬 높은 유류오염법(Oil Polution Act, 1990. 약칭 'OPA')을 제정하고 있다.

구분하고 법인의 경우에는 법인의 누군가에 의하여 행위가 행해지는 것이므로 법인조직 사다리의 어느 부분에 이르러야만 선박소유자 자신의 행위로 볼 수 있을 것인지를 중심으로 논의가 이루어지고 있다. 특히 2001년 해저송유관 매설작업용 바지선이 일으킨 사고로 인한 손해배상책임과 관련한 책임제한 사건인 Hellenic 사건에서 8가지 기준을 제시하고 있는데, (a) 담당 분야에서의 일상적인 권한의 범위(the scope of the agent's authority over day-to-day activity in the relevant field of operations), (b) 담당 분야의 회사에서의 상대적 중요도(the relative significance of this field of operations to the business of the corporation), (c) 인사권한(the agent's ability to hire or fire other employees), (d) his power to negotiate and enter into contracts on behalf of the company(회사를 대표하여 협상 또는 계약할 권한), (e) 가격책정권한(his authority to set prices), (f) 비용지불권한(the agent's authority over the payment of expenses), (g) 일정한 급여를 지급받는지 여부(whether the agent's salary is fixed or contingent), (h) 지위가 고정적인지 여부(the duration of his authority)를 들고 있다.

판례를 종합해 보면, 일반적으로 회사를 대표하여 행위를 하는 권한이 있다고 볼만한 지위에 있는 경우, 즉 사장이나 부사장(president, vicepresident), 이사(director), 집행임원(executive officer), 관리임원(managing officer) 정도라면 회사의 행위로 볼 수 있다. 반면에 선장(captain, master), 사원(servant), 대리인(agent)의 지위로는 회사의 대표권을 인정할 수 없다.[69]

그러나 명칭은 관리자(factory manager)의 지위에 있더라도 회사의 전반적인 의사결정권한을 가진 경우에는 회사의 행위로 본 경우가 있고,[70] 선장(shore captain)이라 불리면서도 선박의 유지와 보수 및 관리의 책임을 지고 선원고용이나 선박클레임을 해결해야 하는 책무에 있어서 회사를 대표하

---

69) Craig v. Continental Insurance Co., 141 U.S. 638, 646, 12 S.Ct. 97, 99, 35 L.Ed. 886 (1891); Coleman v. Jahncke Service, Inc., 341 F.2d 956, 958 (5th Cir. 1965), cert. dismissed, 382 U.S. 967, 86 S.Ct. 525, 15 L.Ed.2d 463 (1966) and cert. denied, 382 U.S. 974, 86 S.Ct. 538, 15 L.Ed.2d 465 (1966); Coryell v. Phipps, 317 U.S. at 409, 63 S.Ct. at 292 참조.

70) Linseed King, Spencer Kellogg &Sons v. Hicks, 285 U.S. 502, 52 S.Ct. 450, 76 L.Ed. 903 (1932).

는 지위에 있는 경우 또한 회사의 행위로 보았다.[71]

### (나) 학설의 논의

이사 이상의 임원급에 대하여만 회사의 행위의 판단대상으로 보아야 한다는 견해,[72] 이사 이상의 임원급을 대상으로 하고 기업내의 최고책임자로서 법인의 두뇌와 신경의 중추라 할만한 자를 포함하는 것으로 보는 견해,[73] 회사의 대표이사나 이사뿐만 아니라 고급사용인 또는 회사의 두뇌와 신경의 중심이라고 할 수 있는 자의 행위는 대표기관에 준하는 행위로 보아야 한다는 견해,[74] 전통적 견해에 따라 임원급으로 하되 안전관리책임자는 선박안전을 책임지며 최고경영진과 의사소통하도록 되어 있으므로 여기까지 포함시키자는 견해,[75] 임원급으로 하되 육상사용인의 경우 고급사용인의 행위까지 포함하자는 견해[76] 등이 있다.

### (다) 대법원 판례

선박소유자의 책임제한 배제사유에 관하여는 언급한 판시가 없으나, 해상운송인의 책임제한 배제사유에 대하여 대법원 2006. 10. 26. 선고 2004다27082 판결은, 「법인 운송인의 경우에 그 대표기관의 고의 또는 무모한 행위만을 법인의 고의 또는 무모한 행위로 한정한다면 법인의 규모가 클수록 운송에 관한 실질적 권한이 하부의 기관으로 이양된다는 점을 감안할 때, 위 단서조항의 배제사유가 사실상 사문화되고 당해 법인이 책임제한의 이익을 부당하게 향유할 염려가 있으므로, 법인의 대표기관뿐만 아니라 적어도 법인의 내부적 업무분장에 따라 당해 법인의 관리 업무의 전부 또는 특정 부분

71) The Marguerite, Lakehead Transportation Co. v. Kewaunee G. B. &W. R. Co., 140 F.2d 491 (7th Cir. 1944).

72) 송상현 · 김현, 「해상법 원론」, 박영사, (2005), 126면.

73) 김효신, "해상기업주체에 대한 책임제한의 조각사유로서 '고의 또는 손해발생의 염려가 있음을 인식하면서 무모하게 행한 작위 또는 부작위'의 의미", 「기업법연구」 제10집, (2002), 125면, 126면 참조.

74) 이태종, 전게논문, 529면; 강영호, "상법 제789조의2 규정에 의한 해상운송인의 책임제한", 「사법논집」 제28집, 법원도서관, (1997), 514면.

75) 김인현, "운송인의 포장당책임제한이 배제된 해상사례 -대법원 2006. 10. 26. 선고 2004다27082 판결-", 「인권과 정의」 제370호, 대한변호사협회, (2007), 182면.

76) 정병윤, "상법 제789조의2 제1항 단서의 운송인 자신의 범위 -대법원 2006. 10. 26. 선고 2004다27082 판결-", 「기업법연구」 제22권 제2호, (2008), 233면.

에 관하여 대표기관에 갈음하여 사실상 회사의 의사결정 등 모든 권한을 행사하는 자는 그가 이사회의 구성원 또는 임원이 아니더라도 그의 행위를 운송인인 회사 자신의 행위로 봄이 상당하다」라고 판시하였다.

(라) 검 토

법인의 경우 선박소유자의 책임제한 배제사유를 판단함에 있어서는 법인의 영업을 책임지고 관리하는 개인을 기준으로 볼 수밖에 없다. 대표이사나 담당이사의 경우에는 대내적·대외적인 권한을 보유하고 있으므로 이를 법인의 행위로 보는데 있어서 아무런 문제가 없다. 그러나 현대사회에서 자본이 집적되고 기업이 대규모 집단화하면서 업무분장을 통하여 실질적으로 임원과 유사한 업무를 수행하는 직원이 있고, 이러한 직원이 고의나 인식이 있는 무모한 행위를 한 경우에도 법인의 책임제한을 인정하는 것은 부당한 결과를 초래하게 된다. 다만 그 범위를 무작정 넓히는 것은 책임제한 배제사유를 선박소유자 자신의 행위로 엄격히 하고 있는 취지에 반하므로 최소한 법인의 대표기관에 준하는 표지가 필요하다.

결국 임원이 아닌 하위직급의 직원이라고 하더라도 법인의 대표기관의 지위에 준하는 것으로 보려면 내부적으로는 해상운송이나 해상거래 분야에 있어서 법인의 의사결정권한을 가지고 대외적으로는 법인을 실질적으로 대표하여 계약을 체결하고 영업을 관리할 수 있는 정도의 지위에 있을 것을 필요로 한다고 보아야 할 것이다. 그러한 지위에 있는 자는 그 명칭이 무엇이든지 간에 실질적으로 회사의 대표기관에 버금가는 역할을 하는 한 회사의 행위로 보아도 될 것이다.[77)]

**(3) 이 사건의 책임제한 배제사유의 판단대상**

**(가) 신청인 회사의 대표기관에 준하는 자**

1) 신청인의 대표기관

앞에서 본 법리적 검토를 토대로 신청인 회사의 책임제한 배제사유의 판단대상을 살펴보면, 우선 신청인 회사의 대표기관의 행위에 책임제한 배제

---

77) 해상운송인에 관한 위 대법원 판결은 직책상 차장, 대리에 불과한 지위에 있지만 실질적으로 대표기관에 갈음하여 해상운송 관련 업무에 대하여 전적인 의사결정을 하고 있는 점을 들어 회사의 행위와 다름 없는 것으로 보았다.

사유를 살펴보아야 하겠지만, 이에 대하여는 아무런 주장이나 증명이 없으므로 논할 필요가 없다.

2) 선박의 위탁관리업체

다음으로 이 사건 삼성 T-5호, 삼성 1호, 삼성 A-1호의 관리를 위탁받은 보람을 신청인의 대표기관에 준하는 자의 지위로 인정할 수 있을 것인지와 관련하여, 보람이 하는 업무는 선박의 유지 보수나 노무제공 등을 단순대행하는 용역을 수행할 뿐[78] 선박의 임차인인 신청인이 예인선단의 운항에 포괄적으로 관여하면서 지휘·감독한 것으로 인정된다. 삼성 T-5호, 삼성 1호, 삼성 A-1호로 구성된 예인선단의 소유자는 삼성물산이지만 장기임대계약에 의하여 신청인이 실질적인 운영을 하고 있었고, 이 사건 인천대교 작업현장까지의 예인선단 동원과 철수는 신청인의 업무로 정해져 있었다. 또한 삼호 T-3호는 이 사건 예인항해를 위해 임차한 것으로 항해시 신청인측의 지휘를 받기로 되어 있었다.

2011. 2. 24. 선고 대법원 2009추15 판결(재결취소)[79]에 나타난 사실관계를 보더라도, 선박관리를 위탁받은 보람은 신청인의 협력업체로서 위 선박들의 관리·운영 외에는 다른 영업을 하지 아니한 사실, 신청인은 위 선박들을 거제조선소에서 자신의 업무에 사용하다가 2007. 11. 26. 삼성물산의 인천대교 시공에 제공하고, 거제-인천 간 예인항해와 관련하여 선박보험에 가입하면서 자신의 비용으로 보험검사를 받았으며, 인천대교 건설공사 현장에 자신의 직원인 A와 B를 파견한 사실, 그 현장에서 작업이 종료되자 이 사건 예인선단이 거제조선소로 복귀하기 위하여 출항하였는데, A는 작업 종료를 확인한 다음 이 사건 예인선단이 출항 준비를 하는 것을 보고 현장을 떠났으며, B는 보람으로부터 출항 보고를 받은 사실 등을 인정할 수 있다. 이에 의하면 신청인은 삼성 T-5호, 삼성 1호, 삼성 A-1호의 임차인이고, 선단장

78) 보람은 신청인의 협력사로서 자본금 5천만 원에 사무실이 신청인 회사 내에 위치하고 있으며, 연 매출 약 15억 원은 전액 이 사건 관리위탁계약으로 발생하고 있다. 또한 보람의 임직원은 선원을 제외하면 대표이사와 업무관리 담당 직원 1명, 1급 기관사 자격의 현장소장 1명, 여직원 1명 등 4명뿐이고 안전관리 전문가는 없었다.

79) 중앙해양안전심판원이 주예인선 선장에게 2급 항해사 면허취소, 예인선단장에게 시정권고의 재결을 한 사안에서, 위 각 선장, 보람, 신청인 등이 징계사유 부존재 등을 주장하며 다투었던 사건으로, 대법원은 재결이 적정하다고 보아 청구를 기각하였다.

과 삼성 T-5호의 선장 등이 신청인의 통제·감독 하에 있었던 것으로 보인다. 그 밖에 달리 위탁관리업체인 보람이 신청인의 내부적 의사결정을 하거나 대외적으로 신청인을 대표할 권한은 전혀 인정될 수 없으므로 보람의 행위를 신청인의 행위로 볼 수는 없다.

3) 선장 및 선원

이 사건 주예인선과 부예인선의 선장이나 선원들을 신청인의 대표기관에 준하는 지위로 볼 수 있을 것인지에 대하여도 앞에서 본 바와 같이 선장이나 선원들을 피용자의 지위에 불과하여 대외적으로 신청인을 대표하는 지위에 있다고 볼 수는 없다. 형사사건에서도 예인선의 선장들의 지위에 대하여 '이들이 위탁관리업체 소속 직원이지만 위탁관리업체인 보람은 신청인의 협력업체로서 이 사건 예인선단 용역관리위탁계약에 신청인을 위하여 이 사건 예인선단을 관리·운영하는 외에는 다른 영업을 전혀 하지 아니하는 회사였고, 선장들은 신청인 회사 소속 직원들의 통제·감독을 받으면서 이 사건 예인선단을 운항하는 방법으로 신청인의 이 사건 예인선단 사용 업무를 직접 또는 간접으로 수행하였다고 인정하였으므로 선장이나 선원을 신청인 회사의 대표기관에 준하는 지위에 있다고 볼 수는 없다.

4) 신청인의 직원

신청인의 직원이 예인선단의 운항을 결정하는 지위에 있는 등 내부적 의사결정을 하고 대외적으로도 신청인을 대표하여 업무를 수행할 지위에 있는지에 대하여는 아무런 논의가 이루어진 바 없고 나아가 이들에게 손해발생의 고의나 인식이 있는 무모한 작위 또는 부작위가 있었는지에 대하여도 쟁점이 된 바가 없다.

**(나) 검　토**

이 사건 대법원 결정은 운송인의 책임제한에 적용되는 법리를 헤이그비스비 규칙을 반영하여 동일하게 입안된 선박소유자의 책임제한에서도 그대로 적용한 사안이라는 점에서 의미가 있다. 이에 의하면 대표기관뿐만 아니라 적어도 법인의 내부적 업무분장에 따라 당해 법인의 관리 업무의 전부 또는 특정 부분에 관하여 대표기관에 갈음하여 사실상 회사의 의사결정 등의 권한을 행사하는 사람의 행위는 그가 이사회의 구성원 또는 임원이 아니더라도 선박소유자 등 책임제한 배제규정의 적용에 있어서는 그 책임제한 주체 자신의 행위로 보게 된다. 또한 원심의 사실인정을 토대로 신청인이 선박들의 운항을 포괄적으로 관리·감독하는 지위에 있었다고 봄이 상당하므로, 보람 또는 위 선박들의 선장, 선두가 신청인의 대표기관에 갈음하여 이 사건 예인선단의 관리·운항에 관하여 회사의 의사결정 등 권한을 행사하는 대표기관에 준하는 지위에 있었다고 볼 수는 없다고 한 점도 대표기관의 지위를 인정하기에는 부적절하므로 당연한 결론이다.

### 3. 具體的인 責任制限 排除事由

#### (1) 국제협약의 내용

#### (가) 선박소유자 및 해상운송에 관한 조약

| 조 약 | 책임제한 배제사유의 규정 |
|---|---|
| 총체적 책임제한조약 | |
| ○ 1924년 선주책임제한조약 | ○ the acts or faults of the owner |
| ○ 1957년 선주책임제한조약 | ○ the actual fault or privity of the owner |
| ○ 1976년 해사채권책임제한조약 | ○ the loss resulted from his personal act or ommission, committed with the intent to cause such loss, or recklessly and with knowledge that such loss would probably result |
| 유류오염손해 관련 조약 | |
| ○ 1969년 민사책임협약 | ○ the actual fault or privity of the owner |
| ○ 1992년 민사책임협약 | ○ the pollution damage resulted from his personal act or omission, committed with the intent to cause such damage, or recklessly and with knowledge that such damage would probably result. |
| 운송인의 책임제한조약 | |
| ○ 1924년 선하증권 통일조약 (Hague Rules) | ○ the actual fault or privity of the carrier |
| ○ 1968년 개정선하증권조약 (Hague-Visby Rules) | ○ the damage resulted from an act or omission of the carrier done with intend to cause damage, or recklessly and with knowledge that damage would probably result. |

| | |
|---|---|
| ○ 1978년 UN 해상물품운송조약(Hamburg Rules) | ○ the loss, damage or delay in delivery resulted from an act or omission of the carrier done with the intent to cause such loss, damage or delay, or recklessly and with knowledge that such loss, damage or delay would probably result. |

### (나) 육상운송 및 항공운송에 관한 조약

| | |
|---|---|
| ○ 1970년 철도에 의한 화물운송에 관한 국제조약(CIM) | ○ the loss, damage ... has been caused by wilful misconduct or gross negligence on the part of the railway, |
| ○ 1956년 도로에 의한 화물의 국제운송을 위한 계약에 관한 조약(CMR) | ○ the damage was caused by his wilful misconduct or by such default on his part as, in accordance with the law of the court or tribunal seised of the case, is considered as equivalent to wilful misconduct. |
| ○ 1929년 국제항공운송에 있어서의 일부규칙의 통일에 관한 조약(Warsaw Convention) | ○ by wilful misconduct or by such default on his part as, in accordance with the law of the Court seized of the case, is considered to be equivalent to wilful misconduct |
| ○ 1955년 개정된 개정 바르샤바 조약(Hague Protocol) | ○ act or omission of the carrier, his servant or agents, done with intent to cause damage or recklessly and with knowledge that damage would probably result |

### (2) 상법의 내용

1991년 개정 전 상법은 선박소유자에 대한 책임제한규정만을 두고 있었고, 책임제한 배제사유로 1924년 선주책임제한조약의 'acts or faults of the owner' 또는 1957년 선주책임제한조약의 'actual fault or privity of the owner'와 마찬가지로 단순히 '선박소유자의 고의 또는 과실로 인한 채무'라고만 규정하였다.

그런데 '1976년 해사채권책임제한조약'이 제정되면서 1991년 개정 상법은 이를 수용하여 선박소유자와 운송인에 대하여 "자신의 고의" 또는 "손해발생의 염려가 있음을 인식하면서 무모하게 한 작위나 부작위"로 인한 손해에 대하여는 책임제한을 배제하였다.

<table>
<tr><td colspan="2">○ 1991년 개정 전 상법<br>(제748조 제1항)</td><td>○ 선박소유자의 고의 또는 과실로 인한 채무<br>(운송인은 책임제한 규정이 없음)</td></tr>
<tr><td rowspan="2">○ 1991년<br>개정 상법</td><td>선박소유자</td><td>○ 그 채권이 선박소유자 자신의 고의 또는 손해발생의 염려가 있음을 인식하면서 무모하게 한 작위 또는 부작위로 인하여 생긴 손해에 관한 것인 때에는 그러하지 아니하다.</td></tr>
<tr><td>운송인</td><td>○ 운송물에 관한 손해가 운송인 자신의 고의 또는 그 손해가 생길 염려가 있음을 인식하면서 무모하게 한 작위 또는 부작위로 인하여 생긴 것인 때에는 그러하지 아니하다.</td></tr>
<tr><td colspan="2">○ 유류오염손해배상보장법</td><td>○ 그 유조선에 의한 유류오염손해가 유조선 선박소유자 자신의 고의로 발생한 경우 또는 손해발생의 염려가 있음을 인식하면서 무모하게 한 작위 또는 부작위로 발생한 경우에는 그러하지 아니하다.</td></tr>
</table>

### (3) 상법상 책임제한 배제사유의 해석론

#### (가) 학설의 견해

우선 상법의 규정의 해석을 둘러싸고 '고의'에 대하여는 특별히 다툼이 없으나 '손해발생의 염려가 있음을 인식하면서 무모하게'의 의미에 대하여는 다양한 학설이 전개되고 있다. 이를 기존 민법과 상법의 손해배상론의 입장에서 접근하는 견해와 국제조약과의 통일적인 입장에서 접근하는 해석론으로 크게 분류하여 보았다.

1) 기존 사법의 해석론을 전제로 하는 입장[80]

무모한 행위와 인식을 포함한 행위를 어떻게 볼 것인가는 손해발생에 관한 소극적(또는 미필적) 고의를 의미한다고 보는 견해,[81] 중과실보다 고의에 더 가까운 개념으로 보는 견해,[82] 인식 있는 중대한 과실로 보는 견해,[83]

80) 고의나 중과실을 구분하면 강도에 따라서 확정적 고의 〉 미필적 고의 〉 준고의(고의에 가까운 중과실) 〉 인식 있는 중과실 〉 중과실 〉 인식 있는 과실로 나눌 수 있다.

81) 이균성, 「국제해상운송법연구」, 삼영사, (1984), 147면; 서성, "국제항공운송인의 손해배상책임", 「사법논집」 제5집, (1974), 443면; 최준선, 「국제항공운송법론」, 삼영사, (1985), 137면: 이 경우 인식 있는 중과실은 책임제한 배제사유에서 제외하게 되어 가장 좁게 책임제한 배제사유를 인정하는 결과가 된다.

82) 손주찬, 「상법(하)」, 박영사, (2000), 720면; 송상현 · 김현, 전게서, 142면; 최기원, 「해상법」 제3판, 박영사, (2002), 89면.

83) 강영호, "상법 제789조의2의 규정에 의한 해상운송인의 책임제한", 「사법논집」 제28집, (1997), 515면.

중대한 과실로 보는 견해[84])로 구분할 수 있다.

2) 국제조약을 중시하는 입장

표현 그대로 무모한 행위와 손해발생의 염려에 대한 인식을 모두 갖추어야 한다는 견해,[85]) 개별적인 사례들을 토대로 하여 무모한 행위와 손해발생의 염려에 대한 인식의 개념을 정립하여야 한다는 견해,[86]) 손해의 회피 내지 방지를 위한 어떤 조치도 강구하지 않은 채 의도적으로 한 행위로 보는 견해[87]) 등을 찾아볼 수 있다.

(나) 외국에서의 논의

대륙법계나 영미법계에서 주로 논의되는 것은 행위의 판단기준을 객관적인 일반 선박소유자나 운송인(an objective test)을 기준으로 하여야 할 것인가, 아니면 책임제한을 하려는 당해 선박소유자나 운송인(a subjective test)을 기준으로 하여야 할 것인가의 문제이다.[88])

우선 "손해발생의 고의"(the intent to cause such loss)에 관하여는 당해 선박소유자나 운송인을 기준으로 하여야 한다는 점은 이론이 없는 것으로 보인다. 다만 선박소유자나 운송인이 일부러 손해를 발생시킬 의도로 사고를 유발하는 경우란 상정하기 어려워 채권자가 입증할 수도 없는 주관적 요소이기 때문에 별 논란도 없다.

문제가 되는 것은 "손해발생의 개연성에 대한 인식"(recklessly and with knowledge)의 해석이다. 운송인의 책임제한에 관한 논의에서, 손해발생의 개연성에 대한 인식은 "객관적 인식으로 족하다는 견해"(an objective test:

---

84) 채이식, 「상법강의(하)」, 박영사, (2003), 713면에 의하면, 중대한 과실로 손해발생 가능성에 대한 인식이 미치지 못한 상태까지 포함하게 되어 가장 광범위한 책임제한 배제사유에 해당한다.

85) 장상균, "개정된 바르샤바협약 제4조 소정의 책임제한 조항 배제사유의 해석", 「대법원판례해설」 제63호, 법원도서관, (2007), 463면.

86) 박영호, "항공운송인의 책임제한에 관한 연구", 「공군법률논집」 제4권, (2000), 28면.

87) 김동훈, "개정 해상법상 선주책임제한권의 상실사유", 「한국해법회지」 제15권 제1호, (1993), 118면 이하.

88) 영국의 학설과 판례는 무모함과 개연성에 대한 인식을 구분하여 무모함에 대하여는 객관적인 입장을 취하고 개연성에 대한 인식은 주관적인 입장을 취한다는 견해도 있다.: 박용섭, 「해상법」, 형설출판사, (1998), 239면.: 위 사건에서 영국의 항소법원은 「무모함에 해당하는지 여부는 손해발생의 개연성에 대한 인식과 관련지어 판단하여야 하는 것이며 양자가 독립적으로 존재하는 것은 아니다」라고 판시하고 있다.

imputed knowledge)는, 사고 당시 운송인이 개연성에 대한 실질적인 인식을 가지고 있었다는 점까지 증명할 필요는 없고 운송인이 사려깊고 합리적인 사람(prudent, reasonable person)과 비교하여 볼때 어떠한 행동이 가진 고도의 위험에 대하여 알고 있거나 알고 있어야 하는 것이 당연하다는 점만 증명하면 되므로 화주의 입증책임이 경감된다.[89][90] 반면에 '주관적 인식이 필요하다는 견해'(a subjective test: actual knowledge)는, 운송인이 작위 또는 부작위 당시 손해가 발생할 개연성이 높은 사실을 실제로 알고 있었다는 점에 대한 입증이 필요하므로 운송인에게 유리한 결과가 된다.

1) **주관설을 택한 것으로 보이는 판례**[91]

영국의 항소법원은 Goldman v. Thai Airways International 사건[92]에서, 「운송인은 손해가 발생할 개연성이 높은 사실을 알았음에도 불구하고 이를 무시하고 행동한 사실이 증명되어야 한다」고 하면서 제1심의 객관설을 받아들이지 않고 주관적 판단방법을 취하였다.[93]

미국 항소법원은 In Berner v. British Commonwealth Pacific Airlines 사건[94]에서, 객관설(제1심의 입장)은 확고하게 배척하면서도 주관설을 명시적으로 채택하는 대신에, 운송인의 인식에 대하여 정황적인 사실관계로부터 합리적으로 추론할 수 있을 것을 요함으로써, 채권자의 입증책임도 완화하는 입장을 택하고 있다.[95]

---

89) Roberta L. Wilensky, op. cit., p. 259.

90) '헤이그비스비 규칙'이 어떠한 것인지 분명치 않고 미국의 경우 위 규칙의 가입국도 아니므로, 판단은 개별 국가의 법원에 맡겨져 있다는 점을 근거로 삼고 있다.

91) Roberta L. Wilensky, op. cit., pp. 259-263.; 김효신, 전게논문, 131면 참조.

92) In Goldman v. Thai Airlines Int'l Ltd., 1 W.L.R. 1186 (1983).

93) 판시 사유에 의하면, 「비행기가 심한 난기류(severe turbulence)를 만났음에도 조종사가 승객의 안전벨트 부착경고신호를 하지 않은 경우에서 조종사가 손해가 그의 부작위로부터 발생할 개연성이 높다는 것을 알지 못하였다면, 다른 조종사들이라면 알았을 것이라거나 이 사건의 조종사가 인식을 가졌어야 할 것이라는 점을 들어 책임제한을 받아들이지 않을 수 없다」라고 하였다.

94) In Berner v. British Commonwealth Pacific Airlines, Ltd., 346 F.2d 532,538(2d Cir. 1965) cert. denied, 382 U.S. 983 (1966).

95) 미국 항소법원은 In Leroy v. Sabena Belgian World Airlines 사건에서, 프랑스 법원과 마찬가지로 책임제한을 받아들이지 않으면서 운송인의 인식은 정황적인 사실관계로부터 합리적으로 추론할 수 있다고 보았다.

2) 객관설을 택한 것으로 보이는 판례

프랑스의 In Emery v. Sabena Belgian World Airlines 사건[96]에서 파기원은 원심이 주관적 판단방법을 취하여 바르샤바 협약을 잘못 해석하였다고 판시하였고, 그 파기환송심에서는 객관설을 취하여 항공기 승무원들이 비행기의 위치를 특정하기 위한 모든 필요가능한 위치파악수단을 행하지 않았다고 보았다. 그러나 In Bornier v. Air-Inter 사건[97]에서는 주관설을 택하여 비행사가 승객들에 대하여 비행전 검색을 실시하지 않았고 효율적 검색을 위한 조치도 취하지 않았다고 보면서도, 다만 실질적인 인식을 가지고 행동한 것은 아니라고 보아 책임제한을 승인하였다. 이와 같이 프랑스 파기원의 입장은 일관적이지는 않은 것으로 보인다.

캐나다 연방법원은 Swiss Bank Corp v. Air Canada 사건[98]에서 프랑스 파기원이 객관설의 입장을 가지고 있음을 지지하면서, 주관설을 따르게 되면 증명의 어려움 때문에 책임제한 배제사유의 규정을 사문화할 수 있다는 이유로 객관설을 택하고 있다.[99] Prudential Assurance Co v. Canada 사건[100]에서도 합리적인 사람이라면 그 행위가 손해발생의 결과로 이어질 것이라는 점을 알 수 있었다고 하면서 객관설을 따르고 있다.[101][102]

**(다) 대법원 판례의 입장**

대법원 2004. 7. 22. 선고 2001다58269 판결은 「손해가 생길 개연성이 있음을 인식하면서도 무모하게 한 작위 또는 부작위(이하 '무모한 행위'라고 한

96) In Emery v. Sabena Belgian World Airlines, Judgement of Dec. 5, 1967, Cass. civ. 1re, Fr., 1968 R.F.D.A. 184.

97) In Bornier v. Air-Inter, Judgement of May. 5, 1982, Cass. civ. 1re, Fr., 1983 R.F.D.A. 49.

98) Swiss Bank Corp v. Air Canada (1981) FCJ No 167(QL).

99) 스위스에서 몬트리얼까지 가는 비행기에 캐나다 지폐(bank note)를 운송한 사안에서 화물이 비행기 승무원에 의하여 도난당한 것으로 보이고 그 승무원은 손해발생의 결과를 알고 있었을 것이라는 점을 들고 있다.

100) Prudential Assurance Co v. Canada(1993) 2FC 293(QL).

101) 운송물을 화주의 대리인이라고 자처하는 사람에게 인도하면서 신분을 확인하지 않은 사건에서 신분을 확인하지 않은 것이 결과적으로 손해가 발생할 것이라는 점을 알 수 있었을 것이라고 판시하였다.

102) 다만 일부의 지방법원은 주관설을 택한 판시(Connaught Laboratories Ltd v. British Airways 사건, Tiura v. United Parcel Service Canada Ltd 사건 등)도 있어서, 캐나다 법원의 입장도 명확하지는 않다.

다)'라 함은 자신의 행동이 손해를 발생시킬 개연성이 있다는 것을 알면서도 그 결과를 무모하게 무시하면서 하는 의도적인 행위를 말하는 것으로서, 그에 대한 입증책임은 책임제한조항의 적용배제를 구하는 자에게 있고 그에 대한 증명은 정황증거로써도 가능하지만, 손해발생의 개연성에 대한 인식이 없는 한 아무리 과실이 무겁더라도 무모한 행위로 평가될 수는 없다」라고 보아, 입증에 관하여 정황증거로써도 가능하다고 하면서, 주관적 인식을 요구하는 미국 항소법원과 유사한 입장을 보이고 있다.[103]

#### (라) 해석론

문언상 'recklessly'와 'with knowledge'는 모두 필요로 하는 요소이고 손해발생의 개연성에 대한 인식을 가지고 무모한 행위를 한다는 의미는 어떠한 과실의 요소라기보다는 선박소유자 또는 운송인이 일정한 상황에서 자신의 작위 또는 부작위가 초래할 결과에 대하여 인식을 하고 있었는지를 의미하는 것이기 때문에 주관적 인식을 요한다고 보는 것이 타당한 해석론이다. 또한 양자가 공통적으로 관련된 요소이기 때문에 양자를 구분하여 해석하는 방법론은 받아들이기 어렵다.[104] 그러한 해석론이 헤이그비스비 규칙 성안 당시 논의와도 일치하는 방향이다.[105] 대법원 판결이 과실이 아무리 무겁다고 하더라도 인식이 없다면 이를 무모한 행위로 평가될 수는 없다고 한 취지는, 무모한 행위가 어떠한 것이라는 점보다는 '인식이 있는 무모한 행위'를 책임제한 배제사유로 위 문언대로 해석한 것이다.

---

103) 대법원 2005. 9. 29. 선고 2005다26598 판결.: 인정된 사실만으로는 그들이 자신들이나 동료들의 생명까지 앗아갈 수 있는 이 사건 사고발생의 개연성에 대하여 실제적으로 인식하였다고는 볼 수 없고… 출항승무원들은 이 사건 사고 직전까지도 이 사건 사고발생의 위험에 대하여 현실적으로 인식하지 못하였다고 봄이 상당하다.

104) 김효신, 전게논문, 129면.

105) "recklessly and with knowledge that such loss, damage or delay would probably result"는 프랑스 원문으로는 "téméirairement et avec conscience qu'un dommage en résultera probablement'와 동일한데, 이는 프랑스법에서 "faute inexcusable"(inexscusable fault)의 개념이고 willful misconduct와 같은 의미를 갖는다고 한다. 다만 프랑스법에서는 "faute inexcusable"가 산업재해사고의 경우에 주로 논의가 있었고 이 경우 근로자의 입증상 편의를 위하여 객관설을 취하고 있는데, 이를 그대로 책임제한 배제사유에서도 적용함으로써 프랑스 판례는 객관설의 입장이 되어 국제적 흐름과 배치된다는 비판을 받고 있다.: Marel Katsivela, "Loss of the Carrier's Limitation of Liability under the Hague-Visby Rules and the Warsaw Convention:Common Law and Civil Law Views", Australian & New Zealand Maritime Law Journal 26(2012), p. 127.

한편 타인의 주관적 인식을 증명하는 것은 스스로 인정하지 않는 이상 증명이 무척 어려워지는 문제가 발생하게 된다. 이러한 증명책임의 어려움을 감안하여 판례는 여러 정황증거에 의하여도 이를 인정할 수 있다고 하여 증명책임을 완화하고 있다.

### (4) 책임제한 배제사유의 증명책임

#### (가) 문제의 제기

선박소유자가 책임제한을 주장하려면 책임제한절차법에 따른 책임절차 개시의 신청을 하여 개시결정을 받아야만 할 것인가? 책임제한절차에서도 채권을 신고하고 신고된 채권을 사정하여 확정되는 절차를 두고 있지만 이의가 없어 채권이 확정된 경우 그 효력에 대하여 법은 아무런 규정을 두고 있지 않다. 또한 사정의 재판에 대한 이의의 소와 별개로 절차외 소송이 계속 중인 때에는 그 소송절차가 중단되어 관리인에 의한 소송수계가 이루어지는 것이 아니라 별개로 진행되고 다만 법원은 절차외 소송의 원고의 신청에 의하여 그 소송절차의 중지를 명하거나, 이의의 소의 당사자의 신청에 의하여 절차외 소송을 이송받아 병합할 수 있을 뿐이다(책임제한절차법 제61조, 제63조, 제64조). 이는 책임제한절차에서는 신고채권이 제한채권이 되어 책임제한절차의 구속을 받게 되는지에 대하여 다툼이 있을 수 있기 때문에 책임제한절차에서의 채권확정절차와는 별개로 무한책임을 묻는 절차외 소송을 인정할 수밖에 없고 다만 두 판결이 모순, 저촉되는 것을 막기 위하여 절차외 소송의 중지, 이송 및 병합의 규정을 두고 있는 것이다.

따라서 채권자가 절차외에서 선박소유자 등을 상대로 무한책임을 주장하며 소를 제기하고, 책임제한절차에서 제한채권으로 신고하여 제한채권으로 확정되었다고 하더라도 책임제한절차에서의 채권의 확정은 더 이상 절차내에서 그 채권의 내용을 다툴 수 없고, 배당절차에서 확정된 채권액을 토대로 배당을 받을 지위를 얻은 것일 뿐, 그 후 얼마든지 절차외 소송에서 무한책임이 인정될 수도 있는 것이다. 이와 같은 취지에서 법은 신고한 채권이 절차외 소송에서 제한채권이 아닌 것이 확정된 때에는 당해 채권은 책임제한절차로부터 제척되는 것으로 규정하고 있다(같은 법 제74조 제1항).[106)]

106) 신고한 채권이 절차외 소송에서 제한채권이 아닌 것이 확정된 때에는, 절차외 소송의

결국 선박소유자는 책임제한절차법에 따른 적용을 받기 위하여 책임제한절차개시의 신청을 할 수도 있고, 채권자가 별도로 제기한 소송에 응소하여 책임제한을 주장할 수도 있다. 만일 채권자가 제기한 별도의 소송에서 선박소유자가 항변으로 책임제한사유가 있다고 주장하면, 채권자는 재항변으로 구 상법 제746조 단서의 책임제한 배제사유가 존재함을 주장하게 되는데, 이 경우 증명책임이 채권자에게 있음은 이론이 없다.

그러나 선박소유자가 책임제한절차의 개시를 신청한 경우에는 책임제한절차의 개시결정까지 채권자가 관여할 방법이 없고[107] 법원의 직권에 의한 조사만이 이루어지기 때문에, 선박소유자가 개시결정을 위하여 법원에 소명할 사항이 어디까지인지가 문제된다.

**(나) 책임제한절차법에 따른 책임절차의 개시**

책임제한절차 개시의 신청이 있으면 법원은 책임제한절차의 개시결정과 동시에 관리인을 선임하고 제한채권의 신고기간, 제한채권의 조사기일을 정하게 되며, 책임제한절차는 그 개시결정이 있는 때부터 그 효력이 생기게 된다(같은 법 제20조, 제19조 참조). 책임제한절차 개시의 신청은 서면으로 하여야 하는데 신청서에 기재할 사항은 ① 신청인의 성명 또는 상호 및 주소, ② 신청의 취지 및 원인, ③ 신청인과 사고선박 · 구조선박 또는 구조자와의 관계, ④ 사고선박 또는 구조선박의 국제총톤수 또는 총톤수와 그 밖의 주요 명세, ⑤ 책임한도액 및 그 산정의 기초, ⑥ 제한채권의 원인 및 금액과 그 산정의 기초, ⑦ 알고 있는 제한채권자의 성명 또는 상호 및 주소, ⑧ 동일한 사고에 관하여 책임제한을 할 수 있는 신청인 외의 자(이하 "수익채무자"라 한다)로서 신청인이 알고 있는 자의 성명 또는 상호 및 주소와 사고선박 · 구조선박 또는 구조자와의 관계를 기재하여야 한다(같은 법 제9조).

신청인이 소명하여야 할 사항으로 같은 법 제10조는 사고를 특정하는데 필요한 신청의 원인사실과 제한채권의 총액이 책임한도액을 초과함을 소명

---

당사자는 그 확정을 증명하는 서면으로 법원에 신고하여야 한다(동법 제74조).

107) 책임제한절차법 제20조 및 제21조의 규정을 종합해 보면, 책임제한절차는 개시의 결정이 있는 때로부터 효력이 생기고 개시결정이 있으면 비로소 공고와 채권자들에 대한 송달이 이루어지기 때문에 절차적으로 개시결정이 있기 전까지 채권자들이 관여할 창구는 마련되어 있지 않다.

하도록 규정하고 있다.108) 다만 상법 제773조의 유한책임의 배제대상인 채권에 해당하거나 상법 제769조 단서(구 상법 제746조 단서)의 책임제한 배제사유가 있는 경우에는 책임제한절차 개시의 신청을 기각하여야 한다(같은 법 제18조). 책임제한절차에 관한 재판은 변론 없이 할 수 있고 법원은 직권으로 책임제한사건에 관하여 필요한 조사를 할 수 있다(같은 법 제5조).

**(다) 국제조약의 입장**

'1957년 선주책임제한조약' 제1조 제6항에서는 책임제한 배제사유에 따른 입증책임은 법정지법에 따르도록 되어 있다.109) 그러나 일반적으로 위 조약은 책임제한절차의 적용을 받고자 하는 선박소유자가 고의나 과실의 부존재를 입증하여야 하는 것으로 해석하고 있다.110) 이에 반하여 '1976년 해사채권책임제한조약'은 명확한 규정은 없으나, 제4조111)의 해석상 책임제한 배제사유를 주장하는 측에서 입증책임을 부담한다고 본다.

**(라) 영미법의 경우**

영국의 판례는 과거(the Merchant Shipping Act 1894 또는 1958)에는 책임제한절차의 적용을 받고자 하는 자가 고의나 과실의 부존재를 입증하여야 한다고 보고 있었다.112) 그러나 "1976년 해사채권책임제한조약"을 수용한 이후에는 책임제한 배제사유는 채권자가 입증하여야 하는 것으로 보고 있다.113) 채권자의 입장에서는 책임제한 배제사유의 입증자료를 수집하는 것

108) 같은 법 제10조 (소명) 책임제한절차 개시의 신청을 할 때에는 사고를 특정하는 데에 필요한 신청의 원인사실과 이로 인하여 발생한 「상법」 제770조 제1항 각 호의 구분에 따른 제한채권(그 원인사실이 발생한 이후의 이자나 지연손해금 또는 위약금 등의 청구권은 제외한다. 제18조 제1호에서도 또한 같다)의 각 총액이 이에 대응하는 각 책임한도액을 초과함을 소명하여야 한다.

109) The question upon whom lies the burden of proving whether or not the occurrence giving rise to the claim resulted from the actual fault or privity of the owner shall be determined by the lex fori.

110) 영국의 상선법을 토대로 하여 1957년 선주책임제한조약이 성립되었고 입증책임의 경우도 영국과 동일하게 해석하여야 한다는 것이다.

111) A person liable shall not be entitled to limit his liability if it is proved that the loss resulted from his personal act or omission, committed with the intent to cause such loss, or recklessly and with knowledge that such loss would probably result.

112) Arthur Guinness, Son & Co (Dublin) Ltd v Owners of the Motor Vessel Freshfield (The Lady Gwendolen) [1965] P. 294 Court of Appeal.

이 거의 불가능하므로 이를 입증하기가 쉽지 않고 더욱이 주관설을 따라 선박소유자의 내심의 의사 내지는 실제적 인식까지 입증을 하여야 하므로 책임제한 배제사유가 받아들여지기는 거의 불가능(unbreakable limitations)한 상황이다. 미국 판례는 "책임제한절차법"(The Limitation of Shipowner's Liability Act of 1851)에 따른 증명책임(burden of proof)에 대하여는 책임제한을 구하는 선박소유자가 자신과 관련이 있는 고의나 과실(privity) 또는 인식(knowledge)이 존재하지 않음을 증명하여야 할 책임을 부담하는 것으로 해석하고 있었다.[114] 그러나 최근의 미국 판례는 '단계적 접근법'을 채택하고 있다. 즉 1차적으로 채권자가 선박소유자의 과실 또는 감항능력부족(an act of negligence or an unseaworthy condition)이 손해발생의 원인이 되었다는 것을 증명하여야 하고, 만일 그러한 증명이 이루어지지 않으면 책임제한의 적용을 받는다. 그러나 이를 증명한 경우에는 2차적으로 선박소유자가 고의나 과실

---

113) Bowbelle호 사건에서는, 「1894년 상선법에서는 책임제한 배제사유의 부존재에 대한 증명책임이 선박소유자에게 있으나 … 1976년 해사채권책임제한조약의 수용 이후에는 책임제한 배제사유는 이를 주장하는 채권자가 증명하여야 하는 무거운 증명책임을 부담한다」고 하였다.: A shipowner, who claimed that he was entitled to limit his liability by virtue of section 503 of the Act of 1894, had to discharge the burden of proving that the occurrence giving rise to the claim occurred without his actual fault or privity … the Convention of 1976, under which shipowners agreed to a higher limit of liability in exchange for an almost indisputable right to limit their liability. The effect of articles 2 and 4 is that the claims mentioned in article 2 are subject to limitation of liability unless the person making the claim proves (and the burden of proof is now upon him) that the loss resulted from the personal act or omission of the shipowner committed with the intent to cause such loss, or recklessly and with knowledge that such loss would probably result. This imposes upon the claimant a very heavy burden) : Bowbelle, The [1990] 1 W.L.R. 1330, Queen's Bench Division (Admiralty Court).

114) De Pinto v. O'Donnell Transp. Co., 180 Misc. 649, 40 N.Y.S.2d 218 N.Y. Sup. 1943(The burden of proof as to a vessel owner's right to limit liability for loss incurred without his privity or knowledge is on vessel owner, and he must establish absence of privity or knowledge of the condition resulting in loss), The Vestris 60 F.2d 273 D.C.N.Y. 1932.(in proceedings for limiting liability the burden of establishing its lack of privity rests on the petitioners), In re Reichert Towing Line 251 F. 214 C.A.2 1918.(The owner of a vessel, seeking to limit its liability, under Rev.St. §§ 4283-4285, 46 U.S.C.A. §§ 183-185, has the burden of proving it was without knowledge or privity of the defect causing the accident). In re Signal Intern., LLC 579 F.3d 478 C.A.5 (Miss.), 2009(Under the Limitation of Liability Act, once claimant proves that negligence or unseaworthiness caused accident, vessel owner seeking limitation of liability must show that it lacked privity or knowledge of that condition) 참조.

또는 인식이 존재하지 않음을 증명하여야 한다.[115)]

(마) 견해의 대립

1) 소명책임을 인정하는 견해

신청인은 제한채권의 존재 및 금액을 소명할 필요가 있고, 선박소유자 등 자신에게 귀책사유가 있으면 제한채권에 해당하지 않으므로, 그 제한채권의 인정 여부를 판단하는 과정에서 귀책사유가 없는 것의 소명도 포함되어야 한다고 해석하는 입장이다.[116)]

2) 소명책임을 인정하지 않는 견해

법원으로서는 구 상법 제746조 단서의 책임제한 배제사유나 상법 제773조의 유한책임이 배제되는 채권이라는 사실이 명백하지 않는 한 제한채권으로 인정하여 절차개시결정을 하고, 위와 같은 사유에 대한 심리는 절차외 소송에 맡기자는 견해이다.[117)]

3) 검　　토

책임제한절차의 신청인에게 책임제한 배제사유가 존재하지 않음에 대한 소명책임을 인정하는 견해는 책임제한절차 개시결정의 단계에서 채권자가 개입할 여지가 없다는 점과 신청인이 소명하여야 할 제한채권의 존재 및 액의 범위에 책임제한 배제사유의 부존재가 포함되어 있다는 입장에 서 있다. 채권자에게 절차적 참여권을 인정하지 않은 상태에서는 채권자에게 책임제한 배제사유에 대한 소명책임을 지울 수는 없고 이 경우 증명책임의 일반원칙에 따르기보다는 신청인에게 책임제한 배제사유라는 항변 사유의 부존

---

115) Hercules Carriers, Inc. v. Claimant State of Florida, Dep't of Transportation, 768 F.2d 1558,1564 (11th Cir. 1985); Colman v. Jahncke Service, Inc., 341 F.2d 956, 958 (5th Cir. 1965) cert. denied. 382 U.S. 974 (1966).

116) 손주찬 · 정동윤 편저, 전게서, 122면: 다만 절차외 소송에서는 채권자에게 귀책사유의 입증책임이 있는 것과 소극요건의 입증의 곤란성을 고려하면 사고의 태양으로 보아 사고발생이 선박소유자 등 자신의 귀책사유에 의한 것이 아니라고 추측될 자료가 있으면 그 점의 소명이 있는 것으로 다루어도 좋을 것이다.: 송영철, "선박소유자등의 책임제한절차의 실무에 관한 소고", 「사법논집」 제25집, 법원도서관, (1994), 422면.

117) 한원우, "선박소유자등 책임제한사건", 「선박집행 실무」, 부산지방법원, (2002), 121면: 양경승, "개정상법상 선박소유자 등의 책임제한의 법리와 그 절차", 「사법연구자료」 제21집, 법원도서관, (1994).: 다만 선박소유자 등은 자신의 귀책사유가 없다는 점에 대하여 일응의 소명은 할 필요가 있다는 점은 지적하고 있다.

재까지 소명하도록 하는 것이 타당하다는 것이다.[118]

책임제한절차법은 신청인이 소명하여야 할 사항으로 사고를 특정하는데 필요한 신청의 원인사실과 제한채권의 총액이 책임한도액을 초과함을 소명하도록 규정하고 있을 뿐이다. 증명책임분배의 원칙에 의하더라도 책임제한 배제사유의 입증은 배제사유가 있음을 주장하는 채권자가 하는 것이 이론상 일관성이 있다. 특히 책임제한 배제사유의 부존재라는 소극적인 요건을 신청인으로 하여금 소명하도록 하는 것은 소명의 어려움을 가져 올 수 밖에 없다. 특히 법인의 경우에는 책임제한 배제사유의 판단대상이 되는 선박소유자 자신의 범위에 대하여 특정이 어려운 경우가 있고, 구체적으로 선박소유자나 대표기관의 어떠한 고의나 인식이 있는 무모한 행위가 책임제한 배제사유의 가능성이 있고 그에 해당하지 않는다는 것을 소명하라는 것은 소명의 어려움을 가중시킨다.

체계상 책임제한 배제사유에 해당할 경우 신청의 기각사유에 해당한다고 하는 것이 신청인이 기각사유의 부존재를 소명하여야 하는 근거는 될 수 없다. 다만 책임제한절차를 개시할 것인지 여부를 판단하는 법원의 입장에서는 신청인이 제출한 자료를 통하여 책임제한 배제사유에 해당할 수도 있다는 심증이 들면 신청인으로 하여금 보정하도록 하여 책임제한 배제사유 여부를 판단하면 될 것이고 그러한 심증이 없는 이상은 책임제한절차를 개시하는 것이 타당할 것이다. 설사 책임제한절차 개시신청이 받아들여진다고 하더라도 채권자는 절차외 소송을 통하여 비제한채권임을 주장할 수도 있는 것이고 책임제한 배제사유의 주장은 책임제한절차 개시의 신청을 하거나 본안소송에서의 항변으로 주장할 것인가의 차이가 있을 뿐인데 양 절차에서 소명책임 또는 증명책임을 서로 다르게 취급하는 것도 부적절해 보인다.[119] 결국 책임제한 배제사유의 부존재에 대한 소명이 없더라도 법원이 책임제한 배제사유의 부존재에 대한 충분한 심증이 없으므로 기각하는 의미에서 신청

118) 보전처분단계에서의 소명과 관련하여 같은 논지의 주장은, 정선주, "가처분절차에서의 소명", 「민사소송」 제13권 제2호, 사법행정학회, (2009), 261면.

119) 영미의 경우 선박소유자가 먼저 책임제한을 신청한 경우와 채권자가 신청한 경우 양자를 구분하여 증명책임을 구분하고 있지 않다. 다만 우리와는 달리 책임제한절차의 신청이 있더라도 개시결정을 하는 단계는 두고 있지 않고 그 전의 중지명령 정도만 존재하며 이후에는 채권자와의 공방을 예정하고 있어서 채권자의 절차참여권이 보장된다.

인에게 소명책임이 있다고까지 할 것은 아닌 것으로 생각된다.

**(바) 책임제한 배제사유가 존재하는지 여부**[120]

앞서 본 대법원 2009추15 판결에서 인정한 사실관계에 의하면, 주 예인선 선장의 경우 ① 예인항해검사가 부적절하게 실시되었는데도 검사서에 이의 없이 서명하였을 뿐만 아니라, 검사 내용과 달리 예인줄을 구성한 점, ② 기상정보를 충분히 확인하지 아니한 채 출항한 후,[121] 기상 악화에 제때 대처하지 아니하여 예인선들이 조종성능에 심각한 제한을 받는 상태에 빠지게 한 점, ③ 뒤늦게 대피를 시도하다가 실패하고도, 주위 선박들과 인근 연안 항만당국에 상황을 알리고 비상 투묘('투묘'란 닻을 내리는 것을 말한다)를 하는 등의 비상조치를 취하지 아니한 점,[122] ④ 북서풍이 불고 있는데도 굳이

---

120) 허베이스피리트호 선박소유자가 신청한 책임제한절차개시의 신청에 대한 개시결정에 대하여 항고한 사건에서, 선박의 선적국법인 홍콩의 상선법 제9조 제3항(Subsection(1) shall not apply where it is proved that the incident resulted from anything done or omitted to be done by the owner either with the intent to cause such damage or cost or recklessly and with knowledge that such damage or cost would probably result)의 책임제한 배제사유가 문제되었다. 원심에서는 기록에 나타난 모든 소명자료에 의하여도 이 사건 사고가 이 사건 선박소유자인 신청인의 대표기관의 구성원 또는 이와 동일시할 수 있을 정도의 책임과 권한을 가진 자의 고의, 무모한 작위 또는 부작위에 기인한다는 점에 관하여 소명된다고 하기에 부족하고 이 사건 사고의 발생 및 확대에 단순히 신청인의 피용인에 불과한 이 사건 선박의 선장 등의 과실이 일부 개입되어 있음을 알 수 있을 뿐이라고 판시하여 항고를 기각하였다. 이 사건은 대법원에서 심리불속행으로 상고기각되었다(대법원 2009. 11. 26.자 2009마1312 결정).

121) 기상예보에 따르면, 사고일인 2007. 12. 7. 오전에 서 내지 북서풍이 앞바다에서 초속 9~13m, 먼 바다에서 초속 10~14m로 불고 물결은 앞바다에서 1.5~2.5m, 먼 바다에서 2~3m로 일 것이라고 예보하였고, 이 사건 예인선단은 앞바다를 항해할 예정이었지만, 먼 바다의 기상 상태가 앞바다로 전이될 가능성을 배제할 수 없었다. 그뿐만 아니라 초속 9~13m의 풍력은 보퍼트 풍력 등급(Beaufort scale) 5 내지 6에 해당하며, 이 사건 예인선단의 거제-인천 간 예인항해에 관한 보험검사증서에서는 풍력이 보퍼트 풍력 등급 5를 초과할 경우 출항하지 아니할 것을 권고하고 있었다.

122) 이 사건 예인선단이 2007. 12. 7. 04:00경부터 이 사건 유조선을 향하여 남동쪽으로 밀려오다가 04:45경 북쪽 인천 서수도 방면으로 대피하려고 시도하였으나, 기중기 부선 삼성 1호가 강한 북서풍에 밀리면서 예인선들을 끄는 형국이 되어 이 사건 예인선단이 동쪽으로 밀려가게 되었다. 그런데 이 사건 예인선단은 비상 투묘를 하지 아니하고 05:30경부터 서쪽 내지 남서쪽으로, 05:50경부터 남쪽 내지 남서쪽으로 항해를 계속하던 중 06:52경 주 예인선 삼성 T-5호의 예인줄이 끊어지자 삼성 1호가 이 사건 유조선 쪽으로 밀려가 이 사건 유조선과 충돌하였다. 예인줄이 끊어진 후 삼성 1호에서 별다른 사고 없이 투묘를 하였는데 이때 닻줄을 충분히 풀지 아니하여 삼성 1호를 정지시키지 못하였지만, 닻줄을 충분히 풀었더라면 삼성 1호를 정지시키거나 적어도 그 속력을 줄일 수 있었다.

이 사건 유조선의 서쪽으로 통과하려고 하다가[123] 이 사건 유조선에 접근한 상태에서 주 예인선의 예인줄을 끊어뜨려 기중기 부선이 이 사건 유조선과 충돌하게 한 점을 들고 있다. 예인선 단장의 경우에는 주 예인선 선장이 예인항해 장구를 예인항해검사 내용에 부합하지 않게 설치하거나 기상 악화에 제때 대처하지 아니하는 등 부주의한 모습을 보일 경우, 적극적으로 시정을 요청하는 등 안전항해를 위하여 선의의 조력을 할 주의의무가 있는데도 이를 게을리 하였다는 점을 지적하고 있다.

나아가 이 사건 대법원 결정이 들고 있는 「이 사건 해상사고 당시 파단된 예인줄은 관련 규정에서 정한 최소파단강도 기준을 초과하는 정도의 강도는 지니고 있었고, 이 사건 항해를 앞두고 사전에 예인항해능력에 관하여 전문검사회사로부터 예항검사를 받은 결과 보퍼트 풍력계급 5를 초과할 때는 출항하지 말고 6을 초과하면 피항할 것이라는 권고의견이 부가되어 있기는 하나 이 사건 예인을 위한 조건은 충족한다는 판정을 받았으며, 예인선인 삼성 T-5호 및 삼호 T-3호의 실제 예항력이 피예인선인 삼성 1호의 총 저항력을 충분히 극복할 정도는 아니지만 서로 비슷한 정도는 되었고, 사고 당시 위 선박들에 설치되어 있던 VHF 무선기의 작동상태에도 별 이상이 없었으며, 그 선박들에 승선하고 있던 선원 등은 모두 해기사 면허 등 필요한 자격을 보유하고 있었다는 점」 등은 모두 예인선단의 운항과 관련된 부분이어서 선장이나 선원에 해당하는 부분이다.

또한 이와는 달리 신청인의 해운부 직원 등과 관련해서는, 「해운부 직원 등에 대한 고발사건 수사에서 그 직원들이 기상악화에도 불구하고 이 사건 예인선단의 출항을 지시하였다고 볼 증거가 없다고 결론을 내린 바 있으며, 또한 통화내역 조회 상으로도 이 사건 예인선단에 승선한 선두 신청외 2 등이 출항 직후 출항보고를 한 후 충돌사고 시까지 신청인의 해운부 직원들과 통화하거나 교신한 바는 없었던 것으로 밝혀진 점」 등을 들고 있기는 하

123) 이 사건 예인선단이 2007. 12. 7. 05:30경 이후 남동쪽으로 진행하였더라면, 북쪽을 향하여 정박 중이던 이 사건 유조선의 우현과 그 동쪽 해안 사이로 빠져나갈 수 있었다. 그런데 이 사건 예인선단은 북서풍이 불고 있는 상황에서 이 사건 유조선의 서쪽으로 통과하려고 시도하여 남서쪽으로 얼마간 진행하였으나, 결국 예인줄을 끊어뜨렸고, 그러자 기중기 부선 삼성 1호가 이 사건 유조선 쪽으로 밀려가 이 사건 유조선과 충돌하였다.

지만 나아가 이러한 해운부 직원을 대표기관에 준하는 자로 본 것인지는 명확하지가 않다. 즉, 이 사건 대법원 결정은 대표기관에 준하여 작위 또는 부작위를 한 자가 누구인지에 대하여도 특별한 언급이 없고 판단기준이나 판단대상도 제시하지 않은 채 신청인측이라는 것만을 들어 고의 또는 무모한 행위에 대한 판단을 하고 있다.

위에서 본 바와 같이 이 사건 대법원 결정은, 「신청인 스스로 그 업무분장상 대표기관에 갈음하여 이 사건 예인선단의 관리 · 운항에 관하여 사실상 회사의 의사결정 등 모든 권한을 행사하는 사람이 누구인지를 명확하게 한 다음 그 자를 기준으로 무모한 행위가 없었다는 점을 적극적으로 소명하여야 한다」라고 판시하고 있다. 그러나 과연 신청인이 대표이사나 임원이 있음에도 불구하고 이를 제쳐두고 사실상 회사의 의사결정의 권한을 행사하는 사람이 누구인지 특정하는 것이 타당한지 의문이다. 신청인 입장에서는 소명책임이 있다고 하더라도 대표이사나 임원 등 회사를 대표하는 자가 책임배제사유에 해당할 만한 행위를 하지 않았다는 정도의 주장이나 소명자료를 제출할 것이지 스스로 찾아서 의사결정권한이 있는 자를 특정하고 그에게 책임제한 배제사유가 없다는 것까지 증명할 것을 요구하는 것은 과도하기 때문이다. 만일 책임제한절차개시를 위한 심리절차에서 법원이 책임제한 배제사유가 의심스러운 사정이 보인다고 한다면, 신청인으로 하여금 보정을 하도록 하거나 직권으로 조사하면 되는 것이고, 그렇지 않은 경우에는 책임제한절차를 개시하는 것이 타당하다.

오히려 이 사건 대법원 결정은, 「소명책임이 신청인에게 있다고 하면서도 선박소유자 책임제한절차는 주로 채무자의 이익을 위하여 채무자의 주도 아래 개시되는 절차로서 원칙적으로 신청인인 채무자가 제출하는 자료에 근거하여 신청인이 신고한 채권이 구 상법 제746조 각 호에 해당하는 제한채권에 속하는지 여부, 그 채권액이 책임한도액을 초과하는지 여부 등을 심리하여 결정하는 절차일 뿐이고, 책임제한절차의 심리를 변론 없이도 할 수 있게 하고 절차의 신속을 위하여 증명방법을 소명에 의하도록 한 것도 그러한 절차적 특성이 반영된 것이다」라고 지적한다. 또한 「이러한 책임제한절차의 성격 등을 감안할 때, 원심 결정의 이유와 기록에 의하여 알 수 있는 어느 정도의 사실관계가 소명된 이상 책임제한절차 개시결정을 위하여 필요한 범위 내에서는 책임제한 배제사유의 부존재에 대해서도 일응 소명이 되었다고 봄이 상당하다」라고 판시하고 있다.

## Ⅳ. 結　論

이 사건 대법원 결정은 선박소유자에 대한 책임제한절차에서 책임제한 배제사유의 판단대상을 처음으로 설시한 점에서 의의가 있다. 기본적인 방향은 헤이그비스비 규칙을 전제로 하여 국제적인 흐름에 맞추어 선박소유자 등 책임제한 주체의 피용자에게 무모한 행위가 있었다는 이유만으로 책임제한이 배제된다고 할 수는 없다고 보고, 책임제한 주체가 법인인 경우 내부적 업무분장에 따라 법인의 관리업무 전부 또는 특정 부분에 관하여 대표기관에 갈음하여 사실상 회사의 의사결정 등 권한을 행사하는 사람의 행위를 책임제한 주체의 행위로 보아야 한다는 판시는 타당하며, 해상운송인의 책임제한 배제사유에 대한 대법원 2006. 10. 26. 선고 2004다27082 판결과 연장선상에 있는 판결이라 할 수 있다. 다만 선박임차인, 선박의 위탁관리업체, 예인선단의 선장 및 선두, 신청인 직원 등 책임제한 배제사유의 판단대상이 될 수 있는 여러 의사결정권한을 가진 개인 및 기관이 있는 사건이고, 책임제한 배제사유의 부존재까지 직권으로 판단하고 있으므로 그 판단대상을 특정하는 기준을 제시하는 시도까지 이루어졌더라면 향후 유사한 사례의 선례로서 의미를 가질 수 있지 않았을까 하는 아쉬움이 남는다.

# 改定 바르샤바協約과 國際航空運送人의 責任*

金 容 載**

◎ 대법원 2006. 10. 13. 선고 2005다3724 판결[1)]

[事實의 槪要][2)]

원고와 피고(프랑스국영항공회사)는 2002. 4. 10. 항공여객운송계약을 체결하였는데, 계약내용은 원고가 피고의 소속 항공편을 이용하여 대한민국을 출발해서 중간 기착지인 프랑스 파리를 경유한 후 최종 기착지인 이탈리아 밀라노까지 가는 것이었다. 피고가 원고에게 발급한 항공권 이면의 기재내용은 다음과 같다.

| <알림><br><br>여객의 최종 목적지 또는 도중 착륙지가 출발국 이외의 타국 내의 일개 지점일 경우, 동 여객은 여객의 사망 또는 상해 및 수하물의 분실 또는 손상에 대한 운송인의 책임을 통상적으로 제한하는 와르소(바르샤바의 영어식 발음 표기)협약을 적용받을 수 있습니다. 본 항공권에 수록된 국제선 여객에 대한 책임제한에 관한 고지 및 수하물 배상책임제한 고지를 참조하시기 바랍니다.<br><br><수하물 배상책임 한도><br><br>사전에 보다 높은 가격이 신고되고 그에 대한 추가요금이 지불되지 않는 한, 수하물의 분실, 지연 또는 손상에 대한 책임한도액은 아래와 같이 제한됩니다. 대부분의 |
|---|

* 제17회 상사법무연구회 발표 (2008년 7월 5일)

** 고려대학교 법학전문대학원 교수

1) 공 2006. 11. 15. (262), 1904.

2) 논자는 이 사건에 학문적인 호기심을 갖고, 원심에서 인정한 사실관계 외에도 원·피고 소송대리인들이 보관하고 있던 소송기록을 일부 참조하였다.

국제선 여행시, 위탁수하물의 경우는 파운드당 미화 약 9.07불(kg당 미화 20불), 비위탁 수하물의 경우는 여객 1인당 미화 400불입니다.

원고는 2002. 3. 23.경 이탈리아 가구업자로부터 수입한 장식장 가구들의 금장식 막대(무게 23kg, 이 사건 물건)에 하자가 있어 그 교환 또는 보상문제를 협의하고 가구박람회를 보기 위하여, 영종도국제공항에서 AF(에어프랑스) 267편에 대한 탑승수속을 개시하였다. 원고는 이 사건 물건을 일반적인 탁송수하물로 운송위탁하려고 하였으나, Y의 탑승담당직원이 귀중품이라는 이유로 일반적인 여객수하물로 받아주지 않았으므로, 휴대수하물로 휴대한 채 비행기에 탑승을 시도하였다. 그런데 국제선 공항검색대에서 이 사건 물건이 위험한 물건이기 때문에 기내 반입제한물품에 해당한다는 이유로 휴대탑승이 제지되었고, 보안검색요원은 다음의 임시영수증을 발급한 후 항공사의 탑승구로 가지고 가서 피고의 항공사 승무원에게 이 사건 물건을 인계하였다.[3]

<임시영수증 기재사항>

대한항공의 영수증 용지를 이용하여, 연번(#27), 항공편(AF267), 여객성명(KIM/HCNUGKI), 경유지(VIA: CDG, 샤를드골공항), 비행일(4월10일), 내용물(VIA: 쇠봉/EA) 등을 기재하였다.

피고의 직원은 원고에게 이 사건 물건을 중간기착지에서 수령하라는 통지를 하지 않았다.[4] 피고는 비행기 내에서 원고에게 이 사건 물건의 수령을 고지하지 않았고, 드골공항에서도 안내방송을 통하여 역시 고지하지 않았다. 그 결과 원고는 중간기착지인 드골공항에서 피고의 직원으로부터 이 사건

3) 피고 항공사의 2004. 4. 17.자 준비서면 참조.: 원심 제4면에 의하면 이 사건 물건을 피고의 직원에게 맡겼다고만 하여 정식 수하물로 맡긴 것인지 아니면 탑승구의 직원을 통하여 객실 승무원에게 맡긴 것인지 불분명하나, 후자였다고 추측된다. 더욱이 임시영수증의 작성 주체는 피고의 직원이 아닌 보안검색요원에 의하여 작성된 것임에도 불구하고, 원심은 피고의 직원이 임시영수증을 발급한 것으로 사실을 오인하였다.

4) 이 점만 보더라도 이 사건의 물건은 정식 수하물로 탁송된 것이 아니라, 피고의 기내직원에게 직접 손으로 인계된 것임을 알 수 있다. 왜냐하면 정식 수하물의 경우 중간 기착지가 아닌 최종 도착지에서 찾는 것이 당연하기 때문이다.

물건을 수령하지 않은 채, 최종기착지인 밀라노에 도착하였다. 그런데 원고는 밀라노에서 전체 수하물 중 이 사건 물건이 발견되지 않자 피고를 상대로 항의하였지만 4박 5일의 여행일정 동안 이 물건을 전달받지 못하였다. 2002. 4. 14. 원고는 귀국 즉시 피고에 대해 분실신고하였지만, 피고는 결국 이 사건 물건을 반환하지 못하였다.

### [訴訟의 經過]

#### 1. 第1審 判決 (原告 一部勝訴)[5)]

##### (1) 책임의 근거

국제항공운송에 관한 법률관계에 있어서 일반법인 민법에 대한 특별법으로서 "1955년 헤이그의정서에 의하여 개정된 바르샤바협약"(이하 '개정 바르샤바협약')이 우선적으로 적용된다. 그리고 비록 원고가 피고 항공사로부터 정식으로 이 사건 물건에 대하여 수하물표 등을 발급받지 않았다 하더라도, 비행기 탑승전에 피고 항공사의 직원에게 위 물건을 맡겨 운송하도록 하고 임시영수증을 받았으며, 원고가 받은 항공권의 이면에 바르샤바협약(*개정 바르샤바 협약의 오기)의 적용 및 수하물 배상책임에 관하여 기재되어 있었던 이상, 원고와 피고 항공사 사이에 위 물건에 대한 위탁계약이 성립하였다고 볼 수 있다.

##### (2) 책임의 범위

피고 항공사의 이 사건 물건이 분실되도록 한 부주의는 고의에 가까운 중과실로서, 개정 바르샤바협약 제25조의 '손해가 생길 염려가 있음을 인식하면서 무모하게 한 부작위'에 해당하므로, 개정 바르샤바협약 제22조 및 항공운송약관상의 책임제한규정이 적용되지 않는다. 그러나 피고 항공사는 원고가 주장하는 특별손해까지 배상할 책임은 없는 것이다. 따라서 피고 항공사는 원고에 대하여 여행경비 3,000,000원을 포함해서 총 3,553,058원의 손해를 배상해야 할 책임이 있다.[6)]

---

5) 서울중앙지방법원 2003. 12. 16. 선고 2003가합61493 판결.

6) 553,058원(변론종결 당시의 미화 1달러당 기준환율×20달러×23㎏)+3,000,000원.

## 2. 原審 判決 (原告 敗訴)[7)]

### (1) 피고에게 개정 바르샤바협약 제25조[8)]에 규정된 요건에 해당하는 작위나 부작위가 있었는지 여부

이 사건 물건의 분실 사실만으로는 피고 또는 그의 고용인 또는 대리인이 고의 또는 그 손해가 생길 염려가 있음을 인식하면서 무모하게 한 작위나 부작위가 있었다고 보기에 부족하고 이를 인정할 증거가 없다.[9)]

### (2) 책임의 범위

원심의 변론종결일 무렵인 2004. 11. 3. 경의 1 SDR(Special Drawing Right, 국제통화기금의 특별인출권)의 원화 환산액은 1,672.29원이므로 피고가 원고에게 배상하여야 할 금액은 640,788원이다.[10)] 가사 개정 바르샤바협약 제25조의 요건을 충족하여 같은 협약 제22조가 적용되지 않는다고 하더라도, 원고가 주장하는 손해는 모두 특별한 사정으로 인한 손해라고 할 것인바, 특별한 사정으로 인한 손해는 피고가 그러한 사정을 알았거나 알 수 있었을 때에 한하여 배상의 책임을 지는 것인데, 피고가 그러한 사정을 알았거나 알 수 있었다고 보기 어렵다.

---

7) 서울고등법원 2004. 12. 3. 선고 2004나4920 판결.

8) 제22조에 규정된 책임의 한도는 운송인, 그의 고용인 또는 대리인이 고의 또는 그 손해가 생길 염려가 있음을 인식하면서 무모하게 한 작위나 부작위로부터 손해가 발생하였다고 증명되는 한 적용되지 아니한다.

9) 원심은 「이 사건 물건의 휴대가 공함 검색대에서 제지되어 이 사건 비행기의 피고 직원에게 그 운송이 맡겨졌고, 이 사건 비행기의 탑승 당시 피고 직원들이 중간 기착지에서 이 사건 물건을 수령하라는 별도의 통지를 하지 않았으며, 피고가 이 사건 비행기의 기내에서나 도착 후 비행기에서 내릴 때 또는 중간 기착지 공항에서 안내방송 등을 통하여 원고에게 이 사건 물건의 수령 등에 대한 고지를 하지 않았고, 결국 그로 인하여 원고가 위 중간 기착지 공항에서 이 사건 물건을 찾지 못하였고 이 사건 물건은 분실되었다」라는 사실을 인정하였다.

10) 이 사건 계약조건상의 책임제한 금액인 '1㎏당 미화 약 20불'은 개정 바그샤바협약상의 책임금액(제22조에는 1㎏당 250프랑의 액을 한도로 한다고 규정)을 승객들이 이해하기 쉽도록 대략 환산해 놓은 것일 뿐, 규정 전체의 취지는 개정 바르샤바협약에 따른 배상을 의미한다. 그런데 원래의 금본위프랑을 국내통화로 환산하는 계산단위에 관한 입법조항이 결여된 상태이므로, 전세계적인 경향에 따라 SDR로 환산하는 것이 적적하다. 우리나라에서도 최근 상법 제747조, 제789조의2에서 선박소유자 및 해상운송인의 손해배상책임을 SDR로 제한하고 있다. 여기서 250금본위프랑을 SDR로 환산하면, 1 SDR는 15금본위프랑이므로 250금본위프랑은 16.66(250프랑/15) SDR이 된다. 따라서 23㎏ × 16.66 SDR × 1,672.29 = 640,788원(원미만 절사)인 것이다.

### 3. 上告理由의 要旨

#### (1) 상고이유 1-3 : 개정 바르샤바협약 제25조의 해석과 관련한 채증법칙 위반 및 법리오해

개정 바르샤바협약 제25조는 항공사의 부주의한 작위나 부작위로 인하여 수하물에 해가 있을 경우 책임제한을 주장할 수 없게 되어 있음에도, 협약 제25조의 책임제한 배제사유를 항공사의 고의적 행위로 인한 수하물 피해로만 변형하여 적용하였으므로 명백한 위법판결이다. 그리고 항공사의 원고 수하물 분실행위는 중과실로 비롯된 것임에도 불구하고, 원심 법원은 중과실을 입증하는 관련 증거들을 배척한 채증법칙 위반이 있다.[11]

#### (2) 상고이유 4 : 개정 바르샤바협약 제4조 위반

피고 직원(보안검색요원의 오기)의 임시영수증 발급은 개정 바르샤바협약 제4조의 "수하물표를 교부하지 않고 수하물을 인수한 때"에 해당한다. 이 때에는 개정 바르샤바협약 자체가 적용되지 아니한다.

#### (3) 상고이유 5 : 피고의 특별손해사정 인지 및 이 사건 물건의 가액에 대한 채증법칙 위반

피고의 탑승담당 직원은 이 사건 물건이 귀중품이라는 사실을 잘 알고 일반적인 여객 수하물로 탁송하는 것을 거부한 것이었다. 즉, 일반 수하물 탁송 담당자는 원고의 수입신고서, 가구수입계약서, 가구 가격 및 사진 카탈

---

11) 피고의 상고이유는 다소 논리정연하지 않게 나열되어 있는바, 다음과 같은 주장들은 모두 개정 바르샤바협약 제25조의 중대한 과실(손해가 생길 개연성이 있음을 인식하면서 그 결과를 무모하게 한 작위 또는 부작위)에 해당하는 증거임에도 원심이 이를 받아들이지 않은 채증법칙 위반이 있다는 것이다.

- 원심은 피고가 제출한 위조된 영수증이나 위조 또는 허위의 검색대원 진술서를 기초로 판시하였다.
- 보안위해물품(수하물 사고보고서상으로 SRI라고 기재되어 있고 기내반입 보안 위해물질에 해당)으로 항공사 직원에게 위탁된 수하물을 목적지에서 반환하지 않는 것은 항공안전 및 보안에 관한 법률 제21조를 위반한 중대한 과실로서, 이는 개정 바르샤바협약 제25조의 중대한 과실에 해당한다.
- 원심은 수하물 사고보고서상으로 피고가 수하물을 항공여객의 여행방향과 거꾸로 기재(RT→MXP/CDG/ICN)한 중대한 과실이 있었음에도 이를 간과하였다.
- 피고가 자신들의 과실을 자백한 내용증명(갑 제10호증)을 원심이 배척하였다.
- 기내반입 금지물건을 휴대하여 타게 한 조치는 항공안전 및 보안에 관한 법률 제44조를 위반한 중대한 과실에 해당함에도 불구하고, 원심은 관련 증거를 배척하였다.

로그 등을 조사하면서, 이 사건 물건이 고가물이라는 사실을 알게 되었던 것이다. 수하물 사고보고서 원본과 피고의 자백이 담긴 내용증명은 이 사건 물건의 가격을 잘 알았다는 증거이다. 그리고 이태리의 회사가 확인해 준 답변서에는 이 사건 물건의 객관적인 가격이 명시되어 있다.

## [判決의 要旨]

(1) 개정 바르샤바 협약 제25조에 정한 책임제한 배제사유인 '손해가 생길 개연성이 있음을 인식하면서도 무모하게 한 작위 또는 부작위'는 자신의 행동이 손해를 발생시킬 개연성이 있다는 것을 알면서도 그 결과를 무모하게 무시하면서 하는 의도적인 행위를 말하는 것으로서, 그에 대한 입증책임은 책임제한규정의 적용배제를 구하는 사람에게 있고 그에 대한 증명은 정황증거로써도 가능하지만, 손해발생의 개연성에 대한 인식이 없는 한 아무리 과실이 무겁더라도 무모한 행위로 평가될 수는 없다.

(2) 피고가 수하물표를 교부하지 아니하고 수하물을 맡았으므로 개정된 바르샤바협약 제4조에 따라 피고는 개정된 바르샤바협약 제22조 제2항에 따른 책임제한규정을 원용할 권리를 가지지 아니한다는 주장은, 원심 변론종결일에 이르기까지 나오지 않은 새로운 주장으로서 적법한 상고이유가 될 수 없다. 뿐만 아니라, 개정된 바르샤바협약 제4조의 수하물표(baggage check)란 여객항공권(passenger ticket)과 분리된 문서일 수도 있으나 협약 제4조 제1항의 요건을 충족시키기 위하여는 여객항공권과 결합하는 것이 간편하다는 이유로 개정된 바르샤바 협약 제3조 및 제4조가 요구하는 모든 내용들이 결합된 문서인 '여객항공권 및 수하물표'(Passenger Ticket and Baggage Check)가 발급되고 있는 실정이고, 원심이 적법하게 원고에게 발급되었다고 인정한 항공권의 양식에 해당하는 을 제3호증의 1 내지 12 역시 그와 동일한 형태의 결합된 문서 중 일부인 사실을 알아볼 수 있는바, 만약 이처럼 원고가 개정된 바르샤바협약 제3조 및 제4조가 요구하는 모든 내용들이 담긴 결합된 문서로서의 여객항공권 및 수하물표를 발급받았다면 피고는 책임제한규정을 원용할 권리를 가지므로, 이 점에서도 이 부분 상고이유의 주장은 받아들일 수 없다.

(3) 원심 판결의 이유를 살펴보면, 원심이 그 판시와 같은 이유로 원고가 주장하는 손해들이 특별한 사정으로 인한 손해에 해당하는데 그 손해가 발생하리라는 특별한 사정을 피고가 알았거나 알 수 있었다는 점을 인정할 만한 증거가 없고, 또한 이 사건 분실물 자체의 가액을 입증할 만한 증거가 없다고 판단한 것은 모두 정당하다. 원심 판결에 상고이유의 주장과 같은 이유모순 내지 채증법칙 위반으로 인한 사실오인 등의 위법이 없다.

## [評 釋]

## Ⅰ. 바르샤바 體制 槪觀

### 1. 1929年 바르샤바協約

국제항공운송에 있어 민사적인 법률관계를 최초로 정한 것은 1929. 10. 12. 바르샤바에서 서명된 "국제항공운송에 있어서의 일부 규칙의 통일에 관한 협약"(Convention for the Unification of Certain Rules relating to International Carriage by Air signed at Warsaw on 12 October, 1929)으로서, 일명 '바르샤바 협약'(원 협약)이라고 한다. 그 내용은 항공운송증권에 관한 사항과 항공운송인의 민사적인 책임에 관한 사항을 규정하고 있는데, 위 협약은 이에 가입한 국가들 사이 및 조약에 가입한 국가에서 출발한 항공기가 다른 국가를 거쳐 다시 조약 가입국으로 돌아오는 항공운송에 적용된다.

### 2. 1955年 헤이그議定書

위 바르샤바 협약은 1955. 9. 28. 헤이그에서 "1929. 10. 29. 바르샤바에서 서명된 국제항공운송에 관한 일부규칙의 통일을 위한 협약을 개정하기 위한 의정서"(Protocol to Amend the International Carriage by Air signed at Warsaw on 12 October, 1929)로서 부분적으로 개정되었다(개정 바르샤바 협약).[12] 우리나라는 헤이그의정서에 1967. 1. 28. 가입하고 1967. 10. 11. 조약

---

12) 법제처, 국제항공운송에 있어서의 일부 규칙의 통일에 관한 협약(Convention for the

제259호로 이를 공포함으로써 위 바르샤바 협약은 헤이그의정서에 의하여 개정된 내용대로 국내법과 동일한 효력을 가지게 되었다.

### 3. 바르샤바 體制의 地位 및 核心內容

전 세계적으로 각국은 70여 년 이상 국제항공 수하물에 대한 송하인이나 여객의 손해에 대해 바르샤바 체제의 규율을 받아 왔다.[13] 따라서 국제항공운송에 관한 법률관계에 대하여는 일반법인 민법에 대한 특별법으로서 개정 바르샤바협약이 우선 적용되는 것이다. 판례도 이를 인정한다. 즉 대법원 2006. 4. 28. 선고 2005다30184 판결은 「국제항공운송에 관한 법률관계에 대하여는 1955년 헤이그에서 개정된 '국제항공운송에 있어서의 일부규칙의 통일에 관한 협약'이 일반법인 민법이나 상법에 우선하여 적용된다(대법원 1986. 7. 22. 선고 82다카1372 판결; 대법원 2004. 7. 22. 선고 2001다67164 판결 참조)」라고 하였다.

바르샤바 체제의 법체계상 지위는 조약(條約)이다. 우리나라는 1967. 1. 28. 개정 바르샤바 협약에 가입하고 1967. 10. 11. 조약 제259호로 이를 공포하였다. 따라서 바르샤바 협약은 헤이그 의정서에 의하여 개정된 내용대로 국내법과 동일한 효력을 갖게 된 것이다. 바르샤바 체제의 핵심내용은 항공운송인의 책임제한이다. 바르샤바협약 하에서 항공사가 보관 중이던 수하물에 발생한 손해에 대하여 항공사는 일응 책임을 지는 것으로 추정되지만, 수하물의 중량에 따라 책임액이 제한된다. 여객은 고가물임을 명시하고 추가운임을 지급함으로써 추가적인 부보를 받을 수도 있다(제22조 (2)항). 항공사는 바르샤바협약 제22조에 규정된 액수보다 더 많은 금액의 책임제한을 할 수 없을 뿐만 아니라, 분실된 수하물 혹은 수하물의 내용물에 대해 완전한 책임을 면제할 수도 없다.[14] 참고로 해상운송의 경우에도 Hague-Visby rule에 유사조

---

Unification of Certain Rules relating to International Carriage by Air signed at Warsaw on 12 October, 1929) 전문, 대한민국현행법령집 제48권.

13) 참고로, 미국은 2003년 11월 3일부터 몬트리올협약을 비준하여 구 바르샤바협약을 대체하고 있다.

14) Cohen v. Varig Airlines 사건에서, 항공운송인은 여객의 가방이 분실됨으로써 가방안에 있던 보석이 없어진 것에 대해 Varig 항공사의 요금표(tariff)에는 그러한 분실에 대한 책임을 배제하고 있으므로 책임이 없다고 주장하였다. 동 사건에서 법원은 바르샤바협약이 규정하는 책임한도보다 책임을 더욱 완화하려는 항공사의 시도는 무효라고 하였다.

항이 있고, 우리 상법도 해상운송인에 관하여는 이를 반영하여 책임제한조항을 두고 있다(상법 제789조 의2 등).

### 4. 改定 바르샤바協約과 原 協約의 適用問題

국제항공운송에 있어서 출발지나 도착지의 국가가 서로 바르샤바체제를 수용한 방식이 상이한 경우 어떠한 조약의 내용이 적용될 것인지에 관하여 종래 많은 논의가 있었다.15) 이와 관련하여 대법원 1986. 7. 22. 선고 82다카1372 판결은 「개정된 바르샤바 협약 제1조 제2항에서 사용하고 있는 용어인 '체약국'이라는 개념은 바르샤바협약과 헤이그 의정서에 모두 가입한 국가는 물론, 대한민국과 같이 바르샤바협약에는 가입하지 않고 있다가 헤이그 의정서에 가입함으로써 바르샤바협약에 가입한 효력이 발생한 국가와 바르샤바협약에는 가입하였으나 헤이그 의정서에는 아직 가입하지 아니한 국가를 모두 포함하는 것으로 보아야 한다」라고 하였다.

## Ⅱ. 改定 바르샤바協約 第25條에 관한 檢討

### 1. 問題의 提起 및 檢討範圍의 限定

원고는 항공운송인의 이 사건 물건 분실행위가 중대한 과실("손해가 생길 개연성이 있음을 인식하면서도 무모하게 한 작위 또는 부작위"로 선해)에 해당하므로, 개정 바르샤바 협약 제25조의 요건에 해당하여 제22조 제2항의 책임제한사유에 해당하지 않는다고 하였다.

이 사건은 승객이 항공여행 중 분실된 수하물에 대해, 개정 바르샤바협약의 적용을 문제삼은 국내 최초의 사안이다. 종전의 판례는 대량의 화물 운송에 있어서 항공운송인이나 그 피용자가 송하인이나 수하인의 권리를 침해했는지 여부가 문제된 사안이 많았다.16) 그런데 이 사건의 물건 분실은 항

15) 김갑유, "국제항공화물 운송의 법률관계 -화물인도를 중심으로-", 「국제거래와 법」 제2집, 국제거래법연구원, (1993), 51면.

16) 대법원 2006. 4. 28. 선고 2005다30184 판결: 바르샤바협약 제12조, 제13조에 의하면, 송하인이 운송인에 대하여 화물처분권을 적법하게 행사하지 않은 이상, 수하인은 화물이 도착지에 도착한 때에는 화물도착의 통지를 받고 수하인용 항공화물운송장의 교부와 화물의 인도를 청구할 권리를 가진다고 할 것이다. 그런데 이 사건에서 화물운송계약의 국내 운송

공운송 중 발생한 것이라는 점에 대하여 원고와 피고 간에 특별히 다투지 않으므로, 관련 쟁점도 문제되지 않는 것이다.[17)]

---

취급인인 피고가 운송인으로부터 아무런 지시도 받지 않고 수하인인 원고에게는 화물도착의 통지를 하지 아니한 채 수입회사의 청구에 따라 수출회사에 화물을 반송함으로써 바르샤바 협약 제13조에 의하여 인정되는 수하인인 원고의 화물인도청구권을 침해하였으므로 그로 인하여 원고가 입은 손해를 배상할 책임이 있다고 할 것이다.

대법원 1999. 7. 13. 선고 99다8711 판결: 국제항공운송에서의 수하인은, 개정 바르샤바협약 제13조 제1항, 제2항에 의하여, 운송인이나 운송주선인에 대하여 반대의 특약이 있는 경우를 제외하고 화물도착의 통지를 받고, 수하인용 항공운송장의 교부 및 화물의 인도를 청구할 권리를 가지므로, 운송인 등이 수하인의 지시 없이 제3자에게 수하인용 항공화물운송장을 교부하고, 화물을 인도한 경우, 이는 수하인의 화물인도청구권을 침해한 것으로서 수하인에 대하여 불법행위를 구성한다고 할 것이다.

대법원 1998. 11. 10. 선고 98도2526 판결: 개정 바르샤바협약 제13조 제1항에 의하면 항공화물운송에 있어서 화물이 도착지에 도착하기 전에 송하인이 운송인에게 화물의 처분에 관한 지시를 하지 않은 이상 수하인은 화물이 도착지에 도착한 때에는 운송인에 대하여 확정적으로 화물의 인도청구권을 취득하는 것이다.

**17)** 기존의 판례에는 개정 바르샤바협약 제18조에서 규정한 "항공운송 중"의 범위와 함께 제24조에서 규정한 "소의 명의의 여하를 불문하고"에 대해 해석이 문제가 된 사건이 많다. 우선 제18조와 관련한 판례는 다음과 같다.

대법원 2006. 4. 28. 선고 2005다30184 판결: "바르샤바협약 제18조 제1항은 … 송하인과 수하인의 화물에 관한 권리를 규정한 바르샤바협약 제12조, 제13조와는 별개의 규정."

대법원 2004. 7. 22. 선고 2001다67164 판결: 개정된 바르샤바협약은 제18조 제1항에 따라 손해의 원인이 된 사고가 항공운송 중에 발생한 경우에 적용되고, 제18조 제2항에 따르면 항공운송 중이란 수하물 또는 화물이 비행장 또는 항공기 상에서 운송인의 관리 하에 있는 기간을 말한다고 규정하고 있는바, 이 사건 화물이 김포공항을 벗어나 보세장치장에 반입됨으로써 항공운송은 종료된 것이므로, 보세창고업자들이 이 사건 화물을 항공화물운송장 원본이나 운송주선업체가 발행하는 화물인도지시서를 받지 아니하고 인도함으로써 수하인이 입게된 손해는 항공운송 중에 발생한 손해라고 볼 수 없고, 결국 이 사건 손해배상책임에 관하여는 개정된 바르샤바협약이 적용되지 아니한다.

다음으로 바르샤바협약 제24조 제1항은 "제18조 및 제19조에 정하여진 경우에는 책임에 관한 소는 명의의 여하를 불문하고 본 협약에 정하여진 조건 및 제한 하에서만 제기할 수 있다"고 규정하고 있는데, "위 조항에서 명의의 여부를 불문하고"라는 문언은 영어의 "however founded"에 대한 공식 번역이기는 하지만, 이를 다른 말로 풀이하면 "그 근거가 무엇이든지 간에" 내지는 "그 청구원인이 무엇이든지 간에"로 해석하는 것이 분명하므로, 국제항공 운송인에 대하여 그 항공운송중에 생긴 화물훼손으로 인한 손해배상을 소구함에 있어서는 그 계약불이행을 청구원인으로 하는 것이든 불법행위를 청구원인으로 하는 것이든 모두 바르샤바협약에 정하여진 조건 및 제한 내에서만 가능한 것이라고 보아야 한다(대법원 1986. 7. 22. 선고 82다카1372 판결).

### 2. 改定 바르샤바協約 第25條 概觀

#### (1) 의　　의

개정 바르샤바 협약 제22조 제2항 (a)에 의하면 화물운송인의 책임은 1kg당 250프랑의 금액을 한도로 제한함이 원칙인데(가액을 신고하고 추가요금을 지불한 경우는 예외),[18][19] 그 책임제한 배제사유를 협약 제25조에 규정하고 있다.

#### (2) 제25조의 원문 및 해석

(원문) In Article 25 of the Convention-

paragraphs 1 and 2 shall be deleted and replaced by the following.

"The limits of liability specified in Article 22 shall not apply if it is proved that the damage resulted from an act or omission of the carrier, his servants or agents, done with intent to cause damage or recklessly and with knowledge that damage would probably result; provided that, in the case of such act or omission of a servant or agent, it is also proved that he was acting within the scope of his employment."

(해석) 기존의 바르샤바협약 협약 제25조 제1항 및 제2항을 삭제하고

---

18) 제22조 제2항은 "탁송 수하물 및 화물의 운송에 있어서는 운송인의 책임은 1kg당 250프랑 액을 한도로 하고, 다만 승객 또는 송하인이 운송인에게 탁송 수하물 및 화물을 인도할 당시 도착지에서의 이익을 특히 신고하고 또한 필요로 하는 추가요금을 지급한 경우에는 그러하지 아니하다."고 규정하고, 동조 제5항은 "본 조에서 프랑으로 표시된 액은 순분 1,000분의 900의 금의 65.5mg으로 이루어지는 프랑스 프랑에 의하는 것으로 한다. 그 액은 각국의 통화의 단수가 없는 액으로 환산할 수 있다. 금 이외의 각국 통화에의 환산은 소송의 경우에는 판결시의 이러한 통화의 금 가치에 따라야 한다."고 규정하고 있다. 구체적인 가액산정에 있어서 다음의 대표적인 판례가 있다.

19) 대법원 2005. 1. 28. 선고 2003다65957 판결: 원심은, 피고의 배상책임이 국제운송규약 등에 의하여 1kg당 미화 20달러로 제한되어야 한다는 피고의 주장에 대하여, 1955년 헤이그에서 개정된 국제항공운송에있어서의일부규칙의통일에관한협약(이하 '개정된 바르샤바 협약'이라고 한다) 제22조 제2항 (a)호에 의할 때 피고의 손해배상액은 1kg당 250 프랑스 골드 프랑의 비율로 제한될 뿐이고 피고의 주장과 같이 1kg당 미화 20달러로 제한하는 별도의 국제적인 규약은 존재하지 않는다는 전제 하에 250 프랑스 골드 프랑을 국제통화기금의 특별인출권(SDR)을 이용하여 환산하는 방법에 따라 이 사건 변론종결일의 원화로 환산한 금액으로 책임을 제한함으로써 이를 배척하고, … 원심의 위와 같은 판단은 정당한 것으로 수긍이 가고, 거기에 개정된 바르샤바협약상의 운송인의 책임제한액 산정에 관한 법리를 오해하는 등의 위법이 없다.

다음의 내용으로 대체한다.

제22조의 규정은, 운송인이나 그의 피용자 또는 대리인이 "고의" 또는 "손해발생의 염려가 있음을 인식하면서 무모하게 한 작위 또는 부작위로 인하여 생긴 손해였음을 증명할 경우에는 적용되지 아니한다. 다만 피용자나 대리인의 작위 또는 부작위의 경우에는 직무범위 내에서 행위한 것이라는 점이 또한 입증되어야 한다.

### (3) 개정 바르샤바협약 제25조와 동일한 규정의 예

개정 바르샤바협약 제25조와 같은 책임제한 배제사유는 개정 바르샤바협약을 비롯하여 선박소유자의 책임제한에 관한 '1976년 런던 해사채권에 대한 책임제한조약', 해상운송인의 책임제한에 관한 '1968년 헤이그-비스비 규칙'과 '1978년의 함부르크 규칙' 등 국제 운송법 체계에서 보편적인 책임제한 배제사유로 정착되었고, 마침내 1991. 12. 31. 개정된 상법(법률 제4470호)에서 선주, 해상운송인 등 해상기업주체의 책임을 제한하는 사유로서 동일한 문언을 규정하게 되었다. 즉 상법 제746조에서 "선박소유자는 청구원인의 여하에 불구하고 다음 각호의 채권에 대하여 제747조의 규정에 의한 금액의 한도로 그 책임을 제한할 수 있다. 그러나 그 채권이 선박소유자 자신의 고의 또는 손해발생의 염려가 있음을 인식하면서 무모하게 한 작위 또는 부작위로 인하여 생긴 손해에 관한 것인 때에는 그러하지 아니하다."라고 규정하고 있는 것이다.

### (4) 판 례

대법원 2005. 9. 29. 선고 2005다26598 판결 및 대법원 2004. 7. 22. 선고 2001다58269 판결 등은, 「국제항공운송에 있어서의 일부규칙의 통일에 관한 협약(개정된 바르샤바협약) 제25조 전단에서는 "제22조의 책임제한규정은 운송인, 그의 사용인 또는 대리인이 손해를 가할 의사로써 또는 손해가 생길 개연성이 있음을 인식하면서도 무모하게 한(done with intent to cause damage or recklessly and with knowledge that damage would probably result) 작위 또는 부작위로부터 손해가 발생하였다고 증명된 경우에는 적용되지 아니한다."고 규정하고 있는바, 위 제25조에 규정된 '손해가 생길 개연성이 있음을 인식하면서도 무모하게 한 작위 또는 부작위'라 함은 자신의 행동이 손해를 발생시킬 개연성이 있다는 것을 알면서도 그 결과를 무모하게 무시하면서 하는 의도적인 행위를 말하는 것으로서, 그에 대한 입증책임은 책임제한조항의 적용배제를 구하는 자에게 있고 그에 대한 증명은 정황증거로써도 가능하다 할 것이나, 손해발생의 개연성에 대한 인식이 없는 한 아무리 과실이 무겁더라도 무모한 행위로 평가될 수는 없다」라고 하였다.

### 3. "損害가 생길 蓋然性이 있음에도 無謀하게"(recklessly and with knowledge that damage would probably result)의 檢討

#### (1) 검토의 필요성

원고는 개정 바르샤바협약 제25조의 reckless를 부주의 혹은 과실로 해석하여, 본 사건에 있어서 항공사의 부주의(과실)로 인한 수하물의 손실이 발생하였으므로, 개정 바르샤바협약 제22조 제2항의 책임한도가 적용되어서는 안된다는 주장을 하고 있다.

#### (2) 동 문언의 연혁 및 학설[20)]

#### (가) 협약의 개정 경위

1929년 원 협약 당시의 제25조 문안은, "운송인은 손해가 운송인의 고의에 의하여 발생한 때 또는 소가 계속된 법원이 속하는 국가의 법률에 의하면 고의에 상당하다고 인정되는 과실에 의하여 발생한 때에는, 운송인의 책임을 배제하거나 제한하는 본 협약의 규정을 원용하는 권리를 가지지 아니한다."라고 되어 있었다.[21)] 협약의 공식언어는 불어(佛語)였는데 책임제한 배제사유를 지칭하는 단어는 'dol'이었고, 이는 "의도적으로 해를 가할 의사로 행하여진 작위 또는 부작위"를 의미하는 것이다. 그런데 영미법계에는 'dol'에 상응하는 개념이 없고 이에 가장 가까운 개념이 'willful misconduct' 이었는데, 이는 의도적인 행동(intentional act)을 필요로 하지 않는 것이었다.

---

20) 이상민, "개정된 바르샤바협약 제25조에 정한 책임제한 배제사유의 의미 -대법원 2005. 9. 29. 선고 2005다26598 판결-", 「대법원판례해설」 통권 제57호, 581면.

21) The carrier shall not be entitled to avail himself of the provisions of this Convention which exclude or limit his liability, if the damage is caused by his willful misconduct or by such default on his part as, in accordance with the law of the Court seised of the case, is considered to be equivalent to willful misconduct.: 이상민, 전게논문, 585면.

개정 바르샤바협약이 대륙법계 및 영미법계 모두에 공통적으로 적용될 수 있어야 하므로, 최종적으로 'willful misconduct에 상응하는 행동'이라는 문안이 성안되기에 이르렀다.[22]

1955년 개정 협약의 채택으로 willful misconduct라는 용어는 현재의 문안으로 대체되었다. 따라서 대륙법계와 영미법계 모두 recklessness를 'dol'보다는 'gross negligence'에 가깝게 파악하여야 하지만, 각국의 판례가 통일되어 있지 않아 통일된 개념 파악은 어려운 실정이다. 이렇다 보니 일부 국가에서는 개념 정의를 위한 입법을 실시하였다고 한다.[23]

### (나) 우리나라의 학설

우리나라에서는 무모함에 대하여 고의에 더 가까운 것으로 보는 견해와 중과실에 더 가까운 것으로 보는 견해로 양분된다. 우선 고의에 가깝게 해석하는 설에는 'intent to cause damage'란 손해의 발생을 의욕하여 행위를 하

---

22) 국내 문헌 중 최준선, 「국제항공운송법론」, 삼영사, (1985), 125면 이하에서 입법경위와 개념에 대하여 자세히 풀이하고 있는데, 그 중에서 입법경위에 대한 부분을 요약해 보면, "1929년 협약기초자들은 예외사유가 될 행위로는 고의 및 고의보다는 약간 넓으나 중과실(gross negligence, faute lourde)까지는 포함하지 않는 개념을 염두에 두었던 것이며, 이러한 개념에 들어맞는 용어로서 선택된 것이 영미법상의 'willful misconduct'이며, 'willful conduct에 상당하다고 인정되는 default'라는 개념은 영미법에 전혀 존재하지 않는 개념이고 순전히 대륙법계 국가들을 위한 것이었다. 그런데 영미법상 고의에 가까운 willful misconduct의 개념이 대륙법에서는 과실에 가까운 것으로 오해되는 경향이 생기고 법정지법에 해석을 맡김으로써 생긴 불일치를 종식시키기 위해 개정된 협약에서는 willful misconduct의 내용을 구체적으로 풀어쓰는 방식으로 규정하게 되었다. 'willful misconduct'란 일정결과의 발생을 인식하고서도 그 결과의 발생을 용인하는 경우, 즉 고의 내지는 고의적으로 그 결과를 고려하지 않고 부주의하게 그 행위를 하는 것이라는 점에서 행위자의 의사(will)를 필요로 한다"는 것이다.

23) ① 프랑스는 1967년 판례에서 'dol'의 증명을 요구하는 태도에서 벗어나 중대한 과실(faute lourde, gross negligence)로 충분하고 그것이 'dol'과 동등하다고 판시하였다고 한다. 프랑스에서는 어떠한 심각한 잘못(serious error)은 willful misconduct를 구성하게 된다. ② 독일에서는 보통의 과실(negligence)과 willful misconduct와의 구분이 없는 듯 하다. 과실의 정도가 극심한 사안(extreme case of negligence)에 있어서 중대한 과실(gross negligence)이 있다고 인정되는데, 이때에는 주관적인 요소도 또한 고려하여야 한다. ④ 영국에서 willful misconduct는 주의를 태만히 한 것(negligent)일 뿐만 아니라 그 자신이 잘못임을 알면서 하는 작위 또는 부작위로서 자신의 주의소홀로 인하여 일어날 결과에 대하여 무관심하게 결과를 무시하고서 하는 행동을 포함한다. ⑤ 미국에서 willful misconduct는 자신의 행동이 손해를 발생시킬 개연성이 높다는 것을 알면서, 또는 그 결과를 무모하게 무시하면서, 또는 안전을 위하여 필요한 의무를 이행하지 않으려는 계획적인 목적(deliberate purpose)을 가지고서 하는 의도적인 행동(intentional performance of an act)으로 정의되어 왔다.: 이상민, 전게논문, 586-587면.

는 것, 즉 적극적 가해의 의도를 가진 적극적 고의를 말하며, '무모한 행위'란 손해발생에 관한 소극적 고의(미필적 고의)를 의미한다는 견해가 있다.[24] 또한 바르샤바협약 제25조의 입법과정에 비추어 볼 때, willful misconduct는 고의를 포함하나 중과실까지를 포함하지 않는 개념이고 굳이 이에 해당하는 대륙법상의 개념을 찾는다면 형법상의 인식 있는 과실 내지는 미필적 고의에 대항하는 것으로 생각되며, 반드시 고의가 개입되는 점에서 그 정도가 아무리 중하더라도 과실 및 부주의와는 다르다는 견해도 있다.[25] 무모한 행위라는 것은 중과실보다 고의에 더 가까운 개념이라고 간명하게 설명하는 견해도 있다.[26]

그에 비하여 중대한 과실에 가깝게 해석하는 설도 있다. 즉 결과발생의 인용이 있는 경우만을 지칭하는 것으로 해석하면 결과발생의 인용이 없는 한 그 정도가 극심한 중과실로 인한 행위마저 제외될 염려가 있다는 이유로, 그리고 가능한 한 우리 나라의 법률상 중대한 과실이라는 개념과 접목시켜 이해하는 것이 법률해석의 혼란을 최소화시키는 길이라는 이유로, 현저한 정도의 중과실이 있는 경우는 고의에 준하는 것으로 보아야 한다는 견해[27], 손해의 발생을 인용하고 한 행위뿐만 아니라, 중과실로 손해가 발생하지 않을 것으로 믿거나, 혹은 중과실로 손해발생 가능성에 대한 인식이 미치지 못하고 행한 모든 행위를 말한다는 견해[28] 등이 그것이다.

### (3) 정 리

구체적인 사안에서 객관적인 기준 만으로도 과실의 정도가 극심하다면 당해 운송인의 행위는 무모한 행위로 평가받을 가능성이 높다. 그렇지만 대법원은 2005. 9. 29. 선고 2005다26598 판결과 그 직전의 2004. 7. 22. 선고

24) 이균성, 「국제해상운송법연구」, 삼영사, (1984), 147면; 서성, "국제항공운송인의 손해배상책임", 「사법논집」 제5편, (1974) 443면에도 형법상 미필적 고의와 같다고 한다.

25) 최준선, 전게서, 137면.; 개정협약의 내용이 willful misconduct를 풀어쓴 것이라는 전제하에 willful misconduct의 개념을 논하고 있다.

26) 손주찬, 「상법(하)」, 박영사, (2000), 720면; 송상현 · 김현, 「해상법원론」, 박영사, (1993), 142면에서도 "무모함이란 고의에 준하는 고도의 태만한 상태이므로 중과실보다 무거운 정도의 잘못이다"라고 설명하고 있다.

27) 최기원, 「상법학신론(하)」, 박영사, (2003), 824면, 871면 참조.

28) 채이식, 「상법강의(하)」, 박영사, 713면.

2001다58269 판결에서, 「개정 바르샤바협약의 문언에 충실하게 무모함이란 ① 자신의 행동이 손해를 발생시킬 개연성이 있다는 것을 인식하고 있어야 하고, ② 그 결과를 무모하게 무시하면서 하는 의도적인 행위가 있어야 한다」라고 판시하였다. 따라서 판례는 여기서의 무모함이 단순한 중과실과 동일시할 수 없고 고의에 가까운 '손해발생의 개연성에 대한 인식 있는 (중)과실'을 의미한다고 보는 것이다. 여기서 입증책임은 책임제한의 배제사유를 주장하는 자(즉, 청구권자=원고)에게 있다.

### 4. 小結論

원심 법원이 개정 바르샤바협약 제25조의 해석을 그르쳤다는 원고의 상고이유는 옳지 않다. 왜냐하면 원심 법원은 개정 바르샤바협약의 원문은 물론이고, 종래의 판례 및 동일한 연혁을 지닌 상법 제746조의 취지에 충실한 해석을 하였기 때문이다.

한편 원고는 피고 항공사가 중대한 과실을 범하였다고 주장하는데, 중대한 과실에 관한 주장을 개정 바르샤바협약 제25조에 규정된 '손해가 생길 개연성이 있음을 인식하면서도 무모하게 한 작위 또는 부작위'라고 선해하더라도, 피고 항공사의 행위가 과연 동 요건에 해당하는지 의문시된다. 즉, 항공사의 직원이 이 사건의 물건을 귀중품이라는 이유로 일반적인 여객수하물로 받아주지 않은 사실, 보안검색요원에 의하여 휴대탑승이 저지된 사실 및 보안검색요원으로부터 다시 항공사의 기내직원이 이를 인계받은 사실만으로는 피고 항공사에게 무모한 작위 또는 부작위가 있었다고 판단할 수 없는 것이다. 가사 피고 항공사 탑승담당직원의 행위가 객관적인 요건, 즉 무모한 작위 또는 부작위에 해당한다고 하더라도, 주관적인 요건, 즉 자신의 행동이 손해를 발생시킬 개연성이 있다는 것에 대한 인식이 있었는지를 정황상 인정할 수도 없고 원고도 이러한 주관적인 요건을 입증하지 못하고 있다. 따라서 이 사건 물건의 분실만으로는 피고 또는 그의 고용인 또는 대리인이 고의 또는 그 손해가 생길 염려가 있음을 인식하면서 무모하게 한 작위나 부작위가 있었다고 보기 어렵고 달리 이를 인정할 증거가 없다는 원심 법원과 대법원의 일치된 판단은 전적으로 타당하다.

## Ⅲ. 改定 바르샤바協約 第4條에 관한 檢討 - 본 事案에 改定 바르샤바協約이 適用되는지 與否 -

### 1. 問題의 提起

본 사안은 외국문헌에서 소개된 다음의 사례와 매우 유사하다.

> 국제선을 이용하여 여행을 하게 된 X는 A국을 출발하여 B국으로 향하는 비행기를 탑승할 목적으로 비행장에 도착하였다. 두 개의 수하물을 지니고 탑승수속절차를 개시하였는데, 항공권을 건네주고 큰 탁송 수하물의 탑승절차를 종료한 후, 탑승권을 발부받아 게이트로 향하던 X에게 비행사직원은 나머지 수하물(가방)도 규격을 초과하므로 휴대할 수 없다는 말을 전한다. 항상 휴대 수하물로 기내에 지니고 탔던 경험이 있던 X로서는 다소 혼란스러웠지만, 탑승시간이 얼마 남지 않았으므로 가방을 비행사직원에게 넘겨주었다. 동 직원은 가방의 크기도 재보지 않은 채, 비행기의 화물칸으로 다른 수하물들과 함께 적재하였다. X가 B국에 도착하여 두 개의 탁송수하물을 찾은 후 내용물을 점검하는 순간, 휴대수하물로 예정하였던 가방안에 있어야 할 고가의 시계와 두 개의 금목거리가 없어졌다는 사실을 발견하게 된다. 공항 내에 있는 항공사의 고객불만처리센터에 분실사실을 신고하자 항공사 직원은 X에게 "이러한 사건은 항상 비일비재하게 일어난다"고 말한다.

본 사안에서의 제1심 판결과 원심 판결 및 대법원 판결을 종합적으로 보면, 원고가 원심에서 다투지 않았던 쟁점, 즉 공항의 보안검색요원이 작성한 임시영수증의 발급이 개정 바르샤바협약 제3조와 제4조의 적용을 받는 수하물 발급에 해당하지 않는다는 점을 상고이유서에서 처음 주장한 듯하다. 이 때문에 대법원은 적법한 상고이유가 아니라고 배척하기에 이른 것이다. 그런데 대법원의 판단은 여기서 그쳤어야 했다는 아쉬움이 남는다. 왜냐하면 개정 바르샤바협약 제4조와 관련하여 대법원이 부가적으로 판단한 부분은 다소 논란의 여지가 있기 때문이다.

부가적인 판단을 보면, <u>본 사안은 위의 박스 안에 소개된 외국 사례와 같이 여객수하물의 분실에 있어서 정식 수하물표가 발급되지 않았을 경우에도 개정 바르샤바협약이 적용되어 항공사가 책임제한을 원용할 수 있는지가 문제된 국내 최초의 사안</u>에 해당한다. 즉 이 판결이 있기까지 이 쟁점에 관한 국내에서의 선례는 전혀 존재하지 않았던 것이다.29) 이 사건에서 대법원의 부가적인 판단이 타당한지 여부를 검토하기 위하여, 개정 바르샤바협약 제3조와 제4조 및 미국에서의 관련 판례들을 소개하고자 한다.

## 2. 改定 바르샤바協約 第3條 및 第4條

[제3조] 원 협약 제3조에서, (a) 제1항은 이를 삭제하고 다음의 구절로써 이에 대치한다.

1. 승객의 운송에 있어서는, 다음의 사항을 기재한 항공권을 교부하여야 한다.

(a) 출발지 및 도착지의 표시

(b) 출발지 및 도착지가 단일 체약국의 영역 내에 있는 경우에 1 또는 2 이상의 예정 기항지가 타국의 영역 내에 있으면, 적어도 이러한 1개의 기항지의 표시

(c) 승객의 항정이 출발국 이외의 국가에 최종 도착지 또는 기항지를 포함한다면, 바르샤바 협약이 적용되고 또한 동 협약이 사망이나 상해 및 수하물의 멸실이나 훼손에 관한 운송인의 책임을 규율하며 대부분의 경우에 이를 제한한다는 뜻의 고지30)

---

29) 즉, 대법원 2005. 9. 29. 선고 2005다26598 판결은 개정 바르샤바협약 제22조와 제25조에 의한 책임제한사유가 존재하는지 여부가 문제된 사안이고, 대법원 2005. 1. 8. 선고 2003다65957 판결은 개정 바르샤바협약 제22조 제2항에 의한 책임제한액의 산정이 문제된 사안이며, 대법원 2004. 7. 22. 선고 2001다58269 판결은 개정 바르샤바협약 제18조, 제22조, 제25조, 제29조 등이 망라된 사안이다. 한편 대법원 2003. 1. 10. 선고 2000다31045 판결은 항공운송을 종료한 후 운송물을 인도하는 과정에서 손해가 발생한 경우 개정 바르샤바협약의 책임제한조항이 적용되는지 여부에 관한 사안이다. 이 모든 사안들은 개정 바르샤바협약 제4조와 직접적으로 관련되지 않는다.

30) 원문은 다음과 같다. [Article Ⅲ] In Article 3 of the Convention-
(a) paragraph 1 shall be deleted and replaced by the following:-
"1. In respect of the carriage of passengers a ticket shall be delivered containing:
(a) an indication of the places of departure and destination;
(b) if the places of departure and destination are within the territory of a single High Contracting Party, one or more agreed stopping places being within the territory of another State, an indication of at least one such stopping place;
(c) a notice to the effect that: if the passenger's journey involves an ultimate destination or stop in a country other than the country of departure, the Warsaw Convention may be applicable and that the Convention governs and in most cases limits

[제4조] 원 협약 제4조에서, (a) 제1항, 제2항 및 제3항은 이를 삭제하고 다음의 구절로써 이에 대치한다.

1. 탁송수하물의 운송에 있어서 다음 사항을 기재한 수하물표가 교부되어야 한다. 다만 제3조 제1항에 따른 승객항공권에 병합되거나 통합된 경우에는 그러하지 아니하다.

(a) 출발지 및 도착지의 표시

(b) 출발지 및 도착지가 단일 체약국의 영역내에 있는 경우에 1 또는 2 이상의 예정 기항지가 타국의 영역내에 있으면, 적어도 이러한 1개의 기항지의 표시

(c) 운송이 출발국 이외의 국가에 최종 도착지 또는 기항지를 포함한다면, 바르샤바 협약이 적용되고 또한 동 협약이 수하물의 멸실이나 훼손에 관한 운송인의 책임을 규율하며 대부분의 경우에 이를 제한한다는 뜻의 고지

(b) 제4항은 이를 삭제하고 다음 구절로써 이에 대치한다.

2. 수하물표는 수하물의 등기 또는 운송계약조건의 증명력을 이룬다. 수하물표의 부존재, 불비 또는 멸실은 운송계약의 존재 또는 협력에 영향을 미치는 것이 아니고 운송계약은 이 경우에도 본 협약의 규정의 적용을 받는다. 다만 운송인이 수하물표를 교부하지 아니하고 수하물의 책임을 진 때 또는 수하물표(제3조 제1항 (c)의 규정에 따른 승객항공권에 병합되거나 통합된 때에는 그러하지 아니하다)가 앞의 제1항 (c)에서 요구된 고지를 기재하지 아니한 때에는, 운송인은 제22조 제2항의 규정을 원용할 권리를 가지지 아니한다.[31]

---

the liability of carriers for death or personal injury and in respect of loss of or damage to baggage."

31) 원문은 다음과 같다. [Article Ⅳ] In Article 4 of the Convention-

(a) paragraphs 1, 2, and 3 shall be deleted and replaced by the following:-

"1. In respect of the carriage of registered baggage, a baggage check shall be delivered, which, unless combined with or incorporated in a passenger ticket which complies with the provisions of Article 3 paragraph 1, shall contain:

(a) an indication of the places of departure and destination;-

(b) if the places of departure and destination are within the territory of a single High Contracting Party, one or more agreed stopping places being within the territory of another State, an indication of at least one such stopping place;

(c) a notice to the effect that: if the carriage involves an ultimate destination or stop

## 3. 改定 바르샤바協約 第4條가 問題된 美國 判例

### (1) 개 설

개정 바르샤바협약 제4조에 의하여 제기되는 사건들은 보통 항공운송인이 수하물을 어떠한 방식과 절차를 통하여 탑승하였는지가 문제된 사안들이다. 제4조는 항공운송인으로 하여금 탑승수속을 거친 수하물의 개수와 중량을 기재한 수하물표(a baggage check document)를 여객 또는 송하인에게 반드시 교부할 것을 요구하고 있다.

### (2) 미국 판례의 상반되는 입장

수하물표에 기재할 요건을 기재하지 않은 경우, 항공운송인이 책임제한 한도를 넘어 책임을 지는지에 대하여 미국의 판례는 상반된 입장으로 나뉘고 있다. 즉 일부 법원들은 수하물의 개수와 중량을 기재하지 않는 것은 단지 기술적 혹은 경미한 부작위에 해당하므로 제22조의 책임제한규정의 적용을 받는다고 판시하는데 반하여,[32] 일부 법원들은 제4조를 엄격히 해석하여, 수하물의 개수 및 중량을 기록하는 것은 항공운송인의 책임제한을 인정하기 위한 필수요건이라고 판시하고 있다.[33]

---

in a country other than the country of departure, the Warsaw Convention may be applicable and that the Convention governs and in most cases limits the liability of carriers in respect of loss of or damage to baggage."

(b) paragraph 4 shall be deleted and replaced by following:

"2. The baggage check shall constitute prima facie evidence of the registration of the baggage and of the conditions of the contract of carriage. The absence, irregularity or loss of the baggage check does not affect the existence or the validity of the contract of carriage which shall, none the less, be subject to the rules of this Convention. Nevertheless, if the carrier takes charge of the baggage without a baggage check having been delivered or if the baggage check(unless combined with or incorporated in the passenger ticket which complies with the provisions of Article 3, paragraph 1(c)) does not include the notice required by paragraph 1(c) of this Article, he shall not be entitled to avail himself of the provisions of Article 22, paragraph 2."

32) 예를 들어 Lourenco v. Trans World Airlines 사건에서, 여객은 3일 동안 소재가 묘연하였던 탁송수하물 중 9천 불을 초과하는 보석이 분실되었음을 주장하였다. 여기서 항공사 직원이 수하물표에 개수와 중량을 적어 놓는 것을 다소 소홀히 하였지만, 항공운송인은 자신의 책임이 바르샤바협약에 의하여 경감된다고 주장하였다. 이 사건에서 법원은 항공사의 손을 들어주었다.

33) Perri v. Delta Air Lines 사건에서, 여객의 16,000불 이상의 보석과 의류가 포함된 가방 2개가 분실되었는데, 직원은 항공적하목록(flight's manifest, 송장)에 수하물의 중량을 적

### (3) 구체적인 판례의 검토

#### (가) Schopenhauer v. Compagnie Nationale Air France[34)]

1) 사실관계

원고는 미국의 뉴욕에서 베냉인민공화국(Republic of Benin, 아프리카서부 기니만에 인접한 국가)까지 왕복여행을 하기로 하였는데, 베냉까지 가는 여정에는 파리에서 4일간 중간 체류하기로 하였고, 베냉에서 뉴욕으로 돌아오는 여정에는 파리에서 13시간 체류하게 되어 있었다. 원고는 뉴욕공항에서 5개의 탁송수하물을 부치고, 6번째 가방은 휴대하려고 하였다. 원고가 에어프랑스 항공기에 탑승한 후 에어프랑스 승무원은 원고에게 휴대한 가방의 규격이 너무 크므로(bulky) 역시 다른 수하물과 함께 탁송하여야 한다고 말하였다. 승무원은 6번째 가방과 교환하여 원고에게 제한적인 내용만이 포함된 물품보관증(limited release identification tag)을 교부하였다. 동 물품보관증에는 식별번호(identification number)와 출발지·도착지에 관한 정보만이 기재되어 있었고, 바르샤바협약 하에서의 항공운송인의 책임제한에 관한 공지사항은 기재되어 있지 않았다.

항공기가 파리에 도착했을 때 보석과 고가의 전자제품으로 채워져 있던 6번째 가방이 분실되었고(원고는 전체 가액 69,000불 주장), 대략 6주쯤 지나 내용물이 없는 빈 가방만이 발견되었다. 그 가방에는 원고의 나머지 여행일정을 위한 항공권도 들어 있었다. 여행일정보다 며칠 지체되어 대체항공권(a replacement ticket)이 발급되었고 원고는 파리에서 베냉까지 여행을 계속하

---

었지만 동 정보와 수하물의 수량을 여객수하물증빙서(passenger's baggage claim stub)나 항공권에 기재하지 않았다. 여기서 법원은 제22조 제4항의 “수하물표에 이러한 세부사항이 기재되지 않는다면, 운송인은 자신의 책임을 배제하거나 제한하는 협약규정을 원용할 자격이 없다”라는 문구에 주목하였다. 그리하여 「바르샤바협약의 명료한 규정들은 문리 그대로 해석하여야 한다」라고 하는 미국연방최고법원의 판시에 좇아, 법원은 「제4조의 문구가 명료하므로 항공사가 여객에 대해 수하물의 정보를 기재하지 않았을 때에는 책임제한을 원용할 수 없다」라고 판시하였다. 그렇지만 미국에서 본 쟁점은 더 이상 논의의 실익이 없다. 왜냐하면 1999년 3월부터 발효한 몬트리올제4의정서에서는 수하물표에 수하물의 개수 및 수량을 기재하여야 한다는 요건을 삭제하였기 때문이다. 이에 따라 항공운송인은 여객에게 여객의 출발지, 목적지 및 책임제한의 고지 등을 표시한 수하물표만을 교부하면 책임제한의 이익을 향유할 수 있게 되었다.

34) Schopenhauer v. Campagnie Nationale de Air France, 255 F. Supp. 2d 81 (E.D.N.Y. 2003) [WESTLAW에서 검색, 검색일: 2006. 8. 1.].

면서 6개의 탁송수하물을 부쳤다. 불행하게도 베냉에 도착하였을때 원고는 2개의 수하물이 완전히 부서지고 내용물이 싹 없어진 사실을 발견하게 되었다. 원고는 내용물의 가액이 대략 2,200불이라고 주장하였다.

2) 판 결

본 사안에서 가장 흥미로운 것은 뉴욕에서 파리까지 비행 중 발생한 6번째 가방에 대한 에어프랑스의 책임이었는데, 법원은 바르샤바협약에 의한 책임제한을 주장하는 항공사의 약식판결신청(motion for summary judgment)을 각하하였다. 법원은 「바르샤바협약 제4조를 엄격히 해석하여, 수하물표에 바르샤바협약에 의한 책임제한의 공지사항이 기재되지 않았다면 항공사는 책임제한을 원용할 수 없다」라고 판시하였다.[35] 에어프랑스가 6번째 가방을 수령하면서 원고에게 교부한 물품보관증에는 필수기재사항이 기재되지 않았던 것이다. 항공사는 항공권에 당해 공지사항이 기재되어 있으므로 충분하다고 주장하였지만, 법원은 이를 배척하였다. 법원은 「여객에게 교부되었던 물품보관증은 항공권과 일체로서 결합되지도 않고 항공권에 편입되지도 않았다」라고 판시하였다.[36]

**(나) Hexter v. Air France, 563 F. Supp. 932, 936 (S.D.N.Y. 1982)[37]**

1) 사실관계

Hexter 부부는 파리에서 뉴욕발 콩코드 비행기를 탔다. 비행 중 휴대용 작은 여행가방을 승무원에게 맡겼고, 승무원은 그 가방을 Hexter 부부 좌석

---

35) 판결 원문은 다음과 같다. [T]he District Court, Sand J., held that: … (3) "Limited Release" tag did not contain notice required for airline to invoke Warsaw Convention's limited liability provision. Motion … denied in part.

36) 2003년 11월 4일 이후 미국에서는 여객의 국제항공 수하물에 대한 청구에 있어서 몬트리올협약이 규율한다. 몬트리올협약은 바르샤바협약에서 요구하였던 엄격한 수하물서류조건들을 완화하였다. 즉, 몬트리올협약 제3조는 항공운송인으로 하여금 여객에게 각 탁송수하물 당 수하물보관증을 제공할 것을 요구할 뿐, 특정 사항이 당해 보관증에 기재되어야 한다고 규정하지 않고 있다. 항공사는 여전히 책임제한에 대해 서면으로 된 공지를 할 것이 요구되지만, 이러한 공지사항이 더 이상 여객수하물증빙서에 기재될 필요는 없는 것이다. 이와 대가적으로 여객은 분실된 수하물에 대해 고액의 보상을 받을 수 있게 되었다. 즉 항공운송인의 책임상한선이 여객당 1,000 SDR로 상향조정되었다. 물론 여객이 가액을 신고하고 추가요금을 지급할 경우에는 예외가 인정된다.

37) 다음의 ②, ③, ④ 판결은 Paul Stephen Dempsey, International Air Cargo & Baggage Liability and the Towel of Babel, 36 Geo. Wash. Int'l L. Rev. 239, (2004) 참조.

뒤에 위치한 조그만 광(closet)에 넣어두었다. 비행 종료 후 가방을 되돌려 받아 뉴욕의 호텔객실에서 가방을 열어보았을 때, Hexter 부부는 가방에서 보석류가 없어진 사실을 알게 되었다.

2) 판 결

법원은 바르샤바조약은 승객이 수하물을 맡고 있는지(책임제한규정이 적용) 혹은 운송인이 수하물표를 발급하지 않은 채 수하물을 인수하였는지(책임제한규정 적용 배제)에 따라 책임을 다르게 취급하고 있다는 사실에 주목하여, 「항공사가 일방적으로 여객이 보관하고 있던 수하물을 적재할 것을 요구하는 경우, 항공사는 이로 인하여 바르샤바협약 제4조 제(4)에서 말하는 수하물을 수령한 셈이 되므로, 책임제한을 원용할 수 있는 권한을 보존하기 위하여 수하물표를 발급하여야 했다」라고 판시하였다.

**(다) Abbaa v. Pan Am. World Airways, Inc., 673 F. Supp. 991, 993 (D. Minn. 1987)**

1) 사실관계

Ovicx주식회사의 판매담당이사인 Abbaa는 항공사에 5개의 수하물을 탁송하였는데, 그중 축구장비가 든 3개의 원통형 잡낭백(내용물: 1,500개의 티셔츠와 120벌의 축구화)이 포함되었고 시카고를 출발하여 나이지리아의 라고스(Lagos) 시에 도착할 예정이었다. 그러나 이 가방들은 라고스시에 도착하지 않았다. 원고는 항공사가 수하물표에 중량을 기재하지 않았으므로 협약상의 책임제한조항을 원용할 수 없다고 주장하였다.

2) 판 결

법원은 「바르샤바협약을 일부 기술적으로 준수하지 못하였다고 하더라도(technical failures to comply with the Warsaw Convention), 어떠한 기재의 누락이 청구인의 이익을 해치지 않을 때에는 책임제한규정의 적용을 배제하지 않는다」라고 판시하였다. 수하물의 중량을 다른 방식으로 확인할 수 있었거나 다른 합의사항이 있었다면, 운송인이 가방의 중량을 기록하지 않은 것만으로는 법원이 책임의 상한선을 깨뜨릴 만큼 충분히 잘못된 것이라고 단언할 수 없는 것이다.

3) 참 조

법원은 Abbaa가 바르샤바협약을 전혀 알지 못하였던 희생자가 아님에 주목하였다. 즉, 그는 적재된 수하물의 개략적인 중량을 알았고, 수차에 걸쳐 국제항공운송으로 상품을 수출한 전력이 있는 수출업자였다. Abbaa는 적재물의 완전가액을 부보(付保)할 수 있는 보험에 가입하지도 았았고 탁송시 초과가액을 신고하지도 않았다. 법원은 「수하물의 중량을 기재하지 않은 사실만으로 원고들의 권리가 침해되지 않았기 때문에 바르샤바조약의 책임제한규정이 적용된다」라고 판시하였다.

(라) Republic National Bank v. Eastern Airlines Inc., 815 F.2d 232 (2d Cir. 1987)

1) 사실관계

현금수송인인 Renzo Baronti는 2개의 현금가방의 탁송을 의뢰하였는데, 하나는 2백만 불이 들은 가방으로 페루의 리마시로 갈 예정이었고, 다른 하나는 450만 불이 들은 가방으로 칠레의 산타아고시로 갈 예정이었다. Baronti는 항공사의 수하물담당직원에게 고가의 탁송을 한다는 점과 2개의 수하물표가 필요하다는 점을 고지하였지만, 가액을 별도로 신고하지 않았을 뿐만 아니라 내용물에 대해서도 특정하지 않았다. 산티아고시로 향하는 가방에는 정식의 수하물표가 첨부되었는데, 여기에는 목적지, 수하물고유번호, routing codes, 바르샤바협약의 적용고지 등이 기재되었다. 리마시로 향하는 가방에 대해서는 항공사직원이 정식의 수하물표를 찾을 수 없었기 때문에 routing codes나 바르샤바협약의 적용고지 같은 내용이 없는 제한된 양식(a limited release form)을 사용하였다. 리마시에 도착했을 때, Baronti는 2백만 불이 들은 가방이 분실되었다는 사실을 발견하였다.

2) 판 결

법원은 여기서의 여행자는 전형적인 항공여객이라기보다는 마치 상행위에 종사하는 송하인과 유사하다고 보고, 단지 기술적인 것에 불과하고 권리침해를 수반하지 않는 기재의 누락은 무시할 수 있다는 입장을 표명하였다. 법원은 Baronti가 250번 이상의 현금수송과 관련한 비행기여행을 하였고 항공권에도 기재되어 있는 바르샤바협약상의 책임제한조항을 모르지 않았을 것이라는 점을 중시하였다. 그리하여 법원은 「가방중량의 기재를 하지 않은 것만으로는 송하인의 권리를 침해하지 않는다」라고 판시하였다. Baronti가 가방의 정확한 중량을 알지 못하였기 때문에 계산할 수 없었더라도, Republic National Bank는 협약에 의하여 2백만 불의 손해를 회복할 수 없는 것이다. 파운드당 9불 7센트로 2백만 불을 보상받으려면, Republic National Bank의 현금가방은 적어 220,507파운드 이상의 중량이 나갔어야 한다. 또한 Baronti는 자신의 적하물에 대해 적절한 보호를 하려면 보험에 의한 부보가 필요하다는 점을 명백히 통지받았다. 탁송수하물에 있어서 여객이 가액을 특별히 신고하고 추가요금을 지급하지 않는 한, 책임은 킬로그램당 250프랑(파운드당 9불 7센트)으로 제한되고, 휴대 수하물의 경우 책임은 여객 1인당 5,000프랑으로 제한된다.

### (4) 미국 판례의 정리

미국 판례는 개정 바르샤바협약 제4조의 문언성(文言性)을 상당히 중시함을 알 수 있다. 즉, 항공사가 발급한 수하물표가 제4조에서 규정한 3가지의 명시적인 사항들을 포함하지 않은 경우, 항공사는 책임제한을 원용할 수 없는 것이다. 물론 임시영수증이나 기타의 보관증이 항공권과 일체가 된 경우에는 예외이고, 중량의 기재만이 없는 것에 대해서는 다소 융통성을 부여하고 있다는 점도 알 수 있다.

그런데 앞의 ③, ④ 사건을 보면, 미국 법원은 상행위에 종사하는 송하인에 대해 수하물표 기재에 있어서의 엄격성을 다소 완화하는 판시를 하고 있다. 그러나 이제 미국에서 이러한 판시는 더 이상 기대할 수 없다. 왜냐하면 1989년 미국연방최고법원의 Chan v. Korean Airlines Ltd. 사건[490 U.S. 122 (1989)] 이후 문언의 엄격성을 중시하는 방향으로 선회하면서 구체적인 사안에서의 법원의 재량도 축소되었기 때문이다.[38] 따라서 현재는 상인이라도 협약 제4조의 요건을 다 갖추어야 한다고 분석된다.

---

**38)** 동 사건에서 Antonin Scalia 대법관은 "우리는 여러 국가의 정부가 진지하게 채택한 문구에 구속되어야 한다. … 문구가 명확한 한 이를 달리 해석할 권한은 없다."라고 함으로써, 바르샤바협약에 대한 엄격해석의 원칙을 방론으로 설시하였다.

### 4. 小結論

이 사건 물건에 대해서 임시영수증을 발급한 주체는 항공사 직원이 아닌 보안검색요원이었다. 그렇다 보니 보안검색요원이 발급한 임시영수증에는 개정 바르샤바협약 제4조의 필수적인 기재사항이 결여되었을 뿐만 아니라, 동 임시영수증이 항공권에 일체로서 편입될 수도 없었던 것이다. 한편 피고인 항공사가 이러한 임시영수증을 대체할 만한 수하물표나 기타의 물품보관증을 발급하였다는 증거도 전혀 없다.

휴대가 제한되는 물건을 보안검색요원으로부터 탑승구의 객실승무원이 인도받았다고 하더라도 협약 제4조의 요건을 충족하는 수하물표가 발급되지 않은 이상, 이는 개정 바르샤바협약 제22조 제2항의 책임제한규정이 적용되는 탁송수하물이나 휴대수하물의 범주에 들지 않는다. 단지 피고인 항공사는 객실승무원을 통하여 이 사건 물건을 대신 항공기 내에 보관한 것으로 해석하여야 하는 것이다. 따라서 이 사건의 판시는 <u>Schopenhauer v. Compagnie Nationale Air France</u> 또는 <u>Hexter v. Air France</u>, 563 F. Supp. 932, 936 (S.D.N.Y. 1982) 사건과 동일한 방향으로 결론이 나왔어야 한다. 즉 개정 바르샤바협약 제22조 제2항의 책임제한규정이 적용될 수 없는 사안이었던 것이다(항공사의 구체적인 책임에 대해서는 다음의 Ⅳ 참조).

그럼에도 불구하고 이 사건에서 대법원은 항공사가 수하물을 실제로 수령하였는지 여부와 탁송·휴대수하물인지 여부를 불문하고, 항공권을 어떠한 경위로든 구매할 때(예: 여행사를 통한 항공권 구매) 개정 바르샤바협약의 책임제한문구가 포함된 Passenger Ticket and Baggage Check만을 사전적으로 발급받았다면, 추후 당해 수하물의 분실이나 도난과 같은 상황이 발생하더라도 특단의 사정이 없는 한 항공사는 책임제한의 이익을 향유하게 된다는 판시를 하고 있다. 이는 개정 바르샤바 협약이 제3조와 제4조에서 항공권과 수화물표에 대하여 별도의 규정을 두고 있다는 사실을 간과하고 앞에서 소개한 미국의 판례와도 조화롭지 못할 뿐만 아니라 여객의 이익을 도외시한 채 항공사의 이익만을 편향적으로 보호하는 결과를 야기하므로 정의 및 형평에 반한다는 비판에 직면할 수 있다.

이 사건에서 부가적인 판단이었지만 개정 바르샤바협약 제4조에 대한 법리가 정면으로 설시된 것은 많은 아쉬움을 남긴다. 제4조의 취지와 유권해석 및 관련 판례 등에 대하여 진지한 검토가 이루어져야 할 것이다.

## Ⅳ. 第Ⅲ章에 대한 追加 爭點 : 商法上의 運送人責任[39)]

### 1. 問題의 提起

만일 대법원이 이 사건에서 발급된 임시영수증이 정식의 수하물표가 아니고 책임제한의 고지도 없었으므로 개정 바르샤바협약이 적용되지 않는다고 판시하였다면 추가적인 쟁점이 문제될 수 있었다. 즉 이 사건의 물건운송에 관한 적용법률은 무엇인가?

### 2. 高價物責任의 法理[40)41)]

이 사건에서의 운송물은 항공사가 처음부터 탁송수하물로서의 운송을 거부한 고가물에 해당하므로, 상법 제136조가 적용된다. 운송을 위탁한 물건이 고가물인 경우 송하인이 고가물임을 명시하여야만 운송인이 손해를 배상할 책임이 생기며, 고가물임을 신고하지 않은 경우에는 고가물로서는 물론 보통물로서의 손해배상책임도 부담하지 않는다. 왜냐하면 이러한 경우는 보통물로서의 가액을 산정할 수 없기 때문이다.[42)]

이 사건과는 무관하지만, 만일 항공사가 고의로 운송물을 멸실·훼손시켰다면 고가물로서의 배상책임을 면할 수 없다. 왜냐하면 고의에 의해 운송물을 멸실·훼손시킨 경우 이는 이미 범죄행위에 해당하므로 고가물의 법리가 특별히 문제될 여지가 없기 때문이다.[43)]

---

39) 상법의 법리에 대해서는 註釋商法(Ⅰ), 680면 이하 참조.

40) 이 사건에서 송하인은 고가물을 신고하지 않았다.

41) 송하인이 운송인에게 고가물인 점 및 그 가액을 신고한 경우, 운송인은 실제의 손해액을 입증하면 신고액 이하의 금액을 배상하면 되지만, 송하인은 초과액의 배상을 구할 수 없다. 다만, 가액의 명시는 개산가액의 명시에 불과하다는 관습이 있는 때에는 상당한 범위에서 청구금액을 확장할 수 있다.

42) 우리 나라의 다수설로서 여미숙, "고가물에 대한 운송인의 책임", 「상사판례연구 1」, (최기원 편저), 박영사, (1996), 268면 참조.

43) 한편 중과실의 경우 배상책임을 부담하지 않는다는 것이 학설의 일반적인 태도이지만, 판례는 고의와 중과실을 구분하지 않고 배상책임을 인정한다.

### 3. 高價物로 申告되지 않았으나 運送人이 偶然히 알게 된 경우

#### (1) 문제의 제기

본 사안에서 수하물 탁송을 담당하던 항공사의 직원이 고가물임을 이유로 탁송을 거부하였다는 사실로 볼 때, 운송인은 우연히 이 사건의 물건이 고가물임을 알게 되었다고 추측된다. 물론 보안검색요원으로부터 수하물을 건네받은 탑승구의 직원 및 객실 승무원은 이 사건의 물건이 고가물임을 알 수 없었을 것이다. 왜냐하면 보안검색요원은 이들에게 단지 쇠막대기라고 하며 이 사건의 물건을 건네주었기 때문이다. 그렇다면 원고와 피고간의 운송계약합의가 보통물로서 운송위탁한 것으로 보아야 하는가? 아니면 고가물로서 운송위탁한 것으로 보아야 하는가?

#### (2) 학 설

제1설은 우연히 알게 된 것이 명시(明示)를 갈음할 수 없으므로, 보통물로서 송하인의 위험부담으로 되며 운송인은 책임을 지지 않는다는 입장이다.[44] 제2설은 제1설과는 반대로 우연히 알게 된 이상 고가물로서의 주의를 하여야 할 것이므로 운송인은 고가물로서의 손해배상책임을 져야 한다는 입장이다.[45] 제3설은 고가물로서의 할증운임이 없으므로 운송인은 고가물로서의 특별한 취급을 할 필요는 없지만, 모르고 있는 것과 같이 볼 수도 없으므로 고가물이 아닌 보통물로서의 주의마저 해태한 때에는 고가물로서 책임을 진다는 입장으로서 우리나라의 다수설이다.

---

대법원 1991. 8. 23. 선고 91다15409 판결: 상법 제136조와 관련되는 고가물 불고지로 인한 면책규정은 일반적으로 운송인의 운송계약상의 채무불이행으로 인한 청구에만 적용되고 불법행위로 인한 손해배상청구에는 그 적용이 없으므로, 운송인의 운송이행업무를 보조하는 자가 운송과 관련하여 고의 또는 과실로 송하인에게 손해를 가한 경우 동인은 운송계약의 당사자가 아니어서 운송계약상의 채무불이행으로 인한 책임은 부담하지 않지만 불법행위로 인한 손해배상책임을 부담하므로 위 면책규정은 적용될 여지가 없다.

대법원 2005. 1. 28. 선고 2003다65957 판결: 원심은 … 고가물 또는 운송 중 특별한 주의를 기울여야 하는 전자제품임에도 이를 고지하지 아니하였고 또한 포장상의 결함이 있음을 이유로 한 피고의 면책 주장에 대하여는 판시와 같은 이유를 들어 모두 배척하였는바, 기록에 의하여 살펴보면 원심의 사실인정과 판단은 모두 정당하고, 채증법칙 위배, 화물에 대한 설명의무 또는 특별손해의 배상에 관한 법리오해 등의 위법이 없다.

44) 최준선 교수와의 전화인터뷰 (인터뷰일: 2006. 7. 20.).

45) 입법론으로서 운송인이 운송을 완료한 때에 상당액의 할증운임을 청구할 수 있다고 정하여야 한다.: 강위두 교수, 손주찬 교수, 서헌제 교수 등도 같은 견해이다.

### (3) 판 례

우리나라에는 이에 관한 선례가 없다. 그런데 일본의 하급심 판결 중 「설령 가격 등에 대하여 운송위탁자로부터 명시가 없었더라도 운송인이 운송물의 내용 등을 알고 있는 이상 운송에 필요한 주의를 해태한 경우의 손해액에 대하여 예지하고 있었던 것이므로, 이 경우 위 약관의 적용에 의하여 운송인의 책임을 경감시키는 것은 부당하다고 할 것인바, 피항소인은 종전부터 계속하여 항소인에게 운송을 위탁하여 왔고 항소인에 대하여는 피항소인의 위탁품이 견제품이었던 것은 알고 있었던 점이 인정되고, 따라서 항소인은 피항소인으로부터 운송물의 품질, 가격 등의 명시가 없었다는 것을 이유로 배상액의 감면을 주장할 수는 없다」라는 판결이 있다.[46] 이는 앞의 학설 중 제1설과는 거리가 있는 것이다.

## 4. 小結論

본 사건에서 원고가 항공사에게 고가물로서 신고한 바는 없으며, 운송인인 피고 측에 고의가 있다고 단정할 수도 없다. 따라서 고가물을 신고하여 항공요금을 추가로 납부하지 않고 당해 물건에 관하여 보험에 가입하지도 않은 원고가 전적으로 손해를 부담하는 방안이 강구될 수 있다. 즉, 항공사는 상법 제136조에 의하여 고가물의 불고지에 의한 면책을 주장할 수 있게 되는 것이다.

반대로 항공사가 우연히 고가물임을 알았다면, 다수설이나 일본의 하급심 판결과 같이 항공사가 보통물로서의 주의 또는 고가물로서의 특별한 주의를 기울였는지를 분석하는 방안도 고려할 수 있다. 이러한 때에는 원고가 항공사의 주의의무 해태를 주장할 수 있는 제반의 입증자료를 제출하였어야 할 것이다.

이 사건에서 개정 바르샤바협약 제3조와 제4조에 대한 법리에 치우쳐 본 쟁점이 다루어지지 않은 것은 다소 유감이다. 그렇지만 사실관계를 보더라도 원고가 항공사의 주의의무 해태를 제대로 입증하였다는 기록이 없으므

---

46) 日大阪高判 昭和 38. 10. 30.「下級民集」第14券 第10號, 2155頁.; 여미숙, 전게논문, 269면에서 재인용.

로, 대법원의 종국적인 판단에 있어서 결론이 크게 달라지지는 않았을 것이라고 추측해 본다.

## V. 被告 航空社의 特別損害에 관한 認知 與否

### 1. 問題의 提起

원고는 이 사건 물건이 매우 중요하다는 점과 그 가액을 짐작할 수 있는 서류를 탁송처리과정에서 알았다고 주장하면서 특별손해에 대한 배상을 요구하였다.

### 2. 通常損害와 特別損害 一般[47]

인과관계가 증명된 손해 중에서 그 배상의 범위에 관하여 민법 제393조는, "채무불이행으로 인한 손해배상은 통상의 손해를 그 한도로 하고(제1항), 특별한 사정으로 인한 손해는 채무자가 그 사정을 알았거나 알 수 있었을 때에 한하여 배상의 책임이 있다(제2항)."라고 규정하고 있다.

통설인 '상당인과관계설'에 의하면, 고찰의 대상이 되는 사정에 관하여 채무불이행 당시에 보통인(평균인)이 알 수 있었던 사정과 채무자가 특히 알고 있었던 사정(보통인이 알 수 없는 사정도 포함된다)을 함께 고찰의 대상으로 하여야 한다(절충적 상당인과관계설).[48] 그리고 민법 제393조 제1항의 "통상손해"는 사회일반의 관념에 따라 어떤 전행사실이 있으면 그 후행사실로서 보통 발생하리라고 생각되는 범위의 손해, 즉 특별한 사정이 없는 한 그 종류의 채무불이행이 있으면 사회일반의 관념에 따라 통상 발생하는 것으로 생각되는 손해를 말한다. 이러한 통상손해에 해당하는지 여부는 상당인과관계설이 제시하는 일반적인 결과발생의 개연성과 그밖에 규범목적, 가해행위의 모습, 가해의 정도 등을 고려하여 판정할 것이다. 따라서 당해 채무

47) 곽윤직 편, 「민법주해 IX」, 채권(2), 박영사, (2004), 533-548면(지원림 집필부분).

48) 상당인과관계를 판단함에 있어서 고찰의 대상이 되는 사정을 기준으로 채무자의 주관에 의한다는 주관적 상당인과관계설, 제3자(법관)가 객관적으로 결정하여야 한다는 객관적 상당인과관계설이 있으나, 채무불이행 당시에 보통인(평균인)이 알 수 있었던 사정과 채무자가 특히 알고 있었던(따라서 보통인이 알 수 없는 사정도 이때에는 포함된다) 사정을 함께 고찰의 대상으로 하여야 한다는 절충적 상당인과관계설이 통설이다.

불이행으로 인하여 생긴 손해 중에서 그 경우에 특별한 사정으로 인하여 발생한 손해, 즉 위의 기준에 의하여 걸러지는 손해는 원칙적으로 배상할 필요가 없다. 그런데 통상손해에 해당하는지 여부를 판단함에 있어서는 채무자의 인식(예견) 유무는 전혀 문제되지 않는다.[49]

한편 민법 제393조 제2항의 "특별손해"는 당해 당사자에 관한 개별적·구체적 사정에 의하여 생긴 손해로서, 비록 그 손해가 특별한 사정으로 인한 것이라 하더라도 채무자가 그 사정을 알았거나 알 수 있었을 때에 한하여 배상되므로, 그 개별적·구체적 사정에 관하여 채무자의 예견 또는 과실로 인한 부지를 조건으로 한다. 따라서 통상손해에 있어서는 상당인과관계가 규준이 되고 채무자의 예견가능성은 문제되지 않음에 반하여, 특별손해에 있어서는 채무자의 예견가능성이 규준이 되는 것이다.[50]

### 3. 小結論

본 사건에서 원고의 손해(장식장 가구의 판매로 얻었을 수익의 상실 및 기타 여행경비 등)가 특별한 사정으로 인한 것이라 하더라도 그 개별적인 사정에 대해 피고인 항공사가 예견할 수는 없었다고 판단된다. 따라서 특별손해를 인정할 만한 증거가 없으므로 배상할 책임이 없다는 대법원의 판단은 지극히 타당한 것이다.

## Ⅵ. 맺는 말

논자는 이 사건에서 대법원의 결론에 대체적으로 찬동하는 바이다.

첫째, 대법원이 피고 항공사의 이 사건 물건 분실행위가 "손해가 생길 개연성이 있음을 인식하면서 무모하게 한 작위 또는 부작위"로 볼 수 없다고 하면서 개정 바르샤바 협약 제22조 제2항의 책임제한 배제사유에 해당하

49) 왜냐하면 '통상손해'란 당사자들이 일반적·객관적으로 당연히 그 채무불이행으로부터 발생하리라고 예상하였을 손해이기 때문이다. 따라서 채권자는 채무불이행과 손해 사이에 자연적 인과관계가 존재하였다는 사실과 통상 생길 손해액을 입증하면 된다.

50) 관련 판례는 너무도 많으므로 여기서 그 모든 판례들을 인용할 수는 없다. 다만 관련서적에서는 판례를 유형화하면서 특별손해로서 시가의 등귀, 목적물의 용도변경, 대체행위에 따른 추가비용 부담, 전매이익의 상실 등을 거론하고 있다. 이에 관한 상세한 내용은 곽윤직 편, 전게서, 544-547면 참조.

지 않는다고 판시한 것은 지극히 타당하다.

둘째, 대법원이 이 사건에서의 임시영수증 발급은 개정 바르샤바협약 제4조의 수하물표 발급에 해당하지 않는다고 한 원고의 새로운 주장을 적법한 상고이유가 아니라고 판단한 부분도 옳다고 본다(물론 동 주장이 위의 첫째 주장에 함유된 것인지를 분석하는 것은 별개의 문제이다). 다만 대법원이 책임제한의 문구가 함유된 제3조의 항공권을 발급받으면 별도의 수하물표가 발급되지 않더라도 책임제한의 이익을 향유할 수 있다고 판단한 것은 다소 아쉬움이 남는다. 개정 바르샤바협약이 제3조의 항공권과 제4조의 수하물표를 별도로 규정하고 있다는 점과 수하물표가 항공권에 일체로서 결합되거나 편입되지 않는 한 수하물표는 협약이 요구하는 요건을 구비하여야 한다는 점을 유념하여야 한다. 따라서 이 사건에서 대법원이 엄격한 요식증권성을 갖추지 못한 상태로 발급한 임시영수증의 적격성을 검토하지 않은 채, 이미 발급된 항공권에 책임제한 문구가 기재되었다는 이유만으로 제4조의 요건을 구비하였다고 판단한 것은 너무 앞서나간 듯한 느낌이다. 왜냐하면 이러한 논의를 확장하면 이 사건과 같은 휴대수하물을 처리함에 있어서 임시영수증의 발급조차 필요없었다는 극단론으로 발전될 위험성 마저 있기 때문이다. 차라리 상법 제136조의 고가물 책임의 법리가 적용되지 않음을 논증한 이후에 피고 항공사에게 책임이 없다는 결론을 도출하는 것이 훨씬 간명하였을 것이라고 생각된다.

셋째, 피고항공사가 원고의 특별손해를 예견할 수는 없었다고 판단되므로 특별손해를 배상할 책임이 없다는 대법원의 판단도 지극히 타당하다.

# 제 3 편

# 資本市場法

# 株券上場法人의 株式買受價格 決定基準*

金 弘 基**

◎ 대법원 2011. 10. 13. 선고 2008마264 결정

## [事實의 概要]

### 1. 두산産業開發(주)과 두산建設(주)의 合併

이 사건은 주권상장법인인 두산산업개발(주)(이하 '두산산업개발' 또는 '대상회사'라고 한다)의 소수주주들이 두산건설(주)과의 합병에 반대하여 주식매수청구구권을 행사하였으나 합의가 이루어지지 않자 법원에 주식매수가격결정을 신청한 사건이다.

두산산업개발은 건축공사업 및 주택사업 등을 목적으로 하는 주권상장법인이다. 두산산업개발(당시, 고려산업개발)은 2001. 4. 16. 서울중앙지방법원으로부터 회사정리절차 개시결정을 받은 이래 회사정리절차 계속 중에 있다가 2004. 1. 10. 동법원으로부터 회사정리절차 종결결정을 받았다. 이후 두산산업개발은 2004. 2. 13. 이사회에서 두산건설과의 합병을 결의하고, 2004. 3. 26. 임시주주총회에서 합병승인결의를 거쳐 2004. 5. 6. 합병등기를 경료하였다.

### 2. 申請人들의 株式買受請求

신청인들은 두산산업개발의 보통주 495,511주(이하 '이 사건 주식'이라고 한다)를 소유한 소수주주들이다. 신청인들은 두산건설과의 합병을 안건으로 하는 2004. 3. 26.자 임시주주총회가 개최되기 전에 두산산업과의 합병에 반

---

* 제21회 상사법무연구회 발표 (2010년 3월 13일)
본 평석은 「상사법연구」 제30권 제1호, 한국상사법학회, (2011)에 게재하였음.
** 연세대학교 법학전문대학원 교수

대하는 뜻을 두산산업개발에게 통지하고, 위 임시주주총회 결의일로부터 20일 이내인 2004. 4. 15.까지 주식매수청구를 완료하였다. 신청인들은 2004. 4. 23. 두산산업개발과 주식매수가격을 협의하였으나 합의가 이루어지지 않자, 서울중앙지방법원에 직접 주식매수가격의 결정을 신청하였다.

## [訴訟의 經過]

### 1. 原審의 決定

#### (1) 금감위 조정절차와의 관계

원심(서울고등법원 2008. 1. 29. 선고 2005라878 결정)은, 구증권거래법(2005. 1. 17. 법률 제7339호로 개정되기 전의 것) 제191조[1] 제3항에 규정된 금감위의 주식매수가격 조정조항에 대하여, 「이 조항은 금감위가 매수가격을 "조정할 수 있다"는 형식으로 규정되어 있어서 금감위의 조정이 반드시 필요한 것으로는 볼 수 없고, 이 조항이 법원에 의한 매수가격결정을 명시적으로 배제하지 아니함에도 불구하고 법원에 의한 매수가격결정을 부인하는 것은 합병에 반대한 주주의 매수가격 산정에 관한 재판청구권을 근거 없이 침해하는 것이 될 뿐 아니라, 주식 보유비율에 관계없이 법원에 매수가격결정을 신청할 수 있는 비상장법인의 주주들과의 형평에 비추어 보더라도(상법 374조의2) 상장법인의 소수주주들에게도 법원의 최종적인 판단에 따른 매수가격결정이 보장되어야 하므로, 증권거래법에서 정한 매수가격에 반대하는 주주는 금감위의 조정절차를 거치지 않더라도 법원에 직접 매수가격결정을 신청할 수 있다」라고 판단하였다.

---

1) 구 증권거래법(2005. 1. 17 법률 제7339호로 개정되기 전의 것) 제191조 (주주의 주식매수청구권) ① 주권상장법인 또는 코스닥상장법인(의) … (합병 등) 결의에 반대하는 주주는 주주총회전에 당해 법인에 대하여 서면으로 그 결의에 반대하는 의사를 통지한 경우에 한하여 자기가 소유하고 있는 주식을 당해 법인에 대하여 주주총회의 결의일부터 20일 이내에 주식의 종류와 수를 기재한 서면으로 매수를 청구할 수 있다.

② 〈생략〉

③ 제2항의 매수가격은 주주와 당해 법인간의 협의에 의하여 결정한다. 다만, 협의가 이루어지지 아니하는 경우의 매수가격은 이사회의 결의일 이전에 유가증권시장 또는 코스닥시장에서 거래된 당해 주식의 거래가격을 기준으로 대통령령이 정하는 방법에 따라 산정된 금액으로 하며, 당해법인이나 매수를 청구한 주식수의 100분의 30이상이 그 매수가격에 반대하는 경우에는 금융감독위원회가 그 매수가격을 조정할 수 있다. 이 경우 매수가격의 조정의 신청은 제2항의 규정에 의하여 매수를 종료하여야 하는 날의 10일 전까지 하여야 한다. 〈이하 생략〉

### (2) 주식매수가격의 결정기준과 기준일

#### (가) 결정기준

원심은, 「이 사건 주식과 같이 공개된 유가증권시장에서 주식이 거래되는 경우에는 시장가치를 기초로 하여 주식의 가치를 평가하는 것이 원칙이라 할 것이나, 시장가치가 주식의 정상가치를 반영하지 못하고 있다고 판단될 경우에는 주식의 객관적 가치를 나타내는 중요한 지표인 순자산가치와 수익가치 등도 고려하여 공정한 가액을 산정하여야 할 것이다」라고 판시하였다. 다만, 이 사건에서는 수익가치를 적정하게 산정하기가 극히 어렵다고 보아서 주식매수가격 산정에서 수익가치를 배제하고 있다.

#### (나) 결정기준일

원심은, 「구 증권거래법 제191조 제3항 단서, 동법 시행령 제84조의9 제2항 제1호 규정의 취지상 주식매수가격 산정기준일은 주식매수청구권 발생의 원인이 된 '이사회 결의일 전일'[2]로 하는 것이 원칙이나, 이 사건의 경우 두산산업개발은 재무구조가 상대적으로 열악한 두산건설과의 합병예정임을 미리 발표하였고, 이와 같이 합병예정사실이 공표된 이후에 주식시장에서 두산산업개발이 발행한 주식의 가격이 지속적인 하락세를 나타낸 사실이 인정되므로, 이사회 결의 전에 합병계획이 발표됨으로 인하여 초래된 주가 하락의 요인을 제거하기 위해서는 위 '합병계획 발표일 전일'을 기준일로 하여 주식매수가격을 결정하는 것이 타당하다」라고 판단하였다.

#### (다) 원심이 산정한 주식매수가격[3]

원심은, 두산산업개발의 시장가치와 순자산가치를 1:1의 비율로 하여서 주식매수가격을 산정하고, 수익가치는 이 사건에서는 산정이 매우 어렵다는 이유로 평가에서 제외하고 있다. 두산산업개발의 순자산가치, 시장가치, 수익가치 산정방법은 아래와 같다.

① 순자산가치(9,053원) : 두산산업개발의 순자산총액 503,839,259,319원(2003. 12. 31. 기준)을 발행주식총수 55,648,975로 나눈 수치이다.

---

2) 제1심은 이사회 결의일 전일을 주식매수가격 결정의 기준일로 하였다.: 서울중앙지방법원 2005. 11. 3. 선고 2004비합151 결정.

3) 주식매수가격: 1주당 금 5,823원 (9,053원+2,593원)/2.

② 시장가치(2,593원) : 합병계획 발표일 전일(2004. 1. 12)을 기준일로 하여서 과거 2월간, 과거 1월간, 과거 1주간 유가증권시장에서 거래된 최종 시세가격을 실물거래에 의한 거래량을 가중치로 한 가중산술평균가격을 구하여 위 각 가격을 산술평균한 수치이다.

③ 수익가치(산정에서 제외) : 원심은 두산산업개발과 두산건설이 합병하지 않았더라면 각각 달성할 수 있었을 매출액과 그에 상응하는 비용을 추정하는 것이 매우 어렵고, 대손상각비의 회수 가능 여부에 따라 향후 2개 사업연도의 추정경상이익이 무려 240억 원이나 차이가 생길 수 있는 등 이 사건 주식의 수익가치를 산출하는 것은 매우 어렵다고 하면서, 수익가치는 평가에서 제외하였다.

[표] 사건의 개요

| 대상회사<br>(상호변경 : 고려산업개발 → 두산산업개발 → 두산건설) |
|---|
| ○ 2001. 4. 16. 고려산업개발 회사정리결정<br>○ 2003. 12. 19. 제3자 배정에 의한 대규모 유상증자<br>○ 두산건설, 두산중공업이 고려산업개발 경영권 인수<br>○ 2004. 1. 10. 회사정리절차 종결<br><br>〈두산건설과의 합병 절차〉<br>○ 2004. 1. 13. 노동조합에 합병통고<br>○ 2004. 2. 13. 이사회 결의<br>○ 2004. 3. 26. 임시주주총회 결의<br>○ 2004. 5. 6. 두산건설 합병등기(합병 등기시 상호를 '고려산업개발주식회사'에서 '두산산업개발주식회사'로 변경)<br><br>○ 신청인들(495,511주)[4] 서울중앙지법에 주식매수가격 결정신청 |

4) 합병에 반대하면서 주식매수를 청구한 주주들의 전체 보유주식 수는 4,335,366주에 달하였으나, 이 사건 주식 495,511주를 제외한 나머지 주주들은 두산산업개발이 제시한 보통주 1주당 2,128원의 매수가격을 수용하였다.

| | 1주당 주식매수가격 | |
|---|---|---|
| 고려산업개발 | 2,128원[5][6] | ○ 대상회사가 주주에게 제시한 가격 |
| 제1심 | 7,005원<br>{(9,053[7]×2+2,128+781[8]))/3} | ○ 순자산가치, 시장가치, 수익가치를 2:1:1의 비율로 산정 |
| 원심 | 5,823원<br>{(9,053+2,593[9]))/2} | ○ 순자산가치와 시장가치를 1:1로 산정 (수익가치 제외) |
| 대법원 | 파기환송 | |

## 2. 大法院의 決定

### (1) 금감위 조정절차와의 관계

대법원은 원심의 판단을 그대로 받아들였다. 그 이유는 원심 결정의 내용과 같다(앞의 1. (1) 참조).

### (2) 주식매수가격의 결정기준

대법원은, 「주권상장법인의 경우 원칙적으로 시장주가를 참조하여 매수가격을 결정하여야 하며, … 매수가격 결정신청사건의 제도적 취지와 개별 사안의 구체적 사정을 고려하여 이사회결의일 이전의 어느 특정일의 시장주가를 참조할 것인지, 또는 일정기간 동안의 시장주가의 평균치를 참조할 것인지, 구증권거래법 시행령 제84조의9 제2항 제1호에서 정한 산정 방법 중 어느 하나에 따라 산정된 가격을 그대로 인정할 것인지 등을 합리적으로 결정할 수 있다. 나아가 당해 상장주식이 유가증권시장에서 거래가 형성되지 아니한 주식이거나 시장주가가 가격조작 등 시장의 기능을 방해하는 부정한

---

5) 이사회 결의일(2004. 2. 13.) 당시 두산산업개발 주가 1주당 1,920원을 기준으로 두산산업개발이 제시한 주식매수가격이다.

6) 2004. 2. 12. 고려산업개발 보통주의 거래소 거래가격은 2,950원이었으나, 이사회 결의일인 2004. 2. 13. 고려산업개발 보통주의 거래소 거래가격은 1,920원으로 약 37% 가까이 폭락하였다. 그러나 합병 약 2년 후인 2005. 12. 1. 기준으로 두산산업개발의 주가는 1주당 10,400원으로 상승하였다.

7) 1주당 순자산가치 9,053원 : 순자산총액 503,839,259,319원(2003. 12. 31. 현재)을 발행주식총수 55,648,975로 나눈 수치이다.

8) 1주당 수익가치 781원 : 회계법인이 제시한 최소금액과 최대금액을 산술평균한 수치이다.

9) 1주당 시장가치 2,593원 : 원심은 합병계획 발표일 전날(2004. 1. 12.)의 거래소주가를 시장가격으로 산정하였다(원심판결문 5-6면).

수단에 의하여 영향을 받는 등으로 당해 주권상장법인의 객관적 가치를 제대로 반영하지 못하고 있다고 판단되는 경우에는, 시장주가를 배제하거나 또는 시장주가와 함께 순자산가치나 수익가치 등 다른 평가요소를 반영하여 당해 법인의 상황이나 업종의 특성 등을 종합적으로 고려한 공정한 가액을 산정할 수도 있으나, 단순히 시장주가가 순자산가치나 수익가치에 기초하여 산정된 가격과 다소 차이가 난다는 사정만으로 위 시장주가가 주권상장법인의 객관적 가치를 반영하지 못한다고 쉽게 단정하여서는 아니 된다」라고 판시하고 있다.

**(3) 파기환송의 이유**

주권상장법인의 경우에는 시장가치(거래소주가)를 기초로 하여서 주식가치를 평가하여야 한다는 것에는 원심과 대법원 입장은 일치하지만, 원심은 이 사건의 경우에 대상회사 주식의 시장가치가 주식의 정상가치를 반영하고 있지 못하다고 보았으나, 대법원은 「단순히 시장주가가 순자산가치나 수익가치에 기초하여 산정된 가격과 차이가 난다는 이유만으로 시장주가가 주권상장법인의 객관적 가치를 반영하지 못한다고 단정하여서는 아니 된다」라고 보았다. 즉, 대법원은 상장법인의 주식가치평가에 있어서 시장주가(거래소주가)에 대한 신뢰를 보다 강력하게 표명하고 있다.

대법원은 「기업이 회사정리절차에 들어간 것은 그 기업의 재무상황이 채무를 더 이상 변제할 수 없는 상황이었기 때문이므로, 시장의 투자자들이 그러한 기업의 시장가치를 정상기업에 비하여 낮게 평가하는 것은 그 기업의 재무상황이 반영된 정상적인 주가반응이라고 할 것이다. 그리고 회사정리절차에 있는 기업은 여전히 회생가능성에 대한 시장의 의구심이 존재하고 정상기업보다 수익창출력이 떨어지는 것이 보통일 것이므로, 그 시장주가가 주당 순자산가치에 상당히 못 미친다는 사정만으로 시장주가가 그 기업의 객관적 가치를 반영하지 못하고 있다거나 거래 이외의 부정한 요인에 의하여 그 가격형성이 왜곡되었다고 볼 수 없다」라고 서술하고 있다.

# [評 釋]

## Ⅰ. 序 說

주식가치평가는 특정 주식회사가 발행하였거나 발행예정인 주식가치를 평가하는 것이다. 주식은 해당 주식회사의 기업가치를 지분적 측면에서 나타내는 것이므로,[10] 해당 주식회사의 기업가치를 평가하는 것과도 연결된다.[11] 주식가치평가는 회사의 지배구조와도 연결된다.[12][13]

이처럼 주식가치평가는 그 의미가 매우 중요하다. 그런데 우리나라에서는 주권비상장법인의 주식가치평가방법에 대해서는 상당한 판례가 축적되어 있으나, 주권상장법인의 주식가치평가방법에 대해서는 아직 확립된 판례나 기준이 없다. 이 사건 대상 결정은 주권상장법인의 합병에 있어서 주식매수가격의 결정기준을 제시하고 있는데, 주권상장법인이 가지는 사회적・경제적 영향력을 고려하면 매우 중요한 의미가 있는 결정이다.

이 글에서는 대상 결정의 내용을 분석하면서, 상장법인에 적합한 주식

---

10) 주식의 본질에 관하여 통설인 "사원권설"에 의하면 기업가치와 주식가치는 동일하게 되고 합병이나 영업양도 등 반대주주의 주식을 매수함에 있어서는 비례적인 지분가치를 보장할 필요성이 있게 된다.

11) 그 밖에도 주식가치평가는 여러 분야에 관련되어 있다. 주식가치평가는 ① 경영실적 평가, 이익배당 등에서 중요한 역할을 한다. 주식가치의 증감은 경영진의 경영성과를 평가하거나 이익배당을 결정함에 있어서 중요한 기준이기 때문이다. ② M&A거래에서도 중요한 의미를 가진다. 매매대상 주식의 가치를 평가하는 것은 M&A거래에서 가장 핵심적인 부분이다. ③ 주식가치평가는 기업회계와 공시의 정확성과도 연결된다. 주식가치평가에 사용되는 자료들은 해당 기업의 회계와 공시에 관련된 정보들이고, 이러한 정보에 기초해서 주식가치평가가 이루어지기 때문이다.

12) 주주 이외의 제3자에게 신주, 전환사채, 신주신수권부사채 등을 발행하는 경우, 그 가치를 평가하여 발행가격을 정하는 것은 회사지배구조에 직접적인 영향을 미친다. 특히 2011년 4월부터 시행되는 개정상법에서는 회사의 자기주식 취득과 처분에 대한 제한이 완화되고(개정상법 제341조, 제342조), 회사의 자기주식으로 교환할 수 있는 교환사채의 발행 등이 자유로워지는데(개정상법 제469조 제2항 제2호; 2011년 12월 28일 입법예고된 상법시행령 제22조 제1항), 자기주식 처분가격이나 신종사채의 발행조건을 정하는 것이 회사지배구조나 경영권 방어에 직접적으로 연결될 수 있게 되었다.

13) 회사재무제도가 회사의 지배구조에 밀접히 연결되어 있다는 것은 지배적인 견해이다.: Oliver E. Williamson, Corporate Finance and Corporate Governance, Vol. XLIII, No. 3 Journal of Finance 567, 588 (July 1988).; 삼성 에버랜드 전환사채 발행 사건(대판 2009. 5. 29. 선고 2007도4949(전합)), 삼성 SDS 신주인수권부사채 발행 사건(대판 2009. 5. 29. 선고 2008도9436 판결)도 업무상 배임죄의 형사책임 여부가 문제된 것이지만, 이사의 주의의무와 전환사채 발행가격의 적정성 등 상법상의 쟁점이 본질에 있다.

가치 평가방법이 무엇인지를 고민해 보았다. 이와 관련하여 각국의 입법례 및 판례를 살펴보았고, 대상결정에서 제기된 법적 쟁점들을 분석하면서 향후 해석의 방향을 제시하였다.

## Ⅱ. 株券上場法人의 株式價値評價[14)]

주권상장법인의 주식매수가격을 결정하기 위해서는 다양한 주식가치평가방법, 각국의 입법례 및 판례를 살펴볼 필요가 있다. 아래에서는 이에 관한 내용을 차례로 살펴본다.

### 1. 株式價値評價方法[15)]

#### (1) 자산가치평가법

자산가치평가법은 자산총계에서 부채총계를 차감하여 순자산가치를 산정하고 다시 순자산가치를 발행주식총수로 나누어 주식가치를 산정하는 방법이다. 장부상의 가격보다는 시가를 기준으로 자산가치를 평가하는 것이 일반적이며, 우리나라, 일본, 유럽 등에서 많이 사용된다.

자산가치평가법은 객관성이 높고, 평가방법이 간단하며, 검증 가능하고, 해당 기업의 회계장부나 실사자료 등이 있는 경우에는 그러한 자료를 반영할 수 있다는 장점이 있다. 제조업 및 성숙단계에 도달한 기업에 적용할 경우 효과적이다. 그러나 자산가치평가법은 평가대상기업의 미래수익성, 현금창출능력, 산업위험, 재무위험 등을 반영하지 못하고, 기술력, 연구개발, 영업권과 같은 무형의 가치에 대한 평가가 어려우며, 미시적이고 부분적인 평가로 흐르기 쉽다는 단점이 지적된다.

#### (2) 수익가치평가법

수익가치평가법은 해당 기업의 미래수익을 적정할인율로 할인한 현재

---

14) 본문 Ⅲ. 부분은 김홍기, "현행 주식가치평가의 법적 쟁점과 '공정한 가액'에 관한 연구", 「상사법연구」, (2011), 163-177면의 내용을 요약한 것임을 밝혀둔다.

15) 일반적으로 주식가치 평가요소로는 ① 자산가치, ② 수익가치, ③ 시장가치, ④ 계속기업가치, ⑤ 사업의 성격, ⑥ 당해 회사의 재무상태, ⑦ 배당실적, ⑧ 현금 흐름(cash flow) 등이 흔히 거론된다. 이 가운데 특히 중요하게 다루어지는 것이 자산가치, 수익가치, 시장가치라고 할 수 있다.

가치로 주식가치를 평가하는 방법이다.[16] 미래의 영업이익을 할인대상으로 하는 '영업이익할인법', 미래의 순이익을 할인대상으로 하는 '순이익할인법', 미래의 영업현금흐름을 할인대상으로 하는 '현금흐름할인법' 등이 있으며, 현금흐름할인법이 가장 많이 사용된다.

수익가치평가법(특히 현금흐름할인법)은 이론적인 측면에서는 가장 우수하다는 평가[17]를 받지만, 수요와 공급에 의하여 형성되는 가격정보는 제공하지 못하고, 추정과 가정의 불확실성으로 객관성이 부족하며, 평가방법이 복잡하여 검증가능성이 낮다는 단점이 지적된다.

우리나라의 기업회생절차에서는 회생절차의 특성이 감안되어 미래의 수익흐름을 평가하는 현금흐름할인법이 채택되어 있다(대법원 회생사건의 처리에 관한 예규 제9조 제2항).[18] 상속세 및 증여세법(이하, '상증세법'이라 한다)은 수익가치평가법의 단점을 보완하고 객관성을 부여하기 위하여 미래 수익률 추정치가 아닌 '과거의 수익률'[19]을 기준으로 순손익가치를 산정하고 있다.

### (3) 시장가치평가법

시장가치평가법은 시장메커니즘을 통해서 주식가치를 평가하는 방법을 말한다. 해당 주식의 거래가격을 기준으로 하는 '주가기준평가법', 비슷한 기업의 주식평가사례를 기준으로 해당 기업의 주식가치를 평가하는 '상대가치평가법', 시장승수를 사용하는 '시장승수평가법' 등이 이 범주에 속한다.[20]

---

16) 대법원은 「장래에도 계속 성장할 것으로 예상되는 기업의 주식가격은 기준시점 당시 당해 기업의 순자산가치 또는 과거의 순손익가치를 기준으로 하여 산정하는 방법보다는 당해 기업의 미래의 추정이익을 기준으로 하여 산정하는 방법이 그 주식의 객관적인 가치를 반영할 수 있는 보다 적절한 방법이나」라고 한다.· 대법원 2005. 6. 9. 선고 2004두7153 판결(대림정보통신 사건). 이 사건의 평석은 전현정, "비상장주식의 매수가격 결정기준", 「대법원판례해설」 제63호, 법원도서관, (2007), 231면 이하.

17) 현금흐름할인법이 기업가치를 가장 정확히 반영한다는 견해가 많다.: 안영철, "기업의 인수·합병시 기업가치평가방법에 관한 검토(Ⅱ)", 「월간조세」, (1996), 109면.

18) 회생절차에서의 기업가치평가와 관련한 내용은 김성용, "회생절차에서의 기업가치평가", 「한국상사판례학회」, 제104회 정기학술대회 자료집, (2010), 7면.

19) 비상장주식의 가치는 1주당 순손익가치와 1주당 순자산 가치를 각각 3과 2의 비율로 가중평균한 가액으로 한다. [1주당 순손익가치 = 1주당 최근 3년간의 순손익액의 가중평균액 ÷ 금융기관이 보증한 3년만기회사채의 유통수익률을 감안하여 기획재정부장관이 정하여 고시하는 이자율('순손익가치환원율')]. : 상속세 및 증여세법 제63조 제1항 제1호 다목, 동법 시행령 제54조 제1항.

20) 대법원은 「객관적 교환가치가 적정하게 반영된 정상적인 거래의 실례가 있는 경우에는

주가기준평가법은 상장법인의 경우에 특히 유용하다. 이 사건 대상결정에서 보는 것처럼 거래소주가는 다수의 투자자가 당해 법인에 관한 정보에 기초하여 내린 투자판단에 의하여 당해 기업의 객관적 가치가 반영되어 형성된 것으로 볼 수 있기 때문이다. 그러나 비상장기업에서는 거래사례가 드물거나 거래가격에 커다란 차이가 있거나 경영권 이전 등 특수한 상황에서 거래되는 경우가 많을 것이므로 시장가격이 정확한 주식가치를 반영한다고 보기는 어려울 수 있다.

상대가치평가법은 매출액, 순자산가치, 당기순이익 등이 유사한 비교대상기업을 선정한 후, 그 기업의 주가와 비교하여 해당 회사의 주식가치를 평가하는 방법이다. 유사기업의 주가와 재무제표를 활용하여 비교하는 것이므로 쉽게 사용할 수 있지만,[21] 시장이 협소한 우리나라에서는 유사기업을 선정하는 것이 어렵고 시장의 효율성이 낮은 경우에는 유사기업의 주가 자체도 부적절한 경우가 많을 것이다.

시장승수평가법은 해당 업종에 통용되는 특정한 수치를 활용하여 주식가치를 평가하는 방식이다. 예를 들어 유통회사의 경우 연간 매출액 규모가 기업의 매매가격으로 통용되고, 케이블TV회사의 경우 가입가구수에 일정한 배율을 곱한 금액이 해당 기업의 가치로 인정되기도 한다. 업종에 따라서는 순이익에 일정액을 곱한 금액이 해당 기업의 가치로 인정되기도 한다.

## 2. 外國의 立法例 및 判例

### (1) 미 국

#### (가) 모범회사법

미국 모범회사법(MBCA)은 주식매수시에 '공정한 가격(fair value)'[22]을

---

그 거래가격을 시가로 보아 주식의 가액을 평가할 것이다」라고 하는데(대법원 2005. 4. 29. 선고 2005도856 판결), 이는 원칙적으로 시장가치평가법을 취한 것이다. 그러나 실제 분쟁이 발생하는 경우에는 객관적 교환가치가 없거나 이에 대한 다툼이 있는 경우가 대부분일 것이므로 자산가치평가법, 수익가치평가법 등이 사용되는 경우가 많다.: 대법원 2005. 6. 9. 선고 2004두7153 판결; 대법원 2009. 5. 29. 선고 2007도4949 판결 등.

21) 대법원은 유선방송사인 은평방송의 주식매수가격을 결정함에 있어서, 비슷한 시기에 주식매매가 이루어진 관악방송, 서초종합유선방송 등 다른 유선방송회사의 주식매매가격을 참고할 수 있음을 내비치고 있다.: 대법원 2006. 11. 24. 선고 2004마1022 결정.

지급하도록 하고 있다. 주식의 공정한 가격이라 함은, (i) 주주가 반대하는 회사 행위의 효력이 발생하기 직전을 기준으로, (ii) 해당 거래 상황과 유사한 사업에 대해서 일반적으로 채택되고 있는 통상적이고 통용되는 가치평가의 개념과 기법을 사용해서, 그리고 (iii) 해당 주식에 대한 시장성의 부족 또는 소수주식이라는 이유로 가치를 평가절하 하지 않은 채, 결정되는 해당 회사 주식의 가격이다(MBCA §13.01(4)). 회사는 주주로부터 매수청구를 받은 날로부터 30일 내에 스스로 '공정한 가격'에 발생한 이자를 더하여 주주에게 지급하여야 한다(MBCA §13.24(a)).[23]

**(나) 델라웨어 블록방식**

델라웨어주 대법원을 비롯한 많은 주 법원에서는 주식매수가격 등을 산정할 때 델라웨어 블록방식(Delaware block approach)을 채택하여 왔다. 델라웨어 블록방식은 기업의 자산가치, 수익가치,[24] 시장가치[25]의 3가지 요소를 적절히 가중평균하여 주식가치를 평가하는 방식이다. 법원은 당해 사건의 특성을 종합적으로 고려하여 자산가치, 수익가치, 시장가치 중 어디에 가중치를 부여할지를 결정한다.

델라웨어 블록방식에 대해서는 평가요소의 하나인 자산가치의 개념 자체가 청산가치(liquidation value)와 유사할 수밖에 없으므로 계속기업을 전제로 하는 주식가격 산정방식으로는 적절치 않고,[26] 과거 수익률을 근거로 하

---

22) 공정한 가치(fair value)와 공정한 가격(fair price)에 대해서는 그 개념을 구분하는 서술이 있다.: 김병연, "주식매수청구권제도의 개선에 관한 연구", 「상장협」 제48호, 상장회사협의회, (2003), 48-49면.

23) 회사는 스스로 평가한 매수가격을 지체 없이 지급하여야 하며, 지급액에 대한 이견이 있다고 하여도 이를 이유로 지급을 연기할 수는 없고, 법원의 매수가격결정을 기다릴 수 없다.: ABA, MBCA: Official Text with Official Comment and Statutory Cross-references Revised through June 2005 (ABA, 2005), p. 13-37.

24) 자산가치는 회사의 보유자산을 시가로 평가한 후 부채를 공제하여 계산한다. 수익가치는 회사의 수익력을 측정하는 것으로서 통상 과거 5년간의 평균수익을 기준으로 산출한다.: David Cohen, Comment, Valuation in the Context of Share Appraisal, 34 Emory L. J. 117, 138 (1985).

25) 시장가치는 거래가 활발하게 이루어지는 주식인 경우에는 일정기간 동안의 거래가격에서 외부요소를 제거하는 방식으로 평가하고, 이러한 거래가 없는 주식의 경우에는 가상시장에서의 거래가격을 추정하는 방식으로 평가한다.: Alexander Khutorsky, Coming in from the Cold: Reforming Shareholders' Appraisal Rights in Freeze-out Transactions, 1997 Colum. Bus. L. Rev. 133, 144-45 (1997).

는 수익가치 측정 방식도 장래 수익이 보다 중요한 기업현실에 맞지 않으며,[27] 소수주주에게 불리한 지표에 가중치가 부여될 가능성이 높아서 소수주주에게 불리한 결과가 나올 가능성이 높고,[28] 다양한 결과가 모두 타당한 것으로 받아들여질 가능성이 높은 점[29] 등이 단점이다.

**(다) 와인버거 판결**

델라웨어 대법원은 1983년 이른바 와인버거 판결[30]에서 「… 델라웨어 블록방식은 법원 및 기업사회에서 일반적으로 승인되고 있는 평가기법을 배척하는 한 시대에 뒤떨어진 것이다. … 법원은 '전문가들 사이에서 인정되는 새로운 주식가치평가기법'을 자유롭게 받아들일 수 있다」라고 하였다.[31] 이는 자산가치, 수익가치, 시장가치의 3 요소 이외에도 가격에 영향을 미칠 수 있는 모든 요소들을 종합적으로 고려하여 주식가치평가를 할 수 있다는 취지로 해석된다.

델라웨어 대법원의 이러한 입장은 그 후의 판례들[32]에서도 유지되고 있으며, 적어도 델라웨어주 회사법상의 주식매수가격 산정에 있어서는 결정적인 해석원리로 인정받고 있다.[33] 다만 와인버거 판결은 전통적인 델라웨어 블록방식의 채택을 거부하는 것은 아니라는 사실은 주의해야 한다. 와인버거 판결은 주식가치평가를 위해서는 적절한 방식을 사용할 수 있다는 것이지, 전통적인 델라웨어 블록방식의 채택을 금지하는 것은 아니기 때문이다. 델라웨어 블록방식을 적용하는 사례도 여전히 많다고 한다.[34]

---

26) David Cohen, op. cit., at 135.

27) Id., at 139.

28) Elmer J. Schaefer, The Fallacy of Weighting Asset Value and Earnings Value in the Appraisal of Corporate Stock, 55 S. Cal. L. Rev 1031, 1039-1040 (1982).

29) Alexander Khutorsky, op. cit., at 144-145.

30) Weinberger. v. UOP, Inc, 457 A. 2d 701 (Del. 1983).

31) Weinberger v. UOP, Inc., 457 A.2d 701, 712-13 (Del. 1983).

32) Kahn v. Household Acquisition Corp., 591 A. 2d 166, 174 (Del.1991); Cede & Co. v. Technicolor, Inc., 684 A. 2d 289, 297 (Del. 1996).

33) Justin B. Wineburgh, Commentary: Recent Developments in Delaware Corporate Law: Cede & Co. v. Technicolor, Inc.: Appraising Dissenters' Shares: The "Fair Value" of Technicolor, 22 Del. J. Corp. L., 293-294 (1997).

34) Id.

### (2) 일 본

일본에서는 상장주식과 비상장주식의 차이를 주목하고 양자를 구분하여 주식가치를 평가하려는 것은 우리나라와 비슷하다.

#### (가) 비상장주식

비상장주식에 대해서는 자산가치, 수익가치, 유사업종비교방식 등 다양한 평가방식들이 제시되고 있는데 통설은 없어 보인다.

하급심 판결례는 특정한 주식가치 평가방식을 선호하기보다는 여러 가지 요소를 기업의 특성에 따라 가중치를 달리하여 평균한 다음 비상장주식의 가액을 산정하는 경향이다. 다만 상속세 및 증여세의 산정에 적용되는 유사업종비교방식을 따르는 사례가 압도적으로 많다.[35] 그러나 최근에는 시장가치만으로 결정하는 사례가 증가하는 추세에 있다.

#### (나) 상장주식

상장주식에 대해서도 비상장주식과 같이 모든 요소를 종합적으로 고려하자는 입장이 다수인 것처럼 보인다.[36]

그러나 상장주식의 경우에는 시장가치, 특히 거래소 주가가 있는 경우에는 이를 기준으로 하자는 견해가 유력해지고 있다.[37] 판례에서도 상장주식에 대해서는 증권시장의 주가를 가장 신뢰할 수 있는 것으로 보아 거래소 주가를 기준으로 하는 경우가 많이 보인다.[38][39]

---

35) 龍田節, 「會社法」, (1999), 202頁. 이에 대해서는 안이하게 세무행정상의 방식에 너무 의존하는 경향이 있다는 비판이 제기되고 있다.; 竹內昭夫・松下滿雄, "企業の合併dと分割", 「現代企業法講座 Ⅲ; (企業運營)」, 東京大學出版會, (1985), 436頁.

36) 服部/星川, 「會社法」, (1991), 263頁; 鈴木/竹內, 「會社法」 第3版, (1994), 252頁; 江頭憲治郎, "合併發表後に取得した株式の買取價格", 「會社 判例百選」 第6版, (1998), 179頁; 江頭憲治郎, "株式の平價", 「別册ジュリスト」 第80號, (1983), 212頁.

37) 澁谷光子, "株式買取請求における買受價格の決定: いわゆる類似會社比準法と純資産價格法による算出價格の平均 値を用いた例", 「ジュリスト」 第675券, (1978), 139頁; 江頭憲治郎, 「株式會社法」, 有斐閣, (2006), 747頁.

38) 동경지방재판소는 1983년 신청인이 거래소 주가, 즉 시장가격에 의해서 주식매수를 청구하였고, 피신청인은 M&A 발표 등 투기적 요인에 의해서 거래소 주가가 지나치게 상승되어 기준으로 삼기에는 부적합하다고 주장한 사건에서, 비상장주식에 적용되는 배당환원법, 수익환원법, 순자산가치법, 유사업종비교방식 등은 상장주식의 평가에는 적절하지 않으며, 거래소 주가가 주식이 가지는 실질적인 기업가치를 투영시켜 가장 신뢰할 수 있는 가격이라고 하였다. 동법원은 투기적 요인에 의해서 영향을 받은 부분을 확실하게 제거하는 것은

### 3. 우리나라의 立法 및 判例

#### (1) 관련 법규

##### (가) 상　법

합병이나 영업양도 등을 반대하는 주주는 회사에 대하여 자기가 소유하고 있는 주식의 매수를 청구할 수 있다(상 제374조의2 제1항). 주식의 매수가격은 주주와 회사 간의 협의에 의하여 결정하며 협의가 이루어지지 아니한 경우에는 법원에 매수가격의 결정을 청구할 수 있다. 법원이 주식의 매수가격을 결정하는 경우에는 회사의 재산상태 그 밖의 사정을 참작하여 '공정한 가액'[40]으로 산정하여야 한다(동조 제3-제5항).

##### (나) 자본시장법

자본시장법은 상법의 특례를 규정하고 있다. 당사자간에 협의가 이루어지지 아니하는 경우 주식의 매수가격은 증권시장에서 거래된 해당 주식의 거래가격을 기준으로 하되(자 제165조의5 제3항), 주권상장법인 상호간[41] 합병에서는 거래소 주가를 기준으로 하고(동법시행령 제176조의5 제1항), 주권상장법인과 주권비상장법인 사이의[42] 합병에서는 자산가치, 수익가치, 상대가치 등을 고려하여 주식매수

---

사실상 곤란하고, 거래소 주가 자체에 기업의 실질적 가치와 투기적 부분이 포함되어 있다고 판단하였다. 다만, 거래소 주가를 최대한 존중하려면 일정기간 시장가격의 평균가격을 공정한 가격(公正ナル価格)으로 하는 것이 타당하다고 보았다.: 東京地裁 昭和 58. 2. 10. 昭和 五七(ヒ) 三九二號 株式買取価格決定.

39) 본건 주식과 같이 도쿄증권거래소 제1부에 상장되어 있는 주식에 있어서는, 가격조작을 목적으로 하여 부정한 수단이 사용되는 등 일반적인 거래 이외의 요인에 의해 영향을 주어졌다고 인정할 특별한 사유의 없는 한, 거래소 주가를 기초로 그 교환가격을 산정하는 것이 상당하다.: 東京地裁 昭和 60. 11. 21. 昭和 昭 六〇 (ヒ) 一五六號.

40) 반대주주의 주식매수청구시의 '공정한 가액'은 주식가치평가에 있어서 가장 기본적인 개념이며, 지정된 자에 대한 매도가액의 결정(상법 제335조의6), 소수주식의 강제매수가격(2011. 3. 10. 개정상법 제360조의24), 이사와 통모하여 현저하게 불공정한 발행가격으로 주식을 인수한 자의 책임(상법 제424조의2), 주식의 포괄적 교환에 반대하는 주주의 주식매수청구(상법 제360조의5), 합병에 반대하는 주주의 주식매수청구(상법 제530조 제2항) 등의 경우에도 준용될 수 있다.

41) 주권상장법인 간 합병에서는 합병을 위한 이사회 결의일과 합병계약을 체결한 날 중 앞서는 날의 전일을 기산일로 한 다음, 최근 1개월간 평균종가, 최근 1주일간 평균종가, 최근일의 종가를 산술평균한 가액과, 최근일의 종가 중 낮은 가액으로 한다(자본시장법 시행령 제176조의5 제1항, 제176조의7).

42) 주권상장법인과 주권비상장법인 간의 합병에서는 다음과 같이 계산한다. 주권상장법인에 대해서는 주권상장법인 간 합병의 경우와 같은 가격으로 하되, 다만 그 가격이 자산가

가격을 결정한다(동법시행령 제176조의5 제2항). 그러나 법인이나 주주가 그 매수가격에 대하여도 반대하면 법원에 매수가격의 결정을 청구할 수 있다(자 제165조의5 제3항).

**(다) 상속세 및 증여세법**

상증세법은 유가증권시장에서 거래되는 주식 및 출자지분은 한국거래소의 시세에 의하여 평가하도록 하고 있다(상증세법 제63조 제1항 제1호 가목).[43] 코스닥시장상장법인의 주식 및 출자지분 중 대통령령으로 정하는 주식 및 출자지분에 대해서는 이를 준용한다(동호 나목).

**(2) 판　　례**

판례는 주로 비상장주식에 관한 것이지만 객관적인 교환가치가 반영된 정상적인 거래의 실례가 있는 경우와 그렇지 아니한 경우로 나누어서 판단하고 있다.

**(가) 객관적인 교환가치가 반영된 정상 거래의 실례가 있는 경우**

판례는 「… 비상장주식을 거래한 경우에 있어서 그 시가는 그에 관한 객관적 교환가치가 적정하게 반영된 정상적인 거래의 실례가 있는 경우에는 그 거래가격을 시가로 보아 주식의 가액을 평가하여야 한다」라는 입장이다(대법원 2005. 4. 29. 선고 2005도856 판결; 대법원 2005. 10. 28. 선고 2003다69638 판결; 대법원 2006. 11. 23. 선고 2005마958 결정 외 다수). 다만 「거래시기나 거래경위, 거래 후 회사의 내부사정이나 경영상태의 변화 등에 비추어 그러한 거래가격만으로 비상장주식의 공정한 매수가격을 결정하기가 어려운 경우에는 거래가액을 합리적인 기준에 따라 조정하여 공정한 가액을 산정할 수 있다」라고 판시하고 있다(대법원 2006. 11. 23. 선고 2005마958 결정 등).

여기서 정상적인 거래의 실례가 무엇을 의미하는지 명확치 않으나 시장에게 거래되는 가격, 즉 시장가치를 의미한다고 볼 것이다. 다만, 객관적인

---

치에 미달하는 경우에는 자산가치로 할 수 있다(동법 시행령 제176조의5 제1항 제2호 가목). 주권비상장법인데 대해서는 자산가치와 수익가치를 가중산술평균한 가액과 상대가치의 가액을 산술평균한 가액으로 한다(동법 시행령 제176조의5 제1항 제2호 나목). 상세한 계산방식은 증권의 발행 및 공시에 관한 규정 제5-13조(합병가액의 산정기준), 동 시행세칙 제5조(자본가치), 제6조(수익가치), 제7조(상대가치) 등 참조.

43) 한국거래소에 상장되지 아니한 주식 및 출자지분은 순손익가치와 순자산가치를 각각 3과 2의 비율로 가중평균하여 산정한다. 다만 부동산 과대보유법인의 경우에는 1주당 순손익가치와 순자산가치의 비율을 각각 2와 3으로 한다(동법 제63조 제1항 제1호 다목, 시행령 제54조 제1항). 불확정한 수치인 미래의 현금흐름을 추정하는 대신, 과거 3년간의 순손익액의 가중평균수치를 사용함으로써 객관적으로 드러난 숫치를 이용하는 것이다.

교환가치가 반영된 정상적인 거래의 실례이어야 하므로 모든 시장가치를 의미하기 보다는 수요와 공급이 정상적으로 작동되는 시장에서 형성되는 '신뢰성 있는 시장가치'를 뜻한다고 볼 것이다.

**(나) 객관적인 교환가치가 반영된 정상 거래의 실례가 없는 경우**

판례는 「(객관적인 교환가치가 반영된) 정상적인 거래의 실례가 없는 경우에는, 보편적으로 인정되는 여러 가지 평가방법들을 고려하되 그러한 평가방법을 규정한 법규들은 그 제정목적에 따라 서로 상이한 기준을 적용하고 있음을 감안할 때 상증세법 등 어느 한 가지 평가방법이 항상 적용되어야 한다고 단정할 수는 없고, 거래 당시 당해 비상장법인 및 거래당사자의 상황, 당해 업종의 특성 등을 종합적으로 고려하여 합리적으로 판단해야 한다」라고 판시하고 있다(대법원 2005. 4. 29. 선고 2005도856 판결; 대법원 2009. 5. 29. 선고 2008도9436 판결 외 다수).

사정에 따라서는 어느 한 가지 평가방법을 기준으로 하고 나머지 방법은 산정에서 배제하기도 한다.[44] 기준이 되는 주식가치평가방법은 기업의 특성에 따라 다를 수 있다. 예컨대, 자산 중 부동산이 차지하는 비중이 큰 기업의 주식가치는 자산가치에 대해서 가중치를 둘 수 있다. 통신, 방송, 유통, 첨단 IT업종에 종사하는 기업의 경우에는 미래의 수익가치에 가중치를 부여할 수 있다.[45] 브랜드, 기술, 노하우, 인적자원, 기업문화 등의 무형자산들의 비중이 큰 기업의 경우에는, 자산가치 보다는 수익가치에 의한 방법이 적절할 수 있다. 미래의 수익가치 추정이 어렵다면, 경우에 따라서는 과거의 수익가치의 수치를 사용할 수도 있을 것이다(상증세법 시행령 제54조 제1항 참조).

---

44) 당해 사건에서 미래의 수익가치를 산정할 객관적인 자료가 제출되어 있지 않거나, 수익가치가 다른 평가방식에 의한 요소와 밀접하게 연관되어 있어 별개의 독립적인 산정요소로서 반영할 필요가 없는 경우에는 주식매수가격 산정시 수익가치를 고려하지 않을 수 있다.: 대법원 2006. 11. 23. 선고 2005마958 결정(대우전자 사건).

45) 장래에도 계속 성장할 것으로 예상되는 기업의 주식가격은 기준시점 당시 당해 기업의 순자산가치 또는 과거의 순손익가치를 기준으로 하여 산정하는 방법보다는 당해 기업의 미래의 추정이익을 기준으로 하여 산정하는 방법이 그 주식의 객관적인 가치를 반영할 수 있는 보다 적절한 방법이라고 할 것이다.: 대법원 2005. 6. 9. 선고 2004두7153 판결(대림정보통신 사건).

# Ⅲ. 對象 判決의 檢討

## 1. 法院의 最終的 判斷의 不可避性

이 사건 대상판결에서는 법원에 매수가격결정을 신청하기 이전에, 구증권거래법 제191조 제3항에 의한 금감위의 주식매수가격 조정절차를 반드시 거쳐야 할 필요가 있는지가 문제되어 있다. 원심과 대법원은 모두 금감위의 조정절차가 필수적인 절차는 아니라고 보았다(Ⅱ. 3. (1) 참조).

이와 관련하여 구증권거래법 제191조 제3항을 엄격하게 해석하면 금감위의 조정절차가 최종절차로 보여질 소지를 배제할 수 없다는 견해가 있을 수 있다. ① 구증권거래법 제191조(주주의 주식매수청구권)는 금감위의 매수가격 조정절차만을 규정하고 있을 뿐 법원에 의한 매수가격 결정절차는 규정하고 있지 않고, ② 비송사건절차법 제86조의2 제1항도 "법원은 상법 제374조의2 제4항 및 그 준용규정에 의한 주식매수가격의 결정"이라고만 규정하고 있어서 주권상장법인의 주식매수가격 결정절차는 그 적용대상에 포섭되지 않는 것처럼 해석될 소지도 있기 때문이다.[46][47]

나름 일리가 있는 논거이지만, 다음과 같은 이유로 대법원 결정에 찬성한다. ① 제정법에서 아무리 상세하게 규정하더라도 매수가격의 결정이 가지는 분쟁의 속성상 당사자 간의 합의가 있기 전까지는 법원의 최종적인 판단이 불가피하다. 실제로 금감위에 조정신청이 접수된 경우에도 대부분 조정신청이 반려되는 사례가 많다. 이러한 측면에서 법원의 최종적인 매수가격결정이 불가피하다고 보면, 금감위의 조정절차를 필수적 절차로 굳이 볼 필요가 없다. ② 증권거래법, 비송사건절차법은 법원의 매수가격결정절차를 명시적으로 배제하고 있지 않고, 강제성이 없는 금감위 조정절차로서는 당사자의 합의를 이끌어 내기는 사실상 거의 어렵다. ③ 금감위의 조정절차를 최종적인 것으로 해석한다면 국민의 재판권 침해 논란과 소수주주들의 재산권을

---

46) 실제로 증권거래법의 법문에 충실하여 금융감독위원회의 결정 가격이 최종적임을 전제로 구증권거래법 제191조 제3항을 비판하는 견해도 있다. 정동윤 교수는 "당해법인이나 매수를 청구하는 주주의 100분의 30 이상이 그 매수가격에 반대하는 경우에 … 증권관리위원회가 최종적으로 매매가격을 결정할 수 있도록 한 것은 법리상 문제가 있다고 여겨진다."고 서술하고 있다.: 정동윤, "개정상법상의 주식매수청구권에 관하여", 「법조」 제45권 제11호, 법조협회, (1996), 116-17면.

47) 이 사건 본인(두산산업개발)도 이러한 주장을 하고 있다.

침해할 소지가 높다. ④ 외국에서도 당사자 간의 협의와 법원의 주식매수가격 결정의 2단계 절차가 통상적이다. 이러한 내용을 고려하면, 법원이 최종적으로 주식매수가격을 결정하는 것은 불가피하다. 학설상 다수 견해[48]이며, 이 사건의 제1심, 원심, 대법원 모두 같은 입장이다.

### 2. 去來所 株價는 株券上場法人의 客觀的 價値를 反映

#### (1) 상장주식의 특수성

상장회사는 많은 시장정보가 시장에 나와 있고 다수의 사람들이 관심을 가지고 있기 때문에 그 주식가치를 평가하는 것이 상대적으로 쉬운 것처럼 보인다. 그러나 상장회사는 그 규모와 사회·경제적으로 미치는 영향력이 크고, 전환사채 등 주식과 채권의 성질을 겸유하는 복합적인 증권이 발행되는 경우가 많기 때문에 쉽게만 생각할 일은 아니다. 각국의 역사적·철학적 배경도 주식가치 평가방법의 선택에 영향을 미칠 수 있다.

이러한 내용을 고려하면, 상장법인의 주식가치평가와 관련하여 크게 두 가지의 해석방향이 있을 수 있다. 하나는, 상장법인도 비상장법인과 다를 바 없으므로 비상장법인과 동일한 기준을 적용하자는 견해가 있을 수 있다. 다른 하나는, 상장법인의 주식은 거래소를 통해서 거래되므로 거래소주가를 최대한 존중해서 결정하자는 견해가 있을 수 있다. 아래에서는 이들 두 가지의 입장을 뒷받침할 수 있는 논거를 생각해 보고, 이 사건의 대상 결정이 어떠한 입장을 취하고 있는지, 향후 상장법인의 주식가치평가는 어떻게 할 것인지를 살펴보고자 한다.

#### (2) 비상장법인과 동일한 기준을 적용하는 해석방향 : 시장가치, 자산가치, 수익가치 등을 모두 고려하여 주식가치를 산정하는 견해

##### (가) 논 거

상장주식의 경우에도 비상장주식과 차이를 두지 않고 시장가치, 자산가

---

48) 同旨: 이승철, "주식매수청구권에 관한 증권거래법 규정에 대한 비판적 검토", 「저스티스」 제105호, 한국법학원, (2008), 89면; 김창종, "주식매수청구권", 「증권거래에 관한 제문제(상)」, 법원도서관, (2001), 639면; 임재연, "개정 상법상 주식매수청구권", 「법률실무연구」 제27집, 서울지방변호사회, (1997), 198면; 권기범, "현행 주식매수청구권 제도의 개선방향", 「상장협」 제41호, 상장회사협의회, (2000), 73면.

치, 수익가치 등을 종합적으로 고려하여 상장법인의 주식가치를 산정하자는 견해가 있을 수 있다. 상장주식에 대해서도 객관적인 교환가치가 반영된 정상적인 거래의 실례를 찾아야 하고, 당해 주권상장법인의 상황 및 업종의 특성 등을 종합적으로 고려하여야 한다는 입장이다. 이를 위해서는 다음과 같은 논거들이 제시될 수 있다.

첫째, 거래소 주가는 투기적 거래, 내부자 거래 등 해당 주식의 실질가치와 무관한 사정에 의해서 영향을 받을 수 있다. 우리나라 증권시장의 성숙도에 비추어 보면 모든 정보가 공개 내지 반영되어 시장가격이 형성되고 있는지는 회의적이며, 거래소 주가가 해당 주식의 내재가치[49]를 정확하게 반영하는 것인지도 의문이다.

둘째, 지배주주나 경영진에 의한 주가조작의 가능성이다. 즉, 합병 등에 반대하는 주주에게 지급할 주식매수금액을 줄이기 위해 주가를 의도적으로 하락시키거나 그 반대로 주가를 상승시키는 등 거래소 주가가 왜곡될 우려가 있다.

셋째, 실증분석 결과에 의하면 주식매수청구권 행사종료일의 주식가격이 하락할수록 주식매수청구를 제기하는 비율이 높아지는데,[50][51] 이는 반대주주에게 확정수익을 얻을 기회를 제공하는 것과 다름이 없다. 즉 거래소 주가를 기준으로 주식매수가격을 산정하는 경우, 합병이나 영업양도 등이 소수주주에게 부당한지의 여부와 무관하게 소수주주에게 일종의 옵션을 제공하는 결과를 가져올 수 있으며 주식매수청구권을 행사하지 않는 주주와의 형평성이 문제된다.[52]

---

49) 델라웨어 법원은 1930년대 초에 주식의 '내재가치'와 '시장가치'를 구분하고 계속기업으로서의 비례가치 개념을 사용하였다.: Christine T. Di Guglielmo, What Happened in the Delaware Corporate Law and Governance form 1992-2004? A Retrospective on Some Key Developments, 153 U. Pa. L. Rev. 1399, 1487 (2005).

50) 김근수 · 변진호, "주식매수청구권 행사 결정요인에 대한 분석", 「증권학회지」 제36권 제3호, 한국증권학회, (2007), 465면 이하 분석 참조.

51) 주식시장이 전반적으로 침체하였던 2000년과 2002년은 주식매수청구권 행사가 상대적으로 많았으나, 2001년과 2003년의 평균 주식매수청구 대금은 2000년과 2002년의 주식매수청구대금의 1/10에도 미치지 못하였다.: 이승철, "주식매수청구권에 관한 증권거래법 규정에 대한 비판적 검토", 「저스티스」 제105호, 한국법학원, (2008), 97면.

52) 이승철 변호사는 증권거래법상 상장주식에 대한 주식매수가격 산정방식이 지나치게 일률적으로 규정되어서, 주주들이 거래소 주가가 자신의 이익에 합치하는지의 여부에 따라

넷째, 해당 상장회사 수익의 대부분이 상품의 제조나 판매에 의하지 아니하고 자산운용 등에 의하여 발생하는 등 사정이 있는 경우에는, 거래소 주가 보다는 자산가치에 보다 가중치를 두어서 주식가치를 평가하는 것이 타당하다.[53]

**(나) 원심의 판단과 이에 대한 평가**

이 사건의 원심이 사실상 이러한 입장을 취하고 있다고 볼 수 있다. 원심은, 「시장가치를 기초로 하여 주식의 가치를 평가하는 것이 원칙이라 할 것이나, 시장가치가 주식의 정상가치를 반영하지 못하고 있다고 판단될 경우에는 주식의 객관적 가치를 나타내는 중요한 지표인 순자산가치와 수익가치 등도 고려하여 공정한 가액을 산정하여야 할 것이다」라고 판시하고 있는데, 이러한 판시는 외관상으로는 거래소 주가(시장가치)를 중시하는 듯 하지만, 실질적으로는 시장가치, 자산가치, 수익가치 등을 모두 고려하여 객관적인 교환가치를 산정하겠다는 종래의 비상장법인에 대한 주식가치평가의 방법과 다를 바 없다. 실제로 주식매수가격이 문제되는 상황에서는 상장주식의 거래소주가가 정상가치를 반영하는 것인지 다툼이 있는 상황이 대부분일 것이기 때문이다.

그러나 원심과 같은 입장을 취하면 어떠한 이유로든지 자산가치, 수익가치, 시장가치의 평가를 통해서 법원 나름대로 객관적 교환가치를 찾으려고 할 것인데, 이러한 해석은 상장법인에 있어서는 타당하지 않다. 이 사건 대상 판결에서 대법원이 지적하여 표현하고 있는 것처럼, 거래소 주가는 유가증권시장에 참여한 다수의 투자자의 투자판단에 의하여 당해 기업의 객관적 가치가 반영되어 형성된 것으로 볼 수 있기 때문이다. 다시 말하면, 주식매수가격 결정의 속성상 법원의 개입과 최종적인 판단은 불가피하겠지만, 원심과 같은 태도를 취하게 되면 시장가치, 수익가치, 자산가치 등에 대한 각급 법원의 태도 차이에 따라서 거래소 주가가 사실상 무의미하게 될 수 있다는 것이다. 이 사건에서도 제1심과 원심은 모두 상장법인의 경우에는 시장가치

---

주식의 매수를 결정한다고 하면서, 이러한 문제를 바로잡기 위해서는 상법과 같은 방식의 일반적 규정만을 두는 것이 바람직하다고 한다.: 이승철, 전게논문, 98면.

53) 澁谷光子, "株式買取請求における買受價格の決定: いわゆる類似會社比準法と純資産價格法による算出價格の平均 値を用いた例", 「ジュリスト」 第675券, (1978), 139頁.

(거래소 주가)를 신뢰하여야 한다면서도, 실제 주식매수가격의 결정금액에서 커다란 차이를 보이고 있음을 알 수 있다.

### (3) 거래소 주가를 상장법인의 객관적 가치가 반영된 것으로 보는 해석

#### (가) 논 거

상장법인의 경우에는 거래소 주가를 객관적 교환가치가 반영된 정상적인 거래의 실례로 보아서 주식가치를 평가해야 한다는 견해가 있을 수 있다. 이에 대한 논거들은 다음과 같다.

첫째, 상법은'공정한 가액'으로 주식매수가격을 결정하지만(상 제374조의2), 상장법인에 적용되는 자본시장법은 증권시장의 거래가격을 기준으로 주식매수가격을 산정하도록 명시적으로 규정하고 있다(자본시장법 제165조의5 제3항, 동법 시행령 제176조의5). 그럼에도 불구하고 상장주식에 대해서 비상장주식과 같은 기준을 동일하게 적용한다면 이는 자본시장법의 입법취지를 무시하는 것이다.

둘째, 거래소 주가는 그 실질가치가 충분히 반영될 수 있도록 각종 제도적 장치를 마련하고 있으며, 투자자에게 피해를 입힐 우려가 있는 경우에는 거래정지나 관리종목지정 등을 통해서 관리되고 있다. 이는 거래소 주가의 신뢰성을 담보하는 것이다. 자본시장의 건전한 발전을 위해서는 최대한 거래소 주가를 존중하고 신뢰할 필요가 있다.

셋째, M&A 소문, 불공정거래 등 거래소 주가에 투기적 요소가 반영될 수 있다는 우려가 있지만, 거래소 주가 중 어느 정도가 투기적 요인이나 정보의 비대칭에 의해서 왜곡되었는지는 사실상 파악하기 어렵다.[54] 이는 다른 평가방법에 의하는 경우에도 마찬가지이다. 설령 자산가치나 수익가치 등 제반 요소를 반영하여 주식가치를 산정하더라도 투기적 요소들이 반영되는 것을 완전히 피할 수는 없다.

넷째, 거래소 주가를 배제하고 해당 주식의 주식가치를 산정한다는 생각은 허구일 가능성이 높다. 이 사건에 대한 제1심과 원심 법원의 주식매수가격 판단이 크게 차이가 나는 것처럼 평가자의 주관에 따라서 큰 폭의 변동이 있을 수 있고, 설령 평가가 가능하더라도 이는 해당 주식의 내재적 가치를 평

---

**54)** 앞서 살펴본 동경지방재판소 결정이 이러한 입장을 취하고 있다.; 東京地裁 昭和 58. 2. 10. 昭和 五七(ヒ) 三九二號 株式買取価格決定; 東京地裁 昭和 60. 11. 21. 昭和 昭 六〇(ヒ) 一五六號 株式買取価格決定 등 참조.

가하는 것이지 경제학적 측면에서 '가격'을 평가하는 것은 아니다. 아무리 가치가 높아도 살 사람이 없으면 그 가격은 낮게 형성된다.

다섯째, 공정한 가액의 결정에 대한 법원의 절차는 불가피한 경우에 신중하게 이루어져야 한다. 거래소 주가에도 불구하고 재판을 통해서 번복이 가능하다는 인상을 준다면, 시장참가자들이 기준으로 거래하는 주식가치가 나중에 판결에 의해서 변경될 수 있다는 신호를 주는 것이다. 더구나 법원의 판단에는 장기간의 시간이 소요되고, 이는 시장참가자의 예측을 더욱 어렵게 하므로 결과적으로 시장거래의 위축이 불가피해진다.

**(나) 대법원의 판단과 이에 대한 평가**

이 사건 대법원이 사실상 이러한 입장을 취하고 있다고 볼 수 있다. 대법원은, 「주권상장법인의 시장주가는 유가증권시장에 참여한 다수의 투자자가 당해 법인에 관한 정보에 기초하여 내린 투자판단에 의하여 당해 기업의 객관적 가치가 반영되어 형성된 것으로 볼 수 있고, 법원은 원칙적으로 시장주가를 참조하여 매수가격을 산정하여야 한다. 다만 당해 상장주식이 유가증권시장에서 거래가 형성되지 아니한 주식이거나 시장주가가 가격조작 등 시장의 기능을 방해하는 부정한 수단에 의하여 영향을 받는 등으로 당해 주권상장법인의 객관적 가치를 제대로 반영하지 못하고 있다고 판단되는 경우에는, 시장주가를 배제하거나 또는 시장주가와 함께 순자산가치나 수익가치 등 다른 평가요소를 반영하여 당해 법인의 상황이나 업종의 특성 등을 종합적으로 고려한 공정한 가액을 산정할 수도 있으나, 단순히 시장주가가 순자산가치나 수익가치에 기초하여 산정된 가격과 다소 차이가 난다는 사정만으로 위 시장주가가 주권상장법인의 객관적 가치를 반영하지 못한다고 쉽게 단정하여서는 아니 된다」라고 판시하고 있는데, 이러한 판시는 외관상으로는 원심판단과 비슷하지만, 실질적으로는 특별한 사정이 없는 한 거래소주가를 당해 상장법인의 객관적 교환가치가 반영된 것으로 보는 입장이다. 즉, 대법원은 주권상장법인의 주식가치평가에 있어서 거래소 주가(시장가치)에 대한 신뢰를 매우 강력하게 표명하고 있는 것이다.

**(4) 사 견**

상장주식과 비상장주식에 차이를 둘 필요가 없이 자산가치, 수익가치,

시장가치 등을 종합적으로 고려하여 합리적으로 판단하자는 견해[55]도 설득력은 있다. 투기적 요소 등 거래소 주가가 해당 상장법인의 가치를 정확하게 반영한다고 보기 어려운 경우가 많기 때문이다.

그러나 굳이 선택하여야 한다면 상장법인의 경우에는 거래소 주가를 '당해 기업의 객관적 가치가 반영된 정상적인 거래의 실례'로 보는 것이 타당하다. 이러한 취지에서 대법원의 판시에 찬성한다. 다만, 대법원이 적절히 지적한 것처럼 유가증권시장에서 거래가 형성되지 않는 주식이거나, 시장주가가 가격조작 등 시장의 기능을 방해하는 부정한 수단에 의하여 영향을 받는 등으로 당해 주권상장법인의 객관적 가치를 반영하고 있지 못하는 상황이 있을 수 있기 때문에 다음과 같은 조정이 필요하다.

첫째, 거래소 주가를 기준으로 하더라도 신뢰성을 높이기 위해서는'기준일을 조정'[56][57]하거나, 여러 시점의 '거래소 주가를 평균'[58]하는 방법 등을 통해서 거래소 주가에 반영된 투기적 요소를 제한하거나 배제할 필요가 있다. 원심 법원과 대법원은 이 사건에서 이사회 결정일 전날 대신에 합병계획 발표일 전날의 거래소 주가를 기준으로 하여 주식매수가격을 산정하고 있는데 이는 이러한 입장을 반영한 것이다.

둘째, 대법원이 지적하고 있는 것처럼, ① 당해 상장주식이 유가증권시장에서 거래가 형성되지 아니한 주식이거나(구증권거래법시행령 제84조의9 제2항 제2호), ② 가격조작과 같이 시장기능을 방해하는 부정한 수단에 의해서 영향을 받는 등 거래소 주

55) 서규석 · 김병기, "주식매수청구권행사시 매수가격에 관한 연구", 「기업법연구」 제4집, 기업법학회, (1999), 479면.

56) 상법에는 매수가격결정의 기준일에 관하여 아무런 규정도 두고 있지 않다. 따라서 주주총회 결의일을 기준으로 할 것인지, 아니면 이사회 결의일을 기준으로 할 것인지 등이 문제될 수 있다.: 이에 관해서는 김창종, "주식매수청구권", 「증권거래에 관한 제문제(상)」, 법원도서관, (2001), 640면 참조.

57) 두산산업개발 사건에서는 합병 발표가 거래소 주가에 영향을 미치는 영향을 제거하기 위해서, 합병계획 발표 전날의 거래소 주가를 기준으로 하여 주식매수가격을 산정하고 있다.: 서울고등법원 2008. 1. 29. 선고 2005라878 결정.; 일본 東京地裁 昭和 60.11.21. 昭和 昭 六0ヒ) 一五六號 株式買取価格決定 등도 같은 입장을 취하고 있다.

58) 주가연계증권(ELS) 등 주가를 기초자산으로 하는 파생상품이나 파생결합증권이 많아지면서, 특정 시점의 거래소 주가에 투기적 요인이 내포될 가능성이 더욱 커지고 있다.: 머니투데이, "금융당국, ELS 수익률 조작 사례 조사", (2009. 5. 14.),; 東京地裁 昭和 58. 2. 10. 決定 昭和 五七(ヒ) 三九二號 株式買取価格決定 등이 이러한 입장이다.

가를 신뢰하기 어려운 상황에서는, 자산가치, 수익가치, 시장가치(거래소 주가) 등을 반영하여 공정한 가액을 산정하는 것이 불가피할 것이다. 우리나라 거래소의 거래실정에 비추어,[59] 유가증권시장이 아닌 코스닥시장 상장법인의 주가는 상대적으로 신뢰성이 떨어지므로 객관적인 교환가치가 반영된 정상적인 거래의 실례로 보기는 어렵지 않나 생각한다.

### 3. 結　論

주식매수가격을 포함한 주식가치평가는 본질적으로 가장 '공정한 가격'을 찾는 것이라는 측면에서 비상장주식과 상장주식을 구분할 필요가 없는 것이 원칙이겠지만, 공정한 가격의 개념은 극히 주관적이어서 이를 보완할 필요가 있고, 상장법인의 경우에는 거래소 주가가 있으므로 가능한 이를 존중할 필요가 있다.

대법원은 대상 결정에서 「일반적으로 주권상장법인의 시장주가는 유가증권시장에 참여한 다수의 투자자가 법령에 근거하여 공시되는 당해 기업의 자산내용, 재무상황, 수익력, 장래의 사업전망 등 당해 법인에 관한 정보에 기초하여 내린 투자판단에 의하여 당해 기업의 객관적 가치가 반영되어 형성된 것으로 볼 수 있고 주권상장법인의 주주는 통상 시장주가를 전제로 투자행동을 취한다는 점에서 시장주가를 기준으로 매수가격을 결정하는 것이 당해 주주의 합리적 기대에 합치하는 것이므로, 법원은 원칙적으로 시장주가를 참조하여 매수가격을 산정하여야 한다」라고 하였는데, 종래 비상장주식에 대한 주식가치평가의 틀을 유지하면서도 상장주식의 특수성을 세밀하게 반영하고 있는 매우 훌륭한 판시이다.

이에 대하여 시장가치는 투기적 요인, 정보의 부족, 시장조작 등 기업의 실질가치와는 무관한 사정에 의하여 쉽게 변동할 수 있다는 비판이 있다. 그러나 다수인이 스스로의 투자판단에 의하여 참여하는 시장시스템에 대한 신

---

59) 2009년 말부터 불거진 금융위기와 경기침체로 인해 재무구조가 크게 망가진 코스닥 기업들이 코스닥시장에서 무더기로 퇴출되었다. 한국거래소에 따르면 12월 결산법인의 60개가 넘는 코스닥 상장기업이 시장에서 퇴출되거나 퇴출위기에 놓이게 된 것으로 집계되었다고 한다. 이는 코스닥시장에 상장된 중소기업의 경우 대기업에 비해서 재무구조 건전성이 낮기 때문이라고 한다.: 조선일보, "코스닥 퇴출 폭풍", (2009. 4. 1.).

되, 증권거래시스템의 안정과 공시적 기능, 증권시장을 개설하여 운용하는 상장제도의 본질적 특성 등에 비추어 보면, 가능한 범위에서 거래소 주가를 존중할 필요가 있다. 다만, 시장조작 등 거래소 주가를 신뢰하기 어려운 특별한 사정이 있는 경우에는 해당 사건의 구체적인 내용을 반영하여 어느 정도 미시적인 조정은 불가피하다.

# 舊 證券去來法 第188條 第2項에 따른 短期賣買差益의 返還範圍*

金 容 哲**

◎ 대법원 2010. 8. 19. 선고 2007다66002 판결

[事實의 槪要]

(1) 원고 회사는 게임 소프트웨어 제작업 등을 목적으로 하는 코스닥 상장법인이고, 피고는 2001. 8. 10. 원고 회사가 코스닥에 상장된 이래 2003. 11. 12.부터 2004. 7. 13.까지 원고 발행주식 1,819,747주(지분비율 20.41%)를 소유하고 있던 원고 회사의 최대주주이다.

(2) 피고는 2004. 7. 14.부터 같은 해 8. 3까지 사이에 아래와 같이 5차례에 걸쳐 원고 회사의 주식 합계 171,000주(이하 '이 사건 주식'이라 한다)를 코스닥(KOSDAQ) 시장에서 장내 매수하면서, 그 매수수수료로 아래와 같이 합계 금 7,355,564원을 지출하였다.

| | 매수일자 | 수량 | 매입단가 | 매수수수료 | 매입 후 보유주식수 |
|---|---|---|---|---|---|
| 1 | 2004. 7. 14. | 45,000주 | 13,077원 | 2,190,395원 | 1,864,747주 |
| 2 | 2004. 7. 20. | 21,000주 | 12,637원 | 1,103,819원 | 1,885,747주 |
| 3 | 2004. 7. 26. | 5,000주 | 12,302원 | 301,795원 | 1,890,747주 |
| 4 | 2004. 8. 2. | 70,000주 | 9,900원 | 2,504,000원 | 1,960,747주 |
| 5 | 2004. 8. 3. | 30,000주 | 10,291원 | 1,255,555원 | 1,990,747주 |
| 합계 | | 171,000주 | | 7,355,564원 | |

---

* 제23회 상사법무연구회 발표 (2010년 11월 27일)

** 울산지방법원 부장판사

(3) 피고는 2004. 11. 29.[1] 원고 회사에 대한 경영권과 함께 당시 피고가 보유하고 있던 원고 회사의 주식 1,990,747주 전부를 소외 회사에게 미화 70,671,518.5달러(주당 미화 35.5달러)에 매도하였다.[2]

(4) 피고는 그 후 위 매매계약에 따라 위 매매대금의 80%를 2005. 2. 2.에,[3] 나머지 20%를 2006. 2. 6.에[4] 각 지급받았다.

(5) 피고는 위 도표 순번 5. 기재 2004. 8. 3.자 매수 주식만이 단기매매차익반환의 대상이 된다는 전제 하에[5] 2006. 1. 24. 원고 회사에 대하여 단기매매차익 반환 명목으로 금 768,077,045원을 지급하였다.

## [訴訟의 經過]

### 1. 原審의 判斷

#### (1) 피고의 주장

피고는 먼저 구 증권거래법(2007. 8. 3. 법률 제8635호 자본시장과 금융투자업에 관한 법률 부칙 제조로 폐지, 이하 '법'이라 한다) 제188조 제2항[6]의 적용 여부를 다투었다. 즉, ① 피고는 원고 회사의 내부정보를 부당하게 이용하여 본건 주식을 거래한 것이 아니고, ② 부당하게 원고 회사 또는 그 일반주주에게 손실을 입히거나 피고가 부당하게 이익을 취득하려는 의도가 없었으며, ③ 본건 주식 매도는 장외거래인바, 법 제188조 제2항은 장내거래의 경우에만 적용되는 것으로 한정해석하여야 하고, ④ 경영권을 양도하는 과정에서 일부 주식에 대하여 우연히 대주주가 단기매매차익을 얻은 경우까지 법 제188조 제2항이 적용된다면 개인의 재산권 및 계약체결의 자유를 부당하게 침해하는 것이라고 주장하였다.

---

1) 이 사건 주식을 매수한 때로부터 6개월이 경과하지 아니하였고 2004. 11. 29.의 기준환율은 미화 1달러당 1,048.9원이다.

2) 공시내용에 의하면 피고의 주식매도대금은 한화로 74,174,651,851원이다.

3) 2005. 2. 2.(매매대금의 80% 수령일) 환율은 미화 1달러당 1,027.50원이다.

4) 2006. 2. 6.(매매대금의 20% 수령일) 환율은 미화 1달러당 970.60원이다.

5) 계약이행일인 2005. 2. 2. 기준으로 역산하여 6개월 이내인 2004. 8. 3. 매수한 것만 단기매매차익반환대상으로 산정한 것이다.

6) 증권거래법 폐지 후 2009. 2. 4.부터 시행된 자본시장과 금융투자업에 관한 법률 제172조에 증권거래법 제188조와 같은 규정을 두고 있다.

단기매매차익을 실현하였는지 여부의 판단 기준 시점과 관련하여 6월 이내에 단기매매차익을 실현하였는지 여부는 주식매매계약 체결일이 아닌 '이익이 실현된 시점'인 계약 이행일을 기준으로 하여야 하고, 설사 주식매매계약 체결일을 기준으로 한다고 하더라도, 본건 주식의 실제 매도계약 체결일은 2005. 2. 2.(위의 2004. 11. 29.은 단지 가계약을 체결한 날임)이며, 따라서 단기매매차익의 반환대상이 되는 거래는 2004. 8. 3. 매수한 주식에 한정되어야 한다고 주장하였다.

단기매매차익의 반환범위와 관련해서는 본건 주식의 매도로 인하여 피고가 얻은 이익은 실제로 그 매매대금을 지급받은 위 각 지급일자의 기준환율을 적용하여 산정하거나, 민법 제378조[7]에 따라 이 사건 변론종결일의 환율을 기준으로 산정되어야 한다고 주장하였다.[8]

### (2) 원심의 판단

본건 주식거래는 단기매매차익의 반환대상이므로 법 제188조 제2항에 의하여 피고는 원고 회사에게 본건 주식의 단기매매로 인한 매매차익을 반환할 의무가 있다. 단기매매차익의 해당 여부는 계약 이행일이 아니라 **계약 체결일**을 기준으로 판단하여야 하고, 주식매도대금에 대한 환율 적용은 **계약 체결일의 기준환율**(2004. 11. 29. 환율 1,048.9원)을 적용하여야 한다. 단기매매차익은 요건충족일인 매매계약 체결일 당시 외환 시세에 의하여 환산한 금액으로 할 것이고 이를 외국통화로 지정된 외화채권으로 볼 수 없다. 단기매매차익의 적용여부의 기준을 매매계약체결일로 보는 이상 반환될 매매차익도 동일하게 보아야 하고 이는 비용공제 등 반환의무의 범위를 획정하는 통일적 기준이 될 수 있으며, 실제 지급일의 환율을 적용하면 환율변동에 따라 매매차익반환의무가 달라질 수 있고 매매계약체결 후 임의로 이행기를 변경하여 규정적용을 회피하거나 반환규모를 축소할 우려가 있다.

---

7) 채권액이 다른 나라 통화로 지정된 때에는 채무자는 지급할 때에 있어서의 이행지의 환금시가에 의하여 우리나라 통화로 변제할 수 있다(민법 제378조).

8) 그 밖에 단기매매차익에서 본건 주식거래와 관련한 법률비용, 양도소득세, 주민세, 증권거래세 등의 제반 비용을 공제하여야 한다는 주장이 있으나 검토를 생략한다.

## 2. 上告理由

피고는, 제1심이나 원심에서 주장하였던 사항들 중 단기매매차익반환의무의 발생 여부에 관한 사항은 상고이유에서 다투지 아니하고, **단기매매차익반환 범위**에 관하여만 상고이유에서 다투고 있다.

계약체결일과 지급일 사이에 시차가 있어서 지급일의 환율을 적용할 경우에, 차익이 감소되는 때에도 계약체결일의 환율을 적용하는 것은 실현된 이익(realized profit)의 반환을 넘어 징벌적 성격을 갖는 것이 되어 헌법 제23조의 재산권보장 조항, 단기매매차익반환제도의 취지에 비추어 과잉금지원칙 등에 반하는 법률해석이 되어 위법하다. 단기매매차익반환청구권의 성립여부와 반환범위는 달리 판단되어야 하고, 반환범위는 실현된 이익을 전제로 하는 것이므로, 계약체결 당시의 기준환율을 적용할 경우 단기매매차익이 없다면 단기매매차익반환의 대상이 될 수 없고 그 후 환율변동으로 차익이 생겨도 동일하다. 실제로 이익이 실현되지 않거나 이익이 축소되었다면 조정된 이익을 반환범위로 삼는 것이 입법목적에도 부합한다.[9]

아울러 피고는 상고심에 이르러, 증권거래법 제188조 제2항은 헌법 제75조 및 반환되어야 하는 이익의 범위에 실제로 얻은 이익을 초과하는 이익까지 포함되는 것으로 해석하는 범위 내에서는 헌법 제23조와 제37조 제2항에 위반된다는 취지의 위헌법률심판제청신청을 제기하였다. 법 제188조 제2항은 반환되어야 하는 이익의 범위에 실제로 얻은 이익을 초과하는 이익까지 포함하는 것으로 해석하는 범위 내에서 헌법 제75조, 제23조, 제37조 제2항에 반하여 위헌이라는 것이다.

법 제188조 제2항은 세부적인 이익산정 방식에 관하여 개략적인 내용조차 정하지 아니한 상태에서 구체성과 명확성을 결한 채로 대통령령에 포괄적으로 위임하였고, 규정될 내용의 대강을 예측할 수 없어 예측가능성을 침해하고 있으며, 원심과 같이 해석하면 실제 얻은 이익을 초과하여 배상하는 결과가 되어 과잉금지의 원칙 등에 반하고, 재산권 보장을 규정한 헌법 제23

---

9) 매매대금의 80%를 수령한 2005. 2. 2. 기준환율 1,027.5원과, 나머지 20%를 수령한 2006. 2. 6. 기준환율 970.60원을 매매대금 산정시 적용하면, 단기매매차익은 198,873,000원이 감소된다.

조 및 제37조 제2항에 위반된다는 것이다.

## [判決의 要旨]

(1) 법 제188조 제2항에서 정한 단기매매차익 반환제도는, 주권상장법인 또는 코스닥상장법인의 내부자가 6월 이내의 단기간에 그 법인의 주식 등을 매매하는 경우 미공개 내부정보를 이용하였을 개연성이 크다는 점에서, 거래 자체는 허용하되 그 대신 내부자가 실제로 미공개 내부정보를 이용하였는지 또는 내부자에게 미공개 내부정보를 이용하여 이득을 취하려는 의사가 있었는지를 묻지 않고 내부자로 하여금 그 거래로 얻은 이익을 법인에 반환토록 함으로써 내부자가 미공개 내부정보를 이용하여 법인의 주식 등을 거래하는 행위를 간접적으로 규제하는 제도이다(대법원 2008. 3. 13. 선고 2006다73218 판결 등 참조).

이러한 입법취지에 더하여, ① 단기매매차익 반환의무의 대상이 되는 거래는 내부자가 매매계약의 의사를 대외적으로 표시하는 매매계약체결일을 기준으로 하여야 하는 점, ② 매매거래의 시기를 매매계약체결일로 보는 이상 반환할 매매차익의 범위도 실제 대금의 수령일이 아닌 매매계약체결일을 기준으로 산정해야 비용공제 등 반환의무의 범위를 정함에 있어서도 통일된 기준이 될 수 있는 점, ③ 매매계약의 당사자는 매매계약에서 정한 매매대금을 기준으로 하여 경제적 손익 내지 매매차익의 실현 여부를 가늠하여 매매계약을 체결하였을 것이라는 점 등을 고려하면, 단기매매차익의 반환범위를 산정함에 있어서도 매매계약체결일을 기준으로 해야 한다.

만일 그렇지 않고 매매계약체결일이 아닌 매매대금지급일이나 매매차익실현일을 매매차익 반환범위의 산정 기준시로 삼게 되면, 단기매매차익 반환의무의 발생시기와 매매차익 산정시기가 다르고 그 시기도 불확실하여 혼선을 초래할 수 있고, 계약체결일을 기준으로 산정하면 매매차익이 없는 거래가 이행일까지 여러 사정의 변동으로 차익이 발생하면 단기매매차익을 반환하여야 하고, 반대로 계약체결일 당시에는 매매차익이 있음에도 불구하고 당사자가 임의로 매매차익을 발생시키지 않거나 감소시키기 위하여 이행기를 변경하는 방법으로 단기매매차익 규정의 적용을 회피할 수 있기 때문에, 단기매매차익의 반환 여부가 매매거래 이외의 요소에 의하여 좌우될 수 있다는 점에서 부당한 결과를 초래하게 된다.

구 증권거래법 시행령(2008. 7. 29. 대통령령 제20947호로 폐지, 이하 '법 시행령'이라 한다) 제83조의5 제2항 제1호[10]에서 단기매매차익의 산정방식을 '매도단가에서 매수단가를 뺀 금액에 매수수량과 매도수량 중 적은 수량을 곱하여 산출한 금액에서 당해 매매일치수량분에 관한 매매거래수수료와 증권거래세액을 공제한 금액'으로 산정하도록 규정하고 있는 것도, 단기매매차익의 산정은 매매계약체결일을 기준으로 일률적으로 산정하고 그 밖의 변동요소는 고려하지 않도록 하는 취지이다.

(2) 원심은 피고의 단기매매차익 반환의무 및 범위는 이 사건 매매계약체결일을 기준으로 한 기준환율에 의하여 우리나라의 통화로 환산한 금액으로 확정된 것으로 보아야 한다고 판단하였는바, 원심의 위와 같은 판단은 위 법리에 따른 것으로 정당하고 거기에 피고가 상고이유에서 주장하는 바와 같은 단기매매차익 산정에 관한 법리오해의 잘못이 없다.

## [評 釋]

## Ⅰ. 短期賣買差益 返還制度의 意義

### 1. 意義 및 立法趣旨

단기매매차익(short-swing profits) 반환제도란, 회사의 내부자가 그 회사에 대한 특별한 관계에 의하여 취득한 내부정보를 이용하는 것을 방지하기 위하여 그 주권 등에 대하여 내부자가 단기간에 행한 매매와 그 후의 반대매매에서 얻은 차익을 당해 회사에 반환할 것을 당해 회사 자신이 청구하는 것을 인정하는 제도이다.

이 제도는 내부자가 속한 법인의 차익반환청구권을 내용으로 하지만, 제도의 본래의 취지가 법인의 이익을 보호하려는 것이 아니라 내부자거래의 상대방인 일반투자자를 보호하려는 것이다.

10) 증권거래법 시행령 폐지 후 제정된 자본시장과 금융투자업에 관한 법률 시행령 제195조에 같은 취지의 규정을 두고 있다.

따라서 법인의 손해가 요건이 아니고, 이를 의제하는 것도 아니다. 즉, 미공개정보이용금지에 관한 법 제188조의2의 규정에 의하여 일반투자자에 대한 구제가 어느 정도 이루어지겠지만, 일반 투자자가 그 요건을 입증하여 법적인 구제책을 취하는 것은 실제 용이하지 않으므로, 이러한 거래를 사전에 예방하는 차원에서 거래 자체는 허용하되 특정 기간의 단기매매로 인한 이익은 내부정보 이용에 의한 부당한 이익일 가능성이 크므로 이를 법인에 반환하도록 하는 간접적인 규제를 하는 것이다.

## 2. 關聯 法令[11)]

□ 증권거래법 제188조 (내부자의 단기매매차익 반환 등)

② 주권상장법인 또는 코스닥상장법인의 임원·직원 또는 주요주주(누구의 명의로 하든지 자기의 계산으로 의결권 있는 발행주식총수 또 출자총액의 100분의 10이상의 주식 또는 출자증권을 소유한 자와 대통령령이 정하는 자를 말한다)가 그 법인의 주권 등을 매수한 후 6월 이내에 매도하거나 그 법인의 주권 등을 매도한 후 6월 이내에 매수하여 "이익을 얻은 경우"에는 당해 법인은 그 이익을 그 법인에게 제공할 것을 청구할 수 있다. 이 경우 이익의 산정기준·반환절차 등에 관하여 필요한 사항은 대통령령으로 정한다.

③ 당해 법인의 주주 또는 증권선물위원회는 그 법인에 대하여 제2항의 규정에 의한 청구를 하도록 요구할 수 있으며, 당해 법인이 그 요구를 받은 날부터 2월내에 그 청구를 하지 아니하는 때에는 그 주주 또는 증권선물위원회는 당해 법인을 대위하여 그 청구를 할 수 있다.

⑤ 제2항 및 제3항의 규정에 의한 권리는 "이익의 취득이 있은 날"로부터 2년내에 행사하지 아니한 때에는 소멸한다.

⑧ 제2항의 규정은 임원·직원 또는 주요주주로서 행한 매도 또는 매수의 성격 기타 사정 등을 감안하여 대통령령이 정한 경우 및 주요주주가 매도·매수한 시기중 어느 한 시기에 있어서 주요주주가 아닌 경우에는 이를 적용하지 아니한다.

11) 증권거래법 폐지 후 2009. 2. 4.부터 시행된 자본시장과 금융투자업에 관한 법률 제172조에 증권거래법 제188조와 같은 규정을 두고 있고, 위 법률 시행령 제195조에 선입선출법의 규정을 두고 있다.

□ 증권거래법 시행령 제83조의5 (단기매매차익의 산정방법 · 반환절차 등)

② 법 제188조 제2항 후단의 규정에 의한 이익은 다음 각 호의 방법으로 이를 산정한다.

1. 당해 매수 또는 매도 후 6월(초일을 산입한다. 이하 이 조에서 같다) 이내에 매도 또는 매수한 경우에는 매도단가에서 매수단가를 뺀 금액에 매수수량과 매도수량중 적은 수량(이하 이 조에서 "매매일치수량"이라 한다)을 곱하여 산출한 금액에서 당해 매매일치수량분에 관한 매매거래수수료와 증권거래세액을 공제한 금액을 이익으로 산정하는 방법. (이 경우 그 금액이 0원 이하인 경우에는 이익이 없는 것으로 본다)
2. 당해 매수 또는 매도 후 6월 이내에 2회 이상 매도 또는 매수한 경우에는 가장 시기가 빠른 매수분과 가장 시기가 빠른 매도분을 대응하여 제1호의 방법으로 계산한 금액을 이익으로 산정하고, 그 다음의 매수분 및 매도분에 대하여는 대응할 매도분 또는 매수분이 없어질 때까지 같은 방법으로 대응하여 제1호의 방법으로 계산한 금액을 이익으로 산정하는 방법. (이 경우 대응된 매수분 또는 매도분 중 매매일치수량을 초과하는 수량은 당해 매수 또는 매도와 별개의 매수 또는 매도로 보아 대응의 대상으로 한다)

⑤ 제2항 내지 제4항의 규정을 적용함에 있어서 구체적인 계산기준 · 방법 등 필요한 세부사항은 증권선물위원회가 정한다.

### 3. 制度의 沿革

우리 법 조항은 미국 증권거래법(Securities Exchange Act of 1934) 제16조 (b)항[12] 및 일본 증권거래법 제189조, 제190조(현행법 제164조[13])를 모범으로 하

12) 미국의 증권거래법(1934년 제정) Section 16(b) [15 U.S.C.A. §78p(b)] 【6월 이내의 기간에 행한 매매로부터 얻은 이익】 이 조 (a)항에서 규정한 바의 주요주주, 이사 또는 임원이 발행자와의 관계에서 지득한 정보를 불공정하게 이용하는 것을 방지하기 위하여, 상기자가 발행자의 지분증권(적용면제증권 제외)을 구입(purchase)한 후 6월 이내에 매도(sale)하거나 매도한 후 6월 이내에 구입하여 얻은 모든 이익은, 당해 증권이 그 이전에 계약된 채무와 관련하여 선의로 취득된 것이 아닌 한, 당해 발행자에게 귀속되며, 발행자는 위 매매차익의 반환을 청구할 수 있다(For the purpose of preventing the unfair use of information which may have been obtained by such beneficial owner, director, or officer by reason of his relationship to the issuer, any profit realized by him from any purchase and sale, or any sale and purchase, of any equity security of such issuer (other than an exempted security) or a security-based swap agreement (as defined in section 206B of the Gramm-Leach-Bliley Act) involving any such equity security within any period of less than six months, unless such security or security-based swap agreement was

여, 1976. 12. 법 개정시 처음으로 도입되었다. 도입 당시는 임원 등이 "그 직무 또는 지위에 의하여 지득한 비밀을 이용하여" 그 법인의 주식을 단기매매함으로써 이익을 얻은 경우에만 이를 반환하도록 하였다.

그 후 1987. 1. 법 개정시 임원 등이 "그 직무 또는 지위에 의하여 지득한 비밀을 이용하여 이익을 얻은 것이 아님"을 입증하는 경우에는 단기매매차익반환의무를 면하도록 규정하여 그 입증책임을 전환하는 한편, 법 제105조에 일반적으로 미공개정보이용을 금지하는 조항을 도입하였다가, 1991. 12. 법 개정시에는 "직무 또는 지위에 의하여 지득한 비밀을 이용"한 것이라는 요건을 삭제하고, 미공개정보이용금지조항을 구법 제105조 제4항 제3호에서 분리하여 제188조의2(미공개정보 이용행위의 금지)로, 민사구제조항을 제106조에서 분리하여 법 제188조의3[14](미공개정보 이용행위의 배상책임)으로 별도로 규정하였다.[15]

---

acquired in good faith in connection with a debt previously contracted, shall inure to and be recoverable by the issuer, irrespective of any intention on the part of such beneficial owner, director, or officer in entering into such transaction of holding the security or security-based swap agreement purchased or of not repurchasing the security or security-based swap agreement sold for a period exceeding six months).

**13)** 日本 金融商品取引法 第百六十四條 (上場會社等の役員等の短期賣買利益の返還)
① 상장회사 등의 임원 또는 주요 주주가 그 직무 또는 지위에 의하여 취득한 비밀을 부당하게 이용하는 것을 방지하기 위하여 그 자가 당해 상장회사 등의 특정 유가증권 등에 대하여 자기의 계산으로 이에 관한 매수 등을 한 후 6월 이내에 매도 등을 하거나 매도 등을 한 후 6월 이내에 매수 등을 하여 이익을 얻은 경우에는, 당해 상장회사 등은 그 이익을 상장회사 등에 제공할 것을 청구할 수 있다. : 上場會社等の役員又は主要株主がその職務又は地位により取得した秘密を不当に利用することを防止するため、その者が当該上場會社等の特定有価証券等について、自己の計算においてそれに係る買付け等をした後六月以內に賣付け等をし、又は賣付け等をした後六月以內に買付け等をして利益を得た場合においては、当該上場會社等は、その利益を上場會社等に提供すべきことを請求することができる.

**14)** 법 제188조의3 ① 제188조의2의 규정에 위반한 자는 당해 유가증권의 매매 기타 거래를 한 자가 그 매매 기타 거래와 관련하여 입은 손해를 배상할 책임을 진다.

**15)** 제188조의2의 위반행위로 인한 형사처벌조항은 1997. 1. 13. 신설되었다.

## Ⅱ. 短期賣買差益 返還制度의 適用對象

### 1. 意　　義

#### (1) 내부정보의 이용 여부

'내부정보의 이용'이라는 것은 단기매매차익 반환조항의 적용요건이 아니고, 또한 '내부정보를 이용하지 아니하였다는 점'이 항변사항도 아니라는 점에는 별다른 이론이 없다.

#### (2) 적용대상인 거래

일반적으로 '매수'란 금전을 대가로 하여 당해 법인의 주권 등을 취득하는 것을 말하고, '매도'란 당해 법인의 주권 등을 타인에게 이전하고, 그 대가로서 금전을 수령하는 것을 말한다.

학설상 매도와 매수뿐만 아니라 교환도 이에 포함되는 개념으로 해석하고 있는 것이 다수설적인 견해이다.16) 교환은 민법상 매매와 구분되는 개념이지만 교환목적물을 서로 일정한 가격으로 정하여 교환하는 경우에는 매매에 준하여 단기매매차익반환규정이 적용된다고 할 것이다.17) 소수설적인 견해로서, 교환이나 대물변제에 의한 취득을 매매로 보지 않으면 부당한 결과가 초래될 여지는 있지만, 법령의 규정상 매도와 매수로만 규정하고 있으므로 해석론적으로는 불가피한 것이고 법령의 개정에 의하여 해결할 수 밖에 없다는 입장이 있다.18)

또한 매수 또는 매도는 주권상장법인 또는 코스닥 상장법인의 주식이면 족하고 이러한 거래가 거래소를 통하여 장내거래로 이루어졌는지, 혹은 거래소 밖 장외거래로 이루어졌는지 여부는 묻지 않는다. 따라서 금전을 직접적으로 수반하지 않는 거래의 경우나 장외에서 거래가 이루어진 경우 중 결제기와 매매약정의 시기가 일치하지 않을 경우 매매차익의 산정 기준에 대하여 논란이 발생한다.

매수나 매도는 대가관계에 의한 교환이 이루어져야 하므로, 그러한 내

---

16) 김건식, 「증권거래법」 제4판, 두성사, (2006), 281면; 임재연, 「증권거래법」 전정판, 박영사, (2007), 505면; 채동헌, 「증권거래와 법」, 청림출판, (2006), 322면.

17) 사법연수원, 「증권거래법」, (2007), 290면.

18) 고창현, "증권거래법상 단기매매차익반환의무", 「인권과 정의」, (1999), 11면.

용이 포함되지 않은 ① 상속 및 증여에 의한 취득, ② 주식배당에 의한 주식의 취득, ③ 전환사채의 전환권의 행사에 의한 주식의 취득, ④ 주식분할 및 병합에 의한 취득 등은 매도나 매수로 취급될 수 없다.[19]

### (3) 주주 지위의 보유

주요주주는 임직원의 경우와 달리 매수 또는 매도의 어느 한 시기에 있어서 주요주주의 지위를 상실하게 된 경우에는 단기매매차익의 반환의무를 부담하지 않는다.[20][21]

내부자거래를 규제하는 목적이 회사의 내부정보에 기하여 불공정한 이익을 얻는 것을 방지하기 위한 것이므로 주식을 매수하여 비로소 주요주주가 된 경우에는 매수 당시 회사의 내부정보를 이용하여 매수를 하였다고 할 수 없고, 주요주주의 지위를 벗어난 후에 매도한 경우에도 매도 당시 회사의 내부정보를 이용하여 매도를 하였다고 볼 수 없기 때문이다.

### (4) 예외사유

법 제188조 제8항에 따라 법 시행령 제83조의6은 단기매매차익반환의 예외를 규정하고 있다.[22] 그러나 여기서 열거된 경우가 아니라고 하더라도

---

19) 증권선물위원회가 정한 "임원 및 주요주주의 주식소유상황보고 및 단기매매차익반환에 관한 규정" 제9조의2 제1호는 '이미 소유하는 주권 등의 권리행사에 의한 유상신주의 취득'을 단기매매차익의 예외사유로 보고 있다.

20) 구 증권거래법 제188조 제8항은 "제2항의 규정은 임원·직원 또는 주요주주로서 행한 매도 또는 매수의 성격 기타 사정등을 감안하여 대통령령이 정한 경우 및 주요주주가 매도·매수한 시기 중 어느 한 시기에 있어서 주요주주가 아닌 경우에는 이를 적용하지 아니한다."고 규정하고 있다.

21) 대법원 2008. 3. 13. 선고 2006다73218 판결은, 「증권거래법 제188조 제2항의 문언상 임원 또는 직원이 매수 또는 매도의 두 시기에 모두 그 직책에 있어야 한다고 해석할 근거는 없고, 오히려 같은 조 제8항이 같은 조 제2항의 적용대상자 중 '주요주주'에 대하여만 매수 또는 매도의 어느 한 시기에 주요주주가 아닌 경우에 제2항을 적용하지 않도록 규정하고 있는 취지에 비추어 볼 때, 임원 또는 직원에 대하여는 매수 또는 매도의 어느 한 시기에만 그 신분을 가지고 있으면 같은 조 제2항의 적용대상자에 해당하여 그 단기매매차익을 반환할 의무가 있다」라고 판시하고 있다.

22) 구 증권거래법 시행령 제83조의6 (단기매매차익반환의 예외) 법 제188조 제8항에서 "대통령령이 정한 경우"라 함은 다음 각 호의 1에 해당하는 경우를 말한다.
1. 법령에 의하여 불가피하게 매매하는 경우
2. 종전의 「조세감면규제법」에 의하여 산업합리화 대상으로 지정된 기업이 그 산업합리화 기준에 따라 매매하는 경우
3. 정부의 허가·인가·승인 등이나 문서에 의한 지도·권고에 따라 매매하는 경우
4. 제83조의8의 규정에 의한 안정조작 또는 시장조성을 위하여 매매하는 경우

단기매매차익 반환제도의 입법 목적, 같은 법 시행령 제83조의6에 정해진 예외사유의 성격 그리고 헌법 제23조가 정하는 재산권보장의 취지를 고려하면, 같은 법 시행령 제83조의6에서 정한 예외사유에 해당하지 않더라도 객관적으로 볼 때 내부정보를 부당하게 이용할 가능성이 전혀 없는 유형의 거래에 대하여는 법원이 같은 법 제188조 제2항의 매수 또는 매도에 해당하지 아니하는 것으로 보아 그 적용을 배제할 수는 있다.[23]

대법원 판례는 내부정보에 대한 부당한 이용의 가능성에 대하여, 「객관적으로 볼 때 피고가 임의로 거래하였는지 여부 및 그가 내부정보에 접근할 수 있는 가능성이 있었는지 여부를 고려하여야 하고, 만약 비자발적인 유형의 거래가 아니거나 내부정보에의 접근가능성을 완전히 배제할 수 없는 유형의 거래인 경우에는 내부정보에 대한 부당한 이용의 가능성이 있다고 보아야 할 것이다」라는 기준을 제시하고 있다. 대법원 판례에서 문제가 된 사안들은 대부분 경영악화로 주식을 대량매도하는 경영권 양도의 경우인데 내부정보에 대한 부당한 이용가능성이 전혀 없는 유형의 거래에는 해당되지 않는다고 보고 있다.

## 2. 合憲性에 대한 論難

법 제188조 제2항 및 제8항의 단기매매차익반환의 적용제외대상에 관한 조항의 해석을 둘러싸고 그 사유들이 예시적인 것인지 아니면 한정적인 것인지가 문제되었고, 아울러 헌법상 재산권보장 조항, 평등권, 재판청구권을 침해하는 위헌적인 조항이 아닌지가 다투어졌는데, 2002년 헌법재판소의 결정에서 합헌성이 인정되었다.[24]

---

5. 주식매수선택권을 행사하여 취득한 주식을 매도하는 경우
6. 유가증권시장 또는 코스닥시장에서 허용되는 최소매매단위미만의 매매, "조세특례제한법" 제2장 제9절의 규정에 따라 세제특례가 적용되는 주식과 관련된 저축을 통한 매매, 발행인 또는 매출인으로부터의 직접적인 취득 등의 경우로서 일반인에게 공개되지 아니한 중요한 정보를 이용한 매매가 아니라고 증권선물위원회가 인정하는 경우

23) 대법원 2004. 2. 12. 선고 2002다69327 판결; 대법원 2004. 5. 28. 선고 2003다60396 판결; 대법원 2008. 3. 13. 선고 2006다73218 판결; 대법원 2008. 9. 11. 선고 2008다23606 판결.

24) 이에 앞서 일본에서도 우리 법 제188조에 해당하는 일본 증권거래법 제164조의 위헌성이 다투어진 最高裁判所 2002. 2. 13. 宣告, 平成12(オ) 第1965號, 第1703號 사건에서 미국 연방대법원의 Kern County Land Co. v. Occidental Petroleum Corp. 411 U.S. 582 (1973)

헌법재판소 2002. 12. 18. 선고 99헌바105, 2001헌바48 결정은 「법 제188조 제2항이 미공개 내부정보의 이용 유무를 반환책임의 적극 또는 소극 요건으로 하지 않은 것이 기본권의 제한에 관한 최소침해의 원칙에 반하는 것이 아니고, 법 제188조 제2항이 동조 제8항이 정하는 예외사유에 해당하지 않는 한 일률적으로 반환책임을 부담하게 하는 것이 최소침해의 원칙에 반하는 것도 아니라는 등의 이유로 위헌성이 없다」고 판단하였다.

법령의 예외사유 조항이 한정적 열거인지 여부에 관하여 「법 제188조 제8항은 "제2항의 규정은 임원·직원 또는 주요주주로서 행한 매도 또는 매

---

사건을 참고하여 대체로 같은 취지의 판단을 한 바 있다.: 이 사건에서, 피고(회사)는 상장회사인 원고가 발행한 주식 총수의 100분의 10 이상을 소유한 주요주주였다. 피고는 자기의 계산으로 1999년 중에 수 차례에 걸쳐 원고 발행의 주식을 매입하고 6개월 이내에 이를 매도하여 합계 2,018만여 엔의 단기매매차익을 얻었다. 이에 원고가 피고에게 그 이익을 원고에게 제공할 것을 청구하였는데 제1, 2심 모두 원고가 승소하였고, 이에 피고가 상고하였다. 상고이유로서 피고는, ① 본건 거래는 피고가 주식시장에서 원고의 주식을 취득하고 그 후 피고의 관련 회사인 B 주식회사(피고회사의 전 주식을 보유하면서 대표이사의 지위에 있는 A가 B회사의 전 주식을 보유하면서 대표이사의 지위에 있는 관계임)에 매각하였고, 동일 그룹 내의 회사 사이에 주식의 보유를 분산시켰을 따름이어서 제164조 제1항이 방지하려고 하는 폐해가 발생하지 않는다는 점, ② 제164조가 주요주주의 경제활동의 자유로서 주식매각의 자유를 제약하기 때문에 헌법 제29조(우리 헌법 제23조에 해당하는 재산권 보호조항) 제1항에 위반된다는 점, ③ 명백히 폐해가 없는 사안에 대하여까지 획일적으로 주요주주에 대하여 단기매매차익의 반환청구를 인용하는 것은 헌법 제29조 제1항에 위반된다는 점을 주장하였다.

이 판결에서 최고재판소는, 단기매매차익반환 조항의 합헌성을 확인함과 동시에 증권거래법 제164조 제1항의 적용범위의 문제, 비밀의 부당이용 등이 적용요건인지의 문제 등에 관하여, 「법 제164조 제1항은, 상장회사 등의 임원 또는 주요주주가 그 직무 또는 지위에 의하여 취득한 비밀을 부당하게 이용하는 것을 방지하기 위하여 동 항 소정의 특정유가증권의 단기매매거래에 의한 이익을 당해 상장회사 등에게 제공하여야 한다는 취지를 규정하고 있고, 같은 조 제8항은 임원 또는 주요주주가 행하는 매입 또는 매출 등의 태양 및 그 밖의 사정을 고려하여 내각부령에서 정하는 경우에는 동 조 제1항의 규정을 적용하지 않는다고 규정하고 있다. 상장회사 등의 임원 또는 주요주주는 일반적으로 당해 상장회사 등의 내부정보를 일반투자가보다 빨리 더 잘 알 수 있는 입장에 있는바, 이러한 자가 일반투자가가 알기 어려운 내부정보를 부당하게 이용하여 당해 상장회사 등의 특정유가증권 등의 매매거래를 하는 것은 증권거래 시장에 있어서의 공평성, 공정성을 현저하게 해하고, 일반투자가의 이익과 증권거래 시장에 대한 신뢰를 현저하게 손상시키는 것이다. 동 항이 이러한 부당한 행위를 방지하는 것을 목적으로 설치되었다는 것은 그 문언으로부터 명백하다. 그리고 같은 조 제8항은, 거래의 태양 등을 고려하여 이러한 비밀의 부당이용의 여지가 없다고 생각되는 거래의 유형을 정할 것을 내각부령에 위임하고 있는데, 위 목적을 달성하기 위하여 같은 조 제1항의 규정을 적용할 필요가 없는 거래는 내각부령에서 정하고 있는 경우에 그치는 것이 아니라 유형적으로 볼 때 거래의 태양 자체에서부터 위와 같은 비밀을 부당하게 이용하는 것이 인정되지 않는 경우에는 같은 항의 규정은 적용되지 않는다고 해석하는 것이 상당하다」라고 판시하였다.

수의 성격 기타 사정 등을 감안하여 대통령령이 정한 경우 및 주요주주가 매도·매수한 시기 중 어느 한 시기에 있어서 주요주주가 아닌 경우에는 이를 적용하지 아니한다"라고 하여 대통령령이 정하는 일정한 경우에는 내부자에 대한 엄격책임을 예외적으로 완화하고 있다. 그러나 이러한 반환책임의 예외도 대통령령이 정하는 일정한 유형의 주식거래에 한정되는 것일 뿐, 내부자에게 내부정보를 이용하지 않았다는 반증을 허용하게 하거나 대통령령에서 정하지 않는 사유로까지 그 반환책임의 예외사유를 넓힐 것을 예정한 것도 아니라고 볼 것이다」라고 판시하였다.

해석에 의한 적용배제 가능성과 관련하여서는, 「법 제188조 제2항이 내부자거래규제라는 입법목적을 명시적으로 규정하지 않았다고 하더라도[25] 단기매매차익제도의 목적은 회사의 내부자가 미공개 내부정보를 이용하여 회사의 주식을 거래하는 내부자거래의 규제에 있다고 할 것이고, 특히 내부자의 단기주식거래는 미공개 내부정보를 이용하였을 개연성이 크다고 할 것이어서 실제로 내부자가 내부정보를 이용하였는지를 묻지 않고 엄격한 반환책임을 내부자에게 부과하고 있음은 위에서 본 바와 같다. 따라서 비록 이 사건 법률조항이 미국이나 일본의 그것과 달리 목적조항을 두고 있지 않다고 하더라도 이 사건 법률조항을 해석·적용함에 있어서는 내부자거래규제라는 입법목적을 반드시 고려하여야 할 것이고, 나아가 단기매매차익반환의 예외를 정한 법 제188조 제8항과 그에 근거한 법 시행령 제83조의6이 정하는 예외사유에서 명시적으로 따로 정한 바 없다고 하더라도 내부자거래에 의한 주식거래가 아님이 명백한 경우 즉, **거래의 유형상 애당초 내부정보의 이용가능성이 객관적으로 없는 경우**에는 이미 이 사건 법률 조항 자체가 적용되지 않는다고 보아야 할 것이다」라고 판단하였다.

한편 대법원 2005. 3. 25. 선고 2004다30040 판결은 증권거래법시행령 제83조의5 제2항 제1호의 헌법위반 여부에 대하여, 「증권거래법 제188조 제2항 후문은 반환할 이익의 산정기준에 관하여 필요한 사항을 대통령령으로 정하도록 위임하고 있고, 이에 따라 제정된 같은 법 시행령(2000. 9. 8. 대통

---

25) 미국이나 일본의 단기매매차익 반환조항에는 '내부자의 미공개정보의 이용방지를 위하여'라는 입법 목적 문구가 들어 있다.

령령 제16966호로 개정된 것) 제83조의5 제2항은 이익의 산정방법에 관하여 제1호에서 "당해 매수 또는 매도 후 6월(초일을 산입한다) 이내에 매도 또는 매수한 경우에는 매도단가에서 매수단가를 뺀 금액에 매수수량과 매도수량 중 적은 수량(이하 이 조에서 '매매일치수량'이라고 한다)을 곱하여 산출한 금액에서 당해 매매일치수량분에 관한 매매거래수수료와 증권거래세액을 공제한 금액을 이익으로 산정하는 방법(이 경우 그 금액이 0원 이하인 경우에는 이익이 없는 것으로 본다)"을 규정하고 있고, 이어 같은 항 제2호에서는 "당해 매수 또는 매도 후 6월 이내에 2회 이상 매도 또는 매수한 경우에는 가장 시기가 빠른 매수분과 가장 시기가 빠른 매도분을 대응하여 제1호의 방법으로 계산한 금액을 이익으로 산정하고, 그 다음의 매수분 및 매도분에 대하여는 대응할 매도분 또는 매수분이 없어질 때까지 같은 방법으로 대응하여 제1호의 방법으로 계산한 금액을 이익으로 산정하는 방법(이 경우 대응된 매수분 또는 매도분 중 매매일치수량을 초과하는 수량은 당해 매수 또는 매도와 별개의 매수 또는 매도로 보아 대응의 대상으로 한다)"을 규정하는바, 위 제1호 중에서 "이 경우 그 금액이 0원 이하인 경우에는 이익이 없는 것으로 본다."라는 부분은 2000. 9. 8. 개정 이전의 동법 시행령 제83조의5가 가중평균법을 채택함으로써 평균가격을 산출하는 단계에서 당해 기간 중 발생한 이익액과 손실액 사이의 상쇄(offsets)를 허용하였던 것과 비교하여 볼 때 개정된 같은 법 시행령이 선입선출법을 채용함에 있어서 그러한 상쇄를 허용하지 않는다는 취지를 확인하는 것으로 볼 수 있다. 단기매매차익의 산정기준에는 가중평균법, 선입선출법, 매수최저가-매도최고가 대비방식 등이 있을 수 있고, 위 시행령이 채용한 방식은 선입선출법을 기본으로 한 것으로서 종전의 가중평균법과 비교하여 볼 때 이익과 손실 사이의 상쇄를 허용하지 않는다는 측면에서 앞서 본 바와 같은 단기매매차익 반환제도의 입법목적에 보다 충실한 것으로 보이며, 또한 전체적으로 볼 때 합리적인 방식의 하나라고 볼 수 있다. 따라서 이러한 법규의 내용이 기본권의 제한에 관한 최소침해의 원칙 또는 과잉금지의 원칙 등에 반하여 헌법 제23조가 보장하는 재산권을 침해하는 것이라고 할 수 없다」라고 판시하였다.

## Ⅲ. 短期賣買差益 返還對象 與否의 基準時點

### 1. 買受와 賣渡의 槪念

매수와 매도는 "매매"의 양 당사자가 각자의 입장에서 "매매"를 지칭하는 것으로서 사실상 같은 개념인데, "매매"는 당사자의 일방(매도인)이 어떤 재산권을 상대방에게 이전할 것을 약정하고, 상대방(매수인)은 이에 대하여 그 대금을 지급할 것을 약정함으로써 성립하는, 낙성·쌍무·불요식의 전형적인 유상계약이므로 매수, 매도의 개념은 각각 "매수약정", "매도약정"으로 보는 것이 타당하다.[26)]

미국에서도 매수(buy or purchase)에 대하여 '사거나 매입하거나 또는 획득하기 위한 계약을 포함한다'고 규정하고 매도(sale or sell)에 대하여 '팔거나 또는 처분하기 위한 계약을 포함한다'고 규정하여 그 범위를 광범위하게 인정하고 있다.[27)]

### 2. 契約締結日과 決濟日이 다른 경우

단기매매차익 반환의무는 증권의 매수와 매도가 6개월 이내에 이루어졌어야 하는 바, 계약체결일, 증권인도일 또는 그 결제일이 서로 다른 경우에는 6개월의 기준시점을 언제로 할 것인지가 문제된다. 계약체결일과 결제일이 다른 경우 계약체결일을 기준으로 하는 견해와 결제일을 기준으로 하는 견해가 대립한다.

#### (1) 학 설

#### (가) 계약체결일 기준설

매매계약이 먼저 체결되고 그 매매계약에 따른 결제가 나중에 이루어지는 경우, 법 제188조 제2항에 규정된 단기매매차익반환에 있어서 6월 이내의

---

26) 채동헌, 「증권거래와 법」, 272면-273면.

27) 미국의 SEA Section 3(a)(13) 및 (14)에서도 매매를 계약을 포함하는 개념으로 해석한다. The terms "buy" and "purchase" each include any contract to buy, purchase, or otherwise acquire. The terms "sale' and "sell" each include any contract to sell or otherwise dispose of.

기간의 기산점이 되는 "매수한 후" 또는 "매도한 후"는 결제일이 아닌 계약체결일을 기준으로 하여야 한다.

매매는 물권적 소유권 이전을 요구하지 않는 채권계약이므로 매도와 매수의 기준은 계약체결일로 보아야 한다.[28] 단기매매차익의 반환은 내부정보 이용과 관련이 있고 내부정보의 이용과 관련하여 중요한 것은 매매의사를 표시하는 시점이기 때문에 계약체결일을 기준으로 하여야 한다.[29]

단기매매차익반환규정의 입법취지가 미공개정보이용을 방지하기 위한 것이므로 매매의사를 표시한 시점인 계약체결일을 기준으로 하여야 하고, 장외거래의 경우 일반적으로는 장내거래와 마찬가지로 계약체결일에 대금지급과 증권인도가 행해지지만 당사자간 합의로 별도로 이행기를 정하는 경우도 있으므로 장내거래와 장외거래를 통일적으로 규율하려면 계약체결일을 기준으로 하여야 한다는 것이다.[30]

만일 결제일을 기준으로 할 경우 계약체결일이 6개월 내에 속하더라도 결제일을 6개월 이후로 함으로써 단기매매차익반환의 규정을 회피하는 것이 가능하게 되어 부당하다.

**(나) 결제일 기준설**

매매계약이 체결되는 것만으로는 증권의 인도가 이루어지지 않으므로 증권을 인도하는 시점인 결제일을 기준으로 하여야 한다. 장내거래의 경우 결제일은 매매일에 2일을 가산한 후가 되므로 결제일을 기준으로 6개월 범위를 산정하여야 한다.[31] 법 시행령 제83조의5 제11항이 소유주식의 변동보고의 기준일을 매매일이 아닌 결제일로 규정하고 있고, 증권시장에서 매매거래와 관련하여 언급되는 대부분의 기준일은 결제일을 의미한다.

---

28) 최민용, "단기매매차익의 반환", 「상사판례연구」 제19집 제4권, (2006), 173면; 고창현, "증권거래법상 단기매매차익반환의무", 「인권과 정의」, 11면-12면; 채동헌, 「증권거래와 법」, 273면 참조.

29) 김건식, 「증권거래법」, 282면.

30) 임재연, 「증권거래법」, 509면-510면.

31) 김정수, 「현대증권법원론」, 박영사, (2002), 689면: 다만 장외거래의 경우에는 특정한 결제일 개념이 존재하지 않으므로 매매일을 기준일로 보아야 한다고 언급하고 있다.

#### (2) 판　　례

단기매매차익의 기준시점을 언급한 대법원 판결은 없고, 하급심에서는 매매계약체결일을 기준으로 한 예는 있다. 즉, 서울고등법원 2001. 5. 9. 선고 2000나21378 판결은 「피고는 소외 금강개발산업 주식회사와의 이 사건 주식 양수도 계약에 따라 주식을 양도한 다음 1998. 7. 10.에 이르러서야 영수증을 교부받고 양도절차를 종결한 것이어서 위 주식거래는 법 제188조 제2항에 규정된 6개월 이내의 단기매매에 해당하지 아니한다는 취지로 다투지만, 위에서 규정한 6개월은 주식 매매계약체결일을 기준으로 할 것이지(앞서 인정한 것과 같이 피고는 1998. 2. 16. 위 금강개발산업과 주식양계약을 체결하였다) 대금수수일을 기준으로 할 것은 아니므로 위 주장은 이유 없다」라고 판시하고 있다.

#### (3) 검　　토

매매계약체결일과 매매대금의 이행기가 다른 경우에는 매매계약체결시점에 매매대금청구권이 이미 발생하고 있는 것이므로 단기매매차익의 시기 산정 또한 매매계약체결일을 기준으로 하여야 한다. 그렇게 해석하지 않으면 매매계약체결일과 이행기를 달리 함으로써 6개월의 기간을 편법적으로 회피할 수 있어 부당한 결과가 된다. 다만 매매계약 당시에 매매계약의 효력 여부가 불분명한 상태에 있는 경우에는 달리 볼 여지가 있다.

### 3. 契約 自體가 條件附 契約인 경우

#### (1) 조건부계약

미국에서 주식의 양수도계약을 할 경우 계약상 권리의무와 관련하여 전제조건(condition precedent)을 규정하는 경우가 일반적이다. 이 경우 전제조건의 해석과 관련하여 어려운 문제가 발생한다.

##### (가) 계약의 효력발생요건으로 보는 경우

조건의 성취로 채무가 존재하게 되거나 또는 물권이 부여되기에 이르는 조건으로 해석한다. 이는 계약성립의 전제가 되는 사항으로서 계약을 유효하게 하는데 필요불가결하거나 또는 계약당사자에 의하여 필요불가결한 것으로 합의된 사항에 대한 조건이다. 이러한 조건이 충족되지 않으면 계약은 효력이 발생하지 않는다.

**(나) 계약의 이행조건으로 보는 경우**

계약체결로 인하여 계약 자체가 성립하였고 그 효력도 발생하였으나, 전제조건은 계약상대방에게 이행을 구하기 위한 조건이라는 것이다. 미국법사전(Black's Law Dictionary)에도 전제조건을 '기간의 경과를 제외하고 계약을 이행하여야 할 의무를 부담하게 하는 사건(An act or event, other than a lapse of time, that must exist or occur efore a duty to perform something promised arises)'으로 언급하고 있다.[32]

**(2) 미국에서의 논의**

**(가) 계약법상 해석**

미국의 주(州)에 따라 이행의 조건이 되는 경우(the right to immediate performance arises / performance under a ontract becomes due / duty to perform a promise in the agreement arises)와, 계약의 효력발생요건이 되는 경우(the contract becomes operative as a contract / agreement becomes ffective / contract becomes effective / contract shall take effect / contractual right accures or contractual duty arises / contract becomes binding on both parties / a contract becomes absolute and obligatory upon the other party)로 구분되고, 이러한 구분은 계약의 해석에 달린 문제이다.[33][34]

계약이 전제조건을 계약의 효력발생요건으로 정하고 있는 경우에는 정

---

32) Bryan A. Garner, Black's Law Dictionary, 8th ed.(2004), p.312.

33) 미국법상 계약 자체의 효력이 불확정적인 외부의 사건에 의하여 결정되는 경우에는 'suspensive condition(정지조건)'과 'resolutory condition(해제조건)'으로 구분된다. 'suspensive condition'은 "A condition that makes an obligation mandatory only if a specified but uncertain event occurs(어떤 특정한, 하지만 불확실한 사건이 발생하는 경우에 효력이 발생하는 조건)"로, 'resolutory condition'은 "A condition that upon fulfillment terminates an already enforceable obligation and entitles the parties to be restored to their original positions(성취되면 효력을 상실하고 당사자를 원래 상태로 복귀시키는 조건)"으로 정의된다.: Bryan A. Garner, Black's Law Dictionary, 8th ed.(2004), p.313.

34) American Jurisprudence, Second Edition, Contracts, II. Formation of Contracts C. Assent: Offer and Acceptance 2. Finality: Preliminary Negotiations and Agreements to Agree, § 38. Conditions precedent.

지조건과 유사한 개념이 되고, 이행청구를 위한 요건으로 규정하고 있는 경우에는 직접적 청구권의 발생요건이 된다. 정지조건으로 해석하면 청구권자는 조건의 성취를 입증할 책임이 있고, 이행청구를 위한 요건으로 해석하면 상대방의 항변사항이 될 것이다. 그러나 미국 계약법에서는 전제조건의 성취에 대한 입증책임이 청구권자에게 있는 것으로 보고 있다.[35)]

### (나) 단기매매차익의 기준일

미국에서 단기매매차익의 기준일은 내부자가 주식을 처분하여 그 대가로 현금을 받기로 한 계약이 철회불가능한 상태의 구속력이 생긴 경우를 기준일로 하고 실제로 대금을 지급한 날로 하는 것은 아니다.[36)]

단기매매차익규정을 적용하기 위한 6개월 산정의 기준이 되는 매매일은 매매계약의 구속력이 확정된 시점을 의미한다.

**◎ Booth v. Varian Associates(1964, 1st Cir.) 334 F. 2d 1**

피고는 1959. 1. 14. A 회사의 주식을 종결일(closing date) 무렵 종가를 기준으로 일정가액(=2,000,000불+B 회사의 1958. 12. 31.부터 종결일 무렵까지의 이익여금 증가액)으로 환산한 수량을 B 회사의 주식과 교환하기로 하되, 1962. 7. 2.을 종결일로 정하는 계약을 체결하였고 1962. 6. 29. A 회사의 주식을 교환취득하였다. 피고가 계약체결일인 1959. 1. 14.을 6개월 산정의 기준이 되는 주식 매수일로 주장한 데 대하여, 법원은 ① 계약체결일에는 취득할 주식의 수량이나 매수가격이 확정되지 않은 상태였고 종결일 무렵에 이르러서야 취득가액이 확정된 점, ② 피고는 계약일인 1959. 1. 14.부터 매수일인 1962. 6. 29.까지는 A 회사의 주식을 보유하지 않아 주식의 시세변동에 따른 위험을 전혀 부담하지 않은 점, ③ 계약일을 6개월 기간의 기준점으로 삼으면 편법에 의하여 단기매매차익반환의무를 면할 우려가 있는 점, ④ 주식

35) Gordon D. Schaber, Contracts in a Nutshell 4th ed.(1997) 313. 'the party seeking to enforce the promise usually being required to plead and prove a condition precedent'

36) Fletcher Cyclopedia of the Law of Corporations, chapter 11. Directors, other officers and agents, XXV. Director and Officer as Fiduciaries or Trustees, E. Profits made by Directors or Officer. §900.30. Federal securities laws - Purchase and sale within Section 16(b) 'A purchase or sale occurs when the insider is irrevocably committed to take and pay for the stock and not at the date of payment'

37) 다만 전제조건이 내부자가 성취할 수 있거나 포기될 수 있는 경우에는 계약 자체로서 매

매매차익을 얻으려면 자신이 취득할 주식의 취득가액이 확정되어야 하는 점 등을 고려하여 볼 때 주식을 실제로 매수함으로써 매수한 주식의 주가가 결정되는 시점인 1962. 6. 29.을 매수일로 보았다.

전제조건이 있는 경우에는 전제조건을 충족시킴으로써 상대방에 대하여 매도대금을 청구할 수 있는 권리가 확정된 시점을 매도시점으로 본다.37)

◎ Lewis v. Realty Equities Corp.(1975, SDNY) 396 F Supp 1026

주식을 매입하면서 매입의 대가로 내부자가 보유한 다른 주식을 교부한 경우 그 다른 주식의 시가가 매입비용이 된다. 다만 매입계약을 체결한 시점의 시가로 할 것인지 아니면 실제로 주식을 교부한 시점의 주가로 할 것인지가 문제되는데 주식을 교부한 시점의 시가를 기준으로 매입비용을 산정하였다. 그 이유는 매입계약 당시(1967. 3. 9.)에는 매도인과 매수인이 조건(condition precedent)을 충족하지 못하여 상호 주식에 대한 청구권이 확정되지 않은 상태였고 먼저 매도인이 조건을 충족한 후(1968. 9. 18.) 종결일(closing date, 1968. 10. 22., 주식이 교부된 시점)에 이르러서야 매수인이 조건을 충족하여 매입주식의 교부청구권이 확정되었으므로 매매시점은 주식이 교부된 종결일로 보아야 하고 그로부터 6개월 이내에 매도(1969. 3. 31.)가 일어났으므로 매매차익반환대상이 된다. 따라서 매입가격은 종결일인 1968. 10. 22. 기준으로 산정된 주식의 가격이 된다.

### (3) 제소기간과의 관계

단기매매차익반환청구권은 '이익의 취득이 있은 날'로부터 2년 내에 행사하지 아니한 때에는 소멸한다(법 제188조 제5항). 자본시장법률 제172조 제5항에서는 '이익을 취득한 날'부터 2년으로 규정하고 있다.38)

'이익의 취득이 있은 날'은 매수 또는 매도와는 전혀 다른 의미이다. 즉 기산점을 이익취득일로 규정한 것은 계약체결과 계약이행일 사이에 시차가

---

매가 이루어진 것으로 보는 데 비하여, 전제조건이 정부의 허가나 제3자의 동의와 같이 내부자 스스로 성취할 수 없는 경우에는 그러한 전제조건이 충족된 시점을 매매가 이루어진 시기로 본다.

38) 일본 금융상품거래법 제164조 제3항은 "상장회사 등의 임원 및 주요주주에 대하여 청구할 권리는 이익의 취득이 있은 날로부터 2년간 이를 행사하지 않은 때에는 소멸한다."고 규정하고 있다. 미국 증권거래법도 "단기매매차익반환청구는 그러한 이익이 실현된 때로부터 2년 이내에 행사되어야 한다."고 규정하고 있다(but no such suit shall be brought more than two years after the date such profit was realized).

있을 수 있다는 점을 고려한 것이고, 현실적으로 반환청구를 하려면 임원 등의 매매사실이 공시되어야 하는데 임원 등이 매매사실을 보고하는 기준일은 결제일 등이기 때문에 이익취득일은 매매계약에 따른 이행행위가 있는 날로 보아야 할 것이다.

단기매매차익의 요건이 되는 6개월의 기준은 계약체결일을 기준으로 하는 것이 타당하지만, 법 시행령 제83조의5 규정이 장외주식거래시 소유주식의 변동보고일의 기준시인 변동일을 대금수수일과 증권인도일 중 먼저 도래하는 날을 기준으로 하고 있는 점에 비추어[39] 단기매매차익반환청구의 제소기간 2년을 기산함에 있어 '이익의 취득이 있은 날'은 이행시기로 보아야 하는 것이다.[40]

### 4. 이 事件의 경우

#### (1) 매매계약서의 구체적인 내용

#### (가) 계약서상의 매매이행과 관련된 규정

계약은 2004. 11. 29. 체결되었고, 7명의 매도인 중 주매도인(lead seller)이 이 사건의 피고이다. 매매대상 주식수는 보통주 2,581,804주이고, 매매대금은 91,712,520.80불로 정해져 있다(2.1 & 2.2).

계약 직후 쌍방은 계약의 종결에 대한 약정(commitment to the closing of the transaction)으로 에스크로 계좌를 설정하여 매수인은 매매대금의 20%인 18,342,504.16불을 현금에스크로 계좌(cash escrow account)에 예치하고, 주매도인은 매도대상 주식의 20%인 516,361주를 주식에스크로 계좌

39) 구 증권거래법 시행령 제83조의5 (단기매매차익의 산정방법 등) ⑪ 법 제188조 제6항의 규정에 의하여 주권상장법인 또는 코스닥상장법인의 임원 또는 주요주주가 그 소유주식수의 변동을 보고하여야 하는 경우 그 변동일은 다음 각 호의 1에 해당하는 날로 한다.
1. 유가증권시장 또는 코스닥시장에서 주식을 매매한 경우에는 그 결제일
2. 장외에서 주식을 매수한 경우에는 대금을 지급하는 날과 주권을 인도받는 날 중 먼저 도래하는 날
3. 장외에서 주식을 매도한 경우에는 대금을 수령하는 날과 주권을 인도하는 날 중 먼저 도래하는 날
4. 증자·주식배당 기타 제1호 내지 제3호 외의 사유로 인한 변동이 있는 경우에는 증권선물위원회가 정하는 날

40) 사법연수원, 「증권거래법」, 297면-298면.

(stock escrow account)에 예치하여야 한다(2.3).

종결(closing)은 조건이 충족되거나, 조건을 포기하는 것을 전제로 하여 종결일 11시에 법무법인 사무실에서 이루어졌다(3.1).

종결일에 매도인에게 매수인에게 주식 전부를 이전하여야 하고, 매수인은 매도인에게 80%의 대금을 지급하여야 한다.

**(나) 매도인과 매수인의 권리의무와 그 전제조건**

□ 매도인의 주식매도 및 이전의무의 전제조건[41]

- ○ 종결일 기준으로 매수인이 진술보장조항이 진실이라는 점과 계약에서 정한 모든 조건과 의무를 충족하였다는 보증서를 매도인에게 교부할 것
- ○ 계약에서 정한 진술보장조항이 작성 당시와 종결일에 모두 진실이라는 진술보장
- ○ 계약에서 정한 모든 동의와 의무를 이행할 것
- ○ 증권거래법상의 대량매수신고, 공정거래법상의 기업결합신고, 외국인투자촉진법상의 외국인투자신고를 포함하여 이 사건 주식매도와 관련하여 관계법령에서 정한 조치를 하고 관계당국으로부터 매수인에게 필요한 승인을 받을 것

□ 매수인의 주식매입의무의 전제조건[42]

- ○ 매도인이 진술보장조항이 진실이라는 점과 계약에서 정한 모든 조건과 의무를 충족하였다는 보증 및 이에 대한 매도인 변호사의 의견서를 매수인에게 교부할 것
- ○ 계약에서 정한 진술보장조항이 작성 당시와 종결일에 모두 진실이라는 진술보장
- ○ 계약에서 정한 모든 동의와 의무를 이행할 것
- ○ 공정거래법상의 기업결합신고를 포함하여 거래와 관련하여 필요한 모든 동의 및 제3자의 동의를 받을 것

---

41) Article 6 (conditions precedent to obligations of the sellers) The obligations of the sellers to sell and deliver the shares pursuant to article 2 and 3 here of and to consummate the transactions contemplated hereby shall be subject to the fulfillment, or waiver by the sellers, on or prior to the closing date, of all of the conditions set forth below.

42) Article 6 (conditions precedent to obligations of the buyer) The obligations of the buyer to purchase the shares pursuant to article 2 and 3 here of and to consummate the transactions contemplated hereby shall be subject to the fulfillment, or waiver by the buyer, on or prior to the closing date, of all of the conditions set forth below.

| |
|---|
| ○ 대표이사를 포함한 모든 이사, 감사의 종결일 기준으로 유효한 사임서 제출, 매수인이 지명한 자가 종결일 기준으로 이사, 감사로 취임하고 나머지 임원은 존재하지 않을 것, 매수인이 지명한 자가 대표이사로 취임할 것<br>○ 매도인들 중 매수인이 지정한 중요 직원은 회사와 기존고용계약의 변동 없이 1년간 고용관계를 유지할 것<br>○ 주식매매거래의 완성을 저해하거나 위협하는 소송, 중재, 기타 법원이나 행정청의 절차가 진행되지 않을 것 |

### 2. 契約上의 前提條件의 解釋

이 사건의 계약상 전제조건은 정지조건과 이행조건이 혼재되어 있는 것으로 보인다. 당사자가 계약에 따른 종결(closing)을 원하지 않을 경우에는 계약상 전제조건을 이행하지 않으면 된다. 다만 자신에게 귀책사유가 있는 경우에는 에스크로 계좌의 현금 또는 주식은 몰취된다.[43)]

소외회사의 주식 등의 대량보고에 의하면 이러한 전제조건을 '이행조건'으로 기재하고 있다.

단기매매차익반환의 대상이 될 것인지의 기준시에 대하여는 매매계약 체결에 의하여 매매의 의사표시가 이루어지고 채권적인 계약관계가 성립되는 점, 만일 종결일을 기준으로 하게 되면 종결일을 조정함으로써 단기매매차익의 대상이 되는 것을 임의로 피할 수 있는 문제가 있는 점, 이 사건 매매계약은 2004. 11. 29. 체결되었고 당시 매매대상 주식과 매매대금이 모두 결정되었다는 점을 고려하면 매매계약 체결일을 기준으로 산정해야 할 것이고, 원심의 이러한 판단은 수긍할 수 있다. 피고도 단기매매차익의 6개월 기간을 산정하는 기준시점에 대하여는 상고이유로 삼고 있지 않다.

## Ⅳ. 短期賣買差益의 算定時點 및 算定方法

### 1. 短期賣買差益의 算定時點

단기매매차익의 산정시점과 관련하여 계약체결일을 기준으로 보는 견

---

43) 당사자의 의무불이행과는 무관하게 계약의 종결이 180일 이내에 이루어지지 않은 경우나 감독관청 등의 동의를 얻지 못한 경우에는 계약은 종료하고 쌍방의 의무나 권리는 모두 발생하지 않고 손해배상의 문제도 없다.

해부터 실질적인 대금지급일을 기준으로 보는 견해까지 여러 견해가 대립할 수 있다. 미국에서는 법문상 실현된 이익(realized profit)을 반환하도록 하고 있으므로 이득실현일을 기준으로 단기매매차익을 산정하게 되나 우리 법은 명문의 규정이 없어 해석이 나뉠 수 있다.

**(1) 학　　설**

**(가) 계약체결일 기준설**

매매계약을 체결한 날을 기준으로 한 매수단가나 매도단가로 단기매매차익을 산정하여야 한다고 보는 입장이다.

그 근거로는, 단기매매차익반환제도는 내부자의 내부정보 이용 여부나 동기를 불문하고 차익을 취득하는 거래를 억제하기 위한 엄격책임(strict liability)을 묻는 제도라는 점, 매매계약체결일과 매매차익의 산정일을 일치시켜야 비용공제 등 반환의무의 범위를 확정지을 수 있고 실무계의 혼선이 없으며 편법의 이용가능성을 피할 수 있다는 점, 매매차익의 산정은 실질적으로 산정된 이득을 기준으로 하는 것이 아니라 법 시행령에 의하여 매도단가에서 매수단가를 공제하여 의제적인 선입선출의 방식으로 산출하는 것이고 이는 실제로 취득한 이익과는 불일치하는 것이 전제되어 있다는 점, 당사자는 매매차익을 얻을 목적으로 매매를 하며 이러한 의사표시는 매매계약시에 바로 나타나는 것이고 매매계약체결일에 매매로 인하여 자신이 취득할 이득을 산정하는 것이 일반적이라는 점, 외환으로 매매대금을 정한 경우라도 당사자는 매매계약체결일의 환율에 의하여 산정한 원화 매매대금을 산정하여 거래를 하였으리라고 추단할 수 있다는 점, 만일 실제지급일이나 이득실현일을 기준으로 매매차익을 산정한다면 계약체결 당시에는 매매차익이 없던 거래가 이행기에 따라 매매차익이 발생할 수도 있고 역의 결과가 발생할 수도 있어서 매매 이외의 요소에 의하여 매매차익반환대상 여부가 좌우되는 불합리함이 있다는 점 등을 들 수 있다.

이에 대한 비판으로는, 계약일에는 실질적인 이득이 없음에도 이를 청구할 수 있도록 하는 것은 부당하다는 점, 계약 자체에 이행의 조건이 있거나 효력발생의 조건이 있는 경우에도 계약일을 일률적으로 적용하는 것은 부당하다는 점, 특히 계약일부터 조건성취일까지 장기의 기간이 필요한 경우

계약일 기준으로 매매차익을 산정하여 반환을 구할 수 있도록 하면 나중에 조건이 성취가 되지 않아 이행이 되지 않거나 계약의 효력이 발생하지 않는 경우에 부당한 결과가 된다는 점 등을 들 수 있다.

**(나) 청구권확정일 기준설44)**

실질적으로 매매계약의 구속력이 발생하여 내부자가 상대방에 대하여 매매대금의 이행을 구할 수 있는 권리가 확정된 시점을 기준으로 단기매매차익을 산정하여야 한다는 입장이다. 일반적으로는 매매계약의 체결시점에서 매도인은 매수인에 대한 청구권이 발생하는 것이므로(주식교부가 동시이행관계에 있다고 하더라도 이는 항변에 불과하므로) 단기매매차익은 발생한다고 보아야 할 것이나, 계약 자체의 이행 여부가 조건에 걸려 있거나 불분명한 경우에는 이득이 실현되었다고 볼 수는 없다. 이행기가 정하여져 있는 경우라도 이미 청구권은 그 전에 확정되므로 이행기까지 이득산정시점을 늦출 이유는 없다.

근거로는, 단기매매차익반환제도는 기본적으로 그 거래 자체를 금지하거나 매매대금 전부를 몰취하는 징벌적 제도가 아니며, 그 거래 자체는 허용하되 내부자가 얻은 이득을 보유하지 못하도록 하여 간접적으로 규제하는 제도라는 점, 내부자는 실제로 이득을 얻은 범위내에서만 반환을 하여야 하는 것이고 실제로 얻은 이득이 없음에도 반환을 강제하는 것은 재산권을 침해하여 위헌의 소지가 있다는 점, 특히 매매계약체결일에는 계약은 성립되었지만 이행 여부가 불분명한 거래가 있을 수 있고, 일정한 전제조건이 충족되어야만 상대방에 대한 주식매매대금 청구권이 현실화되는 경우에는 매매계약체결일에는 아직 이득을 얻은 것으로 볼 수 없고, 따라서 이러한 경우까지 매매계약체결일을 기준으로 이득을 산정하는 것은 적절하지 않다는 점, 법 제188조 제2항이 '… 매도하거나 … 매수하여 이익을 얻은 경우에는 …'이라고 매매차익의 요건을 규정하고 있고, 같은 조 제5항에서는 제척기간 2년의 기산점을 '이익의 취득이 있은 날로부터'라고 보고 있어 실질적인 이득의 취득을 단기매매차익청구의 전제로 삼고 있다는 점, 주식매매행위로 인한 단기매매차익반환청구권의 성립 여부를 판단하는 기준시점과 그 반환범위를 산

---

44) 최민용, "단기매매차익의 반환", 「상사판례연구」 제19집 제4권, 174면-176면.

정하는 기준시점은 달라질 수 있으므로, 매매가 단기매매차익반환의 대상이 되는 6개월의 범위에 포함되는 경우라도 단기매매차익의 취득이나 산정시점은 달리 산정할 수 있다는 점, 단기매매차익의 산정은 경제학적으로 평가하여 이득을 취득하였는지 여부에 따라 결정할 것이고 의제적이거나 작위적인 방법으로 이득의 취득 여부를 결정하는 것은 부당하다는 점, 매매차익에서 공제되어야 할 중개수수료나 증권거래세 등은 이득이 실현되는 시점에서야 정확한 규모가 확정될 수 있다는 점 등을 들 수 있다.

이에 대한 비판으로는, 청구권확정일이라는 개념은 불분명한 개념이고 실제 적용에 있어서 언제 청구권이 확정되었다고 할 것인지 어렵다는 점, 이행이나 효력발생에 조건이 있는 경우와 이행기가 있는 경우를 달리 볼 필요가 없다는 점 등의 반론이 가능하다.

**(다) 이행기(청구가능일) 기준설**

매매계약 체결 사실만으로는 이득이 실현되지 않고, 이득의 실현은 당사자 사이에서 약정한 이행기를 기준으로 이루어지므로, 그날을 기준으로 당기 매매차익을 산정하여야 한다는 견해이다. 매매계약에서 정하고 있는 이행을 위한 전제사항이 이행의 조건으로 규정된 경우에도 그 이행조건이 이루어진 후에야 이행기에 이른 것으로 보게 된다. 그리고 이행기에 앞서 현실적인 이행이 완료된 경우, 즉 주식을 전부 교부하거나 대금을 전부 수령한 경우에는 그 이행기가 단축된 것으로 보아, 그 날짜를 기준으로 산정한다.

근거로는, 실현된 이익(realized profit)이란 경제적 또는 회계적으로는 수익창출활동을 통하여 받을 대가가 현금 또는 현금청구권으로 교환되었다는 것을 의미한다는 점, 주식매매에 있어서 이득의 실현시기는 주식매매대금청구권이 현실화하는 시점이라는 점, 상대방에게 주식을 교부하여 상대방의 동시이행항변권이 모두 상실된 경우에는 그 청구권이 현실화되었다고 볼 수 있다는 점, 회계적으로나 세법상으로 이득의 실현은 모두 주식을 인도한 시점을 기준으로 산정하고 있다는 점, 청구권확정일 기준설은 매매계약 체결 후 구체적으로 청구권이 확정되는 날을 기준으로 한다는 것인데, 이는 결국 현실적인 이행 청구가 가능한 날이라는 것과 실질적인 차이가 없고, 계약에서 정한 사항이 계약의 조건인지, 이행의 조건인지, 그 조건이 수의조건이어서 실질적으로는 그 조건이 없거나 기한과 마찬가지로 보아야 하는지 애매한 경우가 있으므로, 조건과 기한을 동일하게 취급하는 것이 간명하다는 점 등을 들 수 있다.

비판으로는, 이행기를 기준으로 할 경우 그 전에 이미 청구권이 성립되어 효력이 있음에도 불구하고 지나치게 이득을 얻은 시점을 뒤로 미루는 결과가 된다는 점, 당사자가 이행기를 의도적으로 늦추는 경우 청구권이 있음에도 불구하고 청구를 하지 못하게 되어 부당하다는 점 등을 들 수 있다.

**(라) 대금지급일 기준설**

실제로 매도대금을 지급받은 시점을 기준으로 단기매매차익을 산정하여야 한다는 입장이다.

근거로는, 내부자가 매도대금을 지급받아야만 매매차익을 얻은 것이고 매매차익을 반환할 수 있다는 점, 매매계약에 따라 주식은 교부하였으나 매매대금을 지급받지 못한 경우에 단기매매차익을 반환하도록 하면, 그 후 매매대금을 지급받지 못함으로 인한 불이익을 모두 내부자가 부담하게 되어 불합리하다는 점 등을 이유로, 법 제188조 제5항에서 제척기간 2년의 기산점을 '이익의 취득이 있은 날로부터'라고 보고 있고, 이익의 취득이 있은 날은 결제받은 날을 의미한다는 것이다.

이에 대한 비판으로는, 단기매매차익은 의제적으로 내부자에게 부과되는 것이지 반드시 이득을 손에 쥐어야 인정되는 것은 아니라는 점, 내부자가 매매대금을 지급받지 못하는 위험부담을 매매계약의 당사자가 아닌 회사로 하여금 지게 하여 부당하다는 점 등을 들 수 있다.

**(2) 구체적인 검토**

이행기를 기준으로 하는 경우나 대금지급일을 기준으로 하는 견해는 이미 청구권이 성립되어 이익의 취득이 있음에도 불구하고 실제로 금전적 이익을 취득한 시점을 기준으로 삼게 되어 부당하고, 단기매매차익반환이 내부자의 이익을 의제하여 내부자로 하여금 이익을 반환하도록 하는 제도라는 입법취지에도 맞지 않아 채택하기 곤란하다. 단기매매차익반환규정의 취지나 법규정의 내용으로 보아 단기매매차익의 이익은 직접적이고 금전적인 이익(direct pecuniary benefit)을 의미한다고 할 것이지만 금전적인 이익이란 금전으로 환가가능한 권리를 의미하는 것이지 실제로 금전으로 전환되어야만 이득이 발생하는 것은 아니라고 보아야 하는 것이다.

매매계약체결일을 기준으로 할 경우에는 단기매매차익에 해당하는 경우와 이익의 산정시기를 일치시켜 간명하게 처리할 수 있는 장점이 있다. 그러나 계약체결일에 청구권 자체가 확정되지 않은 경우까지 단기매매차익을 반환하도록 하는 것은 부당할 수 있다.

단기매매차익반환제도는 미국법을 계수한 일본법을 우리가 다시 계수한 것이고, 미국법에서는 실현된 이익(realized profit)을 반환하도록 규정하고 있다. 미국법에서도 2년의 제척기간을 두고 있고, 그 기산점은 '이득이 실현된 때(the date such profit was realized)'로부터 기산하고, 이는 증권거래법의 제척기간을 산정하는 '이익의 취득이 있은 날'과 다를 바 없다.[45]

단기매매차익반환제도가 내부정보의 이용여부와 무관하게 내부자라는 지위에서 거래한 경우 적용된다는 점에서 상당히 엄격하게 책임을 묻는 제도이고 위헌의 논란이 있다는 점을 고려한다면, 이득의 반환범위에서는 얻은 이득을 반환하도록 함으로써 위헌성을 불식시킬 필요가 있다.

매매차익의 산정은 경제적으로 평가될 수 있는 것이므로 실질적으로 이득을 취득하였다고 볼 수 있는 시점을 기준으로 매매차익을 산정하는 것이 타당하다. 따라서 이득을 실질적으로 취득한 시점을 기준으로 하여 단기매매차익을 반환하도록 하는 것이 타당하고 이는 매매대금청구권이 확정된 시점을 의미한다.

### (3) 구체적인 적용예

#### (가) 주식 매도계약을 체결하였지만, 이행기가 도래하지 않거나 매수인의 불이행으로 매도대금을 지급받지 못한 경우

매매계약을 체결한 이상 상대방에 대한 매매대금청구권은 현실화하여 매도인은 매수인에 대하여 주식매도대금을 청구할 수 있는 것이고 이익은 실현되었다고 보아야 할 것이다. 따라서 주식매도인이 주식대금을 지급받지 못한 경우나 대금이 장래기한인 경우라도 이익은 실현되었다고 보고 매매계

45) 그러나 단기매매차익 반환의무의 성립 여부를 판단하기 위한 매매의 시기와 단기매매차익 산정 목적으로 주식의 가격을 결정하는 시기는 차이가 있을 수 있다.

약체결시점을 기준으로 산정한 단기매매차익의 반환을 구할 수 있다. 소유주식수의 변동일을 공시하는 기준일이 장외에서 주식을 매도한 경우에는 대금을 수령하는 날과 주권을 인도하는 날 중에서 먼저 도래하는 날로 규정하고 있는 법 시행령 제83조의11 규정과 조화로운 해석을 위해서라도 실질적인 금전을 회수한 날을 기준으로 하기는 어렵다.

#### (나) 주식을 매수한 후 매도시에는 매매대금을 현금이 아닌 다른 주식 등으로 지급받는 경우

주식을 매수한 후에 매도시 현금 대신 다른 주식 등을 교부받은 경우 그 주식을 평가하여 실질적인 매도대금을 산정할 것인지가 문제될 수 있다. 이 경우 서울고등법원 판결은 「당사자 사이에 정한 매매대금을 기준으로 매매차익을 산정할 것이지 교부받은 주식을 교부받을 당시의 시가로 평가할 것은 아니다」라고 판시하고 있다.

◎ 서울고등법원 2002. 11. 8. 선고 2002나11641 판결

을 제1호증 내지 을 제4호증의 각 기재에 변론의 전취지를 종합하면, 피고가 제일제당에게 이 사건 주권을 매도하면서 약정 매도대금 중 일부에 대하여는 현금 대신 쌍방간 합의된 평가액에 의하여 제일제당이 보유한 주권으로 교부받은 사실을 인정할 수 있는바, 이와 같이 피고가 제일제당과의 합의 아래 약정 매도대금 중 일부에 대하여 현금의 지급에 갈음하여 제일제당이 보유하고 있는 다른 회사의 주권을 교부받았고, 교부주권에 대한 평가액이 당사자 사이의 합의에 의하여 정하여졌다면, 위 평가액은 당사자가 당해 주권에 대하여 가지는 주관적 가치까지 고려되어 결정될 성질의 것이므로, 반드시 시장가격과 일치할 필요는 없다 할 것이고, 이러한 경우 비록 교부주권의 평가액이 그 시장가격과 일치하지 않는다고 하더라도, 이 사건 주권의 매도대금은 당사자 사이에 약정된 매도대금으로 보는 것이 당사자의 의사나 거래관념에 보다 부합한다고 판단되고, 이와는 달리 당사자의 합의와는 무관하게 교부주권의 시장가격에 의하여 조정한 금액이 실제 매도대금이라고 볼 별다른 근거가 없으므로, 피고의 주장은 받아들이지 아니한다.[46]

46) 대법원 2004. 2. 12. 선고 2002다69327 판결로 확정되었고, 주식을 교부받을 당시의 시가로 평가하여야 한다는 논리는 상고이유로는 주장되지 않았다.

위 판결은 매매 당시에 쌍방이 매매대금을 정한 경우의 해석론이고, 만일 매매대금을 정하지 않고 주식을 교환하기로 한 경우라면 평가의 문제가 발생하는데, 이 경우 어느 시점을 기준으로 할 것인지가 문제된다.

매도대금의 평가는 이득을 얻은 것을 전제로 하여야 하므로, 매매대금 대신 받기로 한 주식을 인도받을 권리가 확정된 시점을 기준으로 하여야 할 것이다. 만일 다른 주식을 실제로 교부받을 당시에 그 주식의 가치가 상승하였다면 이는 매매로 인한 이익이라 할 수 없으므로 단기매매차익에서의 차익에 해당하지 않는다.

역으로 다른 주식을 실제로 교부받을 당시에 그 주식의 가치가 하락하였다면 이 또한 매매와 무관한 손실이라 할 것이므로 단기매매차익에서 공제한다거나 단기매매차익의 범위를 제한할 수는 없다.

## 2. 短期賣買差益의 算定方法

### (1) 구체적 산정방식

매매차익을 산정함에 있어서 매도 주식과 매수 주식 자체가 동일한 것일 필요는 없다. 매도와 매수를 자의적으로 대응시킬 경우에는 매매차익을 임의적으로 감소시킬 우려가 있다. 단기매매차익반환제도가 당사자가 내부정보를 이용하였는지 의사를 불문하고 인정되는 것이므로, 미국에서는 매매차익의 산정에서도 최대한의 이득을 산정하는 방식이 주로 채택되고 있다.

매매차익을 산정하는 주요 방법으로는(일정한 기간 주식의 거래가 반복된 경우 주로 실익이 있음) 다음과 같은 방식이 있다.

① 6개월 내의 거래량을 가중치로 한 매도평균가격에서 매수평균가격을 공제하여 차익을 산정하는 **가중평균법**(weighted average method)

② 매수한 순서와 매도한 순서를 맞추어 매도가격에서 매수가격을 공제하여 차액을 산정하는 **선입선출법**(first-in-first-out method)

③ 매수분은 최저가부터, 매도분은 최고가부터 순서대로 배열하고, 가장 높은 가격의 매도와 가장 낮은 가격의 매수부터 대응시키는 방법으로 이익을 산정하여 가능한 최대의 이익을 산정하는 **매수최저가-매도최고가 대비방식**(lowest price in, highest price out method)

가중평균법에 의하면 거래량 매수단가와 매도단가의 차액에 매수수량과 매도수량 중 일치하는 수량을 곱하여 매매차익을 계산하므로 차손 부분이 반영되나, 선입선출법에 의하면 순차대응방식으로 계산하게 되어 차손 부분은 반영되지 않고 차익 부분만 반영되므로 매매차익이 가중평균법보다 높게 나오고, 나아가 전체적으로 차손이 발생하였어도 차익반환책임이 발생한다. 매수최저가-매도최고가 대비방식의 경우 그 정도가 더 심해진다. 따라서 산정된 이익은 ① ≤ ② ≤ ③의 순으로 많게 산정된다.

### (2) 일본의 경우

우리 법 제188조에 해당하는 증권취인법(證券取引法) 제164조는 제9항에서 이익의 산정방법은 내각부령으로 정하도록 하고 있으며,[47] 해당 내각부령 제6조는[48] 선입선출법을 채용하고 있다. 일본의 경우 하위법령에 위임

---

47) 證券取引法 第164條 ⑨ 第四項において、內閣總理大臣が上場會社等の役員又は主要株主が第一項の利益を得ていると認める場合における当該利益の算定の方法については、內閣府令で定める。

48) 上場會社等の役員及び主要株主の当該上場會社等の特定有価証券等の賣買に關する內閣府令(昭和六十三年九月二十日大藏省令第四十號) 最終改正：平成一六年一月三〇日內閣府令第三號.
第六條　法第百六十四條第九項に規定する內閣府令で定める利益の算定の方法は次に掲げる方法とする。
一.　法第百六十三條 の報告書の記載に基づき、上場會社等の役員又は主要株主が当該上場會社等の特定有価証券等について自己の計算においてそれに係る買付け等をした後六月以內に賣付け等をし、又は賣付け等をした後六月以內に買付け等をしたと認められる場合（次号の規定に該当する場合を除く。）においては、当該賣付け等の單価から当該買付け等の單価を控除した數值に当該賣付け等の數量と当該買付け等の數量のうちいずれか大きくない數量（以下この條において「賣買合致數量」という。）を乘じて算出した金額のうち当該賣買合致數量の部分に係る手數料に相当する金額を超える部分の金額を利益の額と算定する。
二.　法第百六十三條 の報告書の記載に基づき、上場會社等の役員又は主要株主が、当該上場會社等の特定有価証券等について、二回以上の買付け等又は二回以上の賣付け等を行つたと認められる場合においては、買付け等のうち最も早い時期に行われたものと賣付け等のうち最も早い時期に行われたものとを組み合わせ（当該買付け等の行われた後六月以內に当該賣付け等が行われた場合又は当該賣付け等の行われた後六月以內に当該買付け等が行われた場合に限る。以下同じ。）前号に定める方法により利益の算定を行い、次に殘つた買付け等及び賣付け等について、同樣の方法により、組み合わせるべき買付け等又は賣付け等がなくなるまで組み合わせを行い、それぞれの組合わせについて前号に定める方法により利益の算定を行うものとする。
2회 이상의 매수나 매도를 행한 경우 매수 중 가장 빠른 것과 매도 중 가장 빠른 것을 대응시켜 전 호에 정한 방법으로 이익을 산정하고, 나머지 매수 또는 매도분에 대하여는 같은 방법으로 대응시켜 매수 또는 매도 잔량이 없어질 때까지 대응을 시키고 각각의 조합에 대하여 전 호에서 정한 방법으로 이익을 산정한다.: なお、同一日において二回以上の

한 점, 선입선출법을 채용한 점 등은 우리법과 유사하다.

### (3) 미국의 경우

법원의 판단에 맡겨진 문제인바, 압도적 다수는 최저가와 최고가를 대응시키는 방식이다. 이 방식은 심지어 전체 6개월의 기간 중 순손실(out-of-pocket loss)이 있더라도 이익으로 판정한다는 점에서 다른 대체방식에 비하여 거친 방식이다. 다만 이 방식은 불필요하게 징벌적이며 단기매매차익반환제도의 입법목적에 의하여 정당화될 수 없다는 반론도 있다.

이익산정방법에 관한 중요한 선례인 Smolowe 사건[49]에서 연방 제2순회항소법원은, 평균가격에 의하는 방식은 당해 기간 중 발생한 이익액과 손실액 사이의 상계(offsets)를 허용하는 것이어서 '어떠한(any)' 이익도 반환하라는 법문 그리고 입법목적에 맞지 않는다고 하여 배척하고, 또한 피고가 주장한 선입선출법도 입법목적에 비추어 적당하지 않다고 하여 배척하면서 최대한의 이익(greatest possible amount)을 산정할 수 있는 최저매수가격과 최대매도가격을 대응시키는 방식을 채택하였다.

위 방식에 따를 경우 전체 거래를 통하여는 손실을 보았더라도 계산된 이익을 반환하여야 한다. Gratz 사건[50]에서는, 실제 전체 거래를 통하여 40만 불의 손해를 보음에도 불구하고 30만 불의 이익의 반환을 명한 바 있다. 그리고 Gratz 사건은, Smolowe 사건을 원용하면서, 거래가 여러 번 일어난 사안에서 매도와 매수를 대응(match)시키기 어려운 것은 피고가 여러 번 거래를 했기 때문이라고 보고, "손해액이 일정한 한도액 아래로서(below an upper limit) 다소 불명확하고 또한 그 불명확성이 피고의 잘못에 기인하는 경우에는 그 상한액이 바로 적절한 배상책임액"이라는 1722년의 오래된 판례법 원칙을 들어 정당성을 설명하였다.

---

買付け等又は二回以上の賣付け等を行つたと認められる場合においては、買付け等については最も單価が低いものから順に買付け等を行つたものとみなし、賣付け等については最も單価が高いものから順に賣付け等を行つたものとみなす。

2 前項第二号の規定の適用については、組み合わせた買付け等又は賣付け等のうち賣買合致數量を超える部分は、当該買付け等又は賣付け等とは別個の買付け等又は賣付け等とみなし、さらに組み合わせの對象とする。

**49)** Smolowe v. Delendo Corporation, 136 F.2d 231 (2d Cir.1943).; 연방대법원에 상고되었으나, 상고가 불허되었다 (320 U.S. 751).

**50)** Gratz v. Claughton, 187 F.2d 46, 51(2nd Cir. 1951).

이러한 입장의 경우, 단기매매차익반환제도는 모든 불성실에 대한 유혹을 제거하기 위한 것(remove temptation to faithlessness)이라는 논거에 의하여 설명되기도 한다.

#### (4) 우리나라의 경우

현행법상 이익의 산정기준과 반환절차 등에 관하여 필요한 사항은 대통령령으로 정하는데, 2000. 9. 8. 종전의 가중평균법에서 선입선출법으로 변경되었다. 위 개정 당시 금융감독원의 보도자료에 의하면, "가중평균법은 평균단가를 구하는 과정에서 차손 부분이 반영되지만, 선입선출법은 순차대응방식으로 계산하게 될 뿐이어서 차손 부분이 반영되지 않고 차익부분만 반영되므로, 매매차익이 전자보다 높게 나올 가능성이 많기 때문에 주의가 요망됨"이라고 설명되어 있다.

### 3. 이 事件의 경우

단기매매차익을 구체적으로 산정함에 있어서는 이익이 실현된 것을 전제로 한다고 보아야 할 것이다. 따라서 단기매매차익의 대상이 되는 거래인지 여부를 판단하는 기준시와, 단기매매차익을 산정하는 기준시는 달리 볼 여지가 있다.

#### (1) 이익의 산정시점

(시간의 경과) ⟶

| | ⇑ | ⇑ | ⇑ | ⇑ |
|---|---|---|---|---|
| 견해 : | 계약체결일 | 청구권확정일 | 이행기(청구가능일) | 대금지급일 |
| 일자 : | (2004. 11. 29.) | (2005. 2. 2.) | (2005. 2. 2.) | (2005. 2. 2. & 2006. 2. 6.) |

이 사건의 경우 계약체결일은 2004. 11. 29.이지만 매도인이 주식을 매수인에게 매도하고 이전할 의무는 계약체결일에 확정되지 않으며, ① 매수인이 진술보장을 제출하고, ② 계약에서 정한 모든 의무를 이행하며, ③ 관련 법규에서 정한 정부당국의 승인을 받는 등 모든 절차를 완료하여야 비로소 매도인에 대하여 주식의 교부청구권을 행사할 수 있다.

매도인 또한 매수인에 대하여 대금지급청구를 하려면, ① 진술보장을 제출하고, ② 계약에서 정한 모든 의무를 이행하며, ③ 공정거래법상의 기업결합신고를 포함하여 거래와 관련하여 필요한 모든 동의 및 제3자의 동의를 받아야 하고, ④ 대표이사를 포함한 모든 이사, 감사의 종결일 기준으로 유효한 사임서 제출, 매수인이 지명한 자가 종결일 기준으로 주주총회를 거쳐 이사, 감사로 취임하고 나머지 임원은 존재하지 않을 것, 매수인이 지명한 자가 대표이사로 취임할 것, ⑤ 매도인들 중 매수인이 지정한 중요 직원은 회사와 기존고용계약의 변동 없이 1년간 고용관계를 유지할 것 등의 전제조건을 갖추어야 한다.

이러한 조건이 모두 충족되면 쌍방은 계약을 종결(closing)할 수 있고 실제로 이러한 조건이 모두 충족되어 피고가 소외회사에게 주식을 모두 교부하고 소외회사로부터 에스크로 현금을 제외한 매매대금을 교부받은 시점은 2005. 2. 2.이므로 이때 피고는 이득을 얻었다고 할 것이다. 매매대금 중 에스크로 현금 20%는 종결된 시점에 이미 청구권은 확정된 상태에 있었고 다만 이행기가 1년 후에 도래하는 것과 마찬가지이다.

다만 소외회사가 위와 같은 전제조건을 이행조건으로 공시한 사정을 살펴본다면 청구권은 기존에 이미 발생되어 이득도 확정적으로 발생하였다고 볼 여지도 있다.

### (2) 매매에 따른 이익과 환율효과의 구분

외국환의 환시세는 변동이 있을 수 밖에 없고 이 경우 환시세의 변동을 단기매매차익으로 볼 수 있을 것인지가 문제될 수 있다.

만일 환율상승으로 인하여 원화환산금액이 증가하더라도 이는 매매로 인한 차익으로 취급될 수 없고 매매와 별개의 환율변동에 따른 차익이므로 단기매매차익의 반환범위에 포함될 수 없을 것이다.

만일 환율하락으로 인하여 원화환산금액이 감소된 경우에는 이 또한 단기매매차익과 무관한 환율변동에 따른 손실이므로 단기매매차익에서 공제할 수 없을 것이다. 즉, 이득취득일에 일정금액의 외화에 대한 청구권이 성립하였으면 이득도 바로 평가될 수 있는 것이며 그 후 구체적인 이행기에 환율의 변동이 있다고 하더라도 이는 매매계약에 의하여 발생하는 이득이나 손실이 아니라 원화환산에 따른 환율변동의 효과가 내부자에게 귀속되는 것에 불과하므로 이득평가액이 달라지는 것은 아니다.

### 4. 小結論

#### (1) 원 칙

단기매매차익반환규정의 적용 여부(단기매매차익반환의무의 발생 여부)에 대한 판단기준을 '매매계약 이행일'이 아니라 '매매계약 체결일'로 보는 것은 통설적인 견해이다.

일반적으로 매매계약체결일에 매수인은 매도인에 대하여 주식교부청구권이 매도인은 매수인에 대하여 매도대금청구권이 발생한다. 내부자가 실제로 이행을 받지는 못하였다고 하더라도 매매계약의 체결에 따라 매매대금청구권(계약이행청구권)은 이미 취득한 것이므로, 이익을 얻지 않았다고 할 것도 아니다. 따라서 단기매매차익의 산정도 매매계약체결일을 기준으로 이루어지는 것이 대부분의 경우라고 할 것이다.

#### (2) 예 외

그러나 매매계약체결일에 구체적인 대금지급청구권이 확정되지 않은 경우까지 매매계약체결일을 기준으로 단기매매차익을 산정하는 것은 부당하다고 생각된다. 법 제188조 제2항은 "… 매도하거나 … 매수하여 이익을 얻은 경우에는 …"이라고 표현하여 이익을 얻으면 족하고 그 이익이 실제로 실현될 것까지 요구하고 있는 것은 아니라는 견해도 있을 수 있으나, 단기매매차익반환제도가 미국에서 도입되었고 미국에서는 실현될 것을 요구하는 점,[51] 실제로 실현되지도 않은 이득의 반환을 청구하도록 하는 것은 위헌의 소지가 있는 점, 제척기간의 기산점을 '이득의 취득이 있은 날'로 규정하고 있는 점을 고려한다면 적어도 구체적인 청구권이 발생한 시점을 단기매매차익산정의 기준시점으로 함이 상당하다.

판시는 단기매매차익 반환의무의 대상이 되는 거래를 매매계약체결일

---

51) 미국의 증권거래법(Securities Exchangw Act of 1934) 제15조 (b)항에서 "any profit realized by him from any purchase and sale …"(매수와 매도로 인하여 실현된 모든 이익)이라고 규정하고 있다.

로 보면서 매매차익의 범위도 동일한 기준으로 하여 단일하고 통일된 산정기준을 제시하고 있다. 이는 단기매매차익 반환의무를 회피하기 위하여 이행기나 조건을 설정하는 거래를 차단하기 위한 방법으로 유용할 수 있다. 그러나 거래의 유형에 따라 매매계약체결일에 청구권이 확정되지 않는 경우도 있을 수 있고 정지조건의 경우에는 계약의 효력이 발생하지 않는 경우도 예상해 볼 수 있다. 이 사건의 경우에는 매매계약에서 정한 전제조건을 이행조건에 불과한 것으로 본다면 판례의 입장을 수긍할 수 있을 것이지만, 효력발생요건으로 해석하여야 하는 사안의 경우에는 일률적으로 매매계약체결일을 단기매매차익의 산정시기로 삼을 수는 없을 것이고 이러한 경우 앞으로 판례의 입장을 살펴볼 필요가 있을 것이다.

# 證券去來法 第188條의3[資本市場法 第175條]에 規定된 內部者去來行爲者에 대한 投資者들의 損害賠償請求制度에 관한 小考*

趙 仁 昊**

◎ 서울고등법원 1995. 6. 14. 선고 94나21162 판결

[事實의 槪要]

이 사건은 신정제지사건으로 알려진 상당히 복잡한 것인데, 이 글에서의 주제와 관련되는 한도에서만 그 사실관계를 간략히 요약해 본다.

(1) 신정제지회사는 외부감사인인 회계법인에 소속된 회계사의 도움을 받아 분식된 재무제표를 사용하여 1991년 말에 기업공개를 하였으며, 1992년 1월 23일에 증권거래소에 상장되었다. 대신개발금융회사는 신정제지와 사이에 합작투자계약을 체결한 창업투자회사로서 신정제지가 기업공개의 요건을 갖춘 건실한 기업으로 성장하도록 경영지도를 하는 등의 노력을 전혀 기울이지 아니한 채 신정제지가 기업을 공개하도록 그대로 방치하고 그 주식이 상장되도록 한 후 1992. 2. 1.부터 2. 17.까지 사이에 보유하고 있던 신정제지 주식 482,000주를 매도하였다.

(2) 처음부터 상장하기에 적합하지 못한 부실회사였던 신정제지는 재무상태가 매우 나빠서 주거래은행인 전북은행에서 1992년 4월 28일 부도가 났는데, 전북은행은 그러한 미공개중요정보를 주거래은행으로서 즉시 알았고,

---

* 제22회 상사법무연구회 발표 (2010년 7월 10일)

본 평석은 「증권법연구」 제8권 제2호, 한국증권법학회, (2007)에 게재하였음.

** 前 증권선물위원회 위원, 덕성여자대학교 법학과 교수

그러한 부도발생사실은 4월 30일에야 증권거래소 공시를 통해서 일반에게 공개되었다. 전북은행은 4월 29일 위 정보가 일반에게 아직 공개되지 아니한 채로 증권거래소에서 신정제지의 주식이 거래되고 있는 상황을 이용하여 보유하고 있던 신정제지 주식 전량인 71,000주를 매도하였다.

(3) 제1심 법원인 서울지방법원 남부지원이 밝힌 사실관계에 따르면, 전북은행은 1992년 4월 29일 오전 9시 27분경 신정제지 주식 71,000주의 매도주문을 내었고, 시초가형성을 위한 동시호가장에서 800주가 매도되었고, 나머지 70,200주는 동시호가장이 마감된 직후인 같은 날 오전 9시 40분경부터 오전 10시 9분경 사이에 전산체결 매도되었다.

(4) 원고는 4월 29일 오전 9시 37분경 신정제지 주식 10,000주 매수주문을 내어 같은 날 오전 9시 46분경(제2심에서는 9시 41분경으로 수정되어 확정되었음)에 전산체결 매수가 이루어졌다.

## [訴訟의 經過]

### 1. 第1審의 判斷[1)]

제1심 법원은 원고가 창업투자회사인 대신개발금융회사를 상대로 제기한 민법750조에 따른 손해배상청구를 아래와 같이 인정하고, 또한 원고가 신정제지의 주거래은행인 전북은행을 상대로 제기한 증권거래법 제188조의3에 따른 손해배상청구를 아래와 같이 인정하였다.

(1) 대신개발금융회사는 신정제지와 사이에 합작투자계약을 체결하여 … 신정제지가 기업공개의 요건을 갖춘 건실한 기업인지의 여부를 실질적으로 확인하고 이러한 요건을 갖출 수 있도록 경영지도를 할 수 있는 포괄적 권한을 확보하였는데...신정제지가 기업공개 전에 이미 극심한 자금압박을 받아 특단의 사정변경이 없는 한 단기간 내에 기업의 정상적인 영업활동이 거의 불가능해지리라는 점을 잘 알고 있었음에도 … 자신의 투하자본 회수에 급급한 나머지 … 신정제지가 공개의 요건을 갖춘 건실한 기업으로 성장하도록 경영지도를 하는 등의 노력을 전혀 기울이지 아니한 채 신정제지가

1) 서울지방법원 남부지원 1994. 5. 6. 선고 92가합11689 판결.

기업을 공개하도록 그대로 방치함으로써 그 주식이 불법으로 상장되도록 한 후, 결국 선의의 투자자들의 손해를 반대급부로 하여 자신의 투하자본을 회수함으로써 자신의 영업 손실로 귀착되어야 할 손해를 일반 투자자에게 전가하였는바, 이러한 행위는 … 선의의 투자자들에 대한 관계에서는 위법한 행위라고 보아야 할 것이다.[2] 대신개발금융은 신정제지의 주식이 불법으로 상장되는 일이 없도록 하여야 할 의무를 위반하여 그대로 방치한 불법행위자로서 위 주식의 매수로 말미암아 원고가 입은 손해를 배상할 책임이 있다 할 것이다.[3]

(2) [증권거래법 제188조의3 제1항 아래에서] 내부자거래를 한 자가 손해배상책임을 부담하는 상대방인 '당해 유가증권의 매매 기타 거래를 한 자'를 내부자가 거래한 것과 같은 종목의 유가증권을 거래한 모든 사람으로 해석한다면, 내부자가 거래한 유가증권의 수량이 당해 유가증권의 전체 시장규모에 비추어 극히 미미한 경우에까지 당해 유가증권 거래자 모두에게 손해배상책임을 부담하는 것으로 되어 내부자거래를 한 자에게 지나치게 가혹할 뿐만 아니라, 그러한 경우에는 내부자거래행위와 손해발생 사이의 인과관계를 인정하기도 어려울 것이므로, 위 규정의 위와 같은 입법취지에도 맞지 아니하고, 반면에 '당해 유가증권의 매매 기타 거래를 한 자'를 당해 유가증권의 매매거래에 있어서의 내부자의 직접 거래 상대방만으로 한정한다면 위와 같이 거래 상대방의 확인이 어려운 경우가 대부분인 증권시장의 특성상 위 규정이 적용될 경우는 거의 없어 그 입법취지가 몰각된다 할 것이다. 그러므로, 위 규정의 입법취지에 비추어 볼 때, 내부자거래를 한 자가 손해배상책임을 부담하는 상대방인 '당해 유가증권의 매매 기타 거래를 한 자'라 함은 내부자가 거래한 것과 같은 종목의 유가증권을 동시기에 내부자와는 반대방향으로 매매한 자를 의미한다고 해석함이 상당하다 할 것이다.[4]

제1심 판결에 대하여 피고 대신개발금융회사와 전북은행은 항소하였다.

---

2) 서울지방법원 남부지원 1994. 5. 6. 선고 92가합11689 판결, 35-37면.

3) 서울지방법원 남부지원 1994. 5. 6. 선고 92가합11689 판결, 38면.

4) 서울지방법원 남부지원 1994. 5. 6. 선고 92가합11689 판결, 40-41면.

## 2. 第2審의 判斷[5)]

제2심 법원은 원심 판결 중 피고 대신개발금융 주식회사의 패소 부분을 취소하고 그 부분에 해당하는 원고의 청구를 기각하였으며, 원고의 피고 대신개발금융 주식회사에 대한 증권거래법 제188조의3에 의거한 청구도 기각하였다. 한편 피고 전북은행의 항소도 기각하였다. 제2심 판결은 상고되지 아니하여 확정되었다.

(1) 대신개발금융이 중소기업창업지원법에 근거하여 설립된 창업투자회사이기는 하나 원고의 위 주장과 같이 기업공개와 관련하여 부실공개를 막아야 할 의무를 지고 있다고 볼 만한 규정은 중소기업창업지원법 기타 어느 법령에서도 찾아볼 수 없다. 또 피고 대신개발금융이 위 신정제지와 사이에 체결한 합작투자계약상의 [각종 경영감독 권한]은 같은 피고가 위 신정제지에 대하여 거액의 투자를 한 회사로서 그 이익을 보호하기 위하여 확보한 것에 불과하고 원고와 같은 제3자에 대한 의무로서 확보하게 된 것은 아니므로 원고와 같은 제3자가 피고 대신개발금융의 위와 같은 계약상 권한행사의 해태사실을 들어 피고 대신개발금융에 대하여 손해배상을 구할 수는 없는 것이다.[6)]

(2) 피고 대신개발금융이 위 신정제지와 사이에 합작투자계약을 체결한 자로서 1992. 2. 1.부터 2. 17.까지 사이에 그 보유 주식 482,000주를 매도한 사실은 위에서 인정한 바와 같지만, 원고가 위 신정제지 주식 10,000주를 매수한 것은 앞서 본 바와 같이 피고 대신개발금융의 위 주식 매도일로부터 2개월 이상 지난 후인 1992. 4. 29.인 점에 비추어 원고가 피고 대신개발금융이 매도한 당해 주식을 매수한 것이라고 인정하기 어렵고 그 밖에 달리 이를 인정할 증거가 없다. 따라서 원고의...증권거래법 제188조의3의 책임 주장은 이유 없다.[7)]

(3) 증거들과 한국증권거래소 이사장에 대한 사실조회결과에 변론의 전취지를 종합하면, 피고 주식회사 전북은행은...신정제지의 주거래은행으로

---

5) 서울고등법원 1995. 6. 14. 선고 94나21162 판결.

6) 서울고등법원 1995. 6. 14. 선고 94나21162 판결, 27면.

7) 서울고등법원 1995. 6. 14. 선고 94나21162 판결, 29면.

서...위 신정제지의 부도사실을 그 직무와 관련하여 그 발생 즉시 알게 된 사실...피고 전북은행은 1992. 4. 29. 09시 27분경 부도사실이 아직 일반인에게 공개되지 아니하여 주식거래가 정상적으로 이루어지고 있는 기회를 이용하여...신정제지 주식 71,000주 전량에 대한 매도 주문을 낸 사실, 한편 원고는 1992.4.29. 09시 37분 경 위 부도사실을 모른 채 … 신정제지주식 10,000주에 대하여 1주당 6,000원씩에 매수주문을 낸 사실, 그리하여 같은 날 09시 41분 경 피고 전북은행이 매도한 위 주식 중 10,000주가 1주당 금 6,000원씩에 원고에게 매수되는 내용의 전산체결매매가 이루어진 사실을 인정할 수 있다.[8] 피고 전북은행은 위 신정제지의 주거래은행으로서 증권거래법 제188조의2 제1항 제4호에 해당하는 내부자라 할 것이고, 상장법인인 위 신정제지의 부도사실은 증권거래법 제188조의2 제2항에서 원용하는 같은 법 제186조 제1항 제1호에 해당하는 사실에 관한 정보 중 투자자의 투자판단에 중대한 영향을 미칠 수 있는 것이라 할 것이다.[9] 따라서 피고 전북은행은 증권거래법 제188조의2의 내부자거래금지규정을 위반하여 위 신정제지 주식을 매도한 자로서 같은 피고가 매도한 당해 주식의 매수와 관련하여 손해를 입은 원고에 대하여 같은 법 제188조의3 제1항에 의하여 그 손해를 배상할 책임이 있다고 할 것이다.[10]

## [評　　釋]

### Ⅰ. 序　　言

우리나라에서의 통설과 판례는 내부자거래행위자를 상대로 한 투자자들의 민사상 손해배상청구제도를 규정하고 있는 증권거래법 제188조의3과 그 후속규정인 자본시장법 제175조에 관하여 그 효용성이 적지 않은 것으로 판단하면서 별 거부감없이 받아들이고 있는 것으로 보인다.[11] 그러나 신정

8) 서울고등법원 1995. 6. 14. 선고 94나21162 판결, 16-17면.

9) 서울고등법원 1995. 6. 14. 선고 94나21162 판결, 17면.

10) 서울고등법원 1995. 6. 14. 선고 94나21162 판결, 17면.

11) 박삼철, "증권거래법상의 내부자거래규제에 관한 연구", 고려대학교 석사학위논문,

제지 사건의 제1심판결 및 제2심판결을 평석하면서 필자는 이 글에서, 증권거래법 제188조의3 및 자본시장법 제175조는 그 적용범위가 상당히 제한되어 있고, 비대면적 증권시장에서 내부자거래로 인하여 실제로 손해를 입은 투자자의 신원을 밝혀내는 것은 지극히 실무상 어려우며, 민법 제750조가 있는 우리 법제 아래에서 증권거래법 제188조의3 및 자본시장법 제175조는 손해배상청구요건을 완화 또는 변경하는 등의 명확한 특별조치가 보이지 않고, 손해배상청구적격자의 범위가 애매모호하다는 것 등등 이론상 및 적용실무상 허다한 문제점들이 있다는 것을 보여주고자 한다. 그러한 토대 위에서 필자는, 자본시장법 제175조는 그 입법의도 내지 정책적 목표라고 할 수 있는 억제(抑制, deterrence)와 보상(補償, compensation)을 과연 충족시킬 수 있는지 심각한 의문이 든다는 점을 밝혀주고, 따라서 자본시장법 제175조는 그 폐지까지도 심각하게 고려해야 한다고 결론내린다.

## Ⅱ. 證券去來法 第188條의3 및 資本市場法 第175條의 制限된 適用範圍와 適用實務上의 問題點

### 1. 制限된 適用範圍

(1) 증권거래법 제188조의3 제1항은 “제188조의2의 규정에 위반한 자는 당해 유가증권의 매매 기타 거래를 한 자가 그 매매 기타 거래와 관련하여 입은 손해를 배상할 책임을 진다.”라고 규정함으로써 내부자거래행위자가 거래한 유가증권과 동일한 종류·종목의 유가증권을 거래한 투자자에게만 손해배상청구권을 허용한 것으로 해석된다. 이러한 규정방식을 답습하며 자본시장법 제175조 1항도 “제174조를 위반한 자는 해당 특정증권 등의 매매, 그 밖의 거래를 한 자가 그 매매, 그 밖의 거래와 관련하여 입은 손해를 배상할 책임을 진다.”라고 규정하고 있다.[12)]

---

(1998), 150-155면; 임재연, 「증권거래법」 개정2판, 박영사, (2004), 441-448면. 김건식·정순섭, 「자본시장법」, 두성사, (2009), 303-306면.

12) 자본시장법 제174조는 증권거래법 제188조의2의 후속규정이라 할 수 있는데, 그 적용범위가 다음과 같이 확장되었다. 첫째, 자본시장법 제174조에서는 내부자의 범위가 확대되었는데, 계열회사, 계열회사의 임직원·대리인, 계열회사의 주요주주, 그 법인과 계약체결을 교섭하고 있는 자 등등이 추가되었다. 둘째, 자본시장법 제174조 제1항은 증권거래법 제188조의2 제1항의 후속규정인데, “특정증권 등”이라는 개념을 써서 1. 그 법인이 발행한

(2) 따라서 아래와 같은 경우들은 그 구제대상이 아니라고 생각된다.

① 내부자거래행위자가 특정 회사의 보통주식을 거래한 경우에 그 회사의 우선주식을 거래한 투자자는 구제받지 못한다.13)

② 내부자거래행위자가 특정 회사의 주식을 거래한 경우에 그 회사가 발행한 다른 종류의 유가증권(예컨대, 전환사채)을 거래한 투자자는 구제받지 못한다.14)

③ 내부자거래행위자가 특정 회사의 주식을 거래한 경우에 그 주식을 사거나 팔 수 있는 옵션(option)을 거래한 투자자는 구제받지 못한다.15)

## 2. 適用實務上 問題點

증권거래법 제 188조의3 및 그 후속규정인 자본시장법 제175조는 적용실무상 매우 심각한 문제가 있는데, 그것은 내부자거래로 인하여 실제로 손

---

증권, 2. 제1호의 증권과 관련된 증권예탁증권, 3. 그 법인 외의 자가 발행한 것으로서 제1호 또는 제2호의 증권과 교환을 청구할 수 있는 교환사채권, 4. 제1호부터 제3호까지의 증권만을 기초자산으로 하는 금융투자상품 등을 미공개중요정보를 이용하여 거래하는 것을 모두 규제한다("특정증권 등"이란 개념에 대해서는 자본시장법 제172조 제1항 참조). 따라서 자본시장법 제174조 제1항은 증권거래법 제188조의2 제1항 소정의 "당해 법인이 발행한 유가증권"보다 규제대상증권의 범위가 훨씬 넓어졌다. 셋째, 자본시장법 제174조 제2항은 증권거래법 제188조의2 제3항의 후속규정인데, 공개매수 관련 정보를 이용한 내부자거래를 규제하고 있다. 자본시장법 제174조의 제2항은 "그 주식 등과 관련된 특정증권 등"이란 개념을 쓰고 있다. 넷째, 자본시장법 제174조 제3항은 주식 등의 대량취득·처분의 실시 또는 중지에 관한 미공개정보를 이용한 내부자거래를 규제하고 있다. 자본시장법 제174조 제3항은 제174조 제2항과 마찬가지로 "그 주식 등과 관련된 특정증권 등"이라는 개념을 쓰고 있다. 이렇게 자본시장법 제174조 제2항과 제3항에서 쓰고 있는 "그 주식 등과 관련된 특정증권 등"이란 개념이 자본시장법 제174조 제1항의 "특정증권 등"이라는 개념과 다른가 여부에 관해서 학설이 갈릴 수 있으나 필자는 마찬가지로 보아야 한다고 생각한다.: 조인호, "자본시장과금융투자업에관한법률상 내부자거래규제규정에 관한 소고", 상사판례연구 제23집 제3권, 한국상사판례학회, (2010), 227면-229면.

13) 임재연, 「증권거래법」 개정2판, 박영사, (2004), 443면.

14) *Id.*

15) 미국에서 내부자거래행위자가 주식을 거래한 경우에 그 주식을 사거나 팔 수 있는 옵션을 거래하여 손해를 입은 투자자가 내부자거래행위자를 상대로 Rule 10b-5 아래에서 손해배상청구를 할 수 있는가에 관해서, 부정적으로 본 판례[Laventhall v. General Dynamics Corp., 704 F.2d 407(8th Cir.), cert. denied, 464 U.S. 846 (1983)]도 있지만, 긍정적으로 보는 판례들[Backman v. Polaroid Corp., 540 F. Supp. 667 (D. Mass. 1982); Moskowitz v Lopp, 128 F.R.D. 624, 635 (E.D. Pa. 1989)]도 있다. 이 문제에 대한 보다 상세한 것은 W. WANG & M. STEINBERG, INSIDER TRADING 435-437 (1996) 참조.

해를 입은 투자자의 신원을 밝혀내는 것이 지극히 어렵다는 점이다. 아래 Ⅲ.에서 볼 수 있듯이, 실무상 한국의 비대면적 증권시장에서 내부자거래로 인하여 손해를 입은 진정한 피해자를 색출해 내는 것은 거의 불가능한 것으로 보인다. 따라서 증권거래법 제188조의3 및 자본시장법 제175조는 구제수단으로서의 효용성이 크게 떨어지는 것으로 생각된다.

또한 민법 750조의 손해배상책임에 관한 규정이 있는 우리 법제에서, 그 손해배상책임요건에 관하여 완화 또는 변경하는 명시적인 조치가 없는 증권거래법 제188조의3이나 자본시장법 제175조는 과연 필연적 존재이유가 있는 것인지 심각한 의문이 든다.

## Ⅲ. 非對面的 證券市場에서 內部者去來로 인하여 被害를 본 投資者는 누구일까?

내부자거래는 두 가지 요소, 즉 nondisclosure와 trade로 나누어 볼 수 있는데, 그 각각은 다른 피해자집단을 가지게 된다. 위 두 가지 요소 중에서 nondisclosure를 내부자거래라는 범죄행위의 핵심요소로 보는 입장[16]에서는, 내부자가 공시의무(duty to disclose)를 부담하는 상대방이자 그러한 미공개 중요정보가 자신들에게 공개되었더라면 보다 나은 다른 투자결정을 내렸었을 투자자들이 내부자거래로 인한 피해자들이라고 본다.[17] 그런데 이처럼 nondisclosure를 내부자거래라는 범죄행위의 핵심요소로 보는 입장에 대해서는 다음과 같은 비판이 가해졌다. 첫째, 회사내부자들은 미공개 중요정보를 시장 반대편에 있는 특정 투자자들이나 또는 투자자 일반에게 대하여 적정 공시시점에 앞서서 공시해야 할 권리도 없고 의무도 없다.[18] 둘째, 거의 모

---

16) 예컨대, 미국 제2순회항소법원 Shapiro v. Merrill Lynch, Pierce, Fenner & Smith, Inc. 판결[495 F. 2d 228 (2d Cir. 1974)]과, 미국연방대법원의 Chiarella v. United States 판결(Powell 대법관 판시의견)이 이러한 입장이라고 할 수 있는데, 후자에서는 다음과 같이 판시하였다.: "[T]he element required to make silence fraudulent [is] a duty to disclose …": Chiarella v. United States, 445 U.S. 222, 232 (1980))) and that "[s]ection 10(b) is aptly described as a catchall provision, but what it catches must be fraud." (Chiarella v. United States, 445 U.S. 222, 234-235 (1980).

17) W. WANG & M. STEINBERG, INSIDER TRADING 116 (1996).

18) L. LOSS & J. SELIGMAN, SECURITIES REGULATION 3505 (3rd ed. 1991); B. Aldave, *The Insider Trading and Securities Fraud Enforcement Act of 1988: An*

든 투자자들은(비록 전부는 아니라 해도) 내부자거래행위의 존부에 상관없이 마찬가지로 거래했을 것이므로 인과관계에 관하여 의문이 든다.19)

이에 반하여 trade를 내부자거래라는 범죄행위의 핵심요소로 보는 입장20)에서는 Aldave 교수가 지적했듯이, (i) 내부자거래행위자의 시장 반대편에서 내부자거래행위로 인하여 이끌려 들어온 투자자, (ii) 내부자거래행위자와 시장 같은 편에서 내부자거래행위로 인하여 거래가 체결되지 못한 투자자, (iii) 내부자거래행위자와 시장 같은 편에서 내부자거래가 없었을 경우에 비해서보다 높은 금액을 주고 샀거나 보다 낮은 금액을 받고 팔은 투자자들이 내부자거래로 인한 피해자들이라고 보게 된다.21) 그런데 이처럼 trade를 내부자거래라는 범죄행위의 핵심요소로 보는 입장은, 실무상, 비대면적 증권시장에서 그러한 내부자의 거래행위(trade)에 의해서 실제로 피해를 본 투자자들을 확인해 내는 것이 지극히 어렵기 때문에 큰 난관에 봉착하게 된다는 것이다.22) 이러한 어려움의 가장 두드러진 이유는 내부자거래가 없었다면 일어났을 가상적인 거래의 세계를 사후에 재구성해 내는 것이 거의 불가능하다는 데에 있다고 한다.23) 혹자(或者)는, 우리나라 증권선물거

---

*Analysis and Appraisal*, 52 ALB. L. REV. 893, 917 (1988).

19) D. LANGEVOORT, INSIDER TRADING: REGULATION, ENFORCEMENT, AND PREVENTION §2.02[2] (1998).

20) 미국 제6순회항소법원의 Fridrich v. Bradford 판결이 이러한 입장이라고 할 수 있는데, 다음과 같이 판시하였다.: "We conceive it to be the act of trading which essentially constitutes the violation of Rule 10b-5 , for it is this which brings the illicit benefit to the insider[,]": Fridrich v. Bradford, 542 F.2d 307, 318 (6th Cir. 1976).

21) B. Aldave, *The Insider Trading and Securities Fraud Enforcement Act of 1988: An Analysis and Appraisal* 52 ALB. L. REV. 893, 918 (1988).: 그러나 본문에서의 (ii) 내부자거래행위자와 시장 같은 편에서 내부자거래행위로 인하여 거래가 체결되지 못한 투자자는 Birnbaum rule에 따라 손해배상청구적격자가 되지 못한다. 그리고 본문에서의 (iii) 내부자거래행위자와 시장 같은 편에서 내부자거래가 없었을 경우에 비해서보다 높은 금액을 주고 샀거나 보다 낮은 금액을 받고 팔은 투자자는, 결국은 이익을 보았거나 손실을 회피하게 된 자이므로 동정받지 못하는 자라고 평가된다.: W. WANG & M. STEINBERG, INSIDER TRADING 71 (1996); W. Wang, *Trading on Material Nonpublic Information on Impersonal Stock Markets: Who Is Harmed and Who Can Sue Whom Under SEC Rule 10b-5?*, 54 S. CAL. L. REV. 1217, 1239-1240 (1981).

22) W. Wang, *Trading on Material Nonpublic Information on Impersonal Stock Markets: Who Is Harmed, and Who Can Sue Whom Under SEC Rule 10b-5?*, 54 S. CAL. L. REV. 1217, 1312 (1981).: 이 점에 관하여 보다 상세한 설명은 W. WANG & M. STEINBERG INSIDER TRADING 73-83 (1996) 참조.

래소에서의 거래체결 시스템 아래에서는 모든 주문이 개별적으로 전산 처리되고 체결된 거래의 직접적 거래 당사자들(parties in direct privity)을 사후에 확인하는 것이 가능하므로,[24] 내부자거래가 없었다면 일어났을 가상적인 거래의 세계를 사후에 컴퓨터로 재구성해 내는 것이 가능하다고 생각하면서 내부자거래행위와 인과관계가 인정되는 손해를 입은 투자자들을 확인할 수 있을 것이라고 생각할 가능성이 있다. 그러나 이것은 잘못된 생각이다. 내부자거래가 없었다면 일어났을 가상적인 거래의 세계를 사후에 컴퓨터로 재구성해 내는 것은 우리나라 증권선물거래소에서의 거래체결 시스템 아래에서도 불가능한 일이다. 왜냐하면 내부자거래의 주문이 들어왔을 때, (그것이 내부자거래의 주문인지는 거의 모든 투자자들이 물론 모르지만) 그 들어온 주문에 의해 즉각 변화된 주문상황 데이터(data)를 보고 자기의 투자결정(내용)을 변경한 투자자들이 있었을 경우, 그들이 만약 내부자거래의 주문이 없었던 상황에서라면 어떠한 투자결정을 내렸을 것이고 그에 따라 어떠한 주문을 했었을지를 (그리고 그들의 이렇게 변경된 주문상황 데이터에 기초해서 이루어진 또 다른 투자자들의 주문변화 … 등등의 연쇄반응을) 사후에 그들을 일일이 찾아다니면서 "객관적으로" 재확인할 수 없기 때문이다. 즉, 내부자거래를 구성하는 주문을 컴퓨터 데이터베이스(database)에서 단순히 제거하고 기타 나머지 주문들로써 체결되었을 가상적인 거래의 세계를 사후에 재구성해 볼 수는 있다 하더라도, 그것이 곧바로 내부자거래가 없었다면 일어났을 가상적인 거래의 세계는 아니기 때문이다.

위에서의 두 가지 접근방법이 모두 심각한 문제가 있는 것으로 비판받았다는 것을 고려해 볼 때, 내부자거래로 인하여 손해를 입은 진정한 피해자인 투자자들을 찾아 확정하는 데에는 nondisclosure와 trade라는 두 가지 요

---

23) W. WANG & M. STEINBERG, INSIDER TRADING 73 (1996); W. Wang, *Trading on Material Nonpublic Information on Impersonal Stock Markets: Who Is Harmed, and Who Can Sue Whom Under SEC Rule 10b-5?*, 54 S. CAL. L. REV. 1217, (1981).

24) 한국증권선물거래소의 지천삼님에 따르면, 예외적으로 집합주문이 이루어지는 다음 세 가지 경우에는 직접적 거래 당사자들(parties in direct privity)을 사후에 확인하는 것이 불가능하다. 첫째, 증권회사가 일임형 wrap account 소유자들의 주문을 모아서 제출하는 경우, 둘째, 증권회사가 외국인 투자자들의 주문을 모아서 제출하는 경우, 셋째, 기타 법이 정한 경우 등이다.; 한국증권선물거래소의 매매체결 시스템에 관하여 보다 상세한 것은, 한국증권선물거래소, 「주식시장 매매제도의 이해」, (2006) 참조.

소 중 어느 하나가 다른 것보다 더 중요한 핵심요소라고 보지 말고, 두 가지 요소를 모두 함께 고려하여 판단하는 것이 옳지 않을까 생각할 수도 있을 것이다. 그러나 비대면적 증권시장에서 내부자거래로 인하여 손해를 입은 (즉, 인과관계가 인정되는) 투자자들을 확인하는 데 있어서 완전한 방법을 고안해내는 것은 실제상 거의 불가능해 보인다. 이것은 아래 Ⅳ.에서 상술하듯이 미국에서 nondisclosure와 trade라는 두 가지 요소를 모두 고려하여 만들어 낸 동시기거래자(同時期去來者)테스트(contemporaneous trader test)마저도 심각한 문제점들을 가지고 있다는 것이 밝혀졌기 때문이다.[25]

## Ⅳ. 美國에서 損害賠償請求 適格者에 관한 세 가지 判例

미국의 Rule 10b-5 아래에서 투자자의 내부자거래행위자를 상대로 한 손해배상청구자격을 누구에게 인정해 줄 것인가에 관하여 대략 다음의 세 가지 판례 입장이 있었다.[26] 즉 Shapiro test, Direct Privity test(직접적 거래당사자관계 테스트), Contemporaneous Trader test(동시기거래자 테스트) 등이 그것인데, Contemporaneous Trader test(동시기거래자 테스트)는 1988년에 Insider Trading and Securities Fraud Enforcement Act에 의하여 미국의 1934년 Securities Exchange Act, section 20A로 삽입되었다.

### 1. Shapiro test[27]

이 사건에서 Merrill Lynch는 Douglas Aircraft 회사의 사채공모 절차에서 인수인이었는데, 그 지위에서 회사 내부자로부터 회사의 이익 전망에 대한 악재성 미공개중요정보를 받았다. Merrill Lynch는 그 정보를 자기의 고

---

25) B. Aldave, *The Insider Trading and Securities Fraud Enforcement Act of 1988: An Analysis and Appraisal*, 52 ALB. L. REV. 893, 916-919 (1988); V. Dougherty, *A [Dis]semblance of Privity: Criticizing the Contemporaneous Trader Requirement in Insider Trading*, 24 DEL. J. CORP. L. 83, 88 (1999).

26) 미국의 세 가지 판례 입장에 대하여 보다 상세한 것은 D. LANGEVOORT, INSIDER TRADING: REGULATION, ENFORCEMENT, AND PREVENTION §9.02[1] (1998); W. Wang, *Trading on Material Nonpublic Information on Impersonal Stock Markets: Who Is Harmed, and Who Can Sue Whom Under SEC Rule 10b-5*, 54 S. CAL. L. REV. 1217, 1255-1284 (1981).

27) Shapiro v. Merrill Lynch, Pierce, Fenner & Smith, Inc., 495 F. 2d 228 (2d Cir. 1974).

객들에게 전달해 주었고, 그 정보를 들은 고객들은 그 정보가 공표되기 전에 Douglas Aircraft의 주식을 팔았다. 정보가 공표되자 주식값은 곤두박질쳤고, 위 정보가 공표되기 전날과 공표되던 날, 그러한 악재성 정보를 모르고 Douglas Aircraft 회사의 주식을 산 투자자들이 손해배상을 청구하였다. 제2순회 항소법원은 위 내부자거래행위자는 같은 기간(the same period) 동안에 시장에서 그 악재성 미공개중요정보를 모르고 Douglas Aircraft 주식을 산 모든 자에게 공시의무(duty to disclose)를 지는 것이라고 판시하면서,[28] 원고승소원심판결을 지지하였다. 여기에서 "같은 기간(the same period) 동안"의 의미에 대해서는, 내부자거래행위자가 거래를 함으로써 공시의무를 위반한 때로부터 미공개중요정보가 공표되어 퍼진 시점까지를 의미하는 것으로 이해되었다.[29] 이러한 입장에 대해서는, 피해자수가 엄청나서 천문학적 액수의 손해배상청구가 이루어질 것이기 때문에 지나치게 가혹한 결과가 되며, 내부자거래행위자가 얻은 이득이나 회피한 손실 액수와는 전혀 균형이 맞지 않게 되는 심각한 문제점이 있다고 비판되었다.[30]

### 2. 直接的 去來當事者關係 테스트 (Direct Privity test)

위 1. Shapiro test는 제6순회 항소법원의 Fridrich v. Bradford 판결에서 배척되었다. 이 사건의 사실관계를 간략히 보면, Old Line 보험회사의 이사인 피고 Bradford는 1972년 4월에 미공개중요정보를 이용하여 자기 회사 주식을 샀고, 원고는 1972년 6월에 Old Line 보험회사 주식을 팔았으며, 그 미공개중요정보는 1972년 6월 29일에 공표되었다. 다수 의견을 쓴 Engel판사는 nondisclosure가 아니고 trade가 내부자거래라는 범죄행위의 핵심이라고 설시하고, 원고는 피고의 거래행위로 인하여 자기가 손해를 입었다는 인과관

---

28) Shapiro v. Merrill Lynch, Pierce, Fenner & Smith, Inc., 495 F. 2d 228, 237 (2d Cir. 1974).

29) 이에 관한 구체적 내용은 D. LANGEVOORT, INSIDER TRADING: REGULATION, ENFORCEMENT, AND PREVENTION §9.02[1] (1998).

30) W. Wang, *Trading on Material Nonpublic Information on Impersonal Stock Markets: Who Is Harmed, and Who Can Sue Whom Under SEC Rule 10b-5*, 54 S. CAL. L. REV. 1217, 1282-1283 (1981); D. LANGEVOORT, INSIDER TRADING: REGULATION, ENFORCEMENT, AND PREVENTION §9.02[1] (1998).

계를 입증하여야 한다고 판시하면서 피고와 직접적 거래당사자관계가 없는 원고의 청구를 기각하였다.[31] 이 판결에 대해서는 여러 가지 해석론들이 있지만 Dougherty 교수나 Langevoort 교수에 따르면, Engel 판사의 견해가 피고와의 직접적 거래당사자관계를 보여주지 못하는 원고의 손해배상청구적격을 부정했으므로, 직접적 거래당사자관계를 투자자의 내부자거래행위자를 상대로 한 민사상 손해배상청구적격을 인정하는 데 있어서 중요한 요소로 파악한 것이라고 볼 수 있다는 것이다.[32] 이렇게 trade가 내부자거래라는 범죄행위의 핵심이라고 보면서 아울러 직접적 거래당사자관계를 강조한 것으로 볼 수 있는 Engel 판사의 견해에 대해서는, 미국의 비대면적 증권시장에서, 내부자거래행위자와 직접적 거래당사자관계를 가진다는 것은 우연한 것이며, 그러한 자를 찾아내는 것도 어려운 일이고, 내부자거래행위의 trade 요소로 인하여 손해를 입은 진정한 피해자를 찾아내는 것도 역시 실제상 불가능하다는 비판이 가해졌다.[33]

### 3. 同時期去來者 테스트 (Contemporaneous Trader test)

위에서 고찰한 손해배상청구적격자에 관한 광범한 Shapiro test와 아주 좁은 직접적 거래당사자관계 테스트(Direct Privity test)와의 사이에서, 내부자거래행위의 두 요소인 nondisclosure와 trade를 모두 고려하면서 중간 입장을 택한 것으로 볼 수 있는 것이 동시기거래자 테스트(Contemporaneous Trader test)라고 할 수 있는데,[34] 이것은 미국 제2순회 항소법원이 Wilson v. Comtech Telecommunications Corp.에서 채택한 것이다.[35] 이 판결에서

---

31) Fridrich v. Bradford, 542 F.2d 307, 318-319 (6th Cir. 1976).

32) *See, e.g., V. Dougherty, A [Dis]semblance of Privity: Criticizing the Contemporaneous Trader Requirement in Insider Trading*, 24 DEL. J. CORP. L. 83, 101 and 106 (1999); D. LANGEVOORT, INSIDER TRADING: REGULATION, ENFORCEMENT, AND PREVENTION §9.02[1] n.6 (1998).

33) W. WANG & M. STEINBERG, INSIDER TRADING 463-465 (1996).

34) *See, e.g.*, D. LANGEVOORT, INSIDER TRADING: REGULATION, ENFORCEMENT, AND PREVENTION §9.02[1] (1998); Wilson v. Comtech Telecommunications Corp., 648 F.2d 88, 94-95 (2d Cir. 1981).

35) Wilson v. Comtech Telecommunications Corp., 648 F.2d 88 (2d Cir. 1981).

제2순회 항소법원은 내부자거래행위자의 매도거래가 있은지 대략 한 달 후에 매수거래한 원고의 손해배상청구적격을 부정하며 원심을 지지하였다.[36] 이러한 Wilson 판결의 동시기거래자 테스트는 미국의 1934년 Securities Exchange Act, section 20A에서 채택되었는데,[37] 이 규정에 대해서 Aldave 교수는 다음과 같은 취지의 신랄한 비판을 퍼부었다. 즉, 이 규정은 피고의 시장 반대편에서 우연히 동시기에 거래했던 투자자들 집단에게 명시적인 손해배상청구권을 허용해 주는 것으로서 부당하며, 이 규정에서의 동시기 거래자들은 피고의 범죄행위로 인하여 실제로 손해를 입은 투자자들만을 의미하는 것도 아니고, 그러한 투자자들 전부를 포함하는 것도 아니라는 것이다.[38] 이러한 치명적 결함이 있다는 비판을 받은 위 조항은 또한 손해배상액의 상한선을 내부자거래로 얻은 이익 또는 회피한 손실액으로 한정시켰기 때문에 (1934년 Securities Exchange Act, section 20A (b)(1)) 동시기에 거래했던 투자자들이 손해배상청구소송에서 이긴다고 하더라도 변호사비용을 갚고 나면 건지는 것이 별로 없게 된다는 결과가 초래되었다. 이러한 사정 등으로 위 조항 아래에서 이루어질 수 있는 투자자들의 내부자거래행위자를 상대로 한 손해배상청구는 시들해지고 유명무실해졌다고 볼 수 있다.

## Ⅴ. 이 事件 判決의 檢討

우리나라 증권거래법 제188조의3은 내부자거래행위자가 거래한 "당해 유가증권의 매매 기타 거래를 한 자"에게 손해배상청구권을 부여하고 있어서 Birnbaum rule을 채택하고 있다는 것을 보여주고 있을 뿐, 그 외에는 손

---

36) Wilson v. Comtech Telecommunications Corp., 648 F.2d 88, 94-95 (2d Cir. 1981).

37) 이 조문은 동시기거래자 테스트를 채택한 Wilson v. Comtech Telecommunications Corp., 648 F.2d 88 (2d Cir. 1981) 판례와, 투자자들의 내부자거래행위자를 상대로 한 손해배상액의 최고한도를 내부자거래행위자의 이익/회피한 손실액으로 한정시킨 Elkind v. Liggett & Myers, Inc. 635 F.2d 156, 173 (2d Cir.1980) 판례를 반영하였다. 또한 이 조문은 피고의 내부자거래행위가 misappropriation theory에 의하여 성립되는 경우 투자자들의 손해배상청구를 부정한 Moss v. Morgan Stanley Inc., 719 F.2d 5 (2d Cir. 1983), cert. denied 465 U.S. 1025 (1984) 판결을 번복하기 위하여 만들어졌다고 한다.; B. Aldave, *The Insider Trading and Securities Fraud Enforcement Act of 1988: An Analysis and Appraisal*, 52 ALB. L. REV. 893, 914-915 (1988).

38) B. Aldave, The Insider Trading and Securities Fraud Enforcement Act of 1988: An Analysis and Appraisal, 52 ALB. L. REV. 893, 918 (1988).

해배상청구적격자의 범위에 관하여 어느 기준을 채택한 것인지 불분명하다.[39] 여기에 관한 대법원 판례는 아직 보이지 않고, 신정제지 사건에서 제1심 법원인 서울지방법원 남부지원이 동시기거래자 테스트를 따른 것으로 보이며, 제2심 법원인 서울고등법원은 직접적 거래당사자관계 테스트를 따른 것으로 볼 수도 있다.

### 1. 서울地方法院 南部支院의 同時期去來者 테스트

신정제지 사건의 제1심 법원인 서울지방법원 남부지원은 증권거래법 제188조의3에서의 손해배상청구적격자의 범위에 관하여, 위 [소송의 경과] 1.(2)에서 보여주듯이 판시함으로써 동시기거래자 테스트를 채택하고 있는 것으로 보인다. 그러나 이 판결은 다음과 같은 여러 가지 문제점들이 있다고 생각된다.

첫째, Aldave 교수가 미국의 34년법 section 20A를 비판하며 지적하였듯이,[40] 내부자거래행위자의 시장 반대편에서 우연히 동시기에 거래한 투자자에게 손해배상청구권을 인정하는 것은 그들에게 부당한 횡재를 안겨주는 것이며, 이러한 동시기 거래자가 반드시 내부자거래행위로 인하여 손해를 입은 진정한 피해자라고는 할 수 없다.

둘째, 증권거래법 제188조의 3의 문언에서 동시기거래자라는 언급이 전혀 없으므로 법문과 너무 동떨어진 해석으로 보이며, 동시기라는 것이 어느 정도의 시간 범위를 의미하는지도 불분명하다. 이 사건에서는 원고의 매수시기가 피고의 매도거래 시간 범위 속에 들어가 있으므로, 추정컨대 동시기거래자는 내부자거래행위자의 첫 번째 거래 시기 이후에 발생하는 것으로 생각할 수 있겠다. 그러나 동시기거래자의 범위가 어느 시점에서 마감되는가? 의 문제는 아직 분명히 해결되지 않고 있다. 생각건대 거래가 활발하게 이루어지는 종목에서는 거래가 드문드문 이루어지는 종목에서보다 동시기의 시간 범위는 좁을 것이다.[41] 우리나라 증권선물거래소의 접속매매장에서의

---

39) 임재연, 「증권거래법」 개정2판, 박영사, (2004), 441-442면; 김건식, 「증권거래법」 제3판, 두성사, (2004), 265면.

40) B. Aldave, *The Insider Trading and Securities Fraud Enforcement Act of 1988: An Analysis and Appraisal*, 52 ALB. L. REV. 893, 918 (1988).

거래체결 시스템에서는 미국에서와 달리 원칙적으로 모든 주문이 개별적으로 즉각즉각 전산처리되므로 활발히 거래되는 주식이라면 동시기의 범위는 불과 몇 십 초 내지 몇 분 정도 이내이어야 하지 않을까?

셋째, 설사 내부자거래와 동시기에 시장 반대편에서 거래하여 일응 손해를 입게 된 투자자가 있다 하더라도, 그가 동시기가 마감된 후부터 미공개 중요정보가 공표되어 퍼지기 전에 반대거래(투자자가 매수한 경우는 매도, 투자자가 매도한 경우는 재매수)를 하여 자기가 입게 된 손해를 다른 투자자들에게 전가할 수 있다.[42] 그렇다면 이렇게 손해를 전가 받은 자들이 손해배상청구권을 가져야 하지 않을까? 이러한 의문은 동시기거래자 테스트의 합리성/타당성에 관한 설득력을 떨어뜨린다고 보인다.

넷째, 동시기의 범위를 얼마나 길게 잡는가에 달려 있겠지만, 활발히 거래되는 주식인 경우에는 동시기거래자들에게 인정되는 손해배상청구액이 엄청나게 클 수도 있다. 이것은 징벌적 배상을 인정하지 않는 우리나라 손해배상제도에 비추어 조화가 잘 되지 않는다고 볼 수도 있다.[43]

---

41) W. WANG & M. STEINBERG, INSIDER TRADING 422 (1996).: 미국에서의 동시기의 시간 범위에 대해서는 아직 확실히 해결되지는 않고 있으나 그 당일로 보는 판례도 있고, 그 다음 날까지로 보는 학설도 있다. 이 점에 대해 보다 상세한 것은, W. WANG & M. STEINBERG, INSIDER TRADING 418-430, 442-443 (1996).

42) V. Dougherty, *A [Dis]semblance of Privity: Criticizing the Contemporaneous Trader Requirement in Insider Trading*, 24 DEL. J. CORP. L. 83, 138 (1999).

43) 임재연, 「증권거래법」 개정2판, 박영사, (2004), 446면.
참고로, 내부자거래행위로 인하여 손해를 입은 투자자들의 손해액 합계는 내부자거래행위자가 얻는 이득액보다 더 클 수가 있는데, 이것은 아래와 같이 Wang 교수의 증권보존법칙과 그 세 개의 계(系, corollary)를 보면 알 수 있다.
Wang 교수는 그의 증권보존법칙 아래에서, 내부자가 정보우월성을 가지고 거래하면 거래상대방으로부터 필연적으로 이득을 볼 것이며, 이러한 내부자거래행위자의 이득은 그 내부자거래행위자를 제외한 모든 투자자들의 집단(group) 전체의 입장에서 입는 손실과 일치한다고 본다.: W. WANG & M. STEINBERG, INSIDER TRADING 65 (1996); W. WANG, *Trading on Material Nonpublic Information on Impersonal Stock Markets: Who Is Harmed, and Who Can Sue Whom Under SEC Rule 10b-5?*, 54 S. CAL. L. REV. 1217, 1234-35 (1981).
Wang 교수는 증권보존법칙은 다음 세 개의 계(系, corollary)를 가진다고 한다. ① 어떤 사람이 미공개 정보를 가지고 거래를 한다면, 그를 제외한 모든 투자자들의 집단은 純損失을 입는다. (이 집단의 일부는 이득을 얻고, 일부는 손실을 보겠지만, 손실이 이득을 초과할 것이다.) "When someone trades on nonpublic information, the group of all other investors suffers a net loss. (Some members of this group gain, others lose; but the losses will exceed gains.)" ② 이러한 집단의 순손실은 내부자거래 행위자의 이득과 같게

다섯째, 제1심 법원은 "거래 상대방의 확인이 어려운 경우가 대부분인 증권시장의 특성상 …"이라고 하면서 직접적 거래당사자관계의 확인이 어려운 것으로 보고 있는데, 이것은 잘못된 견해이다. 투자자들의 주문들을 모아서 하나의 큰 덩어리로 합친 후 거래를 체결시키고 그 후 분배하는 방식도 상당히 사용되고 있는 미국시장에서는 그렇게 볼 수도 있겠지만, 우리나라 증권선물거래소의 체결시스템에서는 Ⅲ.에서 언급했듯이 집합주문이 이루어지는 세 가지의 예외적 경우를 제외하고는 직접적 거래 당사자들(parties in direct privity)을 사후에 확인하는 것이 가능하기 때문이다.

## 2. 서울高等法院의 直接的 去來當事者關係 테스트

신정제지 사건의 제2심 법원인 서울고등법원은 제1심 법원이 채택한 동시기거래자 테스트에 관해서 아무런 언급 없이, 직접적 거래당사자관계가 원고와 피고 전북은행 사이에 인정된다는 취지로 설시하면서 원고의 손해배상청구를 인용한 원심을 지지하였다.[44] 그리고 「원고가 위 신정제지 주식 10,000주를 매수한 것은 앞서 본 바와 같이 피고 대신개발금융의 위 주식 매도일로부터 2개월 이상 지난 후인 1992. 4. 29.인 점에 비추어 원고가 피고 대신개발금융이 매도한 당해 주식을 매수한 것이라고 인정하기 어렵고 …」라고 판시하면서, 원고의 피고 대신개발금융에 대한 증권거래법 제188조의3에 근거한 손해배상청구를 기각하였다.

이러한 제2심 법원의 입장은(다른 견해가 있을 수도 있지만) 직접적 거래당사자관계 테스트를 채택한 것으로 볼 수도 있는데, 그것에 대해서는 다

---

된다. "The group's net loss is equivalent to the insider trader's gain." ③ 일부 외부 투자자들이 내부자거래행위로 인하여 이득을 보는 한, 내부자거래행위로 인하여 손해를 보는 자들은 내부자거래행위자가 얻는 이득보다 더 큰 손해를 입게 된다. "To the extent that some outside investors gain from an insider trade, those harmed by the trade will lose more than the insider trader's gain.": W. WANG & M. STEINBERG, INSIDER TRADING 65 (1996); W. Wang, *Trading on Material Nonpublic Information on Impersonal Stock Markets: Who Is Harmed, and Who Can Sue Whom Under SEC Rule 10b-5?*, 54 S. CAL. L. REV. 1217, 1234-35 (1981).

44) 서울고등법원 1995. 6. 14. 선고 94나21162 판결.: 원고와 피고 사이의 직접적 거래당사자관계는, 원고가 피고인 전북은행이 매도한 신정제지 주식 일만주를 전산체결 매수하였다는 확정된 사실에 기초하여 인정하였다고 보인다.

음과 같은 심각한 문제점이 있다고 비판할 수 있다.

첫째, 한국의 비대면적 증권시장에서 내부자거래행위자와 직접적 거래당사자관계에 놓이게 된다는 것은 우연한 것이다. 투자자의 내부자거래행위자를 상대로 한 손해배상청구소송에서 핵심적인 요소는, 원고가 자기의 손해가 피고의 내부자거래행위에 의해 야기되었다는 인과관계를 입증하는 것이지, 단지 원고가 피고와 우연히 가지게 된 직접적 거래당사자관계는 아닌 것이다.[45] Wang 교수가 지적했듯이, 만약 피고가 직접적 거래당사자관계에 있는 투자자에 대해서 손해배상책임을 진다면, 그는 자기의 내부자거래행위와 인과관계가 있는 진정한 피해자에게도 손해배상책임을 져야 하므로 이론적으로 볼 때 이중으로 배상책임을 부담하게 될 수 있다.[46]

둘째, Dougherty 교수가 지적했듯이 내부자거래행위자와 직접적 거래당사자관계에 있는 투자자가 입은 일응의 손해는 그 미공개중요정보가 공표되어 퍼질 때까지 다른 투자자들에게 반대거래(투자자가 매수한 경우는 매도, 투자자가 매도한 경우는 재매수)를 통하여 전가될 수 있다.[47]

## Ⅵ. 資本市場法 第175條의 評價 : 抑制와 補償이라는 그 立法意圖를 充足시키고 있는가?

우리나라 자본시장법 제175조의 입법의도 내지 정책적 목표로서는 억제(抑制, deterrence)와 보상(補償, compensation)을 생각할 수 있다.[48] 자본시장법 제175조가 과연 이러한 두 가지 입법의도를 제대로 만족시키고 있는지 검토해보고자 한다.

### 1. 抑制라는 立法意圖는 充足하지 못함

첫째, Ⅱ.에서 살펴보았듯이, 자본시장법 제175조의 적용범위는 상당히

45) W. WANG & M. STEINBERG, INSIDER TRADING 463 (1996).

46) *Id.*

47) V. Dougherty, *A [Dis]semblance of Privity: Criticizing the Contemporaneous Trader Requirement in Insider Trading*, 24 DEL. J. CORP. L. 83, 138 (1999).

48) *See*, B. Aldave, *The Insider Trading and Securities Fraud Enforcement Act of 1988: An Analysis and Appraisal*, 52 ALB. L. REV. 893, 918-919 (1988).

제한되어 있고, 비대면적 증권시장에서 내부자거래로 인하여 손해를 입은 진정한 피해자를 확인해 내는 것이 지극히 어려워 규정의 적용실무상 난관에 봉착하게 된다.

둘째, 내부자거래에 대한 형사벌칙이 최대 무기징역형에 처하는 등[49] 매우 무겁게 정해져 있는 것을 고려해 볼 때, 내부자거래행위자에 대한 투자자들의 민사상 손해배상청구제도가 과연 잠재적인 내부자거래행위자들에게 얼마나 많은 억제효과를 일으킬 수 있을지 의문이다.

셋째, 일반 투자자들은 내부자거래를 그들 스스로 적발해 내는 것이 거의 불가능하다. 왜냐하면 "금융실명거래 및 비밀보장에 관한 법률"이 있기 때문에 의심이 가는 다른 사람의 증권거래내용이 있다 해도 그것을 쉽게 조사할 수 없기 때문이다. 따라서 일반 투자자들이 내부자거래행위자를 상대로 민사상 손해배상청구를 제기하는 것은 증권선물위원회와 검찰에 의해서 사건이 조사되고 처리된 후에야 비로소 그 결과를 이용해서 이루어지게 되는 것이 거의 대부분일 것이다.[50] 그러므로 규제당국에 의한 적발이 이루어지지 않은 사건이 일반 투자자들의 활발한 적발활동에 의하여 밝혀지는 것이 두려워 잠재적 내부자거래행위자가 스스로 자제할 것이라는 효과는 거의 기대하기 어렵다고 보인다.

넷째, 신정제지 사건의 제2심판결에서 적용한 것으로 볼 수 있는 직접적 거래당사자관계 테스트에 따르면 손해배상액은 내부자거래행위자가 얻은 이익 또는 회피한 손실액을 초과할 수 없게 된다. 그렇다면 내부자거래행위자에게 억제효과는 거의 없다고 말할 수 있겠다.

## 2. 補償이라는 立法意圖를 充足하지 못함

첫째, 투자자들의 내부자거래행위자를 상대로 한 민사상 손해배상청구권이 보상의 기능을 제대로 하려면, 우선 내부자거래행위로 인하여 손해를 입은(즉, 인과관계가 인정되는) 진정한 피해자를 찾아내서 그가 입은 실손해

---

**49)** 자본시장법 제443조 참조.

**50)** *See*, B. Aldave, *The Insider Trading and Securities Fraud Enforcement Act of 1988: An Analysis and Appraisal*, 52 ALB. L. REV. 893, 919 (1988).

(實握害)를 전보(塡補)해 주어야 할 것이다. 그런데 Ⅲ.에서 살펴보았듯이, 한국의 비대면적 증권시장에서 내부자거래로 인하여 손해를 입은 진정한 피해자를 확인해 내는 것은 거의 불가능하다.

둘째, 신정제지 사건 제1심 판결에서 채택한 동시기거래자 테스트는 내부자 거래행위자의 시장 반대편에서 우연히 동시기에 거래한 투자자에게까지도 손해배상청구권을 허용하기 때문에 부당하며, 이러한 동시기거래자 개념은 내부자거래라는 범죄행위로 인하여 실제로 손해를 입은 진정한 피해자들만을 의미하는 것도 아니고, 그러한 진정한 피해자들 전부를 포함하는 것도 아니다.[51]

셋째, 신정제지 사건 제2심 판결에서 채택한 것으로 볼 수 있는 직접적 거래당사자관계 테스트에서의 "내부자거래행위자와 직접적 거래당사자관계에 있는 자"가 반드시 진정한 피해자라고는 할 수 없다. 왜냐하면 한국의 비대면적 증권시장에서 내부자거래행위자와 직접적 거래당사자관계에 서게 되는 것은 일종의 우연이기 때문이다.

위에서 살펴본 바와 같이 자본시장법 제175조는 억제와 보상이라는 입법의도 내지 정책적 목표를 제대로 만족시키지 못하고 있는 것으로 보인다. 법조문을 만들려면 입법의도를 충족시킬 수 있도록 제대로 잘 만들어야지, 현재의 자본시장법 제175조 같이 단순히 민법 제750조를 반복하는 수준의 것은 그 존재의미가 별로 없다고 생각한다. 그러므로 자본시장법 제175조에 관해서는 폐지까지도 심각하게 고려하는 근본적인 재검토가 있어야 할 것으로 본다.

---

**51)** B. Aldave, *The Insider Trading and Securities Fraud Enforcement Act of 1988: An Analysis and Appraisal*, 52 ALB. L. REV. 893, 918 (1988).

# 受益證券 販賣會社의 地位 및 還買延期의 要件* [1]

金 容 載**

◎ 대법원 2010. 10. 14. 선고 2008다13043 판결

## [事實의 概要]

### (1) 투자신탁의 설정 및 원고의 수익증권 매입

이 사건에서 위탁회사는 서울투자신탁운용 주식회사(이하 '서울투신'이라 한다), 수탁회사는 서울은행이었다. 이들은 1998. 10. 22.에 공사채형 증권투자신탁 '스페셜중기에스20호'신탁(이하 '이 사건 증권투자신탁'이라 한다)을 설정하였다.

피고(판매회사)는 1998. 8.경 위탁회사인 서울투신과 '수익증권위탁판매계약'을 체결하고 이 사건 증권투자신탁의 수익증권(이하 '이 사건 수익증권'이라 한다)을 판매해 왔었고, 1999. 6. 2.경 원고에게 이 사건 수익증권 9,294,889,670좌를 100억 원에 판매하였다. 이 사건 증권투자신탁의 재산에는 대우그룹 계열회사들이 발행한 채권들이 포함되어 있었다.

### (2) 신탁재산에 편입된 대우그룹 계열회사 발행채권에 대한 환매연기

대우그룹의 채권단이 1999.7.19. 대우그룹에 구조조정방침을 발표하자,

---

* 제26회 상사법무연구회 발표 (2011년 12월 3일)
본 평석은 「법학논총」 제32집 제1호, 전남대학교 법학연구소, (2012)에 게재하였음.
** 고려대학교 법학전문대학원 교수

1) 이 판결에 대해서는 이미 하상혁, "수익증권 환매연기의 요건 - 대법원 2010. 10. 14. 선고 2008다13043 판결-", 「BFL」 제45호, (2011), 67-83면에 상세한 평석이 나와 있는 상태이다. 논자는 2011. 12. 3. 상사법무연구회에서의 판례발표를 준비하면서, 가능한 한 동 평석을 참조하지 않으려고 노력하였다. 논자의 대상 판결에 대한 분석에 대해 이견이 있는 독자들은 위의 평석자료를 읽어 볼 것을 권하는 바이다.

우그룹 계열회사들이 발행한 채권이 신탁재산에 편입된 증권투자신탁의 수익증권 환매가 급증하는 등 금융시장이 불안해졌다.

이에 서울투신을 비롯하여 대우그룹 계열회사 발행 무모증·무담보 채권 및 무담보 기업어음 부분(이하 '대우채'라 하고, 대우채를 제외한 나머지 신탁재산을 '비대우채'라 한다)을 신탁재산으로 편입시킨 국내의 투자신탁운용회사들과 투자신탁회사들이 1999. 8. 12. 금융감독위원회(이하 '금감위'라 한다)에 다음과 같은 내용으로 신탁재산 중 대우채 부분에 대한 환매연기승인을 신청하였고, 같은 날 금감위가 이를 승인하였다(이하 '1999. 8. 12. 환매연기조치'라 한다).

| |
|---|
| ○ 환매연기대상 : 1999. 8. 12. 24:00 현재 각 증권투자신탁의 신탁재산 중 대우채 부분<br>○ 환매연기사유 : 구조조정 중인 대우그룹 계열회사 발행채권·기업어음에 대한 적정평가 곤란 및 대량 환매사태에 따른 금융시스템 마비 우려<br>○ 환매연기기간 : 1999. 8. 13 부터 2000. 7. 1. 이후 시가평가가 가능한 시점까지<br>○ 환매연기기간 이후의 환매대책 : 환매연기 부분에 대한 시가평가결과에 따라 환매대금 지급 |

#### (3) 원고의 이 사건 수익증권 환매청구

원고는 1999. 12. 29. 피고에게 이 사건 수익증권의 환매를 청구하였다. 그러자 피고는 비대우채 부분에 대한 환매대금의 일부로 비대우채 6,128,120,760좌(전체의 약 65.93%를 차지하였다) 중 1999. 12. 29.에는 1,073,261,818원을, 2002. 2. 11.에는 3,390,427,451원을 각각 지급하였다.

#### (4) 펀드의 분리 및 상각

투자신탁협회는 1999. 12. 22경에 '금융기관 등' 수익자가 원하는 경우 수익자별로 펀드를 분리할 수 있도록 하는 내용의 '펀드분리 업무처리지침'을 마련하였는데, 이에 서울투신은 2000. 1. 10 업무지침에 따라 펀드분리를 신청하였고, 그 결과 원고 1인을 수익자로 하는 'G스페셜중기20호'라는 단독펀드가 설정되었다.

서울투신은 비대우채의 나머지 부분 중 대우캐피탈 주식회사(이하 '대우캐피탈'이라 한다)[2]에 대한 콜론(call loan)채권(이하 '대우캐피탈 콜론채권'이라 한다)의 가격을 2000. 5. 6. 장부가의 40%로 평가하여 60%를 상각하였고, 주식회사 신한(1999. 9. 7. 부도가 발생하였다. 이하 '신한'이라 한다) 발행의 51회 무보증채권(이하 '신한 무보증채권'이라 한다)의 가격을 2000. 6. 22. 장부가의 21%로 평가하여 79%를 상각하였다.

## [訴訟의 經過]

### 1. 當事者들의 主張

#### (1) 원고의 주장

이사건 당시 수익증권의 환매에 법령 및 약관의 규정에 의한다면 수익자의 환매청구시에 그 당일에 환매청구일의 기준가격으로 환매대금을 수익자에게 지급하도록 되어 있으므로, 당시 기준가격 1,000좌당 금 1,102.49원을 적용한다면 1999. 12. 29 기준가격인 9,606,395,718에서 임시로 지급한 환매대금 5,795,276,994원(=1,073,261,818원+3,390,427,451원+1,331,587,725원)을 뺀 나머지 3,811,118,724원 및 이에 대한 지연손해금을 지급할 의무가 있다.

#### (2) 피고의 주장

판매회사인 피고는 위탁회사로부터 투자신탁을 일부 해지하여 조성한 환매대금을 교부받아 이를 수익자에 지급하는 창구의 기능을 할 뿐이지, 고유재산에 의한 직접적인 환매대금 지급의무를 부담하지는 않는다. 대우채 부분에 대해서는 환매연기사유가 해소된 2000. 7. 24. 당시의 가격에 따라 산정된 환매대금 1,331,587,725원을 지급하였기에 원고에게 지급해야 할 환매대금이 없다. 비대우채 부분에 대해서는 1999. 12. 29. 당시 환매청구를 하였더라도 2000. 1. 10. 새로이 단독펀드를 설정함으로써 비대우채 부분을 편입하는 것에 승인했는데, 이는 1999. 12. 29자 환매청구에 따른 권리를 포기했다고 볼 것이므로, 1999. 12. 29. 비대우채 부분에 대해서도 환매청구에 응할 수 없다. 단지, 상각이 완료된 2000. 6. 23자 기준가격에 따른 환매대금만을 지급할 의무가 있을 뿐이다.

---

[2] 대우캐피탈 주식회사는 1999. 8. 26. 워크아웃이 개시되었다.

## 2. 原審의 判斷

피고는 자신의 책임으로 수익증권 판매업무를 수행하는 독립된 당사자로서 수익자의 청구에 대해 자신의 고유재산으로 수익증권의 환매대금을 지급해야 할 의무가 있다.

환매연기제도는 기본적으로 환매의무자의 이익을 보호하기 위한 제도로 환매의무자가 환매를 연기하는 경우 필연적으로 그 반대당사자인 수익자의 이해관계와 정면으로 충돌할 수밖에 없는데, 이에 금감위의 승인 등을 포함한 각종 환매연기조치가 필요하다.

대우채 부분에 대해서는 1999. 8. 12. 환매연기조치에 따라 환매연기가 이루어졌고, 이후 2000. 7. 24. 당사의 가격에 따라 산정한 환매대금 1,331,587,725원을 모두 지급하였기에 청구이유가 없다. 비대우채는 적절한 환매연기조치가 이루어지지 않았다. 환매연기가 이루어지기 위해서는 환매청구에 응하지 않고 있는 것만으로는 부족하고 객관적이고 일률적인 환매연기의 의사를 외부에 표출하고 아울러 금감위의 승인을 받아야 할 필요가 있었다. 그러므로 비대우채 부분에 대해서는 피고가 환매청구일인 1999. 12. 29.의 가격에 따라 산정한 환매대금 6,756,191,856원 및 이에 대한 지연손해금을 지급해야 하는데, 이중 4,463,689,269원(=1,073,261,818원+3,390,427,451원)은 이미 지급하였으므로 이를 지연손해금, 원급 순으로 변제충당하고 남은 2,319,593,815원 및 이에 대한 지연손해금을 지급할 의무가 있다.

## 3. 上告理由의 要旨

### (1) 상고이유 제1점 : 구 투신업법 제7조 및 제30조의 위헌성에 관한 법리오해

판매회사가 고유재산으로 수익증권의 환매대금을 지급하도록 하는 구 투신업법 제7조 및 제30조는 헌법에 위반된다.

### (2) 상고이유 제2점 : 환매연기의 요건 및 금감위 승인의 성격 등에 관한 법리 오해

환매연기란 개별 수익자의 환매청구에 대하여 판매회사가 승낙을 유보하는 행위일 뿐 판매회사가 반드시 특정 시점을 정하여 수익자 전체를 대상으로 객관적이고 일률적으로 환매를 연기한다는 의사를 외부에 표시하여야 하는 것은 아니다. 또한, 투신업법 제7조 제4항이 환매연기를 함에 금감위의 승인을 거치도록 한 것은 환매연기의 남용을 막기 위한 감독적 차원의 확인적 승인으로 보아야 한다. 원심이 환매연기조치를 취하거나 금감위의 승인을 받은 바 없다는 이유로 비대우채 부분이 환매연기되었다는 피고의 주장을 배척한 것은 환매연기의 요건 및 금감위 승인의 성격 등에 관한 법리를 오해한 것이다.

## [判決의 要旨]

### 1. 上告理由 第1點에 대한 判斷

구 투신업법 제7조 및 제30조는 헌법에 위배되지 않는다.

### 2. 上告理由 第2點에 대한 判斷

환매연기제도는 천재 · 지변, 유가증권시장의 폐쇄 · 정지 또는 휴장 기타 부득이한 사유로 인하여 증권투자신탁에 편입되어 있는 유가증권의 정당한 가치를 평가할 수 없게 되어 증권투자신탁 수익증권의 정당한 기준가격을 산정할 수 없는 등의 특별한 사정(이하 '환매연기사유'라 한다)이 있는 경우에 판매회사로 하여금 그 사유가 해소될 때까지 환매를 연기하여 그 사유가 해소된 시점에서의 정당한 가치를 기준으로 환매할 수 있도록 함으로써 증권투자신탁의 본질인 실적배당의 원칙 및 수익자평등의 원칙을 구현하고자 하는 것이므로 환매연기사유가 존재하면 판매회사가 모든 수익자에 대해 일률적으로 환매연기를 한다는 것을 공시 또는 공표하는 등의 적극적인 환매연기조치를 취하지 않더라도 개별 수익자의 환매청구에 응하지 않는 것만으로 환매연기가 이루어진다.

환매연기는 환매청구를 한 개별 수익자와 판매회사 사이의 사법적 법률관계로서 그것이 적법 · 유효한지 여부는 환매연기사유의 존재 여부에 따라 결정되는 것이지 금융감독위원회의 승인 여부에 따라 결정된다고 할 수 없으므로 금융감독위원회의 승인을 받지 않았다는 사정만으로 환매연기가 부적법하다거나 그 효력이 발생하지 않는다고 할 수 없다.

그럼에도 원심은 비대우채 부분에 관하여 환매연기가 이루어졌다는 피고의 주장에 대하여 환매연기사유가 존재하는지 여부를 심리하지 아니한 채 피고가 객관적이고 일률적인 환매연기의 의사를 외부에 표출하였음을 인정할 증거가 없고 금융감독위원회의 승인이 이루어지지도 않았다는 이유만으로 이를 배척하였는바, 이러한 원심의 조치에는 환매연기의 요건 및 금감위의 환매연기승인의 성격 등에 관한 법리를 오해한 위법이 있다.

## [評 釋]

## Ⅰ. 受益證券 販賣會社의 法的 地位에 관한 檢討

### 1. 問題의 提起

종래부터 증권투자신탁에 있어서 판매회사가 위탁회사와는 별개의 독립된 당사자로서 환매의무를 지는지에 대해 많은 격론이 있어 왔다. 1998년 9월 증권투자신탁업법(1998년법)의 개정 이전과 이후로 나누어 볼 때, 개정 이전의 법률(1995년법)에서는 마치 판매회사가 증권투자신탁의 독립된 당사자가 될 수 있는 듯한 태도를 취해 왔고 수익증권약관 역시 독립당사자성을 인정하여 판매회사의 환매의무를 인정하고 있었다.

우리나라의 다수설은 신탁재산의 운용에 관여하지 못하는 판매회사를 독립당사자로 인정할 경우 결국 판매회사의 고유재산에 의한 환매의무를 인정하는 셈이 되는데, 이는 증권투자신탁의 본질, 즉 수익자평등의 원칙과 실적배당의 원칙에 위배된다는 주장을 하여 왔다. 더욱이 1998년법의 개정 전후를 구분하여 판매회사의 지위를 달리보는 것은 거의 희극에 가깝다는 견해도 있었다.

그러나 판례는 구체적인 타당성의 견지에서 시점을 달리하여 판매회사의 지위를 다르게 보아 왔다. 심지어 일부 하급심은 1998년법 개정 이후에도 판매회사의 지위를 독립당사자로 보려는 경향마저 있었다. 이렇게 혼란스러운 상황에서 수익증권 판매회사의 법적 지위를 다시 정리해 보는 것은 여전히 의의를 갖는다고 생각한다.

## 2. 販賣會社가 證券投資信託의 獨立當事者인지에 대한 檢討

### (1) 증권투자신탁의 의의 및 당사자

증권투자신탁이란 투자자로부터 증권투자에 운용할 목적으로 자금 등을 수입하는 위탁자가 그 자금 등(신탁재산)을 수탁자로 하여금 당해 위탁자의 지시에 따라 특정 유가증권에 대하여 투자·운용하고, 그에 따른 수익권을 분할하여 당해 불특정다수인에게 취득시키는 것이라고 정의된다.[3] 여기서 증권투자신탁은 ① 투자자, ② 그로부터 자금을 수입하는 위탁회사, ③ 위탁회사로부터 자금을 수탁받아 위탁회사의 지시를 따라 이를 운용하는 수탁회사 등 3자만으로 형성될 뿐이고, 판매회사는 당사자에 포함되지 않는 것이 원칙이다.

비교법적으로 우리나라와 가장 유사한 증권투자신탁을 운영 중인 일본에서는 위탁회사와 판매회사의 관계에 대하여, 상법상의 위탁매매인인가 아니면 민법상의 대리인인가에 대한 논의는 있어도 독립당사자인지 여부에 대한 논의는 전혀 없다고 한다. 이와 관련하여 건국대학교 석좌교수인 이철송 교수는 "(증권투자신탁업법상으로) 판매회사의 지위를 명문으로 정하지 않은 것은 입법의 흠결이라고 보는 시각도 있을 수 있겠으나, 실은 증권투자신탁의 구조상 판매회사의 지위는 자명하여 굳이 법으로 정할 필요가 없다고 이해할 수도 있다"고 하면서, 일본의 증권투자신탁업법(투자신탁 및 투자법인에 관한 법률)에도 우리나라와 마찬가지로 판매회사에 관한 언급이 일체 없다는 점을 강조하였다.[4]

### (2) 판매회사의 법적 지위와 관련한 1995년법과 1998년법의 비교

1998. 9. 16. 법률 제5557호로 개정된 1998년법은 환매제도와 관련하여 상당히 중요한 내용을 포함하고 있다.

---

3) 구 증권투자신탁업법 제2조 제1항.

4) 이철송, "증권투자신탁에서의 환매청구권의 본질과 판매회사의 환매의무 -판례의 분석을 중심으로-", 「인권과 정의」 제342권, (2005), 134면 및 주석 20).

| 1995년법 | 1998년법 |
|---|---|
| 제7조(수익증권의 환매) ① 수익자는 수익증권을 발행한 위탁회사에 이를 현금으로 환매할 것을 청구할 수 있다. 다만, 위탁회사의 해산·허가취소 또는 영업정지 기타 대통령령이 정하는 사유(이하 이 조에서 "해산등"이라 한다)로 인하여 환매에 응할 수 없는 경우에는 총리령이 정하는 바에 의하여 수탁회사에 직접 이를 청구할 수 있다. | 제7조(수익증권의 환매) ① 수익자는 수익증권을 발행한 위탁회사에 이를 현금으로 환매할 것을 청구할 수 있다. 다만, 위탁회사의 해산·허가취소 또는 업무정지 기타 대통령령이 정하는 사유(이하 이 조에서 "해산등"이라 한다)로 인하여 환매에 응할 수 없는 경우에는 재정경제부령이 정하는 바에 의하여 수탁회사에 직접 이를 청구할 수 있다. |
| ② 제1항의 규정에 불구하고 판매회사로부터 매입한 수익증권의 경우에는 그 판매회사에 당해 수익증권의 환매를 청구하여야 한다. 다만, 증권거래법 기타 법률에 의하여 판매회사가 해산등으로 인하여 당해 환매에 응할 수 없는 경우에는 위탁회사에 환매를 청구할 수 있다. | ② (현행과 같음) |
| ③ 제2항 단서의 규정에 의하여 환매의 청구를 받은 위탁회사가 해산등으로 인하여 환매에 응할 수 없는 경우에는 제1항 단서의 규정을 준용한다. | ③ (현행과 같음) |
| ④ <u>제1항 내지 제3항의 규정에 의하여 환매에 응하여야 할 자는 환매의 청구를 받은 날부터 늦어도 15일내에 환매하여야 한다. 다만, 천재·지변·유가증권시장의 폐쇄·정지 또는 휴장 기타 부득이한 사유가 있는 경우에는 재정경제부장관의 승인을 얻어 그 사유가 해소될 때까지 환매를 연기할 수 있다</u>. | ④ <u>제2항 본문의 규정에 의한 환매청구를 받은 판매회사는 지체없이 위탁회사(제3항의 규정에 해당하는 경우에는 수탁회사를 말한다)에 대하여 환매에 응할 것을 요구하여야 한다</u>. |
| | ⑤ <u>제1항 내지 제4항의 규정에 의하여 환매에 응하여야 할 위탁회사 또는 수탁회사는 신탁의 일부해지에 의하여 조성한 현금으로만 환매에 응하여야 한다</u>. |
| | ⑥ <u>제1항 내지 제5항의 규정에 의하여 수익증권을 환매하는 경우 환매가격은 제29조제1항의 규정에 의한 기준가격에 의하여 산정한 금액으로 하여야 한다.</u> 1998년법 |

| | ⑦ 제1항 내지 제3항의 규정에 의하여 환매청구를 받은 위탁회사수탁회사 또는 판매회사는 신탁재산인 유가증권등의 매각이 지연되는 등의 사유로 인하여 제21조제1항의 규정에 의한 증권투자신탁약관에 정하는 날까지 수익증권을 환매할 수 없게 된 경우에는 지체없이 이를 受益者에게 통지하여야 한다. |
|---|---|
| 제30조(고유재산에 의한 수익증권의 환매) ① 제10제1항제2호의 업무를 허가받은 위탁회사는 고유재산으로써 수익증권을 환매할 수 있다.<br>② 제1항의 경우에 위탁회사는 기준가격의 변동으로 인한 차익을 취득할 수 있다. | 〈삭제〉 |

1995년법상의 환매제도는 ① 위탁회사 또는 판매회사의 고유재산에 의한 환매대금지급과, ② 채권의 장부가 평가에 의한 환매대금 지급으로 요약할 수 있는데, 1998년법에서는 ① 신탁의 일부해지에 의한 환매의무화(판매회사는 고유재산에 의하여 환매대금을 지급할 의무가 없음), ② 채권의 시가 평가에 의한 환매가격산정방식으로 대폭 변경되었다.

### (3) 정　리

#### (가) 1998년 9월 이전의 판매회사의 법적 지위 (독립당사자)

1998년 법 제7조의 개정을 통하여 환매업무에 있어서 판매회사는 위탁회사와 투자자를 연결하는 창구에 불과하고 독립적인 책임주체가 되지 않음이 명백해졌다.[5] 그런데 신탁의 일부해지에 의한 환매와 관련하여 시행에 필요한 준비기간을 갖기 위해 1998년 개정법 부칙 제2조 및 이에 따라 제정된 "증권투자신탁업법중개정법률부칙제2조단서에의한수익증권환매에관한규정의적용일에관한규정(1999. 9. 15. 대통령령 제16554호)"은 그 시행시기를 1999. 9. 16.로 늦추었다.[6] 따라서 1999년 9월 이전까지 설정되었던 투자신탁

---

5) 심희정, "증권투자신탁에서의 판매회사의 지위와 의무", 「투자신탁의 이론과 실무」, 현투증권주식회사, (2002), 696면.

6) 1998년법은 부칙 제2조에서 제7조 4항 내지 제7항 및 제30조의 개정규정은 "이 법 시행 후 최초로 제정 또는 변경(신탁계약기간을 연장하는 경우에 한한다)하는 신탁약관에 따라 발행하는 수익증권을 환매하는 분부터 이를 적용한다."라고 규정하였다.

에서 수익증권 판매회사는 환매의무를 부담하는 독립적인 책임주체였던 것으로 파악된다.

**(나) 판　례**

판례는 위의 표에서 본 1998년법 개정 이전과 이후를 나누어 수익증권 판매회사의 법적 지위를 달리 보고 있다. 즉 판례에 의하면 판매회사를 1998년법 개정 이전에는 독립당사자, 그 이후에는 위탁회사의 대리인 또는 위탁매매인에 해당하는 것으로 보고 있다. 이는 법원이 당시 시행되었던 법률과 약관을 객관적, 합리적으로 해석한 결과의 소치로 보인다.

1) 1998년법 개정 이전

구 증권투자신탁업법령의 연혁과 그 변천과정 등에 의하면 수익증권 판매업무를 허가받지 못한 위탁회사는 반드시 판매회사와의 수익증권 판매위탁계약이 필요한바, 구 증권투자신탁업법(1998. 9. 16. 법률 제5558호로 개정되기 전의 것)에 의하면 판매회사의 자격을 대규모 자산을 보유한 증권회사로 제한하고 있고(제2조 제5항, 제9조 제1항), 판매회사를 위탁회사와 구분되는 '환매에 응하여야 할 자'로 예정하고 있는 점(제7조 제2항), 증권투자신탁의 현실에서도 수익증권의 판매 및 환매업무를 수행하는 판매회사는 수익자와 위탁회사를 연결하여 주는 매개체로서 수익자와 직접적인 접촉을 하며, 신탁재산 또는 수익자로부터 판매보수와 환매수수료를 직접 지급받고 있는 점, 수익증권 위탁판매계약상 위탁회사와 판매회사의 책임을 독립된 것으로 보고 있는 점 등을 종합하여 보면, 판매회사는 증권투자신탁에 있어서 단순히 위탁회사의 대리인에 불과한 것이 아니라 자신의 책임으로 수익증권 판매업무 등을 수행하는 독립된 당사자로 보아야 한다(대법원 2006. 12. 8. 선고 2002다19018 판결).

2) 1998년법 개정 이후

직접적으로 환매의무가 문제된 것은 아니지만, 일부 하급심은 1998년 개정법 이후의 사건에서도 독립당사자설을 취하였었는데(서울고등법원 2002. 2. 15. 선고 2001나37929 판결), 동 사건의 상고심에서 대법원은 그러한 하급심의 태도를 치유하였다. 즉 「이 사건 신탁 약관은 1999. 5. 24. 개정된 증권투자신탁업법(2000. 1. 21. 법률 제6179호로 개정되기 전의 것, 이하 '1999년 개정법'라고 한다)에 따라 제정된 것으로서, 1998. 9. 16. 법률 제5558호로 개정되기 전 증권투자신탁업법(1998. 1.

13. 법률 제5505호)이 적용되던 투자신탁 약관에서 판매회사의 고유재산으로 환매대금 등을 지급하도록 한 규정을 두고 있었던 것과는 달리, 환매대금 등에 관한 위와 같은 규정을 삭제하고 상환금의 지급에 관하여, 투자신탁 계약기간이 종료하였을 경우 수탁회사는 투자신탁 회계기간의 종료에 따른 상환금 등을 위탁회사의 청구에 따라 지체 없이 위탁회사에게 인도하며(제28조 제2항), 수탁회사가 상환금 등을 위탁회사에게 인도한 후에는 위탁회사가 수익자에 대하여 그 지급에 대한 책임을 부담하고(제28조 제3항), 상환금 등은 투자신탁 계약기간의 종료일로부터 2개월 이내에 속하는 날로서 위탁회사가 지정하는 날을 지급개시일로 하여 위탁회사 또는 판매회사의 영업점포에서 지급한다(제28조 제4항)고 규정하고 있는바, 위와 같은 투자신탁 약관의 개정 경과와 이 사건 신탁 약관의 규정 내용에 비추어 보면, 이 사건 신탁 약관이 적용되는 투자신탁에 관하여는, 판매회사에게 고유재산에 의한 상환금 지급의무는 인정되지 아니하고, 다만 위탁회사로부터 상환금을 지급받은 때에 비로소 수익자에게 그 상환금을 지급할 의무가 인정된다. 그럼에도 불구하고, 원심은 이 사건 투자신탁 계약기간이 종료되었다는 사유만으로 판매회사인 피고 국민은행은 원고에게 상환금을 지급할 의무가 있다고 판단하였으니, 원심 판결에는 판매회사의 상환금 지급의무에 관한 법리를 오해한 위법이 있고, 이러한 위법은 판결에 영향을 미쳤음이 분명하다」라고 하였다(대법원 2006. 10. 26. 선고 2005다29771 판결).

**(다) 학 설**

과거 우리나라에서 수익증권 판매회사의 지위에 대한 독립당사자설은 매우 극소수의 지위를 점하였는데, 현재는 이 설을 취하는 학자가 없는 것으로 보인다. 참고로 우리나라의 다수설은 법률의 개정 여부와 상관없이 증권투자신탁의 본질은 바뀌지 않는다고 하면서 판매회사의 지위를 위탁회사의 대리인으로 보고 있다.

“독립당사자설”의 핵심은 판매회사가 집단적인 조직계약에 참여하면서 독립당사자로 된다는 것이다. 우선 투자신탁을 구성자산의 보유도구로서 신탁이라는 방법을 채택한 운용자 · 수탁자 간의 독립신탁계획에 수익지분보유자가 참여한 집단적 조직계약이라고 정의한 후,[7] 증권투자신탁에서 위탁회

---

7) 이중기, “투자신탁제도의 신탁적 요소와 조직계약적 요소”, 「한림법학 FORUM」 제9권,

사의 법적 지위는 계약적 지위이므로 조직계약을 통해 수익증권 판매업무와 신탁재산 운용업무를 각각 다른 제3자에게 분리하여 귀속시킬 수 있는 것으로, 판매회사는 증권투자신탁계약을 통해 수익증권 판매업무를 담당하게 되는 별도의 독립된 관리자라고 하였다.[8]

독립당사자설은 판매회사들이 위탁회사에 대해 상당한 영향력을 행사하고 환매업무를 실제로 담당하고 있었다는 점을 주목하였다. 그렇다 보니 우리나라의 다수설, 즉 판매회사를 위탁회사의 대리인에 불과한 것으로 파악하는 "민법상의 대리인설"은 증권투자신탁의 실질관계를 정확히 반영하지 못하였다고 비판하였다. 즉, 판매회사는 증권투자신탁의 독립된 당사자이기 때문에 수익자는 신탁약관의 당사자로서 직접 판매회사에 대하여 증권투자신탁계약상의 수임인으로서의 선관의무를 추궁할 수 있어 수익자가 판매회사에 대하여 직접적인 환매책임을 추궁할 수 있다고 하였다. 이 설은 학계에서 증권투자신탁의 본질과 조화되지 않고 단지 판매회사의 환매의무를 인정하기 위하여 창안된 억지에 불과하다는 등 호된 비판을 받아야 했는데,[9] 이후 이 설의 주창자는 "판매회사는 위탁회사의 민법상 대리인"이라고 하여 종전 자신의 독립당사자설을 철회하고 다수설에 합류하였다.[10]

#### (4) 분 석[11]

독립당사자설은 논리적으로 많은 문제점을 안고 있다. 즉, 증권투자신탁

(2000), 69-70면 참조.

8) 이중기, 전게논문, 86면.

9) 대표적으로 한양대학교의 이철송 교수는 앞의 논문 전면(119-140면)에 걸쳐 이중기 교수의 설익지 못한 주장을 수용한 우리 나라의 하급법원들이 독립당사자설에 기하여 판매회사의 법적 책임을 묻는 것을 개탄해하면서, 이중기 교수 주장의 논리적인 허점을 조목조목 지적하였다.: 백태승, "증권투자신탁의 본질과 수익증권의 환매제도", 「인권과 정의」 제302권, (2001)의 36면에서 "투자신탁의 법적 성질에 비추어 볼 때에 판매회사에는 투자신탁의 신탁성과 관련된 법적 요소가 없고 투자신탁계약의 당사자가 아니므로 투자신탁계약에 기인한 권리의무의 발생도 없다"고 단언하였다. 그 외 박삼철, 「투자신탁해설」, (2001), 316면 및 심희정, 전게논문, 694-696면 참조.

10) 이중기, "위탁회사, 판매회사의 수익증권 환매책임과 환매유예제도", 「상사법연구」 제20권 제3호, (2001), 396-397면.: 이 논문 396면 주석 10)에서 "영국의 투신법령은 위탁회사만이 투자자에 대해 책임을 지는 것을 규정하고 있는데, 이것은 판매회사의 지위가 대리인임을 전제하고 있기 때문이다"고 하면서, 영국의 예를 원용하고 있다.

11) 다음의 비판은 이철송, 전게논문, 138-139면에 자세히 언급되어 있다.

의 구조로 볼 때, 수익증권의 운용과 대비시킬 정도로 수익증권의 판매에 대해 중요성을 부여할지도 의문이거니와 여기서 말하는 독립한 당사자가 무엇인지도 사실 명확하지 않다. 그럼에도 불구하고 독립당사자설은 이러한 불명확한 지위로부터 "수익자가 직접 판매회사에 대하여 증권투자신탁계약상의 수임인으로서의 선관의무를 추궁할 수 있다"고 한 후, 다시 이러한 수임인으로서의 선관의무로부터 "수익자가 판매회사에 대하여 직접적인 환매책임을 추궁할 수 있다"는 결론을 도출하였다. 그 외 판매회사가 위탁회사에 대하여 상당한 영향력을 행사한다는 점이 강조되기도 하였다. 그러나 이렇게 사실상의 영향력을 행사한다고 하여 판매회사를 위탁회사와 별개의 독립 당사자라고 하는 것은 다소 논리적인 비약이 아닐 수 없었다.[12)]

그렇다 보니 대상 판결의 판시가 오히려 더 솔직하다는 생각이 든다. 왜냐하면 대상판결은 수익증권 판매회사의 지위를 논함에 있어서 법리적인 접근방식을 포기하고 단지 입법의 소산이라는 점을 강조하였기 때문이다. 즉「구 증권투자신탁업법(1998. 9. 16. 법률 제5558호로 개정되기 전의 것) 제7조 및 제30조는 수익증권 판매회사에게 고유재산에 의한 환매의무를 부담시키고 있는바, 증권투자신탁에 있어서 수익자 보호를 위해 수익증권 판매회사에 고유재산에 의한 환매의무를 부담시킬지 여부는 입법자의 합리적인 재량에 입각한 정책적인 결단에 속하는 사항으로 입법자에게 판매회사가 고유재산에 의한 환매의무를 부담하지 않도록 법률을 제정할 헌법상의 입법의무가 있다고 할 수 없으므로, 위 조항이 부진정입법부작위에 의한 위헌이라고 할 수 없다」라고 하여 1998년법 이전 판매회사의 환매의무 부담은 단지 입법정책의 결과였음을 명확히 하고 있다. 사실 이러한 입장은「구 투신업법의 연혁과 그 변천과정, 구 투신업법 제2조 제5항, 제7조 제1항 및 제2항, 제9조 제1항의 각 규정 내용 및 피고 푸르덴셜과 피고 대우증권 주식회사(이하 '피고 대우증권'이라 한다) 사이에 체결된 이 사건 투자신탁 수익증권 위탁판매계약서 제4조 제1항의 내용 등을 종합해 보면, 판매회사인 피고 대우증권은 증권투자신탁에 있어서 단순히 위탁회사의 대리인에 불과한 것이 아니라 자

12) 이철송 교수와 백태승 교수는 1995년법에서도 증권투자신탁의 본질상 판매회사에게는 고유재산에 의한 환매의무가 없다는 점을 강조하고 있으나, 논자는 이에 대해 찬성하지 않는다.

신의 책임으로 수익증권 판매업무 등을 수행하는 독립된 당사자로 보아야 할 것이다(대법원 2008. 6. 12. 선고 2007다70100 판결)」라는 판시의 연장선상에 있는 것이다. 사실 이렇게 법률과 약관을 명시하는 방법이 오해의 소지도 없다.

논자의 단견으로는 '판례가 말하는 독립당사자'가 '독립당사자설이 취하는 독립당사자'와는 반드시 동일하지 않다고 생각한다. 그리고 향후 대상 판결과 유사한 사안이 얼마나 될지 모르겠으나 그때에는 법원이 「증권투자신탁의 현실에서도 수익증권의 판매 및 환매업무를 수행하는 판매회사는 수익자와 위탁회사를 연결하여 주는 매개체로서 수익자와 직접적인 접촉을 하며, 신탁재산 또는 수익자로부터 판매보수와 환매수수료를 직접 지급받고 있는 점, 수익증권 위탁판매계약상 위탁회사와 판매회사의 책임을 독립된 것으로 보고 있는 점(대법원 2006. 12. 8. 선고 2002다19018 판결)」 등을 더 이상 판매회사의 환매의무를 정당화하는 부수적인 논거로 내세우지 않기를 바란다. 왜냐하면 1995년법에서 판매회사의 환매의무는 너무도 당연한 법정 의무이므로 법원이 환매의무를 부담하는 근거를 따로 설시할 이유가 없기 때문이다.

#### (5) 여론 : 1998년법 이후 증권투자신탁에 있어서 판매회사의 법적 지위에 관한 학설

##### (가) 민법상 위임계약에 의한 대리인으로 보는 견해

위탁회사가 판매회사에게 수익증권의 판매를 위탁하는 관계는 민법상의 위임계약관계이고 판매회사는 위탁회사의 대리인의 지위를 갖는다는 것으로 현재 우리나라의 통설에 해당한다.[13] 대법원 판례도 명시적으로 판시하지는 않았으나, 통설과 마찬가지로 판매회사를 독립당사자가 아닌 위임계약에 따른 대리인으로 파악할 것으로 예상된다.

##### (나) 상법상 위탁매매인이라고 보는 견해

위탁회사와 판매회사가 수익증권 위탁매매계약서라는 명칭의 계약을 체결하고 있으며, 이에 관하여 금융투자협회에서 표준위탁매매계약서가 마련되어 있는 점에 비추어, 여기서의 계약은 판매회사가 자기의 명의로 그리고 위탁회사의 계산으로 수익증권을 판매하는 위탁매매계약이라고 보는 견

---

13) 박삼철, 전게서, 214면; 심희정, 전게논문, 697-698면; 백태승, 전게논문, 36면.: 이중기 교수도 대리인설로 자신의 견해를 변경하였음은 이미 앞에서 고찰하였다.

해이다.[14] 그런데 우리나라에서 위탁매매인설이 큰 호응을 받지 못하는 이유는 위탁매매의 법리상 위탁자인 위탁회사와 제3자인 수익자 사이에는 아무런 법률관계가 존재하지 않아야 하는데 증권투자신탁에 있어서 수익자와 위탁회사 간에는 신탁약관이 정하는 바에 따라 엄연히 신탁관계가 존재하는 점을 매끄럽게 설명하지 못하기 때문이다.[15]

#### (다) 위탁회사와 민법상의 조합관계에 있는 것으로 보는 견해

서울지방법원 2001. 5. 29. 선고 2000가합40211 판결은 「위탁회사와 판매회사간의 수익증권 위탁판매계약은 투자신탁의 설정과 운용 및 판매를 공동사업으로 하여 그로 인한 수익을 분배하기로 하였다는 점과, 신탁재산에 편입된 주식회사 대우의 담보 기업어음으로 인한 손실을 이익분배 비율에 따라 분담하였다는 점 등을 근거로, 위탁회사와 판매회사 간의 법적 성질을 민법상 조합에 해당한다(증권투자신탁사업이라는 단일사업을 나누어 수행하는 형태)」라고 판시한 바 있다.[16] 그렇지만 위탁회사와 판매회사의 관계를 민법상의 조합으로 보고 이들 사이에 조합계약상의 손익분담약정이 있는 것은 다소 일반화하기 어려운 한계가 있는 듯하다.

---

14) 瀬瀬敦子, "證券投資信託につい", 「金融法務事情」 第1521號, (1998), 45頁.

15) 심희정, 전게논문, 697면.

16) 이에 대하여는, 민법상의 조합은 모든 조합원들이 출자의무를 지고 있으나 위탁회사와 판매회사는 증권투자신탁사업을 수행하기 위하여 별도의 출자를 하는 것이 아니라 각자의 자금으로 사업을 하고 있는 점, 민법상 조합의 경우에는 조합원 개인과 구별되는 조합재산이 존재하나 증권투자신탁업에 있어서는 위탁회사와 판매회사가 출자한 조합재산이라는 개념이 존재하지 않는 점, 민법상 조합으로 인정되기 위해서는 조합원들이 공동사업을 경영하기로 하는 약정이 있음에 반하여 증권투자신탁에 있어서 판매회사는 위탁회사가 영위하는 증권투자신탁사업 중 일부인 수익증권 판매업무만을 행함에 불과한 점, 민법상의 조합은 동업계약에서 보는 바와 같이 조합원들에게 공동사업의 결과 발생한 수익을 분배하고 손실이 생긴 경우에는 이를 분담하는 약정이 있어야 하나, 증권투자신탁에 있어서는 위탁회사와 판매회사 사이에 판매수수료 약정만 있을 뿐 손익분배약정이 없는 점 및 위탁회사와 판매회사 간에 대우그룹의 담보 기업어음으로 인한 신탁재산의 손실을 보수분배율에 따라 분배하기로 약정한 적은 있으나 이는 당초부터 위탁회사와 판매회사 간에 신탁재산에서 발생될 손실의 부담에 대해 사전에 약정하였기 때문이 아니라 사후적으로 신탁재산에서 발생한 손실 중 대우그룹 계열사 발행의 담보 기업어음 편입으로 인한 손실에 대하여 금융감독원의 권고에 따라 판매수수료 지급비율대로 위탁회사와 판매회사가 분담하기로 사후에 합의한 것에 불과한 점 등의 비판이 있다.: 현투증권주식회사, 「投資信託의 理論과 實務」, (2002), 105면.: 결국 동 판결의 항소심인 서울고등법원은 조합관계설 대신 독립당사자설을 취하였다(서울고등법원 2002. 2. 15. 선고 2001나37929 판결).

### 3. 小　結

판례는 1995년법과 약관에 의할 때 수익증권의 판매회사는 수익증권의 판매업무를 수행하고 수익자로부터 환매요구를 받을 때 환매의무를 지는 자로서, 증권투자신탁 관계자의 한 축을 담당하는 독립된 당사자였던 것으로 보고 있다. 여기서 말하는 독립당사자는 과거의 소수설이었던 독립당사자설이 취했던 독립당사자와 반드시 같지는 않은 듯 하다. 논자는 판례의 이러한 분석에 적극 동감하는 바이다. 한편 1998년법 개정으로 판매회사의 고유재산에 의한 환매의무 조항이 삭제됨에 따라 판매회사는 이제 위탁회사의 대리인 또는 위탁매매인의 지위만을 갖게 되었다. 사실 판매회사가 자기명의와 자기계산으로 수익증권을 환매(소위 '재매수'라고 하였음)함에 따른 순기능이 있었음에도 불구하고 1998년법이 이를 완전히 도외시한 것은 다소 아쉬움으로 남는다. 그렇지만 판매회사가 증권투자신탁의 본질과 다르게 고유재산에 의한 환매의무를 지는 것이 과연 옳은지를 둘러싸고 벌어졌던 그 간의 소모적인 논쟁은 이제 더 이상 없으리라고 기대하는 바이다.

## Ⅱ. 受益證券 還買延期의 要件

### 1. 問題의 提起

1995년법에 의하면 환매연기제도는 천재·지변·유가증권시장의 폐쇄·정지 또는 휴장과 같은 사유가 발생하여 환매의무자가 환매청구에 응할 수 없는 경우, 금융감독당국의 승인을 얻어 위의 사유가 해소될 때까지 환매를 연기할 수 있는 제도이다. 환매연기란 환매의 불이행을 정당화하는 제도로서, 연기사유가 존속할 경우 환매의무자가 환매에 불응하더라도 환매의무자의 채무불이행이 되지 않는다. 만일 위와 같은 사유가 발생한 상황에서 환매연기를 인정하지 않게 되면 기존 수익자와 잠재적 수익자 모두 치명적인 손해를 입을 수 있다. 즉 신탁재산의 매각이 불가능하거나 신탁재산에 대한 가격평가가 곤란하여 수익증권의 공정한 기준가격을 산정할 수 없음에도 수익증권의 매각이나 환매를 강제하면, 수익자 간 또는 수익자와 잠재적 수익자 간 투자위험의 전가가 이루어져서 투자신탁의 본질인 실적배당주의 내지 수

익자평등주의를 훼손하는 결과를 야기할 수 있다.[17]

대상 판결에서 대법원은 환매연기 시 금융감독당국(금감위)의 승인이 필요한지에 대해 부정적인 판단을 하면서 상세한 분석을 하였는데, 본 쟁점에 대한 판단은 우리나라 최초의 선례성을 갖는다. 1995년법이나 금감위 규정이 명시적으로 금감위의 승인이 필요하다는 조항을 두었음에도 불구하고, 대상 판결이 동 조항들에 구애받지 않고 금감위 승인을 받지 않더라도 환매연기가 이루어질 수 있다는 입장을 취한 것은 다소 이례적이다. 특히 대상 판결이 판매회사의 법적 지위에 대한 판단에 있어서는 당시 법률과 약관의 문구에 의존하여 판매회사가 일종의 독립당사자에 가깝다고 하였지만, 환매연기에 있어서는 당시의 법률과 금감위 규정을 무시한 채 금융감독당국의 승인 없이도 환매연기가 가능하다고 한 것은 매우 주목할 만하다. 과연 이러한 태도가 옳은 것인가? 사실 이러한 문제의식에서 대상 판결에 대한 평석을 시작하였다는 점에서 본 쟁점은 이 논문의 출발점이기도 하다.

## 2. 關聯 法律과 規定

### (1) 법 률

구 투신업법 제7조 제4항은 "제1항 내지 제3항의 규정에 의하여 환매에 응하여야 할 자는 환매의 청구를 받은 날부터 늦어도 15일 내에 환매하여야 한다. 다만, 천재 · 지변 · 유가증권시장의 폐쇄 · 정지 또는 휴장 기타 부득이한 사유가 있는 경우에는 금감위의 승인을 얻어 그 사유가 해소될 때까지 환매를 연기할 수 있다."라고 규정하고 있다.

### (2) 금감위 규정

구 증권투자신탁업감독규정(1998. 11. 13. 개정되기 전의 것) 제47조는 위탁회사가 금감위에 환매연기사유, 환매연기기간, 환매연기기간 이후의 환매대책, 기타 수익자보호와 관련된 사항을 기재한 서면으로 환매연기의 승인을 신청하여야 한다고 규정하였다.

---

17) 권종호, "증권투자신탁 판매회사의 환매의무와 환매연기제도", 「증권법연구」 제8권 제2호, (2007), 34면.

(3) 약　관

약관 제16조 제3항도 "판매회사는 제2항의 규정에 불구하고 천재·지변·유가증권시장의 폐쇄·정지 또는 휴장 기타 부득이한 사유가 있는 경우에는 금감위의 승인을 얻어 그 사유가 해소될 때까지 환매를 연기할 수 있다."라고 규정하고 있다.

### 3. 還買延期事由 및 還買延期要件에 대한 旣存의 論議

(1) 환매연기사유

(가) 개　관

1995년법은 환매의 연기사유로 '천재·지변·유가증권시장의 폐쇄·정지 또는 휴장 기타 부득이한 사유'를 들고 있는데, 1998년법은 '신탁재산인 유가증권 등의 매각이 지연되는 등의 사유'를 추가하였다.

(나) 기타 부득이한 사유

1995년법에서의 '기타 부득이한 사유'가 무엇인지가 쟁점으로 된 사건에서, 대법원은 「구 증권투자신탁업법(1998. 9. 16. 법률 제5558호로 개정되기 전의 것) 제7조 제1항 내지 제3항은 "수익자가 위탁회사나 수탁회사 또는 판매회사(이하 '판매회사 등'이라 한다)에 수익증권을 현금으로 환매할 것을 청구할 수 있다."는 것을 규정하고, 제4항은 "제1항 내지 제3항의 규정에 의하여 환매에 응하여야 할 자는 환매의 청구를 받은 날부터 늦어도 15일 내에 환매하여야 한다. 다만, 천재·지변·유가증권시장의 폐쇄·정지 또는 휴장 기타 부득이한 사유가 있는 경우에는 금융감독위원회의 승인을 얻어 그 사유가 해소될 때까지 환매를 연기할 수 있다."고 규정하고 있는바, '천재·지변·유가증권시장의 폐쇄·정지 또는 휴장' 등은 수익증권의 시가가 형성될 수 없거나 그 시가를 알 수 없는 전형적인 경우인 점에 비추어, 환매연기사유의 하나로 규정되어 있는 '기타 부득이한 사유'는 천재·지변·유가증권시장의 폐쇄·정지 또는 휴장 이외의 사유로 수익증권의 시가가 형성될 수 없거나 그 시가를 알 수 없거나 시가에 준하는 것으로 취급되는 장부가와 시가 사이에 현저한 괴리가 생겨 장부가에 의한 환매 등을 하는 것이 증권투자신탁의 본질인 실적배당주의 내지 수익자평등대우주의를 심각하게 훼손하는 결과로 될 우려가 있는 경우를 가리키는 것으로 보아야 할 것이고, 따라서 수익증권의 환매에 관한 같은 법 제7조 제4항의 규정은 환매가 수익자의 환매청구와 판매회사 등의 승낙의 의사표시에 의하여 성립되는 것을 전제로 하여, 특별한 사정이 없는 경우에는 수익자의 환매청구가 있은 날부터 15일 이내에 판매회사 등이 승낙하여 그 승낙한 시점에서의 수익증권의 기준가격으로 환매하고, 천재·지변·유가증권시장의 폐쇄·정지 또는 휴장 기타 부득이한 사유가 있어 정당한 시가에 의한 기준가격을 산정할 수 없는 등의 특별한 사정이 있는 경우에는 금융감독위원회의 승인을 얻어 그 사유가 해소될 때까지 환매청구에 대한 승낙을 유보함으로써 그 사유가 해소된 시점에서의 시가에 의하여 산정한 기준가격으로 환매할 수 있도록 허용하고 있는 것이다」라고 하였다(대법원 2003. 11. 28. 선고 2001다67171 판결).

일시적·제한적으로 처분할 수 없는 신탁재산이 있는 경우에도 부득이한 사유에 해당하는지가 의문시되기도 하였다. 이에 대하여 조용균 변호사는 "수익증권의 시가가 형성될 수 없거나 그 시가를 알 수 없거나 시가에 준하는 것으로 취급되는 장부가와 시가 사이에 현저한 괴리가 생겨 장부가에 의한 환매 등을 하는 것이 증권투자신탁의 본질인 실적배당주의 내지 수익자 평등대우주의를 심각하게 훼손하는 결과로 될 우려가 있는 경우"란, 대우채 환매연기사태와 같이 전체 채권시장의 가격기능이 마비되는 등의 비상 위기 상황을 염두에 둔 것일 뿐, 일시적·제한적으로 처분할 수 없는 신탁재산이 있는 경우를 의미하지는 않는다고 보았다.[18)]

---

**18)** "(대우채) 환매연기조치 당시 금융기관이 운용중인 금융상품에 포함된 대우채권이 27조원을 넘고, 그중 무보증, 무담보 채권액만도 18조 원으로서 투자신탁별 평균 편입비율이 7.5%에 이르렀고, 대우채권의 부실을 반영하지 못하는 장부가에 의한 대우채권의 평가로 말미암아 환매가격이 투자신탁재산의 적정한 순자산가치와 현저한 괴리가 있게 되었으며, 이러한 상황에서 대우채권이 포함된 투자신탁상품의 환매를 무제한 허용하게 되면 먼저 환매한 자로부터 잔류 투자자에게 손실이 전가될 가능성이 높아져 수익자들의 환매경쟁을 촉발하게 되고 그런 경우 대부분의 위탁회사들은 환매자금의 마련을 위해 모든 신탁재산 내에 편입된 채권을 매각할 수밖에 없게 되어 상당액수의 채권이 일시에 금융시장에 매물로 나오게 됨으로써 채권가격의 폭락에 따른 금융시장 전체의 붕괴를 초래하게 될 가능성이 농후하였고, 실제로 대우그룹 채권단의 구조조정 방침이 발표되면서 관련 투자신탁 상품의 인출이 급증하는 등 금융시장이 상당히 불안한 모습을 보였는바, 위와 같은 국가적 경제위기 상황 아래에서 단지 15일간의 유예기간만으로 대량환매청구를 해결하는 것은 불가능하다고 보이므로 위와 같은 사정은 투자신탁약관 및 관계 법령에서 환매연기사유로 정하고 있는 '부득이한 사유'에 해당한다"고 하였다.: 조용균, "구 증권투자신탁의 여러 가

(다) 정 리

기존의 판례에 의할 때 환매연기사유란 신탁재산의 매각이 곤란하거나 신탁재산에 대한 공정한 평가가 곤란한 경우와 같이 수익증권의 환가가 불가능한 상황에서 환매를 강제한다면 증권투자신탁의 본질인 실적배당주의 내지 수익자평등대우주의를 심각하게 훼손하게 될 때라고 일응 정리할 수 있을 것이다.

(2) 환매연기의 요건

(가) 판매회사의 환매연기의사표시

이 사건에서 환매연기를 하는 판매회사가 적극적으로 환매연기의 의사표시를 하여야 하는지에 있어서 하급심과 대법원은 의견을 달리하였다. 하급심은 환매연기를 위해 판매회사가 단지 수익권자의 환매청구에 응하지 않고 있는 것만으로는 부족하고 객관적이고 일률적인 환매연기의 의사가 외부에 표출되어야 한다는 입장을 표명하였다. 그러나 대법원은 「환매연기사유가 존재하면 판매회사가 모든 수익자에 대해 일률적으로 환매연기를 한다는 것을 공시 또는 공표하는 등의 적극적인 환매연기조치를 취하지 않더라도 개별 수익자의 환매청구에 응하지 않는 것만으로 환매연기가 이루어진다」라고 보았다. 사실 환매연기의 의사표시를 적극적으로 하여야 하는지 여부는 환매연기시 금감위의 승인이 반드시 필요한가의 문제와 직접적으로 관련되는 논점이기도 하다. 왜냐하면 금감위의 승인이 필요하다는 입장은 금감위가 인지할 수 있을 정도로 판매회사의 적극적인 환매연기 의사표시를 하여야 한다는 입장과 궤를 같이할 것인 반면, 금감위의 승인이 필요없다는 입장은 환매연기사유는 자동적으로 발생하는 것이므로 판매회사의 의사표시가 필요없다는 입장과 궤를 같이할 것이기 때문이다.

(나) 금감위 승인

우리나라 다수의 학자들은 환매연기가 신탁재산의 평가불능이나 환가불능이라는 객관적 사태에서 비롯되는 것인 만큼 사안의 성질로 보아 원래

---

지 문제", 「저스티스」 통권 제93호, (2006), 124-125면.: 논자도 기타 부득이한 사유란 전체 채권시장의 붕괴와 국가적인 경제위기를 가져올 만한 극히 예외적이고 위기적인 사정을 의미한다고 제한적으로 보는 것이 옳다고 생각한다.

금감위 승인을 받을 사항이 아니라고 하였다.[19] 이들에 의하면 환매연기사유가 발행하면 당연히 환매연기가 있어야 하므로 금감위의 승인이 효력발생요건이 되어서는 안 된다고 본 것이다. 대표적으로 이철송 교수는 "승인의 효력 여하라는 문제는 결국 연기의 정당성 유무의 판단을 행정청(금감위)에 맡기느냐 혹은 재판작용에 맡기느냐는 문제로 귀착된다. 연기의 정당성 유무는 결국 환매 당사자 간에 있어 이행지체가 되느냐 되지 않느냐는 사법적 이해에 관한 문제이고 보면 이는 행정청의 감독기능으로 해결할 사안은 아니고 사법적 판단의 영역에 속하는 문제이다."라고 하였다.[20] 대상 판결에서 대법원도 「환매연기는 환매청구를 한 개별 수익자와 판매회사 사이의 사법적 법률관계로서 그것이 적법·유효한지 여부는 환매연기사유의 존재 여부에 따라 결정되는 것이지 금융감독위원회의 승인 여부에 따라 결정된다고 할 수 없으므로 금융감독위원회의 승인을 받지 않았다는 사정만으로 환매연기가 부적법하다거나 그 효력이 발생하지 않는다고 할 수 없고, 같은 취지에서 원고와 피고가 이 사건 투자신탁의 약관 제16조 제3항에 의하여 금융감독위원회의 승인을 환매연기의 적법 내지 효력발생요건으로 하기로 약정하였다고 볼 수도 없다」라고 하여 기존의 다수설을 답습하였다. 즉, 환매연기시 법률 상의 명시적인 승인요건을 배제하면서 금감위 승인의 효력을 소극적으로 단지 확인적 의미만 있는 것으로 본 것이다.

일부 학자는 외국에서 환매연기시 금융감독당국의 승인을 필요로 하는 입법례가 없다는 점과 우리나라에서도 1998년법 개정 이후에는 금융감독당국의 승인 문구가 법문에서 완전히 사라졌다는 점 등이 추가적으로 지적되기도 한다.[21] 즉 여기서의 승인이 효력발생을 좌우하는 것이라면 외국에서도 유사한 입법례가 발견되어야 하고, 우리나라에서도 법 개정과 상관없이 존치하여야 하지만 그렇지 못하였다는 점을 꼬집어 지적한 것이다.

---

**19)** 이철송, "투자신탁 수익증권의 환매의 법리", 「인권과정의」 제366권, (2007), 186면.

**20)** 이철송, 전게논문, 187면.

**21)** 권종호, 전게논문, 37-38면.

### 4. 還買延期事由와 金監委 承認에 대한 再照明

#### (1) 문제의 제기

1998년법 이후 금감위의 승인 요건이 법문에서 사라진 상태에서 1995년법을 좀 더 균형적인 시각에서 바라보려고 한 대법원의 판단을 이해 못할 바는 아니다. 그러나 금융감독당국의 승인이 행정법학에서의 허가에 해당하므로 사법적 효과에는 영향이 없다는 형식적 논리만으로, 환매연기사유가 있으면 금감위의 승인을 받지 않아도 언제든 환매연기를 할 수 있고 그 사법상의 효력에는 아무런 영향이 없다는 판단이 1995년법에서는 쉽게 받아들여지지 않는다. 왜냐하면 1995년법은 외국의 입법례나 우리나라의 1998년법 이후 제정된 일련의 입법, 즉 간접투자자산운용업법, 자본시장및금융투자업에관한법률과 달리 명문으로 금감위의 승인을 요한다고 하였기 때문이다. 명확한 법문이 존재하는 상황에서 어떻게 금감위의 승인을 배제한 상태에서의 환매연기를 인정하려는 것인가? 그렇다 보니 대상판결의 하급심에서도 환매연기사유의 존재만으로 환매연기의 효과가 발생하지 않고 금감위의 환매연기조치가 필요하다는 정반대의 판시가 나왔던 것이다.[22] 좀 더 정교한 다른

---

22) ① 구투신업법 제7조 제4항 단서 및 이 사건 약관 제16조 제3항은 "환매의무자가 일정한 사유가 있는 경우에 금감위의 승인을 얻어 환매를 연기할 수 있다"고 규정함으로써 환매의무자에게 연기 여부에 관한 재량을 부여하는 규정 형식을 취하고 있는 점, ② 환매연기제도는 기본적으로는 환매의무자의 이익을 보호하기 위한 제도로서 환매의무자가 환매를 연기하는 경우 필연적으로 그 반대당사자인 수익자의 이해관계와 정면으로 충돌할 수밖에 없고 또한 특별한 사정이 없는 한 모든 수익자에게 동일하게 적용되어야 할 것이므로 환매연기의 의사는 가능한 한 명확하게 외부에 표출되어야 할 필요가 있는 점(환매의무자가 환매청구에 대한 승낙을 유보하고 있을 뿐 아무런 조치를 취하지 않는 경우에도 환매가 연기된다고 해석한다면, 수익자의 입장에서는 환매의무자가 환매를 연기한 것인지 아니면 단순히 환매대금지급의무를 불이행하고 있는 것인지조차 구분할 수 없게 되어 예상하지 못한 손해를 입게 된다), ③ 수익증권 중 일부에 대한 환매 연기만으로 환매연기의 사유가 해소될 수도 있으므로 적어도 환매연기의 대상이 무엇인지를 명백히 할 필요가 있는 점(기준가격과 순자산가치의 현저한 괴리는 당해 수익증권을 기준으로 전체적으로 판단할 것이지 신탁재산에 편입된 채권별로 판단할 문제는 아니라 할 것인바, 만일 수익증권 중 일부에 대해서만 환매를 연기하면서도 그 대상을 명확히 해 두지 않는다면 사후에 환매연기대상의 범위를 확정하거나 또는 기준가격과 순자산가치의 괴리의 정도를 판단하는 것은 사실상 불가능해 보인다), ④ 구 증권투자신탁업감독규정(1998. 11. 13. 개정되기 전의 것) 제47조에서도 위탁회사가 금감위에 환매연기사유, 환매연기기간, 환매연기기간 이후의 환매대책, 기타 수익자보호와 관련된 사항을 기재한 서면으로 환매연기의 승인을 신청하여야 한다고 규정하고 있는 점 및 ⑤ 환매연기에 관하여 금감위의 승인을 얻도록 한 취지는 환매연기의 내용에 관하여 공적기관인 금감위에 승인을 신청하여 환매연기를 둘러싼 법률

이론을 들어 설명하여야 하지 않는가?

한편 외국에서 금융감독당국의 승인을 요구하는 입법례가 없다는 주장은 다소 근거가 박약하다. 예를 들어 미국에서는 투자회사법 제22(e)가 환매연기를 규정하고 있는데, 금융감독당국의 명령에 의해 연기사유가 발생할 수 있음을 규정하고 있다. 동 조항을 보면 원칙적으로 투자회사는 환매권을 연기해서도 안되고 환매에 따른 지급기일을 연기해서도 안 된다. 그러나 (1) 주말이나 휴일이 아님에도 불구하고 뉴욕증권거래소가 폐장되거나, 뉴욕증권거래소에서의 거래가 제한되는 경우에는 예외이다. (2) 투자회사가 보유하는 증권의 처분이 합리적으로 실현가능하지 않거나 투자회사가 순자산가치를 공정하게 결정한다는 것이 합리적으로 실현가능하지 않은 결과 비상사태가 존재하는 기간 중은 예외이다. (3) SEC가 투자회사 증권소유자인 수익권자를 보호하기 위해 명령으로 허용한 기간 동안은 예외이다. 따라서 미국은 금융감독당국의 명령에 의하여 환매가 연기되기도 한다는 점을 알 수 있다. 이러한 예를 볼 때 입법 당시의 선택에 따라 명령이 아닌 승인으로 법문을 구성할 수도 있었다는 판단이 든다. 영국에서도 펀드매니저로 하여금 FSA에 환매연기에 대한 사후 보고를 하도록 함으로써 금융감독당국이 관여하도록 하고 있다.[23] 그렇다면 명령이든 사후보고든 사전승인이든 이를 경

관계를 조속히 확정짓고 아울러 환매연기제도의 남용을 방지하려는 차원에서 규정된 것으로 보이는 바, 이러한 취지를 살리기 위해서도 환매의무자로 하여금 금감위에 환매연기승인을 신청하도록 강제할 필요가 있는 점 등에 비추어 보면, 환매의무자가 구투신업법 제7조 제4항 단서 및 이 사건 약관 제16조 제3항에 따라 환매를 연기하기 위해서는 개별 수익자의 환매청구에 응하지 아니하고 있다는 정도를 넘어 최소한 환매연기의 대상 및 그 사유라도 명시하는 정도의 개관적이고 일률적인 환매연기의 의사를 외부에 표출하여야 하고 아울러 그와 같은 환매연기의 내용에 관하여 금감위에 승인을 신청하는 등의 일련의 조치를 취할 것이 요구된다고 보아야 할 것이다.: 서울지방법원 남부지원 2004. 1. 30. 선고 2001가합360 판결, 19-20면.

23) 미국과 대조적으로 영국에서는 환매연기의 행위주체가 펀드매니저로서 금융감독당국의 사전 승인을 받을 필요가 없고 사후 보고 만 하면 된다. 즉 FSA Handbook(COLL이라고 함) 7.2는 '연기 및 거래재개'란 제하에 비상적인 상황 때문에 연기가 전체 펀드 수익자의 이익이 될 경우 펀드매니저(즉, 위탁회사)는 보관기관의 사전 동의를 받아 지체없이 연기하여야 한다는 규정을 두고 있다. 또한 COLL 7.2.1(2)는 연기시 펀드매니저나 보관기관이 준수하여야 할 절차적인 요건을 규정하고 있다.
(2) 연기시 인가펀드매니저나 보관기관(보관기관이 펀드매니저로 하여금 수익증권거래를 연기하도록 요구한 경우)은 (a) 어떠한 행위와 그 사유를 기재하여 FSA에 즉시 보고하여야 한다. 그리고 (b) 실무적으로 가능한 한 빠른 시기에 '서면으로 된 연기확인서(written confirmation of the suspension)'와 그 사유를 FSA 및 소속국가의 규제당국에게 송부하여

유하도록 한 이유가 있지 않을까?

### (2) 수익증권 판매회사의 신인의무

1995년법이나 1998년법 그리고 현재의 자본시장법 모두 수익증권의 판매회사가 신인의무를 부담하는지에 관하여 아무런 규정을 두고 있지 않다. 이와 대조적으로 미국에서는 1940년 투자회사법 제36조가 신인의무 위반(Breach of Fiduciary Duty)이라는 제하로 다음의 권능으로 복무하거나 행위하는 자가 개인적인 부정행위와 연루된 신인의무를 위반하는 행위나 관행을 저질렀을 때(행위개시시점부터 5년 이내이어야 함), 또는 곧 이러한 행위나 관행에 착수하려고 할 때, 위원회(SEC)는 법원에 소송을 제기할 수 있다고 규정한다. 여기서의 권능이란 1. 임원, 이사, 자문위원회 회원, 투자권유자, 예금자, 2. 인가받은 회사가 개방형 주식회사, 증권투자신탁이나 face-amount certificate company인 경우의 주간인수사(principal underwriter)를 말한다.[24] 그런데 주간인수사란 바로 수익증권의 판매상이나 도매상을 의미하는 것이다.[25] 따라서 미국에서는 수익증권의 판매회사도 고객에 대하여 신인의무를 부담한다는 점을 알 수 있다.

투자회사법에서 규정하는 신인의무의 개념을 좀 더 구체적으로 파악하려면, 미국 근로자퇴직소득보장법에서 세분화하고 있는 신인의무를 고찰할 필요가 있다. 왜냐하면 투자회사법과 근로자퇴직소득보장법 모두 타인의 자금을 관리하는 수탁자(fiduciary)에 대한 신인의무를 규정한 것이라는 점에서 차이가 없으므로, 근로자퇴직소득보장법상의 세부원칙이 투자회사법에도 그대로 준용되기 때문이다. 그 중에서도 가장 중요한 것은 첫 번째의 '고객이익전념의 원칙'과 두 번째의 '신중인의 원칙'이다. 첫째, ERISA 제404(a)(1)(A)조는 고객이익전념(顧客利益專念)의 원칙(原則, exclusive benefit rule)을 규정하고 있다. 동 원칙에 의하면 수탁자는 전적으로 연기금 가입자와 수

---

야 한다. 여기서 소속국가의 규제당국이란 펀드매니저가 스스로 수익증권을 매각하거나 환매할 의향이 있다고 표시한 유럽경제지역 내 각 국가의 규제당국을 의미한다. http://fsahandbook.info/FSA/print/handbook/COLL/7/2 (2011. 11. 30. 검색).

24) http://taft.law.uc.edu/CCL/InvCoAct/sec36.html (2011. 11. 30. 검색).

25) Many funds turn over distribution to a separate distributor, termed the "principal underwriter" in the 1940 Act and SEC rules. We will use the more familiar trade terms "distributor" or "wholesaler" -rather than the technical legal term "principal underwriter."

익자의 이익만을 존중하고 연기금에 종국적으로 이익을 귀속시킨다는 배타적 목적만을 추구하여야 하며, 연기금의 관리에 있어서 발생하는 비용지출도 합리적이어야 함을 규정하고 있다.[26] 즉, 수탁자는 전적으로 고객인 연금가입자와 수익자의 이익만을 중시하여야 하므로, 연금가입자들에 대한 수탁자의 의무를 침해할 여지가 있는 연금운용 자체도 사전에 회피하여야 할 의무를 부담한다는 것이다. 둘째, ERISA 제404(a)(1)(B)조는 신중인의 원칙(prudent man rule)을 규정하고 있다. 즉, 연기금의 수탁자가 유사한 능력을 보유하고 동일한 문제에 대해 잘 알고 있는 신중한 사람이라면, 동종업종에서 동일목적을 추구하는 기업이 행위기준으로서 채택하고 있는 당해 사업에서의 통상의 주의(care), 기술(skill), 신중성(prudence) 및 특별한 주의(diligence)에 구속된다고 규정한다.[27] 미국의 법원들은 ERISA의 신중인 원칙을 법에서 규정한 주의의무 중 최대의 주의의무(예: "the highest known to the law")로 간주하여 왔고, 동 원칙이 모든 경우에 일관되게 적용할 수 있는 객관적 기준으로서 손색이 없다는 입장을 취하여 왔다.[28] 셋째, ERISA 제404(a)(1)(D)조는 수탁자로 하여금 당해 연기금의 투자방침서와 지시사항에 합치되게 행위할 것을 요구한다.[29] 여기서 투자방침서(Investment Policy Statement)란 투자관리인의 행위를 규율하는 서류를 말한다. 이러한 투자방침서는 연기금의 기본 문서로서, 투자관리인들은 동 문서가 ERISA에 합치하는 한 이에 구속되기 마련이다. 넷째, ERISA 제402(c)(3)조에 의하면 연기금이 자체적으로 보유한 펀드매니저들은 자산운용회사에게 연기금의 자산을 관리하고 그 재량하에 운용할 수 있는 권한을 위임할 수도 있다.[30] 일단 자산운용회사에게 투자권한을 위임하였다면, 펀드매니저는 자산운용회사가 어떠한 방향으로 의결권을 행사하여야 한다고 지시할 권한이 없다. 따라서 펀드매니저는 보통 자산운용회사에게 투자책임을 위임할 때 의결권행사권한을 따로 자

**26)** 29 U.S.C. §1104(a)(1)(A).

**27)** ERISA §404(a)(1)(B); 29 U.S.C. §1104(a)(1)(B).

**28)** *Donovan v. Bierwirth*, 680 F.2d 263, 272 n. 8 (2d Cir. 1982). cert. denied, 459 U.S. 1069 (1982). *Freund v. Marshall & Isley Bank*, 485 F. Supp. 629, 635 (W.D. Wis. 1979).

**29)** 29 U.S.C. §1104(a)(1)(D).

**30)** 29 U.S.C. §1102(c)(3).

신에게 유보한다고 한다. 그렇지 않으면 ERISA 제404(a)(1)(D)조를 위반하는 셈이 되기 때문이다.

### (3) 환매연기사유의 세분 및 금감위 승인의 재해석

#### (가) 환매연기사유의 새로운 유형화

미국에서의 논의를 참조해볼 때 우리나라에서 종래 수익증권을 판매하고 고유재산에 의한 환매를 책임졌던 판매회사도 신인의무를 부담한다는 점을 알 수 있다. 그렇다면 1995년법에서 명확하게 유형화하지는 않았으나, 판매회사가 환매의무와 신인의무를 부담한다는 점을 감안할 때 환매연기사유는 다시 다음과 같이 양분할 수 있다. 첫째, 환매가 객관적으로 보아도 도저히 불가능한 경우, 둘째, 기준가격에 의하여 환매를 강행할 수도 있지만 실제로 환매를 할 때에는 판매회사가 막대한 손실을 입을 수 있는 경우. 전자(前者)의 환매가 불가능한 경우란 어떠한 사건이 발생하였을 때 자연적으로 환매연기가 되는 경우로서, 천재・지변・유가증권시장의 폐쇄・정지 또는 휴장 등을 들 수 있다. 이때에는 환매연기에 있어서 금감위의 승인을 따로 받을 필요가 없다. 다만 이러한 사건들이 종료되었을 때 이후 판매회사는 그 후속 조치, 즉 환매재개의 시점과 환매대금의 지급방법 그리고 일부 환매에 관한 사항 등의 결정 등을 매우 신중하게 하면 될 것이다. 다음으로 후자(後者)는 1995년법이 판매회사의 고유재산에 의한 환매의무를 강제함으로 인하여 발생하는 특별한 경우라고 할 수 있다. 기준가격이 존재하고 환매의 자력도 있지만 고유재산에 의한 환매의무만을 강조하여 환매를 강제할 경우 판매회사가 막대한 손실을 볼 수밖에 없는 상황에서 법은 환매연기를 할 수 있도록 하였던 것이다. 그렇지만 이에 의한 환매연기는 신인의무에 위반하여 판매회사의 고유재산으로 수익증권을 매수할 것이라고 기대하였던 모든 수익자들의 이익을 저버리는 결과를 야기한다(이해상충이 발생한 상황에서의 환매연기).

#### (나) 금융감독위원회의 승인

판매회사의 신인의무만을 강조하여 판매회사의 고유재산에 의한 환매의무를 주장한다면, 이는 증권투자신탁의 본질인 실적배당주의와 수익자평등주의에 반하게 되고 판매회사의 무한한 손실을 강요하는 셈이 된다. 그때에는 소위 first run, first serve에 의한 펀드런이 발생함으로써, 종국적으로 전체 수익자의 이익이 저해되는 사태를 초래하게 된다(부록 참조). 따라서 전체 수익자들의 궁극적인 이익을 고려해 볼 때에는, 비록 불가항력적인 상황은 아니라도 인위적으로 환매연기를 해야 할 상황을 생각해 낼 수 있다. 이것이 바로 위의 환매연기 중 '이익상충이 발생한 상황에서의 환매연기'에 해당하는 것이다. 그리고 금감위의 존재의의가 투자자보호에 있음을 감안해서 금감위를 전체 수익자의 이익을 대변하는 기관으로 구성한다면, 이때에는 금감위의 승인이 반드시 필요하고 그러한 승인은 마치 현행법상 수익자총회의 승인에 갈음하는 정도의 중요한 절차로 간주될 수 있는 것이다.[31][32] 혹자는 1995년법하에서 환매연기의 경우 수익자총회에 대한 언급이 전혀 없었

---

**31)** 자본시장법 제237조 제1항은 환매의 연기라는 제목 아래 "투자신탁이나 투자익명조합의 집합투자업자 또는 투자회사등은 집합투자재산인 자산의 처분이 불가능한 경우 등 대통령령으로 정하는 사유로 인하여 집합투자규약에서 정한 환매일에 집합투자증권을 환매할 수 없게 된 경우에는 그 집합투자증권의 환매를 연기할 수 있다. 이 경우 투자신탁이나 투자익명조합의 집합투자업자 또는 투자회사등은 환매를 연기한 날부터 6주 이내에 집합투자자총회에서 집합투자증권의 환매에 관한 사항으로서 대통령령으로 정하는 사항을 결의(제190조 제5항 본문, 제201조 제2항 단서, 제210조 제2항 단서, 제215조 제3항, 제220조 제3항 및 제226조 제3항의 결의를 말한다)하여야 한다."라고 규정하고 있다. 여기서의 집합투자자총회가 본문에서 설명하는 수익자총회에 해당한다. 그리고 자본시장법시행령 제256조는 환매연기사유를 구법보다 상세히 규정하고 있다.

**32)** 자본시장법시행령 제256조 (환매연기 사유) 법 제237조 제1항 전단에서 "대통령령으로 정하는 사유"란 다음 각 호의 어느 하나에 해당하는 경우를 말한다.

1. 집합투자재산의 처분이 불가능하여 사실상 환매에 응할 수 없는 경우로서 다음 각 목의 어느 하나에 해당하는 경우
   가. 뚜렷한 거래부진 등의 사유로 집합투자재산을 처분할 수 없는 경우
   나. 증권시장이나 해외 증권시장의 폐쇄 · 휴장 또는 거래정지, 그 밖에 이에 준하는 사유로 집합투자재산을 처분할 수 없는 경우
   다. 천재지변, 그 밖에 이에 준하는 사유가 발생한 경우
2. 투자자 간의 형평성을 해칠 염려가 있는 경우로서 다음 각 목의 어느 하나에 해당하는 경우
   가. 부도발생 등으로 인하여 집합투자재산을 처분하여 환매에 응하는 경우에 다른 투자자의 이익을 해칠 염려가 있는 경우
   나. 집합투자재산에 속하는 자산의 시가가 없어서 환매청구에 응하는 경우에 다른 투자자의 이익을 해칠 염려가 있는 경우
   다. 대량의 환매청구에 응하는 것이 투자자 간의 형평성을 해칠 염려가 있는 경우
3. 환매를 청구받거나 요구받은 투자매매업자 또는 투자중개업자 · 집합투자업자 · 신탁업자 · 투자회사등이 해산등으로 인하여 집합투자증권을 환매할 수 없는 경우
4. 그 밖에 제1호부터 제3호까지의 경우에 준하는 경우로서 금융위원회가 환매연기가 필요하다고 인정한 경우

으므로 논자의 이러한 논리구성에 의문을 제기할 수도 있다. 그러나 환매연기의 남용도 있을 수 있음을 감안하면, 판매회사가 일방적·자의적으로 수익자의 이익을 저해하고 자신의 이익을 증진하려고 할 때, 수익자의 이익을 대변해주는 공적 기구로서의 금감위가 환매연기의 결정이라는 프로세스에 적극적으로 참여하여 최종적으로 환매연기를 승인한다고 보는 것이 오히려 자연스러운 것이다.

### 5. 小　結

논자는 대법원이 1995년법에 규정된 환매연기의 여러 가지 사유들을 좀 더 심도있게 분석하였어야 한다는 아쉬움을 갖고 있다. 법문상의 '천재·지변·유가증권시장의 폐쇄·정지 또는 휴장'과 달리 '기타 부득이한 사유'에 대한 판단을 대상판결과 같이 전적으로 판매회사에게 맡긴다면, 판매회사는 자신에게 주어진 권한을 자의적으로 남용할 위험성이 높았던 것이다. 따라서 일단 환매연기사유를 불가항력적인 사유와 그렇지 않은 사유로 좀 더 세분화한 후 후자의 경우에는 반드시 금감위의 승인이 필요하다는 식으로 분석할 필요가 있었다. 만일 금감위의 승인이 필요한 연기사유에 해당한다면, 그 전제로서 판매회사의 환매연기에 대한 적극적인 의사표시가 반드시 있었어야 한다는 논리적 귀결이 이루어졌을 것이다. 그리고 이러한 분석의 출발점은 수익증권의 환매의무를 부담하는 판매회사가 수익자들에 대하여 신인의무를 부담한다는 것이다.

## Ⅲ. 맺는 말

대상 판결에서 대법원이 1995년법하에서 판매회사의 독립당사자성을 인정하고 환매의무가 있음을 선언한 것은 당시의 법률과 약관에 의할 때 너무도 당연한 판단이었다고 생각한다. 1995년법 하에서 판매회사는 자신의 명의와 계산으로 수익증권을 환매(혹은 재매수, 수익증권의 일부 해지에 의한 환매와 다름)하는 지위에 서는 경제적 독립체였다. 수익자는 판매회사가 고유재산으로 환매해준다는 점을 신뢰하면서 수익증권을 매수한 자이므로 이들의 신뢰는 마땅히 보호받아야 하였다.

그런데 논자가 대상 판결과 다소 결론을 달리하는 부분은 환매연기의 요건에 관한 것이다. 이 사건에서 대우채와 비대우채의 환매연기는 모두 불가항력에 의한 환매연기가 아닌 이해상충상황에서의 환매연기에 해당하는 것이었다. 대우채의 환매연기는 금감위의 연기조치까지 있었으므로 이를 상세하게 논할 실익도 없지만 비대우채의 환매연기는 대우채와는 전혀 취급을 달리하였어야 한다고 생각한다. 즉 이때에는 금감위의 승인이 환매연기의 가장 중요한 요건으로서 반드시 필요하였던 것이다. 수익증권의 판매회사는 신인의무를 부담하므로 수익자와의 사이에 이해상충의 상황이 발생할 때에는 고객이익전념의 원칙에 따라 수익자의 이익을 우선시했어야 한다. 1995년법에서 수익자가 환매를 요청할 경우 기준가격이 존재하므로 판매회사는 고유자산으로 환매할 의무가 있었다. 그런데 환매를 연기한다는 것은 수익자의 이익을 저해하고 판매회사의 이익을 증진하는 이해상충 상황을 도모하는 것이므로 고객이익전념의 원칙을 정면으로 위반하는 것이다. 판매회사의 신인의무 만을 절대적으로 강조한다면 판매회사는 자신에게 너무나도 불리한 상황도 강제적으로 수용하여야 한다는 결론에 도달한다. 그러나 그러한 결론이 판매회사에게도 너무도 가혹한 것이다. 이렇게 가혹한 부담을 완화시키기 위하여 등장한 구제책이 바로 금감위의 승인이다. 즉 금감위의 승인은 신인의무 위반에 대한 비난을 경감시키고 판매회사로 하여금 이해상충 상황이라도 절대적인 손실의 부담에서 벗어날 수 있도록 하는 일종의 도피처로서 기능하였다. 더욱이 이러한 승인은 전체 수익자들의 의사를 대변하는 것으로 대체할 만한 것이었다.

결론적으로 대상 판결에서 대법원은 판매회사의 환매연기에 대한 적극적인 의사표시에 금감위가 승인을 해 주어야만 환매연기의 효력이 발생한다고 판단하였어야 하였다. 그리고 여기서의 금감위 승인은 단순히 확인적인 의미에 그치는 것이 아니라 효력발생의 요건이었다.

## [부록] 펀드런과 죄수의 딜레마

증권투자신탁이나 펀드의 편입 재산에 문제가 없다면 투자자들은 만기까지 기다려 펀드를 종료시키고 전문운용인력의 운용성과를 집계한 후 실적배당주의에 따라 배당받으려고 할 것이다. 지금은 시가평가제도가 정착되었으므로 일부 투자자들로부터 중도환매요구가 있더라도 자산운용사는 펀드를 정산하여 그때까지의 실적을 기초로 이익이나 손실을 중도환매자에게 배당하면 된다. 시가평가제도가 정착되기 이전, 즉 장부가평가제도가 풍미하던 한 때에는 자산운용사나 판매사가 펀드재산이 아닌 고유재산으로 환매의무를 부담하였다.[33] 이때에는 펀드자산의 기본운용원칙, 즉 실적배당주의와 수익자평등의 원칙에 정면으로 반하는 것이었으므로 심각한 부작용을 야기할 수 있었다. 특히 먼저 장부가로 환매를 요구하는 투자자가 결과적으로 우대취급을 받을 수 있는 개연성이 높았으므로 first run, first serve라는 공감대가 투자자들에게 만연하여 펀드런을 오히려 조장하는 위험성을 고취시켰던 것이다.

그러면 시가평가제도가 정착되고 실적배당주의가 당연시되는 현재에는 펀드런이 발생할리 없고 모든 투자자는 만기까지 기다려 실적을 배당받을 것인가? 대답은 부정적이다. 특히 펀드에 편입된 재산 중 발행사가 지급불능의 위험에 빠지거나 파산한 경우 시가평가제도는 전혀 의미가 없게 된다. 왜냐하면 이러한 편입재산의 객관적인 가치를 정확하게 평가하기란 불가능에 가깝기 때문이다. 예를 들어 투자자가 리먼브라더스가 발행한 ELS가 편입된 펀드에 가입된 상황에서 리먼브라더스에게 파산의 위험성이 존재한다고 하자. 신용평가기관의 리먼브라더스에 대한 신용등급의 하향조정은 시장상황에 맞추어 제때 이루어지지 않고 시차(time gap)를 두기 마련이다. 그러한 시차를 이용하고자 하는 현명한 투자자들은 다른 펀드가입자보다 우선적으로 환매받는 것이 가장 최선의 전략이라고 믿는다. 금융시장에서는 조속히 환매받지 못하면 나중에 환매받는 투자자들에게 상환할 수 있는 가용재산은 존재하지 않는다는 루머가 돌게 될 것이다. 이러한 루머는 전체 펀드가입자

---

33) 대법원 2006. 12. 8. 선고 2002다19018 판결.

에게 퍼지면서 원리금을 상환하지 못할 것이라는 공포감으로 돌변한다. 펀드에 대해서는 예금자보호제도나 중앙은행의 긴급유동성지원 제도도 없는 상황에서 펀드런에 대처하려면 자산운용사는 유동성을 마련하기 위해 신탁재산에 편입된 정상적인 증권들과 고유재산 마저 헐값으로 처분하여야 하는 상황에 직면한다. 펀드가입자들의 공포는 자신의 이익만을 만족하려는 이기심으로 발전할 것이고 자산운용사는 투자자들의 환매요구를 전액 충족시키지 못하는 상황으로 이어지게 된다.[34] 이때에는 시가평가제도의 존재의의가 붕괴되며 실적배당주의도 단순한 공허한 이상에 불과하게 된다.

펀드가입자들은 불량재산의 편입으로 인하여 자신들의 환매요구액보다 자산운용사가 당장 확보할 수 있는 유동성이 터무니없이 작을 것이라는 점을 잘 알고 있다. 이 때에는 자신이 먼저 환매권을 행사하는 것만이 최선의 방책임을 알고 있다. 펀드가 예금과 다르고 가입자들에게 원금보장이 이루어지지 않는 상황에서, 펀드의 가용자금이 고갈되기 전에 환매받지 못하는 투자자들은 자신의 자금을 완전히 상실할 위험성에 처해진다. 따라서 일단 펀드에 편입된 특정 채권의 발행자에게 문제가 발생함으로써 펀드의 지급여력에 의구심이 생길 경우, 펀드가입자들은 환매권을 가장 우선적으로 행사하여 원리금을 일부라도 회수하고자 하는 동기를 갖게 되는 것이다.[35]

이러한 측면에서 동시다발적인 펀드이탈은 죄수의 딜레마의 전형적인 예가 된다. 죄수의 딜레마에 있어서 개인들은 상호 협력함으로써 개인의 부(富)와 공통의 부(富)를 극대화할 수 있음에도 불구하고, 전체 부를 감소시키는 독립된 행위를 취한다는 점이 밝혀졌다. 이러한 행위를 하게 되는 이유는 모든 개인들이 협력하지 않을 경우 개인으로서는 막대한 손실을 입는 상황에 처해 있고 완전한 협력이라는 것도 보장되지 않기 때문이다. 마찬가지로 펀드가입자들의 동시다발적인 환매요구가 발생할 경우, 자산운용사로서는 환매요구에 응하기 위해 손실을 감수하면서 보유자산을 처분할 것이라는 점을 펀드가입자들은 너무도 잘 알고 있다. 더욱이 개별 펀드가입자들은 다

---

34) Patricia A. McCoy, Banking Law Manual §1.03[1] (Second ed., 2000)에서의 뱅크런 참조.

35) Jonathan R. Macey & Geoffrey P. Miller, Bank Failures, Risk Monitoring, and the Market for Bank Control, 88 Colum. L. Rev. 1153, 1156 (1988).

른 펀드가입자들이 만기까지 기다릴 것이라고 신뢰하지도 않는다. 따라서 논리적으로 취하여야 할 유일한 행동규범은 다른 펀드가입자들보다 앞서 자산운용사 창구로 달려가는 것만이 최선책인 것이다.

# 우리파워인컴 펀드 販賣過程에서의 投資者保護義務 違反 與否와 投資者 損害의 算定方法*

朴 亮 俊**

◎ 대법원 2011. 7. 28. 선고 2010다76368 판결

## [事實의 槪要]

### 1. 이 事件 當事者들의 地位

피고 우리자산운용 주식회사(이하 '피고 우리운용'이라고 한다)는 간접투자기구의 자산운용업무 등을 목적으로 설립된 구 간접투자자산운용업법1)(이하 '구 간접투자법' 또는 '법'이라고 한다)상의 '자산운용회사'로서, 우리파워인컴 파생상품 투자신탁 제1호(이하 '이 사건 제1호 펀드'라고 한다)와 우리파워인컴 파생상품 투자신탁 제2호(이하 '이 사건 제2호 펀드'라고 한다)를 설정하여 그 수익증권을 발행하였다.

피고 주식회사 경남은행(이하 '피고 경남은행'이라고 한다)은 피고 우리운용과 사이에 위탁판매계약을 체결하고, 판매회사로서 이 사건 제1호 및 제2호 펀드의 판매업무를 담당하였다. 원고들은 피고 경남은행을 통하여 이 사건 제1호 및 제2호 펀드에 가입한 투자자들이다.

---

* 제26회 상사법무연구회 발표 (2011년 12월 3일)

** 前 대법원 재판연구관
現 수원지방법원·수원가정법원 성남지원장

1) 원고들은 구 간접투자법이 적용되는 시점에서 이 사건 펀드에 가입하였다. 구 간접투자법은 2003. 10. 4. 법률 제6987호로 제정되어 공포 후 3월이 경과한 날(2004. 1. 4.)부터 시행되었고, 2007. 8. 3. 법률 제8635호로 제정되어 2009. 2. 4.부터 시행된 자본시장과 금융투자업에 관한 법률 부칙 제2조에 의하여 폐지되었다. 구 간접투자법은 종래의 구 증권투자신탁업법(1969. 8. 4. 제정)을 대체하여 입법된 것이다.

## 2. 이 事件 각 펀드의 收益構造

이 사건 제1호 펀드는 설정일을 2005. 11. 1.로, 만기를 2011. 11. 22.로, 이 사건 제2호 펀드는 설정일을 2005. 12. 28.로, 만기를 2011. 12. 26.로 하는 장외파생상품 투자신탁인데, 그 신탁자산의 대부분을 이 사건 제1호, 제2호 장외파생상품에 각각 투자하기 때문에 그 수익구조는 이 사건 제1호, 제2호 장외파생상품의 수익구조와 연계되어 있다. 이 사건 제1호, 제2호 장외파생상품은 112종목의 해외 특정 주식[2]의 가격을 기초자산으로 한 롱숏 주식디폴트스왑(long/short Equity Default Swaps, long/short EDS) 포트폴리오와 담보채권을 주요자산으로 하여 손실부담 순위에 따라 발행된 합성부채담보부증권(Synthetic Collateralized Debt Obligation)[3]인데, 이 사건 제1호, 제2호 장외파생상품의 분기별 확정수익금과 만기상환금은 그대로 이 사건 제1호, 제2호 펀드의 분기별 확정수익금과 만기상환금에 각각 반영된다. 이 사건 각 장외파생상품은 유럽, 일본, 미국, 캐나다, 호주 등 전 세계 주요시장에서 거래되는 112개의 종목의 주식을 기초자산으로 하여 포트폴리오(portfolio)를 구성하고, ① 위 각 종목의 주가수준과는 관계없이 장외파생상품 발행일(제1호 2005. 11. 18. / 제2호 2006. 1. 4.)로부터 매분기마다 '최초투자신탁 설정일의 5년 만기 국고채금리 + 연 1.2%'의 수준의 확정 쿠폰수익을 지급하되, ② 만기시점(제1호 2011. 11. 22. / 제2호 2011. 12. 26.)의 원금반환금액은 장외파생상품 발행일로부터 3년이 경과한 시점(제1호 2008. 11. 18. / 제2호 2008. 12. 26.) 이후부터 만기시점까지 약 3년간 매주(제1호 목요일 / 제2호 월요일) 포트폴리오를 구성하는 각 종목의 주가를 관찰하여 그 주가가 최초 기준주가(발행일 기준 포트폴리오에 편입된 개별 주식의 각 3영업일 종가 평균)의 35% 미만으로 하락하는 '이벤트'의 횟수에 의하여 결정되는 일종의 '구조화된 채권(Structured Note)'이다. 이 사건 각 장외파생상품의 '이벤트'는 각

---

2) 112종목의 구성은 제1호 장외파생상품과 제2호 장외파생상품이 약간 다르다.

3) 이 사건 제1호 장외파생상품의 이름은 "CEDO(Collateralized Equity and Debt Obligations) Ⅱ Tranche(트랑세) K : Non-Principlal Protected Asset-Backed Fixed Rate Notes due 2011"이고, 아래의 이 사건 제2호 장외파생상품의 이름은 "CEDO(Collateralized Equity and Debt Obligations) Ⅲ Tranche(트랑세) K : Non-Principlal Protected Asset-Backed Fixed Rate Notes due 2012"이다.

112개 종목의 주가가 최초 기준가의 35% 미만으로 하락하는 것인데, 이것은 후반부 3년간(약 157주 동안) 매주 관찰된다. 즉, 약 157주 동안 매주 각 종목의 주가를 관찰하여 최초 기준주가의 35% 미만인 상태이면, '이벤트의 수'로 카운트된다(다만 1종목당 최대 이벤트의 횟수는 10회로 제한됨). '이벤트'에는 '위험(Risk, Long Position) 포트폴리오 이벤트'와 '보험(Insurance, Short Position) 포트폴리오 이벤트'가 있는데, '위험 포트폴리오 이벤트'는 112개 종목 중 '위험 포트폴리오'에 편입된 56개 종목에 이벤트가 발생하는 것, 즉 기준주가의 35% 미만으로 하락하는 것을 말하고, '보험 포트폴리오 이벤트'는 112개 종목 중 '보험 포트폴리오'에 편입된 다른 56개 종목에 이벤트가 발생하는 것, 즉 기준주가의 35% 미만으로 하락하는 것을 말한다.[4] 이 사건 각 장외파생상품의 만기시 상환금액을 결정하는 것은 각 발행일로부터 3년을 경과한 시점부터 각 만기까지의 펀드이벤트 수인데, 이는 '위 기간 동안의 위험 포트폴리오 이벤트 개수의 합 - 위 기간 동안의 보험 포트폴리오 이벤트 개수의 합'에 의하여 산출된다.[5] 그 펀드이벤트 수가 ① '원금보존 이

4) 이 사건 각 장외파생상품의 발행사는 "CEDO plc"라고 하는 특수목적회사이고, 운용사는 "Credit Suisse First Boston International"(CSFBi)이다. CEDO plc와 CSFBi는 다음과 같이 3단계의 SWAP거래를 한다. 즉, ① 먼저 CEDO plc는 이 사건 펀드로부터 수취한 현금을 CSFBi에게 지급하면서 CSFBi로부터 담보채권을 제공받고, ② 다음으로 발행시점부터 만기까지 CEDO plc는 CSFBi에게 담보채권에서 발생한 이자를 지급하고, CSFBi로부터 고정이자를 지급받는데, 그 고정이자는 이 사건 장외파생상품 설정 당시 '위험 포트폴리오 및 보험 포트폴리오에서 발생하는 프리미엄 차익'과 담보채권 이자로부터 지급되고, 위 고정이자가 결국 이 사건 펀드의 분기별 확정수익금의 재원이 되며, ③ 그 후 만기가 되면 CEDO plc는 CSFBi에게 담보채권에서 발생한 원금 등의 현금흐름을 지급하고, CSFBi로부터 만기상환금을 지급받게 되는데, 이러한 만기상환금은 바로 '발행일로부터 3년이 경과한 시점부터 만기까지의 펀드이벤트 수'와 뒤에서 보는 산식에 의하여 결정된다. 여기서 위험 포트폴리오와 보험 포트폴리오에서 발생하는 프리미엄 차익은 CEDO plc와 CSFBi 사이의 주식디폴트스왑(EDS)거래로부터 발생한다. 즉, 위험 포트폴리오 종목의 주식들에 대해서는 CEDO plc가 CSFBi로부터 프리미엄(일종의 보험료)를 받고 보장매도자(일종의 보험자)가 되어 주가가 기준주가 대비 35% 미만으로 하락하면 주가 하락분 만큼의 보장금액을 CSFBi에게 지급하고, 보험 포트폴리오 종목의 주식들에 대하여는 CEDO plc가 CSFBi에게 프리미엄을 지급하고 보장매수자(일종의 피보험자)가 되어 주가하락분만큼의 보장금액을 CSFBi로부터 지급받는데, 위험 포트폴리오 종목의 EDS 프리미엄이 보험 포트폴리오 종목의 EDS 프리미엄보다 높아서 그 차익이 담보채권의 이자와 함께 확정수익금의 재원이 되는 것이다. CEDO plc는 프리미엄의 차익을 수령하는 대신, 보험 포트폴리오 주식 종목의 35% 미만으로의 가격하락에 의해 상쇄되지 않는 이상, 위험 포트폴리오 주식 종목의 35% 미만으로의 가격하락에 따른 손실 위험에 노출됨에 반하여, 보험 포트폴리오 주식 종목이 위험 포트폴리오 주식 종목에 비하여 더 많이 35% 미만으로 가격하락이 일어나더라도 추가적인 수익기회는 발생하지 않는다.

벤트 수(제1호는 57.4 / 제2호는 55.16)'보다 낮으면, 만기시에 원금 전액이 반환되고, ② 만약 원금보존이벤트 수(57.4 / 55.16)보다 높아 최대 손실이벤트 수(제1호는 91 / 제2호는 88.76) 이상이 되면, 만기시 원금은 전액 손실되며, ③ 57.4과 91(제1호), 55.16과 88.76(제2호) 사이에 놓이면 아래 산식에 따라 만기 회수금액이 결정된다.

* 제1호 장외파생상품의 만기 손실 발생시 회수 금액
  = 원금 × {1 - (펀드이벤트수 - 57.4) / (91 - 57.4)}
  = 원금 × {1 - (펀드이벤트수 - 57.4) / 33.6}
* 제2호 장외파생상품의 만기 손실 발생시 회수 금액
  = 원금 × {1 - (펀드이벤트수 - 55.16) / (88.76 - 55.16)}
  = 원금 × {1 - (펀드이벤트수 - 55.16) / 33.6}

결국 이 사건 각 펀드의 투자원금 중 만기에 투자자(수익자)에게 상환되는 금액은 위 산식에 따라 투자원금의 0%에서 100% 사이에서 결정된다. 한편 이 사건 각 펀드의 투자자는 만기에 원금을 얼마 회수하는지에 관계없이 설정일로부터 만기일까지 매분기마다 최초투자신탁 설정일의 5년 만기 국고채금리에 연 1.2%point를 더한 확정수익금(제1호 펀드는 6.70%, 제2호 펀드는 6.47%)을 지급받는다. 이 확정수익금은 앞서 본 대로 이 사건 각 장외파생상품의 위험 포트폴리오에서 발생하는 주식디폴트스왑 프리미엄과 보험 포트폴리오에서 지출되는 주식디폴트스왑 프리미엄의 차익 및 담보채권의 이자를 재원으로 한다.

### 3. 이 事件 場外派生商品에 대한 무디스의 信用等級 附與와 變動

이 사건 각 장외파생상품에 대하여는 그 발행 당시 신용평가회사인 무디스(Moody's)로부터 A3의 투자적격 신용등급[6]을 받았는데, 이 사건 각 장

---

5) 위험 포트폴리오 이벤트가 발생하면, 즉 위험 포트폴리오에 편입된 종목의 주가가 기준주가 대비 35% 미만으로 하락하면, 손실가능성이 증가하지만, 보험 포트폴리오 이벤트가 발생하면, 즉 보험 포트폴리오에 편입된 종목의 주가가 기준주가 대비 35% 미만으로 하락하면, 위험 포트폴리오 이벤트를 상쇄하여 손실가능성이 감소한다. 한편 1종목 당 최대 이벤트 수가 10회까지로 제한되는 점도 펀드이벤트의 산출에 중요한 변수가 된다.

6) 이러한 A3 신용등급은 당시 무디스가 부여한 외화표시 대한민국 국채, 산업은행, 기업은행, 국민은행의 채권의 신용등급(A3, 부도확률 0.28%)과 같은 등급이었다.

외파생상품과 같은 구조화된 채권(債券)의 신용평가는, 발행회사의 원리금 지급능력을 평가하는 것이 아니라 채권의 수익구조, 발행 참여기관의 신용도, 주가변동의 시나리오에 따른 현금흐름을 종합하여 원리금 지급 가능성을 통계적 기법으로 평가한 것으로서 그 등급평가방법이 일반 채권(債券)과는 다르고, 또한 언제라도 변경과 철회 및 보류가 될 수 있는 것이다. 실제로 이 사건 각 장외파생상품에 대한 무디스의 신용등급은 당초의 A3에서 2007. 12. 24. 3단계 하향된 Baa3로, 2008. 5. 20. B2로, 2009. 1. 21. Caa3으로 하향 조정되었다.

### 4. 이 事件 각 펀드에 관한 投資說明書, 商品提案書, 質疑應答資料, 廣告記載內容

피고 우리운용은 이 사건 각 펀드의 투자설명서를 작성하여 피고 경남은행에 제공하였는데, 이 사건 각 장외파생상품이 무디스로부터 A3의 신용등급을 받았다는 점에 대하여는 이 사건 투자설명서에는 특별한 언급이 없었다. 피고 우리운용이 작성하여 피고 경남은행 등 판매회사에게 배포한 이 사건 광고지나 Q&A 자료, 상품요약서, 상품제안서에는 이 사건 각 펀드가 원금 손실의 가능성이 있다는 점이 기재되어 있지만 그 글자체가 작거나 상대적으로 강조가 되지 않아서 쉽게 알아보기 어려운 반면, 이 사건 각 펀드가 매분기별로 지급하는 확정수익금의 이율이 시중고금리 상품인 시중은행 후순위채, 국민주택채권, 시중은행 특판예금과 비교하여 높고, 이 사건 각 장외파생상품이 무디스로부터 A3 등급을 받아 이 사건 각 펀드의 원금손실가능성이 대한민국 국채의 부도확률과 유사한 수준의 안정성을 갖추고 있고 시중은행채보다 신용등급이 더 높아 안정성이 훨씬 좋으며 은행예금보다 원금보존의 가능성이 더 높다는 취지의 표현이 강조되어 있다.

이 사건 각 장외파생상품의 운용사인 CSFBi가 피고 우리운용에 송부한 자료에는 '투자시 고려사항'이라는 제목으로 이 사건 각 장외파생상품의 위험요소를 적시하면서 "이 사건 각 장외파생상품은 상당한 위험을 수반하므로 장외파생상품 투자의 위험 및 장단점을 평가하는 데 필요한 금융 및 경영문제에 대한 지식 및 경험을 보유한 투자자로서 투자결정 전 제반 위험요소를 스스로 검토하고, 필요한 조사를 하여 궁극적으로 투자금 전액의 손실 위험을 감수할 수 있는 자에게만 적합하다."라는 취지로 기재되어 있다. 그러나 피고 우리운용은 피고 경남은행을 비롯한 판매회사에 배포한 이 사건 각 펀드에 관한 Q&A 자료를 통해 판매회사가 퇴직금이나 기타 여유 자금을 연금식으로 장기간 안정적으로 운용하려는 투자자들을 대상으로 이 사건 각 펀드의 판매활동을 하도록 안내하였다.

### 5. 이 事件 原告들의 펀드 加入經緯

피고 우리운용은 간접투자법상 자산운용회로서 이 사건 각 펀드를 설정하여 그 수익증권을 발행하였고, 피고 경남은행은 간접투자법상 판매회사로서 투자자들에게 이 사건 각 펀드의 수익증권을 판매하였다. 원고 1, 4, 5, 6, 7은 2005. 11. 11.경 피고 경남은행으로부터 이 사건 제1호 펀드의 수익증권을, 원고 2, 3, 8은 2005. 12. 28.경 피고 경남은행으로부터 이 사건 제2호 펀드의 수익증권을 각 매입하여 이 사건 각 펀드에 가입하였다. 원고들의 펀드 가입과정에서 피고 경남은행의 판매담당 직원은 이 사건 각 펀드의 수익증권을 원고들에게 판매하면서, 각 펀드의 구조에 대하여 제대로 교육을 받지 아니하여 그 특성이나 위험성을 이해하지도 못한 채, 원고들에게 단순히 "우리파워인컴 펀드는 대한민국의 국가신용등급과 같은 등급으로 '5년 만기 국고채금리 + 연 1.2%' 수준의 고정금리로 확정수익금을 6년 동안 매 분기마다 지급하는 안전한 파생상품이다"라고 이 사건 각 펀드가 고수익상품으로서 안전하다는 점만을 강조하고, 만기에 지급되는 상환금액이 결정되는 구조와 위험성에 대하여는 제대로 설명하지 아니하였다.

### 6. 이 事件 각 펀드의 運用經過 및 一部 原告들의 中途還買

이 사건 제1호 펀드는 2006. 2. 11.~2006. 5. 10. 수익률이 -1.5%가 되면서 설정일 이후 지속적으로 마이너스의 수익률을 기록하다가 2008. 1.경부터는 수익률이 급격히 감소하여 2009. 6. 4.경 수익률은 약 -75%까지 이르게 되었고, 이 사건 제2호 펀드 역시 설정일 이후 지속적으로 마이너스의 수익률을 기록하다가 2008. 1.경부터는 수익률이 급격히 감소하여 2009. 6. 4.경 약 -91%까지 이르게 되었다. 피고 우리운용은 2008. 8. 25.경에 이르러 원고들을 포함한 투자자들에게, "펀드의 평가금액이 급락하여 2011년 펀드 만기시 원금손실의 가능성이 상당이 높을 것으로 예상되며 현재 시점에서 중도해지를 한다면 -40% 수준의 원금손실을 입게 됩니다. 펀드의 만기시까지 가입을 유지하면서 그 결과를 지켜보실 것인지, 아니면 펀드의 중도환매를 하실 것인지 여부를 신중히 생각해 보시기 바랍니다."라는 내용의 안내문을 일괄 발송하였다. 이에 원고 1 내지 7은 이 사건 원심의 변론종결일 이전에 수익증권의 중도환매를 청구하여 중도환매대금을 수령하였는데, 그 중도환매 전까지 분기별로 확정수익금을 수령하였다.

한편, 원고 8은 2005. 12. 28.경 이 사건 제2호 펀드에 가입한 후, 이 사건 원심 변론종결일까지 수익증권을 중도환매하지 않고, 분기별로 확정수익금을 수령해 오고 있다. 원고별 중도환매금 수령일 및 환매수령금, 분기별 확정수익금의 합계액(원고 8은 변론종결전까지의 합계액, 나머지 원고들은 중도환매시점까의 합계액)은 다음과 같다.

| 원고 | 가입원금 | 환매금 수령일 | 환매 수령금 | 분기별 수익금 합계 |
|---|---|---|---|---|
| 1 | 1,500,000,000 | 2008. 10. 13. | 486,293,850 | 233,813,250 |
| 2 | 40,000,000 | 2008. 10. 17. | 5,480,076 | 6,441,021 |
| 3 | 25,000,000 | 2008. 10. 17. | 3,425,045 | 4,025,615 |
| 4 | 100,000,000 | 2008. 10. 14. | 30,821,210 | 15,587,550 |
| 5 | 50,000,000 | 2008. 9. 30. | 19,803,940 | 7,793,830 |
| 6 | 500,000,000 | 2008. 12. 15. | 88,789,050 | 85,023,000 |
| 7 | 100,000,000 | 2008. 9. 20. | 46,095,490 | 15,587,550 |
| 8 | 100,000,000 | 해당 없음 | 해당없음 | 21,027,500 |

## [訴訟의 經過]

### 1. 請求內容[7]

피고들의 투자자보호의무, 설명의무, 적합성의 원칙 위반 등 공동불법행위에 기한 손해배상청구로서 각 청구금액 및 이에 대한 각 펀드매입일로부터 완제일까지의 지연손해금의 지급을 구한다.[8]

### 2. 第1審 判決 (原告들 請求 一部 認容)

투자자인 원고들에 대한 보호의무를 위반한 피고들의 불법행위를 인정한 다음, 이 사건 각 펀드의 가입원금에서 환매수령금[환매하지 않은 원고 8의 경우 보유한 이 사건 각 펀드의 기준가 환산금액(제1심 변론종결 무렵의 2009. 6. 4. 기준가격을 적용)] 및 분기별 확정수익금(환매하지 않은 원고 8은 변론종결시까지 수령한 금액)을 공제한 나머지 금액에 원고별 과실 60~85%를 참작하여 피고들의 책임을 40~15%로 제한한 금액으로 손해배상책임을 인정하였다. 지연손해금은 펀드가입일을 불법행위일로 보아 그때부터 인정하고, 국고채이자상당액을 투자금에 합산하는 청구는 인정하지 않았다.

### 3. 原審 判決 (原告 8의 請求 棄却, 나머지 原告들 請求 一部 認容)

#### (1) 손해배상책임의 발생

피고 우리운용과 피고 경남은행의 원고들에 대한 공동불법행위에 기한 손해배상책임의 발생을 인정하였다.

---

7) 원고들은 착오에 기한 이 사건 펀드의 가입행위(수익증권 매입행위)를 취소하고, 피고 경남은행에 대한 부당이득반환청구를 주위적 청구로, 피고들에 대한 공동불법행위에 기한 손해배상청구를 예비적 청구로 주장하였다. 주위적 청구는 제1심과 제2심에서 기각되었고, 원고들은 주위적 청구에 대하여는 아무런 상고이유를 제시하지 아니하였으므로, 주위적 청구부분은 생략하고, 예비적 청구에 대하여만 검토하기로 한다.

8) 구체적인 청구금액은 다음과 같다.
○ 환매한 원고 1 내지 7의 경우 청구금액=(투자금×매입 당시 국고채이율보다 낮은 5%×가입기간/365일)-(환매수령금+수익분배금 합계액)
○ 환매하지 않은 원고 8의 경우 청구금액=(투자금×매입 당시 국고채이율보다 낮은 5%×변론종결일까지의 가입기간/365일)-(보유 중인 수익증권의 변론종결일 당시의 기준가 환산금액+기수령 수익분배금 합계액)

(2) 손해배상책임의 범위

원고들은, 원고들이 피고들로부터 입은 손해는 이 사건 각 펀드의 가입원금에다가 가입 당시 국고채이율(연 5.49%) 범위 내에서 연 5%의 수익을 더한 금액에 원고들이 수령한 중도해지환급금 및 확정수익금을 공제한 금액이라고 주장하였다.

(가) 국고채 이율 상당의 이자에 관하여

이 사건 각 펀드에 관하여 완전한 설명을 들었더라면 금리가 보장되는 국고채 내지 그와 유사한 금융상품에 투자하였을 것이라는 점을 인정할 만한 증거가 없으므로 이를 전제로 한 원고들의 이 부분 주장은 이유 없다.

(나) 원본손실액 상당의 손해에 관하여

1) 원고 8에 대하여

위 원고가 이 부분 손해를 청구하려면 그 손해가 피고들의 불법행위와 상당인과관계가 있는 것으로서 구체적·확정적이고도 현실적이어야 한다. 그런데 위 원고가 이 사건 펀드를 중도 환매하지 않고 또 그 만기가 도래하지 않은 이상, 위 원고가 이 사건 펀드의 투자로 인하여 손해를 입었다고 단정할 수 없음은 물론 그 손해가 확정되었다고 볼 수도 없다. 위 원고의 청구는 기각한다.

2) 나머지 원고들(원고 1 내지 7)에 대하여

손해배상액의 산정에 있어 손익공제가 허용되기 위하여는 불법행위로 인하여 피해자가 새로운 이득을 얻었고, 그 이득과 불법행위 사이에 상당인과관계가 있어야 하는바, 이 사건 펀드의 분기별 확정수익금은 이 사건 펀드 가입 당시 지급이 예정되어 있었던 것으로서 피고들의 불법행위로 인하여 원고가 이 사건 펀드에 가입하게 되어 원고가 받은 이익으로 보아야 하므로, 이를 손익상계해야 한다는 피고들의 주장은 이유 있다.

환매한 원고들의 손해액은 가입원금에서 환매수령금을 뺀 금액이다. 원고 2, 3, 7의 경우는 피고 경남은행의 책임을 40%(원고의 과실비율 60%)로, 원고 4, 5에 대하여는 피고 경남은행의 책임을 30%(원고의 과실비율 70%)로, 원고 1, 6의 경우는 피고 경남은행의 책임비율을 25%(원고의 과실비율 75%)로 제한한다. 피고 우리운용은 설명의무 위반책임만 인정하여 위 원고들 모두에 대해 25%로 책임을 제한한다. 원고들이 수령한 분기별 확정수익금을 과실상계 후 금액에서 손익공제한다. 그 결과 원고 1, 2, 3, 4, 6의 청구는 피고들에 대하여 일부 인용하고, 원고 5, 7의 청구는 피고 경남은행에 대하여만 일부 인용하고, 피고 우리운용에 대하여는 기각한다. 원고들 각각에 대한 손해배상액의 산정과정은 다음과 같다.

| 원고 | 손해액 | 피고 은행의 과실 / 피고 운용의 과실 | | 손익상계 | 피고 은행의 배상액 / 피고 운용의 배상액 |
|---|---|---|---|---|---|
| 1 | 1,013,706,150 | 25% | 253,426,537 | -233,813,250 | 19,613,287 |
| | | 25% | 253,426,537 | | 19,613,287 |
| 2 | 34,519,924 | 40% | 13,807,969 | -6,441,021 | 7,366,948 |
| | | 25% | 8,629,981 | | 2,188,960 |
| 3 | 21,574,955 | 40% | 8,629,982 | -4,025,615 | 4,604,367 |
| | | 25% | 5,393,738 | | 1,368,123 |
| 4 | 69,178,790 | 30% | 20,753,637 | -15,587,550 | 5,166,087 |
| | | 25% | 17,294,697 | | 1,707,147 |
| 5 | 30,196,060 | 30% | 9,058,818 | -7,793,830 | 1,264,988 |
| | | 25% | 7,549,015 | | -244,815 |
| 6 | 411,210,950 | 25% | 102,802,737 | -85,023,000 | 17,779,737 |
| | | 25% | 102,802,737 | | 17,779,737 |
| 7 | 53,904,510 | 40% | 21,561,804 | -15,587,550 | 5,974,254 |
| | | 25% | 13,476,127 | | -2,111,423 |

## [判決의 要旨]

대법원은 다음과 같은 이유로 원심 판결을 일부 파기하여 원심 법원에 환송하였다.[9]

9) 아래의 판결요지 이외에도 원고 2, 3, 4, 5, 7의 공동불법행위에서의 과실상계에 대한 상고이유를 받아들여 원심판결의 위법을 지적한 부분이 포함되어 있으나, 이 부분은 검토의 범위에서 제외하므로 판결요지에 포함시키지 아니하였다.

### 1. 上告理由 중 去來因果關係에 대한 法理誤解에 대하여

이 사건 각 펀드의 주된 투자대상인 이 사건 각 장외파생상품은 매우 생소한 금융기법인 주식디폴트스왑(EDS)에 근거하여 발행된 구조화된 채권으로서 투자원금의 손실가능성의 결정요인이 일반 채권이나 은행예금과는 다르고, 주식디폴트스왑 프리미엄을 주요 재원으로 한 분기별 확정수익금도 통상의 금리와는 그 성격이 다르다는 점을 투자자들이 제대로 알기 어려웠으므로, 피고들로서는 이 사건 각 장외파생상품 투자의 수익과 위험을 정확하게 이해한 후에, 투자자들이 합리적인 투자판단을 할 수 있도록 균형을 갖춘 올바른 정보를 제공하고 그 내용을 투자자들이 이해할 수 있도록 설명함으로써 투자자들을 보호할 의무가 있다. 피고들의 투자자보호의무 위반과 불법행위에서의 거래인과관계가 모두 인정되므로, 이 부분 상고이유 주장은 이유가 없다.

### 2. 上告理由 중 損害因果關係에 대한 法理誤解에 대하여

피고들의 불법행위로 인한 원고들의 손해는 만기시점이나 원고들이 실제 환매한 시점에서야 현실적·확정적으로 발생하고, 그 시점을 기준으로 그 때까지 발생한 원고들의 손해는 피고들의 가해행위와 인과관계가 있다고 할 것이다. 이와 달리 원고들이 환매에 관한 안내문을 송달받은 시점이나 그 직후 중도 환매할 수 있었던 시점을 기준으로 그 시점까지 발생한 손해만이 피고들의 가해행위와 인과관계가 있는 것이라고 볼 수는 없다. 이 부분 상고이유 주장은 이유 없다.

### 3. 原告 8의 上告理由에 대하여

피고들의 투자자보호의무 위반으로 인하여 원고8이 입은 손해는 이 사건 제2호 펀드에 가입함으로써 회수하지 못하게 되는 투자금액과 장차 얻을 수 있을 이익을 얻지 못한 일실수익의 합계액이라고 할 것인데, 피고들의 투자자보호의무 위반으로 인한 위 원고의 투자결정은 원칙적으로 수익증권을 만기까지 보유하는 것을 전제로 이루어졌고, 이 사건 제2호 펀드는 원심 변론종결일 이후에도 만기까지 분기별 확정수익금이 지급되고 기준가격이 변동하는 구조로서 만기시점까지 회수할 수 있는 금액을 미리 예측하기도 어려우므로, 위 원고의 손해는 아직 현실적·확정적으로 발생하였다고 볼 수 없다. 원심이 손해의 개념이나 손해발생시기의 결정에 관한 법리를 오해한 위법은 없다.

### 4. 나머지 原告들의 消極的 損害에 관한 上告理由에 대하여

원심은 위 원고들이 이 사건 각 펀드에 관하여 피고들로부터 완전한 설명을 들었더라면 국고채 내지 그 유사금융상품에 가입하였을 것임을 인정할 증거가 없다는 이유로 위 원고들의 일실수익 손해에 대한 청구를 배척하였다. 그러나 원심이 인정한 사실 중 특히 다음과 같은 사정, 즉 이 사건 각 펀드의 만기가 6년으로 장기인 점, 피고들은 이 사건 각 펀드와 국고채, 시중은행 후순위채, 은행예금 등 위험성이 적은 금융상품과 비교하여 이 사건 각 펀드의 판매활동을 전개한 점에 비추어 보면, 위 원고들은 다른 특별한 사정이 없는 한 피고들의 위법행위가 없었더라면 이 사건 각 펀드에 투자한 원금을 최소한 정기예금이자 상당의 이율이 보장되는 안정적인 금융상품에 투자하였을 것이므로, 위 원고들은 피고들의 위법행위로 인하여 적어도 투자원금에 대한 정기예금 이자 상당의 기대수익을 상실하는 특별손해를 입게 되었고 피고들로서도 이러한 사정을 알았거나 알 수 있었을 것으로 보인다. 이와 달리 판단한 원심판결에는 특별손해의 발생에 관한 법리를 오해하여 판결 결과에 영향을 미친 위법이 있다.

### 5. 나머지 原告들의 損益控除에 관한 上告理由에 대하여

원심은 위 원고들의 각 손해액을 '이 사건 각 펀드에의 가입원금 - 중도환매수령금'의 산식으로 계산한 다음, 그 손해액을 기준으로 과실상계 또는 책임제한을 하여 산출된 금액에서 위 원고들이 각 환매 이전까지 수령한 확정수익금을 손익공제하여 피고들이 위 원고들에게 배상할 최종적인 손해배상액을 산출하였다. 그러나 원심이 인정한 사실관계에 의하더라도, 위 원고들의 손해는 위 원고들이 이 사건 각 수익증권을 환매하여 환매대금을 수령한 시점에 현실적·확정적으로 발생하고 그때까지 위 원고들이 수령한 확정수익금은 과실상계 이전에 위 원고들의 손해액을 산정하는 요소에 해당하는 것이지, 원심과 같이 이를 고려하지 않고 산정된 위 원고들의 손해액에 과실상계 또는 책임제한을 한 금액을 기준으로 다시 공제되어야 할 이득이라고 볼 수는 없다. 이와 달리 판단한 원심 판결에는 손해액의 산정 요소와 과실상계 후 공제할 이득에 관한 법리를 오해한 위법이 있다.

### 6. 職權判斷 : 遲延損害金의 起算日에 대하여

불법행위에 있어 위법행위 시점과 손해발생 시점 사이에 시간적 간격이 있는 경우에 불법행위로 인한 손해배상청구권의 지연손해금은 손해발생 시점을 기산일로 하여 발생한다고 보아야 할 것이다. 원고 1, 2, 3, 4, 5, 6, 7의 손해는 '위 원고들의 이 사건 각 펀드에의 가입원금 + 일실수익 - 중도환매 수령금 - 분기별 확정수익 수령금'으로, 위 원고들이 이 사건 각 수익증권을 환매하여 환매대금을 수령한 시점에 현실적·확정적으로 발생하는 것이므로, 위 원고들이 각 환매대금을 수령한 시점이 불법행위로 인한 손해배상청구권의 지연손해금 기산일이 된다. 원심이 위 원고들의 손해배상청구권의 지연손해금이 각 펀드가입일부터 발생한다고 판단한 것은 불법행위에서 지연손해금의 기산점에 관한 법리를 오해한 위법이 있다.

## [評　　釋]

### Ⅰ. 問題의 提起

검토 사건은 우리파워인컴 펀드 사건 중 하나인데, 다수의 관련 사건이 있다. 우리파워인컴 제1호 및 제2호 펀드는 위탁회사인 우리자산운용 주식회사가 2005년 말 설정하고, 판매회사인 주식회사 우리은행, 주식회사 경남은행, 주식회사 우리투자증권 등이 2,277명의 투자자에게 1,506억 원 상당을 판매하였으나, 판매 이후 특히 미국금융위기를 계기로 수익률이 급격히 하락하면서 투자자와 위탁회사 및 판매회사 사이에 불완전판매를 이유로 한 분쟁이 발생하였다.

대상 판결이 선고될 당시 우리파워인컴 펀드의 경우 제1호 및 제2호 펀드는 모두 만기가 아직 도래하지 않은 상태였는데, 투자자의 다수는 소제기 전 또는 원심 변론종결에 앞서 중도환매를 하였으나, 소수는 원심 변론종결시까지 펀드를 중도환매하지 않은 채로 손해배상청구를 하였다. 다만 검토사건에서는 원고 8만이 중도환매를 하지 않고 손해배상청구를 하였고, 나머지 원고들은 모두 중도환매를 하였다.

검토 사건 및 관련 사건의 사실심 판결들은 문제되는 쟁점마다 서로 엇갈리는 판단을 하고 있어 대법원 차원에서 이에 대한 정리가 필요하였다. 검토사건은 여러 관련 사건 중 여러 쟁점이 망라된 대표사건으로, 대상판결은 검토사건 및 관련 사건의 여러 쟁점에 대한 대법원의 답변인 셈이다. 검토사건 이외의 우리파워인컴 펀드 관련사건에 대한 다른 대법원 판결도 대상판결이 선고될 무렵, 관련 쟁점에 관하여 대상 판결과 같은 취지로 선고가 내려졌다. 대상 판결의 선고 후 2011. 11. 22. 만기에 이른 제1호 펀드는 원금이 전액 손실되었고, 2012. 1. 만기 도래하는 제2호 펀드 역시 만기상환원금이 전액 손실될 것으로 알려졌다.

이하에서는 검토 사건에서 여러 쟁점 중 피고들의 투자자보호의무 위반 여부와 원고들의 손해의 발생 여부, 피고들의 의무 위반과 원고들의 손해 사이의 인과관계의 존부, 원고들의 손해액 산정 방법을 중심으로 대상 판결을 검토하기로 한다.

## Ⅱ. 投資信託의 構造 및 本質에 관한 一般論

### 1. 投資信託의 意義

"투자신탁"이란 투자자로부터 자산에 운용할 목적으로 자금 등을 모은 위탁자가 그 재산(투자신탁재산)을 수탁자로 하여금 위탁자의 지시에 따라 투자·운용하게 하고, 그에 따른 수익권을 분할하여 당해 투자자에게 취득시키는 것을 목적으로 하는 간접투자기구[10]를 말한다(구 간접투자법 제2조 제3호). 이 사건 펀드는 간접투자기구 중 '장외파생상품'이라는 자산에 운용할 목적으로 형성된

'투자신탁(계약형, 신탁형 펀드)'에 속한다. 투자신탁에는 투자자[11]와 그로부터 자금 등 투자신탁재산을 모은 '위탁자'(자산운용회사), 위탁자로부터 투자신탁재산을 수탁받아 위탁자의 지시에 따라 이를 투자·운용하는 '수탁회사', 간접투자증권(수익증권)의 판매업무를 맡은 '판매회사'가 관여한다.

## 2. 舊 間接投資法에 따른 投資信託의 構造

투자신탁은 자산운용회사와 수탁회사가 신탁계약을 체결함으로써 설정된다(법 제28조 제1항). 신탁계약은 간접투자법령에 의하여 그 내용이 규정되어 있고 자산운용회사가 제정한 신탁약관에 의하여 체결된다(법 제28조 제2항, 제29조 제1항).

자산운용회사는 투자신탁의 설정·해지, 투자신탁재산의 운용·운용지시를 하고(법 제4조 제2항), 펀드자산을 평가하여 수익증권의 기준가격을 산정하고(법 제96조), 무액면, 기명식 수익증권을 수탁회사의 확인을 받아 발행하고, 판매회사를 거쳐 환매하며, 환매한 수익증권을 소각한다(법 제48조 제1, 2항, 제62조, 제68조). 그리고 자산운용회사는 수익증권의 발행과 관련하여 투자설명서를 판매회사에 제공하고(판매회사는 투자자에게 제공한다), 자산운용보고서를 수익자에게 제공한다(법 제56조, 제121조).

수탁회사는 투자신탁재산의 보관관리, 자산운용회사의 운용지시에 따른 자산의 취득 및 처분의 이행, 환매대금 및 이익금의 지급, 자산운용회사의 투자신탁 운용지시 등에 대한 감시를 하고(법 제23조 제2항), 또한 자산운용회사가 하는 펀드자산의 평가와 기준가격 산정이 적정한지 확인하며(법 제132조 제1항), 자산운용회사의 투자신탁재산 운용지시가 법령·신탁약관 또는 투자설명서에 위반되는지 여부를 감시한다(법 제131조).

수익자는 신탁원본의 상환 및 이익의 분배 등에 관하여 수익권의 좌수(座數)에 따라 균등한 권리를 갖고(법 제47조 제2항), 언제든지 수익증권의 환매(還

---

10) 구 간접투자법 제2조 제2호는 "간접투자기구라 함은 간접투자를 수행하기 위한 기구로서 투자신탁과 투자회사를 말한다."라고 규정하고 있다. 여기서 '간접투자기구'를 '투자펀드'라 지칭하기도 하는데, 이러한 용례에 의하면 투자신탁은 계약형(신탁형)펀드로, 투자회사는 회사형펀드로 부른다.

11) 투자자는 수익증권의 취득을 권유받는 자로서, 수익증권의 매입을 통하여 비로소 수익자가 된다.

買)를 청구할 수 있다(법 제62조 제1항).

자산운용회사가 수익증권을 판매하고자 하는 경우, 원칙적으로 판매회사와 위탁판매계약을 체결하고, 판매회사를 통하여 수익증권을 판매하여야 한다(법 제26조, 제55조, 제4조 제3항). 판매회사는 투자자에게 간접투자증권의 취득을 권유함에 있어 자산운용회사로부터 제공받은 투자설명서를 투자자에게 제공하고, 그 주요내용을 설명하여야 한다(법 제56조 제1, 2항).

구 간접투자법은 신탁재산에 의한 환매를 원칙으로 하고 있으며, 판매회사 · 자산운용회사 · 수탁회사의 매입이나 매입의 주선은 아주 제한적으로만 인정된다(법 제63조).

### 3. 投資信託의 本質

투자신탁은 간접투자제도로서, 자산의 종류나 매매의 시기 및 방법 등에 의하여 그 수익률이 변동함으로 인하여 항상 위험이 따르고 그 위험은 원칙적으로 투자자가 부담할 수밖에 없고, '실적배당주의'와 '수익자평등대우주의'를 그 본질로 한다.[12)]

한편, 이러한 투자자의 자기결정권에 의한 자기책임원칙, 투자손익의 수익자귀속 원칙은 자산운용회사와 수탁자, 판매회사 등 투자관리자가 신탁재산의 형성 및 운용 · 관리과정에서 지배력의 우월성 및 정보의 편재성에서 비롯되는 투자자보호의무를 준수한다는 것을 전제로 한다.[13)]

그 밖에 투자신탁은 ① 신탁인수인이 수익행위로 인하여 수익자에게 부담하는 채무에 대하여는 신탁재산의 한도 내에서 이행책임을 진다는 '유한책임주의원칙', ② 신탁인수인은 자신의 고유재산과 신탁재산을 반드시 구분하

---

**12)** 대법원 1998. 10. 27. 선고 97다47989 판결 : 일반적으로 증권투자는 그것이 직접투자나 간접투자를 막론하고 일정한 수익률이 보장되는 은행예금과는 달리 증권의 종류나 매매의 시기 및 방법 등에 의하여 그 수익률이 변동함으로 인하여 항상 위험이 따르고 그 위험은 원칙적으로 투자자가 부담할 수밖에 없는 것이므로, 증권투자신탁에 있어서도 투자전문가인 위탁자가 신탁재산에 대하여 선량한 관리자로서의 주의의무를 다한 이상 그 신탁재산의 운용 결과에 대한 손익이 모두 수익자에게 귀속되는 소위 고위험 고수익(high risk high return)의 실적배당주의와 그 실적이 오로지 수익증권 구좌수라는 투명한 기준에 의하여 수익자에게 균분되는 수익자 평등대우주의를 그 본질로 한다.

**13)** 이석환, 「간접투자자산운용업법상 투자관리자이론」, 도서출판 무한, (2005), 13면-14면 및 105면 참조.

여 관리하여야 한다는 '신탁재산분리 · 독립의 원칙'도 적용된다.[14]

## 4. 舊 間接投資法上 販賣會社의 法的 地位

### (1) 견해의 대립[15]

판매회사가 투자자와 사이에 수익증권매매계약을 체결하는 과정에서 위탁회사(자산운용회사)에 대하여 어떠한 법적 지위에 있는지가 문제인데, 이에 관하여는 다음과 같은 견해의 대립이 있다.

#### (가) 상법상 위탁매매라고 보는 견해[16]

위탁회사와 판매회사가 '수익증권 위탁판매계약'이라는 명칭의 계약을 체결하고 있으며, 이에 관하여 투자신탁협회에서 표준위탁매매계약서가 마련되어 있는 점에 비추어, 위탁매매계약은 판매회사가 자기의 명의로 위탁회사의 계산으로 수익증권을 판매하는 위탁매매의 위임계약이라고 본다. 상법상 위탁매매의 법리상 위탁자인 위탁회사와 위탁매매인인 판매회사가 거래한 수익자 사이에는 아무런 법률관계가 존재하지 않아야 함에도 불구하고, 증권투자신탁에 있어서 수익자와 위탁회사 간에는 신탁약관이 정하는 바에 따른 법률관계가 존재하는 점을 설명할 수 없다는 비판이 있다.

---

14) 이는 일반신탁의 원리로부터 도출되는 것으로 보인다. 집단적 투자를 위하여는 다수의 투자자들이 제공한 재산을 하나의 펀드로 만들어 투자전문가가 혼합운용할 필요가 있고, 이를 원활하고 안정적으로 하기 위하여는 펀드와 투자전문가의 재산을 법적으로 확실히 분리할 필요가 있는데, '신탁'은 '회사'와 함께 재산분리의 수단으로 활용되고 있다. 다만, '회사형 펀드'는 투자펀드 자체에 법인격이 부여되는 데 비해 '계약형(신탁형) 펀드'는 수탁자의 고유재산과 분별관리되기는 하나 투자펀드 자체에 법인격이 부여되지는 않는다.

15) 기존의 학설 대립은 주로 구 증권투자신탁업법상 판매회사에게 고유재산에 의한 환매의무 및 상환금지급의무를 인정할 것인지 여부에 초점을 두고 전개되었다. 이러한 견해의 대립은 투자신탁의 법률관계를 설명하는 학설들, 즉 단순신탁설, 이중적 신탁관계설, 조직적 계약설의 논의와 밀접한 연관이 있으나, 그렇다고 하여 필연적이고 도식적인 대응관계에 놓이는 것은 아니라고 생각된다.

16) 강희철 · 조상욱, "증권투자신탁업법상의 수익증권저축계약", 「인권과 정의」 제278호, (1999), 35면; 김태병, "증권투자신탁 판매회사의 환매책임", 「저스티스」 통권 제84호, (2005), 43면 참조.

(나) 민법상 위임계약에 의한 대리라고 보는 견해[17]

위탁회사가 판매회사에게 수익증권의 판매를 위탁하는 관계는 민법상의 위임계약관계이고 판매회사는 위탁회사의 대리인의 지위를 지니는 것에 불과하다고 본다. 판매업무에 관하여 판매회사와 위탁회사가 체결한 수익증권위탁판매계약서 및 수익증권위탁판매세부협약서가 '계약당사자는 서로 상대방의 대리관계에 있지 않고 판매회사는 판매업무를 자신의 책임으로 수행한다'고 규정하는 점에 부합하지 않는다는 비판이 있다.[18]

(다) 투자신탁관계의 독립당사자로 보는 견해

판매회사는 투자신탁관계의 독립당사자로서, 수익자는 판매회사에 대하여 조직계약상 책임을 주장하거나 신탁사무 수임인으로서의 신탁관계상 책임을 직접 물을 수 있다고 한다. 투자신탁의 법률관계에 대한 학설 중 조직계약설의 입장에서 수익자는 판매회사와 사이에 위탁회사가 발행한 수익증권을 매매하고 환매하는 내용의 집단적 조직계약을 체결하여 신탁관계에 참여하는 것으로 보면서, 위탁회사나 판매회사는 이러한 투자신탁조직에서 독립적인 지위에 있고, 판매회사의 지위는 위탁회사로부터 위임받은 것이 아니라고 한다. '독립적인 지위'라는 설명은 공허하고, 판매회사의 고유재산에 의한 환매의무를 인정하는 등 판매회사를 투자신탁관계에 끌어들이는 것은 투자신탁의 원리와 충돌한다는 비판이 있다.

(2) 평　　가

투자자의 자기책임원칙을 강화하여 고유재산에 의한 환매의무를 배제한 1998년 개정 증권투자신탁업법 이후, 판매회사의 독립당사자론은 타당하지 않다. 종래 대법원의 일부 판례[19]가 구 증권투자신탁업법이 적용되는 사

---

17) 김건식, "수익증권 판매회사의 환매의무", 「BFL」 제12호, (2005), 70-71면; 심희정, "증권투자신탁에서의 판매회사의 지위와 의무", 「투자신탁의 이론과 실무」, (2002), 697-698면; 백태승, "증권투자신탁의 본질과 수익증권의 환매제도", 「인권과 정의」 제302호, (2001), 36면; 이중기, "위탁회사, 판매회사의 수익증권 환매책임과 환매유예제도", 「상사법연구」 제20권 제3호, (2006), 396-397면.

18) 조용균, "구 증권투자신탁의 여러 가지 문제", 「저스티스」 제93호, (2006), 101면.

19) 대법원 2006. 12. 8. 선고 2002다19018 판결 등은 「판매회사는 증권투자신탁에 있어서 단순히 위탁회사의 대리인에 불과한 것이 아니라 자신의 책임으로 수익증권 판매업무 등을 수행하는 독립된 당사자로 보아야 한다」라고 판시하고 있다.

안에서 독립당사자론을 수용한 바 있으나, 이는 당시의 실정법과 약관의 해석에 근거한 것일 뿐으로, 개정 증권투자신탁업법이나 구 간접투자법이 적용되는 사안까지 그 법리를 유지할 수는 없다.

결국 현 단계에서 상정 가능한 견해는 대리인설과 위탁매매인설이라고 할 수 있는데, 대리인설에 의하면 판매회사가 위탁회사와 사이에 판매업무를 '자기의 책임'으로 수행하기로 약정한 것을 설명하기 곤란한 점, 판매회사는 위탁회사보다 더 큰 규모의 회사로서 실제로 위탁회사의 단순한 대리인으로 기능하기 보다는 그 신용과 지식·명성을 이용하여 자기의 이름으로 투자자에게 수익증권을 판매하는 측면이 더 강한 점, 수익증권 매매계약의 의사표시에 하자가 있는 경우, 계약의 해소로 인한 부당이득반환청구의 상대방을 판매회사가 아닌 자산운용회사로 보는 것은 거래관념에 어긋나는 점을 고려하면, 대리인설도 수긍하기 어렵다.

앞의 위탁매매인설에 대한 비판에 관하여는 수익자와 위탁회사에 생기는 특수한 관계는 투자신탁의 특유한 요소로서 위탁매매인설과 모순되는 것이 아니고, 특히 투자신탁에서 판매회사와 투자자 사이에서 거래의 대상이 된 것은 수익증권이므로, 수익증권의 발행자인 위탁회사가 수익자에 대하여 신탁계약상 수익권과 관련된 의무를 갖는 것은 당연하다는 재반박이 가능하다.[20] 결국 위탁매매인설을 채택함이 타당하다.

### (3) 소결론

위탁판매인설에 의하면, 구 간접투자법상 판매회사인 피고 경남은행은 위탁회사인 피고 우리운용의 위탁매매인으로서 '판매회사 본인의 이름으로' 투자자와 사이에 수익증권 판매계약을 체결한 것이지, '위탁회사의 대리인으로서 위탁회사의 이름으로' 수익증권 판매계약을 체결한 것이 아니다. 수익자가 위탁회사와 신탁관계를 맺는 것은 위탁회사를 상대방으로 하여 어떤 계약을 체결하기 때문이 아니라, 수익자가 매입한 수익증권의 발행자가 위탁회사이기 때문이다. 거꾸로 판매회사는 수익증권의 판매자로서 매매계약상의 의무를 부담할 뿐이고 투자신탁의 당사자는 아니므로 수익권에 상응하는

---

20) 이철송, "증권투자신탁에서의 환매청구권의 본질과 판매회사의 환매의무", 「인권과 정의」 제342호, (2005), 139면.

의무를 부담하지는 않는다.[21]

판매회사를 대리인이 아니라 위탁판매인으로 파악하면, 판매회사가 계약책임의 주체가 될 뿐만 아니라, 판매회사의 투자자에 대한 불법행위책임의 전제가 되는 주의의무의 내용도 대리인의 지위에 있는 경우와는 차이가 있을 수 있을 것이다.

대상 판결에서는 판매회사의 법적 지위에 관하여, 「판매회사는 수익증권의 판매에 있어서 단순히 자산운용회사의 대리인에 불과한 것이 아니라 투자자의 거래상대방의 지위에서 판매회사 본인의 이름으로 투자자에게 투자를 권유하고 수익증권을 판매하는 지위에 있다」라고 설시하고, 그러한 관점에서 투자자보호의무의 내용을 구성하고 있다.

## Ⅲ. 被告들의 投資者保護義務 違反 與否

### 1. 投資者保護義務에 관한 大法院 判例

대법원은 투자권유와 관련하여 증권회사의 임직원이 고객에게 부당한 투자권유를 함으로써 고객이 손해를 입은 경우에 이른바 '고객에 대한 보호의무'를 저버린 것으로 평가될 수 있는 때에는 불법행위책임이 성립한다는 입장을 취한다.[22] 이후 대법원은 위와 같은 법리를 증권투자신탁회사와의 수익증권거래에도 확대하기 시작하였으며,[23] 이러한 태도는 그 이후 유사사건에서 그대로 유지되고 있다.[24] 또한 대법원 판례의 초기 사건들에서 문

21) 수익증권에 화체된 수익권에는 수익증권의 발행자인 자산운용회사, 그리고 자산운용회사와 신탁계약을 체결한 수탁회사의 수익자에 대한 신탁관계상의 의무가 포함되어 있는데, 그 수익증권에 화체된 수익권의 내용은 발행자인 자산운용회사가 정하는 바에 따라 결정되는 것이고, 판매회사의 설명 여부나 신탁약관의 계약편입 여부에 따라 그 내용이 좌우된다고 볼 수 없을 것이다.: 대법원 2010. 11. 11. 선고 2008다52369 판결도 「수익증권의 환매가격 산정방법은 간접투자법과 시행령 등에 의해 정하여져 수익증권을 보유하고 있는 모든 수익자들에게 동일하게 적용되는 것이지 판매회사가 투자자에게 이 사건 수익증권을 판매하면서 환매가격 산정방법에 관한 이 사건 투자신탁약관의 내용을 설명하지 않았다고 하여 투자자에 대해서 적용되지 않는다거나 이로 인하여 이 사건 수익증권 매매가 무효로 된다고 할 수는 없다」라고 판시하고 있다.

22) 대법원 1994. 1. 11. 선고 93다26205 판결.

23) 대법원 1998. 10. 27. 선고 97다47989 판결은 증권투자신탁거래와 관련하여 개별적 수익보장약정의 사법적 효력이 무효라는 최초의 대법원 판결인데, 수익보장약정은 무효이나 부당한 투자권유행위이어서 불법행위책임이 성립함을 인정하였다.

제된 부당투자권유행위는 법률상 금지된 '수익보장약정행위'이었는데, 다른 유형의 부당투자권유행위에도 투자권유자의 책임을 인정하는 판례들이 나오고 있다.

대법원 판례는 대부분 증권회사, 투자신탁회사[25] 및 그 임직원이 피고가 된 사안이지만, 수익증권 판매업을 영위하는 은행 및 그 임직원이 피고가 된 경우에도 같은 법리가 적용될 수 있다. 대법원 판례는 ① 경험이 부족한 일반 투자자에게 거래행위에 필연적으로 수반되는 위험성에 관한 올바른 인식형성을 방해하는 방법으로 증권투자를 권유한 경우, ② 고객의 투자 상황에 비추어 과대한 위험성을 수반하는 거래를 적극적으로 권유한 경우, ③ 증권투자의 위험성에 관하여 충분한 설명을 하지 않은 경우 등에는 고객에 대한 보호의무를 위반한 것으로 불법행위의 성립을 인정한다.[26] 구체적인 사안이 위 3가지 경우 중 어느 하나에 해당하는 것으로 명확히 분류되는 경우는 거의 없고 대부분 여러 가지 사유가 혼재하고 있다.

설명의무 위반행위는 투자신탁의 수익증권과 같이 투자자가 일단 증권을 매수하고 난 후에는 당해 신탁재산의 운용에 관여할 수 없는 유가증권이나, 선물·옵션 기타 파생상품 거래와 같이 수익구조가 복잡하고 위험성이 큰 거래를 권유하는 경우에 주로 문제된다. 이 경우 투자자에게 어느 정도의 설명을 하여야 하는지는 당해 금융상품의 특성 및 위험도, 고객의 투자경험 및 능력 등을 종합적으로 고려하여 판단해야 한다.

대법원 2003. 7. 11. 선고 2001다11802 판결(러시아국공채 매입사건)은 이러한 법리를 전제로, 「투자신탁회사(판매회사가 분리되기 이전의 위탁회사)의 직원들이 고객에게 투자신탁 재산의 운용방법이나 투자계획 등에 관하여 구체적으로 설명하지 아니한 채 단순히 특별한 고수익상품이라는 점만을 강

---

24) 대법원 1998. 11. 10. 선고 98다14092 판결; 대법원 1999. 2. 12. 선고 98다25337 판결; 대법원 1999. 3. 23. 선고 99다4405 판결.

25) 위탁회사와 판매회사가 분리되기 이전, 펀드 운용업무와 수익증권 판매업무를 모두 영위하던 시점의 투자신탁회사이다.

26) 2009. 2. 4.부터 구 간접투자법 등을 대체하여 시행된 자본시장과 금융투자업에 관한 법률(자본시장법)은 그 제49조, 제46조, 제47조에서 금융투자업자의 부당권유의 금지, 적합성의 원칙, 설명의무에 관하여 규정하고, 제48조에는 설명의무위반으로 인한 손해배상책임에 관하여도 규정하고 있다.

조하면서 수익증권의 매입을 적극 권유한 사안에서 고객보호의무 위반에 따른 불법행위의 성립을 인정한다」라고 판시하였다.

## 2. 販賣會社와 委託會社의 投資者保護義務

1995. 8. 11. 실시된 '증권산업개편방안'이 실시되기 이전에는 위탁회사가 투자신탁 운용업무와 수익증권 판매업무를 모두 할 수 있었으나, 위 방안이 실시된 후 위탁회사는 투자신탁 운용업무만을 담당하고, 판매회사만이 수익증권 판매업무를 할 수 있게 되었다. 우리파워인컴 펀드 사건에서도 위탁회사인 피고 우리운용은 판매업무에 관여하지 않았고, 피고 경남은행이 판매업무를 담당하고 있었다.

판매회사의 책임에 대하여는 구 간접투자법 제61조에서, 위탁회사에 대한 제19조를 준용하는 방식으로 규정하고 있는데, 제57조 제1항에서 판매회사 및 판매회사의 판매업무담당 임직원의 투자자보호의무를 명시하고 있으므로, 판매회사가 직접적으로 투자자보호의무와 책임을 부담하는 점은 의문의 여지가 없다. 이 점은 또한 판매회사의 법적 지위를 위탁판매인으로 보면 더욱 분명해진다고 할 수 있다.

대상 판결은 판매회사의 투자자보호의무와 관련하여, 「판매회사는 자산운용회사가 제공한 투자설명서의 내용을 숙지하고, 의미가 명확하지 않은 부분은 자산운용회사에게서 정확한 설명을 들어 내용을 스스로 명확하게 이해한 다음, 투자자에게 투자신탁의 운용방법이나 투자계획 및 그로 인한 수익과 위험을 투자자가 정확하고 균형 있게 이해할 수 있도록 설명해야 하고, 단지 자산운용회사한테서 제공받은 판매보조자료의 내용이 정확하고 충분하다고 믿고 그것에 의존해서 투자신탁에 관하여 설명하였다는 점만으로는 투자자보호의무를 다하였다고 볼 수 없다」라고 판시하였다.

한편 위탁회사의 책임에 대하여 간접투자법 제19조 제1항은 "자산운용회사(위탁회사)에 관하여 법령, 신탁약관 및 투자설명서에 위배되는 행위를 하거나 그 업무를 소홀히 하여 간접투자자에게 손해를 발생시킨 때에는 그 손해를 배상할 책임이 있다."고 규정하여 주로 신탁재산의 운용과 관련된 선량한 관리자의 주의의무만을 언급하고 있을 뿐인데, 위탁회사가 수익자에게 직접 수익증권을 판매하지 않은 경우에도, 위탁회사에게 투자자보호의무를 인정할 것인지 문제된다. 이와 관련하여 대법원 2007. 9. 6. 선고 2004다53197 판결은 개정 증권투자신탁업법이 적용되는 사안에서 위탁회사가 수익자에게 직접 수익증권을 판매하지 않은 경우에도 위탁회사에게 투자자보호의무를 인정하면서, 「위탁회사가 투자대상에 대하여 오해를 생기게 하는 표시 등을 하고도 아무런 조치를 취하지 아니하여 투자자가 당해 거래에 수반하는 위험성이나 투자내용에 관하여 정확한 인식을 형성하는 데 장애를 초래하도록 잘못된 정보를 제공한 경우에는, 투자자의 신뢰에 위배되는 행위를 함으로써 투자자가 입은 손해를 배상할 의무가 있다」라고 설시하고 있다. 구 간접투자법상 자산운용회사(위탁회사)는 수익증권의 발행과 관련하여 투자설명서를 판매회사에 제공하고(판매회사는 투자자에게 제공한다), 자산운용보고서를 수익자에게 제공하여야 할 의무가 있고(법 제56조, 제121조), 간접투자증권의 취득을 권유하기 위하여 사용하는 광고의 내용에 관하여 판매회사와 마찬가지의 규제를 받는 점(법 제59조), 자산운용회사도 수익증권의 판매에 직접적인 이해관계를 가질 뿐 아니라, 투자설명서나 광고지를 판매회사에 제공하는 방식으로 수익증권 판매에 관여하게 되는 점을 고려하면, 자산운용회사도 투자자인 고객에게 수익증권 등의 판매와 관련하여 이에 관한 '정보를 제공'하거나 그 취득을 권유하는 자, 즉 투자신탁상품에서 '투자권유자'의 범위에 포함되고, 투자자보호의무 위반으로 인한 불법행위책임을 진다.

대상 판결은 자산운용회사도 투자자보호의무를 부담함을 전제로, 「자산운용회사가 수익증권의 판매과정에서 제공하는 정보는 기본적으로 투자설명서의 내용일 것이나, 자산운용회사가 투자설명서 이외에 투자설명서의 내용을 숙지하는 데 도움이 되는 판매보조자료나 투자신탁의 특성을 알리는 광고 내용을 직접 작성하여 판매회사와 투자자에게 제공·전달하는 경우에 판매보조자료나 광고가 투자자에게 중요한 사항에 대하여 오해를 유발할 수 있는 표시나 투자신탁의 수익과 위험에 관하여 균형성을 상실한 정보를 담고 있었고, 그것이 판매회사의 수익증권 판매과정에서 결과적으로 투자자의 투자판단에 영향을 주었다면, 단지 자산운용회사가 판매회사에 제공한 투자설명서에 충실한 정보를 담고 있었다는 점만으로 자산운용회사가 투자자보호의무를 다하였다고 볼 수는 없다」라고 판시하고 있다.

### 3. 이 事件 被告들의 投資者保護義務 違反의 內容

(1) 피고들의 투자자보호의무 위반의 핵심적인 내용은 이 사건 각 펀드의 주된 투자대상인 이 사건 각 장외파생상품은 매우 생소한 금융기법인 주식디폴트스왑(EDS)에 근거하여 발행된 구조화된 채권으로서 투자원금의 손실가능성의 결정요인이 일반 채권이나 은행예금과는 다르고, EDS 프리미엄을 주요 재원으로 한 분기별 확정수익금도 통상의 금리와는 그 성격이 다르다는 점을 투자자들이 제대로 알기 어려웠으므로, 피고들로서는 이 사건 각 펀드를 판매하는 과정에서 이 사건 각 장외파생상품 투자의 수익과 위험을 정확하게 이해한 뒤, 투자자들이 합리적인 투자판단을 할 수 있도록 균형을 갖춘 올바른 정보를 제공하고 그 내용을 투자자들이 이해할 수 있도록 설명함으로써 투자자를 보호할 의무가 있음에도, 피고 우리운용은 무디스가 이 사건 각 장외파생상품에 A3의 신용등급을 부여하였다고 하여 이 사건 각 장외파생상품과 대한민국 국채, 시중은행 후순위채, 은행예금의 이율과 신용등급을 직접 비교함으로써 중요한 사항에 대하여 오해를 유발할 수 있는 표시를 사용하거나 투자신탁의 수익과 위험에 관하여 균형성을 상실한 정보를 판매회사와 투자자들에게 제공하였고, 피고 경남은행은 피고 우리운용이 제공한 정보에 의존하여 원고들에게 이 사건 각 펀드의 가입행위에 필연적으로 수반되는 위험성에 관한 올바른 인식형성을 방해하거나 또는 고객의 투자 상황에 비추어 과대한 위험성을 수반하는 거래를 적극적으로 권유하였다는 점이다.

투자자보호의무나 설명의무의 대상 및 범위, 정도를 일률적으로 규정할 수는 없지만, 특히 투자신탁상품이 새로운 기법에 의하여 만들어진 신상품이어서 그 내용이 생소하고 이해하기 어려운 경우일수록 자산운용회사와 판매회사는 운용방법이나 투자계획이 안고 있는 잠재적 위험을 스스로 폭넓게 파악하고 이해한 다음, 그 내용을 투자자가 정확하고 균형 있게 이해할 수 있도록 올바른 정보를 제공하고, 충분하게 설명하여야 할 의무가 강화된다고 할 것이다.[27] 이러한 경우 설명의 정도, 즉 "어느 정도 설명하여야 하는가"

에 관하여는 서면의 제공과 구두의 설명에 의하여 투자자를 구체적으로 이해시킬 의무를 넘어서서, 투자자의 이해와 의사결정을 확인할 의무, 투자자가 이해하지 못하면 거래를 단념시킬 의무까지 인정하여 설명의무가 더욱 강화되는 추세에 있다.

(2) 따라서 자산운용회사와 판매회사가 투자설명서를 투자자에게 제공한 점만으로 투자자보호가 충분하다고 할 수 없고, 잠재적인 위험요소가 있음에도 신상품의 특징을 지나치게 단순화함으로써 균형을 상실한 정보제공과 설명을 하였다면, 투자자보호의무를 위반하였다고 보아야 한다.

이 사건 각 장외파생상품은 ① 위험 포트폴리오 이벤트나 보험 포트폴리오 이벤트 모두 '이벤트' 발생 후 주가가 기준주가 대비 35% 이상으로 회복되더라도, 이미 발생한 이벤트 수가 감소하지는 않는 점, ② 위험포트폴리오 편입 종목 56개 중 6개 정도가 157주(3년) 중 10주 동안만 이벤트가 발생하면(즉, 기준주가보다 35% 미만으로 주가가 하락하면), 이후 그 종목의 주가가 회복되어도, 보험 포트폴리오 편입 종목에서 발생하는 이벤트로 상쇄되지 않는 한, 원본 손실이 발생하고, 56개 중 9개 정도가 10주 동안 이벤트가 발생하면, 마찬가지로 보험 포트폴리오 편입 종목에서 발생하는 이벤트로 상쇄되지 않는 한, 원본이 전액 상실되는 점, ③ 펀드이벤트 수가 원금보존이벤트 수보다 아무리 낮아도, 나아가 보험 포트폴리오 이벤트 수가 위험 포트폴리오 이벤트 수보다 높아서 펀드이벤트 수가 음수(-)라고 해도, 미리 지급받은 확정수익금을 제외하면, 만기에 원금 이상의 상환금을 돌려받는 것이 아니라, 원금을 그대로 돌려받는 것에 그치는 점 등이 구조적인 특징이다. 여기서 ③과 같은 특징은 이 사건 펀드가 선뜻 실적배당상품으로 인식되지 못

---

27) 앞에서 살펴본 대법원 2003. 7. 11. 선고 2001다11802 판결(러시아 국공채 펀드 사건)도, 「피고 회사가 해외 공사채형 투자신탁상품에 투자한 경험이 전혀 없는 원고들과 같은 고액에게 투자를 권유함에 있어서는 이와 같은 채권시장의 위험, 국가신용의 위험 및 환율변동에 따른 위험에 관하여 설명하는 것은 물론, 이 사건 투자신탁 재산의 대부분을 러시아 단기국채에 집중투자할 계획이라는 점을 알려줌으로써 고객으로 하여금 합리적인 투자판단을 할 수 있도록 고객을 보호하여야 할 주의의무가 있다고 할 것인바, 피고 회사의 직원들이 원고들에게 이 사건 투자신탁 재산의 운용방법이나 투자계획에 관하여 구체적으로 설명하지 아니한 채, 단순히 수익률이 높은 고수익상품이라 점만 강조하여 이 사건 투자신탁의 수익증권의 매입을 적극 권유한 것은 고객보호를 위한 주의의무를 게을리 한 것이고, 이는 원고들과의 관계에서 불법행위가 된다」라고 설시하여, 투자자보호의무의 범위를 넓게 인정하고 있다.

하는 이유가 되고 있으며, ① 내지 ②와 같은 특징은 이 사건 펀드의 손실이 단순히 주가의 상승으로는 회복되지 않는 비가역적(非可逆的)인 것임을 의미한다. 이 사건 각 장외파생상품은 채권(債券)이 아님에도 금융기법을 활용하여 마치 채권과 비슷하게 만든 구조화된 채권이고, 더구나 통상의 CDO(부채담보부채권)처럼 CDS(신용디폴트스왑)를 주요자산으로 삼은 것이 아니라, EDS(주식디폴트스왑)을 주요자산으로 삼은 특수한 CDO[28]로서 일반인들인 원고들에게 매우 생소할 뿐더러 그 구조를 이해하기도 어려운 상품이다. 현 시점에서 각 이 사건 장외파생상품과 그 손익에 연계된 이 사건 각 펀드의 만기상환금의 원금손실은 거의 전액이 될 것으로 예상되는데, 그러한 손실발생의 원인은 ① 이 사건 장외파생상품의 위험 포트폴리오에 편입된 56개 종목 중 상당수를 차지하는 패니메, 프레디맥, 엠비아, 뱅크오브아메리카 등 미국의 주택 관련 건설 및 금융업종의 종목이 미국 주택시장 붕괴와 함께 폭락하여 위험 포트폴리오 이벤트 수가 매우 높아졌고, 이러한 위험 이벤트 수는 폭락한 주식의 가격이 회복되어도 줄어들지 않는 점, ② 보험 포트폴리오에 편입된 주식들은 폭락한 주식이 없어서 위험 이벤트를 상쇄할 보험 이벤트가 발생하지 않은 점에 있다. 한마디로 미국 주택 관련 업종 주가의 순간적인 폭락이 이 사건 각 펀드의 회복하기 어려운 손실을 가져온 것인데, 이와 같이 구조화된 채권의 위험은 일반채권의 위험과는 전혀 다른 차원에서 발생하는 것이므로, 일반채권과 구조화된 채권의 차이는 간과하거나, 무시할 수 없는 것이다.

한편 채권(債券)의 신용등급은 그 발행자의 원금지급능력을 분석하여 부여하는 것인 데 비하여, 이 사건 각 장외파생상품의 신용등급은 포트폴리오에 편입된 주가변동의 시나리오에 의한 현금흐름을 통계적 기법으로 평가하여 부여한 것으로 양자의 신용등급판정방법이 동일하게 비교될 수 있는 것이 아니고, 이에 따라 신용등급의 변동가능성에도 차이를 가져올 수 있다.[29] 무디스나 CSEBi가 이 사건 각 장외파생상품과 대한민국 국채의 신용

---

28) 이러한 점에 착안하여 'CEDO'로 명명되었다.

29) 이러한 점 때문에 이 사건 장외파생상품의 운용사인 CSFBi가 피고 우리운용(자산운용회사)에 송부한 파생상품거래확인서의 추가정보부록에도 '투자시 고려사항'이라는 제목으로 투자의 위험 및 장단점을 평가하는 데 필요한 금융 및 경영문제에 대한 지식 및 경험을

등급을 같은 수준에서 직접 비교한 사실이 없음에도, 피고들은 무디스가 부여한 외화표시 대한민국 국채의 신용등급과 이 사건 각 장외파생상품의 신용등급이 외형상 같은 등급이라는 점에 착안하여 이를 직접 비교하는 방식으로 마케팅에 활용하였다. 피고들은 투자설명서에는 이 사건 각 장외파생상품의 신용등급에 관한 아무런 언급을 하지 않은 채, Q&A 자료, 광고지, 상품요약서, 상품제안서 등 마케팅을 위한 보조자료, 나아가 언론을 통한 홍보용 보도자료에서 이 사건 각 장외파생상품의 신용등급과 대한민국 국채와의 동등성을 대대적으로 부각시켰다.

만약 이 사건 각 장외파생상품이 112개 종목의 주가의 변동에 따라 원금지급 여부가 결정되는 구조라는 점이 정확히 설명되었다면, 신용등급의 외형적 동일성에도 불구하고, 투자자들은 이 사건 각 장외파생상품의 신용등급의 의미를 외화표시 대한민국 국채의 신용등급과는 다르게 받아들였을 가능성이 충분하다. 즉, 피고들의 올바른 정보제공과 설명이 이루어질수록 투자자들의 이 사건 각 펀드의 안정성에 대한 의구심은 더 커졌을 것이고, 이 사건 각 펀드에 가입하지 않았을 가능성이 높다. 피고들은 오히려 이런 이유에서 굳이 이 사건 각 펀드의 수익구조를 설명하기보다는, 무디스가 부여한 신용등급에 기대어 대한민국 국채와 유사한 안정성을 갖는 금융상품이라고 단순화하여 판매활동을 전개한 것으로 보인다.

또한 대한민국 국채나 시중은행 채권에 부여한 무디스 신용등급은 국제금융시장에서의 외화표시 채권의 원리금 지급능력에 대한 판정일 뿐이고, 원화표시 채권이나 국내은행의 원화예금 지급능력에 대한 판정은 아니라는 점도 주목할 필요가 있다. 국내의 투자자들이 비교대상으로 고려하는 것은 외화표시 채권이 아니라 원화표시 채권이나 예금인데, 실제로 이러한 금융상품의 부도확률은 외화표시 채권보다도 낮을 것이고, 원화표시 국채의 경우에는 실질적으로 거의 무위험이라고 할 것이다. 따라서 "대한민국 국채의 부도확률과 유사하다"는 설명은 일반투자자의 입장에서는 무디스가 인정한 외화표

보유한 투자자들에게만 적합하다는 취지와, "일반채권과는 달리 이 사건 각 펀드와 같은 구조화채권의 신용평가는 발행회사의 원리금 지급 능력에 대한 평가"가 아니라, "채권의 수익구조, 발행 참여기관의 신용도, 시나리오에 따른 현금흐름 등을 종합하여 신용위험, 즉 원리금 지급의 안전성을 통계적 기법으로 평가한 것"으로서, 이러한 신용등급은 언제라도 변경 및 철회, 보류될 수 있다는 취지를 기재하였던 것이다.

시 대한민국 국채의 부도확률조차도 없는 실질적으로 무위험 상품으로 받아들였을 가능성이 농후하다. 피고들은, 신용등급은 외화표시 채권의 신용등급을 원용하면서도, 이율은 원화표시 채권의 이율을 비교하였다.

결국 피고들은 이 사건 각 장외파생상품에 부여된 무디스의 신용등급의 의미를 너무 과도하게 받아들인 나머지, 그 자체의 오류가능성, 대한민국 국채 등 채권과의 직접 비교에 따른 문제점을 과소평가하였고, 이에 관한 정보를 투자자들에게 제공하고, 그 내용을 설명하는 과정에서 이 사건 각 펀드의 위험성을 균형 있게 전달하지 못한 것으로 보인다.

(3) 판매회사인 피고 경남은행은 수익증권의 판매에 있어서 단순히 위탁회사의 대리인에 불과한 것이 아니라, 투자자의 거래상대방의 지위에서 본인의 이름으로 투자자에게 투자를 권유하고, 수익증권을 판매하는 지위에 있다. 따라서, 피고 경남은행이 펀드판매과정에서 피고 우리운용의 지시를 받아 수동적인 업무처리를 하는 지위에 있어 피고 우리운용의 지시를 따르기만 하면 피고 경남은행은 투자자보호의무를 이행한 셈이 된다는 취지의 주장은 받아들이기 어렵다.

또한 피고 우리운용은 판매보조자료와 광고의 내용을 직접 작성하여 판매회사와 투자자에게 제공하였는데, 그 보조자료와 광고에는 투자자에게 중요한 사항에 대하여 오해를 유발할 수 있는 표시나 투자신탁의 수익과 위험에 관하여 균형성을 상실한 정보가 담겨 있었고, 그것이 판매회사의 수익증권 판매과정에서 궁극적으로 투자자의 투자판단에 영향을 주었으므로, 단지 투자설명서에 충실한 정보를 담고 있었다는 점만으로 피고 우리운용이 투자자보호의무를 다하였다고 볼 수 없다.

이 사건 피고들의 투자자보호의무 위반을 인정함에는 무리가 없다.

## Ⅳ. 被告들의 加害行爲와 原告들의 損害 사이의 因果關係

### 1. 加害行爲와 去來行爲 사이의 因果關係

(1) 피고들이 원고들에 대한 보호의무위반을 원인으로 손해배상책임을 부담하려면, 가해행위와 거래행위 사이의 인과관계(거래인과관계)와 가해행위, 거래행위와 손해 사이의 인과관계(손해인과관계)가 인정되어야 하는데,

그 입증책임은 일반원칙에 따라 원고들이 부담한다. 피고들은 상고이유로 "원고들이 어떠한 자료의 어떠한 내용으로 잘못된 인식을 갖게 되었고, 이 사건 펀드에 가입하였는지가 개별적으로 입증되어야 하나, 이에 관한 구체적 심리 없이 보조자료의 일부 내용만을 문제 삼아 일률적으로 피고 우리운용의 불법행위책임을 인정한 것은 인과관계에 관한 법리를 오해한 것"이라고 지적하여 거래인과관계를 문제로 삼고 있다.

여기서 거래인과관계의 존재는 "피고들의 투자자보호의무 위반행위가 없었다면, 원고들이 이 사건 펀드거래를 하지 않았을 것이라는 점"을 입증하는 것인데, 투자판단의 의사결정과정은 복잡하고, 의사형성에 영향을 주는 요인은 매우 다양하므로, 이러한 인과관계를 엄격하게 요구하는 것은 곤란하고, 집단소송적 성격의 사건에서 위법행위와 개개인의 거래행위 사이의 인과관계에 대하여 엄격한 입증을 요구하는 것은 형평의 관념에 맞지 않는 결론에 이를 수도 있다.[30] 따라서 유형적으로 자기책임에 의한 투자판단을 저해하는 부당권유행위가 행하여진 이상, 당해 부당권유에 의한 거래에 이르렀다는 점만으로도 이러한 거래인과관계는 일응 인정되고, 투자권유자의 엄격한 반증이 없는 한, 거래인과관계를 부정할 수 없다고 보아야 할 것인데, 그 결과 원고들의 입증책임이 크게 완화된다.[31]

대법원 2006. 6. 29. 선고 2005다49799 판결도「기업어음의 거래에 있어서 신용등급이 그 기업어음의 가치에 중대한 영향을 미치는 중요정보에 해당하므로, 증권회사가 고객에게 거래의 대상인 기업어음의 신용등급을 제대로 고지하지 않았다면, 달리 고객이 이미 그 신용등급을 알고 있었거나 신용등급을 제대로 고지하였더라도 그 기업어음을 매수하였으리라는 특별한 사정이 없는 한, 고객보호의무 위반으로 인한 손해배상책임이 성립한다」라고 보아, 부당권유행위에서 거래인과관계를 넓게 인정하고 있다.

(2) 검토 사건에서, 피고 우리운용이 올바른 정보제공의무를 위반한 보

30) 투자권유단계에서 인과관계의 입증을 엄격히 요구한다면 고객보호의무를 인정한 취지가 몰각될 우려가 있으므로, 인과관계, 나아가 책임을 인정하되, 고려할 만한 사정들은 책임제한 단계에서 고려하는 것이 정책적으로 바람직하다.

31) 日本辯護士聯合會 消費者問題對策委員會 編, "証券取引被害救濟の手引", (2005), 96-97頁; 淸水俊彦, "投資勸誘と不法行爲", (2002), 242-244頁도 같은 취지이다.

조자료를 판매회사와 투자자들에게 제공하여 투자자보호의무를 위반하였고, 자산운용회사가 제공하는 자료는 판매회사와 언론 등을 매개로 시장에 주요정보로 유통되기 마련이므로, 원고들이 구체적으로 어떠한 경로를 통하여 그 투자결정에 영향을 받게 되었는지까지 인과관계를 입증할 필요는 없다고 할 것이다. 원고들은 판매회사의 직원의 설명을 통하여, 또는 피고 우리운용이 작성한 광고지를 통하여, 아니면 언론의 보도내용을 통하여 투자결정을 하였을 수 있을 것이나, 어느 경로의 경우나 피고 우리운용이 제공한 정보가 투자결정의 한 원인이 되었다고 보아야 하므로, 거래인과관계를 인정함에 부족함이 없다고 보아야 한다.

대법원 2007. 1. 11. 선고 2005다28082 판결은 「기업체의 대규모 분식회계를 밝히지 못한 외부감사인에 대하여 민법상 불법행위책임을 묻는 사안에서, 구체적인 경로에 관한 입증 없이도 부실감사와 기업어음매입 사이의 거래인과관계가 인정된다」라고 하였고, 대법원 1997. 9. 12. 선고 96다41991 판결은 「주식투자를 하는 일반투자자로서는 그 대상기업의 재무상태를 가장 잘 나타내는 감사보고서가 정당하게 작성되어 공표된 것으로 믿고, 주가가 당연히 그에 바탕을 두고 형성되었으리라는 생각 아래 대상기업의 주식을 거래한 것으로 보아야 할 것이다」라고 하여, 원심과 달리 부실감사보고서와 주식거래 사이의 거래인과관계를 인정하고 있다.[32)]

## 2. 加害行爲와 損害 사이의 因果關係

### (1) 문제의 소재

피고 경남은행은 손해인과관계에 관하여 피고의 행위와 인과관계가 있는 원고의 손해는 원고가 환매를 권유받은 2008. 8.까지 발생한 손해로 제한되어야 함에도, 원심이 그 이후 원고가 실제 환매한 시점인 2008. 10. 20.까지 발생한 손해를 모두 인과관계가 있는 손해라고 본 것은 불법행위책임에 있어 손해인과관계에 관한 법리를 오해한 위법이 있다는 취지로 주장하고,

---

32) 장상균, "분식회계로 인한 증권투자자 손해배상청구소송의 몇 가지 문제", 「민사재판의 제문제」 제17권, (2008), 370-374면에서는, 이러한 판례의 흐름이 중요공시서류의 경우 투자자가 이를 직접 보지 않았더라도 인과관계를 인정하는 시장사기(市場詐欺)의 법리(Fraud-on-the- market Theory)가 우리 판례에 확대·도입된 것으로 이해한다.

원심이 피고들의 불법행위가 아니었다면 발생하지 않았을 투자손실금을 계산하면서, 원고의 펀드가입원금에서 원고가 환매를 권유받은 2008. 8.경 환매하였더라면 받을 수 있었던 중도해지환급금이 아니라 실제로 환매하여 수령한 중도해지환급금을 공제한 것이 부당하다면서 문제를 삼고 있다.[33]

또한 원고 8은 이 사건 불법행위는 이 사건 펀드 가입 당시에 행해진 것이고, 따라서 이로 인한 손해(회피할 수 있었던 투자에 따른 투자금의 지출)는 이미 발생한 것이며, 다만 그 액수는 펀드의 가치에 따라 증감변동될 수 있지만 변론종결 당시를 기준으로 능히 산정할 수 있고, 또 산정해야 하는 것임에도 원심은 원고8이 이 사건 펀드를 중도 환매하지 않았고 또 그 만기가 도래하지 않은 이상, 현실적·확정적 손해가 발생하지 않았다는 이유로 위 원고의 청구를 기각한 것은 위법하다고 주장하고 있다.

손해의 개념, 손해발생시기, 손해의 인식방법 등을 검토함으로써 위 상고이유 주장들의 당부를 판단할 수 있을 것이다.

### (2) 불법행위책임의 성립요건으로서의 '손해의 발생'

불법행위책임이 성립하기 위하여는 가해자의 책임능력을 전제로 위법한 가해행위(위법행위)가 존재할 뿐 아니라, 위법행위와 상당인과관계에 있는 손해가 현실적으로 발생하여야 한다. 여기서 손해란 차액설(差額說)의 입장에서 "위법한 가해행위로 인하여 발생한 재산상 불이익, 즉 그 위법행위가 없었더라면 존재하였을 재산상태와 그 위법행위가 가해진 현재의 재산상태의 차이"로 파악된다.[34]

대법원 2010. 4. 29. 선고 2009다91828 판결은 「불법행위로 인한 재산상 손해는 위법한 가해행위로 인하여 발생한 재산상 불이익, 즉 그 위법행위가 없었더라면 존재하였을 재산상태와 그 위법행위가 가해진 현재의 재산상태의 차이를 말하는 것이며, 그 손해액은 원칙적으로 불법행위시를 기준으로 산정하여야 한다. 즉 여기에서 '현재'는 '기준으로 삼은 그 시점'이라는 의미

---

33) 관련 사건 사실심에서는 모두 원고들의 손해를 산정하면서 검토사건 원심과 같이 실제로 환매한 시점을 기준으로 손해액을 산정하였고, '환매할 수 있었던 시점'을 기준으로 손해액을 산정한 경우는 없었다.

34) 대법원 1992. 6. 23. 선고 91다33070 전원합의체 판결; 대법원 2007. 6. 28. 선고 2006다52259 판결.

에서 '불법행위시'를 뜻하는 것이지 '지금의 시간'이란 의미로부터 '사실심 변론종결시'를 뜻하는 것은 아니다」라고 설시하여 손해의 인식 및 손해액 산정의 기준시점을 명확히 하고 있는데,35) 결국 손해는 불법행위 '직전'의 재산상태와 불법행위 '직후'의 재산상태의 차이로 이해된다. 한편 대법원 1998. 4. 24. 선고 97다28568 판결 및 대법원 1998. 8. 25. 선고 97다4760 판결은 「불법행위로 인한 손해배상청구권은 현실적으로 손해가 발생한 때에 성립하는 것이고, 이때에 현실적으로 손해가 발생하였는지 여부는 사회통념에 비추어 객관적이고 합리적으로 판단하여야 한다」라고 하였다.

### (3) 손해의 발생시기

손해의 발생시기는 ① 손해액 산정의 기준시기가 되어, 시가평가가 필요한 경우 그 시점의 시가를 기준으로 하게 된다는 점, ② 손해배상금의 지연손해금의 기산점, 소멸시효의 기산점이 된다는 점, ③ 손해의 발생시점 이후에 생긴 추가 회수금액의 경우에는 이를 손해발생시점 이전의 경우와 같이 손해액의 확정의 한 요소가 될 수는 없고, 과실상계 후 손익상계(손익공제)의 대상이 되거나, 변제금이거나 또는 별개의 법률원인이 될 뿐이라는 점에서 그 확정의 실익이 있다.

대법원 2008. 6. 12. 선고 2007다36445 판결은, 「무권리자가 위법한 방법으로 그의 명의로 부동산에 관한 소유권보존등기나 소유권이전등기를 마친 다음 제3자에게 이를 매도하여 제3자 명의로 소유권이전등기를 마쳐준 경우 제3자가 소유자의 등기말소 청구에 대하여 시효취득을 주장하는 때에는 제3자 명의의 등기의 말소 여부는 소송 등의 결과에 따라 결정되는 특별한 사정이 있으므로, 소유자의 소유권 상실이라는 손해는 소송 등의 결과가 나오기까지는 관념적이고 부동적인 상태에서 잠재적으로만 존재하고 있을 뿐 아직 현실화되었다고 볼 수 없고, 소유자가 제3자를 상대로 제기한 등기말소 청구 소송이 패소 확정될 때에 그 손해의 결과발생이 현실화된다고 볼 것이다. 그 손해배상액도 위 말소청구의 패소확정 당시의 이 사건 임야의 시가에

---

35) 매수인이 매도인의 기망행위로 인하여 부동산을 고가에 매수하게 됨으로써 입게 된 손해는 부동산의 매수 당시 시가와 매수가격과의 차액이고, 그 후 매수인이 위 부동산 중 일부에 대하여 보상금을 수령하였다거나 부동산 시가가 상승하여 매수가격을 상회하게 되었다고 하여 매수인에게 손해가 발생하지 않았다고 할 수 없다고 본 사례이다.

의하여 산정되어야 한다」라고 설시하여, 손해의 결과발생이 현실화된 시점이 손해액 산정의 기준시기가 된다는 취지를 분명히 밝히고 있다.

결국 손해의 발생시기는 "손해가 현실적으로 발생한 때"라는 것인데, 가해행위 시점 또는 채무불이행시점과 손해발생시점이 시간적인 간격이 있는 경우도 있을 수 있고 가해행위의 현실적 작용이 일정기간 지속되어, 가해행위가 시작된 시점과 시간적 간격을 두고 손해가 현실적으로 발생하는 경우도 있을 수 있다. 그리고 때로는 가해행위가 시작된 것은 인정되나, 사실심 변론종결시까지 손해가 현실적으로 발생하였다고 할 수 없어서 청구를 기각하는 경우도 있을 수 있다.[36)]

**(4) 손해의 인식과 손해액의 산정**

**(가) 재산이 소멸한 경우**

손해, 즉 차액을 인식하고 그 액수를 산정하는 방식은 구체적 사안마다 차이가 있을 수밖에 없다. 가장 단순한 형태는 처분(횡령), 손괴 등에 따른 물건·이익 또는 권리의 소멸로 인한 손해로서 '불법행위시(=위법행위로 인한 손해발생시점)의 시가(가치)'가 손해로 파악된다. 대법원 2003. 1. 10. 선고 2000다34426 판결은, 「특정물에 대한 소유권을 침해하고 그 목적물이 현존하지 아니함을 원인으로 하는 손해배상청구에 있어서는 원칙적으로 불법행위시를 기준으로 하여 그 때의 교환가격에 의하여 손해액을 산정하여야 한다」라고 하였다. 또한 대법원 1997. 10. 28. 선고 97다26043 판결은, 「불법행위로 인한 손해배상채권은 불법행위시에 발생하고 그 이행기가 도래하는 것이므로, 장래 발생할[37)] 소극적·적극적 손해의 경우에도 불법행위시가 현가산정의 기준시기이다」라고 판시하고 있다.

불법행위 이후 사정 변경으로 인하여 발생하는 손해는 특별손해로서 가해자가 알았거나 알 수 있었을 때에 한하여 배상액에 포함된다. 대법원

---

36) 변론종결시까지 손해의 현실적 발생을 부정한 사례로는 대법원 1992. 11. 27. 선고 92다29948 판결; 대법원 2004. 11. 26. 선고 2003다58959 판결 등을 들 수 있고, 변론종결시까지 손해의 현실적 발생을 긍정한 사례로는 대법원 1989. 6. 27. 선고 87다카1966, 1967 판결; 대법원 1992. 8. 14. 선고 92다2028 판결; 대법원 1998. 4. 24. 선고 97다28568 판결; 대법원 2010. 11. 25. 선고 2007다10627 판결 등을 들 수 있다.

37) 여기서 '장래 발생할'은 '장래 지출될' 정도의 의미라고 할 것이다. 왜냐하면 손해는 이미 발생하였기 때문이다.

1995. 10. 12. 선고 94다16786 판결은 증권회사가 고객 소유의 주식을 위법하게 처분한 불법행위[38]로 인하여 고객이 입게 된 손해의 액은 처분 당시의 주식의 시가를 기준으로 결정하여야 하고, 그 후 주식의 가격이 올랐다고 하더라도 그로 인한 손해는 특별한 사정으로 인한 것이어서 증권회사가 주식을 처분할 때 그와 같은 특별한 사정을 알았거나 알 수 있었고, 또 고객이 주식의 가격이 올랐을 때 주식을 매도하여 그로 인한 이익을 확실히 취득할 수 있었던 경우에 한하여 고객은 그와 같이 오른 가격에 의한 손해배상을 청구할 수 있다고 한다.

**(나) 재산을 비싸게 취득한 경우**

'불법행위가 없었으면 물건이나 권리를 취득하지 않았을 것'이라는 인과계가 인정되지는 않지만, '불법행위가 없었으면 물건이나 권리를 비싸게 취득하지 않았을 것'이라는 인과관계는 인정되는 경우, 불법행위로 인한 손해발생시점이라고 할 수 있는 그 물건의 취득시점에서의 매수가격과 정상적인 시가의 차이가 손해가 된다. 대법원 2010. 4. 29. 선고 2009다91828 판결은 「매수인이 매도인의 기망행위로 인하여 부동산을 고가에 매수하게 됨으로써 입게 된 손해는 부동산의 매수 당시 시가와 매수가격과의 차액이고, 그 후 매수인이 위 부동산 중 일부에 대하여 보상금을 수령하였다거나 부동산 시가가 상승하여 매수가격을 상회하게 되었다고 하여 매수인에게 손해가 발생하지 않았다고 할 수 없다」라고 하였다.

'불법행위가 없었으면 물건이나 권리를 비싸게 취득하지 않았을 것'이라 인과관계가 인정되는 경우의 대표적인 케이스가 시세조종행위, 분식회계, 부실감사 등으로 인하여 투자자가 비싼 가격에 주식을 매수한 경우이다. 대법원 2004. 5. 28. 선고 2003다69607, 69614 판결은 시세조종행위로 인하여 형성된 가격으로 세종하이테크와 대한방직의 주식을 매수한 투자자의 손해에 관한 사례인데, 「증권거래법 제188조의4 제2항 제1호의 시세조종행위로 인하여 형성된 가격에 의하여 유가증권시장 또는 코스닥시장에서 당해 유가증권의 매매거래 또는 위탁을 한 투자자가 그 매매거래 또는 위탁에 관하여 입은 손해를 산정함에 있어서는, 그와 같은 시세조종행위가 없었더라면 매수

38) 고객의 주식을 위법하게 처분한 불법행위란, 임의매매에 의한 횡령을 의미한다.

당시 형성되었으리라고 인정되는 주가(정상주가)와 시세조종행위로 인하여 형성된 주가로서 그 투자자가 실제로 매수한 주가(조작주가)와의 차액 상당(만약, 정상주가 이상의 가격으로 실제 매도한 경우에는 조작주가와 그 매도주가와의 차액 상당)을 손해로 볼 수 있고, 여기서 정상주가의 산정방법으로는 … 사건기간 중의 정상주가를 추정하는 금융경제학적 방식 등의 합리적인 방법에 의할 수 있다」라고 설시하고 있다.[39)]

일정기간 반복되는 임의매매로 인한 손해는 임의매매 이전에 가지고 있던 고객의 주식 및 예탁금 등의 잔고와 고객이 임의매매사실을 알고 문제를 제기할 당시[40)]에 가지게 된 주식 및 예탁금의 잔고와의 차이가 손해이다.[41)] 대법원 2000. 11. 10. 선고 98다39633 판결은 「고객이 주식에 관한 포괄적 일임매매약정을 철회하였음에도 증권회사 직원이 임의로 주식매매거래를 한 경우에는 임의매매가 없었던 상태, 즉 고객이 일임매매를 철회할 당시에 가지고 있던 주식 및 예탁금 등의 잔고와 그 이후 증권회사 직원이 고객의 지시에 반하여 임의매매를 해버린 이후의 상태, 즉 고객이 위 임의매매사실을 알고 문제를 제기할 당시에 가지게 된 주식 및 예탁금 등의 잔고의 차이가 손해라고 보아야 한다」라고 판시하고 있다.

**(다) 재산을 잘못 투자한 경우**

'위법한 투자권유가 없었더라면 고객의 투자가 없었을 것'이라는 상당인과관계가 인정되는 경우 기본적으로 기존 판례의 태도인 차액설의 입장에서는 '투자금 자체'가 아니라 '회수하지 못하는 투자금액'을 손해로 보는 것이 타당한데, 이러한 시각은 위법행위가 일정기간 동안 지속되거나, 위법행위로 인한 손해가 일정기간을 통하여 현실화된다는 관념을 전제[42)]로 하는 것이

---

39) 이른바 '부양된 주가방식'에 의해서 주식취득시점에서 손해(차액)을 인식한 사례이다. 다만 이후의 대법원 2007. 7. 26. 선고 2006다20405 판결은 부실감사로 인한 손해액을 산정하면서 '현실화된 주가방식', 그 중 '수정된 차액배상방식'에 의하고 있어서 '부양된 주가방식'에 의한 손해 인식 방법이 정착된 것은 아닌 것으로 보인다.

40) 임의매매를 시작한 시점부터 고객이 문제를 제기함으로써 고객이 계좌에 대한 지배권을 회복·환수하거나, 이후의 매매를 용인하게 되어 임의매매가 종료되는 시점까지의 기간을 '불법행위가 지속되는 기간'으로 파악하고, 그 이후 보유 주식의 가격변동은 위법행위(=임의매매)와 상당인과관계가 없다고 보고 있는 듯하다.

41) 대법원 2006. 2. 10. 선고 2005다57707 판결.

42) 차액설의 입장에서 볼 때, 투자한 시점에서는 투자금에 상응하는 가치를 갖는 자산이 존

다. 차액설의 관점에서 '매수대금 - 매각대금(또는 확정가치액)'을 손해액으로 보는 것이 타당한지는 의문이다. 위의 산식은 구 증권거래법이나 자본시장법에서 손해액을 추정하는 규정일 뿐이고, 차액설에서의 손해 인식 및 산정 방식과 부합하는 것은 아니다.[43] 차액설의 입장에서 손해는 매수대금에서 불법행위가 종료하여 손해의 발생이 현실화되는 시점까지 이미 회수한 금액과 회수할 수 있는 금액(그 시점 잔고의 평가액)을 공제한 금액으로 보아야 할 것이다.[44]

대법원 2005. 7. 15. 선고 2003다28200 판결은, 수익보장약정에 의한 위법한 투자권유행위가 인정된 경우로, 수익보장은 만기일까지만 예정하고 있고 원고가 회수하지 않는 사이의 평가액 하락은 불법행위와 인과관계가 없다는 취지인데, 만기일을 손해발생시점으로 보는 것으로 이해된다.

### (5) 검토 사건에서 원고들의 손해와 그 발생시기

검토 사건은 피고들의 불법행위가 없었다면, 원고들이 이 사건 펀드에 가입하지 않았을 것이라는 상당인과관계가 인정되는 경우이므로, 손해는 매수대금에서 '불법행위가 종료하여 손해의 발생이 현실화되는 시점'까지 이미 회수한 금액과 회수할 수 있는 금액(그 시점 잔고의 평가액)을 공제한 금액으로 보아야 할 것이다.

그렇다면 원고들의 현실적 손해는 언제 발생한다고 보아야 할 것인지가 문제된다. 검토 사건에서 손해발생이 현실화되는 시점으로 고려해 볼 수 있는 것은 ① 펀드가입시점(2005. 11.), ② 피고 경남은행의 환매권유 안내시점(2008. 8. 25.) 또는 그로부터 일정기간이 지난 시점, ③ 소장 송달시점, ④ 제1심 변론종결시점, ⑤ 항소심 변론종결시점, ⑥ 펀드의 만기시점(다만 환매시는 환매시점) 등이다.

---

재하고 있었으므로, 그 시점에서는 바로 손해가 발생한다고 볼 수는 없다. 이와 같이 위법행위시와 손해발생시 사이에 시간적 간격이 있는 경우에는 결과가 발생한 때에 불법행위가 완성된다고 볼 것이고, 이와 같이, 불법행위가 완성된 시점, 즉 손해발생시가 손해액 산정의 기준시점이 된다.: 「민법주해」 채권(11), (박철 집필부분), 277면.

43) 대법원 2007. 10. 25. 선고 2006다16758, 16765 판결 참조.

44) 대법원 2003. 7. 11. 선고 2001다11802 판결(러시아 국공채 펀드 사건)은 「위법한 투자권유행위가 없었더라면 당해 증권을 매수하지 않았을 것이므로 위법한 투자권유행위와 투자금을 회수하지 못하는 손해 사이에 상당인과관계가 있다」고 한다.

차액설의 입장에서는 이 사건 펀드가입 당시로는 투자금에 상응하는 가치를 갖는 자산이 존재하고 있었으므로 손해를 인식할 수 없고, 펀드 가입 이후 시간적 간격을 두고 손해가 현실화된다고 보지 않을 수 없으므로, ①의 견해처럼 펀드가입시점에서 손해가 현실적으로 발생한다고 볼 수는 없다. 이러한 취지에서 원고8의 상고이유는 받아들이기 어렵다. ④, ⑤의 변론종결시점이라는 견해는 손해발생시점이란 실체법적으로 결정되어야 할 사항인데, 변론종결시점은 절차의 진행에 따라 결정되는 것으로 손해발생시점과 어떠한 방식으로 연결되는지를 설명하기 어렵고, '변론종결시점'에는 제1심, 제2심, 환송후 제2심 등 여러 기준시점이 있을 수 있는데, 제1심과 제2심의 변론종결시점은 그 판결이 확정되지 않고 항소되거나 또는 상고심에서 파기환송되면 그 의미를 상실하게 되어, 소송절차에 따라 기준시점이 변동하게 되는 점을 고려하면 채택하기 곤란하다.

남은 것은 ②, ③의 견해와 ⑥의 견해이다. ②의 경우 피고들의 환매안내시점 또는 그에 따라 원고들이 환매할 수 있었던 시점에 피고들의 부당권유행위, 또는 부당권유행위의 현실적인 작용이 종료되었다고 볼 여지가 있고, ③의 경우 이 사건 소장의 송달시점에 원고들이 이 사건 펀드의 손익을 확정한다는 의사를 분명히 표시하였다는 점에서 원고들이 기존의 투자를 종결짓고 새로운 투자를 한 시점으로 볼 여지가 있어, 각 그 시점에서 부당권유행위와 인과관계가 있는 손해가 현실적으로, 그리고 최종적이고 확정적으로 발생하였다고 볼 수도 있다.

하지만 결론적으로는 ⑥의 견해가 타당하다고 판단된다. 그 이유는 검토사건에서 피고들의 가해행위와 인과관계가 있는 원고의 손해는 원칙적으로 만기시점에 발생하기 때문이다. 즉, 검토사건에서 원고들은 주식의 경우와 달리, 만기가 있는 수익증권에 투자한 것이고 그 투자결정은 원칙적으로 '만기까지 보유하는 것'을 전제로 이루어진 것인데, 그러한 투자결정이 피고들의 부당권유행위로 침해되었으므로, 피고들의 가해행위의 작용은 예정된 대로 만기시까지 작용한다고 보아야 할 것이다. 또한, 이 사건 각 펀드는 원심 변론종결일 이후에도 만기까지 분기별 확정수익금이 지급되고 기준가격이 변동하는 구조로서 만기시점까지 회수할 수 있는 금액을 미리 예측하기도 어렵다. 따라서 피고들의 부당권유행위로 인한 원고들의 손해가 발생하는 시기는 원칙적으로 만기시라고 하지 않을 수 없다. 부당권유행위에 의한 수익증권 판매의 다른 사례에서도 보통 만기시점을 손해발생시기로 보고 있다.

다만, 당초의 투자결정 당시 만기 전 원고들의 선택에 의한 환매나 매각은 예정되어 있었으므로, 원고가 만기 전에 이러한 선택권 행사로 손해발생시기를 앞당길 수 있는 권한은 보유하고 있다고 보아야 할 것이다. 그러나 이것은 원고들의 선택권일 뿐이므로, 원고들이 그 선택권을 행사하지 않았다고 하여 손해발생시기를 환매권유시점이나 소제기 시점으로 결정하는 것[45]은 원고의 선택권 행사를 강요하거나 의제하는 것으로 부당하고, 이것이 ②와 ③의 견해를 채택할 수 없는 핵심적인 이유이다. 즉, 피고들의 환매안내문을 받은 것이나 원고들이 소를 제기한 점만으로 원고들의 잘못된 인식이 시정되어 더 이상 피고들의 행위와 무관한 원고들의 투자 판단 책임만이 남게 된다고 볼 수는 없는 것이다.

따라서 환매권유시점을 기준으로 손해를 인식하고 산정하여야 한다거나, 환매권유시점과 현실적인 환매시점과의 시간적 간격이나 손해가 확대된 결과를 원고들의 과실상계 요소로 고려하여야 한다는 상고이유 주장은 받아들이기 어렵다.

### (6) 소결론

이와 관련하여 대상 판결은 피고들의 상고이유를 배척하면서, 「피고들의 불법행위로 인한 원고들의 손해는 만기시점이나 원고들이 실제로 환매한 시점에서야 현실적·확정적으로 발생하고, 그 시점을 기준으로 그때까지 발생한 원고들의 손해는 피고들의 가해행위와 인과관계가 있다. 이와 달리 원고들이 안내문을 송달받은 시점이나 그 직후 중도 환매할 수 있었던 시점으로, 그 시점까지 발생한 손해만이 가해행위와 인과관계가 있는 것이라고 볼 수는 없다」라고 설시하였다.

나아가 이와 같이 현실적 손해의 발생시점을 만기일 또는 환매대금 수령일로 보면, 가해행위 시점과 손해발생시점 사이에 시간적 간격이 있게 되

45) 환매권유시점 이후의 손해는 가해행위의 인과관계로부터 단절된 것이 된다는 의미이기도 하다.

는데, 이러한 경우의 지연손해금 발생시점은 손해발생시점이 되어야 할 것이므로, 검토사건에서 지연손해금은 펀드가입일이 아니라 환매대금 수령일로부터 지연손해금이 발생한다고 보아야 할 것이다. 대상 판결은 이 점을 직권으로 지적하고 있다.

대상 판결은 또한 원고 8의 상고이유를 배척하면서, 「위 원고가 원심 변론종결시까지 실제로 환매청구권을 행사하지 않은 상태에서 이 사건 펀드가입계약에서 정한 기준가를 이 사건 수익증권의 시가로 평가하여 원심 변론종결일 또는 그 이전에 위 원고의 손해가 현실적·확정적으로 발생한 것으로 취급할 수 없다」라고 설시하였다.

## Ⅴ. 기타 損害의 發生 또는 損害額 算定과 關聯된 爭點

### 1. 原告 1 내지 7에게 國庫債 利率 상당의 消極的 損害가 發生하였는지 與否

원심은 "소극적 손해부분"인 '국고채 이율 상당의 이자'에 관하여, 「원고들이 피고들로부터 이 사건 펀드에 관하여 완전한 설명을 들었더라면 금리가 보장되는 국고채 내지 그와 유사한 금융상품에 투자하였을 것임을 인정할 만한 증거가 없다」라는 이유로 원고들의 주장을 배척하였다. 이에 대해 원고들은 상고이유로 다른 안전 투자상품에 투자하였더라면 받았을 기대수익을 감안하지 않은 것에는 손배배상액 산정에 관한 위법이 있다고 주장하고 있다.

이와 관련하여 문제는 ① 이러한 소극적 손해(일실수익)의 법적 성질이 무엇인가, 즉 통상손해인지, 특별손해인지, ② 특별손해라면 그러한 특별한 사정이 있는지, 또는 그러한 사정을 투자자보호의무를 위반한 피고들이 알거나 알 수 있었다고 볼 수 있는지 여부이다.

최초의 투자시점과 최종적인 손해발생시점까지 사이가 장기간인 경우에는 가입원금에 대한 이자 상당액을 일실수익으로 인정할 필요성이 크므로, 아예 이자상당액 상당의 일실수익을 통상손해로 보아야 한다는 견해도 있지만, 기존 판례는 이러한 손해를 특별손해로 보는 설시를 반복해 오고 있다. 결국 이러한 일실수익의 법적 성질은 투자자보호의무가 있다고 하여 바로 이러한 손해가 인정되는 통상손해가 아니라, 특별한 사정으로 인한 손해, 즉 특별손해라고 보아야 한다. 따라서 이러한 일실수익에 대한 배상의무가 인정되려면, ① 투자자보호의무 위반행위가 없었더라면 최소한 정기예금이자율 이상이 보장되는 안정적인 금융상품에 투자하였을 것, ② 가해자도 그러한 사정을 알거나 알 수 있었을 것의 발생요건을 갖추어야 하고, ③ 이러한 손해가 현실적·확정적으로 발생하였어야 한다.

물론 '투자원금을 안정적인 금융상품에 투자하였을 것이라는 특별한 사정'이 어떠한 사실관계에서 인정될 수 있는지는 개별적인 사안의 특성에 따라 결론이 달라질 수 있는 것이겠지만, 검토사건과 같이 투자기간이 장기간이고, 투자권유자가 일정한 수익보장을 약속하거나, 금융상품의 무위험을 부당하게 강조한 경우에는 그 자체만으로 적어도 투자자들이 정기예금금리 상당의 안정적 금융상품에 투자하였을 것이고, 투자권유자는 이러한 사정을 알거나 알 수 있었다는 점이 추론될 수 있다고 보아, 특별손해를 인정함이 타당할 것이다.[46] 검토사건의 경우 이 사건 펀드의 만기가 6년으로 상당한 장기인 점, 피고들은 이 사건 펀드와 국고채, 시중은행 후순위채, 은행예금 등 위험성이 적은 안정적 금융상품과 비교하여 광고 및 판매활동을 전개한 점에 비추어 보면 원고들은 피고들의 위법행위가 없었더라면 이 사건 펀드에 투자한 원금을 최소한 정기예금이자 상당의 이율이 보장되는 안정적인 금융상품에 투자하였을 것으로 보이고, 피고들로서도 이러한 사정을 알거나 알 수 있었다고 볼 것이다.

대상 판결은 이러한 관점에서 이 부분 원심의 판단에는 '특별손해의 발생요건'에 관한 법리를 오해한 잘못이 있다고 설시하였다. 결국 검토사건의 사실관계라면, 특별손해가 인정되어, 이러한 소극적 손해를 포함한 원고들의

---

46) 대법원 2003. 7. 11. 선고 2001다11802 판결(러시아 국공채 펀드 사건)은 「원고들은 이 사건 불법행위가 없었더라면 종래의 자금운용방식이나 이 사건 수익증권 매입대금의 성격 등에 비추어 적어도 정기예금 이자율이 보장되는 금융상품에 투자하였을 것으로 추인되고, 피고 회사의 직원으로서도 그러한 사정을 알 수 있었다고 봄이 상당하므로 이 사건 불법행위로 인하여 원고들이 입은 손해액은 이 사건 수익증권의 매입원금과 이에 대한 매입일로부터 원고들이 수익증권의 상환을 청구한 이 사건 투자신탁의 만기일까지 시중은행 정기예금 이자율에 의한 이자 상당액의 합계액에서 원고들이 이미 수령한 이익분배금(원천징수세액을 포함한 금액)을 공제한 금액이라고 본 원심의 판단이 정당한 것이다」라고 보았는바, 이러한 취지가 고려된 것으로 보인다.

손해액은 '가입원금+가입원금에 대한 환매일까지의 적어도 정기예금이자율 상당의 이자-환매수령금-기수령확정수익금'이 될 것이다.

## 2. 原告 1 내지 7이 受領한 分期別 確定收益金이 過失相計 後 控除할 利益인지 與否

### (1) 문제의 소재

검토사건의 원심은 원고들이 수령한 분기별 확정수익금을 원고들이 손해배상책임의 원인이 된 불법행위로 인하여 피해자가 새로이 얻은 이득이고, 그 이득이 불법행위와 사이에 상당인과관계가 있다고 보아 이를 과실상계 또는 책임제한 이후의 손해액에서 공제하여야 할 손익상계의 대상이라고 보았다. 원심은 이러한 관점에서 원고들이 입은 손해액을 "이 사건 각 펀드에의 가입원금 - 환매수령금"으로 보았고, 이 금액을 기준으로 과실상계 또는 책임제한을 하여 산출된 금액에서 원고들이 환매 이전까지 수령한 확정수익금을 공제하여 최종적인 손해배상액을 산출하고 있다. 그 결과 원심은 대체로 피고들의 과실비율 또는 책임비율을 제1심보다 높게 인정하였음에도, 손해배상액은 제1심보다 낮아졌고, 일부 원고들은 최종적인 손해가 인정되지 않았다.

관련 사건의 사실심에서 기수령 확정수익금을 손해액 산정의 차감요소로 파악할 것인지 손익상계 항목으로 파악할 것인지에 관하여 견해가 나뉘었다. 손해배상액을 산정할 때 보통 과실상계 후 손익상계를 하는 것으로 알려져 있으므로, 손해액의 산정요소로 파악하는 것이 손익공제하는 것보다 원고들의 인용금액이 커져 원고들에게 유리하다.

### (2) 손익상계 일반론

손익상계란 채무불이행이나 불법행위로 인하여 손해를 입은 자가 동일한 원인에 의하여 이익을 얻은 경우에 그 손해로부터 이익을 공제하여 그 잔액을 배상할 손해액으로 하는 것을 말하고, 이득공제라고도 한다. 이러한 '손익상계'의 개념은 크게 두 가지 의미로 사용되어 왔다. 즉, ① "불법행위의 가해자가 불법행위의 피해자에게 손해를 줌과 동시에 이익도 준 경우에 그 손해액을 산정하는 과정에서 손해로부터 이익을 공제하여 그 잔액을 손해액으로 봄으로써 진정한 손해액을 산출해 내는 작업 내지 조작"이라고 이해하는 관점과, ② "불법행위로 인하여 손해를 입음과 동시에 이익을 얻고 그 이익이 배상채무의 변제 등 본래의 채무삭감원인인 급부 이외에 불법행위와 상당인과관계를 갖는 것으로서 손해의 전보를 목적으로 지급된 경우, 이를 손해액에서 공제하여 손해배상액을 감액조정하는 것"으로 보는 관점이 있다. 대부분의 견해는 위 두 가지 내용을 '손익상계'의 범주에 포함시켜 언급하고 있고, 관점에 따라 어느 한쪽이 고유한 의미의 손익상계이고, 다른 한쪽이 광의의 손익상계라고 설명하는 경우가 있다. 대법원 판례에서도 이와 같은 두 가지 관점을 준별하지 않은 채, '손익상계', '손익공제', '이득공제'의 개념이 사용되어 온 것으로 보인다. 여기서 ①의 관점에서 주로 언급되는 이슈는 일실수익에서 잔존노동능력에 의한 수입액의 공제 문제, 사망자의 생활비 공제 문제, 부양의무자의 양육비 공제 문제, 세금공제 문제, 일실퇴직금에서 실수령퇴직금의 공제 문제, 장래의 손해액 산정에서의 중간이자 공제 문제 등이고, ②의 관점에서 언급되는 이슈는 손해액에서 각종 보험금, 연금, 사회보험금여의 공제 문제이다. 그 외에 문제가 되는 경우에는 그것이 ①의 관점에서 파악할 대상인지, ②의 관점에서 파악할 대상인지를 구별하기가 용이하지 않은 것도 있는 것으로 보인다.

피해자에게 발생한 이득이 결국 공제되는 것이라면, 그것이 손해액 산정의 차감요소이든, 중복전보의 보정이든 손해배상청구권 자체를 감축시키는 것이므로, 실체법상 큰 의미를 가지기는 어렵다고 볼 수도 있으나, 과실상계 또는 책임제한과 손익상계의 순서에 관하여 과실상계를 먼저 하는 입장을 취하면, 이와 같이 '과실상계 이후 공제될 손익상계의 대상에 해당하는지 여부'는 실제상으로도 중요한 차이를 가져오게 된다.[47] 연혁적으로 볼 때, '손익상계'라는 개념은 앞서의 ①의 의미로 먼저 사용되어 온 것으로 생각되나, 대법원이 「손해발생으로 인하여 피해자에게 이득이 생기고 한편 그 손해발생에 피해자의 과실이 경합되어 과실상계를 하여야 할 경우에는 먼저 산정된 손해액을 과실상계한 후에 위 이득을 공제하여야 한다」라고 하여 이득공제는 과실상계 후에 행해져야 한다고 판시하고 있고,[48] 이러한 판례의

47) 오종근, "손익상계", 「아세아여성법학」 제3호, (2000), 298면.

입장이 통상 손익상계에 앞서서 과실상계를 먼저 하여야 하는 것으로 이해되고 있는 점, 나아가 사실심 판결문의 구성이 통상 '손해액 산정 → 과실상계 → 손익상계'의 순서와 구조를 갖추고 있는 점을 고려하면, '과실상계 이전에 손해산정에 있어서 손해액을 차감하는 과정'을 손익상계라는 용어로 지칭하는 것이 오히려 오해의 소지를 안게 되었다.

만약 지금까지 넓게 사용되어 온 손익상계의 개념을 유지한다면, 과실상계와 손익상계의 순서를 직접적으로 다룬 대법원 판례들은 손익상계의 대상으로 근로기준법상의 재해보상금이나 산재보험법상의 보험급여가 문제된 사안에 대한 것이므로 판례의 태도를 모든 경우에 손익상계에 앞서서 과실상계를 하는 것으로 이해하는 것은 잘못된 것이다.[49] 손익상계는 가해행위의 결과 피해자가 오히려 이득을 취해서는 안 된다는 사고를 기초로 하는 것으로서, 피해자가 입은 진정한 손해액을 산정하기 위한 절차이지, 손해배상액을 조정하는 절차는 아닌 반면에, 과실상계는 손해의 발생에 가해자의 과실뿐만 아니라 피해자의 과실이 경합된 경우에, 피해자에게 발생한 손해 전부를 가해자에게 전가하는 것은 부당하므로 이를 가해자와 피해자에게 분담시키는 제도로서 손해배상액을 조정하는 절차이므로 본질상 본래 의미의 손익상계를 먼저 행하여 진정한 손해액을 산정한 이후에, 과실상계를 통해 이를 가해자와 피해자에게 분담시키는 것이 타당하다[50]는 견해를 수용할

---

**48)** 대법원 1996. 1. 23. 선고 95다24340 판결; 대법원 1990. 5. 8. 선고 89다카29129 판결; 대법원 1989. 4. 25. 선고 88다카5041 판결; 대법원 1981. 6. 9. 선고 80다3277 판결.

**49)** 오종근, 전게논문, 304-305면.: 다만, 위 대법원 89다카29129 판결은 재해보상금이나 보험급여가 문제된 사안이 아니라, 불법행위로 인해 훼손된 물건을 후에 처분하여 얻은 이익이 피해자에게 발생한 이득인지 여부가 문제된 사안에서 손익상계에 앞서서 과실상계를 하여야 한다는 일반론을 제시하여 원심 판결을 파기하였는데, 환송 후 원심 판결과 이에 대한 대법원 1991. 8. 27. 선고 91다17894 판결에서는 「피해자가 얻은 이득(불법행위로 훼손된 물건을 처분하여 얻은 이득)은 손해산정의 요소로서 고려되어야 하는 것이지, 손익상계의 대상이 아니다」라고 판단하였다. 따라서 위 대법원 89다카29129 판결이 손익상계에 앞서서 과실상계를 하여야 한다는 법리를 근로기준법상의 재해보상금이나 산재보험법상의 급여가 아닌 다른 이득에 대해서도 적용한 판결로 평가될 수는 없다.

**50)** 오종근, 전게논문, 305-306면.: 근로기준법상의 재해보상금이나 산재보험법상의 산재보험금에 대하여는 위 급여의 법적성격이 기본적으로 근로자가 업무상 입은 재해에 대해 사용자가 지게 될 배상책임을 전제로 하는 것이고, 이때의 배상책임에는 피해자인 근로자의 과실이 참작된 것이므로, 위 재해보상금이나 산재보험금이 손익상계의 대상으로 될 때에는, 다른 이득의 경우와는 달리, 과실상계를 먼저 한 후에 손익상계를 하는 판례의 태도가 타당하며, 공무원연금법, 사립학교교원연금법, 군인연금법상의 급여 중 공무원, 교원, 군인

필요가 있다. 이를 전제로 하면 '손익상계'에는 과실상계 후에 행하여져야 할 것과 과실상계 전에 행하여져야 할 것으로 양분될 것이다.

### (3) 이 사건에서의 검토

대법원 2002. 10. 11. 선고 2002다33502 판결은,[51] 「불법행위로 인한 손해배상액의 산정에 있어 손익공제(손익상계)가 허용하기 위하여는 손해배상책임의 원인인 불법행위로 인하여 피해자가 새로운 이득을 얻었고, 그 이득과 불법행위 사이에 상당인과관계가 있어야 한다」고 설시하여, 손익상계의 요건을 언급하고 있다. 그런데 위 판례의 사안들은 이득의 공제가 부정되거나, 공제되는 이득이 손해액과 같아서 과실상계의 전후가 문제로 될 여지가 없었던 경우로서, 여기서의 손익상계라는 개념은 '과실상계 후에 행하여져야 할 손익상계'의 의미가 아니라 '손해액 산정에서 차감요소의 반영'이라는 의미로 사용되었거나, 적어도 두 가지를 포괄하는 의미로 사용된 것으로 이해되고, '새로운 이득'라는 것도 불법행위와 상당인과관계가 있어야 한다는 점을 의식한 표현에 불과한 것으로 보인다. 따라서 확정수익금을 '과실상계 후에 행하여야 할 손익상계'의 대상으로 보지 않는 원고들이 위 설시의 '새로운 이득'이라는 표현을 근거로 확정수익금이 '새로운 이득'에 해당하지 않으므로, 손익상계의 대상이 아니라고 설명하는 것은 적절하다고 볼 수는 없다. 오히려 이러한 점만 놓고 보면 확정수익금은 위 판례에서 언급하는 '손익상계'에 해당한다는 피고들의 주장이 옳다.

그러나 앞서 본 대로, 원고들의 손해는 환매시점에서 현실적 · 확정적으로 발생하고, 그 손해는 그 시점에서의 위법행위가 없었더라면 존재하였을 재산상태와 위법행위가 가해진 현재의 재산상태와의 차이이므로, 과실상계 이전 단계에서 원고들의 손해액은 '이 사건 각 펀드에의 가입원금-환매수령금-기수령 확정수익금'으로 산정함이 타당하고,[52] 환매수령금이나 기수령 확정수익금을 손해액 산정의 차감요소라고 관념하든, 넓은 의미의 손익상계

등이 업무상 입은 재해에 대해 지급되는 급여도 마찬가지이다. 김현, "인신손해액의 산정에 있어서 손익상계에 관한 연구", 건국대학교, (1995)도 같은 취지이다.

51) 대법원 2007. 11. 30. 선고 2006다19603 판결; 대법원 2009. 12. 10. 선고 2009다54706, 54713 판결.

52) 淸水俊彦, 「投資勸誘と不法行爲」, (2002), 414-417頁도 같은 취지이다.

항목으로 이해하든 이 항목을 과실상계 이후 손해액에서 공제하는 것은 부당하다. 원심이나 피고들은 모두 환매수령금과 구별하여 확정수익금만을 과실상계 후 손익상계 항목으로 언급하고 있으나, 확정수익금 수령액이 기준가격과 이에 따른 환매수령금액의 결정의 한 요소가 되어, 환매수령금액에는 그동안 원고들이 수령한 확정수익금이 감액요인으로 반영되는 관계가 있음에도, 이 두 가지를 달리 취급하는 것은 적절하지 않다.

대법원 2003. 7. 11. 선고 2001다11802 판결(러시아 국공채 펀드 사건)은 「이 사건 불법행위로 인하여 원고들이 입은 손해액은 이 사건 수익증권의 매입원금과 이에 대한 매입일로부터 원고들이 수익증권의 상환을 청구한 이 사건 투자신탁의 만기일까지 시중은행 정기예금 이자율에 의한 이자 상당액의 합계액에서 원고들이 이미 수령한 이익분배금(원천징수세액을 포함한 금액)을 공제한 금액이다」라고 보았고, 대법원 2007. 4. 12. 선고 2004다62641 판결은 「이 사건 선물옵션투자약정과 손실보전약정은 전체로서 일괄하여 부당권유라는 하나의 불법행위를 구성하는 것이고, 이러한 경우 원고로서는 이와 같은 불법행위가 없었다면 투자한 원금의 합계에 상당하는 금액이 계좌에 남아 있었을 것인데 불법행위가 종료된 후, 즉 피고 2와의 이 사건 거래를 중단한 후에는 최종적으로 인출한 계좌 잔고액만 남아 있는 상태이므로, 그 차액이 이 사건 불법행위로 인한 원고의 손해액이 되는 것이다. 따라서 이 사건에서 피고 2가 손실보장약정에 의하여 계좌에 입금시킨 위 1억 5,000만 원이 앞서 인정한 바와 같이 다시 이 사건 거래에 포함되어 투자금으로 사용되었고 그 후 발생된 손실의 충당에 반영되어 계좌 잔고에 반영되었다면, 위 1억 5,000만 원의 지급은 전체 거래 중 일부를 구성하는 개별 거래에 관한 손실·이득의 경우와 마찬가지로 거래 전체에 관한 손해액으로 파악함이 상당하고, 별도의 손익상계로 접근할 것은 아니다」라고 하여, 이와 마찬가지로 동일한 취지로 판시하고 있다.[53]

### (4) 소결론

대상 판결은 확정수익금이 손해액 산정의 차감요소일 뿐이고 과실상계

53) 이외에도 대법원 2005. 7. 15. 선고 2003다28200 판결; 대법원 2006. 2. 9. 선고 2005다63634 판결도 마찬가지이다.

후 공제할 이득은 아님에도 불구하고, 원심 판결이 이와 달리 판단한 것은 위법하다고 설시하였다.

## Ⅵ. 對象 判決의 意義

대상 판결은 우리파워인컴 펀드 사건에 대한 사실심의 판단이 엇갈리는 가운데, 대법원의 입장을 다음과 같이 정리하여 최종적인 판단을 하였다는 점에서 의미가 있다.

① 우리파워인컴 펀드 사건에서 판매회사와 위탁회사는 모두 고객에 대한 투자자보호의무를 위반한 것이다.

② 펀드를 중도에 환매하지 않은 상태에서 만기 이전에 손해배상청구를 한 투자자의 경우, 아직 현실적 손해가 발생하지 않은 것이기 때문에 그러한 청구는 인정되지 않는다.

③ 피고들의 가해행위와 인과관계가 있는 투자자의 손해는 만기시점이나 또는 투자자들이 실제로 환매한 시점까지 발생한 손해이고, 지연손해금은 그 손해발생시점부터 발생한다.

④ 손해액 산정과 관련하여 투자자들이 수령한 분기별 확정수익금은 과실상계 후 공제하여야 할 이익이 아니고, 과실상계 전에 투자자들의 손해액을 산정하는 소극적 요소에 해당한다.

# 資産運用會社와 販賣會社의 投資情報 調査義務*

金 相 延**

◎ 대법원 2015. 11. 12. 선고 2014다15996 판결

[事實의 概要]

**1.** 이 事件 펀드의 構造

이 사건 펀드는 선박 관련 사모형 투자신탁으로, 선주인 주식회사 브리지마린(이하 '브리지마린'이라 한다)은 해운회사인 주식회사 한진해운(이하 '한진해운'이라 한다)과 이 사건 선박에 관하여 정기용선계약을 체결한 후 (①) 그 용선료채권과 선박의 매각대금에 관한 권리를 농업협동조합중앙회(이하 '농협'이라 한다)에 신탁하여 권면액 130억 원, 이자율 연 8.95%인 제1종 수익권 등을 취득하고(②, ③), 자산운용회사인 피고 산은자산운용 주식회사(이하 '피고 산은자산운용'이라 한다)가 수탁회사인 중소기업은행과 신탁약정을 하여 만기 5년인 이 사건 펀드를 설정하며(④), 판매회사인 피고 에스케이증권 주식회사(이하 '피고 에스케이증권'이라 한다)를 통해 이 사건 펀드의 수익증권을 판매하여 모집한 투자금 130억 원을 중소기업은행에 납입하고(⑤, ⑥, ⑦), 중소기업은행은 브리지마린에 130억 원을 지급하여 위 수익권을 양수하면(⑧) 브리지마린은 그 돈으로 이 사건 선박을 구입하여 정기용선계약에서 정한대로 이를 한진해운에 용선하며(⑨, ⑩), 한진해운은 농협에 용선료를 지급하고(⑪), 이 사건 펀드는 위 수익권을 기초로 이 사건

---

* 제38회 상사법무연구회 발표 (2015년 12월 12일)
본 평석은 「BFL」 제75호, 서울대학교 금융법센터, (2016)에 게재하였음.

** 서울중앙지방법원 부장판사

펀드 운용 기간(5년) 동안의 수입(용선료)으로 투자자인 원고들에게 매년 투자원금 중 일부와 이자를 지급하고, 만기가 도래하면 이 사건 선박을 매각하여 그 매각대금으로 나머지 원금을 상환하는 구조로 되어 있다.

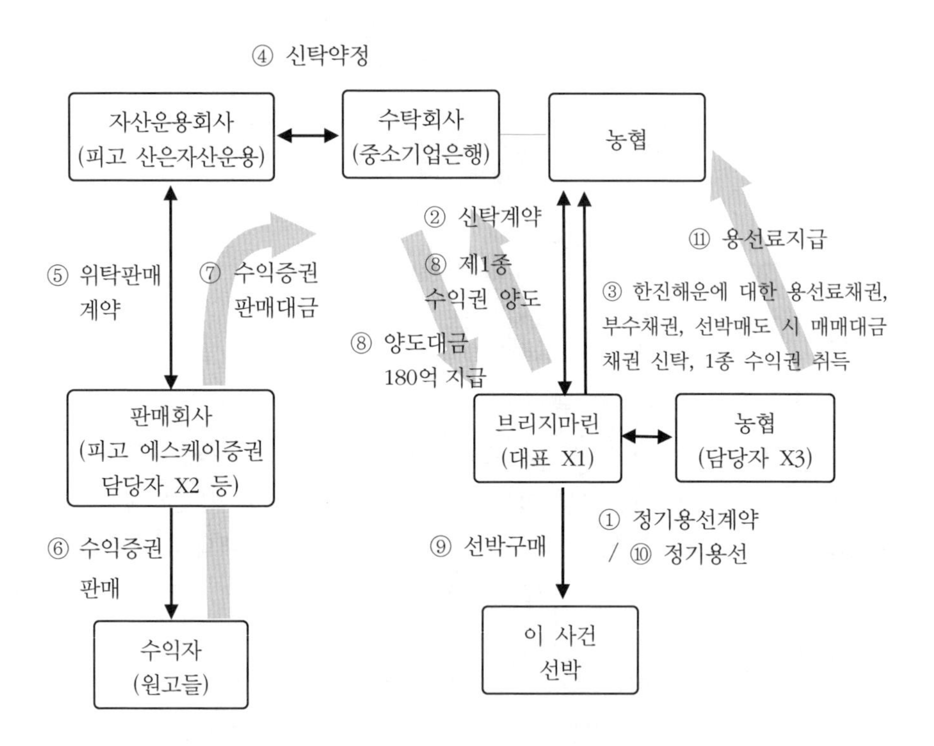


## 2. 事實關係

(1) 브리지마린의 대표이사 X1은 2006. 4.경 피고 에스케이증권의 직원 X2와 협의하여 브리지마린이 구매한 선박에 관하여 신용이 양호한 해운회사와 정기용선계약을 체결한 후 그 용선료채권과 선박의 가치를 담보로 하여 선박구매자금을 조달하는 내용의 이 사건 펀드를 조성하기로 하였다. 피고 산은자산운용은 2006. 7.경 피고 에스케이증권으로부터 이 사건 펀드의 투자계획서를 받아 검토한 후 자산운용회사로 참여하기로 하였다.

(2) 브리지마린은 2006. 7. 4. 한진해운과 이 사건 선박에 관하여 용선기간은 최초 2년으로 하면서 이후 1년씩 총 4차례 계약을 갱신할 수 있도록 정하고, 용선료는 최초 2년은 1일 10,500달러로, 이후 계약이 갱신될 경우 1일

11,000달러로 하는 내용의 이 사건 정기용선계약을 체결하였다.

(3) X1은 2006. 7. 20. 한진해운의 직원인 X3에게 이 사건 선박을 브리지마린이 설립한 외국 법인 A에게 재용선하여 달라고 요청하였다. 이에 따라 한진해운은 2006. 7. 25. A와 이 사건 선박에 관하여 용선기간은 6개월로 하되 6개월 연장 가능하고, 용선료는 1일 11,000달러로 하는 재용선계약을 체결하였고, 같은 날 브리지마린과도 위 계약의 내용을 반영하여 이 사건 정기용선계약의 용선기간을 최초 6개월로 확정하고 이후 6개월 연장하는 것으로 변경하였다.[1] 그럼에도 브리지마린이나 한진해운은 이 사건 펀드 설정과정에서 변경된 정기용선계약의 내용을 피고들에게 알리지 않았고, X1은 이 사건 정기용선계약에 관한 추가약정서를 허위로 작성한 후 이를 피고들에게 제출하여 정기용선계약이 변경된 사실을 감추었다.

(4) 피고 산은자산운용은 2006. 8.경 한진해운에 이 사건 정기용선계약의 내용을 따로 확인하지 아니한 채 용선기간이 최초 2년은 확정되었고, 이후 이 사건 펀드의 만기가 도래하기까지 1년마다 갱신되는 것을 전제로 이 사건 펀드의 수익과 위험을 분석하여 운용제안서를 작성하였다. 피고 에스케이증권은 피고 산은자산운용에게서 위 운용제안서를 받아 이를 수정 · 보완하여 원고들에게 교부하면서 투자를 권유하였다.

(5) 브리지마린은 2006. 8. 28. 한진해운과 이 사건 선박의 용선료채권에 설정한 수익권에 관한 신탁약정을 체결하였고, 피고 산은자산운용도 같은 날 중소기업은행과 이 사건 신탁약정을 체결하였으며, 원고들은 같은 날 이 사건 펀드에 투자하였다.

(6) X1은 2008. 8.경 이 사건 정기용선계약을 용선기간은 이 사건 펀드의 만기까지 남은 3년으로 확정하고, 용선료는 최초 6개월은 1일 7,500달러, 나머지 2년 6개월은 1일 10,000달러로 변경하는 것으로 용선계약서를 위조한 후 이를 피고 산은자산운용에 제출하면서 이 사건 신탁약정의 조건을 변경해 달라고 요구하였다. 피고 산은자산운용은 2008. 9. 10. 원고들의 동의를 얻어 이 사건 신탁약정을 변경하였는데, 그 과정에서 한진해운에 정기용선계

---

1) 대상 판결에서는 원심의 사실인정에 따라 변경된 정기용선계약을 '2차 정기용선계약'이라고 하였다.

약의 내용을 확인하는 등의 조치를 하지 않았다.

(7) 브리지마린은 한진해운으로부터 이 사건 선박을 재용선받는 형식을 취하여 이 사건 선박을 운용하였는데, 호황을 누리던 해운업이 2008년 발생한 금융위기로 인하여 급속하게 침체되자 용선료를 제대로 지급하지 못하였고, 그 결과 이 사건 펀드에 투자한 원고들은 손실을 입었다.

[訴訟의 經過]

### 1. 第1審 (被告들 責任 認定)

제1심은, 「피고 산은자산운용은 이 사건 펀드의 운용회사로서 이 사건 정기용선계약의 내용을 확인할 의무가 있음에도 이를 확인하지 아니한 과실이 있고, 판매회사인 피고 에스케이증권도 이 사건 펀드의 설정을 주도하였으면서도 정기용선계약의 내용을 제대로 확인하지 않고 원고들에게 불충분한 투자설명을 한 후 투자를 유치한 과실이 있다」라고 하여, 피고들의 손해배상책임을 인정하였다. 나아가 피고 산은자산운용은 이 사건 펀드 운용과정에서의 선관주의의무도 위반하였다고 판단하였다.

### 2. 原審 (被告들 責任 否定)

원심은, 「한진해운과 브리지마린이 이 사건 정기용선계약을 변경하면서도 피고들에게 이를 알리지 않았을 뿐만 아니라 적극적으로 1차 정기용선계약이 유효하다고 피고들을 기망한 점에서 피고들이 이 사건 펀드 설정 당시 계약 내용이 이미 변경되었음을 알지 못한 데에 과실이 있다고 할 수 없고, 운용과정에서도 피고 산은자산운용이 X1이 2008년 8월경 작성하여 제출한 정기용선계약서가 허위라고 의심할 만한 사정이 없었기 때문에 그 진위여부를 한진해운에 직접 확인할 의무가 있다고 보기는 어렵다」라고 하여 피고들의 손해배상책임을 부정하였다.

### 3. 上告理由 및 大法院의 判斷

원고들은 상고하여, (i) 피고들은 이 사건 펀드 설정 당시 이 사건 정기용선계약의 내용이 이미 변경된 사실을 확인하지 않고 사실과 다른 정보를 원고들에게 제공하여 투자자보호의무를 위반하였고, (ii) 피고 산은자산운용은 이 사건 펀드의 운용 과정에서 이 사건 재정기용선계약서의 진위를 확인하지 않아서 선관주의의무를 위반하였다고 주장하였다.[2)]

이에 대하여 대법원은, 「(i) 이 사건 정기용선계약의 상대방이나 용선기간 및 용선료에 관한 사항은 이 사건 펀드의 수익 및 위험에 영향을 주는 중요사항이므로, 피고 산은자산운용은 자산운용회사로서 정기용선계약서의 내용을 단순히 신뢰하는 데에 그쳐서는 아니 되고 따로 한진해운에 계약 내용을 확인하여 올바른 정보를 투자자인 원고들에게 제공하였어야 함에도 이를 게을리 하였고, 판매회사인 피고 에스케이증권 역시 이 사건 펀드의 설정을 사실상 주도하였으므로 독립적이고 객관적인 방법으로 정기용선계약의 내용을 조사하여 올바른 정보를 원고들에게 제공하였어야 함에도 이를 하지 아니하여 투자자보호의무를 위반하였으며, (ii) 피고 산은자산운용은 자산운용 과정에서도 정기용선계약의 변경 여부 및 변경된 계약의 내용을 정확히 조사 · 확인하여 이를 판매회사나 원고들에게 알릴 의무가 있었음에도 이를 게을리하여 선관주의의무를 위반하였다」라고 판단하였다.

## [判決의 要旨]

(1) 구 간접투자자산 운용업법(2007. 8. 3. 법률 제8635호로 제정된 자본시장과 융투자업에 관한 법 부칙 제2조에 의하여 폐지. 이하 '구 간접투자법'이라고 한다) 제4조 제2항, 제56조 제1항 및 제4항에 의하면, 자산운용회사는 투자신탁을 설정하고 투자신탁재산을 운용하는 자로서 투자신탁에 관하여 제1차적으로 정보를 생산하고 유통시켜야 할 지위에 있고, 투자자도 자산운용회사의 전문적인 지식과 경험을 신뢰하여 자산운용회사가 제공하는 투자정보가 올바른 것이라고 믿고 그에 의존하여 투자판단을 한다. 따라서 자산운용회사

---

2) 원고들은 이외에도 피고들이 이 사건 선박의 구조 및 브리지마린의 용선계약 체결 가능성과 용선료 취득 전망, 이 사건 선박 매도가격이나 그 하락 위험과 관련하여 잘못된 정보를 제공하여 투자자보호의무를 위반하였고, 피고 산은자산운용이 펀드 운용과정에서 선박의 운항 주체 및 용선료 입금자 확인을 제대로 하지 아니하고, 용선료 채권의 담보 확보 및 선박관리에 관하여 잘못이 있어 선관주의의무를 위반하였다는 취지의 상고이유 주장도 하였으나 이 부분은 쟁점과 무관하여 생략한다.

는 투자신탁재산의 운용대상이 되는 자산과 관련된 제3자가 제공한 운용자산에 관한 정보를 신뢰하여 이를 그대로 판매회사나 투자자에게 제공하는 데에 그쳐서는 아니 되고, 그 정보의 진위를 비롯한 투자신탁의 수익구조 및 위험요인에 관한 사항을 합리적으로 조사한 다음 올바른 정보를 판매회사와 투자자에게 제공하여야 하며, 만약 합리적인 조사를 거친 뒤에도 투자신탁의 수익구조와 위험요인에 관한 정보가 불명확하거나 불충분한 경우에는 판매회사나 투자자에게 그러한 사정을 분명하게 알려야 하는 투자자보호의무를 부담한다.

(2) 판매회사는 특별한 사정이 없는 한 자산운용회사로부터 제공받은 투자설명서나 운용제안서 등의 내용을 명확히 이해한 후 이를 투자자가 정확하고 균형 있게 이해할 수 있도록 설명하면 되고, 그 내용이 진실한지를 독립적으로 확인하여 이를 투자자에게 알릴 의무가 있다고 할 수는 없다. 그러나 판매회사가 투자신탁재산의 수익구조나 위험요인과 관련한 주요 내용을 실질적으로 결정하는 등으로 투자신탁의 설정을 사실상 주도하였다고 볼 만한 특별한 사정이 있는 경우에는 판매회사 역시 자산운용회사와 마찬가지로 투자신탁의 수익구조와 위험요인을 합리적으로 조사하여 올바른 정보를 투자자에게 제공하여야 할 투자자보호의무를 부담한다.

## [評 釋]

### Ⅰ. 序 說

자산운용회사나 판매회사는 투자신탁의 투자권유 단계에서 투자자에게 일정한 투자정보를 제공할 의무를 부담한다. 특히 자산운용회사는 운용단계에서도 투자신탁재산의 관리와 관련된 정보를 수집하여 확인하여야 하고, 때로는 투자자에게 그러한 정보를 제공하여야 할 경우도 있다. 만약 자산운용회사나 판매회사가 선의로 투자자에게 사실과 다른 정보를 제공하거나 투자판단에 필요한 정보를 제공하지 못하여 투자자에게 손실을 입힌 경우 또는 자산운용회사가 부정확한 정보에 기초하여 자산운용을 한 결과 투자자에게 손실을 입힌 경우에 이를 이유로 자산운용회사나 판매회사에게 투자자보호의무 또는 선관주의의무 위반의 책임을 물을 수 있는가? 이는 결국 자산운용회사나 판매회사가 어느 범위의 투자정보까지 조사하고 그 진위를 확인할 의무가 있는지, 그 조사의 정도는 어떠한 수준에 이르러야 하는지에 달려 있다고 할 것이다.

이하에서는 투자신탁과 관련하여 투자권유 단계에서 자산운용회사와 판매회사가 부담하는 투자자보호의무의 내용과 조사의무의 범위, 자산운용회사가 운용과정에서 부담하는 선관주의의무의 내용에 관하여 살핀다.

## Ⅱ. 資産運用會社와 販賣會社의 投資者保護義務

### 1. 資産運用會社의 投資者保護義務

구 간접투자법상 자산운용회사는 투자신탁의 설정자이자 투자신탁재산을 운용하는 자이므로,[3] 수익증권의 판매를 직접 담당하지 않더라도 그 판매에 직접적인 이해관계가 있을 뿐 아니라 투자신탁에 대하여 제1차적으로 정보를 생산하고 유통시켜야 할 지위에 있다.

따라서 자산운용회사는 판매회사나 투자자에게 투자신탁의 수익구조와

---

3) 구 간접투자법 제4조 (자산운용회사) ② 제1항의 규정에 의하여 허가를 받은 자는 다음 각 호의 업무를 영위한다.
  1. 투자신탁의 설정・해지
  2. 투자신탁재산의 운용・운용지시
  3. 투자회사재산의 운용
  4. 그 밖에 대통령령이 정하는 업무

제56조 (투자설명서) ① 투자신탁의 자산운용회사 또는 투자회사(투자회사가 설립중인 때에는 발기인을 말한다. 이하 이 조에서 같다)는 간접투자증권을 발행하는 경우 투자설명서를 작성하고 그 내용이 법령 및 신탁약관 또는 투자회사의 정관의 내용에 부합하는지 여부에 대하여 수탁회사 또는 자산보관회사의 확인을 받아 이를 판매회사에 제공하여야 한다. 신탁약관 또는 투자회사의 정관의 변경 등에 따라 투자설명서의 내용을 변경하는 경우(대통령령이 정하는 경우를 제외한다)에도 또한 같다.

④ 투자신탁의 자산운용회사 또는 투자회사는 투자설명서에 다음 각 호의 사항을 기재하여야 한다.
  1. 당해 간접투자기구의 운용개념 및 방법
  2. 투자원금이 보장되지 아니한다는 사실 등 투자위험에 관한 사항
  3. 당해 간접투자기구의 운용전문인력에 관한 사항
  4. 과거운용실적이 있는 경우 그 운용실적
  5. 그 밖에 투자자 보호를 위하여 대통령령이 정하는 사항

위험요인에 관한 올바른 정보를 제공함으로써 투자자가 그 정보를 바탕으로 합리적인 투자판단을 할 수 있도록 투자자를 보호하여야 할 주의의무와 이에 따른 불법행위책임을 부담한다.[4] 만약 투자설명서나 자산운용회사가 수익증권의 판매과정에서 직접 작성하여 판매회사나 투자자에 제공한 운용제안서 등의 판매보조자료 및 투자신탁 광고의 내용에는 투자자에게 중요한 사항에 관하여 오해를 유발할 만한 표시나 투자신탁의 수익과 위험에 관하여 균형성을 상실한 정보가 담겨 있고 그것이 판매회사의 수익증권 판매과정에서 결과적으로 투자자의 투자판단에 영향을 주었다면, 자산운용회사는 투자자보호의무를 다하였다고 볼 수 없다.[5] 이는 투자신탁의 설정을 판매회사 등 제3자가 실질적으로 주관하였다는 등의 사정이 있더라도 마찬가지라고 할 것이다.

## 2. 販賣會社의 投資者保護義務

판매회사는 투자자의 거래상대방의 지위에서 판매회사 본인의 이름으로 투자자에게 투자를 권유하고 수익증권을 판매하는 역할을 한다. 판매회사가 투자자에게 거래행위에 필연적으로 수반되는 위험성에 관한 올바른 인식 형성을 방해하거나 또는 고객의 투자 상황에 비추어 과대한 위험성을 수반하는 거래를 적극적으로 권유하여서는 아니 되는 투자자보호의무를 부담하므로, 이를 위반하여 투자자에게 손해를 가한 경우에는 불법행위로 인한 손해를 배상할 책임을 진다.[6]

판매회사는 투자자에게 수익증권의 취득을 권유함에 있어 자산운용회사로부터 제공받은 투자설명서를 투자자에게 제공하고 그 주요내용을 설명하여야 하고, 투자자에게 중요한 사항에 대하여 오해를 유발할 수 있는 표시행위, 투자자에게 실적배당 및 원본의 손실가능성 등 간접투자의 특성과 투자위험에 관한 신탁약관 및 투자설명서의 주요내용을 충분하고 정확하게 알리지 아니하는 행위 등을 하지 말아야 할 의무 등 판매행위준칙을 준수할

---

4) 대법원 2007. 9. 6. 선고 2004다53197 판결; 대법원 2011. 7. 28. 선고 2010다101752 판결.

5) 대법원 2011. 7. 28. 선고 2010다76368 판결.

6) 대법원 2011. 7. 28. 선고 2010다101752 판결.

의무를 부담한다(구 간접투자법 제56조 제2항, 제57조 제1항). 따라서 판매회사는 자산운용회사가 제공한 투자설명서의 내용을 숙지하고, 그 의미가 명확하지 않은 부분은 자산운용회사로부터 정확한 설명을 들어 그 내용을 스스로 명확하게 이해한 다음, 투자자에게 그 투자신탁의 운용방법이나 투자계획 및 그로 인한 수익과 위험을 투자자가 정확하고 균형 있게 이해할 수 있도록 설명하여야 하고, 단순히 자산운용회사로부터 제공받은 운용제안서나 판매보조자료 등이 정확하고 충분하다고 믿고 그것에 의존하여 투자신탁에 관하여 설명하였다는 점만으로는 투자자보호의무를 다하였다고 볼 수 없다.[7]

이러한 투자권유단계에서의 판매회사의 투자자보호의무는 투자자가 일반투자자가 아닌 전문투자자라거나 투자신탁이 사모형으로 설정되었다는 이유만으로 배제된다고 볼 수는 없고, 다만 투자신탁재산의 특성과 위험의 수준, 투자자의 투자 경험이나 전문성 등을 고려하여 투자자보호의무의 범위와 정도를 달리 정할 수 있을 것이다.[8]

## Ⅲ. 資產運用會社와 販賣會社의 投資勸誘 段階에서의 投資情報 調査義務

### 1. 商品調査義務

#### (1) 내　　용

증권회사 등 금융투자업자는 투자자에게 투자를 권유함에 있어서 투자목적이나 재산상태 및 투자경험 등에 비추어 명백히 과대한 위험을 수반하는 거래를 적극적으로 권유하여서는 아니 되는데,[9] 이를 "적합성 원칙"이라고 한다. 이러한 적합성 원칙의 전제로서 금융투자업자에게는 고객조사의무와 더불어 상품조사의무가 있는 것으로 해석된다.[10] 금융투자업자가 적합성 원칙을 준수하였다고 하려면 당연히 금융투자상품 조사의무의 이행도 전제

7) 대법원 2011. 7. 28. 선고 2010다101752 판결.

8) 대법원 2015. 2. 26. 선고 2014다17220 판결.

9) 대법원 2003. 1. 10. 선고 2000다50312 판결.

10) 한국증권법학회, 「자본시장법 주석서 Ⅰ」, 박영사, (2015), 282면 (권순일 집필부분); 김건식·정순섭, 「자본시장법」 제3판, 두성사, (2013), 771면; 김용재, "KIKO 사건의 주요 쟁점에 관한 법리적 재검토", 「저스티스」 제140호, (2014), 125-126면.

되어야 하기 때문이다.[11)]

한편 적합성 원칙을 상품조사의무를 설명의무의 한 내용으로 이해하는 견해도 있다.[12)] 이 견해에서는 투자자에게 증권에 관한 정보, 시장 일반에 관한 정보, 증권거래의 기본적 구조에 관한 정보를 진실하게 제공해야 할 의무(진실의무), 투자대상에 대하여 상당한 조사를 하여 필요한 지식을 보유하여야 할 의무(조사의무), 고객의 손해를 발생시키지 않도록 경영조직을 형성할 의무(조직의무)를 설명의무의 내용으로 들고 있다. 적합성 원칙의 경우와 마찬가지로 금융투자업자가 상품조사를 충실히 하지 아니하였다면 투자자에게 상품의 내용과 투자에 따르는 위험 등을 제대로 설명할 수 없을 것이므로 이 또한 수긍할 수 있다. 요컨대, 상품조사의무는 금융투자상품의 투자권유를 하는 금융투자업자가 투자자 보호를 위하여 수행하여야 할 기본적인 의무라고 할 것이다.

### (2) 근 거

자본시장과 금융투자업에 관한 법률(이하 '자본시장법')이 제정되기 전에는 상품조사의무에 관한 규정을 찾기 어려웠고, 현행 자본시장법에서도 금융투자업자에 대하여 고객조사의무(투자자정보확인의무)만을 명시하고 있지만(제46조 제2항), 해석상 적합성 원칙 등에는 상품조사의무도 포함된 것으로 보아도 무리가 없을 것이다.[13)]

한편, 구 증권업감독규정에서는 증권회사가 투자권유를 하는 경우 그 권유내용이 신뢰할 만한 정보·이론 또는 논리적인 분석·추론 및 예측 등 적절하고 합리적인 근거를 가지고 있어야 한다고 규정하였고,[14)] 현행 금융투자업규정에서도 금융투자업자가 신뢰할 만한 정보 등 적절하고 합리적인

---

11) 한국증권법학회, 전게서, 282면 (권순일 집필부분).

12) 이영철, "금융투자상품의 투자권유에 있어서의 설명의무", 「성균관법학」 제20권 제3호, (2009), 778면; 김택주, "이익보장약정에 의한 증권거래와 투자자보호", 「상사법연구」 제21권 제2호, (2002), 458면.

13) 김건식·정순섭, 전게서, 771면.

14) 구 증권업감독규정(2009. 2. 4. 시행된 금융투자업규정으로 폐지) 제4-15조(투자권유) ① 증권회사가 특정한 유가증권의 매매거래나 특정한 매매전략·기법 또는 특정한 재산운용배분의 전략·기법을 채택하도록 고객에게 권유(이하 "투자권유"라 한다)하는 경우에는 그 권유내용이 신뢰할 만한 정보·이론 또는 논리적인 분석·추론 및 예측 등 적절하고 합리적인 근거를 가지고 있어야 한다.

근거 없이 금융투자상품의 투자를 권유하는 것을 불건전 영업행위로 보아 금지하고 있다.[15] 이는 상품조사의무를 반영한 것이다.

## 2. 美國 證券法上의 調査義務理論 (Duty to Investigate, "Know your security rule")

(1) 연혁적으로 금융투자상품 조사의무의 기원은 미국 증권법상 간판이론(Shingle Theory)과 조사의무이론(Duty to Investigate, "Know Your Security")에서 찾을 수 있다.[16]

간판이론은 미국 증권거래위원회(SEC)가 브로커·딜러의 불공정한 영업행위를 규율하기 위하여 발전시킨 이론이다. 브로커·딜러는 영업을 개시할 때, 즉 간판을 내걸 때(When he hangs out his "shingle") 고객에 대하여 공정하고 성실하게 업무를 수행하겠다는 묵시적인 표시(implied representation)를 하였기 때문에 불공정하거나 불성실한 행위를 하는 것은 그러한 표시를 위반한 것이 되어 연방증권법상 사기(fraud)가 된다고 한다.[17] 브로커·딜러는 그가 추천하는 증권에 관하여 의견이나 예측을 하는 경우, 이는 실제 지식을 바탕으로 신중히 고려하여 책임 있게 이루어졌음을 묵시적으로 표시한 것이기 때문에, 브로커·딜러가 근거 없이 낙관적인 의견이나 예측을 하는 것은 부실표시에 해당한다는 것이다.[18]

조사의무이론은 간판이론에서 한 걸음 더 나아간 것이다. 브로커나 딜러가 고객에게 증권의 매수를 권유하는 경우, 이는 그들이 증권에 대하여 잘 알면서 합리적인 근거를 가지고 권유하고 있다는 것을 전제하기 때문에, 브

---

15) 금융투자업규정 제4-20조 (불건전 영업행위의 금지) ① 영 제68조 제5항 제14호에서 "금융위원회가 정하여 고시하는 행위"란 다음 각 호의 어느 하나에 해당하는 행위를 말한다.
  5. 투자권유와 관련하여 다음 각 목의 어느 하나에 해당하는 행위
    다. 신뢰할 만한 정보·이론 또는 논리적인 분석·추론 및 예측 등 적절하고 합리적인 근거를 가지고 있지 아니하고 특정 금융투자상품의 매매거래나 특정한 매매전략·기법 또는 특정한 재산운용배분의 전략·기법을 채택하도록 투자자에게 권유하는 행위

16) 한국증권법학회, 전게서, 282면 (권순일 집필부분).

17) 권순일, 「증권투자 권유자 책임론」, 박영사, (2002), 109면.

18) 한국증권법학회, 전게서, 283면 (권순일 집필부분).

로커 및 딜러는 증권에 대하여 충분한 조사를 하여야 하고 권유하는 내용과 일치하지 아니하는 사실은 이를 알려야 할 의무가 있으며, 이러한 조사의무 위반은 1934년 증권거래법상 사기금지규정의 고의적('willful') 위반행위에 해당한다고 한다.19)

(2) 제2연방항소법원은 1969년 Hanly v. SEC 판결20)에서, 「브로커·딜러는 고객에 대한 관계에서 충분한 근거를 가지고 의견을 제공한다는 것을 묵시적으로 표시한 것이기 때문에 충분하고 합리적인 근거 없이 특정 증권에 대한 투자를 권유해서는 아니 되고, 나아가 브로커·딜러가 투자권유를 하는 때에는 브로커·딜러가 합리적인 조사를 하였다는 것과 그러한 조사를 토대로 권유를 한다는 것을 묵시적으로 표시하는 것이며, 만약 특정 증권에 대한 중요한 정보를 결여하고 있을 때에는 그러한 사실 및 이로 인한 리스크를 밝혀야 한다」고 판시하여 조사의무이론을 채택하였다.21)

한편, SEC는 1977년 In re Merrill Lynch, Pierce, Fenner & Smith 사건22)에서, 「조사의무이론은 브로커·딜러뿐만 아니라 애널리스트에게도 적

---

19) 권순일, 전게서, 111면.

20) Hanly v. SEC, 415 F2d 589(2nd Cir. 1969).: 위 판결의 사실관계는 다음과 같다. 브로커·딜러인 A회사의 직원들은 고객들에게 "B회사의 주가가 6개월에서 1년 이내에 2배로 뛸 것이다"라는 등의 낙관적인 전망을 제시하며 투자를 권유하였다. 그러나 B회사는 설립 이후 적자를 면치 못해 채무초과 상태였고, 신상품을 개발하였으나 생산에 필요한 자금을 확보하지 못하여 파산하였다. SEC는 A의 행위가 증권법 제17조 (a)항, 증권거래법 제10조 (b)항, 제15조 ( c)항, Rule 10b-5 등의 사기금지규정을 고의로 위반한 것이라는 이유로 징계처분을 하였다.

21) 같은 취지의 판결이 계속되었다.: SEC v. Dain Rauscher, Inc., 254 F.3d 852, 857 (9th Cir. 2001).; 증권 전문가는 그가 고객에게 권하는 증권을 조사할 의무가 있다("A securities professional has an obligation to investigate the securities he or she offers to customers"); Franklin Savings Bank of New York v. Levy, 551 F.2d 521, 527 (2d Cir. 1997): 중개인이 자신이 판매하는 증권의 우수함에 대해 말할 때, 그는 묵시적으로 그가 하는 의견에 적절한 사실상의 근거가 있음을 진술한다("where a broker-dealer makes a representation as to the quality of the security he sells, he impliedly represents that he has an adequate basis in fact for the opinion he renders").; 미국 판례의 조사는 이지민 대법원 재판연구관(전문직, 법학박사)의 도움을 받았음을 밝혀둔다.

22) In re Merrill Lynch, Pierce Fenner & Smith, SEC Release No. 34-14149 (Nov. 9, 1977).: Merrill Lynch의 애널리스트로서 S회사를 담당하고 있던 Pierce는 S회사 경영진이 제공한 자료와 낙관적인 전망만을 근거로 독자적인 평가와 분석을 거치지 않은 채 위 회사 주식을 매수 추천종목에 포함시켰고, 이를 토대로 Merrill Lynch 직원들은 고객들에게 위 회사 주가가 단시일에 급등할 것이라는 등의 낙관적인 전망을 제시하면서 매수를 권유한 사안에서, SEC는 이러한 행위가 사기금지규정 위반행위에 해당한다고 하였다.

용되는 것이고, 고객들은 브로커・딜러의 투자권유는 독자적이고 객관적인 분석을 토대로 이루어지는 것이라고 여기므로, 브로커・딜러는 증권발행회사가 제공한 자료와 추정에 전적으로 의존해서는 안 된다」고 하였다.

### 3. 投資信託과 關聯한 資產運用會社의 投資情報 調査義務

#### (1) 내 용

투자신탁은 스스로의 자력과 능력으로 직접 투자를 하기 곤란한 일반 공중의 자금을 모아 자산운용회사라는 투자전문가에게 그 운용을 맡겨서 그 분산투자의 이익을 일반 공중의 투자자로 하여금 누리게 하는 것으로서,[23] 자산운용회사가 투자신탁재산에 관하여 선량한 관리자의 주의의무를 다한 이상 그 운용 결과는 자기책임의 원칙에 따라 투자자에게 귀속되는 것을 원칙으로 한다.[24] 투자자의 자기책임의 원칙은 자산운용회사가 투자판단에 필요한 중요사항에 관하여 올바른 정보를 제공하고 신탁재산의 형성 과정과 그 운용에 있어 선량한 관리자로서 역할을 다하는 것을 전제한다.

투자자도 자산운용회사의 전문적인 지식, 경험을 신뢰하여 투자신탁의 설정이나 제공된 정보와 관련하여 과오가 없다는 것을 기대하고 투자하므로 (자금수탁관계의 존재), 자산운용회사는 그 업무처리에 관하여 일반인보다 더 높은 정도의 전문성을 갖추어야 하고 그에 따른 주의의무를 부담한다.[25]

이렇듯 자산운용회사는 전문적 지식을 갖추고 투자위험을 분석하여 올바른 정보를 투자자에게 제공하여야 하므로, 신뢰할 만한 자료를 통하여 적절하고 합리적인 방법으로 투자신탁의 수익구조와 위험요인 등 투자자에게 제공되는 투자정보의 내용 및 진위를 조사・확인하여 정확하고 충분한 정보를 취득한 후 이를 투자자에게 제공할 의무가 있다.

#### (2) 범 위

자산운용회사가 조사하고 확인해야 할 정보의 범위는 원칙적으로 투자

---

23) 대법원 2006. 10. 26. 선고 2005다29771 판결.

24) 대법원 1998. 10. 27. 선고 97다47989 판결.

25) 이석환, "간접투자기구의 법률관계와 고객보호에 관한 연구 -투자신탁을 중심으로-", 국민대학교, (2005), 101면.

신탁의 수익구조와 위험요인에 관한 중요사항일 것이지만, 자산운용회사가 판매보조자료 등을 작성하여 투자자에게 제공한 경우에는 그 내용도 조사·확인하여 투자자에게 올바른 정보를 제공할 책임이 있다.

어떠한 방법으로 어느 정도까지 조사하는 것이 합리적인지는 투자신탁재산의 특성 및 운용방법을 포함한 투자신탁의 구조와 그 위험 수준 등의 구체적 사정을 종합적으로 고려하여 판단하여야 할 것이지만, 적어도 투자자가 투자신탁의 수익구조 및 위험요인을 올바로 이해할 수 있을 정도에는 이르러야 한다고 본다.

특히 자산운용회사의 투자전문가로서의 지위, 구 간접투자법의 내용 등을 고려할 때, 자산운용회사는 투자신탁재산의 운용대상이 되는 주식 등 증권의 발행인이나 대출채권의 채무자 등과 같이 투자신탁재산의 운용에 이해관계가 있는 제3자가 제공한 정보나 자료를 단순히 신뢰하는 것에 그쳐서는 안 되고, 독자적인 지위에서 투자정보에 관한 합리적인 근거를 얻은 이후에야 투자자에게 투자를 권유할 수 있다. 투자신탁재산의 운용에 이해관계가 있는 제3자는 자산운용회사에게 허위 또는 부실한 정보를 제공할 가능성이 있으므로, 그러한 자가 제공한 서류 등을 단순히 신뢰하여 이를 따로 확인하지 않는 것은 객관적인 조사라고 보기 어렵기 때문이다.

만약 합리적인 조사를 하였음에도 투자신탁의 중요사항에 관한 정보가 불충분한 경우에는 그러한 사정까지 투자자에게 분명히 알려 투자자가 올바른 투자판단을 할 수 있도록 하거나 투자신탁의 설정을 중지해야 할 것이다. 자산운용회사가 이러한 의무를 다하지 아니한 결과 투자판단에 영향을 주는 중요사항에 관하여 사실과 다른 정보를 제공하여 투자자가 손실을 입었다면 자산운용회사는 투자자보호의무 위반의 책임을 지게 된다.

### 4. 販賣會社의 調査義務 有無

(1) 판매회사도 자산운용회사가 제공하는 투자설명서, 운용제안서 등의 자료나 정보의 진실성, 정확성을 직접 조사·확인할 의무가 있다고 할 것인지는 논란의 여지가 있다. 이와 관련하여, 투자자의 자기책임원칙은 정확한 정보의 제공을 전제하고, 구 간접투자법에서 허위표시 또는 오해를 유발할

수 있는 표시행위(구 간접투자법 제57조 제1항 제4호)와 투자자에게 사실에 근거하지 아니한 판단자료를 제공하는 행위(구 간접투자법 시행령 제55조 제1항 제1호) 등을 금지하고 있는 점에 비추어, 판매회사도 투자자에게 제공하는 정보의 진실성을 조사할 의무가 있고, 자산운용회사로부터 받은 정보의 정확성을 믿었다는 이유만으로 그 의무를 다하였다고 볼 수 없다고 할 여지도 있다.

(2) 그러나 판매회사는 투자신탁 관련정보의 생산자가 아니다. 구 간접투자법상 투자신탁의 약관과 투자설명서의 작성은 자산운용회사의 의무이고, 투자설명서의 내용이 법령 및 신탁약관에 부합하는지에 관한 확인도 판매회사가 아닌 수탁회사가 하여야 하며, 판매회사는 투자권유 과정에서 투자자에게 그 투자설명서를 제공하고 주요 내용을 설명하면 된다(제29조, 제56조). 이러한 점에서 판매회사에 대하여 자산운용회사가 생산한 정보의 진실성 등을 조사하라고 요구하는 것은 적절하지 아니하다.

판매회사에 대하여 투자정보 조사의무를 부여하는 경우 그 법적 책임이 지나치게 확대될 가능성도 있다. 예컨대, 해외에 아파트를 건설하여 판매하는 부동산 개발 사업에 투자하는 펀드의 경우, 판매회사가 해외에 진출한 사업주체가 정말로 외국에 아파트를 건설할 땅의 소유권(혹은 임차권)을 취득하였는지, 그 사업주체가 외국에 아파트를 건설할 수 있는 면허를 보유하고 있는지 등을 일일이 확인한 후에야 해당 펀드의 수익증권을 판매할 수 있다고 하는 것은, 판매회사의 지위나 거래현실 및 조사비용 등을 고려할 때 무리한 의무부담이라 할 것이다.

따라서 판매회사는 원칙적으로 자산운용회사가 제공하는 정보를 명확히 이해한 후 이를 투자자가 정확하고 균형 있게 이해할 수 있도록 설명하면 되고, 그 정보의 진실성까지 자산운용회사가 아닌 제3자를 통하여 조사, 확인할 의무가 있다고 할 수는 없다.

(3) 대법원 2012. 12. 26. 선고 2010다86815 판결[26]은, 「판매회사가 자산운용회사로부터 교부받은 상품소개서의 주요 내용을 정확하게 설명하는 외

26) 사모형 뮤지컬펀드와 관련하여, 뮤지컬 공연을 위한 대관이 이루어지지 아니하였음에도 판매회사가 자산운용회사가 작성한 상품소개서에 따라 공연을 위한 대관이 이루어졌다고 투자자에게 설명하였으나, 그 후 뮤지컬 공연이 실행되지 못한 결과 투자자가 손해를 입은 사안이었다.

에 상품소개서에 기재된 내용이 진실인지 여부에 관하여 제3자에게 확인한 후 이를 투자자에게 설명하여야 할 법률상 의무를 부담한다고 보기는 어렵다」라고 한 원심의 판단을 수긍하였다.

한편 대법원 2011. 7. 28. 선고 2010다76368 판결에서는, 「판매회사는 자산운용회사가 제공한 투자설명서의 내용을 숙지하고, 그 의미가 명확하지 않은 부분은 자산운용회사로부터 정확한 설명을 들어 그 내용을 스스로 명확하게 이해한 다음, 투자자에게 그 투자신탁의 운용방법이나 투자계획 및 그로 인한 수익과 위험을 투자자가 정확하고 균형 있게 이해할 수 있도록 설명하여야 하고, 단지 자산운용회사로부터 제공받은 판매보조자료의 내용이 정확하고 충분하다고 믿고 그것에 의존하여 투자신탁에 관하여 설명하였다는 점만으로는 투자자보호의무를 다하였다고 볼 수 없다」라고 하였는데, 이는 자산운용회사가 제공한 투자설명서 등의 내용이 명확하지 아니한 경우에는 자산운용회사에게 확인하여 그 내용을 정확히 이해한 후에 고객에게 설명해 주어야 한다는 것이지 그 정보의 진실성을 제3자를 통하여서까지 확인하여야 한다는 취지는 아니라고 할 것이다.

(4) 다만 판매회사도 예외적으로 자산운용회사와 함께 투자정보에 대한 진실성 등을 조사할 의무를 부담하는 경우도 있다.

판매회사가 단순히 자산운용회사로부터 받은 투자정보를 투자자에게 전달하는데 그치지 않고 스스로 투자신탁의 설정을 주도하면서 투자신탁의 수익구조와 위험요인에 관한 중요사항을 실질적으로 결정하는 등 사실상 자산운용회사와 같은 역할을 수행하였다고 볼 만한 특별한 사정이 있다면, 판매회사도 실제 수행한 역할에 따른 책임을 져야 할 것이다.

이러한 경우에는 판매회사가 투자신탁의 수익구조 및 위험요인에 관한 사항에 관하여 잘 알고 있다는 것이 전제되므로, 그에 기초하여 투자판단을 한 투자자의 신뢰를 보호할 필요가 있다. 판매회사가 투자자에게 필요한 조사를 하지 아니하여 투자판단에 영향을 주는 중요사항에 관하여 사실과 다른 자료를 제공하거나 합리적 근거도 없이 낙관적인 전망을 전달하였다면, 이는 투자자의 오해를 유발할 수 있는 표시행위로서 구 간접투자법이 정한 판매행위준칙을 위반한 것으로 볼 수도 있다.

한편 판매회사는 제3자에게 자금조달을 주선하기 위하여 적극적으로 투자신탁 설정에 관여하는 경우가 많은데, 이 경우 판매회사는 투자자보다는 알선수수료를 지급하는 자금수요자에게 유리하도록 허위 또는 불확실한 투자정보를 생성하여 제공할 위험이 있다. 이를 막기 위해서라도 위와 같은 특별한 사정이 있는 경우에는 판매회사에게 정보의 진실성에 관하여 확인할 의무를 지우는 것이 바람직하다. 나아가 판매회사가 자산운용회사로부터 제공받은 정보가 허위임을 알았거나 중대한 과실로 알지 못한 경우에도 투자자보호의무 위반의 책임이 있다고 할 것이다.

### 5. 이 事件의 檢討

이 사건 펀드와 같은 선박펀드는 투자금을 선주에게 선박구매자금으로 제공하고 그 선박에 관하여 체결되는 정기용선계약의 용선료 수입과 만기에 선박을 매각하여 얻는 자금 등을 재원으로 하여 투자금을 회수하는 구조로 되어 있는 것이 일반적이다. 이러한 선박펀드는 용선료 수입이 일정기간 지속적으로 유지되는지와 만기의 선박가치 등에 따라 그 수익과 위험이 결정되므로, 정기용선계약의 내용 특히 용선료 및 용선기간, 정기용선자의 선박운용능력이나 신용과 관련한 사항은 투자자들의 투자판단에 영향을 주는 중요사항이라고 할 것이다.

대상 판결은 피고 산은자산운용이 중요사항인 정기용선계약의 내용에 관하여 한진해운에게 따로 확인하지 아니하고 브리지마린이 제출한 계약서의 내용만을 신뢰하여 이를 그대로 전달한 것은 투자자보호의무 위반이라고 보았고, 비록 판매회사의 지위에 있었지만 이 사건 펀드의 설정을 사실상 주도하였음에도 따로 정기용선계약의 내용을 확인하지 아니한 피고 에스케이증권 역시 같은 책임을 진다고 하였다.

## Ⅳ. 資産運用會社의 運用段階에서의 善管注意義務

### 1. 內　　容

구 간접투자법상 자산운용회사는 법령, 약관, 투자회사의 정관, 투자설명서에 위배되는 행위를 하거나 그 업무를 소홀히 해서는 안 되고(제19조 제1항), 선량한 관리자의 주의로써 투자신탁재산을 관리해야 하며, 간접투자자의 이익을 보호해야 할 의무가 있다(제86조 제1항). 자산운용회사가 투자신탁재산의 관리와 관련하여 선관주의의무를 다하였는지는 관계 법령과 투자신탁 약관의 내용, 투자신탁재산의 운용목표와 방법, 그 시점에서의 시장 상황 및 전망 등 제반 사정을 종합적으로 살펴서 판단해야 할 것이다.

다만 자산운용회사가 가능한 범위 내에서 수집된 정보를 바탕으로 투자신탁재산의 최상의 이익에 합치된다는 믿음을 가지고 신중하게 투자신탁재산의 운용에 관한 지시를 하였다면 선량한 관리자로서의 책임을 다한 것이라고 할 것이고, 설사 그 예측이 빗나가 투자신탁재산에 손실이 발생하였다고 하더라도 그것만으로 투자신탁재산 운용단계에서의 선량한 관리자로서의 주의의무를 위반한 것이라고 할 수 없다.[27]

이렇듯 자산운용회사가 투자신탁재산의 운용과 관련하여 선관주의의무를 이행하려면 우선 가능한 범위에서 그와 관련된 정확한 정보를 조사하여 수집하여야 하는데, 어느 범위의 정보까지 수집하고 확인하여야 하는지는 법령이나 신탁약관, 투자설명서의 내용, 투자신탁재산의 종류 등 구체적 사정에 따라 달라질 것이다.

### 2. 이 事件의 檢討

대상 판결은 피고 산은자산운용이 신탁약정을 변경하는 과정에서 계약내용의 유·불리와 상관없이 중요사항인 정기용선계약의 상대방이나 용선기간 및 용선료에 관한 사항을 정확히 조사·확인하였어야 함에도 X1이 제출한 계약서를 신뢰하여 이를 하지 아니한 것은 선관주의의무 위반이라고 판단하였다.

## Ⅴ. 對象 判決의 意義

구 간접투자법상의 자산운용회사와 판매회사의 투자자보호의무는 종래 투자자의 합리적인 투자판단을 위하여 제공하여야 할 정보의 범위, 즉 투자

27) 대법원 2003. 7. 11. 선고 2001다11802 판결; 대법원 2013. 11. 28. 선고 2011다96130 판결.

자가 투자신탁의 위험 등을 판단하기에 충분한 정보가 제공되었는지와 관련하여 주로 논의되었고, 투자자에게 제공되는 투자정보의 진실성을 조사하고 확인할 의무가 누구에게 있는지, 그 조사를 위하여 어느 정도의 주의를 기울여야 하는지에 관한 선례는 찾기 어려웠다.

대상 판결은 투자신탁과 관련하여 자산운용회사가 부담하는 투자정보 조사의무의 내용과 그 근거, 판매회사가 조사의무를 부담하게 되는 예외적인 경우에 관하여 밝힌 점에서 의미가 있다.

# 流通市場에서의 不實公示에 대한 損害賠償責任*

金 容 載**

◎ 대법원 **2015. 1. 29.** 선고 **2014다207283** 판결

## [事實의 概要]

(1) 피고 회사는 보일러 제조업 등을 영위하는 회사로서 2001. 2. 16. 설되어 2009. 4. 30. 주식회사 한국거래소(이하 '한국거래소'라고 한다)가 운영하는 코스닥시장에 상장된 회사이다.

(2) 원고는 코스닥시장에서 아래에 제시한 표의 기재와 같이 피고 회사 주식을 거래였다.

| 매수 | | | | 매도 | | | |
|---|---|---|---|---|---|---|---|
| 일자 | 수량 | 매수단가 | 매수대금 | 일자 | 수량 | 매도단가 | 매도대금 |
| 2011-7-27 | 329 | 25,150원 | 8,274,350원 | 2012-8-22 | 1,800 | 13,100원 | 23,580,000원 |
| 2011-8-2 | 599 | 24,600원 | 14,735,400원 | | | | |
| 2011-8-2 | 272 | 24,650원 | 6,704,800원 | | | | |
| 2011-8-9 | 300 | 20,850원 | 6,255,000원 | | | | |
| 2011-8-17 | 100 | 22,250원 | 2,225,000원 | | | | |
| 2011-8-17 | 69 | 22,400원 | 1,545,600원 | | | | |
| 2011-8-17 | 131 | 22,450원 | 2,940,950원 | | | | |
| 합계 | 1,800 | | 42,681,100원 | 합계 | 1,800 | | 23,580,000원 |

---

* 제39회 상사법무연구회 발표 (2016년 3월 26일)
본 평석은 「외법논집」 제40권 제3호, 한국외국어대학교 법학연구소, (2016)에 게재하였음.

** 고려대학교 법학전문대학원 교수

(3) 피고 회사는 코스닥 상장요건의 충족을 위하여 2007년경부터 손실이 예상되는 공사에서 발생한 원가를 다른 공사로 대체하며 공사원가를 사실과 다르게 배분하는 등의 방법으로 매출액 및 당기순이익을 조작하였고, 그 무렵부터 2011년 반기까지 이와 같은 분식회계를 통하여 자본총액, 부채총액, 매출액, 당기순이익이 과대 또는 과소 계상된 허위의 재무제표를 작성하였다(이하 '이 사건 분식회계'). 피고 회사는 이를 기초로 하여 2009. 4. 30. 코스닥시장에 상장된 이래, 2009. 5. 15.부터 2011. 8. 16.까지 거짓으로 기재된 사업보고서, 반기보고서, 분기보고서(이하 '이 사건 사업보고서 등')를 작성하여 공시하였다.

(4) 2011년 상반기 무렵 삼성중공업가 피고 회사를 인수하는 과정에서 회계실사가 진행되던 중 피고 회사에 대한 분식회계설이 불거지자 한국거래소는 2011. 9. 6. 08:58:09 피고 회사 주식의 매매거래를 정지하고, 2011. 12. 7. 상장폐지실질심사위원회를 개최하여 피고 회사가 상장폐지기준에 해당한다는 결정을 하였다.

(5) 위 결정에 피고 회사가 이의하자 한국거래소는 2012. 7. 10. 피고 회의 상장을 유지하기로 결정하였고, 이에 따라 2012. 7. 11. 피고 회사 주식의 매매거래가 재개되었다(거래가 재개된 이후 40여일이 경과한 2012. 8. 22. 원고는 보유주식 1,800주를 전량 매도하였다).

(6) 피고 회사 주식의 주가 추이는 아래 '주가' 그래프 기재와 같다.

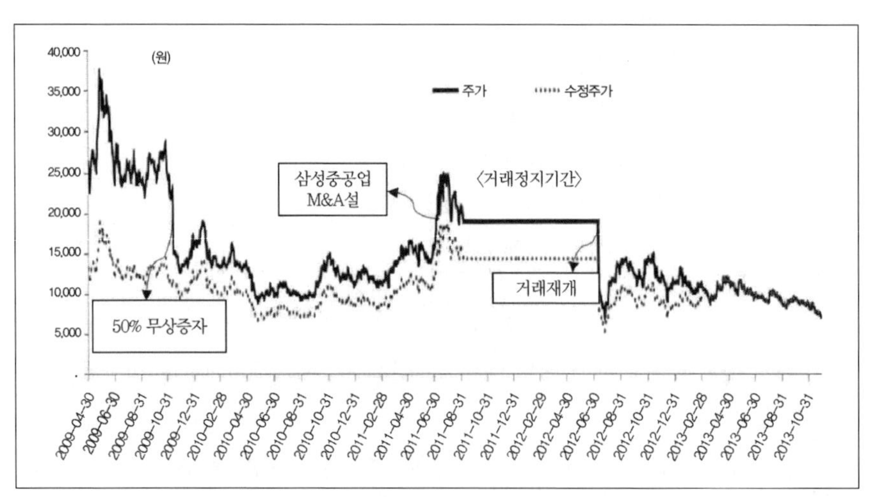

[訴訟의 經過]

## 1. 原審 判決[1)]

### (1) 손해배상책임의 발생

위 인정사실에 의하면, 이 사건 사업보고서 등에는 거짓의 기재가 존재하고, 이는 투자자의 합리적인 투자판단 또는 해당 증권의 가치에 중대한 영향을 미칠 수 있는 중요사항에 해당한다고 할 것이므로, 이 사건 사업보고서 등의 제출인인 피고 회사는 자본시장과 금융투자업에 관한 법률(이하 '자본시장법'이라 한다) 제162조[2)]에 따라 이 사건 사업보고서 등이 공시된 후에 코스닥시장에서 피고 회사 주식을 취득한 원고가 그 거래로 입은 손해를 배상할 책임이 있다.

### (2) 손해배상책임의 범위

#### (가) 인과관계 있는 손해액

자본시장법 제162조의 규정을 근거로 주식의 취득자가 주권상장법인 등에 대하여 사업보고서의 허위기재 등으로 인하여 입은 손해의 배상을 청구하는 경우 주식의 취득자는 같은 법 제162조 제4항의 규정에 따라 사업보고서의 허위기재 등과 손해 발생 사이의 인과관계의 존재에 대하여 증명할 필요가 없고, 주권상장법인 등이 책임을 면하기 위하여 이러한 인과관계의 부존재를 증명하여야 한다.

피고 회사는, 원고가 주장하는 손해액 중에서, ① 삼성중공업의 피고 회사 인수 계획에 따라 인상된 주가와 관련된 부분, ② 피고 회사 주식의 거래재개 이후 주주들이 피고 회사 주식을 '투매'함에 따라 하락한 주가와 관련한 부분은 이 사건 거짓기재와 인과관계가 없다고 주장하나, 을 제12호증과 제19호증의 각 기재만으로는 이를 인정하기에 부족하고 달리 이를 인정할 만한 증거가 없으므로, 위 주장은 받아들이지 아니한다.

따라서 이 사건 사업보고서 등의 거짓기재와 인과관계 있는 원고의 손해액은 원고가 피고 회사 주식을 취득한 금액(42,681,100원)에서 피고 회사

---

1) 서울중앙지방법원 2014. 2. 13. 선고 2012나30457 판결.

2) 자본시장법 제162조는 유통시장에서의 부실공시에 대한 손해배상책임을 규정한 조항이다.

주식을 처분한 금액(23,580,000원)을 공제한 19,101,100원이 된다.

**(나) 책임의 제한**

다만, 주식 가격의 변동요인은 매우 다양하고 여러 요인이 동시에 복합적으로 영향을 미치는 것이기에 어느 특정 요인이 언제 어느 정도의 영향력을 발휘한 것인지를 가늠하기가 극히 어렵다는 점을 감안할 때, 허위공시 등의 위법행위 이외에도 매수시점 이후 손실이 발생할 때까지의 기간 동안의 당해 기업이나 주식시장의 전반적인 상황의 변화 등도 손해 발생에 영향을 미쳤을 것으로 보여 지나 성질상 그와 같은 다른 사정에 의하여 생긴 손해액을 일일이 증명하는 것이 극히 곤란한 경우가 있을 수 있고, 이와 같은 경우 손해분담의 공평이라는 손해배상제도의 이념에 비추어 그러한 사정을 들어 손해배상액을 제한할 수 있다고 봄이 상당한바(대법원 2007. 10. 25. 선고 2006다16758, 16765 판결 참조), ① 삼성중공업의 피고 회사 인수 계획이 피고 회사 주가의 상승에 영향을 미쳤다고 볼 수 있는 점(다만 삼성중공업 인수 계획 자체도 피고 회사의 분식회계에 기인한 측이 있음은 부정할 수 없다), ② 원고가 피고 회사 주식을 매수한 이후 손실이 발생할 때까지의 기간 동안 피고 회사나 주식시장의 전반적인 상황 변화 등도 손해 발생에 영향을 미쳤을 것으로 보이는 점 등 제반 사정을 참작하여 보면, 피고 회사의 책임을 70%로 제한함이 상당하다.

## 2. 上告理由의 要旨

### (1) 원고의 상고이유

피고의 책임을 70%로 제한한 것은 불법행위로 인한 손해배상사건에서의 책임제한 법리에 반하는 것으로서 그 사유의 인정과 비율의 산정이 형평의 원칙에 비추어 현저히 불합리하다.

### (2) 피고의 상고이유

**(가) 제1점: 인과관계 부존재 증명에 관한 법리오해, 채증법칙 및 자유심증주의 위반**

삼성중공업과의 M&A설로 인한 주가급등 부분은 분식회계와 무관한 다른 요인으로 인하여 발생한 것이므로, 손해배상범위에서 제외되어야 한다.

그럼에도 원심은 인과관계 부존재를 뒷받침하는 사건연구(event study) 방법에 따른 감정결과를 합리적 이유 없이 배척하였다.

**(나) 제2점: 과실상계 내지 책임제한에 관한 법리오해**

원심은 과실상계 내지 책임제한에 관하여 제반 상황을 충분히 고려하지 못하고 그 책임비율을 피고에게 너무 높게 인정하였다.

## [判決의 要旨]

### 1. 被告의 上告理由 第1點에 대하여

자본시장법 제162조의 규정을 근거로 주식의 취득자 또는 처분자가 주권상장법인 등에 대하여 사업보고서의 거짓 기재 등으로 인하여 입은 손해의 배상을 청구하는 경우에, 주식의 취득자 또는 처분자는 자본시장법 제162조 제4항의 규정에 따라 사업보고서의 거짓 기재 등과 손해 발생 사이의 인과관계의 존재에 대하여 증명할 필요가 없고, 주권상장법인 등이 책임을 면하기 위하여 이러한 인과관계의 부존재를 증명해야 한다. 그리고 자본시장법 제162조 제4항이 요구하는 '손해 인과관계의 부존재 사실'의 증명은 직접적으로 문제된 해당 허위공시 등 위법행위가 손해 발생에 아무런 영향을 미치지 않았다는 사실이나 부분적 영향을 미쳤다는 사실을 증명하는 방법 또는 간접적으로 문제된 해당 허위공시 등 위법행위 이외의 다른 요인에 의하여 손해의 전부 또는 일부가 발생하였다는 사실을 증명하는 방법으로 가능하다. 이 경우 특정한 사건이 발생하기 이전의 자료를 기초로 하여 그 특정한 사건이 발생하지 않았다고 가정하였을 경우 예상할 수 있는 기대수익률 및 정상주가를 추정하고 그 기대수익률과 시장에서 관측된 실제 수익률의 차이인 초과수익률의 추정치를 이용하여 그 특정한 사건이 주가에 미친 영향이 통계적으로 유의한 수준인지 여부를 분석하는 사건연구(event study) 방법을 사용할 수도 있으나, 투자자 보호의 측면에서 손해액 추정조항을 둔 자본시장법 제162조 제3항의 입법 취지에 비추어 볼 때, 예컨대 허위공시 등 위법행위 이후 매수한 주식의 가격이 하락하여 손실이 발생하였는데 허위공시 등 위법행위 이후 주식 가격 형성이나 그 위법행위 공표 이후 주식 가격 하락의 원인이 문제된 해당 허위공시 등 위법행위 때문인지 여부가 불분명하다는 정도의 증명만으로는 위 손해액의 추정이 깨진다고 볼 수 없다(대법원 2010. 8. 19. 선고 2008다92336 판결 등 참조).

### 2. 原告의 上告理由 및 被告의 上告理由 第2點에 대하여

자본시장법 제162조가 적용되는 손해배상청구소송의 경우에도 손해의 공평 부담이라는 손해배상법의 기본 이념이 적용되어야 하므로, 피해자에게 손해의 발생 및 확대에 기여한 과실이 있다는 사정을 이유로 과실상계를 하거나 공평의 원칙에 기하여 책임을 제한할 수 있다. 특히, 주식 가격의 변동요인은 매우 다양하고 여러 요인이 동시에 복합적으로 영향을 미치므로 어느 특정 요인이 언제 어느 정도의 영향력을 발휘한 것인지를 가늠하기가 극히 어렵다는 사정을 감안할 때, 허위공시 등의 위법행위 이외에도 매수한 때부터 손실이 발생할 때까지의 기간 동안의 해당 기업이나 주식시장의 전반적인 상황의 변화 등도 손해 발생에 영향을 미쳤을 것으로 인정되지만, 성질상 그와 같은 다른 사정에 의하여 생긴 손해액을 일일이 증명하는 것이 극히 곤란한 경우가 있을 수 있고, 이와 같은 경우 손해분담의 공평이라는 손해배상제도의 이념에 비추어 그러한 사정을 들어 손해배상액을 제한할 수 있다(대법원 2007. 10. 25. 선고 2006다16758, 16765 판결 등 참조). 한편 손해배상사건에서 과실상계나 손해부담의 공평을 기하기 위한 책임제한에 관한 사실인정이나 그 비율을 정하는 것은 그것이 형평의 원칙에 비추어 현저하게 불합리하다고 인정되지 않는 한 사실심의 전권사항에 속한다(대법원 2008. 11. 27. 선고 2008다31751 판결 등 참조).

원심의 판결 이유를 위 법리와 적법하게 채택된 증거들에 비추어 살펴보면, 판시와 같은 이유를 들어 판시 비율에 의하여 피고의 책임을 제한한 원심의 판단에 상고이유 주장과 같이 과실상계 또는 책임제한에 관한 법리를 오해한 위법이 없다.

## [評 釋]

## Ⅰ. 序 說

대상 판결은 자본시장법 시행 이후 유통시장에서의 부실공시에 대한 손해배상책임을 인정한 첫 번째 사건으로서 의의를 갖는다. 그렇지만 자본시장법 시행 이전에도 구 증권거래법상 유통시장에서의 부실공시에 대한 손해배상책임에 대해 발행시장에서의 부실공시에 따른 손해배상책임을 그대로 준용하였고 그에 따른 판례들도 체계적으로 집적되어 왔으므로 대상 판결이 기존의 선례들과 차별화되는 법리를 제시한 것은 아니다. 그렇지만 대상 판결로 인하여 구 증권거래법과 자본시장법의 차이점을 규명할 수 있는 계기가 되었다는 점, 발행시장과 유통시장에서의 부실공시책임을 동일하게 볼 것인지에 대한 문제의식을 갖게 되었다는 점 및 인과관계에 대한 기존의 대법원 판례들을 체계적으로 조망할 수 있게 되었다는 점으로 인하여 대상 판결이 평석자에게 갖는 의의는 적지 않다고 판단된다. 다음은 대상 판결에서의 쟁점에 보다 초점을 맞추어 자본시장법 제162조와 기존 대법원 판례의 법리 및 이 사건에서의 적용 등을 순차적으로 고찰하고자 한다.

## Ⅱ. 資本市場法 第162條 및 舊 證券去來法과의 比較

### 1. 資本市場法 第162條

자본시장법 제162조는 유통시장에서의 부실공시에 대한 손해배상책임을 규정하고 있다.[3] 이는 동법 제125조 내지 제127조의 발행시장에서의 부

---

**3)** 자본시장법 제162조 (거짓의 기재 등에 의한 배상책임) ① 제159조 제1항의 사업보고서·반기보고서·분기보고서·주요사항보고서(이하 "사업보고서등"이라 한다) 및 그 첨부서류(회계감사인의 감사보고서는 제외한다) 중 중요사항에 관하여 거짓의 기재 또는 표시가 있거나 중요사항이 기재 또는 표시되지 아니함으로써 사업보고서 제출대상법인이 발행한 증권(그 증권과 관련된 증권예탁증권, 그 밖에 대통령령으로 정하는 증권을 포함한다. 이하 이 조에서 같다)의 취득자 또는 처분자가 손해를 입은 경우에는 다음 각 호의 자는 그 손해에 관하여 배상의 책임을 진다. 다만, 배상의 책임을 질 자가 상당한 주의를 하였음에도 불구하고 이를 알 수 없었음을 증명하거나 그 증권의 취득자 또는 처분자가 그 취득 또는 처분을 할 때에 그 사실을 안 경우에는 배상의 책임을 지지 아니한다.

1. 그 사업보고서등의 제출인과 제출당시의 그 사업보고서 제출대상법인의 이사
2. 「상법」 제401조의2 제1항 각 호의 어느 하나에 해당하는 자로서 그 사업보고서등의 작성을 지시하거나 집행한 자
3. 그 사업보고서등의 기재사항 및 그 첨부서류가 진실 또는 정확하다고 증명하여 서명한 공인회계사·감정인 또는 신용평가를 전문으로 하는 자 등(그 소속단체를 포함한다) 대통령령으로 정하는 자
4. 그 사업보고서등의 기재사항 및 그 첨부서류에 자기의 평가·분석·확인 의견이 기재되는 것에 대하여 동의하고 그 기재내용을 확인한 자

② (예측정보에 대한 조항: 생략)

실공시에 대한 손해배상책임과 동일한 책임 내용을 규정한 것으로 민법상 불법행위책임에 대한 특칙이라고 할 수 있다.[4] 자본시장법은 투자자 측의 과실의 입증책임을 전환하고 손해배상액 추정 규정을 두어 인과관계의 입증책임도 전환하고 있다. 이 때문에 사업보고서 등의 허위기재·부실기재가 문제되는 사건에서 투자자는 ① 민법상의 불법행위책임이나 ② 자본시장법상의 법정책임을 모두 청구할 수 있지만(판례는 청구권경합설), 투자자는 후자의 청구를 더욱 선호하는 것이다. 공시서류상의 허위기재 등에 의한 배상책임과 관련하여서는 배상청구권자와 배상책임자의 범위, 상당한 주의의 면책항변의 요건과 입증책임, 인과관계의 증명과 손해배상액의 추정, 배상액의 산정과 감액이 쟁점이 되고 있다.

### 2. 舊 證券去來法과의 比較

구 증권거래법은 제14조에서 제16조까지 발행시장에서의 부실공시에 대한 손해배상책임에 대해 규정한 후, 제186조의5에서 발행시장의 규정들을 유통시장에서의 부실공시에 대한 손해배상책임에 준용하는 형식으로 규정하였다. 자본시장법은 제125조부터 제127조까지 발행시장에서의 부실공시책임을 규정하면서 제162조에서 유통시장에서의 부실공시책임을 독자적으로 규정하고 있으므로, 준용이 아닌 별개의 규정을 두는 형식을 취하고 있다. 물론 양자의 책임이 동일하다는 측면에서 실질적으로 자본시장법이 구 증권거래법의 준용 형식과 전혀 차이가 없다는 점을 주목하여야 한다. 그렇다 보니

---

③ 제1항 및 제2항에 따라 배상할 금액은 청구권자가 그 증권을 취득 또는 처분함에 있어서 실제로 지급한 금액 또는 받은 금액과 다음 각 호의 어느 하나에 해당하는 금액(처분의 경우에는 제1호에 한한다)과의 차액으로 추정한다.
1. 제1항 및 제2항에 따라 손해배상을 청구하는 소송의 변론이 종결될 때의 그 증권의 시장가격(시장가격이 없는 경우에는 추정처분가격을 말한다)
2. 제1호의 변론종결 전에 그 증권을 처분한 경우에는 그 처분가격

④ 제3항에 불구하고 제1항 및 제2항에 따라 배상책임을 질 자는 청구권자가 입은 손해액의 전부 또는 일부가 중요사항에 관하여 거짓의 기재 또는 표시가 있거나 중요사항이 기재 또는 표시되지 아니함으로써 발생한 것이 아님을 증명한 경우에는 그 부분에 대하여 배상책임을 지지 아니한다.

⑤ 제1항 및 제2항에 따른 배상의 책임은 그 청구권자가 해당 사실을 안 날부터 1년 이내 또는 해당 제출일부터 3년 이내에 청구권을 행사하지 아니한 경우에는 소멸한다.

4) 김건식·정순섭, 「자본시장법」, 박영사, (2013), 229면.

구 증권거래법상의 주석이나 판례들이 자본시장법상의 책임을 논하는 데 있어서 그대로 적용되는 것이다.

## Ⅲ. 流通市長에서의 不實公示에 대한 損害賠償責任

### 1. 對象行爲

자본시장법 제162조의 손해배상책임의 대상이 되는 공시서류는 사업보고서, 반기보고서, 분기보고서, 주요사항보고서 및 그 첨부서류이다.[5] 이러한 서류들 중 중요한 사항에 관하여 거짓의 기재 또는 표시가 있거나 중요사항이 기재 또는 표시되지 않았을 것이 제162조의 책임발생 요건이라고 할 수 있다.[6] 여기서 "중요사항"이란 자본시장법 제47조 제3항의 "투자자의 합리적인 투자판단 또는 해당 금융투자상품의 가치에 중대한 영향을 미칠 수 있는 사항"을 말한다.[7]

대법원 2012. 10. 11. 선고 2010다86709 판결은 사업보고서의 재무제표가 일반투자자로 하여금 회사의 재무상황을 가늠할 수 있게 하는 가장 중요한 투자 지표라는 점을 인정하면서, 사업보고서의 재무제표에 기업회계기준이 허용하는 합리적·객관적 범위를 넘어 자산을 과대평가하는 행위(소위 분식회계)는 가공의 자산을 계상하는 것과 마찬가지로 경제적 사실과 다른 허위의 기재를 하는 것에 해당하므로 구 증권거래법 제186조의5, 제14조 제1항에서 정한 중요사항의 허위 기재가 있는 것으로 본다고 하였다.[8]

---

5) 회계감사인의 감사보고서는 제외하는데 이는 주식회사의 외부감사에 관한 법률 제17조 제2항부터 제9항까지를 준용하기 때문이다.

6) 투자자에게 오해를 불러일으키는 오인표시도 허위표시나 기재누락과 동일시된다는 학설도 있다.: 김건식·정순섭, 전게서, 231면.

7) 대법원 2009. 7. 9. 선고 2009도1374 판결은, 「구 증권거래법(2007. 8. 3. 법률 제8635호로 공포되어 2009. 2. 4. 시행된 자본시장과 금융투자업에 관한 법률 부칙 제2조로 폐지) 제188조의4 제4항 제2호의 '중요한 사항'이란, 미공개정보 이용행위 금지조항인 같은 법 제188조의2 제2항에서 정한 '일반인에게 공개되지 아니한 중요한 정보'와 궤를 같이 하는 것으로서, 당해 법인의 재산·경영에 관하여 중대한 영향을 미치거나 유가증권의 공정거래와 투자자 보호를 위하여 필요한 사항으로서 투자자의 투자판단에 영향을 미칠 수 있는 사항을 의미한다」라고 하였다.

8) 동 판결에는, 기업회계기준이 허용하는 합리적·객관적 범위를 넘어 매도가능증권, 매출채권 및 선급금, 재고자산, 이연법인세자산을 과대계상하였다는 판시가 나온다.

## 2. 賠償請求權者와 賠償義務者 및 免責事由

### (1) 배상청구권자

자본시장법 제162조에 따라 배상을 청구할 수 있는 자는 사업보고서 제출대상법인이 발행한 증권의 취득자 또는 처분자이다.

### (2) 배상의무자

배상의무자는 ① 사업보고서등의 제출인과 제출 당시의 그 사업보고서 제출대상법인의 이사, ② 상법 제401조의2 제1항의 업무집행관여자에 해당하는 자로서 그 사업보고서등의 작성을 지시하거나 집행한 자, ③ 사업보고서등의 기재사항 및 그 첨부서류가 진실 또는 정확하다고 증명하여 서명한 공인회계사·감정인 등과 같은 전문가, ④ 사업보고서등의 기재사항 및 그 첨부서류에 자기의 평가·분석·확인 의견이 기재되는 것에 대하여 동의하고 그 기재내용을 확인한 자이다. 이들 배상의무자 간 책임의 법적 성격에 대해서는 명문의 규정이 없으나, 피해구제의 실효성을 두텁게 하려는 취지에서 공동불법행위자의 '부진정연대책임'이라는 해석이 다수설이다.[9]

### (3) 면책사유

#### (가) 무과실의 항변

일반불법행위로 인한 손해배상책임은 과실책임으로 원고인 피해자에게 입증책임이 있다. 그러나 자본시장법 제162조 제1항 단서는 피고의 무과실을 면책요건으로 규정함으로써 과실의 입증책임을 피고에게로 전환시키고 있다. 즉 피고가 상당한 주의를 하였음에도 불구하고 거짓의 기재 등을 알 수 없었음을 입증하면 책임을 면할 수 있도록 하고 있는 것이다. 대법원 2007. 9. 21. 선고 2006다81981 판결은 「여기서 '상당한 주의를 하였음에도 불구하고 이를 알 수 없었음'을 증명한다는 것은 '자신의 지위에 따라 합리

---

9) 미국의 1934년 증권거래법 §21D(f)는 증권법 위반을 명백히 인식(knowing violation)하면서 법률위반행위를 하는 경우에만 연대책임(joint and several liability)을 지고 그 외의 경우(non-knowing violation) 자신이 초래한 손해에 대해서만 비례적인 책임(proportional liability)을 지도록 하고 있다.: Thomas Lee Hazen, *The Law of Securities Regulation 6th ed.*, WEST, 2009, pp. 527-528.: 우리나라에서도 입법론적으로 이러한 비례책임제도를 도입하여야 한다는 목소리도 있다.: 김건식·정순섭, 전게서, 250면; 임재연, 「자본시장법」, 박영사, (2013), 439면; 김정수, 「자본시장법원론」, SFL그룹, (2014), 563면.

적으로 기대되는 조사를 한 후 그에 의하여 허위기재 등이 없다고 믿을 만한 합리적인 근거가 있었고 또한 실제로 그렇게 믿었음'을 입증하는 것을 의미한다」라고 하였다.10)

#### (나) 악의의 항변

자본시장법 제162조 제1항 단서에 의하면 증권의 취득자 또는 처분자가 취득 또는 처분을 할 때 거짓의 기재 등을 안 때에는 면책된다. 누가 입증책임을 부담하는지에 대해 명문의 규정은 없으나, 학설은 피고가 원고의 악의를 입증할 책임이 있다고 보고 있다.11) 대법원 2007. 9. 21. 선고 2006다81981 판결도 「배상의무자인 이사가 책임을 면하기 위해서는 … 그 유가증권의 취득자가 '취득의 청약시에 그 사실을 알았음'을 입증하여야 한다」라고 함으로써 학설과 동일한 입장을 취하고 있다.

### 3. 因果關係

인과관계는 크게 증권의 취득자 또는 처분자가 거래를 한 것이 부실한 공시서류 때문이었는가 하는 거래인과관계와 취득자 또는 처분자의 손해가 그러한 부실공시로부터 발생하였는가 하는 손해인과관계로 구분할 수 있다. 거래인과관계는 일반 민법상 '손해배상책임의 성립'에 관한 인과관계의 문제에 상응하고, 손해인과관계는 '손해배상의 범위'에 관한 인과관계에 상응하는 개념이다.12)

---

10) 同旨: 대법원 2002. 9. 24. 선고 2001다9311, 9328 판결. 이러한 판례 법리에 의하면, 자본시장법 제162조 제1항 제4호의 '사업보고서등의 기재사항 및 그 첨부 서류에 자기의 평가·분석·확인 의견이 기재되는 것에 대하여 동의하고 그 기재내용을 확인한 자'는 주로 회사가 제공하는 자료를 기초로 자신의 의견을 제출할 것인데, 이러한 자들이 회사가 제공한 기초자료의 거짓이나 부실로 잘못된 의견을 기재할 경우 그 사실 만으로 면책을 주장할 수 없고 상당한 주의를 다 하였음에도 기초자료의 거짓이나 부실을 알 수 없었다는 점을 입증하여야 할 것이다.: 고창현·김연미, "기업회계관련법의 분석과 평가", 「BFL」 제4호, (2004), 45면.

11) 부실공시에 대한 책임규정이 투자자의 구제를 위한 특칙인 점 그리고 입증책임에 관한 일반론인 법률요건분류설에 의하면 권리장애규정의 요건사실은 이를 주장하는 자가 입증책임을 부담한다는 점 등을 근거로 하고 있다.: 김건식·정순섭, 전게서, 242면; 임재연, 전게서, 445면; 김정수, 전게서, 550면.

12) 오영준, "2000년대 민사판례의 경향과 흐름 (상법)", 「민사판례연구」 제33권(하), (2011), 839면 참조.

### (1) 거래인과관계

거래인과관계란 부실기재와 거래 간에 인과관계가 있어야 한다는 것으로 원고가 부실기재를 신뢰하고 이러한 신뢰를 기초로 거래하였어야 한다는 것이다. 이에 대해서는 거래인과관계가 불필요하다는 부정설과 필요하다는 긍정설이 있다. "부정설"은 손해배상의무자는 원고가 신고서 등을 본 일조차 없어도 면책되지 않는다는 입장이다.[13] 이에 반하여 "긍정설"은 자본시장법상 손해인과관계와 같이 증명책임을 전환하는 규정이 없으므로, 거래인과관계에 대한 증명책임은 원고에게 있다는 입장이다. 우리나라에서는 발행시장과 유통시장에서의 공시의 성격이 다르다는 점에 착안하여, 발행시장에서의 부실공시책임과 달리 유통시장에서의 부실공시책임의 경우 원고에게 거래인과관계에 대한 입증책임을 지도록 하여야 한다는 해석론 내지 입법론도 주장되고 있다.[14]

---

13) 엄밀하게 말하자면 부정설도 다시 두가지 입장으로 나눌수 있다. 첫째, 부실공시책임의 성립에 있어서 거래인과관계는 요건이 아니라는 간명한 입장이다[임재연, 전게서, 459면; 김정수, 전게서, 553면; 김병연, "증권시장에 있어서 시장사기이론 관련 판례분석과 손해배상책임에 있어서 인과관계의 문제 -우리나라와 미국의 판례를 중심으로-", 「기업소송연구 2005(Ⅱ)」, (2006), 140면]. 둘째, 거래인과관계가 요건이지만, 증권의 취득자는 부실공시서류를 믿고 증권을 취득한 것으로 법률상 추정되므로 입증책임의 소재에 대해서는 일반 민법상의 불법행위책임과 달리 배상의무자가 인과관계의 부존재를 본증으로 입증하여야 한다는 입장이다[문용선, "유가증권의 취득자가 주권상장법인 등에 대하여 사업보고서의 허위기재 등으로 인하여 입은 손해의 배상을 청구하는 경우, 사업보고서의 허위기재 등과 손해발생 간의 인과관계의 존부에 관한 입증책임의 소재 -대법원 2002. 10. 11. 선고 2002다38521 판결-", 「대법원판례해설」 제42호, (2003), 162-163면; 오영준, 전게논문, 840면; 김건식·정순섭, 전게서, 243-244면].

14) 첫째, 발행시장에서 증권신고서의 공시는 유일한 투자판단자료이다. 그러나 유통시장에서 투자자들이 증권을 취득함에 있어 사업보고서 등의 공시는 유일한 투자판단자료가 아니며 그 외에도 매우 다양한 변수의 영향을 받는다. 따라서 발행시장에서 투자자들이 공시서류를 읽고 신뢰하였기 때문에 증권을 취득하였다고 추정해도 문제되지 않지만, 유통시장에서 투자자들은 공시서류 이외의 정보들을 많이 접하므로 부실공시 서류를 읽고 신뢰하였기 때문에 증권을 취득하였음을 입증하여야 한다. 둘째, 발행시장에서는 투자설명서의 교부가 강제되는데 반하여 유통시장에서는 어떠한 서류의 교부도 강제되지 않는다. 따라서 유통시장에서는 투자자들이 비치된 서류들을 읽고 그 진실성을 신뢰하여 증권을 취득하였음을 입증하여야 한다. 셋째, 발행시장에서의 공시서류는 투자를 권유하기 위한 것이다. 그러나 유통시장에서의 공시서류는 직접적으로 투자를 권유하기 위한 것이 아니다. 따라서 배상의무자에게 책임을 물으려면 투자자가 실제로 그 공시서류를 믿고 투자했는지를 밝혀야 한다. 넷째, 유통시장에서 신뢰의 추정을 광범위하게 인정할 경우 특정한 공시 이후에 취득한 모든 투자자들이 시세하락으로 인한 손해를 부실공시의 탓으로 돌리는 결과를 야기한다. 다섯째, 발행시장에서 부실공시의 경우 발행회사는 발행한 증권의 정당한 가

비교법적으로 미국에서는 발행시장의 부실공시에 대해 1933년 증권법 제11조의 손해배상책임이 적용되는데, 거래인과관계에 대해 원고는 이를 전혀 입증할 책임이 없다.[15] 그와 대조적으로 유통시장의 부실공시에 대해서는 1934년 증권거래법 제18조 (a)항의 손해배상책임이 적용되는데, ① 원고는 부실표시를 직접 신뢰하고서 매매를 하였다는 거래인과관계를 입증하여야 하고, ② 증권의 가격이 부실표시에 의하여 영향을 받았음을 입증하여야 한다. 그렇다 보니 이렇게도 엄격한 인과관계의 요건으로 인해 동조는 거의 활용되지 않고, 그 대신 1934년 증권거래법 제10조 (b)항에 근거한 SEC Rule 10b-5가 활용되게 되었다.[16] SEC Rule 10b-5의 요건은 ① 증권의 매매에 있어서, ② 피고의 주관적인 인식하에 중요한 사항의 부실표시가 있고,

---

치보다 더 많은 대가를 지급받은 것이다. 따라서 발행회사에게 엄격한 책임을 부담시키는 것은 부당하게 얻은 이익을 반환하도록 하는 것이므로 합리성이 인정된다. 그러나 유통시장에서 부실공시가 있다는 이유만으로 발행회사에게 부당한 이익이 귀속되었다고 단정할 수 없으며 발행회사에게 발생한 손해는 궁극적으로 주주의 손해로 귀속된다는 점에서 발행시장에서의 부실공시와는 차별화된다. 여섯째, 비교법적으로 미국이나 일본에서는 발행시장과 유통시장의 부실공시책임을 구분하여 규율하고 있다. 특히 미국에서는 발행시장과 달리 유통시장의 경우 거래인과관계의 입증을 요구한다.: 고창현, "부실기재관련 증권소송에서의 인과관계와 증명책임", 「증권집단소송 Issue 시리즈 6」, 전국경제인연합회, (2005), 42-43면 참조.

15) 1933년 증권법 제11조의 책임은 다음과 같이 원고의 입증 부담을 상당히 덜어주었다는 점에서 보통법상의 사기로 인한 책임과 차별화 된다: ① 원고는 적극적인 부실표시나 소극적인 기재 누락이 있다는 점을 입증하기만 하면 된다. ② 부실표시에 대한 피고의 주관적인 인식을 필요로 하지 않는다. ③ 원고는 증권신고서의 부실표시를 신뢰하여 당해 증권을 매수하였음을 입증할 필요가 없다(거래인과관계 불요). ④ 피고의 책임을 면하기 위한 항변 사유로서 피고는 원고가 부실표시를 알고 있었다는 사실을 입증하거나(악의의 항변, "the plaintiff knew the statement was untrue or misleading"), 피고 자신이 증권신고서에 기재된 정보에 관해 상당한 주의를 기울였음을 입증하여야 한다(without fault 항변). 발행회사는 후자의 항변도 주장할 수 없으므로 무과실책임이다. "the issuer can not depend upon the grounds that it was without fault in the making of the representation." ⑤ 피고가 책임을 면하려면 원고의 손해가 부실표시가 아닌 다른 원인에 기한 것임을 입증하여야 한다.: Harold S. Bloomenthal & Samuel Wolff, Securities and Federal Corporate Law 2d ed., WEST, 1999, §§ 12:27, 12:36.

16) 1934년 증권거래법 제10조 (b)항은 원래 증권 사기(securities fraud)를 규제하는 권한을 SEC에 부여하는 근거 조항으로서 기능하며, 동조 위반에 대해서는 형사처벌을 규정하고 있을 뿐 손해배상을 인정하는 명시적인 규정이 없다. 따라서 종래 SEC Rule 10b-5 위반에 대해 손해배상을 청구할 수 있는지가 불분명하였는데, 미국의 연방대법원은 *Superintendent of Insurance v. Bankers Life and Casualty Company*, 404 U.S. 6 (1971) 사건에서 제10조 (b)항이 묵시적 사적 소권(implied private right of action)을 포함하고 있다는 내용의 판결을 하였다.: Thomas Lee Hazen, op. cit., pp. 442-443.

③ 원고는 이를 신뢰하여 거래하였으며, ④ 그 거래로 인해 손해가 발생하여야 한다. 그런데 ③과 관련하여 1934년 증권거래법 제18조 (a)항과 같이 엄격한 거래인과관계를 필요로 하는지가 문제되었던 *Basic Incorporated v. Levinson*, 485 U.S. 224 (1988) 사건에서, 연방대법원은 소위 "시장사기이론"(fraud on the market theory)을 확립하였다. 시장사기이론은 유통시장에서의 부실공시와 관련하여 회사의 부실표시가 주가에 반영되므로 투자자가 실제로 그 부실표시를 알지 못하였더라도 시장가격을 신뢰하고 거래하였다면 그 부실표시와 투자자의 거래 사이에 거래인과관계가 존재한다는 이론으로서, 종래의 엄격한 거래인과관계를 대폭 완화한 것이다.[17)]

우리나라의 판례는 자본시장법(구 증권거래법)이 아닌 민법을 적용하는 경우에도 미국에서의 소위 시장사기이론을 도입하여 '거래인과관계를 필요로 하지 않는다는 입장' 또는 '거래인과관계의 존재를 추정하는 입장'에 서 있는 것으로 분석된다. 즉 대법원 1997. 9. 12. 선고 96다41991 판결은, 「주식거래에서 대상 기업의 재무상태는 주가를 형성하는 가장 중요한 요인 중의 하나이고, 대상 기업의 사업보고서의 재무제표에 대한 외부감사인의 회계감사를 거쳐 작성된 감사보고서는 대상 기업의 재무상태를 드러내는 가장 객관적인 자료로서 일반투자자에게 제공·공표되어 그 주가형성에 결정적인 영향을 미치는 것이므로, 주식투자를 하는 일반투자가로서는 그 대상 기업의 재무상태를 가장 잘 나타내는 감사보고서가 정당하게 작성되어 공표된 것으로 믿고 주가가 당연히 그에 바탕을 두고 형성되었으리라는 생각 아래 대상

---

**17)** 참고로 *Basic Incorporated v. Levinson*, 485 U.S. 224 (1988) 판결에 의하면, 시장사기이론은 공개적이고 발전된 자본시장에서의 유가증권의 가격은 발행회사에 관한 이용 가능한 중요정보에 의하여 결정된다는 가정을 기초로 하고 있다. 그리고 부실공시는 비록 매수자가 직접 그 공시에 의존하지 않더라도 매수자를 기망하는 것이 된다고 한다. 유가증권시장은 일반적인 대면거래와 다르므로 증권사기에 있어서의 인과관계의 요건도 다소 차별화되어야 한다는 점이 강조된다. 유가증권시장에서의 거래는 매도자와 매수자 사이에 시장(market)이 개입하여 당해 정보를 시장가격에 반영하는 방법으로 전달하는데, 시장이 투자자에게 모든 이용 가능한 정보에 기초할 때 당해 증권은 현재 시장가 상당의 가치가 있다는 것을 알려주는 것으로 보며, 시장가격으로 증권을 사고파는 투자자는 그 가격의 진실성을 믿고자 할 것이다. 대부분의 공개정보는 시장가격에 반영되므로, 허위표시에 대한 투자자의 의존도 추정할 수 있다. 동 판결에서는 「증권사기소송에 있어서 ① 시장가격이 허위기재나 누락에 의하여 영향을 받았다는 점과 ② 원고의 손해가 사기적 행위에 의하여 유인된 시장가격으로 매수나 매도를 함으로써 발생한 것이라는 점을 입증함으로써 신뢰의 요건을 충족한다」고 판시하였다.: Ibid., pp. 474-475.

기업의 주식을 거래한 것으로 보아야 한다」라고 하였다. 하급심 판결 중에는 '거래인과관계의 존재를 추정'한 판결이 있다. 즉 서울지법 2000. 11. 23. 선고 2000나32740 판결은, 「현재 및 장래의 주식가격, 회사의 재무상태, 발전 가능성 등을 고려하여 그 주식 취득 여부를 결정하는 피해자가 가해행위와 손해발생 간의 인과관계의 모든 과정을 증명하는 것은 극히 어렵거나 사실상 불가능한 경우가 대부분이어서, 위와 같은 경우에까지 피해자에게 모든 입증책임을 부담시키게 되면 사회 형평의 관념에 맞지 않게 되는 점 등에 비추어 보면, 피고가 인과관계의 부존재를 입증하지 못하는 한 인과관계의 존재가 사실상 추정된다고 봄이 상당하다」라고 하였다.

#### (2) 손해인과관계

손해인과관계란 부실기재와 손해 간에 인과관계가 있어야 한다는 것이다. 민법상 일반 불법행위원칙에 따르면 증권의 취득자 또는 처분자가 손해인과관계의 입증책임을 진다. 그러나 이러한 원칙을 관철할 경우 손해, 즉 거짓의 기재가 없었더라면 취득시 당해 증권이 가졌을 진정한 가치와 취득가액의 차액을 입증하는 것이 용이하지 않다. 왜냐하면 분식회계 등 거짓의 기재가 없었더라면 존재하였을 증권의 진정한 가치를 선정하기가 매우 어렵기 때문이다. 원고로 하여금 이러한 손해의 엄격한 증명을 요구하는 것은 결국 손해배상의 청구를 불가능하게 만들 것이다. 그렇다 보니 투자자 보호의 측면에서 자본시장법은 손해배상청구를 용이하게 할 수 있도록 손해인과관계의 입증책임을 피고에게 전환하고 있다.[18] 즉 동법 제162조 제4항은 피고에게 손해발생과 중요사항의 허위기재나 누락 간 인과관계의 부존재를 입증하도록 요구함으로써, 손해인과관계에 대한 입증책임을 전환하는 규정을 두

---

18) 서울지방법원 2000. 11. 23. 선고 2000나32740 판결은 「원고들이 입은 이 사건 주식의 가격하락으로 인한 손해가 위와 같이 유가증권신고서에 중요한 사항이 누락된 것과 인과관계가 있었는지에 관하여 살피건대, 증권거래법 제15조 제2항은 "제1항의 규정에 불구하고 제14조의 규정에 의하여 배상책임을 질 자가 청구권자가 입은 손해액의 전부 또는 일부를 허위로 기재·표시하거나 중요한 사항을 기재·표시하지 아니함으로써 발생한 것이 아님을 입증한 경우에는 그 부분에 대하여 배상책임을 지지 아니한다."고 규정하고 있는 점, 주식거래의 특수성으로 인하여 피해자에게 인과관계에 관한 모든 입증책임을 부담시키게 되면 사회 형평의 관념에 맞지 않게 되는 점 등을 고려하면, 피고측에서 유가증권신고서의 부실기재 때문에 손해가 발생한 것이 아니라는 인과관계의 부존재를 입증하지 못하는 한 인과관계의 존재가 추정된다고 봄이 상당하다」라고 하였다.

게 된 것이다. 따라서 투자자는 자신의 손해발생이 사업보고서 등의 거짓 기재를 신뢰한 것에 기인하였다는 점을 입증할 필요가 없다.

참고로 미국의 1933년 증권법 제11조 (e)항은 발행시장의 부실공시와 관련하여 손해배상액을 법정하고 있으며, 원고는 부실표시와 손해 간의 인과관계를 입증할 필요가 없고, 피고가 손해의 전부 또는 일부가 부실표시 이외의 원인으로 발생한 것임을 입증한 경우 그 한도에서 책임을 지지 않도록 하고 있다(손해인과관계의 입증책임이 피고에게 전환).[19] 이와 대조적으로 유통시장의 부실공시와 관련하여 SEC Rule 10b-5 소송의 손해인과관계에 대해서 원고는 부실표시가 손해의 직접적인 원인(proximate cause)이었음을 입증하여야 한다.[20] 이는 발행시장의 부실공시와 달리 유통시장의 부실공시의 경우 원고에게 손해인과관계의 입증책임을 부담시키는 것이다.

이러한 미국 법제로 인하여 우리나라에서도 발행시장에서의 부실공시책임과 달리 유통시장에서의 부실공시책임에 대해서는 손해인과관계를 달리 구성하는 형식으로 법문을 개정하여야 한다는 의견이 있지만,[21] 이는 입법론적인 제안으로서 본 대상 판결의 평석과는 거리가 있으므로 추가적인 논의를 더 이상 하지 않기로 한다.

### 4. 損害額의 算定

#### (1) 손해배상액의 추정

자본시장법 제162조 제3항의 손해배상액은 발행시장에서의 부실공시로 인한 손해배상책임에 관한 제126조 제1항과 동일하게 법정되어 있다(법정책임). 즉 손해배상액은 ① 그 증권을 계속 보유한 때에는 취득가액에서 변론종결시의 시장가격(시장가격이 없는 경우에는 추정처분가격)을 공제한 금

---

19) Thomas Lee Hazen, *op. cit.*, p. 278. "Without proof of plaintiff's actual knowledge of the misstatement or omission at time of purchase, there is a conclusive presumption of reliance for any person purchasing the security prior to the expiration of 12 months."

20) The Securities Exchange Act of 1934 § 27D(b)(4). *Ibid.* pp. 480-481.

21) 박휴상, "증권관련 부실공시책임의 손해인과관계에 관한 고찰", 「법학논총」, 제27권 제1호, (2007), 203-204면에서는, 발행회사가 아닌 임원 등 관계인의 책임에 대해서는 원고에게 입증책임을 부담시키는 것이 타당하다는 주장을 하고 있다.

액, ② 변론종결 전에 그 증권을 처분한 때에는 취득가액에서 처분가액을 공제한 금액으로 추정한다.22) 1997년 개정 이전의 구 증권거래법은 추정이라는 문구를 두지 않아 그것이 간주규정인지 추정규정인지가 문제되었는데, 헌법재판소는 추정 규정으로 해석할 경우 위헌성을 제거할 수 있다고 판시하였고,23) 이후 동 조항에 '추정한다'는 문구가 삽입된 것이다.

구 증권거래법상 발행시장에서의 부실공시에 대한 손해배상책임을 다룬 사건이기는 하지만, 대법원 2007. 9. 21. 선고 2006다81981 판결은 손해배상액을 법정하고 있는 이유를 설시하고 있다. 즉 「증권거래소에서 집중적·대량적으로 이루어지는 매매에 따라 형성되는 주식의 가격은 주식시장 내부에서의 주식 물량의 수요·공급과 주식시장 외부의 각종 여건 등 매우 다양한 요인에 의하여 결정되는 지극히 가변적인 성질을 지니고 있기 때문에, 주가의 등락분 중 허위기재 등으로 인한 하락분을 가려내어 그 인과관계를 입증한다는 것은 결코 쉬운 일이 아니다. 이와 같이 어려운 손해의 입증책임을 손해배상의 일반원칙에 따라 주식 취득자에게 부담시키는 것은 사실상 손해배상의 청구를 곤란하게 만드는 셈이 된다. 그리하여 법은 투자자 보호의 측면에서 투자자가 손해배상청구를 가능한 한 쉽게 할 수 있도록 입증책임을 전환하여 배상의무자에게 무과실의 입증책임을 부담시키고 있을 뿐만 아니라(구 증권거래법 제14조), 나아가 손해액에 관한 추정 규정을 두어 배상의무자가 손해와 사이의 인과관계의 부존재를 입증하지 못하는 한 투자자는 원칙적으로 법정 추정액 상당의 손해배상을 받을 수 있도록 하고 있는 것이다(구 증권거래법 제15조)」라고 판시하고 있다.

이와 같이 손해배상액이 법정되어 있지만 유통시장의 경우 동 조항에서 말하는 '그 증권'이 무엇을 의미하는지 불확실한 경우도 많다. 예를 들어 원

---

22) 증권을 처분한 후 시장가격이 변동하더라도 손해배상액의 산정에 영향을 주지 않는다.: 김건식·정순섭, 전게서, 244면.

23) 헌법재판소 1996. 10. 4. 선고 94헌가8 결정은, 「증권거래법 제15조를 문면대로 간주규정으로 해석한다면 이를 준용하도록 한 증권거래법 제197조 제2항은 헌법에 반한다. (중략) 살피건대 손해배상의 범위에 관한 간주규정과 추정규정은 본질적으로 상이한 규정이라기보다는 간주규정이 배상의무자의 반증을 불허함으로써 추정규정보다 배상권리자를 보다 더 두텁게 보호하는 정도의 질적·양적 차이가 있는 것으로 볼 것이고 따라서 증권거래법 제15조를 추정규정으로 해석하더라도 입법권의 침해에 해당하지는 아니하므로 이를 추정규정으로 해석함으로써 그 위헌성을 제거함이 상당하다」라고 판시하였다.

고가 부실공시 이전부터 상장법인의 증권을 보유하다가 부실공시 이후 추가로 그 상장법인의 증권을 취득하고 그 중 일부를 변론종결 전에 처분한 경우 손해를 입은 '그 주식'이 특정되지 않아서 배상액의 산정이 곤란한 문제가 발생할 수 있는 것이다.[24] 그렇다 보니 증권예탁결제제도 아래에서 손해배상을 청구하는 '그 증권'이 어느 것인지를 입증하는 것이 불가능하므로, 동 조항은 손해배상청구권자나 손해배상의무자의 재산권을 침해하여 위헌이라는 주장도 제기되었던 것이다.[25] 그러나 평석 대상인 이 사건의 경우, 원고가 취득분을 전량 처분하였으므로 이러한 쟁점이 문제되지 않아서 추가적인 논의를 생략하는 바이다.

참고로 미국의 1933년 증권법 제11조 (e)항은 발행시장에서의 부실공시에 대한 손해배상액을 원칙적으로 그 증권의 매수가격에서 소 제기시의 증권의 가치를 공제한 액으로 추정하지만, SEC Rule 10b-5는 유통시장에서의 부실공시에 대한 손해배상액을 법정하지 않고 있다.[26] 그렇다 보니 우리나라에서도 미국과 같이 ① 유통시장의 부실공시책임에 대해서는 손해배상액

---

**24)** 김건식 · 정순섭, 전게서, 280-281면은 다음의 사례를 제시하고 있다.

| 일자 | 2.1. | 2.15. | 2.18. | 3.1. | 3.10. |
|---|---|---|---|---|---|
| 주가 | 10,000원 | 10,000원 | 12,000원 | 12,000원 | 8,000원 |
| 거래 | 100주 매입 | 부실공시 | 100주 매입 | 부실사실발각 | 100주 매도 |

**25)** 손해발생 대상의 특정은 증권거래법상의 손해배상책임이든 민법상의 일반불법행위책임이든 불문하고 모든 손해배상책임에 있어서 꼭 필요하다. 이 사건에서 문제가 된 부실공시로 인한 손해배상책임은, ① '손해배상을 구하는 유가증권의 특정(손해배상을 구하는 유가증권이 수회에 걸쳐 취득한 동일회사의 동종 유가증권 중 언제 취득한 유가증권인지의 특정)', ② '특정된 유가증권의 취득가액, 변론종결시의 시장가격(또는 변론종결 전의 처분가격)의 확정', ③ '손해배상액의 산정'이라는 세 과정을 거쳐야 하는바, '손해배상을 구하는 유가증권이 언제 취득한 유가증권인지'를 입증하는 문제는 손해배상액 산정규정인 위 규정이 적용되기 이전 단계의 문제로서 위 규정과는 직접적인 관련이 없으므로, 그와 같은 입증이 불가능하다는 문제 역시 위 규정이 규율하는 범위 밖의 것이다. 또한 이 사건에서 법관이 손해가 발생한 유가증권을 특정함에 있어 어떤 해석방법을 취하느냐에 따라 손해배상의 액수가 달라질 수 있지만, 이것은 손해가 발생한 유가증권이 어느 유가증권인지를 결정하는 것에 관한 해석론 즉, 위 ①단계에서의 해석론에 의해 좌우된 결과일 뿐, 위 손해배상액 산정규정에 의하여 야기된 문제가 아니다. 그렇다면 위 규정은 손해배상청구권자나 손해배상의무자의 재산권을 침해하는 것이라 할 수 없다.: 헌법재판소 2003. 12. 18. 선고 2002헌가23 결정.: 이 결정에 대한 상세한 평석과 피해주식수의 대상이 되는 '그 주식'에 대한 방안의 제시는 노혁준, "부실공시로 인한 손해배상책임 - 차액설과 피해주식수 산정", 「상사판례연구[Ⅵ]」, 박영사, (2006), 497-515면 참조.

**26)** Thomas Lee Hazen, *op. cit.*, pp. 292-293.

의 추정규정을 폐지하여야 한다는 주장이나 ② 변론 종결시가 아닌 소 제기시의 시장가격을 공제하는 것으로 개정하자는 주장이 있는 것이다.[27] 그러나 이러한 논의는 입법론과 관련되므로 평석의 범위를 벗어난다고 보아 여기서는 추가적인 논의를 생략하기로 한다.

#### (2) 손해인과관계의 부존재

##### (가) 자본시장법 제162조 제4항

자본시장법 제162조 제3항의 손해배상액 산정 금액은 추정에 불과하므로, 손해액의 전부 또는 일부가 부실공시로 인한 것이 아님이 입증된 때에는 그 부분에 대해 배상 책임을 지지 않는 것이 정의와 공평의 관념에 부합된다. 자본시장법 제162조 제4항도 "배상책임을 질 자는 청구권자가 입은 손해액의 전부 또는 일부가 중요사항에 관하여 거짓의 기재 또는 표시되지 아니함으로써 발생한 것이 아님을 증명한 경우에는 그 부분에 대하여 배상책임을 지지 아니한다."라는 명문의 규정을 두고 있다.

##### (나) 부존재 입증의 방법

손해인과관계의 부존재를 증명하는 방법으로서 판례는 직접적인 방법 간접적인 방법을 인정하고 있다. 전자는 "직접적으로 문제된 당해 허위공시 등 위법행위가 손해 발생에 아무런 영향을 미치지 아니하였다는 사실이나 부분적 영향을 미쳤다는 사실을 입증하는 방법"이고, 후자는 "간접적으로 문제된 당해 허위공시 등 위법행위 이외의 다른 요인에 의하여 손해의 전부 또는 일부가 발생하였다는 사실을 입증하는 방법"이다.[28] 허위공시 등의 위법행위 공표 전에 보유주식을 매각하였음을 입증한 것만으로는 피고가 손해인과관계의 부존재를 직접적으로든 또는 간접적으로든 입증한 것으로 볼 수 없다는 점을 유념하여야 한다. 즉, 원고가 분식회계 등의 사실이 공표되기 전에 주식을 매도하였고 그 이후 9·11. 테러 등 경제상황의 급격한 악화, 당해 주권상장법인의 대규모 적자발생과 상장폐지 등의 사실로 손해가 발생

---

27) 특히 ②의 주장은 소제기시의 시가가 허위정보를 제거한 실질가치의 근사치인 데 비해 변론종결시의 시가는 부실공시 이외에 많은 시간의 경과에 따른 다른 요소들이 반영되어 있어서 실질가치와 현저하게 차이가 발생한다는 점을 강조한다.; 권종호 외, 「증권손해배상책임의 실체법적 정비」, 한국증권법학회, (2003), 70면.

28) 대법원 2007. 9. 21. 선고 2006다81981 판결; 대법원 2010. 8. 19. 선고 2008다92336 판결.

하였기 때문에 사업보고서의 허위기재와 원고의 손해 발생 사이에 인과관계가 없다고 피고가 주장한 사안에서, 대법원은 「공표 전 매각분이라는 사실의 입증만으로 법 제15조 제2항이 요구하는 인과관계 부존재의 입증이 있다고 할 수는 없는 것이고, 특히 문제된 허위공시의 내용이 분식회계인 경우에는 그 성질상 주가에 미치는 영향이 분식회계 사실의 공표에 갈음한다고 평가할 만한 유사정보(예컨대 외부감사인의 한정의견처럼 회계투명성을 의심하게 하는 정보, 사의 재무불건전성을 드러내는 정보 등)의 누출이 사전에 조금씩 일어나기 쉽다는 점에서 더더욱 공표 전 매각분이라는 사실 자체의 입증만으로 법 제15조 제2항이 요구하는 인과관계 부존재의 입증이 있다고 보기는 어려울 것이다」라고 하였다(대법원 2007. 9. 21. 선고 2006다81981 판결). 따라서 대법원은 공표전 매각분이라는 사실의 입증보다는, 문제된 정보가 미리 시장에 알려지지 아니하였다는 점이나 다른 요인이 주가에 영향을 미쳤다는 점을 적극적으로 입증할 것을 요구한 것으로 분석된다.

손해인과관계의 부존재를 입증하기 위하여 실무상 인정되어 온 방법이 "사건연구"(event study) 방법이다. 사건연구 방법은 시세조종행위, 분식회계 기타 증권사기로 인한 손해배상 사건에서 인과관계의 판단 및 배상액 산정과 관련하여 고안된 금융통계학적 분석법으로서 미국에서 이용되기 시작하였는데 우리나라에서도 널리 사용되고 있다고 한다. 사건연구 방법은 특정 사건일(event date) 이전의 정상적인 기간의 주식 흐름을 통계적 분석을 통하여 일정한 흐름(회귀방정식)으로 파악한 후 특정 사건기간 또는 사건일 이후의 실제 흐름이 위 흐름에 따른 예상치와 얼마나 벗어나는지를 보아 그 벗어나는 정도가 통계학적으로 의미가 있는 것인지를 따져보는 것이다. 의미가 있다면 그것은 비정상적인 것으로 볼 수 있어서 배상책임이 인정될 수 있지만, 의미가 없다면 인과관계가 부정되어서 배상책임 자체가 인정될 수 없게 된다.[29] 우리 대법원은 인과관계 부존재의 증명방법으로 사건연구 방법의 대안을 제시한 바 있다. 즉 대법원은 「허위공시 등 위법행위가 시장에 알려지기 이전의 자료를 기초로 하여 그 위법 행위가 공표되지 않았다고 가

29) 장상균, "분식회계로 인한 증권투자자 손해배상청구소송의 몇가지 문제 -대법원 2007. 10. 25. 선고 2006다16578·16756 판결을 중심으로-", 「민사재판의 제문제」 제17권, 한국사법행정학회, (2008), 381면.

정하였을 경우 예상할 수 있는 기대수익률 및 정상주가를 추정하고 그 기대수익률과 시장에서 관측된 실제 수익률의 차이인 초과수익률의 추정치를 이용하여 그 위법행위의 공표가 주가에 미친 영향이 통계적으로 유의한 수준인지 여부를 분석하는 사건연구(event study) 방법을 사용할 수도 있을 것이다」라고 판시하고 있다.[30)]

그렇지만 소송 당사자가 사건연구 방법에 전적으로 기댈 수는 없다. 왜냐하면 구체적인 사건에서 사건연구 방법은 양날의 칼로 작용할 수 있기 때문이다. 시세조종행위 분야에서의 판례이기는 하지만, 사건연구 방법을 통해 실제 시세조종행위로 유죄판결을 받은 피고의 주가조작행위 자체는 인정하면서도 사건연구 방법의 감정결과에 따라 민사배상책임 분야에서 책임을 부정한 원심을 확정시킨 판례(대법원 2004. 5. 27. 선고 2003다55486 판결)도 있고, 사건연구 방법을 이용한 상반된 결론의 두 감정 결과 중 시세조종행위와 원고들의 손해 발생 사이에 상당인과관계가 존재한다고 한 감정결과가 사건기간과 추정기간의 산정방식에 문제가 있다는 이유로 손해배상책임을 부정한 원심을 확정시킨 판례(대법원 2007. 11. 30. 선고 2006다58578 판결)도 있다.

물론 유통시장에서의 부실공시책임과 관련하여 사건연구 방법의 유용성이 인정된 선례도 있다. 즉 대법원 2010. 8. 19. 선고 2008다92336 판결은, 「피고 회사의 분식회계 사실에 대한 언론보도가 피고 회사의 주가에 통계적으로 의미 있는 영향을 미치지 못하였다는 사건연구 방법을 이용한 분석 결과만을 가지고 피고 회사의 분식회계 사실과 원고들이 입은 손해 '전부'에 대한 인과관계가 존재하지 않는다는 점에 대한 증명이 되었다고 볼 수는 없지만, 일반적으로 분식회계 및 부실감사 사실이 밝혀진 이후 그로 인한 충격이 가라앉고 그와 같은 허위정보로 인하여 부양된 부분이 모두 제거되어 일단 정상적인 주가가 형성되면 그와 같은 정상주가의 형성일 이후의 주가변동은 달리 특별한 사정이 없는 한 분식회계 및 부실감사와 아무런 인과관계가 없다고 할 것이므로, 그 정상주가 형성일 이후에 당해 주식을 매도하였거나 변론종결일까지 계속 보유 중인 사실이 확인되는 경우 법 제15조 제1항이 정하는 손해액 중 위 정상주가와 실제 처분가격(또는 변론종결일의 시장

30) 대법원 2010. 8. 19. 선고 2008다92336 판결.

가격)과의 차액 부분에 대하여는 법 제15조 제2항의 인과관계 부존재의 입증이 있다고 보아야 할 것이다」라고 하였다.

#### (다) 부존재 입증의 정도

대법원 2007. 9. 21. 선고 2006다81981 판결은, 「위와 같은 손해 추정조항의 입법 취지에 비추어 볼 때 예컨대 허위공시 등의 위법행위 이후 매수한 주식의 가격이 하락하여 손실이 발생하였는데 그 가격 하락의 원인이 문제된 당해 허위공시 등 위법행위 때문인지 여부가 불분명하다는 정도의 입증만으로는 위 손해의 추정이 깨진다고 볼 수 없다」라고 하여, 추정을 깨뜨리기 위해서는 인과관계의 부존재가 어느 정도 구체적으로 증명될 것을 엄격하게 요구하고 있다.

## 5. 損害賠償額의 制限

### (1) 과실상계 또는 공평의 원칙에 기한 책임제한

자본시장법상 유통시장에서의 부실공시에 대한 손해배상청구에 대해서 손해의 공평 부담이라는 손해배상법의 기본 이념이 적용되는 것은 너무나 당연하다. 따라서 원고인 피해자에게 손해의 발생 및 확대에 기여한 과실이 있을 경우 과실상계를 하거나 공평의 원칙에 기한 책임 제한을 할 수 있을 것이다. 대법원 2007. 10. 25. 선고 2006다16758, 16765 판결은 구 증권거래법상 발행시장의 부실공시에 대한 손해배상책임을 다루고 있지만 현행 자본시장법상 유통시장의 부실공시에 대한 손해배상책임에도 그대로 인용할 수 있는 법리를 제시하고 있다. 즉 「증권거래법 제15조가 적용되는 손해배상청구소송에 있어서도 손해의 공평 부담이라는 손해배상법의 기본 이념이 적용된다는 점에 있어서는 아무런 차이가 없으므로, 피해자에게 손해의 발생 및 확대에 기여한 과실이 있다는 점을 이유로 과실상계를 하거나 공평의 원칙에 기한 책임의 제한을 하는 것은 여전히 가능하다. 특히, 주식 가격의 변동요인은 매우 다양하고 여러 요인이 동시에 복합적으로 영향을 미치는 것이기에 어느 특정 요인이 언제 어느 정도의 영향력을 발휘한 것인지를 가늠하기가 극히 어렵다는 점을 감안할 때, 허위공시 등의 위법행위 이외에도 매수시점 이후 손실이 발생할 때까지의 기간 동안의 당해 기업이나 주식시장의 전반적인 상황의 변화 등도 손해 발생에 영향을 미쳤을 것으로 인정되나, 성질상 그와 같은 다른 사정에 의하여 생긴 손해액을 일일이 증명하는 것이 극히 곤란한 경우가 있을 수 있고, 이와 같은 경우 손해분담의 공평이라는 손해배상제도의 이념에 비추어 그러한 사정을 들어 손해배상액을 제한할 수 있다」라고 판시하였다.

한편 종래부터 과실인정 비율은 전적으로 사실심의 전권사항에 속한다는 것이 판례의 일관된 입장이다. 즉 대법원은, 「손해배상사건에서 과실상계나 손해부담의 공평을 기하기 위한 책임제한에 관한 사실인정이나 그 비율을 정하는 것은 그것이 형평의 원칙에 비추어 현저하게 불합리하다고 인정되지 않는 한 사실심의 전권사항에 속한다고 할 것이다」라고 판시하여 왔다(대법원 2008. 5. 15. 선고 2007다37721 판결; 대법원 2008. 11. 27. 선고 2008다31751 등).

#### (2) 투자자의 부주의를 이용한 고의의 부실공시와 이익 보유시 책임제한의 인정 여부

배상의무자인 피고가 투자자의 부주의를 이용하여 고의로 부실공시를 하고 그로 인하여 이익을 보유하는 경우에, 판례는 일관되게 과실상계나 공평의 원칙에 의한 책임제한을 허용하지 않고 있다. 즉 대법원은, 「피해자의 부주의를 이용하여 고의로 불법행위를 저지른 자가 바로 그 피해자의 부주의를 이유로 자신의 책임을 경감하여 달라고 주장하는 것은 허용될 수 없는데(대법원 1987. 7. 637 판결; 대법원 1995. 11. 14. 선고 95다30352 21. 선고 87다카판결; 대법원 2000. 9. 29. 선고 2000다13900 판결), 그와 같은 고의적 불법행위가 영득행위에 해당하는 경우에 과실상계와 같은 책임의 제한을 인정하게 되면 가해자로 하여금 불법행위로 인한 이익을 최종적으로 보유하게 하여 공평의 이념이나 신의칙에 반하는 결과를 가져오기 때문이다」라고 판시하였다(대법원 2007. 10. 25. 선고 2006다16758 판결). 따라서 「고의에 의한 불법행위의 경우에도 위와 같은 결과가 초래되지 않는 경우에는 과실상계나 공평의 원칙에 기한 책임의 제한은 얼마든지 가능하다」라는 판시도 있다(대법원 2007. 10. 25. 선고 2006다16758 판결). 이러한 판례들은 고의적 불법행위자가 불법행위로 인한 이익을 최종적으로 보유하는지 여부를 기준으로 과실상계나 공평의 원칙에 의한 책임제한을 허용할지 명확한 기준을 제시한 것으로 본다.

### (3) 투자자의 손실최소화 의무의 인정 여부

대법원 2007. 10. 25. 선고 2006다16758, 16765 판결은, 「허위공시 등의 위법행위로 인하여 주식 투자자가 입은 손해의 배상을 구하는 사건에서 자금사정이나 재무상태에 문제가 있다는 점이 알려진 회사의 주식을 취득하였다는 사정은 투자자의 과실이라고 할 수 없고, 또한 재무상태가 공시내용과 다르다는 사실이 밝혀진 후 정상주가를 형성하기 전까지 주가가 계속 하락하였음에도 그 중간의 적당한 때에 증권을 처분하지 않고 매도를 늦추어 매도가격이 낮아졌다는 사정은 장래 시세변동의 방향과 폭을 예측하기 곤란한 주식거래의 특성에 비추어 특별한 사정이 없는 한 과실상계의 사유가 될 수 없으며, 정상주가가 형성된 이후의 주가변동으로 인한 매도가격의 하락분은 일반적으로 허위공시와의 인과관계 자체를 인정할 수 없어 손해배상의 대상에서 제외될 것이고 이 경우 그 주가변동에 관한 사정은 손해에 아무런 영향을 주지 못하므로 이 단계에서 주식의 매도를 늦추었다는 사정을 과실상계의 사유로 삼을 수도 없다」라고 하였다.

일상적인 주식 거래에서 투자자들은 고위험·고수익의 투자 전략을 취한다. 그런데 부실공시의 사실이 공표된 후 주가가 지속적으로 하락한다는 것은 경험칙에 어긋난다. 오히려 주가는 특정일 이후 갑자기 반등할 수도 있는 것이다. 결국 부실공시 이후 지속적으로 주가가 하락한 사례는 매우 예외적일 수 있으며 오히려 중간 중간에 일시적으로 주가가 반등한 사례가 일상적일 수 있다. 따라서 고위험·고수익의 투자전략을 갖는 투자자들은 일시적으로 주가가 하락하였다고 하더라도 다시 주가가 상승할 것이라는 기대를 하며 주식을 계속 보유하고 있게 된다. 이러한 상황에서 부실공시가 있은 후 주식을 매도하지 않고 보유하고 있었다는 사정은 투자자의 과실이 아니므로, 위와 같은 판례의 태도는 지극히 타당한 것이다.[31]

---

31) 장상균, 전게논문, 396면; 김건식·정순섭, 전게서, 247면.

## Ⅳ. 對象 判決에 대한 分析 및 結論

### 1. 事實關係의 補充

대상 판결에서 대법원은 피고 회사의 분식회계 과정, 삼성중공업과의 주식양도계약 추진 경과와 동 기간 중 피고 회사의 주가 추이 등에서 다음의 사실관계를 보충하고 있다. 첫째, 대법원은 피고회사의 분식회계 과정을 상세하게 언급하고 있는데, 3년에 걸쳐 지속적으로 분식회계를 함으로써 막대한 순이익이 발생한 것처럼 허위의 사실을 공표하였고 그 결과 삼성중공업과의 주식양도계약도 추진하게 되었음을 적시하고 있다.[32] 둘째, 2011년 상반기 무렵부터 2011년 말까지 피고회사와 삼성중공업 간 주식양도계약의 협상 진행 과정과 공시 및 그러한 와중에 분식회계가 밝혀짐으로써 주식매매거래가 정지되고 주식양도계약도 해제되는 등의 사건이 있었다.[33] 셋째,

---

32) 피고는 2009. 5. 15.부터 2011. 8. 16.까지 분식회계를 통해 자본총액, 부채총액, 매출액, 당기순이익이 과대 또는 과소 계상된 허위의 재무제표를 작성하여 이를 포함한 사업보고서, 반기보고서, 분기보고서 등(이하 '이 사건 사업보고서 등'이라 한다)을 금융위원회와 한국거래소에 제출하였다. 피고가 작성한 제8기(2008년) 재무제표의 경우 실제 약 117억 원의 당기순손실을 기록하였음에도 약 40억 원의 당기순이익을 기록한 것으로 허위 기재되었고, 제9기(2009년) 재무제표의 경우 실제 약 16억 원의 당기순이익을 기록하였음에도 약 85억 원의 당기순이익을 기록한 것으로 허위 기재되었으며, 제10기(2010년) 재무제표의 경우 약 45억 원의 당기순손실을 기록하였음에도 약 53억 원의 당기순이익을 기록한 것으로 허위 기재되었고, 제11기(2011년) 반기 재무제표의 경우 약 36억 원의 당기순손실을 기록하였음에도 약 26억 원의 당기순이익을 기록한 것으로 허위 기재되는 등 2008년부터 2011년 반기까지 약 389억원의 순이익이 과대 계상되었다.

33) 삼성중공업은 2011년 상반기 무렵 피고의 대주주들과 피고 주식의 양도에 관한 협상을 진행하였는데, 이러한 내용이 2011. 7. 1. 언론에 보도되었고, 피고는 2011. 7. 4. 피고의 대주주들이 삼성중공업과 보유 지분 일부 매각에 관하여 협상을 진행하고 있다는 내용을 공시하였다. 삼성중공업은 2011. 7. 12. 피고의 대주주들과 피고 주식 2,612,338주(발행주식 총수의 27%)를 대금 41,536,174,200원(1주당 15,900원)에 양수하기로 하는 내용의 계약을 체결하였고, 피고는 2011. 7. 13. 이 사건 주식양도 계약 체결사실을 공시하였다. 이 사건 주식양도 계약서에는, 피고의 2010. 12. 31. 기준 재무제표와 확인실사에 따라 작성된 재무제표 사이에 차이가 있는 경우 삼성중공업은 피고의 대주주들에게 매매대금의 조정을 요청할 수 있고, 피고의 대주주들은 최근 3회계연도의 재무제표 및 부속명세서의 정확성을 진술 및 보증하며, 피고의 대주주들이 진술 및 보증사항을 위반하는 경우 삼성중공업은 계약을 해제할 수 있다고 규정되어 있다. 이후 피고의 재무 상태에 대한 삼성중공업의 실사가 진행되던 중 피고의 분식회계 사실을 확인한 삼일 회계법인이 이를 한국거래소에 신고하자, 한국거래소는 2011. 9. 6. 08:58:09 피고 주식의 거래를 정지하였고, 삼성중공업과 피고의 대주주들은 2011. 12. 5. 이 사건 주식양도 계약을 합의 해제하였다.

삼성중공업과 이러한 주식양도계약의 체결은 피고회사의 주가에 매우 긍정적인 영향을 주었다는 점이 나타나고 있다.[34)]

이러한 사실관계를 통하여 3년에 걸친 분식회계가 없었더라면 삼성중공업과의 주식양도계약도 추진되지 않았을 것이고 피고회사의 정상적인 주가도 훨씬 낮게 형성되었을 것임을 추론할 수 있다. 즉 삼성중공업과의 주식양도계약 체결이 별개의 사건이 아니고 분식회계의 결과에서 발생하게 되는 일련의 연속적인 사건임을 짐작할 수 있는 것이다.

### 2. 損害因果關係 不存在의 立證

대법원은 자본시장법 제162조 제4항과 기존의 판례 법리에 따라 이 사건에서 피고 회사가 손해인과관계의 부존재를 제대로 입증하였는지에 대해 분석하고 있다. 입증의 방법은 직접적이거나 간접적인 방법이 이용될 수 있는데, 피고회사는 삼성중공업과의 주식양도계약 체결 및 공시를 분식회계와는 전혀 별개의 사건으로 보아 전문감정인을 통해 사건연구(event study)를 한 후 2011. 7. 13. 주식양도계약의 체결 사실이 발표된 이후 주가가 급격하게 상승된 부분은 원고의 손해와 인과관계가 없다는 주장을 함으로써 간접적인 입증의 방법을 사용하였다.

원심에서 인정된 주가 추이의 그래프를 보면, 삼성중공업과의 M&A설이 유포된 2011. 6월 말경부터 피고회사의 주가는 25,000원 정도까지 급등하

---

34) 피고의 주가는 삼성중공업과의 이 사건 주식양도 계획이 보도되거나 공시되기 전까지 15,000원 전후에서 유지되고 있었는데, 삼성중공업과의 이 사건 주식양도 계획이 공시된 2011. 7. 4. 상한가를 기록하여 18,050원으로 상승한 이래 지속적으로 상승하여 삼성중공업과의 이 사건 주식양도 계약이 체결된 2011. 7. 12.에는 23,300원을 기록하였고, 다음 날인 2011. 7. 13. 하한가를 기록하여 19,850원까지 하락하였다가 등락을 거듭한 끝에 2011. 7. 22. 최고가인 24,850원에 이르렀으며, 이후 다시 등락을 거듭하여 피고 주식의 거래가 정지되기 전날인 2011. 9. 5.에는 19,000원을 기록하였다. 한편 삼성중공업과의 이 사건 주식양도 계획의 보도 및 공시와 피고의 주가 사이의 관계에 관한 소외 1, 2의 각 사건연구 결과에 의하면, 삼성중공업과의 이 사건 주식양도 계획이 보도 또는 공시된 날(사건일) 무렵부터 피고 주식의 거래가 정지되기 전날까지의 기간(사건기간) 전의 일정 기간(추정기간) 동안의 코스닥지수, 코스닥제조업지수 등 공개된 지표를 바탕으로 도출한 회귀방정식을 이용하여 사건기간 동안의 정상수익률을 산출한 다음, 이를 기초로 삼성중공업과의 이 사건 주식양도 계획의 보도 및 공시가 없었더라면 형성되었을 사건기간 중의 일자별 정상주가를 추정하여, 이를 사건기간 중의 일자별 실제 주가와 비교한 결과, 사건기간 중의 일자별 실제 주가는 일자별 정상주가보다 통계적으로 유의미하게 높은 것으로 나타났다.

였음을 알 수 있는데, 만일 이러한 주식양도계약이 없었다면 형성되었을 정상주가는 15,000원과 20,000원 사이에서 결정되었을 것이다. 이 사건에서 원고가 2011. 7. 27.부터 2011. 8. 17.까지, 즉 삼성중공업과의 주식양도계약 체결이 공시되어 주가에 가장 긍정적인 영향을 주던 시점에 1,800주의 전체 주식을 매수한 자임을 감안하면, 피고회사의 이러한 주장은 자본시장법이 법정한 추정 손해배상액의 대폭 감액을 요구한 것이다.

그러나 대법원은, 피고회사의 분식회계가 삼성중공업과의 M&A 체결에 정적인 영향을 주었고 M&A 체결 사실이 증권시장에 공시된 이후 형성된 주가도 분식회계 때문이라고 판단하였다. 즉 삼성중공업과의 이 사건 주식양도 계획의 보도 및 공시 이후 피고의 주가가 크게 상승하였고, 특히 이 사건 주식양도 계획이 공시된 당일 피고의 주가가 상한가를 기록하였던 사정에 비추어 보면, 위 각 사건연구 결과와 같이 삼성중공업과의 이 사건 주식양도 계획의 보도 및 공시가 피고의 주가에 영향을 미친 사실은 인정된다. 그러나 회사의 재무에 관한 사항과 그 부속명세 등이 기재된 사업보고서는 회사의 재무상태를 나타내는 객관적인 자료로서 시장에 공표되어 주가를 비롯하여 그 회사의 가치 및 장래성에 대한 시장의 평가에 결정적인 영향을 미치므로, 분식회계를 통해 허위로 작성된 이 사건 사업보고서 등이 시장에 공표됨으로써 피고는 실제와 달리 과거의 경영성과는 물론 장래의 수익성 측면에서도 당기순이익이 지속적으로 발생하는 우량한 회사로 평가받게 되었고, 이러한 사정으로 인하여 삼성중공업으로서도 이 사건 사업보고서 등이 정당하게 작성되어 공표된 것으로 신뢰하고 그에 따른 평가를 토대로 가격을 성하여 이 사건 주식양도 계약을 추진하게 되었으며, 이러한 이 사건 주식양도 계획이 보도 및 공시되자 삼성중공업과의 이 사건 주식양도가 피고에게 미치는 효과를 긍정적으로 평가한 투자자들의 주식 매수가 집중됨으로써 그 결과 위와 같이 피고의 주가가 상승하게 되었다고 봄이 타당하다. 그리고 피고의 재무상태에 대한 실사 결과에 따라 매매대금을 조정할 수 있고, 재무제표의 정확성에 대한 진술 및 보증사항의 위반이 있을 경우 계약을 해제할 수 있도록 정한 이 사건 주식양도 계약서의 내용이나 이 사건 주식양도 계약 체결 후 실사 과정에서 피고의 대규모 분식회계 사실이 밝혀지자

이 사건 주식양도 계약을 합의해제한 경위 등에 비추어 보더라도, 실제 삼성중공업은 피고가 상고이유로 주장하는 피고 회사의 기술력, 합병 필요성 등의 사정들 외에도 피고의 재무상태를 이 사건 주식양도 계약의 추진 및 체결 여부에 관한 중요한 판단 근거로 삼았던 것으로 보인다.[35)]

따라서 피고회사가 제출한 사건연구(event study)는 단지 원고의 주식취득가액이 식회계 등 위법행위 때문인지 여부가 불분명하다는 정도의 증명에 그친 것에 불과하여, 자본시장법 제162조 제3항의 손해액 추정(즉, 원고가 취득시 실제로 지급한 금액에서 처분가액을 공제한 액을 손액으로 추정함)을 깰 수 없다고 하였다.[36)]

### 3. 過失相計 또는 公平의 原則에 따른 責任制限

원고의 주식취득 시점은 삼성중공업과의 주식양도계약 체결 사실이 증권시장에 공시된 이후로서, 원고의 주식취득 가액은 거의 전적으로 분식회계의 결과 부풀려진 가격이었으나, 원고는 그러한 사정을 전혀 알 수 없었다고 판단된다. 왜냐하면 삼일회계법인이 피고 회사의 재무 상태에 대해 재무심사(due diligence)를 하던 중 분식회계의 사실을 확인하고 한국거래소에 신고하여 주식거래가 정지되고 삼성중공업과의 주식양도계약이 해제된 시점은 2011. 9.~12.이므로, 주식취득시점인 2011. 7.~8.에 원고는 이러한 분식의 사실을 알 수 없었기 때문이다. 더욱이 원고가 주식을 처분한 시점은 2012. 7.로서 한국거래소에서 주식에 대한 거래가 재개되어 가장 가격이 높게 형성된 시점이었고, 그 당시 처분가격도 정상가격보다 훨씬 높았던 것으로 분석된다. 만일 원고가 이보다 6개월 정도 늦은 시점인 2013. 2.경, 즉 시장가격과 정상가격이 균일해지는 시점에 처분하였다면 처분가격이 더욱 낮아졌을 것이므로, 피고회사가 배상하여야 할 추정 손해액도 훨씬 커졌을 것이다. 이러

---

35) 대법원 2015. 1. 29. 선고 2014다207283 판결.

36) 대법원 2015. 1. 29. 선고 2014다207283 판결: 삼성중공업과의 이 사건 주식양도 계획의 보도 및 공시로 인한 피고 주가의 상승 부분 역시 피고의 분식회계 내지 이 사건 사업보고서 등의 거짓 기재와 인과관계가 없는 것이라고 보기는 어렵고, 제출된 증거들을 살펴보아도 피고의 분식회계 내지 이 사건 사업보고서 등의 거짓 기재 외의 다른 요인에 의하여서만 이루어진 주가 상승 부분 내지는 그 액수를 인정하기에 충분한 자료가 없다.

한 사실관계를 감안하면 법원이 오히려 피고회사의 책임을 더욱 높게 인정하여도 무방하지 않았을까 하는 아쉬움이 남는다.

과실상계의 인정 비율이 전적으로 사실심의 전권사항이라는 점을 수긍하면서, 대법원은 「주식 가격의 변동요인은 매우 다양하고 여러 요인이 동시에 복합적으로 영향을 미치므로 어느 특정 요인이 언제 어느 정도의 영향력을 발휘한 것인지를 가늠하기가 극히 어렵다는 사정을 감안할 때, 허위공시 등의 위법행위 이외에도 매수한 때부터 손실이 발생할 때까지의 기간 동안의 해당 기업이나 주식시장의 전반적인 상황의 변화 등도 손해 발생에 영향을 미쳤을 것으로 인정되나, 성질상 그와 같은 다른 사정에 의하여 생긴 손해액을 일일이 증명하는 것이 극히 곤란한 경우가 있을 수 있고, 이와 같은 경우 손해분담의 공평이라는 손해배상제도의 이념에 비추어 그러한 사정을 들어 손해배상액을 제한할 수 있다」라고 판시함으로써(대법원 2007. 10. 25. 선고 2006다16758, 16765 판결 등 참조), 원심 법원의 판단을 유지하였다. 이 사건에서 분식회계의 사실이 공표되어 거래가 정지되었다가 거래가 재개된 후 피고회사의 주가가 10,000원 정도에서 일정 기간 유지되었다는 점을 감안하면, 분식회계가 없었더라도 피고회사의 영업능력과 잠재적인 가치, 전반적인 증권시장의 상황 변화 등에 따라 피고회사의 주가는 호재시 상승하고 악재시 하락하는 주가 변동의 추이를 보였을 것이다. 즉 분식회계 이외에도 주가형성에 작용하는 다른 요인들이 너무도 많을 수 있는데, 이러한 요인들에 의한 액수를 일일이 증명하여 전체 손해액에서 공제한다는 것은 극히 곤란하므로 과실상계 또는 공평의 원칙에 의한 책임 제한을 하는 법원의 태도는 옳다.

### 4. 結　論

원심 판결에서 인정한 사실 이외에 보충적인 사실관계를 규명한 후 분식회계가 삼성중공업의 M&A 협상에 결정적으로 작용하였고 M&A 협상이 별개의 사건이 아니라는 전제하에, 「피고회사가 M&A 협상만을 별개의 사건으로 다루어 동 사건이 주가에 미친 영향이 통계적으로 유의한 수준이었다는 사건연구(event study) 결과를 제출한 것만으로는 자본시장법 제162조 제4항의 손해인과관계의 부존재를 입증한 것으로 볼 수 없다」라고 한 대법원의 판시에 찬동하는 바이다. 그리고 분식회계 이외에 주가형성에 관여하는 요소가 다양하지만 이를 일일이 입증한다는 것은 거의 불가능에 가까우므로 피고회사의 책임을 일반적으로 제한하는 것이 손해의 공평 부담이라는 손해배상법의 기본 이념에 매우 충실한 입장이라고 판단된다.

# 키코(kiko) 契約의 性格과 法理에 관한 檢討*

朴 眞 淳**

◎ 서울중앙지방법원 2010. 2. 8. 선고 2008가합10839(본소), 2009가합41589 (반소) 판결

## Ⅰ. 序 說

### 1. 키코契約의 定義[1)]

키코계약이란 수출기업이 환율하락에 따라 발생할 외환리스크를 사전

---

* 제22회 상사법무연구회 발표 (2010년 7월 10일)
** 前 변호사, 한국씨티금융지주㈜ 부사장
現 아시아개발은행(Asian Development Bank), 신용보증투자기구(Credit Guarantee& Investment Facility) 법률총괄임원(General counsel&Board Secretary)

1) 키코소송이 발생된 연혁적 배경을 첨언하자면, 2008년 9월 13일(당시 한국은 추석연휴기간 토요일) 미국 4대 증권사이자 가장 오랜 200년 넘는 역사를 갖던 리먼브러더스 증권사가 미국 기재부로부터 구제금융을 거절당하면서 부득이 주말에 미국 법원에 파산신청(최초의 온라인 파일링)을 하면서 그 후폭풍으로 한국에서 키코라는 다양한 헷지 금융상품에 대해 문제 단초가 발생하게 되었음. 즉, 당시 전대미문의 미국 대형금융사가 파산신청을 하는 사태가 벌어지자, 글로벌 금융시장에 돌이킬수 없는 큰 파장을 빚었는바, 그 다음 월요일부터 뉴욕본사의 글로벌 런던 자회사는 직원들이 소개되고 더 이상 출근하지 않고, 그동인 리민은 물론 진 세계 글로벌 금융회사들이 발행하고 유통시킨 synthetic securitization products들에 대한 평가가 의문에 휩싸이면서 환율시장은 치솟기 시작하여 한국에서도 미달러환율이 2008년 말경 1,300원 수준으로 폭등하여 과거 90년대 말 외환위기 당시 미달러당 2,000원의 파국이 재발하지 않는지 극도의 위기의식에 빠진 때임. 특히 2008년 12월 말에 키코소송에 대한 "사정변경의 원칙"에 입각한 가처분 사건이 서울지방법원에서 피해자회사들의 청구를 받아들이는 가처분인용결정이 발표되면서, 키코소송의 엄청난 소용돌이가 시작되었고, 당시 한국씨티은행의 경우, 자본금 3천 억 은행이 청구받은 소송손해배상청구액은 환율 최고치 1,300원 기준으로 1조 원이 넘는 수준이었고, 그 후 몇 년간 대체로 지속된 환율 달러당 1,200원 수준으로도 7천억 원 수준을 유지하여 그야말로 자본금을 2배 상회하여 한국 금융기관은 물론 한국 금융경제에 절대절명의 위기 시점이었음(민사가처분건 약 170건, 민사손배소 본건 약 250건 등 420여 건 넘음). 이하 본 논문은 2010. 7. 10. 상사법무연구회에서 발표한 자료와 2010. 2. 8. 서울민사지방법원에서 키코소송 중 최초로 선고된 원고 수산중공업, 피고 우리은행 및 한국씨티은행(피고 전부승소 판결문) 판결문 내용을 토대로 정리해서 재구성하여 작성한 것이다.

에 회피(헷지)하기 위해 체결하는 외환파생상품을 말한다. 흔히 외환리스크 헷지상품의 기본은 단순 선물환(plain vanilla forward) 계약일진대, 키코계약은 이보다 수출기업이 유리하도록 행사환율을 일정 조건하에 높여주는 방식의 상품이다. 본래 키코(KIKO)로 정의된 용어는 없었으나, 본 논문의 대상이 되고, 2008년 말부터 대한민국 금융역사상 전무후무한 소송 사례가 된 대상은 Knock-in, Knock-out 조건 및 leverage(배수) 조건이 결부된 금융헷지 상품을 일컫는다.

(1) 즉, 고객이 매수한 은행에 대한 put-option에 Knock-out 조건이 결부되어져, 환율이 너무 낮아지면 해당 knock-out 환율성립시 고객의 put-option이 소멸한다는 점에서 knock-out은 법률상 일종의 해제조건부가 되고,
(2) 또한, 은행이 매수한 고객에 대한 call-option에 knock-in 조건이 결부되어, 환율이 너무 높아져서 해당 knock-in 환율이 성립되면, 은행의 call-option이 발생하여, 법률상 knock-in 조건은 일종의 정지조건부로 발생하는 것이다. 게다가 knock-in 조건에 해당 외환금액을 2~3배로 배수(leverage)를 늘리는 조건으로 체결하는바, 이는 행사환율을 올리기 위한 추가 장치에 해당한다.

## 2. 키코契約의 發生 背景

2007년을 전후하여 환율이 하락추세를 이어감에 따라(910원/달러), 수출기업들이 이익을 까먹다 못해 이익고갈되어 소위 출혈수출의 위기상황이 도래되었다. 예컨대, 현물환 925원/달러 시점에 수출계약을 체결하면서, 외환위험을 회피/헷지하고자 선물환 계약을 모색하면, 거래상대방인 은행으로서는 1년 후 예측되는 하락분을 반영하여 907원에 응하는 입장이었다. 현물환이 925원인 시점이 수출기업으로서는 마지노 손익분기점인 경우에는 선물환 907원 수준의 계약은 사업을 포기해야하는 절박한 시점의 상황에 다름이 아니게되었다. 이에 따라 환율을 올리기 위한 다양한 부대조건을 고민하여 추가한 환헷지 계약이 출현할 수밖에 없었다. 이에는 헷지구간을 제한하거나 구간화하고, 기간을 장기화하면서 레버리지 조건을 추가하는 등 다양한 부대조건이 고려되었다. 결국 왜 키코계약을 선호하고 선택하였는가 배경을 살펴보면, 궁극적으로 수출기업들이 환율을 올려야만 수출을 지속하고 기업이 살

아남는 방편의 하나로서 일종의 환율을 올리는 전략적 차원에서 자발적으로 고심 끝에 채택된 계약임을 알 수 있다.

키코계약을 논하는 전제로서 키코계약은 단순환헷지를 시키는 단순선물환헷지거래를 바탕으로 약간의 변형을 더한 것임을 잘 이해하는 것이 중요하다. 즉, 단순선물환헷지거래는 계약체결 시점을 기준으로 환율이 내리면 기업이 수출을 하더라도 계약체결 이후 결제시점에 받아온 미달러를 원화로 환전시키면 손해가 나는 것을 방지하는 것이 주목적으로 헷지거래 구조를 짠다. 그러므로 환율이 내리면 은행이 손해를 어느 정도 보전해 주되, 반대로 환율이 오르면(헷지거래를 아니하였을 경우 기업이 누릴 환전이익을) 은행에 되돌려주어 전체적으로 형평성을 되찾아 계약거래가 가능하도록 만들어 주는 구조에 입각한 것이다. 정확히 설명하자면 단순선물환 헷지거래는 계약체결시 환율을 기준으로 현물(소지하는 달러)와 선물(은행과 체결한 헷지거래)에서 정반대 효과가 발생하도록 하되, 환율변동의 확율(정상환율 변동분포)을 반영하여 구조를 짠 것이다.

## Ⅱ. 키코契約의 構造와 特徵

### 1. 外換헷지去來로서 키코契約의 締結을 選好했던 理由

구체적으로 살펴보면 2008년 여름 이전의 과거 2년간 환율변동성은 매우 낮은 편으로 키코의 헷징전략이 매우 유효하게 적용될 수 있는 상황이었음을 보여준다. 구체적인 살례로써 제시하는 차트 [그림 1]은, 키코계약을 체결한 기업이 계약당시(환율이 980원대 임을 전제로 하여), 행사환율을 950원으로 체결한 경우인바, 대부분의 현물환율/실제환율상 키코계약 체결한 기업입장은 2006년 1월부터 2008년 3월까지 2년 이상의 기간동안 환차손의 부담 없이, 기업이 고객이익구간에만 환율이 머무름으로써 환차익/키코계약상 이익을 누리고 있었음을 잘 보여준다. 즉 제3장에서 언급하는 바와 같이 행사환율이 낙인(knock in)환율과 낙아웃(knock out)환율 사이에 머물기만 하면 기업들은 소정의 환이익을 누리도록 키코계약이 구조화되어 있다. 따라서 환율이 소위 박스권에 머물기만 하면 기업들은 환이익을 누리게 됨으로써, 기업마다 사업부서인 프런트 오피스도 아닌 백오피스에 해당하는 재무팀

/재무부서가 외환헷지거래를 통해서 기업에게 소정의 이익을 올려주는 역할을 함에 따라 기업 내 지지를 받는 추세를 누렸다.

[그림 1] : 키코 거래의 선호 이유

➢ 2008년 여름 이전의 지난 2년간 낮은 환율 변동성은 키코의 헷징 전략이 매우 유효함 보여줌; 오른쪽 챠트에서와 같은 키코 계약은 지난 2006.01~2008.03 2년이상 환차손 없이, 고객에게 고객이익구간 내 환차익만을 누리게 하였음

➢2000년초에 일시적으로 2,000원 고점 찍은 다음 환율은 거의 완만히 하락추세

➢ 당시 20개 이상 금융기관, 연구소 중 환율 상승은 JPMorgan만 다소 상승예상.

➢키코거래는 환율이 중소기업들이 생산비용 파국점에 가까워지는 한계상황에서 행사환율을 올려주어 생산을 가능하게 하는 효과로 선호되었음

➢재벌기업이나 대기업들도 상당 수 가입하였음.

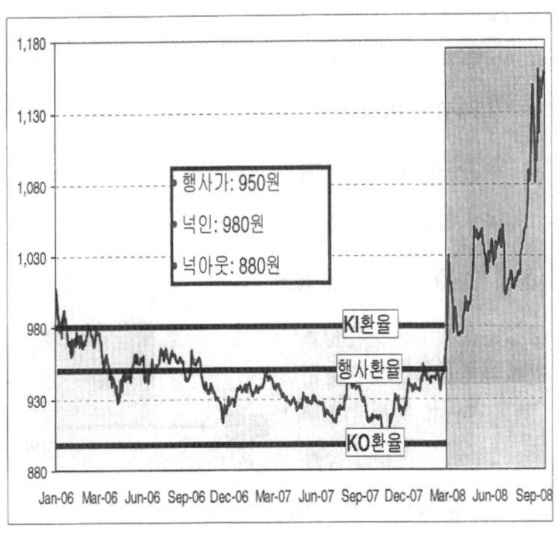


실제로 환율변동 추세와 예상은 1990년대 말 외환위기 당시에 일시적으로 달러당 2,000원을 하루변동폭 중에 고점을 찍은 다음 거의 일관되게 완만한 하락추세를 꾸준히 지속해 왔다. 역사를 되돌려 2008년 당시로 돌아간다면 금융위기가 발생하리라는 예상은 거의 불가능한 경우에 해당하였다. 이는 그 당시 국내 20개 이상 연구소나 금융기관 중 향후 환율상승을 예측한 기관은 JP Morgan 한 군데에 불과하였고, 그것도 다소간의 상승폭에 그쳤지, 금융위기가 초래한 파장을 예상한 기관은 찾아볼 수 없었다.2)

2) 2008년 9월 13일 토요일 밤에 리먼브러더스의 파산신청을 도화선으로하여 일어난 세계 금융위기는 그 직전까지 미국 금융시장의 써프라임 모기지사태의 후폭풍이 주된 원인이었음이 분명하다. 그렇지만, 리먼브러더스는 (골드만삭스, 모건스탠리, 메릴린치 등과 함께) 미국 4대 증권 전문회사로서 전세계 직원수 20여 만 명의 글로벌 금융기관이자, 미국의 가장 오래된 금융기관으로서(200년 넘는 역사를 자랑하고, 뒤이어 씨티은행이 2011년경 200주년을 맞이하였음), 아무리 주가가 1불로 떨어지도록 파산위기에 이르더라도 소위 대마불사(too big to fail)논리에 입각하여 미국 정부/재무성이 구제금융으로 부활시키리라는 기대에 대해서는 그 누구도 의심하지 않았다. 실제로 2008년 초부터 리먼브러더스보다도 규모가 작은 증권회사 베어스턴스 경우도 파산위기에 이르자 미국 재무성이 제이피모건으로 하여금 구제금융을 받고 인수하여 살리도록 금융시장을 관리감독한 선례들이 잇따르고 있었다. 그러나, 불행히도 리먼브러더스의 대주주 Richard (Dick) S. Fuld Jr.가 자신의 주식

## 2. 一般 先物換(헷지去來)과 比較한 키코去來의 損益構造

수출기업으로서 외환위험을 헷지하는 가장 기본적인 거래는 일반선물환거래가 상정될 수 있다.

통상적으로 수출기업인 은행의 고객입장에서 달러(현물)을 그대로 보유하고 있을 경우, 환율이 내릴수록 손해가 나고, 환율이 오를수록 이익이 된다. 즉 수출계약을 체결한 날 기준으로 예컨대 환율이 미달러당 920원이었는데, 수출대금을 지급하는 날(6개월 후이든 1년 후이든) 환율이 910원, 900원 이하로 하락할 경우 당초 계약일자에 기대했던 금액의 원화보다 실제 매출액이 줄어든다(한국회사로서 원화기준으로 볼 경우). 따라서 환율이 폭락할 경우 수출업자는 엄청난 손실을 입고만다. 반대로 환율이 930원, 940원 이상으로 상승할 경우, 당초 계약일자에 기대했던 금액의 원화보다 실제 매출액이 확 늘어난다. 따라서 환율이 폭등할 경우 수출업자는 망외의 큰 이익을 얻을 수 있다.

문제는 환율이 그 당시 수년간 지속적으로 낮아지던 추세가 일관되게 유지되던 시기였고, 거의 모든 금융기관들 발표 또한 향후 환율이 낮아지리라 예상되던 시기였기에 그 실정에 합목적적인 헷지 상품이 매우 유용했던 것이었다. 현물의 경우 이처럼 손익선이 그려진다면, 이에 대응해서 일반선물환거래를 체결할 경우, 현물거래를 통한 손실에 대응되는 이익이 선물거래에서 발생하고, 또한 현물거래를 통한 이익에 대응되는 손실이 다시 선물거래에서 발생하도록 구조화된 거래가 일반선물환 거래이다. 따라서 현물 현상과 마찬가지로(다만 방향이 역으로) 손익이 발생하도록, 일반선물환거래에서 환율이 폭락할 경우 수출업자는 이익을 얻고, 환율이 폭등할 경우 수출업자는 반대로 손실이 나도록 설계되어 있기 때문에, 결국 현물 보유(또는 현물거래)를 통해 발생하는 손익이 일반선물환거래를 통한 손익과 벌충되도록

포기를 조건으로 내건 미국 재무성의 요구를 거절하고 일응의 댓가를 고집하자, 미국 재무성은 도덕적 해이에 대한 경종을 시장에 알려야 하는 취지상 리먼브러더스에 대한 구제금융을 거부하였다. 즉, 규모상 리먼브러더스를 인수할 주체로 예견된 뱅크오브 아메리카로 하여금 미국재무성은 리먼브러더스를 제치고 그 다음 큰 증권회사인 메릴린치를 인수하도록 구제금융을 제공하여, 9월 13일 주말에 리먼브러더스는 파산이라는 나락으로 떨어지면서 전 세계 금융시장에 크나큰 파국을 불러일으키고 말았다. 이러한 극단의 사태는 그 누구도 감히 예상할 수없는 극히 예외적인 사태가 아닐 수 없다.

하는 구조를 갖고 있는 형태가 된다.

[그림 2]처럼 선물환거래에서는 환율이 무한정 폭등할수록 은행이 고객으로부터 달러매수권을 가지는 부분에서 이론상 선물에서는 무한대 손실이 난다고 주장은 가능하지만, 실제로 이는 현물보유 부분에서 무한대 이익이 남는 현상에 대응하여 서로 벌충이 되도록 구조를 짠 결과를 놓고 보아야 일반선물환거래를 체결하는 수출업자/은행의 취지에 잘 맞는다. 결국 대칭적 손익구조에 걸친 양 거래 중 일방에 대한 현상만 보고, 무한대 손실이 나는 거래라는 주장도 소송 중 난무하였으나, 이는 전체 거래구조를 이해하면 한쪽 거래만 살펴본 부분임을 이해하게 된다.

그러므로 수출기업이 현물거래에서 필연적으로 발생하는 환율손익을 잘 관리하기 위해서 헷지거래를 체결할 때, 헷지거래의 본질적 구조가 현물거래상 무한대 이익 또는 무한대 손실이 나는 상황을 헷지거래가 반대거래를 통하여 무한대 손실 또는 무한대 이익이 나도록 설계함으로써, 소위 대칭적 구조를 통해 손익을 모두 최소화하고 정상이윤을 누리도록 하는 구조로 이루어져 있는 것임을 유념할 필요가 있다.

[그림 2] : KIKO 거래의 구조 – 일반 선물환 거래와의 비교[헷지거래는 실물(현물)과 불가분관계]

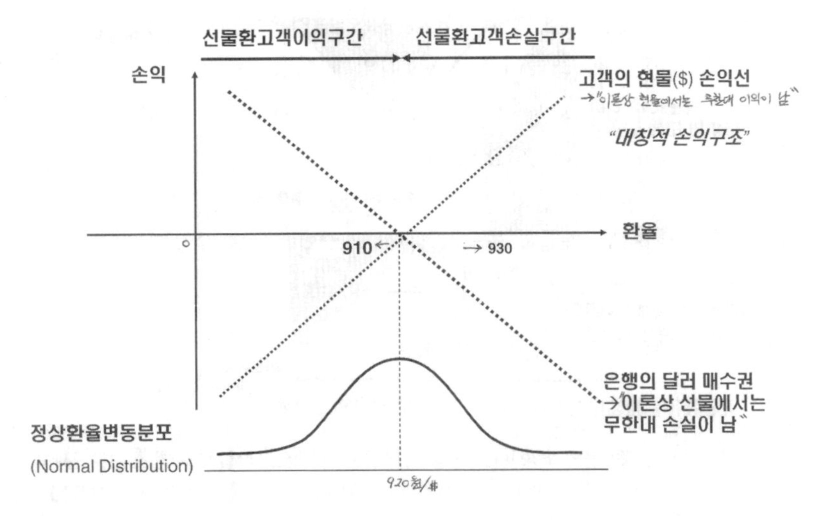

## 3. 키코契約의 特徵

### (1) 키코거래의 핵심 내용

> 키코거래는 고객의 행사환율을 높게 책정하여 단순 선물환보다 유리하기는 하지만, 다른 조건들을 추가함으로써 전체적으로는 기업과 은행간의 손익 등가성을 유지하는 구조를 갖고 있다.

키코거래를 손쉽게 이해하기 위해서 수출기업이 수출계약을 체결하는 오늘 현재 현물환율이 910원이라 가정하자(거래예시의 편의상 단순 선물환율이 910원이라 상정해도 무방하다). 그런데, 생산원가를 고려하여 손익분기점이 현물환율상 930원은 되어야 한다고 가정하는 경우, 수출기업은 수출계약을 체결할 수 있을지 고민하는 처지가 된다. 특히 향후 환율이 지속적으로 하락할 것이 대세라고 관측되는 시점에서는 이미 현물환율이 손실부분에 이르고 있어, 부득이 기업생산을 중지할 상황에 봉착한다. 키코거래는 간단히 말해서, 현물환율을 중심으로 헷지거래 행사환율[달러 유입시점에 은행의 달러 지급(교환)환율]을 상향조정하여 수출기업이 정상이윤이 발생하도록 도와주는 기능이 빛나서 체결된 헷지거래라 할 수 있다.

구체적인 환율을 예시로 들어 키코거래를 설명해 보자. 키코거래는 기본적으로 수출기업과 헷지거래계약을 체결하는 계약일 시점의 현물환율을 기준으로 하여(예컨대 미달러당 930원), 그보다 낮은 환율에서 키코계약이 종료되는 낙아웃(Knock-out) 환율을 정한다(예시상 880원). 다시 현물환율보다 높은 환율(예시상 980원)부터는 키코계약의 거래물량을 2배로 늘려 거래를 체결하여, 이를 낙인(Knock-in)환율이라 부르는데(예시상 980원), 그 이상으로 현물환율이 되는 구간부터는 2배의 물량을 거래하기로 상향시켜 체결하는 구조가 가장 기본적으로 통용되었다.

중요한 것은 이러한 낙아웃환율부터 낙인환율에 이르는 구간에서는 고객의 행사환율을 일반선물환거래라면 제공할 지급환율(예시상 910원)보다 상향조정된 높은 지급환율을 은행이 제공한다는 점이다(예시상 950원). 그렇다면 앞선 예로 든 기업의 경우 현물환율이 이미 910원으로 떨어져 더 이상 생산이 불가능한 시점에 이른 상황에서, 손익분기점에 해당하는 930원 환율보다 높은 950원에 계약만기 시점 수령할 달러를 은행이 지급환율을 맞추어 줌으로써, 죽었던 수출기업이 되살아나서 생산이 가능한 매우 유용한 기능을 선사해 준 것이었다. 따라서 낙아웃환율(880원)부터 계약체결 시점의 현물환율(910원)을 걸쳐서 낙인환율(980원)에 이르는 구간에서는 고객이 매우 유리한 선물환율/행사환율을 누릴 수 있다(즉, 낙아웃환율부터 낙인환율에 이르는 중간 구간임). 그런데, 이처럼 은행이 일방적으로 손해가 날 거래를 하면서 수출기업을 지원할 방법은 달리 없고, 오로지 키코거래 자체에서 수출기업과 은행간의 거래형평성을 유지해야만 계약이 가능하다. 이런 리밸랜싱을 찾는 부분이 환율이 상승하는 구간 중 낙인환율 이상의 환율구간이다. 즉, 낙인환율(980원)보다 거래 만기일에 실제 현물환율이 더 상승하는 경우에는 은행이 키코거래 물량보다 2배만큼의 물량에 대하여 달러매수권을 행사하게 계약하는 것이다(이는 소위 레버리지 비율이 2배로 정한 경우이고, 드물게 3배로 정한 경우도 있었다). 이를 통해 은행은 낙아웃~낙인구간에 현물환율보다 수출기업에게 유리한 결제환율(행사환율)을 제공함으로써 부담할 손실부분을 낙인구간 이후 구간에서 벌충할 수 있도록 계약구조를 구성한 것이다. 이러한 구조는 반드시 통계학적으로 수출기업 고객이 이익날 구간과 손실날 구간 간의 확율을 계산하여 맞춤으로써, 형평을 유지하고자 정상환율 변동분포에 기반해서 계약구조를 짜게된다. [그림 3]은 이러한 낙아웃환율(880원), 단순선물환율 910원, 키코행사환율 950원, 낙인환율 980원의 일련의 환율분포상에서 수출기업 고객의 손익을 그림으로 표시한 것이다.

**[그림 3] : KIKO 거래의 구조 – 고객의 행사환율을 높여서 단순선물환보다 유리하되, 다른 조건들을 추가하여 전체 기업·은행간 손익 등가성을 유지함**

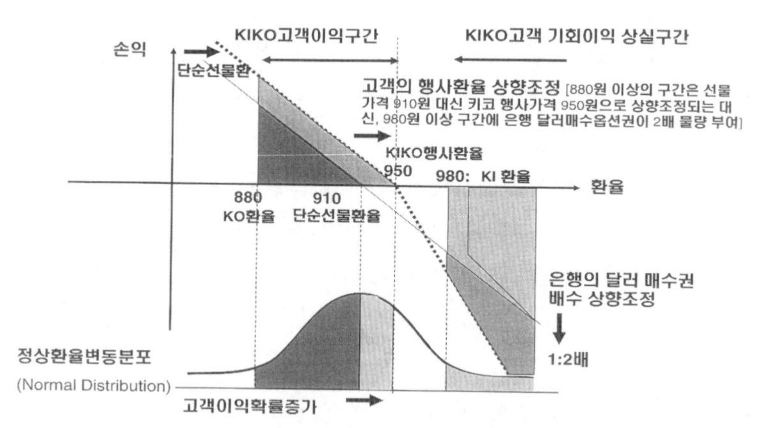

### (2) 키코거래로 인하여 무제한의 손실이 발생한다는 주장에 대한 구체적 사례 검증

2008년 연말에 리먼브러더스 파산으로 인해 전 세계적으로 금융위기 시기에 이르면서 환율이 상승을 거듭하여, 폭등한 경우에 수출기업/은행 고객들은 키코거래로 인하여 무제한의 손실에 이르는 현상이 나타났다고 수출기업들이 주장하였는바, 과연 그 실체가 어떠하였는지 위 키코거래의 사례에 입각하여 예시를 통해 검증해 보기로 한다.

1년 뒤에 미화 100만 불을 지급받을 수출기업이 생산원가상 환율이 930원 이상을 유지해야 손익분기점을 넘는데, 단순선물환거래로 헷지거래할 경우 행사가격이 910원이어서 생산을 포기해야 하는 시점이라 가정한다. 이런 경우에 단순선물환헷지거래를 체결하고 생산을 진행할 경우, (930-910)원×100만 불=2,000만 원의 손실을 겪게된다. 그런데, 키코거래를 체결할 경우 단순선물환거래 행사환율보다 더 높은 가격으로 키코거래 행사환율(950원)을 올려주는 순기능 덕분에, 생산기업은 (950-930)원×100만 불=2,000만 원의 이득을 누릴 수 있게 되고, 매출액 950원×100만 불=9.5억 원의 생산효과를 얻게 된다.

논란 부분은 환율이 폭등하여 예컨대, 1,500원이 되었을 경우를 상정해서 살펴본다. 낙인구간 환율을 980원이라 상정하고, 레버리지 2배를 적용하는 경우로 본다면, 실제로 은행들은 내규에 따라 계약물량은 레버리지 2배를 적용한 후에도 키코거래물량이 실제 수출물량 총액을 넘어서서 거래하지 못하도록 제한하고 있었다. 즉 키코거래는 헷지거래로 허용된 것이어서, 환율헷지를 하려는 물량 이내로만 키코거래를 허용해 수는 것이 은행거래의 관행이었던 것이다. 위 사례에서 키코물량을 2배 레버리지를 감안하여, 100만 불 중 30만 불만 키코거래를 체결함으로써 레버리지 2배를 적용하더라도 헷지물량이 60만 불에 그친 것으로 상정해 보기로 한다. 그렇다면 환율이 1,500원으로 폭등하더라도 키코행사환율 930원이 적용되어, 1,500-930=570만 원의 불리한 행사환율을 60만 불에 대하여 적용받는 것은 맞지만, 그 물량만큼은 처음부터 헷지대상 거래가 존재하여, 당초 키코행사환율 950원이 적용되면 소정의 이익 및 매출에 따른 생산효과를 기대하던 부분에 해당한다. 실제로 이러한 부담스런 행사환율이 적용될 물량은 30만 불×2=60만 불이지만, 키코거래 대상이 아닌 물량 즉, 나머지 40만 불의 경우에는 헷지거래가 없는 상황에서 달러 가격이 폭등한 결과와 마찬가지로, (1,500-950)원×40만 불=550원×40만 불=2.2억 원의 환차익을 추가로 누리는 결과가 되고, 당초 생산원가는 930원이나, 단순선물환거래 행사가격을 기준으로 상정하면 그 이익은 더욱 커지는 순기능을 누리게 된다.

키코거래를 통하여 수출기업들이 무제한 손실을 입었다는 주장은 이처럼 실제 사례를 통하여 허구적 주장이라는 부분이 입증되는바, 은행들이 반대로 무제한 이익을 얻은 것으로 볼 수 있는지 살펴본다면, 글로벌은행들은 키코거래를 체결하면서 소위 반대거래를 찾아 은행 내부적으로 헷지거래를 해낸다. 그런데 가격과 물량이 일치하는 반대거래를 찾는 경우는 거의 드물고, 금융공학적으로 소위 동적 헷지(dynamic hedge) 거래를 해 낸다. 이는 쉽게 설명하여 은행들이 체결한 키코거래를 인수분해해서 각 인수마다 헷지가 가능한 반대거래를 전 세계적으로 찾아내어 일종의 상계처리를 내부적으로 장치해 두어, 장차 환율이 어느 쪽으로 작동하더라도 은행이 손실을 입지 않도록 조정장치를 마련해 두는 작업을 하는 것이다. 그러므로 키코계약이 어떠한 법률적 근거이든 무효, 취소, 해지된다면 기존에 키코거래에 대하여 전세계적으로 걸어둔 반대거래에 대한 부담만 남게 되어, 은행으로서는 큰 손실을 감내하게 된다. 이는 마치 헷지대상이 없어져 헷지거래를 하지 아니한 중소기업의 처지에 빠져 환율 변동에 따른 손실을 부담해야 하는 입장과 동일하다(헷지계약을 아니한 거래는 환율에 그대로 노출되므로 금융업무상 투기래나 마찬가지에 해당하는 것이 된다).[3)]

## Ⅲ. 키코契約에 관한 論難의 分析

### 1. 키코契約을 통한 오버헷지의 論難

키코계약은 위에서 설명한 대로 수출기업처럼 환율에 노출되는 고객의 경우, 그 환리스크에 대응하고자, 예상되는 수출물량만큼 반대거래를 체결하

---

3) 실제로 하나은행의 경우, 키코거래를 한 고객 태산 CD의 경우, 1심에서 키코계약이 무효로 선고되자 수천억 손실준비금을 적립할 수 밖에 없어 그 좋은 반증이 된다.

는 단순선물환거래를 응용하여 만든 계약이지만, 본질적으로 헷지기능에 입각한 환리스크거래의 일종이다. 환리스크거래는 헷지물량을 기준으로 헷지물량 이내에서는 헷지거래라 불리고, 헷지물량 이상 또는 헷지거래 없이 체결하는 경우, 투기거래라 불리운다. 은행이 키코계약을 체결하는 경우, 헷지거래가 되는지 투기거래가 되는지 순전히 수출기업의 예측 내지 확인 가능한 수출거래계약에 입각한 향후 예측 달러 유입 물량을 토대로 하여 결정될 수밖에 없다. 흔히 헷지물량을 예상하여 헷지거래를 체결하였는데, 실제로 예상된 수출물량보다 부족현상이 나타날 경우, 이는 오버헷지라고도 불리우고, 결과적으로 헷지거래가 커버할 물량이 없어서, 투기거래에 해당하게 된다. 문제는 은행입장에서는 예상수출물량이란 수출기업이 알려주고 요청하는바에 따라 결정되지, 은행이 그 내부 사정을 스스로 알 도리가 없는 노릇이다. 즉 수출기업이 100만 불 예상된다며 레버리지 2배를 적용하여 키코계약을 50만 불 체결하였는데, 실제로 60만 불 수출에 그친다면, 40만 불어치 투기거래에 해당하는 결과에 이르고 만다.

이러한 투기거래는 오버헷지의 결과인바, 경우에 따라서는 수출기업이 일부 헷지거래를 甲은행과 체결하면서, 순차적으로 유사한 물량의 거래를 乙은행, 丙은행과 연속적으로 체결하여 일어나는 현상이기도 하다.[4] 기업이 수출물량을 예측하여 미리 키코계약을 체결한 이후에 경기침체로 인하여 갑자기 수출물량이 헷지거래 물량보다 적을 경우, 결과적 오버헷지에 이르는바, 이에 대한 부담은 기업으로서 부담스러운 것은 사실이나, 그렇다고 수출물량을 누구보다 가장 잘 파악할 수출기업을 대신하여 은행이 이 부담을 가져가는 것은 더욱 불합리한 결과가 되고 말 것이다.

이에 대한 반대논리로서 키코계약상 은행이 숨은 수수료가 존재하였다는 주장, 제로 코스트 논리 주장(기업이 매수한 풋옵션과 은행에게 판 콜옵션 간의 프리미엄을 일치시켜 계약체결 시점에 기업이 부담하는 수수료를 없애는 방안), 키코계약에 따른 수수료 수준과 일반선물환거래 등 파생상품거래의 수수료 수준을 비교하는 수수료 논란도 있으나, 금융공학적 분석과 논란은

4) 그런데 금융실명법 하에서는 어느 은행이 고객 수출기업이 고지해 주 전에는 스스로 이를 확인할 방법도 마땅치 않다.

그 분야 전문가들의 증언, 서면 증거 등을 통하여 법원에 대부분 입증되고 설명되었다.[5)]

## 2. 키코契約의 法律的 有效性 論難

키코계약을 법률적으로 평가할 때, 그 적법유효성에 대하여 무효, 취소 또는 해지사유를 쟁송 중 수출기업/은행고객들이 주장한바, 그 내용과 평가를 해 보면 다음과 같다.

### (1) 무효사유 : 약관규제법 또는 민법 제103조와 104조 위반

약관규제법상 약관으로서 불공정성 내지 불의타를 이유로 무효를 주장하였는바, 실제로 키코계약은 작성 협상 과정에서 은행이 일방적으로 작성한 것이 아니고, 구체적인 은행 고객의 환헷지 필요성에 맞추어 맞춤형으로 계약마다 그 내용이 달라 그 약관성에 대한 논란 나아가 불공정성에 대해 입증이 제대로 되지 않았다.

민법 제103조 내지 104조 위반의 주장에 대해서는 적어도 키코계약을 체결할 시점에는 장래의 환율변동에 대한 확률적 분포 나아가 합리적인 예상을 토대로 은행과 고객 간에 대등한 위험 및 변동가능성을 맞추어 설계하였으므로 그러한 주장은 인용되지 않았다.

### (2) 취소사유 : 민법상 사기 또는 동기의 착오이론

민법상 사기의 근거로 옵션가치의 불균형이 주장되었으나, 계약체결 시점의 장래 환율변동 방향과 위험발생 가능성, 낙아웃이나 낙인 조건의 도입, 옵션 행사환율의 수치, 레버리지의 설정과 금액 제반요소를 종합하여 옵션의 객관적인 이론가가 형성된 것이므로 이를 비합리적이거나, 마진이 일반적인 파생상품 거래의 틀에서 현저히 벗어난 정도로 과도하게 책정·반영된 것이라 보기는 어렵다고 법원이 판단하였다.

실제로 키코거래의 체결과정을 살펴보면, 은행은 (가) 고객의 수요를

5) 대표적인 증인으로서 과기대 금융공학 교수님 등 국내석학들이 기업 측 및 은행 측 각기 증언한 외에도 해외에서 기업 측은 NYU 대학의 Robert Engle 교수님을, 은행 측은(한국씨티은행이 미국뉴욕본사를 통해서 문의드려 수소문한 결과) MIT 대학의 Steve Ross 교수님을 미국에서 모시고 와 법원에 직접 전문가 증인으로 출석하여 증언하게 한 절차를 거친바 있다.

우선 파악한 다음, (나) 적합한 파생상품을 안내하여, (다) 고객의 키코거래 선택에 의거하여 제안서를 송부하게 되고, (라) 거래조건을 협의하여 거래계약을 체결하게 되며, (마) 계약체결 이후에 다시 컨퍼페이션(confirmation) 서한을 송부하여 구체적인 계약시점에 환율시장과 고객 수요에 맞춘 계약을 성사시키게 되었다. 그 계약의 원형은 국내외환거래 약정서 또는 전 세계적으로 통용되는 ISDA(International Swaps & Derivatives Association) 계약서가 활용되었다.

### (3) 해지사유 : 사정변경의 원칙

사정변경의 원칙은 과거 제1차세계대전 이후 독일에서 마르크 가치가 수천배 하락하는 극단적인 경우에 인정된 독특한 원리인바, 2008년경 금융위기 당시에는 그 직전 미달러당 900원대 환율이 거의 1,300원대로 상승하였을 뿐 수백 배, 수천 배에 이르는 극단적 상황과는 확연히 달랐으며, 더욱이 비근한 예로 1990년대 말 외환위기시 환율이 최고 2,000원을 하루 장중에 잠시 찍은 다음 내려간 시기와 비교하더라도 절반 이하의 상승율에 불과하다. 파생상품의 내재변동성을 분석하더라도 10배 정도 상승하여 극단적인 상황으로 보기는 어렵다는 평가를 받았다. 참고로 키코계약은 계약상 중도해지가 가능하기는 하나, 이는 기업이 언제든지 은행과 중도해지권을 행사하여 해지하는 것으로서, 잔여기간에 대한 정산금(청산금)을 은행에게 지급해야 하는 의무가 따라오고, 그 경우 은행으로서는 자체적으로 헷지거래, 즉 이미 체결한 반대매매 내지 다이나믹 헷지거래(동적 헷지거래)들을 연달아 해지하면서 은행이 부담할 정산금(청산금)을 지급하여 종결시키는 것으로 구별하여 보아야 한다. 즉, 사정변경의 원칙 적용은 그러한 정산금(청산금) 지급의무가 따르지 않는 일방적 해지를 통한 계약으로부터의 해방을 의미한다.

이러한 사정변경의 원칙을 유념하여 살펴보아야 할 특별한 이유가 있는 바, 2008년 9월 13일 토요일 리먼브러더스가 미국법원에 파산신청을 도화선으로 하여 전 세계적으로 금융위기가 도래하자, 미달러당 환율이 900원대에서 그 해 연말에 1,300원까지 치솟으면서 키코계약을 체결한 은행고객들이 비명을 지르며 법원에 손해배상 청구 민사소송과 더불어 집행정지 가처분신청을 줄지어 제출하였다. 그런데 2008년 말에 서울민사지방법원은 가처분신청을 위 사정변경의 원칙을 근거로 인용하는 결정을 내림으로써, 전국적으로 키코계약을 체결한 수많은 수출기업/은행고객들은 민사소송을 통한 구제가능성을 기대하면서 단체소송에 가까운 소송봇물이 터지는 계기를 마련한 단서가 되었던 것이다.[6)]

### 3. 說明義務와 損失防止義務 내지 適合性 原則 論難

키코소송사태를 통하여 가장 치열하게 논쟁이 붙은 의제는 은행의 고객에 대한 설명의무 부족 내지 손실방지의무 해태에 따른 상품의 고객 적합성 원칙에 대한 논란으로 생각된다. 설명의무부터 살펴보면, 줄거리를 이루는 비판은 다음과 같이 정리된다.

(1) 키코계약(통화옵션계약)의 기본구조는 콜옵션과 풋옵션 양자를 취득한 옵션가치의 총합이 은행과 고객간에 동일하게 설계되었다는 것의 의미(제로코스트라고만 설명), 나아가 헷지목적상 어느 범위에서 효과를 발휘하고 어느 범위에서 취약한지 제대로 설명하지 않았다는 지적
(2) 낙아웃(조기종결) 조건이 붙어 있어 그 이후에는 환위험을 회피할 수 없게된다는 부분에 대한 설명이 부족
(3) 계약금액이 기업의 평균적 외화순유입액을 초과할 경우(즉, 오버헷지되는 경우), 손실범위가 무제한으로 확대될 가능성이 있는데, 이에 대한 설명이 부족
(4) 계약관계에서 탈퇴하려면 그 방법과 탈퇴 후 권리의무관계 나아가 잔여관계에 대한 청산과 청산금부담의 설명이 부족
(5) 개별 옵션의 평가가격에 관한 구조와 은행이 취득하는 마진이 가격에 반영된 점 및 마진의 기본적인 산정방식이 설명되지 아니한 점 등

---

6) 2008. 12. 30.경 환율시장이 연말 납회를 하자마자, 환율시장에 대한 악영향을 최소화하기 위해 서울민사지방법원이 가처분 인용결정을 비로소 선고하였고, 그 직후 2009년 초부터 필자가 그 당시 법률총괄 본부장/금융지주사 부사장으로 근무하던 한국씨티은행의 경우, 키코소송의 손해배상 등 본건 280여 건, 가처분건 150여 건을 접수받아 430건을 넘는 소송홍수를 겪어 내야 했던 것으로 기억한다. 참고로 그 무렵을 전후한 인용가처분은 대체로 은행이 수출기업 고객들에 대하여 10% 정도의 손해배상율을 부담 하라는 취지의 내용을 담아 선고되었다(당시 서울민사지방법원 수석부장판사 박병대 수석재판부의 결정, 후일 대법관으로 임명되심).

그런데 실제로 살펴보면 은행들은 다양한 형태의 통화옵션상품을 제안하고, 그 과정에서 각 통화옵션 상품의 전략, 거래조건과 내용, 효과 등에 관한 설명자료를 원고에게 제시하였으며, 원고의 요청에 따라 넉아웃 환율 등을 조정하기도 하였으며, 그 제시·교부한 각 거래확정서(Final Term Sheet) 등 서류에도 각 옵션의 의미, 계약의 주된 내용과 거래조건, 만기 환율에 따라 원고가 입게되는 손익에 대한 시나리오분석 등이 상세하게 기재되어 있고, 별도로 추가 위험고지 항목을 두어 콜옵션 조건이 성취되면 상대적으로 낮은 계약환율에 2배 매도하여 기회이익 상실위험 등을 고지하였음이 법원 심리과정에서 밝혀졌다.7)

통화옵션계약의 옵션가치의 총합에 대한 설명에 관하여 수수료가 없는 제로 코스트 상품이라고 하였으나, 실제로는 이 사건 각 통화옵션계약에 따라 신용위험 관리비용 등을 콜옵션 프리미엄 속에 포함시켰음에도 그 구체적 내용을 원고에게 설명하지 않은 사실이 인정되기는 한다. 그러나 피고들이 영리를 추구하는 기업인 이상 이 사건 각 통화옵션계약 체결을 통해 일정한 이익을 얻는 것은 당연하며, 누구든지 이를 충분히 예상할 수 있다고 보아야 하므로 그와 같은 비용과 이익이 과다하게 책정되었는지는 별론으로 하고, 피고들이 그 구체적 내용을 고객인 원고에게 알려야 할 의무가 있다고 보기도 어렵다고 마찬가지로 판시하였다.

설명의무 논란과 관련하여, 은행들이 환율 하락전망만 각오하였을 뿐, 상승가능성에 관하여 거의 설명하지 않았다는 비판도 있었으나, 실제로 20여개 국내외 금융기관과 연구소들의 환율전망은 한결같이 하락전망을 제시하였고, 제이피모건 한 군데만 1,000원대 상승예측을 제시하였다. 또한 현재의 변동성을 근거로 한 낙아웃 환율을 구체적인 수치로 제시하여 환율 하락의 가능성을 부각하기도 하여, 즉 2009. 8. 20. 시점의 예상 낙아웃 확률이 78.7% 제시를 통하여 비교적 정확하게 수치제공을 통해서 객관적인 전망자료를 제공한 것에 비추어 그 비판은 인용되지 아니하였다.

은행은 기업의 손실확대를 막기 위하여 적극적이고 진지한 노력을 다했어야 하는데 키코상품은 그러한 기능을 다하지 못한 점에 대해 고객보호의

7) 당시 지방법원 제1심 단계에서 최초로 선고된 서울중앙지방법원 제21민사부 2010. 2. 8. 판결문 28 내지 31면 참조[2008 가합 108359 (본소) 2009 가합 41859 (반소), 재판장 임성근 부장판사].

무를 저버렸다는 주장도 제기되었는바, 실제로 키코상품은 환율이 900원대에서 점진적 하락을 하는 박스권 내에서 적합한 반면, 갑자기 1,300원대로 치솟는 상황에 잘 맞지 않는 부분이 있을 수 있으나, 이는 마치 보험가입자가 암보험 중 자신에게 적용될 가능성이 높은 상품을 골라서 암보험 가입한 데 대하여, 예상치 못한 암 사고가 발생하였다고 하여, 보험회사의 설명의무, 고객보호의무를 탓하는 점과 다를 바 없어 인용되지 않았다.

이러한 손실방지의무와 관련하여 마지막으로 주가지수옵션거래에 대하여 위험성을 제대로 설명하지 않았다는 원고청구에 대한 반박으로 관련 대법원 판례를 소개하여 맺고자 한다.

2008. 9. 11. 대법원 판결에 의하면 주가지수옵션거래에 대하여 위험성을 제대로 설명하지 않았다는 원고 청구에 대하여, 원고들이 옵션거래의 위험성을 알고 있었다고 봄이 상당하다고 판시한 근거로서, ① 이전에도 주식상품에 투자하였던 경험이 있었고, ② 피고회사로부터 옵션거래 및 피고회사의 기본적인 투자방식 등에 대하여 설명을 들었으며, ③ 2001. 9. 11. 테러사건 이전 1년 동안 적지 않은 수익을 올린 한편, ④ 하루에 1억 원 이상의 손실이 발생한 경우도 있었음을 열거하였다. 나아가 대법원은 설명서류 중, 예상수익율을 과도하게 과장하거나 위험을 의도적으로 은폐한 흔적을 찾아 볼 수 없을 뿐만 아니라, 원고들과 같은 지식과 경력을 갖춘 투자자의 판단을 그르칠 정도의 내용이 포함되었다고 볼수 없다고 하였다. 더욱이 예상 가능한 모든 위험에 완벽하게 대처하면서, 동시에 높은 수익율이 실현될 것을 기대할 수는 없는 것이며, 투자목적 등에 비추어 상대적으로 높은 수익율을 기대하거나 요구하면서, 동시에 가격등락에 따른 불가피한 손실로부터 자유로울 것을 기대할 수는 없는 것이라고 하였다.

결국, 주가지수 옵션상품 특히, strangle, ratio spread 매도전략방식은 수익규모가 일정하나, 손실규모는 이론적으로 한계가 없음이 사실이지만, 이는 어디까지나 확률과 그에 입각한 투자판단의 문제로서, 피고회사가 조사한 원고들의 투자목적에 비추어 적합성을 잃은 것으로 보기는 어렵다고 판시한 부분이 특기할 만하다 할 것이다(이하 그림 참조).

[그림 4] : 수출계약(Underlying)과 1:1 KIKO의 종합 손익 구조 (② ③ ④ 구간 유리)

•수출계약 시점의 현물환율(930)보다 선물환율이 낮았음(910)

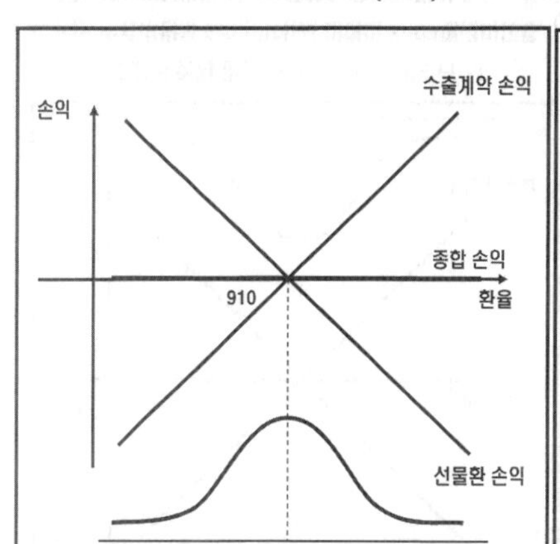


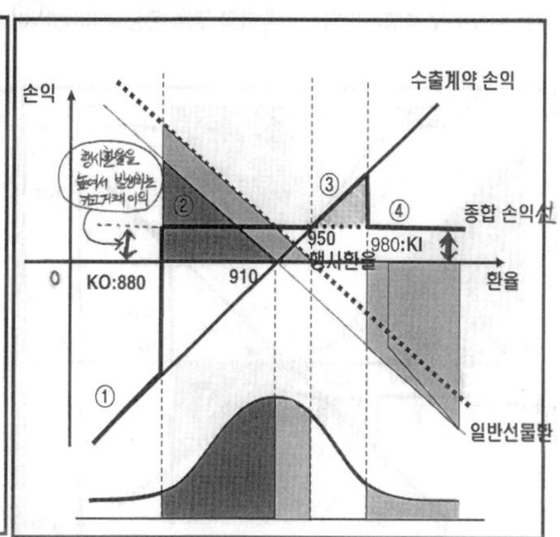


① 구간(880원 이하): KO되어 헷지가 없는 상태

② 구간(880~950원): KIKO체결하면 일반 선물환보다 행사환율 높인 만큼의 이익발생(화살표 부분)

③ 구간(950~980원): KI되기 전이므로 은행의 콜옵션행사 되지 않아서, 기업이 행사환율 높인 만큼의 이익(화살표 부분) + 시장환율이 더 높아진 만큼의 추가이익(삼각형)누림 (행사환율 950원의 적용이 없고, 시장환율 따르는 구간)

④ 구간(980원 이상): 일반선물환보다 행사환율($당 980원)으로 높인 만큼의 이익(화살표 부분)이 보장된 것임

[그림 5] : 수출계약(Underlying)과 1:2 KIKO의 종합 손익 구조 [2배 leverage]

• 수출계약 시점 현물환율(930원)보다 선물환율(910원)이 더 낮았음

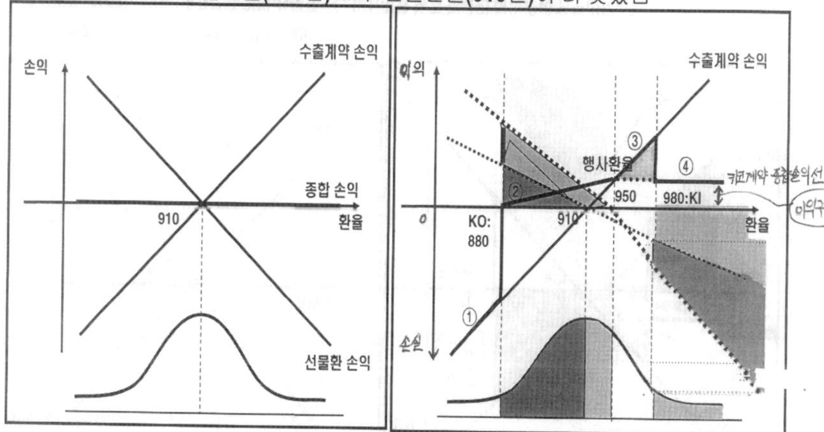


① 구간: KO되어 헷지 없는 구간 (키코계약 부존재구간)

② 구간: 수출물량의 50%(이하)에 대하여 KIKO체결하므로, 50%(이하) 관한한, 일반 선물환보다 행사환율이 기업에 더 유리

③ 구간: 행사환율보다 시장환율이 높으나 KI되기 전이므로(은행 콜옵션 정지조건 성취되지 않아서) 기업이 시장환율이익까지 추가(삼각형) 누림

④ 구간: 수출물량의 100%에 대하여 일반 선물환을 체결한 경우와 동일하되(50% KIKO체결시), 이익구간만큼 이익누림 (화살표)

# 키코事件과 關聯한 下級審 判決의 再檢討*

金 容 載**·朴 기 쁨***

## Ⅰ. 序 論

2008년 미국발 금융위기로 인하여, 수년 동안 지속적인 하향 안정세를 보이던 원/달러 환율이 급등세를 보였다. 그리고 그 여파로 환위험 헤지를 위하여 국내 은행들과 파생금융상품의 일종인 키코 통화옵션계약(이하 '키코계약')에 가입한 수많은 수출 중소기업들이 막대한 손실을 입게 되자 계약상대방인 국내 은행들을 상대로 다양한 쟁점의 소송을 제기하였다.

중소기업들은 키코계약을 체결한 국내 은행들을 상대로 키코계약이 불공정한 계약으로서 무효이므로 그 계약의 효력을 정지해 달라는 가처분 소송을 한 후 위 계약의 무효, 취소, 해지나 손해배상 등을 주장하며 본안 소송을 제기하였다. 즉, 중소기업들은 키코계약이 환위험 회피에 적합하지 않은 상품임에도 국내 은행들이 이를 환위험 회피 상품으로 권유하여 계약을 체결하였다는 전제 하에, 위 계약이 민법 제104조 위반 또는 약관의 규제에 관한 법률(이하 '약관규제법') 위반으로 무효이거나 착오 또는 사기를 이유로 취소할 수 있고, 또 사정변경으로 인해 해지되어야 하며, 그렇지 않더라도 적합성원칙 및 설명의무 위반을 이유로 손해를 배상하여야 한다고 주장하였다. 2013년 5월 현재까지 진행된 키코 관련 소송에서 서울고등법원을 비롯한 대부분의 하급심 법원들은 키코계약 자체가 구조적으로 문제되지 않는다는 입장을 견지한 채, 다만 해당 소송에서의 구체적인 사실관계를 파악한 후 은

---

* 제29회, 상사법무연구회 발표 (2012년 11월 10일)
본 평석은 「안암법학」 제41권, 안암법학회, (2013)에 게재하였음.
** 고려대학교 법학전문대학원 교수
*** 전주지방법원 군산지원 부장판사

행이 중소기업을 상대로 적합성 원칙 및 설명의무를 다하였는지 여부만을 판단하여 왔다.[1)]

저자들은 이러한 하급심 법원의 판단 중 다소 아쉬웠던 점들을 도출해 낸 후 향후 키코 사건과 유사한 사안이 발생할 경우 법원은 어떠한 쟁점에 대해 좀 더 심도 있게 분석하여야 할 것인지를 제안할 목적으로 이 논문을 기획하였다. 혹자는 이 사안들에 대한 대법원 판결이 곧 예정되어 있으므로, 이 논문은 시기적으로 너무 늦었다고 비판할 수도 있다. 그러나 키코계약이 본질적으로 구조상의 결함을 안고 있었음에도 불구하고 단지 고객보호의무의 쟁점만으로 사건을 단순하게 해결하고자 하였던 하급심 법원의 태도는 다소 문제가 있었다고 생각한다. 따라서 대법원 판결이 박두했는지 여부와 상관없이, 관련 가처분결정과 본안소송인 제1심 판결에서 다뤄온 여러 가지 법적 쟁점을 다시 한번 재음미해 보는 것은 지금 시점에서도 매우 의미 있는 작업인 것이다.

## Ⅱ. 키코契約의 概觀

### 1. 키코契約의 意義

키코계약이란 환율변동에 따른 위험을 피하기 위하여 만들어진 상품으로, 환율이 일정 범위 안에서 변동할 경우 미리 약정한 환율에 약정금액을 팔 수 있도록 한 장외파생금융상품이다. 키코(KIKO)란 Knock-In, Knock-Out의 영문 첫 글자에서 따온 말로서, 위 계약은 기업이 은행으로부터 풋옵

1) 서울중앙지방법원 2012. 8. 23. 선고 2011가합20688 판결은, 「피고가 원고의 이해와 직접적 관련이 있는 주요 내용인 환율 변동에 따른 손실 발생의 위험성에 관하여 '피고의 인식과 비슷한 수준으로 인식할 수 있을 정도'로 설명하였다고 보기 어렵고, 원고가 이를 이해하였는지를 확인하는 절차도 거치지 않았음을 충분히 알 수 있으므로, 피고는 설명의무 위반으로 원고가 입은 손해를 배상할 책임이 있다」라고 하면서, 「다만 원고가 이 사건 각 통화옵션계약을 체결하면서 그 내용이나 구조, 특성, 위험성, 나아가 경제 및 환율의 동향 등을 신중하게 검토하거나 검토하려는 노력 없이 피고의 권유에만 전적으로 의존한 점 등 '원고의 과실을 참작'하여 피고가 원고에게 배상할 금액은 원고가 입은 손해액의 70%로 한다」라고 하였다. 이것이 하급심 판결 중 키코계약의 본질과 당시 은행이 고객에게 지는 법규상의 주의의무 등을 정확히 파악한 판결로 평가되고 있다. 왜냐하면 키코상품이 마이너스 가치로 설계된 구조상의 결함을 가진 상품이므로 원래 무효나 취소의 대상이 되어야 함에도 불구하고 정책적으로 그 파장과 경제에 미치는 악영향을 고려한 것이라면 가능한 한 고객에게 유리한 판결이 나와야 하는 것은 너무도 당연하기 때문이다.

션을 매입하되, 은행에 그 프리미엄을 지급하는 대신 콜옵션을 매도하여 zero cost를 실현한 것이라고 설명되어 왔다.[2)]

## 2. 다른 換危險回避 商品과의 比較

### (1) 선물환거래(forward trading)

실무에서 선물환거래는 달러를 매개로 원화를 거래하면서 미래의 일정 시점에 특정 가격으로 달러를 사고팔겠다는 약정을 맺으면서 이루어진다. 실제로 선물환의 매도는 외국을 상대로 거래하는 기업(특히 조선업, 계약에서 물건의 인도까지 장기간이 걸리고 금액 단위도 크기 때문)이 환헤지 목적으로 실시하는 경우가 많고, 반대로 선물환 매수는 은행이 담당하는 경우가 많다. 기업의 경우 미래에 들어올 외국환이 계약으로 이미 정해져 있기 때문에 환율을 현재의 환율로 확정해 놓음으로써 미래에 얻을 원화도 확정할 수 있어 경영의 위험을 덜 수 있다. 하지만 은행은 반대로 환위험에 노출되게 되므로, 은행은 이러한 환위험을 다시 헤지하기 위해 선물환계약을 하는 즉시 그 상당액의 외환을 차입하여 현재의 환율로 원화로 바꾸어 놓는다. 이후 기업으로부터 외환을 받고 바꿔놓은 원화를 주는 것이다. 그 교환으로 받은 외환을 다시 상환하면 환위험에 노출되지 않을 수 있다.

---

2) 김 · 장법률사무소, 「알기 쉬운 키코」, (2009), 43-45면.; 키코소송에서 다수의 피고은행을 대리했던 법률사무소가 키코상품에 대한 설명 책자를 내고 재판에 활용하였다는 것은 너무도 놀라운 사실이다(동 책자의 마지막 면에서는 "이 책자는 김 · 장법률사무소가 재판상 사용할 용도로 만든 것"임을 명백히 밝히고 있음). 왜냐하면 이는 재판의 중립성과 공정성을 훼손할 위험성도 있었기 때문이다. 동 법률사무소는 키코에 관한 또 다른 출판물을 연속적으로 내기도 하였는데[김 · 장법률사무소, 「키코 - 오해와 진실」, 2010)], 동 책자는 심지어 사실심 법원에 제기하였던 피고 은행의 모든 주장을 정당화하려고 하였다. 물론 하급심 법원들은 이러한 책자에서 주장된 내용의 편향성을 충분히 인식하고 가급적 중립적이고 공정한 입장에서 쟁점들에 대한 판단을 하였으리라고 믿는다. 그렇지만 대부분의 판결이 결과적으로 동 책자와 결론을 같이하였다는 것은 매우 유감이다.

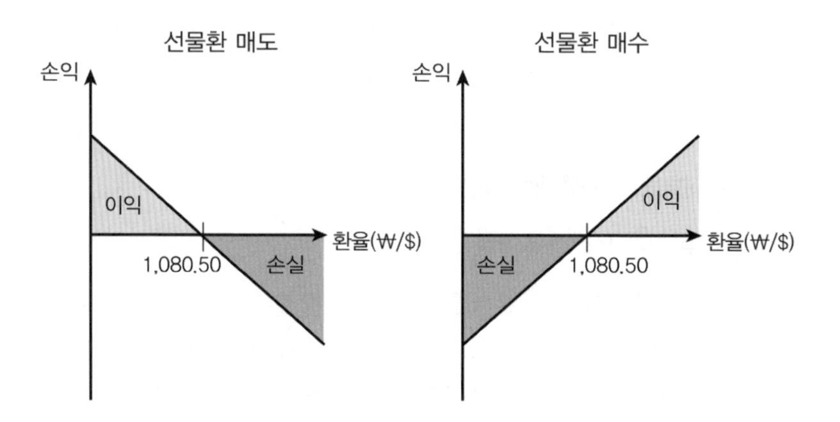


[선물환거래 요약도]

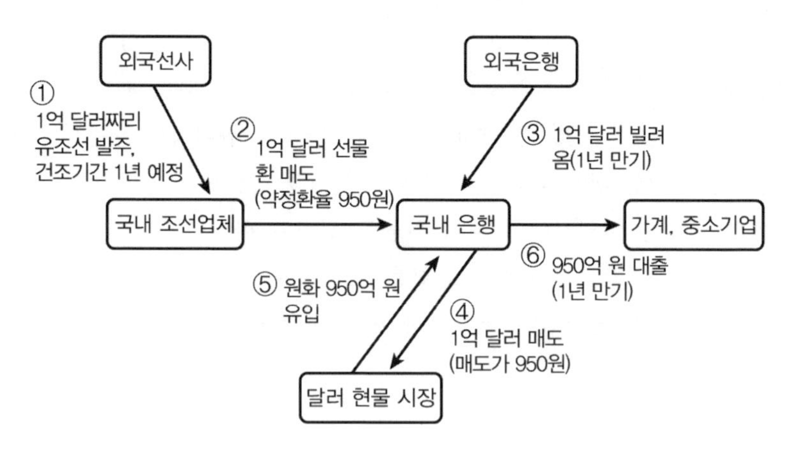


[선물환거래 만기시 요약도]

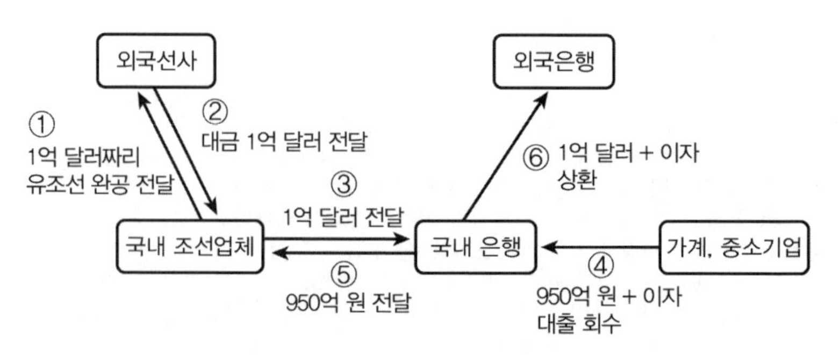


〈출처〉 세일러, 「(흐름을 꿰뚫어보는) 경제독해」, 위즈덤하우스, (2009), 27-28면

### (2) 환변동보험

환변동보험은 수출기업의 외화 획득과정에서 발생하는 환율변동에 따른 위험을 제거하고자 사전에 수출금액을 원화로 확정함으로써 수출기업을 환율변동의 불확실성에서 보호하기 위한 제도로서 1999년 수출보험법 개정과 함께 도입되었다. 수출기업은 보험자인 수출보험공사에게 일정 보험료를 납부하고 결제일에 결제신청일의 시장평균환율에 해당하는 결제환율이 보장환율보다 낮으면 해당 환율의 차이로 인한 손실만큼 보험자에게 보험금을 청구할 수 있는 권리를 갖게 된다. 반대로 결제일에 결제환율이 보장환율보다 높으면 해당 차익을 보험자에게 반환할 의무를 지게 된다. 환변동보험 가입 시 납입하는 보험료는 업체의 신용도에 따라 차등 적용되는데, 환변동보험은 상당한 보험료를 지급해야 하는 문제와 환율상승 시 현물포지션의 환차익을 전혀 누릴 수 없다는 단점이 있다.[3]

## 3. 키코契約의 構造的 特徵[4]

키코계약은 기업의 풋옵션에는 Knock-out 조건이, 은행의 콜옵션에는 Knock-in 조건이 각 붙어 있고, 대체로 기업의 은행에 대한 Knock-out 풋옵션과 은행의 기업에 대한 Knock-in 콜옵션이 1:2의 비율로 결합되었다.[5] 계약기간은 1년 내지 3년 정도의 장기간으로 하고 주로 1개월 단위로 만기가 도래하도록 정한 수개의 옵션 묶음으로 구성되었다(각 만기일 사이의 기간을 '관찰기간'이라 한다). 시장환율이 관찰기간동안 Knock-out 환율과 Knock-in 환율 사이에서 움직였으면 기업은 약정환율(행사환율)로 은행에 달러를 매도할 수 있는 권리(풋옵션)을 갖고, 만약 관찰기간에 시장환율이 Knock-out 환율 이하로 한번이라도 내려가면 계약은 무효가 되고, 관찰기간 중 시장환율이 Knock-in 환율 이상으로 한번이라도 올라가면 은행의 콜옵션 행사에 의하여 기업은 계약에서 정한 레버리지[6] 조건에 따라 계약금액의 2배(그 이

---

3) 박영준, "환변동보험의 법적 고찰", 「무역보험연구」 제10권 제4호, (2009), 80-83면.

4) 서울중앙지방법원 2008. 12. 30.자 2008카합3816 결정을 기초로 한 것이다.

5) 이 결합비율을 '레버리지 조건'이라고 하며(서울중앙지방법원 2008카합3816 판결), '옵션결합비율'이라고도 한다. 키코계약에서 그 비율은 1:2 또는 그 이상으로 체결되었는바, 여기서는 비율이 1:2임을 전제로 한다.

상으로 정한 경우에는 그 이상)를 계약환율로 은행에 매도해야하는 의무가 발생하는 구조로 되어 있다.

예를 들어, 어떤 기업이 풋옵션 매입 1계약(50만 달러), 콜옵션 매도 2계약(100만 달러)를 1달러당 약정환율 940원, Knock-out 환율 890원, Knock-in 환율 990원으로 정하여 은행과 계약하였을 때, 만기 시 환율이 940원 아래로 내려가더라도 Knock-out 환율에 이르지 않는 한 약정환율 940원을 적용받아 이익을 얻을 수 있다. 또 만기 시 환율이 940원에서 990원 사이에 해당할 때는 옵션계약을 이행하지 않고 시장가격에 매도하여 이익을 얻을 수 있다. 그러나 기업은 환율이 Knock-out 환율 이하로 내려가면 계약이 무효가 되어 환손실을 그대로 감수해야 하고, Knock-in 이상으로 올라가는 경우에는 약정금액의 2배를 은행에게 팔아야 한다. 즉, 기업은 약정액 50만 달러 외에 추가로 50만 달러를 오른 환율로 매입하여 은행에 매도해야 한다.

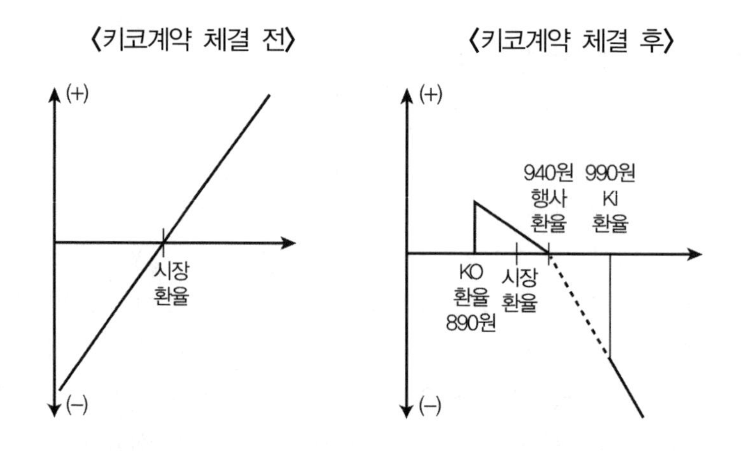


키코계약은 선물환계약과 비교해 볼 때, Knock-out 조건과 레버지리 조건이 붙는 불리함을 감수하는 대신에 선물환율보다 더 높은 행사환율로 외화를 교환할 수 있고, 환율이 상승할 때에도 일정 범위에서 환차익을 향유할 수 있는 장점이 있어, 환율이 하향안정화 추세를 보인 2005년 이후 수출기업들이 위 계약을 많이 이용하였다. 특히, 2004년 10월부터 환율이 급격히 하

---

6) '레버리지'란 콜옵션의 계약금액이 풋옵션의 계약금액에 비해 증가하는 배수를 뜻한다.

락하는 동시에 달러/원 스왑포인트7)의 마이너스 현상이 발생하였고, 조선업의 활황 등으로 선물환 매도가 증가함에 따라 2007년 하반기에는 스왑포인트가 큰 폭의 마이너스를 기록8)하면서 수출기업들 입장에서는 통상적인 선물환 거래보다 더 높은 환율에 환위험을 회피하고자 하는 유인이 발생하였다. 즉, 환율 하락 추세가 지속되어 환율이 기업들의 손익분기점 수준에 근접하게 되자9) 수출기업들로서는 선물환계약보다 행사환율을 높일 수 있는 환위험 회피 수단을 찾게 되었고, 이러한 수요로 인하여 키코계약을 선호하게 되었다고 한다.10)

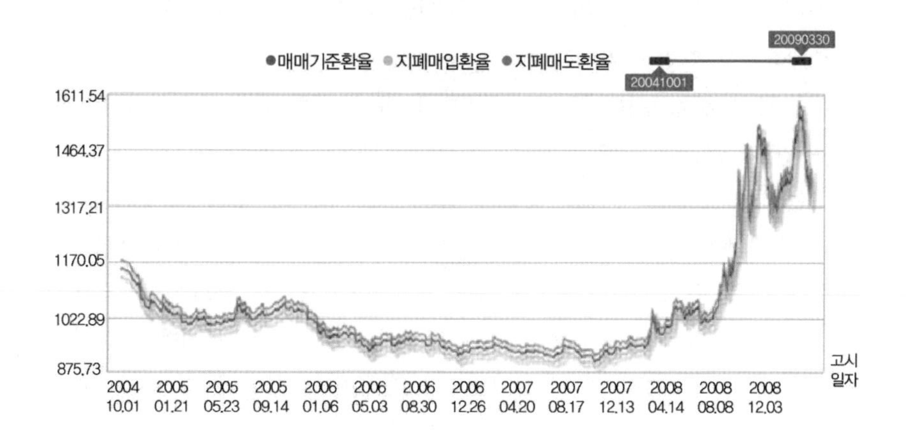


## Ⅲ. 키코商品의 換헤지性 有無

키코소송에서 기업들은, 자신들이 키코계약을 환헤지 목적으로 체결하

---

7) 스왑포인트는 선물환율과 현물환율의 차이를 말하며 스왑포인트가 플러스이면 선물환율이 시장환율보다 높음을 의미하고, 마이너스면 선물환율이 시장환율보다 낮음을 의미한다.; 서울중앙지방법원 2010. 2. 8. 선고 2008가합108359 판결; 서울고등법원 2011. 5. 31. 선고 2010나34519 판결 참조.

8) 2007. 12. 3. 기준 현물환율은 938.6원, 선물환율(12개월)은 921.6원으로 스왑포인트는 -17.0원이었다.; 전국은행연합회, "키코의 이론적 설명 및 법률 쟁점", (2009), 5면.

9) 한국무역보험공사(종전 한국수출보험공사)의 "2007 중소기업의 수출경쟁력 실태 조사" 결과에 따르면 2007년 당시 수출기업의 손익분기점 환율 수준은 달러당 936원으로 분석되었다고 한다.; 이데일리, "중기, 환율 936원 아래선 수출해도 손해", (2007. 12. 26.).

10) 고동원, "키코(KIKO) 파생상품 계약의 구조와 적합성 원칙에 관한 법적 검토", 「저스티스」 통권 제119호, 한국법학원, (2010), 205면.

였으나 위 계약은 그 구조상 극히 제한된 범위에서만 환헤지 기능이 있을 뿐이고, 풋옵션 구간에서 제거되는 환위험보다 레버리지 조건에 의해 콜옵션 구간에서 증대되는 위험성이 더 커 기업이 손실을 볼 수 있는 위험성이 크게 증가하고 그 손실에는 제한이 없으며, 더욱이 콜옵션 구간에는 풋옵션의 Knock-out Barrier와 같은 기업의 위험방지를 위한 손실제한장치가 설정되어 있지 않기 때문에, 계약 자체가 환위험 회피에 구조적으로 부적합하다고 주장하였다.

### 1. 部分的 換헤지 商品인 키코契約의 換헤지 適合性 與否

#### (1) 하급심 판결 : 환헤지에 적합

「이 사건 통화옵션계약이 … 부분적 환위험 회피 상품으로서, 확률이 낮은 구간(Knock-out 환율 이하 및 Knock-in 환율 이상의 환율구간)의 위험을 부담하는 대가로 확률이 높은 구간인 Knock-out 환율로부터 Knock-in 환율 사이의 구간에서 행사환율을 높여 통화선도거래에 비해 높은 환위험 회피 이익을 기대할 수 있는 통화옵션상품이므로, 이 사건 각 통화옵션계약이 환위험 회피에 적합한 금융상품이 아니라는 원고들의 주장이 이유 없음은 앞서 본 바와 같다」라고 하면서,[11) ]「기업으로서는 그 선택에 따라 자신이 보유하는 기초자산의 전부에 대하여 위험회피를 할 수도 있고 그 일부만 위험회피를 할 수도 있으며, … 한편, 환율변동에 관한 전망의 환율 변동의 방향뿐만 아니라 환율 변동의 폭(변동성)등에 관한 것도 포함되므로, 기업은 위험관리 차원에서 환율변동에 관한 전망을 바탕으로 발생가능성이 높다고 예상하는 일부 위험구간을 정하여 그 구간의 위험만을 회피할 수도 있다. 이와 같이 기업이 어느 정도의 기초자산에 대하여 어느 위험 구간에 대하여 위험을 회피할 것인지는 기본적으로 기업이 위험관리 차원에서 스스로 결정할 문제이다. … 키코 통화옵션상품은 '일정기간' 동안 '일정범위'의 환위험을 '보다 유리한 행사환율'로 회피하고자 하는 '부분적 환위험 회피 상품'이라 할 것이므로, 위 각 통화옵션계약의 구조가 가지는 효용을 향유하고자 하는 고객의 수요에 부합한다고 할 것이다」라고 하였다.[12)]

---

11) 서울중앙지방법원 2010. 11. 29. 선고 2008가합131601 판결 등.

### (2) 반론 : 환헤지에 부적합

이 견해는 부분헤지라는 것은 전체 가격변동구간에서 헤지비율(헤지 ratio)이 1보다 작다는 것이지, 일부구간에만 헤지 기능이 있는 경우를 의미하는 것은 아니라고 한다. 따라서 이 견해는 법원이 키코계약에 대해 부분헤지라고 하는 것은 적합하지 않고 이는 일부구간의 헤지에 불과하다고 한다. 나아가 이 견해는 키코계약이 가격변동의 전체구간을 대상으로 한 단일계약임을 강조하면서, 위 계약의 헤지기능의 존부는 계약내용 전체를 통하여 판단하는 것이 타당하다고 한다. 따라서 환헤지 상품이라고 하려면 가격변동의 전체 구간을 대상으로 판단하였을 때, 환헤지 기능이 있어야 할 것인데 키코는 가격변동의 일부 구간에만 환헤지 기능이 존재하므로 이를 환헤지 상품으로 볼 수는 없고 오히려, 전체구간으로 볼 때 위험이 증가하므로 명백한 투기 상품이라고 주장한다.[13)]

### (3) 검　토

자본시장과 금융투자업에 관한 법률(이하 '자본시장법') 시행령 제186조의2[14)]에서 제시하는 위험회피목적 장외파생거래에 대한 세부기준은 "위험회피 대상인 기초자산의 가격 변동 시 파생상품의 손익구조가 전체 또는 부분적(비율 및 구간)으로 기초자산의 손익변동과 반대의 손익 변동을 나타내는 경우 위험회피목적 상품으로 볼 수 있음"이라고 규정하여, 일부 환율구간에 대한 부분적 헤지상품의 헤지성을 인정하고 있다. 금융감독원도 특정 구간에서만 반대 방향을 나타내는 범위선물환 등의 상품도 위험 회피 목적의 거래에 포함된다[15)]고 하여 구간에 있어 부분적으로만 환헤지가 되는 경우

---

12) 서울중앙지방법원 2010. 11. 29. 선고 2008가합131793 판결 등.

13) 박선종, "파생상품의 법적 규제에 관한 연구", 고려대학교 법학박사학위논문, (2010), 165-170면 참조.

14) 자본시장법 시행령 제186조의2 (위험회피목적 거래) 법 제166조의2 제1항 제1호 전단에서 "대통령령으로 정하는 위험회피 목적의 거래"란 위험회피를 하려는 자가 보유하고 있거나 보유하려는 자산·부채 또는 계약 등(이하 "위험회피대상"이라 한다)에 대하여 미래에 발생할 수 있는 경제적 손실을 부분적 또는 전체적으로 줄이기 위한 거래로서 계약체결 당시 다음 각 호의 요건을 충족하는 거래를 말한다.
1. 위험회피대상을 보유하고 있거나 보유할 예정일 것
2. 장외파생거래 계약기간 중 장외파생거래에서 발생할 수 있는 손익이 위험회피대상에서 발생할 수 있는 손익의 범위를 초과하지 아니할 것

에도 위험 회피 목적 상품으로 보고 있다.

자본시장법 시행령과 위의 세부기준에 의하면, 키코 계약은 일부 환율 구간에서 위험을 부담하는 대신 다른 구간에서 높은 행사환율 또는 시장환율에 의하여 외화를 교환함으로써 위험을 회피하고 추가 수익을 기대할 수 있도록 설계된 부분적 환위험 회피 상품이라고 할 수 있을 것이다. 키코 계약은 다른 부분적 환위험 회피 상품과 마찬가지로 당사자가 목표로 하는 일정 구간에서 환위험 회피의 효과를 얻을 수 있도록 설계되어 있으므로, 일응 위험회피목적 거래에 포함된다고 할 수 있을 것이다.

## 2. 레버리지 條件 등과 關聯한 키코契約의 換헤지 適合性 與否

기업들은, 키코계약이 레버리지 조건으로 인하여 Knock-in 환율 이상으로 환율상승시 기업들에게 2배의 외화 매도 의무를 부담지울 뿐 아니라, 풋옵션 구간에는 Knock-out Barrier가 설치되어 있어 환율 하락 시 기업의 이익은 제한되는 반면, 콜옵션 구간에서는 그와 같은 손실제한장치가 없어 기업이 무제한의 손실을 입게 되므로, 키코 상품은 위험 회피 목적으로 거래한 기업에게 적합하지 않은 상품이라고 주장하였다.

### (1) 무제한의 손실 발생 여부

일부 은행들은 오버헤지의 방지를 위해 거래 전에 해당 기업의 거래 목적, 월간 수출입액 및 다른 은행과의 환위험 회피 계약 체결 여부 등을 확인하려 하였고, 기업의 과거 수출 실적 추이와 기업이 제시한 수출 목표액을 감안한 합리적인 수출 예상액 범위 내에서 키코계약이 이루어지도록 관리한 듯하다.[16] 오버헤지 되지 않을 경우 환헤지 결과를 보여주는 손익그래프는 아래와 같다.[17]

---

15) 금융감독원, 「위험회피목적 장외파생거래 관련 세부기준」, (2009. 2. 9.), 2면.

16) 금융감독원, "파생상품 거래정보 집중 및 공유방안 마련", 보도자료 (2008. 5. 20.).

17) 박진순, "키코 계약의 헤지성 논문에 대한 토론문", 「증권법연구」 제11권 제1호, (2010), 17면.: 이 그림은 오버헤지 되지 않은 것을 전제로 한 것인데, 일종의 꺾기 형식으로 수개의 은행들과 거래관계에 있던 중소기업들은 오히려 은행들의 강권으로 키코계약을 중복적으로 체결할 수밖에 없었고 그 때문에 오히려 중복 가입에 따른 오버헤지가 일반적이었던 듯 하다. 이 때문에 2010년 9월 금융감독원 제재심의위원회는 키코상품을 판매한 시중은행의 임직원들을 상대로 오버헤지를 제대로 점검하지 않은 채 공격적으로 키코상품을 판매

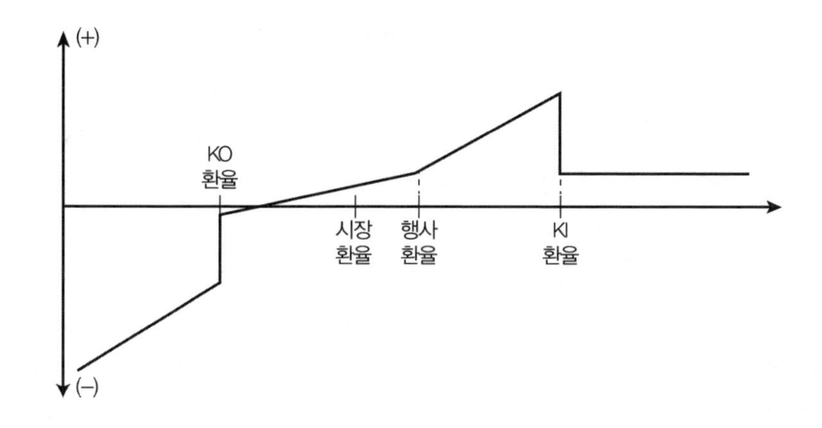


키코계약을 체결한 기업들이 오버헤지만 되지 않으면, 환율이 상승하여 Knock-in 조건이 성취됨에 따라 콜옵션이 행사되어 손실이 발생하더라도 콜옵션 계약금액 이상의 외화가 유입되므로 그 가치 상승분만큼은 키코계약에서 입게 되는 손해를 전보할 수 있게 된다.[18] 하급심 법원은 「이 사건 통화옵션계약을 체결한 원고들이 콜옵션 계약금액 상당의 달러를 현물로 보유하고 있다면, Knock-in Barrier 이상으로 환율이 상승함으로써 콜옵션이 행사되어 행사환율로 콜옵션 계약금액 상당의 달러를 매도하더라도 환차익을 누리지 못할 뿐 현실적으로 금원이 추가 지출되는 손해가 발생하지는 아니한다」라고 하였는데,[19] 이는 오버헤지되지 않는 상황이 통상적임을 전제한 것이다. 그러나 모든 은행들이 키코계약에 가입하는 중소기업들을 상대로 오버헤지 여부를 정확히 조사하고 오버헤지의 위험성에 대해 충분히 고지하였으며 후견적인 입장에서 최대한 고객의 이익을 보호하기 위해 최선을 다했는지에 대해 학자들은 다소 부정적인 생각을 갖고 있다.[20]

---

한 것에 대해 제재를 부과하였던 것이다. 다음의 각주 20) 참조.

**18)** 이상제 · 김영도, 「키코 파생상품의 이해」, 한국금융연구원, (2009), 67면.

**19)** 서울중앙지방법원 2010. 11. 29. 선고 2008가합131793 판결.

**20)** 2010년 9월 10일 금융감독원은 키코상품을 취급하였던 4개 은행들의 임직원들에 대해 중징계를 부과하였는데, 그 가장 주된 이유는 은행 임직원들이 거래 상대방 기업의 거래목적 및 손실 흡수능력에 부합하지 않는 과도한 규모의 통화옵션거래를 취급함으로써 미수금 등 부실이 발생하였음을 들고 있다.: 금융감독원/업무자료/제재내용공시(http://www.fss.or.kr/fss/kr/bsn/announce/openinfo__search.jsp)에서 검색.: 위 사이트에서 검색할 때에는 해당 금융회사를 입력하고 제재 조치일을 2010-09-10로 해야 하는데, 해당 금융회사

(2) 키코계약의 불공정성 여부에 대한 판단

기업들의 키코계약 구조의 불공정성 주장에 대하여 법원은 「이 사건 통화옵션계약은 환율 변동의 확률적 분포를 고려하여 구체적인 계약조건의 교섭을 통하여 풋옵션과 콜옵션을 교환하는 원고 측과 피고 측의 기대이익을 조정한 것으로서, 풋옵션에 Knock-out 조건의 설정으로 인한 원고의 기대이익의 감소는 다른 계약조건이 원고에게 유리하게 조정[21](특히 원고는 이 사건 통화옵션계약으로 선물환율보다 높은 행사환율을 보장받았다)됨으로써 보상되었다」라고 판시[22]하거나, 「수출기업의 환위험 회피 대상은 환율하락에 따른 위험인데 그와 반대방향으로 환율이 현저히 급등할 가능성에 대비하여 원고가 입을 손실을 일정한 범위 내로 제한하는 다른 거래조건을 부가하면 콜옵션의 가치가 하락하고 그에 따라 행사환율이 낮아지게 되어 환율하락에 대비한 환위험 회피라는 목적을 충분히 달성할 수 없게 되는 결과에 이르게 되는 점에 비추어 보면 그러한 장치를 두지 아니하였다고 하여 이 사건 각 계약이 환헤지에 부적합한 것이라고 단정할 수 없다」라고 판시하여,[23] 기업들의 주장을 배척하였다.

(3) 검 토

환율이 지속적으로 하락하던 당시의 상황에서 일부 기업들이 Knock-out 조건 등을 부가하여 행사환율을 높게 하는 등 자신들에게 유리한 조건으로 계약을 변경하는 것에 대해 매우 적극적이었던 것은 어느 정도 사실이었던 것으로 보인다. 그리고 하급심 법원의 의견처럼 기업들이 콜옵션 계약금액 상당의 달러를 현물로 보유하고 있다면(오버헤지가 아닐 경우) Knock-in Barrier 이상으로 환율이 상승함으로써 콜옵션이 행사되어 행사환율로 콜옵션 계약금액 상당의 달러를 매도하더라도 환차익을 누리지 못할 뿐 현실적

---

는 인터넷포털에서 당시의 뉴스를 검색하면 알 수 있다. 이 제재 내용을 보면 당시 은행들이 거래 상대방 기업의 오버헤지에 대해 너무도 무관심했음을 알 수 있다.

21) 풋옵션에 환율이 일정한 범위 이하로 하락할 경우 풋옵션을 행사할 수 없도록 Knock-out 조건을 부가하는 대신 행사환율을 높이거나, 콜옵션에 환율이 상승하더라도 일정한 구간에서는 콜옵션을 행사할 수 없도록 하는 Knock-in 조건을 부가하였다.

22) 서울중앙지방법원 2010. 11. 29. 선고 2010가합6296 판결 등.

23) 서울중앙지방법원 2010. 11. 29. 선고 2009가합5372 판결.

으로 금원이 추가 지출되는 손해가 발생하지 않았을 것이라는 판단도 옳다. 그러나 키코계약 체결 당시 이러한 구조의 불비례성과 불공정성에 대해 은행들이 기업을 상대로 충분한 설명을 하였을지 여부 및 만일 이러한 불공정한 거래구조에 대해 충분히 설명하였음에도 불구하고, 기업들이 키코계약을 체결하여 스스로 위험을 감수할 용의가 있었을지 여부에 대하여 저자들은 여전히 의문점을 갖고 있으며,[24] 대법원이 이 쟁점에 대해 최종적으로 어떠한 판시를 할 것인지 매우 궁금해 하고 있다.

## Ⅳ. 키코契約의 無效 與否

### 1. 民法 第104條 違反으로서 無效인지 與否

#### (1) 원고 주장과 하급심의 판단

원고는, 키코계약이 환율 상승으로 인하여 Knock-in 조건이 성취되었을 경우 기업이 입을 수 있는 손실 및 은행이 얻을 수 있는 이익규모가 Knock-out 조건이 성취되기 이전에 기업이 얻을 수 있는 이익 및 은행이 입을 수 있는 손실 규모와 현저한 차이가 있다고 하면서, 위 계약이 민법 제104조(불공정한 행위의 무효)에 의하여 무효라고 주장하였다. 이에 대하여 법원은 「키코계약은 기업이 갖는 풋옵션 가치와 은행이 갖는 콜옵션 가치가 동일하도록 설계되어 있으므로 민법 제104조에 위배되어 무효라고 하기 어렵다」라고 판시하였다.[25]

#### (2) 검 토

피고은행들이 소송 전략상 가장 전면에 내세웠던 사건은 수산중공업이 원고인 서울중앙지방법원 2010. 2. 8. 선고 2008가합108359 판결이었다. 수산중공업과 같은 일부 기업들은 키코계약 이전부터 환율 변동에 대비한 환헤지 상품에 가입하여 왔고, 키코 상품이 그 전의 선물 등에 비하여 비용 등

---

24) 2010년 8월 19일 금융감독원 제재심의위원회는 키코의 풋옵션과 콜옵션 부문에서 발생할 수 있는 손익을 설명하지 않은 7개 은행에 대해 기관주의 조치를 내렸다. 따라서 은행들이 기업들을 상대로 충분한 설명을 하지 않은 점은 너무도 명백하다.: 김지민, "금감원, 키코 불완전판매 은행 제재", 「머니투데이」 2010. 8. 24. (http://www.mt.co.kr/view/mtview.php?type=1&no=2010082416061150518&outlink=1에서 검색,: 검색일 2013. 3. 25.).

25) 서울중앙지방법원 2008. 12. 30.자 2008카합3816 결정.

여러 가지 면에서 훨씬 유리한 조건임을 확인하고서 수출대금을 초과하여 환 이익을 얻고자 키코계약을 체결하였던 것으로 보인다. 수산중공업과 같은 대규모의 기업들은 환헤지의 전문가라고 할 수 있을 정도의 전문성과 경험을 구비하고 있었으므로, 이러한 기업들이 궁박, 경솔, 무경험의 주장을 하더라도 법원이 그러한 주장을 인용하기는 어려웠을 것이다.[26] 또한 키코계약은 외부 조건에 따라 기업 내지 은행의 유·불리가 달라진다는 점, 키코계약을 체결한 은행들은 거의 예외 없이 자신들의 환위험 회피를 위하여 제3자와 반대거래(백투백거래)를 하였기 때문에 환율이 급등한다고 하여 은행에게 상당한 수익이 발생하지도 않았다는 사정 등에 비추어 은행의 폭리의사를 쉽게 인정하기도 어려웠을 것이다.[27] 이 때문에 수산중공업 사건을 필두로 하여, 하급심 법원들은 「키코계약에서 기업과 은행이 수수하는 급부는 옵션 그 자체이고 기업의 풋옵션 가치의 합계와 기대이익, 은행의 콜옵션 가치의 합계와 기대이익은 본질적으로 같도록 설계되어 있으므로 현저한 불균형이 있다고 할 수 없다」라는 취지의 판시를 하였던 것이다.[28] 그러나 이러한 판시는 수산중공업과 같은 일부 기업으로 한정했어야 하였다. 오히려 더 많은 중소기업들은 키코계약의 위험성을 알지 못하고 경험도 거의 없는 상태에서 여신을 제공하는 거래 은행의 권유에 못이겨 여신과 결부된 키코상품에 가입하였던 것이다. 그럼에도 불구하고 은행과의 거래가 단절될 위험을 두려워하여 은행을 상대로 제대로 된 주장을 하지 못하였던 대부분의 중소기업들에게 현저한 불균형이 없었다는 하급심 법원의 판단은 실체를 파악하지 못한 오류가 있었다고 본다.

---

**26)** 나태영, "키코(KIKO)통화옵션계약의 효력에 관한 소고", 「한양법학」 제22권 제1집, (2011), 259-260면 참조.

**27)** 저자들이 추측컨대, 만일 악의적인 외국계 은행이었다면 외국의 조세 회피처에 페이퍼컴퍼니를 세운 후 그 페이퍼컴퍼니와 반대거래를 함으로써 모든 이익을 그러한 페이퍼컴퍼니(또는 외국계 은행과 간접적으로 제휴관계에 있는 회사)로 이전하고, 국내의 과세당국에 납부하였어야 할 법인세 납부를 회피할 수도 있었다. 이때에는 백투백거래의 결과 은행이 아무런 이익을 취한 바 없다는 주장의 설득력은 상당히 떨어졌을 것이다. 그러나 이러한 문제에 대해서는 재판상으로 전혀 다루어지지 않았으므로, 단지 저자들의 추측에 그치기로 하고 더 이상의 논의를 하지 않기로 한다.

**28)** 성민섭, "키코 통화옵션계약의 무효, 취소가능성에 대한 소고", 「경제법연구」, 제8권 제1호, (2009), 128면.

## 2. 約款規制法 違反에 따른 無效 與否

### (1) 문제점

기업들은 키코계약의 구조 자체가 정형성을 띠고 있으므로 약관에 해당한다는 전제하에 약관규제법 제6조의 불공정한 약관에 해당하여 무효라고 주장하였다. 키코계약이 불공정한 약관에 해당하여 무효인지 여부를 논하기 위해서는 먼저 키코계약이 약관에 해당하는지 여부에 대한 검토가 필요한데, 하급심 판결들은 본안소송에서 일관되게 키코계약의 약관성을 부인한 바 있다. 저자들의 견해부터 미리 밝히자면, 저자들은 키코계약의 기본 구조를 볼 때 약관성을 충분히 인정할 수 있었다고 생각한다. 그리고 약관심사자문위원회 전문 소위원회에서 약관성을 인정할 수 있다는 다수의견이 채택되었음에도 불구하고, 공정거래위원회는 2008년 7월 어떠한 이유로 키코계약이 약관에 해당하지 않는다는 결정을 내려 하급심 법원의 판단에 중대한 영향을 미쳤는지 그 속내가 궁금할 뿐이다.[29)]

### (2) 키코계약의 약관성 여부

#### (가) 약관성을 인정하는 견해

키코계약의 약관성은 약관의 개념요소 중 사전성, 계약내용성 등의 측면에서는 논란의 여지가 없고, 다만 일방성 및 다수성 측면에서는 이견이 있을 수 있는데, 일방성의 경우 KI와 KO 수준을 은행이 제시한 수준에서 변경하는 것은 가격흥정차원의 미세한 조정은 가능하겠지만 구조적 변경은 불가능하므로, 1:2 구조를 유지하고 있는 키코계약은 일방성이 인정될 수 있고, 또 다수성 측면에서 당초에 오로지 한 기업만을 대상으로 작성된 계약서라 할지라도, 동일한 내용으로 다수의 기업과 계약을 체결한 경우에는 약관의 다수성 요건이 충족되는 것으로 볼 수 있다고 하여 키코계약의 약관성을 인정하는 유력한 견해가 있어 왔다.[30)]

---

29) 당시 약관심사자문위원회 위원이었던 한양대학교 법학전문대학원 조수정 교수와의 인터뷰 내용(인터뷰일: 2013. 3. 11.); 박유영, "공정위, 키코 약관법상 불공정 아니다", 「뉴시스」, (2008. 7. 25.) 기사 참조.

30) 박선종, 전게논문, 180-190면 참조.

#### (나) 법원의 입장 (처음 약관성 인정 → 이후 약관성 부정)

키코사건에 관한 가처분소송의 최초 결정인 서울중앙지방법원 2008카합3816호 판결에서, 법원은 「이 사건 계약의 주요한 계약조건인 행사환율, Knock-in 환율, Knock-out 환율, 레버리지 등의 구체적인 내용은 신청인들과 피신청인 은행 사이의 개별적 교섭에 의해 결정된 사실이 소명되므로 이 사건 계약이 전체적으로 약관에 해당한다고 하기는 어렵다. 그러나 이 사건 계약의 구조, 다시 말하면 기본형의 경우 기업의 Knock-out 풋옵션과 은행의 Knock-in 콜옵션을 1:2의 비율로 결합하여 zero cost를 실현하는 구조, 계약기간이 1년 내지 3년의 장기간으로서 보통 1개월 단위로 만기가 도래하는 수개의 옵션의 묶음으로 구성되어 있는 구조, 그리고 변형의 경우 Knock-in-이벤트 조항이나 B파트에서 은행만 애니타임-Knock-out 콜옵션을 갖는 구조 등은, 피신청인 은행이 다수의 기업과 계약을 체결하기 위해 일정한 형식에 의해 미리 마련해 놓은 것으로 볼 수 있으므로, 이는 약관에 해당한다」라고 하여, 키코계약 전체의 내용에 대해서는 약관성을 부인하고, 키코계약의 구조에 대해서는 약관성을 인정하였다.

그러나 이후 본안사건에서 제1심 법원은 키코계약의 전체 내용뿐만 아니라 그 구조에 대해서도 약관성을 부인하였다. 즉 법원은 「이 사건 계약의 내용 중 주요 계약조건인 계약금액, 행사환율, Knock-in 환율, Knock-out 환율, 계약기간 등 그 구체적인 내용을 원고와 피고가 개별적 교섭을 따라 결정한 사실이 인정되므로, 그 결정 과정에서 의사표시의 흠이 있는지 여부는 별론으로 하더라도 이 사건 계약이 약관에 해당한다고 할 수도 없다. 또한 이 사건 계약의 구조 자체는 피고가 다수의 기업과 계약을 체결하기 위하여 각기 일정한 형식에 의해 미리 마련해 놓은 것이라 하더라도 그 구조만으로는 당사자 사이에 아무런 권리의무가 발생하지 않고, 그 구조에 개별적인 교섭에 의하여 구체적으로 정한 거래조건, 즉 계약금액, 행사환율, Knock-in 환율, Knock-out 환율, 레버리지, 계약기간 등이 결부되어야 완결된 계약 내용으로 되어 당사자의 권리의무가 발생하므로 그 구조 자체가 계약의 내용으로서 약관규제법상의 약관이라고는 볼 수 없다」라고 하였다.[31]

---

**31)** 서울중앙지방법원 2010. 11. 29. 선고 2008가합108298 판결; 서울중앙지방법원 2010. 2.

(다) 검 토

'약관'이란 그 명칭이나 형태 또는 범위를 불문하고 계약의 일방당사자가 다수의 상대방과 계약을 체결하기 위하여 일정한 형식에 의하여 미리 마련한 계약의 내용이 되는 것을 말한다(약관규제법 제2조 제1항). 판례는 「구체적인 계약에서의 개별적 합의 등은 그 형태에 관계없이 약관에 해당한다고 할 수 없고(대법원 2002. 10. 11. 선고 2002다39807 판결), 또 계약의 일방 당사자가 다수의 상대방과 계약을 체결하기 위해서 일정한 형식에 의하여 미리 계약서를 마련하여 두었다가 어느 한 상대방에게 이를 제시하여 계약을 체결하는 경우에도 그 상대방과 특정 조항에 관하여 개별적인 교섭(또는 흥정)을 거침으로써 상대방이 자신의 이익을 조정할 기회를 가졌다면, 그 특정 조항은 약관규제법의 규율대상이 아닌 개별약정이 된다고 보아야 한다」고 판시하였다(대법원 2008. 7. 10. 선고 2008다16950 판결). 키코소송 본안사건의 하급심 법원들은 이러한 판례의 입장을 편의적으로 취사선택하여 따른 것처럼 보인다. 이러한 분석이 일견 타당할 수도 있다. 왜냐하면 키코 상품의 장외파생성을 강조하여 일대일 계약에 의한 맞춤형 상품임을 부각한다면, 개별 기업과 은행 간 주요 계약조건에 관하여 각자의 이해관계에 맞게 개별 교섭에 의해 이루어진 것으로 볼 여지도 있기 때문이다.

그러나 은행여신거래약정의 경우 개별 채무자별로 신용도와 담보력 유무에 따라 대출조건과 상환기간 등을 달리한다는 점을 고려하면, 저자들은 반드시 이러한 설명이 옳은 것은 아니었다고 생각한다. 키코계약의 구조는 선제적 · 정형적으로 미리 존재하는 것으로 기업과 은행과의 협의를 통해 그 근본적인 구조가 변경될 수는 없다. 즉, 기업과 은행 간 계약체결시 Knock-out 환율을 어떻게 설정할 것인지 여부, 레버리지 조건을 1:2로 할 것인지 또는 1:3으로 할 것인지 여부 등은 이미 성립된 구조에 아무런 변경을 초래하지 않는다. 혹자는 키코가 규격화 · 표준화되어 상장되는 장내파생상품과 달리, 일대일 · 맞춤형 계약을 본질로 하는 파생상품으로서, 비록 법적분쟁의 대상이 되고 있는 키코계약의 상당수가 위에서 설명한 구조인 것은 사실이지만, 이는 zero cost로 환위험을 회피하려고 하면서 그와 같은 구조의 계약에 이르게 된 것일 뿐 원칙적으로는 기업과 은행 간의 교섭을 통하여 얼마

8. 선고 2009가합41859 등 참조.

든지 다양한 형태의 키코계약을 체결할 수 있다고 항변할 수도 있다. 그러나 이는 약관성을 어떻게든 부정하기 위한 고육책일 뿐 논리적인 설득력이 전혀 없다. 따라서 약관성을 부정한 공정거래위원회나 본안에서의 하급심 판결은 결론을 선취한 후의 무리수를 두었다는 인상이 든다. 법원이 위 계약 구조의 약관성을 인정하였다면 개별 사건에서 좀 더 정당한 결과가 나올 수 있었을 것으로 보이고, 그러한 이유로 인하여 키코소송에서 첫 단추를 잘못 끼웠다는 비판은 바로 위 계약 구조의 약관성을 부정하면서부터 시작되었다고 할 수 있는 것이다.

## Ⅴ. Zero cost 關聯 取消可能性 有無

### 1. 原告들의 主張

원고들은 피고은행들이 키코상품의 콜옵션 이론가를 풋옵션 이론가에 비해 크게 설계하여 그 차액을 마진으로 수취하였음에도 불구하고, 이러한 사실을 알리지 아니한 채 zero cost 상품이라고만 소개하면서 풋옵션과 콜옵션의 가치가 동일하게 조작한 대고객 가격표를 제공하여, 기업으로 하여금 콜옵션 이론가와 풋옵션 이론가가 동일한, 즉 은행 마진이 없는 상품인 것으로 착오를 일으키도록 기망하였다고 주장하였다. 더욱이 기업들이 키코계약을 통해 얻는 경제적 이익인 풋옵션 이론가에 비해 은행의 마진은 과다한 것으로 드러났다. 이 때문에 원고들은, 기업들이 키코계약을 체결한 것은 피고 은행들의 사기 또는 원고 기업들의 착오에 의한 것이라 할 것이므로 키코계약을 취소할 수 있다고 주장하였다.[32]

---

32) 그 외에도 원고들은 키코계약이 계약의 목적인 환위험 회피에 적합하지 않고(기업들의 풋옵션에 Knock-out 조건이 붙어 있어 시장환율이 Knock-out 환율 이하로 떨어지는 경우에는 환위험에 그대로 노출된다), 오히려 환율이 급등하는 경우에 신청인들이 무제한의 손실을 볼 위험을 내포하고 있으므로, 그 실질은 기업들을 위한 환위험 회피 상품이 아니라 은행들의 투기적인 이익을 위한 것이라고 주장하였다. 그러나 법원은 「키코계약이 환위험 회피에 적합한 상품이고, 계약 후 당사자가 예상하지 못한 환율의 급등 현상은 단지 키코계약의 동기의 착오에 불과할 뿐이며, 오히려 키코계약은 환율변동의 불가예측성을 전제로 만들어진 금융 상품으로 환율변동 또한 당사자가 수인하거나 수인하여야 할 계약의 기본조건 중의 하나에 지나지 않으므로 이를 이유로 취소할 수는 없다」고 하였다.

## 2. 下級審 法院의 判斷

법원은 「피고들이 대고객 가격을 수수료 중 일부 액수를 풋옵션 이론가에 더하고, 나머지 액수를 콜옵션 이론가에서 빼는 형태로 하여 결국 풋옵션 대고객 가격과 콜옵션 대고객 가격이 대등하다고 표시하였다는 사실에 대해서는 당사자 사이에 다툼이 없으나, 이 사건 각 통화옵션계약의 대고객 가격은 현실적으로 지급하는 비용이 없어 '0(영)'이고, 피고들이 양 옵션의 대고객 가격이 같다는 것을 표현하기 위해 위와 같이 옵션의 이론가를 가감하여 표시하였다고 하여, 이러한 행위가 상대방에 착오를 유발시켜 이익을 취하려는 기망에 해당한다고 보이지 아니한다」라고 판시하여,[33] 기업들의 사기에 의한 계약의 취소 주장을 배척하였다. 또한 법원은 은행이 마진을 고지해야 할 의무도 없고, 영리기업인 은행이 금융상품을 판매하면서 마진을 취득하는 것은 당연하므로 기업이 당연히 이를 알고 있었다고 봄이 상당하다고 하면서 키코상품이 은행 마진이 없는 상품인 것으로 착오에 빠졌다는 기업들의 주장도 배척하였다.[34]

## 3. 檢　　討

수수료가 프리미엄(premium) 명목으로 가장되어 있음에도 불구하고 현실적으로 지급하는 비용이 없음을 크게 내세워 기업들을 상대로 적극적으로 키코계약의 체결을 권유한 것은 문제가 있었다.[35] 그러나 은행들이 zero cost를 내세웠던 것이 풋옵션과 콜옵션의 대가(premium)가 같은 구조의 상품이므로 계약체결 당시에는 어떠한 대가도 수수할 필요가 없다는 취지에서 비롯되었던 것으로 선해한다면, 단지 풋옵션과 콜옵션의 이론가에 실질적인 차이가 있었다는 이유만으로 은행의 사기를 인정하기는 어렵다.[36] 왜냐하면

---

33) 서울중앙지방법원 2010. 12. 23. 선고 2009가합25 판결.

34) 서울중앙지방법원 2010. 11. 29. 선고 2008가합108007 판결 등 참조.

35) 이를 기망에 해당한다고 주장한 견해도 발견된다.: 박선종, "키코계약에 대한 법적 쟁점의 재검토", 「금융법연구」 제8권 제1호, (2011), 91-92면.

36) 법원도 같은 취지로 판시하였다. 즉 「일반적으로 장외파생금융시장에서 zero cost라고 함은 콜옵션과 풋옵션의 이론가격이 동일한 것을 의미하는 것이 아니라, 대고객 가격이 동일하게 설계된 콜옵션과 풋옵션을 상호 대가 관계에서 교환함으로써 고객이 옵션 취득의 대

상거래에서 고객이 지불해야 하는 가격과 상인이 취득하는 마진은 전혀 다른 내용이고 마진에 대한 설명 의무를 부과하는 것은 법적 근거도 없으며 상거래 관행에도 어긋나기 때문이다. 은행은 상인으로서 영리행위를 하는 자이므로 키코계약의 체결을 통해 어느 정도 이익을 추구하였을 것이라고 추정하는 것이 오히려 상거래 관행에 부합한다. 따라서 이 쟁점에 대한 하급심 법원의 판단에 대해서는 동감한다.

다만 원고가 피고은행들이 마진을 설명하지 않았기 때문에 사기나 착오라고 주장한 것이 아니라 키코계약 자체가 본래 현저히 불균형하므로 사기나 착오의 대상이라고 주장하였음에도 불구하고, 하급심 법원들은 마진의 공개로만 쟁점을 단순화하여 쟁점의 본질을 비껴나갔다는 의구심을 촉발시킨다. 왜냐하면 법원으로서는 피고 은행들이 키코상품에 대해 마이너스 시장가치로 설계되어 본질적으로 불공정하고 불균형하다는 사실을 적시하지 않은 점에 주목할 수 있었기 때문이다. 피고은행들에 대한 설명의무의 불이행에 대한 쟁점은 다시 후술한다.

## Ⅵ. 키코契約의 事情變更에 의한 解止可能性

### 1. 原告들의 主張

기업들은, 환율이 일정한 범위 내에서 안정적으로 변동하고 옵션가격산정모델에 입력한 상수인 내재변동성이 키코계약의 기초가 된 사정이라고 주장하면서, 계약 체결 후 환율 및 내재변동성이 급격히 증가한 사정변경이 있었고 이는 당사자가 예견할 수 없었으며 당사자에게 책임 없는 사유로 생긴 것이므로, 키코계약의 구속력을 인정하는 것은 신의칙에 현저히 반하는 결과를 초래한다고 하면서 사정변경을 이유로 키코계약을 해제 또는 해지한다고 주장하였다.

---

가로 은행에게 별도의 premium이나 비용 등을 지급할 필요가 없다는 것을 의미한다」라고 하였다.: 서울중앙지방법원 2010. 11. 29. 선고 2008가합131601 판결 등.

## 2. 法院의 判斷 (처음 肯定 → 이후 否定)

처음 키코사건과 관련한 가처분결정에서 법원은 「(i) 키코계약은 1년 내지 3년의 계약기간 동안 1개월 단위로 만기가 도래하는 각 구간마다 해당 만기시점의 시장환율을 기준으로 결제가 이루어지는 구조를 갖고 있으므로 계속적 계약에 해당하고, (ii) 계약의 기초가 된 원/달러 환율의 내재변동성과 당사자 공통의 근본적인 관념인 안정적인 환율변동 예측은 기업과 은행이 책임질 수 없는 사유로 예견할 수 없을 정도로 급변하였으며, (iii) 원/달러 환율의 급등에 따라 기업과 은행의 거래손익 사이에 현저한 불균형이 존재하고, (iv) 기존 계약조건이 더는 합리성을 갖기 어렵게 된 경우 그 조건을 변경하거나 계약을 조기종결할 수 있는 장치가 결여되어 있으며, (v) 은행은 장외파생상품인 키코계약의 체결을 권유함에 있어 마땅히 준수하였어야 할 적합성원칙과 설명의무를 위반하였다」라는 점을 들어, 사정변경에 의한 해지를 인정하였다.[37]

그러나 이후의 본안 판결에서 법원[38]은 「환율의 변동성은 이 사건 계약에 이미 전제된 내용이고, 원고들과 피고들은 환율이 각자의 예상과 다른 방향과 폭으로 변동할 경우의 위험을 각자 인수한 것이지, 환율이 일정 범위 내에서 유지된다는 점을 계약의 기초로 삼았다고 볼 수 없다. 이 사건 계약은 전체 계약기간에 걸쳐 정상적으로 계약관계가 지속되는 것을 전제로 거래대상인 양쪽 옵션의 균형이 맞춰지도록 되어 있다. 따라서 계약기간이 진행 중인 시점에서 원고들에게 해지권을 인정하여 장래를 향하여 계약의 효력을 소멸시킬 수 있도록 하면, 전체 계약기간에 걸쳐 양자의 옵션가치의 합이 동일하도록 설계된 계약의 등가성이 깨지게 된다. 피고들은 이 사건 계약을 체결한 이후 이에 따라 부담하게 되는 위험에 관하여 반대거래 등의 위험회피 행위를 하였으므로 이 사건 계약에 대하여 해지나 계약변경을 인정하게 될 경우 피고들로서는 원고들에 대하여 이 사건 계약에 따른 권리는 행사하지 못하는 반면, 반대거래에 따른 의무를 이행하여야 하는 등으로 위험회피행위에 따라 이 사건 계약과는 반대되는 방향으로 발생한 경제적 효

---

37) 서울중앙지방법원 2008. 12. 30.자 2008카합3816 결정 참조.

38) 서울중앙지방법원 2010. 11. 29. 선고 2008가합120120 판결 등.

과는 모두 감수해야 하는바, 이 사건 계약의 효력을 유지함으로써 원고들이 현실적으로 경제적 손실을 입더라도 이 사건 계약을 해지 또는 변경함으로써 피고들이 입게 되는 경제적 손실의 규모 역시 상당하다 할 것이므로 계약내용대로 구속력을 인정한다고 하여 신의칙에 현저히 반하는 결과가 되는 것도 아니다」라고 하면서, 사정변경에 의한 해지를 부정하였다.

### 3. 檢　討

사정변경의 원칙이 적용되기 위해서는 계약의 기초가 되었던 사정에 변경이 있어야 하는 것이고, 계약의 내용이 되는 사정에 변경이 있는 경우에는 사정변경의 원칙이 적용될 수 없다. 그런데 키코계약에 있어 환율이나 환율의 내재변동성은 키코계약의 기초가 되는 사정이 아니라 계약 내용 자체에 관한 것으로, 위 계약 자체가 환율이 변동될 것을 전제로 하는 것이다. 따라서 환율이 Knock-in 환율 이상으로 상승한 것은 계약상 조건이 성취된 것이지, 계약의 기초가 되는 사정에 변경이 생긴 것이 아니다. 또한 키코계약은 원래 환율의 급격한 변동도 예정하고 있으므로 환율의 급격한 변동을 들어 계약의 기초가 되는 사정이 변경된 경우라고 할 수는 없다. 파생상품은 그 자체가 시장에서의 예상할 수 없는 가격변동 등의 사정변경 내지 위험을 전제로 만들어진 상품이기 때문이다.[39]

키코계약 체결시 환율이 안정적으로 변동할 것이라는 기업들의 기대 내지 전망은 순전히 주관적 또는 개인적인 사정에 불과하고 계약의 기초가 되는 사정이 아닐 뿐만 아니라 계약의 내용도 아닌 것이다. 따라서 키코계약은 사정변경을 이유로 해지할 수 없다는 견해가 옳다고 본다. 대법원이 1997년 외환위기 당시에도 현재의 환율변동 이상의 급격한 환율변동 내지 금리변경이 있었음에도 불구하고 사정변경을 이유로 한 계약해지를 인정하지 않았다는 점[40]도 참조할 만하다.

---

39) 백태승, "키코(KIKO) 가처분결정의 문제점", 「법률신문」 제3730호, (2009), 15면.

40) 대법원 2004. 8. 20. 선고 2004다11193 판결; 대법원 2006. 7. 28. 선고 2006다5505 판결 등.

## Ⅶ. 適合性原則 및 說明義務違反을 理由로 한 損害賠償責任

### 1. 總 說

키코계약과 관련된 손해배상 청구소송에서 적합성 원칙 및 설명의무에 기한 책임을 묻는 주장은 서울중앙지방법원 2012. 8. 23. 선고 2011가합20688 판결을 비롯한 많은 하급심 판결에서 구체적인 사실관계에 따라 상당히 인용되어 왔는데, 여기서의 적합성 원칙 및 설명의무는 바로 신인의무(fiduciary duty)로부터 파생된 것이다.[41]

키코계약들은 자본시장법 시행 이전에 체결된 것으로서 자본시장법상의 적합성의 원칙(제46조), 적정성의 원칙(제46조의2), 설명의무(제47조)가 직접적으로 적용되지는 않는다. 그러나 당시 은행의 파생상품업무를 규율하던 은행업감독업무시행세칙은 "장외파생상품 거래시 거래상대방에게 적합하다고 보기 어려운 거래를 하거나 거래에 내재된 리스크 및 잠재적 손실에 영향을 미치는 중요한 요인 등 거래상의 중요정보를 충분하게 고지하지 아니하는 행위"를 불건전 영업행위로 규정하였으므로,[42] 원고들은 은행들을 상대로 적합성 원칙과 설명의무의 이행을 주장할 수 있었던 것이다.[43] 즉, 여기서의 적합성의 원칙과 설명의무는 단지 신의칙상의 주의의무에서 비롯된 것이 아니고 위의 법규상의 주의의무에서 비롯된 것이었다. 서울중앙지방법원 2012. 8. 23. 선고 2011가합20688 판결이 원고의 손해액을 70%나 인정하였던 이유도 법규상의 주의의무를 위반한 피고은행의 과실을 매우 중대하게 보았기 때문이었는데, 동 판결은 기존의 하급심 판결들이 간과하였던 쟁점에 대해 제대로 판단하였다는 점에서 매우 칭찬할 만하다고 하겠다.[44]

---

41) Fiduciary duty에 대한 상세한 설명은 김용재, "자본시장통합법상 자금수탁자 의무의 전면적인 도입 필요성", 「금융법연구」 제4권 제1호, (2007), 25-52면 참조.

42) 은행업감독업무시행세칙 제64조 제12호, 은행업감독규정 제88조 제2호.

43) 김용재, "스노우볼 계약과 고객보호의무에 관한 소고", 「증권법연구」 제13권 제3호, (2012), 270-275면.

44) 사실 동 판결문 19면은, 「이처럼 판례에서 인정해 온 금융투자상품에 대한 설명의무를 명문화한 자본시장법 제47조, 제48조의 규정은 이 사건 각 통화옵션계약과 같이 자본시장법 시행 전에 이루어진 거래의 경우에도 그 설명의무의 내용을 해석함에 있어서 기준이 될 수 있다」라고 하였을 뿐, 당시 금융위원회 규정과 금융감독원 규정에 대하여 명시적인

구체적 사건에서 사실관계의 입증 여하에 따라 설명의무 등의 위반을 이유로 한 은행 측의 손해배상책임이 인정되어 왔으므로, 우리나라의 키코소송에서 신인의무(fiduciary duty), 즉 적합성의 원칙과 설명의무는 원고들이 의지할 수 있는 최종 수단으로서 기능하여 왔다고 할 수 있다.

## 2. 下級審 判決

### (1) 적합성의 원칙 관련

은행은 이 사건 계약의 내용이 신청인들의 주된 거래 목적인 환위험 회피에 적합한 것인지, 그리고 그 계약으로 인하여 신청인들이 그 재무구조나 영업상황, 위험관리능력 등에 비하여 과도한 위험에 노출되지는 않는지 등을 미리 점검하여 그 계약의 내용이 신청인들에게 적합하지 아니하다고 인정되는 경우에는 그러한 계약의 체결을 권유하지 않거나 혹은 계약의 내용을 신청인들에게 적합하도록 변경하여 계약의 체결을 권유하여야 할 의무가 있다.[45] 만일 투자자가 끝내 이해하지 못하는 경우에도 당해 상품을 그 투자자에게 판매하는 것은 적합성 원칙에 어긋나거나 자기 책임의 원칙을 적용할 수 없게 될 것이다.[46]

### (2) 설명의무 관련

금융투자상품의 구조가 복잡하고 위험성이 높을수록, 투자자와 금융기관 사이의 정보의 불균형 및 전문성의 차이가 클수록 설명의무는 더 높은 정도로 요구된다고 봄이 타당하다. 따라서 특히 증권이나 파생상품의 가장 기본적인 형태에 변형을 가하여 구조화한 복잡한 금융투자상품 중 위험성이 높거나 복잡한 구조 때문에 위험성을 구체적으로 파악하기 어려운 상품의 경우에는 설명의무가 더욱 엄격하게 적용되어야 한다. … 이때 설명의무의 범위와 정도는, 투자자가 구조화된 금융투자상품의 세세한 금융공학적 구조

---

언급은 없다. 그러나 그 숨은 의도는 이러한 하위법규들이 과거의 판례들과 자본시장법의 해당 조항을 연계시키는 연결고리 역할을 하였다는 점을 천명한 것이다. 다만 동 판결문 20면에서 「투자자보호를 위하여 선의성실의 원칙상 요구되는 설명의무이다」라고 하여, 기존 판례의 입장에서 벗어나지 못한 한계는 있다.

45) 서울중앙지방법원 2008. 12. 30.자 2008카합3816 결정을 비롯한 다수의 하급심 판결.

46) 서울중앙지방법원 2012. 8. 23. 선고 2011가합20688 판결.

와 내용까지 모두 알 수 있을 정도는 아니더라도, 적어도 ① 그 상품에 어떠한 위험성이 있으며 그 위험이 현실화되는 요인이나 조건은 무엇인지, ② 투자자가 그 상품을 통해 얻을 수 있는 이익과 부담하게 될 위험의 구체적 내용과 그러한 손익을 발생시키는 원인은 무엇인지, ③ 동일한 거래 목적을 달성할 수 있는 다른 상품과의 구조적 차이점과 당해 상품을 선택할 경우 다른 상품에 비하여 더 얻을 수 있는 이익과 더 부담하게 될 수 있는 위험의 내용과 정도는 어떠한지 등 투자자 자신의 이해와 직접적 관련이 있는 주요한 내용에 관하여는 '투자자가 그 상품을 판매하는 금융투자업자의 인식 수준과 비슷한 정도로 인식할 수 있을 정도'로 설명하여야 한다.[47]

### 3. 本 爭點과 關聯하여 注目할 獨逸 聯邦大法院 判決

#### (1) 사건의 개요

이 사건은 피고 은행(도이체방크)이 스스로 설계한 고정이자와 변동이자 간 이자율 스왑 계약을 중소기업인 원고와 체결함에 있어, 은행이 고객에 대하여 지켜야 할 설명의무(duty to give advice)를 위반하였으므로 손해배상 책임을 져야한다고 판시한 2011년 3월 22일 독일 연방대법원 판결에 관한 것으로, 우리나라에도 동 판결의 사실관계와 내용은 많이 소개되어 있다.[48] 동 상품은 고객이 은행에게 지급하여야 할 변동금리의 산정에 있어서 10년 만기 EU은행 간 금리(EU LIBOR)가 2년 만기 금리보다 높기만 하다면 고객에게 유리하도록 예정되어 있었다. 그러나 장단기 금리가 역전되면서, ① 스왑 이자율공식인 "전기 이자+3×[행사이율(Strike)-(CMS10 - CMS2)], ② 최초 행사이율 1.0%, ③ 계약기간 경과에 따른 행사이율의 단계적 하락(0.85%, 0.70%, 0.55%)의 변동금리 산정방식에 따라 고객의 손실은 눈덩이처럼 불어나게 되었다.

---

47) 서울중앙지방법원 2012. 8. 23. 선고 2011가합20688 판결.

48) BGH, Urteil vom 22. März 2011-XI ZR 33/10.: 윤성승, "외국의 장외파생상품 피해 관련 사례와 우리나라에 대한 시사점", 「금융법연구」 제8권 제1호, (2011), 70-74면; 신현윤, "파생금융상품 거래시 고객에 대한 설명·조언의무 -독일 연방대법원 판결(BGH, Urt v. 22. 3. 2011-XI ZR 33/10)을 중심으로-", 「상사판례연구」 제24집 제2권, (2011), 411-447면; 김용재, "스노우볼 계약과 고객보호의무에 관한 소고", 「증권법연구」 제13권 제3호, (2012), 282-286면 등 참조.

피고는 원고에게 상품 설명 당시 "위험"과 관련하여 이자율의 차이가 급격하게 하락하면 원고는 자신이 받는 이자율보다 더 많은 이자율을 지불해야 한다는 자료를 제시하였고, 원고의 손실위험이 "이론적으로는 무한대임"을 알려주었다. 그러나 피고는 자신이 설계한 이자율 스왑 계약이 계약체결 당시 계약금액의 약 4%(약 80,000유로)에 해당하는 마이너스 시장가치를 안고 있었음에도 이를 원고에게 알리지 않았다.49)

(2) 쟁점과 법원의 판단

이 사건에서 핵심적인 쟁점은 금리스왑 상품을 파는 은행이 고객에 대하여 관련 상품에 대하여 투자자에 맞게 투자위험을 설명하여야 할 적극적인 의무가 있는지 여부와 특히 계약체결시 당해 파생상품의 시장가치가 마이너스로서 고객에게 불리한 숨은 수수료가 구조적으로 설계되어 있는 경우 이를 고객에게 알려야 할 의무가 있는지 여부였다.

(가) 설명의무의 내용과 정도

독일 연방대법원은 설명의무와 관련하여 투자자에게 적합한 투자권유와 상담을 하여야 할 필요가 있다고 하면서, 이 사건의 스왑 계약과 같이 고도로 복잡하게 설계된 위험상품의 경우 투자상품의 위험을 설명함에 있어 은행에게 고도의 주의의무가 있다고 하였다. 법원은 고객이 자신의 손실위험 범위가 무한정 커질 수 있다는 점을 잘 알지 못한 것에 주목하였다. 은행은 변동이자율 수준을 0%로 고정함으로써 고객이 부담하는 "마이너스 이자지급의무"의 존재를 알 수 없도록 하였는데, 연방대법원은, 「은행의 경우 자신의 손실위험이 애초부터 아주 좁게 한정되어 있다는 사실을 고객이 이해할 수 있도록 명확하게 하고, 고객이 중대한 것을 사소한 것으로 과소평가하지 않도록 고객의 면전에서 분명하게 설명하여야 한다」라고 판시하였다. 또한 법원은 「고도로 복잡한 상품의 경우 설명의 정도는 고객이 위험에 대해 고객에게 설명하는 은행과 본질적으로 같은 수준의 지식과 이해 수준을 지니고 있음을 담보할 수 있을 정도이어야 한다」라고 하였는데, 그 이유는 그런 경우에만 고객이 자신에게 제시된 이자율 구조를 수용할 것인가를 자기책임으로 결정할 수 있기 때문이라고 하였다.50)

---

49) 김용재, 전게논문, 282-284면.

50) 김용재, 전게논문, 284-285면.

#### (나) 마이너스 시장가치로 설계된 상품 판매와 관련한 설명의무

독일 연방대법원은 이 상품이 마이너스 시장가치를 내재하고 있음에도 피고가 이를 원고에게 적시하지 않아 이미 설명의무를 위반하였다고 하면서, 「피고가 설계한 상품에서 마이너스 시장가치의 존재는 고객과의 사이에 매우 중대한 이해상충이 발생하는 사실이므로 피고는 고객에게 투자상담 시 이에 상응하는 설명을 했었어야 한다」라고 판시하였다. 즉 「피고은행은 고객에게 스왑 계약의 체결을 권유하면서, 단순한 판매자의 지위에서 더 나아가 투자위험구조를 의도적으로 투자자에게 불리하게 만듦으로써 투자자에게 중대한 위험을 주었는바, 이는 단순한 이해관계를 넘어선 이해상충과 같은 특별한 사정에 해당한다」라고 판시하였다.[51]

### 4. 檢 討

도이체방크의 판매상품은 키코상품과 매우 유사한 장외파생상품이었는데, 도이체방크가 우리나라의 은행들에 비해 훨씬 상세한 상품설명을 했던 것으로 보인다. 그렇지만 독일연방대법원은 파생상품에 대한 투자는 일반금융상품에 대한 투자에 비해 보다 높은 위험을 수반하는 거래이므로 계약자유의 원칙이나 자기책임의 원칙이 실질적으로 보장되기 위해서는 계약체결을 위한 의사결정절차에서부터 금융기관과 고객 간의 정보격차를 해소할 수 있었어야 한다는 입장이었다. 그렇다보니 '은행은 투자자가 본질적으로 은행과 동일한 정도의 정보와 지식수준을 가질 수 있도록 설명'하여 투자자가 위험성에 대한 올바른 인식을 형성할 수 있도록 했어야 한다는 판시가 나온 것이다.

우리나라의 대법원은 그간 당해 권유행위가 "경험이 부족한 일반투자자에게 거래행위에 필연적으로 수반되는 위험성에 관한 올바른 인식형성을 방해하거나, 고객의 투자상황에 비추어 과대한 위험성을 수반하는 거래를 적극적으로 권유한 경우에 해당하여 고객보호의무를 저버린 위법성을 띤 행위로 평가된 경우"를 기준으로 투자자에 대한 불법행위책임 성립 여부를 판단하여 왔다.[52] 키코소송의 사실관계를 보면 대부분의 국내 은행들이 투자자에

---

**51)** 김용재, 전게논문, 285면.

**52)** 대법원 1996. 8. 23. 선고 94다38199 판결; 대법원 2002. 7. 12. 선고 2000다59364 판결;

게 행사환율, Knock-in 환율, Knock-out 환율, 레버리지 등에 대해서만 알려 주었을 뿐 투자위험의 실상이나 거래상 불이익을 제대로 알리지 않은 채 금융상품을 판매하였던 것으로 보인다. 많은 하급심 판결(서울중앙지방법원 2012. 8. 23. 선고 2011가합20688 판결 제외)들이 기존 판례를 제대로 잘 분석하였다면 은행들의 키코상품 판매가 '위험성에 관한 올바른 인식형성을 방해'하여 고객보호의무를 저버린 위법한 행위라고 쉽게 판단할 수 있었을텐데 그렇지 못했다는 아쉬움이 남는다. 곧 있게 될 키코사건의 최종심에서 대법원은 은행들의 신인의무(fiduciary duty) 위반, 특히 설명의무 위반과 관련하여 고객이 '손실 위험을 이해할 수 있도록 명확하게' 그리고 '위험을 과소평가하지 않도록 설명'하였는지, 다시 말해 투자자가 본질적으로 은행과 동일한 정도의 정보와 지식수준을 가질 수 있도록 설명하였는지를 기준으로 보다 엄격하게 판단해야 할 것이다.

## Ⅷ. 結 論

학자들은 키코상품이 본질적으로 불공정하고 불균형적으로 설계되었다는 점과 키코계약의 약관성을 인정할 수 있다는 점에서 키코상품의 구조 자체가 결함이 있었다는 문제의식을 갖고 있다. 즉 키코계약은 본질적으로 마이너스 가치로 설계된 불공정한 상품을 대상으로 한 것으로서, 고객이 개별교섭에 의하여 본질적인 계약 내용을 바꿀 수 없었다는 점에서 분명히 약관에 해당한다. 그렇지만 적어도 다음의 점에 대해서는 대부분의 하급심 법원들과 원론적으로 견해를 같이한다. 즉 키코계약은 부분적 환위험 회피 상품이지만 본질적으로 환헤지에 부적합한 상품이라고 단언할 수는 없다. 오버헤지되지 않은 키코계약이라면 Knock-in 환율 이상으로 환율이 상승하더라도 기업은 보유하고 있는 현물포지션으로 손실을 상쇄할 수 있어 결과적으로 손실이 발생하지 않는다. 따라서 오버헤지하지 않은 극히 일부 기업들에게 있어서 키코계약은 환헤지를 위한 적합한 상품일 수도 있었다.

그리고 은행들이 키코상품을 판매하면서 풋옵션과 콜옵션의 대고객가격이 같도록 설계된 zero cost 구조라고 광고한 점에 관하여는, 영리기업으로서 은행이 마진을 공개하지 않기 위한 고육지책이었다고 선해할 수도 있으

---

대법원 2006. 2. 9. 선고 2005다63634 판결; 대법원 2007. 9. 6. 선고 2004다53197 판결.

므로, 기망의 고의는 없었다고 양보할 수도 있다. 나아가 금융투자상품의 본질적 구성요소는 장래의 불확실성이고 키코와 같은 환헤지 상품의 경우 거래의 목적 자체가 불확실성의 제거인 점에서 볼 때, 환율의 급격한 상승으로 인해 계약의 전제였던 환율의 변동성이 변경되었다는 이유만으로 계약을 해지할 수는 없다는 점에 동의한다.

하급심 법원들이 키코상품의 구조 자체를 전혀 문제삼지 않았으므로, 지금 시점에서 대법원이 구조 자체를 건들기는 쉽지 않을 것으로 예상된다. 그렇다면 최후의 보루인 신인의무(fiduciary duty)에 의존할 수밖에 없을 터인데, 그 때에도 대법원은 독일 연방대법원 판결과 서울중앙지방법원 2012. 8. 23. 선고 2011가합20688 판결에서 설시된 내용을 잘 음미하고 분석하여야 할 것이다. 고도의 복잡한 파생상품의 경우 금융기관은 거래 상대방인 고객이 '손실 위험을 이해'할 수 있도록 명확하게 설명하였어야 하고 위험을 과소평가하지 않도록 설명하였어야 한다. 그 결과 매수인은 장외파생상품의 판매자와 같은 수준으로 상품 내용을 이해할 수 있었어야 한다.

그런데 키코계약의 실질을 보면 판매자와 매수인 간의 상품과 위험에 대한 이해의 수준은 현저한 차이가 있었다. 즉 금융기관은 단지 행사환율, Knock-in 환율, Knock-out 환율, 레버리지의 내용만을 설명하였으므로, 매수인으로서는 이러한 설명을 들었어도 자신이 부담해야 할 위험의 범위, 경기악화로 외환실물 보유고가 줄어들 경우의 문제점, 은행의 콜옵션 행사로 인한 손실을 제한하기 위한 추가 헤지의 필요성 등 계약상 위험에 대하여 판매자와 동일한 수준으로 이해하지 못했었다. 따라서 fiduciary duty 위반, 특히 설명의무 위반을 근거로 한 손해배상청구에 대해 대법원은 매우 적극적으로 인용할 것으로 기대한다. 그리고 여기서의 설명의무는 신의칙에서 비롯된 것이 아니라 명백한 법규에서 비롯된 것이므로, 법규를 위반한 피고 은행들에게 엄중한 책임을 물어야 할 것이다. 추가적으로 독일 연방대법원은 복잡한 장외파생상품계약의 체결시 고객이 당해 분야의 전공자를 동반하였다거나 과거 유사거래를 하였다는 경험 등이 설명의무의 범위와 정도를 경감시키지 않는다는 점을 분명히 밝히고 있는바, 향후 유사한 사례에서 우리 대법원도 이러한 판단을 적극적으로 수용해야 할 것이다.

# ELS發行者의 델타헤지와 利害相衝 管理義務*

朴 善 鍾**

◎ 대법원 2015. 5. 14. 선고 2013다3811 판결

## Ⅰ. 序　　言

2015년 5월 14일 대법원은 ELS 관련 사안의 원심 판결을 파기 환송하였다. 동 사안은 제1심에서는 원고가 승소하였으나, 원심에서 피고가 승소하였다는 점에서 관련 업계의 이목이 집중되어 있던 상황이었는데, 대법원의 판단이 금융투자업자에게 부과되는 투자자 이익 보호의 의미에 관하여, 델타헤지와 이해상충 관리의무를 중심으로, 구체적으로 설시하고 있다는 점에서 큰 의의를 갖는다.

제1심 판결의 요지는 "조건의 성취로 인하여 불이익을 받을 당사자가 신의성실에 반하여 조건의 성취를 방해한 때에는 상대방은 그 조건이 성취된 것으로 주장할 수 있다"는 민법 제150조 제1항에 기한 것으로서, 투자자 이익 보호의 관점에서 판단한 것은 아니다.

한편, 원심 판결의 요지는, 「델타헤지는 정당한 거래행위이므로, 그로 인하여 이 사건 주가연계증권의 상환조건이 성취되지 아니하였다하더라도 이를 신의성실에 반하여 조건의 성취를 방해한 것으로 볼 수 없다」라는 것으로서, 이 역시 투자자 보호의 관점에서 판단한 것은 아니었고, 도리어 델타헤지를 법령상 의무로 판단하여, 투자자 이익보호의 주의의무나 이해상충 관리의무에 우선하는 것으로 본 것이었다.

이에 대하여 대법원은, 「① 이 사건 델타헤지는 기본적으로 금융투자업

---

* 제37회 상사법무연구회 발표 (2015년 9월 19일)

** 前 고려대학교 금융법센터 연구위원 / 법학전문대학원 겸임교수
現 숭실대학교 법학과 교수

자 자신의 이익을 위하여 행하는 것이고, ② 금융투자업자와 투자자 사이의 이해관계가 서로 상충되는 상황에서 금융투자업자는 투자자의 신뢰를 저버리는 내용 또는 방법으로 헤지거래를 하면 안 되고, 중도상환조건의 성취 여부에 최소한의 영향을 미치는 방법으로 헤지거래를 하여 투자자를 보호할 주의의무가 있다」라고 하였다. 이는 투자자이익 보호의무와 이해상충 관리의무의 구체적 기준을 제시하였다는 점에서 큰 의미를 갖는다.

이하에서는 동 사안의 사실관계의 핵심 내용을 분석한 후, 주요 쟁점에 대하여 검토함으로써 동 대법원 판결의 의미를 살피고자 한다.

## Ⅱ. 事實關係의 分析

### 1. 當事者들의 地位

원심 판결문의 내용[1]을 요약하면, 원고는 일반투자자로서 디지털옵션의 매도자이며, 최대기대수익은 연 9%에 상당하고, 최대기대손실은 원금 전부인 내용의 계약을 체결한 자이다.

한편, 피고는 전문가인 금융투자업자로서 디지털옵션의 매수자이며, 최대기대수익은 무제한이고, 최대기대손실은 제한적인 내용의 계약을 체결한 자이다. 그리고 피고는 금융투자업자로서 자본시장법 제44조[2]에 규정된 이해상충의 관리의무를 부담하는 자이다.

### 2. 價格變動에 따른 當事者들의 期待損益

실무에서 기초자산의 보유여부와 보유규모는 ELS 발행자인 피고의 투

1) 상세는 서울고등법원 2012. 12. 14. 선고 2010나71761 판결 참조.

2) 제44조 (이해상충의 관리) ① 금융투자업자는 금융투자업의 영위와 관련하여 금융투자업자와 투자자 간, 특정 투자자와 다른 투자자 간의 이해상충을 방지하기 위하여 이해상충이 발생할 가능성을 파악·평가하고, 내부통제기준이 정하는 방법 및 절차에 따라 이를 적절히 관리하여야 한다.
② 금융투자업자는 제1항에 따라 이해상충이 발생할 가능성을 파악·평가한 결과 이해상충이 발생할 가능성이 있다고 인정되는 경우에는 그 사실을 미리 해당 투자자에게 알려야 하며, 그 이해상충이 발생할 가능성을 내부통제기준이 정하는 방법 및 절차에 따라 투자자 보호에 문제가 없는 수준으로 낮춘 후 매매, 그 밖의 거래를 하여야 한다.
③ 금융투자업자는 제2항에 따라 그 이해상충이 발생할 가능성을 낮추는 것이 곤란하다고 판단되는 경우에는 매매, 그 밖의 거래를 하여서는 아니 된다.

자판단에 따르는 것이지만, 이하에서는 동 ELS를 발행하고 인수한 피고와 원고 각각의 손익구조에 대한 이해를 돕기 위하여, 가격변동에 따른 피고의 투자선택을 기준으로 단순화하여 몇 가지 경우를 살핀다.

#### (1) 가격이 상승하는 경우

##### (가) 무위험수익자산에 100% 투자한 경우

예컨대, 동 ELS를 판매한 이후에 판매대금 전액으로 3년 만기 국채를 매입(2015. 6. 7. 현재 3년 만기 국채금리는 연 1.65%)[3]하고 다른 투자(내지 델타헤지)가 전혀 없는 경우, 피고의 최대기대손실은 연 7.35%(연 9~1.65%)로 볼 수 있다.

##### (나) 기초자산에 100% 투자한 경우

원고가 납입한 대금의 100%를 피고가 기초자산[4]에 투자한 경우를 가정해 보면 다음과 같다. 원고의 기대수익은 어떠한 경우에도 연리 9%를 초과할 수 없다. 반면에, 피고의 기대수익은 기본적으로 시장가격이 연 9% 상당 이상 상승하는 부분의 전부이므로 예컨대, 시장가격이 30%, 50%, 100% 상승하는 경우 각각 21%, 41%, 91%의 수익이 기대되는 등 그 기대수익이 무제한적으로 열려있는 지위이다.

한편, 피고는 중도상환일이건 만기상환일이건, 하시라도 이익의 일부와 원고가 납입한 원금을 상환할 수 있는 지위이다.

#### (2) 가격이 하락하는 경우

##### (가) 무위험수익자산에 100% 투자한 경우

피고가 판매대금 전액으로 3년 만기 국채를 매입한 경우, 기초자산의 가격이 40%까지 하락해도, 원고는 시장가격 하락에 따르는 손실이 없다. 한편 피고는 국채보유분에서 발행하는 이자소득분(연 1.65%)만큼 이익이다. 가격이 40% 이상 하락하면, 원고의 기대손실은 시장가격 하락분 전체인 반면, 피고의 기대손실은 없고 40% 이상 하락분에 대해 원고의 손실에 정비례하여 이익이 발생한다. 즉 피고가 기초자산을 보유하지 않아서 가격하락에 대한 손실이 없는 경우에도 원고는 가격하락에 대한 손실이 있다.

---

3) 국채금리는 http://www.bondweb.co.kr에서 조회 가능 (검색일 2015. 9. 7.).

4) 이 사안에서는 '삼성SDI 보통주'이다.

(나) 기초자산에 100% 투자한 경우

이 경우 피고의 최대 기대손실은 40%이다. 그러나 이는 가격하락이 40%를 초과하지 않고, 40% 하락에 수준에서 고정되어 있는 경우에 국한되는 제한적인 기대손실이다. 가격이 3년 만기 기간 내에 장중 단 한 번이라도 40% 이하를 기록하는 경우, 피고의 손실은 0(zero)이고, 원고가 가격하락에 대한 손실 100%를 감당하게 된다.

현재 한국거래소 상장 주식의 일일가격제한폭은 30%이다. 이 사안의 ELS가 판매된 당시의 일일가격제한폭은 15%였다. 이러한 상황에서 3년 동안 가격이 40% 이하로 한 번도 하락하지 않을 확률이 얼마나 되겠는가?[5)6)] 더욱이 40% 하락하여 그대로 고정될 확률은 얼마나 되겠는가?

(3) 가격이 불변인 경우

(가) 무위험수익자산에 100% 투자한 경우

피고가 연수익률 1.65%의 3년 만기 국채에 투자한 경우, 원고의 수익율은 연 9%이다. 한편, 이 경우 피고의 수익률은 연 △7.35%이다.

(나) 기초자산에 100% 투자한 경우

이 경우 원고의 수익은 연 9%이다. 피고의 수익률은 연 △9%이다.

## Ⅲ. 主要 爭點에 대한 檢討

### 1. 델타헤지의 目的

(1) 피고의 주장과 원심의 판단

(가) 피고의 주장

피고는, 파생상품거래를 취급하는 금융기관의 경우 그로 인한 위험을 관리하고 헤지하는 것은 재무건전성을 유지・확보함으로써 고객의 위탁재산을 보호하여야 할 의무가 있는 금융기관의 공공성에 비추어 선택의 문제가

---

5) 참고로 삼성SDI 보통주의 1994년~2014년 기간 동안 연별 OHLC(Open, High, Low, Close) 기준으로 연평균변동율을 계산한 결과는 76.64%이다. 이는, 이 사건 ELS의 만기인 3년인 점을 감안하면, 동 기간 동안 가격이 40% 이하로 한 번도 내려가지 않을 확률은 매우 희박함을 시사하고 있다.

6) 첨부 표1 〈삼성SDI 보통주 연평균 변동율〉 참조.

아니라 반드시 준수하여야 하는 의무라고 하면서,[7] 델타헤지의 목적은 법정 의무를 이행하기 위한 것으로 주장한다.

(나) 원심의 판단

원심은, "델타헤지는 ELS 발행의 전제조건으로 보편성과 필요성이 인정되는 헤지방법일 뿐만 아니라 금융기관의 자산운용 건전성을 위해 법령상 강제되는 헤지거래의 한 방법"[8]이라고 하면서, 델타헤지를 'ELS 존립의 근거'라며, 「금융기관은 이른바 '델타헤지'라는 금융기법을 활용하여 ELS의 기초자산(통상 거래소에 상장된 주식이다)을 거래함으로써 기초자산의 주가 변동에서 야기되는 위험을 관리함과 동시에 그 거래과정에서 얻게 되는 이익을 ELS의 상환재원으로 활용하게 된다」라고 판단하였다.[9]

(2) 대법원의 판단

대법원이 판결문에서 델타헤지의 목적을 직접 구체적으로 판단한 것은 아니다. 다만, 「피고가 이 사건 주가연계증권에 관련한 델타헤지 거래로서 삼성SDI 보통주를 매도하는 것은 기본적으로 위험회피라는 자신의 이익을 위하여 행하는 것이다」라고 하였고,[10] 원심에서 판단한 '법령상 강제된다'는 부분은 배척하였다.

(3) 검토 의견

(가) 피고 주장의 논리적 비약

피고의 주장은, 파생상품거래를 취급하는 금융기관의 경우 그로 인한 위험을 관리하고 헤지하는 것은 재무건전성을 유지·확보함으로써 고객의 위탁재산을 보호하여야 할 의무가 있는 금융기관의 공공성에 비추어 선택의 문제가 아니라 반드시 준수하여야 하는 의무라는 것인데,[11] 이는 논리적 비약이 있는 것으로 보인다.

왜냐하면 피고가 근거로 들고 있는 자본시장법 제166조의2는 장외파생

7) 서울고등법원 2012. 12. 14. 선고 2010나71761 판결.

8) 서울고등법원 2012. 12. 14. 선고 2010나71761 판결.

9) 서울고등법원 2012. 12. 14. 선고 2010나71761 판결.

10) 대법원 2015. 5. 14. 선고 2013다3811 판결.

11) 서울고등법원 2012. 12. 14. 선고 2010나71761 판결.

상품의 매매에 따른 위험액이 금융위원회가 정하여 고시하는 한도를 초과하지 아니할 것이 핵심인데(제166조의2 제1항 제2호), 이는 장외파생상품의 매매시 위험액이 한도초과의 투자를 금하는 것이 주된 것이고, 헤지라는 것은 보조적으로 위험을 관리하는 수단에 불과한 것이기 때문이다. 즉 ELS 발행액의 한도제한과 델타헤지는 별개의 문제이다. 그러므로 피고가 '헤지를 의무라고 주장'하는 것은, 논리적 비약으로 볼 수 있는 것이다.

**(나) 원심 판단의 오류**

이러한 피고의 주장을 상당부분 그대로 수용한 원심의 판단은 오류의 소지가 있어 보인다. 왜냐하면 ① ELS의 주된 상환재원은 투자자의 ELS 매입대금이고(100%), ② 통상 금융기관이 기초자산(사안에서는 '삼성SDI 보통주')에 투자하여 얻은 수익의 일부(최대 연 9% 상당 금액)가 투자자에게 배분되며, ③ 델타헤지는 기초자산의 투자수익을 지키기 위한 보조적 수단에 불과하기 때문이다.

**(다) ELS 발행자의 수익창출 : 이론과 실제**

한편 앞의 II. 2.에서 살펴본 바와 같이, 이론적으로는 피고가 현물주식을 전혀 매매하지 않고 수익을 거둘 수도 있다. 그러나 일반적으로 ELS 발행자는 디지털 풋옵션 매수자의 지위를 가지는 바, 기초자산의 가격변동에 따라 변하는 동 풋옵션의 손익을 관리하기 위하여 기초자산의 매매를 통하여 델타헤지를 시행한다. 이론적으로는 선물 또는 옵션 등 다른 금융투자상품을 통한 델타헤지도 가능하지만, 통상 ELS의 발행자는 기초자산에 해당하는 주식을 취득하고, 가격 변동에 따라 처분과 취득을 반복하며 차액을 축적하여 수익을 창출하는 경우가 흔하다.[12] 이 경우 변동성이 큰 기초자산(주식)의 ELS발행자는 상대적으로 큰 수익을 기대할 수 있고, 반대로 변동성이 작은 경우 ELS 발행자는 큰 수익을 기대하기 어렵다.

---

**12)** 예컨대, 이 사건 ELS의 발행금액이 150억 원이었고, 발행 당시 델타는 대체로 등가격(ATM : At The Money) 상태로서 0.5이므로, 일반적으로는 75억 원 상당의 기초자산(삼성SDI 보통주)을 매수하여 델타헤지를 개시하며, 이후 가격의 등락에 따라 매수와 매도를 반복하며 델타헤지를 수행하는 과정에서 매매손익을 축적하게 된다.

#### (라) 위험의 크기와 헤지의 목적

피고가 델타헤지를 하는 주된 목적은, 무제한적인 위험을 회피하기 위한 것과는 전혀 다른 상황이다. 왜냐하면 디지털 풋 옵션 매수자인 피고의 위험은 앞서 살펴본 바와 같이 제한적이기 때문이다. 피고는 원고에게 디지털 풋 옵션을 매수한 자이므로, 이에 관한 델타헤지 목적으로 동 주식을 취득할 이유도 일부 있다. 그러나 옵션 매수자인 피고의 위험이 앞서 살펴본 바와 같이 제한적이라는 점에서 보면, 피고가 기초자산인 주식을 매수하는 사실상의 주된 목적은 피고 스스로의 수익 창출로 보는 것이 타당하다. 한편, 동 주식을 처분하는 이유 또한 스스로의 수익을 극대화하기 위한 것이 주된 목적이다. 그러므로 ELS 발행자이며, 금융투자업자인 피고가 이 사건 주식을 매수한 주된 이유는 스스로의 수익을 창출하기 위한 것으로 보는 것이 타당하다.

#### (마) 소 결

대법원이 델타헤지 목적을 법령상 의무 이행으로 본 원심의 판단을 배척하고, 피고 자신의 이익을 위한 행위 판단한 것은 공감이 간다.

## 2. All or Nothing 構造와 델타헤지

### (1) 원심의 판단

원심에서는, 중간평가일 근처에서 디지털 옵션인 ELS의 발행자인 피고의 입장에 대하여, 이 사건 주가연계증권의 경우 삼성SDI 보통주가 조기상환기준가격인 108,500원을 상회하면 100원 상승이든 1원 상승이든 일정한 수익인 연 9%를 얻고, 조기상환기준가격을 하회하면 1원 하락이든 100원 하락이든 동일하게 수익금을 지급받지 못함[13]의 All or Nothing(全部 아니면 全無) 구조이기 때문에, 델타헤지를 하는 피고로서는 높게 계산된 델타값에 따라 이 사건 상환기준일 부근에서 매우 많은 주식을 보유하게 되는 것인 반면, 이 사건 중간평가일이 경과하여 종가가 결정되는 순간에는 조기상환조건의 충족 여부와 무관하게 델타값이 0 또는 상당히 낮은 수치로 떨어지므

13) 서울고등법원 2012. 12. 14. 선고 2010나71761 판결, 15면.

로 보유 중인 기초자산인 주식을 매각하여야 한다[14]는 사정이 있다는 점, 만약 피고가 이 사건 중간평가일 장 종료 이전에 델타값에 따라 주식을 매도하지 못한다면 피고는 투자자에게 지급해야할 상환금을 마련할 수 없고[15]라는 사정이 있다는 점, 또한 나아가 보유한 기초자산은 델타헤지를 하지 못한 것이 되어 주가변동의 위험에 완전히 노출된다[16]는 사정이 있다는 점을 들어 금융기관들은 자산운용건전성 확보를 위해 헤지를 통한 위험관리의무를 부담하고 있는 바, 이는 구 증권거래법은 물론 자본시장과 금융투자업에 관한 법률 등에 따른 법령상 의무[17]로 인식하고 있으며, 따라서 파생상품거래를 취급하는 금융기관의 경우 그로 인한 위험을 관리하고 헤지하는 것은 금융기관의 공공성에 비추어 선택의 문제가 아니라 반드시 준수하여야 하는 의무[18]라고 인식하고 있다.

이러한 인식을 토대로 원심 재판부는, 「델타헤지는 ELS 발행의 전제조건으로 보편성과 타당성이 인정되는 헤지방법일 뿐만 아니라 금융기관의 자산운용건정성을 위해 법령상 강제되는 헤지거래의 한 방법이라고 할 것이고, 여기에 모든 주식매매가 영향력의 크고 작음의 차이만 있을 뿐 주식시장의 주식가격에 영향을 미치는 요소인 점을 더하여 볼 때 헤지거래로 형성되는 시장가격도 시장요인에 의한 정상적인 수요·공급에 의한 것으로 보아야 하고, 단지 거래수량이 많다거나 매매시기가 집중되어 있다는 점만으로 델타헤지로 인한 주식매매가 인위적인 시장조작에 해당한다고 단정하기는 어렵다」라고 판단하였다.[19]

(2) 검토 의견 : 상품의 특성이 법에 우선하는가?

원심의 인식은 요컨대, ELS는 All or Nothing 구조로, 시세조종이 있다 하더라도, 법령상 의무인 델타헤지를 하는 과정에서 발생한 것이므로 면책되어야 한다는 논리로 보인다. 그리고 델타헤지를 법령상 의무로 보는 것은 오

14) 서울고등법원 2012. 12. 14. 선고 2010나71761 판결.
15) 서울고등법원 2012. 12. 14. 선고 2010나71761 판결.
16) 서울고등법원 2012. 12. 14. 선고 2010나71761 판결.
17) 서울고등법원 2012. 12. 14. 선고 2010나71761 판결.
18) 서울고등법원 2012. 12. 14. 선고 2010나71761 판결.
19) 서울고등법원 2012. 12. 14. 선고 2010나71761 판결.

류라는 것은 앞서 살핀 바 있다.

원심 판결문에서는 중간평가일에 트레이더가 델타값을 맞추기 위해 보유 중인 기초자산인 주식을 상당량 매각하는 방법으로 여러 가지를 제시하고 있다.[20] 즉, 기초자산의 가격, 매매량, 매수세 등 시장상황을 반영하여 ① 접속매매시간대에 매도하는 방법, ② 단일가매매시간대에 매도하는 방법, ③ 위 두가지 방법을 혼용하는 방법, ④ 상환기준일 이전부터 조금씩 매도하여 보유량을 줄이는 방법 등 다양한 매매전략을 구사할 수 있다는 점을 예시하고 있다.

이러한 다양한 매매전략의 구사가 가능함에도, 단일가매매시간대에 집중하여 가격변동을 야기하여 원고의 조건성취를 방해한 거래행위를 트레이더의 재량의 범위 내라고 인식한 원심의 판단은 동의하기 어렵다.

델타헤지가 기초자산 가격형성에 일정부분 영향을 줄 수밖에 없는 사정은 인정될 수 있다. 그러나 델타헤지로 인한 시세변동이 불가피한 점이 일부 인정되지만, 전부가 면책될 수 있는 것은 아니다. 즉, 이 사안의 경우, 델타헤지로 인한 인정될 수 있는 부분은 객관적으로 피고에게 유리한 점이 없다는 점이 증명될 수 있는 범위 또는 원고에게 손해가 없는 범위로 보는 것이 타당할 것이다. 즉, 금융투자업자와 투자자간 이해상충이 있는 경우, 투자자에게 손해가 없는 범위까지만 델타헤지로 인정하는 것이, 투자자 이익보호의 의미에 부합하는 것이다.

예컨대, 이 사안에서는 108,500까지의 지정가 주문은 델타헤지로서 허용될 수 있고, 108,000 지정가 주문은 시세조종으로 보는 것이 타당할 것이다. 왜냐하면, 108,500까지의 지정가 매도주문은 시세조종의 목적성(부당이득 취득)이 없는 것으로 볼 수 있고, 108,000 지정가 매도주문은 부당이득 취득의 목적성이 있는 것으로 볼 수 있기 때문이다.[21]

그럼에도 불구하고, 원심의 판단처럼 108,000까지를 델타헤지로 인정하는 경우, 자본시장법상 시세조종 조항(제176조: 이 사안에서는 동법 제176조 제4항 제1호)[22]이 형해화될 수

20) 서울고등법원 2012. 12. 14. 선고 2010나71761 판결.

21) 첨부 표2 〈단일가매매시간대 매도 주문내역〉 참조.

22) 동법 제176조 (시세조종행위 등의 금지) ④ 누구든지 증권, 파생상품 또는 그 증권·파생상품의 기초자산 중 어느 하나가 거래소에 상장되거나 그 밖에 이에 준하는 경우로서

있다는 문제가 있다. 한편 동법상 이해상충의 관리 조항(제44조)이 형해화 될 우려도 마찬가지이다.

요컨대, All or Nothing 구조라는 ELS 상품의 특성을 이유로, 델타헤지 행위가 자본시장법상 시세조종 금지 조항이나 이해상충의 관리 의무조항에 우선하여 면책되는 것으로 볼 수는 없다.

### 3. 制度의 變更과 問題의 本質

#### (1) 원고의 주장과 원심의 판단

원고들이, 금융감독원과 검찰에서 이 사건을 비롯한 ELS종가관여행위 대한 조사가 이루어지고, 한국거래소 시장감시위원회가 제정한 'ELS 헤지거래 가이드라인'이 2009. 10. 1.부터 시행된 이후에는 과거와 같은 장 마감 직전의 대량매도행위가 거의 사라진 것에 비추어 보면 피고가 불가피하다고 주장한 장 마감 직전의 대량매도행위는 정당한 헤지거래가 아니라고 주장[23] 한 점에 대하여, 원심 법원은[24]은 「① 금융감독기관에서 가이드라인을 발표하고, 이를 어기는지 여부를 모니터링하겠다고 공언한 마당에 가이드라인을 벗어나는 행위를 할 것을 기대하기는 어렵다는 점, ② ELS를 발행하는 금융기관으로서는 가이드라인을 지키기 위해 개별 ELS 발행 규모를 줄이거나

---

대통령령으로 정하는 경우에는 그 증권 또는 파생상품에 관한 매매, 그 밖의 거래(이하 제177조 및 제443조 제1항 제7호에서 "매매 등"이라 한다)와 관련하여 다음 각 호의 어느 하나에 해당하는 행위를 하여서는 아니 된다.

1. 파생상품의 매매등에서 부당한 이익을 얻거나 제삼자에게 부당한 이익을 얻게 할 목적으로 그 파생상품의 기초자산의 시세를 변동 또는 고정시키는 행위
2. 파생상품의 기초자산의 매매등에서 부당한 이익을 얻거나 제삼자에게 부당한 이익을 얻게 할 목적으로 그 파생상품의 시세를 변동 또는 고정시키는 행위
3. 증권의 매매등에서 부당한 이익을 얻거나 제삼자에게 부당한 이익을 얻게 할 목적으로 그 증권과 연계된 증권으로서 대통령령으로 정하는 증권 또는 그 증권의 기초자산의 시세를 변동 또는 고정시키는 행위
4. 증권의 기초자산의 매매등에서 부당한 이익을 얻거나 제삼자에게 부당한 이익을 얻게 할 목적으로 그 증권의 시세를 변동 또는 고정시키는 행위
5. 파생상품의 매매등에서 부당한 이익을 얻거나 제삼자에게 부당한 이익을 얻게 할 목적으로 그 파생상품과 기초자산이 동일하거나 유사한 파생상품의 시세를 변동 또는 고정시키는 행위

[23] 서울고등법원 2012. 12. 14. 선고 2010나71761 판결.

[24] 서울고등법원 2012. 12. 14. 선고 2010나71761 판결 참조.

(정밀한 헤지를 수행하지 못함으로 인해 초래될 수 있는 위험부담을 줄기 위해 거액의 ELS를 발행하기 어려울 것이다) 수익률을 하향 조정하는 등의 방법으로 과거보다는 느슨한 형태의 델타헤지를 수행할 수밖에 없을 것으로 보이는 점 등에 비추어 과거의 행위를 현재의 기준으로 바라보면서 부당하다고 판단할 수는 없다」라고 판시하였다.

### (2) 검토 의견

원심 법원의 상기 판단은 위 ①과 ②의 사정을 기반으로 하고 있는데, 이에 관하여 각각 살피자면 다음과 같다. 첫째, 통상적으로 어떠한 규정이나 제도는 문제가 발생한 이후 사후적으로 마련되는 것인데, 위 ①에서 금융감독기관이 가이드라인을 제정하고(규정의 마련), 모니터링을 공언(제도의 마련)한 것은 규제의 대상이 되는 행위에 위법요소 등 문제가 있기 때문에 현재 제도의 흠을 개선하고자 하는 것인 바, 동 문제점은 제도시행 이전이나 이후나 변함없는 것일 뿐, 과거의 행위를 현재의 기준으로 바라보면서 부당하다고 하는 것과는 별개의 문제라는 점이다. 요컨대, 제도의 변경이 문제의 본질에 변화를 가져오는 것은 아니다. 둘째, 금융위의 최근 자료[25]에 따르면, ELS의 발행규모는 지속적으로 증가한 사정으로 보아, 위 ②에 관한 원심의 인식은 부족함이 있는 것으로 보인다. 이러한 점들을 근거로 판단하자면, 원심의 판단은 동의하기 어렵다.

## 4. 델타헤지에 충실한 헤지去來 與否

### (1) 원심의 판단

원심 재판부는, 「피고의 델타헤지 모습은 델타헤지의 기본원리에 정확하게 부합한다고 평가하기는 어려워 보인다고 인식하면서도, 다만 그렇다고 하더라도 트레이더에게는 일정한 위험 수준 한도 내에서는 재량이 인정되는 것이라는 인식을 근거로 일관되게 오버헤지 또는 언더헤지 상태가 유지되고 있고, 그 델타값의 증감에 따라 실제보유수량을 증감시켜 온 사정이 있는 한, 넷델타값이 크다(혹은 넷델타 비율이 높다)는 이유만으로 피고의 델타헤

25) 금융위원회, "파생결합증권 발행현황과 대응방안", 「보도자료」, (2015. 8. 27.), 2면.; 첨부 표 3 〈파생결합증권 종류별 발행잔액 추이〉 참조.

지가 부당하다고 하기는 어렵다」라고 판단하고 있다.[26]

### (2) 검토 의견

실무적으로 사용되는 용어인 '오버헤지'와 '언더헤지'는 엄밀한 의미에서 헤지가 아니라 투자 또는 투기의 개념을 말하는 것이다. 헤지(hedge)는 원래 울타리라는 개념에서 출발하여 재무학에서는 '손실, 위험 등에 대한 방지책'의 개념으로 사용되는 용어이다.[27] 즉, 헤지의 개념은 위험을 상쇄 또는 고정시키고자 하는 것인 바, 의도적으로 헤지량을 줄이는 행위(언더헤지)와 의도적으로 헤지대상을 초과하는 헤지물량을 보유하는 행위(오버헤지)는 헤지의 개념으로 포섭될 수 없다. 그렇다면 원심 재판부가 트레이더의 일정한 재량을 인정하는 것은 투자에 대한 재량을 인정한 것에 다름 아니므로, 이를 근거로 델타헤지의 부당성 여부를 판단한 것은 동의하기 어렵다.

## 5. 델타헤지의 時期

### (1) 원고의 주장

원고의 주장은, 델타헤지의 시기는 중간평가일 단일가 매매시간대에만 집중할 것이 아니라, 접속매매시간대 또는 장 종료 후 장외시장이나 다음 거래일에 처분하는 것도 충분히 가능하다는 취지로 주장한다.

델타헤지의 시기에 관하여는 앞에서도 살핀 바, 원심 판결문에서도 중간평가일에 트레이더가 델타값을 맞추기 위해 보유 중인 기초자산인 주식을 상당량 매각하는 방법으로 여러 가지를 들고 있다.[28] 즉, 기초자산의 가격, 매매량, 매수세 등 시장상황을 반영하여 ① 접속매매시간대에 매도하는 방법, ② 단일가매매시간대에 매도하는 방법, ③ 위 두 가지 방법을 혼용하는 방법, ④ 상환기준일 이전부터 조금씩 매도하여 보유량을 줄이는 방법 등 다양한 매매전략을 구사할 수 있다는 점을 예시하고 있다. 이는 원고의 주장과 상당부분 부합하는 것이다.

---

26) 서울고등법원 2012. 12. 14. 선고 2010나71761 판결 참조.

27) 헤지의 개념에 관한 상세는 박선종, "KIKO계약의 헤지성", 「증권법연구」 제11권 제1호, 한국증권법학회, (2010), 111-113면 참조.

28) 서울고등법원 2012. 12. 14. 선고 2010나71761 판결.

#### (2) 원심의 판단

그럼에도 불구하고, 원심 재판부는 「Overnight Risk에 관하여, 첫째, 만일 원고들의 주장과 같이 특정일의 종가에 의하여 델타값이 산정된 이후에 다음 날 보유할 현물주식의 수량을 맞추어 나가는 것이 적절한 델타헤지의 원리라고 보게 되면, 금융기관은 특정일의 다음 날까지 현물주식의 보유에 따른 리스크(Overnight Risk)를 전적으로 부담하여야 하기 때문에 금융기관에게 부당한 위험을 용인할 것을 요구하는 것이 되고, 둘째, 장 종료 후의 시간외 거래는 유동성이 풍부하지 않은 문제가 있기 때문에 대량매도가 필요한 중간평가일에 채택할 수 있는 매도방법이라고 보기 어렵다」라고 판시하면서, 원고의 주장을 배척하였다.

#### (3) 검토 의견

이 사안의 ELS는 만기가 3년인데, 불과 1일의 Overnight Risk[29] 얼마나 큰 것인가에 대한 계량적 분석이 수반되지 않는 한, 이를 금융기관에게 '부당한 위험을 용인할 것으로 요구하는 것'이라는 원심의 판단은 동의하기 어렵다. 더욱이, 금융위원회의 최근 보도자료상 나타난, ELS의 발행량 증가 현황을 보아도, ELS 발행을 통한 금융투자업자의 수익이 1일 Overnight Risk 정도는 넉넉히 감당할 수준이 아닌가 생각된다.

한편, 원고의 주장이 단일가매매 시간대에 집중된 것에 대한 것이고, 대안으로 원심 재판부도 인정하고 있는 다양한 방법을 주장한 것인 데 반하여, 원심 재판부가 시간외 거래의 유동성이 부족한 점 하나만을 특정하여 판단한 점은, 심리에 미진함이 있을 수 있다는 점에서 동의하기 어렵다.

## Ⅳ. 結　　語

대법원의 판단은 원칙적으로는 「투자자와 증권회사의 사이에 이해상충이 발생하는 경우에는 그 기초자산과 관련된 증권회사의 위험회피거래는 그 시기, 방법 등에 비추어 경제적 합리성이 인정되어야 하고, 그 과정에서 기

29) 별론으로 이 사안의 ELS의 만기 3년 중 거래일을 약 750일로 볼 때, 약 1/750에 해당하는 Overnight Risk를 심각하게 받아들이는 것은, 나무를 보느라 숲을 보지 못한 것이 아닌가 하는 의문이 든다.

초자산의 공정한 가격형성에 영향을 주어 투자자의 이익과 신뢰를 부당하게 훼손하여서는 아니 된다」라는 것이며,[30] 이 사안에 대하여 구체적으로는 「피고와 투자자 사이의 이해관계가 서로 상충되는 상황에서는 피고는 투자자의 신뢰를 저버리는 내용 또는 방법으로 헤지거래를 하면 안 되고, 중도상환조건의 성취 여부에 최소한의 영향을 미치는 방법으로 헤지거래를 하여 투자자를 보호할 주의의무가 있다」라는 것으로서,[31] 금융투자업자의 '투자자 이익 보호의무'와 '이해상충의 관리의무'를 설시한 것이다.

이는 「피고의 행위는 정당한 델타헤지거래행위이고, 시세를 고정시키거나 안정시킬 목적의 행위라고 볼 수 없다」는 원심의 판단을 부정하는 등 사실관계의 파악에 있어서, 실무전문가의 의견을 존중한 것이라는 점[32] 및 헤지거래의 경제적 합리성에 우선하여 투자자의 신뢰가 보호되어야 한다는 점 등, 금융투자업자에게 부과되는 '투자자 이익 보호의무'와 '이해상충의 관리의무'를 구체화하였다는 점에서 높이 평가될 수 있다.

표 1 <삼성SDI 보통주 연평균 변동율>

| 기준일 | 시가 | 고가 | 저가 | 종가 | 고가-저가 | 변동율 |
|---|---|---|---|---|---|---|
| 2014. 2. 30. | 163,500 | 176,500 | 102,000 | 116,000 | 74,500 | 45.57% |
| 2013. 12. 30. | 152,000 | 200,000 | 120,500 | 162,000 | 79,500 | 52.30% |
| 2012. 12. 28. | 135,000 | 171,500 | 127,000 | 151,000 | 44,500 | 32.96% |
| 2011. 12. 29. | 169,500 | 211,000 | 99,900 | 133,500 | 111,100 | 65.55% |
| 2010. 12. 30. | 147,500 | 189,000 | 125,000 | 168,000 | 64,000 | 43.39% |
| 2009. 12. 30. | 56,000 | 179,000 | 52,800 | 148,500 | 126,200 | 225.36% |

30) 대법원 2015. 5. 14. 선고 2013다3811 판결.

31) 대법원 2015. 5. 14. 선고 2013다3811 판결.

32) 한국거래소 시장감시위원회는 2009. 6. 19.부터 2009. 6. 23.까지 피고에 대한 감리를 실시하여, 「2009. 7. 21.에 피고가 이 사건 주가연계증권의 조기상환일(2005. 11. 16.)에 기초자산인 삼성SDI 보통주를 매도함에 있어 시장 수급상황을 고려하지 않고 헤지 물량의 처분 목적을 우선시하여 종가·단일가 결정 시간대에 계속적·집중적으로 대량의 매도 주문(9회, 134,000주)을 내는 등 과도하게 거래함으로써 공정거래질서를 저해하고, 투자자의 이익을 우선시해야 할 충실의무를 위반하였다」고 판단하였다.: 서울고등법원 2012. 12. 14. 선고 2010나71761 판결 참조.

| 2008. 12. 30. | 66,300 | 92,200 | 52,200 | 55,000 | 40,000 | 60.33% |
|---|---|---|---|---|---|---|
| 2007. 12. 28. | 64,500 | 81,800 | 53,400 | 66,500 | 28,400 | 44.03% |
| 2006. 12. 28. | 116,000 | 116,500 | 56,000 | 64,300 | 60,500 | 52.16% |
| 2005. 12. 29. | 114,000 | 125,000 | 93,100 | 116,500 | 31,900 | 27.98% |
| 2004. 12. 30. | 141,500 | 176,000 | 94,700 | 113,000 | 81,300 | 57.46% |
| 2003. 12. 30. | 68,600 | 142,500 | 60,800 | 140,500 | 81,700 | 119.10% |
| 2002. 12. 30. | 58,000 | 133,000 | 49,000 | 68,500 | 84,000 | 144.83% |
| 2001. 12. 28. | 47,500 | 70,200 | 38,150 | 58,000 | 32,050 | 67.41% |
| 2000.12.26. | 47,500 | 59,500 | 32,150 | 47,000 | 27,350 | 57.58% |
| 1999. 12. 28. | 61,000 | 82,900 | 44,500 | 47,200 | 38,400 | 62.95% |
| 1998. 12. 28. | 31,000 | 98,900 | 26,800 | 59,300 | 72,100 | 232.58% |
| 1997. 12. 27. | 45,300 | 53,900 | 26,600 | 32,000 | 27,300 | 60.26% |
| 1996. 12. 27. | 68,500 | 82,000 | 42,100 | 48,300 | 39,900 | 58.25% |
| 1995. 12. 27. | 62,900 | 80,000 | 50,000 | 68,500 | 30,000 | 47.69% |
| 1994. 12. 28. | 72,500 | 98,200 | 60,800 | 63,000 | 37,400 | 51.59% |
| 기간평균변동율(연간가격자료 기준) | | | | | | 76.64% |

표 2 <단일가매매시간대 매도 주문내역>

| 순번 | 주문시간 | 매도호가 | 수량(주) | 직전체결가 | 예상체결가 | 체결 여부 |
|---|---|---|---|---|---|---|
| 1 | 2005. 11. 16. 14:52:54 | 107,500 | 20,000 | 109,000 | 109,500 | 체결 |
| 취소 | 2005. 11. 16. 14:53:10 | 107,500 | 8,000 | 109,000 | 109,000 | 주문취소 |
| 2 | 2005. 11. 16. 14:53:27 | 107,500 | 20,000 | 109,000 | 108,500 | 체결 |
| 3 | 2005. 11. 16. 14:54:11 | 107,500 | 6,000 | 109,000 | 108,500 | 체결 |
| 4 | 2005. 11. 16. 14:54:56 | 108,500 | 20,000 | 109,000 | 108,500 | 미체결 |
| 5 | 2005. 11. 16. 14:55:40 | 108,500 | 20,000 | 109,000 | 108,500 | 미체결 |
| 6 | 2005. 11. 16. 14:57:46 | 108,000 | 20,000 | 109,000 | 108,500 | 체결 |
| 7 | 2005. 11. 16. 14:58:48 | 108,000 | 10,000 | 109,000 | 108,000 | 체결 |
| 8 | 2005. 11. 16. 14:59:42 | 108,000 | 10,000 | 109,000 | 108,000 | 체결 |
| 합계 | | | 134,000 | | | 86,000 |

표3 <파생결합증권 종류별 발행잔액 추이>

(단위: 조 원)

| | '10말 | '11말 | '12말 | '13말 | '14말 | '15.6말 | '10말 대비 |
|---|---|---|---|---|---|---|---|
| 파생결합증권(A) | 22.4 | 38.8 | 51.6 | 63.2 | 84.1 | 94.4 | +322.3% |
| 원금非보장형 (ELS+DLS) | 14.6 | 26.6 | 37.8 | 47.6 | 56.3 | 61.3 | +318.7% |
| 원금보장형 (ELB+DLB) | 7.7 | 12.3 | 13.8 | 15.6 | 27.9 | 33.1 | +329.3% |
| 지수형 | 9.8 | 21.3 | 26.3 | 31.8 | 52.5 | 59.5 | +508.7% |
| 종목형 | 5.6 | 8.1 | 9.6 | 7.3 | 3.4 | 2.7 | △51.6% |
| 혼합형 (DLS+DLB포함) | 7.0 | 9.5 | 15.7 | 24.1 | 28.2 | 32.2 | +360.8% |
| 증권사총자산(B) | 199.8 | 237.1 | 268.3 | 270.5 | 313.5 | 356.9 | +78.7% |
| (A/B) | 11.2% | 16.4% | 19.2% | 23.4% | 26.8% | 26.5% | +15.3%p |

# 效率的 市場假說과 證券 關聯 判例의 再照明*

崔 東 烈**

## Ⅰ. 完全競爭的 市場에서의 效率的 市場理論

*"There is no other proposition in economics which has more solid empirical evidence supporting it than the Efficient Market Hypothesis."*[1]

*"There is an old joke, widely told among economists, about an economist strolling down the street with a companion when they come upon a $100 bill lying on the ground. As the companion reaches down to pick it up, the economist says Don't bother--if it were a real $100 bill, someone would have already picked it up."*[2]

### 1. 概　　念

효율적 시장가설(Efficient Market Hypothesis, EMH)이란 정보의 효율성과 관련된 개념으로서, 자본시장의 가격이 이용 가능한 정보를 충분히, 그리고 즉시 반영한다는 가설이다. 이 가설이 성립되면, 어떤 정보가 이미 시장

---

* 제20회 상사법무연구회 발표 (2009년 12월 12일)
** 법무법인 율촌 대표변호사

1) Michael C. Jensen, "Some Anomalous Evidence Regarding Market Efficiency" (1978) 6 J. Finan. Econ. 95 at 95. 320면 각주 31에서 재인용.

2) Andrew W. Lo ed., Market Efficiency: Stock Market Behaviour and Theory and Practice, Vol. I (Lyme: Edward Elgar, 1997) at xi., Gill North, "Efficiency, Fairness & Irrationality: Incompatible or Complementary?" Banking & Finance Law Review February, 2009, 318면 각주 18에서 재인용.

에 충분히 반영되어 있기 때문에 투자자들은 그 정보를 이용하더라도 비정상적인 초과수익(excess return)을 얻을 수 없다.

창시자인 Fama 교수는 실증적 검증가설로서의 효율적 시장가설을 관련되는 정보의 범위에 따라 3가지 가설로 구분하고 있다.[3] 이 세 가지 가설은 서로 배타적인 것이 아니며, 관련되는 정보의 범위에 따라서만 차이를 갖는 개념이다. Stephen Ross는 다른 관점에서의 테스트를 제시한다. 즉, '그 어떤 차익거래도 불가능하다'면 시장은 효율적이라는 것이다. Fama의 정의는 가격에 모든 정보가 완전히 반영되어 있다는 것을 요구하고, Stephen Ross의 정의는 가격에 반영되지 않은 정보를 찾아 차익거래를 하려 해도 초과수익을 얻을 수 없다는 것을 요구한다.

이러한 이론에 대해서 수많은 오해를 흔히 볼 수 있다.

먼저 이론의 검증방식에 관한 Fama 교수의 weak form test는 과거 가격의 정보가 현재의 가격에 완전히 반영되어 있지 않다는 것을, semi-strong form test는 공식적으로 이용가능한 정보가 현재의 가격에 충분히 반영되어 있지 않다는 것을, strong form test는 내부자 정보를 포함, 그 어떠한 정보일지라도 현재의 가격에 완전히 반영되어 있지 않다는 것을 검증하고자 하는 것이다(귀무가설).[4][5] 위 세 가지 형태의 기원은 오로지 서로 다른 세 가

---

3) 엄밀히 말하자면, 3종류의 정보 세트(set)에 대하여 weak test, semi-strong test, strong test라고 명명하였다.

① 약형 EMH(weak-form EMH): 자본시장의 자산가격은 "역사적 정보(과거정보)"를 충분히 반영하고 있어서 어떤 투자자라 할지라도 가격이나 거래량에 관한 역사적 정보를 이용하여 비정상적인 성과를 얻을 수 없는 시장을 약형 시장의 효율성이 달성된 시장이라 정의한다. 이에 의하면, 어떤 투자자라도 가격이나 수익의 역사적 정보에 기초한 거래에 의하여 초과수익을 얻을 수 없다

② 준강형 EMH(semi strong-form EMH): 자본시장의 자산가격은 "공표된 정보"를 충분히 반영하고 있어서 어떤 투자자라 할지라도 공표된 정보를 이용하여 비정상적인 성과를 얻을 수 없는 시장을 준강형 시장의 효율성이 달성된 시장이라 정의한다. 이에 의하면 어떤 투자자라도 공식적으로 이용 가능한 정보를 기초로 한 거래에 의하여 초과수익을 얻을 수 없다. 공식적으로 이용가능한 정보란 과거의 주가자료, 기업의 보고된 회계자료, 증권관계기관의 투자자료와 공시자료 등을 들 수 있다.

③ 강형 EMH(strong-form EMH): 자본시장의 자산가격은 "모든 이용 가능한 정보"를 충분히 반영하고 있어서 어떤 투자자라 할지라도 모든 이용 가능한 정보(내부자정보 포함)를 이용하여 비정상적 성과를 얻을 수 없는 시장을 강형 시장의 효율성이 달성된 시장이라 정의한다. 이에 의하면, 어떤 투자자라 할지라도 모든 이용가능한 정보-공식적으로 이용가능하든 그렇지 않든(내부정보이든)-를 사용함으로써 초과수익을 실현할 수 없다.

지 종류의 정보 세트(set)에 의하여 구별될 뿐이다.[6]

가장 먼저 꼽자면 비현실적인 가정을 토대로 하고 있으므로 틀렸다는 식의 언급이다. 전형적인 EMH 가설의 가정은 공매도에 제한이 없고, 거래 비용이나 세금이 존재하지 않으며, 정보획득에 비용이 들지 않는다는 등을 들 수 있다. 물론 이러한 가정은 비현실적이다. 그러나 이와 같은 가정은 EMH의 충분조건이지 필요조건이 아니다. 논리적으로 볼 때 가정 중 전부 또는 일부를 부정한다고 하여 가설 자체가 부정되는 것은 아니다.[7]

또한 예외적인 현상이 나타나면 그 자체가 EMH 이론이 부정되는 것으로 귀결된다는 오해도 있으나, 그 방법론적인 출발에서 명확하듯이, 이른바 "귀무가설"(null hypothesis)로서, 창시자들조차도 그것이 실제 현실에서 어

---

4) null hypothesis, 실제로 우리가 원하는 결과가 "법정에서 모니터를 활용하는 것은 효과적이다" 라는 결과를 원한다고 가정하자. 표본을 추출하여 이를 검증하려면, 먼저 두개의 표본을 추출해서 각각 모니터를 활용한 것과 활용하지 않은 재판을 실시하고 양과 질적인 측면에서 평균을 측정한 후에 이를 통해 검증을 해야만 할 것이다. 그런데 이때, 이 둘의 평균의 차이가 얼마나 떨어져 있어야 모니터를 사용한 것이 효과적이라고 할 것인지에 대한 결정은 상당히 어려운 부분이다. 그래서 여기서 귀무가설을 세운다. "법정에서 모니터를 활용하는 것은 효과적이지 않다"라고 가설을 세우고 이를 기각함으로써 "재판에서 모니터를 활용하는 것은 효과적이다"라고 까지는 얘기할 순 없지만 간접적으로나마 "재판에서 모니터를 활용하는 것이 효과가 없다고는 할 수 없다"라는 정도의 결론을 도출하는 것이라고 비유할 수 있다.

5) weak form test는 수익률의 시계열분석에 의하여, semi-strong form test는 여러 자산 간의 비교 (cross-sectional)에 의한 분석이 이루어진다(CAPM). 정보의 제약 때문에 strong form test는 거의 이루어지지 않는다.

6) 가장 널리 퍼진 오해는 시장의 효율성에는 세 가지 "정의(definitions)"가 있다는 관념이다. 사실 Fama 교수가 사용한 용어는 단일한 이론적 정의에 관한 세 가지 실증적 테스트라는 의미였을 뿐이다. 또 다른 오해는 EMH가 가격의 예측불가능성을 의미한다고 보는 관점이다. 가격은 그러나 적어도 부분적으로는 장래의 현금흐름(배당)에 따라 예측이 어느 정도 가능할 것이다. EMH는 실제로는 기대수익률(expected rates of return)에 관한 가설이다.

7) 필요조건과 충분조건을 구별할 필요가 있다. A가 B의 필요조건이라면 B는 A 없이는 존재할 수 없다는 것을 의미한다. A가 B의 충분조건이라면 A의 존재는 B의 존재를 확증한다. 만일 A가 B의 충분조건이라면 B는 A의 필요조건이 된다. A가 B의 필요충분조건이라면 A의 존재는 B의 존재를, A의 부존재는 B의 부존재를 확증한다. 경제이론에서 가정(assumption)은 대부분 충분조건들이지 필요조건이 아니다(어떠한 특정의 결과를 가져오기 위한 조건들을 탐색한다). 요컨대 충분조건 중의 하나를 부정한다고 하여 이론 자체를 부정할 수는 없다. Fama 자신도, "자본시장 효율성의 충분조건을 설정하는 것은 쉽다. … 다행히도 그것들은 필요조건이 충분조건들이다."라고 하였다.: "It is easy to determine sufficient conditions for capital market efficiency … Fortunately, these conditions are sufficient for market efficiency, but not necessary".

느 순간에나 글자 그대로 적용된다고 기대하거나 예측한 바 없다. 오히려 그 반대라고 할 수 있다.

「완전한 효율성은 실제로 유지될 수 없는 비현실적인 기준이다. 이론 자체에 의하더라도 정보의 수집 가공에 비용이 소요된다면 비정상 수익률이 존재할 것이다. 이러한 수익률은 정보 수집·가공에 대한 보상에 필요한 것이며, 적절히 설명될 수 있다면 더 이상 '비정상적'인 것이라고 볼 수도 없다. (다만) 유동성이 풍부한 큰 시장에서는 정보비용은 작은 규모의 비정상 수익만을 정당화할 수 있을 것이다. 그렇지만 비용이 정확하게 계산된다 하더라도 그것이 얼마나 작을지 이야기하기는 어렵다. 자기들의 엔진이 완전한 효율성을 갖고 있는지 굳이 테스트할 엔지니어들은 거의 없을 것이다. 그러한 엔진은 오로지 마찰력이 없는 상상의 세계에서만 존재하기 때문이다. 오히려 엔진의 상대적인 효율성(마찰력 없는 이상적 상태와 비교할 때)을 측정하는 것이 보편적인 현상일 것이다. 시장의 효율성이라는 것도 경제적으로 현실화될 수 없는 이상화(理想化)에 불과하나, 상대적 효율성을 측정하기 위한 유용한 기준점(benchmark)으로 봉사하는 것이다」[8)]

EMH, 그리고 뒤에서 보는 CAPM(자산가격결정모델)은 1960년대에 발원하여 80년대까지 판례·학설은 물론 각종 규제의 입법화에 이르기까지 심대한 영향을 미쳤다. 대체로, 미국은 물론 각국의 증권 관련 법규들은 대부분 준강형 EMH를 가정하고, 규제하고, 보호하고자 한다. EMH 없이 증권 관련법규나 판례를 제대로 이해할 수는 없다.

---

8) theory … abnormal returns will exist if there are costs of gathering and processing information. These returns are necessary to compensate investors for their information-gathering and information-processing expenses, and are no longer abnormal when these expenses are properly accounted for. In a large and liquid market, information costs are likely to justify only small abnormal returns, but it is difficult to say how small, even if such costs could be measured precisely … Few engineers would ever consider performing a statistical test to determine whether or not a given engine is perfectly efficient--such an engine exists only in the idealized frictionless world of the imagination. But measuring relative efficiency--relative to the frictionless ideal--is commonplace. Indeed, we have come to expect such measurements for many household products air conditioners, hot water heaters, refrigerators, *202 etc. Similarly, market efficiency is an idealization that is economically unrealizable, but that serves as a useful benchmark for measuring relative efficiency.

## 2. 이에 대한 反論

처음에는 Fama 교수의 초기 연구가 뉴욕 증권거래소에 상장된 거대 회사 주식에는 적용될 여지가 있으나, 거래량이 적은 소형주에는 적용되기 어렵다는 반론 정도에 불과하였으나, 최근에는 컴퓨터를 이용한 방대한 데이터 분석에 기반한 근본적인 분석이 나타났다. 그중 대표적인 것은 다음과 같다. 대체로 투자자들의 행동 분석에서 출발한다(behavioral finance theory).

예일대의 로버트 쉴러 교수가 제안한 잡음이론(noize theory)은 대부분의 투자자들(직업적 투자자 포함)은 잠재적 투자에 관한 방대한 규모의 정보를 처리분석할 힘도, 시간도, 전문성도 없고 유행과 변덕이 회사에 대한 정확한 정보보다 더욱 큰 영향력을 미친다고 분석한다(따라서 효율성보다는 잡음이 그 필연적 결과라는 것). Andrei Shleifer와 Lawrence Summers(재무장관 역임)는, 효율적 시장가설이 가정하는 효율적인 극히 일부의 투자자들이 일반 대중투자자들의 무지를 이용하여 이익을 올릴 수 있겠지만, 그들조차도 대중들의 군중심리에 의하여 움직이는 주가변동에 취약할 수밖에 없어 때때로 비이성적으로 행동할 수밖에 없고, 이는 다시 시장의 비효율성을 증폭시킨다고 주장한 바 있다.

효율적 시장가설 혹은 CAPM에 의한 자산가격 결정이론의 검증은, 결국 효율적인 시장에 의하여 결정된 가격이 정당한 가격(Fair Price)인지 여부를 검증함으로써 정당성을 인정받을 수 있을 것인데, 기본가치를 검증할 수단이 없는 이상 비교할 정당한 가격 자체가 없다는 지적도 있다.[9]

결국, 1980년대 초반까지는, 효율적 시장 가설이나 CAPM 그 자체에 대하여 반대하는 견해는 거의 찾아볼 수 없을 정도로 압도적이었으나,[10] 2000

---

9) 이 점은 Fama 교수도 시인하는 바로서 근본적인 문제점은 효율적 시장가설에 의한 자산가격 결정모델이 이른바 "결합가설(joint hypothesis)"이라는 데에서 기인하는 것이다.: Alon Brav, J. B. Heaton "MARKET INDETERMINACY", Journal of Corporation Law Summer 2003 Symposium 526면.: 이 논문은 시장이 효율적인지 검증할 수 있는 능력의 결여를 "Market Indeterminancy"라고 지칭하며 그에 따라 효율적 시장가설의 무능력을 논증하고 있다.

10) 앞서 본 "이상현상"이라는 용어 자체가 효율성에서 벗어난 것이 이례적·예외적이라는 시각을 반영하는 것이다. 통계적·실증적 연구결과는 계속해서 효율적 시장가설에 대한 의문을 제기하고 있었지만, 이러한 예외가 바로 금융시장의 원칙이라는 시각은 경제법과 증권법 영역에서는 찾아보기 어려웠다. 당시 한 학자는 "효율적 시장가설이 오늘날 주식가

년대 들어서자 학자들의 컨센서스는 상당히 회의적인 측면이 부각된다. 즉, "놀라운 일도 아니지만, 압도적인 실증적 연구결과는 자본시장이 근본적으로 효율적이지 못하다는 점을 시사한다. 사실상, 개별주식이든 주식시장 전체로서든, 가격의 변동은 회사의 fundamental한 정보의 발표와 무관한 것이 더 많은 것으로 보인다"[11]는 것으로 요약된다.

2001년 이후 노벨 경제학상은 모두 시장의 실패 원인을 규명하고 나름대로의 해결책을 제시한 학자들에게 수여되었다.[12] 시장의 정보비대칭성을 체계화한 Joseph E. Stiglitz 등(2001년 노벨경제학상),[13] 행태주의 금융이론을 개척한 Vernon Lomax Smith(2002년 노벨경제학상),[14] 금융시장이 비정상적으로 급등락하는 현상을 계량경제학적으로 분석하는 방법을 개척한 로버트 앵글(2003년) 등 일관하여 정보 비대칭성과 시장의 실패를 규명한 학자들이 선정되었고 2007년 수상자들 역시 게임이론에서 출발하여 정보비대칭의 불완전 시장에서 게임을 어떻게 디자인하면 가장 좋은 결과를 얻을 수 있을 것인가를 규명한 메카니즘 디자인의 개척자들인 Eric Stark Maskin 등에게 돌아갔다.

다만, 법학 특히 우리나라의 법학에서는 그러한 변화가 거의 혹은 충분히 반영되지 못하고 있는 상황인 것으로 보인다.

## Ⅱ. 效率的 市場理論과 時勢操縱行爲

### 1. 爭點과 關聯 判例

앞서 본 바와 같이, 효율적인 시장이라는 가설은 아무리 발달되고 유동

---

격 결정 행태를 정확히 반영하는 점에 리서쳐들의 견해가 일치한다"고까지 단언할 수 있었다.: Geoffrey Christopher Rapp, "PROVING MARKETS INEFFICIENT: THE VARIABILITY OF FEDERAL COURT DECISIONS ON MARKET EFFICIENCY IN CAMMER V. BLOOM AND ITS PROGENY", University of Miami Business Law Review, Spring, 2002 323면.

11) Geoffrey Christopher Rapp, op. cit., 323, 324면, 각주 154 참조.

12) 이는 결국 시장의 효율성을 전제로 구축된 미국의 증권관련 법규를 포함하여 대부분의 입법 및 개정에도 영향을 미칠 것임을 시사한다. 1970~1980년대와 반대의 상황이다.

13) 효율적 시장가설과는 달리, 시장은 정보의 비대칭성 때문에 실패한다.

14) 시장참여자들이 합리적이고 이성적이라는 가정을 비판하면서 인간은 합리적이기도 하지만 직관에 의존하여 행동하기 때문에 시장은 합리적으로 움직이기 어렵다.

성이 충분한 시장(종목)일지라도 글자 그대로 실시간으로 적용될 것을 기대할 수는 없다. 그렇다고 주장한다면, Fama 교수 자신이 포기한 것을 입증하려고 시도하는 셈이다. 입증에 성공한다면 가장 놀랄 사람은 아마도 Fama 교수일 것이다.

그런데, 흔히 주가조작에 관한 형사사건에서는 효율적인 시장이므로 주가조작은 불가능하다는 것이 항소이유로 주장되곤 한다. 대부분의 피고인들이 증권업계에 종사하는 전문가들이라는 점을 감안할 때 이 역시 놀라운 현상이 아닐 수 없다. 따라서 대부분의 주가조작 사건에 관한 한 간단히 배척되고 마는 것이 현실이고 또한 당연하다. 그런데 이 점에 관해서 상세하게 설시한 대법원 판례가 있으므로 소개할 가치가 있다.[15]

이른바 허수주문이 문제된 국채선물가격 시세조종 사건이다. 위 사건에 적용된 선물거래법 제31조[16] 제1항의 금지조항(구성요건)은 증권거래법과

---

15) 대법원 2008. 12. 11. 선고 2006도2718 판결.

16) 제31조 (시세조종등 불공정행위의 금지) ① 누구든지 선물거래에 관하여 다음 각호의 행위를 하여서는 아니된다.

1. 자기가 행하는 선물거래를 청약하는 시기에 그와 동일한 가격 또는 약정수치로 당해 선물거래를 성립시킬 수 있는 청약을 타인이 할 것을 사전에 통정하여 당해 선물거래를 청약하는 행위
2. 거래에 있어서 그 권리의 이전을 목적으로 하지 아니하는 가장된 거래를 하는 행위
3. 제1호 또는 제2호의 행위를 위탁하거나 수탁하는 행위
4. <u>단독 또는 타인과 공동으로 선물거래를 유인할 목적으로 당해 선물거래가 성황을 이루고 있는 것으로 오인하게 하거나 선물거래의 시세를 고정 또는 변동시키는 거래행위</u>
5. 선물거래를 유인할 목적으로 당해 선물거래의 시세가 자기 또는 타인의 시장조작에 의하여 변동한다는 뜻을 유포하는 행위

5의2. 선물거래에서 자신이 부당한 이익을 얻거나 제3자로 하여금 부당한 이익을 얻게 할 목적으로 단독 또는 타인과 공동으로 선물거래 대상품목의 시세를 고정 또는 변동시키는 행위

5의3. 고의로 거짓의 시세 또는 거짓의 사실, 그 밖의 풍설을 유포하거나 위계를 쓰는 행위

5의4. 투자자의 합리적인 투자판단에 영향을 미칠 수 있는 중요한 사항에 관하여 거짓의 표시를 하거나 필요한 사실의 표시가 누락된 문서를 이용하여 금전, 그 밖의 재산상의 이익을 얻고자 하는 행위

6. 기타 공정한 선물거래를 해하는 것으로서 대통령령이 정하는 행위

② 제1항의 규정에 위반한 자는 그 위반행위로 인하여 형성된 가격에 의하여 선물시장에서 당해 선물거래를 하거나 위탁 또는 수탁을 한 자가 그 선물거래 및 위탁 또는 수탁과 관련하여 입은 손해를 배상할 책임을 진다.

③ 제2항의 규정에 의한 배상의 청구권은 제1항의 규정을 위반한 행위가 있었던 사실을 안 때부터 1년, 그 행위가 있었던 때부터 3년간 이를 행사하지 아니한 경우에는 시효로

거의 차이가 없다. 그중 성황오인거래 및 변동거래에 관한 구성요건 즉 '단독 또는 타인과 공동으로 선물거래를 유인할 목적으로 당해 선물거래가 성황을 이루고 있는 것으로 오인하게 하거나 선물거래의 시세를 고정 또는 변동시키는 거래행위'는 막연하고 모호한 개념이라는 점을 부인할 수 없다. 조문만 들여다 보아서는 특정한 행위가 가벌성 있는 행위라는 점을 알 수가 없는 것이다.

따라서 허수주문도 시세조종행위에 포섭시킬 수 있는가라는 근본적인 질문이 제기될 수 있다. 특히 단기간 내의 주문 및 그 취소는 유동성이 풍부하고 규격화된 상품시장, 특히 거래비용이 극단적으로 낮고 변동성과 레버리지 효과가 큰 선물시장에서는 빈번하게 발생하는 문제이다. 섣부른 규제나 처벌은 거래의 자연스러운 흐름을 왜곡할 우려가 지극히 크다고 보아야 할 것이다.

우리 법규의 원조라고 할 수 있는 미국의 증권거래법 규정을 보면[17] 우

---

인하여 소멸한다.

17) US Securities Exchange Act of 1934, Section 9(Prohibition Against Manipulation of Security(Prices)

a. It shall be unlawful for any person, directly or indirectly, by the use of the mails or any means or instrumentality of interstate commerce, or of any facility of any national securities exchange, or for any member of a national securities exchange.

1. For the purpose of creating a false or misleading appearance of active trading in any security registered on a national securities exchange, or a false or misleading appearance with respect to the market for any such security,

A. to effect any transaction in such security which involves no change in the beneficial ownership thereof, or

B. to enter an order or orders for the purchase of such security with the knowledge that an order or orders of substantially the same size, at substantially the same time, and at substantially the same price, for the sale of any such security, han been or will be entered by or for the same or different parties, or

C. to enter any order or orders for the sale of any such security with the knowledge that an order or orders of substantially the same size, at substantially the same time, and at substantially the same price, for the purchase of such security, han been or will be entered by or for the same or different parties.

2. To effect, alone or with one or more other persons, a series of transactions in any security registered on a national securities exchange creating actual or apparent active trading in such security, or raising or depressing the price of such security, for the purpose of inducing the purchase or sale of such security by others.

6. To effect either alone or with one or more other persons any series of transactions for the purchase and/or sale of any security registered on a national securities exchange

리와 지극히 유사한 조항을 두고 있음을 알 수 있다. 여기서 일련의 매매거래를 실행하는 것(To effect … a series of transactions)의 의미를 어떻게 해석할 것인지가 문제일 것이다. SEC는 초창기부터 여기서의 "거래(transactions)"를 "매도나 매수(purchase or sales)"의 의미보다 넓은 의미라는 입장을 견지하여 왔다.[18] SEC가 논거로 든 것은, 예를 들어 경매시장에서 주문(호가, bid)을 내는 것만으로도, 비록 그것이 체결되지는 않았다 할지라도, 결과적으로 통상의 경우 다른 입찰자로 하여금 호가를 높이도록 하기 마련이어서, 실제로 체결된 경우 못지않게 가격에 효과적인 영향을 미칠 수 있다는 것이었다. 연역적 · 귀납적 추론이라기보다는 상식에 근거한 유추(Analogie)에 의존한 해석론인데,[19] 생각건대 시장의 효율성에 관한 이론이 전개된 이후에 판단되었다면 다른 각도에서 논거를 찾았을 것이다.

## 2. 우리나라 國債先物市場의 效率性

피고인들이 국채시장의 효율성을 정면으로 상고이유로 삼았으므로 보다 근본적으로는 시장의 속성도 검토할 필요가 있을 것이다. 우리나라에서 거래되는 금리선물 중 가장 거래가 활발한 상품은 3년 만기 국채선물이다.[20] 기초자산인 국고채는 실로 다양한 만기와 표면이자율로 발행되나, 다양한 표면이자율 가운데 8%, 3개월 단위 이자지급방식의 3년 만기 국고채권을 기초자산으로 하고 있었다.[21] 기관투자자의 경우 주식현물시장에서는 장

---

for the purpose of pegging, fixing, or stabilizing the price of such security in contravention of such rules and regulations as the Commission may prescribe as necessary or appropriate in the public interest or for the protection of investors.

18) In re Kidder, Peabody & Co., 18 S.E.C. 559, 569 (1945).: 사전적 의미(dictionary definitions), 입법 경위(legislative history), 조리, 논리칙 및 정책적 의미 등에 의거하여 이와 같은 결론을 도출하였다.

19) Lewis D. Lowenfels, "Section9(a) (1) and 9(a)(2) of the Securities Exchange Act of 1934: An Analysis of Two Important Anti-Manipulative Provisions under the Federal Securities Laws". 85 Nw.U.L.Rev.698, 708, 709면 Louis Loss, "Fundamentals of Securities Regulation", 992면.

20) 김성우, 「선물거래와 옵션거래」 제2판, 138면.

21) 그러나, 이러한 국고채권은 실제로는 존재하지 않기 때문에 이러한 가상채권의 가격을 결정하기 위하여 매 3개월 간격으로 국채선물종목이 상장될 때마다 특정 조건을 충족시키는 현물국채 basket을 지정하여 그 가격을 실물가격 산정의 기초로 삼게 된다. 동시에 상

기적 추세에 관심이 많으나, 선물시장의 경우 현·선물 연계거래와 대량거래를 수반할 수밖에 없고, 변동성에 지극히 민감한 속성을 가진다. 우리 국채선물시장은 고도로 경쟁적일 뿐 아니라 상당히 효율적인 시장이라고 단언할 수 있다. 우선 기초자산인 Basket을 구성하는 국고채 시장 자체가 시장참여자도 무수히 많고 거래량과 유통물량도 많은 고도로 경쟁적인 시장이고, 진입과 이탈이 비교적 자유로우며,[22] 헤징 목적의 투자자와 투기목적의 투자자가 공존하며, 자본과 정보가 충분한 전문 투자자 및 차익거래를 노리는 다수의 투자자가 있어 선물시장의 유동성과 효율성을 담보하기 때문이다. 2002년 당시 국채선물시장이 효율적 시장이라는 실증적 연구결과도 있다.[23] 시장의 효율성 때문에 특정 거래자가 상당 기간 시세를 변동시켜 이를 유지하는 것은 쉽게 상정하기 어려운 것은 사실이다. 시세조종을 인정하더라도 일종의 경계선에 놓인 사건임은 틀림없다. 이는 시장의 주로 속성에 기인하는 것이다(대부분의 시도를 불능범으로 만들어 버린다).

피고인들의 주장은 어떤 각도에서 분석되고 판단되어야 할 것인가.

### 3. 效率的 市場의 實現 메커니즘

증권거래법규는 준강형의 효율적 시장을 지향하고 또 규제하는 것을 이상으로 삼고 있다. 특정한 행위를 규제하고 또 처벌하는 것은 준강형 효율적

---

장되어 있기는 하나(각 6개월간 거래됨) 근월물(만기까지 3개월 이하)과 원월물(만기까지 3~6개월)은 서로 다른 basket을 기초자산으로 한다고 말할 수 있다. 이 사건 선물의 거래단위는 1억원이며 가격표시방법은 액면가 기준 100원 기준 표시방식임(백분율방식). 최소가격변동폭(tick size)은 0.01point, 최소 가격변동금액(tick value)은 10,000원이다.

22) 우리국채 선물시장의 시장참여자들 중 개인투자자는 10% 미만이다(거래량 기준) 나머지는 모두 기관투자자들이다. 1계약의 금액이 1억원으로서 규격화되어 일반 개인이 거래하기에는 부적절하다. 따라서 이 점에서 진입이 완전히 자유롭지는 못하지만 전문성을 갖춘 다수의 거래자가 존재한다는 점에서는 경쟁시장의 조건을 갖추고 있다.

23) 김주철, "국채선물시장의 효율성 분석"에 의하면 다음과 같이 분석하고 있다.
자산가격결정이론에 바탕을 둔 공적분 분석을 통해 국채선물시장의 효율성을 분석한 결과, 개장 후 1년간은 효율적이었다고 말할 수 없고 무위험차익거래의 기회가 존재하였다. 그러나 2000년 말부터는 효율성이 개선되기 시작하여 2001년 국채선물시장은 효율적 시장과 매우 근접한 상태로까지 발전되었다고 결론지을 수 있다. 가격의 추세가 존재한다는 가정하에 이루어지는 기술적 거래의 일종인 Channel rule을 통해서 시장 효율성을 분석한 결과도 선물시장에서 투기적인 투자자의 일관된 초과수익 달성이 어려운 것으로 나타났다. 일반적으로 시장의 규모가 커짐에 따라 효율성이 점차 증진되는 것으로 추측된다.

시장의 메커니즘을 어떤 식으로든 저해하는 바 크기 때문일 것이다. 허수주문 역시 일률적으로는 논할 수 없고 준강형 효율적 시장의 성립을 방해하는 것인지(그러한 의도를 가지고 하는 것인지)가 중요한 기준이 될 수 있을 것이다. EMH가 타당하다면, 도대체 어떠한 경로와 어떠한 메커니즘에 의하여 실현되는지 궁금하지 않을 수 없다. 그 메커니즘을 방해하는 행위라면 시세조종행위에 포섭시켜도 무방할 것이기 때문이다.

놀랍게도, EMH의 창시자들은 그러한 경로에 대하여 별다른 관심을 기울인 적이 없다. EMH 이론의 절정기에 등장한 한 논문이 이를 시도한 적이 있어 소개하고자 한다.[24]

연구의 계기는 이렇다. 당시까지 많은 실증적 연구가 미국 자본시장의 준강형 효율성을 뒷받침하고 있었는데, 자본시장은 정보의 취득·가공이 공짜라는 것과는 거리가 먼 상황인데도[25] 결과적으로는 마치 그런 것처럼 나타난다는 것이다. 왜 그럴까라는 의문에서 출발한다.[26] 먼저 정보를 특정 카테고리 또는 정보의 set로 나누어 고찰하는데, 시장 어떤 정보에는 효율적으로, 어떤 정보에는 비효율적으로 반응(지연된 반영)하는 것이 모순되는 것은 아니다. 어떤 정보이든 종국에는 가격에 반영될 것이다(즉, 해당 정보가 모든 시장 참여자들에게 새롭지도, 놀랍지도 않은 시장). 균형점은 새로운 정보가 추가될 때마다 옮겨가게 될 것이다. 문제는 얼마나 걸리는가일 것이다.[27] 상대적 효율성은 바로 정보가 얼마나 신속하게 가격에 반영되는지, 그 속도로 측정될 수 있다.

그리고 가장 넓은 의미에서의 정보는 알려진 사실에 관한 'hard infrmation(強情報)'와 예측과 평가에 관한 'soft information(弱情報)'로 나누어 분석할 필요가 있다. 이러한 이분법은 확정된 과거와 불확실한 미래라는 구분에 근

24) Ronald J. Gilson, Reinier H. Kraakman, 'THE MECHANISMS OF MARKET EFFICIENCY', Virginia Law Review May, 1984, 549aus 이하.

25) 수많은 애널리스트나 전문 트레이더를 고용한 증권회사가 지불하는 급료를 생각해 보면 너무나도 당연한 일이다.

26) 공개된 모든 정보가 즉시, 가격에 완전히 반영된다는 관념은 개개인의 투자자를 기준으로 보면 불가사의한 일이 아닐 수 없었기 때문이다.

27) 그런데, 전통적 이론은 정보의 종류에 따라 다른 측정의 기준치(상대적 효율성)에 대하여 제공해 주는 바가 없다.

거를 두고 있다. 주식을 거래하는 자는 과거의 정보에 의존할 뿐 아니라 장래에 일어날 사건에 대한 예측에도 의존할 수밖에 없기 때문이다. 어떤 하나의 중요한 정보(hard infrmation)를 취득하였을 때 거래자에게 직접적으로는 물론 간접적으로 주요 예측에도 영향을 주기 마련이다(결정적으로 의존하고 있던 hard infrmation이 변경됨에 따라 soft nformation도 변경된다). 이런 점에서 거래정보의 구조는 민주적이고 추가・누적적인 과정이라기보다는 전일적(holistic)이고 계층적(hierahical)인 것이라고 할 수 있다. 새로운 한 조각의 정보는 이전에 취득한 모든 정보의 전체 범위에 걸쳐 덧씌울 수도 있고, 투자자가 이미 갖고 있는 예측에 대한 미세조정 내지 확인의 역할을 할 수도 있다. 대부분의 정보는 불확실성을 갖고 있는데, 새로운 데이터가 추가될 때마다 기존의 정보를 보강하거나 변경함으로써 새로운 것으로 갱신될 것이다. 또 모든 정보는 장래의 일을 예측하는 데에 사용될 것이고 결과적으로 새로운 정보를 만들어 낸다.

모든 정보를 수집・가공하는 수퍼 트레이더(super trader)를 가정할 필요는 없다(시장에 나타난 결과는 그러하지만). 불확실성에 직면한 전형적인 투자자는 ① 적극적으로 정보를 수집하거나, ② 이미 보유한 정보의 활용, 즉 기존정보를 연구함으로써 그 정보가 의미하는 바에 대한 새로운 이해 혹은 다른 정보와의 관련성 등을 통해 기존의 가치 예측을 보강하거나 변경하거나, ③ 새로운 정보나 연구를 통해서 다른 사람으로부터 얻는 정보(시장에서 대부분의 정보는 직접 보고 들은 것이 아니라 전해 듣게 되 정보이다)의 '신빙성'을 높이거나 평가하고자 할 것이다.

앞서 본 개념들을 전제로, 시장 효율성의 메커니즘은 거래의 형태를 네 종류로 구분하여 고찰할 필요가 있다. 각 유형 중 어떤 메커니즘이 우세한지는 특정 정보가 얼마나 시장에 널리 퍼져 있는지, 해당 정보가 얼마나 널리 퍼져야 그 메커니즘을 촉발시키는지에 따라 달라진다.

#### (1) 모든 사람이 알게 되는 정보에 의한 거래 (universally informed trading)

가격이 마치 모든 시장 참여자가 해당 정보를 알고 있는 것처럼 움직이는 가장 단순한 효율성 메커니즘으로서 정보가 비용 없이, 그리고 동시에 전달된다. 예를 들어 대통령 선거 결과 FRB의 정책변화(대개 장 마감 후에 발표한다)를 들 수 있다. 이러한 메커니즘은 모든 과거의 정보(약형 EMH에서 가정하는바와 같다)와 상당량의 새로운 정보를 포괄한다. 이에 대하여 시장은 거의 완벽한 동적 효율성을 발휘한다.

#### (2) 전문적 정보에 의한 거래 (Professionally Informed Trading)

공개된 정보가 다 쉽게 이용 가능한 것은 아니다. 대부분의 의무적 공시정보, 예를 들어 회계에 관한 디테일한 수치 정보는 대부분의 투자자들이 즉각 활용하기에는 너무나 전문적인 내용이다. 그리고 어떤 사실이 공시되었다 하더라도 이를 이용해서 장래 현금흐름에 언제, 어떠한 규모로 어떤 영향을 미칠 것인가를 예측해 내는 것 역시 대부분의 투자자들에게는 어려운 일이다. 이런 전문적 속성의 정보는 아주 작은 그룹, 극단적으로는 단 한 사람만이 보유하는 상황도 있을 수 있다.

이러한 거래에서 가격에 반영되는 속도(상대적 효율성의 정도)는 해당 정보를 반영한 거래량에 달려 있다. 단 한 명의 거래자라도 지속적인 거래로 가격에 영향을 미칠 수 있다. 처음에는 완만하게 진행되다가 뒤에는 급속도로 반영되는 속성을 가질 것이다. 현대 주식시장의 지배적인 전문가그룹(펀드메니저, 중개인, 직업적 차익거래 투자자들)은 그 비중이 상당할 뿐 아니라 정보를 취득하고 평가하는 능력에 자신의 운명을 건 사람들이다. 완전한 의미에서는 아니라 할지라도 전문가 그룹들의 거래만으로 시장의 정보 흡수에 충분한 것으로 본다. 이런 정보의 취득에 비용이 드는 것이므로 초과수익을 기대할 것이나 실제로는 개별적인 거래주체들을 장기간 비교할 때 시장평균수익률을 대폭 상회하는 경우는 거의 찾아보기 어렵다. 그런 의미에서, 이런 종류의 정보 역시 준강형 EMH에서의 공표된 정보에 해당한다고 할 수 있고, 준강형 EMH를 대체로 설명해 준다고 생각된다.

#### (3) 추론된 정보에 의한 거래 (Derivatively Informed Trading)

내부자의 정보가 누설되어 침식되는 과정을 보면, 첫째, 직접적인 누설(이는 효율적으로 가격에 반영될 것이다), 둘째 거래분석(Trade Decoding), 셋째 가격분석(Price Decoding)을 들 수 있다. 거래분석(Trade Decoding)은 시장에서 이루어지는 거래를 탐지하여 정보를 추론해 내는 작업을 들 수 있다. Myron Scholes의 유명한 연구결과에 의하면 대규모의 블록세일(block sale)

은 그 자체만으로 본질적이고 영구적인 주가 변동을 초래한다고 한다. 거래 주체가 내부자나 대주주일 경우에 가장 현저할 것이고[28] 기관투자자나 뮤추얼 펀드일 경우에는 중간 규모일 것이고 개인인 경우에는 겨우 알아차릴 수 있을 정도가 될 것이다. 제약은 거래 주체를 간파하여야 가능하다는 점과 그들의 거래를 관찰하고 있어야 한다는 것인데, 뜻밖에도 많은 정보가 거래분석(Trade Decoding)에 의하여 간파되는 것을 볼 수 있다.[29] 가격분석(Price Decoding)은 거래 당사자를 알 필요가 없다는 점에서 보다 미묘한 작업이 된다. 내부자가 지속적으로 매집·매도할 때에는 대개 그 흔적을 남기기 때문이다. 시장에 떨어지는 정보에 역행하여 주가가 움직일 때에는 더더욱 뚜렷하게 나타날 것이다. 가격분석은 과거의 주가 움직임으로부터 어떠한 정보가 현재의 가격 움직임을 설명해 줄 수 있는지를 추론할 수도 있다.[30] 그러나, 가격분석은 이른바 잡음현상(noize theory) 때문에 심각하게 제약을 받는 것을 부인할 수 없다. 어쨌든, 추론된 정보에 의한 거래는 정말로 누설된 적이 없는 정보가 시장에 반영되는지를 설명해 줌과 동시에 그 본질적 한계도 동시에 보여주는 것이라고 할 수 있다.

#### (4) 정보가 주어지지 않는 거래 (Uninformed Trading)

앞서 본 세 가지 유형의 거래는 특정 핵심 거래정보가 가격에 반영되는 메커니즘을 잘 보여준다. 그러나, 앞서 가정한 바와 같이, 정보에는 예측과 전망이라는 soft information이 있고 이는 hard infrmation 못지 않게 거래에 결정적인 요소이다. 실제의 시장은 저마다 다른 믿음, 천차만별의 거래 기량과 예측능력을 갖춘 무수히 많은 참가자들이 관여하는 곳이다. 그런 점에서, 모든 사람이 알게 되는 정보에 의한 거래(universally informed trading)에서 조차도, 장래에 어떤 파급효과를 가져올지 예측하기란 실로 어려운 일이다. 이러한 요소에 기인하는 불확실성은 본질적으로 미래의 불확실성에서 기인

28) 대부분의 증권 관련 법규들은 내부자들의 거래를 공시하도록 강제하고 있다.

29) 전설적인 투자자인 피터 린치는 대주주가 매집하는 주식을 추격 매수하는 방식으로도 상당한 초과 이익을 얻었다고 한다. 그에 의하면 대주주는 다른 사업에 투자하거나 등등 다양한 이유로 해당 주식을 팔 수는 있지만, 주식을 사는 것은 다른 설명이 필요 없다는 것이다.

30) Tender Offer가 임박한 주가의 전형적인 모습도 상정할 수 있을 것이다.

한다. 마지막 네 번째 메커니즘은 개별 투자자들의 집합적인 예측(컨센서스)이 다소 장시간에 걸쳐 개개의 투자자들보다 훨씬 최적의 예측으로 귀결된다는 것이다. 이런 관점에서 보면, 가격은 개개의 시장 참여자들에게는 전혀 주어지지 않는 정보조차 반영될 수 있다는 것이다.

거래가 진행될수록 개개인의 편견은 소거·수정되고 가장 뛰어난 집합적 예측으로 수렴되어 가는 과정이다. 비체계적 편견은 다양화된 포트폴리오에서 비체계적인 위험이 소거되듯이 소거된다. Robert Verrechia는 이러한 유형의 거래에서 회귀분석과 같은 과정을 통해 형성되는 시장 전체의 집합적인 예측이 가치에 대한 최적의 예측으로 되는 모델을 설정한 바 있다. 다만 여기에는 세 가지 조건이 요구된다. 첫째, 시장 참여자들의 각각의 평가는 서로 독립적이어야 한다(다만, 이는 참으로 비현실적인 가정이다). 둘째, 각각의 평가는 모두 시장에 집결되어야 한다(그 결과 가장 삐뚤어진 편견을 가진 투자자가 다윈의 자연선택이론에 보듯이 가장 먼저 도태될 것이다). 셋째, 집합된(누적된) 평가는 완전한 정보를 가진 투자자의 최적의 가격 평가의 관점에서 볼 때 편파적이지 않아야 한다.

정보가 주어지지 않는 거래(Uninformed Trading)의 관점에서 보면, 앞서 본 세 가지 거래의 메커니즘은 컨센서스 가격에 관한 정보측면에서의 편견이 급작스럽게 해소되는 지름길(short-cut)을 의미한다. 앞서 본 세 가지 메커니즘의 관점에서 정보가 주어지지 않는 거래(Uninformed Trading)를 보면 이는 새로운 중요 거래정보의 출현 사이에 작동하는 틈새 메커니즘이라고 볼 수 있을 것이다. 정보가 주어지지 않는 거래(Uninformed Trading)의 메커니즘에는 해명되지 않은 부분이 많으며, 그 궁극적인 효율성의 한계를 설정하는 것은 이른바 가격 잡음현상일 것이다. 그럼에도 이 메커니즘은 EMH의 필수적인 요소를 구성하는 것으로서 일련의 자본시장 메커니즘을 완성하는 것으로 저자[31]들은 주장한다.

---

31) Ronald J. Gilson과 Reinier H. Kraakman.

## 4. 考慮할 要素

### (1) 허수주문에 의한 시세조종이 가능한 이유

[1111] 선물현재가

종목 161CC　KTB Futures 0812　그래프　조회

| 매도잔량 | 13:03:29 | 매수잔량 |
|---|---|---|
| 21 | 106.55 | |
| 104 | 106.54 | 균형가격 |
| 49 | 106.53 | 08:59:59 |
| 20 | 106.52 | 106.40 |
| 88 | 106.51 | |
| | 106.50 | 4 |
| | 106.49 | 155 |
| | 106.48 | 36 |
| | 106.47 | 153 |
| | 106.46 | 34 |
| 9,351 | -3,178 | 6,173 |

| 시간 | 체결가 | 전일비 | 체결량 | 누적거래량 | 미결제약정 |
|---|---|---|---|---|---|
| 13:03:27 | 106.50 | ▲ 0.13 | 15 | 58,200 | 159,048 |
| 13:03:18 | 106.50 | ▲ 0.13 | 6 | 58,185 | 159,041 |
| 13:03:13 | 106.50 | ▲ 0.13 | 2 | 58,179 | 159,041 |
| 13:03:12 | 106.50 | ▲ 0.13 | 5 | 58,177 | 159,041 |
| 13:03:08 | 106.50 | ▲ 0.13 | 20 | 58,172 | 159,038 |
| 13:03:07 | 106.50 | ▲ 0.13 | 10 | 58,152 | 159,038 |
| 13:03:06 | 106.50 | ▲ 0.13 | 10 | 58,142 | 159,038 |
| 13:03:05 | 106.50 | ▲ 0.13 | 8 | 58,132 | 159,038 |

| 현재가 | 106.50 ▲ 0.13 0.12% | 전일종가 | 106.37 83,147계약 | 상/하한 | 107.96 | 104.78 |
|---|---|---|---|---|---|---|
| 거래량 | 58,200 -24,947 | 현물가 | 106.62 ▲ 0.15 | 괴리치 | -0.18 | -0.17% |
| 미결제 | 159,048 1,620 | 이론가 | 106.68 | 이론/시장 Basis | 0.05 | -0.12 |
| 시/고/저 | 106.40 106.85 106.37 | 최고가 | 106.85 (08/10/08) | 최저가 | 104.74 (08/09/29) | 수익률 5.62% |

당시 거래 관여자들이 이용하던 트레이딩 시스템 프로그램의 인터페이스이다. 5단계까지 호가 잔량이 실시간으로 나타나도록 구성되어 있고 전체 매도잔량과 전체 매수잔량이 나타나 있음을 알 수 있다. 수요와 공급의 強度를 위 수치들을 이용하여 짐작할 수 있다. 역으로, 대량의 허수주문은 시장의 수요·공급에 관한 잘못된 정보를 시장 참여자들에게 제공하는 역할을 하게 된다. 모든 시장참여자에게 일상적으로 허수주문이 허용될 경우의 시장 상황 및 경제적 효과는 경매절차에서 입찰의 취소를 자유롭게 허용하는 것과 다를 바가 없다. 즉 수요·공급의 상황을 전혀 알 수 없게 된다. 그렇지만, 5호가 범위 밖의 주문량은 그 체결의사의 진정성에 의심이 가는 것이 사실이므로 이를 제외시켜 놓을 수는 있고(쉽게 시장을 속일 수 없다), 5호가까지는 가격의 급변동으로 순식간에 체결되는 경우도 잦으므로 쉽사리 허수주문을 할 수는 없다(주문자 자신도 상당한 위험부담을 안게 되므로 자체 억제요인이 분명 존재한다). 예를 들어 진정 체결의사가 있는 주문처럼 보이는 2~3호가 아래(위)에 허수주문을 내고 체결되기 전에 취소하려면 잠시도 변동상황을 간과해선 안 될 것이다.

이는 쉽게 시도할 수 없는 것인데, 바로 여기서 문제가 발생한다. 예를

들어 거래규모의 10~20%를 차지할 정도로 비중이 큰 손이라면 시도할 수도 있다는 것이다. 매도잔량과 매수잔량만 표시될 뿐 주문자에 관한 정보는 나타나지 않기 때문이다.[32] 이때 허수주문을 하는 사람과 나머지 사람 사이에는 정보의 격차가 분명 존재한다(정보의 불균형).

다른 사람들에게는 허수주문사실이 누설, 전파되지 아니한다는 점에서 Uninformed Trading에 해당하나, 본인들은 알고 있는 정보여서 시장의 수급에 관한 정보의 불균형이 분명 존재한다. 앞서 본 EMH의 메커니즘에 비추어 보면 Trade Decoding과 Price Decoding을 방해하는 것일 터이다. 대부분의 트레이더들이 점심시간에 샌드위치로 때우면서까지 모니터 앞을 뜨지 못하는 시장의 속성에 비추어 볼 때, 규모에 따라서는 상당한 잡음(Noize)을 초래하는 것이다.

### (2) 분 석

그런데, 왜 이런 시도를 하였을까? 역시 현·선물을 대량 운용하다가 금리가 예측했던 것과 반대방향으로 움직이자 무리수를 둔 것으로 보인다.[33] 이 사건에서 변동목적은 피고인들이 대부분 자백한 것으로 보이지만(항소하지 않았다고 한다), 변동 가능성에 대해서는 극력 다투었던 것으로 보인다. 판례는 다음과 같이 구성요건을 해석하여 적용하고 있다.

---

32) 예를 들어, 10명이 합쳐서 100계약을 주문한 것인지 1명이 100계약을 주문한 것인지 알 수 없다.

33) 투자 관여자는 단일펀드로는 업계 최대규모인 2조 5천 억 규모의 대형 펀드로 발돋움하게 하였고, 당시 올해의 펀드상까지 수상한 대규모 국채펀드였다. 보도 내용과 당시 금리 상황에 돌이켜 비추어 보면 금리상승을 예견하고 설계를 했는데 시장 상황은 정반대로 금리가 하락하여 어려웠는데 이를 해결하기 위해 무리수를 둘 수밖에 없었던 것으로 보인다. 즉 국채선물 거래를 늘리고 현물채권도 장기채로 가져갈 수밖에 없었으며, 설계 당시 주된 수익원으로 생각했던 금리스왑에서 스왑펀드의 수익이 악화되자 수익률을 제고하기 위하여 당일 투기거래를 과도하게 일으키는 과정에서 일부 거래는 시장을 일정방향으로 움직이기 위하여 대량의 허수주문을 제출한 것으로 추축된다. 공소장에 보면 2002. 6. 17.부터 9. 16.까지가 문제의 기간이다. 보도된 바에 따르면 2002. 6. 17.부터 9. 16.까지 기간 중 지표현물금리는 38bp하락하여 채권투자환경은 우호적이었으나 국채선물은 같은 기간 중 179틱 상승하여 헤지 트레킹 에러 76틱(= 179 - 38bp x 2.7선물듀레이션)가 발생하여 평가손실이 크게 발생하였다고 한다.

◎ 대법원 2003. 12. 12. 선고 2001도606 판결

(a) 증권거래법 제188조의4 제2항 소정의 '매매거래를 유인할 목적'이라 함은 인위적인 조작을 가하여 시세를 변동시킴에도 불구하고 투자자에게는 그 시세가 유가증권시장에서의 자연적인 수요·공급의 원칙에 의하여 형성된 것으로 오인시켜 유가증권의 매매거래에 끌어들이려는 목적을 말하는데, (b) 이러한 목적은 다른 목적과의 공존 여부나 어느 목적이 주된 것인지는 문제되지 아니하고, 그 목적에 대한 인식의 정도는 적극적 의욕이나 확정적 인식임을 요하지 아니하고 미필적 인식이 있으면 족하며, 투자자의 오해를 실제로 유발하였는지 여부나 타인에게 손해가 발생하였는지 여부 등도 문제가 되지 아니하고, (c) 이러한 목적은 당사자가 이를 자백하지 않더라도 그 유가증권의 성격과 발행된 유가증권의 총수, 매매거래의 동기와 태양(순차적 가격상승주문 또는 가장매매, 시장관여율의 정도, 지속적인 종가관여 등), 그 유가증권의 가격 및 거래량의 동향, 전후의 거래상황, 거래의 경제적 합리성 및 공정성 등의 간접사실을 종합적으로 고려하여 판단할 수 있다.

위 (a)는 정의명제로서 일본 최고재판소의 설시와 지극히 흡사한 것이다. 위 (b)는 주관적 요건으로서 유인목적의 성격(性格)·농담(濃淡)·손해와의 인과관계를 논한 것으로 경계선의 획정문제라 할 수 있다. 일반적인 목적범 구성요건에 관하여 초과주관적 요소인 "목적"을 상당히 완화시켜 해석하는 기존 대법원의 입장과 맥락을 같이 하는 것으로 보인다. 위 (c)는 판단요소 혹은 판단기준을 설시한 것으로서 일본 판례의 입장과 유사하다. 요컨대, 범죄성립의 결정적 징표를 "유인목적"에서 구하고 있으며 실제 시세의 변동 여부나 시장의 교란 여부 등 결과적인 측면은 부수적인 징표에 불과한 것으로 평가하고 있다. 구성요건에 해당하는 것으로 평가하기에는 충분해 보인다. 남은 문제는 시세조종이 가능한 것인가라는 문제와 그것이 과연 가벌성이 있는 유형인가라는 점인데, 앞서 본 논의 결과는 모두 긍정적이다.

### 5. 大法院의 判示

그에 관한 대법원의 판시는 어떠한지 대법원의 판결 원문을 그대로 인용하면 다음과 같다. 앞서 본 제반 논의들과 연관시켜 보면, 대법원의 표현(wording)이 어떠한 관점에서 EMH와 국채선물시장을 평가한 것인지 잘 드

러난다고 생각된다.

한편, 상고이유에서 지적하고 있는 바와 같이 국채선물시장이 고도로 경쟁적이고 효율적인 시장이며, 특정 거래자가 상당 기간 시세를 변동시켜 이를 유지하는 것, 즉 유가증권 시장의 일부 종목에서 볼 수 있는 것과 같은 전형적인 시세조종행위가 빈발한다는 것은 쉽게 상정하기 어렵다 할지라도,[34] 그러한 특성들이 실제 거래의 모든 측면에 걸쳐 모든 순간에 예외 없이 적용된다는 가정도 비현실적일 뿐 아니라,[35] 수요와 공급의 상황에 관한 잘못된 정보를 시장에 제공하거나 그에 관한 정보의 진실성 판단을 방해함으로써[36] 시세조종이 가능하다는 점도 간과할 수 없다.

구체적으로 보면, 선물시장과 현물시장의 전체 거래량 대비 거래 비중이 큰 당사자가, 그러한 지위를 이용하여 거래의 공백상태나 침체상태, 미묘한 균형상태 등을 틈타 순간적인 충격이나 거래상황에 관한 허위정보를 가함으로써 가격결정에 일시적으로 영향을 미치는 행위마저 불가능하다고 볼 수는 없고, 이러한 행위가 지속적으로 반복되는 경우라면 시세를 인위적으로 변동시킬 가능성이 있는 거래라고 하지 아니할 수 없다.[37]

기록상 공소외 1, 2에 대한 각 검찰진술조서의 각 진술기재 등 이 사건에서 원심이 제1심판결을 원용하여 들고 있는 증거들에 의하면, 피고인들이 속한 제일투자신탁운용 주식회사(현 상호 : 씨제이자산운용 주식회사)는 당시 국채선물시장에서 거래량 기준 1위의 투자 주체였고, 2002. 6. 19. 부터 9. 17. 까지 피고인들이 근월물인 KTB209(2002. 9.물) 거래에 동원한 계좌는 7개로서 위 기간 중 시장 전체 주문량의 12.6%, 체결량의 5.1%를 차지하였으며, 일지별로는 시장 주문량 대비 최대 32%를 차지할 정도로 시장에 큰 영향력을 행사한 점, 시장 참여자들에게는 현재가의 아래 위로 5단계 호가 범위 내의 매수 및 매도 주문 물량이 각 호가별로 공개되며 시장 참여자들이 사용

34) 앞서 본 우리나라 국채선물시장의 효율성에 관한 실증적 분석 자료를 반영한 듯하다.

35) EMH 창시자인 Fama 본인의 말이다.

36) 강형 효율적 시장에 대한 왜곡을 언급한 것으로 보인다.

37) 앞서 본 바와 같이, 전문적 정보에 의한 거래(Professionally Informed Trading)는 해당 정보에 의거한 거래량이 상대적 효율성, 즉 가격반영속도에 가장 결정적인 요소라고 할 수 있고, 단 한명의 시장참여자라도 지속적으로 해당 정보에 의하여 거래함으로써 가격에 변동을 초래할 수 있다.

하는 국채선물매매용 프로그램은 그 호가창에 위 정보가 실시간으로 현출되도록 구성되어 있는 점, 피고인들은 위 호가창에 나타나게 할 수 있는 5단계 호가 범위 내의 허수주문을 주로 시도하였는데, 해당 허수주문 수량이 시장에 공개되는 총 주문수량(5단계 호가)에서 차지하는 비율(5단계 호가 범위 내의 주문관여비율)이 20.1~71.7%에 이르고 있었으며, 피고인들의 주문 회수 대비 취소 비율이 평균 34.5%로 높게 나타났고, 그중에서도 특히 500계약 이상의 대량주문의 취소비율이 72.6~100%로 매우 높게 나타나고 있었던 점 등을 알 수 있다.

위와 같이 5단계까지 호가 잔량을 공개하는 이유는 수요와 공급 상황에 관한 정보를 시장 참여자 누구나 실시간으로 접할 수 있도록 하여 시장 참여자들의 가격결정에 도움을 주기 위한 것인바(모든 시장 참여자들이 허수주문을 일상적으로 함으로써 호가 잔량이 아무런 기능도 할 수 없다면 공개할 이유가 없을 것이다), 실제로 체결할 의사 없이 위 범위 내의 호가에 대량의 허수주문을 하였다가 체결 직전에 취소하는 행위를 반복하는 것은 수요와 공급 상황에 관하여 시장에 잘못된 정보를 제공하는 행위로 볼 수 있다.[38)]

다만, 시가로부터 5호가 범위 내의 주문은 시장 상황에 따라 얼마든지 순간적으로 체결될 가능성이 있는 것이어서, 비록 단기간 내에 취소할 의도였다 할지라도 대량의 허수주문을 하는 데에는 주문자 자신도 상당한 위험부담을 안게 되므로, 허수주문이 일부 체결되더라도 만회할 의사와 능력이 있는 극히 일부 투자자를 제외하고는 대다수 시장 참여자들에게 자체억제요인을 갖고 있다고 볼 여지도 있다(그리고 무엇보다 대부분의 시장 참여자들의 경우 그러한 주문행위를 체결 의사 없는 주문이라 단정하는 것도 곤란할 것이다).

그러나 다른 한편으로 보면, 이 사건에 있어서는 바로 그 점 때문에 시장 참여자들이 5호가 범위 내의 대량 주문을 단순한 허수주문으로 단정할 수 없는 요인이 될 여지가 있다고 보아야 할 것이고, 위와 같은 허수주문이 상당한 정도의 시장지배력과 정보력・자금력을 동시에 갖춘 투자 주체만 가능한 것이라면, 대부분의 경우 해당 주문이 허수주문인지 아닌지는 허수주문

38) Price Decoding을 어렵게 하는 것이고, 편견을 가진 주체(피고인들)의 거래 비중이 워낙 크므로 Uninformed Trading의 메커니즘은 기대할 수 없을 것이다.

을 한 해당 주체만 알 수 있고 나머지 대부분의 투자 주체들은 그것이 허수 주문인지 아닌지를 그때마다 판단하여 거래에 임할 수밖에 없다는 점에서 정보의 불균형도 존재한다고 보아야 할 것이다.

앞서 본 법리에 비추어 위와 같은 여러 사정들을 감안하여 보건대, 피고인들의 행위는 이 사건 국채선물거래가 성황을 이루고 있는 것으로 오인하게 하여 시세를 변동시킬 가능성이 큰 행위로 봄이 상당하고, 이와 달리 국채선물시장의 효율성으로 말미암아 허수주문으로 인한 시제조종행위 자체가 불가능하다는 취지의 상고이유 주장은 받아들이기 어렵다.

### 6. 小 結

위 판결은 EMH와 시세조종의 가능성에 관해서 구체적 판단 근거와 추론과정을 그대로 드러낸 선례로서 가치가 있다고 생각된다.

## Ⅲ. 效率的 市場理論과 虛僞公示로 인한 損害賠償請求

### 1. 問題의 提起

이제 앞서 본 논의를 바탕으로 미국 증권 관련 사건에서 가장 뜨거운 주제를 다루어 볼까 한다. 다름 아닌 시장에 대한 사기(Fraud on the Market)의 문제이다. 왜 문제가 되는지는 미국의 증권거래법 규정과 법제, 특히 집단소송(class-action)을 떠나서는 상정할 수 없다.[39] 우리나라는 허위공시 등

---

39) 별첨한 조문 모음 참조. Rule 10b-5 소송에 있어서 사기성의 존재를 만족시키는 요건으로서 법원에 의해 확립되어 온 것은 당해 정보의 중요성(materiality), 고의(scienter), 신뢰 또는 거래인과관계(reliance or transaction causation), 손해인과관계(loss causation) 및 손해배상(damages)의 존재이다. 신뢰라는 요건은 우리나라의 사기죄의 구성요건에서나 기망행위로 인한 취소 사건에서 공통적으로 요구되는 요건이다. 예컨대, 허위의 공시를 하여 손해를 보았다는 투자자가 Rule 10b-5 소송을 제기하려면 Common-Law상의 일반 원칙대로라면 해당 공시정보를 신뢰하였다는 점을 입증하여야 한다. 그러나, 대면거래와 달리 불특정 다수인간의 비대면적 거래가 특징인 증권사건에서 이런 개별적인 신뢰를 일일이 주장·입증하는 것은 지극히 어려운 일이다. 게다가 집단소송(class-action)을 하려면 총원의 범위(대상)을 특정하여야 하는 문제가 있는데, 일일이 거래인과관계를 요구한다면 집단소송은 큰 장애물에 직면하게 되는 것이다. 참고로 미국 증권 관련 손해배상의 구조는 발행시장과 유통시장을 엄격히 구분하고 있고, 요건상 신뢰의 요건 내지 거래인과관계가 요구되는 것은 Rule 10b-5에 근거한 후자이다.

으로 인한 책임에 관하여 사뭇 다른 조항을 두고 있어 적어도 증권거래법과 통합자본시장법상의 해석론상으로는 별다른 이슈가 될 여지가 적다.[40] 그럼에도 우리나라 학계에서도 가장 활발히 논의된 주제이기도 하니 불가사의한 일이지만, 미국 연방법원 판례가 시장에 대한 사기(Fraud on the Market)이론을 정면으로 채택한 것은 EMH의 가장 탁월한 성취였고 개개의 사안에서 이를 다룬 무수히 많은 판례들은 수많은 이코노미스트(Economist)들이 동원되어 어떤 종목의 주식에 EMH가 적용되는지 여부를 검증하고 판시해 왔으므로, 도대체 어떤 기준으로 EMH(특히 Semi-Strong EMH) 해당 여부를 판단해 왔는지를 일별할 수 있는 좋은 사례연구가 될 수 있기도 하다. 그리고 우리나라가 비록 조문과 판례는 미국과 현저히 다르나 법률이나 판례는 언제든 변경될 수 있는 것이고, 민법상 책임을 묻는 경우에는 불법행위의 일반원칙으로 돌아가게 되므로, 여전히 논의의 실익은 있다.[41] 그리고 허위공시의 문제가 아닌 시세조종으로 인한 책임을 묻는 경우에도 시장에 대한 사기이론은 대단히 큰 영향력을 미칠 수 있어, 결국 시장에 대한 사기이론 없이 증권관련 법령의 해석을 논할 수 없다.

### 2. Basic Inc. v. Levinson 事件

연방대법원은 Rule 10b-5 및 SEC규칙 10(b)에 기한 허위공시 등을 이유로 한 손해배상사건에서 시장에 대한 사기이론을 채택하였다. 그 이론에 의하면 원고 측은 개별적으로 신뢰요건을 입증할 필요가 없고, 단지 (해당 유가증권) 시장이 효율적이라는 사정만 입증하면 된다. 왜냐하면 효율적인 시장은 관련이 있는 모든 정보(허위공시 포함)를 흡수하여 반영하는 것이기 때문에 해당 주식의 시장가격을 신뢰하여 거래하였다는 사실만으로 신뢰의

40) 발행시장의 허위공시로 인한 손해배상책임을 규율하는 통합자본시장법 제125, 126조와 유통시장에서의 허위정보의 공시로 인한 책임을 규율하는 제162조는 기본적으로 동일한 내용이며(과거 증권거래법 시절에는 아예 조문을 준용하는 방식을 취하였다), "신뢰"를 요구하지 않고 있다. 후자, 즉 유통단계의 허위표시로 인한 손해배상책임 요건으로 신뢰를 요구하지 않는 것에 대하여는 비판적인 견해도 있으나, 이 역시 전적으로 미국 증권거래법의 조항을 근거로 하고 있다.

41) 단기 1년, 장기 3년의 제척기간(소멸시효)이 도과하면 민법상 책임을 물을 수밖에 없고 실제로도 대단히 많은 사건들이 일반 불법행위책임에 기하여 판단되어 왔다.

요건은 충족된다고 보는 것이다. 허위표시는 시장에 대한 사기이고 그 결과는 인위적으로 부풀려진 가격이며, 그 가격에 따라 주식을 매매한 자는 결국 속아서 매매한 것에 다름 아니다. 그렇게 본다면, 집단소송에서 각 개개인의 신뢰요건을 입증할 필요는 없어진다. 곧, 집단소송의 승패를 가름하는 쟁점이 시장의 효율성 여부의 판단이 되었다는 것을 의미한다(이에 대해서는 대법관 2명의 반대의견도 있었다. 기본적으로 법원은 런 전문적인 재정 경제학적 문제들을 적절히 판단할 인력도, 능력도 없는 것이고 자칫 큰 혼란을 초래할 염려가 있다는 것이 주된 지적인데, 이 역시 여전히 많은 학자들과 논평자들의 공감을 사고 있다).

시장사기이론에서 말하는 효율적 시장이란 다름 아닌 준강형 EMH를 의미한다. 약형 EMH에서는 과거 가격정보의 반영만을 검증하는 테스트이므로 적절치 않다. 반대로, 강형 EMH 역시 부적절하다. 왜냐하면, 강형 EMH는 내부자정보를 포함, 모든 정보가 완전히 반영되는지에 관한 가설인데, 허위표시라는 사정을 적어도 회사 이사진들이 알고 있는한, 시장은 공식적으로 표시된 정보가 아닌 내부정보를 흡수하여 가격에 반영할 것이므로 손해발생 자체가 성립될 여지가 없는 것이기 때문이다.

### 3. 美國 下級審 判例에 나타난 準强型 EMH의 判斷基準[42]

#### (1) 판단요소

Cammer v. Bloom 사건에서 제시된 요건들을 중심으로 그간 판례에 나타난 준강형 EMH의 판단기준은 다음과 같다. 다만 아래 요건 중 일부는 충족하고 다른 요건은 충족치 못하는 여러 사건에서 하급심의 판단은 지극히 혼란스러웠다는 비판을 받고 있다.

#### (가) 주간 거래되는 주식의 비율 혹은 거래량

법원은, 해당 주식의 거래량이 많다는 것은 상당수의 투자자들이 그 회

---

42) 이하의 설명은 Erin Birkam, 'EFFECTIVE EFFICIENCY ANALYSIS: REFORMING JUDICIAL DECISION MAKING ON MARKET EFFICIENCY IN FRAUD-ON-THE-MARKET SECURITIES LITIGATION', University of Toledo Law Review Fall 2007, 138면 이하를 참고하였다.

사에 이해관계를 갖고 있다는 것을 의미한다. 실증적 연구를 동원한 Cammer 사건과 그 이후의 판례에 의하면 해당 회사 발행 주식 총수의 1% 이상이 매주 거래된다면 상당한 정도로 추정할 수 있는 근거가 될 수 있다. 2% 이상이 매주 거래된다면, 상당히 강력한 추정을 할 수 있게 된다.

**(나) 애널리스트의 존재**

두 번째 요인은 해당 종목을 계속해서 분석하는(follow up) 애널리스트의 존재 여부이다. 애널리스트는 직업상 자신의 전시간을 해당 종목의 정보 수집과 가공, 분석, 공표(종목 추천, 목표가 제시 등)에 종사하고 투자자들이 애널리스트의 추천에 따라 매매할 경우 2차 정보(second-hand information)가 주식 가격에 반영되게 된다. Cammer 사건에서 15인의 애널리스트가 해당 종목에 관한 보고서를 class period 동안 제출한 경우 이 부분 효율성 요건을 충족한다고 보았다.

**(다) 전문 트레이더의 존재 (Market Makers or Arbitrageurs)**

세 번째 요인은 전문 트레이더의 존재이다. 비교적 단기간의 차익을 위하여 활발하게 매매하는 주식중개회사를 의미한다. 회사의 공시와 뉴스에 민감하게 반응하여 매매를 하기 때문이다. 학자들이 분석한 바에 의하면 10명 이상의 전문트레이더들이 해당 종목을 거래하고 있었다면 EMH 요건은 상당 정도로 추정된다. 5명 이상이면 약한 정도의 추정은 가능하다고 한다. 판례상 효율성 판단을 한 것은 11명에서 19명 사이라고 한다.

**(라) S-3 Registration Statement**

간략하고 따라서 S-1, S2 양식보다 덜 부담스러운 양식인 S-3 양식을 사용할 자격이 있는 회사를 의미한다. SEC는 시가 총액이 7,500만 불 이상인 회사로서 적어도 12개월 동안 소정의 보고서를 제출한 회사에 한하여 허용하고 있다. 많은 정보와 그에 관심을 가지는 많은 투자자가 있다는 것을 뒷받침하는 요건이라 할 수 있다.

**(마) 새로운 정보에 대한 가격의 반응 (Price Response to New Information)**

예기치 않은 회사에 관한 사건 또는 재무정보와 그에 대한 즉각적인 주가의 반응을 실증적 분석에 의하여 입증되는 경우이다.

여기까지가 Cammer 사건에서 다룬 요건이다. 판례에 따라서는 다른 요건이 추가되기도 한다. 그 구체적 내용은 다음과 같다.

**(바) 기관투자자의 존재** (Institutional Investors)

연기금, 신탁회사, 보험회사의 해당 종목 거래 사실. 기관투자자들이 대량으로 보유 · 거래하는 종목은 공식적으로 공표된 정보에 따라 매매되고 그 시장은 효율적일 가능성이 높다는 것이다.

**(사) 호가** (Bid-Ask Spread)

매수호가와 매도호가의 차이가 큰 주식보다는 적은 주식이 새로운 정보를 민감하게 반영할 개연성이 높다고 한다.

**(아) 시가총액** (Market Capitalization)

시가총액이 큰 종목일수록 많은 투자자를 유인하고 정보에 따라 매매된다.

**(자) 내부자 · 외부자 주식 보유비중** (Percentage of Stock Held by Insiders versus Outsiders)

내부자 비중이 크다는 것은 앞서 본 준강형 EMH가 적용될 가능성이 줄어드는 것을 의미할 수도 있다. 내부자들이 내부정보를 이용해 거래하는 경우 공식적으로 발표된 정보의 가격반응 정도를 측정하는 준강형 EMH test와 어긋날 수 있기 때문이다. Krogman v. Sterritt 사건에서는 53%의 주식을 내부자들이 보유하고 있었고 EMH는 부정된바 있고 그 비율이 23% 정도였던 Newby v. Enron Corp. 사건에서는 EMH가 인정되었다.

**(2) 새로운 기준 (In re PolyMedica Corp. Securities Litigation and In re Xcelera.com Securities Litigation)**

제1항소법원은 위 두 사건에서 새로운 기준을 시도하였다. 다른 모든 요건 중에서 정보가 얼마나 신속히 가격에 반영되는가라는 점이 가장 중요한 요건이라는 것이다. In re PolyMedica Corp. 사건에서는 EMH에 관한 여러 징표들이 제시되고 입증되었다. 예를 들어 해당 회사는 주당 거래량이 발행주식의 10%에 달하였고 23명의 애널리스트들이 그 회사를 분석하고 있었고, 283명의 전문트레이더들에 의하여 거래되었다. 시가총액도 상당히 큰 규모였다. 게다가 적어도 5회에 걸쳐 회사의 뉴스에 주가가 상당히 반응하였다는 점도 입증하였다. 그럼에도 피고측은 가격에 반응한 것은 맞지만 EMH를

입증할 정도로 그 반응이 신속하지 아니하였다고 다투었다. 법원은 EMH의 하에서 정보에 대한 신속한 가격반응(정확한 반응이 아니라)을 강조하였고, 그후 In re Xcelera.com 사건에서 가격의 반응이 EMH의 가장 중요한 요소라고 판시하였다.[43]

(3) 유의할 사항

일반 민사사건(common law)으로 책임을 묻는 데에 시장에 대한 사기이론이 적용된 사례는 전무하다.

## 4. 大法院 1997. 9. 12. 宣告 96다41991 判決 (한국강관 사건)

(1) 사실관계

피고회계법인은 외감법상의 감사인으로 1992년 4월 X주식회사와 외부감사계약을 체결하고 감사를 실시하였다. 그에 앞서 X주식회사는 총 손실이 약 500억 원에 이르게 되자 그러한 사실을 제대로 공시하면 자금조달이 어려워질 것을 우려한 나머지 재무제표를 분식처리하기로 하였다. 그리하여 X주식회사는 받을 어음을 과대계상(약 130억 원을 209억 원으로)하고 재고를 과대계상하는 등의 방법으로 1992년 18억여 원의 당기순손실이 발생하였음에도 19억여 원의 당기순이익이 발생한 것으로 재무제표를 작성하였다. 피고회계법인은 1993년 2월 4일부터 2월 14일까지 회계감사를 실시하고 적정의견이 표시된 허위의 감사보고서를 작성하였고, 소외회사는 위 감사보고서를 증권관리위원회와 증권거래소에 제출하여 공시하였다.

증권감독원은 감리대상회사로 선정하여 1993. 7. 12.부터 같은 해 11. 5.까지 그 감사보고서를 감리하였는데, 그와 같이 선정된 감리대상에 포함되어 있던 피고의 소외회사에 대한 위 감사보고서에 대한 감리실시 결과 위와 같은 분식결산사실과 불실감사사실을 밝히고 외부감사심의위원회의 심의를 거쳐 1993. 11. 5. 소외회사에 대하여는 그 경리담당 이사의 해임을 권고하고 감사인인 피고에 대하여는 경고를 하면서 소외회사에 대한 감사업무를 제한

43) 원고 측 분석가에 의하면 해당 종목은 그 회사와 관련 있는 뉴스에 대하여 하루에만도 36회나 가격반응을 보인 것으로 나타났다. 해당 회사에 국한된 정보뿐 아니라, 해당 업종 나아가 시장 전반에 관한 정보와의 관련성이 다루어졌다.

하였으며 담당회계사들에 대하여는 1년간 직무정지처분을 건의하는 조치를 취하는 한편, 이를 증권거래소에 통보하여 1993. 11. 6. 전장부터 같은 달 8. 전장까지 소외회사의 주식에 대한 매매거래정지를 하도록 조치하였다. 원고는 1993. 10. 22. 소외 한진투자증권 주식회사 불광동지점을 통하여 소외회사의 주식 1,000주를 주당 금 15,900원에, 위 매매거래정지기간이 막 지난 같은 해 11. 8. 또 1,000주를 주당 금 13,000원에 각 매수하였다가(매도주문은 위 매매거래정지 이전인 같은 해 11. 5. 이루어졌다) 같은해 11. 12. 그 중 100주를 주당 금 11,200원에 처분하였고, 나중에 위 회사가 부도난 후인 1995. 11. 16. 나머지 1900주를 주당 금 4,550원에 모두 매도하였다. 소외회사의 주식시세는 위 분식결산사실이 공표된 후에도 급락하지는 않았고 서서히 하락하다가 부도설이 나돌던 1993.말부터 급격히 하락하기 시작하여 소외회사가 부도처리된 1994. 1. 10.의 주식시세는 금 8,600원이었고 부도발표 후에는 금 2,620원(1995. 5. 20. 현재)까지 급락하였다.[44]

### (2) 판결의 요지

**(가)** 주식거래에 있어서 대상 기업의 재무상태는 주가를 형성하는 가장 중요한 요인 중의 하나이고, 대상 기업의 재무제표에 대한 외부감사인의 회계감사를 거쳐 작성된 감사보고서는 대상 기업의 정확한 재무상태를 드러내는 가장 객관적인 자료로서 일반투자자에게 제공·공표되어 그 주가 형성에 결정적인 영향을 미치는 것이므로,[45] 주식투자를 하는 일반투자가로서는 그 대상 기업의 재무상태를 가장 잘 나타내는 감사보고서가 정당하게 작성되어 공표된 것으로 믿고 주가가 당연히 그에 바탕을 두고 형성되었으리라는 생각 아래[46] 대상 기업의 주식을 거래한 것으로 보아야 한다.

**(나)** 주식을 매수한 원고가 소외 회사의 분식결산 및 피고의 부실감사로 인하여 입은 손해액은 위와 같은 분식결산 및 부실감사로 인하여 상실하게 된 주가 상당액이라고 봄이 상당하고, 이 사건의 경우 이와 같은 분식결산 및 부실감사로 인하여 상실하게 된 주가 상당액은 특별한 사정이 없는

---

44) 서울지방법원 1996. 8. 28. 선고 96나15298 판결.

45) 약형 EMH의 전형적인 명제이다.

46) 시장에 대한 사기이론의 핵심이다.

한 분식결산 및 부실감사가 밝혀져 거래가 정지되기 전에 정상적으로 형성된 주가와 분식결산 및 부실감사로 인한 거래정지가 해제되고 거래가 재개된 후 계속된 하종가를 벗어난 시점에 정상적으로 형성된 주가의 가격으로, 또는 그 이상의 가격으로 매도한 경우에는 그 매도가액과의 차액 상당이라고 볼 수 있다.

(3) 검 토

증권거래법상 책임은 제척기간 도과로 인해 각하되었고, 일반 민사상의 불법행위책임이 쟁점이 된 사건이다. 이 사건은 그 후에 이어진 수많은 사건들에서 선례가 되었고, 증권거래법도 아닌 일반 민사사건에서 위와 같은 판시(인과관계의 추정)가 적절한지를 둘러싸고 수많은 논문이 발표되었다. 발표자가 수많은 논평들을 소개하여 논박하거나 졸견을 더 보태어 혼란을 가중시킬 생각은 전혀 없으므로 간단히 언급하기로 한다.

위 판시가 결국 효율적 시장가설을 토대로 한 시장사기이론을 드러낸 것이라는 점을 최초로 간파한 분은 김건식 교수님이다.[47][48] 타당한 지적이라고 생각된다. 사실, 위 판례가 나올 때까지도 미국의 시장사기이론이나 효율적 시장가설 등이 국내에 충분히 소개된 상태라고 볼 수 없었다. 그럼에도 위와 같은 설시에 이른 점에서 상당히 선구적인 판결이라고 볼 수 있을 것이다. 다만 몇 가지 문제점을 지적하자면 다음과 같다.

첫째, 과연 당시 우리나라 전체 주식시장이 준강형 EMH test를 성공적으로 통과할 시장이었는가라는 근본적인 의문이다. 우리나라에서의 실증적

---

47) 김건식, "외부감시인(外部監査人)의 부실감사로 인한 損害賠償責任", 「商事判例研究 IV」, (2005), 253-254면.

48) 인과관계에 관하여 대법원이 제시한 논리는 바로 시장에 대한 사기이론과 적어도 외견상 상당히 유사하다. 그러나 다소 의문이 없는 것은 아니다. 시장에 대한 사기이론은 투자자가 부실표시(이 사건에서는 감사보고서)의 존재를 알았을 것을 요하지 않는다. 그러나 대법원은 「일반투자자로서는 … 감사보고서가 정당하게 작성되어 공표된 것으로 믿고 주가가 당연히 그에 바탕을 두고 형성되었으리라는 생각 아래 대상기업의 주식을 거래한 것으로 보아야 할 것이다」라고 판시하고 있다. 이 밑줄친 부분은 투자자가 감사보고서를 직접 보고 신뢰하지는 않더라도 적어도 그 결론 정도는 알고서 투자에 나설 것을 요구하는 취지로도 새길 여지가 있다. 그러나 대법원의 판시를 그렇게 해석해서는 원심의 견해와 별로 다를 바가 없을 것이다. 오히려 대법원이 밑줄친 부분보다는 주가에 대한 신뢰에 중점을 둔 것으로 이해하는 편이 보다 합리적인 해석이 아닐까? 그렇게 새긴다면 대법원의 논리는 시장에 대한 사기이론과 실질적으로 별 차이가 없게 될 것이다.

연구에서도 역시 우리 주식시장이 효율적이라고 할 수 없다는 징표가 검증되고 있다. 특히 이 사건 거래가 있었던 기간을 포함하는 1990년 1월에서 2002년 11월까지의 KOSPI200의 일별 거래가격을 대상으로 약형 효율적 시장가설이 타당한지를 시계열로 검증한 결과 역시 부정적으로 나타났던 것이다.49) 주요 재무정보에 관한 준강형 tset도 통과하지 못했을 가능성이 높아 보인다.

둘째, 앞서 미국 하급심의 종목별 EMH tset에서 본 바와 같은 기준에 비추어 볼 때 과연 한국강관이라는 종목이 정보효율적으로 거래되고 있었는가라는 의문이다. 판시를 보면 회계분식 사실이 발표된 직후 하한가를 여러 번 기록한 것으로 보인다. 그 점에서는 다소 거친 표현으로 효율성을 인정할 여지도 있겠다. 다만 그 이전에 사업보고서 등 재무정보, 즉 공식적으로 이용가능한 새롭고 의미 있는(material) 정보에 전혀 반응하지 아니하였다면

49) 거래소에서 2002. 12.경 작성된 주식시장의 효율성 분석에 관한 한 보고서는 다음과 같은 결론을 내리고 있다.

- 최근 들어 선진시장에서 증권시장의 효율성은 강한 도전을 받고 있으며, 시장의 효율성을 부정하는 다수의 연구결과가 보고되고 있는 실정임. 물론 이 같은 연구결과 또한 공격의 대상이 되고 있으며, 왜 시장의 효율성이 부정되고 있는 지도 풀어야할 과제로 남아 있음. 본 보고서는 거래소시장을 대상으로, 과거의 주가자료를 이용해서 초과수익률을 획득할 수 있는지를 기술적 분석에서 널리 이용되는 이동 평균법을 이용해서 분석한 결과, 일부의 경우 거래비용을 제외하고도 초과수익률을 획득할 수 있는 것으로 나타났으며, 선진시장의 경우보다 심각한 것으로 나타났음. 이 분석결과는 보다 추가적인 분석을 필요로 하지만 우리시장이 아직 질적으로 보완되어야 할 점이 있는 시장임을 시사하는 것으로 해석됨.
- 거래빈도가 낮은 종목들은 즉시적인 거래가 어려우며, 시장에 기업의 정보가 널리 퍼져있지 않으므로 사적인 정보를 가진 거래자와의 거래로 발생되는 역선택비용(adverse selection cost)을 지불해야 하므로 거래비용이 높고, 시장성이 떨어져서 내재가치에 비해서 가격이 할인되어 거래되는 성향이 있음. 또한 자본규모가 작아서 상대적으로 작은 자금으로 인위적인 가격왜곡이 가능하여 시장조작의 대상으로 전락할 위험에 노출되어 있음. 우리 거래소시장의 경우, 대략 500만 원 정도면 거래빈도가 낮은 종목(하위 90여개의 종목)의 거래가격을 3~4% 정도 움직이는 것으로 나타났으며, 이들 종목은 하루에 100번의 거래도 채 이루어지지 않음을 확인할 수 있었음. 따라서 이들 종목에 대한 보다 정밀한 분석을 전제로 선진 자본시장에서 이용되고 있는 시장조성인의 도입과 계속거래 없이 경매방식으로 가격을 결정하는 거래방식의 도입을 고려해 볼 만함.
- 결론적으로 본 분석 결과, 우리의 주식시장에 정보의 효율성에 의구심이 제기되고, 유동성이 미비한 주식에 대해 거래제도의 보완점이 제기되고 있는 것으로 나타났음. 이상의 결과는 우리시장이 제도개선과 투자의 저변확대를 통해서 운영의 효율성을 제고해야 하는 것은 물론이고, 올바른 시장분석을 제공함으로써 투자자 스스로 합리적인 투자행위를 유도해야 할 것임을 시사함.

시장에 대한 사기이론을 접목한 신뢰의 추정은 곤란하지 않을까라는 우려도 제기될 수 있을 것으로 보인다.

셋째, 손해 범위에 관한 부분은 가격의 정보흡수력을 제약하는 요인(상, 하한가의 존재)을 감안하여 위 사건에 국한해서 보자면 적절한 판시라고 볼 수 있겠지만, 회계분식 사건에서 모두 하한가를 기록하는 것도 아니고 하한가를 벗어났다고 과도반응이 해소되었다고 볼 수도 없는 것이다(충격효과). 위 판결이 지향하는 바는 이른바 변형된 out-of-pocket 방식인데,[50] 사건연

---

**50)** 증권시장의 역사가 오래된 미국의 경우 다양한 증권사기사건들이 나타난 바 있는데, 각종 증권사기사건에 의한 손해배상액을 산정함에 있어서 미국 법원에서는 사안(유형)에 따라 다양한 방법을 채택한 바 있다고 함.[1] 대표적인 배상액 산정기준들은 다음과 같은 것이 있다.

① out of pocket 방식 (초과지출액 배상방식)
- 원고가 실제로 지불한 가격과 사기적 행위가 없었더라면 형성되었을 가격의 차액을 배상
- 미국의 사기적 증권거래소송(이른바 Rule 10(b)-5 소송)에서 법원이 가장 널리 적용하는 방식
- 이론상으로는 가장 우수하나, 매매 당시의 가치(정상주가)를 산정하는 것이 현실적으로 어렵다는 점이 난점

② 수정된 out of pocket 방식
- 허위공시 등이 적발되어 이로 인하여 하락한 주가와 원고의 매수 당시의 주가의 차액을 배상
- 하락한 당해 주식의 가격이 반드시 원고의 매매 당시의 주식 가치와 일치한다고 할 수 없다는 점에 난점

③ rescission 방식 (취소방식)
- 피고에게 증권과 상환으로 매매대금의 반환을 구할 수 있도록 하고, 이미 처분한 경우에는 원래의 매수가액과 매도가액의 차액을 배상
- 이 기준은 적용하기는 쉬우나, 매매 후의 가격 변동을 그대로 피고에게 부담시키게 된다는 것이 난점
- 대면자간의 거래에 있어서 계약법상의 구제방법을 연상시키고, 특히 허위공시가 없었으면 원고가 당해 주식을 매매하지 않았을 경우에 적합하다고 평가됨

④ restitution 방식 (이득반환방식)
- 배상액을 피고의 이익을 기준으로 산정하는 방식
- 결과에 있어서 취소기준과 통한다고 볼 수 있음

* 정리 및 검토
- 위 방식 중 ③ 피고가 거래를 유도하는 유형의 증권사기사건(즉, 유도행위가 없었더라면 거래를 하지 않았을 경우)이라면 'rescission 방식'(취소방식)이, ④ 피고가 원고에 대한 충실의무를 어긴 내부거래자라면 받은 이익의 반환(disgorgement of ill-gotten gain)을 명하는 'restitution 방식'(이득반환방식)이 적절할 수 있으나, ① 그 밖의 공개시장 거래(open market tracsaction)상의 증권사기에서는 전통적인 불법행위법상의 구제방법인 'out-of-pocket 방식'이 적용된다고 함
- 판례의 법리는 '차액배상방식'의 일종(수정된 형태)이고, 제15조의 공식은 '원상회복방식'의 일종으로 볼 수 있음

구(event-study)가 보편화된 요즘의 여건을 감안하면 변형되거나 수정된 판시가 조속히 나와야 할 것으로 보인다.

### 5. 事件研究 (Event-Study)[51]

#### (1) 개 념

사건연구란 특정 정보가 주가에 영향을 미쳤는지, 미쳤다면 그 영향(impact)은 어느 정도인지를 측정하는 통계적 기술(statistical technique)이다. 예를 들어 피고회사가 예기치 않은 허위의 낙관적인 공시를 했고 다음날 주가가 상승했다. 그런데 그날은 전체 시장이 달아올라 종합주가지수가 상승하였고 그 회사가 속한 업종도 전반적으로 상승한 경우를 상정해 볼 수 있다. 사건연구가 다루는 것은 허위공시가 해당 종목의 주가상승을 초래한 것이 맞는가, 맞다면 주가상승분 중에 어느 만큼이나 허위공시에 의하여 상승한 것으로 볼 수 있는가라는 문제이다.

사건연구라는 통계적 도구가 작동하는 방식은 대체로 허위의 좋은 뉴스(공시)의 효과를 분리(isolate)하는 것이 아니라 그 후 진실이 밝혀졌을 때(공시가 허위임이 시장에 알려지는 사건) 주가에 미치는 효과를 분리해 내는 것이다.[52] 구체적으로는 해당 기간 동안 벤치마크 인덱스(종합주가지수, 업종지수, 비교할 만한 다른 회사의 주가)와의 비교를 통해 회귀분석을 하여 해당 회사에 특유하지 아니한 사건의 영향을 제거하고 해당 회사 주식의 기대수익률(해당 회사에 특유한 새롭고 중요한 정보가 없는 상태의)을 계산해 낸다. 실제수익률과 기대수익률의 차이가 바로 허위공시로 인한 것으로 제시된다. 사건연구는 그 차이(비정상수익률(abnormal return))가 통계적으로 유의한 것인지(즉, 그런 비정상수익률이 단지 우연해 의해 발생한 것은 아닌지)를 검증한다. 사건연구란 새로운 정보와 주가 변동의 관계를 규명하는 것이지 해당 회사의 본질가치(Fundamental Value)를 검증하는 것이 결코 아니다. 오로지 주가 변동으로부터 통계적으로 유의미한 효과(허위공시 또는 그 정정

---

51) William O. Fisher, 'DOES THE EFFICIENT MARKET THEORY HELP US DO JUSTICE IN A TIME OF MADNESS?' Emory Law Journal Spring 2005 p.872.

52) '주가조작(시세조종행위)의 유형'과 '부실공시나 분식회계의 유형'을 구분하여 전자는 '조작행위'를, 후자는 '공표'를 각 사건으로 보아 분석하는 것이 일반적이다.

공시, 또는 중요한 정보의 은닉에 따른 효과)를 분리해 내어 주가에 영향을 미쳤는지, 미쳤다면 얼마 만큼인지를 결정할 뿐이다. 한 가지 더 첨언하자면 사건연구는 이른바 준강형 EMH를 이론적 전제로 하는 것이다.

**(2) 대법원 2007. 10. 25. 선고 2005다60246 판결 (대우전자 사건)[53]**

증권거래법 제15조 제2항이 요구하는 '손해 인과관계의 부존재사실'의 입증은 직접적으로 문제된 당해 허위공시 등 위법행위가 손해 발생에 아무런 영향을 미치지 아니하였다는 사실이나 부분적 영향을 미쳤다는 사실을 입증하는 방법 또는 간접적으로 문제된 당해 허위공시 등 위법행위 이외의 다른 요인에 의하여 손해의 전부 또는 일부가 발생하였다는 사실을 입증하는 방법으로 가능하다고 할 것이고, 이 경우 허위공시 등 위법행위가 시장에 알려지기 이전의 자료를 기초로 하여 그 위법행위가 공표되지 않았다고 가정하였을 경우 예상할 수 있는 기대수익률 및 정상주가를 추정하고 그 기대수익률과 시장에서 관측된 실제 수익률의 차이인 초과수익률의 추정치를 이용하여 그 위법행위의 공표가 주가에 미친 영향이 통계적으로 유의한 수준인지 여부를 분석하는 사건연구(event study) 방법을 사용할 수도 있을 것이나, 위와 같은 손해액 추정조항의 입법 취지에 비추어 볼 때 예컨대, 허위공시 등의 위법행위 이후 매수한 주식의 가격이 하락하여 손실이 발생하였는데 그 가격 하락의 원인이 문제된 당해 허위공시 등 위법행위 때문인지 여부가 불분명하다는 정도의 입증만으로는 위 손해액의 추정이 깨어진다고 볼 수 없다.[54] 다만, 일반적으로 분식회계 및 부실감사 사실이 밝혀진 이후 그

---

53) 1999년 대우전자(주) 주식을 취득하였다가 손실을 본 원고들이 분식회계를 한 회사 및 그 임원들 그리고 부실감사로 인하여 분식회계를 밝혀내지 못한 외부감사 담당 회계법인을 상대로 허위기재에 따른 증권거래법상의 법정 손해배상을 청구한 사건으로서 원고가 350명을 넘는다. 요즘 같았으면 집단소송이 제기되었을 것이다.

54) 위와 같은 사건연구 방법을 활용한 이 사건 감정 결과는 원심 판시와 같이 <u>피고 대우전자 주식회사(이하 '피고 대우전자'라고만 한다)의 분식회계 사실에 대한 1999. 10. 26.의 언론보도가 피고 대우전자의 주가에 통계적으로 의미 있는 영향을 미치지 못하였다</u>는 결론을 내리고 있는 사실을 알아볼 수 있고, 같은 연구방법을 활용하되 모형추정기간 등을 조금 달리한 연구보고서인 을나 제50호증도 마찬가지의 결론인데, <u>분식회계의 공표일을 사건일로 보아 주가 흐름을 분석하는 이와 같은 사건연구 방법은 공표일 이전에는 분식회계 사실이 시장에 전혀 알려지지 아니하여 주가에 아무런 영향을 미치지 아니하였다는 것을 논리적 전제로 하는 것이다</u>. 그런데 이 사건에서 문제된 허위기재의 내용은 1998회계연도 결산 결과 자기자본이 완전히 잠식되고 당기 순손실이 1조 9,920억 7,500만 원에 이름에도 자산 등 총 1조 9,966억 5,900만 원 상당을 허위로 과대계상하여 피고 대우전자의 총 자산

로 인한 충격이 가라앉고 그와 같은 허위정보로 인하여 부양된 부분이 모두 제거되어 일단 정상적인 주가가 형성되면 그와 같은 정상주가의 형성일 이후의 주가변동은 달리 특별한 사정이 없는 한 분식결산 및 부실감사와 아무

---

이 5조 8,717억 4,400만 원, 당기 순이익이 45억 8,400만 원인 것처럼 허위의 내용으로 재무제표를 작성하였다는 것이고 또한 그에 대한 감사인의 부실감사의 내용은 재무제표의 부정과 오류의 존재가능성을 알 수 있는 많은 사정을 발견하고도 일부 감사절차를 수행하지 못한 미확인 부분(해외매출채권 1조 3,822억 원, 광주공장 재고자산 2,603억 원 등 합계 1조 6,425억 원)을 제외하고는 적정하다는 한정의견을 제시한 것이 잘못되었다는 것이어서 당시 피고 대우전자의 자산 규모를 감안할 때 감사를 실시하지 못하였다고 밝힌 부분이 상당한 비율에 달한다는 점에 비추어 위와 같은 감사 결과가 공시된 때부터 이미 피고 대우전자의 회계의 불투명성에 대한 상당한 암시가 있었다고 볼 수도 있을 뿐만 아니라(실제 감사범위 제한으로 한정의견을 표시한 1조 6,425억 원 중 해외매출채권 9,384억 원, 광주공장 재고자산 2,216억 원 합계 1조 1,600억 원이 가공자산으로 확인된 바 있다), 피고 대우전자의 재무상태에 관한 원심 판시의 다음과 같은 일련의 사건들, 즉 피고 대우전자를 포함한 대우그룹 계열사들은 1997. 말 외환위기 이래 자금난을 겪다가 금융감독위원회가 1998. 7. 22. 기업어음의 발행 한도를 규제하고 1998. 10. 28. 대기업 발행의 회사채에 대한 금융기관의 보유한도를 설정함으로써 대기업의 회사채 발행을 제한하여 그 자금난이 더욱 악화되었으며, 1998. 10. 29.에는 노무라증권의 "대우그룹에 비상벨이 울리고 있다."라는 보고서가 공개되고, 1998. 12. 19. 대우그룹 주요 채권단 협의회에 가입한 금융기관들의 대우계열사에 대한 재무구조 개선협약이 체결되었으며, 1999. 3. 31. 이 사건 재무제표에 대하여 한정의견을 표시한 이 사건 감사보고서가 공시되었고, 1999. 5. 4. 신용평가기관이 피고 대우전자 발행 기업어음 등의 신용등급을 투자부적격 등급으로 조정하였으며, 1999. 5.경 삼성그룹과의 대규모 사업교환이 무산되었고, 정부가 1999. 8. 12. 대우그룹의 회사채에 대한 환매금지조치를 내리기도 하였으나 결국 1999. 8. 26. 피고 대우전자를 포함한 대우그룹 계열사에 대한 기업재무구조 개선작업(workout)이 개시되는 등의 사건들을 통하여 피고 대우전자를 포함한 대우그룹의 부실한 재무상태에 관한 정보가 일반에 알려졌고, 비록 이들 정보가 그 자체로서 직접적으로 피고 대우전자의 분식회계 내지 그 재무제표에 대한 부실감사라는 사실을 알리는 것은 아니지만 그에 갈음하는 유사정보에 해당하는 것으로 평가될 수 있고, 이처럼 관련 정보가 점진적으로 시장에 알려지는 과정에서, 만약 점진적으로 알려지지 아니하였더라면 공표시에 일시에 주가에 미쳤을 영향이 그 이전에 이미 대부분 주가에 반영되었기 때문에, 1999. 10. 26.의 공표일 이후 주가가 비정상적으로 변동하지 아니하였을 가능성이 충분하다. 또한, 1999. 10. 26. 언론에 공표된 내용이라는 것도 대우전자의 분식회계 사실이나 분식규모를 직접 언급하지 않은 채 기업개선작업 대상인 대우 그룹 핵심계열사들의 자산을 실사한 결과 자산이 30조 원 이상 부족하고 장부상 부풀려져 있었다는 정도이고 단지 거기에 더하여 대우중공업 주식회사, 대우통신 주식회사 그리고 피고 대우전자를 합하여 1조 원 이상의 자산부족이 있을 수 있다고 추론할 수 있는 수준인 사정에 비추어 볼 때 그것이 이 사건에서 문제되는 약 2조 원 상당의 분식회계에 대한 완전한 공표가 아니라 부분적인 공표이었을 뿐만 아니라 피고 대우전자의 재무상태와 관련하여 그 동안 시장에 알려진 내용에서 크게 벗어나는 것이 아니었기에 그만큼 주가에 미치는 영향이 미미하였을 가능성도 배제할 수 없다. 사정이 이와 같다면, 위와 같은 요지의 사건연구방법을 이용한 분석결과 및 1999. 7.경 이후 1999. 11.경까지의 판시 주가변동 추이와 같은 자료만을 가지고 피고 대우전자의 분식회계 사실과 원고들이 입은 손해 전부에 대한 인과관계가 존재하지 않는다는 점에 대한 입증이 되었다고 볼 수는 없을 것이다.

런 인과관계가 없다고 할 것이므로, 그 정상주가 형성일 이후에 당해 주식을 매도하였거나 변론종결일까지 계속 보유중인 사실이 확인되는 경우 법 제15조 제1항이 정하는 손해액 중 위 정상주가와 실제 처분가격(또는 변론종결일의 시장가격)과의 차액 부분에 대하여는 법 제15조 제2항의 인과관계 부존재의 입증이 있다고 보아야 할 것이고, 이 경우 손해액은 계산상 매수가격에서 위 정상주가 형성일의 주가를 공제한 금액이 될 것이다. 따라서 피고 대우전자의 분식회계 사실에 대한 1999. 10. 26.의 언론보도가 피고 대우전자의 주가에 통계적으로 의미 있는 영향을 미치지 못하였다는 감정 결과가 나오고 원심 판시와 같이 위 언론보도의 다음 날인 1999. 10. 27.에는 전일의 1,590원에서 1,620원으로 오히려 주가가 상승하였으며 피고 대우전자의 분식회계 사실이 공식 발표된 1999. 11. 2.에는 1,885원으로 전일에 비하여 오히려 245원이 상승한 사실이 확인되는 이 사건에서, 원심으로서는 과연 위 언론보도에 의하여 분식회계 및 부실감사가 밝혀진 이후에는 이미 그 사유로 인하여 부양된 주가가 모두 제거되었다는 것인지 여부를 가리고 분식회계 및 부실감사가 밝혀진 이후의 정상가격을 밝힘으로써 원고들이 주장하는 법 제15조 제1항이 정하는 방식으로 계산한 손해액 중 일부에 대하여 위와 같은 이유에서 분식회계 및 부실감사와 사이에 인과관계가 존재하지 아니하는지 여부를 별도로 확인하였어야 할 것이다.

그럼에도 불구하고, 이와 달리 위와 같은 요지의 사건연구 방법을 이용한 분석 결과 및 1999. 7.경 이후 1999. 11.경까지의 판시 주가변동 추이와 같은 자료만을 가지고 피고들이 법 제15조 제2항 소정의 손해액 전부에 대한 인과관계 부존재 사실에 대한 입증을 하였다고 본 원심 판결에는, 법 제15조가 적용되는 손해배상책임에 있어서 손해 인과관계의 판단에 관한 법리를 오해한 위법이 있다 할 것이고, 이 점을 지적하는 상고이유의 주장은 이유 있다.

### (3) 사건분석 결과[55]

○ 누적수익률과 누적 초과 수익률 (-400일~+100일)

Cumulative Returns

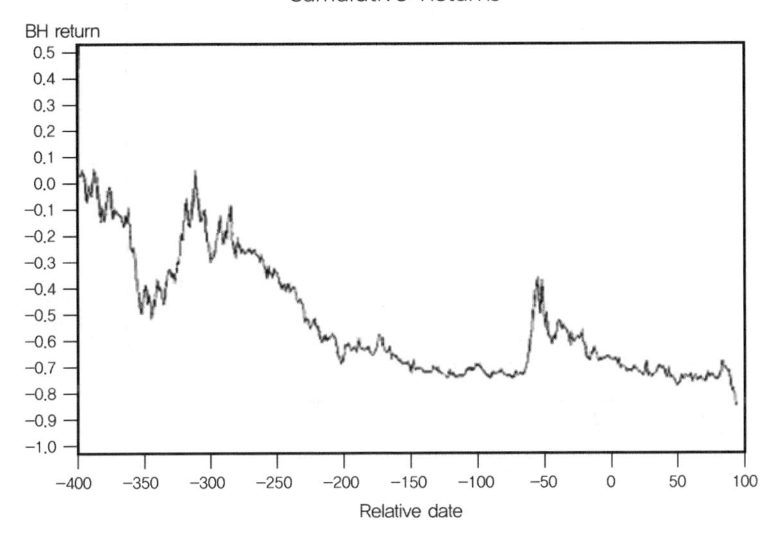


Cumulative Excessive Returns

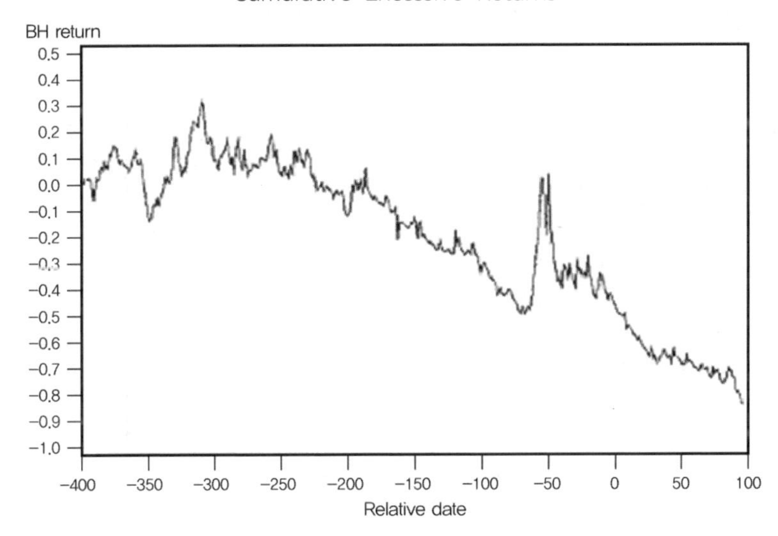


---

55) 신현한(연세대학교 경영학과 교수), "금융감독원 감리지적사건 연구", 「대한변협 제36기 특별연수」, (증권관련집단소송) 자료 참조.

○ 누적수익률과 누적 초과 수익률 (-50일~+50일)

Cumulative Returns

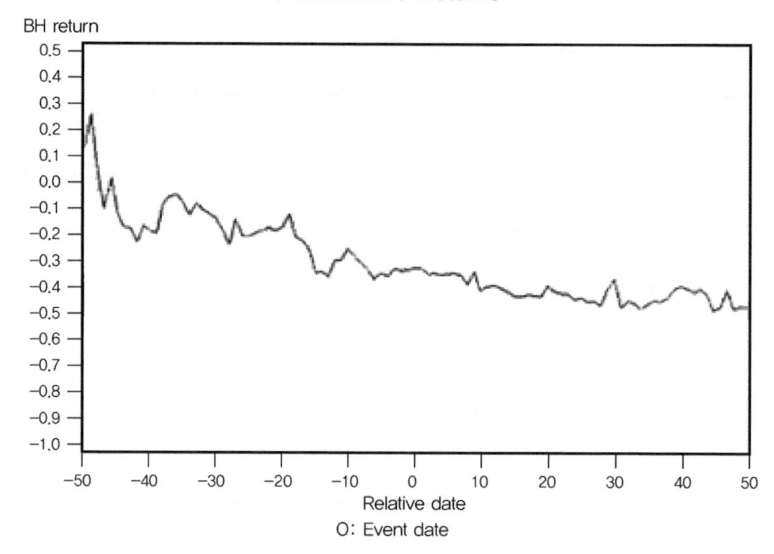


Cumulative Excessive Returns

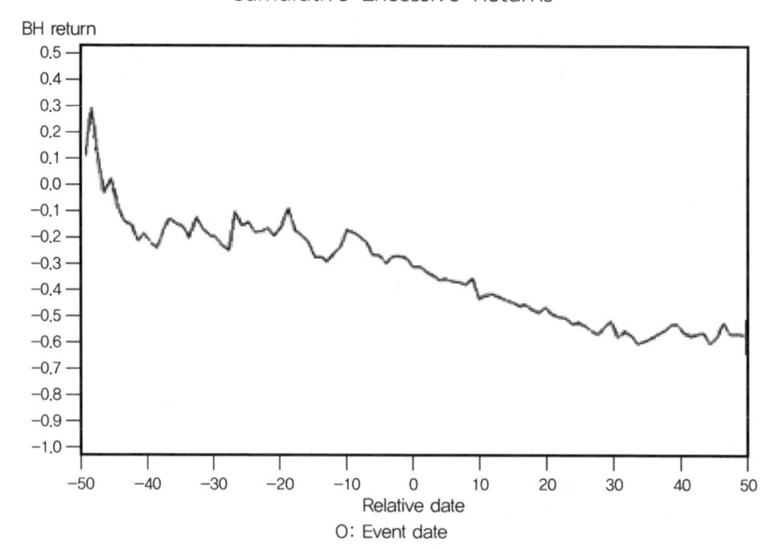


### (4) 검 토

일응 위 사건에서는 본증(증권거래법에 따라, 피고 측)과 반증으로 여러 가지 전문적 견해와 사건연구 감정이 제출되었을 것으로 보인다. 앞의 그림은 해당 사건에 제시되었던 자료가 아니다. 신빙성은 법원이 판단해야 될 것이지만 결코 쉬운 일이 아님을 알 수 있다.

먼저 모형추정기간은 200~400일 정도로 하는 것이 보통이다. 모형추정기간이 너무 짧으면 기대수익률 추정치의 정확성이 떨어지고 너무 길면 시차로 인하여 사건기간의 기대수익률이 왜곡될 가능성이 커진다는 점도 유의하여야 한다. 그런데, 기간 설정에 있어 또한 중요한 것은 기간을 길게 잡을수록 외환위기 같은 특수상황이나 기업의 재무상황에 근본적인 변화가 있을 경우 이를 포함할 수 있어 정상주가를 추정하는데 절대적인 회귀모형의 추정변수가 불안정적일 수 있다는 점이다.

이 사건의 경우 분식결산행위(엄밀히 분식된 회계자료를 공시하는 행위) 자체를 '사건'으로 보고 분식사실이 공표되기까지의 기간 동안의 정상주가를 산정하는 방식을 채용하는 것이 곤란할 것으로 보인다. 왜냐하면, 대우그룹의 경우 1998년 이전에도 분식이 있었기에(확인되는 것으로서는 적어도 1997년부터 지속되어 온 분식회이기에) 그 행위의 개시시점을 파악하기 어렵고, 행위기간이 2년에 가까운데 그 사이에 대우그룹 일지(日誌)상의 여러 사태가 발생하였기 때문에 심각한 오류의 가능성을 피할 수 없기 때문이다.

공표일을 기준으로 설정할 때 문제는 대법원이 설시하고 있는바 대로, 피고측이 제출한 사건연구결과는 '사건일' 이전에 정보의 누설이 없다는 점을 전제로 하고, 감정결과가 사건일로 잡은 10. 26. 이전에 공식으로 분식이 공표된 적이 없다는 점에서 일견 전제에 잘못이 없어 보이지만, 그 이전에도 분식을 암시하는 것으로 보아도 좋을 재무상태의 이상 징후가 여럿 등장한다는 것이다(우리 기업환경에서 분식이 드문 일이 아니라는 의심도 이러한 이상 징후를 시장에서 분식에 갈음하는 것으로 받아들이는 데 촉매역할을 하였을 가능성이 크다). 바로 이 점이 분석방법 자체로는 흠이 없어 보이는 감정방식이 본건에 잘 들어맞지 않을 가능성을 높일수 있다. 특히나, 분식회계 사건은 재무상태와 관련된 '유사정보'가 많을 수밖에 없다는 점에서, 일반 허위공시사건[56]과는 다른 특성이 있을 듯하다. 게다가 10. 26.의 기사내용에 비추

56) 예컨대, 보물선이나 유전 등을 발견하였다는 허위공시 후 그것이 거짓말이었다는 정정공

어 그것이 완벽한 공표에 미흡하여 앞으로 있을 공표의 예고수준이라고 볼 수도 있고,[57] 그만큼 충격이 미약하였기에 10. 26.의 기사에 대하여 10. 27. 이후 정상범위 내의 주가변동만이 있었을 가능성도 배제할 수 없다.

더더욱 근본적인 문제는 대우전자의 주가흐름을 종합주가지수(KOSPI지수)와 비교해 보면, 1998. 12.에서 1999. 12.까지 종합주가지수가 500포인트대에서 1,000포인트까지 올랐음에도 대우전자의 주가는 중간에 해외매각설이 나올 때마다 반등하는 정도였을 뿐 5,000원을 넘던 수준에서 2,000원 이하로 떨어졌다는 점이다. 그 이유는 여러 가지가 있겠지만, 대우전자의 주가 변동성이 워낙 컸기 때문에,[58] 통계적 유의성이 없다는 결론이 도출될 가능성도 있다는 점이다.[59]

결국 입증책임의 문제로 귀결되는 것으로 보인다. 어느 쪽 말도 믿기 어려운 상태가 되었다면 입증책임을 부담하는 측(증권거래법에 따라 인과관계의 부존재를 입증하여야 할 피고 측)의 불이익으로 판단하여야 함은 당연하다.

위 사건은 변동성이 지극히 크고 내부정보가 지속적으로 유출되며 이른바 Noize Effect가 극심한 시장(종목)의 사건연구결과는 쉽게 취신하기 어렵다는 점을 시사하는 것으로 보인다. 사건연구란 결국 EMH를 이론적 전제로 하는 것이기 때문이다. 이 점은 사건연구의 본질적 한계일 수도 있다. 사건연구 외에는 피고 측 입장에서 더 이상 제시할 것이 존재하지 않는다는 점을 감안할 때, 법령상 입증책임의 귀속이 큰 위력을 발휘한다는 점을 새삼 깨닫게 해 주는 판결이라고 할 수 있다.

더 본질적인 문제는 발표자가 느끼기에 당시 대우전자를 둘러싼 시장이 준강형 EMH와는 거리가 먼 상황이 아니었을까라는 회의가 든다는 점을 지적할 수 있겠다.[60]

---

시가 있는 사건이 이에 해당한다.

57) 실제 1999. 11. 4.에 이르러 실사결과가 공식 발표되었고, 분식규모와 내용은 금감원의 특별감리 후 2000. 9. 14. 발표되었다.

58) 표준편차가 극단적으로 크다는 것을 의미하고 정밀성을 저하시키는 작용을 한다. 웬만큼 큰 변동은 비정상으로 분류되지 않기 때문이다.

59) 1997년도 외환위기를 전후하여 1999년까지 다른 전자업체 예컨대 하이닉스와 삼성전자의 경우도 마찬가지 상황이었을 것이다.

60) 회계정보 등 중요 공개정보에 관하여 강형 EMH가 성립되는 메커니즘을 갖추고 있었다면 어떤 결과가 벌어졌을까? 아마도 대우전자와 같이 주가가 움직였을 것이라는 것이 발

## 6. 最近의 實證的 資料

최근의 한 실증적 분석61)에 의하면 금융감독원의 감리 지적 사건의 주가 추이를 사건분석방식으로 분석한 결과 (정정)공시일을 기준으로 사건일 - 7일부터 비정상수익률이 통계적으로 유의한 결과를 도출할 수 있었다.62) 그리고 신문발표 후 4일까지의 일별 주가수익률이 통계적으로 유의하였다고 한다. 결국 감리지적 회사들은 사건 7일 전부터 사건 후 4, 5일까지의 기간 동안 주가가 유의적으로 하락한 것이 입증된 것으로 보인다.

이 결과를 두고 앞서 본 제반 이론적 도구들에 비추어 볼 때, 우리시장이 강형 EMH에 가까운 것으로 볼 수 있을까? 결국 정보의 성격상 무척 감염력이 높은 내부자 정보로서 내부자의 매도와 Trade Decoder에 의하여 시장에 신속히 전달되고 가격에 반영되는 것으로 보인다.

그러나, 이러한 현상이 바람직한 것이 아님은 물론이고, 다른 유형의 정보에 대한 테스트에서도 강형 EMH를 입증할 가능성은 앞으로 더 규명해야 할 과제로 보인다.

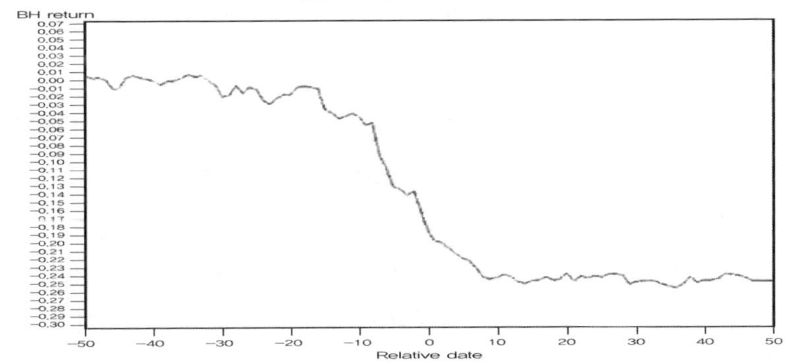


표자의 짐작이다. 좀 더 나아가 보면, 가격에 영향을 미칠만한 뜻밖의 공개정보(공식적으로 공표된 정보)에 통계적으로 유의미한 반응이 거의 없었을 것이라는 데에 내기를 걸고 싶다. 다만, 이 점을 입증할 방법이 마땅치는 않다는 것이 문제이다.

61) 신현한(연세대학교 경영학과 교수), "금융감독원 감리지적사건 연구", 「대한변협 제36기 특별연수」, 증권관련집단소송 자료 참조.

62) 추정기간을 -260일부터 사건을 -20일로 설정했을 때의 분석이다.

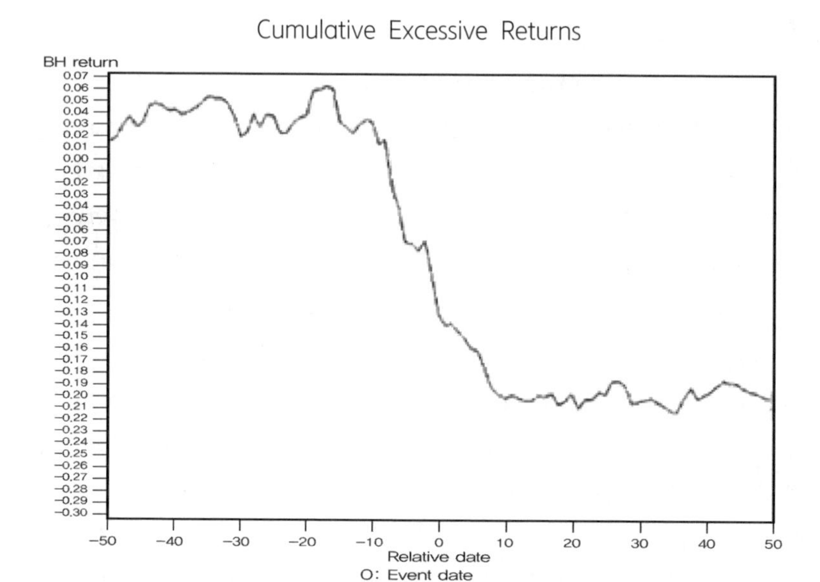


## Ⅳ. 上場株式의 適正價格을 둘러싼 論難과 效率的 市場理論, 그리고 CAPM

### 1. 大法院 2008. 5. 15. 宣告 2005도7911 判決

#### (1) 사실관계 (공소사실)

D건설은, 1998. 12. 4. 사주인 피고인 A로부터 비상장주식인 주식회사 D고속(이하 'D고속'이라 한다) 주식 596,885주를 주당 약 27,971원, 합계 16,695,470,335원에 매수한 다음, 2000. 2. 1. D고속과 합병하여 피고인 A로부터 매입한 위 주식을 포함한 D고속 주식 총 858,569주에 대하여 자사주 2,923,820주(취득가액 약 179억 원)를 배정받고, 합병에 반대하는 D건설의 주주들로부터 자사주 4,439,635주를 주당 5,800원에 취득(취득가액 257억 원)하여 자사주 7,634,572주(총 취득가액 약 475억 원, 주당 약 6,224원)를 보유하게 되었다. 이를 급히 매도하여야 할 절박한 필요성이 없었음에도, 적법한 이사회 결의도 하지 않은 채, D건설 총 발행주식의 35.1%에 해당하는 위 자사주 7,633,825주를 D건설 또는 D그룹의 경영권 프리미엄에 대한 아무런 평가나 가격 및 매매조건에 대한 흥정 없이 또한 전혀 할증도 하지 아니한 채 단순

히 전일종가인 주당 2,270원으로 과소평가하여, 총 17,328,782,750원에 구체적인 잔금 상환계획의 제출이나 담보제공 없이 계약금으로 매매대금의 10%인 1,733,782,750원만 지급받고 피고인 A에게 매도하는 내용의 매매계약을 2000. 12. 5. 체결하고, 즉시 위 7,633,825주 전부에 대하여 명의개서해 줌으로써, D건설에 최소한 5,198,634,825원(전일종가 2,270원과 상증법 제63조 제3항에 따라 30%를 할증한 가격, 951원과의 차액 681원 × 7,633,825주) 이상의 재산상 손해를 가하고, 피고인 A에게 동액 이상의 재산상 이익을 주었다.[63)]

D건설은 거래소 상장기업이다. 총발행주식의 35%에 해당하는 대량의 자사주를 대주주 A에게 전날 거래소 종가에 일괄매각(block-sale)하였는데, 그것이 저가매각에 해당한다고 하여 회사에 대한 업무상 배임죄로 A 및 관련 임원들이 기소된 사건이다.

#### (2) 원심의 판단

원심은 이 부분에 대하여 무죄를 선고하였다.[64)] 검사가 상고하였는데, 회사에 손해가 있는지 여부는 결국 전날 거래소의 종가가 내부자(대주주)에 대한 일괄매각(block-sale) 가격으로 정당한 가격인지 여부와, 경영권프리미엄을 반영한 것이 정당한 가격인지 여부가 쟁점이었던 것으로 보인다.

---

63) D그룹은 공정거래위원회가 2003. 4. 1. 발표한 출자총액제한기업집단 17개 중 하나였다(계열회사 23개, 자산총액 7조 3,320억 원). 피고인 A는 순환출자구조를 통해 그룹 계열사를 사실상 지배하고 있었는데(어느 한 기업을 모회사로 특정하기 어려울 정도로 복잡한 상호순환 출자구조가 특징이다). 위와 같은 지배구조의 취약성은 독점금지법과 상법 등에 의하여 계열사(특히 금융관련사)의 의결권이 제한된다는 점이다. 피고인 A는 위와 같은 순환출자 구조에서 어느 주력 기업에 대하여도 개인적 지분의 비율이 그리 높지 않았으므로, 총수 개인으로 보면 이 점 역시 지배구조의 취약성에 해당한다. 그런데, 앞서 본 과정을 통해 D건설이 35%를 넘는 대량의 자사주를 본의 아니게 취득하게 되었다. 여기에 관련 회사의 의결권 제한까지 보태어, 자사주를 그냥 시중에 매각할 경우 다음해 주주총회에서 어떤 일이 벌어질지 알 수 없는 상황이 되었던 것으로 보인다.

64) 매도일 전일인 2000. 12. 4.의 거래소 종가인 2,270원은 이 사건 자사주 매도 당시의 객관적 교환가치를 반영한 것으로서 적정한 것으로 보아야 하고, 피고인 A는 이 사건 자사주 매도일인 2000. 12. 5. 이미 D건설에 대한 경영권을 확보하고 있었으며 경영권에 대한 위협도 존재하지 아니하여 경영권 프리미엄을 반영할 여지가 없었으므로, 이 사건 자사주의 거래가격이 그 객관적 교환가치보다 현저히 낮은 금액으로 정해진 것이라거나 특수관계 없는 자와의 동종 거래 행위와 비교하여 객관적으로 경제적 합리성을 결여한 거래행위라고 보기 어렵다고 보아, 이 사건 자사주 매도로 인하여 피고인 A가 이 사건 자사주의 적정한 거래가격과의 차액 상당의 재산상 이득을 취득하고 D건설이 동액 상당의 손해를 입었다고 할 수 없다고 판단하였다.

### (3) 대법원의 판단 (유죄 취지로 파기환송)

이 사건 자사주 매각 당시 D건설의 주식 분포 및 의결권 제한에 관하여 원심이 인정한 사실에 의하더라도, 피고인 A는 그가 보유한 주식 2.77%(603,670주), 특수관계인 등이 보유한 주식 4.16%(905,685주) 및 그가 사실상 지배하는 다른 계열회사인 D제강, D정밀화학, D화재, D생명, D증권 등이 보유한 주식 29.31% 등 의결권 있는 보통 주식의 36.24%(6,066,846주)를 가지고 D건설에 대한 지배권을 행사하고 있었는데, 위 D화재 등 금융계열사가 보유한 주식 8.4%가 독점규제 및 공정거래에 관한 법률(이하 '공정거래법'이라 한다)상 상호출자 규제로 인하여 의결권의 행사가 제한된 데다가, 공정거래위원회로부터 D제강이 보유한 D건설 주식 14.03%도 상호출자관계를 해소할 것을 명령받는 바람에 2000. 12. 19.경부터 상호출자관계가 해소될 때까지 의결권을 행사할 수 없게 된 반면, 이 사건 자사주의 매각은 그 수량이 의결권 있는 보통주식 총수의 35.03%를 차지하는 것으로서 D건설의 지배구조에 상당한 영향을 미칠 수 있는 거래였다는 것인바, 사정이 위와 같다면 D건설의 이 사건 자사주 매각 업무를 처리하는 자로서는 마땅히 적절한 매각 상대방의 선정이나 매각조건 등의 결정 절차를 거쳐야 하고, 그 대표이사이자 지배주주인 피고인 A에게 장외에서 이 사건 자사주를 일괄매각하기로 하였다면 적어도 위 피고인이 거래소 시장을 통하여 이 사건 자사주 수량만큼의 주식을 취득하는 데 소요되는 비용 또는 D건설이 이 사건 자사주를 제3자에게 일괄매각하였더라면 얻을 수 있을 것으로 기대되는 경영권 프리미엄 등이 반영되도록 하여야 할 것이다.

그럼에도 불구하고 위와 같은 아무런 조치를 취하지 아니함으로써 장차 취득할 것이 기대되는 이익을 얻지 못하였다면, 이는 D건설의 전체적인 재산상태의 감소를 가져오는 경우에 해당한다고 봄이 상당하다.

### (4) 쟁　　점

사실, 블록세일(block-sale)과 주식의 적정가격에 관한 논란은 미국에서 여러 해 동안 논란이 되어 온 주제이다. 예를 들어 M&A나 경영권 분쟁 국면에서 주식의 저가매각을 둘러싼 주주들의 집단소송이 빈발하여 그 손해판단(적정가격 판단) 과정에서 나온 이론과 판례들을 들 수 있다. 이 문제는 시장의 효율성이라는 문제와 맞닿아 있다. 왜냐하면 준강형 EMH와 이란성 쌍둥이 관계에 있다고 할 수 있는 CAPM(자산가격결정모델)이 암시하는 바는, 공개된 효율적 시장에서 주식의 가치는 그 주식에 관한 모든 정보를 담고 있다고 보아야 하고, 결국 거래소에서 결정된 가격은 대규모 Block-Sale에서도 마찬가지로 균형가격으로 보아야 하는 것이며, 시장에 관련된 모든 정보가 신속히 반영되는 이상 심지어는 경영권 프리미엄이라는 것 역시 가격에 반영되어 있다(그 이상은 균형가격을 넘어선 것이고 그것을 못받아 내었다고 임원의 실책임을 물을 수는 없다. 경영판단이 적용될 영역이다)는 주장마저도 제기된 바 있기 때문이다.

결국, 이 문제 역시 EMH의 응용문제에 해당한다고 하겠다. 배임죄 영역에서 다루어지는 것이 우리나라의 특색이라면 특색이겠는데, 회사의 주식을 대주주가 저가매수하는 사안과 회사에 고가매도하는 두 가지 유형을 모두 찾아볼 수 있다. CAPM을 전제로 한 주장들과 CAPM의 전제(assumption)을 배제할 경우 상정할 수 있는 적정가격은 과연 어떤 점에서 차이가 있는 것인가, 경영권 프리미엄은 그와 별도의 프리미엄이 정당화 될 수 있는 것인가라는 문제를 다루어 보고자 한다.

## 2. 資本資産 價格決定模型 (Capital Asset Pricing Model)

흔히 CAPM으로 불리는데, 주식이나 채권 등 자본자산들의 기대수익률과 위험과의 관계를 이론적으로 정립시킨 균형모델로서 현대 금융경제학과 투자론의 핵심 이론이다.[65] CAPM은 자본시장이 균형(equilibrium)을 이루고 있는 상태에서 자본자산(capital asset)의 가격이 어떻게 결정되는가를 설명하는 이론적 모형으로서, 포트폴리오 이론[66]과 앞서 본 효율적 시장가설

---

65) 1952년 Harry Markowitz에 의해 포트폴리오 선택이론(portfolio selection theory)이 개발된 이후 12년이 지난 1964년부터 샤프(Sharpe), 린트너(Lintner), 그리고 모신(Mossin) 등에 의해 개발되었다. 실제로 지난 30여 년 동안 현대 자본시장 이론과 실무기법의 발전에 자본자산 가격결정모형(CAPM)만큼 커다란 공헌을 끼쳤던 이론은 없었다고 해도 과언이 아님. 샤프(Sharpe)는 CAPM을 개발한 공로로 마코위츠(Markowitz)와 함께 1990년에 노벨 경제학상을 수상하였다.

66) 투자의 위험을 그 투자로부터 기대되는 미래의 수익률의 표준편차 혹은 분산으로 측정하고, 일반적으로 자산의 수익률의 표준편차 혹은 분산으로 나타내는 위험을 그 자산의 총

을 그 논리적 전제로 삼고 있다. 위 이론이 적용된다면, 효율적 주식시장에서 거래되어 결정된 주식의 가격은 해당 주식의 모든 기대수익과 위험을 반영한 균형가격을 의미할 수 있는 것이다. 그 결과 우선 거래 당시의 적정가격을 산정하기 위한 기업 내재가치의 감정 및 산정은 불필요하다(시장이 가장 정확한 감정인이기 때문이다). 나아가 증권시장(거래소)에서 수요 공급의 균형에 의하여 결정된 가격이 장외거래나 M&A에서도 "적정가격"으로 파악될 수 있다. 더 나아가, 통상 거래계에서 논하는 경영권 프리미엄조차도 시장가격에 완전히 반영되었다고 보므로, 도대체 시장가에 프리미엄이 가산되는 것은 공정한 가격이라고는 볼 수 없게 된다.

이 이론을 관철한다면, 기업의 인수·합병시 시장가격에 상당액을 더한 가격(프리미엄)으로 거래되는 현상은, ① 인수자가 보다 효율적인 경영(경영혁신 또는 시너지 효과)을 할 수 있거나, ② 인수자가 기업으로부터 비정상적인 이익을 착취(looting)할 의도가 있거나, ③ 아니면 단지 인수자의 정신적인 만족에 불과한 것으로 설명된다. 특히 위 ①의 경우는 전체적인 사회적 효용을 높이는 결과가 되므로 심지어 적대적 인수합병조차도 비용을 들여 방어해서는 안 된다는 논리까지 가능하다(물론 위 ②에 대한 규제가 가능하다는 전제하에서 가능하다).

위 ①, ②, ③의 어느 하나에도 해당하지 않는다면, 어느 기업의 경영권

---

위험(total risk)이라고 정의한다. 자산수익률의 표준편차로 측정하는 총위험은 증권시장의 전반적인 불확실성에 기인하는 부분과 그렇지 않은 부분으로 구성된다.
어떤 자산의 총위험 중에서 증권시장의 전체적인 움직임의 불확실성 때문에 발생하는 위험의 부분을 **체계적 위험**(systematic risk)이라고 부르고, 시장의 전반적인 움직임과는 무관한 기업 고유의 요인 때문에 발생하는 위험의 부분을 **비체계적 위험**(unsystematic risk)이라고 한다.
**비체계적 위험**을 가져다 주는 기업 고유의 요인으로는, 경제 전반의 경기변동과는 무관하게 발생하는 어떤 기업의 노사문제, 매출액 변동, 소송, 대정부관계, 기업 이미지 등을 들 수 있다. 개별기업의 고유한 특성 때문에 발생하는 비체계적 위험은 투자자가 단순히 투자자금을 여러 주식에 분산 투자함으로써 제거될 수 있기 때문에 분산가능 위험(diversifiable risk)이라고 한다.
그러나, 증권시장 전체의 변동성과 관련하여 발생하는 개별 자산의 **체계적 위험**은 분산투자로서 제거되지 않기 때문에 분산불가능 위험(undiversifiable risk)이라고 한다. 실제로 투자자들이 자신의 포트폴리오를 구성할 때 단순히 구성 종목의 수를 증가시켜 주기만 하면, 포트폴리오를 구성하는 주식 상호간에 기업고유 요인들이 상쇄되어 비체계적 위험은 제거되고 체계적 위험만 남게 된다. 이러한 분산투자를 수행할 경우, 투자자들의 포트폴리오는 효율적인 포트폴리오인 시장포트폴리오와 거의 유사한 위험 수준을 갖게 된다.

이 완전히 이전되는 대규모 주식거래에 있어서도 공정가격(fair price)은 증권시장에서의 거래가격이지 그 이상도 이하도 아니다. 가사 그렇지 않다 하여도 그 부분은 손해 산정의 요인이 될 수 없다고 보는 것이 이론적 귀결일 것이다.

과연 그러한지 알아볼 필요가 있다. CAPM의 가설 역시 효율적 시장가설이 타당하지 않은 주식(시장)이라면 더 이상 설득력이 없을 것이지만, 더 나아가 CAPM이 가정한 이론적 전제들을 검증하여 볼 필요가 있을 것이다. 그 전제들이 해당 주식(시장)의 상황과 유사할수록 설득력이 있을 것이고, 거리가 멀수록 설명력은 떨어질 것이다.

1) 증권시장은 완전자본시장(perfect capital market)이다. 증권시장에는 무수한 투자자가 있으며, 각 투자자는 시장가격에 영향을 줄 수 없는 가격순응자(price-taker)이다. 또한 증권시장에는 거래비용, 소득세, 정보비용 등은 존재하지 않는다.

2) 모든 투자자들은 마코위츠(Markowitz)의 포트폴리오 이론대로 자본자산의 기대수익률과 표준편차(혹은 분산)에 따라 투자결정을 할 것이며, 위험이 있는 자산에 투자할 때는 마코위츠의 효율적 프론티어(efficient frontier)상에 존재하는 포트폴리오를 선택한다(따라서 특정 자산에 대한 선호는 존재하지 않으며 모든 투자자산은 서로 완벽히 호환적임).

3) 자본시장에서 무위험자산(risk-free asset)이 존재하며, 모든 투자자들은 무위험이자율(risk-free interest rate)로서 언제든지 투자자금을 빌리거나 빌려줄 수 있다(무한한 차입 가능).

4) 모든 투자자들은 각 자본자산의 미래 수익률과 위험에 대하여 동일한 예측을 하고 있다(homogeneous belief).

5) 증권시장은 균형상태이다.

현실적으로 4)의 가정은 충족되기 어려울 것이다. 또한 위 4)의 가정이 충족되지 않는 한, 특정시점에서 주식시장에서의 거래가격이 해당 주식을 장외에서 대량으로 거래할 경우에도 공정한 가격(fair price)이라는 주장은 성립되기 어려울 것이다. 그 이유는 4)의 가정은, 가격이 단 1원이라도 낮게 제시되면 무한한 수요가 발생한다는 의미이고, 결국 수요곡선이 무한히 탄력적임(perfect elasticity)을 의미하는 것인데,67) 이러한 가정이 현실적으로 충족된다는 것이 상식에 반하며 일상적 경험과도 괴리되기 때문이다.

그리고 CAPM은 [시장가격 = 경영권양도를 수반하는 대량 장외거래의 균형가격] 이라는 명제를 적어도 이론상으로는 합리화할 수 있지만,68) 주식시장에서 아무리 대량의 거래가 일어나더라도 해당 주식의 가격에 영향을 미치지 아니한다는 가정은 경험칙에 반하며, 다른 한편 실제 상장기업에 대한 M&A에서는 거의 예외 없이 시장가격에 일정액의 프리미엄을 가산하여 거래가 이루어지는 것이 현실이며, 국내외의 입법 및 판례도 이를 전제로 하고 있는데,69) CAPM의 설명만으로는 이러한 현상을 합리적으로 설명하는 것이 어려워 보인다.

### 3. 다른 說明에 관하여70)

#### (1) 기본전제 및 적용결과

기본전제로서, ① 투자자들은 자본시장에서 반드시 마코위츠(Markowitz)의 효율적 프론티어(efficient frontier)상에 존재하는 포트폴리오를 선택하는 것은 아니다. ② 투자자들의 자금동원능력에는 한계가 있으며 무한한 차입은 불가능하다. ③ 투자자에 따라서 주식과 채권, 주식종목과 주식종목 사이에 완벽한 호환성을 갖는 투자자가 있는가 하면, 어느 한 종류의 자산만을 선호하는 현상도 있다. ④ 어느 자본시장, 산업, 개별 기업에 관한 투자자들의 평가는 모두 다를 뿐 아니라(heterogeneous belief), 보유한 정보도 다르다. ⑤ 다수 투자자의 평가나 투자자의 평균적인 평가가 반드시 해당 기업의 정확

---

67) 모든 투자자들이 각 자본자산의 미래 수익률과 위험에 대하여 동일한 예측을 하고 있다는 것은 균형가격으로부터 조금만 낮은 가격에도 무한한 수요가 발생하며, 조금만 높은 가격에도 수요는 "0"이 될 것이기 때문이다. 즉, 미시경제학의 수요-공급 곡선에서 수요곡선이 완전한 수평을 이루는 형태이다.

68) CAPM의 이론상으로는 장외에서 대량의 주식거래가 있거나 장내에서 거래가 있거나 균형가격은 마찬가지여야 한다.

69) 우리나라의 경우 상증법이 대표적인 예이다.

70) Lynn A. Stout, 'ARE TAKEOVER PREMIUMS REALLY PREMIUMS? MARKET PRICE, FAIR VALUE, AND CORPORATE LAW', Yale Law Journal April, 1990, 1235면 이하를 참고하였다. 참고로 저자는 시장의 비효율성에 대하여 많은 논문을 발표한 바 있다.

한 내재적 가치를 반영하는 것은 아니다.

이에 의하면, 수요곡선은 당연히 우하향하는 기울기를, 공급곡선은 우상향하는 기울기를 갖게 된다. 이 점과 위 전제들로부터 추론되는 바는 다음과 같다.

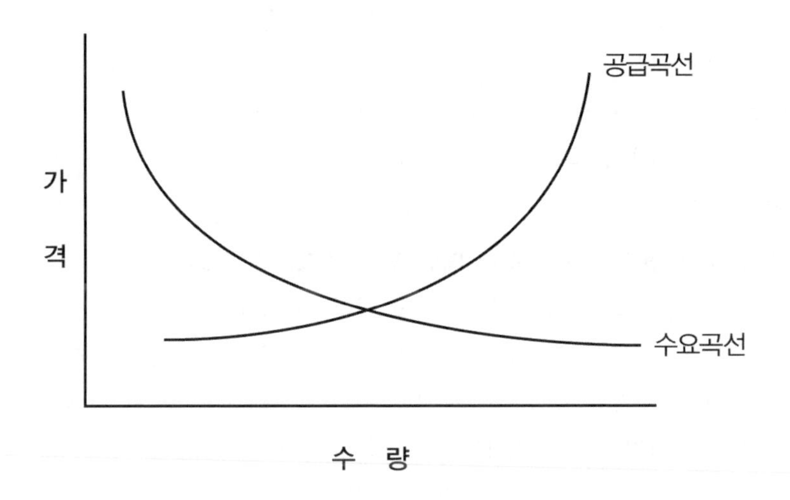


주식시장에서 특정주식의 가격은 투자자들이 각자 추정·평가하는 "평균적인" 가격보다 높기 마련이다.[71] 그러나, 그렇다고 하여 그것이 "고평가" 혹은 과대평가되었다고 평가할 수는 없다.[72] 수요곡선의 기울기는 점증하는 것(영점을 기준으로 볼록한 형태, convex to origin)이 정상인데, 아무리 평가가 다르다 하여도 일정 영역으로 다수의 투자자가 수렴하는 경향이 있기 때문이다. 또 대부분의 주주들은 균형가격 혹은 그보다 약간 높은 가격으로 매

71) 투자자 중 해당 주식을 매입한(혹은 매입하는) 투자자들은 그 기업에 대하여 낙관적인 전망을 가진 투자자들일 것이다(집합 A). 그보다 덜 낙관적인 그 이외의 투자자들(집합 B)의 수는 그보다 훨씬 많을 수밖에 없다. 유통 주식의 수량과 각 투자자들의 보유량이 제한되어 있어 원하는 수량만큼 무한대로 매입할 수는 없기 때문이다(희소성). 따라서 시장의 전체 투자자들의 평가를 화폐가치로 나타내어 평균한다면, 균형가격보다 낮게 나타날 것이다. 균형가격은 가장 비관적인 보유자(매도인, 집합 A)와 가장 낙관적인 비보유자(매수인, 집합 B)의 평가가 일치하는 가격이다. 그 점에서도 균형가격은 전체 투자자 평가의 평균액보다 높아진다.

72) Lynn A. Stout, op. cit., 1249면.

도하면 만족할 수 있으나, 소수의 주주들은 현저히 높은 가격을 요구하게 된다. 따라서 인수합병을 예로 들면, 주식의 단순 과반수를 취득하는 것보다 전부 취득하는데 드는 비용이 현저히 높아질 것으로 예측할 수 있다(이러한 동태적 측면이 CAPM과의 결별점이다).

비슷한 위험(기대수입)을 가진 기업이라 할지라도 주식수가 많을수록 시장의 평균적 평가에 근접할 것이고, 비슷한 위험을 가진 기업이라도 유명한 주식일수록(=관심 갖는 투자자들이 많을 수록) 가격은 높아질 것이다. 나아가 사업 전망을 예측하기 어려운 신규 산업의 신규 상장기업 역시 설립된 지 오래되어 위험이 잘 파악된 기업보다 높게 평가되는 경향이 있게 될 것이다.[73]

### (2) M&A의 경우 (시장가격과 대량 장외 거래가격의 괴리)

위 분석틀에 의하면, 주식시장에서 결정된 단위 주식의 가격은 당해 회사가 발행한 개개의 모든 주식의 총합가격을 정확히 반영하는 것이라고 볼 수 없다. 전체로서 기업의 가치를 주식(=주주)의 관점에서 보면 현재 발행된 모든 주식의 가격일 것인데, 모든 주주들이 주식의 가치에 관하여 저마다 다른 관점(heterogenous beliefs)을 가지고 있다면, 모든 주관적 주식가치의 총합은 저마다 회사에 관한 각 개별 주주들의 서로 다른 수익/위험 전망에 따른 평가(=희망 매도가격)의 합계일 것이다. 이렇게 본다면, 기업 주식의 예컨대 100%를 시장에서 매집한다는 것은 회사의 전망에 관하여 가장 비관적인 주주로부터 가장 낙관적인 주주의 주식까지를 전부 인수하는 것을 의미하는 것이므로, 그 인수에 필요한 가격과 인수 직전(순간) 시장가와는 현저히 다를 수밖에 없다. 이 점은 비록 100%가 아닐지라도 대량의 주식을 거래하는 경우(즉, 경영권 양도가 이루어지는 일반적인 M&A 혹은 그에 미치지 않더도 지배구조에 중요한 영향을 미칠 정도의 대량거래)에도 정도는 차이가 있을지언정 마찬가지로 보아야 할 것이다.

경영권의 양도가 수반되는 경우는 물론, 이 사건과 같이 상장주식 보통주의 3분의 1을 상회하고, 거래소 전체 유통물량(=일반주주들의 보유물량으로서 거래소에서 거래되는 것)을 상회하는 수량의 대규모 주식거래[74]가 단번

73) Lynn A. Stout, op. cit., 1251면.

에 이루어질 때에는 수요공급곡선에 의한 균형점의 가격보다 더 높은 가격에 의하여 매매가 이루어질 수밖에 없다.

상장기업의 최대주주로부터 장외에서 주식을 통째(block)로 양도받는 인수자는, 실제 시장에서 불특정 다수로부터 매집하는 비용을 절감하기 위해서라도, 그에게 시장가보다 높은 가격을 지불할 수밖에 없고, 반대로 양도인은 인수자에게 위 매집비용을 넘어서지 않는 한 높은 가격을 요구할 수 있다. 양도인이 매집비용을 초과하는 가격을 제시하고 양보하지 않아 타협이 이루어지지 않으면 양수인은 공개매수(tender offer)를 통하여 실제로 원하는 만큼의 수량을 매집하는 것이 위 이론의 필연적인 결과일 것이다. 이것이 실제 M&A거래에서 거의 예외 없이 시장가[75]보다 높은 가격(=premium)이 지불되는 이유를 잘 설명해 줄 수 있다.[76]

이렇게 볼 때, 시장가를 초과하는 프리미엄에는 전혀 프리미엄이 아닌 부분이 있다.

궁극적으로는 시장의 균형점보다 더욱 낙관적인 주주, 즉 해당 주식의 가치를 더욱 높게 평가하는 주주를 설득하여 주식을 매도하도록 하는 가격일 뿐이어서, 인수자가 경영권을 인수하기 위하여서는 반드시 지불하여야 하는 대금일 뿐이다. 다만, 실제로 이루어지는 M&A는 경매방식(=차등가격지불방식)의 순차인수로 이루어지는 것이 아니다.[77] 지배주주와의 협상을 통하여 대량의 주식(Block)을 통째로 인수하거나, 공개매수를 통하여 주식을 시장 외에서 단일가격(uniform price)에 매집하거나(적대적 M&A), 아니면

---

74) 매도인이 한 명이든 수백 명이든 하나의 수체가 매십/매수하는 경우이다.

75) 원칙적으로, M&A가 알려지지 아니하였던 시점의 시장가를 의미한다. M&A가 알려지면 일반적으로 가격에 반영되어 시장가도 상승하며, 때로는 합병의 성사 가능성 및 경영실적 호전에 관하여 지나치게 과도한 시장의 기대로 말미암아 적정가치를 초과하는 현상도 발생한다. 이 경우, 회사의 본질가치를 산정해 보면 시장가를 밑도는 현상도 얼마든지 발생할 수 있다. 현대 주식시장에서는 상대적으로 저평가된 주식은, M&A가능성이 있다는 이유만으로도 가격이 상승하는 현상을 목격할 수 있으며, 이는 결국 잠재적 매수자가 M&A를 포기하게 만들기도 한다. 이 사건의 경우, M&A가능성이나 자사주 매각으로 지배권이 이전될 가능성에 대한 인식은 거의 없었던 것으로 보이므로, 더 이상 별도로 분석하지 아니한다.

76) Lynn A. Stout, op. cit., p.1264 이하 참조.

77) 오히려, 우리나라를 포함하여 각국의 증권거래법은 대부분의 경우 획일적 가격에 의한 공개매수를 의무화하고 있다.

그 혼합형태(시간적 선후 문제만 있음)일 뿐으로서, 인수자가 제시하는 가격은 단일가격인 경우가 압도적이다. 그러나, 어떤 경우이든 인수자가 프리미엄으로 제시하는 금액은 시장 평균보다 낙관적인 주주들로부터 대량의 주식을 매집하는 데에 소요될지도 모르는 기회비용의 반영일 뿐이다.

### 4. 經營權 프리미엄

#### (1) 의 의

흔히 말하는 경영권 프리미엄(=control premium)에는 경영권 양도가 수반되는 주식 거래에서 단위거래 주식가액의 합계액보다 높은 가액이 수수되는 경험적 사실에 기인하는 경험적·실증적 의미로서의 경영권 프리미엄(아래 B)과 그 가치의 근거·내용을 설명하는 법률적 의미에서의 경영권 프리미엄(아래 A)의 의미가 혼재되어 있다.

◎ **헌법재판소 2003. 1. 30. 2002헌바65 전원재판부 결정**

지배주주의 회사지배권이란 특정한 주주가 보유하는, (A) 이사의 선임을 통하여 경영진에 영향력을 행사하거나 또는 주주총회에서의 직접결의에 의하여 회사의 기본정책을 결정할 수 있는 힘을 말한다. 지배주주는 자신이 소유하는 주식을 통하여 이와 같이 회사지배권을 보유하고 있는 것이므로, 다른 주식과 달리 지배주주가 소유한 주식은 회사의 지배가치라는 별도의 경제적 가치를 지니게 되는바, 지배주식 양도시에는 그 주식이 포함하는 이와 같은 별도의 가치가 인정되어 단순한 (B) 단위거래 주식가액의 합계액 보다 높은 가액에 거래되고 있는 것이 현실이다. 대법원도 이 같은 점에 주목하여 회사의 발행주식을 회사의 경영권과 함께 양도하는 경우 그 거래가격은 주식만을 양도하는 경우의 객관적 교환가치를 반영하는 일반적인 시가로 볼 수는 없다고 일관되게 판시하고 있다(대법원 1989. 7. 25. 선고 88누9565 판결(공1989. 9. 15. (856), 1306)).**78)**

대법원 1982. 2. 23. 선고 80누543 판결에서, 「회사의 발행주식을 회사의

**78)** 최대주주 등의 주식 등에 대하여는 그 일반적인 평가방식인 구법 제63조 제1항 및 제2항의 규정에 의하여 평가한 가액에 그 가액의 100분의 10을 가산하여 평가한다고 규정한 구 상속세및증여세법(1998. 12. 28. 법률 제5582호로 개정되기 전의 것) 제63조 제3항이 평등권을 침해한 것인지 여부가 문제된 사안이다(합헌).

경영권과 함께 양도하는 경우 그 거래가격은 주식만을 양도하는 경우의 객관적 교환가치를 반영하는 일반적인 시가로 볼 수는 없다」라고 판시한 이래, 일반적인 주식 거래에서의 주식가격(시장가격)과 경영권 양도를 수반하는 주식 거래에서의 가격이 다르다는 점을 명백히 한 바 있지만,[79] 그 의미는 물론 발생원인이나 인정근거 역시 명백히 설시하지 아니하고 있고 단지 그것이 존재한다는 점을 전제로 하여 상사·형사·민사 등 각 영역에서 다루어지고 있다.[80] 즉 대법원의 접근방법은 위 (B)에 가깝고, 헌법재판소는 양측면에서 접근하고 있다.[81] 이하에서는 경험적·실증적 의미의 경영권 프리미엄(B)의 의미로 사용하기로 한다.

### (2) 경영권 프리미엄의 원천

상법상의 이사 선출 권한 및 주주총회 결의시 다수결 확보 등 상법상의 권한은 현재 광범위하게 논의되는 경영권 프리미엄을 적절히 설명해 줄 수

---

**79)** 同旨: 대법원 1985. 9. 24. 선고 85누208 판결; 대법원 1990. 1. 12. 선고 89누558 판결; 대법원 1989. 7. 25. 선고 88누9565 판결 등 상속세 및 증여세법상 지배주식 증여의 경우 과세에 관한 사례들이다.

**80)** 예를 들어, 대법원 2004. 2. 13. 선고 2001다36580 판결은 「지배주식의 양도와 함께 경영권이 주식양도인으로부터 주식양수인에게 이전하는 경우 그와 같은 경영권의 이전은 지배주식의 양도에 따르는 부수적인 효과에 불과하고, 그 양도대금은 지배주식 전체에 대하여 지급되는 것으로서 주식 그 자체의 대가임이 분명하므로, 법 제188조 제2항에 규정된 법인의 내부자가 주식을 매수한 후 6개월 이내에 그 주식과 함께 경영권을 이전하면서 취득한 경영권 프리미엄 또한 주식의 단기매매로 인하여 얻은 이익에 해당한다고 봄이 상당하다」라고 판시한 바 있고, 대법원 2005. 4. 29. 선고 2005도856 판결 에서는 「거기에 회사를 지배할 수 있는 지배주식이 거래되는 경우에는 그 주식의 시가에 경영권 프리미엄이 가산된 금액으로 거래되는 것이 일반적이라는 사정까지를 보태어 보면」, 대법원 2005. 3. 24. 선고 2004도8963 판결 에서는 「증권거래소나 코스닥에 등록되어 시기가 형성되어 있는 주식의 경우에는 경영권 프리미엄이 수반되는 등 특별한 사정이 없는 한 시가보다 높은 가격으로 거래되는 것은 이례적인 점」 등으로 표현한다.

**81)** '경영권' 또는 '회사지배권'이라 함은 지배주주가 다수의 주식을 보유함으로써 이사의 선임을 통하여 경영진의 선임 또는 경영진의 의사결정에 영향력을 행사하거나 주주총회에서의 직접 결의를 통하여 회사의 기본 정책을 결정할 수 있는 힘을 말하며, '경영권 프리미엄'이라 함은 위와 같은 경영권을 가진 지배주주가 그렇지 않은 일반 주주들과 달리 누리는 특별한 이익(A) 또는 지배주주가 보유 주식을 타인에게 양도할 때 시장가격에 더하여 받는 대가(B)를 가리키는 것을 말하는 것으로서, 지배주주는 회사의 발행주식을 경영권과 함께 양도할 경우에 당해 주식의 일반적인 거래가격에 이와 같은 경영권 프리미엄을 가산한 가격으로 거래조건을 결정할 수 있으므로, 경영권 이전을 수반하는 주식거래에 있어서는 주식만 양도하는 것을 전제로 한 시가가 객관적 교환가치를 반영하는 거래가격이라 할 수 없다.: 대법원 1989. 7. 25. 선고 89누9565 판결 등 참조.

없다.[82] 인수 합병시에 수수되는 경영권 프리미엄의 발생 원인으로 미국 학설상 논의되는 발생원인은 크게 다음 세 가지이다.

① 시너지 가치(Synergy value) : 두 자산이 각각 다른 사람 소유인 경우보다 한 사람이 소유·경영하는 것이 비용을 절감하거나 산출을 증가시킬 수 있는 경우이다. 기업간 인수합병의 명분으로 가장 많이 언급되는 것이다.

② 착취 가치(Expropriation[83] value) : 사기, 횡령, 배임(충실의무 위반) 등의 수단으로 소수주주에게 돌아갈 몫을 차지하는 효과. 여기에는 이른바 광범위한 회색지대(도의적으로는 지극히 비난받을 만하지만 법적인 제재가 없거나 약한 역)가 존재하므로, 소추되거나 제소당할 염려 없이 비례적 주주권 이상의 소득을 올릴 수 있다

③ 순수한 지배가치(pure control value) : 위 두 가치를 제외한 영역의 가치이다.

### (3) 실증적 자료

1981년부터 1994년까지 미국에서 공개기업의 지배주식 양도에 의한 기업인수 사례를 조사한 결과에 의하면 인수 당시 거래가격은 시장가(market price)보다 평균 38%가 높았다고 하며, 경영권 양도와 무관한 수량의 대량거래(10% 이상의 주식의 장외 거래) 가격도 시장가보다 34.5%가 높았다고 한다.[84] 그 외 경영권 프리미엄의 중간값이 28%에서 35%에 이른다는 보고서[85]가 있는가 하면, 일찍이 60년대 후반부터 80년대 후반까지 30~40%에 이른다는 보고서도 있다. 결국, 미국의 경우 경영권 양도가 수반되는 경우 프리미엄은 보편적인 현상이고 인수합병 시장의 활성화 정도나 규모, 상장 여부와 무관하게 발견되는 것으로 보인다.

---

82) 그러한 권한이라면 개개 주식의 거래가격(시장가격)에 화체(imbeded)되어 거래될 것이어서 별도로 프리미엄이 수수될 이유가 적을 것이다.

83) 원래는 토지 등의 수용, 징발, 몰수를 의미한다.

84) Houlihan Lokey Howard & Zukin, Mergerstat Review 1997 (1997), John C. Coates IV, "FAIR VALUE"AS AN AVOIDABLE RULE OF CORPORATE LAW: MINORITY DISCOUNTS IN CONFLICT TRANSACTIONS, University of Pennsylvania Law Review June, 1999.; 각주 72에서 재인용.

85) Shannon P. Pratt et al., Valuing a Business 316-25, 334-63 (3d ed. 1996).; op. cit., 각주 39에서 재인용.

이른바 경영권 프리미엄에는 주관적·객관적인 다양한 형태의 이익이 포함된 개념일 것이다. 그중에서 사적(私的)인 이익이 어느 정도의 비중을 차지하는가에 관하여, 하바드대의 Alexander Dyck 교수와 시카고대의 Luigi Zingales가 1990년부터 2000년까지 39개국에서 발생한 412개의 경영권 양도 사례를 조사하여 경영권의 사적이익(private benefits of control)을 조사한 결과,[86] 경영권의 사적 이익은 회사의 시가총액(equity value)의 -4%(일본)로부터 65%(브라질)까지 다양하게 나타났다. 사적이익의 외부적 측정 방법은 기업인수(경영권 양도)가 발표된 다음 날의 주당 시장가와 경영권 양도시 수수된 주당 가치를 비교하는 방법이다.[87]

사적이익이란 반드시 법정에서 위법한 것으로 판명되거나 될 수 있는 것에 국한되는 것은 아니다. 예를 들어 경영자가 피지배회사와 그의 친인척·개인회사와의 거래를 통한 이익의 경우 미세한 차액[88]만으로도 누적된 대량의 거래로 큰 이익을 얻을 수 있다는 것이다. 또 경영진에게 집중·제공되는 고급정보를 자기 개인 기업체를 위하여 이용할 수도 있고 개인적인 사업기회로 활용할 수도 있다. 이와 같이 셀 수 없을 정도로 다양한 유형·무형의 이익은 일반주주에게는 전혀 미치지 않아 주식의 시장가에 반영될 수 없다. 혹은 반영된다 하더라도 실질적인 혜택은 지배주주가 독점하게 된다.

소수주주들에 대한 법적 보호정도와 법집행의 확실성이 강할수록 경영권의 사적 이익은 적게 나타났고, 그 외 독점규제법규 정비 상황 등도 영향을 미치는 것으로 나타났는데, 가장 상관관계가 높은 요인이 신문구독률과 납세의무준수 정도였다는 것이다(신문구독률이 높고 납세의무가 잘 지켜지는 국가일수록 경영권의 사적 이익은 낮게 나타난다).

전반적으로, 기업에 대한 국민과 국가의 감시·감독과 자본시장의 정비

---

86) 이하, Alexander Dyck(Harvard Business School), Luigi Zingales(uninversity of Chicago and CEPR), "PRIVATE BENEFITS OF CONTROL: AN INTERNATIONAL COMPARISON"(2002).

87) 기업인수 사실이 발표되면, 시너지 효과이든, 경영방침의 변화 가능성이든, 인수자의 경영능력이든, 그로 말미암아 공적(公的)으로 주주들에게 평등하게 돌아갈 이익은 주가에 완전히 반영된다는 점, 이를 넘어서는 부분은 지배주주의 사적 이익으로 볼 수 있다는 점을 전제로 한다.

88) 법정에서 당부를 가리기 어려울 정도이다.

가 잘 이루어질수록 경영권 프리미엄 중 사적 이익이 차지하는 비중이 낮아진다고 할 수 있다. 조사결과에 의하면, 한국의 경우 최소 4%, 최대 22%, 평균 16% 정도로서 대체로 조사 대상 국가 중 평균치(14%)에 해당하였다.[89] 아르헨티나, 오스트리아, 콜럼비아, 체코, 이스라엘, 이탈리아, 멕시코, 터키, 베네수엘라, 브라질 등이 25%를 넘는 국가군에 속했고, 무려 14개국이 3% 미만으로 나타났다(호주, 캐나다, 핀랜드, 프랑스, 홍콩, 일본, 네델란드, 뉴질랜드, 노르웨, 싱가포르, 남아프리카 공화국, 대만, 영국, 미국).

위와 측정방식을 달리 한 다른 조사, 즉 보통주와 우선주(무의결권주)가 인정되는 국가에서 의결권의 가치를 측정하는 방식에 의한 조사[90]에서도, 이와 같은 국가별 편차나 지역별 경향은 뚜렷이 확인되는바,[91] 덴마크의 0%부터 멕시코의 50%까지 다양하며, 법집행의 확실성과 주주보호의 정도 등 법률환경(Legal environment)이 변수의 75% 정도를 설명해 준다고 보고하고 있다. 여기서는 우리나라가 브라질, 칠레, 프랑스, 이탈리아, 멕시코 등과 함께 25% 이상의 고비율 국가에 속하고 있다.

### (4) 시사점

경영권 프리미엄이 수수되는 현상은 전 세계적인 현상으로서 거의 모든 조사가 30~40%의 규모로 나타나고 있지만, 그중에서 이른바 "사적이익"으로만 설명될 수 있는 부분은 이른바 자본시장 선진국과 후진국의 차이가 극명하게 드러난다는 점을 들 수 있겠다. 예를 들어 미국의 경우 앞서 본 바와 같이 평균적인 M&A거래에서의 경영권 프리미엄이 30~40%에 이르지만, 그중 앞서 본 사적이익으로 설명될 수 있는 부분은 거의 없는 것으로 나타났다.

우리나라의 경우 예를 들어 경영권 프리미엄이 30%라고 가정하면, 그 중 사적인 이익이 차지하는 비중은 평균적으로 절반 가량(14%)임을 추단할 수 있을 것으로 보인다. 조사기간 중 극도의 불황을 겪고 있었던 일본의 경

89) Alexander Dyck, op. cit., p.45 도표 참조.

90) Tatiana Nenova, "The Value of Corporate Votes and Control Benefits: A Cross-country Analysis(Harvard University, 2001. 9. 21.).

91) 미국과 Canada, Denmark, Hong Kong, Sweden 등은 4% 미만, 영국과 Finland, Norway, South Africa 등은 5~10%, 독일과 스위스는 10~15% 정도로 측정되었다.

우, 사적인 프리미엄이 -4%로 측정된 것은 대부분의 M&A가 부도 후 혹은 부도직전 기업의 합병 유형이었다는 데에 기인하는 것으로 사료된다.

그러므로, 우리나라의 경우 경영권 프리미엄 중 주식시장에서 개별 주식의 주가에는 결코 반영되지 아니하는 부분(=지배 주주의 사적(私的) 이익)이 상당 부분 존재한다고 볼 수밖에 없다.

위 자료가 시사하는 바는, 미국 등의 경우에는 M&A가 발표되면(=시장에 정보가 주어지면) 경영권 프리미엄도 주가에 곧장 반영되지만,[92] 우리나라의 경우 M&A가 발표되더라도 주식시장의 주가에 결코 반영되지 아니하는 부분이 평균적으로 14%에 이른다는 것이다.[93]

EMH와 결부시켜 생각하면, 경영권 프리미엄은 가격에 반영되지 아니하는 부분이 있다는 점이다. 결국, 적어도 2000년까지 우리나라에서는, 경영권 양도를 수반하는 주식의 일괄 대량 양도시의 주당 가격은 ① 주식 시장에 그 정보가 반영되지 아니한 상태에서는 물론, ② 그 정보가 완전히 반영된 후에도, 시장가를 상회하는 것이 정상이라고 할 수 있다.

이는 미국에서 뜨겁게 논란이 되고 있는 소수주주의 할인(Minority Discount, Imbeded discount)이 우리나라에는 엄연히 현실적으로 존재함을 의미한다. 또한 이는, 준강형 효율적 시장가설을 전제로 구축된 미국의 증권관련 법제 및 판례 중 지배권 및 소액주주 관련 부분 등을 그대로 도입하는 입법은 부적절할 수 있다는 점을 반증한다. 결론적으로, 위와 같은 유형의 주식 대량거래에 당시의 시장가를 적용하는 것은 인수자에게는 확실한 사적 이익을, 양도인에게는 기회비용(다른 곳에 매각할 경우 차익)의 손실을 인정할 수 있다고 본다.

### (5) 미국 판례의 입장

미국의 판례[94]들은 심지어 뉴욕 증권거래소에서 거래되는 주식에 있어서도 반드시 시장가(market price)가 곧 주주가 받아야 할 정당한 가치(fair

---

92) 따라서 그런 한도 내에서 시장은 대체로 효율적이다.

93) 그런 측면에서 시장은 효율적이지 못하다.

94) 주로 델라웨어주 법원의 판결들임. 미국 표준 500대 기업 중 과반수 및 다우존스 편입 30대 기업의 과반수가 델라웨어에 본사를 두고 있고, 델라웨어 주의 회사법과 관련 판례들이 다른 주에 지대한 영향을 미치고 있다.

value)를 의미하는 것은 아니라고 판시하여 왔다.[95)]

최초로 언급을 찾아볼 수 있는 것은 Chicago Corp. v. Munds(1934) 사건이다. 시장가가가 가장 적절한 고려요소인 점은 의심의 여지가 없지만, 독점적(배타적, exclusive)인 것은 아니라고 판시하였다.[96)]

경영진의 충실의무위반이 문제된 Emerging Communications 사건,[97)] Cede & Co. v. Technicolor, Inc. (Technicolor IV)[98)] 등에서도 여러 차례 확인되었다.

그 밖에 주목할 판결로는 임원들이 시장가를 정당한 가격으로 간주하지 아니하여도 충실의무 위반으로 볼 수 없다는 파라마운트 영화사와 타임사 간의 판결,[99)] 경영권 프리미엄을 인정하지 아니한 하급심을 파기한 Rapid

---

95) Dana M. Muir, Cindy A. Schipani, "… When the market for a publicly traded security is active and efficient, the market price of the corporation's common stock is important corroborative evidence of value. According to the EMH (in semi-strong form), financial markets are efficient, and thus all public information is calculated into a stock's current share pricesuch that securities prices reflect all known information. If courts were confident that the markets are operating efficiently, it would be reasonable to expect courts to give stronger preference to the market priceof a corporation's stock in a stock appraisal action. However, although they respect the capital markets and consider market price a factor to be weighed in the analysis, the Delaware courts acknowledge that market prices do not necessarily reflect the fair value of the stock, even when the stock is traded on a national market."

96) "… 시장은 기업의 가치를 평가함에 있어 때때로 비참할 정도로 오류가 있었다. …" 대공황 직후의 판례이다.

97) In re Emerging Commc'ns. Inc. S'holders Litig., No. Civ.A.16415, 2004 WL 1305745 (Del. Ch. May 3, 2004, revised June 4 2004) Emerging Communications라는 회사가 시장에서 주식을 매집하여 사유화하였는데, 종전 주주들이 위 거래가 부당한 거래였고 부당한 가격에 거래가 이루어졌다고 주장하며 제소한 사건임. 피고측 전문가는, ECM이 공개되고 효율적인 시장에서 거래되고 있었으며, buyout이전의 ECM의 주가(미국 뉴욕 증권거래소 상장 종목)인 7불은 그 가치의 합리적인 반영이라는 의견을 냈지만, 델라웨어 주 법원은 주식의 평가에 있어 시장가가 고려되야 하지만, 시장가가 언제나 공정한 가치를 나타내는 것은 아니라고 판시하였다(원고들 승소). "Market price should be considered in an appraisal, the market price of shares is not always indicative of fair value."

98) Cede & Co. v. Technicolor, Inc., 684 A.2d 289 (Del. 1996).

99) 571 A.2d 1140 (Del. 1989), 원고들은 파라마운트사의 이사들이 합병교섭에서 주주들에게 가장 높은 가격을 보장해야 할 충실의무에 위반하였다고 주장하였다. 판결문의 각주에서 법원은 「이사들이 시장가가 회사의 진정한 가치를 반영하는 것이 아니라고 보는 것은 충실의무위반이 아니다」라고 판시하였다. "it is not a breach of faith for directors to determine that the present stock market price of shares is not representative of true value or that there may indeed be several market values for any corporation's stock."

American 사건[100] 등이 있다.

요컨대, 앞서 본 일련의 판례들은, 전반적으로 미국 증권거래시장의 효율성을 인정하는 편이지만, 중요한 정보가 전달되지 아니하였다거나 그밖의 사유로 시장가가 정당한 가격을 반영하지 아니하였다고 보이는 사안이나 시장의 효율성이 의심되는 상황에서는 시장가에 별다른 무게를 두지 아니한다.

임원의 충실의무위반과 관련하여, 학계・재계에 가장 뜨거운(격렬한) 반응을 일으킨 사건으로는 델라웨어주 대법원의 이른바 GORKOM[101] 사건[102]을 들 수 있다. Trans Union이라는 철도회사 임원들이 회사 매각(cash-out merger)을 추진하였는데, 시장가를 크게 상회하는 가격으로 합병이 이루어졌음에도 충실의무위반으로 인한 책임을 인정하였기에 재계의 반응은 충격 그 자체였다. 즉, Trans Union은 뉴욕증권거래소(New York Stock Exchange) 상장회사로서 1975~1979년간 24.25불에서 39.5불 사이에서 거래되었으며 문제가 된 1980년에도 29.5~38.25불 사이에서 거래된 바 있었다. 한편 제안된 인수합병 가격은 55불로서, 6년간 거래된 최고 주가보다 40%의 프리미엄이 가산된 셈이었다. 델라웨어주 대법원의 판시 중 관련 부분은 다음과 같다.[103]

「상당한 프리미엄이 (주주들에게) 흡수합병을 추천할 하나의 이유는 될

---

[100] Rapid-American Corp. v. Harris, 603 A.2d 796 (Del. 1992). '하급심이 경영권 프리미엄 반영 주장을 배척한 것은 시장가에 대한 과도한 강조를 암시한다. … 근래 주식시장의 변동으로 말미암아 어느 기업의 내재적 가치를 결정함에 있어 시장가에 과도하게 의존하는 조치의 결함이 극적으로 드러났다.'고 설시. "trial court's rejection of the 'control premium' implicitly placed a disproportionate emphasis on pure market value...", "…[r]ecent price changes in the stock market dramatically illustrate the defects of an overstated reliance on market price to determine a corporation's intrinsic value in an appraisal proceeding …"
→ 80년대 후반의 이른바 Black Monday 사태를 염두에 둔 것으로 보인다.

[101] CEO였던 Van Gorkom은 공인회계사이자 변호사로서 Trans Union에 17년간 대표이사로서 2년간 근무한 자이다.

[102] Smith v. Van Gorkom, 488 A.2d 858 (Del. 1985).: 회사의 임원들이 회사의 전정한 내재적 가치를 전혀 확인해보지도 아니한 채 주주들에게 합병을 추천한 사안인데(과실정도나 충실의무 위반의 정도는 무척 큼), 합병 교섭은 시장가보다는 높은 가격으로 이루어졌기 때문에 재계 및 하계로부터 로부터 많은 공격을 받는 판례 중 하나이다. 이 판결을 계기로 주주들의 결의에 의하여 임원의 책임을 면제할 수 있도록 하는 회사법 개정이 이루어졌다.

[103] 손해액의 산정을 위하여 파기환송하였으나, 하급심에서 합의가 성립되어 종결되었다.

수 있겠지만, 다른 건전한 평가 정보를 완전히 도외시 한 이상, 프리미엄의 존재 자체만으로 제안된 가격이 공정하였다고 추단할 근거가 되는 것은 아니다. 1980. 9. 20.까지 Van Gorkom은 물론 다른 이사들(모두 10명이고, 그 중 5명은 사외이사임) 역시 Trans Union의 최근 7년 동안 영업이익이 꾸준히 증가하여 왔음에도 주식시장은 일관하여 Trans Union을 저평가하였다는 점을 인식하고 있었다는 점은 명백하다」라고 하였다.

위 Gorkom 사건의 시사점은, 아무리 주식시장에 상장되어 거래되는 주식(=뉴욕증권거래소 상장종목, 대형주)이라 할지라도 시장에서 소외되어 장기간 침체되어 저평가된 주식의 경우 시장가를 신뢰할 수 없고, 임원들 자신도 이를 인식한 경우에는 시장가에 상당한 프리미엄을 가산하였다는 점만으로는 회사의 손해를 부인할 수 없다는 것으로서, 결국 인수 합병에 임하는 임원들이 시장가를 신뢰하였다는 사정 만으로는 주의의무를 다하였다고 볼 수 없는 상황이 분명히 있을 수 있다는 점이 될 것이다.

appraisal 소송 등에서 법원이 평가기준으로 삼는 특정한 방법은 없다. 다만, Hunter v. Mitek Industries, Inc.(721 F.Supp. 1102) 사건에서는 "자산가치, 수익, 배당, 경영상태 그 밖에 모든 관련 사실 및 상황"[104]을 들고 있고(1983년, 연방법원 판례), Litton Indus. v. Lehman Bros. Kuhn Loeb Inc., 709 F.Supp. 438 (S.D.N.Y.1989) 사건에서는 "시장가치, 자산가치, 배당, 수익전망, 기업의 특성(성격), 기타 장래 전망에 관한 모든 관련 사실"을 들기도 하다(1989년 연방법원 판례).[105]

---

104) "… asset value, earnings, dividends, [and] management, and '[e]very relevant fact and circumstance which enters into the value of the corporate property and which reflects itself in the worth of corporate stock."

105) "market value, asset value, dividends, earning prospects, the nature of the enterprise and any other facts which were known or could be ascertained … and which throw any light on future prospects … must be considered …"

## [첨부 I]

# 포트폴리오 (portfolio) 이론

의사결정을 확실성 하의 의사결정, 위험 하의 의사결정, 그리고 불확실성 하의 의사결정으로 나눌 수 있다. 위험하의 의사결정(decision under risk)은 미래에 발생할 상황과 각 상황하에서의 현금흐름의 크기를 예측할 수 있으며 각 상황이 발생할 객관적 확률분포를 알고 있는 상태에서의 의사결정을 말한다. 불확실성 하에서는 수익성(기대수익률)이 높더라도 위험[106]이 크면 좋은 대안이 아닐 수도 있다는 것을 의미하므로 양자를 다 고려하여 투자방식을 결정하여야 한다.[107] 어떠한 투자방식의 수익률이 확률분포로 주어지는 경우 수익성의 정도는 기대수익률[108]로, 위험[109]의 정도는 분산이나 표준편차로 측정된다.

위험회피의 정도의 차이는 가로축을 위험, 세로축을 수익률로 표시한 도표에서 무차별곡선의 기울기로 평가할 수 있다. 무차별곡선의 기울기는 위험을 한 단위 추가로 부담할 때 동일한 효용을 유지하기 위하여 요구되는 보상(기대수익율)을 의미한다.[110]

기대효용[111]의 극대화가 통상적인 투자자(=전통적인 재무관리이론)의 궁극적 목적이다. 이를 위해서 투자자는 통상 여러 자산에 투자를 할 것이다. 분산투자를 할 때 투자대상인 자산의 조합을 포트폴리오(portpolio)라고 한다. 문제는 여기서 발생한다. 예를 들어 자산 A와 자산 B의 수익률이 정

---

106) 제무관리에서 위험(risk)은 실제로 실현된 현금흐름(수익)이 기대수준과 다를 가능성 또는 미래 현금흐름의 변동가능성(variability)으로 정의되며, 위험의 측정치는 실제 수익이 투자자의 기대수익으로부터 얼마나 다르게 실현될 수 있는가에 대한 그 편차의 크기를 나타내 주어야 한다. 수익률에 대한 확률분포의 분산 또는 표준편차로 측정된다.

107) 투자자에는 위험회피형, 위험중립형, 위험추구형의 유형이 있겠으나, 재무관리에성는 위험회피형 투자자를 가정한다.

108) '기대수익률'(expected rate of return)이란, 수익률에 대한 확률분포의 기대치. 미래의 가능한 수익률과 그 수익률이 발생할 확률을 곱하여 모두 합한 값이다.

109) 미래 수익률에 대한 확률분포가 주어지는 경우에는 확률분포의 분산도(dispersion)를 나타내는 분산(variance)이나 표준편차(standard deviation)를 이용하여 위험을 측정할 수 있다.

110) 기울기가 가파를수록 위험을 회피하는 정도가 강하다고 할 수 있다.

111) '기대효용'이란 미래에 얻게 될 수익률 또는 부에 대한 효용의 기대치를 말한다.

반대의 방향으로 움직이는 경우와 완전히 같은 방향으로 움직이는 경우, 그리고 어느 정도의 상관성을 가지고 움직이는 경우 그 개별 투자자산들을 결합하여 투자하였을 때 결과는 전혀 다른 양상을 보여줄 것이기 때문이다. 여기서, 두 자산의 수익률의 관계는 공분산(covariance)[112] 또는 상관계수(correlation coefficient)[113]로 측정된다. 일반적으로 주식 상호간의 상관계수는 양의 상관계수를 가지게 된다(0에서 1의 범위).

포트폴리오의 기대수익률을 결정하는 요인은 바로 포트폴리오를 구성하는 개별주식들의 기대수익률과 개별주식에의 투자비율이고, 포트폴리오의 위험을 결정하는 요인은 개별주식의 위험, 개별주식에의 투자비율, 개별 주식의 수익률간의 상관관계이다. 즉 기대수익률과는 달리, 포트폴리오의 위험은 투자비율과 개별주식의 위험 이외에 수익률의 '상관관계'에 따라서도 달라질 수 있는 것이다. 이때 상관관계가 낮아질수록 포트폴리오의 위험은 작아질 것[114]이라는 점을 간파하는 데에는 박사학위를 요하지 않는다. 더 나아가 보면, 포트폴리오에 포함되는 주식의 수가 많아질수록 위험은 점점 더 작아지게 된다. 이를 포트폴리오의 위험분산효과라고 한다.[115]

가로축을 포트폴리오의 위험, 세로축을 기대수익률로 표시할 때, 각각의 포트폴리오들은 두 수치의 결합관계로 나타나는 한 점을 차지하게 될 것이다(투자기회집합). 무한히 많은 투자기회집합 중에서 합리적인 투자자들은

---

112) 두 주식의 수익률의 편차의 곱에 확률을 곱하여 모두 합한 값이다. (+)이면 두 주식은 기댓값을 중심으로 같은 방향으로 움직임을 의미하며 (-)라면 서로 반대방향으로 움직임을 의미한다. 다만, 이는 측정단위에 따라 달라지므로 공분산의 크기로서 상관관계의 정도를 측정할 수 없다. 상관관계의 정도를 나타내기 한 척도가 산관계수이다.

113) 공분산을 표준편차의 곱으로 나누어 계산한다. 두 주식의 수익률이 어떤 관계를 갖고 움직이는가에 관한 상대적 척도이다. 상관계수는 -1에서 +1까지의 값을 갖기 때문이다. 상관계수가 0인 경우는 수익률은 완전히 무관하게 움직일 것이다.

114) 개별 주식들의 상관계수가 1인 경우란 주식의 세계에서는 계란을 한 바구니에 담는 것을 의미(경우에 따라서는 대박 아니면 쪽박)하는 것이다. 위험은 전혀 분산되지 않았고 그 중 어느 한 개별자산에 전부 투자(올인)하는 것과 마찬가지이다.

115) 물론, 전쟁이나 인플레이션 및 이자율 변동과 같이 모든 자산에 공통적으로 영향을 미치는 요인으로 인해 발생하는 위험(체계적 위험)은 아무리 분산투자를 한들 제거할 수 없을 것이다. 분산이 불가능한 위험이다. 포트폴리오로 분산할 수 있는 위험은 특정 기업에 국한된 요인, 즉 경영성과, 소송사건, 신제품 개발 등으로 인한 위험으로 국한된다. 이러한 기업특유의 위험을 비체계적 위험이라고 하며, 분산가능한 위험이다. 투자 주식 수가 극도로 많아지게 되면 비체계적 위험은 거의 사라지고 체계적 위험만이 해당 포트폴리오의 위험으로 특정될 것이다.

어떤 선택을 할 것인가?

시장 전체에 존재하는 모든 투자기회(투자자산의 조합에 의한 투자기회 집합)를 검토해 보면 동일한 위험수준에서 가장 높은 기대수익률을 제공하는 포트폴리오(효율적 포트폴리오)들을 가정할 수 있을 것이다. 효율적 포트폴리오들이 위 도표에서 차지하는 점들을 연결한 선을 '효율적 프론티어'(efficient frontier)라고 한다.116)

효율적 프론티어

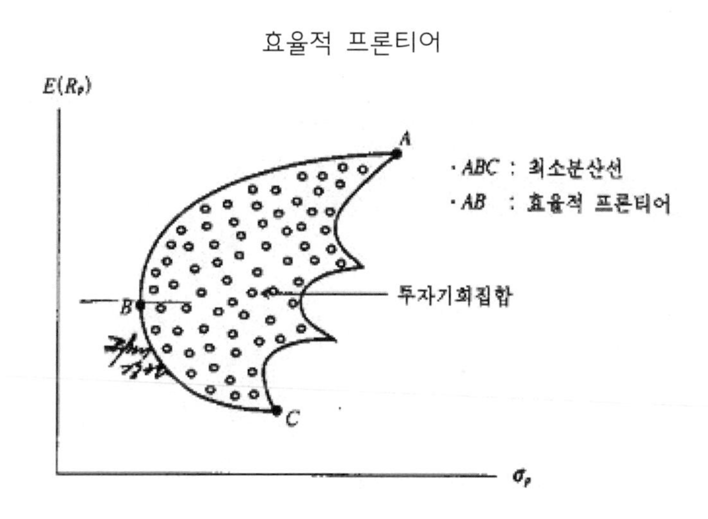


한편, 앞서 투자자들의 위험회피의 정도의 차이는 무차별곡선의 기울기로 평가할 수 있다고 하였다. 각각의 투자자들은 나름대로 위험회피의 정도의 강약에 따라 저마다의 포트폴리오를 구성하려 할 것이다(저마다 다른 무차별곡선). 투자자들이 최적의 포트폴리오를 구성하려 한다면, 어떻게 해야 할 것인가? 바로 효율적 프론티어와 자신의 무차별 곡선의 접점에 해당하는 포트폴리오를 선택하면 된다.117)

116) 위험과 수익률이 정비례한다면 당연히 우상향일 것이고, 한계효용체감 곡선처럼 기울기는 점차 작아지게 될 것이다. 일정한 수익률을 넘어서면 감수해야 하는 위험은 급속히 증가한다. 일정한 위험 이하에서는 한 단위의 위험을 줄이는 데에 희생하여야 할 수익률이 급속히 커질 것이다.

117) 그 점에서는 효율적 프론티어의 기울기와 개인의 투자성향에 따른 무차별곡선의 기울기가 일치할 것이다.

완전공분산모형에서의 최적 포트폴리오 선택

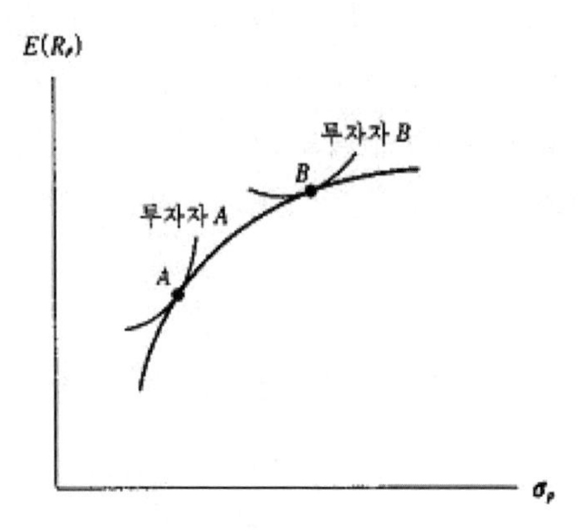

## [첨부 Ⅱ]

# 자본자산 가격결정모형 (CAPM)

자본시장의 균형이론이란 자본시장이 균형인 상태에서 어떤 자산의 균형가격이 어떻게 결정되어야 하는가를 설명하는 이론이다. 어떤 자산의 균형가격은 그 자산의 미래현금흐름을 위험이 반영된 적절한 할인율(균형수익률)로 할인한 현재가치를 의미한다고 할 때, 균형가격은 가격으로 측정할 수도 있지만 수익률로 측정될 수도 있다(균형수익률의 결정은 곧 균형가격의 결정을 의미한다). 자본시장의 균형가격은 두 가지 측면에서 중요한 의미를 갖는다. 첫째, 어떤 자산이 균형가격에 비하여 과대평가되어 있는지 또는 과소평가되어 있는지를 판단하는 기준을 제공하여 준다. 둘째로 주주나 채권자가 자신이 제공한 자본에 대해 요구하는 최저의 필수수익률(자본비용)이 어느 정도인가를 알 수 있게 해 준다.

자본자산 가격결정모형(CAPM)은 다음과 같은 가정하에서 투자자들이 Markowitz의 이론에 따라 행동할 때 자본시장이 균형인 상태에서 위험이 반영된 균형가격(균형수익률)이 어떻게 결정되는가를 설명하는 이론이다.

① 증권시장은 완전자본시장(perfect capital market)이다. 증권시장에는 무수한 투자자가 있으며, 각 투자자는 시장가격에 영향을 줄 수 없는 가격순응자(price-taker)이다. 또한, 거래비용, 소득세, 정보를 취득하는 데 따른 비용이나 제약 등은 존재하지 않는다.

② 모든 투자자들은 마코위츠(Markowitz)의 포트폴리오 이론대로 자본자산의 기대수익률과 표준편차(혹은 분산)에 따라 투자결정을 할 것이며, 위험이 있는 자산에 투자할 때는 마코위츠의 효율적 프론티어(efficient frontier) 상에 존재하는 포트폴리오를 선택한다(따라서 특정 자산에 대한 선호는 존재하지 않으며 모든 투자자산은 서 완벽히 호환적임을 의미한다).

③ 자본시장에서 무위험자산(risk-free asset)이 존재하며, 모든 투자자들은 무위험이자율(risk-free interest rate)로서 언제든지 투자자금을 빌리거나 빌려줄 수 있다(무한한 차입 가능). 차입이자율과 대출이자율이 무위험이자율로 동일하다.

④ 모든 투자자들은 각 자본자산의 미래 수익률과 위험에 대하여 동질적인 기대를 하고 있다(homogeneous expectation). 즉, 자본시장의 기대수익률, 분산, 공분산에 대하여 동질적으로 기재한다.

⑤ 모든 투자자들은 동일한 단일투자기간(single period)을 가지고 있으며 모든 기본자산은 무한히 분할 가능하다.

무위험자산이 존재하는 경우 투자자들은 투자기회집합 내의 포트폴리오(A)와 무위험자산을 결합하여 새로운 포트폴리오를 구성할 수 있다. 무위험자산은 위험율이 0인 자산이므로, 앞서 본 도표에서 세로축인 수익률의 절편에 위치할 것이다. 여기에 위험자산 포트폴리오 A를 결합할 경우 새로운 포트폴리오의 기대수익률과 위험간에는 선형관계가 존재한다(수익률 축의 절편으로부터 시작되는 우상형의 직선으로 나타난다).

기울기가 클수록 동일한 위험에 대한 기대수익률이 높음을 의미하므로 출발점이 같은[118] 곡선 중에서 가장 기울기가 가파른 직선이 지배적인 포트폴리오일 것이다. 그런데, 앞서 본 Markowitz의 효율적 프론티어를 같은 도표에 나타내 보면, 그 위에 위치한 포트폴리오들은 모두 위험자산만으로 구성된 프론티어 중 가장 효용이 높은 지배적인 포트폴리오들이므로, 무위험자산과 위험자산의 결합으로 결합된 포트폴리오는, 위 효율적 프론티어와 비교할 때 같은 위험에 대한 수익률이 더 클 수는 없을 것이다.

결론적으로 무위험자산의 수익률을 의미하는 수익률축의 점으로부터 출발하여 Markowitz의 효율적 프론티어 곡선을 향하여 직선을 그었을 때 접점에 해당하는 점(M)에 해당하는 위험자산의 포트폴리오와 무위험자산을 결합하는 포트폴리오가 다른 모든 포트폴리오를 지배하는 효율적인 포트폴리오이다. 앞서 본 제반 가정이 충족된다면 투자자들은 바로 무위험자산과 포트폴리오 M을 결합하는 포트폴리오만을 구성하게 될 것이다.

---

**118)** 무위험자산에 100% 투자하는 경우의 수익률은 무위험수익률과 동일하다.

자본시장선의 도출

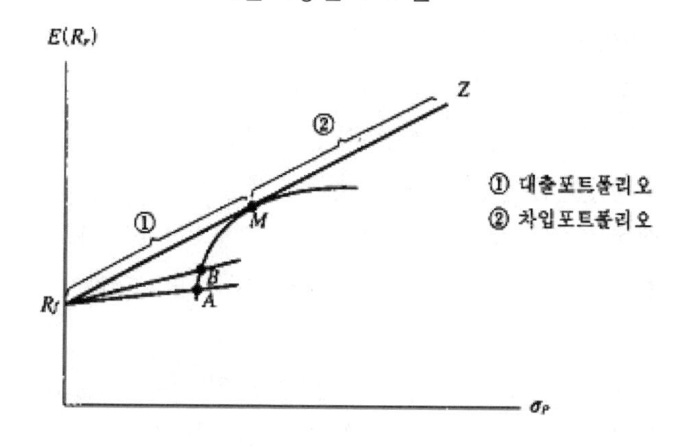


위 선의 출발점인 절편에서 접점까지의 구간은 투자자가 자산의 일부를 위험포트폴리오인 M에 투자하고 나머지를 무위험자산에 투자하는 경우의 포트폴리오들이 위치하게 되고, 절편을 넘어 그 선을 연장하는 직선의 나머지 구간은 투자자들이 무위험이자율로 차입을 하여 자신의 투자금액과 합한 금액을 투자하는 경우이다. 결국 위 접접을 지나는 직선이 무위험자산을 고려하는 자본시장균형 모델에서 새로운 효율적 프론티어가 되며, 이를 자본시장선[119]이라고 한다. 자본시장선상의 모든 포트폴리오는 포트폴리오 M과 무위험자산으로만 구성되어 있으며 다만 양자의 결합비율에만 차이가 있을 뿐이다. 자본시장선상의 포트폴리오들은 비체계적 위험이 완전히 제거된 포트폴리오라고 할 수 있다.

또 자본시장선상의 포트폴리오들은 효율적 포트폴리오의 위험에 상응하는 균형수익률을 제시해 준다고 할 수 있다. 균형수익률은 무위험이자율과 위험프리미엄(시장포트폴리오의 기대수익률 중에서 무위험이자율을 초과하는 수익)의 합으로 구성되므로, 자본시장선의 기울기는 바로 시장포트폴리오의 위험 1단위당의 위험프리미엄으로서 위험 1단위에 대한 시장가격을 의미한다(market price of risk).[120]

---

**119)** Capital Market Line = CML: 무위험자산이 존재할 때 완전분산투자가 이루어진 효율적 포트폴리오의 표준편차와 균형수익률 간의 관계를 설명해 준다.

**120)** 이와 같이 자본시장의 효율적 포트폴리오와 균형가격을 도출되었다면, 개개인은 기대효용의 극대화를 통하여 자신의 무차별곡선과 자본시장선이 접하는 점의 포트폴리오를 선

그런데, 현실적으로 균형가격을 산출해 내는 데에는 적지 않은 어려움이 있을 것이라는 점은 누구나 짐작할 수 있을 것이다. 무수히 많은 자산의 수익률을 어떻게 다 변수로 표현할 것인가? 개별자산의 수익률이 시장전체의 수익률, 즉 시장포트폴리오의 수익률과 밀접한 관계를 가지고 변동한다는 점에 착안하여, 그 자산의 수익률을 시장포트폴리오의 수익률에 대하여 회귀분석하여 얻어낼 수 있다면 그 수치(β - 베타계수라고 한다)와 시장포트폴리오의 수익률만으로 표현할 수 있게 될 것이다. 이를 단일지수 모형(혹은 시장모형)이라고 한다.

위 β가 1일 때 기대수익률은 시장기대수익률[121]과 동일하고, 베타가 0일 때 기대수익률은 무위험수익률[122]과 동일하다. 투자자들이 여러 개의 자산으로 포트폴리오를 구성함으로써 비체계적인 위험을 제거할 수 있으므로 주식과 같은 위험자산에 투자할 경우 위험프리미엄의 보상기준이 되는 위험은 총위험이 아닌 체계적 위험이다.

시장이 균형인 상태에서 모든 자산의 가격은 무위험이자율과 그 자산의 체계적 위험(=β)에 상응하는 위험프리미엄으로 구성된다. 시장위험프리미엄과 무위험이자율은 시장에서 결정되는 값으로 어떤 자산에게나 동일한 값이므로 각 자산의 균형수익률은 체계적 위험의 크기에 따라 달라질 것이다. 이렇게 하여 모든 자산을 대상으로 β계수로 측정된 체계적 위험에 상응하는 위험프리미엄을 적절히 반영한 균형수익률을 제시해 주는 선을 도표화하면 무위험이자율을 절편으로 하는 직선이 얻어지는데, 이를 증권시장선이라고 한다.[123]

---

택할 것이다. 상대적으로 위험회피 정도가 약한 투자자는 그만큼 시장포트폴리오에 많은 자금을 투자할 것이고, 반대의 투자자는 무위험자산에 더 많이 투자할 것이다. 결국 전자는 도표의 우상방에서, 후자는 도표의 좌하방에서 각각 자본시장선과의 접점에 해당하는 시장포트폴리오를 선택할 것이다.

121) 비체계적 위험은 없고 체계적 위험만 있다.

122) 비체계적 위험은 물론 없고 체계적 위험도 없다.

123) Stock Market Line = SML: 시장에 존재하는 모든 자산의 체계적 위험과 균형수익률의 관계를 설명하는 선이다.

증권시장선

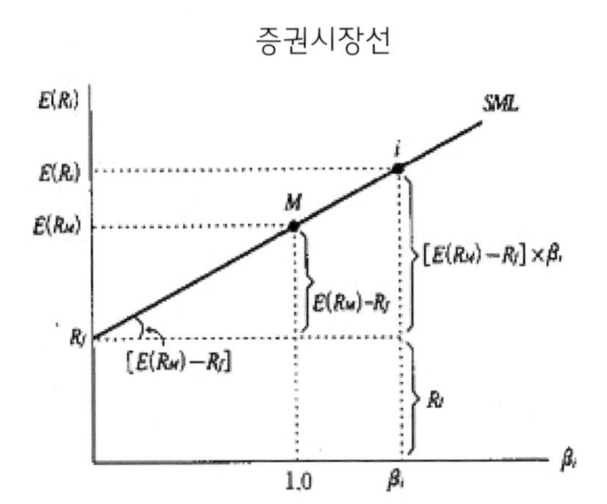


증권시장선(SML)은 자본시장선(CML)과 달리 효율적 포트폴리오뿐만 이 아닌 개별주식과 비효율적 포트폴리오의 균형수익률도 측정 가능하다는 차이가 있다. 어떤 자산이 증권시장선(SML)의 위쪽에 위치한다면 현재의 가격이 균형가격에 비하여 과소평가되었다고 할 수 있고(즉, 위험에 비해 수익율이 높다), 그 반대라면 과대평가되었다고 할 수 있다.

자본시장선과 증권시장선의 비교

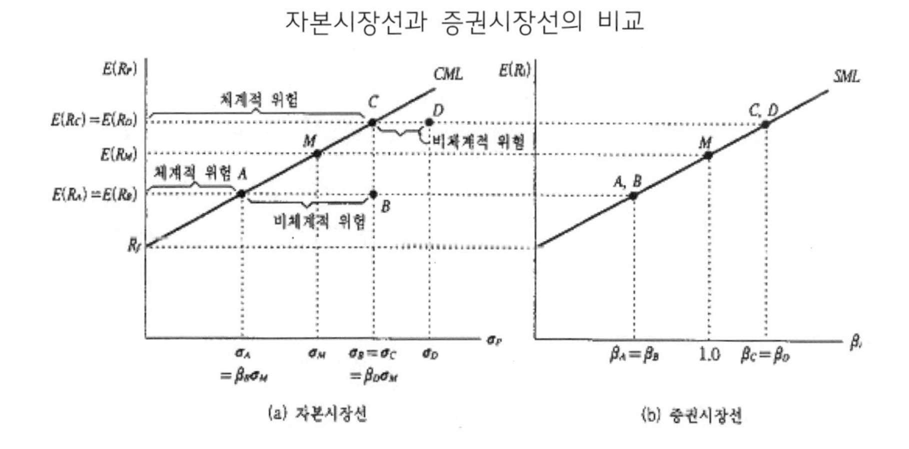


(a) 자본시장선 (b) 증권시장선

여기서, CAPM은 결국 자본시장이 균형인 상태에서 어떤 자산의 균형 가격이 어떻게 결정되어야 하는가를 설명해 줄 수 있게 된다. 한편, 위험자산이 존재하지 않더라도 공매(short-selling)만 가능하다면 선형의 CAPM은 도출 가능하지만(제로베타 증권시장선), 동질적 기대에 대한 가정이 수정된다면 CAPM은 성립되지 않는다.[124)]

124) 투자자들이 자신의 기대수익률과 위험에 대하여 이질적으로 예측한다는 것은 각 투자자들의 투자기회집합이 서로 다르다는 것을 의미하고 각 투자자집단별로 각기 다른 CML과 SML을 갖게 됨을 의미한다. 또 이는 지속적으로 매입 또는 매도하고자 하는 투자자가 존재함을 의미하는 것으로서 초과수요나 초과공급이 존재하지 않는 '균형상태'에 도달할 수가 없게 된다.

# 證券投資信託의 法律關係 分析과 立法的 課題*

金 容 載**

## Ⅰ. 序　　論

증권투자신탁의 법률관계에는 다수의 당사자가 관여하게 된다. 투자자, 수익증권 판매회사, 위탁회사, 수탁회사를 가장 대표적인 당사자로 볼 수 있다.[1] 이 논문은 증권투자신탁에 있어서 위탁회사와 수탁회사 중 누가 법률상의 처분권자로서 대외적인 법률행위의 주체가 되는지에 보다 초점을 맞추어, 증권투자신탁 법제의 유래와 변천 과정, 관련 법령 및 판례 등을 심도 있게 분석한 후 그 해답을 강구하고자 한다. 이러한 논의가 매우 실천적인 의미를 가질 수도 있다. 예를 들어 위탁회사와 수탁회사 중 어떤 회사가 대외적으로 계열관계에 있는 것인지, 그리고 어떤 회사가 부당내부거래의 당사자가 되는지 등의 쟁점을 해결함에 있어서 매우 구체적이고 결정적인 기준을 제공할 수 있는 것이다.

지금도 이러한 논의가 매우 중요한 이유는 과거 법제와 현행 법제가 매우 극명한 차이를 보이기 때문이다. 그럼에도 불구하고 학계와 실무계는 여전히 그 차이의 중요성을 인식하지 못하고 있다. 어떤 경우에는 현행 법제상

---

* 제45회 상사법무연구회 발표 (2018년 9월 8일)
본 평석은 「금융법연구」 제15권 제2호, 한국금융법학회, (2018)에 게재하였음.

** 고려대학교 법학전문대학원 교수

1) 이 논문은 자본시장과 금융투자업에 관한 법률(이하 자본시장법)상 ① 집합투자기구, ② 집합투자업자, ③ 신탁업자로 사용되는 용어를 기존 투자신탁업계의 관례 및 신탁법과의 조화로운 해석을 위해, 편의상 ① 증권투자신탁(또는 투자신탁), ② 위탁회사, ③ 수탁회사(또는 수탁자)라는 용어로 통일하여 사용하고자 한다.

으로 법률상의 당사자가 될 수 없는 회사가 계약서에 표시되어 불필요한 오해를 불러일으킬 우려마저 존재한다. 과거 1995년법에서는 위탁회사가 전체 증권투자신탁 관계에서 매우 주도적인 역할을 수행하여야 할 지위에 있었다. 그리고 이러한 제도적 관행을 구축하는 데 결정적인 영향을 미친 입법례는 일본의 증권투자신탁법제였다. 그런데 1998년 이후 괄목할 만한 제도의 변화가 일어나게 된다. 즉, 신탁재산을 이전받아 명실상부하게 신탁법상 수탁자의 지위에 서게 되는 수탁회사가 증권투자신탁의 중심적인 역할을 하게 된 것이다. 이러한 패러다임의 전환에 있어서 가장 결정적인 영향을 준 입법모델은 영국법이다. 이러한 제도적인 변화를 간과하고 과거의 법제와 실무관행을 강조하게 된다면 현재의 투자신탁법제와 정당한 업무처리 과정을 왜곡시키는 중대한 오류를 범하게 될 것이다.

본 논문의 제Ⅱ장에서는 과거의 위탁회사 주도 법제에서 현재의 수탁회사 주도 법제로 바뀌는 데 결정적인 계기가 된 주요 제도들을 분석하고 그러한 변화의 원인들을 규명할 것이다. 제Ⅲ장에서는 투자자와 위탁회사 및 수탁회사 간 법률관계의 실질을 파헤치기 위하여 등장한 단순신탁설, 이중신탁설, 실질신탁설, 조직계약설을 상세히 소개하면서 각 설의 장점과 취약점도 대조할 것이다. 다음으로 제Ⅳ장에서는 현행 투자신탁법제에 대한 치밀한 분석을 하게 된다. 자본시장법령을 보면 신탁법과 마찬가지로 수탁회사가 법률상의 처분권자이며 대외적인 법률행위의 주체가 된다는 점이 명확하다. 다만 자산운용에 대해서는 수탁회사가 전문가인 위탁회사의 지시를 따르도록 하면서, 특정 사안에 있어서는 위탁회사가 직접 자신의 명의로 신탁재산에 대한 처분행위를 할 수 있는 예외적인 경우를 규정하고 있는 바, 그때에는 법률행위의 당사자가 위탁회사이므로 직접적인 책임의 귀속 문제가 발생한다는 점을 강조할 것이다. 과연 위탁회사의 금전 차입행위도 자산운용의 범주에 들어가는지 고찰하고자 한다. 제Ⅴ장에서는 우리나라의 투자신탁법제에 큰 영향을 주었던 일본과 영국의 입법을 비교법적으로 간략하게 소개하고자 하였다. 제Ⅵ장에서는 위탁회사와 수탁회사 간의 관계에 대한 대표적인 판례들을 소개하면서 그 의미 및 시사점을 조명해볼 것이다. 마지막의 제Ⅶ장에서는 이상의 논의를 정리한 결론이다.

## Ⅱ. 證券投資信託 關係에서 委託會社 地位의 變化

### 1. 1995年法과 1998年法의 根本的인 差異

증권투자신탁의 법적 성질을 규명함에 있어서 서설적으로 증권투자신탁 당사자의 법적 지위와 관련한 (구)증권투자신탁업법[2]의 개정에 유념할 필요가 있으며, 그중에서도 특히 1995년법 · 1998년법을 비교하여 고찰할 필요가 있다. 왜냐하면 1998. 9. 16. 법률 제5558호로 개정된 1998년법은 위탁회사의 지위와 관련하여 기존의 패러다임을 완전히 전환하는 내용의 매우 중요한 개정 사항을 포함하고 있는데, 1998년법의 내용은 이후 (구)간접투자자산운용업법과 현행 자본시장법에도 그대로 투영되기 때문이다.

| 1995년법 | 1998년법 |
|---|---|
| 제7조(수익증권의 환매) ① 수익자는 수익증권을 발행한 위탁회사에 이를 현금으로 환매할 것을 청구할 수 있다. 다만, 위탁회사의 해산·허가취소 또는 영업정지 기타 대통령령이 정하는 사유(이하 이 조에서 "해산등"이라 한다)로 인하여 환매에 응할 수 없는 경우에는 총리령이 정하는 바에 의하여 수탁회사에 직접 이를 청구할 수 있다. | 제7조(수익증권의 환매) ① 수익자는 수익증권을 발행한 위탁회사에 이를 현금으로 환매할 것을 청구할 수 있다. 다만, 위탁회사의 해산·허가취소 또는 업무정지 기타 대통령령이 정하는 사유(이하 이 조에서 "해산등"이라 한다)로 인하여 환매에 응할 수 없는 경우에는 재정경제부령이 정하는 바에 의하여 수탁회사에 직접 이를 청구할 수 있다. |
| ② 제1항의 규정에 불구하고 판매회사로부터 매입한 수익증권의 경우에는 그 판매회사에 당해 수익증권의 환매를 청구하여야 한다. 다만, 증권거래법 기타 법률에 의하여 판매회사가 해산등으로 인하여 당해 환매에 응할 수 없는 경우에는 위탁회사에 환매를 청구할 수 있다. | ② (현행과 같음) |
| ③ 제2항 단서의 규정에 의하여 환매의 청구를 받은 위탁회사가 해산등으로 인하여 환매에 응할 수 없는 경우에는 제1항 단서의 규정 | ③ (현행과 같음) |

2) (구)간접투자자산운용업법을 거쳐 현재의 자본시장법으로 법률 명칭이 바뀌었다.

| | |
|---|---|
| 을 준용한다. | |
| ④ 제1항 내지 제3항의 규정에 의하여 환매에 응하여야 할 자는 환매의 청구를 받은 날부터 늦어도 15일내에 환매하여야 한다. 다만, 천재·지변·유가증권시장의 폐쇄·정지 또는 휴장 기타 부득이한 사유가 있는 경우에는 재정경제부장관의 승인을 얻어 그 사유가 해소될 때까지 환매를 연기할 수 있다. | ④ 제2항 본문의 규정에 의한 환매청구를 받은 판매회사는 지체없이 위탁회사(제3항의 규정에 해당하는 경우에는 수탁회사를 말한다)에 대하여 환매에 응할 것을 요구하여야 한다. |
| | ⑤ 제1항 내지 제4항의 규정에 의하여 환매에 응하여야 할 위탁회사 또는 수탁회사는 신탁의 일부해지에 의하여 조성한 현금으로만 환매에 응하여야 한다. |
| | ⑥ 제1항 내지 제5항의 규정에 의하여 수익증권을 환매하는 경우 환매가격은 제29조제1항의 규정에 의한 기준가격에 의하여 산정한 금액으로 하여야 한다. |
| | ⑦ 제1항 내지 제3항의 규정에 의하여 환매청구를 받은 위탁회사·수탁회사 또는 판매회사는 신탁재산인 유가증권등의 매각이 지연되는 등의 사유로 인하여 제21조제1항의 규정에 의한 증권투자신탁약관에 정하는 날까지 수익증권을 환매할 수 없게 된 경우에는 지체없이 이를 受益者에게 통지하여야 한다. |
| 제30조(고유재산에 의한 수익증권의 환매)<br>① 제10제1항 제2호의 업무를 허가받은 위탁회사는 고유재산으로써 수익증권을 환매할 수 있다.<br>② 제1항의 경우에 위탁회사는 기준가격의 변동으로 인한 차익을 취득할 수 있다. | 〈삭제〉 |

과거 1998년 이전에는 투자신탁을 실질적으로 예금상품과 별반 차이가 없는 상품으로 인식하였으므로 투자신탁회사인 위탁회사가 상품 운용에 따른 전반적인 리스크를 부담한다는 인식이 강했다. 그 때문에 금융감독당국은 위탁회사의 재무건전성에 초점을 맞추었던 것이다.[3] 그리고 수탁회사는 단

3) 1998년 투신업법(1999. 9. 16. 시행)과 표준투자신탁약관이 개정되기 전까지 우리나라 증

순한 신탁재산의 보관자로 보았고 신탁재산의 실질적 처분권한을 가진 위탁회사가 신탁재산의 대외적 법률행위의 당사자가 되어야 한다는 전제하에 신탁재산을 관리하는 것이 관행이었다.

그러나 대우그룹의 파산과 함께 대우 관련 회사채와 CP 등의 대량 환매 사태가 촉발되면서 투자신탁의 본질을 복원하기 위한 업계 자체의 자정 노력이 잇따르고 그에 따른 법 개정과 판례 법리들도 형성되기에 이르렀다. 그 결과 1998년 개정법에서 투자신탁은 예금과 차별화되는 실적 배당 상품으로서 투자자가 리스크를 부담한다는 점을 명확히 하게 되고 위탁회사의 자금 운용에 대한 수탁회사의 감시기능이 매우 중요하게 부각되는 등 전면적인 패러다임의 전환이 이루어지게 된 것이다. 새로운 패러다임의 변화 중 가장 주목해야 할 내용은 ① 1998년 증권투자신탁업법 표준투자신탁약관 개정을 통한 '펀드재산에 의한 환매' 방식 확립,[4] ② 1999년 대우그룹 부도로 인한 대량의 대우채 환매사태 발생, ③ 2000년 수탁회사의 위탁회사에 대한 감시기능 강화,[5] ④ 2002년과 2003년 신탁재산에 관한 대외적 법률행위는 수탁회사를 통해서 해야 한다는 대법원 판결이다.[6]

이러한 패러다임의 변화를 토대로 하여 1995년법과 1998년법에서의 위탁회사의 지위도 다음에서 보는 바와 같이 극적으로 전환되었다.

---

권투자신탁은 채권펀드가 대부분을 차지하고 있었으며, 채권펀드는 (i) 매출식 결정, (ii) 채권 장부가평가, (iii) 과거가격방식에 의한 기준가격 산정, (iv) 당일환매, (v) 투신사 고유재산에 의한 환매제도로 인해 사실상 은행예금상품과 다를 바 없는 확정금리부상품으로 취급되었다 따라서 투자자와 투신사 모두에게 실질적으로 중요한 의미를 가지는 것은 투신사가 판매한 펀드를 그 고유재산으로 환매해줄 수 있는지 여부 즉, 투신사나 판매사의 재무건전성이었던 것이다.: 박삼철 · 이중기, "제도로서의 투자신탁법제의 기본구조와 발전 전략", 「홍익법학」 제15권 제1호, (2014), 538-539면.

4) 1998년 투신업법, 표준투자신탁약관 개정으로 우리나라 증권투자신탁에서도 (i) 모집식 결정, (ii) 채권 시가평가, (iii) 미래가격방식에 의한 기준가격 산정, (iv) 익일환매, (v) 펀드재산에 의한 환매가 이루어지기 시작하였다.: 박삼철 · 이중기, 전게논문, 540면.

5) 이 개정으로 인하여 위탁회사 및 판매회사가 고유재산으로 수익증권을 환매해 줄 수 없게 되면서, 투자자가 리스크를 부담하게 되었다. 그 결과 투자자 보호를 위해서 펀드 자체의 실적이 중요해지고, 투신사의 펀드 운용에 대한 감시 필요성이 높아지게 된 것이다. 2000년 1월 개정은 이러한 감시 필요성을 제도적으로 반영한 것으로서, 새로운 패러다임 확립의 결정판이 되었다고 평가된다.: 박삼철, 「투자신탁해설」, 삼우사, (2001), 142면.

6) 대법원은, 신탁재산의 소유자는 수탁회사이며 신탁재산에 관한 대외적 법률행위는 수탁회사를 통해서 해야 한다고 판결하여 종래 위탁회사 중심의 업무처리관행이 유효하지 않음을 명확히 선언한 것이다.

## 2. 1995年法에서의 委託會社의 地位

1995년법은 ① 위탁회사(또는 판매회사)의 고유재산에 의한 매출식 투자신탁의 설정[7]과 고유재산에 의한 환매대금의 지급 및 ② 채권의 장부가 평가에 의한 환매대금 지급으로 요약할 수 있는데, 1998년법에서는 ① 모집식 투자신탁으로의 전환[8]과 신탁의 일부해지에 의한 환매의무화 및 고유재산에 의한 환매대금지급 조항의 폐지, ② 채권의 시가 평가에 의한 환매가격 산정방식으로 대폭 변경되었다. 그렇다 보니 위탁회사와 지위도 의미 있는 변화를 수반하게 된다. 즉 1995년법에서는 위탁회사가 고유재산에 의한 투자신탁의 설정 및 환매의무를 부담하고 장부가 평가로 환매대금을 지급하여야 하므로, 전체 증권투자신탁 관계에서 매우 주도적인 역할을 수행하여야 할 지위에 있었다. 그렇다 보니 당시에는 위탁회사가 투자자로부터 투자금을 직접 수령하지 않는 관계에 있음에도 능동적인 수탁자로서의 지위를 갖는다는 해석이 학설(소위 이중신탁설)과 판례의 주류를 형성하였다.

그리고 투자자(수익증권 소유자)와 위탁회사(또는 판매회사) 간의 법률관계가 증권투자신탁의 핵심적인 지위를 차지하였고, 그 중에서도 투자자에 대한 위탁회사(또는 판매회사)의 고유재산에 의한 환매의무가 증권투자신탁 법리의 주축이 되었던 것이다.[9] 결과적으로 당시에는 수탁회사를 단순한 신

---

7) 위탁회사(또는 판매회사)가 자신의 고유재산으로 투자신탁을 설정하여 수익증권을 취득한 후 그 수익증권을 투자자에게 매각하는 방식이다.: 현투증권주식회사 편, 「투자신탁의 이론과 실무」, 도서출판 무한, (2002), 426면.

8) 위탁회사(또는 판매회사)가 투자자에게 수익증권을 매각하여 모은 자금으로 투자신탁을 설정하는 방식을 말한다. 2004년 (구)간접투자자산운용업법이 시행된 이후에는 매출식은 사라지고 전면적으로 모집식으로만 설정되었다.: 박삼철 · 이중기, 전게논문, 543면.

9) 그 당시 판매회사의 책임도 막중하였다. 대법원은 「구 증권투자신탁업법령의 연혁과 그 변천과정 등에 의하면 수익증권 판매업무를 허가받지 못한 위탁회사는 반드시 판매회사와의 수익증권 판매위탁계약이 필요한 바, 구 증권투자신탁업법(1998. 9. 16. 법률 제5558호로 개정되기 전의 것)에 의하면 판매회사의 자격을 대규모 자산을 보유한 증권회사로 제한하고 있고(제2조 제5항, 제9조 제1항), 판매회사를 위탁회사와 구분되는 '환매에 응하여야 할 자'로 예정하고 있는 점(제7조 제2항), 증권투자신탁의 현실에서도 수익증권의 판매 및 환매업무를 수행하는 판매회사는 수익자와 위탁회사를 연결하여 주는 매개체로서 수익자와 직접적인 접촉을 하며, 신탁재산 또는 수익자로부터 판매보수와 환매수수료를 직접 지급받고 있는 점, 수익증권 위탁판매계약상 위탁회사와 판매회사의 책임을 독립된 것으로 보고 있는 점 등을 종합하여 보면, 판매회사는 증권투자신탁에 있어서 단순히 위탁회사의

탁재산의 보관자에 불과한 것으로 보았으므로, 고유재산에 의한 투자신탁 설정과 환매의무를 책임지면서 신탁재산에 대해 전반적으로 실질적인 처분권한을 가진 위탁회사가 신탁재산의 대외적 법률행위의 당사자가 되는 관행이 형성되어 있었던 것이다.[10)]

참고로 대법원 2006. 12. 8. 선고 2002다19018 판결은 「구 증권투자신탁업법(1998. 9. 16. 법률 제5558호로 개정되기 전의 것)은 증권투자신탁의 위탁회사(에게) 수익증권 환매의무를 부과하면서 환매의무는 반드시 실적배당주의와 유한책임의 원칙이라는 투자신탁의 기본원리에 반한다고 할 수 없다」라고 한 후, 「구 증권투자신탁업법(1998. 9. 16. 법률 제5558호로 개정되기 전의 것)하에서 위탁회사 또는 판매회사의 고유재산에 의한 환매의무가 수정·변경될 수 있는 사유는 '수익증권의 환매청구가 대량으로 발생하여 위탁회사 또는 판매회사의 고유재산으로 환매를 하는 것이 불가능한 경우, 천재·지변·유가증권시장의 폐쇄·정지 또는 휴장 기타 부득이한 사유로 수익증권의 시가가 형성될 수 없거나 그 시가를 알 수 없거나 시가에 준하는 것으로 취급되는 장부가와 시가 사이에 현저한 괴리가 생겨 장부가에 의한 환매 등을 하는 것이 증권투자신탁의 본질인 실적배당주의 내지 수익자평등대우주의를 심각하게 훼손하는 결과로 될 우려가 있는 경우'에 한정된다」라고 함으로써, 1998년법 이전에는 위탁회사가 고유재산에 의한 환매책임을 부담하는 점을 전제로 하면서 이러한 환매의무가 실적배당주의와 유한책임의 원칙이라는 투자신탁의 기본원리에 반하지 않는다는 점을 명확히 하였다.

### 3. 1998年法에서의 委託會社의 地位

1998년법이 위탁회사의 고유재산에 의한 환매의무 조항을 삭제하고 환매도 시가평가 방식을 따를 것으로 개정되면서 위탁회사의 지위는 크게 변화되었다. 더욱이 2004년 (구)간접투자자산운용업법의 개정에 의하여 모집식 투자신탁으로 전환되면서 위탁회사는 더 이상 고유재산에 의한 투자신탁

---

대리인에 불과한 것이 아니라 자신의 책임으로 수익증권 판매업무 등을 수행하는 독립된 당사자로 보아야 한다」라고 하였다.: 대법원 2006. 12. 8. 선고 2002다19018 판결.

10) 박삼철·이중기, 전게논문, 539면.

설정의 의무를 부담하지 않게 되었다. 증권투자신탁 관계에서 위탁회사는 본래 신탁재산에 대한 법률상의 처분권이 없다. 1998년법 개정에 의하여 위탁회사가 증권투자신탁 관계에서 더 이상 실질적으로도 주도적인 역할을 수행하지 않게 되면서, 위탁회사의 역할은 다시 본래의 지위로 회복되었다. 즉, 자산운용의 전문가인 위탁회사는 운용에 대한 권한을 갖고 책임을 부담하는 형태로 증권투자신탁 관계에서 본연의 지위를 되찾았던 것이다. 대법원 2006. 12. 8. 선고 2002다19018 판결도 「1998. 9. 16. 법률 제5558호로 개정된 증권투자신탁업법은 위탁회사의 고유재산에 의한 환매를 규정한 제30조를 삭제하고, 환매에 응하여야 할 위탁회사 또는 수탁회사는 신탁의 일부해지에 의하여 조성한 현금으로만 환매에 응하여야 하도록 개정하였다」라는 점을 주목하고 있다. 이제 증권투자신탁 관계에서 위탁회사와 수탁회사의 관계가 신탁재산을 운용, 관리, 처분하는 신탁계약의 당사자 관계이므로, 전체 증권투자신탁에서 가장 핵심적이고 주도적인 지위로 급부상 하게 되었다. 특히 그중에서도 신탁재산을 이전받아 명실상부하게 신탁법상 수탁자의 지위에 서게 되는 수탁회사가 증권투자신탁의 중심적인 역할을 하게 되면서, 수탁회사는 수탁자로서 신탁재산에 대하여 전반적으로 관리, 처분권한을 갖게 되고 위탁회사는 신탁계약에 의하여 운용에 있어서만 제한적이고 전문가적인 역할을 수행하도록 그 역할이 변화된 것이다.[11]

## Ⅲ. 投資信託의 法的 性質

여기서는 ① 투자자와 위탁회사와의 관계, ② 위탁회사와 신탁업자와의 관계 등을 중점적으로 파악함으로써, 투자신탁의 법적 성질을 상세히 규명하고자 한다. 참고로 자본시장법에 의하면 위탁회사와 수탁회사를 반드시 분리하도록 되어 있다.[12]

---

11) 초기 투자신탁에서는 수탁자가 신탁재산의 소유권과 운용권을 모두 가지고 있었으므로 신탁법상의 수탁자와 유사하였지만, 제도가 점차적으로 발전하면서 투자자보호를 위한 지배구조 차원에서 운용권한이 분리되어 위탁회사에게 귀속되었다고 한다.: 박삼철 · 이중기, 전게논문, 537면.

12) 자본시장법 제184조 제4항은, "집합투자업자는 자신이 운용하는 집합투자재산을 보관 · 관리하는 신탁업자가 되어서는 아니 된다."고 규정하고 있다.

## 1. 單純信託說

### (1) 주요 내용

이에 의하면 ①의 관계를 신탁으로, ②의 관계를 단순 보관에 따른 임치로 보고 있다. 즉 위탁회사만이 투자자를 위한 신탁상 수탁자이고 신탁업자는 단순한 수치인으로 보는 것이다.

### (2) 비　　판

단순신탁설은 공모 투자신탁의 경우 위탁회사와 수탁회사 간에 신탁계약의 체결을 강제하는 자본시장법 제188조 제1항과 전혀 조화롭지 못하다.[13] 또한 지배구조의 관점에서도 수치인인 수탁회사가 어떻게 임치인인 위탁회사를 감시할 수 있는 것인지, 즉 자본시장법 제247조 제1항을 어떻게 설명할 것인지에 대한 답을 주지 못한다.[14]

## 2. 二重信託說

### (1) 주요 내용

이에 의하면 ①과 ②의 관계를 모두 신탁으로 보면서, ①을 능동신탁,

---

13) 자본시장법 제188조 (신탁계약의 체결 등) ① 투자신탁을 설정하고자 하는 집합투자업자는 다음 각 호의 사항이 기재된 신탁계약서에 의하여 신탁업자와 신탁계약을 체결하여야 한다.
1. 집합투자업자 및 신탁업자의 상호
2. 신탁원본의 가액 및 제189조 제1항 및 제3항에 따라 발행하는 투자신탁의 수익권(이하 "수익증권"이라 한다)의 총좌수에 관한 사항
3. 투자신탁재산의 운용 및 관리에 관한 사항
4. 이익분배 및 환매에 관한 사항
5. 집합투자업자 · 신탁업자 등이 받는 보수, 그 밖의 수수료의 계산방법과 지급시기 · 방법에 관한 사항. 다만, 집합투자업자가 기준가격 산정업무를 위탁하는 경우에는 그 수수료는 해당 투자신탁재산에서 부담한다는 내용을 포함하여야 한다.
6. 수익자총회에 관한 사항
7. 공시 및 보고서에 관한 사항
8. 그 밖에 수익자 보호를 위하여 필요한 사항으로서 대통령령으로 정하는 사항

14) 자본시장법 제247조 (운용행위감시 등) ① 집합투자재산(투자회사재산을 제외한다)을 보관 · 관리하는 신탁업자는 그 집합투자재산을 운용하는 집합투자업자의 운용지시 또는 운용행위가 법령, 집합투자규약 또는 투자설명서(예비투자설명서 및 간이투자설명서를 포함한다. 이하 이 조에서 같다) 등을 위반하는지 여부에 대하여 대통령령으로 정하는 기준 및 방법에 따라 확인하고 위반사항이 있는 경우에는 그 집합투자업자에 대하여 그 운용지시 또는 운용행위의 철회 · 변경 또는 시정을 요구하여야 한다.

②를 수동신탁이라고 한다. 투자자는 ①의 관계에서 위탁자이자 수익자(자익신탁)이지만, ②의 관계에서는 위탁자가 아니며 단지 수익자에 불과하다(타익신탁). 이중신탁설은 ①의 관계를 투자신탁의 기본 관계로 보고, ②의 관계는 신탁재산의 보관을 위한 부차적인 신탁관계로 본다. 그렇다 보니 위탁회사와 수탁회사를 모두 신탁상 수탁자로 보면서도, 특히 후자인 수탁회사를 수동신탁의 수탁자라고 하면서 그 역할이 매우 소극적이고 수동적인 역할에 머물고 있음을 강조한다. 즉, 투자자로부터 투자금 관리를 신탁받은 위탁회사가 수탁받은 업무의 일부인 신탁재산의 보관·관리 업무만을 수탁회사에게 다시 신탁한다는 것이다.

(2) 비 판

첫째, ①의 관계에서 투자자와 위탁회사 간 신탁설정행위가 있는 것으로 인정하기 곤란하다. 특히 매출식 투자신탁의 경우 위탁회사와 수탁회사 간 신탁설정이 있고 투자자와 위탁회사 간에는 수익증권의 매매만이 있을 뿐이며 신탁설정으로 볼 관계는 전혀 존재하지 않는다.[15] 투자자가 자금을 직접 위탁회사에 납입하는 모집식 투자신탁의 경우에도, 투자자는 단지 위탁회사와 수탁회사 간 신탁계약의 수익증권을 매수하여 수동적으로 수익자가 될 뿐이므로, 투자자가 위탁회사에 대해 위탁자 지위를 갖는 것으로 이해하는데 무리가 따른다. 신탁재산을 소유하지 않는 위탁회사를 신탁의 수탁자라고 보는 것은 매우 의문스럽기까지 하다.[16]

둘째, 수익증권의 판매를 판매회사에 위탁하는 경우가 비일비재한데, 이때에는 판매회사도 투자자로부터 금전을 수령한다는 측면에서 볼 때 신탁이 성립되었다고 할 수 있게 된다, 그렇다면 투자신탁관계는 3중신탁이라고 설명할 수 있게 되고, 경우에 따라서는 4중신탁도 발생할 수 있게 된다.

셋째, 신탁 개념의 핵심은 수탁자에게 자산수탁에 따르는 신탁상 의무

---

15) 강희철·조상욱·차태진, "증권투자신탁의 몇가지 법적 쟁점", 「증권법연구」 제4권 제2호, (2003), 187면.

16) 박삼철·이중기, 전게논문, 544면에 의하면, 펀드업무의 실제상 위탁회사가 투자자로부터 자금을 납입받을 수 없게 아예 시스템적으로 차단되어 있음을 지적하면서, 수익증권의 판매대금이 수탁회사에 납입되기 전의 단계에도 투자자와 위탁회사의 관계를 일시적인 신탁관계로 보아야 할 당위성은 없다고 비판한다. 왜냐하면 위탁회사가 투자금을 위탁회사의 계좌로 납입받지 않기 때문이다.

를 부과하는 것이다. 그런데 ②의 관계가 성립되면 자산을 처분한 위탁회사는 더 이상 수탁자라고 할 수 없게 된다. 더 나아가 신탁법 제42조에 의하면 수탁자는 신탁사무를 스스로 처리하거나 아웃소싱에 의해 신탁사무를 제3자에게 위임할 수 있을 뿐이므로,[17] 수탁자가 다시 위탁자가 된다는 이론 자체도 수긍하기 어렵다. 위탁회사가 수탁자 지위를 보유하면서 다시 신탁을 설정해서는 안되기 때문이다. 이 때문에 신탁법 제42조의 조항이 위력을 발휘하는 것은 실질신탁설이나 조직계약설에서의 수탁회사가 위탁회사에게 운용을 위임하는 관계에 대한 것인데, 이에 대해서는 후술한다.

넷째, ①의 관계에서 위탁회사를 수탁자라고 보게 되면, 위탁회사는 자본시장법상으로 신탁업 인가를 받아야 하는 문제가 발생한다. 즉, 집합투자업 이외에 신탁업을 반드시 추가적으로 인가받아야 하는 것이다.

다섯째, ②의 관계는 수동신탁이고 수탁회사가 소극적인 지위에 있다고 하는데, 이러한 수동신탁설에 의하면 자본시장법 제247조 제1항에 의하여 수탁회사가 위탁회사에 대해 감시기능을 수행한다는 점을 매끄럽게 설명할 수 없게 된다. 이러한 비판은 앞의 단순신탁설에서와 마찬가지이다. 더욱이 최근에는 수동신탁 자체의 유효성에 대해서도 논란이 많다는 점을 유념하여야 할 것이다.[18]

### 3. 實質信託說

#### (1) 내 용

①의 관계는 신탁유사관계이고, ②의 관계는 신탁이라고 보는 견해이다.

---

17) 신탁법 제42조 제1항("수탁자는 정당한 사유가 있으면 수익자의 동의를 받아 타인으로 하여금 자기를 갈음하여 신탁사무를 처리하게 할 수 있다. 다만, 신탁행위로 달리 정한 경우에는 그에 따른다")에 의하면 수탁자의 자기집행의무를 선언하고 있는데, 이는 영미 신탁법상 duty not to delegate를 도입한 것이다. 그리고 동조 제3항("수탁자를 갈음하여 신탁사무를 처리하는 자는 수탁자와 동일한 책임을 진다")은 예외적으로 위임이 허용될 경우 수임인은 수탁자와 동일한 fiduciary duty를 지게 됨을 규정한 것이다.: 법무부, 「신탁법 개정안 해설」, (2010), 324-328면.

18) 법무부, 전게서, 15-16면에 의하면, 수동신탁은 명의신탁에 불과하고 위탁회사가 실질적으로 신탁재산에 대한 권리를 보유하는 탈법행위라는 점 등에서 무효라는 주장을 소개하고 있다. 이 때문에 개정 신탁법에서 수동신탁의 유효성을 명시적으로 인정하는 규정을 도입하지 않았음을 밝히고 있다.

이중신탁설과 달리, 실질신탁설은 ②를 투자신탁 법률관계의 기본관계로 보고, ①의 관계에서 투자자는 수익증권의 매수를 통해 수익자로서의 법적 효과를 받으며 신탁계약 내용을 추인하는 형식으로 투자신탁관계에 가담하는 관계로 보고 있다. 굳이 신탁유사관계라고 하는 이유는 위탁회사에게 투자자에 대한 고도의 주의의무를 부담시키기 위한 것이다.

### (2) 비 판

계약관계에 대해서도 고도의 주의의무가 부과될 수 있으므로 ①의 관계에서 위탁회사의 투자자에 대한 지위를 굳이 신탁유사관계라고 하여야 할 실익이 무엇인지 의문이다.[19] 수탁회사는 위탁회사에게 미리 신탁계약으로 자산의 운용에 관한 권한을 전적으로 위임하게 되는바, 신탁법 제42조 제1항과 제3항에 의하면 위탁회사는 수탁회사를 갈음하여 자산 운용 사무를 전담하여 처리하는 자로서 자산 운용에 관해서는 수탁자와 동일한 신인의무(fiduciary duty)를 지게 된다. 따라서 굳이 신탁유사관계라고 하지 않더라도 위탁회사는 투자자에게 자산운용에 있어서 고도의 주의의무를 부담하는 것이다. 그래도 실질신탁설은 단순신탁설과 이중신탁설에 비하여 1998년법 개정 이후 투자신탁관계를 제대로 파악했다는 점에서 매우 긍정적으로 평가할 만 하다. 왜냐하면 ②가 투자신탁의 기본 관계라는 점에 착안하여, ①의 관계를 부수적으로 보는 발상의 전환을 하였기 때문이다.

한편 ②가 신탁법에서 말하는 통상의 신탁에 해당하는지 의문이라는 비판도 있다. 왜냐하면 투자신탁에서 운용권한은 위탁회사가 갖고 수탁자는 위탁회사의 운용권 행사에 대한 감독권한을 갖는데, 이렇게 운용권한이 없는 수탁자의 지위를 통상의 신탁상 수탁자라고 볼 수 없기 때문이라는 것이다.[20] 그러나 신탁법 제42조 제1항의 자기집행의무는 임의규정에 불과하다는 점을 유념하여야 한다. 수익자인 투자자들은 통상 자산운용의 전문가인 위탁회사에게 자산운용을 위임하는 것이 정당하고 전체 수익자의 이익에 기여한다고 생각하면서 투자신탁관계에 가입한다. 그리고 그 이전에 위탁회사

---

19) 계약관계의 성질에 따라 고도의 주의의무를 부과할 수 있으므로, 신탁유사관계란 용어를 굳이 고집할 필요는 없다.: 이중기, "투자신탁의 법적 성질과 당사자들의 지위", 「상사법연구」 제2권 제2호, (2004), 189면.

20) 이중기, 전게논문, 189-190면.

는 수탁회사와의 신탁계약에서 자산운용권한을 위임한다는 점을 명확히 규정하게 된다. 한편 신탁법의 특별법인 자본시장법이 정책적인 견지에서 본래 수탁자에게 귀속되어야 할 운용권한을 위탁회사에게 부여한 것으로 보는 것이 타당한 측면도 있다. 따라서 비록 수탁회사에게 운용권한이 없더라도 신탁법에서 말하는 통상의 신탁에 해당한다.

### 4. 組織契約說

#### (1) 내 용

조직계약설도 ②를 투자신탁 법률관계의 기본으로 파악한다는 점에서는 실질신탁설과 동일한 입장이다. 즉 수탁회사의 신탁재산 보유 측면에서만 신탁이고,[21] 나머지 관계는 투자신탁관계를 형성하려는 조직계약이라고 본다. 그렇다보니 조직계약설은 ②의 관계만을 신탁자산의 보유 측면에서 주도적이고 핵심적인 관계로 파악한다. 이에 의하면 신탁법 제42조 제1항과 제3항의 규정도 매끄럽게 설명할 수 있다. 즉 자산을 보유하는 수탁회사가 위탁회사에게 자산운용의 권한만을 위임하는 조직계약을 체결하여 전체적인 증권투자신탁 구조(scheme)를 일체로서 완성하게 되는 것이다.

조직계약설은 ①의 관계에 대해 자산을 보유하지 않는 위탁회사가 자본시장법상으로 투자자에 대해 선관의무를 부담하는 계약상 지위를 갖는 것으로 파악한다. 왜냐하면 앞에서도 살핀 바와 같이 조직계약설에서는 투자자와 위탁회사 간의 자금 납입관계에 대해서는 투자신탁의 고유한 법률관계로 파악하지 않기 때문이다. 이를 좀 더 상설하면, 매출식 투자신탁은 단순한 수익증권의 매매로 본다. 그리고 모집식 투자신탁은 일시적으로 금전신탁이라고 보지만 위탁회사가 수탁회사에 납입자금을 신탁함으로써 투자신탁상 신탁이 설정되면 금전신탁의 목적 달성으로 인하여 신탁관계가 소멸한다.

#### (2) 비 판

우리 법제상 조직계약이 무엇인지 다소 불명확한 단점이 있다. 그리고 수탁회사의 신탁재산 운용 권한의 제한을 조직계약 때문으로 설명하기에는

21) 즉 위탁회사와 수탁회사 간 신탁설정 이후 관계만 투자신탁 관계로 파악하고 있다.

다소 미흡한 문제점도 있다. 오히려 실질신탁설과 마찬가지로 자본시장법의 규정에 의하여 신탁재산 운용의 제한을 받지만 그것이 신탁의 본질을 훼손하는 것은 아니라는 식의 논리를 전개하는 것이 보다 간명할 수 있다.[22] 또는 신탁법 제42조 제1항에 따라 미리 신탁계약에 의하여 자산운용 사무만을 위탁회사에게 위임한 것으로 보는 것도 조직계약설의 논지로부터 크게 일탈하지 않는다고 본다.

### 5. 小結論

#### (1) 수탁회사의 지위

단순신탁설에 의하면 수탁회사는 위탁회사의 수치인에 불과한데, 이러한 입장은 우리법제와 전혀 조화롭지 않다는 중대한 문제점이 있다. 이중신탁설에 의하면 수탁회사는 단순한 관리, 보유권한만을 갖게 되는데, 이 역시 자본시장법과 조화롭지 않다. 이에 반하여 실질신탁설과 조직계약설에 의하면 수탁회사는 명실상부하게 신탁상 수탁자에 해당한다. 즉, 신탁법상 수탁회사는 수탁자의 지위에서 신탁재산에 대한 관리/처분권한을 갖게 되므로, 수탁회사는 수탁자산의 명의인이자 펀드거래에 대한 계산의 주체로 등장하는 것이다.

#### (2) 위탁회사의 지위

단순신탁설, 이중신탁설은 위탁회사의 지위를 신탁상 수탁자라고 보는데, 신탁재산을 보유하지 않은 상태에서 수탁자로 보는 것은 신탁법리와 전혀 조화되지 않는다는 중대한 문제점이 있다. 왜냐하면 신탁법 제31조가 "수탁자는 신탁재산에 대한 권리와 의무의 귀속주체로서 신탁재산의 관리, 처분 등을 하고 신탁 목적의 달성을 위하여 필요한 모든 행위를 할 권한이 있다. 다만, 신탁행위로 이를 제한할 수 있다"고 규정하여, 수탁자의 신탁재산 보유를 너무도 당연시하기 때문이다. 실질신탁설은 위탁회사를 신탁상 수탁자

---

22) 그 외 조직계약설에서는 모집식 투자신탁의 경우 투자자와 위탁회사 간 최초의 자금 납입관계를 신탁으로 파악하고 있다. 그렇다면 이 때 위탁회사가 신탁업의 인가를 취득하여야 하는가 하는 문제점도 발생한다. 이중기 교수는 "이 신탁은 투자자의 보호를 위해서 법원이 개별적인 계약을 신탁계약으로 해석할 수 있다는 의미에서의 신탁이고 위탁회사가 영업으로 행하는 신탁과는 거리가 있다"고 주장한다.: 이중기, 전게논문, 190-191면.

와 유사한 지위에 있다고 보는데, 위탁회사가 신탁재산에 대한 실질적인 운용권한이 있어서 그렇다기보다는 투자자와의 관계에서 운용상 고도의 주의의무를 부담시키기 위한 필요에서 나온 사유의 결과물이다. 신탁법 제41조에 의할 경우 실질신탁설에서의 신탁자지위유사설이 과연 필요한지에 대해서는 앞에서 이미 지적하였다. 조직계약설은 자본시장법과 위임계약에 의해 위탁회사에게 고도의 주의의무를 부과하는 것으로 본다.

## Ⅳ. 資本市場法令 및 關聯 規定의 檢討

이하에서는 증권투자신탁에 관한 중요한 자본시장법령을 전반적으로 고찰하고자 한다. 전체적인 제도 취지와 부합되게 관련 조문을 유기적으로 해석해 보면, 수탁회사는 법률상 처분권자의 지위를 갖고 위탁회사는 자산운용 권한 만을 제한적으로 갖는다는 점을 명확히 알 수 있게 된다.

### 1. 信託財産의 處分權者와 運用權者의 分離

#### (1) 증권투자신탁의 정의 및 위탁회사와 수탁회사의 분리

#### (가) 자본시장법 조문

□ 자본시장법 제9조 제18항 제1호

집합투자업자인 위탁자가 신탁업자에게 신탁한 재산을 신탁업자로 하여금 그 집합투자업자의 지시에 따라 투자·운용하게 하는 신탁 형태의 집합투자기구(이하 "투자신탁"이라 한다)

#### (나) 해　　설

위 조항은 증권투자신탁에 대한 정의 조항인데, 수탁회사에게 원칙적으로 신탁재산에 대한 처분·관리 권한을 부여하되, 위탁회사에게는 그 중 운용에 대한 지시권한을 위임하고 있다. 신탁법 제31조와 다른 점은 자본시장법 자체에서 처분·관리권자와 운용(지시)권자를 분리시킨다는 것이다. 즉, 신탁법 제31조는 수탁자의 처분권한을 신탁행위로 제한할 수 있다고 하는데 반하여, 자본시장법은 법령 자체적으로 수탁회사의 처분권과 위탁회사의 운용(지시)권을 분리하고 있다.

### (2) 투자신탁재산의 운용시 위탁회사의 수탁회사에 대한 지시 및 위탁회사의 예외적인 자체 실행

#### (가) 자본시장법 조문

□ 자본시장법 제80조 (자산운용의 지시 및 실행)

① 투자신탁의 집합투자업자는 투자신탁재산을 운용함에 있어서 그 투자신탁재산을 보관·관리하는 신탁업자에 대하여 대통령령으로 정하는 방법에 따라 투자신탁재산별로 투자대상자산의 취득·처분 등에 관하여 필요한 지시를 하여야 하며, 그 신탁업자는 집합투자업자의 지시에 따라 투자대상자산의 취득·처분 등을 하여야 한다. 다만, 집합투자업자는 투자신탁재산의 효율적 운용을 위하여 불가피한 경우로서 대통령령으로 정하는 경우에는 자신의 명의로 직접 투자대상자산의 취득처분 등을 할 수 있다.

② 투자신탁의 집합투자업자(그 투자신탁재산을 보관·관리하는 신탁업자를 포함한다. 이하 이 항에서 같다)는 제1항에 따라 투자대상자산의 취득·처분 등을 한 경우 그 투자신탁재산으로 그 이행 책임을 부담한다.

□ 자본시장법 제247조 (운용행위감시 등)

① 집합투자재산(투자회사재산을 제외한다)을 보관·관리하는 신탁업자는 그 집합투자재산을 운용하는 집합투자업자의 운용지시 또는 운용행위가 법령, 집합투자규약 또는 투자설명서(예비투자설명서 및 간이투자설명서를 포함한다. 이하 이 조에서 같다) 등을 위반하는지 여부에 대하여 대통령령으로 정하는 기준 및 방법에 따라 확인하고 위반사항이 있는 경우에는 그 집합투자업자에 대하여 그 운용지시 또는 운용행위의 철회·변경 또는 시정을 요구하여야 한다.

#### (나) 해 설

자본시장법 제80조 제1항과 제2항 본문에 의할 경우, 위탁회사가 운용에 있어서 수탁회사에게 필요한 지시를 하면 수탁회사가 자신의 명의로 투자대상자산을 취득·처분하도록 규정하고 있다. 그리고 제80조 제1항 단서에 의하면 위탁회사가 수탁회사의 명의가 아닌 자신의 명의로 직접 투자대상자산을 취득·처분할 수 있는 예외를 대통령령으로 위임하고 있는데, 위탁회사는 그러한 투자대상자산의 취득·처분에 있어서 고유재산이 아닌 신탁재산으로만 이행 책임을 부담하도록 규정하고 있다.[23] 이러한 입장은 1998

---

[23] 위탁회사가 운용하는 신탁재산은 신탁회사에게 신탁되어 있으므로 법률상 그 처분권한은 원칙적으로 신탁회사에게 귀속되어 신탁회사의 명의로 취득/처분할 수 있을 뿐이고 위탁회사가 자신의 명의로 직접 신탁재산의 취득/처분을 명할 수 없다. 그러나 신탁재산의

년 이전과 확연하게 달라진 것임을 앞에서 고찰하였다.

자본시장법 제80조를 피상적으로 보면 수탁회사에게 위탁회사의 지시를 수동적으로 따르거나 수탁회사는 위탁회사 자신 명의의 예외적인 운용에 대해 전혀 개입할 수 없는 듯이 규정하지만, 이에 대해서는 제247조의 특칙이 있음을 주목하여야 한다. 즉, 제247조는 수탁회사로 하여금 위탁회사의 운용에 대한 전면적인 감시권을 부여함으로써, 수탁회사의 적극적인 역할을 강조하고 있다. 이제 수탁회사는 자산운용에 있어서 더 이상 소극적인 방관자가 아니고 위탁회사가 투자자의 이익을 위해서 최선의 노력을 다하는지를 상시적으로 감시하여야 할 의무를 지는 것이다.[24] 제247조가 입안됨으로써 증권투자신탁의 법률관계, 그 중에서도 자산운용의 영역에서마저, 위탁회사가 더 이상 전단적이고 주도적인 지위를 행사할 수 없음이 명확해졌다.[25]

#### (다) 자본시장법시행령 조문

한편 자본시장법시행령 제79조 제2항은 위탁회사가 직접 수행하는 투자대상의 예외적인 취득/처분에 대해 다음과 같이 상세한 규정을 마련하고 있다.

□ 자본시장법시행령 제79조 (자산운용의 지시방법 등)

② 법 제80조제1항 단서에서 "대통령령으로 정하는 경우"란 신탁계약서에 다음 각 호의 어느 하나에 해당하는 방법을 정하여 투자대상자산을 운용하는 경우를 말한다.

1. 다음 각 목의 어느 하나에 해당하는 증권의 매매

가. 증권시장이나 해외 증권시장에 상장된 지분증권, 지분증권과 관련된 증권예탁증권, 수익증권 및 파생결합증권

---

효율적인 운영을 위해 불가피할 때에는 예외적으로 대통령령이 정하는 경우에 한해 위탁회사 자신의 명의로 신탁재산의 취득/처분을 명할 수 있도록 하고 있다.: 한국증권법학회 편, 「개정판 자본시장법」, [주석서 I], 박영사, (2015), 441면.

24) 한국증권법학회 편, 「개정판 자본시장법」, [주석서 II], 박영사, (2015), 349면.

25) (구)증권투자신탁업법 제41조가 현행 자본시장법 제247조의 전신이다. 1999년까지 (구)증권투자신탁업법 제41조는 수탁회사에게 "위탁회사의 신탁재산에 관한 운용지시가 법령 또는 신탁약관에 위반되는 경우에는 위탁회사에 대하여 당해 운용지시의 철회·변경 또는 그 시정을 요구할 수 있다"고 규정되어 있었다. 그렇지만 2000년 1월 동 조항은 수탁회사에게 요구하여야 할 의무를 부과("당해 운용지시의 철회·변경 또는 그 시정을 요구하여야 한다)하는 내용으로 전면 개정되었다. 이는 종래 자산운용에 있어서 위탁회사가 행사하였던 전권을 수탁회사로 하여금 반드시 감시할 수 있게 함으로써, 자산운용의 영역에서마저 과거 위탁회사 중심의 패러다임이 변질되는 중요한 계기가 되었다.

나. 법 제390조에 따른 증권상장규정에 따라 상장예비심사를 청구하여 거래소로부터 그 증권이 상장기준에 적합하다는 확인을 받은 법인이 발행한 지분증권, 지분증권과 관련된 증권예탁증권, 수익증권 및 파생결합증권
1의 2. 다음 각 목의 어느 하나에 해당하는 채무증권(이와 유사한 것으로서 외국에서 발행된 채무증권을 포함한다)의 매매
가. 국채증권
나. 지방채증권
다. 특수채증권
라. 사채권(신용평가회사로부터 신용평가를 받은 것으로 한정한다. 이 경우 신용평가 등에 필요한 사항은 금융위원회가 정하여 고시한다)
마. 제183조제1항 각 호의 기준을 충족하는 기업어음증권 또는 전자단기사채(「전자단기사채등의 발행 및 유통에 관한 법률」 제2조제1호에 따른 전자단기사채를 말한다)
2. 장내파생상품의 매매
3. 법 제83조제4항에 따른 단기대출
4. 법 제251조제4항에 따른 대출
5. 다음 각 목의 어느 하나에 해당하는 금융기관이 발행·할인·매매·중개·인수 또는 보증하는 어음의 매매
가. 은행
나.~아. (생략)
6. 양도성 예금증서의 매매
7. 「외국환거래법」에 따른 대외지급수단의 매매거래
8. 투자위험을 회피하기 위한 장외파생상품의 매매 또는 금융위원회가 정하여 고시하는 기준에 따른 법 제5조제1항제3호에 따른 계약의 체결
8의 2. 환매조건부매매
9. 그 밖에 투자신탁재산을 효율적으로 운용하기 위하여 불가피한 경우로서 금융위원회가 정하여 고시하는 경우**26)**

### (라) 해 설

자본시장법시행령 제79조 제2항은 투자신탁재산의 효율적 운용을 위해 가피한 일정한 거래(자본시장에 상장된 증권의 매매, 장내파생상품의 매매, 단기대출, CD 매매, 대외지급수단의 매매, 헤지를 목적으로 하는 장외파생상품 매

**26)** 금융투자업규정 제4-49조(집합투자업자 명의의 자산 취득 등) 시행령 제79조 제2항 제8호에 따라 투자신탁의 집합투자업자는 금리 또는 채권가격을 기초자산으로 하는 스왑거래(법 제5조 제1항 제3호에 따른 계약을 말한다. 이하 이 조에서 같다)를 함에 있어 거래상대방과 기본계약을 체결하고 그에 따라 계속적으로 계약을 체결하는 경우에는 자신의 명의로 직접 거래할 수 있다.

매 등)와 일정한 기준에 따른 스왑거래에 대해서는 예외적으로 위탁회사가 자신의 명의로 직접 거래를 할 수 있는 예외를 명시하고 있다. 이때에는 '규모의 경제'와 '경제 여건의 변화' 등을 고려하여 복수의 다양한 투자신탁을 운용하는 위탁회사가 직접 자신의 명의로 투자대상자산을 처분할 수 있으므로, 위탁회사가 법률행위의 전면적인 당사자로 등장할 수 있게 된다.[27] 결과적으로 비용절약적이고 신축적인 자산운용의 결과, 전체 수익자들에게 최선의 이익이 되는 긍정적인 효과를 낳는다. 그런데 이러한 예외 사유는 매우 제한적이다. 왜냐하면 수탁회사의 신탁재산 처분이라는 대원칙을 벗어나는 것이므로 실무적으로 많은 혼란을 야기할 수 있기 때문이다. 따라서 그 외의 대외적인 법률행위에 대해서는 반드시 수탁회사를 통하여 수탁회사 명의로만 체결할 수 있을 뿐이고 위탁회사는 법률행위의 당사자로 전면에 등장할 수 없다.

### (3) 위탁회사의 금전 차입 제한

#### (가) 자본시장법 조문

□ 자본시장법 제83조 (금전차입 등의 제한)

① 집합투자업자는 집합투자재산을 운용함에 있어서 집합투자기구의 계산으로 금전을 차입하지 못한다. 다만, 다음 각 호의 어느 하나에 해당하는 경우에는 집합투자기구의 계산으로 금전을 차입할 수 있다.

1. 제235조에 따른 집합투자증권의 환매청구가 대량으로 발생하여 일시적으로 환매대금의 지급이 곤란한 때
2. 제191조 및 제201조제4항에 따른 매수청구가 대량으로 발생하여 일시적으로 매수대금의 지급이 곤란한 때

② 제1항에 따라 집합투자기구의 계산으로 금전을 차입하는 경우 그 차입금의 총액은 차입 당시 집합투자기구 자산총액에서 부채총액을 뺀 가액의 100분의 10을 초과하여서는 아니 된다.

③ 제1항에 따른 금전차입의 방법, 차입금 상환 전 투자대상자산의 취득 제한 등에

---

27) 자본시장법 제80조 제3항은, "집합투자업자는 제1항 단서에 따라 투자대상자산의 취득・처분 등의 업무를 수행하는 경우에는 투자신탁재산별로 미리 정하여진 자산배분명세에 따라 취득・처분 등의 결과를 공정하게 배분하여야 한다. 이 경우 집합투자업자는 자산배분명세, 취득・처분 등의 결과, 배분결과 등에 관한 장부 및 서류를 총리령으로 정하는 방법에 따라 작성하고 이를 유지・관리하여야 한다"고 규정함으로써, 위탁회사가 직접적으로 규모의 경제 원칙에 의하여 증권이나 장내파생상품의 주문을 집합(aggregation)할 경우 각 투자신탁별로 공정하게 배분(fair distribution)하여야 한다고 선언하고 있다.

관하여 필요한 사항은 대통령령으로 정한다.
④ 집합투자업자는 집합투자재산을 운용함에 있어서 집합투자재산 중 금전을 대여(대통령령으로 정하는 금융기관에 대한 30일 이내의 단기대출을 제외한다)하여서는 아니 된다.
⑤ 집합투자업자는 집합투자재산을 운용함에 있어서 집합투자재산으로 해당 집합투자기구 외의 자를 위하여 채무보증 또는 담보제공을 하여서는 아니 된다.

### (나) 해 설

위탁회사는 투자신탁의 계산으로(즉, 투자신탁에게 종국적으로 이익을 귀속시킬 목적으로) 금전을 차입할 수 없으며, 신탁재산으로 투자신탁 외의 자를 위하여 채무보증이나 담보제공을 할 수 없게 되어 있다. 즉, 자본시장법 제83조에 의하면 위탁회사는 신탁재산 운용에 있어서 대량의 환매청구 발생과 같이 특별한 사정이 없는 한 외부로부터 차입할 수 없는 제약을 받는 것이다. 이는 너무도 당연한 이치이다. 왜냐하면 위탁회사는 자기의 명의와 투자신탁의 계산으로 신탁재산을 운용하는 권한만을 가지므로 그 권한을 벗어나 차입까지 해서는 안 된다. 그렇다면 수탁회사의 금전차입에 대해서는 어떻게 보아야 하는가? 이에 대해서는 자본시장법 제83조가 아무런 해답을 제공하지 않는다. 자본시장법이 신탁법의 특별법임을 감안할 때, 자본시장법에 명문의 규정이 없다면 일반법리를 좇아야 한다. 그런데 신탁법 제31조에 의하면 "수탁자는 … 신탁목적의 달성을 위하여 필요한 모든 행위를 할 권한"이 있다고 규정하므로, 수탁회사는 자신의 명의로 투자신탁에게 이익을 귀속시키기 위하여 제3자로부터 금전을 차입할 수 있다는 해석이 도출된다.[28]

---

[28] 한국증권법학회 편, 「개정판 자본시장법」, [주석서 I], 박영사, (2015), 453면은 "집합투자기구가 금전을 차입하였다가 집합투자재산의 가격 하락으로 채무상환 능력이 떨어질 경우 집합투자기구의 부실로 이어지고 이는 집합투자증권의 투자자 손실로 이어질 가능성이 매우 크기 때문에 제한된 것으로 이해된다"고 서술한다.: 한편 변제호 · 홍성기 · 김종훈 · 엄세용 · 김유석, 「자본시장법」, 지원출판사, (2009), 263면은 "집합투자는 투자자로부터 모은 금전 등을 재산적 가치가 있는 투자대상자산에 운용하고 그 결과를 투자자에게 배분하여 귀속시키는 것을 의미하므로 원칙적으로 집합투자기구는 타인으로부터 금전을 차입할 수 없다"고 서술하는데, 법문만으로 과연 이렇게 단정할 수 있는지 의문이다. 왜냐하면 자본시장법 제83조 제1항의 법문이 "집합투자업자 이외의 자 명의로, 그리고 집합투자기구의 계산으로 금전을 차입"하는 경우에 대해 명문의 금지 규정을 두지 않았다고 보는 것이 오히려 문리해석의 원칙에 맞기 때문이다. 그리고 이러한 해석이 신탁법의 법리와도 조화를 이룰 수 있다.: 참고로 미국 표준신탁법전 § 816(Specific Powers of Trustee) (5)에서

따라서 서울중앙지방법원 2018. 2. 23.자 2017과104 결정에서, 「이 사건 각 투자할 부동산을 물색 · 기획하고 투자구조를 설계하고 투자신탁에 대한 투자자를 모집하고 대주단으로부터 필요한 금액에 대한 대출작업을 진행하고, 확보된 자금을 바탕으로 투자의 방식과 형태, 자금운용 등을 결정하는 것은 이 사건 투자신탁재산의 운용자인 위반자라고 할 수 있다. … 미래에셋생명보험(주)가 이 사건 각 투자신탁재산에 대하여 실행한 대출거래는, "그 투자신탁을 운용하는 위반자(필자 주: 위탁회사를 의미함)"가 금전거래의 상대방에 해당한다고 할 것이고, 여기에서 신탁업자는 투자신탁재산의 보관, 관리 업무를 위탁받은 주체로서(자본시장법 제184조 제3항) 계약의 법률상 효과가 귀속되는 당사자인 것에 불과하다고 할 것이다. 그렇다면 이 사건 각 대출거래는 특수관계인인 미래에셋생명보험(주)를 상대방으로 하는 자금의 거래행위에 해당한다고 할 것이다」라는 판단은 매우 잘못되었다. 신탁법상 투자신탁의 계산으로 금전을 차입할 수 있는 행위의 주체는 수탁회사일 뿐 위탁회사가 아니라는 점을 다시 한 번 강조하고자 한다.

## 2. 投資信託의 基本構造에 관한 資本市場法 自體의 混沌 (二重信託說의 殘在)

### (1) 서　설

현행 자본시장법도 1998년법 개정 이후 근본적인 패러다임의 전환을 반영하여 신탁법리와 증권투자신탁법리에 충실하게 투자신탁의 중심적인 지위를 위탁회사와 수탁회사 간의 신탁관계로 보고 있다. 그런데 이들 조항 중에는 1998년 이전 구법 시대의 잔재인 위탁회사 중심의 이중신탁설로부터 유래된 조항들이 일부 남아 있어서 실무계에 매우 큰 혼란을 야기하고 있다. 향후 이러한 조항들이 제대로 정비되지 않는다면 투자신탁의 실질적인 주체가 여전히 위탁회사라는 불필요한 오해를 야기하고 소모적인 논쟁이 발생할 것이다.

---

는 "a trustee may … borrow money, with or without security"라고 규정하며, Restatement (Second) of Trusts § 191에서는 신탁계약으로 달리 정한다면 수탁자가 금전을 차입할 수 있다고 규정한다.: 법무부, 전게서, 236면, 241면.

### (2) 위탁회사의 신탁원본 전액 금전 납입의무

#### (가) 자본시장법 조문

□ 자본시장법 제188조 (신탁계약의 체결 등)

④ 집합투자업자는 제1항에 따라 투자신탁을 설정하는 경우(그 투자신탁을 추가로 설정하는 경우를 포함한다) 신탁업자에게 해당 신탁계약에서 정한 신탁원본 전액을 금전으로 납입하여야 한다.

#### (나) 해설 및 비판

제188조 제4항은 위탁회사의 고유재산에 의한 신탁재산 출연을 전제로 였던 매출식 투자신탁에 적합한 규정이지만, 1998년 법 개정 이후(특히 2004년 (구)간접투자자산운용업법 시행 이후) 모집식 투자신탁으로 전면적인 전환이 이루어졌다는 점을 감안하면 현재 매우 부적절한 조항이다. 왜냐하면 모집식 투자신탁에서는 신탁계약으로 신탁원본 전액을 사전에 확정할 수 없기 때문이다. 이는 신탁원본 전액을 미리 설정한 후 위탁회사로 하여금 고유재산으로 미리 그 해당되는 금액을 납입하도록 하면서 전체 수익증권을 취득한 후 동 수익증권을 투자자에게 매각하였던 과거 1998년 이전의 매출식 투자신탁을 전제로 한 매우 구태의연한 규정이다.[29] 당시에는 위탁회사가 신탁원본 전액을 금전으로 납입함에 따라 신탁설정에 대한 주도적인 권한도 위탁회사에게 있었다. 그러나 모집식 투자신탁으로 전면 전환한 지금은 위탁회사가 고유재산에 의한 납입의무를 부담하지 않는다. 따라서 이 조항은 위탁회사로 하여금 수익증권의 판매/모집대금이 수탁회사에게 차질 없이 납입되도록 주의를 촉구하는 의미밖에 없다.[30]

---

29) 박삼철 · 이중기, 전게논문, 563면.

30) 한국증권법학회 편, 「개정판 자본시장법」, [주석서 II], 박영사, (2015), 47면은, "제188조 제4항에 의할 경우 투자신탁은 집합투자업자가 신탁업자와 신탁계약을 체결하는 것 이외에 신탁업자에게 신탁원본을 (전액) 납입한 때에 설정된다."라고 하면서, 이 때에는 신탁원본을 전액 납입하기 이전까지 수익자들은 집합투자업자의 파산으로부터 보호받지 못한다는 또 다른 문제점을 지적하고 있다.

### (3) 수익증권의 발행과 투자신탁의 해지

#### (가) 자본시장법 조문

□ 자본시장법 제189조 (투자신탁의 수익권 등)

① 투자신탁을 설정한 집합투자업자는 투자신탁의 수익권을 균등하게 분할하여 수익증권을 발행한다.

③ 투자신탁을 설정한 집합투자업자는 신탁계약에서 정한 신탁원본 전액이 납입된 경우 신탁업자의 확인을 받아 「주식·사채 등의 전자등록에 관한 법률」에 따른 전자등록의 방법으로 투자신탁의 수익권을 발행하여야 한다.

⑥ 투자신탁을 설정한 집합투자업자는 수익자명부의 작성에 관한 업무를 예탁결제원에 위탁하여야 한다.

□ 자본시장법 제192조 (투자신탁의 해지)

① 투자신탁을 설정한 집합투자업자는 금융위원회의 승인을 받아 투자신탁을 해지할 수 있다. 다만, 수익자의 이익을 해할 우려가 없는 경우로서 대통령령으로 정하는 경우에는 금융위원회의 승인을 받지 않고 투자신탁을 해지할 수 있으며, 이 경우 집합투자업자는 그 해지사실을 지체 없이 금융위원회에 보고하여야 한다.

#### (나) 해설 및 비판

제189조와 제192조의 관련 조항은 수익자명부의 작성과 투자신탁의 해지를 위탁회사의 고유 권한인 듯이 규정함으로써, 위탁회사를 마치 증권투자신탁의 수탁자라고 오해할 수 있는 단초를 제공한다. 이러한 조항들도 역시 1998년 이전 구법의 잔재로서 위탁회사 중심의 사고에서 비롯된 것이다. 현재 업무처리상 판매회사를 통하여 판매된 수익증권의 납입금액이 수탁회사로 집중되므로 수익증권의 발행 업무를 원활하게 하면서 수익자명부의 작성을 주도할 수 있는 최고의 적격자는 판매회사이고 그 다음의 적격자는 수탁회사이다. 이러한 업무처리의 절차와 실질을 도외시하고 이 모든 사무가 마치 위탁회사의 소관인 듯이 규정한 현행법은 잘못 되었다.[31] 더욱이 신탁재산의 취득과 처분권자가 수탁회사임을 감안할 때 투자신탁을 법률적으로 해지할 수 있는 자는 수탁회사이어야 한다. 그럼에도 불구하고 자본시장법 제189조와 제192조가 수익증권의 발행과 투자신탁의 해지를 마치 위탁회사의 고유권한인 것처럼 규정함으로써 증권투자신탁의 법률관계에 대해 많은 오해를 유발하고 있다. 따라서 이들 조항 역시 조속한 시일 내에 정비되어야 한다.

---

31) 박삼철 · 이중기, 전게논문, 563면.

### (4) 신탁재산의 보관·관리업무 위탁

#### (가) 자본시장법 조문

> ㅁ 자본시장법 제184조 (집합투자기구의 업무수행 등)
> ③ 투자신탁이나 투자익명조합의 집합투자업자 또는 투자회사등은 집합투자재산의 보관관리업무를 신탁업자에게 위탁하여야 한다.
> ㅁ 자본시장법 제247조 (운용행위감시 등)
> ① 집합투자재산(투자회사재산을 제외한다)을 보관관리하는 신탁업자는 …

#### (나) 해설 및 비판

자본시장법 제184조 제3항과 제247조의 전단은 증권투자신탁의 법률관계를 규명함에 있어서 가장 문제가 되는 내용을 규정하고 있다. 동 조항들은 1998년 이전 법률의 내용들을 그대로 옮긴 심각한 오류를 범하고 있으며 신탁법리에도 정면으로 위반된다. 1998년 이전에는 고유재산으로 신탁을 설정하고 환매의무를 지게 되는 위탁회사가 투자신탁관계의 중심에 서므로, 신탁재산의 실질적인 처분권한도 보유하고 있다고 간주되었다. 그렇다보니 신탁재산의 보관·관리 업무만을 떼어내서 신탁업자에게 위탁하는 규정이 마련된 것이다. 그러나 지금은 패러다임의 전면적인 전환이 일어나 신탁법리에 충실하게 신탁재산을 보유한 수탁회사가 증권투자신탁의 중심에 서고 전면적인 처분/관리 권한을 행사할 수 있게 되었다. 신탁법 제42조에 의하면 수탁자는 신탁행위로 신탁사무 중 일부 사무를 제3자에게 위임할 수 있게 되어 있는데, 자본시장법은 신탁계약이 아닌 법문 자체, 즉 제80조 제1항에서 자산운용의 권한을 위탁회사에게 배분하도록 규정한 것이다.

이렇게 증권투자신탁의 역사와 제·개정 취지 및 상호 유기적인 해석 등을 불가능하도록 만드는 일부 조항, 그중에서도 특히 자본시장법 제184조 제3항과 제247조 전단 등이 존재하기 때문에, 지금도 여전히 구태의연한 단순신탁설과 이중신탁설이 그 명맥을 유지하고 있다.[32] 단순신탁설과 이중신

---

32) 김건식·정순섭, 「제3판 자본시장법」, 두성사, (2013), 879면.: 물론 이중신탁설을 따르는 김건식·정순섭 교수도 자본시장법이 수탁회사에게 위탁회사의 운용지시에 대한 감시를 맡기었으므로 이제 수탁회사는 신탁재산을 단순히 "보관·관리·계산"하는 지위(수동수탁자)에만 있는 것이 아니라 "관리·처분"하는 지위(능동수탁자)에 있다는 점을 주목하고 있다.: 김건식·정순섭, 전게서, 880면. 즉 김건식·정순섭 교수도 감시권한을 부여받음

탁설은 수탁회사가 단순히 신탁재산을 보관·관리하는 자라는 전제에 입각하므로, 위탁회사가 여전히 투자신탁의 중심적인 지위에 있다는 잘못된 판단을 하고 있다. 1998년 법 개정 이후 위탁회사의 지위는 제한적으로 신탁재산을 운용하는 자로 변질되었음을 다시 한번 강조하고자 한다.[33] 따라서 지금은 신탁재산의 처분, 관리권자가 수탁회사임을 명시적으로 선언하는 형식으로 법문이 즉각 개정되어야 한다.[34]

## Ⅴ. 比較할 만한 立法例

### 1. 日 本

일본에서는 증권투자신탁을 운용형 상사신탁의 대표적인 것으로 보고 있는데, 신탁은행이 신탁업무로서 수탁하는 증권투자신탁은 위탁자 지시형 투자신탁에 해당한다. 이러한 투자신탁을 규율하기 위해 신탁법의 특별법으로서 '투자신탁 및 투자법인에 관한 법률'을 제정하였다.[35] 즉, 신탁법을 일

---

으로써 수탁회사가 처분권자의 지위를 획득하게 된 점을 인정한 것이다. 이러한 점을 고려하면, 최소한, 그리고 형식적·대외적으로 법률행위의 주체가 수탁회사라는 점에 대해서는 국내의 어떤 학설도 이견을 보이지 않는다고 분석된다.

33) 한국증권법학회 편, 「개정판 자본시장법」, [주석서 II], 박영사, (2015), 17면은 「집합투자기구의 신탁업자는 집합투자업자의 운용업무 등에 대하여 감시자로서 의무를 부여받고 있기 때문에 운용과 보관·관리 업무의 분리는 반드시 필수적이다」라고 서술하는데, 이 내용은 정확하게 기술된 것이 아니다. 왜냐하면 운용, 보관·관리업무의 주체가 원래 위탁회사에게 귀속되어야 하는지 수탁회사에게 귀속되어야 하는지를 우선 명확히 해야 함에도 불구하고, 그러한 선행 작업이 전혀 없었기 때문이다. 현재의 법문은 이 모든 것이 위탁회사의 전권이라는 전제하에 보관·관리업무 만을 수탁회사에게 위탁하는 듯이 규정한다. 그러나 이것은 1998년 이전의 법제에서나 통용되었던 논리이다. 그 이후의 개정 법률과 신탁법의 본지를 따른다면 운용, 보관·관리업무의 주체는 수탁회사이므로 그 논리는 바뀌어야 한다. 즉 신탁에서의 전권을 발휘하는 수탁회사가 운용만을 제한적으로 위탁회사에게 위탁(또는 위임)하면서, 수익자의 최선의 이익을 위해 수탁회사는 위탁회사의 운용업무를 감시하는 구조로 전환된 것이다.

34) 同旨: 박삼철·이중기, 전게논문, 542면, 559면.

35) 투자신탁 및 투자법인에 관한 법률 제2조 제1항 제1호는 "이 법률에서 '위탁자 지시형 투자신탁'이란 신탁재산을 위탁자의 지시(정령에서 정하는 자의 지시에 관한 권한의 전부 또는 일부를 위탁하는 경우에 해당 정령에서 정하는 자의 지시를 포함)에 따라 주로 유가증권, 부동산 기타 자산으로 투자를 용이하게 할 필요가 있는 것으로서 정령에서 정하는 것(이하, '특정자산'이라 한다)에 대한 투자로서 운용하는 것을 목적으로 하는 신탁으로서, 이 법률에 따라 설정되고 그 수익권을 분할하여 복수의 자에게 취득시키는 것을 목적으로 하는 것을 말한다"고 규정한다. 동법 제3조는 "위탁자 지시형 투자신탁계약은 하나의 금융상품거래업자를 위탁자로 하고 하나의 신탁회사 등을 수탁자로 히는 것"이라고 한다.

반법으로 하고 '투자신탁 및 투자법인에 관한 법률'을 개별 신탁법으로 하는 신탁법 체계를 마련한 것이다. 증권투자신탁의 수탁자에 대한 사무처리에 있어서도 일반법인 신탁법이 적용되므로 '투자신탁 및 투자법인에 관한 법률'에서는 투자신탁의 구조, 약관의 기재사항, 주식에 관한 운용지시의 제한, 수익자의 권리, 운용보고서 등 필요한 최소한의 사항만을 규정한다.[36] 계약형 투자신탁의 최대 특징은 위탁회사가 운용을 하는 구조로서 전체 구조의 주역이 된다. 위탁회사는 투자자로부터 모집한 금전으로써 신탁을 설정하고 설정한 신탁재산의 운용에 대해서 수탁회사에 운용을 지시한다. 수탁회사는 위탁자와 체결한 신탁계약(신탁약관)에 따라 운용자산의 관리 및 보관을 한다. 위탁자는 운용에 대해서 수익자에 대해 책임을 진다. 그리고 수탁회사의 역할은 신탁계약의 체결, 신탁재산의 관리와 보관, 신탁재산의 계산, 수익권의 인증 등이다. 수탁회사는 위탁회사에게 운용지시의 수행에 대해서, 수익자에게 신탁재산의 보관 및 관리에 대해서 책임을 진다.[37] 이렇게 소극적인 기능을 수행하는 수탁회사가 위탁회사를 적극적으로 감시한다는 것은 법률상으로 불가능하며 실무적으로도 있을 수 없는 일이다. 즉, 일본에서는 수탁회사의 위탁회사에 대한 감시의무과 같이 신탁법리와 모순되는 조문은 존재하지 않는다. 결국 일본은 투자신탁을 단지 신탁의 일종으로만 보고 있으며, 위탁회사를 중심으로 하는 신탁관계가 투자신탁관계의 핵심이라고 파악한다.[38] 그리고 이러한 일본의 입법례가 우리나라에서는 1998년 이전 (구)증

---

**36)** 1951년에 '증권투자신탁법'으로 제정되었고, 그 후 수차례에 걸쳐 개정되었으며 1998년에 '증권투자신탁 및 증권투자법인에 관한 법률'로 바뀐 것이다. 투자자로부터 자금을 모아, 투자자 이외의 자가 그 자금을 결합하여 특정 자산에 대한 투자로서 운용하고, 그 성과를 투자자에게 분배하는 제도를 규정한 법률이다. 동법은 그 방법으로서 ① 투자자가 출자한 재산을 신탁재산으로 하여, 신탁계약에 의해 투자운용하고 그 이익을 수익자에게 분배하는 형태(투자신탁제도)와, ② 투자자가 특정 자산에 대한 투자운용을 목적으로 한 사단을 설립하고, 그 이익을 분배하는 형태(투자법인제도)의 두 가지를 규정하고 있다. 2007년 9월에 시행된 금융상품거래법이 투자신탁회사와 부동산투자법인 등 자산운용회사의 행위규제를 포함하게 되면서(제42조와 제42조의2의 투자대상, 운용지시의 제한, 권리자에 대한 충실의무, 선관의무, 금지행위로서의 이해상충행위, 운용재산 상호간 거래 등의 금지 등), 현재의 '투자신탁 및 투자법인에 관한 법률'에서는 투자신탁과 투자법인을 만드는 경우의 구조 내지 형태에 대해서만 규정하고 있다.: 日本 投資信託協會 用語集, http://www.toushin.or.jp에서 검색, (검색일: 2018. 7. 25.).

**37)** 早坂文高, "預金型·運用型信託", 東京大學信託法講義 第7回, (2008), 6頁.

**38)** 박삼철 · 이중기, 전게논문, 546면.

권투자신탁법에 그대로 투영되었던 것이다.[39]

## 2. 英　國

우리나라는 2007년 자본시장법 제정 당시에 영국의 투자신탁법제를 상당히 참조하였다. 영국의 금융서비스시장법(Financial Services and Markets Act)이 개방형 펀드인 CIS(Collective Investment Scheme)를 규제하는데, CIS 중 신탁형 개방형 펀드를 UTS(Unit Trust Scheme)라고 한다. UTS는 위탁회사와 수탁회사가 재산보유도구로서 신탁이라는 수단을 채택하여 미리 마련한 투자계획에 투자자가 참여하는 조직계약으로 분석된다. 이는 앞에서 설명한 조직계약설과 궤를 같이 하는 것이다. UTS에서 위탁회사(manager)는 타인의 자금을 대신 운용하는 지위에 있으므로 성질상 신인의무를 부담한다고 간주되며, 자산 운용을 주도하고 수탁회사에 운용을 지시하며, 펀드에 편입된 자산의 평가 및 units의 판매와 환매, 펀드의 회계서류와 정기보고서 작성 및 펀드의 마케팅을 담당한다.[40] 수탁회사(trustee)는 투자자를 대신해서 위탁회사를 감시할 법정 의무가 있는데 이는 투자자보호 기능의 일환으로 행해지는 것이다. 펀드자산의 안전한 보관과 대외적 법률행위의 주체인 수탁회사는 수익자명부를 작성하여 유지하여야 할 책임을 부담한다. 또한 수탁회사는 수익증권의 발행 및 소각을 담당하고 신탁증서에 따른 투자목적의 준수여부를 감시하여 위반시 위탁회사의 운용 결정을 거부할 수도 있다.[41] 우리나라에서 2000년 개정된 (구)증권투자신탁업법과 이후의 (구)간접투자자산운용업법 및 현행 자본시장법은 영국의 UTS 법제를 참조하여 수탁회사의 위탁회사 자산 운용 감시권한을 보다 강화함으로써, 저분/관리 및 운용의

39) 김건식 · 정순섭, 전게서, 879-880면은 수탁회사의 적극적인 감시 권한을 허용하지 않는 일본 법제 및 학설을 인용하면서 우리나라의 증권투자신탁관계를 일본과 마찬가지로 이중신탁설로 설명할 수 있고 그 중심적인 지위에 위탁회사가 존재한다고 주장한다. 그러나 우리나라의 투자신탁법제가 일본법에서 완전히 결별하였음을 감안하면, 지금 시점에서는 이러한 주장의 설득력이 떨어진다.

40) 박삼철 · 이중기, 전게논문, 551-552면.

41) "Trustees are assigned to ensure that the fund manager runs the trust following the fund's investment goals and objectives. It is also the trustees' job to safeguard the assets of the trust.": https://www.investopedia.com/terms/u/unittrust.asp에서 검색, (검색일: 2018. 7. 1.).

권한을 분리시키면서 수탁회사에게 보다 투자신탁관계에서 주도권을 부여하는 방식을 채택하였다. 1998년 이후 우리나라에서의 일련의 입법은 증권투자신탁에 있어서 영국의 UTS를 모델로 하여 한편으로는 수탁회사의 감시기능을 강화함으로써 증권투자신탁의 독자성을 선언하게 되었고, 다른 한편으로 일본의 신탁법리에 철저한 위탁회사 중심의 과거 체제(ancien regime)로부터 벗어나는 계기를 마련하였다고 평가된다.

## Ⅵ. 判例의 檢討

### 1. 總　　說

1998년 구증권투자신탁업법의 개정에 의하여 투자신탁의 본질과 관련하여 패러다임의 전환이 이루어진 후 대법원도 위탁회사와 수탁회사 간의 법률관계가 신탁법상의 신탁으로서 그 신탁재산의 소유자는 수탁회사이며 신탁재산에 관한 대외적인 법률행위도 수탁회사를 통해서 하여야 한다고 판시하여 왔다.

### 2. 大法院 2002. 11. 22. 宣告 2001다49241 判決

#### (1) 사실관계

위탁회사가 수익자에 대해 부담하는 환매대금 지급채무와 신탁재산에 속하는 채권을 상계할 수 있는지 여부가 쟁점으로 된 사안이다.

#### (2) 판결요지

대법원은, 「증권투자신탁업법에 따른 투자신탁에 의하여 위탁회사가 투자자(수익자)들로부터 모은 자금 등을 신탁하여 수탁회사가 보관하고 있는 신탁재산은 신탁법 및 증권투자신탁업법의 법리에 의하여 대외적으로 수탁회사가 그 소유자가 되며, 따라서 신탁재산에 속한 채권을 자동채권으로 하는 상계권 역시 수탁회사가 행사하여야 하는 것이고, 이 경우 수동채권은 수탁회사가 부담하는 채무이어야 하되, 이와 같은 상계는 신탁법 및 증권투자신탁업법의 관계 규정에 의한 제한을 받는다고 할 것이다. 증권투자신탁업법의 관계 규정에 따라 위탁회사는 선량한 관리자로서 신탁재산을 관리, 운용할 책임이 있으나, 같은 법 제25조 제1항 단서에 의하여 의결권 외의 권리는 수탁회사를 통하여 이를 행사하도록 되어 있으므로, 상계권에 관해서도 위탁회사가 수탁회사에게 지시하여 수탁회사로 하여금 일정한 내용으로 상계권을 행사하게 할 수는 있을 것이나, 스스로 신탁재산에 속한 채권에 관하여 상계권을 행사할 수는 없다」라고 판시하였다.[42]

#### (3) 검 토

대상 판결은 수탁회사가 신탁재산의 관리/처분권자로서 대외적인 법률행위의 주체가 된다는 점을 명확히 밝히고 있다. 이와 대조적으로 위탁회사는 선량한 관리자로서 신탁재산을 관리, 운용할 책임이 있다고 함으로써 위탁회사가 신탁상 수탁자의 지위를 갖는 것은 아니라는 점을 간접적으로 암시하고 있다. 증권투자신탁과 관련된 대외적 법률행위라면 가사 위탁회사의 지시를 받는다고 하더라도 수탁회사 명의로 수행되어야 한다는 점을 명확히 한 것이다.[43] 그리고 위탁회사가 자산 운용의 권한을 가지므로 투자대상 회사에 대한 신속하고 정확한 정보를 기초로 합리적인 의사 결정을 할 수 있다고 보아 의결권을 행사할 수 있도록 하는데, 현행 자본시장법 제87조 제1항도 "집합투자업자는 투자자의 이익을 보호하기 위하여 집합투자재산에 속하는 주식의 의결권을 충실하게 행사하여야 한다."라고 규정함으로써 동일한 입장을 견지하고 있다.

### 3. 大法院 2003. 4. 8. 宣告 2001다38593 判決

#### (1) 사실관계

신탁재산에 편입되는 미국 달러화의 환위험을 헤지하기 위하여 체결된 물환거래의 주체와 이행책임자가 문제된 사안이다.

피고인 위탁회사 현투증권과 원고인 수탁회사는 1996. 11. 주로 러시아 공채관련 해외금융상품에 투자・운용할 목적으로 판시와 같은 각 증권투자신탁계약을 체결한 사실, 한편 피고 현투증권은 위 투자에 의한 투자원리금이 상환될 시점에서 미 달러화가 평가절하되는 등으로 인한 위험을 피하기

42) 대법원 2002. 12. 26. 선고 2002다12727 판결도 동일한 내용의 판시를 하였다.

43) 강희철・조상욱・차태진, 전게논문, 178면.

위하여, 원고 은행과 사이에 모두 5건의 선물환(선물환)계약을 체결하였는데, 각 선물환거래에 포괄적으로 적용될 선물환거래약정서의 은행란에 원고, 거래처란에 피고 현투증권이 각 표시되어 있었으며, 위 5건의 선물환계약 중 하나인 이 사건 선물환계약을 위한 거래성립확인서의 미화 매입자란에는 원고 은행 국제금융부, 미화 매도자란에는 피고 현투증권 및 원고 은행 증권투자부가 각 표시되어 있었던 사실, 한편 원고는 위의 선물환거래로 말미암아 부담하게 될 위험(이른바, 환리스크)을 피하기 위하여 위 선물환계약 직후 미국 체이스맨하탄은행과 사이에, 별도의 선물환거래약정(이른바, 커버계약인바, 계약체결일과 결제일은 이 사건 선물환계약과 일하고 내용은 2년 후인 1998. 11. 13.에 원고가 위 미국 은행에 미화 2,300만$를 매도하고 그 대가로 한화 202억 5,150만 원을 지급받기로 한 것이어서 위 두 계약이 그대로 이행될 경우 원고는 약 3,450만 원의 차익을 얻도록 되어 있었다)을 체결해 둔 사실, 그 뒤 러시아국이 1998. 8. 17. 채무지급유예(모라토엄) 언하여 피고 투신운용이 이 사건 선물환계약을 이행하기 어렵게 되자, 원고에 대하여 위 계약상의 의무이행을 거절한다는 의사표시를 한 사실, 이로 인하여 원고는 위 선물환계약에 따른 미화를 피고로부터 지급받지 못한 채 미국 체이스맨하탄은행에 대하여는 위 반대의 선물환거래약정(커버계약)에 의한 미화지급의무를 이행하여야 하게 됨으로써 손해를 입은 사실(위 선물환계약과 커버계약에서의 예정환율은 각각 1$당 879원과 80.5원 정도였는데 원고가 커버계약을 이행한 때의 환율은 1$당 1,316원 남짓으로 급등함으로써 거액의 환차손이 생겼다)을 각 인정한 다음, 이 사건 선물환계약이 피고 측의 책임 있는 사유로 해제되었음을 이유로 그 손해배상을 구하는 원고의 청구가 정당하다고 판단하는 한편, 그와 같은 이행의무가 존재하지 않거나 존재하더라도 감액되어야 한다는 취지의 피고 측의 항쟁을 모두 배척하고, 원고가 청구하는 바에 따라 원고가 위 선물환계약에 의하여 피고 측으로부터 지급받았어야 할 미화금액의, 결제약정일 당시의 환율에 의한 금액의 지급을 명하였다.

**(2) 판결요지**

대법원은, 「증권투자신탁계약에 따른 신탁재산의 대외적 소유명의자는 수탁회사이고 위탁회사는 내부적인 의사결정자일 뿐 그에 따른 대외적 법률행위는 수탁회사를 통하여 하여야 하므로, 위탁회사 자신이 신탁재산에 관한 법률행위의 주체가 되거나 이행책임을 부담할 수 없다」라는 원칙을 설시하면서, 「원심이 적법하게 인정한 사실관계에 따르면, 피고들과 원고 은행 사이의 이 사건 선물환계약은 피고들의 명의로 신탁재산의 보전을 위하여 체결된 것일 뿐이어서 그 결과를 사후에 신탁재산에 편입하는 때에 비로소 신탁재산의 손익에 반영될 뿐이지 그 계약내용 자체가 당연히 신탁재산에 관한 것이라고는 할 수 없고, 나아가 원고가 신탁재산의 수탁회사의 지위를 겸하고 있었다는 사정 및 피고 측이 주장하는 이 사건 약관내용이나 증권투자신탁의 법리만으로는 피고들의 명의로 이루어진 이 사건 선물환계약이 자동적으로 신탁재산에 관한 계약이 되거나 또는 원고에 대한 피고들의 책임이 신탁재산에 의하여서만 담보되는 것으로 볼 수 없으므로, 결국 원심 판단에는 상고이유 제3점이 지적하는 바와 같은 증권투자신탁재산에 관한 각 법리오해의 위법도 없다」라고 하였다.

### (3) 검　토

대상 사건에서 피고인 위탁회사 명의로 선물환계약이 체결되었는데 이는 원래 대외적 소유명의자인 원고 수탁회사 명의(조흥은행 증권투자부)로 체결되었어야 할 신탁재산의 보전을 위한 것이었다.

혹자는 상행위의 대리는 본인을 위한 것임을 표시하지 않아도 본인에게 효력이 있는 비현명주의에 의한다는 점을 강조하면서, 피고 위탁회사의 행위는 수탁회사인 조흥은행 증권투자부를 위한 상사대리였으므로 수탁회사에 대하여 효력이 있고, 더욱이 조흥은행 국제금융부는 위탁회사의 행위가 수탁회사를 위한 것임을 알고 있었으므로 위탁회사에 대해 이행을 청구할 수 없도록 하는 것이 타당하다는 주장을 한 바 있다.[44] 필자는 이러한 견해에 선뜻 동의하지 않는다. 왜냐하면 이 사안에 있어서 선물환거래의 형식적 당사자는 위탁회사로 명시되어 있었기 때문이다. 더욱이 어떤 경우에는 수탁회사를 반드시 통하지 않고 위탁회사 명의로 신탁재산을 처분하는 것이 훨씬 유용한 상황도 생각해볼 수 있다. 즉, 원래 수탁회사 명의로 체결되어야 할 신탁재산에 관한 계약(대외적 법률행위)이라도 특수한 사정이 있는 경우에는

---

44) 이중기, 전게논문, 203면.

위탁회사 명의로 체결되는 것이 오히려 바람직할 수 있는 것이다. 예를 들어 위탁회사가 거래의 효율성과 경제성을 추구하기 위하여 신탁재산에 귀속될 거래 대상을 통합하여 거래를 한 후 각 신탁재산에 사후적으로 체결 내역을 배분하는 경우를 들 수 있다. 위탁회사는 하나의 신탁재산 만을 운용하는 것이 아니라 여러 개의 신탁재산을 동시에 운용하기도 한다. 신탁재산의 운용시 수개의 신탁재산에 편입될 하나의 투자물(예: 삼성전자 보통주)에 대한 매매를 할 때, 위탁회사는 모든 투자신탁을 위해 이러한 투자물에 대해 자기명의로 통합 주문을 하고 나중에 매매결과물을 간 투자신탁별로 분배하는 것이 규모의 경제를 추구하면서 전체 투자신탁의 비용을 줄이고 효율성을 증대시킬 수 있는 방안이다. 물론 각 투자신탁 간 공평의 이념도 달성할 수 있게 된다.[45] 따라서 이러한 예외가 있음에도 불구하고 위탁회사 명의로 계약이 체결되면 항상 상사대리의 비현명주의에 의하여 수탁회사에게 법률효과가 귀속되며 상대방은 위탁회사를 상대로 이행청구를 할 수 없다고 주장하는 것은 무리가 있고 거래 관행에도 반한다. 이러한 주장은 계약당사자의 법리에도 맞지 않으며, 투자신탁에 있어서 위탁회사가 예외적으로 신탁재산을 처분하도록 하는 것이 타당한 경우를 도외시한 것이다.[46]

현행 자본시장법 제80조에 의하면 위와 같이 논란이 발생할 여지는 더 이상 없게 되었다. 왜냐하면 위탁회사가 투자신탁재산의 효율적 운용을 위하여 불가피한 경우 수탁회사의 명의가 아닌 위탁회사 자신의 명의로 직접 자산의 취득, 매각 등을 실행할 수 있도록 하였는데, 그중의 하나가 이 사안에서 문제되었던 "투자위험을 회피하기 위한 장외파생상품의 매매"이기 때문이다.[47] 즉, 현행법에 의하면 수탁회사를 통하지 않고 위탁회사가 직접 신탁

---

45) 이 장의 각주 27) 참조.: 자본시장법 제80조 제3항이 이러한 입장을 따른 것이다.

46) 강희철 · 차태진 · 조상욱, 180-184면은 증권투자신탁의 이론(수탁회사가 원칙적으로 법률행위의 주체가 되어야 함)과 실무(실무계에서 수탁회사는 단순한 신탁재산의 보관자인 custodian에 불과하다고 봄)가 괴리되어 있었는데, 일련의 대법원 판결에 따라 이제 이러한 실무는 도전을 받게 되었다는 점을 강조하면서 실무관행이 바뀌어야 함을 촉구하고 있다. 그렇지만 대상 판결에서는 실제적인 결론이 이론보다는 실무에 부합하는 방향으로 도출된 것이라고 함으로써, 필자의 견해와 다소 상이한 분석을 하고 있다.

47) 강희철 · 차태진 · 조상욱, 전게논문, 183면에서 저자들은 이렇게 비정형적이고 대규모의 장외파생상품 거래에 있어서 편의성과 효율성을 아무리 앞세우더라도 수탁회사로 하여금 위탁회사의 운용행위 지시를 적절히 감독하도록 하는 것이 수익자 보호를 위해 더욱 중요

재산의 처분에 대한 계약을 체결할 수 있는 예외사유를 명시적으로 열거하고 있고, 동 조항에 의할 때에는 비록 신탁재산의 처분이 위탁회사에 의하여 이루어졌더라도 계약의 당사자는 위탁회사이므로 위탁회사가 책임을 져야 하는 것이다.

### 4. 大法院 2007. 9. 6. 宣告 2004다53197 判決

#### (1) 판결요지

증권투자신탁에서 위탁회사가 판매회사와 수익증권 판매위탁계약을 체결함으로써 수익증권의 판매업무를 직접 담당하지 않는 경우에도, 투자신탁의 설정자 및 운용자인 위탁회사는 수익증권의 판매에 직접적인 이해관계가 있는 당사자로서 투자신탁약관을 제정하여 미리 금융감독위원회의 승인을 얻은 후 그 약관에 따라 수탁회사와 함께 증권투자신탁계약을 체결함으로써 수탁회사와 공동으로 증권투자신탁을 설정하고, 투자신탁설명서를 작성하여 수익증권을 취득하고자 하는 자에게 제공하여야 하며, 투자신탁이 설정된 이후에는 신탁재산의 투자운용결정 및 지시를 하고, 구 증권투자신탁업법(2003. 10. 4. 법률 제6987호 간접투자자산운용업법 부칙 제2조로 폐지) 제17조 제1항에 따라 선량한 관리자로서 신탁재산을 관리할 책임을 지며 수익자의 이익을 보호하여야 하므로, 투자자에게 투자종목이나 대상 등에 관하여 올바른 정보를 제공함으로써 투자자가 그 정보를 바탕으로 합리적인 투자판단을 할 수 있도록 투자자를 배려하고 보호하여야 할 주의의무가 있다.

#### (2) 검　토

김건식/정순섭 교수는 이 판결을 이중신탁설에 기초하여 투자자와 위탁회사 간에 직접적인 신탁관계를 인정한 것으로 이해하고 있다.[48] 그러나 1998년법 개정 이후 투자자와 위탁회사의 관계를 중시하게 되면서 과거 위탁회사의 지위를 주도적으로 보았던 단순신탁설과 이중신탁설은 더 이상 설득력을 잃게 되었다. 그리고 위의 대상 판결에서 이중신탁설과 연결한 만한 어떠한 단서도 찾을 수 없다. 오히려 실질신탁설과 조직계약설의 입장에서

---

한 의미가 있다고 한다.

48) 김건식 · 정순섭, 전게서, 879면.

수탁회사가 투자신탁의 법률관계에서 중심에 서지만, 위탁회사도 신탁유사 관계나 조직계약에 의하여 투자자에게 고도의 주의의무를 진다는 취지의 판결이라고 설명하는 것이 훨씬 간명하고 설득력을 갖게 된다. 또한 2001다49241 판결 이후 증권투자신탁관계의 핵심은 위탁회사와 수탁회사의 관계라는 점이 일관되게 설시되어 왔는데, 위 대상판결도 "투자신탁의 설정자 및 운용자인 위탁회사는 수익증권의 판매에 직접적인 이해관계가 있는 당사자로서 투자신탁약관을 제정하여 미리 금융감독위원회의 승인을 얻은 후 그 약관에 따라 수탁회사와 함께 증권투자신탁계약을 체결함으로써 수탁회사와 공동으로 증권투자신탁을 설정하고, 투자신탁설명서를 작성하여 수익증권을 취득하고자 하는 자에게 제공"한다고 함으로써 수탁회사의 역할을 보다 강조하고 있다.

## Ⅶ. 結　論

현행 자본시장법령과 판례 및 모델법(영국의 증권투자신탁법제) 등을 종합적으로 고찰하면, 수탁회사가 법률상의 처분권자이며 대외적인 법률행위의 주체가 된다. 이 점에 대해 국내의 어떤 학설도 이견이 없다. 다만 자본시장법은 특정 사안에 있어서 위탁회사가 직접 자신의 명의로 신탁재산에 대한 처분행위를 할 수 있는 예외적인 경우를 명시적으로 규정하고 있는바, 이때에는 법률행위의 당사자가 위탁회사로 될 수 있다. 그렇지만 그러한 예외사유를 제외하면 항상 수탁회사가 대외적인 법률행위의 주체가 된다는 점을 유념하여야 한다.

물론 과거 증권투자신탁 관계에서 위탁회사가 모든 주도권을 발휘하던 시기가 있었다. 즉 1995년법에서는 위탁회사가 고유재산에 의한 투자신탁의 설정 및 환매의무를 부담하고 장부가 평가로 환매대금을 지급하여야 하므로, 전체 증권투자신탁 관계에서 매우 주도적인 역할을 수행하여야 할 지위에 있었다. 그렇다 보니 투자자(수익증권 소유자)와 위탁회사(또는 판매회사) 간의 법률관계가 증권투자신탁의 핵심적인 지위를 차지하였고, 그중에서도 투자자에 대한 위탁회사(또는 판매회사)의 고유재산에 의한 환매의무가 증권투자신탁 법리의 주축을 이루었던 것이다. 당시 단순신탁설과 이중신탁설이 주류적인 학설로 등장하였다. 결과적으로 수탁회사를 단순한 신탁재산의 보관자에 불과한 것으로 보았다. 이러한 제도적 관행을 구축하는 데 결정적인 영향을 미친 입법례는 일본의 증권투자신탁법제였다.

그러나 1998년 법 개정에 의하여 위탁회사가 증권투자신탁 관계에서 더 이상 실질적으로도 주도적인 역할을 수행하지 않게 되면서, 수탁회사와 위탁회사의 본연의 역할은 다시 원상으로 회복되었다. 이제 신탁재산을 이전받아 명실상부하게 신탁법상 수탁자의 지위에 서게 되는 수탁회사가 증권투자신탁의 중심적인 역할을 하게 되면서, 수탁회사는 수탁자로서 신탁재산에 대하여 전반적으로 관리·처분권한을 갖게 되고 위탁회사는 신탁계약에 의하여 운용에 있어서만 제한적이고 전문가적인 역할을 수행하도록 그 역할이 변화되었다. 자연스럽게 실질신탁설과 조직계약설로 주류적인 학설도 바뀌게 된다. 1998년 법 개정 이후 입법의 모델이 되었던 나라는 영국이다. 즉 2000년 개정된 (구)증권투자신탁업법과 이후의 (구)간접투자자산운용업법 및 현행 자본시장법은 영국의 법제를 참조하여 수탁회사의 위탁회사 자산 운용 감시 권한을 보다 강화하였고 수탁회사에게 보다 투자신탁관계에서 주도권을 부여하는 방식을 채택하였다. 이로써 일본의 신탁법제를 모델로 한 위탁회사 중심의 과거 체제로부터 벗어나는 계기를 마련한 것이다.

현행 자본시장법은 수탁회사가 신탁재산의 처분·관리권자의 지위를 갖고 위탁회사는 운용에 대한 제한적인 권한만을 갖는다는 점을 명확히 하고 있다. 즉 신탁법 제31조가 수탁자의 처분권한을 신탁행위로 제한할 수 있다고 하는 데 반하여, 자본시장법은 법령 자체적으로 수탁회사의 처분권과 위탁회사의 운용권을 분리하고 있다. 그리고 위탁회사와 수탁회사 간의 관계에 대한 가장 핵심적인 조항은 자본시장법 제80조와 제247조이다. 자본시장법 제80조는 수탁회사에게 위탁회사의 지시를 수동적으로 따르거나 수탁회사가 위탁회사 자신 명의의 예외적인 운용에 대해서는 전혀 개입할 수 없는 듯이 규정하지만, 이에 대해서는 제247조의 특칙이 있다. 즉 제247조는 수탁회사로 하여금 위탁회사의 운용에 대한 전면적인 감시권을 부여함으로써, 수탁회사의 적극적인 역할을 강조하고 있다. 이제 수탁회사는 자산운용에 있어서 더 이상 소극적인 방관자가 아닌 것이다. 제247조가 입안됨으로써 증권투자신탁의 법률관계, 그중에서도 자산운용의 영역에서마저, 위탁회사가 더 이상 전단적이고 주도적인 지위를 행사할 수 없음이 명확해졌다.

한편 자본시장법 제80조 제1항의 위임을 받아 자본시장법시행령 제79조 제2항은 투자신탁재산의 효율적 운용을 위해 불가피한 일정한 거래 등에 대해서는 예외적으로 위탁회사가 자신의 명의로 직접 거래를 할 수 있는 예외를 명시하고 있다. 이때에는 '규모의 경제'와 '경제 여건의 변화' 등을 고려하여 복수의 다양한 투자신탁을 운용하는 위탁회사가 직접 자신의 명의로 투자대상자산을 처분할 수 있으므로, 위탁회사가 법률행위의 전면적인 당사자로 등장할 수 있는 것이다. 그런데 이러한 예외 사유는 매우 제한적이다. 그 외의 대외적인 법률행위에 대해서는 반드시 수탁회사를 통하여 수탁회사 명의로만 체결할 수 있을 뿐이고 위탁회사는 법률행위의 당사자로 전면에 등장할 수 없다.

이 논문에서 다루는 쟁점은 계열회사 간의 부당내부 거래 여부를 판단하는데 매우 중요한 단서가 될 수 있다. 예를 들어 투자신탁의 법률관계에서 위탁회사가 제3자와 계열회사 관계에 있는데, 위탁회사가 수탁회사를 배제하고 그 제3자로부터 직접 금전 차입의 주체로 나설 수 있는지가 중요 쟁점으로 부각할 수 있는 것이다. 이 쟁점에 대해 필자는 자본시장법상 위탁회사가 전면에 나설 수 없다는 점을 강조하고 싶다. 즉 자본시장법 제83조에 의하면 위탁회사는 투자신탁의 계산으로(즉 투자신탁에게 종국적으로 이익을 귀속시킬 목적으로) 금전을 차입할 수 없으며, 신탁재산으로 투자신탁 외의 자를 위하여 채무보증이나 담보제공을 할 수 없게 되어 있다. 이는 위탁회사가 수탁회사로부터 위임(또는 위탁)받은 권한의 범위를 일탈한 것이기 때문이다. 오히려 신탁법 제31조에 의하면 "수탁자는 … 신탁목적의 달성을 위하여 필요한 모든 행위를 할 권한"이 있으므로, 수탁회사만이 자신의 명의로 투자신탁에게 이익을 귀속시키기 위하여 제3자로부터 금전을 차입할 수 있다. 물론 신탁약정으로 명확하게 금지한다면 수탁회사도 금전을 차입할 수 없게 될 것이다. 결국 증권투자신탁 관계에 있어서 외부로부터 차입의 주체가 될 수 있는 자는 수탁회사로만 한정되므로, 예를 들어 행정당국이 차입의 주체를 위탁회사로 보고 위탁회사와 대여자 간에 계열회사 관계가 있으므로 적법한 절차를 거치지 않은 불공정거래에 해당한다고 보아 제재를 부과할 수는 없는 것이다.

현행 자본시장법상 지금도 구법의 잔재가 남아 있어서 실무적으로 오해를 불러일으킬 만한 조항이 일부 있다. 가장 대표적인 것은 자본시장법 제184조 제3항의 "투자신탁이나 투자익명조합의 집합투자업자 또는 투자회사 등은 집합투자재산의 보관·관리업무를 신탁업자에게 위탁하여야 한다"는 조항이다. 이 조문은 1998년 이전 법 체제에서의 내용들을 그대로 옮긴 심각한 오류를 범하고 있으며 신탁법리에도 정면으로 위반된다. 1998년 이전에는 고유재산으로 신탁을 설정하고 환매의무를 지게 되는 위탁회사가 투자신탁관계의 중심에 서므로, 신탁재산의 실질적인 처분권한도 보유하고 있다고 간주되었다. 그렇다보니 신탁재산의 보관·관리 업무 만을 떼어내서 신탁업자에게 위탁하는 규정이 마련되었던 것이다. 그러나 지금은 패러다임의 전면적인 전환이 이루어졌다. 1998년법 개정 이후 위탁회사의 지위는 제한적으로 신탁재산을 운용하는 자로 변질되었다. 따라서 지금은 신탁재산의 처분, 관리권자가 수탁회사임을 명시적으로 선언하는 형식으로 법문이 즉각 개정되어야 한다.

한편 1998년 (구)증권투자신탁업법의 개정에 의하여 투자신탁 법제가 근본적으로 변화된 후, 대법원은 일관되게 위탁회사와 수탁회사 간의 법률관계가 신탁법상의 신탁으로서 그 신탁재산의 소유자는 수탁회사이며 신탁재산에 관한 대외적인 법률행위도 수탁회사를 통해서 하여야 한다고 판시하여 왔음을 다시 한번 강조하고 싶다.

# 最近 디지털 假想貨幣 去來의 法的 爭點과 運用方案*

## - 비트코인 去來를 중심으로 -

金 弘 基**

## Ⅰ. 머리말

비트코인(Bitcoin)이란 넓게는 '인터넷 프로토콜(통신규약)'[1]이자 '중개기관의 개입이 없는 형태의 전자적 P2P[2] 지급네트웍'을 의미하고, 좁게는 '비트코인(BTC) 단위로 거래되는 디지털 가상화폐'를 가리킨다. 이러한 비트코인은 2009년경 등장하였는데, 간편한 지급방식과 편리한 자금이체, 중개기관의 개입이 없는 분산된 형태의 글로벌 지급시스템으로 주목을 받고 있다. 비트코인이 제공하는 혁신적인 지급시스템은 각종 거래비용을 낮추고, 국경에 구애받지 않고 신속하고 편리한 지급을 가능하게 하는 등 글로벌화된 경제에서 지급 및 자금이체 시스템이 나아갈 바를 시사한다.

그러나 비트코인 기술과 이를 이용한 거래는 정책당국자들에게 어려운 문제를 제기하고 있다. 비트코인이 채택하는 블록체인 기술은 불법자금, 탈세, 소비자보호 등의 문제가 발생할 가능성이 크지만, 전통적인 규제대상인

---

* 제34회 상사법무연구회 발표 (2014년 8월 30일)
본 평석은 「증권법연구」 제15권 제3호, 증권법학회, (2014)에 게재하였음.
** 연세대학교 법학전문대학원 교수

1) '인터넷 프로토콜'이란 인터넷상에서 독립적으로 운영되고 있는 통신망들을 서로 연결하는 통신규칙을 말한다.

2) P2P는 컴퓨터 간의 수평적인 연결망을 통해 이용자들이 자원을 서로 나누고 공유하는 컴퓨팅 네트워크를 말한다. P2P는 소셜네트워크를 활용한 협동적 생산이나, 컴퓨터 자원의 공유, 콘텐츠의 공유 등 다양한 형태로 활용되고 있다.

중개기관(금융회사)이나 중앙서버가 없어서 적절한 규제수단을 동원하기 어렵기 때문이다. 즉, 현재의 지급이나 자금이체 시스템에 대한 규제는 비트코인과 같은 지급방법을 염두에 두고 있지 않으며, 비트코인을 비롯한 가상화폐 거래에 대해서는 법률적으로 규제가 애매한 상태에 놓여 있다.

이 글에서는 비트코인의 작동원리 및 관련된 법적 쟁점을 살펴보고, 바람직한 운용 및 규제방안을 논의한다. 구체적으로 비트코인이 증권이나 파생상품에 해당하는지, 비트코인 표시상품에 관련된 법적 문제는 무엇인지, 중앙집중기관이 없는 분산된 지급시스템에 관련되는 법적 문제점이 무엇인지를 살펴보고 운용방안을 제시한다.

이 논문은 다음과 같이 구성되어 있다. 먼저 제Ⅱ장에서는 비트코인이 무엇인지와 작동원리를 살펴보았다. 제Ⅲ장에서는 비트코인의 특징과 법적 성격을 금전을 비롯한 다른 지급수단과 비교해서 살펴보았다. 제Ⅳ장에서는 각국의 비트코인 규제현황을 살펴보았다. 제Ⅴ장에서는 우리나라에 있어서 비트코인을 비롯한 가상화폐의 규제방향을 제시하였다.

## Ⅱ. 비트코인이란 무엇인가?

### 1. 意義 및 機能

#### (1) 인터넷의 발전과 새로운 지급시스템

비트코인(Bitcoin)이란 넓게는 '인터넷 프로토콜(통신규약)'이자 '중개기관의 개입이 없는 형태의 전자적 P2P 지급네트워크'를 의미하고, 좁게는 'BTC 단위로 거래되는 디지털 가상화폐'를 가리킨다. 비트코인은 가상화폐 중에서도 암호화된 디지털화폐(encrypted digital currency)[3][4][5]이다. 여기서

---

3) 디지털화폐(digital currency)는 화폐적 가치가 디지털 정보의 형태로 저장되고, 지급수단으로 수수되는 지급수단을 가리킨다. 특정 사이트에 국한하여 사용할 수 있는 충전식 e-money가 대표적이다.

4) Francois R. Velde, Bitcoin: A Primer, 317 Chicago Fed Letter(2013). 암호화화폐(cryptocurrency)로 부르기도 한다. Jerry Brito & Andrea Castillo, Bitcoin: A Primer for Policymakers(1st ed. 2013).

5) 반면에 비트코인은 지급이나 자금이체를 넘어서 다양한 측면을 가지는 인터넷 프로토콜이므로 단순히 디지털 화폐라고 하는 것은 너무 좁은 용례라는 서술이 있다.: Jerry Brito, It"s More Than Money, Cato Unbound, July 12, 2013 〈http://www.cato-unbound.org/2013/07/12/jerry-brito/its-more-just-money〉; Jerry Brito, Is Bitcoin the Key to Digital

가상화폐 및 디지털화폐의 개념은 이론적인 것으로 우리나라의 전자금융거래법에서 사용하고 있는 '전자화폐'의 개념과는 다소 차이가 있다. 동법상 전자화폐는 지급수단에 대한 규제와 통제를 위해서 마련된 것으로 일정한 요건을 갖추어야 하지만,[6] 비트코인은 기본적으로 이러한 제한이 없다.

비트코인과 같은 가상화폐(virtual currency)[7]의 등장은 온라인 커뮤니티의 창설과 연결된다. 인터넷의 발전과 보급은 인터넷 환경에서 안전하고, 저렴하게 거래할 수 있는 새로운 지급수단의 등장을 가져왔다. 싸이월드의 도토리, 린든 달러(linden dollar)[8] 등 온라인 가상화폐에서 보듯이 디지털화된 가상화폐는 드물지 않으나, 동일한 화폐가 재차 사용될 수 있는 '이중사용(double-spending)'[9]의 문제가 가상화폐의 성공적인 정착에 장애가 되어왔다. 그러나 2008년 사토시 나카모토[10]의 논문에서 이러한 약점을 극복하는 방법, 즉 비트코인 시스템이 처음으로 언급되면서 현실세계에서 가상화폐의 사용이 현실화되었다.

### (2) 중개기관의 개입이 없이 이중지급의 문제를 해결

비트코인은 전통적인 지급 및 자금이체시스템과 비교하면 그 차이를 쉽게 알 수 있다. 2008년 비트코인이 등장하기까지 가상화폐를 비롯한 온라인

---

Copyright?, Reason Magazine, February 24, 2014 〈http://reason.com/archives/2014/02/24/is-bitcoin-the-key-to-digital-copyright〉.

6) 전자금융거래법상 전자화폐의 개념과 가상화폐와의 비교에 대해서는 김태오, "가상화폐의 이용현황과 시사점: Bitcoin과 Linden Dollar를 중심으로", 「지급결제와 정보기술」 제53호, 금융결제원 금융결제연구소, (2013), 36-42면 참조.

7) 가상화폐(virtual currency)는 인터넷 등 가상공간의 개발자에 의해 발행되고, 가상공간의 회원 사이에 지급수단으로 수수되며, 법규에 의해 통제되지 않는 화폐로 정의할 수 있다. 가령 게임에서 통용되는 화폐 등이 이에 해당한다.

8) 3차원 온라인 가상공간인 세컨드라이프(www.secondlife.com) 안에서 사용하는 전용 통화이다. 세컨드 라이프에서는 전용 화폐인 린든 달러(L$)를 사용하며, 온라인 가상공간에서 집이나 땅을 사거나 쇼핑을 하기 위해선 린든 달러가 필요하다. 세컨드 라이프 공식 사이트 등에서 현실의 미국 달러와 환전이 가능하다.: 린든 달러에 대한 상세한 설명은 김태오, 전게논문, 50면 이하 참조.

9) 이중사용(double spending)이란 동일한 거래기록을 입력 값으로 하여 서로 다른 거래를 요청하는 행위를 가리킨다. 전자서명은 비트코인이 실제 소유주에 의해 사용되었는지에 대해서만 확인할 뿐 해당 비트코인이 이중사용 되었는지는 확인할 수 없기 때문이다.

10) 해당인이 실제인인지 또는 필명인지에 관하여 논란이 있다. 'bitcoin.org'이라는 도메인은 2008년에 등록되었으나, 그 뒤에 있는 사람(들)의 정체는 여전히 공개되지 않고 있다.

거래에서는 항상 신뢰성 있는 제3의 중개기관이 필요했다. 예를 들어, 甲이 乙에게 100달러를 인터넷으로 송금할 경우, 甲은 페이팔(PayPal)[11]과 같이 송금을 중개하고 안전성을 담보할 수 있는 제3의 서비스기관이 필요했다. 페이팔 등 중개기관은 계좌보유주의 신상정보/잔액 등이 기록된 장부를 관리하며, 이용자인 甲은 중개기관의 서비스에 수수료를 지급했다.

그런데 기존의 온라인 지급시스템 하에서는 만일 중개기관의 역할이 없다면 디지털화폐는 이중으로 사용될 위험이 있었다. 예를 들어, 디지털화폐가 사진이나 워드파일과 같은 컴퓨터파일이라고 가정한다. 甲은 100달러의 현금파일(money file)을 메시지에 첨부하여 乙에게 보낸 후에도, 자신의 컴퓨터에 남아있는 동일한 카피파일을 다시 丙에게 보낼 수 있다. 이른바 이중사용의 문제인데, 비트코인이 등장하기 전까지는 이러한 문제는 "(페이팔과 같이)[12] 신용 있는 중개기관이 관리하는 장부의 명의개서(ledger keeping)"에 의해서 해결할 수밖에 없었다.

그러나 비트코인은 P2P지급네트워크와 블록체인 기술을 통해서 이중사용의 문제를 해결한다. 즉, 수천명의 사용자로 구성되는 글로벌 P2P네트워크가 '중개기관의 역할'을 하고, 블록체인기술을 통해서 디지털화폐의 이중사용을 방지하는 것이다. 이러한 측면에서 블록체인은 기존의 중개기관의 장부를 대체하고 '분산된 공개장부(distributed public ledger)'의 역할을 한다. 시장참가자들은 비트코인시스템을 통해서 페이팔과 같은 중개기관 없이도 안전하고, 저렴하며, 신속하게 거래할 수 있게 된 것이다.

---

11) 미국 최대 오픈마켓 이베이의 결제 시스템이다. 결제에 사용할 신용카드로 본인을 인증하고 이메일 계정을 만들면 결제 시마다 이메일 계정과 비밀번호만 입력하면 돼 절차가 간편하다. 페이팔은 수수료를 받지만, 일단 신용카드등록을 한 후에는 거래를 할 때마다 신용카드번호나 계좌번호를 알리지 않아도 되기 때문에 보안에 안전하다. 주로 미국에 보급되어 있다.

12) 최근에는 애플페이(Applepay), 알리페이(Alipay), 카카오페이(Kakaopay) 등이 이러한 역할을 대신하려는 시도를 하고 있다.

[그림 1] 클라이언트-서버 모델과 P2P네트워크 모델

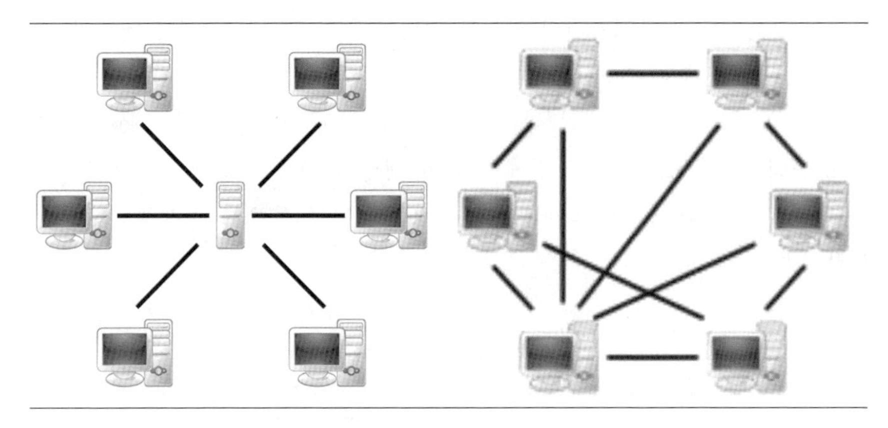

## 2. 作動原理

### (1) 블록체인 시스템

비트코인 시스템은 비트코인(화폐) 발행의 안정성을 확보하고, 제3자의 시스템 교란을 방지하기 위해서 복잡한 수학-기반 암호화기술을 채용하고 있다. 모든 비트코인과 이용자들은 '고유의 식별번호(unique identity)'를 가지며, 모든 거래는 '공개장부(public ledger)'13)에 기록된다. 이러한 공개장부를 "블록체인(blockchain)"이라고 하는데, 약 10분간의 거래기록을 포함하는 블록들을 시간 순서대로 연결한 것으로 모든 비트코인 거래기록을 시간 순서대로 기록하고 있는 일종의 장부를 가리킨다. 블록체인은 동일한 비트코인의 이중사용을 방지하고 거래를 검증하는 역할을 한다(다음 [그림 2] 블록체인과 이중사용 참조).

비트코인 거래는 온라인상에서 이루어진다. 이용자들은 비트코인 거래에 참여하기 위해서 '무료의 오픈소스 소프트웨어'14)를 다운로드 받아야 한다. 다만, 일반적인 전자금융거래에서는 해당 거래의 유효성을 검증하고 거

13) 공개장부(public ledger)는 모든 비트코인거래들의 기록이 순차적으로 기록된 것으로 디지털 금융기록장부(digital financial record book)의 역할을 한다.

14) 〈https://blockchain.info〉를 방문하여, 이메일과 비밀번호를 넣으면 그 즉시 자신 개인의 지갑을 만들 수 있다. 홈화면을 보면 실제 비트코인 주소를 확인할 수 있는데, 전 세계에 하나의 주소만이 존재하며, 이 주소를 통해서 타인과 거래할 수 있다.

래의 안전을 확인할 중개기관이 필요하지만, 비트코인 거래에서는 P2P네트워크상의 블록체인이 중개기관의 역할을 담당한다. 비트코인 거래는 네트워크상의 모든 컴퓨터에서 볼 수 있으나 이용자의 개인정보는 공개되지 않는다.

2009년 1월, 이른바 "원시블록(genesis block)" 또는 "블록0(blokc 0)"이라고 불리는, 비트코인의 첫 번째 파일이 생성되었다. 2009년 10월에는 최초의 비트코인 교환비율이 공개되었고 2010년에는 처음으로 공개적인 거래가 시작되었다.

[그림 2] 블록체인과 이중사용15)

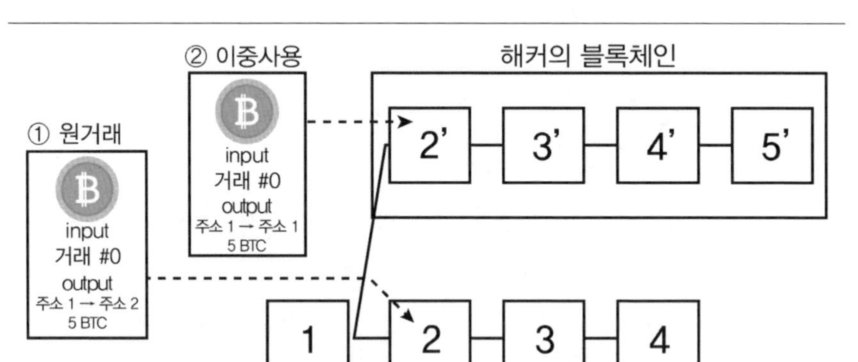


자료: 이동규(한국은행), 28면

### (2) 비트코인의 취득 및 채굴

#### (가) 취득방법

이용자들은 다양한 방법으로 비트코인을 취득할 수 있다. 이용자들은 ① 달러 등 전통적인 화폐를 가지고 비트코인 거래소에서 비트코인을 구매할 수 있고, ② 상품이나 용역의 제공에 대한 대가로서 비트코인을 취득할

15) 비트코인시스템은 복수의 블록체인이 존재할 경우 더 긴 블록체인을 유효한 것으로 인정하기 때문에, 해커가 이중사용을 성공시키기 위해서는 기존의 블록체인보다 더 긴 블록체인을 만들어야 한다. 그러나 더 긴 블록체인을 만들기 위해서는 네트워크의 모든 컴퓨터를 합한 것보다 더 많은 컴퓨터 연산능력이 필요하므로 이중사용은 사실상 어렵다. 이처럼 네트워크 참가자에게 상당한 양의 컴퓨터 연산능력을 필요로 하는 작업을 요구함으로써 네트워크에 대한 악의적인 공격을 억제하는 방법을 작업증명(proof of work)이라고 한다.: 이동규, 「비트코인의 현황 및 시사점」, 한국은행 금융결제국, (2013), 28면.

수 있으며, ③ 채굴절차를 통해서도 비트코인을 취득할 수 있다. 이용자들이 비트코인을 취득하면 자신의 '전자지갑(digital wallet)'[16]을 통해서 비트코인의 잔고를 확인하고 사용할 수 있다. 지갑에는 이용자의 비밀키(private key)[17]가 저장되는데, 이러한 비밀키는 특정한 지갑에서 비트코인을 지급하는 권리를 증명하는 기능을 한다. ①과 ②의 방법은 경제적으로는 유상취득, 법적으로는 승계취득의 성격을 가지고, ③의 방법은 경제적으로는 유상취득, 법적으로는 원시취득의 성격을 가진다. 비트코인 채굴에 소요되는 시간과 장비의 투입 비용 등을 고려하면 무상취득으로 보기는 어렵기 때문이다. 아래에서는 채굴의 개념과 내용에 대해서 별도로 살펴본다.

#### (나) 채 굴

이용자들은 채굴절차(mining)를 통해서도 비트코인을 취득할 수 있다. 채굴을 통해서 생성된 블록이 블록체인에 부착되기 위해서는 일정한 요건을 충족해야 하는데, 이를 위해서는 복잡한 수학적 알고리즘과 이를 수행하기 위한 상당한 용량의 컴퓨터 장비와 전기가 필요하다. 만일 채굴자(miner)가 복잡한 수학적 퍼즐을 풀면 그는 수행의 대가로서 비트코인을 받는다. 채굴에 요구되는 데이터량은 점차 커지고 있으며, 채굴에 필요한 장비와 전기료 등 비용을 고려하면 채굴은 그다지 경제적이지 않다. 일부통계들은 이용자들이 자신들이 획득한 비트코인 보다 많은 비용을 지출하였음을 보여준다(다음 [그림 3] 비트코인 채굴비용 참조).[18]

시간당 약 6회, 즉 10분마다 1개의 블록이 생겨나며, 블록에 대한 보상은 4년마다 50%씩 감소된다. 처음에 채굴절차는 비교적 간단했고 하나의 블

---

16) 비트코인 지갑은 사용자가 보유하는 비트코인을 확인하고 이체거래를 실시할 수 있도록 고안된 프로그램인데, 블록체인에서 직접 사용하는 지갑(https://blockchain.info)이 있고, 코빗지갑(https://www.korbit.co.kr) 등 비트코인 거래처에서 비트코인 구매 등에 사용하는 지갑이 있다. 해당 웹사이트를 방문하면 쉽게 만들 수 있다.

17) 비밀키는 일종의 비밀번호(PW)로서 이용자의 지갑프로그램에 저장되며 비트코인 이체거래 시 입력되어야 한다. P2P네트워크의 특성상 잃어버리면 회복할 방법이 없다.

18) 한 통계에 따르면, 2013년 12월 11일경에는 440만 달러를 보상받기 위해서 1,700만 달러의 장비와 비용이 투입되었다고 한다. 이 때문에 채굴자들은 채굴의 경제성을 향상시키기 위해서 컴퓨터를 연결하거나 공유하기도 한다. 다만, 지금까지는 누구도 비트코인 네트워크의 50% 이상을 통제할 수 있는 충분한 숫자의 컴퓨터를 공유하지 못하였으나, 만일 이러한 일이 발생하면 시스템에 잘못된 정보가 보내질 수 있다.

록을 블록체인에 추가하면 50BTC를 보상받았으나 현재 보상금액은 25BTC로 감소했다. 이는 금이 채굴되는 속도에 착안한 것이며, 발행예정인 비트코인 총수는 약 2,100만 비트코인이다(아래 [그림 4] 비트코인 발행물량 참조). 이러한 제한은 비트코인 프로토콜에 암호화되어 있고 어떠한 경우도 이를 초과할 수 없다. 2014년 3월 24일 현재 12,590,575비트코인이 발행되었는데, 이는 2012년경 8,695,500비트코인보다 증가한 수치이다. 일부는 마지막 비트코인이 2030년경 채굴될 것으로 예측하지만 대부분은 2140년경에 채굴될 것으로 추정하고 있다.

[그림 3] 비트코인 채굴비용

[그림 4] 비트코인 발행물량 및 인플레이션

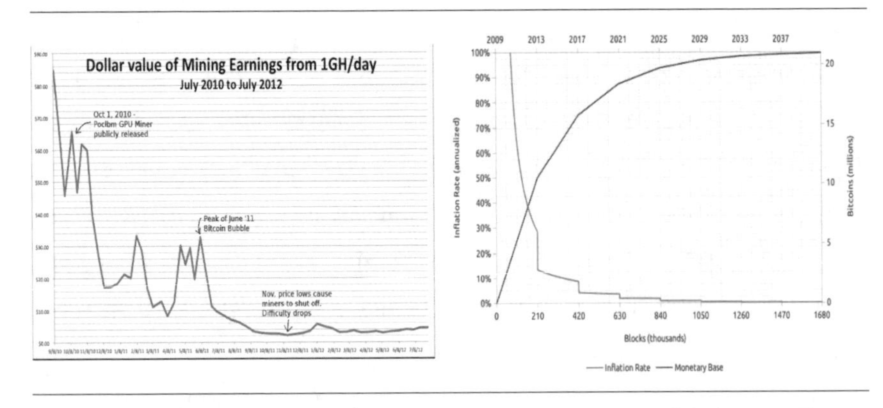


자료: motherboard.vice.com

자료: bitcointalk.org

### (3) 거래와 확정

#### (가) 거　래

비트코인 거래(transactions)는 공인키 암호기술의 사용에 의해서 담보된다. 각각의 사용자는 비밀키와 공인키를 배정받는데, 비밀키(private key)는 패스워드와 같이 비밀스럽게 관리되고, 공인키(public key)는 전체 네트워크에서 공유된다.

비트코인의 소유자가 상대방에게 비트코인을 보내면 거래가 이루어진다. 보내진 비트코인에는 '새로운 소유자의 고유한 식별번호'를 나타내는 공인키(public key)가 부착되고, 송부자는 자신의 비밀키를 사용하여 서명함으로써 이를 확인한다. 해당 거래내역은 비트코인 네트워크상의 모든 이들에게 공개된다. 즉, 모든 이용자들은 네트워크를 통해서 '비트코인 소유자의 고유의 식별번호'를 볼 수 있다. 예를 들어, 甲이 乙에게 비트코인을 보내는 경우에 "거래(transactions)"라고 불리는 메시지가 생성되는데, 이 거래메시지에는 甲의 공인키(public key)와 송금하는 비트코인 금액이 포함되어 있다. 그 다음에 甲은 그 메시지에 비밀키(private key)를 사용해서 서명(sign)하고 비트코인 네트워크를 통해서 해당 메시지를 알린다. 누구든지 甲의 메시지를 확인함에 의해서 해당 거래가 甲의 비밀키로 서명되었음을 알 수 있고, 乙은 해당 비트코인의 새로운 소유자로 인정된다. 甲과 乙 사이의 거래와 비트코인의 이전은 블록체인에 기록되며, 거래시간이 표시되고, 해당 블록체인에서 하나의 블록으로 게시된다.

비트코인 거래는 달러($), 엔(¥), 유로(€) 등으로 표시되지 않고 비트코인(฿)으로 표시된다. 이는 비트코인이 사실상 화폐로서 기능한다는 의미이다. 달러, 유로 등 서로 다른 통화의 교환비율이 거래소에서 결정되듯이 비트코인의 가격은 공개된 시장, 특히 비트코인 거래소에서 결정된다. 비트코인은 분할이 가능하고 1비트코인 이하의 금액도 거래될 수 있다. 가장 작은 거래단위는 1사토시(satoshi)이며, 1BTC의 1억분의1(0.00000001BTC=1Satishi)에 해당하는 금액이다.

### (나) 확 정

모든 거래들은 블록으로 그룹 지워지며, 각 블록은 해당 블록이 포함되어 있는 블록체인(blockchain)에 기록된다. 거래는 각각의 거래들을 나타나는 블록에 포함되었을 때 확정된다. 여기서 '확정(confirmation)'은 비트코인 네트워크가 해당 거래를 수행했으며 번복되지 않을 것이라는 의미이다.

해당 거래(들)로 형성되는 새로운 블록은 약 10분마다 블록체인에 덧붙여진다. 그 이후의 거래들은 새로운 블록을 형성하여 다시 블록체인에 덧붙여지고 종전에 형성된 블록들의 유효성을 재확인한다. 이러한 거래 절차는 금융기관 등 중개기관의 개입이 없이도 글로벌 지급시스템이 작동한다는 의미에서 중요하다.

## 3. 비트코인의 長點 및 短點

### (1) 긍정적 측면

#### (가) 간편한 지급 및 자금이체

비트코인이 채택하고 있는 블록체인, 즉 '분산된 공개장부기술'의 가장 커다란 장점은 간편한 지급방식과 편리한 자금이체이다. 비트코인 거래는 전통적인 자금이체보다 훨씬 신속하다. 예를 들어, 국제적 자금이체(international wire transfers)는 그 완성을 위해서 수일이 걸릴 수 있지만 비트코인 거래는 약 10분 정도면 충분하다.[19] 이용자들은 국경에 관계없이 거래할 수 있고, 비트코인 거래를 위해서 은행계좌를 개설하거나 신용카드를 발급받을 필요도 없이 인터넷 연결만으로 충분하다.

#### (나) 거래비용의 감소

비트코인 거래는 페이팔, 비자(Visa) 등 전통적인 금융네트워크를 통한 자금(예금)거래보다 훨씬 저렴하다. 비트코인 거래에서는 중개기관이 없기 때문이다.

신용카드회사는 신용카드 가맹점에게 거래총액의 약 2~3%를 청구하지만, 비트코인을 직접 거래하는 경우에 원칙적으로 거래비용은 없으며, 중개회사를 이용하는 경우에도 보통 1%를 넘지 않는다. 즉, 다른 지급수단에 비교하면 거래금액의 0~1%에 불과한 비트코인의 거래비용은 매우 낮다.

#### (다) 익명성

비트코인은 '높은 익명성(anonymity)'을 가진다. 이용자는 자신의 이름이 아니라 '고유의 식별번호(unique identity)'를 통해서 거래하기 때문이다. 이용자의 식별번호를 포함한 비트코인의 모든 거래기록은 암호화되어 블록체인에 보관되며, 이용자의 개인정보는 공개되지 않는다. 다만, 이용자들의 정체를 추적할 수 있는 가능성은 여전히 존재하는데, 이러한 의미에서 비트코인거래는 완전한 익명성이라기보다는 가명성(pseudonymous)을 의미한다.

---

19) 비트코인 이체 등의 프로세스는 비트코인 거래를 하면서 〈blochain.info〉를 통해서 직접 확인할 수 있다.

(라) 통제가능한 인플레이션

비트코인은 인플레이션의 영향을 받을 가능성이 적다. 이는 비트코인 프로토콜상 비트코인의 발행총액이 미리 정해져 있고 그 발행물량도 4년마다 50%씩 감소하도록 설계되어 있기 때문이다.

(2) 부정적 측면

(가) 높은 가격변동성

비트코인은 높은 '가격변동성'을 보여주고 있다. 비트코인의 달러 교환가격은 2011년 1월중에는 1BTC당 0.05달러 수준이었으나, 2013년 4월말 키프로스 정부가 구제금융의 전제조건으로 은행예금에 대한 일괄과세 방안을 발표하자 266달러까지 상승하였고, 2013년 11월말에는 재차 1,200달러까지 상승하였다.[20] 2013년 9월~12월에는 비트코인의 가격은 20회 이상 상승하였으나 그 다음 3개월 동안에는 그 가치의 약 60%가 손실되었다.

그러나 각국의 규제 움직임이 본격화되면서 2014년 8월 24일에는 1BTC당 약 500달러까지 하락하였다(다음 [그림5] 비트코인 가격변동표 참조).[21] 우리나라의 경우, 2014년 8월 24일 현재, 코비트(korbit)에서 거래되는 1BTC의 원화가격은 519,999원이다.[22]

비트코인의 절반 정도가 1,000명 이하의 사람들(그 중 47명이 거의 1/3을 소유)에 의해서 보유되는데, 이는 가격책정에서 독점적인 효과가 있을 수 있다는 의미이다. 비트코인의 거래물량이 부족한 경우에는 더욱 그러하다. 매스컴 보도, 정부의 정책방향, 투기행위, 해킹, 거래플랫폼의 셧다운, 키프로스의 뱅크런[23]과 같은 사건이 비트코인 가격에 커다란 영향을 미친다.

---

20) 이동규, 전게서, 11면.

21) 2014년 8월 24일을 기준으로, bitfinex의 경우 $506.7, bitstamp의 경우 $502.73, btce의 경우 $499.2610이다. 〈http://www.bitcoincharts.com〉 (2014. 8. 24. 방문) 참조.

22) 코비트 홈페이지(https://www.korbit.co.kr)(2014. 8. 24. 방문), X코인 홈페이지의 거래가격은 1BTC: 511,000원이고(https://www.xcoin.co.kr/u2/US201.action) (2014. 8. 24. 방문, 2014. 8. 24. 9:21 거래가격 기준), 비트코인 한국거래소의 거래가격은 1BTC:516,600원이다(https://www. bitcoinkor.com) (2014. 8. 24.방문).

23) 키프로스 정부는 구제금융을 제공하는 대가로 모든 은행계좌에 손실부담금을 부과하기로 하면서 뱅크런 사태가 일어났다. 키프로스 중앙은행은 24일(현지시간) 예금 대량 인출사태인 '뱅크런'을 막기 위해 현금자동인출기(ATM)에서 찾을 수 있는 현금을 하루 100유로(약 14만4천390원)로 제한하였다.: 연합뉴스, "키프로스 ATM 인출액 100유로 제한",

2014년 4월경 비트코인 시장가치는 52.9억 달러에 이르고 있다. 2014년 4월 현재 비트코인의 거래금액(전 세계)은 일평균 1억 달러에 미치지 못하고 있어서, 비자카드의 약 165억 달러, 마스터카드의 약 98억 달러에 비교하면 적은 금액이나,24) 비트코인의 가능성을 보여주기에는 충분하다. 비트코인의 높은 가격변동성은 비트코인의 광범위한 사용에 대한 장애물이다. 따라서 달러와 같은 통상적인 교환매체가 되려면, 가격이 안정되어야 하고 그 사용처가 확대되어야 한다.

[그림 5] 비트코인 가격변동표

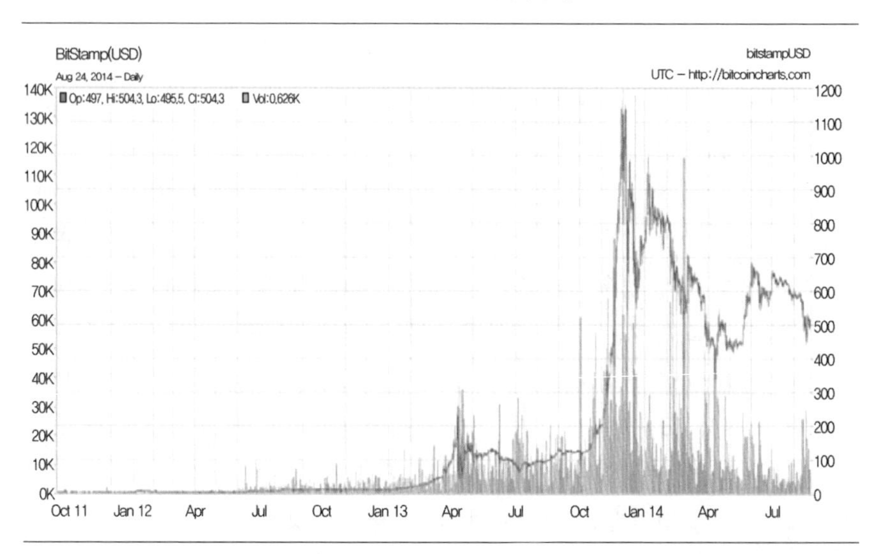


자료 : Bitcoincharts.com

비트코인은 중국인이 가장 많이 보유하고 있으며, 2위가 미국이다. 중국의 비트코인 거래소인 BTC China는 설립된 지 2년 만에 전 세계 비트코인의 30%를 거래하고 있으며, 세계 최초의 거래소인 일본 Mt. Gox의 거래량을 넘어서 1위 거래소가 되었다. 2100만 비트코인, 약 25조원 중에 1200만

(2013. 3. 25.자) 참조.

24) Jerry Brito, Houman Shadab, & Andrea Castillo, Bitcoin Financial Regulation: Securities, Derivatives, Prediction Market & Gambling, Social Science Research Network, working papers series, Draft of Aug. 10, 2014.

비트코인 15조원이 발행되었는데, 62%인 744만 비트코인, 9조원 어치를 중국인이 소유하고 있다(아래 [그림 6] 비트코인 거래량 참조).

[그림 6] 비트코인 거래량

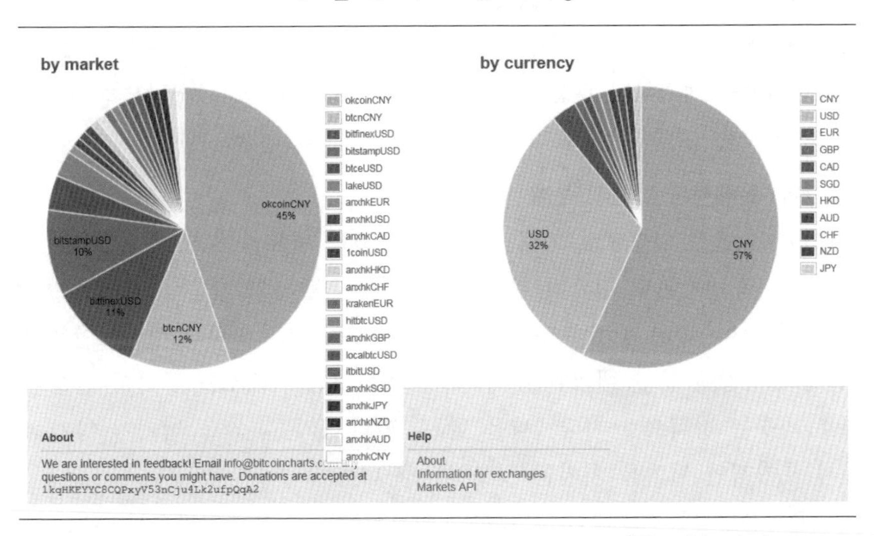


자료 : Bitcoincharts.com

**(나) 보안의 위험**

위조 등 보안문제도 비트코인의 안정적인 사용에 장애물이 될 수 있다. 블록체인 기술의 특성 때문에 비트코인 자체에 대한 위조나 이중사용은 어렵지만, 비트코인 거래소 및 지갑의 보안 등에서는 여전히 문제점들이 보고되고 있다. 비트코인은 기본적으로 은행시스템 밖에 있기 때문에 보안사고가 발생하면 이용자들은 대부분의 경우에 그로 인한 손실을 회복할 수 없다. 비트코인에 관련된 사이버범죄가 증가하고 있다.

**(다) 미성숙의 위험**

비트코인은 초기 단계의 화폐이며 지급수단으로서 널리 사용되고 있지 않다. 현재까지 드러난 바로는 비트코인 거래자는 투기적 성향이 크고, 상거래 분야에서도 비트코인을 받는 곳은 극히 일부에 불과하다. 이러한 특성 때문에 비트코인을 통해서 대규모거래를 수행하기에는 부담스러운 측면이 있다.

### (라) 공급 탄력성의 부족

비트코인의 공급은 연평균 0.6%씩 증가하며 일정한 시점에서는 비트코인의 발행은 중단된다. 이는 실물화폐에 비교해서 비트코인의 발행속도가 느리고, 경제가 팽창하면 비트코인은 부족해지고 그 가격은 상승한다는 의미이다. 이러한 설계는 인플레이션을 우려한 것이지만, 일반적인 경제활동을 뒷받침하기에는 적절하지 않을 수 있다. 이는 비트코인을 지급수단으로 사용하기 보다는 투기적 수단으로 이용하려는 요인을 증가하게 한다.

### (마) 돈세탁과 탈세의 문제

비트코인은 익명으로 거래되고, 은행계좌가 필요치 않으며, 보고의무를 부담하는 중개기관도 필요치 않기 때문에 높은 탈세의 가능성을 가지고 있다. 예를 들어, 甲은 불법수익을 비트코인으로 바꾸고, 교환한 비트코인을 여러 개의 지갑에 분산 예치한 후에, 다시 비트코인 거래소를 통하여 현실 통화로 바꾸는 방식으로 자금세탁을 할 수 있다. 물론 흔적을 남기지 않기 위해서 추가적인 절차를 거치는 것도 가능하다.

유럽은행감독청(EBA), 유럽중앙은행(ECB) 및 미국연방수사국(FBI)은 자금세탁목적의 비트코인 사용을 걱정하고 있다. 비트코인 등 '암호화화폐'[25]가 조세피난처의 역할을 할 것이라는 우려도 있다. 미국은 2013년 비트코인에 적용되는 반자금세탁 가이드라인(anti-money-laundering guidelines)을 도입하였으며, 2014년 1월에는 자금세탁 혐의로 비트인스턴트의 CEO인 찰스 슈렘을 체포하였다.[26]

그러나 비트코인을 이용한 돈세탁과 탈세(tax fraud)가 실제 얼마나 이루어지는지에 대해서는 자료가 충분하지 못하다. 현재까지 드러난 바로는 비트코인의 숫자가 충분하지 않고 그 변동성이 너무 크기 때문에, 탈세의 정도는 그리 높지 않은 것 같다.

---

**25)** 비트코인은 최초의 암호화화폐이지만 이후에 등장할 다른 암호화화폐보다 매력이 떨어질 수 있다. 시장의 선도자가 된다는 것은 관심이자 동시에 규제의 대상이 될 수 있기 때문이다. 비트코인이 실패하면 그에 대한 문제점을 개선한 새로운 암호화화폐가 등장할 수 있다. 현재 암호화화폐에는 비트코인 이외에도 Litecoin, PPcoin 및 Namecoin 등이 있다.

**26)** Forbes, Winklevoss-Funded Bitcoin Startup's CEO Arrested In Silk Road Investigation, 2014. 1. 27.

## Ⅲ. 비트코인의 法的 性格

### 1. 비트코인의 特徵과 法的 性格

위에서 살펴본 것처럼 비트코인은 중개기관의 개입이 없는 P2P지급네트워크 또는 가상의 디지털화폐를 가리키지만, 인터넷 환경에서 새로이 등장한 것으로 그 법적 성격이 무엇인지 분명치 않고 어떠한 법령을 적용할 것인지도 애매한 상태이다. 따라서 실제로 비트코인 거래의 효력이 문제되거나 분쟁이 생길 경우에는 비트코인의 법적 성격이 중요하게 된다. 비트코인의 법적 성격은 규제기관의 지정이나 권한의 배분, 비트코인 정책과 운영방향 등과 밀접하게 연결되기 때문이다. 원화나 달러 등 법정통화와의 관계, 탈세 및 범죄적 사용의 가능성, 영업행위의 규제와 소비자보호 방안 등과도 연결된다.

그러나 2014년 1월의 한 조사결과에 의하면, 비트코인에 대해서 별도의 규제를 하는 국가는 드물고 어떻게 취급할 것인지는 여전히 논의 중인 경우가 많았다. 일본은 비트코인을 상품(commodity)으로 취급하기로 하였고, 미국 재무부의 가이드라인은 비트코인을 재산(property)으로 규정하고 있으며, 독일은 이를 사적화폐(private money)로 인식하고 있는 정도이다. 다만, 비트코인이 점차 중요해지면서 비트코인 규제의 필요성 자체에 대해서는 합의가 이루어지고 있다.

비트코인 규제의 법적 쟁점은 비트코인을 '화폐', '증권', '상품', '복합적 상품' 혹은 '금융상품' 중에서 무엇으로 볼 것인가에 있다. 그런데 비트코인은 기존에 없던 새로운 형태의 '무엇'이므로 기존의 법률들이 상정하는 어떠한 개념에도 정확하게 일치하지 않는다는 것에 어려움이 있다. 아래에서는 금전 등 다른 개념과의 비교를 통해서 비트코인의 법적 성격을 논의한다.

### 2. 金錢 및 다른 決濟手段과의 比較

위에서는 비트코인은 넓게는 '인터넷 프로토콜(통신규약)'이자 '중개기관의 개입이 없는 형태의 전자적 P2P지급네트워크'이고, 좁게는 'BTC 단위로 거래되는 디지털 가상화폐'임을 살펴보았다. 아래에서는 지급수단으로 사용되는 좁은 의미의 비트코인의 법적 성격을 분석하고 규제의 시사점을 살펴본다.

### (1) 금전과의 비교

금전(money)이란 재화의 교환의 매개물로서 국가가 정한 물건을 가리킨다. 금전은 '교환의 매개물'이므로 어음이나 수표, 주식 등의 거래와는 달리 별도의 결제와 청산 과정을 거치지 않고 지급만으로 거래가 종료된다. 금전은 '물건'이므로 채권적인 권리가 아니고, 유체물 및 전기 기타 관리가능한 자연력에 해당한다(민 98조). 금전에는 국가에 의하여 강제통용력을 가지는 화폐(우리나라의 경우에는 원화)가 포함되지만, 매매대금을 달러로 정한 경우와 같이 일정한 경우에는 외국통화, 가상통화 등을 포함하기도 한다.

비트코인은 유체물은 아니지만 전기 기타 관리 가능한 자연력에 해당하고, 별도의 청산 및 결제과정을 거치지 않고 교환의 매개물로서 사용되는 점에서 금전과 비슷하다. 예를 들어, 甲이라는 상인이 가방을 5BTC에 파는 경우에는 비트코인은 금전으로 사용되는 것이다. 그러나 비트코인은 한국은행 등 특정한 발행주체가 존재하지 않고, 국가에 의해서 강제적인 통용력이 인정되지 않으며(한국은행법 47조, 48조, 53조), 전자화된 정보의 형태로만 존재하는 점에서, 통상적인 개념의 금전으로 볼 수 없다. 따라서 한국은행법 등 관련 법규를 직접 적용하기 곤란하다.

다만, 금융투자상품이나 투자계약의 개념을 판단함에 있어서 사용되는 금전의 개념에는 포함될 수 있다(자본 3조 1항 등).[27] 비트코인의 성질에 반하지 않는 한도 내에서는 도품이나 유실물이 금전인 때의 특례(민 250조 단서) 등 민법상 금전에 관한 일반적인 규정도 적용가능할 것이다.

---

27) 자본시장법은 금융투자상품을 "이익을 얻거나 손실을 회피할 목적으로 현재 또는 장래의 특정(特定) 시점에 금전, 그 밖의 재산적 가치가 있는 것('금전 등')을 지급하기로 약정함으로써 취득하는 권리로서"라고 규정하는데(동법 제3조 제1항), 비트코인은 여기에서 말하는 '금전 등'에 해당할 것이다. 이와 관련하여 미국의 법원은 비트코인이 투자계약(investment contract)상 금전(money)의 개념을 충족한다고 판단하였다.: SEC v. Shavers, No. 4:13-CV-416 (E.D. Tex. Aug. 6, 2013).

### (2) 화폐와의 비교

화폐(currency)란 상품의 교환·유통을 원활하게 하기 위한 일반적인 교환수단 내지 지급수단을 말한다. 금전과 화폐는 동일한 개념으로 사용되는 경우가 많고 서로 달리 사용되는 경우에도 그 개념은 대부분 중복되지만, 화폐는 별도의 결제와 청산 절차가 요구될 수 있다는 점에서 금전과 구별된다. 화폐는 실물화폐, 디지털화폐, 가상화폐, 법정화폐 등 다양한 종류가 있는데, 비트코인은 디지털 형태로 저장되고, 일반적인 교환수단 내지 지급수단으로 수수되므로 디지털화폐(digital currency)의 일종이며, 인터넷 가상공간에서 채굴절차를 통해서 발행되고 P2P네트워크상에서 이용자들 사이에 지급수단으로 수수되는 가상화폐(virtual currency)의 일종이다.

비트코인은 금융기관 등 발행주체가 없으며 미리 정해진 알고리즘에 따라 발행되는 점에서 기존의 디지털화폐 및 가상화폐와는 차이가 있다. 발행기관의 존재는 해당 화폐의 통용력, 규격화, 신뢰성, 발행량 조절 등과 연결되는데, 비트코인은 발행기관이 없음에도 블록체인 기술을 이용해서 유효성을 검증하고 채굴(mining) 절차를 사용해서 발행량을 조절한다. 즉, 비트코인은 발행기관이 존재하지 않으므로 통상적인 디지털 또는 가상화폐처럼 계약에 의해 뒷받침될 수는 없지만, 기술적인 방법에 의해 발행기관의 통제에서 자유로운 결제수단으로 자리잡을 수 있었던 것이다.

비트코인은 국가 등의 강행적 명령이 뒷받침되지 않는 점에서 기존의 통화와는 차이가 있다. 비트코인거래는 달러($), 엔(¥), 유로(€) 등으로 표시되지 않고 비트코인(฿)으로 표시되는데, 이는 비트코인이 사실상 화폐로서 기능한다는 의미이다. 그러나 금처럼 본실적인 가치가 있거나 달러 등의 법정통화와 같이 정부의 강행적 명령에 의해서 그 사용이 뒷받침되지 않고, 시장참가자들이 자율적으로 부여하는 가치에 기초한다.

### (3) 유가증권 또는 증권과의 비교

유가증권(有價證券)은 사권(私權)이 화체되어 있는 증권으로서 그 권리의 발생·이전·행사의 전부 또는 일부에 증권의 소지가 필요한 것을 말한다. 이러한 유가증권의 정의에서 알 수 있듯이 유가증권은 크게 '권리의 화체'와 '증권의 소지'라는 두 가지 요소로 구성된다. 상법상 화물상환증, 선하증권, 창고증권, 주권, 어음, 수표 등이 이에 해당한다.

비트코인은 특정 재화나 서비스의 구매에 이용할 수 있는 결제수단이라는 점에서 상품권 등과 비슷한 측면이 있으나, 비트코인은 그 자체가 교환의 매개물이고 별도의 권리나 청구권이 화체되어 있지 않다. 즉, 비트코인 표시 상품의 대가로 비트코인을 교부하는 것은 계약의 본지에 따른 지급이 되는 것이고, 상품을 구매한 대가로 비트코인을 지급에 갈음하거나, 지급을 위하거나, 지급을 담보하여 건네주는 것이 아니다.

증권(security)의 개념은 각국의 증권법에 따라서 차이가 있으나, 기본적으로 유가증권의 개념과 비슷하다. 따라서 비트코인과 증권은 차이가 있다. 다만, 비트코인을 기초자산으로 하는 선물, 옵션 등의 파생상품거래는 비트코인이 아니라 파생상품이므로 파생상품법규의 적용대상이 된다.

#### (4) 상품과의 비교

상품(commodity)은 매매의 대상이 될 수 있는 유·무형의 모든 재산을 가리키며, 일반적으로 인간의 물질적 욕망을 만족시킬 수 있는 실질적 가치를 지니고 있다. 예를 들어, 금(gold)은 금전이나 통화에 준해서 사용되지만 일정 부분 내재가치(intrinsic value)가 존재하는 것이므로 원칙적으로는 실물자산의 일종이다.

비트코인은 금을 모델로 설계된 것으로서 실물자산인 금과 매우 비슷하다. 특히, 일종의 '무엇'으로서 거래대상이 되는 점에서도 상품과 비슷하다. 그러나 비트코인은 교환의 매개로서의 기능만을 가지고 별도의 내재가치는 없는 것이므로 일반적인 상품과는 차이가 있다. 따라서 비트코인에 대한 규제 및 운용방안은 이러한 특수성을 염두에 두어야 한다.

#### (5) 금융투자상품(financial instruments)과의 비교

금융투자상품이란 ① 이익을 얻거나 손실을 회피할 목적으로 ② 현재 또는 장래의 특정(特定) 시점에 금전, 그 밖의 재산적 가치가 있는 것("금전 등")을 ③ 지급하기로 약정함으로써 취득하는 권리로서, ④ 그 권리를 취득하기 위하여 지급하였거나 지급하여야 할 금전 등의 총액(판매수수료 등 대통령령으로 정하는 금액을 제외한다)이 그 권리로부터 회수하였거나 회수할 수 있는 금전 등의 총액을 초과하게 될 위험이 있는 것을 말한다(자본시장법 3조 1항 본문).

금융투자상품은 증권과 파생상품으로 크게 분류된다(동법 3조 2항).

비트코인은 지급수단의 일종이지, 금융투자상품과 같이 약정에 의하여 성립하는 권리라고 보기는 어렵다. 따라서 증권·파생상품과 같은 금융투자상품으로 보기는 곤란하다. 다만, 비트코인을 기초자산으로 하는 파생상품이나 비트코인에 투자하는 펀드 등은 자본시장법이 적용될 수 있으나, 이는 비트코인을 이용한 거래나 투자가 금융투자상품에 해당하는 것이지 비트코인 자체가 금융투자상품에 해당한다는 의미는 아니다.

### 3. 複合的 商品인가, 私的 貨幣인가?

#### (1) 새로운 유형의 복합적 상품

위에서 살펴본 것처럼 비트코인은 지급수단으로서의 금전과 화폐, 유통수단으로서의 유가증권, 거래대상으로서의 상품, 투자대상으로서 금융투자상품, 가치의 저장대상으로 재산의 성격 등을 모두 가지고 있지만, 그 중 특정한 어느 하나에 해당한다고 보기가 어렵다. 즉, 지금까지 경험하지 못했던 새로운 유형의 '무엇'인 것이다.

그러나 굳이 말하자면 비트코인은 '금'(gold)을 모델로 설계된 것으로서 그 실질은 실물자산인 '금'과 가장 가깝다. '금'과는 달리 내재가치가 없으나 비트코인을 채굴하기 위해서 장치 및 전기비용이 사용되었고 전자적인 형태이나 물건의 일종이기 때문이다. 엄밀하게는 화폐, 유가증권, 상품, 금융투자상품 등의 속성을 함께 가지는 '복합적 상품(hybrid product)'이라고 볼 수 있다. 다만, 비트코인은 순수하게 지급의 수단과 교환의 매개로서의 기능을 위주로 설계되었기 때문에, 일반적인 상품에 대한 규제를 그대로 적용할 수는 없을 것이다.

#### (2) 발행기관이 없는 사적 화폐

위에서 본 것처럼 비트코인은 새로운 유형의 '무엇'에 해당하지만, P2P 네트워크상에서 비트코인 이용자들 사이에서 교환의 매개로서 그리고 지급수단으로 수수되므로 화폐의 일종이다. 상세하게는 '비트코인(BTC) 단위로 거래되는 암호화된 디지털 가상화폐'이다. 별도의 청산 및 결제과정을 거치지 않고 교환의 매개물로서 사용되는 점에서는 금전과도 비슷하다.

즉, 비트코인은 교환의 매개로서 지급의 수단으로 실제 사용되는 것이므로 새로운 유형의 사적 화폐라고 볼 수 있다. 다만, 비트코인은 국가에 의해서 강제통용력이 부여되지 않고, 기존의 전자화폐나 가상화폐에서와 같은 발행기관이 존재하지 않으며, 사적인 기관에 의한 계약상 뒷받침도 없기 때문에 일반적인 화폐에 대한 규제를 그대로 적용할 수는 없다.

#### (3) 새로운 유형의 '무엇'이며 거래분야별로 관련법규 적용

위에서 살펴본 것처럼 비트코인은 거래대상으로서의 상품, 지급수단으로서의 금전과 화폐의 성격을 모두 가지고 있지만, 그중 특정한 어느 하나에 해당한다고 보기가 어렵다. 즉, 지금까지 경험하지 못했던 새로운 유형의 '무엇'인 것이다. 따라서 법적인 문제가 생기거나 분쟁이 발생하는 경우에는 관할기관과 적절한 적용법규를 찾는 것이 어려울 수 있다. 비트코인은 상품과 화폐의 속성을 모두 가지기 때문이다.

상품과 증권의 광범위한 개념 정의를 고려하면, 상품을 관할하는 기획재정부, 금융상품을 관할하는 금융위원회가 관련거래에 대해서 관할권을 주장할 가능성이 높다. 그러나 정부 당국은 어떠한 규제를 적용할 것인지, 어느 정도까지 적용할 것인지 분명한 태도를 취하고 있지 않다. 이와 관련하여 비트코인 거래를 현행법규의 적용에서 배제하거나 제외하여야 한다는 주장도 있을 수 있으나, 구체적인 거래상황이나 사정에 따라서 관련법규를 적용하는 것이 타당하다. 예를 들어, 비트코인 거래로 인한 이익에 대해서는 세법을 적용하고, 비트코인을 기초자산으로 하는 파생상품거래는 자본시장법을 적용하며, 일반적인 상품으로 거래되는 경우에는 민법 또는 상법을 적용할 것이다.

## Ⅳ. 各國의 規制 및 運營現況

### 1. 美　　國

미국에서는 별도의 비트코인 규제법규를 두지 않고 개별 기관들이 그 관할영역에 대하여 권한 행사 여부를 검토 중이다.

#### (1) 마운트곡스 및 실크로드 사건

지금까지 미국 정부는 비트코인과 관련하여 주로 자금세탁 및 미인가자금 이체에 관심을 두면서 주목하여 왔다. 2013년 5월, 미국정부는 당시 세계 최대의 비트코인 거래소인 마운트곡스(Mt. Gox)가 자금이체서비스업무에 종사하면서도 FinCEN에 자금서비스업자 등록을 하지 않았다는 이유에서,[28] 해당 회사의 계좌로부터 500만 달러를 압류하였다.[29]

2014년 1월, 미국 연방정부는 비트인스턴트(BitInstant)의 CEO인 찰리 슈렘을 자금세탁, 미인가 자금이체, FinCEN에 대한 의심거래행위 보고의 고의적 누락 등의 혐의로 체포했다. 익명성 온라인 블랙마켓인 실크로드(Silkroad)[30]에서 비트코인을 사용할 수 있도록 비트코인 재매매업자가 달러를 교환하는 것을 도왔다는 혐의이다.[31]

### (2) FinGEN의 가이드라인

미국 재무부의 금융범죄단속반(FinCEN)은 실크로드 사건 이후인 2014년 3월 18일, 가상화폐 규제를 위한 'FinCEN의 가이드라인'[32]을 발표했다. FinCEN은 가상화폐 이용자(users) 및 관리자(administrator or exchanger) 등의 개념을 구체적으로 정의하고, 관리에게 자금이체업무를 수행할 경우 FinCEN에 자금서비스업(money services businesses)을 등록할 의무를 부여하고, 고객이해규정(know your customer)을 준수하며, 엄격한 반자금세탁 프로

---

28) Jerry Brito etc, op. cit., at 10. 압류영장(Seizure Warrant)의 사본은 〈http://cdn.arstechnica.net/wp-content/uploads/2013/05/Mt-Gox-Dwolla-Warrant-5-14-13.pdf〉(2014. 8. 20. 방문)에서 볼 수 있다.

29) Amar Toor, US seizes and freezes funds at biggest Bitcoin exchange, The Verge, May 15, 2013 〈http://www.theverge.com/2013/5/15/4332698/dwolla-payments-mtgoxhalted-by-homeland-security-seizure-warrant〉.

30) 실크로드(Silkroad)는 마약 및 무기 밀거래 사이트로 지급수단으로 비트코인만을 허용한 것으로 밝혀 졌다. 미국 사법당국은 2013년 10월 실크로드 운영자를 체포하고 사이트를 폐쇄하였으며, 당시 사이트 운영자가 보유하고 있던 360만 달러에 상당하는 비트코인을 압수하였다.

31) 찰리슈렘에 대한 공소장(Sealed Complaint) 사본은 〈http://www.justice.gov/usao/nys/pressreleases/January14/SchremFaiellaChargesPR/Faiella,%20Robert%20M.%20and%20Charlie%20Shrem%20Complaint.pdf〉 (2014. 8. 20. 방문)에서 볼 수 있다.

32) US Department of the Treasury, Financial Crimes and Enforcement Network, Application of FinCEN's Regulations to Persons Administering, Exchanging, or Using Virtual Currencies (Regulatory Guidance, FIN-2013-G001, US Department of the Treasury, Washington, DC, March 18, 2013).: 이 가이드라인은 〈http://fincen.gov/statutes_regs/guidance/html/FIN-2013-G001.html〉 (2014. 8. 24. 방문)에서 찾아볼 수 있다. 이하 "FinCEN, 가상화폐규정"이라고 한다.

그램을 설치하고, 의심거래행위는 보고(SAR, Suspicious Activity Reports)할 것을 권고하고 있다.[33] 이를 위해서 FinCEN은 2014년 1월 30일 가상화폐 채굴절차에 관한 규정,[34] 및 가상화폐 소프트웨어의 개발 및 특정한 투자활동에 관한 규정[35]을 공포하였다.

그러나 FinCEN은 가이드라인에서 적용제외의 근거도 제시하고 있다. 비트코인을 비롯한 가상화폐는 일정한 환경 하에서는 화폐처럼 작동하지만, 진정한 화폐의 측면을 모두 가지고 있지 않다고 보았기 때문이다.[36] FinCEN은 자금서비스영업규정은 전환가능 가상화폐를 송금하거나 혹은 전환가능 가상화폐를 실제 화폐로 교환하는 회사만이 규제대상에 포함되며, 전환불능 가상화폐를 거래하거나, 가상화폐를 사용하지만 송금하지 않거나 또는 전환가능 가상화폐를 교환하지 않는 경우는 규제대상에서 제외하고 있다.[37] 이는 비트코인 경제 내에 "머물러(stay)" 있는 거래는 규제가 적용되어서는 아니 된다는 의미이다. 결국 비트코인 채굴자나 송금의 의사가 없이 자신의 투자목적으로 비트코인을 거래하는 자들은 자금이체규정의 적용을 받지 않는다.

### (3) 기타 규제의 동향

#### (가) 뉴욕주

미국의 다른 기관들도 자신의 규정이 비트코인에 어떻게 적용되는지 검토하고 있다. 최근에는 주규제당국이 비트코인 가이드라인을 개발하고 있다.[38] 뉴욕주는 선도적인 역할을 하고 있다. 2013년 8월, 뉴욕 금융서비스국

---

33) 가이드라인은 가상화폐를 전자화폐(E-Currencies and E-Precious Metals), 중앙기관 개입형 가상화폐(Centralized Virtual Currencies), 분산형 가상화폐(De-Centralized Virtual Currencies) 등으로 세분화해 각각 가상화폐 형태별로 규제 방안을 마련하였다.

34) FinCEN, Application of FinCEN's Regulations to Virtual Currency Mining Operations, FIN-2014-R001(January 30, 2014)〈http://www.fincen.gov/news_room/rp/rulings/pdf/FIN-2014-R001.pdf〉 (2014. 8. 24. 방문) 참조.

35) FinCEN, Application of FinCEN's Regulations to Virtual Currency Software Development and Certain Investment Activity, FIN-2014-R002(January 30, 2014)〈http://www.fincen.gov/news_room/rp/rulings/pdf/FIN-2014-R002.pdf〉 (2014. 8. 24. 방문) 참조.

36) FinCEN, 가상화폐규정, p.1.

37) FinCEN, 가상화폐규정, p.2.

38) 자금이체업자(money transmitters)는 주당국의 영업허가를 받아야 하는데, 규제당국은

은 다수의 비트코인 업자들과 투자자들을 불러서 그들의 활동에 대한 정보를 요청하였다.[39] 2014년 1월에는 비트코인 영업의 허가방식 등에 대해서, 이틀간의 청문회을 개최했으며 가상화폐 거래에 특별히 고안된 새로운 형태의 "비트라이센스(BitLicense)"의 가능성을 고려하였다.[40]

### (나) 미국 상원 청문회

2013년 11월 개최된 미국상원의 비트코인 청문회에서는 소규모 사업체의 거래비용을 낮추고 상품가격을 낮추는 등 비트코인의 긍정적 측면을 인정하면서도 상당한 위험성이 존재한다고 밝혔다.

연방선거위원회(FEC)는 비트코인 기부금에 대해서 검토하고 있으며,[41] IRS는 비트코인에 대한 과세기준에 대한 가이드라인을 공포하였다.[42]

### (다) SEC 및 CFTC

최근에는 미국 SEC나 CFTC가 비트코인 관련 금융상품에 대한 관련법규의 적용을 검토하고 있다. SEC는 비트코인을 이용한 투기성 금융상품의 등장으로 소비자 피해가 발생하면서 BTCST(Bitcoin Savings and Trust)의 설립자를 기소하였다.

2013년 8월, 미국 텍사스주 연방법원은 비트코인을 통해 생활비를 지급할 수 있고, 물건을 구입할 수도 있으며, 달러화, 엔화, 인민폐등의 통화로 교환이 가능한 점에 미루어 비트코인을 통화 또는 금전(money)의 한 형태로 보아야 한다고 판단하였다. 이러한 법원의 입장으로 인해서 비트코인에 대한 규제는 더욱 가속화 될 것이라는 예측도 대두하고 있다.

---

어떠한 규정이 비트코인 거래사업에 적용되는지를 검토하고 있다.: CoinDesk, Bitcoin Law: Money transmission on the state level in the US, September 28, 2013 〈http://www.coindesk.com/bitcoin-law-money-transmission-state-level-us/〉 (2014. 8. 24. 방문) 참조.

39) Bloomberg, N.Y. Subpoenas Bitcoin Firms in Probe on Criminal Risk, August 12, 2013.

40) Bloomberg, New York Vying With California to Write Bitcoin Rules, January 27, 2014.

41) The Hill, FEC: No bitcoins in federal campaigns, November 21, 2013.

42) IRS, Guidance on the Tax Treatment of Bitcoins, Notice 2014-2 〈http://www.irs.gov/pub/irs-drop/n-14-21.pdf〉 (2014. 8. 24. 방문) 참조.

## 2. 유　　럽

### (1) E　U

EU는 비트코인에 대해서 별도의 규제를 하고 있지 않다. 2012년 유럽중앙은행(ECB)은 한 보고서에서 중앙은행의 관점에서 볼 때 가상화폐는 유동성 등 실제 경제에 미치는 영향이 미미하며, 비트코인은 전자화폐지침(Electronic Money Directive)과 지급·결제지침(Payment Services Directive)의 규제대상 밖에 있다고 하였다.

2013년 12월, 유럽은행감독청(EBA)은 암호화화폐의 사용으로 인한 위험과 법적 보호장치의 부족을 금융소비자들에게 경고했다. 또한 비트코인 화폐가치의 안정성에 대해서도 보장할 수 없음을 덧붙였다. 암호화화폐는 그 법적인 불확실성 때문에 … 범죄자, 사기꾼, 자금세탁자 등에 의해서 사용될 수 있음을 경고하였다.[43)]

2014년 3월, 비트코인을 유러피안 아젠다에 상정하려는 최초의 시도가 있었다. 전문가들은 별도의 비트코인 규정을 두기 보다는 기존의 지급 및 전자화폐 프레임워크와 반자금세탁규정들을 확장하여 적용하는 것이 타당하다고 제안하고 있다.

유럽의회의 일부 멤버는 위원회에게 비트코인에 대해서 좀 더 조사할 것을 요청했다. 2014년 2월, 세르지오 실베트리스(Sergio Silvestris, Italy)는 비트코인을 위한 결의요청서(Motion for a European Parliament resolution on Bitcoin)[44)]에서 위원회에게 비트코인의 긍정적 및 부정적 측면을 평가할 것을 요청하였다.

### (2) 독　일

2013년 7월, 독일의 금융감독청(BaFin)은 독일 은행법(Banking Code)에 있는 금융상품의 개념에 관한 가이드라인을 수정해서, 비트코인을 금융상품의

43) 최근 유럽중앙은행(ECB)은 암호화화폐에 대한 투기적인 투자와 소비자보호장치의 부족을 경고했다. 다수의 중앙은행들이 비슷한 경고메시지를 발송하였다(예를 들어, 독일, 프랑스, 네덜란드, 인디아 등).

44) Political Press, Motion for a resolution on Bitcoin - B7-2014-0168, Feb. 4, 2014. 관련 자료는 〈http://www.europarl.europa.eu/sides/getDoc.do?pubRef=-//EP//NONSGML+MOTION+B7-2014-0168+0+DOC+PDF+V0//EN〉(2014. 8. 24. 방문) 참조.

일종으로 규정하였다.[45] 정확하게는 비트코인은 금융상품(financial instruments) 또는 독일 지급서비스법(German Payment Service Regulation Act)에 의한 계좌의 단위(units of account)로 규정되었다.[46] 이에 따라 독일은 비트코인의 법적 성격을 명확하게 규정한 세계 최초의 국가가 되었으나, 비트코인 업체들은 금융기관에 준하는 강력한 규제를 받게 되었다.

2013년 8월, 독일 소재 비트코인 거래소인 비트코인데(bitcoin.de)는 연방금융감독기구로부터 금융중개기관(finance intermediary)의 허가를 받고 독일 뮌헨 소재 피도르 은행과 파트너십을 체결하고, 고객들은 피토르 은행이 제공하는 계좌를 이용해 실시간으로 비트코인 거래소에서 비트코인 매매를 할 수 있게 되었다.[47]

비트코인이 금융규제의 테두리 안으로 들어오면서 비트코인 거래에 대한 과세가 가능해졌다. 비트코인 형태의 금융상품을 1년 미만으로 보유하던 중 거래를 통해 시세차익을 실현한 사람에게는 25% 세율의 자본이득세가 부과된다.[48]

### 3. 日 本

#### (1) 마운트곡스

2014년 2월 26일 세계 최대의 비트코인 거래소이던 일본의 마운트곡스(MT. GOX)가 동경 지방법원에 파산신청을 하여 현재 민사재생법에 의한 재생절차가 진행중이다. 마운트곡스의 사이트는 전면 폐쇄되었으며 고객 약 12만 7천명이 직간접적으로 영향을 받았다.

#### (2) 가상화폐 가이드라인

일본 정부는 마운트곡스의 파산 이후인 2014년 3경 비트코인을 비롯한

45) The Bitcoin Channel, Germany Sets Standard for Bitcoin Regulation, Aug. 19, 2013.

46) Winheller, Banking Regulations in Germany (BaFin) and the EU 〈http://www.winheller.com/en/banking-finance-and-insurance-law/banking-regulations-bafin.html〉 (2014. 8. 24. 방문) 참조.

47) CoinDesk, Marketplace Bitcoin.de registers with Germany's financial regulator BaFin, July 31, 2013.

48) 이영표, 전게서, 19면.

가상화폐 규제방침을 발표하면서, 비트코인 과세를 비롯하여 전반적인 가이드라인의 마련을 밝혔다. 일본 정부가 제시한 가이드라인 초안은 비트코인의 성격, 금융기관 규제, 세금부과규정 등 포괄적인 내용을 담고 있는데, 비트코인을 화폐나 금융상품으로 보아서 엄격하게 규제하기 보다는 귀금속 등과 같은 '일반상품(commodity)'으로 취급하기를 선호하는 듯하다.[49][50]

그러나 최근에는 일본 정부의 정책방향이 애매해진 듯하다. 처음에는 매매차익이 발생하면 소득세를 부과하는 등 자본이익에 대해서도 과세할 의도를 밝혔으나, 현재는 규제의 정도가 완화되어 좀더 면밀한 검토를 거친 후에 규제방향을 설정하기로 했다.[51]

## 4. 우리나라 등

우리나라는 비트코인을 비롯한 가상화폐에 대해서 특별한 규제정책인 방침을 마련하고 있지 않다. 대부분의 국가가 어떠한 형태로든 비트코인을 비롯한 가상화폐에 대해서 규제방향을 밝히고 있음에 비교하면 매우 이례적인 상황이다.[52] 가상화폐 거래가 증가하는 현실에 비추면 우리나라의 정부당국도 이에 대한 관심이 필요하다.

유념할 것은 전통적인 상품에서와 같이 규제적인 접근방식으로만 접근하는 것은 곤란하다는 것이다. 비트코인을 비롯한 틈새산업에게 공공의 이익을 창출할 수 있는 시간을 주면서도, 자금세탁 또는 불법행위를 방지하는 방안에 초점을 맞출 필요가 있다. 간편한 지급 및 자금이체가 소규모 기업의 비용을 줄이는 데에는 비트코인이 커다란 도움이 될 수 있으며, 분산된 공개장

49) Bloomberg, Japan Says Bitcoin Not Currency Amid Calls for Regulation, Mar. 7, 2014.

50) 일본 정부는 2014. 3. 7. 마운트곡스의 파산 이후 11개의 관련법령을 언급하면서 비트코인은 통화(currency) 또는 법률에 의하여 규제되는 재산(asset)이 아니라는 취지를 밝혔다.: The Guardian, Japan issues guidelines on bitcoin taxation, Mar. 7. 2014.

51) "The country says it will make a final decision on the matter after it hears more arguments from both sides." Cnet, Japan backs off Bitcoin regulation - for now, June 19, 2014.

52) Law Library of Congress, Global Legal Research Center, Regulation of Bitcoin in Selected Jurisdictions, Jan. 2014, p.21.: 이 보고서는 〈http://www.hsgac.senate.gov/download/regulation-of-bitcoin-in-selected-jurisdictions〉 (2014. 8. 24. 방문) 참조.: 이하 "US Congress, Regulation of Bitcoin in Selected Jurisdiction"이라고 한다.

부시스템이 장래의 재산관리에 획기적인 전환이 될 수도 있기 때문이다.

[표1] 각국의 비트코인 규제현황

<table>
<tr><th>규제대상/금지</th><th>국 가</th><th>내 용</th></tr>
<tr><td rowspan="3">원칙적 금지</td><td>중 국</td><td>○ 은행과 지급시스템은 비트코인 사용금지<br>○ 개인들은 자유롭게 거래 가능</td></tr>
<tr><td>러시아</td><td>○ 자연인, 법인 등은 비트코인을 사용할 수 없음</td></tr>
<tr><td>아이슬란드</td><td>○ 비트코인을 이용한 외환거래행위는 원칙적 금지</td></tr>
<tr><td>ATM 사용금지</td><td>타이완</td><td>○ 비트코인 ATM은 승인이 필요</td></tr>
<tr><td rowspan="2">자금세탁,<br>불법금융 등<br>사용금지</td><td>싱가폴</td><td>○ 금융중개기관은 그들 고객의 정보를 확인하고 의심스러운 거래는 보고할 의무부담</td></tr>
<tr><td rowspan="2">미 국</td><td>○ 비트코인 거래소 및 채굴자들은 연방정부에 의심사항 보고의무를 부담</td></tr>
<tr><td rowspan="4">비트코인 과세</td><td>○ 실제 상거래에서 지급을 위한 비트코인의 사용, 교환 등은 과세대상이 될 수 있음</td></tr>
<tr><td>일 본</td><td>○ 비트코인 거래, 구매로 인한 수익에 대해서 과세<br>○ 은행 및 증권사는 비트코인 거래 금지</td></tr>
<tr><td>핀란드</td><td>○ 다른 통화로 교환되면서 발생한 자본이익에 과세</td></tr>
<tr><td>독 일</td><td>○ 채굴이나 거래로 인한 자본이익에 대해서 과세<br>(1년 이상 보유 시 예외)</td></tr>
<tr><td>특별한 규정 없음<br>(원칙적 자유)</td><td>한 국</td><td>○ 비트코인에 대한 특별한 규정이 없음<br>○ 비트코인 거래소들이 설립되어 운영되고 있음</td></tr>
</table>

자료: 유럽의회연구보고서(EPRS) 참조·수정

## Ⅴ. 領域別 規制 및 運營方案

여기에서는 비트코인 상품과 관련된 법적 쟁점을 조사하고 관련법령의 적용 여부를 살펴본다.

## 1. 派生商品의 規制의 側面

### (1) 비트코인 파생상품의 수요와 거래의 필요성

2013년 세계의 감독당국과 중앙은행은 소비자들에게 비트코인 거래의 위험을 경고했다. 가장 커다란 위험은 비트코인의 높은 변동성이다. 1BTC의 달러 표시 시장가격은 2013년 ＄13.41에서 시작하였으나 12월에는 ＄817.12에서 종료되었다.[53] 2013년 12월 4일에는 최고가격이 ＄1,147.25에 이르렀고, 1일간 차익은 ＄198.09[54], 손실은 ＄208[55]에 이른 경우도 있었다.

이러한 비트코인의 높은 가격변동성은 비트코인 자체의 속성이라기보다는, 새로운 형태의 거래객체이고 안정적인 가격을 발견하는 과정에 있기 때문이다.[56] 특히 비트코인은 틈새 화폐로서 거래물량 자체가 적은데, 주요한 소매업자가 비트코인을 받는다는 긍정적인 뉴스가 비트코인의 가격을 급격하게 상승시키고, 이와 반대로 정부가 엄격한 규제입장을 취할 것이라는 부정적인 뉴스는 가격을 급락시킨다.[57]

위와 같은 높은 가격변동성에도 불구하고 상당수의 기업들이 비트코인을 지급수단으로 받고 있는데(다음 [표2] 비트코인을 지급수단으로 인정하는 주요 서비스 참조), 그 이유는 비트코인을 받는 즉시 달러나 다른 안정된 통화로 환전할 수 있어서 높은 가격변동 위험에 노출되지 않을 수 있기 때문이다. 이것이 대규모 소매업자인 오버스톡(Overstock.com)이 비트코인을 받는 이유이다.[58]

---

53) 가격관련 데이터는 코인데스크(coindest.com), 비트차트(bitcharts.com) 등 다수의 비트코인 웹사이트에 그 자료를 찾을 수 있다. 앞서 살펴본 [그림 5] 비트코인 가격변동표 등 참조.

54) 2013년 11월 17일 및 18일 장종료가격(closing price)의 차이이다. 〈http://www.coindesk.com/price/#2012-12-31,2013-12-30,close,bpi,USD〉 (2014. 8. 24. 방문).

55) 2013년 12월 5일 및 6일 장종료가격의 차이이다.

56) 앞의 [그림 4]를 살펴보면 오히려 역사적으로는 가격변동성이 줄어들고 있음을 알 수 있다. 이는 비트코인의 가격이 장기적으로는 안정될 것이라는 의미이다.

57) 버냉키 연준의장은 의회의 청문회에 제출한 서한에서 가상화폐는 전자화폐의 한 형태로서 지급수단 혁신이 법의 집행 및 감독 업무에 리스크를 초래할 수 있지만 효율적이고 안전한 지급결제시스템으로서의 발전을 위하여 노력한다면 장기적으로는 성공 가능성이 있다는 의사를 표명하였다.: Quartz, Ben Bernanke's letter to Congress: Bitcoin and other virtual currencies "may hold long-term promise", Nov. 18, 2013.

58) 오버스톡 CEO인 패트릭(Patrick Byrne)은 "우리가 파생상품을 통해서 헤지할 수 있을

그렇다면 누군가는 비트코인의 가격변동의 위험을 인수해야 한다. 오버스톡은 코인베이스(Coinbase)[59]의 서비스를 이용한다.[60] 만일 甲이 달러표시 상품을 오버스톡에서 구입하고 비트코인으로 지급하면, 코인베이스는 해당 비트코인을 받고서 그에 상응하는 달러 금액을 오버스톡의 은행계좌에 입금하는 방식이다. 코인베이스는 오버스톡으로부터 약 1%의 수수료를 받는데 이 금액은 신용카드업체에 지급하는 수수료보다 훨씬 저렴하다. 물론 오버스톡은 코인베이스의 개입없이 비트코인을 상품대금으로 받을 수 있고, 코인베이스에 수수료를 지급하지 않을 수도 있지만, 비트코인의 가격변동으로 인한 수익이나 손실은 오버스톡이 전적으로 감내해야 한다.

위의 사례에서 코인베이스는 1%의 수수료만으로 비트코인의 가격변동 위험을 감당하기에는 부담스럽다.[61] 비트코인을 기초자산으로 하는 파생상품은 이러한 경우에 비트코인 거래자들의 가격변동위험을 관리하기 위한 가장 효율적인 수단이다. 따라서 비트코인 시장참가자들이 비트코인 파생상품의 필요성을 요구하는 것이 놀라운 일은 아니다. 아래에서는 비트코인 선물, 비트코인 선도, 비트코인 스왑, 비트코인 옵션의 가능성을 살펴본다.[62]

---

때까지는, 오버스톡은 직접적인 위험에 노출되기를 원하지 않는다."고 하였다.: ASIC Bitcoin Mining, Bitcoin Is Experiencing Its Longest Stretch Of Price Stability In A Long Time, Jan. 30, 2014.

59) 앤더슨 호위츠(Andreessen Horowitz)가 투자한 실리콘밸리의 창업기업이다.

60) Wired, The Grand Experiment Goes Live: Overstock.com Is Now Accepting Bitcoins, Jan.9, 2014.

61) 코인베이스는 Founders-Fund-backed BitPay를 통해서 자신의 위험을 헤징한다. 일종의 재보험계약에 가입하는 것이다.: Knowmadic Life, Exclusive Interview with Bitpay CEO Tony Gallippi, Dec. 28, 2013.

62) 이러한 형태의 비트코인 파생상품은 자본시장법이 적용되며, 금융위원회의 관할이다(자본시장법 제5조). 다만, 비트코인 파생상품은 현물인도(physical delivery)의 가능성이 상당하고, 중앙청산의 능력이 없기 때문에, 이를 전제로 하는 특정한 관련법규는 적용이 제한될 수 있다.

[표2] 비트코인을 지급수단으로 인정하는 주요 서비스(미국)

| 명 칭 | 서비스 내용 | 수납시기 |
|---|---|---|
| WordPress | ○ 블로그 서비스 | 2012. 11. |
| The Pirate Bay | ○ P2P파일공유 서비스 | 2013. 04. |
| Reddit | ○ 소셜뉴스 및 엔터테인먼트 서비스 | 2013. 02. |
| The Internet Archive | ○ 웹사이트 라이브러리 서비스 | 2013. 02. |
| OkCupid | ○ 소셜네트워크 서비스 | 2013. 04. |
| Overstock.com | ○ 소매업자 | 2013. 01. |
| Virgin Galactic | ○ 민간 우주항공업자 | |
| Paypal(Ebay) | ○ 비트코인 사용고려, 현재 이해관계 대립 | |
| Tesla | ○ 전기자동차 회사 | |
| EZTV | ○ TV쇼 사이트 | 2014. 04 |
| Bitdeposit | ○ 비트코인예금, 이자지급 | |
| ICBIT | ○ 비트코인 선물 | |
| Bitbond.net | ○ P2P방식 비트코인 대출 | |
| Pizza for Coins | ○ 도미노피자 제공 | |
| 기타 | ○ 애플(apple), 코인포켓앱 승인 | 2014. 06. |
| | ○ 영국 등 다른 국가에서도 Bitcoin을 지급받는 업체가 상당수 있음 | |
| | ○ 최근 오프라인상에서 160만 달러 가치의 부동산이 비트코인으로 매매[63] | |

* 자료: Forbes 2013.5.24.자, Nasday 2014.2.4.자 보도를 수정[64]

### (2) 선도 및 선물

#### (가) 선도거래

선도(forward)는 기초자산이나 기초자산의 가격・이자율・지표・단위 또는 이를 기초로 하는 지수 등에 의하여 산출된 금전 등을 장래의 특정 시

---

63) Wall Street Journal, Lake Tahoe Property Sells for $1.6 Million in Bitcoins, 2014.

64) 위의 자료는 포브스, 나스닥 홈페이지〈http://www.nasdaq.com/article/what-companies-accept-bitcoin-cm323438〉 (2014. 8. 24. 방문)의 보도 등을 참조하였다.

점에 인도할 것을 약정하는 계약이다(자본 5조 1항 1호). 만일 비트코인 보유자가 장래에 비트코인의 가격하락으로 인한 위험을 염려하는 때에는 특정한 가격에 비트코인을 매도하는 선도계약을 체결하면 된다. 예를 들어, 2014. 1. 1.을 기준으로 1,000BTC를 보유하고 있는 甲이 달러화 결제수요가 있는 연말에 비트코인의 가격이 크게 하락할 것을 염려하면, 2014. 12. 31.자로 乙에게 1BTC를 현재의 가격인 $800에 매도하는 선도계약을 체결하면 된다. 甲은 이 계약을 통해서 1BTC의 가격을 US$ 800에 고정할 수 있다.

이러한 형태로 비트코인을 거래하는 것은 현재의 선도거래와 완전히 동일하다. 그러나 비트코인을 기초자산으로 하는 선도거래는 다음과 같은 특징이 있는데 이러한 요소가 규제에 반영되어야 한다. ① 원유나 농산물 등 1차 상품이 기초자산인 경우와는 달리, 비트코인은 거래당사자들 사이에서 쉽게 현물인도(physical delivery)가 가능하다. 비트코인은 인터넷망을 통해서 거래되므로 국내, 국제거래에 차이가 없다. ② 이자율 또는 지수 관련 금융상품과는 달리, 비트코인은 순수한 무형자산(pure intangibles)이 아니어서 실제 이전이 이루어질 수 있다. 즉, 눈으로 볼 수는 없지만 인터넷을 통해서 실제 이전이 이루어질 수 있다. ③ 비트코인은 지급의 수단으로서 고유의 가치를 가진다. 이러한 비트코인의 자유로운 성격은 장래인도가 관여되어 있는 대부부분의 비트코인 거래는 선물계약이 아니라 선도거래로 구분될 가능성이 높다는 것을 의미한다.

**(나) 선물거래**

선물계약(futures)은 선도거래의 일종이지만, 거래소에서 표준화되어서 거래되는 형태이다. 즉, 선도거래와 선물거래는 기본적으로 같은 구조이지만, 선물거래는 거래소에서 거래가 이루어지고, 청산소가 존재하며, 가격을 제외한 대부분의 거래조건들은 표준화되어 있다는 차이가 있다.[65] 반면에 선도거래는 장외에서 이루어지므로 계약조건이 당사자들 사이의 협상에 의해서 결정되므로 선도계약은 선물계약에 비교하여 훨씬 탄력적이다.

선물계약을 위해서는 선물거래소에 계좌를 개설하고 담보제공 등의 요

---

65) CFTC는 선물계약을 계약당시에 결정된 가격대로 장래에 "장래의 이전을 위하여 상품을 매수하거나 매도하는 계약"이라고 정의한다.; CFTC v. Erskin (6th Cit. 2008).

건을 준수해야 한다. 이러한 계약은 선물회사로 알려진 중개기관을 통해서 행하여진다. 장내에서 이루어지므로 강도 높은 소비자보호 규정이 시행되고, 거래기록을 유지 · 공개하며, 포지션 제한 등을 통해서 공정한 거래 장치를 유지한다. 자본시장법은 중개기관들에게 공시, 보고, 기록보관, 영업규칙, 자본금요건 등의 의무를 부여한다.

비트코인은 자본시장법상 기초자산에 해당하며, 비트코인을 기초자산으로 하는 선물거래는 자본시장법의 규제대상에 포함된다. 이는 비트코인을 기초자산으로 하는 선물계약은 한국거래소와 같은 정규거래소에서 반드시 거래되어야 한다는 의미이다. 즉, 비트코인 선물계약을 제공하는 어떠한 플랫폼도 자본시장법에 의하여 광범위하고 강도 높은 규제가 실시되는 선물거래소의 규제적용대상이 된다.

### (3) 옵　션

옵션(option)은 당사자 어느 한쪽의 의사표시에 의하여 기초자산이나 기초자산의 가격 · 이자율 · 지표 · 단위 또는 이를 기초로 하는 지수 등에 의하여 산출된 금전등을 수수하는 거래를 성립시킬 수 있는 권리를 부여하는 것을 약정하는 계약이다(5조 1항 2호). 장래의 특정한 일자나 그 이전에, 특정가격으로 특정물량의 기초자산을 매수하거나 매도할 수 있는 권리로 정의되기도 한다.[66] 기초자산을 매수할 수 있는 권리가 콜옵션이며, 기초자산을 매도할 수 있는 권리는 풋옵션이다.

비트코인 표시상품을 파는 기업은 일정한 교환비율에 비트코인 풋옵션을 구입함으로써 비트코인의 가격하락에 대비할 수 있다. 사전에 정해진 가격에 해당 풋옵션을 팔 수 있는 것을 보장함으로써, 상품에 있어서 옵션은 자본시장법상 규제대상이 된다. 그러나 당사자들은 비트코인의 특성을 반영하여 비트코인거래를 자본시장법상 옵션거래에서 제외하려고 노력할 가능성이 크다. 즉, 이자율, 지수 등을 기초자산으로 하는 옵션과는 달리, 실제 비트코인의 현물인도를 하는 구조로 설계함으로서 옵션이 아니라 실제 상품거래로 구성할 가능성이 크다.

66) M. D. Fitzgerald, Financial Options (Euromoney Publications, London, 1987), p. 1.

### (4) 스 왑

스왑(swaps)은 장래의 일정기간 동안 미리 정한 가격으로 기초자산이나 기초자산의 가격·이자율·지표·단위 또는 이를 기초로 하는 지수 등에 의하여 산출된 금전 등을 교환할 것을 약정하는 계약이다(5조 1항 3호). 스왑은 선도거래의 반복 형태로도 볼 수 있으나, 자본시장법은 스왑의 거래규모가 크고 법적 논의가 주로 스왑을 중심으로 이루어져 온 점을 고려하여 별도로 정의하고 있다.

비트코인의 구조는 외환스왑(FX스왑)거래에 닮아 있다. 외환스왑은 두 당사자가 각각 상대방으로부터 외국통화(foreign currency)를 빌리고, 특정한 교환비율에 따라 상대방에게 이를 상환하기로 약정하는 것을 가리키는데,[67] 비트코인을 받은 기업은 비트코인의 가치가 달러에 비교하여 상대적으로 하락하였을 때 현금을 지급받을 것을 약속함으로써, 가격의 하락에 대비하여 자신을 보호하기 위해서 이러한 스왑을 사용할 수 있을 것이다.

스왑은 자본시장법의 규제대상이지만, 장외에서 거래되는 이상 특별한 경우 외에는 강제청산과 같은 강행적인 요건이 적용되지 않는다. 기업들이 제품을 해외에 수출할 때 노출되는 환율변동의 위험을 관리하는 것처럼, 지급수단으로서 비트코인을 받으면서 발생하는 상거래의 위험을 헤지하기 위하여 스왑계약을 체결할 수 있다. 이러한 스왑계약은 대부분 전문투자자들 사이에서 거래되는데, 비트코인 스왑거래는 기업들 사이에서 이루어질 가능성이 높다.[68]

---

67) 비트코인 스왑의 특징은 현금정산이 가능하고 실제로 비트코인을 거래하거나 법정화폐를 거래하는 당사자들을 수반하지 않는 것이다. Tera Group이 그러한 비트코인 스왑을 거래하고 있다고 보도되고 있다.: Wall Street Journal, New Derivative Guards Against Bitcoin's Price Swings, March 24, 2014.

68) 2014년 3월에 CFTC는 청산요건을 표준이자율스왑(standard interest rate swaps)과 일정한 지수 신용디폴트스왑에 대해서도 확장하였다. 반면에 일정한 현물청산외환스왑과 선도거래(foreign exchange swaps and forwards)를 강제적 청산대상으로부터 제외하였다. 비트코인 스왑은 최근에 채택되었고, 충분한 거래물량의 부족으로 강제청산요건이 적용되지 않을 수 있다. Tera Group 스왑은 미청산스왑에 해당할 가능성이 있다.

## 2. 證券規制의 側面

비트코인은 투자, 펀드, 마진거래 등에서 다양하게 사용될 수 있다. 아래에서는 이와 관련한 법적 쟁점들을 살펴본다.

### (1) 금융서비스 창업기업에 대한 투자의 측면

비트코인 구매는 금융서비스 창업기업(startup)에 있어서 지분을 구매하는 것과 매우 비슷하다. 만일 비트코인이 저비용의 혁신적인 지급시스템으로서 성공하면, 비트코인의 수요는 증가하고 그 가격은 상승할 것이기 때문이다. 언젠가 비트코인은 $100,000에 이를 것이라는 견해도 있으며,[69] BOA 보고서는 비트코인이 자금이체 및 이커머스거래의 10%를 차지한다는 가정하에 그 가격은 $1,300에 이를 것으로 추정하였다.[70]

그러나 비트코인에 대한 투자는 부적절한 측면도 있다. 첫째, 해당 통화의 초기단계에서 대규모로 비트코인을 취득하여 보유하는 것은 위험한 측면이 있다. 해당 통화의 안정적인 정착에 대해서 확신이 부족할 뿐 아니라, 규제나 제한 등 법적인 위험도 있기 때문이다. 둘째, 비트코인 투자는 비트코인을 구매하여 보유하는 형태로 이루어지고 있는데 이는 바람직하지 않다. 비트코인 시스템은 에러의 가능성이 거의 없는데 금과 같이 비트코인을 보관하는 것은 불필요한 비용을 지출하는 측면이 있기 때문이다. 일반적으로 여러 개의 백업용 비밀키를 마련하고, 이를 저장한 하드드라이브를 다른 국가에 있는 안전한 보관박스에 보관하는 방식을 사용한다.[71]

### (2) 비트코인 펀드

비트코인에 투자하는 펀드(Bitcoin Funds)가 있다. 실리콘밸리 창업기업의 거래를 전문으로 하는 등록 한 브로커-딜러는 "비트코인 투자신탁(Bitcoin

---

69) Andereessen Horwitz의 파트너인 크리스 딕슨(Chris Dixon)은 언젠가는 비트코인은 $100,000에 이를 것이라고 추정했으며, 실리콘밸리의 로버트 맥밀란(Robert McMillan)은 $100,000에 이를 것으로 추정했다.: Wired Magazine, Silicon Valley VC Thinks a Single Bitcoin Will Be Worth $100,000, January 15, 2014. 〈http://www.wired.com/wiredenterprise/2014/01/chrisdixon〉 (2014. 8. 24. 방문) 참조.

70) David Woo, Ian Gordon, and Vadim Iaralov, Bitcoin: a first assessment, Bank of America Merrill Lynch Research Report, Dec. 5, 2013.

71) Reuters, Bitcoin owners find safe place for digital currency: on paper, Feb. 27, 2014.

Investment Trust, BIT)"을 개발했다. 이는 비트코인과 그 가격에 기초하는 파생상품에 투자하는 개방형신탁이다.[72] 투자설명서에 의하면, 거래소 SPDR 금거래 펀드를 모델로 했으며, 적격투자자를 대상으로 하는 사모펀드이다.[73] 한편, 윙클보스 캐피탈은 비트코인에 투자하는 상장펀드(ETF)의 승인을 기다리고 있다.[74] 윙클보스의 비트코인 ETF(Winklevoss Bitcoin ETF)는 뉴욕 컴먼로 신탁으로 설정되었다.[75] 비트코인을 직접 보유하는 형태이며, 투자자의 투자금 반환을 위하여 지분을 발행할 수 있다.[76]

이러한 비트코인 펀드나 신탁이 한국에서 발행될 경우에는, 자본시장법상 등록과 공시의무를 부담한다. 만일 해당 증권이 공모발행되면 신탁은 사업설명서의 내용을 포함하는 등록서류를 제출해야 한다. 공모규제를 피하기 위해서는 자본시장법상 사모발행의 요건을 갖추어야 한다. 다만, 공모나 사모 발행에 관계없이, 해당 신탁은 자본시장법상 집합투자업자의 규제를 받을 수 있는데, 이는 집합투자기구를 등록하지 아니하거나 신탁업자가 선관주의 의무를 위반하는 경우에는 처벌을 받는다는 것이다(자본 182조, 244조 등).

### (3) 비트코인 마진거래

비트코인에 대해서도 마진거래가 이루어지고 있다. 비트코니아(Bitcoinia)는 2011년 9월경부터 비트코인과 미국 달러화의 교환비율에 대해서 차액거래(contract-for-difference trading)를 제공하고 있으며, 일정한 범위 내에서는 고객에게 공매도를 허용하고 있다. 예를 들어, 고객인 甲이 비트코인의 하락에 베팅하면 그는 비트코니아로부터 비트코인을 빌려서 매도할 수 있었다.

---

72) Quartz, Once again the Winklevoss twins get beaten launching their big idea: a bitcoin trust, Sep. 26, 2013.

73) Slideshare.net, Bitcoin Investment Trust Investor Presentation, p.8, Feb. 2014 〈http://www.slideshare.net/loukerner/bitcoin-investment-trust-bitcoin-2014〉 (2014. 8. 25. 방문) 참조.

74) Bloomberg, Winklevosses' Lawyer in Talks with SEC Over Bitcoin ETF, Bloomberg, Feb. 2, 2014.

75) Registration Statement for the Winklevoss Bitcoin Trust, Form S-1 Registration Statement, SEC, Registration No. 333-189752 (Feb. 19, 2014), p.1. 〈http://www.sec.gov/Archives/edgar/data/1579346/000119312514058712/d562329ds1a.htm〉 (2014. 8. 25. 방문) 참조.

76) Id., at 1: 이 신탁은 최소한의 위험을 가지고 비트코인에 대한 노출로서 비용합리적이고 통상적인 방법으로 이익을 얻기를 원하는 투자자를 위해서 고안되었다.

만일 비트코인 가격이 하락하면, 甲은 빌린 비트코인을 낮은 교환비율에 되사서 자신의 포지션을 청산하고 차익을 얻는 형태이다.[77)]

비트코니아는 그 전성기에는 월평균 거래금액이 약 1,200,000BTC에 이르렀으나, 보안과 신뢰의 문제를 극복하지 못했고, 해커가 거래펀드의 18,000BTC를 해킹한 후, 2012년 5월에는 오프라인으로 사업을 이전하였다. 비트코니아는 2012년 8월 법정관리에 들어갔고 그 이후 청산했다.[78)] 오늘날에는 새로운 기업들이 비슷한 형태의 플랫폼 제공을 검토하고 있다. 가장 선도적인 기업은 뉴욕에 기반한 창업기업인 코인세터(coinsetter)인데, 2013년 4월 $500,000의 성공적인 펀딩 이후 보다 관심의 대상이 되고 있다. 이 회사는 벤처캐피탈로부터 150만 달러를 모집할 계획을 SEC에 신고하였다.[79)]

우리나라에서 이러한 비트코인 마진거래가 이루어질 경우에는 그 법적인 적용이 애매하다. 만일 비트코인의 법적 성격이 증권으로 간주된다면 위와 같은 비트코인 마진거래는 자본시장법상 금융투자업, 특히 투자매매업에 해당할 가능성이 크고, 해당 사업자는 금융위원회의 인가나 허가를 받아야 하며, 관련규정을 준수해야 한다(자본 11조 이하). 그러나 비트코인은 자본시장법상 증권이 아닌 것으로 간주될 가능성이 높기 때문에, 비트코인 마진거래 플랫폼은 자본시장법의 규제범위에 해당하지 않을 수 있다. 비트코인 파생상품과는 달리 비트코인 그 자체를 거래하는 것이므로 비트코인이 증권의 개념에 포함되지 않는다면 자본시장법 적용이 어렵기 때문이다.

### 3. 비트코인 去來所

국내외적으로 다수의 비트코인 거래소들이 존재한다. 아래에서는 비트코인 거래소들 및 거래형태를 살펴본다.

---

77) Bitcointalk.org, How It Works, Bitcointalk.org forum post, Dec. 29, 2011 〈https://bitcointalk.org/index.php?topic=55970.0〉 (2014. 8. 25. 방문).

78) Bitcoin Magazine, Tihan Seale Announces Bitcoinica Liquidation, August 2, 2012. 당시 Tong은 그가 Bitcoin 분야를 영원히 떠나겠다고 선언했다. 〈https://bitcointalk.org/index.php?topic=81581.msg897948#msg897948.〉

79) Bloomberg, Bitcoin Trading Exchange Coinsetter Files to Raise $1.5 Million, Dec. 27, 2013 참조.

### (1) 파생상품 거래소

비트코인 거래를 위해서는 플랫폼 제공자가 파생상품거래에 대한 규제 요건을 준수하여야 한다. 그러나 광범위한 창업기업들이 규제의 위험성에도 불구하고 비트코인으로 사고파는 비트코인 선물계약과 옵션들을 제공하기 시작했다. 실제로 많은 시도가 있었으며 성공하거나 실패하였다.

#### (가) ICBIT.se

가장 널리 알려진 비트코인 선물시장은 2012년 1월에 출범한 ICBIT.se 이다. 2013년 4월에 해당 회사는 약 5,000명의 등록이용자와 매월 $50,000 수익을 보고하였다.[80] 이러한 플랫폼의 특징은 사용자(users)들이 ICBIT와 직접 선물이나 옵션계약을 체결하는 것이 아니고, 서로 반대의 방향에 있는 매도인이나 매수인, 그리고 그에 상응하는 위험 프로파일을 가지고 있는 자들과 직접 계약을 체결하는 것에 있다.[81] 즉, ICBIT는 비트코인 표시 금융상품의 거래상대방이라기 보다는 계약체결을 조력하는 역할을 한다. 이러한 영업모델은 증권과 선물시장에서 청산기능을 수행하는 전통적인 거래소와는 차이가 있다.

#### (나) MPEx

MPEx는 2011년부터 비슷한 선물거래 장터를 제공하여 왔다. MPEx는 초보투자자를 배제하고 전문투자자를 유치할 수 있도록 플랫폼을 설계하였다.[82] MPEx도 오랫동안 이용자들의 불만과 루머에 시달려 왔으나 MPEx의 방식과 비전에 대한 긍정적인 평가도 있다.

#### (다) BTC.sx

BTC.sx는 싱가폴에 기반한 회사로서 2013년 4월에 출범하였으며, 파생상품은 제공하지 않는다. 사용자들은 BTC.sx에 의해서 창설된 지갑에 비트코인을 예금하거나 비트코인을 매매한다. 사용자들이 비트코인을 매도하거

---

**80)** Arstechnica, "Taming the bubble": investors bet on Bitcoin via derivatives markets, April 11, 2013.

**81)** ICBIT.se 홈페이지. 〈https://icbit.se/news〉 (2014. 8. 25. 방문) 참조.

**82)** Trilema.com, So what's the plan with MPOE/MPEx?, Trilema blog, Feb. 3, 2013 〈http://trilema.com/2013/so-whats-the-plan-with-mpoempex〉 (2014. 8. 25. 방문).

나 매수할 때에는 해당 거래규모에 상응하는 예금(deposit)을 반드시 갖고 있어야 한다.83) 2013년 11월까지 BTC.sx의 마진거래 금액은 1,350만 달러를 넘었고, 등록사용자는 약 2,000명에 이르렀다고 한다.84)

(2) 증권거래소

위와 같은 파생상품거래의 형태 이외에도 비트코인으로 표시되는 주식지분의 거래장소로서 작동하는 온라인이 있다. 정규거래소를 이용하기 어려운 소규모의 기업들이 이러한 거래통로를 이용해서 자기 회사의 지분을 비트코인으로 팔고 있다. 특히, 비트코인 채굴장비 제조업자, Satoshi Dice, BitBet과 같은 비트코인 관련사업자들이 관심을 가지고 있다.85)

(가) GLBSE

GLBSE(Global Bitcoin Stock Exchange)는 2011년 설립된 세계적인 비트코인 주식거래소였으나 BTCST사건 등 사고로 인하여 청산하였고 지금은 존재하지 않는다.

BTCST는 2011년 11월부터 2012년 8월까지 GLBSE에 상장된 유명한 업체였는데 GLBSE 종말의 단초를 제공했다. BTCST는 고수익 투자장치로 투자자들에게 하루에 1% 혹은 1주에 7%의 수익을 약속했다.86) 운영자인 트렌던셰버87)는 "일련의 지역 주민들에게 비트코인을 판매하는" 사업을 하면서, 그에게 맡겨진 비트코인들은 차익거래기법으로 사용될 것이라고 하였다. 해당 투자장치는 전성기에는 약 7백만 달러를 모았다.88)

SEC는 2013년 7월 23일에 셰버와 BTCST를 상대로 소송을 제기하였는

83) BTC.sx, FAQ 〈https://btc.sx/about/faq〉 (2014. 8. 25. 방문).

84) CoinDesk, Bitcoin Derivatives Platform BTC.sx Surpasses $13.5m in Trades, Nov. 25, 2013.〈http://www.coindesk.com/bitcoin-derivatives-platform-btc-sx-trades〉 (2014. 9. 5. 방문) 참조.

85) SEC는 증권법위반 관련하여 SatoshiDice 및 MPEx를 상대로 자료를 수집중이다.: CoinDesk, SEC Making Inquiries Into MPEx, SatoshiDice, Mar. 20, 2014. 〈http://www.coindesk.com/sec-making-inquiries-mpex-satoshidice/〉 (2014. 9. 10. 방문).

86) SEC v. Shavers, No. 4:13-CV-416 (E.D. Tex. Aug. 6, 2013)(소장)〈https://www.sec.gov/litigation/complaints/2013/comp-pr2013-132.pdf〉 (2014. 9. 10. 방문).

87) 온라인에서는 "Pirateat40"라고 알려진 텍사스 맨이다.

88) Bticoinmagazine.com, The Pirate Saga: And So It Ends, Aug. 30, 2012.〈http://bitcoinmagazine.com/2126/the-pirate-saga-and-so-it-ends/〉 (2014. 9. 10. 방문).

데, "BTCST의 사업내용은 사기(sham)이자 폰지스킴이며, 셰버는 약속한 수익을 지급하기 위해서 새로운 투자자의 비트코인을 사용하였으며 개인목적을 위해서 유용했다"고 주장했다. 셰버는 "비트코인은 증권법상 투자계약의 요건인 금전이 아니고 미국정부의 규제대상이 아니기" 때문에, SEC의 청구는 기각되어야 한다고 항변하였다.[89]

법원은 비트코인은 투자계약상 금전(money)에 해당하며, 상품이나 서비스의 구매에 사용되거나, 달러 · 유로 · 엔 · 위안과 같은 전통적인 화폐와도 교환할 수 있고, 각종 비용의 지출에 사용할 수도 있다고 하였다. 비트코인이 금전으로서 기능을 하는데 대한 유일한 제한은 비트코인을 화폐로서 받는 장소들이 제한되어 있다는 사실 뿐이라고 하였다. 결국 법원은 "BTCST의 투자는 하우이 판결상 투자계약(investment contract)[90]의 정의를 충족하며 증권에 해당한다."고 판단하였다.[91] 이에 의하면 비트코인 발행자와 거래소들은 단순히 비트코인으로 표시되는 증권이라는 이유만으로는 SEC 규제로부터 벗어날 수 없게 된다.

(나) BitFunder

비트펀더(BitFunder)는 2012년 12월 설립되었고 상장항목을 비트코인으로 사거나 팔 수 있도록 하였는데,[92] GLBSE의 교훈을 염두에 두고 거래장치를 디자인하였다. 고객들에게 간명한 방식을 제공했고 새로운 플랫폼에서 거래를 시작하였다.

채굴벤처인 ASICMiner and IceDrill 등의 일부회사는 BitFunder에서 신주를 발행하여 성공적으로 자금을 모집하였다. BitFunder는 2013년 11월 4일, 사

89) SEC v. Shavers, No. 4:13-CV-416 (E.D. Tex. Aug. 6, 2013).

90) 하우이(Howey) 기준 하에서는, 다양한 범주의 투자(wide variety of investments)가 증권으로 간주된다. 법원은 해당 상품(instrument)이 증권법(SA)하에서 규제대상인 "투자계약"에 해당하려면, ① 금전의 투자(the investment of money)이고, ② 공동의 사업을 영위하기 위하여(in a common enterprise), ③ 순전하기 다른 사람의 노력으로부터 유래하는 이익을 기대(with the expectation of profits derived solely from the efforts of others)하여야 한다.: SEC v. W.J. Howey Co., 328 U.S. 293, 298-99 (1946).

91) SEC v. Shavers, No. 4:13-CV-416 (E.D. Tex. Aug. 6, 2013).

92) Bitcointalk.org, [BitFunder] Asset Exchange Marketplace + Rewritable Options Trading, Bitcointalk.org forum post, Dec. 10, 2012.〈https://bitcointalk.org/index.php?topic=130117.0〉 (2014. 9. 10. 방문).

이트를 폐쇄하고 주주와 상장회사들에게 보상계획을 발표하였다.[93]

#### (3) 자본시장법상 거래소의 허가 여부

위와 같은 거래형태에 대해서 관련법규, 특히 자본시장법이 적용되는지는 해당 플랫폼의 구체적인 사업내용, 거래방식에 따라서 달라질 것이다.

자본시장법은 누구든지 거래소허가를 받지 아니하고는 금융투자상품시장을 개설하거나 운영하여서는 아니 된다(자본 393조 본문). "금융투자상품시장"이란 증권 또는 장내파생상품의 매매를 하는 시장을 말하고(자본 8조의2 1항), "거래소"란 증권 및 장내파생상품의 공정한 가격 형성과 그 매매 등을 위하여 금융위원회의 허가를 받아 금융투자상품시장을 개설하는 자를 말한다(자본 8조의2 2항). 따라서 비트코인 플랫폼이 상장하는 대상이 자본시장법상 증권이나 파생상품에 해당한다면, 자본시장법상 거래소 허가를 받아야 한다.

그러나 비트코인 플랫폼이 제공하는 거래는 증권거래소가 제공하는 전형적인 서비스와는 차이가 있다. 비트코인 플랫폼이 제공하는 거래는 비규제, 장외거래에 비슷하고, 거래소의 본질적인 기능인 청산기능(clearing)을 제공하지 않기 때문에 단순한 거래장터로 보여질 소지가 있기 때문이다. 더욱이 해당 상품이 증권이나 파생상품에 해당하는지 자체가 분명하지 않다. 실제로 현물인도가 이루어지는 상황이라면 극히 예외적인 경우에는 거래소 허가가 없이도 가능할 수 있다(자본 373조 3호).

### 4. 分散된 P2P 네트워크 하에서의 商品去來

#### (1) 다수당사자 거래의 대체수단

비트코인 네트워크는 상거래에 있어서 광범위한 매매와 사업의 수요를 충족시킬 수 있다. 예를 들어, 지금까지는 익명당사자 간의 거래에서 물건의 인도와 그에 대한 대금지급을 확보하기 위해서는 금융기관 등 중개기관의 개입이 어느 정도 필수적이었다. 예를 들어, 상업신용장(L/C)은 매수인이 신뢰있는 금융기관에게 지급할 것을 요구함에 의해서 매도인에게 매매대금의

---

93) CoinDesk, Bitcoin stock exchange BitFunder announces closure, Nov. 12, 2013.〈http://www.coindesk.com/bitcoin-stock-exchange-bitfunder-announces-closure/〉 (2014. 9. 10. 방문) 참조.

지급을 보장하는 방식이다.[94] 신용장은 비싸고 거래구조에 따라서 0.5%~3%의 수수료가 발생하며 추가적인 중개기관이 사용된다.

이러한 국제거래에서 비트코인시스템을 대체방식으로 사용하는 것은 상인에게 상당한 비용절감의 효과가 있을 수 있다. 다수당사자거래의 가장 간단한 적용은 '2대3' 거래이다. 예를 들어, 한국의 수출업자인 甲과 미국의 수입업자 乙 사이에 매매계약이 체결되었고, 중개인으로서 丙이 지정되었다고 가정한다. 이 경우에 비트코인은 甲, 乙, 丙 3명의 당사자들에 의하여 통제받는 공동계좌로 보내진다. 공동계좌로부터 인출하기 위해서는 3명 중의 2명이 해당 거래를 승인하여야 한다. 만일 매도인(甲)과 매수인(乙)이 모두 매도인에게 비트코인의 이전에 동의한다면 해당 거래는 성공적으로 종료될 것이다. 분쟁이 있는 경우에는, 제3자인 중재인(丙)이 누가 비트코인을 가질 것인지를 결정할 것이다.

이러한 형태의 다수당사자 서명거래는 에스크로 서비스 제공에서도 사용될 수 있다. 예를 들어, 매수인인 乙이 매도인인 甲에게 피카소 그림을 주문했다고 가정해 보자. 甲과 乙은 소더비 경매브로커인 丙을 중재인으로 해서 다수서명자 비트코인 거래를 시행할 수 있다. 다수서명자 주소(multisignature address)가 창설되었고, 그리고 매수인인 乙이 충분한 대금을 공동주소로 보냈다. 매수인(乙)이 그림을 이의없이 수령하였다면, 甲과 乙은 해당 거래에 대해서 서명하고 해당 비트코인은 매도인(甲)의 비트코인 계좌로 이체될 것이다. 만일 분쟁이 발행하면 丙은 소더비의 신뢰에 따라 그림의 진위 여부를 확인하고, 해당 작품이 진본이라고 결정하면, 공동계좌의 비트코인을 매도인(甲)의 계인계좌에 보내도록 서명을 제공할 것이다. 현재 오라클이 비슷한 서비스를 제공하고 있는데, 앞으로 비트코인이 사용된다면 더욱 간명하게 될 것이다.

### (2) 재산장부 및 스마트 재산등록

비트코인 네트워크는 지급 또는 자금이체 시스템으로서의 기능을 하지만, 금전이나 화폐 등의 지급수단 이외에도 다른 것을 나타낼 수 있다. 예를 들어 특정한 비트코인은 집, 차, 주식의 지분, 선물계약 혹은 금을 표창할 수

94) UCC Section 5-108(b), 5-102(a)(3), 5-102(a)(8).

있다. 이렇게 비트코인 시스템을 활용할 경우에는 비트코인 블록체인은 단순한 지급 또는 자금이체시스템을 넘어서는 활용이 가능하게 된다. 즉, 비트코인 시스템은 세계적인 재산등록 시스템으로 기능할 수 있다.

궁극적으로는 블록체인은 "스마트재산등록(smart property)"의 사용을 통해서 현실세계의 재산에 대한 분산된 등록장부로서의 기능도 할 수 있다.[95] 실제 세계의 재산은 블록체인에서 '컬러코인(colored coins)'의 사용을 통해서 표창될 수 있다.[96] 甲이 블록체인을 사용하여 자기차량의 소유권을 홍길동에게 이전하기를 원한다고 가정한다. 김갑동은 블록체인에서 그의 차량에 대한 '타이틀(title)'로서 기능을 하는 비트코인의 일부인 컬러(color)를 선택할 수 있다. 홍길동은 김갑동에게 해당 차량가격에 대한 비트코인을 이전하고, 김갑동은 해당 차량을 표창하는 컬러코인을 이전한다.

이러한 개념은 임대나 렌탈, 호텔예약 등에서도 사용될 수 있다. 이러한 방식이 여전히 초기단계에 있지만, 스마트재산등록(smart property)이 창설할 수 있는 가능성은 매우 혁신적이고 선례가 없다.

#### (3) 분산기술의 사용과 새로운 거래소 플랫폼

비트코인 관련기술은 거래소 등 중앙집중기관을 통하지 않고서도, 주주를 모집하는 데 사용될 수도 있다. 예를 들어, A는 비트코인 채굴장비 제조회사인 甲회사를 설립하려고 하는데, 주식발행을 통해서 자금을 조달하려고 하며, 비트코인 플랫폼의 문제를 잘 인식하고 甲회사의 주식을 다수서명거래와 프로그램계약을 통해서 발행하기를 원한다.

A는 甲회사를 설립하면서 투자자들을 모집할 필요가 있는데, A는 중앙거래플랫폼의 메시지 공간을 사용할 수 없으므로, 대체가능한 메시지 스페이스를 찾거나, 혹은 P2P 메시지 스페이스인 비트메시지(bitmessage)상에 광고를 할 수 있다.[97] 이러한 공간은 감독기관의 개입이나 필요성이 없이 매도

---

95) Nick Szabo, The Idea of Smart Contracts, Nick Szabo's Papers and Concise Tutorials, 1997 〈http://szabo.best.vwh.net/smart__contracts__idea.html〉 (2014. 9. 5. 방문).

96) 컬러코인에 대한 자세한 설명은 Yoni Assia and Leor Hakim, Colored Coins-BitcoinX, White paper〈https://docs.google.com/document/d/1AnkP__cVZTCMLIzw4DvsW6M8Q2JC0lIzrTLuoWu2z1BE/edit?pli=1#〉 (2014. 8. 25. 방문).

97) Jonathan Warren, Bitmessage: A Peer-to-Peer Authentication and Delivery System, White Paper, November 12, 2012. 〈https://bitmessage.org/bitmessage.pdf〉 (2014. 9. 10.

인과 매수인을 연결할 수 있도록 한다. A는 유망한 매수인(투자자)들에게 채굴회사의 사업계획, 성장전략, 배당스케줄, 그리고 다른 관련 정보의 디테일들을 제공할 수 있다.

충분한 투자자를 모집한 후에 A는 주주들과 협상한 조건을 반영한 신주인수계약(custom algorithmic contract)을 창설할 수 있다. 甲회사가 발행하는 신주는 컬러코인의 형태를 가지거나 실제 서류의 형태를 가질 수도 있다. 계약의 형태가 무엇이든지 간에, 비트코인 블록체인은 A에게 다양한 옵션을 제공한다. 신주를 인수한 주주들은 Bitmessage 등을 통해서 해당 채굴회사의 주식을 매수, 매도할 수 있다. 다만, 현행 자본시장법 하에서는 이러한 A의 행위는 공모에 해당하고 규제대상에 해당할 가능성이 높다.

### 5. 豫測市場과 賭博

온라인도박 및 예측계약은 사행성의 성격을 가지는 것이므로 현행법상 엄격하게 규제된다. 그런데 비트코인의 분산적 기능은 아래와 같은 문제를 제기하고 있다.

#### (1) 예측계약

#### (가) 의의 및 기능

예측계약(prediction contract)은 서로 다른 결과가 발생하는 미래의 사건을 특정하고, 계약의 만기일에는 발생한 결과에 따라서 지급이 이루어지어지는 계약을 말한다. 예측시장은 이러한 예측계약이 이루어지는 시장이다. 예측시장은 특정한 현상이나 거래의 가격을 명백하게 밝히기 위한 목적에서 마련되며, 단순하게 도박을 촉진하기 위한 것은 아니다.[98]

예측시장에서 형성되는 가격은 특정한 사건의 발생가능성에 대한 시장의 전체적인 예측을 나타낸다. 선거를 비롯하여 상품판매수치, 질병의 발생경향 그 밖의 사항들을 예측하기 위해서 사용되며, 여론조사 등 다른 예측방

---

방문) 참조.

98) Adam Ozimek, The Regulation and Value of Prediction Markets, Mercatus Center Working Paper, March 12, 2014〈http://mercatus.org/sites/default/files/Ozimek_PredictionMarkets_v1.pdf〉 (2014. 9. 10. 방문).

법보다 정확하다. 따라서 예측계약은 자연재해의 발생가능성, IPO가격의 예측, 가계부채의 상승가능성 등을 포함하여 유용한 사회적 목적을 위해서 사용될 수 있다.

**(나) 규제당국의 입장**

미국의 규제당국은 예측계약에 대해서 매우 부정적이다. 2012년, CFTC는 장외옵션거래 금지(ban on off-exchange options trading)에 위반하였다는 이유로 예측시장을 고발하였다.[99] CFTC의 집행부분이사인 데이비즈 마이스터는 "비록 예측계약으로 불리더라도, CFTC 등록거래소에서 거래되거나 혹은 면제대상이 아니라면 … 그러한 상품옵션을 사거나 파는 것은 위법이다"고 하였다."[100] 또한 CFTC는 2012년 대통령 및 국회의원 선거의 결과에 대해서 트레이더들이 베팅을 하는 정치물 "바이너리 옵션(binary options)"을 정규거래 나스닥에 상장하자는 제안을 거절했다.[101] CFTC는 "해당 계약은 사행성이 있고, 공공의 이익에 반하며, 청산이나 거래를 위해서 상장될 수 없다."고 하였다.[102]

오늘날 미국에서 유일하게 운영되는 적법한 예측시장은 아이오와 티플경영대학이 운영하는 아이오와 일렉트로닉마켓(Iowa Electronic Market)이다.[103] 이 시장은 CFTC 비조치확인서(no-action letters)에 근거해서 정치적 사항을 대상으로 운영되는데, 영업활동을 하지 않고 학문적 연구를 조건으로만 허용되고 있다.[104]

---

**99)** CFTC, CFTC Charges Ireland-Based "Prediction Market" Proprietors Intrade and TEN with Violating the CFTC's Off-Exchange Options Trading Ban and Filing False Forms with the CFTC, CFTC Press Release, Nov. 26, 2012〈http://www.cftc.gov/PressRoom/PressReleases/pr6423-12〉 (2014. 9. 10. 방문).

**100)** Id.

**101)** FT, CFTC bans election-based derivatives contracts, April 3, 2012.〈http://www.ft.com/cms/s/0/dcf08b92-2a70-11e1-9bdb-00144feabdc0.html#axzz3Dvru0ZbP〉 (2014. 9. 10. 방문) 참조.

**102)** CFTC Issues Order Prohibiting North American Derivatives Exchange's Political Event Derivatives Contracts, CFTC Press Release, April 2, 2012 〈http://www.cftc.gov/PressRoom/PressReleases/pr6224-12〉 (2014. 9. 15. 방문).

**103)** Paul Gomme, Iowa Electronic Markets, Federal Reserve Bank of Cleveland Report, April 15, 2003 〈https://www.clevelandfed.org/research/commentary/2003/0415.pdf〉.

**104)** Andrea M. Corcoran, CFTC Letter to Professor George Neumann, CFTC Letter No.

미국의 통신법(The Wire Act)[105]은 스포츠 이벤트에 베팅하거나, 이를 이용하는 통신정보의 사용을 금지하고 있으며,[106] 불법도박영업금지법(Illegal Gambling Business Act)[107]은 주법하에서 금지되는 도박영업을 하는 것은 연방범죄로 규정하고 있다. 또한 의회는 인터넷을 통한 불법적인 베팅이나 도박을 금지하는 불법인터넷 도박금지법(Unlawful Internet Gambling Enforcement Act)[108]을 통과시켰다.

#### (다) 분산된 공개장부와 예측시장의 규제

이처럼 현재 예측시장에 대한 규제환경은 매우 적대적이지만, 비트코인 이용자들은 규제포인트인 중개기관의 개입이 없이 직접 예측계약을 체결할 수 있다. 예를 들어, 甲이 구글주식의 장래가격에 대해서 베팅을 원한다고 가정한다. 甲은 비트코인네트워크상의 비트메시지에 자기는 구글주식의 가격이 6개월 내에 20% 상승한다고 생각하며, 자신의 예측에 5BTC를 베팅한다고 공지할 수 있다. 한편 구글주식의 가치가 하락한다는 것에 믿는 사람은 甲의 메시지를 보고서 배팅계약을 체결할 수 있다.

甲은 베팅을 수월하게 하기 위해서 비트코인 네트워크상에 스마트계약을 창설하여 시행한다. 베팅당사자들은 그들의 메시지와 비트코인을 다수서명자주소로 보내고, 중재인은 종료일에 어느 당사자가 구글주식의 가격 예측이 옳았는지를 결정한다. 중재인은 해당 거래에 필요한 서명을 제공하고 베팅의 승자에게 비트코인을 지급한다.

---

91-04a, Division of Trading and Markets, February 5, 1992 〈http://www.cftc.gov/ucm/groups/public/@lrlettergeneral/documents/letter/92-04a.pdf〉; Andrea M. Corcoran, CFTC Letter to Professor George Neumann, CFTC Letter No. rf05-003, Division of Trading and Markets, June 18, 1993 〈http://www.cftc.gov/files/foia/repfoia/foirf0503b004.pdf〉 (2014. 9. 10. 방문).

**105)** 18 U.S.C. §1084.

**106)** 법무부는 통신법(18 U.S.C. § 1084)의 적용예외를 스포츠베팅에 대해서만 적용하도록 했다.: Virginia A. Seitz, Whether Proposals By Illinois and New York to Use the Internet and Out-Of-State Transaction Processors to Sell Lottery Tickets to In-State Adults Violate the Wire Act, Memorandum Opinion for the Assistant Attorney General, Criminal Division, Sep. 20, 2011〈http://www.justice.gov/olc/opiniondocs/state-lotteries-opinion.pdf〉 (2014. 9. 10. 방문).

**107)** 18 U.S.C. § 1955.

**108)** 31 U.S.C. §§ 5361-5367.

이러한 방식은 날씨나 상품가격의 예측, 심지어 암살이나 테러리스트 공격 여부의 예측 등에 이르기까지 광범위한 사항을 커버할 수 있다. 선거결과, 박스오피스수익 등 구조화된 데이터로 표현될 수 있는 어떠한 사건의 결과도 예측시장에서 사용될 수 있다. 이처럼 비트코인 네트워크를 이용하는 예측계약은 중개기관이 없는 규제의 어려움으로 인해서 정부당국에게 규제의 어려움을 제기할 수 있다.

(2) 도 박

(가) 의의 및 현황

위와 같이 사행계약에 대해서 적대적인 규제환경에도 불구하고 오늘날에는 비트코인으로 표시된 도박이나 바이너리옵션 등을 제공하는 다수의 온라인 도박시장이 있다. 이들은 비트코인을 사용하면서 규제대상이 아니라고 주장하고 있다.

(나) 법원 등 규제당국의 입장

법원이 비트코인을 사용한 도박을 도박금지에 대한 방어책으로서 볼 것인지는 분명하지 않다. 미국의 주법은 도박거래의 요건을 충족하기 위해서는 일반적으로 상(prize), 기회(chance) 그리고 대가(consideration)의 세 가지 요소를 요구한다.[109] 문제는 비트코인이 대가로서 기능을 하는지의 여부인데, 미국의 법원들은 종전에도 "대용물대가(token consideration)" 사례에 대해서 대가성을 인정하는 경우가 많았다.

위와 같은 규제환경과 일반적인 사회적 인식에 비추면, 비트코인의 법적 성격에 대한 논란에도 불구하고, 정부나 법원은 비트코인으로 표시된 온라인 도박계약에 대해서 도박죄를 적용할 가능성이 매우 높다.

(다) 분산된 공개장부와 도박행위의 규제

그러나 현실적으로 어려운 상황은 고객과 도박업체 간에 중개기관이 없는 상황이다. 전통적인 온라인도박은 그 이용자에게 웹사이트를 방문하여 계좌를 창설하고 그 계좌에 전송이나 다른 수단을 통해서 돈을 예치할 것을 요구했다. 이용자들은 이런 절차를 거친 후에 계좌잔고를 이용해서 도박을

109) Midwestern Enters. v. Stenehjem, 625 N.W.2d 234, 237 (2001): The three elements of gambling are generally recognized as consideration, prize, and chance.

하였으며, 나중에 수익을 포함하여 그들 계좌의 자금을 인출할 수 있었다. 만일 정부기관이 그러한 사이트를 폐쇄하면, 이용자들은 그들 계좌의 잔액에 대해서 접근권을 잠재적으로 잃을 가능성이 있었다.

이러한 전통적인 모델과는 대조적으로 계좌의 창설이 요구되지 않는 온라인도박시장이 있는데, 여기에서는 베팅이 단순히 비트코인 거래를 통하여 이루어진다. 사토시다이스(SatoshiDice)는 가장 유명한 블록체인기반 도박사이트이다. 도박은 서비스로 이루어지며 베팅을 하면 즉각 반영된다. 서로 다른 사토시다이스 주소는 서로 다른 당첨금과 그에 상응하는 승산수치를 가진다. 이러한 디자인은 경기를 위해서는 어떠한 계좌나 예치금도 필요하지 않다는 것을 의미한다. 사토시다이스 웹사이트(SatoshiDice website)가 하는 것은 베팅주소를 열거하는 것에 불과하다. 따라서 사토시다이스의 도메인이 압류되더라도 더블린에 있는 사토시다이스의 서버가 비트코인 거래를 계속하는 이상 위와 같은 작동원리는 영향을 받지 않는다. 서버가 폐쇄되더라도 이용자들은 손실을 볼 계좌잔액이 없다. 사토시다이스와 비슷한 사이트에는 비트로또(BitLotto)[110], 다이스온크랙(DiceOnCrack) 등이 있다.

**(라) 분산된 공개장부와 도박**

비트코인시스템과 다수자서명거래를 사용하면 중개기관의 개입이 없이도 다수인이 참여하는 복권의 안전을 확보할 수 있다. 바르샤바 대학 연구진들은 이러한 종류의 복권을 이론적으로 기술하고 성공적으로 실행했다. 이들은 "우리는 비트코인 통화를 사용해서, 신뢰할 수 있는 기관에 의존함이 없이, 다수당사자 복권을 안전하게 확보하기 위한 프로토콜을 설계했다. 일련의 당사자 그룹이 처음에 일부 돈을 투자하면, 마지막에 무작위적으로 선택된 그들 중 한 명이 모든 투자된 돈을 가져가는 형태이다. 우리의 프로토콜은 P2P 환경에서 작동하며, 익명의 당사자들 사이에 실행될 수 있다. 상대방이 어떻게 행동하든 참가자들은 결코 속임을 당하지 않는다. 일단 게임이 시작되면, 항상 종료되고 항상 공정하다"고 설명하고 있다.[111]

---

**110)** 온라인로터리인데, 2013년 3월 이후 당첨금의 지급기능을 상실하여, 현재 가입이 추천되고 있지 않다.〈https://en.bitcoin.it/wiki/BitLotto〉 (2014. 9. 10. 방문).

**111)** Marcin Andrychowicz, Stefan Dziembowski, Daniel Malinowski and Łukasz Mazurek, Secure Multiparty Computations on BitCoin, Cryptology ePrint Archive: Report 2013/

이러한 방법은 비트코인 블록체인을 통한 카드게임, 보드게임과 같이 복잡한 형태의 분산된 도박에 대해서도 사용될 수 있다. 향후 수백억 달러의 글로벌 온라인 복권 시스템의 출현을 볼 수 있을지도 모른다. 이들은 비공식적이고, 비합법적일 수 있지만, 공정하고 검증이 가능한 시스템이다.

## Ⅵ. 맺음말

### 1. 革新的인 小規模 支給 및 資金移替 裝置로서 活用 可能性

비트코인은 그 기술적 참신성에도 불구하고 그 미래는 확실치 않다. 화폐로서 비트코인의 가장 커다란 약점은 디플레적 성격이다. 비트코인의 높은 변동성 역시 비트코인의 안정적인 정착에 장애물이 되고 있다.[112]

그러나 비트코인은 여러 가지 측면에서 혁신적인 기술이며, 비트코인의 특성을 활용해서 많은 사업기회가 창출되고 있다. 비트코인 거래소, 온라인 지갑업체, 네트워크 장비제조 및 개발업자, 중개업자 등이 중요한 사업 분야이다. 비트코인은 소액지급(micro payment)[113]이나 크라우드펀딩[114]과 같은 혁신적인 거래에서도 사용될 수 있으며, 마약이나 무기 등 불법적인 거래에도 이용될 수 있다.

비트코인은 암호화된 검증가능한 분산된 공개장부시스템이다. 어떠한 순간에도 고정된 숫자의 비트코인이 있고, 중개기관의 개입이 없이 비트코인의 소유권을 이전할 수 있다. 간편한 지급, 자금이체, 익명성 등을 고려하면, 규제당국이 자금이체에 관심을 가지고 있음은 놀랄만한 것이 아니다. 비트코인의 진정한 효과는 지급기술 및 방법의 혁신이며 결국 시장참가자들이 이

---

784, Jan. 13, 2014〈http://eprint.iacr.org/2013/784.pdf〉 (2014. 9. 10. 방문).

112) BOA, 메릴린치 등은 비트코인의 변동성이 단기적일 수 있으며, 기존의 자금이체사업자에 대해서 심각한 경쟁자로 등장할 수 있다고 추정하고 있다.

113) CoinDest, Bitcoin Micropayments Get Big Moment as Chicago Sun-Times Paywall Experiment Goes Live, Feb. 1, 2014〈http://www.coindesk.com/micropayments-chicago-sun-times-paywall-live〉 (2014. 9. 15. 방문).

114) Eric Blattberg, Crowdtilt launches free, open source crowdfunding solution and it supports Bitcoin, VentureBeat, Feb. 20, 2014〈http://venturebeat.com/2014/02/20/crowdtilt-launches-free-open-source-crowdfunding-solution-and-it-supports-bitcoin〉 (2014. 9. 15. 방문) 참조.

에 적응하거나 협력이 필요하다.

글로벌 금융기관들이 비트코인에게 어떠한 입장을 가지는지, 경쟁적인 가상화폐를 도입하려고 시도할 것인지는 알 수 없으나, 비트코인에 대한 지나친 규제의 강화는 지급시스템에 대한 혁신을 약화시키고 비트코인 시장을 억누를 수 있다.

## 2. 規制當局의 技術에 대한 彈力的 適應의 必要性

지금까지 정부당국은 그 정책목적을 달성하기 위해서 중개기관에 대한 규율만으로 충분했다. 그러나 비트코인 시스템이 확산될 경우에 단순한 지급행위를 통제하는 것조차 어렵게 될 수 있다. 이는 정책당국자들에게 새로운 문제를 던져 준다. 만일 중개기관이 없이 수백만의 P2P 이용자들만이 있다면, 집행은 불가능하거나 가능하더라도 그 비용은 상상을 불허할 것이다. 이러한 정보환경 하에서 정부는 지속적으로 증가하는 정보통제의 높은 비용을 감안해야 한다. 하향식 규제가가 적절한 대안이 아니라면, 정책당국자는 탄력성과 변경성(adaptation)에 초점을 맞춘 대안을 고려해야 한다.

음악산업의 최근 경험은 탄력과 적응의 사례가 될 수 있다. P2P네트워크를 통한 불법적인 음악공유 등의 위협으로부터 처음에는 정보통제의 전략을 채택했다. 저명한 파일공유서비스인 Napster를 소송했고, 그 다음에는 개인적인 파일공유자를 소송했다.[115] 하지만 협박이 포함되어 있는 이러한 노력은 성공하지 못했다. 비트토런트(BitTorrent)와 같은 분산되고 통제가 어려운 네트워크 통신규약이 새로운 파일 공유 스탠더드가 되었고, 개인에 대한 소송은 고객의 분노를 초래하였다.

오늘날 음반산업은 온라인 해적행위 금지법(Stop Online Piracy Act)과 같은 새로운 정보통제체계를 추구하고 있다. 콘서트 티켓 판매량이 1999년 15억 달러에서 2009년 46억 달러로 3배나 증가하였으나, 레코드 수익은 급격히 하락하였다.[116] 이러한 변화는 음악 생태계에서 변화가 있었던 결과이다.

---

115) WIRED, RIAA Sues Napster, Dec. 7, 2009〈http://www.wired.com/2009/12/1207riaa-sues-napster〉 (2014. 9. 15. 방문); Donald Harris, The New Prohibition: A Look at the Copyright Wars Through the Lens of Alcohol Prohibition, 80 TENN. L. REV. 101 (2012).

변화한 자는 독립적인 아티스트는 생존하였고, 변화하지 않은 자는 소멸하였다. 종전보다 많은 사람들이 뮤지션으로서 삶을 살아가고 있는데, 이는 이전보다도 증가한 숫자이며 대부분 인터넷 덕분이다. 비트코인과 같은 새로운 기술 하에서, 정책당국자들은 새로운 현실에 싸우는 것이 아니라 새로운 현실에 조화될 수 있는 전략을 추구하고 발견해야 한다.

정부는 비트코인으로 표시된 특정한 금융거래를 배제하거나 제한함에 있어서 그 규제로 인한 이익과 손실을 반드시 고려해야 한다. 규제나 집행은 그 이익보다 비용이 적어야 한다. 비트코인 기술이 탈세의 가능성을 높이며, 온라인 도박이 증가할 수 있으며, 중개기관의 부재가 규제의 어려움을 초래할 것이지만, 정부는 변화하는 기술과 승산없는 싸움을 벌이기보다는 바람직한 결과를 산출할 수 있도록 노력해야 한다. 규제의 일부 근거는 새로운 상황에 적용하기에도 적절하지 않다. 예를 들어, 도박에서는 사기가 문제되지만, P2P시스템은 중개기관이 없고 본질적으로 투명하기 때문에 이러한 문제가 발생하지 않는다.

### 3. 分散 P2P 네트워크 하에서의 去來에 대한 法的 對比

기존의 금융시스템에서는 일부 중개기관을 통제함에 의해서 정책을 시행할 수 있었다.[117] 시장참가자들은 은행, 증권사, ISPs, 검색엔진 그리고 DNS등록자(DNS registrars) 등과 같은 중개기관의 역할이 없이는 기본적인 거래행위를 할 수 없었고, 규제도 피할 수 없었기 때문이다.

P2P 분산시스템하에서는 중개기관의 역할이 크게 감소될 수 있다. 예를 들어, 음악공유사이트인 Napster는 최초의 메인스트림 P2P 파일 공유시스템으로서 등장하였으나, 미국레코드협회(RIAA)가 저작권 침해방조를 이유로 Naspter을 상대로 소송을 제기하면서 그 운영에 어려움을 겪었다.[118] 그러

---

**116)** Id. at 183.

**117)** 조나단 지트레인은 "온라인 케이트키핑의 역사(A History of Online Gatekeeping)"에서, 인터넷상에서 정보의 흐름을 통제하기를 원하는 정부를 위해서 중개기관이 어떻게 규제대상으로 기능했는지를 설명하고 있다.: Zittrain, J, A History of Online Gatekeeping, Vol. 19(2) Harvard Journal of Law and Technology 253, 253-298, May. 2006 〈http://cyber.law.harvard.edu/publications/2006/A_History_of_Online_Gatekeeping〉 (2014. 9. 15. 방문) 참조.

나 이는 패스트트랙, 비트토런트 등 중앙인덱스시스템을 사용하지 않는 분산된 형태의 새로운 형태의 파일공유시스템을 출현시켰고,[119] 결과적으로 불법파일공유를 감시·통제하는 비용은 기하급수적으로 높아졌다.

이는 비트코인과 같은 지급거래를 규제하는 경우에도 발생할 수 있다. 비트코인 네트워크의 분산적 성격은 이미 간단한 지급의 통제를 어렵게 했다. 분산 P2P네트워크 하에서 지급시스템이 효과적으로 작동될 수 있도록 하는 대비가 필요하다.

### 4. 去來狀況의 把握 및 全擔府署의 指定 必要性

비트코인이 국내에 한정되어 유통된다면 통화정책에 미치는 영향은 미미할 것이다. 비트코인의 가치도 비트코인(BTC)과 원화의 비율을 통해 책정될 것이기 때문이다. 그러나 국내외적인 환경의 변화로 국내에 유통되는 비트코인 거래물량이 급격히 증가 또는 감소한다면 국내 화폐가치가 그에 따라 변동될 수 있다. 따라서 한국은행 등이 외환관리를 하듯이 이와 유사한 개념으로 비트코인 거래를 관리해야 할 것이다.

이를 위해서는 국내에서 거래되는 비트코인의 거래물량과 상황을 파악할 필요가 있다. 필요하다면, 일정량 이상의 비트코인을 이용하여 국제거래를 할 경우에 이를 관계 당국에 신고할 의무를 부과할 필요가 있다. 다만, 중개기관(금융기관)이 없고 거래주체의 자발적인 신고나 보고에 의존하여야 한다는 점 때문에 이러한 규제의 실효성을 담보하기 쉽지 않다. 따라서 금융당국에 비트코인을 비롯한 가상화폐의 거래상황을 파악하고 감시하기 위한 전담부서를 둘 필요성도 있다.

---

118) A. Bridy, Is Online Copyright Enforcement Scalable?, 13(4) Vanderbilt Journal of Entertainment & Technology Law 695, 699-701 (June 8, 2011).

119) Id.

[자료편]

# 株價連繫證券 時勢操縱 關聯 大法院 判決의 現況과 分析*

金 柱 永**

◎ 대법원 2016. 3. 10. 선고 2013다7264 판결
대법원 2016. 3. 24. 선고 2013다2740 판결

## Ⅰ. 序 說

본 논문의 내용을 요약하여 정리한 위 제목의 발표자료(첨부)는, 주가연계증권(Equity Linked Securities, 이하 "ELS"라 한다)의 상환기준일 종가조작 사건을 다룬 두 건의 대법원 판결을 비교·분석한 것이다.

사실관계가 매우 유사하고 다루어진 법률상 쟁점도 거의 동일한 사건이었음에도 불구하고 불과 2주일 간격으로 판결이 선고된 위 두 사건의 결론은 정반대이다. '비엔피파리바은행'을 상대로 제기된 대법원 2016. 3. 10. 선고 2013다7264 판결의 경우 원고들의 청구를 기각하는 판결이 확정된 반면, '도이치은행'을 상대로 제기된 대법원 2016. 3. 24. 선고 2013다2740 판결의 경우 원고의 청구를 기각한 원심을 파기하고 원고 승소취지로 환송하는 판결이 내려졌다. 이에 각종 언론매체에서는 주가연계증권의 백투백헤지 거래와 관련하여 대법원이 엇갈린 판결을 내렸다고 보도하였다.[1]

---

* 제40회 상사법무연구회 발표 (2016년 7월 9일)
** 법무법인 한누리 변호사

1) 이에 관한 구체적 내용은 "[판결] 대법원, ELS 백투백 헤지 손해배상 소송 엇갈린 판결", 매일경제신문 2016. 3. 24.자 참조.; "대법원, 'ELS 피해 소송'서 상반된 결론, 승패 엇갈린 이유는", 법률신문 2016. 3. 24.자 참조.

이 발표자료에서는 일견 거의 동일해 보이는 두 사건에서 대법원이 엇갈린 판결을 내린 이유를 분석하는 한편, 이를 통하여 향후 유사한 분쟁에서 적용될 법리를 설명하고자 한다.

## Ⅱ. 訴訟의 經過

### 1. 原告와 被告의 主張

이 발표자료는 우선 2009년 5월에 터진 소위 ELS 스캔들을 소개한 후 이와 관련한 민사법정의 주요 쟁점인 '헤지거래 항변'과 이에 대한 반론을 소개하였다. 피고 측은, ① ELS 발행사 또는 헤지운용사로서는 기초자산을 이용한 델타헤지거래가 필수불가결하며, ② 델타헤지거래의 원리상 중도상환기준일 또는 만기상환기준일에 헤지물량을 대량 매각하는 것은 불가피하므로, ③ 이러한 헤지물량의 처분으로 주가가 변동하더라도 이는 정당한 헤지거래에 따른 결과일 뿐 인위적인 시장조작에 해당한다고 할 수 없다고 항변하였다. 이에 대하여 원고 측은 ① ELS 델타헤지거래는 금융기관의 위험관리라는 자신의 이익을 위한 재량적인 금융거래기법에 불과하며, ② 중도상환기준일 또는 만기상환기준일에 헤지물량을 대량 매각하는 것은 파생상품의 외생성이나 헤지거래의 후행성에 어긋나는 등 델타헤지의 원리에도 맞지 않는 것이며, ③ 설령 델타헤지의 일환이라고 하더라도 이해상충이 첨예한 기준일에 종가를 기준가 밑으로 낮추는 행위는 신의칙위반 내지 시세조종에 해당한다고 주장하였다.

### 2. 事案의 爭點

이러한 양측의 주장에 대해서 어떠한 판단을 내릴 것인가와 관련하여, i) 델타헤지거래의 성격을 어떻게 볼 것인지, ii) 중도상환기준일 또는 만기상환기준일 동시호가시간대에 기초자산을 대량매도하는 것이 델타헤지거래의 원리상 과연 불가피한 것인지, iii) 그리고 헤지거래라면 그 자체로서 경제적 합리성이 인정되어 시세조종이 성립되지 않는다고 볼 것인지 등에 대한 판단이 필요하다.

## Ⅲ. 大法院의 判斷

### 1. 判決의 要旨

이러한 판단에 앞서 이 발표자료는 주가연계증권(ELS)의 기초자산의 시세조종과 관련한 대법원 판결 및 확정된 하급심 판결의 현황을 형사사건과 민사사건으로 나누어 소개한 후, 이 중에서 대법원의 민사판결 또는 형사판결이 주가연계증권 기초자산의 기준일 대량매도에 관하여 취한 입장을 대체로 다음과 같이 정리하였다.

첫째, 주가연계증권과 같은 파생상품에 있어서 기초자산의 시세를 변동 또는 고정시켜서 파생상품의 매매 등에서 부당한 이익을 얻거나 제3자에게 부당한 이익을 얻게 하는 것은 불법이다.

둘째, 주가연계증권의 기초자산을 중도상환기준일 또는 만기상환기준일에 대량매도하는 경우에, 이것이 시세조종이나 부정거래행위에 해당하는지 여부는, 시세조종의 판단에 관한 종전의 법리(문제된 증권의 성격, 체결된 계약이나 발행된 증권의 수량, 가격 및 거래량의 동향, 전후의 거래상황, 거래의 경제적 합리성과 공정성, 가장 혹은 허위매매 여부, 시장관여율의 정도, 지속적인 종가관리 등 거래의 동기와 태양 등의 간접사실을 종합적으로 고려하여 판단하여야 한다.

셋째, 헤지거래의 수행이라는 사정 또는 델타헤지를 위한 매도라고 하여 시세조종이나 부정거래행위가 성립하지 않는 것은 아니고 일반적인 시세조종 내지 부정거래행위의 판단기준에 따라 따져 보아야 하는 것이지만, 헤지거래가 그 시기나 수량 및 방법 등의 면에서 헤지목적에 부합한다면 헤지거래로 인하여 가격에 영향을 미쳤다는 이유만으로 시세조종 내지 부정거래행위가 되는 것은 아니며, 오히려 인위적인 가격조작으로 공정성이 훼손되었는지 여부를 살펴야 한다.

### 2. 對象 判決의 差異點

이상과 같이 정리된 대법원의 태도를 볼 때 문제가 된 두 사건 중에서,

상환준일의 대량매도를 시세조종으로 판단한 사례와 시세조종이 아니라고 판단한 사례 간의 차이점은 결국 각종 간접사실에 의해서 추단되는 거래의 동기와 태양에 있다.

즉 시세조종이 아니라고 판단된 대법원 2016. 3. 10. 선고 2013다7264 판결(비엔피파리바은행 사건)의 경우, ① 문제가 된 중도상환기준일의 대량매도로 인하여 중도상환이 무산된 직후 발행증권사가 고객보호차원에서 중도상환처리를 요청하자 헤지운용사(비엔피파리바은행)가 이에 응하여 발행증권사와의 스왑계약상 중도상환이 이루어진 것으로 간주하여 발행증권사에게 중도상환금을 지급하고 거래관계를 청산한 경우로서 헤지운용사는 당해 중도상환무산으로 인하여 실제 어떠한 이익을 취한 것도 없으며 오히려 중도상환무산에 따른 손해배상책임을 부담할 경우 이중의 보상을 해야 할 처지에 놓였던 상황이었고, ② 헤지운용사는 문제가 된 중도상환일 이전까지 델타값의 변화를 매우 충실히 추종하여 주식매수도를 하다가 중도상환일의 거래에 이른 것이었고, ③ 이 사건 기준일 무렵 헤지운용사가 연간 누적 손익금액(Year To Date Profit & Loss)에서 상당 규모의 이익을 유지하고 있었으므로 굳이 중도상환을 인위적으로 막아야 할 상황이 아니었으며, 오히려 주가연계증권의 상환이 무산되더라도 만기까지 남아 있는 5차례의 상환기일에 조건이 성취되는 경우 더 많은 원리금을 지급하여야 하는 부담이 있었고, ④ 객관적인 매매태양에 있어서도 문제가 된 기준일 직전 3거래일 동안 오히려 기준일의 매도주식수보다 더 많은 1,804,040주의 기초자산을 매수하는 등 헤지운용사의 매매로 인하여 주가가 하락한 것이라고 단정 지을 수 없는 사정이 있었으며, ⑤ 2009년 상반기에 주가연계증권의 수익률조작스캔들이 언론에 보도되어 세간에 충격을 주기 이전의 사건들인 다른 사건들과는 달리 주가연계증권의 시세조종이 이미 세간에서 문제가 되어 금융감독당국이 조사를 진행하는 상황에서 한국거래소가 새로 제정한 가이드라인에 따라 이루어진 행위이어서 인위적으로 시세를 조작하고자 하는 동기를 인정하기 어려운 사안이었다는 점에서 다른 유사 사건들과 동일시하거나 일반화하기 어려운 사건이라고 평가하였다.

## Ⅳ. 結　　論

이 발표자료는 이러한 분석을 토대로 향후 델타헤지 거래의 위법성이 문제될 경우 그 위법성 판단에 영향을 주는 주요 간접사실들로서는, ⅰ) 행위 당시 헤지운용사의 손익상황과 상환조건 성취무산에 따른 손익관계, ⅱ) 실제 수익획득 여부, ⅲ) 기준일 전까지 행해진 헤지거래의 일관성, ⅳ) 주문방식이나 수량 및 가격 등 매매행태가 고려될 수 있으며, 이러한 간접사실들을 고려하여 델타헤지의 일환으로 이루어진 기초자산 매매에 대한 평가를 하여야 한다는 결론에 이르렀다.

이 발표자료는 주가연계증권(ELS) 시세조종사건의 대법원 판결이 갖는 의미를, ① 파생상품 또는 파생결합증권에 수반하는 헤지거래에 대해 금융공학의 논리에 함몰되지 않고 '법학의 관점'으로 평가했다는 점, ② 현실거래에 의한 연계시세조종행위의 판단기준, 민법상 조건성취방해의 인정기준, 자본시장법상 '매매관련성' 요건에 대한 해석기준 등 여러 흥미로운 법률적 쟁점에 관한 최종심의 판단을 제시했다는 점에서 찾은 후, 여론(餘論)으로 주가연계증권 시세조종 민사사건의 재판과정에서 원고 측을 대리하는 변호사 입장에서 경험하는 몇 가지 실무상 어려움을 소개하였다.

이 발표자료에 담긴 연구쟁점에 관하여 필자는 두 건의 논문을 게재한 바 있는데, 이들 논문은 아래와 같다.[2][3]

---

2) 김주영, "헤지거래기법을 이용한 투기거래와 이에 대한 법적 규제", 「증권법연구」 제12권 제3호, 한국증권법학회, (2012), 187-226면.

3) 김주영, "파생결합증권거래와 민법 제150조(조건 성취·불성취에 대한 반신의행위) -대법원 2015. 5. 14. 선고 2013다3811호 판결-", 「BFL」 제75권, 서울대학교 금융법센터, (2016), 33-49면.

# 주가연계증권 시세조종 관련 대법원 판결의 현황과 분석

대법원 2016.3.10.선고 2013다7264 (비엔피파리바 판결),
대법원 2016.3.24.선고 2013다2740 (도이치은행 판결)을 중심으로

2016. 7. 9.

**법무법인 한 누 리**
**변 호 사 김 주 영**

## 목 차

# I. 주가연계증권(ELS) 시세조종사건의 발단

## 1. 소위 ELS 스캔들 사건의 발생 (2009. 5.)

거래소가 투자자의 민원에 따라 감리를 한 결과 외국계은행의
ELS종가조작혐의를 확인한 것으로 언론이 보도

한국경제

2009년 5월 15일 (금)
24면 증권

# 캐나다 은행이 만기일에 주가 떨어뜨려

● '스마트 ELS 10호' 수익률 조작 파문

연 22% 수익 날아가고 원금 74%만 돌려줘

그동안 증시에서 소문으로만 떠돌던 주가연계증권(ELS) 수익률 조작이 처음으로 드러나 충격을 주고 있다. 매년 20조원 안팎의 투자자금이 몰리는 인기 상품의 수익률을 외국 운용회사가 조작한 것이어서 큰 파장이 우려된다.

금융당국 관계자는 14일 "최근 주가 상승으로 ELS 판매가 5개월 연속 늘고 있는 상황에서 상당한 영향이 우려된다"며 "주가조작을 막기 위한 근본적인 개선 방안을 마련할 방침"이라고 밝혔다.

◆거래소 주가 조작 감리 착수

한화증권은 지난해 4월22일 포스코와 SK(주)를 기초자산으로 하는 '스마트ELS 10호'를 개인투자자들에게 모두 68억원어치 팔았다. 1년 만기일인 올 4월22일에 포스코와 SK의 주가가 최초 기준가(2008년 4월 22일 주가)의 75% 이상일 경우 연 22.0%의 고수익을 돌려주는 상품이다.

이에 따라 만기일인 지난달 22일 많은 투자자의 관심이 SK 주가 움직임에 쏠렸다. 포스코는 기준가의 80% 수준에서 유지돼 여유가 있었지만 SK 주가는 76~77% 선으로 아슬아슬한 마지노선에 놓여 있었기 때문이다. 22%의 수익을 올리기 위해선 SK 종가가 11만9600원 이상으로 마감하면 되는 상황이었다. 다행히 장중 주가는 12만원대에서 움직여 무난하게 확정수익률 조건을 충족할 것으로 예상됐다.

하지만 장 마감을 앞둔 10분간의 동시호가에서 이날 거래량의 40%를 웃도는 13만주의 매물이 대거 출회돼 종가는 1.65% 하락 반전해 기준가의 74.6%인 11만9000원으로 끝났다. 22%가 기대됐던 투자자들의 수익이 불과 600원 차이로 오히려 -25.4%로 추락한 것이다.

문제는 이 과정에서 ELS의 헤지를 담당했던 캐나다의 한 대형 은행이 매도 주문을 낸 것으로 확인된 점이다. 이 회사는 동시호가에 낮은 가격으로 '팔자' 주문을 내 주가를 2000원가량 하락시킨 것으로 알려지고 있다. 동시호가 때는 미리 주문을 받은 뒤 평균가격으로 매매를 체결시키는 점을 악용해 주가를 고의로 떨어뜨린 것이다.

거래소는 10여일간에 걸친 감리를 통해 이 같은 혐의를 거의 확인하고 다음달 초 결론을 낼 예정이다. 이 ELS 투자자들은 원금의 74.6%에 해당하는 투자자금을 돌려받은 상태지만 조사 결과에 따라 소송 등을 통한 손실 보상을 요구할 것으로 예상된다.

업계 한 전문가는 "ELS의 헤지를 담당하는 금융회사는 이를 다시 파생상품을 통해 헤지하고 수수료 수입만 얻는 게 일반적이지만 금융위기가 한창이어서인지 미처 헤지하지 못해 주가 조작에 나선 것 같다"고 진단했다.

◆금융위기로 주가 조작 개연성

ELS는 최근 몇 년 동안 주식시장의 성장과 함께 인기가 급상승한 상품이다. 2007년 25조6000억원, 2008년 20조6000억원이 팔릴 정도로 큰 인기를 끌었다.

지난해 글로벌 금융위기로 증시가 급락, 판매가 주춤했지만 최근 다시 5개월 연속 증가하는 등 인기를 회복하고 있는 추세다. 올 1분기에 1조1000억원어치가 팔린 데 이어 4월에도 판매액이 6647억원에 달했다.

ELS 상품은 대부분 외국 금융회사가 개발·설계한다. 국내 증권사나 은행은 파생상품에 익숙하지 못해 외국 회사들이 만든 ELS를 들여와 단순 판매하는 실정이다.

또 ELS 수익의 안정성을 담보하기 위해 상품을 설계한 외국 금융회사에 다시 헤지를 맡기는 것이 보통이다. 이를 '백 투 백 헤지'라고 부른다. 전체 ELS의 70% 정도가 이 방식을 채용하는 것으로 파악되고 있다.

이중호 동양종금증권 연구원은 "외국 금융업체가 상품 설계와 헤지에서 차지하는 비중이 워낙 크다 보니 주가 조작에 나설 수 있는 가능성이 항상 존재한다"고 지적했다. 거래소 관계자도 "보통 지수를 대상으로 ELS를 설계하는 외국과 달리 우리나라는 종목 ELS가 많아 주가 조작의 유혹에 빠지기 쉽다"고 설명했다.

금융당국 관계자는 "내달 초쯤 정확한 거래소 조사 결과가 나오면 주가 조작을 방지할 수 있는 개선책도 함께 찾아볼 계획"이라고 설명했다. 이에 대해 한 전문가는 "만기일 전 5일 정도의 주가를 평균하는 등의 보완책을 고려해볼 수 있을 것"이라고 말했다.

스마트ELS 10호 개요

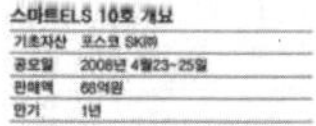

| 기초자산 | 포스코 SK(주) |
| --- | --- |
| 공모일 | 2008년 4월23~25일 |
| 판매액 | 68억원 |
| 만기 | 1년 |
| 조기상환 수익률 | 3개월 후 기준가 90% 이상, 6개월 후 기준가 85% 이상, 9개월 후 기준가 80% 이상일 경우 각각 연 22.0%로 조기 상환 |
| 만기상환 수익률 | -만기일에 기준가 75% 이상일 경우 연 22.0%<br>-투자기간에 한번도 기준가 60% 이하로 하락한 적이 없으면 연 22.0%<br>-만기일에 기준가 75% 미만이고 투자기간에 60% 이하로 하락한 적이 있으면 손실 |

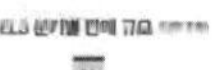


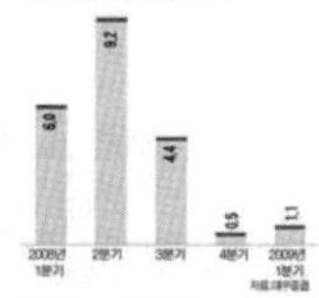


◆ELS=개별 주식의 가격이나 주가지수에 연계돼 수익이 결정되는 금융상품. 주로 우량 채권에 투자해 원금을 보존한 뒤 일부 투자금을 옵션 등의 파생 상품에 집어넣어 고수익의 기회를 만든다. 투자한 기초자산(주식 등)의 가격이 만기 때까지 일정 수준 이상 하락하지 않으면 10~30%의 높은 수익을 지급하지만 한번이라도 벗어나면 손실을 볼 수도 있다.

## 2. 한국거래소가 국내 증권사 2곳을 제재 (2009. 7.)

**ELS의 조기상환일에 기초자산이 되는 종목의 종가형성에 관여한 것으로 판정**

한국경제

2009년 7월 22일 (수)
26면 증권

### ELS 조기상환일에 시세 관여한 국내증권사 제재

**거래소, 미래에셋·대우증권에 벌금**

국내 대형 증권사 두 곳이 주가연계증권(ELS)의 기초자산 주식시세에 관여했다는 사실이 인정돼 한국거래소로부터 제재금을 부과받았다.

거래소는 21일 시장감시위원회를 열어 미래에셋증권과 대우증권이 자신들이 판매한 ELS 조기상환일에 기초자산이 되는 종목의 종가 형성에 관여한 데 대해 회원사 자율규약인 거래소 업무관련 규정을 위반한 것으로 판정, 이 같이 제재키로 결정했다고 발표했다.

▶본지 20일자 A24면, 21일자 A27면 참조

거래소는 시세관여 정도, 위반행위 시점 등을 감안해 미래에셋증권에는 1억6500만원의 제재금과 함께 관련 직원 1명을 감봉 또는 견책하도록 했다.

대우증권에는 5000만원의 제재금이 부과됐다. 당초 '경고' 조치를 받을것으로 알려졌던 H증권사는 '주의'로 제재수위가 낮춰졌다.

거래소는 증권사들이 ELS를 관리하면서 헤지를 해야 하는 부분을 인정한다 해도 조기상환일에는 기초자산이 되는 주식의 매물을 배분할 때나 가격을 내는데 있어 사전에 예측해 종가에 부당한 영향을 미치지 않도록 하는데 주의를 덜 했다고 지적했다.

시감위 관계자는 "앞으로도 공정한 시세 형성에 부당한 영향을 미치거나 오해를 유발할 우려가 있는 호가나 매매를 집중감시하고 위반행위 발견 때는 엄중조치할 계획"이라고 밝혔다.

거래소는 이번 조치는 자본시장법 위반이 아닌 회원사 자율규제 차원에 따른 조치라고 설명했다. 시세관여가 ELS 투자자들의 조기상환 기회를 무산시켰는지를 가리는 불공정거래 혐의에 대한 판단이 아니라는 설명이다.

시감위 관계자는 "해당 증권사들의 시세관여가 의도적이었는지 여부는 금융감독 당국에서 판단할 문제"라고 말했다.

조진형 기자 u2@hankyung.com

## 3. 금융위가 은행 2곳과 증권사 2곳을 검찰에 통보 (2009. 12.)

**조사과정에서 해당금융사들은 '헤지거래를 위한 불가피한 주식매도'라고 주장했지만 금융당국은 고의성있는 불공정거래로 판단**

한국경제

2009년 12월 10일 (목)
26면 증권

### 'ELS 수익률 조작 의혹' RBC 등 4개社 검찰 통보키로

금융위원회는 9일 증권선물위원회를 열고 캐나다은행 RBC와 프랑스 BNP파리바 등 외국계 2곳과 국내 증권사 2곳 등 총 4개사를 주가연계증권(ELS) 수익률 조작 혐의로 검찰에 통보키로 결정했다. 이에 따라 7개월여를 끌어온 ELS 수익률 조작의혹에 대한 최종 판단은 법정에서 가려질 것으로 전망된다.

이에 앞서 금융감독원은 지난 5월부터 일부 ELS 운용회사들이 만기일에 기초자산 주식을 대량 매도해 주가를 떨어뜨리며 수익률을 조작했다는 의혹에 대해 광범위한 조사에 나서 이들 4개사의 징계 안건을 증선위에 상정했다. 조사과정에서 해당 금융사들은 '헤지를 위한 불가피한 주식 매도'라는 방어 논리를 폈지만 금융 당국은 고의성이 있다고 판단한 것이어서 만만찮은 파장이 예상된다.

백광엽/조진형 기자 u2@hankyung.com

## Ⅱ. 법정에서의 핵심 쟁점

### 1. 피고들의 헤지거래의 항변

피고들은,

- ELS 발행사 또는 헤지운용사로서는 기초자산을 이용한 델타헤지거래가 필수불가결하며,
- 델타헤지거래의 원리상 중도상환기준일 또는 만기상환기준일에 헤지물량을 대량 매각하는 것은 불가피한 것이므로,
- 헤지물량의 처분으로 주가가 변동하더라도 이는 정당한 헤지거래에 따른 결과일 뿐 인위적인 시장조작에 해당한다고 할 수 없다고 항변함.

## 2. 피고들의 헤지거래 항변에 대한 원고들의 주장

원고들은,

- ELS 델타헤지거래는 금융기관의 위험관리라는 자신의 이익을 위한 재량적인 금융거래기법에 불과하며,
- 중도상환기준일 또는 만기상환기준일에 헤지물량을 대량 매각하는 것은 파생상품의 외생성이나 헤지거래의 후행성에 어긋나는 등 델타헤지의 원리에도 맞지 않는 것이며,
- 설령 델타헤지라 하더라도 이해상충이 첨예한 기준일에 종가를 기준가 밑으로 낮추는 행위는 신의칙 위반 내지 시세조종에 해당한다고 주장함.

## 3. 핵심 쟁점들

- ELS 발행 금융기관이 수행한다고 하는 델타헤지거래는 어떤 성격의 거래인가? (ELS 금융기관과 고객간에는 이해상충관계가 있는가? 법규상 의무화되어 있는 것인가? 정형화된 거래인가 아니면 재량의 여지가 있는 거래인가?)
- 델타헤지거래의 원리에 따르면 중도상환기준일 또는 만기상환기준일 동시호가 시간대에 대량매도가 불가피한가?
- 헤지거래에 해당한다면 경제적 합리성이 인정되어 시세조종이 성립되지 않는 것인가?

## III. 주가연계증권(ELS) 시세조종 관련 대법원 판결 / 확정 판결 현황

### 1. 형사사건

| | 판결번호 | 상품명 | 행위자<br>(헤지운용사) | 사안의 개요 | 최종 판결 |
|---|---|---|---|---|---|
| (1) | 대법원<br>2015. 6. 11. 선고<br>2014도11280<br>(미래에셋판결) | 미래에셋증권<br>제357회 ELS | 미래에셋증권 | 중도상환기준일에<br>기초자산인<br>SK에너지 매도 | 담당 트레이더<br>유죄 확정 |
| (2) | 서울중앙지방법원<br>2015. 8. 6. 선고<br>2011고단3416<br>판결 | 대우증권<br>제195회 ELS | 대우증권 | 중도상환기준일에<br>기초자산인<br>삼성SDI 매도 | 담당 트레이더<br>1심 유죄 판결,<br>항소 포기로<br>확정 |

- **이 외에도 외국계 금융기관의 트레이더 여러 명이 기소되었으나 불출석하고 있어서 재판이 공전 중임**
  **(서울중앙지방법원 2011고단3407, 2016고합567 등)**

## 2. 민사사건

| | 판결번호 | 상품명 | 행위자 (헤지운용사) | 사안의 개요 | 최종 판결 |
|---|---|---|---|---|---|
| (1) | 대법원 2015. 5. 14. 선고 2013다2757 (대우증권 판결) | 대우증권 제195회 ELS | 대우증권 | 중도상환기준일에 기초자산인 삼성SDI 매도 | 원고 승소 확정 |
| (2) | 대법원 2016. 3. 10. 선고 2013다7264 (비엔피1 판결) | 신영증권 제136회 ELS | 비엔피파리바 | 중도상환기준일에 기초자산인 기아차 매도 | 원고 패소 확정 |
| (3) | 대법원 2016. 3. 24. 선고 2013다2740 (도이치은행 판결) | 한국투자증권 제289회 ELS | 도이치은행 | 만기상환기준일에 기초자산인 KB금융 매도 | 원고 승소 취지 파기환송 |
| (4) | 대법원 2016. 3. 28. 선고 2012다108320 (비엔피2 판결) | 하이 Two-StarVI 사모파생상품 투자신탁 1호 | 비엔피파리바 | 만기상환기준일에 기초자산인 신한지주 매도 | 원고 패소 확정 |

## 3. 증권관련 집단소송 허가 사건

| | 판결번호 | 상품명 | 행위자 (헤지운용사) | 사안의 개요 | 최종 판결 |
|---|---|---|---|---|---|
| (1) | 대법원 2015. 4. 9. 선고 2013마188 | 한국투자증권 제289회 ELS | 도이치은행 | 만기상환기준일에 기초자산인 KB금융 매도 | 허가 결정 확정 |
| (2) | 대법원 2015. 4. 9. 선고 2013마1052,1053 (로얄뱅크 결정) | 한화증권 제10호 ELS | 로얄뱅크 오브 캐나다 | 만기상환기준일에 기초자산인 SK 대량매도 | 허가 결정 확정 |

# IV. 대법원 판결들에 의해 정리된 대법원의 입장

## 1. 주가연계증권 기초자산 시세조종의 위법성

대법원은,

- 주가연계증권과 같은 파생상품에 있어 기초자산의 시세를 변동 또는 고정시켜서
- 파생상품의 매매 등에서 부당한 이익을 얻거나 제3자에게 부당한 이익을 얻게 하는 것이
- 위법이라는 점을 일관되게 확인함.

**비엔피1 판결**

파생상품의 매매 등에서 부당한 이익을 얻거나 제3자에게 부당한 이익을 얻게 할 목적으로 기초자산인 상장증권이나 장내파생상품의 시세를 변동 또는 고정시키는 등의 "연계에 의한 시세조종행위"는 금융투자상품시장에서의 공정한 가격형성을 저해함으로써 투자자에게 손해를 입히고 그 결과 시장에 대한 투자자의 신뢰를 해치는 행위여서 위법하다.

**도이치은행 판결**

특정 시점의 기초자산 가격 또는 그와 관련된 수치에 따라 권리행사 또는 조건성취의 여부가 결정되거나 금전 등이 결제되는 구조로 되어 있는 금융투자상품의 경우에 그 금융투자상품의 기초자산인 증권의 가격을 고정시키는 시세조종행위를 비롯하여 사회통념상 부정하다고 인정되는 수단이나 기교 등을 사용하여 그 금융투자상품에서 정한 권리행사나 조건성취에 영향을 주는 행위를 하였다면, 이는 그 금융투자상품의 거래와 관련하여 부정행위를 한 것으로서 자본시장법 제178조 제1항 제1호를 위반한 행위에 해당하고, 그 위반행위로 인하여 그 금융투자상품의 투자자의 권리·의무의 내용이 변경되거나 결제되는 금액이 달라져 투자자가 손해를 입었다면 그 투자자는 그 부정거래행위자에 대하여 자본시장법 제179조 제1항에 따라 손해배상을 청구할 수 있다.

## 2. 시세조종행위, 부정거래행위의 판단기준 : 종전의 법리 확인

- **주가연계증권 기초자산을 중도상환 또는 만기상환의 기준일에 대량매도하는 경우,**
- **이러한 행위가 시세조종이나 부정거래행위에 해당하는지 여부는**
- **시세조종의 판단에 관한 종전의 법리에 의한다는 것이 확인**

  - 문제된 증권의 성격, 체결된 계약이나 발행된 증권의 수량,
  - 가격 및 거래량의 동향, 전후의 거래상황,
  - 거래의 경제적 합리성과 공정성, 가장 혹은 허위매매 여부,
  - 시장관여율의 정도, 지속적인 종가관리 등
  - 거래의 동기와 태양 등의 간접사실을 종합적으로 고려하여 판단한다는 법리

**비엔피1 판결**

시세를 변동 또는 고정시키는 행위라 함은 본래 정상적인 수요·공급에 따라 자유경쟁시장에서 형성될 시세 및 거래량을 시장요인에 의하지 아니한 다른 요인으로 인위적으로 변동시킬 가능성이 있는 거래를 말하고, 이에 해당하는지 여부는 파생상품이나 그와 연계된 증권의 성격, 체결된 계약이나 발행된 증권의 수량, 가격 및 거래량의 동향, 전후의 거래상황, 거래의 경제적 합리성과 공정성, 가장 혹은 허위매매 여부, 시장관여율의 정도, 지속적인 종가관리 등 거래의 동기와 태양 등의 간접사실을 종합적으로 고려하여 이를 판단할 수 있다.

**도이치은행 판결**

상장증권 등의 '시세를 고정'시킨다는 것은 본래 정상적인 수요·공급에 따라 자유경쟁시장에서 형성될 증권 등의 시세에 시장요인에 의하지 않은 다른 요인으로 인위적인 조작을 가하여 시세를 형성 및 고정시키거나 이미 형성된 시세를 고정시키는 것을 말하는 것으로서, 시세고정 목적의 행위인지 여부는 그 증권 등의 성격과 발행된 증권 등의 총수와 가격 및 거래량의 동향, 전후의 거래상황, 거래의 경제적 합리성과 공정성, 시장관여율의 정도, 지속적인 종가관리 등 거래의 동기와 태양 등의 간접사실을 종합적으로 고려하여 판단한다.

**미래에셋 판결**

자본시장과 금융투자업에 관한 법률 제176조 제3항에 정한 '증권 등의 시세를 고정시킬 목적'이란 본래 정상적인 수요·공급에 따라 자유경쟁시장에서 형성될 증권 등의 시세에 시장요인에 의하지 않은 다른 요인으로 인위적인 조작을 가하여 시세를 형성 및 고정시키거나 이미 형성된 시세를 고정시킬 목적을 말하는 것으로서, 다른 목적이 동시에 존재하거나 그 중 어느 목적이 주된 것인지는 문제 되지 않고, 목적에 대한 인식은 미필적 인식으로 충분하며, 시세고정목적이 있는지는 증권 등의 성격과 발행된 증권 등의 총수, 가격 및 거래량의 동향, 전후의 거래상황, 거래의 경제적 합리성과 공정성, 시장관여율의 정도, 지속적인 종가관리 등 거래의 동기와 태양 등의 간접사실을 종합적으로 고려하여 판단하여야 한다.

## 3. 헤지거래와 시세조종과의 관계

**대법원은 헤지거래도 시세조종이 될 수 있다는 점에서는 일치하고 있으나, 뉘앙스는 판결마다 다소 차이가 있음.**

**(1) 도이치은행 판결 및 미래에셋 판결에서는,**

- **헤지거래의 수행이라는 사정 또는 델타헤지를 위한 매도라고 하더라도,**
- **시세조종이나 부정거래행위가 성립하지 않는 것은 아니므로,**
- **일반적 시세조종 내지 부정거래행위의 판단기준에 따라 따져 보아야 한다고 판시함.**

**(2) 비엔피1 판결에서는,**

- **헤지거래가 시기와 수량 및 방법 등의 면에서 헤지 목적에 부합한다면 경제적 합리성이 인정되므로,**
- **헤지거래로 인해 가격에 영향을 미쳤다는 이유만으로 시세조종이 되는 것은 아니며,**
- **인위적인 가격조작으로 공정성이 훼손되었는지 여부를 살펴야 한다고 판시함.**

### 도이치은행 판결

기초자산의 가격변동에 따른 위험을 회피하기 위하여 기초자산 자체를 보유한 다음 기초자산의 가격변화에 대한 옵션가치의 민감도를 의미하는 델타값에 따라 기초자산의 보유량을 조절하는 이른바 델타헤지는 금융투자업자가 자신의 위험을 회피 내지 관리하는 금융거래기법에 불과하다. 따라서 금융투자업자가 델타헤지의 수행이라는 사정을 내세워 특정한 주식거래행위를 하더라도, 그것이 자본시장법에서 금지하고 있는 시세조종행위 내지 부정거래행위인지는 앞에서 본 법리를 기초로 다시 살펴보아야 한다.

### 미래에셋 판결

이상과 같은 거래의 동기와 태양 및 이 사건 ELS에 관하여 제기된 민원에 대한 공소외 1 회사의 대처 내용 등에 비추어 보면, 피고인은 이 사건 기준일에 공소외 3 회사 주식의 종가를 이 사건 ELS의 상환기준가격인 96,000원 미만으로 인위적으로 형성 및 고정시킬 목적으로 앞서 본 바와 같은 방식으로 장 마감 직전에 단일가매매 시간대 전체 공소외 3 회사 주식 거래량의 80%가 넘는 87,000주에 대하여 상환기준가격보다 낮은 가격으로 집중적인 매도주문을 함으로써 자본시장법 제176조 제3항에 정한 시세고정행위를 하였다고 봄이 상당하고, 비록 델타헤지를 위하여 위와 같은 수량의 공소외 3 회사 주식을 매도할 필요가 있었더라도 그러한 사정의 존재가 피고인에 대한 시세고정목적의 인정에 방해가 되지는 않는다.

### 비엔피1 판결

금융투자업자가 파생상품의 거래로 인한 위험을 관리하기 위하여 시장에서 주식 등 그 기초자산을 매매하는 방식으로 수행하는 헤지(hedge) 거래가 시기와 수량 및 방법 등의 면에서 헤지 목적에 부합한다면 이는 경제적 합리성이 인정되는 행위라고 할 것이므로, 헤지거래로 인하여 기초자산의 시세에 영향을 주었더라도 파생상품의 계약 조건에 영향을 주기 위한 목적으로 인위적으로 가격을 조작하는 등 거래의 공정성이 훼손되었다고 볼만한 특별한 사정이 없는 한 이를 시세조종행위라고 할 수는 없다.

### 대우증권 판결

증권회사가 약정 평가기준일의 기초자산 가격 또는 지수에 연계하여 투자수익이 결정되는 유가증권을 발행하여 투자자에게 판매한 경우에는, 증권회사가 설사 기초자산의 가격변동에 따른 위험을 회피하고 자산운용의 건전성을 확보하기 위하여 위험회피거래를 한다고 하더라도, 약정 평가기준일의 기초자산 가격 또는 지수에 따라 투자자와의 사이에서 이해가 상충하는 때에는 그와 관련된 위험회피거래는 시기, 방법 등에 비추어 합리적으로 하여야 하며, 그 과정에서 기초자산의 공정한 가격형성에 영향을 끼쳐 조건의 성취를 방해함으로써 투자자의 이익과 신뢰를 훼손하는 행위를 하여서는 안 된다.

## 4. 헤지거래의 원리와 기준일의 대량매도

원고측은,

- 이론상 주가연계증권의 상환기준일에 기초자산의 가격이 기준가격에 근접할 경우, 델타값이 급증하였다가 기준일이 경과한 후 급감하거나 (중도상환의 경우) 또는 '0'이 되는 (만기상환의 경우) 현상이 발생하지만,
- 델타값이 급감하거나 '0'가 되는 시점은 중도상환기준일이 경과하거나 만기가 경과한 시점 즉 기준일 15:00+γ의 시점이므로,
- 델타헤지의 원리상으로는 매도하더라도 기준일 종가가 정해진 이후 시간외 대량매매 등의 방법으로 매도하거나 익일에 매도하는 것이 델타헤지의 원리 (헤지거래의 후행성, 파생상품의 외생성)에 부합한다고 주장함.

이에 대하여 피고측은,

- 그날의 종가에 맞추어 헤지거래를 하는 것이 오히려 델타헤지의 원리이고,
- 전세계 금융기관들도 기준일 종가시간대에 헤지거래를 하는 것이 일반적이며,
- 기준일 종가결정 이후 델타헤지물량을 처분하라는 것은 오버나잇리스크를 부담하라는 것으로서 도저히 받아들일 수 없는 주장이라고 반박함.

이에 관하여, 미래에셋 판결은,

- 헤지거래의 후행성에 입각하여 델타헤지의 원리를 설명하면서도,
- 당일 장 마감시각을 기준으로 델타헤지 업무를 수행하는 트레이더의 실무상 재량이 있음을 인정함.

반면, 비엔피1 판결은,

- 주가연계증권의 조건성취 여부는 상환기준일의 종가에 의하여 결정되므로,
- 델타헤지를 수행하는 금융기관은 상환기준일 장 종료 직전에 헤지거래를 수행하는 것이 이론적으로는 가장 합리적이라고 설시한 후,
- 장 종료 시점까지 매도하여야 할 물량이 있었음을 전제로 하여 매도행위의 정당성을 판단함.

**미래에셋 판결**

기초자산의 가격변동에 따른 파생상품의 가격변동 비율을 델타값이라 하고, 기초자산 가격변동에 따른 파생상품 가격변동을 상쇄시키기 위하여 델타값이 커지면 기초자산을 매수하고 델타값이 작아지면 기초자산을 매도하는 방법으로 기초자산의 보유량을 조절하는 헤지방법을 델타헤지라 하는데, ELS에서는 앞서 본 바와 같은 수익구조로 인하여 상환기준일 부근에 기초자산의 가격이 상환기준가격에 근접하게 되면 델타값이 급격하게 커지고, 상환기준일의 종류 등에 따른 정도의 차이는 있으나 상환기준일이 지남으로써 델타값이 급격하게 감소하는 특징을 갖는다.

이론적으로는 기초자산의 가격변동에 따른 델타값의 변화에 맞추어 계속하여 기초자산의 보유량을 조절해야 하지만, 실제 거래에서는 일정한 시간(매일 1~2회)마다 델타값을 계산하여 기초자산 보유량을 조절하면서 당일 장 마감 시각을 기준으로 델타값에 따라 보유해야 하는 기초자산 수량과 실제 보유하는 기초자산 수량을 비교하는 방법으로 헤지가 적절하게 수행되는지를 관리하기 때문에, 델타헤지 업무를 수행하는 트레이더에게는 일정 범위의 재량이 인정되고 있다.

**비엔피1 판결**

피고 비엔피파리바 은행이 이 사건 기준일에 상환조건이 충족되는 경우 델타값에 따라 처분해야 할 수량만큼을 2006. 9. 1. 또는 이 사건 기준일의 접속매매시간대에 모두 매도할 수 있었다고 하기 어렵고, 설령 그와 같이 매도하였더라도 이 사건 주식의 이 사건 기준일 종가가 상환기준가격을 상회하여 결정되었으리라 단정하기 어려운 점, 주가연계증권의 조건성취 여부는 상환기준일의 종가에 의하여 결정되므로 델타헤지를 수행하는 금융기관은 상환기준일 장 종료 직전에 헤지거래를 수행하는 것이 이론적으로 가장 합리적인 점, 다만 거래 현실에서는 주식의 유동성이 제한되어 있어 그것이 항상 가능하지는 않으므로 그 대안으로 상환기준일 접속매매시간대 또는 그 전에 미리 일부 물량을 처분하기도 하는 점 등에 비추어보면, 피고 비엔피파리바 은행이 2006. 9. 1. 또는 이 사건 기준일의 접속매매시간대까지 델타값에 따른 주식 전부를 분할 매도하지 않았다고 하여 이를 부당하다고 할 수 없다.

# V. 기준일의 대량매도를 시세조종으로 본 사례와 아니라고 본 사례의 차이점

## 1. 간접사실에 의해 추단되는 거래의 동기와 태양 등으로 판단

**대법원은,**

- **제반 간접사실로 추단되는 거래의 동기와 태양을 기준으로 판단하였는바,**
- **상환기준일에 대량매도를 통해서 수익상환조건의 충족을 방해하였다면 일응 시세조종의 동기를 긍정하지만,**
- **각종 간접사실에 의해서 시세조종의 동기를 인정하기 어려운 특별한 경우에는 시세조종이 아니라는 판단을 내린 것으로 보임.**

## 2. 원고 패소판결 사안의 특징

### ■ 비엔피1 판결

- **비엔피파리바는 발행사 등이 대량매도행위로 인해 이익을 취한 다른 사건들과는 달리,**
  - 중도상환의 조건성취가 무산된 직후 발행사인 소외 신영증권의 요구에 따라,
  - 스왑계약의 상대방인 소외 신영증권에게 중도상환금과 이자를 지급하고 거래를 청산
    따라서 비엔피파리바는 중도상환 무산으로 인해 실제 어떠한 이익을 취한 것도 없으며,
  - 오히려 중도상환 무산에 따른 손해배상책임을 부담할 경우 이중의 보상을 해야 할 처지
  - 반면, 원고는 신영증권으로부터 중도상환기회를 부여받았음에도 이를 거부했던 자
- **게다가 비엔피파리바의 경우는,**
  - 문제가 된 중도상환일 이전까지 델타값의 변화를 매우 충실히 추종하여 주식의 매수매도를 하다가 중도상환일의 거래에 이르렀고,
  - 이 사건 기준일 무렵 연간 누적 손익금액에서 상당 규모의 이익을 유지하고 있었으므로,
  - 굳이 중도상환을 인위적으로 막아야 할 상황이 아니었으며
  - 주가연계증권의 상환이 무산되더라도 만기까지 남아 있는 5차례의 상환기일에 조건이 성취되는 경우 더 많은 원리금을 지급해야 하는 부담이 있었던 상황

### ■ 비엔피2 판결

- **비엔피2 판결의 사안은 다른 사례들과 상당히 차별화된 사례**

- 다른 사례들은 2009년 상반기에 주가연계증권의 수익률 조작스캔들이 터지기 이전 사건들인데 반하여,
- 비엔피2 사건은 이 스캔들이 발발하고 2009. 10. 1. 한국거래소가 'ELS 헤지거래 가이드라인'을 시행한 이후에 행해진 거래임.

- 비엔피파리바는 한국거래소의 'ELS 헤지거래 가이드라인'에 따라
- '전체 거래량의 10% 범위 내에서 거래량 가중평균가격에 맞추어 매도할 것을 지시'하였고
- 대체로 이러한 지시에 따라 매도가 이루어진 사안임.

## VI. 대법원 판례상 거래 동기의 판단에 영향을 주는 주요 간접사실들

## 1. 헤지운용사의 손익과 상환조건 성취무산에 따른 손익관계

대법원은,

- 헤지운용사와 투자자 사이의 이해상충이 극단적으로 나타나는 만기일의 대량매도에 해당하는 경우라면,
- 특별한 사정이 없는 한 만기상환조건의 성취를 무산시켜 지급할 금액을 줄이고자 할 동기가 있는 것으로 추정함.

  (헤지운용이 종료되는 만기상환평가일의 대량매도로 만기상환기준가격 이하로 낮추는 행동은 그대로 헤지운용사에게 큰 이익을 가져오게 되고 투자자에게 이에 정반대가 되는 손해를 가져오기 때문에 수긍할 수 있음)

### 도이치은행 판결

이 사건 주가연계증권은 투자자에게 상환될 금액이 기초자산의 상환기준일 종가에 따라 결정되는 구조로 되어 있는데, 이 사건 기준일 당시 이 사건 주식의 가격이 손익분기점인 이 사건 기준가격 부근에서 등락을 반복하고 있었으므로, 피고로서는 이 사건 주식의 기준일 종가를 낮추어 수익만기상환조건의 성취를 무산시킴으로써 한국투자증권에 지급할 금액을 절반 가까이 줄이고자 할 동기가 충분히 있었다고 보이고,

- 대법원은 중도(조기)상환평가일의 대량매도는 좀 달리 보고 있음.
- 중도상환평가일은 헤지운용이 종료되는 시점이 아니므로 중도상환조건의 성취가 반드시 운용사에게 손실이 되고 투자자에게 유리하다고 단정할 수 없음.
- 따라서 대법원은 헤지운용사가 중도상환을 막아야 할 필요가 있었는지 여부를 심리하였음.

### 비엔피1 판결

피고 비엔피파리바 은행은 이 사건의 기준일에 이 사건 주가연계증권의 상환이 무산되더라도 만기까지 남아 있는 5차례의 상환기일에 조건이 성취되는 경우 더 많은 원리금을 지급하여야 하는 부담이 있고, 이 사건의 기준일 무렵 연간 누적 손익금액(Year To Date Profit & Loss)에서 상당 규모의 이익을 유지하고 있었으며, 이 사건 주가연계증권이 조기에 상환되면 헤지 비용을 절약할 수 있는 점 등에 비추어, 이 사건 기준일 종가를 상환기준가격 아래에서 고정시키거나 안정시킬 목적이 있다고 보기 어렵다.

## 2. 실제 수익획득 여부

**특히, 비엔피1 판결의 사안은,**

- **중도상환이 무산된 바로 직후 발행사인 신영증권의 요구에 따라 중도상환이 된 것으로 간주하여,**
- **중도상환금과 이자를 지급하고 스왑계약을 청산한 예외적인 사례인데,**
- **만약 비엔피파리바가 자신의 이익을 위해서 중도상환을 무산시켰다면,**
- **사후적으로라도 이러한 행동을 했을 리가 없었을 것이라는 사정도 재판부에 의해서 십분 고려된 것으로 보임.**

**서울중앙지방법원 2011. 11. 24. 선고 2011가합46604 판결**

피고 비엔피파리바는 피고 신영증권으로부터 투자자를 위해 환매에 응해 달라는 환매요청을 받았고, 이 사건 기준일 직후 델타헤지를 통해 주식을 처분하여 운용자산 대부분을 현금으로 보유하고 있었기 때문에 위 요청에 응하여 피고 신영증권과 사이의 스왑계약을 해지한 뒤 피고 신영증권에게 이 사건 주가연계증권과 관련하여 인수한 돈인 300억 원과 그에 대한 연 16.1% 상당의 이자에 해당하는 돈을 지급하였다. 이로써 피고 비엔피파리바는 이 사건 주가연계증권을 통한 거래로 아무런 이익을 창출한 바 없다.

**다만, 대법원은,**

- **중도상환일 대량매도라고 하더라도 간접사실에 의해서 특별히 중도상환을 막아야 할 동기가 인정되고,**
- **이러한 동기가 표출된 행동으로 평가될 수 있는 경우에는,**
- **시세조종의 동기를 인정하는 입장을 취하였음.**

**미래에셋 판결**

공소외 1 회사은 이 사건 ELS를 발행한 2008. 4. 이후 그 기초자산인 공소외 2 회사 주식과 공소외 3 회사 주식의 운용에서 손실을 보고 있었고 2009. 4.에 이르러서야 수익이 발생하기 시작하였으나 2009. 6.까지의 기간 동안 공소외 2 회사 주식에서 24억 9,900만 원, 공소외 3 회사 주식에서 61억 2,700만 원의 매매 및 평가 손실을 입었으며, ELS의 부채평가액을 헤지하기 위한 변동성스왑계약에서도 손실이 발생하여 2008. 1.부터 2009. 3.까지의 기간 동안 그 누적손실이 145억 1,300만 원에 이르렀다. (중략) ELS의 발행사는 델타헤지에 의한 기초자산의 매매로 투자자들에 대한 상환자금을 마련하게 되는데 이 사건 ELS의 경우 그 기초자산인 공소외 2 회사 주식과 공소외 3 회사 주식의 헤지거래에서 큰 손실을 보고 있다가 이 사건 기준일에 이르러서야 수익이 발생하기 시작하였으므로, 피고인으로서는 위 기초자산들을 차회 조기상환기준일 내지 만기상환기준일까지 운용하여 그동안의 손실을 만회할 기회를 얻기 위하여 이 사건 기준일에 조기상환을 무산시킬 유인이 있었다고 볼 수 있다.

## 3. 기준일 전까지 행해진 헤지거래의 일관성

대법원은,

- 대량매도로 피고가 헤지거래를 델타헤지의 원리에 비교적 일관되게 행하여 왔다는 사정만 가지고 만기일에 이루어진 대량매도행위를 시세조종이 아니라고 판단해서는 아니된다고 판시함.
- 헤지거래를 충실히 해서 만기상환에 필요한 수익을 쌓았다고 하더라도 만기일에 상환조건성취를 무산시키면 막대한 초과이윤을 얻을 수 있기 때문에 이러한 대법원 판결의 취지는 수긍할 수 있음.

### 도이치은행 판결

이 사건 주식매도행위는 이 사건 주가연계증권과 관련하여 수익 만기상환조건이 성취되지 않도록 이 사건 주식의 기준일 종가를 낮추기 위하여 이루어진 자본시장법에서 금지하는 시세조종행위 내지 부정거래행위에 해당한다고 볼 수 있으며, 이 사건 주식매도행위가 이 사건 주가연계증권과 관련하여 피고 자신을 위한 위험회피 목적으로 이루어졌다 하여 달리 볼 수 없다.

그럼에도 이와는 달리 원심은, 이 사건 주식매도행위에 의하여 이 사건 주가연계증권의 기초자산이 된 이 사건 주식에 관한 이 사건 기준일의 종가에 영향을 미쳤음을 인정하면서도, 피고가 이 사건 기준일 전까지 비교적 델타값에 따라 산출된 수량의 이 사건 주식을 보유하고자 노력하였고 이 사건 기준일 무렵에 이르러 델타값에 따라 매도세로 일관하여 주식을 선량 매도하는 과정에서 이 사건 주식매도행위가 이루어졌다거나 이 사건 기준일의 접속매매시간대에 직전 체결가와 근사한 가격으로 분산매도를 시도하였다는 사정을 비롯하여 델타헤지의 일반적인 목적이나 필요성 및 방법 등에 관한 판시 사정들만을 가지고 피고에게 이 사건 주식의 시세를 조종할 목적이 인정되지 아니한다고 잘못 판단하여, 이 사건 주식매도행위가 자본시장법에서 정한 시세조종행위 내지 부정거래행위에 해당하지 않는다고 하면서, 자본시장법 또는 민법 제750조에 의하여 이 사건 주식매도행위로 인한 손해의 배상을 구하는 원고들의 청구를 기각하였다.

따라서 이러한 원심 판결에는 자본시장법 제176조 제3항, 제178조 제1항 제1호 등에서 정한 시세조종행위 및 부정거래행위 등에 관한 법리, 또는 민법 제750조의 불법행위책임에 관한 법리 등을 오해하여 판결에 영향을 미친 위법이 있다.

**다만, 대법원은,**

- **중도(조기)상환평가일의 대량매도와 같이 상환무산에 따른 이해관계가 불분명한 경우에는,**
- **과거에 헤지거래가 일관되게 이루어졌는지 여부를 시세조종의 동기를 판단하는데 한 요소로 고려함.**

**비엔피1 판결**

피고 비엔피파리바 은행은 이 사건 주식을 기초자산으로 하여 운용하는 ELS 관련 스와프 계약 등에 관하여 델타헤지를 하면서 이 사건 기준일에 인접한 2006. 8. 30.까지는 전체 옵션 델타값과 근사하게 실제 주식 보유량을 유지하는 등 비교적 델타헤지의 원리에 충실하게 헤지거래를 하여 왔고, 특히 2006. 8. 28.부터 2006. 8. 30.까지 약 3거래일 동안 이 사건 주식 1,804,040주를 매수한 결과 그에 상응한 만큼 이 사건 주식의 주가 하락이 저지되었다.

## 4. 매매행태

**대법원은,**

- **단일가매매시간대의 매매가 수량과 가격 및 매매행태 등의 면에서,**
- **기준가격을 향하여 계속 가격을 낮추는 모습으로 이루어지는 경우에는,**
- **시세조종의 의도가 있는 것으로 추단함.**

**도이치은행 판결**

이 사건 주식매도행위의 태양을 보더라도, 접속매매시간대 중에서 이 사건 주식의 가격이 올라간 오후에 집중적으로 주식을 매도하고 특히 단일가매매시간대에 이르러서는 이 사건 주식의 예상체결가격이 이 사건 기준가격을 근소하게 넘어서는 시점마다 가격 하락효과가 큰 시장가주문 방식으로 반복적으로 주식을 대량 매도하였고 그 매도관여율이 매우 큰 비중을 차지함에 따라 실제로 예상체결가격이 하락한 사정에 비추어 볼 때, 피고가 이 사건 주식의 가격을 낮출 의도로 이 사건 주식의 가격 내지 예상체결가격의 추이를 줄곧 살피면서 이 사건 주식매도행위를 하였다고 볼 여지가 많다.

**반면, 매매행태가,**

- **비록 기준일의 기초자산 대량매도가 있었다 하더라도,**
- **한국거래소의 가이드라인을 준수하고자 노력하면서 이루어진 경우에는,**
- **시세조종의 의도가 있는 것으로 인정하지 않음.**

**비엔피2 판결**

피고는 이 사건 기준일인 2009. 10. 7. 08:16 위 델타값에 따른 신한지주 보통주의 매도를 위하여 대우증권과 BNP증권에 각 30만주의 신한지주 보통주를 매도할 것을 의뢰하면서 "전체 거래량의 10% 범위 내에서 거래량가중평균가격(VWAP, Volume-Weighted Average Price. 제1심판결 각주 23 참조)에 맞추어 매도할 것"을 지시하였는데(이하 이러한 방식을 '10% + VWAP'이라 한다), 이와 같은 10% + VWAP 방식으로 거래할 경우에는 주식시장의 거래량과 가격을 계속 추적하면서 전체 거래량의 10% 범위 내에서 각 시점의 시장가격으로 매도하지 않으면 '10% 거래량'과 'VWAP 가격'이라는 위 각 제한조건을 모두 충족시키기는 어렵기 때문에 주식거래로 인하여 시장에 미치는 영향을 최소화할 수 있게 된다. 그러므로 10% + VWAP 지시를 한 피고에게 시세조종의 의도가 있었다고 보기는 어렵다.

한편 피고의 10% + VWAP 지시를 준수함으로 인하여 대우증권과 BNP증권은 매도를 지시받은 수량 중 일부를 매도하지 못하였고, 거래가격을 보더라도 피고는 이 사건 기준일에 전체 VWAP 가격 45,457원보다 높은 45,491원의 VWAP 가격(대우증권 45,498원, BNP증권 45,484원)으로 신한지주 보통주를 매도하였으며, 피고의 이 사건 기준일의 거래행위는 한국거래소의 위 가이드라인도 충족하는 내용이었다.

**한편, 대법원은 비엔피1 판결에서,**

- **중도상환기준일 단일가매매시간대의 주문형태가 대량 저가 매도라고 하더라도,**
- **주문패턴 및 다른 여러 가지 간접사실들을 함께 고려하여 시세조종의 성립을 부정하는 방향으로 판단함.**
- **특히 '시장가 주문'이 가격하락 효과가 큰 주문이라고 판시한 도이치은행 판결과 달리 '시장가 주문'이 가격하락을 목적으로 한 주문으로 보기 어렵다고 판시함.**

**비엔피1 판결**

피고 비엔피파리바 은행이 이 사건 기준일 14:57:03부터 14:58:04까지 3회에 걸쳐 이 사건 주식에 관하여 20만 주씩 합계 60만 주에 대하여 시장가로 한 매도 주문은 피고 비엔피파리바 은행이 당일 장 종료 전에 상당한 수량을 매도할 필요가 있었던 점, 시장가 주문은 지정가 주문보다 우선하여 계약 체결을 하기 위한 주문으로 다른 증권회사 등도 많이 사용하고 있는 주문인 점 등에 비추어 가격 하락을 목적으로 한 주문으로 보기 어렵다.

비엔피파리바 은행이 같은 날 14:58:32와 14:58:49에 20만 주씩 호가 15,600원에 한 매도 주문은 그 전에 시장가로 한 60만 주의 매도 주문과 함께 이 사건 주식의 종가가 15,600원 이상으로 결정되어 상환조건이 성취되는 경우 처분하여야 하는 물량인 약 100만 주에 맞추기 위한 주문으로 보이고, 그 호가도 상환기준가격을 넘는다. 피고 비엔피파리바 은행이 같은 날 14:59:13와 14:59:21에 20만 주씩 호가 15,500원에 한 매도 주문은 이 사건 기준일 종가가 15,600원으로 결정되어 상환조건이 성취되더라도 그 전에 한 호가 15,600원의 40만 주 매도 주문이 시간 순서에서 후순위로 밀려 계약 체결이 무산될 것을 대비한 것으로 보인다.

## 5. 단일가 매매시간대 시장가주문의 효과 [한국거래소 자료]

**(1) 시장가 매도호가가 없을 경우**

| 매도수량 | 가격 | 매수수량 |
|---|---|---|
| | 15,400 | ● 1000 |
| 500 ○ 500 | 15,350 | ● 300 |
| 500 ○ 500 ○ | 15,300 | ● 200 |
| 2,000 ○ 1,000 ○ 500 ◑ 100 ● | 15,250 | ● 200 ● 300 |
| 150 ● | 15,200 | ○ 300 ○ 300 |
| 150 ● 500 ● | 15,150 | ○ 200 |
| 500 ● | 15,100 | ○ 300 ○ 200 ○ 100 |
| 150 ● | 15,050 | |

○ : 미체결 호가 ◑ : 일부 체결호가 ● : 전량체결호가

종가는 15,250원으로 형성

**(2) 시장가 매도호가가 있을 경우**

| 매도수량 | 가격 | | 매수수량 |
|---|---|---|---|
| | 15,400 | | ● 1000 |
| 500 ○ 500 | 15,350 | | ● 300 |
| 500 ○ 500 ○ | | 15,300 | ● 200 |
| 2,000 ○ 1,000 ○ 500 ○ 100 ○ | 15,250 | | ● 200 ● 300 |
| 150 ○ | 15,200 | | ● 300 ● 300 |
| 150 ○ 500 ○ | | 15,150 | ● 200 |
| 500 ○ | 15,100 | | ◑ 300 ○ 200 ○ 100 |
| 150 ○ | 15,050 | | |

3000 ● 시장가 (15,000원으로 간주: 최우선지정매도호가-1호가 < 가장 낮은 매수호가)

○ : 미체결 호가 ◑ : 일부 체결호가 ● : 전량체결호가

종가는 15,100원으로 형성

# VII. 맺으며

## 1. 주가연계증권 시세조종사건 판결의 의미

- 주가연계증권(ELS) 시세조종사건 판결들은
- 파생상품 또는 파생결합증권에 수반하는 헤지거래에 대하여,
- 금융공학의 논리에 함몰되지 않고 법학의 관점으로 평가했다는 점에서 의미가 있음.

- 또한, 현실거래에 의한 연계시세조종행위의 판단기준,
- 민법상 조건성취방해의 인정기준,
- 자본시장법상 '매매관련성'요건에 대한 해석기준 등
- 여러 흥미로운 법률적 쟁점에 관한 최종심의 판단을 제시하였다는 의미가 있음.

- 다만, 비록 사실관계가 달랐다고 하더라도,
- 헤지거래의 원리나
- 헤지거래와 시세조종과의 관계에 관한 판단에 있어서,
- 사건별로 다소 상이한 부분들이 있는 관계로
- 이 부분에 대한 보다 활발한 논의와 연구가 필요할 것으로 판단됨.

## 2. 餘論 - 소송과정에서 느낀 현행 재판절차의 한계

### (1) 델타헤지항변에 대한 미흡한 검증 (1)

- 델타헤지항변을 제대로 검증하기 위해서는 금융기관들이 델타헤지거래를 어떠한 방식으로 수행하였는지의 사실관계를 자세히 파악할 필요가 있었음.
  - 델타값에 맞춰서 거래를 하였는지
  - 델타헤지의 시점과 방법 등에 있어서 일관성 있는지
  - 델타헤지를 통해서 설계 당시의 복제모형에 따라 수익이 났는지(손익관계)
  - 델타헤지를 담당하는 트레이더의 보상구조 등의 유인은 어떠한지
  - 국내 금융기관의 경우 한국거래소, 금감원, 검찰 등의 조사를 거치면서 사실관계가 상당부분 밝혀졌으나,
- 외국 금융기관들은 담당트레이더들이 거래소, 금감원, 검찰 등에 출석을 거부함에 따라 사실관계에 대한 조사가 거의 이루어지지 못함.

### (1) 델타헤지항변에 대한 미흡한 검증 (2)

- 따라서 금융기관들이 선별하여 제출한 일부 자료 (거래기간 일부의 델타값과 보유수량)만을 토대로, 그것이 진실하다는 가정하에 델타헤지거래에 대한 검증이 이루어졌음.
- 구석명신청을 통해 전체 기간의 델타값 및 델타값 산출에 사용된 함수와 변수들, 실제 보유주식수 등에 대한 보다 구체적인 설명과 자료제출을 요구하였으나 제출되지 아니하였고, 관련 자료를 제출하지 않았다는 이유로 델타헤지 항변을 배척한 사례는 없었음.
- 이러한 이유로 델타헤지 항변에 관한 공방은 사실관계가 빠진 이론적 논쟁으로 진행되었음.

### (2) 전문가 의견에 대한 검증의 부재

- 주가연계증권 소송에서는 다수의 전문가 의견이 제출되었음.
- 트레이딩경험이 없는 교수들이 델타헤지거래의 실무에 관하여 진술하는 등 적격성에 문제가 있는 전문가 의견이 많았으며,
- 문헌적 근거가 전혀 없는 전문가 의견도 많았음.
- 전문가 의견은 학술지에 발표되거나 공표되지 아니하므로 아무런 통제를 받지 않는 문제가 있음.

**참고로, 미국 연방민사소송규칙 제26조 (a)(2)(B)는 특정사건과 관련하여 위촉된 전문가의 경우, 다음과 같은 내용을 담은 서면 진술서를 통하여 관련정보를 미리 공개하도록 강제하고 있음.**

**1) 당해 전문가가 표명할 모든 의견의 완전한 기재와 그 근거 및 이유**
(a complete statement of all opinions the witness will express and the basis and reasons for them);

**2) 당해 전문가가 그러한 의견을 형성하는데 고려하는 사실관계와 데이터**
(the facts or data considered by the witness in forming them);

**3) 의견을 요약하거나 뒷받침하기 위한 모든 부속서류들**
(any exhibits that will be used to summarize or support them);

**4) 과거 10년간 모든 저술의 명단을 포함한 전문가의 적격성자료**
(the witness's qualifications, including a list of all publications authored in the previous 10 years);

**5) 과거 4년간 전문가로서 증언하거나 사전진술한 모든 사건들의 리스트**
(a list of all other cases in which, during the previous 4 years, the witness testified as an expert at trial or by deposition); and

**6) 당해 사건의 연구 및 증언으로 인하여 받게 되는 보상에 관한 진술**
(a statement of the compensation to be paid for the study and testimony in the case)

## (3) 피고의 특정 문제

- **언론에 보도된 ELS이외에도 다수의 ELS나 ELF (특정 주가연계증권을 편입한 펀드)의 시세조종의심사례가 있었음.**
- **하지만 백투백헤지를 맡은 외국계금융기관의 명칭이 발행계약서나 펀드판매설명서 및 약관 등에 나와 있지 않아서 외부자로서는 이를 파악할 수 없고, 발행사 등에 문의를 하여도 협조를 받기 어려움.**
- **당사자 확정은 소장송달 시점을 기준으로 판단하여야 하므로 일응 성명불상자를 대상으로 소장을 제출하고,**
- **발행사에 대한 사실조회를 통해 피고를 특정하여 표시정정을 해볼 수 있을 것으로 보임.**
- **미국의 경우 John Doe라는 '성명불상자'를 상대로 소송을 제기하고 소송과정에서 증거를 확보하여 피고를 특정하는 것이 보편화되어 있음.**

◇ 참고자료 Ⅰ

# 주제별 총목차 [Ⅰ]~[Ⅹ]

## 제 1 편

## 總則·商行爲法

제2편

## 會 社 法

제 3 편

# 保 險 法

제 4 편

## 海 商 法

## 제5편

# 어음 · 手票法

## 제6편

## 債務者回生·倒産法

整理前會社가 事故申告擔保金을 預託한 후 會社整理節次가
　開始된 경우 어음所持人의 地位에 관한 研究 ························ 林采雄 [VI]
整理會社의 管理人이 整理會社의 副社長을 選任하여 整理業務에
　참여케 한 경우의 管理人의 責任 ············································ 石光現 [V]
整理債權의 出資轉換과 共同債務者의 債務消滅 ························ 金龍德 [VII]
會社整理節次가 保證債務의 消滅時效에 미치는 영향 ··············· 金載亨 [I]
保證·物上保證과 倒産法上의 現存額主義 ································ 朴相九 [VII]
會社債保證債務의 履行請求期間 制限約定 ································ 蔣尙均 [VII]
所有權移轉請求權 保全의 假登記와 雙方未履行의
　雙務契約에 대한 解除權 ························································· 林俊浩 [V]
會社整理計劃에서 經營責任에 기한 株式消却의 基準 ··············· 金載亨 [V]
整理債權者表·擔保權者表 記載의 效力 ···································· 金龍德 [V]
他人의 債務의 保證과 會社整理法 제78조 제 1 항 제 4 호의
　無償否認 ··················································································· 崔周永 [V]
倒産法上 無償否認權의 行使要件으로서의 無償 및 特殊關係人의
　意味 ·························································································· 林采雄 [VIII]
質權實行行爲가 回生節次上 否認權 行使의
　對象이 될 수 있는지 與否 ························································ 閔靖晳 [VIII]
信託法上 費用償還請求權, 自助賣却權 및 倒産法上
　否認權의 性格 ············································································ 林采雄 [VII]
破産管財人의 配當率支給通知에 의하여 發生한 配當金
　支給債務의 履行遲滯로 인한 遲延損害金의 適用利率 ··········· 崔東烈 [VII]
和議節次에 있어서의 債權者의 地位 ········································· 郭京直 [V]
不實企業 整理에 있어서 政府 介入의 限界 ······························· 許 楠 [V]
企業改善作業(workout)에서의 出資轉換과 債務의 消滅範圍 ···· 陳尙範 [VIII]

제7편

## 證券·金融法

제 8 편

## 기타(仲裁·信用狀·稅法 등)

◇ 참고자료 Ⅱ

# 判例索引[Ⅰ]~[Ⅹ]

상사판례연구 [X]

초판발행 2023년 9월 1일

엮은이 2020상사법무연구소(김용덕)
펴낸이 안종만 · 안상준

편 집 윤혜경
기획/마케팅 조성호
표지디자인 이수빈
제 작 고철민 · 조영환

펴낸곳 (주) 박영사
서울특별시 금천구 가산디지털2로 53, 210호(가산동, 한라시그마밸리)
등록 1959. 3. 11. 제300-1959-1호(倫)
전 화 02)733-6771
f a x 02)736-4818
e-mail pys@pybook.co.kr
homepage www.pybook.co.kr
ISBN 979-11-303-4124-8 94360
979-11-303-4121-7 94360(세트)



정 가 64,000원